www.ingramcontent.com/pod-product-compliance
Lightning Source LLC
LaVergne TN
LVHW040017051026
849525LV00003B/887
9788196624101

اثبات

کتابی سلسلہ

شمارہ 42/43

نیا ہندوستان پرانا مسلمان

(ہندوستانی مسلمانوں کے گذشتہ 75 سال)

دوسرا حصہ

مدیر: اشعر نجمی

نائب مدیر: رضوان الدین فاروقی

Bright Books

Naya Hindustan Purana Musalman
[Part - II]
By: Ashar Najmi
Bright Books, Thane, India
1st Edition: October 2024
ISBN: 978-81-966241-0-1

کتاب: نیا ہندوستان پرانا مسلمان (دوسرا حصہ)

مرتب: اشعر نجمی

اشاعت اول: اکتوبر 2024

سرورق: پرنٹ میڈیا، مئو

خطاط: منور کاتب

Bright Books

Mira Road East, Dist. Thane, India
nidabattiwala@gmail.com

فہرست

وضاحت

چھٹا باب: تعلیم اور تعلیمی ادارے

فکشن

ساتواں باب: سیاست وقیادت

فکشن

آٹھواں باب: مسلم معیشت اور روزگار

فکشن

نواں باب: مسلم پرسنل لاء اور یکساں سول کوڈ

فکشن

دسواں باب: وقف بورڈ اور قومی میراث

فکشن

گیارہواں باب: مسلم عورتیں

فکشن

بارہواں باب: پسماندہ مسلمان

فکشن

تیرہواں باب: زبان وصحافت

فکشن

حاصل کلام:

اس کتاب کو پڑھنے سے پہلے

(1) سب سے پہلے اپنے ذہن کو اس بات کے لیے تیار کرلیں کہ آپ جو پڑھنے والے ہیں وہ کوئی روزنامہ نہیں بلکہ ایک سہ ماہی رسالے کا خاص نمبر ہے جس کا زیرِ نظر شمارہ منتخبہ موضوع پر مطبوعہ اور غیر مطبوعہ تحریروں کے مجموعے پر مشتمل ہے۔ یہ تمام مطبوعہ تحریریں مختلف رسائل، اخبارات، ویب سائٹس اور بلاگس میں بکھری ہوئی ہیں، جن کے ماخذ ہم نے ہر تحریر کے آخر میں 'بشکریہ' رقم کر دیا ہے۔ اس عمل کو آپ 'تحقیق' سے بھی تعبیر کر سکتے ہیں جو ایک محقق اپنا مقالہ تیار کرتے ہوئے متعدد منبع و سرچشمے کے حوالے سے اپنے مؤقف کو واضح کرتا ہے اور اسے استناد کے درجے پر فائز کرتا ہے۔ ظاہر ہے ان تمام تحریروں سے ہر شخص گزرا ہو، یہ دعویٰ کوئی نہیں کرسکتا۔ لیکن ہم اردو والوں کی نفسیات میں 'غیر مطبوعہ' کی اصطلاح عموماً وہی کام کرتی ہے جیسے کسی شہوتی کے لیے لفظ 'باکرہ' کام کرتا ہے۔ بالفاظ دیگر، جس طرح ہمارے ہاں 'کنوارے پن' (virginity) کو پاکیزگی اور کردار سے جوڑا جاتا ہے، تقریباً اسی طرح کسی تحریر کے ساتھ 'غیر مطبوعہ' کا لیبل ہمیں ذہنی آسودگی پہنچاتا ہے۔ یہ رویہ دراصل Use & Throw والی صارفی ذہنیت کا غماز ہے، یعنی جو چیز ایک بار استعمال ہوگئی، وہ ناقابل استعمال ہوجاتی ہے؛ پھر چاہے وہ بال پن ہو، گرل فرینڈ ہو یا کوئی تحریر۔

(2) زیرِ نظر شمارے کو ترتیب دیتے ہوئے ہم نے اپنے محدود وسائل کی بنیاد پر کوشش کی ہے کہ ایسی ہر وہ تحریر ایک جگہ اکٹھا ہوجائے جو منتخبہ موضوع پر مبالغہ آمیزی کے بجائے معروضی تجزیے پر مبنی ہو۔ لیکن اس انتخاب کو مرتب کرتے ہوئے ہم نے اختلاف رائے کا خاص خیال رکھا ہے، ایک ہی مسئلے (ایشو) پر دو یا اس سے زائد رائیں ہوسکتی ہیں جن کا استقبال کیا جانا چاہیے چونکہ یہی جمہوری رویہ ہے۔ لہٰذا، ہم نے حتی المقدور کوشش کی ہے کہ کسی ایشو پر غور و فکر کرتے ہوئے اس کے مختلف اور متضاد پہلو قارئین کے سامنے آجائیں جن کی روشنی میں ہر قاری اپنے اپنے طور پر نتائج کسب کر پائے۔ اس سلسلے میں ہمارا کردار (زیرِ نظر انتخاب کے پبلشرز، پرنٹر اور شعبۂ ادارت) نیوٹرل ہے۔ ان تمام تحریروں میں پیش کردہ آرا صرف ان کے لکھنے والے مصنفین کے ذاتی خیالات و تاثرات پر مبنی ہیں، جن سے ادارے کا متفق ہونا ضروری نہیں ہے۔

(3) ایک ضروری بات یہ کہ زیر نظر انتخاب چونکہ 'ہندوستانی مسلمانوں کے گذشتہ 75 سال' پر مبنی ہے، اس لیے ہم نے کوشش کی ہے کہ مختلف ادوار کے معروضی حقائق کو ایسے نئے پرانے تجزیاتی مضامین کے ذریعہ مفصل کر دیا جائے جس سے تمام گوشے نہ سہی (جو کسی ایک کتاب میں ممکن بھی نہیں ہے) لیکن کچھ ایسے سیاہ حاشیے جن پر فی زمانہ ہم گفتگو کرنے سے عموماً احتراز کرتے ہیں، ان متروکات پر از سر نو غور و فکر ہو۔ اگر چہ مقبول و معروف مفروضوں کے دور فراوانی میں غیر مقبول رایوں کے لیے جگہ بہت کم ہوتی ہے، لیکن بہر حال یہ کبھی ختم نہیں ہوتی، ہمیشہ موجود ہوتی ہے۔ لوگ سکے کی طرح ہوتے ہیں۔ ان کے دو رخ ہوتے ہیں؛ چت اور پٹ۔ وہ ایک رخ دکھاتے ہیں جب کہ دوسرا رخ وقت دکھاتا ہے۔

یہی وجہ ہے کہ قارئین کو ہندوستانی مسلمانوں کی شناخت، تاریخ اور مسائل وغیرہ پر لکھی گئی اردو میں ڈھیروں کتابوں کے مقابلے میں زیر نظر انتخاب قدرے نامانوس محسوس ہو لیکن ظاہر ہے ایسا موضوع کے تنوع اور زاویۂ نظر کے مختلف ہونے کے سبب ہے۔ اختلاف رائے فطرت کا قانون ہے۔ اس قانون کو ایک حدیث رسولؐ میں ان الفاظ میں بیان کیا گیا ہے: 'اختلاف امتی رحمۃ'۔ اختلاف رائے کا اظہار ہمیشہ تنقید (criticism) کی صورت میں ہوتا ہے جس کا مقصد کسی موضوع کا مختلف و متضاد زاویۂ نظر سے مطالعے کا آغاز کرنا ہوتا ہے۔ اس طرح کا آزادانہ تبادلۂ خیال ذہنی ارتقا کا لازمی تقاضہ ہے جو ایک بہتر اور روشن خیال معاشرے کی تعمیر میں معاون ثابت ہوتا ہے۔ ہم اس شمارے میں شامل کسی بھی تحریر کو حرف آخر نہیں سمجھتے، لہٰذا قارئین کے اختلاف رائے کا بھی خیر مقدم ہے۔

اگر چہ تمام مشمولات خلوص نیت کے مظہر ہیں اور ان میں سے بیشتر مطبوعہ بھی ہیں لیکن جیسا کہ اوپر کہا جا چکا ہے، ان سے مدیر یا ادارے کا متفق ہونا ضروری نہیں ہے۔ اس شمارے کے تعلق سے کسی بھی متنازعہ مسئلہ پر قانونی چارہ جوئی کا حق صرف ممبئی (انڈیا) کی عدالتوں کو ہی حاصل ہوگا۔

(4) زیر نظر انتخاب میں شامل تمام تحریروں کا زمانی عرصہ مختلف ہے۔ لہٰذا معزز قارئین سے ہماری درخواست ہے کہ وہ ان تمام مطبوعہ تحریروں کی سن اشاعت کو دوران مطالعہ اپنے دھیان میں ضرور رکھیں، جو ہر تحریر (سوائے طبع زاد مضامین اور مطبوعہ تخلیقات) کے آخر میں درج کر دی گئی ہیں، اس سے آپ کو ہر مضمون میں پیش کیے گئے ڈیٹا، اعداد و شمار، مفصل اور مجمل اطلاعات کو بہ لحاظ ادوار یا بہ اعتبار زمانہ سمجھنے میں مدد ملے گی۔

(5) اس کتاب میں شامل کسی بھی تحریر کو حرف آخر نہ سمجھا جائے، بلکہ انھیں اپنے غور و فکر کے لیے خام مواد سمجھا جائے جس سے حاصل شدہ معلومات، اعداد و شمار، مختلف اور متضاد رایوں کی مدد سے از سر نو اپنی صفیں درست کی جا سکتی ہیں۔

چھٹا باب
تعلیم اور تعلیمی ادارے

صندوق

ارشد عبدالحمید

یہ اک صندوق ہے
کافور کی بُو جس سے آتی ہے
نظر فرصت کی جس پر لوٹ جاتی ہے
میں تالا کھول کر
اس کی سبھی چیزوں کو تازہ دھوپ دیتا ہوں
پرانے عکس کو آئینے کا اک روپ دیتا ہوں
اس آئینے میں بوسیدہ کلاہ کج
نصیبوں کا علی گڈھ کاٹ پاجامہ
شکستہ ساعتوں کی شیروانی ہے
بہت سی اور بھی اشیا ہیں
جیسے حرف ماضی کی شکستہ ڈائری
اونچی انا کا اک قلم
کاغذ امیدوں کا
طلائی لفظ
چاندی کے خیال
اور موتیوں جیسی معانی کی چمکتی تختیاں
جن پر لکھے تھے خواب دنیا کے
ثقافت میں، معیشت میں
نیابت اور شراکت میں

سبھی اسباب دنیا کے

مگر ان تختیوں پر اب
کہیں حرف ہزیمت ہے
کہیں گنبد کے ٹوٹے نقش ہیں
جبر وستم کی داستانیں ہیں
زمیں کے حاشیے پر ہم
حوالوں کی بہت باریک سی تحریر ہیں
جس میں
طلائی لفظ
چاندی کے خیال
اور خواب کے موتی
کلاہ کج کے ٹکڑوں میں
اُدھڑتی شیروانی
اور علی گڈھ کاٹ پاجامے کی لیروں میں
کسی صابن کی ٹکیہ کی طرح بس گھلتے رہتے ہیں
یوں ہی بس رلتے رہتے ہیں
جنازے کی طرح کافور کی بو پھیل جاتی ہے
کھلے صندوق سے بس اک صدائے درد آتی ہے
فلک کا اپنے ہم مریخ ہو جائیں
چلو تاریخ ہو جائیں!

ہندوستان میں مسلمانوں کی تعلیمی صورت حال

آفتاب عالم

خواندگی کی شرح کو تعلیمی ترقی کی پیمائش اور جانچ کے لیے بنیاد سمجھا جاتا ہے۔ 2011 کی مردم شماری سے معلوم ہوتا ہے کہ آزادی کے 75 سال گزر جانے کے بعد بھی مسلم اقلیت کی تعلیمی صورت حال تسلی بخش نہیں ہے۔ اس ملک میں مسلم اقلیت کی خواندگی کی شرح 59.1 فیصد ہے، جب کہ قومی خواندگی کی شرح 65.4 فیصد ہے۔ دیگر تمام مذہبی طور پر اقلیتی قوموں کے ساتھ خواندگی کی شرح کے موازنہ سے معلوم ہوا کہ مسلمانوں میں خواندگی کی شرح سب سے کم ہے اور تعلیم کے شعبے میں ایسی بدحال صورت اس ملک کی کسی دوسری اقلیتی قوم اور طبقے کی نہیں ہے۔ (Narula,2014) مسلمانوں میں سب سے زیادہ خواندگی انڈومان اور نکوبار جزیرے میں 89.8 فیصد ہے، اس کے بعد کیرالا 89.4 فیصد ہے۔ ملک کی بڑی ریاستوں جیسے اتر پردیش، مغربی بنگال، بہار اور ہریانہ وغیرہ جہاں مسلمان دیگر مذاہب کے مقابلے میں تعلیمی لحاظ سے سب سے زیادہ پسماندہ ہیں۔ ملک کے مختلف قوموں کے ساتھ مسلمانوں کے تعلیمی اداروں میں اور تعلیم کی تمام سطحوں پر حاضری کا تناسب مسلمانوں کی تعلیمی صورت حال کو ظاہر کرتا ہے۔ لہٰذا اس بابت تفصیلات درج ذیل ہیں:

تعلیمی سطح کے لحاظ سے خالص حاضری کا تناسب (فیصد میں)

(Eduational Level-Wise Net Attendance Ratio)

مذہب	پرائمری	اعلیٰ پرائمری	ثانوی	اعلیٰ ثانوی	اعلیٰ تعلیم
مسلمان	79	55	39	24	7
ہندو	84	65	54	39	13

عیسائی	87	70	63	51	18
سکھ	86	65	55	52	15
دیگر مذاہب	87	63	71	39	13
تمام	83	63	52	38	12

[ماخذ: این ایس ایس او(NSSO)، 71واں راؤنڈ، 2014]

75ویں نیشنل سیمپل سروے رپورٹ (NSSR)، 2018 کے مطابق پرائمری اور اعلیٰ پرائمری سطحوں پر مسلمانوں کی مجموعی حاضری کا تناسب (GAR) ایس سی (101)، ایس ٹی (102)، او بی سی اور دیگر اقلیتوں سے کم (100) تھا۔ ثانوی سطح پر مسلمانوں کا GAR، 71.9 فیصد جب کہ ایس سی کا 85.8 فیصد، ایس ٹی کا 79.8 فیصد تھا۔ اسی طرح اعلیٰ ثانوی سطح پر مسلمانوں کا GAR سب سے کم یعنی 48.3 فیصد، جب کہ ایس سی کا 52.8 فیصد اور ایس ٹی کا 60 فیصد تھا اور اعلیٰ تعلیم میں مسلمانوں کا GAR بھی سب سے کم یعنی 14.5 فیصد تھا۔ (Ashraf & Kumar 2020)

کُل آبادی میں سے 31.46 فیصد مسلمان ناخواندہ ہیں، جب کہ جین ہندوستان میں سب سے زیادہ تعلیم یافتہ مذہبی طبقہ ہے جن کی شرح خواندگی 94.88 فیصد ہے، اس کے بعد عیسائی اور بدھ کے ماننے والے ہیں۔ سب سے زیادہ خواندہ جین اور سب سے کم خواندہ مسلمان کے مابین فرق 26.34 فیصد کا ہے۔ (Krishan & Chauhan, 2016)

مذہب کے لحاظ سے خواندگی کی شرح۔2011 (فیصد میں)

(Religion-Wise Literacy Rate-2011)

مذہب	مرد	خواتین	تمام
ہندو	81.70	64.34	73.27
مسلمان	74.73	62.04	68.54
عیسائی	87.70	81.47	84.53
سکھ	80.03	70.31	75.39
بدھ	88.31	74.04	81.29
جین	96.78	92.91	94.88
دیگر مذاہب	70.89	49.07	59.90

غیر معلوم مذاہب	81.95	67.31	74.69
ہندوستان کی شرح خواندگی	80.88	64.63	72.98

[ماخذ: مردم شماری 2011 (کُل آبادی کا شمار 7 سال سے کم عمر بچوں کو چھوڑ کر کیا گیا ہے۔)]

گف (Gough) کے مطابق، خواندگی ایک کارآمد عنصر کے بجائے پیچیدہ سیاسی ڈھانچے کی ترقی کو ممکن بنانے والا عمل ہے اور اس سے سماجی وقار اور اختیار و امتیاز کا فرق معلوم ہوتا ہے۔(Gough, 1968) مسلمانوں کی خواندگی و تعلیمی پسماندگی ثانوی و اعلیٰ ثانوی سطح پر بھی نظر آتی ہے۔ مردم شماری 2011 کے مطابق، ہندوستان کی قومی ثانوی سطح کی تعلیم کی شرح 6.43 فیصد، جب کہ مسلمانوں کی 4.43 فیصد، ہندو کی 6.62 فیصد، عیسائی کی 1031 فیصد، سکھ کی 8.25 فیصد، بدھ کی 8.61 فیصد اور جین کی 14.05 فیصد ہے۔(Haneefa, 2017)

اعلیٰ تعلیم میں مسلمان (Muslims in Higher Education)

دیگر قوموں کے مقابلے میں اس ملک کا مسلم شرح خواندگی اور بنیادی تعلیم سے زیادہ اعلیٰ تعلیم میں پسماندگی کا شکار ہے، جب کہ آج کے دور میں قوم کی ترقی اور فروغ کے لیے اعلیٰ تعلیم ایک لازمی عنصر ہوگئی ہے۔ اکیسویں صدی تحقیق اور اختصاص کے حصول کے ساتھ ساتھ ٹکنالوجی اور سائنس کے شعبے میں مہارت اور اعلیٰ تربیت یافتہ ہو کر معاشی و اقتصادی طور پر مضبوط ہونے کی ضرورت پر زور دیتی ہے۔

اعلیٰ تعلیم میں مسلمانوں کا اندراج
(Enrollment of Muslims in Higher Education)

حکومت ہند کی وزارت انسانی وسائل و ترقی (موجودہ وزارت تعلیم) کی جانب سے پورے ہندوستان میں منعقدہ اعلیٰ تعلیم سروے (AISHE) کے مطابق اعلیٰ تعلیم میں مسلمانوں کا اندراج ملک کے دیگر سماجی طور پر پسماندہ طبقات جیسے ایس سی، ایس ٹی اور او بی سی سے کم ہے جس کی مثال کے طور پر چند سالوں کے اعداد و شمار مندرجہ ذیل ہیں۔

اعلیٰ تعلیم میں مسلمانوں کے اندراج کا تناسب (فیصد میں)
(Enrollment Ratio of Muslims in Higher Education)

سال	مسلمان	ایس ٹی	ایس سی	او بی سی

27.6	11.1	4.4	3.8	2010-11
30.1	12.2	4.5	3.9	2011-12
31.2	12.8	4.4	4.2	2012-13
32.4	13.1	4.6	4.3	2013-14
32.8	13.4	4.8	4.5	2014-15
33.75	13.9	4.9	4.7	2015-16
34.4	14.2	5.1	4.9	2016-17
35.0	14.4	5.2	5.0	2017-18
36.3	14.9	5.5	5.2	2018-19

[ماخذ: اے آئی ایس ایچ ای (AISHE) کی رپورٹس (2010-2019)]

مذکورہ بالا اعداد و شمار سے معلوم ہوتا ہے کہ 2010-2011 سے 2018-2019 کی مدت کے درمیان اعلیٰ تعلیم میں مسلمانوں کی شرح نمو 26.92 فیصد تھی، جب کہ ایس ٹی کی 25.50 فیصد، ایس سی کی 20 فیصد اور او بی سی کی شرح 23.96 فیصد تھی۔ یہ بات ملک اور مسلم قوم کے لیے خوشی کی ہے کہ اعلیٰ تعلیم اس کے اندراج کی شرح میں سب سے زیادہ ترقی ہوئی ہے لیکن تناسب کے لحاظ سے اندراج کی شرح سب سے کم ہے جو کہ قابل غور و فکر ہے۔

مذہب کے لحاظ سے اعلیٰ تعلیم یافتہ افراد کی تعداد (فیصد میں)

(Religion-Wise Number of Highly Educated Individuals)

تمام	خواتین	مرد	مذہب
9.93	7.60	12.8	ہندو
5.24	3.91	6.51	مسلمان
13.99	13.58	14.42	عیسائی
9.79	9.98	9.61	سکھ
9.75	7.49	11.99	بدھ
36.01	32.52	39.45	جین
3.94	2.81	5.12	دیگر مذاہب

تمام/مکمل	11.54	7.41	9.51

[ماخذ: مردم شماری 2011 (کُل آبادی کا شمار 20 سال سے کم عمر کے لوگوں کو چھوڑ کر کیا گیا ہے)]

2011 کی مردم شماری کے اعداد وشمار کے مطابق اس ملک میں 20 سال یا اس سے زیادہ عمر کی کُل آبادی کا صرف 9.51 فیصد گریجویٹس (Graduates) ہیں اور مذہبی لحاظ سے اعداد وشمار کے تجزیہ سے معلوم ہوتا ہے کہ مسلمانوں کی تعداد صرف 5.24 فیصد ہے لیکن 2001 میں یہ شرح 3.6 فیصد تھی۔ 2001 اور 2011 کے درمیان کی ایک دہائی میں مسلمانوں نے اعلیٰ تعلیم میں صرف 1.6 فیصد کا اضافہ درج کیا ہے، جب کہ اسی عرصے میں قومی اوسط 6.7 سے بڑھ کر 9.5 فیصد ہوگئی جس میں 2.8 فیصد کا اضافہ درج ہوا ہے۔ اس سے صاف ظاہر ہوتا ہے کہ مسلمانوں میں گریجویٹس کی شرح نمو قومی اوسط سے کمتر ہے۔(Kafi, 2020)

معاشرے کے عروج وزوال میں تعلیم و ہنر کی اہمیت سب کو معلوم ہے اور یہ بھی سب جانتے ہیں کہ موجودہ حالات میں تعلیم کے بغیر خود مختار اور باوقار زندگی گزارنا ناممکن ہے۔ مذکورہ بالا بحث، شواہد، مختلف رپورٹس اور ادب کے مطالعہ سے یہ ظاہر ہوتا ہے کہ تعلیم کے شعبے میں تمام سطحوں جیسے پرائمری، اعلیٰ پرائمری، ثانوی، اعلیٰ ثانوی اور اعلیٰ درجے کی تعلیم پر مسلمانوں کی حالت دیگر مذہبی قوموں و جماعتوں کے ساتھ ساتھ ایس سی، ایس ٹی اور او بی سی کے مقابلے قابل رحم اور باعث تشویش ہے۔(Waheed & Salam, 2011) مسلمانوں کی تعلیمی محرومی اور غربت سماجی پسماندگی کی ایک بڑی وجہ اور ترقی میں ایک بڑی رکاوٹ ہے اور اقتصادی پسماندگی کی وجہ مسلمانوں کے لیے تعلیم کے ذرائع سرکاری ادارے یا مکاتیب و مدارس ہیں۔ مرکزی اور ریاستی حکومتوں، سماجی وسیاسی رہنماؤں، سرکاری افسران، منتظمین، دانشور حضرات اور تعلیم یافتہ لوگوں کو مسلم سماج میں تعلیم کی اہمیت وافادیت اور حکومت کی تعلیمی پالیسیوں کی بابت واشاعت اور مسلمانوں کو آگاہ کرنے کی ضرورت ہے۔ مرکزی اور ریاستی حکومتوں کو ہندوستانی مسلمانوں کی تعلیم پر توجہ دینے اور ان کی تعلیمی ترقی کے لیے مثبت اقدامات اٹھانے کی ضرورت ہے۔(Government of India, 2006)

مسلمان اور مدرسہ کی تعلیم

(Muslims & Madrasa Education)

ہندوستان میں مسلمانوں کی صدیوں کی حکمرانی اور خاص طور پر مغلیہ سلطنت کے دور میں ملک کے ہر خطے میں کثیر تعداد میں تعلیمی ادارے قائم کیے گئے جو مدارس کہلاتے ہیں۔ آج ہندوستان میں تقریباً تیس ہزار سے چالیس ہزار مدارس موجود ہیں جن کا مسلمانوں کی تعلیم میں اہم مقام اور کردار ہے اور مدارس کے قیام کا مقصد

صرف اسلامی تعلیم نہیں بلکہ عصری تعلیم کی فراہمی بھی ہے۔ مسلم بچوں کو معیاری تعلیم فراہم کرنے کے لیے مدرسہ کی تعلیم کو جدید و معیاری بنانا ضروری ہے۔ ہندوستان میں مدرسہ کی تعلیم دیہی و سماجی و اقتصادی طور پر پسماندہ مسلم بچوں کے لیے معیاری اعلیٰ تعلیم تک بہتر رسائی فراہم کرنے میں ایک اہم کردار ادا کرتی ہے۔ (Alam, 2017) ہندوستان میں کیے گئے مطالعات و تحقیقات سے معلوم ہوتا ہے کہ مسلمانوں کے مدرسے کے انتخاب کی اصل وجہ دیگر تعلیمی سہولیات تک رسائی کا فقدان ہے۔ سکسینہ (Saxena)، 1983 کے اپنے ایک مطالعہ میں مرادآباد ٹاؤن میں پایا کہ زیادہ تر باقاعدہ معیاری اسکول غیر مسلم علاقوں میں واقع ہیں۔

مسلم بچوں کی مدرسہ کی تعلیم کی طرف رغبت کے عوامل درج ذیل ہیں۔ (Soni, 2010)

1۔ والدین کی مستحکم ملازمت کے فقدان کے سبب اقتصادی پسماندگی۔

2۔ مفت مدرسہ کی تعلیم و قیام و طعام۔

3۔ سرکاری اسکول میں غیر معیاری تعلیم اور کلاس میں ناکامی (فیل)۔

4۔ اردو ذریعہ تعلیم والے اسکولوں کی قلت اور فقدان۔

5۔ سرکاری اسکولوں کے نصابی کتب کو غیر اسلامی تصور کرنا۔

6۔ سرکاری اسکولوں میں رائج غیر اسلامی ہندوانہ رسم و رواج۔

7۔ مسلم علاقہ میں سرکاری اسکولوں کا فقدان یا اساتذہ کا فقدان اور قلت۔

ہمارے معاشرے میں ایک غلط فہمی رائج ہے کہ مسلم والدین اپنے بچوں کو مدارس میں مذہبی تعلیم کے لیے ہی بھیجتے ہیں لیکن سماجی و اقتصادی ترقی کے تمام اشاریوں خصوصاً شرح خواندگی اور تعلیم میں مسلمان پسماندگی کے شکار ہیں۔ (Park & Niyozov, 2008)

سچر کمیٹی کی رپورٹ

(Sachar Committee Report)

9 مارچ 2005 کو ایک کمیٹی جسٹس راجندر سچر کی صدارت میں تشکیل پائی، جس کو یہ ذمہ داری سونپی گئی کہ ہندوستانی مسلمانوں کی سماجی، معاشی اور تعلیمی صورت حال کی تحقیقات صداقت پر مبنی رپورٹ تیار کر کے حکومت ہند کو پیش کرے۔ اس کمیٹی نے 17 نومبر 2006 کو اپنی رپورٹ ملک کی مرکزی حکومت کو سونپ دی اور اس کمیٹی کو صدر کی طرف منسوب کرتے ہوئے سچر کمیٹی کے نام سے موسوم کیا جاتا ہے۔ اس کمیٹی کے مقاصد اور رپورٹ میں پیش کردہ چند اہم نکات درج ذیل ہیں۔ (حبیب الرحمٰن اعظمی، 2007)

1۔ ایسے بلاک، ضلع اور ریاست کی شناخت جہاں مسلم اقلیت کی آبادی مناسب مقدار میں ہے۔

2۔ مختلف اضلاع اور ریاستوں میں مسلمانوں کی زندگی کا معیار اور معاشی و اقتصادی سرگرمیوں کی کیفیت جاننا اور سمجھنا۔

3۔ ملک کے دیگر شہریوں کے مقابلے میں مسلمانوں کی معاشی، سماجی، شرح خواندگی، شرح تعلیم، شرح اموات، زچگی کا وقت اور کمسن بچوں کی شرح اموات وغیرہ کی حالت معلوم کرنا۔

4۔ سرکاری اور نجی شعبوں میں مسلمانوں کی ملازمت کے تناسب کو جاننا اور اس تناسب کی آبادی کی شرح سے موازنہ کرنا۔

اس کمیٹی نے اپنی تحقیق میں پایا کہ 66 فیصد مسلم بچے تعلیم کے لیے سرکاری اسکولوں میں، 30 فیصد نجی اسکولوں میں داخلہ لیتے ہیں اور صرف 4 فیصد ہی مسلم بچے مدارس میں تعلیم حاصل کرتے ہیں۔ منجملہ مسلمان اس ملک میں معاشی، اقتصادی، سماجی اور تعلیمی طور پر انتہائی پسماندہ اور دیگر قوموں سے بہت پیچھے ہیں۔ (غفران ساجد، 2013) موجودہ سماج میں مسلمانوں کو تمام سطح پر متعدد طریقوں سے امتیازی سلوک کا سامنا کرنا پڑتا ہے جس کا اثر ہے کہ مسلمان تعلیمی میدان میں بنیادی سطح سے لے کر اعلیٰ سطح تک تعلیمی پسماندگی کا شکار ہیں۔ اس بات کو ہر عاقل بالغ انسان سمجھتا ہے کہ مسلمانوں اور دیگر سماجی و مذہبی قوموں و جماعتوں (SRC) کے مابین فرق (Gap) تعلیم کی سطح کے ساتھ ساتھ بڑھتا ہے۔ (Haneefa, 2020) سچر کمیٹی کی رپورٹ انسانی ترقی کے اشاریہ کے تمام شعبوں میں ہندوستان کے مسلمانوں کی قابل رحم حالات کو ظاہر کرتی ہے، جس میں مسلمانوں کو سب سے زیادہ اسکول چھوڑنے اور تعلیم ترک کرنے کی شرح کے ساتھ بتایا گیا ہے۔ ہندوستان میں مختلف مذہبی قوموں اور طبقات کے درمیان تعلیمی، سماجی، معاشی و اقتصادی اور سیاسی نمائندگی میں کافی فرق اور تفاوت نظر آتی ہے۔ (Anjum & Pervez, 2016)

اس کمیٹی کے 173 اہم سفارشات میں سے چند درج ذیل ہیں:

1۔ اقلیتوں کی شکایت کا جائزہ لینے کے لیے مساوی کمیشن کا قیام ہو، سرکاری اداروں میں اقلیتوں کی شرکت بڑھانے کے لیے نامزدگی (Nomination) کا طریقۂ کار بنایا جائے اور اقلیت کی اکثریت والے علاقے کے حلقوں کو ایس سی (SCs) کے لیے محفوظ و نامزد نہ کیا جائے۔

2۔ نصابی کتابوں کے مواد اور مشمولات کا جائزہ لیا جائے اور مذہبی عدم رواداری کو جنم دینے والے نامناسب واضح اور مضمر مواد کو ہٹایا جائے اور اقلیتی طلبا کو ترجیحات کی بنیاد پر مفت یا مناسب فیس کے ساتھ ہاسٹل کی سہولت فراہم کی جائے۔

3۔ یونیورسٹی گرانٹس کمیشن (UGC) ایک ایسا نظام تیار کرے کہ کالجوں اور یونیورسٹیوں کا اختصاص طلبا کی آبادی کے تنوع سے منسلک ہو۔ یونیورسٹیوں (ریگولر) اور خود مختار کالجوں میں تمام سماجی اور مذہبی زمروں کے سب سے پسماندہ افراد کے داخلے کی سہولت فراہم ہو اور داخلہ کے متبادل معیار تیار کیے جائیں۔

4۔روزگار میں مسلمانوں کی حصہ داری بڑھائی جائے، خاص طور پر ان مقامات اور امور میں جہاں عوامی لین دین بہت زیادہ ہوتی ہے۔ ملک کے مدارس کو مرکزی اور ریاستی اعلیٰ ثانونی (Higher Secondary) اسکول بورڈ سے جوڑا جائے اور دفاع، سول سروسز اور بینکنگ کے امتحانات میں اہلیت کے لیے مدارس کی ڈگریوں کو تسلیم کیا جائے۔

5۔ اساتذہ کی تربیت میں ایسے اجزا شامل کیے جائیں جو تنوع اور اختلاف و کثریت (Plutrality) کی اہمیت کو متعارف کرائے اور مسلمانوں و دیگر پسماندہ قوموں کی ضروریات اور خواہشات کے بارے میں حساس بنائے۔

6۔ضرورت کے مطابق اعلیٰ معیار کے اردو میڈیم اسکول قائم کیے جائیں اور اردو زبان میں اعلیٰ معیار کی نصابی کتب کی تیاری کو یقینی بنایا جائے۔

7۔ایک قومی وقف ترقیاتی کارپوریشن پانچ سو کروڑ (500) کی کارپس فنڈ کے ساتھ قائم کیا جائے اور وقف کے مخصوص امور سے نمٹنے کے لیے ایک نیا کیڈر بنایا جائے۔

8۔ایک قومی ڈیٹا بینک (NDB) بنایا جائے جہاں مختلف سماجی اور مذہبی زمروں کے تمام متعلقہ اعداد وشمار کو محفوظ رکھا جا سکے اور ترقیاتی فوائد کی حد بندی کا جائزہ لینے کے لیے ایک خودمختار تشخیص اور نگرانی اتھارٹی قائم کیے جائیں۔

سچر کمیٹی کی رپورٹ آنکھ کھولنے والی اور حقائق پر مبنی تھی، کیوں کہ مسائل کو مبہم نہیں بلکہ ٹھوس اعداد وشمار کی مدد سے سامنے لایا گیا تھا اور یہ رپورٹ شماریاتی اعداد وشمار کی بنیاد پر مسلم قوم کے حالات کا تجزیہ کرنے کی پہلی کوشش تھی۔ سچر کمیٹی نے مسلمانوں کی تعلیم کی راہ میں سب سے بڑی رکاوٹ غربت کی نشاندہی کی تھی۔اس رپورٹ سے اس ملک میں مسلم اقلیت کی حالت زار کا نقشہ ابھر کر ملک اور لوگوں کے سامنے آگیا جو باآواز بلند شہادت دے رہی ہے کہ ملک کی سب سے بڑی اقلیت یعنی مسلمان کی زبوں حالی قابل رحم اور قابل توجہ ہے۔
(Basant, 2007 & 2008)

مسلمانوں کی تعلیمی پسماندگی کے اسباب

(Factors Educational Marginalisation of Muslims)

اس ملک میں مسلمان ایک اہم اقلیتی قوم ہے لیکن زیادہ تر معاملات میں اس کی شناخت ایک پسماندہ قوم کے طور پر کی جاتی ہے۔اس ملک میں مسلمان سماجی، معاشی، اقتصادی اور تعلیمی لحاظ سے دوسرے اقلیتی و غیر اقلیتی قوموں سے بہت کمتر ہے۔اس کے اسباب و وجوہات درج ذیل ہیں۔ (Patra, Khan, Gayak

& Mukherjee, 2019)

1۔ تعلیمی محرومی کی وجہ سے مسلمان غربت اور اقتصادی کمزوری کا شکار ہیں، نیز مسلمان کم آمدنی کے سبب ناگفتہ بہ حالات میں زندگی بسر کر رہے ہیں۔ بے روزگاری، معاشی و اقتصادی لاچاری مسلم طلبا کو تعلیم چھوڑنے اور کم آمدنی والے حرفت و پیشہ میں مشغول ہونے پر مجبور کرتی ہیں۔

2۔ اس ملک میں مسلم مخالف رویہ بھی زمانہ قدیم سے ایک بدنما داغ کی طرح موجود ہے جو بہت سے مواقع پر مسلمانوں کی تعلیمی، معاشی و اقتصادی حیثیت کو کم کرنے میں اہم رول ادا کرتا ہے۔ اس کے نتیجے میں مسلمانوں کی تعلیم متاثر ہوتی ہے اور روزگار کے مواقع غیر یقینی صورت حال میں بدل جاتے ہیں۔

3۔ مسلم خواتین میں ناخواندگی کی اعلیٰ شرح اور کم عمر میں شادی اس ملک کے مسلم قوم کی ایک کڑوی سچائی ہے جو اس قوم اور خواتین کی ترقی کو بے حد متاثر کرتی ہے۔ متعدد اسباب کی بنیاد پر مسلم قوم غیر ہنر مند آبادی میں تبدیل ہوگئی ہے جو جہالت، ذلت، خرابی اور بے خبری کے ساتھ زندگی بسر کر رہی ہے۔

4۔ جدید ہندوستان میں سماجی تحفظ کی کمی اور مسلسل فسادات کا وقوع ایک افسوس ناک حقیقت بن چکا ہے۔ مذہبی فسادات، حالات زندگی اور زندگی کی بنیادی ضروریات جیسے معیشت، تعلیم، صحت اور امن و امان کو براہ راست متاثر کرتے ہیں۔ فساد کے منفی اثرات کی وجہ سے پسماندگی اور امتیازی رویہ سماج میں عام ہوتا ہے۔

5۔ مسلم لڑکیوں کی خواندگی اور تعلیم کی کم شرح مسلمانوں کی سماجی و اقتصادی ترقی میں ایک بڑی رکاوٹ ہے۔ کچھ مسلم والدین اعلیٰ تعلیم کے لیے جانے والی اپنی لڑکیوں کی حوصلہ شکنی کرتے ہیں، کیوں کہ لڑکیوں کی تعلیم کے حوالے سے وہ لوگ منفی رویہ رکھتے ہیں۔

6۔ مسلم اکثریتی علاقوں کے قریب مناسب و معیاری تعلیم والے اسکولوں کی قلت بلکہ فقدان ہے اور لڑکیوں کے لیے اسکولوں میں غیر مناسب انتظام مسلمانوں میں تعلیمی پسماندگی کے اہم وجوہات میں سے ہیں۔ زیادہ تر اسکول اردو میڈیم (ذریعہ تعلیم) میں نہیں ہیں بلکہ ہندی اور انگلش میڈیم کے ہیں جو غیر معیاری تعلیم فراہم کرتے ہیں بلکہ ضروری وسائل و سہولیات کی عدم موجودگی اور اساتذہ کا فقدان اور عدم دستیابی ان اسکولوں کی خصوصیت ہے۔

خاتمہ (Conclusion)

مسلم اقلیتوں کی تعلیمی پسماندگی کی وجوہات کی وضاحت کے لیے مختلف تحقیقی مطالعات کیے گئے ہیں اور مسلم اکثریتی علاقوں میں اسکولوں کی کمی اور بنیادی ڈھانچے کی سہولیات کا فقدان ایک بڑا مسئلہ ہے۔ (GOI, 2006) مسلم قوم کی تعلیمی پسماندگی کی ایک بڑی وجہ یہ ہے کہ آزادی کے بعد سات دہائی گزرنے اور تعلیم کی آئینی

ضمانت کے بعد بھی بہت سی مسلم اکثریت والی بستیوں میں سرکاری اسکول کی قلت و فقدان ہے، بلکہ اسکولوں میں ضروری و مطلوبہ سہولیات بھی مہیا نہیں ہے۔ (Narula, 2012) رام چندرن (2004 & 2009)، بترا (2009 & 2005)، مرلی دھرن اور کیمر (2006)، کنڈن (2009)، نبیسن (2009)، واسوی، رام چندرن اور نورم (2009)، رام چندرن، پٹنی اور مہروٹرا (2009)، PROBE رپورٹس (2009& 2010)، مجمدار اور موجی (2011) نے اس بات کی نشاندہی کی کہ اکتساب کا عمل اور اسکول کا مجموعی ماحول جیسے استاد و شاگرد کا رشتہ اور شاگردوں کا آپس میں رشتہ وغیرہ مسلم بچوں کی کم شرکت کی وجوہات ہیں۔

نتائج کے اعداد و شمار ہمیشہ اس بات پر روشنی نہیں ڈالتے ہیں کہ کچھ بچے کیوں اسکول و تعلیم ترک کر دیتے ہیں یا ایک گریڈ سے دوسرے گریڈ کیوں نہیں جا پاتے ہیں؟ (GOI, 2012) ماہر سماجیات کولمین (Coleman) تعلیم کو معاشرے و سماج سے عدم مساوات کو کم کرنے کا ایک اہم ذریعہ اور سبب مانتے ہیں۔ اس طرح ایک نقطۂ نظر پیش کیا گیا کہ تعلیم ایک ایسا عمل ہے جو اختتام و مراد تک رسائی کے ذرائع اور بعد کی زندگی کے لیے مساوی مواقع فراہم کرتی ہے۔ (Coleman, 1975) اگر تعلیم کے حصول کا طریقہ غیر مساوی ہے تو وہ معاشرہ کبھی بھی سماجی مساوات حاصل نہیں کر سکتا۔ اس لیے سماجی اور معاشی عدم مساوات پر قابو پانے کے لیے ضروری ہے کہ تعلیم کی رسائی، طریقہ اور معیار میں برابری لائی جائے (Smith & Kozleski, 2005) جو بورڈیو (Bourdieu) اور کولمین (Coleman) دونوں کا یہی موقف ہے۔ لہٰذا مسلمانوں کی تعلیم کے لیے اس ملک کے تمام لوگوں کو خصوصاً حکومت کو کوشش کرنی چاہیے اور ان کے علاقے میں تعلیمی ادارے قائم کرنے چاہئیں تاکہ معیاری تعلیم کی فراہمی کو یقینی بنایا جا سکے۔

(اس مضمون کی تلخیص یہاں پیش کی گئی ہے۔)

[بشکریہ 'ہندوستان میں پسماندہ طبقات کی تعلیم'، ایجوکیشنل پبلشنگ ہاؤس، نئی دہلی، 2023]

مسلمانوں کی تعلیمی پسماندگی: ایک سروے

نوراللہ جاوید

وزارت تعلیم ہر سال ملک کے اعلیٰ تعلیمی اداروں کی سماجی، معاشرتی اور تعلیمی ترقی پر مبنی سروے شائع کرتی ہے۔ آل انڈیا سروے آن ہائر ایجوکیشن اس لحاظ سے کافی اہم ہے کہ یہ صرف تعلیمی اداروں کا رپورٹ کارڈ نہیں ہے بلکہ اس کے آئینے میں ملک کی مجموعی تعلیمی ترقی، سماجی و معاشرتی پس منظر کی عکاس ہوتی ہے۔ آل انڈیا سروے آن ہائر ایجوکیشن کی رپورٹ 21-2020 انتیس جنوری کو منظر عام پر آئی ہے۔ اس رپورٹ کے مختلف حصے، جو میڈیا میں آئے ہیں، ان میں ایک یہ بھی ہے کہ مسلم لڑکوں کے مقابلے تین فیصد مسلم لڑکیاں ملک کے اعلیٰ تعلیمی اداروں میں تعلیم حاصل کر رہی ہیں، مگر یہ صرف مسلم لڑکیوں تک محدود نہیں ہے بلکہ مجموعی طور پر اعلیٰ تعلیمی اداروں میں خواتین کی نمائندگی میں اضافہ ہوا ہے۔ اس رپورٹ کا ایک تکلیف دہ اور تشویشناک پہلو یہ ہے کہ مجموعی طور پر اعلیٰ تعلیمی اداروں میں داخلہ لینے والوں کی تعداد میں 7.4 فیصد کا اضافہ ہونے کے باوجود اعلیٰ تعلیمی اداروں میں داخلہ لینے والے مسلم طلبا و طالبات کی تعداد میں ایک فیصد کی کمی آئی ہے۔ 2009 کے بعد یہ سب سے بڑی گراوٹ ہے۔

کسی بھی سرکاری رپورٹ اور اس کے اعداد و شمار کا جائزہ لینا ہمیشہ ایک تکلیف دہ عمل رہا ہے۔ اعداد و شمار کا جب بھی گہرائی سے تجزیہ کیا جاتا ہے تو ہمیشہ مشکل اور باعث تشویش نتائج سامنے آتے ہیں۔ کورونا کے بعد معاشی بدحالی، انسانی مصائب اور عدم مساوات میں اضافہ ہونے کے باوجود اعلیٰ تعلیم میں داخلہ لینے والے طلبا کی تعداد میں مجموعی طور پر 7.4 فیصد اضافہ ہوا ہے تو واقعی یہ خوش آئند پہلو ہے۔ مگر کسی بھی رپورٹ کے صرف ایک پہلو پر خوش ہونے کے بجائے اس کے تمام پہلوؤں کا تجزیہ کرنے کے بعد ہی کسی نتیجے پر پہنچنا چاہیے۔ آل انڈیا سروے آن ہائر ایجوکیشن کی رپورٹ 21-2020 سے جو چشم کشا حقائق سامنے آئے ہیں، ان میں سے ایک یہ بھی

ہے کہ ملک کے آئی آئی ٹی اداروں، ٹکنالوجی اور میڈیکل کے دیگر اداروں میں مسلمانوں کے ساتھ ساتھ دلتوں کو بھی امتیازی سلوک کا سامنا ہے۔ ریزرویشن پالیسیوں کے نفاذ میں کوتاہی برتی جاتی ہے۔

سچر کمیٹی کی رپورٹ کو منظر عام پر آئے سترہ سال مکمل ہو چکے ہیں۔ 2006 میں جب رپورٹ سامنے آئی تھی تو اس وقت کافی باتیں اور ہنگامہ آرائیاں برپا کی گئیں۔ مسلمانوں کی تعلیمی پسماندگی کا ایشو سیاسی موضوع بھی بنا، ماضی کی حکومتوں کو بادل ناخواستہ ہی سہی کئی اقدامات بھی کرنے پڑے۔ چنانچہ 2009 میں جہاں ملک کی اعلیٰ تعلیمی اداروں میں مسلم طلبا کی نمائندگی کی شرح محض دو فیصد کے قریب تھی مگر 2010 کے بعد اس میں اضافہ درج کیا گیا اور بتدریج 2019 تک اعلیٰ تعلیمی اداروں میں مسلم طلبا و طالبات کی تعداد 5.5 تک پہنچ گئی۔ مسلمانوں کی اعلیٰ تعلیم میں شرح نمائندگی میں اضافے کی رفتار اگرچہ قومی اوسط کے اعتبار سے کسی بھی درجے میں قابل اطمینان نہیں تھی لیکن گراف اوپر کی طرف بڑھ رہا تھا، اس لیے امید تھی کہ اس کی رفتار میں مزید اضافہ ہوگا مگر تازہ رپورٹ میں جو گراوٹ درج کی گئی ہے، اس نے کئی سوالات کھڑے کر دیے ہیں۔ کیا مسلمانوں میں اعلیٰ تعلیم کے حصول کا جذبہ سرد پڑ رہا ہے؟ جب کہ تعلیم کسی بھی کمیونٹی کی ترقی کے لیے شاہ کلید کی حیثیت رکھتی ہے۔ کسی بھی ملک یا کمیونٹی کی ترقی کا اندازہ ان کی تعلیمی محصولات سے کیا جاتا ہے۔ تعلیم قوموں کو وقت کی بدلتی ہوئی ضروریات کا جواب دینے کے قابل بنانے کے لیے طاقت ور اور لچک دار بناتی ہے۔ تعلیم میں انسانوں کو انسانی وسائل میں تبدیل لانی کی طاقت ہے۔ انسانی وسائل کی ترقی کے بغیر ایک پائیدار اور خوشحال قوم کی تعمیر نہیں ہو سکتی ہے اور اس کا مکمل انحصار اعلیٰ تعلیم اور صحت کے شعبے کی ہمہ گیری اور اس کی افادیت اور فیوض عامہ پر ہے۔ ان حقائق کے باوجود اگر کوئی کمیونٹی تعلیم کے شعبے میں حاشیہ پر پہنچتی ہے تو اس سے بڑی محرومی اور مایوسی کی بات کیا ہو سکتی ہے؟ اب جب کہ مرکزی وزارت اقلیتی امور کے سالانہ بجٹ میں کٹوتی اور پرائمری، اَپر پرائمری اور مولانا آزاد نیشنل فیلوشپ جیسی اسکیمیں بند کر دی گئی ہیں، اس سے یہ اندیشہ ہے کہ مسلمانوں کی اعلیٰ تعلیم میں نمائندگی کی شرح ایک بار وہیں پر پہنچ جائے گی جہاں 2006 میں سچر کمیٹی کی رپورٹ کے وقت تھی۔

رپورٹ کے ایک حصہ کو لے کر میڈیا میں خوب باتیں ہو رہی ہیں کہ اعلیٰ تعلیمی اداروں میں مسلم لڑکیوں کی تعداد مسلم لڑکوں کے مقابلے میں تین فیصد زائد ہے۔ آل انڈیا سروے آن ہائر ایجوکیشن کی رپورٹ 21-2020 جب منظر عام پر آئی تو ایک انگریزی اخبار 'بزنس اسٹینڈرڈ' نے اس رپورٹ کو بنیاد بنا کر یہ خبر شائع کی کہ اعلیٰ تعلیمی اداروں میں مسلم طلبا کے مقابلے میں مسلم طالبات کی تعداد زیادہ ہے۔ انگریزی اخبار نے اس کو مسلم معاشرہ میں خوشنما تبدیلی سے تعبیر کیا۔ اس کے بعد اس خبر کو پیش کرنے کی ہوڑ سی لگ گئی جب کہ تصویر کا ایک رخ یہ بھی ہے کہ ملک کے ترقی یافتہ ریاستوں میں سے ایک کرناٹک میں حجاب کا معاملہ پیش آنے کے ایک سال بعد سرکاری کالجوں میں مسلم طالبات کے اندراج میں کمی آئی ہے۔ 'بزنس اسٹینڈرڈ' سمیت دیگر اخباروں نے رپورٹ کے کئی پہلوؤں کو نظر انداز کر دیا ہے۔ بلاشبہ معاشرے کی تبدیلی کے لیے اعلیٰ تعلیم کے حصول میں لڑکوں اور لڑکیوں

کو مساویانہ مواقع ملنی چاہیے، اس سے کس کو اختلاف ہوسکتا ہے۔ تاہم اعلیٰ تعلیم کے حصول میں لڑکوں کا پچھڑ جانا کسی بھی معاشرے کی سماجی، معاشرتی اور اقتصادی صورت حال کے لیے مزید بھیانک ثابت ہوتا ہے۔ اس سے کمیونٹی کی اقتصادی ترقی متاثر ہوگی اور اس کے اثرات سالوں نہیں بلکہ کئی دہائیوں تک مرتب ہوتے ہیں۔ رپورٹ کے مطابق 20-2019 میں اکیس لاکھ (5.5 فیصد) مسلم طلبا و طالبات اعلیٰ تعلیم حاصل کررہے تھے جب کہ 21-2020 میں مسلم طلبا و طالبات کی تعداد کم ہوکر 19.21 لاکھ (4.6 فیصد) ہوگئی ہے۔ ایسے میں اعلیٰ تعلیم میں مسلم طالبات کی شرح ترپن فیصد اضافہ ہونے پر جشن منانے کا کوئی جواز نہیں بنتا ہے۔ یہ سوال حکومت سے ہی نہیں، مسلم معاشرے اور مسلمانوں میں تعلیم کے فروغ کے لیے کام کرنے والوں کو خود سے بھی کرنا چاہیے کہ کورونا وبا کے باوجود اگر ملک میں مجموعی طور پر اعلیٰ تعلیم حاصل کرنے والے طلبا کی تعداد میں 7.4 فیصد کا اضافہ ہوا ہے تو پھر مسلم طلبا و طالبات کی تعداد میں کیوں کمی آئی ہے؟ جبکہ کورونا کی وجہ سے ملک میں مجموعی طور پر اقتصادی ترقی کو شدید جھٹکے لگے ہیں۔ تمام کمیونٹی اقتصادی طور پر متاثر ہوئی ہیں، اس کے باوجود اگر شیڈول کاسٹ اور شیڈول ٹرائب اور او بی سی کے طلبا کی تعداد میں اضافہ ہوسکتا ہے تو پھر مسلمان کیوں پیچھے رہ گئے ہیں؟ یہ صورت حال جہاں مسلم کمیونٹی، تنظیمیں، جماعتیں، تعلیم کے شعبے میں کام کرنے والے سماجی کارکنوں کے لیے لمحۂ فکر ہے، وہیں بھارت کو 'وشو گرو' بنانے کا خواب دیکھنے اور دکھانے والوں کے لیے بھی ایک بڑا سوال ہے کہ کیا وہ مسلمانوں کو تعلیمی اور معاشی پسماندگی کے دلدل میں دھکیل کر ملک کو 'وشو گرو' بنانے میں کامیاب ہو جائیں گے؟ اس سے بھی بڑا سوال یہ ہے کہ جس طریقے سے مرکزی اور بی جے پی کے زیر اقتدار ریاستوں میں مسلمانوں کے تعلیمی مسائل سے منھ موڑا جارہا ہے، اسکالرشپس بند ہورہے ہیں، اعلیٰ تعلیمی اداروں میں تعصب اور امتیازی سلوک کا سامنا ہے، کیا اس سے نکلنے کا کوئی راستہ مسلمانوں کے پاس ہے بھی یا نہیں؟ کیا مسلمان پرائیویٹ تعلیمی ادارے قائم کرکے اس کا تدارک کرسکتے ہیں؟ کیا عام مسلمانوں کی اقتصادی و معاشی استطاعت اس قدر ہے کہ وہ پرائیوٹ تعلیمی اداروں میں بڑی فیس دے کر اپنے بچوں کو تعلیم دلوا سکتے ہیں؟

آل انڈیا سروے آن ہائر ایجوکیشن کی رپوٹ کا تجزیاتی مطالعہ

آل انڈیا سروے آن ہائر ایجوکیشن (AISHE)، 21-2020 کی رپورٹ کے مطابق گزشتہ تعلیمی سال 20-2019 کے مقابلے میں تعلیمی سال 21-2020 میں ہندوستان میں اعلیٰ تعلیم میں داخلہ لینے والے مسلم طلبا کی تعداد میں کمی آئی ہے۔ تین سو سے زائد صفحات پر مبنی رپورٹ کے مطابق کمیونٹی کے طلبا کی تعداد 20-2019 میں اکیس لاکھ (5.5 فیصد) سے 21-2020 میں کم ہوکر 19.21 لاکھ (4.6) ہوگئی۔ دیگر اقلیتوں جیسے عیسائی، سکھ، بدھ مت، جین اور پارسیوں کے طلبا کی اعلیٰ تعلیمی اداروں میں نمائندگی دو فیصد یعنی 08.29 لاکھ

ہے جو گزشتہ سال کے مقابلے میں کم ہے۔ گزشتہ سال یہ 2.3 فیصد تھی۔ آل انڈیا سروے آن ہائر ایجوکیشن کی گزشتہ چار رپورٹوں کا تجزیہ کیا جائے تو 17-2016 میں مسلم طلبا کی تعداد 17.3 لاکھ تھی، 18-2017 میں 18.3 لاکھ تھی۔ 19-2018 میں 19.5 لاکھ تھی اور 20-2019 میں اس میں ضافہ ہو کر اکیس لاکھ تک پہنچ گئی۔ مگر 21-2020 میں ایک بار پھر طلبا کی تعداد کم ہو گئی۔ رپورٹ کے مطابق مسلم اقلیت اور دیگر اقلیتوں میں طالبات کی تعداد مردوں کے مقابلے میں زیادہ ہے۔ مسلم طالبات کی تعداد 9.6 لاکھ ہے جب کہ مسلم طلبا کی تعداد 9.5 لاکھ ہے۔ دیگر اقلیتوں سے تعلق رکھنے والے 04.48 طالبات اور 03.18 لاکھ طلبا زیر تعلیم ہیں۔

سروے کے مطابق، اتر پردیش سے تعلق رکھنے مسلم طلبا و طالبات کی تعداد 02.99 لاکھ ہے۔ مغربی بنگال سے تعلق رکھنے والے 02.38 لاکھ، کیرالا سے تعلق رکھنے والے 01.70 لاکھ، تمل ناڈو سے تعلق رکھنے والے 01.62 لاکھ، بہار سے تعلق رکھنے والے 01.43 لاکھ اور مہاراشٹر سے تعلق رکھنے والے 01.50 مسلم طلبا و طالبات کی تعداد ہے۔ تاہم مسلم طلبا کی تعداد میں کمی ملک کی تمام ریاستوں میں نہیں ہوئی ہے بلکہ مغربی بنگال، تلنگانہ اور کیرالا جیسی ریاستوں میں مسلم طلبا کی تعداد میں گراوٹ نہیں آئی ہے۔ مغربی بنگال میں سال 21-2020 میں تقریباً 22.38 لاکھ مسلم طلبا نے اعلیٰ تعلیم کے لیے داخلہ لیا، جبکہ سال 20-2019 میں مسلم طلبا کی تعداد 02.35 لاکھ تھی۔ مغربی بنگال میں اگرچہ مجموعی طور پر مسلم طلبا و طالبات کی تعداد میں معمولی سا اضافہ ہوا ہے مگر یہاں بھی 20-2019 کے مقابلے میں مسلم طلبا کی تعداد میں کمی آئی ہے۔ گزشتہ سال مسلم طلبا کی تعداد 01.11 لاکھ تھی جو اس سال کم ہو کر 01.10 لاکھ ہو گئی ہے جب کہ گزشتہ سال مسلم طالبات کی تعداد 01.23 لاکھ تھی جو اس سال اضافہ ہو کر 01.27 لاکھ ہو گئی۔ تلنگانہ میں سال 22-2021 میں داخلہ لینے والے مسلم طلبا کی تعداد 01.21 لاکھ سے اضافہ ہو کر 01.28 لاکھ ہو گئی۔ اسی طرح، کیرالا میں 20-2019 کے تعلیمی سال میں مسلم طلبا کی تعداد 01.66 لاکھ تھی اس سال اس میں اضافہ ہو کر 01.70 لاکھ ہو گئی ہے۔ تاہم سوال یہ ہے کہ ان ریاستوں میں مسلم طلبا کی تعداد میں کمی کیوں نہیں ہوئی۔ مغربی بنگال میں مسلمانوں کی آبادی کے اعتبار سے گرچہ مسلم طلبا کی تعداد ناکافی ہے مگر گزشتہ سال کی طرح اس سال بھی داخلہ لینے کا رجحان باقی ہے تو اس کی ایک بڑی وجہ ریاستی حکومت کی طرف سے چلائی جارہی ہے اسکالرشپس اور فلاحی اسکیمیں ہیں۔ مغربی بنگال میں لڑکیوں میں اعلیٰ تعلیم کے فروغ کے لیے کنیا شری کی اسکیم ہے جس کے تحت ہر ایک لڑکی کو ایک مرتبہ پچیس ہزار روپے دیے جاتے ہیں۔ اسی طرح تلنگانہ میں بھی اقلیتی طلبا کے اسکالرشپ کی کئی اسکیمیں ہیں جب کہ کیرالا میں مسلم طلبا کی تعداد میں اضافہ اقتصادی، معاشرتی اور تعلیم کے تئیں ان کی سنجیدگی اہم وجوہات ہیں۔ اسی طرح کالجوں اور یونیورسٹیوں میں اساتذہ کی شرح میں مسلم اساتذہ کی تعداد 5.6 فیصد ہے جب کہ دیگر اقلیتی گروہوں سے تعلق رکھنے والے اساتذہ کی تعداد 8.5 فیصد ہے۔ یعنی آبادی کے اعتبار سے بھی مسلم اساتذہ کی تعداد کافی کم ہے۔

جیسا کہ میں نے ابتدا میں یہ بات کہی ہے کہ کسی بھی سرکاری یا غیر سرکاری سروے رپورٹ کا مطالعہ اور

تجزیہ تکلیف دہ اور کرب سے گزرنے کے مترادف ہوتا ہے کیوں کہ رپورٹوں کے مطالعے کے نتیجے میں جو حقائق سامنے آتے ہیں وہ انتہائی مایوس کن اور تکلیف دہ ہوتے ہیں۔آل انڈیا سروے آن ہائر ایجوکیشن (AISHE 20-21) کی رپورٹ کا وسیع تناظر میں تجزیہ اور مطالعہ کرنے کے بعد یہ حقیقت واضح ہوتی ہے کہ اگرچہ اعلیٰ تعلیم حاصل کرنے والوں میں مسلم لڑکیوں کی تعداد میں اضافہ ہوا ہے مگر یہ اضافے کن شعبوں میں ہوا ہے؟ رپورٹ بتاتی ہے کہ زیادہ تر لڑکیاں شعبہ آرٹس اردو، بنگلہ، ہندی، مقامی زبان اور انگریزی سے گریجویشن کرتی ہے جب کہ کامرس، سائنس اور دیگر شعبوں میں گریجویشن کرنے والوں میں مجموعی اعتبار سے مسلم طلبا و طالبات کی تعداد کافی کم ہے۔ملک اعلیٰ انتظامی اسکول 'آئی آئی ایم اے'، 'آئی آئی ایم بی' اور 'آئی آئی ایم سی' میں مسلم طلبا کی تعداد کا تجزیہ کیا جائے تو نتیجہ مایوس کن رہے گا۔ان اداروں کے بورڈ میں بھی ایک بھی مسلم شخصیت شامل نہیں ہے۔سرفہرست انجینئرنگ اسکول 'آئی آئی ٹی'، 'آئی آئی ٹی ڈی' اور 'آئی آئی ڈی ایم' اور دہلی یونیورسٹی کے ٹاپ کالجوں 'میرنڈا ہاؤس'، 'سینٹ اسٹیفن' اور 'ایس آرسی سی'، 'میڈیکل انسٹیٹیوٹ' ('ایمس دہلی'، 'پی جی آئی' چنڈی گڑھ اور 'کے جی ایم یو' لکھنؤ) 'آئی سی اے آئی'، 'آئی آئی ایس سی' بنگلور میں بھی ان کی گورننگ باڈیز میں کوئی مسلم نمائندگی نہیں ہے۔اس کے علاوہ مسلم طلبا کی تعداد بھی کہیں زیادہ کم ہے۔بھارت میں عیسائیوں کی آبادی 1970 اور 2019 میں 2.3 میں ایک جیسی ہے۔'آئی آئی ٹی بی' میں عیسائیوں کا فیصد 1970 میں 06.37 تھا مگر 2019 میں 0.67 فیصد رہ گیا ہے۔مسلمانوں کی نمائندگی 1970 میں 01.67 فیصد اور 2019 میں 01.68 فیصد ہے جب کہ 1970 میں مسلمانوں کی آبادی 13.04 فیصد تھی اور 2019 میں 14.02 فیصد ہوگئی ہے۔

غیر منافع بخش تنظیم IDIA نے 2018-19 میں ملک کے پانچ سرکردہ اسکول آف لا میں طلبا کے تنوع سے متعلق ایک سروے کیا تھا، اس پتہ چلتا ہے کہ اگرچہ مسلمان ہندوستان کی آبادی کا چودہ فیصد ہیں، لیکن قانون کے اسکولوں میں ان کا اندراج صرف 3.3 فیصد ہے۔اس اعداد و شمار میں 2016-17 سے بہتری آئی ہے۔سروے رپورٹ کے مطابق کل طلبا میں سے 13.79 اور 07.18 بالترتیب شیڈول کاسٹ اور شیڈول ٹرائب کے زمروں کے تحت آنے والے طلبا زیر تعلیم ہیں۔مزید 2015 کے نیشنل لا اسکول آف انڈیا یونیورسٹی (NLSIU) کے ایک متنوع سروے سے پتہ چلتا ہے کہ NLSIU کے 389 سروے شدہ طلبا میں سے صرف تین مسلم طلبا تھے جو کہ ملک کے سب سے اونچے درجے کے اور قدیم ترین NLU میں زیر تعلیم ہیں۔یعنی یہ ایک فیصد سے بھی کم ہے۔یونیورسٹی کی آبادی میں دیگر مذہبی اقلیتیں جیسے جین، جو کہ آبادی کا تقریباً 0.5 فیصد پر مشتمل ہیں، کافی اچھی نمائندگی کرتی ہیں، جو کہ NLSIU طلباء کی آبادی کا پانچ فیصد سے زائد ہیں ہیں۔NLSIU سروے اس حقیقت کو بھی سامنے لاتا ہے کہ CLAT کے تمام امیدواروں میں سے صرف دو فیصد مسلمان ہیں۔اس کی وضاحت اس حقیقت سے کی جاسکتی ہے کہ CLAT کے درخواست فارم کی قیمت قومی سطح کے دوسرے امتحانات جیسے JEE یا NEET کے مقابلے میں بہت زیادہ ہے۔مزید برآں NLSIU سروے کے مطابق

میں پچاسی فیصد طلبا نے کوچنگ لی ہے۔ یہ بات مشہور ہے کہ کوچنگ کی اوسط فیس ایک سے دو لاکھ NLUs روپے کے درمیان ہوتی ہے۔ نیشنل سیمپل سروے آفس (این ایس ایس او) کے ذریعہ کرائے گئے ایک سروے سے پتہ چلتا ہے کہ مسلمان تمام مذہبی گروہوں میں سب سے غریب ہیں۔ جیسا کہ اوپر بیان کیا گیا ہے، NSSO سروے ہمیں بتاتا ہے کہ مسلمانوں کی فی کس آمدنی دیگر تمام مذہبی گروہوں کے مقابلے میں سب سے کم ہے۔ نیشنل لا اسکولوں کی فیس پانچ سال کے لیے بارہ تا پندرہ لاکھ روپے کے درمیان ہے۔ NLU طالب علم کے اضافی اخراجات کے لیے پانچ لاکھ روپے سالانہ درکار ہیں۔ NUJS Diversity Report 2019 کی رپورٹ جواب تک کا سب سے جامع اور تنوع سروے ہے، اس میں میں کہا گیا ہے کہ نیشنل یونیورسٹی آف جیوریڈیکل سائنسز میں سروے کیے گئے 544 طلبا میں سے 18.06 فیصد نے تحقیقی مقالے شائع کیے ہیں، جب کہ صرف ایک طالب علم مسلمان تھا۔

کم نمائندگی کی وجوہات اور اس کا حل

سیاسی تجزیہ کار سبھاموئے مترا بتاتے ہیں کہ تعلیمی اداروں میں مسلم طلبا کی کم نمائندگی کو مسلمانوں میں تعلیم کے عدم رجحان کے تناظر میں دیکھنے کے بجائے معاشی، سماجی اور سہولتوں کے تناظر میں دیکھنا چاہیے۔ مسلمان ان کمیونٹی میں شامل ہیں جو معاشی طور پر پسماندہ ترین طبقات میں سے ایک ہے۔ چونکہ اس وقت ملک میں اعلیٰ تعلیم کی نجکاری ہو رہی ہے، اس رجحان کی وجہ سے کمیونٹی کے طلبا کو کم مواقع مل رہے ہیں۔ جن ریاستوں میں اندراج میں بہتری آئی ہے وہاں ریاست کے زیر انتظام اعلیٰ تعلیمی ادارے اور نجی ادارے کم ہو سکتے ہیں۔ وہ کہتے ہیں کہ اعلیٰ تعلیم میں مسلمانوں کا حصہ 11-2010 میں 02.54 سے بڑھ کر 20-2019 ہو سکتا ہے۔ اس سے ظاہر ہوتا ہے کہ اگر مواقع دیے جائیں تو کمیونٹی مرکزی دھارے میں آسکتی ہے۔ تاہم یہ بات پریشان کن ہے کہ اعلیٰ تعلیم میں مسلمانوں کے داخلہ کی شرح نمو کم ہو رہی ہے۔ 11-2010 سے 15-2014 کے دوران 120.09 فیصد تک داخلہ لینے کی شرح بڑھ گئی تھی مگر اس کے بعد اس میں کمی ہو کر 96.36 فیصد تک پہنچ گئی ہے، آخر کیوں؟ مترا بتاتے ہیں کہ ملک کی سیاست اور حکومتوں کے مسلمانوں کے تئیں رویوں کو دیکھا جائے تو بات واضح ہو جاتی ہے کہ تعلیمی اداروں میں مسلمانوں کے تئیں امتیازی سلوک میں اضافہ ہوا ہے۔ مسلمانوں کی معمولی تعلیمی ترقی کو جہاد سے جوڑ کر مشکوک بنانے کی کوشش کی گئی ہے۔ اس درمیان اسکالرشپ میں بھی کٹوتی کی گئی ہے۔ آئی آئی ٹی دہلی میں پروفیسر دھیرج سنگھی نے اپنے بلاگ پر ایک رپورٹ لکھتے ہوئے کہا ہے کہ اگر کسی بھی ادارے میں پچاس فیصد آبادی کے پاس بیس فیصد بھی نمائندگی نہیں ہے تو سمجھنا چاہیے کہ کہیں نہ کہیں کچھ گڑبڑ ہے، اور ہمیں اس کے بارے میں کچھ کرنے کی ضرورت ہے۔

تاہم ملک کے ہر ریاست میں مسلمانوں کی تعلیمی پسماندگی کی وجوہات مختلف ہیں، مثال کے طور پر آسام جہاں مسلمانوں کی آبادی چونتیس فیصد ہے اور بعض اضلاع میں مسلمانوں کی شرح آبادی ستر فیصد کے قریب ہے مگر وہاں مسلمانوں میں اعلیٰ تعلیم کی شرح سترہ فیصد سے بھی کم ہے۔ ماہرین بتاتے ہیں کہ دراصل آسام کی جغرافیائی حدود، سیاسی ماحول اور مسلمانوں کی اکثریت کی زراعت کے شعبے سے وابستگی تعلیمی پسماندگی کی اہم وجوہات ہیں۔ اسی طرح مغربی بنگال میں جہاں مسلمانوں کی آبادی کی شرح تیس فیصد کے قریب ہے مگر اعلیٰ تعلیمی اداروں میں مسلمانوں کی شرح پانچ فیصد سے بھی کم ہے۔ دراصل مغربی بنگال کی مسلمانوں کی پچاسی فیصد دیہی علاقوں میں آباد ہے۔ اور دیہی علاقوں میں اسکولوں و کالجوں کی قلت اور مسلمانوں کی کمزور معیشت انھیں شہروں میں جا کر اعلیٰ تعلیم حاصل کرنے کی اجازت نہیں دیتی ہے۔

جامعہ ملیہ اسلامیہ میں مینجمنٹ کے پروفیسر فرقان قمر جو یونیورسٹی آف راجستھان کے سابق وائس چانسلر بتاتے ہیں کہ انیس لاکھ مسلم طلبا جو اس وقت اعلیٰ تعلیم حاصل کر رہے ہیں، ان میں سے 77.66 فیصد کالجوں میں تعلیم حاصل کرتے ہیں۔ ان میں سے بیشتر کالج معیاری تعلیم کے اعتبار سے کمتر ہیں۔ ملک کی معیاری یونیورسٹیوں میں مسلم طلبا کی تعداد جامعہ ملیہ اسلامیہ، علی گڑھ مسلم یونیورسٹی، جامعہ ہمدرد، مولانا آزاد نیشنل اردو یونیورسٹی کی وجہ سے مسلمانوں کی سرکاری یا پھر حکومت کے امداد یافتہ یونیورسٹیوں میں نمائندگی آٹھ فیصد کے قریب ہے مگر ان مذکورہ یونیورسٹوں کے علاوہ ملک کی دیگر یونیورسٹی جیسے دہلی یونیورسٹی، ممبئی یونیورسٹی، جواہر لال یونیورسٹی اور دیگر ریاستی یونیورسٹیوں اور مین اسٹریم کے 'مینجنگ' اور 'آئی آئی ٹی' اداروں میں مسلمانوں کی نمائندگی ایک فیصد سے بھی کم ہے۔ پروفیسر فرقان قمر بتاتے ہیں کہ المیہ یہ ہے کہ نیشنل ایجوکیشن پالیسی 2020 میں تعلیمی پسماندگی کے شکار مسلمانوں سے متعلق کوئی خاص توجہ نہیں دی گئی ہے۔ یہ صرف اعتراف کیا گیا ہے کہ ملک کے مسلمان تعلیمی پسماندگی کے شکار ہیں مگر ان کی پسماندگی کے خاتمے کے لیے کوئی تجویز پیش نہیں کی ہے۔ پروفیسر قمر کہتے ہیں کہ ملک کے سرکاری اور حکومت کے امداد یافتہ یونیورسٹیوں اور تعلیمی اداروں میں مسلمانوں کی شرح نمائندگی میں اضافہ حکومت کے اقدامات کے بغیر ممکن نہیں ہے۔

دراصل جب مسلمانوں کی تعلیمی پسماندگی کی بات آتی ہے تو مسلمانوں کو تعلیمی اداروں کے قیام کی ترغیب دی جانے لگتی ہے۔ مگر سوال یہ ہے کہ کیا چودہ کروڑ آبادی پر مشتمل کوئی بھی کمیونٹی اپنے طور پر تعلیمی اعتبار سے خود کفیل ہو سکتی ہے، وہ بھی ایسی کمیونٹی جس کی اسّی فیصد آبادی غربت کی سطح سے نیچے زندگی گزارتی ہے جس نے اپنے بچوں کو بہت مشکل سے ہی اسکول اور ہائی اسکول تک تعلیم دلائی ہے؟ میڈیکل نیٹ کے نتائج جب بھی آتے ہیں تو اس طرح کی رپورٹیں شائع ہوتی ہیں کہ پانچ سو مسلم طلبا نے نیٹ امتحان میں نمایاں کارکردگی کا مظاہرہ کیا۔ کبھی بھی یہ نہیں دیکھا جاتا کہ امتحان پاس کرنے والوں میں کتنے داخلہ لینے کے اہل ہیں۔ کتنے طلبا کی معاشی حالت اس کی اجازت دیتی ہے۔ مسلمانوں کے تعلیمی ادارے مڈل کلاس مسلمانوں کی ضروریات تو پوری کر سکتے ہیں مگر غربت کی

سطح سے نیچے زندگی گزارنے والے مسلمانوں کی ضرورت پوری نہیں کر سکتے جب کہ مسلمانوں کے تعلیمی اداروں کے معیار اور تعلیمی ماحول کا موازنہ بھی کرنے کی ضرورت ہے۔

جواہر لال یونیورسٹی میں ایمریٹ پروفیسر سکھ دیو تھوراٹ بتاتے ہیں کہ اگر مالی طور پر کمزور مسلمانوں کی مدد کی جائے تو وہ بھی اعلیٰ تعلیم حاصل کر سکتے ہیں۔ایک ایسے وقت میں جب مسلمانوں کا جنرل ان رولمنٹ ریٹ 16.06 فیصد سے کم ہے اور ملک میں قومی سطح پر 26.03 فیصد ہے، معاشی بدحالی کی وجہ سے 54.01 فیصد مسلم طلبا کا انحصار سرکاری یونیورسٹیوں اور کالجوں پر ہے، جب کہ قومی سطح پر 45.02 فیصد طلبا سرکاری کالجوں میں جاتے ہیں۔حکومت کی امداد یافتہ یونیورسٹیوں اور کالجوں میں 18.02 فیصد طلبا جاتے ہیں اور 27.04 فیصد طلبا غیر امداد یافتہ اعلیٰ تعلیمی اداروں میں جاتے ہیں، جب کہ قومی سطح پر 24.04 فیصد طلبا امداد یافتہ پرائیوٹ اعلیٰ تعلیمی اداروں میں جاتے ہیں اور 30.01 فیصد غیر امداد یافتہ اعلیٰ تعلیمی پرائیوٹ اداروں میں جاتے ہیں۔پروفیسر سکھد یو تھوراٹ کہتے ہیں کہ مولانا آزاد نیشنل اردو یونیورسٹی، جامعہ ملیہ اسلامیہ اور علی گڑھ مسلم یونیورسٹی جیسے اعلیٰ تعلیمی ادارے مناسب فیس اور ہاسٹل کے انتظامات کر کے معاشی طور پر پسماندگی کے شکار مسلم طلبا کو بہتر مواقع فراہم کر سکتے ہیں۔

شعبۂ تعلیم کے ماہرین بتاتے ہیں کہ اب جب کہ وزارت اقلیتی امور نے بڑے پیمانے پر اسکالرشپ پروگرام میں کٹوتی کی ہے، ایسے میں اندیشہ ہے کہ آئندہ سالوں میں مسلمانوں کی اعلیٰ تعلیم میں نمائندگی میں مزید کمی آئے گی۔سوال یہ ہے کہ اس کا تدارک کیسے کیا جا سکتا ہے؟ مکمل طور پر تو نہیں مگر کسی حد تک اس کمی کو مسلم تنظیمیں، جماعتیں اور ادارے پسماندگی کے شکار اعلیٰ تعلیم حاصل کرنے والے مسلم طلبا کی مدد کر کے پوری کر سکتے ہیں۔مگر اس کے لیے تال میل اور منصوبہ بند پروگرام مرتب کرنا ہوگا۔

بھارت کے مسلمانوں کی تعلیمی پسماندگی سے متعلق تحقیق کرنے والے اسکالر جان کیورین نے ’ہندوستانی مسلمانوں کو اٹھانا، ترقی اور تعلیم کی سیڑھی، اکیسویں صدی کے لیے تبدیلی کا ایجنڈا‘ کے عنوان سے ایک تفصیلی رپورٹ مرتب کی ہے جس میں لکھا ہے کہ 2050 تک مسلمانوں کی آبادی کی شرح 310 ملین ہو جائے گی۔یہ آبادی پاکستان اور انڈونیشیا سے بھی زیادہ ہوگی۔اسّی فیصد آبادی غریب اور نچلے متوسط طبقے پر مشتمل ہے۔مسلمانوں میں تعلیمی پسماندگی کے خاتمے میں اردو میڈیم اسکول، مدارس اور کمیونٹی ادارے کلیدی کردار ادا کر سکتے ہیں۔اناسی ملین پچیس سال سے کم عمر مسلمان ہیں۔جان کیورین اتنی بڑی کمیونٹی کی ضرورت پوری کرنا مرکزی حکومت، ریاستی حکومت اور ذیلی اداروں کی بنیادی ذمہ داری ہے۔رپورٹ کے آخر میں مسلم تنظیموں اور سول سوسائٹی کے ناگزیر کردار پر روشنی ڈالتے ہوئے لکھا ہے کہ کمیونٹی کو باشعور بنانے اور ان کی ہر سطح پر مدد کرنے میں رول ادا کر سکتے ہیں۔

[بشکریہ ’دعوت نیوز ڈاٹ نیٹ‘، 23 فروری 2023]

مدرسے اور مسلم تشخص کی تشکیل

ارجمند آرا

وطن عزیز میں اسلامی مدارس کے تعلق سے اکثر ہلچل نظر آتی ہے۔ اکثر یہ مطالبے بھی ہوتے رہتے ہیں کہ مدرسوں کو بند کر دینا چاہیے، کیوں کہ وہاں دہشت گرد تیار کیے جاتے ہیں۔ خیر انتہا پسند افراد اور ہندو تنظیموں کا یہ الزام تو بچکانہ بلکہ منتقمانہ ہے کہ ہندوستانی مدارس میں مذہب کے نام پر دہشت گردی کی تعلیم دی جاتی ہے یا دہشت گردوں کو پناہ دی جاتی ہے یا دیگر مادی وسائل سے ان کی مدد کی جاتی ہے۔ لیکن سمجھنے کی بات یہ ہے کہ اصل شے بندوق نہیں بلکہ ذہن سازی ہے اور ذہن سازی کی غذا نصاب اور اس نصاب کی تشریح کرنے والے استاد کا زندگی و آخرت کو دیکھنے کا زاویہ ہے۔ حالاں کہ یہ صورت حال صرف مدرسوں کی نہیں، دیگر مذہبی اداروں، آشرموں اور آر ایس ایس کے زیر اہتمام چلنے والی شاکھاؤں کی بھی ہے۔

تو یہاں سوال اسلامی مدارس یا ہندو شاکھاؤں کا نہیں بلکہ ایک مخصوص مذہبی نصاب کا ہے جو بچوں کے دماغوں میں ٹھونسی جاتی ہے اور کچی عمروں میں ان کی ایک خاص طرز سے ذہنی تربیت کی جاتی ہے۔

اہم سوال یہ ہے کہ مدارس میں کس چیز کی تعلیم دی جاتی ہے اور اس تعلیم کا مقصد کیا ہوتا ہے؟ ان مدارس میں انھیں مذہب کے متعلق تعلیم دی جاتی ہے یا انھیں مذہبی بننے کی تعلیم دی جاتی ہے؟ انھیں تعلیم یافتہ بنانا مقصد ہے یا مبلغ اسلام؟ واضح رہے کہ معلم اور مبلغ میں فرق ہوتا ہے۔

کچھ لوگ مدارس کی جدید کاری کی باتیں کرتے ہیں، یعنی نصاب پر نظر ثانی کرنے کی تجویز پیش کرتے ہیں، جو ایک احمقانہ تجویز ہے۔ جدید تعلیمی نظام کو ایک مذہبی ادارہ کبھی پوری طرح قبول نہیں کر سکتا۔ نتیجتاً سائنس پڑھنے کے بعد بھی ایک مدرسے کے طالب علم کی فکر غیر سائنسی بن کر رہ

جائے گی، ظاہر ہے وہ مذہب کو شک کی نظر سے نہیں دیکھ سکتا، چنانچہ وہ سائنس پر ہی شک کرے گا۔ گویا مدرسے کے طلبا کی شخصیت دو نیم ہو جائے گی اور 'ایماں مجھے روکے ہے جو کھینچے ہے مجھے کفر' کے مصداق انھیں جس ذہنی اذیت سے گذرنا پڑے گا، وہ عیاں ہے۔

ارجمند آرا نے اپنا زیرِ نظر مضمون ممبئی سے شائع ہونے والے مؤقر ہفتہ وار "Economic and Political Weekly" کے لیے انگریزی میں تحریر کیا تھا، بعد میں انھوں نے خود اس کا اردو میں ترجمہ کیا جو 'آج'، کراچی میں شائع ہوا۔ اس مضمون میں انھوں نے اسلامی مدارس کا برصغیر کے تاریخی اور معاشرتی تناظر میں جائزہ لیا ہے۔ 1947 کے بعد کے عرصے میں مدرسوں کے کردار کے سلسلے میں ان کی توجہ مکمل طور پر ہندوستانی معاشرے پر مرکوز ہے۔

انگریزی روزنامے 'ٹائمز آف انڈیا'، نئی دہلی، کی 17 اگست 2003 کی اشاعت شدہ ایک خبر کے مطابق میرٹھ (یوپی) سے کوئی بیس کلومیٹر کی دوری پر واقع بسالہ گاؤں میں ایک مدرسے کے طلبا نے یوم جمہوریہ کے موقعے پر اپنے مدرسے پر پاکستانی پرچم لہرایا اور اسامہ بن لادن کے حق میں نعرے لگائے۔ مگر اگلے ہی مہینے ہندی روزنامے 'نو بھارت ٹائمز' میں 30 اکتوبر 2003 کو ایک اور خبر شائع ہوئی جس کے مطابق اس وقت کے فروغ انسانی وسائل کے وزیر مرلی منوہر جوشی نے وشو ہندو پریشد کے صدر اشوک سنگھل اور ایسے دیگر لوگوں کو چیلنج کیا جو مدرسوں کو شک وشبہے کی نظر سے دیکھتے ہیں۔ مرلی منوہر جوشی نے مطالبہ کیا کہ اگر آر ایس ایس اور وشو ہندو پریشد جیسی تنظیموں کے لوگ مدرسوں کو دہشت گردی کے کیمپ سمجھتے ہیں تو پھر ان کی دہشت گردی کا ثبوت پیش کریں۔

مدرسوں کی سرگرمیوں پر لاتعداد رپورٹیں، ان کے حق میں یا پھر مخالفت میں، ہر طرح کے اخبارات و جرائد میں مسلسل شائع ہوتی رہتی ہیں۔ 1998 سے 2004 تک جب مرکز میں بی جے پی برسراقتدار تھی، اس وقت ایک طرف جہاں لال کرشن اڈوانی جیسا اقلیت دشمن وزیر داخلہ مدرسوں کی سرگرمیوں پر نظر رکھنے کے حق میں تھا، وہیں دوسری جانب اس کے نظریاتی بھائی مرلی منوہر جوشی دینی مدارس کی تعریف میں رطب اللسان تھے کہ مدرسے علم وتعلیم کے مراکز ہیں اور خواندگی اور تعلیم کے فروغ کے قومی مقاصد کے حصول میں مثبت کردار نباہتے ہیں۔

ہم اگر ان دونوں لیڈروں کے بظاہر متضاد نظریات کا بغور جائزہ لیں تو منطقی طور پر یہ ہمیں ایک ہی دھاگے میں پروئے ہوئے نظر آئیں گے۔ ایسے تضادات کا پیدا ہونا دراصل ہمارے موجودہ سیاسی اور معاشی نظام کا خاص وصف ہے۔ ہندوستان ایسے جمہوری نظام کو، جہاں نام نہاد عوامی نمائندے حکومت کرتے ہیں، مختلف گروہوں کے بازار سے تشبیہ دی جاسکتی ہے جن کے مسابقتی رشتوں میں توازن اور ہمواری ہی حکومت کے تسلسل کی ضامن ہوتی ہے۔ عوام کا استحصال کرنے والی ان باہم متضاد قوتوں کا اپنی بقا کے لیے اتنا انتخابیت پسند (eclectic) ہونا ضروری ہے کہ وہ مختلف سماجی گروہوں کے شعلہ بیاں بالائی طبقے کو اپنے نظام کا حصہ بنا کر عوام

کو فریب میں مبتلا رکھ سکیں۔ عوام اپنے بالائی طبقے کی فلاح کو اپنی فلاح سمجھنے کے فریب میں مبتلا رہتے ہیں اور اس طرح یہ بات یقینی ہو جاتی ہے کہ معاشرے کے تمام پسماندہ اور پائمال طبقات کسی بھی صورت میں متحد ہو کر استحصالی قوتوں کے خلاف صف آرا نہ ہو سکیں۔ اس طرح کے نظام میں یہ حکمت عملی اختیار کی جاتی ہے کہ پہلے کچھ مقبول عام مطالبات/ مسائل کو اچھالا جاتا ہے اور پھر ان مسائل کی نمائندگی کرنے کے لیے کچھ لیڈروں اور بالائی طبقے کو سیاسی نظام کا جزو بنا کر عوام کی تشفی کر دی جاتی ہے۔ اس عمل میں الگ الگ مخصوص تشخص رکھنے والے فرقوں کی ایک مخصوص سانچے میں ڈھلی ہوئی (stereotypical) تصویر کی تشہیر کر کے انھیں ایک دوسرے کے خلاف صف آرا کرنا بھی ضروری ہوتا ہے۔ مثال کے طور پر متذکرہ بالا بیانات میں آر ایس ایس اور بی جے پی کے لیڈروں کا مقصد مسلمانوں کو ایک خاص امیج کے حامل ملک دشمن طبقے کے طور پر پیش کرنا ہے، تو اس کے لیے ضروری ہے کہ مسلمانوں کے ایک علیحدہ اقلیتی طبقے کی امیج کو زندہ رکھا جائے تا کہ اس 'دشمن' کو واضح طور پر پہچانا جا سکے۔ مذکورہ بیانات میں یہ کام مرلی منوہر جوشی نے کیا۔ بی جے پی کے دور اقتدار میں اگر مدرسوں کے دفاع میں بیانات دیے گئے تو اسے مذکورہ بالا حکمت عملی روشنی میں دیکھا جانا چاہیے، کیوں کہ اقلیتوں کو اقلیت بنائے رکھنے سے ہی سنگھ پریوار کے ہندوتوا کی توسیع کے ایجنڈے کو تقویت مل سکتی ہے۔

بی جے پی کی سربراہی میں بننے والی ہندوستان کی این ڈی اے حکومت کے مدرسوں کے بارے میں اس دوغلے موقف پر مزید بحث کی گنجائش نہیں، لیکن اس حکومت کے ایک اور دوغلے رویے کا ضمناً تذکرہ ضروری ہے تا کہ سنگھ پریوار کی مذکورہ حکمت عملی کو سمجھنے میں مزید مدد مل سکے۔ اس حکومت کی کشمیر پالیسی بھی اس کی اقلیتی پالیسی ہی کی طرح دوغلی تھی۔ اس کے مطابق وزیر اعظم اٹل بہاری واجپائی تو اپنے دور حکومت میں کشمیر کے لیے نسبتاً زیادہ خود مختاری کے حق میں اکثر بیان دیتے رہتے تھے لیکن ان کے نائب لال کرشن آڈوانی، آئین ہند کے آرٹیکل ۳۷۰ کو، جس کے تحت جموں و کشمیر کے علاقے کو خصوصی درجہ حاصل ہے، منسوخ کرنے کا راگ الاپتے رہتے تھے جو آر ایس ایس کا آفیشیل موقف ہے۔ مدرسوں، اقلیتوں اور کشمیر کے حوالے سے بی جے پی کے موقف پر مزید اظہار رائے کے بغیر میں اس ضمنی موضوع کو یہیں ترک کرتی ہوں اور اصل موضوع کی طرف آتے ہوئے اپنی بات یہاں سے شروع کرنا چاہتی ہوں کہ ہندوستان میں چلنے والے مدرسے اپنی خصوصیات اور مقاصد کے اعتبار سے مختلف النوع ہیں، اور مدرسوں کے بارے میں گفتگو شروع کرتے وقت اس حقیقت کو ذہن نشین رکھنا چاہیے۔

نیو یارک کے ورلڈ ٹریڈ ٹاور پر گیارہ ستمبر 2001 کے دہشت گردانہ حملوں کے بعد امریکہ نے جیسے ہی 'اسلامی دہشت گردی' کو اس کا ذمے دار ٹھہرایا، دینی مدرسوں کی جانب دنیا کی نظریں لگ گئیں اور یہ جاننے کی کوشش کی جانے لگی کہ خصوصاً پاکستان اور افغانستان میں واقع مدرسے مذہبی شدت پسندی کی تبلیغ اور عالم گیر دہشت گردی کے کیمپوں کی حمایت میں کس حد تک ملوث ہیں۔ ہندوستان کے مدرسے بھی شکوک و شبہات کے گھیرے میں آئے۔ کہنے کی ضرورت نہیں کہ مدرسوں کے نظام کو سمجھے بغیر اس قسم کے الزامات کی بابت کوئی رائے

قائم کرنا گمراہ کن ہوگا۔ سرکاری اعداد وشمار کے مطابق ہمارے ملک میں پانچ لاکھ کل وقتی مدرسے ملک گیر پیمانے پر چل رہے ہیں جن میں تقریباً پانچ کروڑ طلبا زیر تعلیم ہیں۔ اس فہرست میں جز وقتی اور شبینہ مدارس شامل نہیں ہیں (ماہنامہ 'اردو دنیا'، جولائی 2003، صفحہ 7)۔ یہ اتنی بڑی تعداد ہے کہ مذکورہ الزامات بڑی تشویش کا باعث ہو سکتے ہیں۔ گو یہ بات درست ہے کہ ہندوستان کے دینی مدرسوں کو افغانستان اور پاکستان کے مدرسوں کی مانند دہشت گردی کے اڈے نہیں سمجھا جاتا لیکن ان کے بارے میں بے اطمینانی کا عمومی ماحول پایا جاتا ہے اور بہت سے لوگ یہ مطالبہ کرتے ہیں کہ یا تو ان مدرسوں کے بنیادی ڈھانچے میں اصلاحات کی جائیں، یا ان پر سخت پابندیاں ہوں، یا پھر یہ ادارے بند کیے جائیں۔ اخباروں میں مسلمانوں سے متعلق شائع ہونے والی اکثر خبروں اور مضامین کے ساتھ مدرسوں کے بچوں کی جو تصویریں شائع ہوتی ہیں، ان میں وہ پتلی بنچوں پر کلام پاک اور سیپارے رکھے اپنے سبق از بر کرتے نظر آتے ہیں۔ ایسی بیشتر تحریروں میں ان بچوں کو ایسے تنگ نظر مذہبی انتہا پسندوں کے طور پر پیش کیا جاتا ہے جو اشارہ ملتے ہی گویا انسانی بم میں تبدیل ہو جائیں گے۔ مدرسے کے اکثر طلبا کی یہ تصویر کشی یقیناً درست نہیں ہے، لیکن یہ خیال عام ہے کہ مدرسے والوں کا ذہنی افق عموماً وسیع نہیں ہوتا اور وہ ہر جدید شے کے مخالف ہوتے ہیں، اور یہ بات زیادہ غلط نہیں ہے۔ تعلیم یافتہ مسلمان اس وقت عجیب بے چینی محسوس کرتے ہیں، جب وہ کرتے پائجامے میں ملبوس، ٹوپی لگائے، چھوٹی ڈاڑھیوں والے نوجوان طالب علموں کو گروہ کی صورت میں مسجد یا مکتب سے نکلتے ہوئے یا کسی مسلمان بھائی کے گھر دعوت کھانے کے لیے جاتے ہوئے دیکھتے ہیں۔ یہ بے چینی غالباً مسلمانوں کی عمومی تعلیمی پسماندگی کے سبب ہوتی ہے، لیکن جدید تعلیم یافتہ طبقے کا یہ ردعمل کسی ترقی پسندانہ اقدام کے لیے کوئی رہنمائی نہیں کرتا۔ مسلمانوں کی تعلیمی اور سماجی ترقی کے خواہاں لوگوں کو بدلتے ہوئے عمومی سماجی تناظر میں ایسے بہت سے سوالوں کے جواب تلاش کرنے ہوں گے جو مسلمانوں کی تعلیمی پسماندگی کے بنیادی مسئلے کو سمجھنے میں مدد کریں۔ اس کو سمجھنے کے لیے جو سوال ہمارے ذہنوں میں سب سے پہلے پیدا ہوں گے، وہ کچھ اس قسم کے ہوں گے:

وہ کون سے حالات ہیں جن کے سبب اتنی بڑی تعداد میں مدرسے وجود میں آئے؟

ان کی تاریخ کیا ہے اور ان کی بقا کی سماجیات کیا ہے؟

اس کے کیا اسباب ہیں کہ موجودہ ترقی یافتہ سماج میں بھی عہد وسطیٰ کے ان اداروں کو مسلمانوں میں مقبولیت حاصل ہے؟

عام لوگوں کی بہ نسبت مدرسوں سے وابستہ لوگوں کی مجموعی پسماندگی اور تعلیم یافتہ مسلم معاشرے سے کٹ جانے کے اسباب کیا ہیں؟

اس افسوسناک صورت حال کے لیے سماجی، سیاسی اور اقتصادی حالات کس حد تک ذمے دار ہیں؟

یہ اور اس قسم کے بہت سے سوال ہم میں سے بہت سے لوگوں کو پریشان کرتے ہوں گے، خصوصاً

ایسے دور میں جب ملک کے مختلف خطوں میں ہر طرح کے مذہبی جنون کو ہوا دے کر فضا کو مسلسل مسموم کیا جا رہا ہے، ایک ایسے مسلمان کے لیے جو کثیر مشرب (pluralist) معاشرے میں ایک جدید ہندوستانی شہری کے طور پر زندہ رہنا چاہتا ہے، یہ صورت حال بڑی دشوار گذار ہے۔ اس مضمون میں مذکورہ تمام سوالوں کو ذہن میں رکھ کر خصوصاً ہندوستان میں نظام مدارس کو تاریخی تناظر میں سمجھنے اور موجودہ دور میں ان کی افادیت کے تجزیے کی کوشش کی گئی ہے۔

ابتدائی دور کے مدارس

عہد وسطیٰ میں مسلمانوں کے درمیان کوئی باقاعدہ نظام تعلیم رائج نہ تھا۔ صوفی، علما، مشائخ، مصلحین، امرا اور رؤسا اپنی خانقاہوں اور ڈیوڑھیوں ہی کو تعلیم و تربیت کے لیے استعمال کرتے تھے۔ ذاتی نوعیت کے ان مدرسوں میں عموماً کوئی فیس نہیں لی جاتی تھی (سید مناظر احسن گیلانی، 'ہندوستان میں مسلمانوں کا نظام تعلیم و تربیت'، ندوۃ المصنفین، جامع مسجد، دہلی، 1987، صفحہ 35)۔ مدرسوں کے قیام کے تاریخی شواہد فراہم کرتے ہوئے قمر الدین لکھتے ہیں کہ عہد سلطنت میں مسلم حکمرانوں اور امرا نے بہت سے مدرسے اور مکتب قائم کیے ('ہندوستان کی دینی درس گاہیں'، ہمدرد ایجوکیشن سوسائٹی کا کل ہند سروے، دہلی، 1996، صفحہ 35)۔ مسجدوں اور خانقاہوں میں مکتب لازماً چلائے جاتے تھے، جہاں طالب علموں کو قرآن پڑھنا اور دینی ارکان سکھائے جاتے تھے۔ امرا کے بچوں کی تربیت کا اہتمام ان کے گھروں میں کیا جاتا تھا۔ مدرسے کے لغوی معنی درسگاہ کے ہیں، یعنی وہ جگہ جہاں تعلیم دی جائے۔ اصلاً اس لفظ سے کوئی مذہبی یا غیر مذہبی مفہوم مترشح نہیں ہوتا۔ ابتدا میں چونکہ مذہبی اور دنیاوی تعلیم کے الگ الگ اداروں کا کوئی تصور نہیں تھا، اس لیے مدارس میں تفسیر، حدیث اور فقہ کی تعلیم کے ساتھ ساتھ فلسفہ، عروض، قواعد، ریاضی، منطق، تاریخ اور جغرافیہ کی بھی تعلیم دی جاتی تھی۔ اگر کسی طالب علم کو کسی مخصوص علم (مثلاً طب یونانی) میں مہارت حاصل کرنی ہوتی تو پھر وہ اس علم کے ماہرین سے رجوع کرتا تھا۔ رموز سیاست اور سپہ گری جیسے فنون کی تعلیم امرا اور رؤسا تک محدود تھی۔ یہ طرز تعلیم ہندوستان میں مسلم حکمرانوں اور مسلم طرز معاشرت کے استحکام کے ساتھ ساتھ فروغ پاتا رہا۔ اکبر پہلا بادشاہ تھا جس نے تعلیم کا ایک علیحدہ محکمہ قائم کیا جہاں ہندو اور مسلمان ایک ہی مدرسے میں پڑھتے تھے، البتہ ان کو الگ الگ نصاب کے انتخاب کی آزادی تھی (سلامت اللہ، 'ہندوستان میں مسلمانوں کی تعلیم'، مکتبہ جامعہ، نئی دہلی 1990، صفحہ 31)۔ ہندو اشراف بھی؛ جن میں اکثریت برہمنوں اور کائستھوں کی تھی، اپنے بچوں کو اسلامی تعلیم کے لیے مدرسوں میں داخل کرانے میں کوئی مضائقہ نہ سمجھتے تھے۔

غور طلب بات یہ ہے کہ عام لوگوں کی تعلیم پر کبھی کوئی توجہ نہیں دی گئی۔ اس وقت کا سماجی ڈھانچہ ہی اس قسم کا تھا کہ اس میں عوام کی تعلیم پر غور کرنے کی کوئی گنجائش پیدا نہیں ہو سکتی تھی۔ مسلم اشراف کو اپنے ہم پلہ ہندو

اشراف کی طرح (بلکہ اگر درست لفظ استعمال کیا جائے تو برہمن کی طرح، جو خود کو علم و دانش کے متولی اور امین سمجھتے تھے) عام لوگوں کی تعلیم و تربیت سے کبھی کوئی سروکار نہیں رہا۔ مثال کے طور پر علی گڈھ تحریک کو پیش کیا جاسکتا ہے جو سرسید کی قیادت میں انیسویں صدی کے اواخر میں شروع ہوئی اور علی گڈھ مسلم یونیورسٹی کے قیام پر منتج ہوئی۔ یہ ایک ایسی تحریک تھی جس کا بنیادی تصور مسلم اشراف کو جدید (انگریزی) تعلیم بہم پہنچانا تھا تاکہ وہ اقتدار کے بدلے ہوئے نظام میں شراکت دار ہوسکیں۔ اس تحریک کے 'روشن خیال' دانشوروں کے نزدیک عورتوں اور نیچی ذات کے لوگوں کی تعلیم کا سوال کوئی معنی نہیں رکھتا تھا۔ اپنی کئی تحریروں میں سرسید احمد خاں نے واضح الفاظ میں عورتوں کی تعلیم کی مخالفت کی ہے۔ ان کے خیال میں عورتوں کو جدید تعلیم دینا 'نامبارک' بات تھی۔ ان کا عقیدہ تھا کہ اگر سماج میں مردوں کے حالات درست ہوجائیں تو عورتوں کی حالت از خود درست ہوجائے گی، اس لیے ان کا خیال تھا کہ تمام تر کوششیں صرف مردوں کے تعلیمی اور سماجی حالات کو بہتر بنانے میں صرف کی جانی چاہئیں۔ جنوری 1884 میں گورداس پور (پنجاب) کی عورتوں کی ایک اپیل کے جواب میں انھوں نے کہا: ''لڑکوں کی تعلیم پر کوشش کرنا لڑکیوں کی تعلیم کی جڑ ہے۔ پس جو خدمت میں تمھارے لڑکوں کے لیے کرتا ہوں، درحقیقت وہ لڑکوں لڑکیوں دونوں کے لیے ہے۔'' ('خطبات سرسید'، جلد اول، مجلس ترقی ادب، لاہور، 1972، صفحہ 66-465) دکن میں 1891 میں منعقد ہونے والی محمڈن ایجوکیشنل کانفرنس کے چھٹے اجلاس میں ایسے ہی خیالات کا اظہار کرتے ہوئے سرسید نے کہا تھا: ''جب مرد لائق ہوجاتے ہیں تو عورتیں بھی لائق ہوجاتی ہیں۔ جب تک مرد لائق نہ ہوں، عورتیں بھی لائق نہیں ہوسکتیں۔ یہی سبب ہے کہ ہم کچھ عورتوں کی تعلیم کا خیال نہیں رکھتے، اسی کوشش (لڑکوں کی تعلیم) کو لڑکیوں کی تعلیم کا بھی ذریعہ سمجھتے ہیں۔'' ('خطبات سرسید'، جلد دوم، مجلس ترقی ادب، لاہور، صفحہ 24-223) انھوں نے کانگریس کے اس مطالبے کی بھی مخالفت کی کہ متعہد عہدوں (convenanted posts) پر مقابلے کے امتحانات، جو صرف برطانیہ میں منعقد ہوتے تھے، ہندوستان میں بھی منعقد کرائے جائیں۔ سرسید نے اس مطالبے کی مخالفت کی، کیوں کہ ان کا خیال تھا کہ اس سے نچلی ذاتوں اور طبقوں کے لوگ ان اعلیٰ عہدوں پر منتخب ہوسکتے ہیں اور ان کا تقرر 'ہندوستان کی شریف قوموں' کے لیے ناگوار خاطر ہوگا ('مکمل مجموعہ' لیکچرز و اسپیچز'، لاہور، 1900، صفحہ 52-250)۔ ان حوالہ جات سے بخوبی اندازہ لگایا جاسکتا ہے کہ سرسید کا تعلیمی نظریہ عملاً اور اصولاً دونوں ہی سطحوں پر اشرافیہ مسلم طبقات کی تعلیمی فلاح تک محدود تھا۔ تعلیم یافتہ مسلم اشراف جس قسم کے نظام تعلیم کو فروغ دینا چاہتے تھے، اس کا مقصد دراصل فیوڈل سماج کا تحفظ کرنا تھا۔

سماج کے کمزور طبقات کے تئیں مسلم اشراف کے اس بے حس، بلکہ معاندانہ رویے نے مسلمانوں میں طبقاتی فرق کو مزید بڑھایا اور علما، قاضیوں، مولویوں اور حکیموں کے الگ الگ طبقات الگ الگ ذاتوں کی مانند مستقل حیثیت اختیار کر گئے۔ یہ لوگ چونکہ مسلمانوں کے اعلیٰ طبقے سے تعلق رکھتے تھے، اس لیے ذات پات میں یقین رکھنے والے ہندوؤں کی طرح معاشرتی تفریق ان کے بھی شعور کا حصہ تھی۔ حالاں کہ مسلمانوں میں طبقاتی

فرق پیشے کی بنیاد پر قائم ہے اور اسلام میں ذات پات اور چھوت چھات کے لیے کوئی گنجائش نہیں، پھر بھی مقامی تہذیبی اثرات سے اور مذکورہ طرز تعلیم اختیار کرنے کے سبب ہندوستان میں مسلمانوں میں ذات پات کو خوب فروغ حاصل ہوا اور پورا مسلم سماج دو طبقوں میں تقسیم ہو گیا؛ 'شریف' اور 'رذیل'۔ (قمر الدین، 'ہندوستان کی دینی درس گاہیں'، دہلی 1996، صفحہ 35)۔ مسلمانوں میں تقسیم ہندوستان تک یہ غیر تحریر شدہ قانون نافذ تھا کہ رذیلوں میں سے کوئی بھی شخص؛ مثلاً نائی، بڑھئی، لوہار، جلاہا وغیرہ، کسی مسجد کا امام یا شہر کا قاضی نہیں بن سکتا۔ قاضیوں کی حد تک یہ قانون آج بھی مروج ہے۔ اس پس منظر میں اگر دیکھا جائے تو مسلمانوں کا تعلیمی نظام اپنے خلقیے میں ہندوؤں میں مروج تعلیمی نظام سے کچھ زیادہ مختلف نہ تھا، جہاں پاٹھ شالاؤں اور گروکلوں میں صرف برہم اور دُوِج (1) ہی داخل ہونے کے مجاز تھے۔ ہندو اور مسلم دونوں فرقوں کے نظام ہائے اعلیٰ طبقات کے لیے ہی دستیاب تھے۔

چونکہ انگریزوں کی حکومت میں مغرب سے آنے والے افکار و تصورات کا اثر معاشرے پر پڑنا ناگزیر تھا، اس لیے مسلمانوں کے نظام تعلیم میں بھی تبدیلیاں آئیں، البتہ جدید تعلیم کی تمام برکتیں اعلیٰ طبقات ہی تک محدود رہیں۔ ہر سماجی نظام کی یہ خاصیت ہوتی ہے کہ حاشیے پر جینے والے لوگ مقتدر طبقے کی تہذیب کو تحسین کی نظروں سے دیکھتے اور اسے اختیار کرنا چاہتے ہیں، جس کی وجہ سے صاحب اقتدار طبقے کی تہذیبوں کی توسیع اور غلبے کا عمل مسلسل جاری رہتا ہے۔ ماہرین سماجیات بھی مختلف سماجی گروہوں کے طرز زندگی کے مطالعات و مشاہدات کے ذریعے یہ ثابت کر چکے ہیں کہ کم ترقی یافتہ طبقے ہمیشہ آگے بڑھنے اور برسر اقتدار طبقے کی تہذیب و ثقافت کو اختیار کرنے کے لیے کوشاں رہتے ہیں۔ ہندوستان میں مسلم حکمرانوں کے زوال سے پہلے تک غیر مسلموں کے اعلیٰ طبقات، بالخصوص کائستھ مسلمانوں کے طرز معاشرت کو اختیار کرنا مستحسن تصور کرتے تھے اور مسلمانوں کے طرز تعلیم کو فخر و مباہات سے اختیار کرتے تھے۔ اس زمانے میں غیر مسلم علما کے ماہرین اسلامیات ہونے کی مثالیں بھی عام طور پر اس لیے مل جائیں گی کیوں کہ یہ علما اپنے تہذیبی رویوں میں اعلیٰ مسلم طبقے سے قطعی مختلف نہ ہوتے تھے۔

برطانوی حکومت کے اثرات

برطانوی راج قائم ہوا تو ہندوستانی معاشرے میں زبردست تبدیلیاں آنا شروع ہو گئیں۔ تعلیمی نظام اس وجہ سے کچھ زیادہ ہی متاثر ہوا کہ برطانوی حاکموں نے اپنے مفادات کے پیش نظر عوامی تعلیم کی طرف توجہ کی۔ لیکن جیسے ہی جدید یا مغربی تعلیم کا نفاذ ہونا شروع ہوا 'نئی تہذیب' اور نئی تعلیم کے خلاف ایک زبردست تنازعہ اٹھ کھڑا ہوا (گیلانی، صفحہ 3-302، 18-317)۔ بدلتے وقت کے ساتھ بدلنا منظور نہ تھا، انھوں نے بہاؤ کے خلاف تیرنے کی کوشش کی۔ روایتی تعلیمی ادارے اور مدرسے بھی اس نئی تہذیب اور نئی تعلیم کے خلاف تھے اور آہستہ آہستہ ان میں سے کئی ادارے ایک طرح سے سامراجی حکومت کے خلاف مدافعت کی علامت بن گئے۔

انگریزوں کے خلاف ان کی یہ مدافعت اور مخالفت بعد میں تحریک آزادی میں مدرسوں کی شمولیت پر منتج ہوئی۔ دیوبند تحریک، وہابی تحریک اور خلافت تحریک کا مطالعہ اسی پس منظر میں کیا جانا چاہیے۔ لیکن دینی مدرسوں کے ذریعے انگریزوں کی مخالفت کا ایک اور نتیجہ یہ بھی سامنے آیا کہ مشرقی تہذیب اور تعلیم کی حمایت کرتے کرتے وہ اپنے مقاصد اور نظریات میں مزید شدت پسند ہو گئے اور انھوں نے ہر قسم کے مغربی علوم کے دروازے اپنے اوپر بند کر لیے۔ اس طرح آہستہ آہستہ ان کے نصابات معاصر معاشرے کی ضرورتوں کے مطابق نہ رہے۔

تبدیل شدہ سیاسی حالات کے سبب مغربی تعلیم کا فروغ لازمی تھا۔ مغربی تعلیم اور طرز زندگی کو خصوصاً ان لوگوں نے ہاتھوں ہاتھ لیا جو برطانوی راج کے نئے ملازمتی شعبوں میں شامل ہونے کے خواہاں تھے۔ ان نئی تبدیلیوں کے ساتھ وطن پرستی اور وفاداری کے سوال بھی اٹھائے جانے لگے تھے اور یہ بھی سوال تھا کہ نئے حالات میں کون سا راستہ اختیار کیا جائے۔ ہندوستان میں کسی بھی مذہبی فرقے میں اس سوال پر اتفاق رائے نہ تھا۔ کچھ لوگ اپنے روایتی نظام تعلیم اور عہد وسطیٰ کی اقدار سے وابستہ رہے اور کچھ لوگ نئی تعلیم اور مغرب کے حامی ہو گئے۔ آخر الذکر لوگوں میں بیشتر آسودہ حال اور اعلیٰ طبقے کے لوگ شامل تھے۔ مثلاً سر سید احمد خاں جدید مغربی تعلیم کے زبردست حامی کے طور پر میدان میں آئے۔ وہ یہ مانتے تھے کہ سائنسی علوم کا حصول ترقی کا زینہ ہے اور سائنسی علوم تک رسائی صرف انگریزی زبان کے ذریعے ہو سکتی ہے۔

سماج میں ایک اور بڑی تبدیلی بھی آ رہی تھی۔ انصاف و مساوات کے نئے پیمانوں کے طفیل عام لوگوں کے لیے بھی نئی تعلیم کی راہیں کھلنے کے امکانات بڑھ گئے تھے۔ بیداری کی یہ نئی لہر آنے کے سبب عام لوگ بھی بہتر طرز زندگی اختیار کرنے کی توقع کرنے لگے تھے۔ نسبتاً پسماندہ اور غیر تعلیم یافتہ مسلم عوام نے یہ توقع اپنے بچوں کو دینی مدرسوں میں بھیج کر پوری کی، جن کو وہ علم و دانش کی اعلیٰ ترین مراکز خیال کرتے تھے۔ اس صورت حال نے ان عام مسلمانوں کے طرز فکر پر نمایاں اثر ڈالا جن کے حالات بصورت دیگر اپنے ہم پلہ ہندو بھائیوں سے قطعی مختلف نہ تھے۔ اس نئی تعلیمی تبدیلی کے سبب مذہب اور مذہبی تشخص کے لیے بھی ایک بیداری پیدا ہونے لگی۔ بنگال میں نشاۃ ثانیہ اور شمالی ہند میں احیا پرستی کا عروج تہذیبی اور مذہبی شناخت کی اسی بیداری کی لہر کا نتیجہ تھا۔ شناخت کے لیے بیداری کی اس لہر نے اتنا زور پکڑا کہ وہ لوگ بھی جو جدید نقطۂ نظر رکھتے تھے اور سائنس کی تعلیم کے حامی تھے، مذہبی اور سیکولر تعلیم کو یکجا کرنے کی وکالت کرنے لگے تھے (سلامت اللہ، 'ہندوستان میں مسلمانوں کی تعلیم'، مکتبہ جامعہ، نئی دہلی، 1990، صفحہ 55)۔

اشرافیہ کی روایت کا یہ اصول عام ہے کہ وہ تمام شعبہ ہائے زندگی پر حاوی رہنے کی کوشش کرتی ہے۔ اسی کلیے کے مطابق مسلم اشراف نے بھی نظام مدارس کے ساتھ ساتھ نئی تعلیم کی درس گاہوں پر بھی اپنے گرفت مضبوط کی۔ روایتی تعلیم کے عالموں اور مبلغوں کی صورت میں جہاں ایک طرف انھوں نے اپنے دینی بھائیوں پر گرفت مضبوط رکھی، وہیں دوسری طرف اپنے بچوں کو اعلیٰ تعلیم کے لیے ولایت بھیجنے کا بھی کوئی موقع انھوں نے

نہیں گنوایا۔ مثال کے طور پر اردو کے مشہور شاعر اکبرالہٰ آبادی نے، جنھوں نے مغربی تہذیب کی مخالفت میں اکثر غیر معقول موقف اختیار کیا، اپنے بیٹے کو اعلیٰ تعلیم کے لیے اسی برطانوی کلچر کے حوالے کر دیا، اپنی شاعری میں وہ جس کے شدید مخالف تھے۔

جدید تعلیم کے رجحان کو فروغ ملنے کے بعد عمومی صورت حال کچھ یوں بنی کہ اعلیٰ طبقے کے اکثر مسلمان تو نئی تعلیم کی طرف راغب ہوئے اور نچلے طبقات کے مسلمانوں نے مدرسوں کا رخ کیا۔ ان میں سے بیشتر چونکہ نیم خواندہ یا ناخواندہ گھرانوں سے آتے تھے، اس لیے عربی اور فارسی کا نصاب تعلیم ان کے لیے ایک مسئلہ بن گیا۔ ان کی تعلیم کا بیشتر وقت ان زبانوں کو سیکھنے میں صرف ہو جاتا تھا اور اکثر صورتوں میں وہ ان میں درک حاصل نہیں کر پاتے تھے۔ ظاہر ہے کہ اس کی وجہ سے دینی مدارس کا معیار تعلیم بتدریج زوال کی سمت بڑھنے لگا۔ یہی وہ دور تھا جب مغل حکومت کا زوال بھی اپنے منطقی انجام کی طرف بڑھ رہا تھا اور فارسی زبان مقتدر طبقے کی زبان کے طور پر اپنی حیثیت کھو رہی تھی اور اس کی جگہ اردو چلن میں آ چکی تھی۔ لیکن ابھی وہ وقت نہیں آیا تھا کہ جب دینی مدارس کے نصاب کے اردو ترجمے کے بارے میں غور کیا جاتا۔ نئے تعلیم یافتہ طبقے کو اس کا ذرا احساس نہ ہوا کہ عربی فارسی کے چلن سے باہر ہونے کے سبب تعلیمی معیار کتنی تیزی سے گر رہا ہے، اور اگر انھیں احساس ہو جاتا تو بھی اس کو بچانے کے لیے شاید وہ کچھ بھی نہ کر پاتے۔

نئے سیاسی نظام میں جب سیاست کے روایتی ڈھرے چرمرائے تو مسلم عوام پر سے مسلم اشراف کو اپنے اقتدار کی ڈور پھسلتی ہوئی محسوس ہونے لگی۔ صورت حال کو قابو میں رکھنے کے لیے لازم تھا کہ ہر قسم کا حربہ استعمال کیا جائے۔ مذہب ایک ایسا حربہ تھا جس کا استعمال وہ مسلم عوام پر اپنا رسوخ قائم رکھنے اور ساتھ ہی مغربی اثرات کو دور رکھنے کے لیے کر سکتے تھے۔ بصورت دیگر اس بات کا قوی امکان تھا کہ آئندہ دنوں میں عام مسلمان تک نئی تعلیم کی رسائی ان کے سماجی نظام کو زیر وزبر کر دے گی۔ وہابی اور دیوبند تحریکوں سے لے کر (جن کا مقصد مسلم حکمرانی کی عظمت رفتہ کے احیا کے لیے جہد وجہد کرنا تھا) علی گڈھ تحریک اور تحریک خلافت تک، سبھی نے عوام کی سیاسی بے چینی اور اقتصادی بدحالی کا فائدہ اٹھا کر اپنے اپنے رسوخ کو بڑھانے کی کوششیں کیں۔ اپنے مقاصد کے حصول کے لیے انھوں نے مسلمانوں کی علیحدہ قومی شناخت یا مذہبی تشخص پر سب سے زیادہ زور دیا کیوں کہ یہی وہ شعبہ تھا جو ان کے مقاصد کے حصول کی راہ ہموار کرتا تھا۔

مسلم تشخص کی تشکیل اور مذہبی تنظیمیں

اس طرح وقت کے ساتھ مسلمانوں میں جو نظام تعلیم مروج ہوا، وہ دراصل زمینداری نظام کا ایک ضمنی نتیجہ تھا۔ اصولاً ہونا تو یہ چاہیے تھا کہ آزادی کے بعد ہندوستان میں جمہوریت اور روشن خیالی کی نئی اقدار کے ساتھ

یہ تعلیمی نظام آہستہ آہستہ کمزور ہو کر زوال پذیر ہو جاتا، لیکن ایسا نہیں ہوا۔ دوسری جانب جماعت اسلامی جیسی تنظیموں نے، جن کا ایک مقصد مذہب کے نام پر جاگیرداروں کے حقوق کی نمائندگی اور تحفظ کرنا بھی تھا، مسلم عوام کے سیاسی اور مذہبی معاملات پر حاوی ہونے کی کوششیں شروع کر دیں۔ مذہب کے لبادے میں جماعت اسلامی نے آمرانہ طرز حکومت کی کھل کر حمایت کی۔ جیسے جیسے آزادی، یعنی جمہوریت کی منزل قریب آ رہی تھی، ویسے ویسے مسلمانوں کی مذہبی سیاسی تنظیمیں مذہب کی آڑ میں جاگیردارانہ نظام کی بقا کے لیے سرگرم ہو رہی تھیں۔ پاکستان کی قیام کی راہ ہموار کرنے میں اس قسم کی کوششوں کے عمل دخل کا مطالعہ دلچسپی سے خالی نہیں ہوگا۔ یہ مذہبی جماعتیں جاگیرداری نظام کی بقا کے لیے جاگیرداروں کے ساتھ کس قسم کی سازش میں مصروف تھیں، اس کا ایک دستاویزی ثبوت جماعت اسلامی کے بانی مولانا مودودی کا درج ذیل بیان ہے جو ان کی کتاب 'رسائل و مسائل' میں موجود ہے:

''بلاشبہ اسلامی قانون انفرادی حق ملکیت کو تسلیم کرتا ہے۔ قومی ملکیت کی اسکیم کو عملی جامہ پہنانے کی خاطر یہ کہاں درست ہے کہ کوئی پارلیمنٹ ایک حکم کے ذریعے سے اراضی اور دیگر ذرائع پیداوار پر سے افراد کے نجی حقوق کو ساقط کر کے ان پر اجتماعی حقوق قائم کر دے؟ زمین کی ملکیت اور جاگیروں کے بارے میں یہ بات بالکل واضح ہے کہ زمینی جائیداد اور جاگیری کی کوئی حد مقرر نہیں کی جاسکتی۔ اگر پیداوار کے دیگر ذرائع مثلاً ملوں اور فیکٹریوں کی بات کی جائے تو ان کے قومیانے کا تصور ہی اسلام کے بنیادی نظریے کے یکسر خلاف ہے۔'' (بحوالہ کے ایم اشرف، *"An Overview of Muslim Politics in India"*، مانک پبلی کیشنز، نئی دہلی 2001 صفحہ 143)

مذہب کے نام پر اس قسم کے پروپیگنڈے نے ناخواندہ عوام کو خاموش کر دیا، یہی سبب ہے کہ برصغیر کی تقسیم کے بعد پاکستان میں؛ جسے مذہبی تنظیموں کی حمایت حاصل تھی، جمہوریت اپنے قدم کبھی نہ جما سکی اور سارا سیاسی نظام جاگیرداروں اور فوج کے ہاتھ میں چلا گیا، بلکہ فوج پر بھی جاگیرداروں ہی کا تسلط قائم ہے۔ یہ تاریخی حقیقت بھی جاگیرداروں اور جماعت اسلامی جیسی تنظیموں کے باہمی تعلق کی عکاس ہے۔

اس دوران رفتہ رفتہ مدرسوں کا تعلیمی نظام پھیلتا رہا، ساتھ ہی مذہبی اور سیاسی جماعتوں کی پیش عملی نے بھی مسلم تشخص کی تشکیل میں فعال کردار ادا کیا۔ آزادی کے بعد کے اس اہم دور میں جب تمام معاشرہ نظام کہنہ کو خیر باد کہہ کر نئی اقدار کی تعمیر کے عمل سے گذر رہا تھا، مسلمانوں کی امیج ایک روایتی، بنیاد پرست اور اپنے ہی خول میں بند رہنے والے فرقے کے طور پر بن رہی تھی۔ ایسے ماحول میں مذہبی تعلیم مفاد پرست مذہبی تعلیم مفاد پرست مذہبی رہنماؤں کا ہتھیار بن گئی اور انھوں نے اسلام کی صرف ایسی تعلیمات کی تبلیغ کو فروغ دیا جو انھیں اپنے مفاد میں سب سے بہتر نظر آئیں۔ مثلاً یہ کہ عام لوگ ائمہ اور علما کی اتھارٹی کے بارے میں کسی قسم کے سوال نہ اٹھائیں اور مذہبی معاملوں میں عقلیت پسندی کی راہ نہ دی جائے۔ علما نے حقوق عباد کے مقابلے میں دینی ارکان کی پابندی

پر مصلحتاً زیادہ زور دیا اور ہر مذہبی فریضے کی ادائیگی کے بدلے میں عالم بالا میں بے شمار ثواب ملنے کے خواب دکھائے تاکہ دنیا اور اس کے معاملات پس منظر میں چلے جائیں، اور ان مسائل اور ان کے اسباب پر غور کرنے کا عام لوگوں کو موقع نہ ملے۔ نیم تعلیم یافتہ عوام کے لیے ایسی بے شمار ایسی کتابیں لکھی گئی ہیں جن میں ان کتابوں میں درج طریقوں کے مطابق مذہب پر عمل پیرا ہونے کی ہدایت کی گئی ہے۔ تبلیغی جماعت نے از خود یہ ذمے داری لے لی کہ 'تبلیغی نصاب' کی مدد سے ناخواندہ اور بے علم مسلمانوں کے درمیان مذہب کے اس تصور کا پیغام عام کرے گی جس پر تبلیغی جماعت کے عمائدین نے اصرار کیا ہے۔ جماعت کے 'تبلیغی نصاب' میں نماز، روزہ، حج جیسے فرائض کے فضائل بیان کرنے کے علاوہ تبلیغ کے فوائد بھی بیان کیے گئے ہیں جن میں بہت سے جھوٹے سچے اور من گھڑت قصوں کی مدد سے ایک مبینہ سچے مذہب پر چلنے کی راہ دکھائی گئی ہے۔ قرآن کا حوالہ دے کر تبلیغی جماعت کے لوگ یہ تو تبلیغ کرتے ہیں کہ جو لوگ ایمان والے ہیں اور جنھوں نے عمل صالح کیا، ان کو اللہ زمین پر اقتدار بخشے گا، ان کو حیات طیبہ دے گا (مولانا وحید الدین خاں، 'تبلیغی تحریک'، نئی دہلی 1994، صفحہ 21)، لیکن اس مبینہ اقتدار کی نوعیت کیا ہوگی، اس پر وہ خاموش ہیں۔ تبلیغی جماعت کے مبلغین کا تقاضا اپنے پیروکاروں سے یہ ہوتا ہے کہ وہ اپنی لوح تقدیر پر مکمل یقین رکھیں، یعنی اپنے آپ کو پوری طرح سے تقدیر کے حوالے کر دیں، اور بدحالی اور غریبی میں بھی صبر و قناعت سے کام لیں، کیوں کہ صبر کرنے والوں کو مرنے کے بعد بہتر زندگی ملے گی؛ بالواسطہ اس پیغام کا یہ مطلب ہوا کہ چونکہ تقدیر پہلے ہی لکھی جا چکی ہے، یوں حالات کو بدلنے یا بہتر بنانے کی ساری تدبیریں بیکار رہی ہوں گی، اس لیے تقدیر کو چپ چاپ تسلیم کر لینا چاہیے۔ دنیا سے بے رخی، عالم بالا کی بہتر زندگی اور صبر و قناعت کی تلقین و تعلیم میں غریب کے لیے بڑی کشش ہوتی ہے، کیوں کہ یہ خیال ان کے لیے باعث تسکین ہوتا ہے کہ مرنے کے بعد ہی سہی، کبھی تو ان کے دن پھریں گے۔ انھیں یقین ہوتا ہے کہ صبر و قناعت کی وجہ سے خدا انھیں زیادہ عزیز رکھتا ہے، اس لیے معاشی بدحالی کے تدارک کی طرف ان کا دھیان نہیں جاتا۔ جب یہ کہا جاتا ہے کہ ہندوستان میں اسلام کا الگ رنگ ہے تو اس سے مراد تقدیر پرست مسلمانوں کے اسلام سے ہوتی ہے (کیوں کہ عرب دنیا کے صاحب ثروت لوگوں کا اسلام تو یکسر مختلف ہے جس میں ہر طرف امارت اور وسائل کی فراوانی آنکھوں کو خیرہ کرتی ہے)۔ اس طرح تقدیر پرستی کا یہ طرز فکر بدلتے ہوئے حالات کے مطابق نئے راستے دکھانے کے بجائے عام لوگوں کو حاشیے پر دھکیلتا رہتا ہے۔ ہندوستان میں مسلمانوں کی سماجی اور تعلیمی پسماندگی اسلام کے اسی ہندوستانی برانڈ کا ایک براہ راست نتیجہ بھی کہی جا سکتی ہے۔

انگریزوں کے لائے ہوئے نئے تعلیمی نظام اور مسلم تعلیمی نظام میں بظاہر جو کشاکش نظر آتی ہے، اس کا سارا فائدہ زمینداری نظام کے پروردہ مسلمانوں کے اعلیٰ طبقے کو پہنچا ہے۔ اس طبقے نے ایک طرف تو مسلمانوں پر اجارہ داری قائم رکھی اور دوسری طرف نئے حالات کے مطابق خود کو ڈھال کر نئی نظر کا نمائندہ بنا اور شریک اقتدار ہونے میں بھی کامیاب ہوا۔

دینی مدارس اور ترقی

جاگیردار اشراف نے روایتی تعلیم کی آبیاری غریبوں کے لیے ضروری لیکن اس طرح کہ اس پر ان کی گرفت بھی مضبوط رہے۔ غالباً اس کا ایک سبب یہ تھا کہ جاگیرداروں کے اقتدار کی بقا دراصل ایک ایسے نظام کی بقا میں مضمر تھی جس میں جاگیردارانہ اقدار قائم و دائم رہ سکیں۔ پسماندہ مسلمانوں کو جاگیردارانہ اقدار کے پروردہ مسلم رہنماؤں نے بار بار یہ یقین دلایا کہ ان کا سب سے زیادہ قیمتی سرمایہ، یعنی اسلام خطرے میں ہے۔ اس لیے عام مسلمانوں کا ایک نکاتی ایجنڈا یہ رہا کہ وہ روایتی تعلیمی نظام (یعنی مدارس) کی ہر طرح سے حفاظت کریں اور اسے ختم نہ ہونے دیں، کیوں کہ ان کے خیال میں مدرسوں کی بقا میں ہی دراصل اسلام کی حفاظت مضمر تھی۔ آج بھی یہ تصور مسلمانوں کے درمیان عام طور پر رائج ہے کہ مدرسے ہی دراصل وہ ادارے ہیں جنھوں نے اسلام کو بچانے میں سب سے اہم کردار ادا کیا ہے۔ ستم ظریفی یہ ہے کہ وہ بیچارا مسلمان جو مدرسوں کو اسلام کا محافظ سمجھتا ہے، اس کا ذہن اس سامنے کی حقیقت کو نہ دیکھ سکا کہ وہ اکثر حضرات جنھوں نے انھیں مدرسوں کے نظام تعلیم کی طرف راغب کیا، خود اپنے بچوں کو انگریزی تعلیم کے پرائیوٹ اسکولوں، یعنی پبلک اسکولوں اور کانونٹوں میں بھیج رہے ہیں اور اعلیٰ تعلیم کے لیے یوروپ اور امریکہ تک بھیجتے ہیں۔ مسلم عوام کی عمومی سیاسی کم فہمی اور تعلیمی پسماندگی کے سبب یہ روایتی تعلیمی نظام آج بھی اسی طرح سے ترقی کی راہ پر گامزن ہے جس طرح یہ آزادی سے پہلے تھا۔ تبدیلی صرف اتنی واقع ہوئی ہے کہ اب ہندوستان میں مذہبی اداروں کی باگ ڈور جن لوگوں کے ہاتھ میں ہے، ان میں ایسے لوگ مل جائیں گے جنھوں نے سینٹ اسٹیونز کالج اور دہلی پبلک اسکول جیسے قابل رشک اداروں میں تعلیم پائی لیکن اپنا حلقۂ اثر بڑھانے کے لیے غریبوں کے اسلام سے وابستگی کو اپنا مقصد بنایا۔ (چند برس پہلے میری ملاقات جمعیۃ العلمائے ہند کے صدر دفتر، دہلی، میں سینٹ اسٹیونز کالج کے طالب علم سے ہوئی جو اب وہاں ایک اہم عہدے پر فائز ہیں۔ یقیناً اس کیریئر کے سبب انھیں جلد یا بہ دیر کوئی نہ کوئی قائدانہ رول بھی مل جائے گا اور کم از کم سماج میں ایک منفرد معزز مقام تو مل ہی گیا۔) علما اور مولویوں کے خاندانوں میں مذہب سے باہر شادی کرنے کی بھی مثالیں مل جائیں گی۔ ہر قسم کے سیاسی مفاد کے لیے مسجد کے اماموں کی سیاست کرنے والے مولانا جمیل الیاسی کے بیٹے صہیب الیاسی کی مثال بالکل سامنے کی ہے۔ وہ معروف ٹی وی اینکر ہیں، جدید تعلیم یافتہ ہیں اور انھوں نے ایک غیر مسلم خاتون سے شادی بھی کی جس کی موت کے بعد وہ آج تک اس شک کے دائرے سے باہر نہیں کہ انھوں نے اپنی بیوی کو قتل کیا۔ (تازہ اطلاعات کے مطابق، دہلی کی کڑکڑ ڈوما عدالت نے صہیب کو اپنی بیوی کے قتل کے جرم کی پاداش میں عمر قید کی سزا سنادی ہے۔) جو لوگ اس معاملے سے واقف ہیں، وہ یہ بھی جانتے ہیں کہ انجو الیاسی کی آخری رسوم ہندو مذہب کے مطابق ادا کی گئی تھیں۔ یہ طرز زندگی روایتی مسلم گھرانوں کو بھی قبول نہیں ہوتا، چہ جائیکہ مذہبی رہنماؤں کے گھرانے۔ سوال یہ ہے کہ یہ طرز زندگی ہندوستان کے بڑے شہروں

میں رہنے والے اعلیٰ متوسط طبقے کے اکثر ہندو یا مسلمان لوگوں سے کس طرح مختلف ہے؟

مذہبی اداروں سے متعلق لوگوں کی ذاتی زندگی کے حوالے اپنی بات یہیں ختم کرتی ہوں، اور اصل موضوع کی طرف لوٹتے ہوئے اس بات پر زور دینا چاہتی ہوں کہ مدرسوں کا ارتقا ایسے اداروں کی صورت میں ہوا جہاں عموماً وہ غریب مسلمان پڑھتے ہیں جن کے لیے کسی اور ذریعے سے تعلیم حاصل کرنا ممکن نہیں ہے۔ مدرسوں کے تمام اخراجات، طلبا کے کھانے پینے اور رہائش کے انتظامات سے مسلمانوں کے دیے ہوئے عطیات اور زکوٰۃ سے کیے جاتے ہیں لیکن نظام کچھ ایسا بن گیا ہے کہ طلبا کی بنیادی ضرورتیں پوری کرنے کے سوا کسی اور قسم کی سہولت انھیں فراہم نہیں کی جاتی اور اس طرح مدارس کی آمدنی کا زیادہ حصہ مہتمموں کے مفادات کی نذر ہو جاتا ہے۔ علم کے حصول کے لیے دوسری سہولتوں سے محروم ان طالب علموں کو تین برس سے بھی زیادہ قدیم درس نظامی پڑھایا جاتا ہے جس کے سبب طالب علم عصر حاضر کے علوم سے نابلد رہتے ہیں اور نتیجتاً آج کی ضرورتوں اور چیلنجوں کا مقابلہ کرنے کے لیے تیار نہیں ہو پاتے۔ نہایت دقیق اور ازکار رفتہ عربی اور فارسی نصاب کی کتابیں طالب علموں میں شاید ہی کوئی دلچسپی خود سے کچھ اور پڑھنے کی خواہش پیدا کرتی ہوں۔

تعلیمی اور سماجی طور پر پسماندہ طبقات سے آنے والے بہت سے طالب علموں کے لیے مدرسے کی تعلیم مذہبی مدرس کے طور پر روزگار کی ضمانت بن جاتی ہے۔ قصبوں اور دیہاتوں کی مسجدوں میں مؤذن، امام اور مدرس کے طور پر انھیں کام مل جاتا ہے۔ یہ نظام سیکڑوں برس سے اسی طرح جاری و ساری ہے۔ چھوٹے چھوٹے مدرسے آج بھی جگہ جگہ کھل رہے ہیں اور ان میں مدرسوں کے فارغین کو روزگار بھی مل جاتا ہے۔ اس کا لامحالہ نتیجہ یہ نکلا ہے کہ اپنے آپ میں مطمئن پسماندہ مسلمان اپنے حقوق کے لیے سرکار سے کوئی مطالبہ نہیں کرتے اور ان کا ایک بڑا حصہ حکومت کی اس توجہ سے محروم ہے جو دوسرے پسماندہ طبقات کو حاصل ہے۔ اسلام جو اپنے ماننے والوں سے جدوجہد اور حرکت کا مطالبہ کرتا ہے، مسلم معاشرے میں ہر طرح کی بے عملی کا استعارہ بن کر رہ گیا ہے تو اس کی وجہ وہی تعلیم ہے جو صبر و قناعت اور استغنا کے نام پر مسلمان کو دی جاتی رہی ہے۔

ہونا تو یہ چاہیے تھا کہ ہندوستان کی سرزمین پر جمہوری نظام حکومت کے استحکام کے ساتھ مدارس کے اس روایتی نظام کی اہمیت آہستہ آہستہ کم ہو جاتی اور نئی تعلیم کے دروازے سب طبقات کے لیے کھل جاتے لیکن کئی اسباب سے ایسا نہ ہو سکا۔ نام نہاد جمہوری حکومتوں نے مسلمانوں کی فلاح کے معاملات میں بے حسی کی پالیسی اختیار کی اور اس طرح اکثر مسلمان تعلیمی اور معاشی طور پر پسماندگی میں جیتے رہے۔ جاگیرداروں کے شدید احتجاج کے باوجود آزاد ہندوستان میں جس سیاسی عزم کے ساتھ زمینداری کا خاتمہ کیا گیا تھا، اگر اسی عزم کے ساتھ مسلمانوں کے درمیان نئی تعلیم کو متعارف کرانے کا کوئی منصوبہ بنایا جاتا تو شاید حالات مختلف ہوتے۔ حکومت کی بے حسی کا نتیجہ یہ ہوا کہ زمینداری کے خاتمے کے باوجود مسلمانوں کے سماجی ڈھانچے میں اور اس طرز معاشرت میں کوئی تبدیلی نہیں آئی جس پر مذہب اور مذہبی اداروں کی اجارہ داری تھی۔ ضرورت اس بات کی تھی کہ نیا جمہوری

سیاسی نظام ایک ایسی موثر متبادل تعلیمی پالیسی تیار کرتا جس میں مسلمانوں میں نئی تعلیم بھی مروج ہوتی اور عام مسلمان یہ بھی محسوس نہ کرتے کہ ان کی مذہبی شناخت معدوم ہو رہی ہے۔ یہ کام ان کی تہذیبی شناخت کی حفاظت کے اقدام کر کے کیا جاسکتا تھا۔

تاریخی حالات کچھ اس طرح کے رہے ہیں کہ ہندوستان کے تقریباً سب مسلمان اردو زبان کو اپنی تہذیبی اور مذہبی شناخت کی ایک اہم علامت مانتے ہیں۔ اردو مسلمانوں تک کن حالات میں محدود ہوگئی اور صرف انھی کی شناخت کیسے بن گئی، یہ ایک علیحدہ اور پیچیدہ بحث ہے جس میں پڑنے کی گنجائش اس مضمون میں نہیں ہے، لیکن یہ بتانا ضروری ہے کہ آزادی ملنے کے ساتھ ہی تمام سرکاری اسکولوں سے اردو زبان کی تعلیم کا نظام بیک جنبش قلم ختم کر دیا گیا تھا۔ اردو کے خلاف یہ تعصب اس لیے برتا گیا تھا کہ اردو پاکستان کی سرکاری زبان بنائی گئی تھی اور مسلمان اور اردو تقسیم کے ذمے دار ٹھہرائے گئے تھے۔ مسلمانوں کے خلاف ماحول اس طرح سے بنا کہ جمہوری نظام نافذ ہونے کے باوجود مسلمان عملی طور پر دوسرے درجے کے شہری بن گئے اور ان کو اکثریتی تعصب کے عتاب کا نشانہ بننا پڑا۔ اسی کا نتیجہ تھا کہ اس حقیقت کو بھلا کر کہ اردو مسلمانوں اور ہندوؤں کی مشترکہ تہذیبی وراثت ہے اور جدوجہد آزادی میں اس زبان کے ادب، صحافت اور بولنے والوں کا نمایاں کردار رہا ہے، اردو کو، اور اس کو اپنی زبان کہنے والے مسلمانوں کو، ہندوستان کی نئی جمہوری حکومت نے یہ سزا دی کہ اس زبان کے تعلیمی نظم کا یکسر خاتمہ کر دیا۔ آئندہ برسوں میں مسلمان اسی خوف میں جیتے رہے کہ آہستہ آہستہ ان کی تہذیبی اور مذہبی شناخت بھی ختم کر دی جائے گی۔ اسکولوں میں جو نظام تعلیم رائج ہوا، ایک تو وہ کافی حد تک فرقہ وارانہ خطوط پر مرتب کیا گیا تھا، دوسرے اس میں سے اردو کو جس طرح خارج کیا گیا، اس کے سبب مسلمانوں کے یہ خدشات بے جا نہ تھے کہ اس تعلیمی نظام میں ان کے بچے اپنی شناخت کھو بیٹھیں گے۔ سیکولر جمہوری حکومت کی ذمے داری تھی کہ مذہبی اور تہذیبی شناخت ختم ہونے کے اس خوف کو دور کرنے کے لیے پرائمری سطح پر اردو زبان والوں کے لیے اردو کو ذریعۂ تعلیم رکھا جاتا، مگر اس مطالبے اور اس کے نفاذ کے لیے جس سیاسی بصیرت کی ضرورت تھی، وہ یا تو ہندوستان کے مسلم سیاسی رہنماؤں میں موجود نہ تھی یا پھر وہ حالات سے مجبور تھے۔ اس بے یقینی کے ماحول میں، اور سرکار کے معاندانہ رویے کے ردعمل میں دینی مدارس کے نظام کو نئی قوت اور توانائی ملی۔

اس پس منظر کو سمجھے بغیر مدرسوں کو تنگ نظر اور کٹر ادارے کہہ دینا مسئلے کا بڑا سہل پسندانہ تجزیہ ہوگا۔ مدرسوں کی صحیح صورت حال کا اندازہ لگانے میں ان کے ساختیاتی ڈھانچے کو سمجھنے سے بھی مدد ملے گی۔ مثال کے طور پر مکتب کو لیجیے، جہاں بچے کو قرآن پڑھانے کے ساتھ مذہبی ارکان کی بھی تربیت دی جاتی ہے۔ مکتب تقریباً ہر محلے کی مسجدوں میں کل وقتی یا جز وقتی طور پر چلائے جاتے ہیں اور ان میں پڑھنے والے طالب علم بھی ہر طبقے سے تعلق رکھتے ہیں۔ عموماً اسکول میں کلاسیں کرنے کے بعد ہی طلبا جز وقتی مکتبوں یا شبینہ مکتبوں میں مذہب کی تعلیم حاصل کرنے جاتے ہیں۔ اصلاحی دینی مدرسوں کا نمبر اس کے بعد آتا ہے، جہاں کل وقتی مذہبی تعلیم دی جاتی ہے۔ اصلاحی دینی

مدارس کا ایک علیحدہ اور مستقل بالذات نظام تعلیم ہے۔ گاؤں، قصبوں اور شہروں سبھی جگہ مدرسے قائم ہیں جو رہائشی اور غیر رہائشی دونوں طرح کے ہوتے ہیں۔ ان کے اخراجات زیادہ زکوٰۃ اور عطیات پر منحصر ہوتے ہیں۔ رہائشی مدرسوں میں عموماً بے حد غریب طبقات کے بچے آتے ہیں اور اس طرح یہ مدرسے غریب بچوں کی پرورش کا ذریعہ بھی بن جاتے ہیں۔ بہت سے یتیم خانے بھی اپنے یہاں اسی طرح کی مذہبی تعلیم کا اہتمام کرتے ہیں۔

مذہبی تعلیم کے اعلیٰ ترین ادارے وہ ہیں جن کو ہم مذہبی دانش گاہوں سے تعبیر کر سکتے ہیں۔ تمام مسالک کے لوگوں نے ضرورت کے مطابق وقتاً فوقتاً اپنے یہ ادارے قائم کیے اور اب یہی دارالعلوم مذہبی اور نظریاتی دانشوری کے اعلیٰ ترین مراکز ہیں۔ ان بڑے مراکز سے مذہب کی اعلیٰ تعلیم حاصل کرنے والے طلبا کو چھوٹے مدرسوں میں اور چھوٹے مدرسوں کے فارغین کو مکتبوں اور مسجدوں میں تدریس اور مذہبی ارکان ادا کرنے کی ذمے داریاں مل جاتی ہیں اور ان کے روزگار کا مسئلہ حل ہو جاتا ہے۔ اس طرح مدرسوں کا یہ نظام امداد باہمی کے اصول پر چلتا ہے اور خاصا مضبوط ہے۔ انحصار باہمی کے سبب یہ نظام مسلسل وسعت پذیر ہو رہا ہے، یہ اپنے آپ میں ایک ایسا معاشی نظام بھی ہے جس کے ارد گرد بہت سے لوگوں کے معاشی مفادات طواف کرتے ہیں۔

مدرسوں کی تعداد میں اضافے کا ایک لازمی نتیجہ مذہبی شدت پسندی میں اضافے کی صورت میں بھی سامنے آتا ہے، یہ الگ بات ہے کہ مذہبی شدت پسندی کے دوسرے اسباب بھی ہیں جن کا تجزیہ ایک علیحدہ مضمون میں کیا جا سکتا ہے۔ یہاں اس جانب توجہ دلانا مطلوب ہے کہ اگر علما اور مسلم رہنما غور کرتے اور اپنے سماج میں تبدیلی لانا اور اسے ترقی یافتہ بنانا انھیں مقصود ہوتا تو وہ زکوٰۃ اور وقف کے پیسے سے مذہب کے ساتھ ساتھ جدید تعلیم کے ادارے قائم کرنے/کرانے کی طرف بھی توجہ دیتے لیکن وہ ایسا نہیں کرتے کیوں کہ اس سے وہ نظام درہم برہم ہو جائے گا جس پر ان کی اپنی بقا کا انحصار ہے۔ ایک جدید ریاست میں اس طرح کے ادارے عوام کی ترقی میں رکاوٹ بنتے ہیں لیکن حکومت کی طرف سے ان پر کسی قسم کی پابندی بھی نہیں لگائی جا سکتی۔ ویسے بھی مفاد پرست عناصر انھیں ہوا دیتے ہیں، اور ان عناصر کی اپنی طاقت ہوتی ہے جس کو سیاسی جماعتیں نظر انداز نہیں کر سکتیں۔

ایک مسئلہ اور بھی ہے۔ مدرسوں میں پڑھنے والے طالب علم اب عموماً ناخواندہ یا معمولی تعلیم یافتہ گھرانوں سے آتے ہیں، اور معاشی طور پر مسلمانوں کے سب سے زیادہ پسماندہ طبقے سے تعلق رکھتے ہیں۔ ان کی تعلیم و تربیت اس نہج پر نہیں ہوتی کہ یہ اپنے نظام تعلیم کا از خود تنقیدی جائزہ لے سکیں۔ ان مدارس میں نئے مضامین اور نئے نظریات کی تدریس بھی نہیں ہوتی، تعلیم کا طریق کار بھی فرسودہ ہے، اور سب سے بڑھ کر یہ کہ کئی صدیوں سے نصاب نہیں بدلا گیا ہے، اس لیے یہاں طالب علموں کی ذہنی تربیت صرف ہدایات سننے اور ان پر مشینی طریقے سے عمل کرنے تک محدود ہو جاتی ہے۔ سخت نظم و ضبط میں جکڑے ان طالب علموں کو مخصوص موضوعات سے ہٹ کر کتابیں پڑھنے کی اجازت نہیں ہوتی اور نصاب کے طور پر وہاں جو کتابیں پڑھائی جاتی ہیں، وہ اسلام کے اس زاویے کو پیش کرتی ہیں جو صرف ملائیت کی توسیع میں معاون ہو سکے۔ ادب کے مطالعے،

کھیل کود اور ٹیلی ویژن جیسی چیزوں پر پابندی کے سبب دینی مدارس کے فارغین زندگی کے متنوع پہلوؤں سے واقف ہی نہیں ہو پاتے۔ ایک شہری کے طور پر مخصوص حالات میں کس طرح اپنا ردعمل ظاہر کریں اور ان حالات کو کس طرح سمجھنے کی کوشش کریں جو ہندوستان جیسے تکثیریتی معاشرے کے پروردہ ہیں، یہ اور اسی قسم کے سوالات سے نبرد آزما ہونا ان کے لیے مشکل ہوتا ہے۔ مثال کے طور پر دنیا کے کسی بھی کونے میں مسلمانوں پر ہونے والے ظلم کے خلاف تو وہ اپنا جذباتی ردعمل ظاہر کرتے ہیں لیکن غیر مسلم پائمال طبقے پر ہونے والے مظالم پر وہ خاموش رہتے ہیں، جب کہ مہذب معاشرے میں اتنی تو توقع کی ہی جاتی ہے کہ آپ انسانیت کو مقدم سمجھیں اور ظلم کے خلاف آواز اٹھانے میں مذہبی بنیادوں پر تفریق نہ کریں۔

اس نہج پر دی جانے والی تربیت کا طالب علموں پر جس طرح کا اثر پڑتا ہے، اس کے سبب کبھی کبھار ایسا بھی ہوتا ہے کہ سیاست کے داؤ پیچوں سے لاعلم یہ سادہ ذہن طالب علم ان مفاد پرست سیاسی عناصر کے شکار ہو جاتے ہیں جن کا تعلق عموماً اعلیٰ طبقے سے ہوتا ہے۔ مذہب کے نام پر ان کو گروہ بند کر لینا آسان ہوتا ہے۔ بین الاقوامی سطح پر اس سیاق وسباق میں اسامہ بن لادن، محمد عطا اور عمر شیخ جیسے لوگوں کی مثال دی جاسکتی ہے، جنھوں نے مذہب کو ہتھیار بنا کر اپنے سیاسی مقاصد کے لیے استعمال کیا اور مدرسے کے طالب علموں کو رضا کاروں اور فدائین کے طور پر بھرتی کرنے کی پالیسی اختیار کی۔ القاعدہ جیسی تنظیموں کے اکثر معروف لیڈر مغربی ممالک کے سیکولر تعلیم کے اداروں کے فارغین ہیں جو ابتدا میں امریکی مفادات کی خدمت بھی انجام دے چکے ہیں۔

ہندوستان میں بھی، مذہب کے استحصال کی کئی بڑی نمایاں مثالیں ہمارے سامنے ہیں۔ ایک مخصوص مسلم آئیڈیالوجی سیاست کے افق پر انیسویں صدی کے نصف آخر سے سامنے آنا شروع ہوئی۔ پھر بیسویں صدی کی ابتدا میں دیوبند تحریک کے اثرات نمایاں ہونے شروع ہوئے۔ کچھ عرصے بعد جماعت اسلامی جیسی تنگ نظر اور احیا پرست جماعتیں مذہب کے مرکزی حوالے سے اپنے پرچم تلے مسلمانوں کو جمع کرنے کی کوششوں میں کامیاب ہونا شروع ہوئیں۔ کے ایم اشرف نے اپنی کتاب *"An Overview of Muslim Politics in India"* میں اس امر کی جانب اشارہ کیا ہے کہ 1912 اور 1924 کے درمیان احیا پرست قوتوں کی قیادت میں شروع ہونے والی تحریکیں (مثلاً احرار لیگ اور بعد میں علی برادران کی خلافت تحریک) اپنے مقاصد کے حصول میں ناکام ہوتی رہیں۔ اپنے موقف کو مزید واضح کرتے ہوئے اشرف لکھتے ہیں: اس قسم کی ناکامیوں کا مسلسل منھ دیکھتے دیکھتے مسلمان عموماً بددل اور مایوس ہو چکے ہیں اور بزرگ عمائدین پر مزید بھی بھروسہ کرنے کو تیار نہیں... مایوسی اور اس کے نتیجے میں پیدا ہونے والی ذہنی پراگندگی ہر سو نظر آتی ہے۔'' مایوسی اور ذہنی پراگندگی کی اسی کیفیت کا شکار مسلم نوجوان طبقہ آج بھی ہے، کیوں کہ معاشرے کے عمومی حالات آج بھی اس کے لیے اتنے ہی غیر یقینی اور مایوس کن ہیں۔ مسلم نوجوان کی عمومی پسماندگی اور مایوسی کا فائدہ اٹھاتے ہوئے مفاد پرست قوتیں ان کو مذہب کے احیا، مسلم قوم پرستی اور برادرانہ اتحاد کے نام پر نام نہاد جہاد کی غلط راہ پر ڈال

سکتی ہیں۔ عموماً غریب گھرانوں سے تعلق رکھنے والے یا بے روزگار نوجوان اس قسم کے نظریات کا شکار دو وجوہ سے بآسانی ہو سکتے ہیں۔ اول یہ کہ ان کی اپنی مذہبی شدت پسندی کو تسکین ملے گی، اور دوسرے یہ کہ روزی روٹی کا وسیلہ بھی فراہم ہوگا۔ دیکھا جائے تو ان کا یہ رویہ ان نیم خواندہ، غریب بے روزگار ہندوؤں سے قطعی مختلف نہیں ہوگا جو کچھ پیسوں کی خاطر یا پھر مذہب کے نام پر بڑی آسانی سے ہندو فرقہ پرست تنظیموں کے چنگل میں آتے رہے ہیں، جس کی قریبی مثالیں بابری مسجد کو توڑنے والے کارسیوکوں اور 2002 کے گجرات کے فسادات میں شریک ہونے والے آدی واسیوں سے دی جا سکتی ہیں جن کو ہندو قوم پرستی کی تحریک میں شامل کرنے کی منظم کوششیں سنگھ پریوار عرصے سے کر رہا ہے۔

اس قسم کی صورت حال کو روکنے کا سب سے بہتر طریقہ تو یہی ہوگا کہ ان حالات کو تبدیل کر دیا جائے جن کے سبب نوجوانوں کے جہادی تنظیموں میں شامل ہونے کے امکانات رہتے ہیں، اور حالات کو اس طرح ساز گار بنانے کی کوششیں کی جائیں کہ وہ نئے حالات پر اعتماد کرتے ہوئے مثبت طرز فکر اختیار کریں۔

ہندوستان میں مسلمانوں کا بنیادی مسئلہ یہ ہے کہ ان کے حقیقی مسائل کی طرف کوئی بھی توجہ دینے کو تیار نہیں ہے؛ یہ مسائل دراصل ان کے تعلیمی اور اقتصادی مسائل ہیں۔ اس سلسلے میں بے حسی کا جو عام ماحول پایا جاتا ہے، اس کی ایک بڑی وجہ مسلمانوں کا یہ مزاج بھی ہے کہ مساوی حقوق کے حامل شہری کے طور پر وہ اپنے حقوق کا مطالبہ نہیں کرتے اور اس کے بجائے اس مایوسانہ ردعمل میں کہ حکومت ان کے لیے کوئی سہولت بھی فراہم نہیں کرے گی، وہ مدارس کے فروغ اور تحفظ کی بات کرتے ہیں۔ قومی سطح پر سیاسی جماعتیں بھی مسلمانوں کی فکر میں تبدیلی لانے کی کوئی مثبت کوشش نہیں کرتیں۔ وہ صرف سیاسی آنکھ مچولی کھیلتی ہیں۔ حمایت اور مخالفت کے تمام رشتے ووٹ بینک کی سیاست کے مطابق بنتے اور بگڑتے ہیں، اور یہ بات سب جانتے ہیں کہ ووٹ بینک کی سیاست نے آج جو راستہ اختیار کیا ہے، اس میں ہمارا موجودہ سماجی و سیاسی ڈھانچہ مسلمانوں کو مزید پسماندگی کی طرف دھکیل رہا ہے۔ ورنہ ایسا کیوں ہوتا کہ کانگریس جیسی سیاسی جماعتیں جو خود کو اقلیتوں کے مفاد میں کوئی ایسا بامعنی قدم نہیں اٹھاتیں جس سے اقلیتوں کا واقعی بھلا ہو؟ تقریباً پچاس سال تک ہندوستان پر حکومت کرنے کے باوجود کانگریس نے مسلمانوں کے تعلیمی مسائل پر توجہ دینے کی زحمت کیوں نہیں کی؟ تعلیم کے میدان میں مسلمانوں کی ترقی کی رفتار کا گراف دوسرے فرقوں سے نیچا کیوں ہے؟ وقتاً فوقتاً سامنے آنے والی سروے رپورٹیں آخر یہ کیوں بتاتی ہیں کہ ملازمتوں کے شعبوں میں مسلمانوں کی تعداد لگاتار گھٹ رہی ہے؟ مسلم علاقوں میں سرکاری اسکولوں کی تعداد ناکافی کیوں ہے؟ کیا یہ صورت حال مسلمانوں کی اسی ناز برداری کا نتیجہ ہے جو کانگریس (سنگھ پریوار کے مطابق) مسلمانوں کو خوش کرنے کے لیے کرتی رہی ہے؟ اسے آپ محض بے اعتنائی کہیں گے یا پھر سوچا سمجھا تعصب؟ یہ بات سب مانتے ہیں کہ پسماندہ طبقات کی فلاح کے لیے مثبت امتیازی اقدامات کرنے کی ضرورت ہوتی ہے۔ سوال یہ ہے کہ مسلمانوں کی تعلیمی اور اقتصادی پسماندگی دور کرنے کے لیے کتنی اور کون سی

بامعنی اسکیمیں جاری کی گئیں؟

حقیقت یہ ہے کہ کانگریس میں کسی دور میں کالی بھیڑوں کی کمی نہیں رہی۔ ہٹلر کے ان مداحوں اور فرقہ پرستوں کو اپنے تعصب کا زہر پھیلانے کا موقع اس وجہ سے حاصل رہا کہ کانگریس کی لیڈر شپ نے ہمیشہ ایک مجرمانہ خاموشی اختیار کر کے ان کو شہ دی۔ اکثر تعصب پرست لیڈر مسلمانوں کے خلاف متعصّبانہ رویے کا یہ جواز دیتے ہیں کہ مسلمانوں نے دوقومی نظریے کو فروغ دیا اور وہ ملک کی تقسیم کے ذمے دار ہیں۔ اس الزام کو اس لیے قبول نہیں کیا جاسکتا کہ ایک تو تقسیم کا خاکہ ہرگز تیار نہیں کیا گیا تھا، دوسرے ان سیاسی لیڈروں کو یہ نہیں بھولنا چاہیے کہ ہندوستان بہرحال ایک سیکولر جمہوریت ہے، مذہبی ریاست نہیں۔ ملک کو سچ مچ سیکولر اور جدید ریاست بنانے کی کوششیں اگر کی جاتیں اور آئینی ہدایات کے مطابق کمزور طبقوں کو مضبوط بنایا جاتا تو آج حالات اتنے ابتر نہ ہوتے جتنے وہ ہوچکے ہیں۔ لیکن ووٹ بینک کی سیاست نے معاشرے میں اپنی جڑیں اس طرح مضبوط کر لی ہیں کہ اس کے سبب بہت طبقات کی ترقی کی راہیں مسدود ہو کر رہ گئی ہیں۔ آج کا سیاسی ڈھانچہ جس میں مسلمان مسلسل پسماندگی کی طرف جارہا ہے، وہ دراصل کانگریسی حکمرانوں کی پالیسیوں ہی کا نتیجہ ہے۔

مثال کے طور پر مدرسوں کی جدید کاری کی معروف اسکیم کو پیش کیا جاسکتا ہے جس کی بنیاد راجیو گاندھی کی وزارت عظمیٰ کے دوران پڑی تھی اور جس کا سیاسی فائدہ مرلی منوہر جوشی نے این ڈی اے کے دور حکومت میں فروغ انسانی وسائل کے وزیر کی حیثیت سے اٹھانے کی کوشش کی تھی۔ مدرسوں میں جدید کاری کی یہ اسکیم کبھی نتیجہ خیز نہیں ہوسکتی، کیوں کہ مدارس کا بنیادی مقصد جدید طرز تعلیم کی فراہمی ہرگز نہیں ہے۔ ان کا رول مذہبی معاملات کے دائرے سے باہر نہیں ہے، اور اس لیے مدارس جدید تعلیم کے اسکولوں کا متبادل نہیں ہوسکتے۔ مدرسوں کے لیے معمولی رقم مختص کر کے حکومت مسلمانوں کے ایک بڑے مسئلے کے تئیں اپنی ذمے داریوں سے دامن بچارہی ہے۔ مدارس کی جدید کاری کا جو ڈھنڈورا وہ پیٹتی ہے، وہ نہ تو حکومت کو کوئی فائدہ پہنچاتا ہے اور نہ مسلمان ہی اس سے خوش ہیں، کیوں کہ اس قسم کی سرکاری اسکیموں کو وہ اپنے مذہبی معاملات میں مداخلت سے تعبیر کرتے ہیں۔ نتیجتاً ان رقوم کا بھی وہی حشر ہوتا ہے جو دوسری فلاحی اسکیموں کا؛ یعنی اسکیم چلانے والے سرکاری افسر اور رضا کار تنظیموں کے ذمے دار مل کر انھیں ڈکار جاتے ہیں اور معمولی رقم ہی متعلقہ مقاصد پر خرچ کی جاتی ہے۔

ان حالات میں ایک مذہبی فرقے کے طور پر مسلمانوں کو یہ سوچنا ہوگا کہ آج کے دور میں ان کی ضرورت صرف روایتی دینی مدرسے نہیں ہیں بلکہ انھیں اس جدید تعلیم کی بھی ضرورت ہے جسے اختیار کر کے دوسری قومیں ترقی کی راہوں پر آگے بڑھ رہی ہیں۔ پیچھے کی طرف دیکھتے رہنے یا جدید تعلیمی نظام کے چند نقائص کی نشان دہی کر کے اسے چھوڑ دینے سے ان کا کچھ بھلا نہ ہوگا۔ مسلمانوں کے پڑھے لکھے طبقے اور بالخصوص روشن خیال نوجوان طبقے کو اس ضمن میں فعال کردار نبھانا ہوگا۔ سیاسی شعور کا ثبوت دیتے ہوئے انھیں کمیونٹی اسکولوں کے قیام کی ہر ممکن کوشش کرنی چاہیے اور اس کے لیے تمام وسائل کی خبر رکھتے ہوئے سرکاری انتظامیہ کو متوجہ کرنا اور اس

پر دباؤ ڈالنا چاہیے کہ وہ لوگوں کی تعلیمی ضرورتوں کو پورا کرے۔

اس ضمن میں ایک حکمت عملی یہ بھی ہوسکتی ہے کہ مسلمان سیاسی اکائی کے طور پر سیاسی جماعتوں کو اپنی قوت کا احساس کرائیں اور حکومت سے تعلیمی سہولتوں کا مطالبہ کریں۔ اس طرح گو آہستہ ہی سہی، لیکن یہ سہولتیں مہیا ہوجائیں گی۔ حالات سے بھرپور استفادے کے لیے مسلمانوں کو عہد وسطیٰ کے گرد طواف کرنے والے اپنے طرز فکر سے بھی نجات حاصل کرنی ہوگی۔

حاشیہ

(1) دُوِج: اعلیٰ ذات کے ہندو جن میں برہمن، چھتریہ، اور ویش شامل ہیں، دُوِج (dvija) کہلاتے ہیں۔ دُوِج سنسکرت کا ایک مرکب لفظ ہے جس کے معنی ہیں: دوبارہ جنم لینے والا۔ اعلیٰ ذات کے ہندو بچے کی جب باقاعدہ تعلیم شروع ہوتی ہے تو اس موقعے پر اُپ نین کی رسم ادا کی جاتی ہے۔ برہمن کو پانچ سال کی عمر میں، چھتریہ کو تیرہ اور ویش کو کم از کم سترہ برس کی عمر میں برہما اُپدیش کی تعلیم دے کر یہ رسم ادا کی جاتی ہے، اس موقعے پر برہمن بچے کو جینؤ پہنایا جاتا ہے۔ نچلی ذات کے ہندو، جو شودر کہلاتے ہیں (آج کل کی اصطلاح میں دلت طبقہ) تعلیم کا حق نہیں رکھتے، اس لیے وہ دُوِج نہیں ہیں۔

کتابیات

(1) سید مناظر احسن گیلانی، 'ہندوستان میں مسلمانوں کا نظام تعلیم و تربیت'، ندوۃ المصنفین، جامع مسجد، دہلی، 1987۔

(2) قمرالدین، 'ہندوستان کی دینی درس گاہیں'، ہمدرد ایجوکیشن سوسائٹی کا کل ہند سروے، دہلی، 1996۔

(3) سلامت اللہ، 'ہندوستان میں مسلمانوں کی تعلیم'، مکتبۂ جامعہ، نئی دہلی، 1990۔

(4) 'خطبات سرسید'، جلد اول و دوم، مجلس ترقی اردو ادب، لاہور، 1972۔

(5) کے ایم اشرف، *"An Overview of Muslim Politics in India"*، مانک پبلی کیشنز، نئی دہلی، 2001۔

(6) مولانا وحیدالدین خاں، 'تبلیغی تحریک'، نئی دہلی، 1994۔

مدارس کے نظام پر ایک نظر

مالک اشتر

مدارس کے نظام کا جائزہ لیتے وقت اس بات کا تعین ضروری ہے کہ وہ کون کون سے پہلو ہیں جو کسی تعلیمی نظام کی بنیاد ہوتے ہیں اور نظام کی درستگی جن امور کی درستگی سے مشروط ہے۔ ان میں سے چند ایک اس طرح ہیں:

یکم: نصاب

دوم: طلبہ کے انتخاب کا معیار

سوم: تدریسی طریقہ کار

چہارم: انتظامی امور

نصاب کے تعین کا معاملہ

مندرجہ بالا چاروں معاملات میں سے کسی ایک میں بھی جھول رہے گا تو پورے نظام پر اثر ڈالے گا۔ مثلاً نصاب تیار کرنے میں ہی کمی رہ گئی تو بعد میں پوری زور آزمائی اکارت ہو جائے گی۔ معلوم ہوا کہ نصاب کے تعین میں کمال احتیاط سے کام لیا جائے۔ اس مرحلہ پر ایک نکتہ ذہن نشین رہے کہ نصاب کا تعین کرنے سے پہلے اس بات کو طے کرنا ضروری ہے کہ ہمارا منشا کیا تیار کرنے کا ہے؟ مطلب یہ کہ اگر ہمارے سامنے یہ امر واضح ہو جائے گا کہ اس نظام کے ذریعہ کس طرح کے اسکالر تیار کیے جانے ہیں تو ہم اس کی روشنی میں اس کے لیے موزوں نصاب آسانی سے ترتیب دے سکتے ہیں۔

صرف اچھے نصاب کا تیار ہو جانا کافی نہیں بلکہ اس کا وقتاً فوقتاً اپڈیٹ ہونا بھی ضروری ہے۔ دنیا بھر میں رائج تعلیمی نظام میں نصاب کو اپڈیٹ کرنے پر خاص توجہ دی جاتی ہے۔ ہر ایک یونیورسٹی میں بورڈ آف

اسٹڈیز کی مسلسل میٹنگیں ہوتی ہیں تا کہ نصاب کا جائزہ لیا جا سکے۔ مدارس میں نصاب کی تجدید کا کوئی خاص تصور نہیں ہے۔ اس کے لیے مدارس کی دلیل ہوتی ہے کہ چونکہ قرآن وحدیث ان کے مدارس کے نصاب کی بنیاد ہیں اور ان میں کسی قسم کی تبدیلی ہوتی نہیں، اس لیے نصاب کو اپڈیٹ کرنے کی حاجت نہیں ہے۔ البتہ مدارس کے نصاب میں تجدید کے حامی کہتے ہیں کہ اس دلیل میں دم نہیں۔ ان کا استدلال ہے کہ اس عذر سے تو ہر جگہ نصاب میں تجدید کے دروازے بند ہو جائیں گے کیونکہ کسی بھی علم کے بنیادی تصورات اور اصول تبدیل نہیں ہوتے۔ نصاب میں تجدید کا مطلب بنیادی تصورات یا متن سے ہٹنا نہیں ہوتا بلکہ نئے چیلنجز کو ان بنیادی تصورات اور متن کے پس منظر میں سمجھنا ہوتا ہے۔ بالکل یہی معاملہ دینی علوم کے ساتھ ہو سکتا ہے کہ فقہ، جدید معاشرتی نظام، انسانی سماج کو درپیش مسائل جیسے امور کو اسلامیات کے روایتی اور بنیادی متن کی روشنی میں سمجھنے کی کوششیں کی جا سکتی ہیں۔ اس سوال پر غور کیا جانا چاہیے کہ ہمارے نصاب کا متن اس عہد کے تقاضوں سے کتنا ہم آہنگ ہے جس میں ہم جی رہے ہیں؟

مدارس کے تعلیمی نظام پر فرزند مدرسہ کا موقف

محمد عرفان کا تعلق اتر پردیش کے امبیڈکر نگر ضلع سے ہے۔ ان کے تعلیمی سفر کا ابتدائی اور ایک طویل عرصہ مدرسہ میں گذرا ہے، بعد میں انھوں نے علی گڑھ مسلم یونیورسٹی کا رخ کیا اور وہاں ماس کمیونی کیشن کی اعلیٰ تعلیم حاصل کی۔ ان دنوں ایک بڑے نشریاتی ادارے میں ادارتی ذمہ داریاں ادا کر رہے ہیں۔ میں نے ان سے پوچھا کہ وہ اپنے تجربات کی بنیاد پر بتائیں کہ مدارس کے نظام میں کون کون سی اصلاحات ضروری ہیں؟

عرفان صاحب کا ماننا ہے کہ ''اصل مسئلہ فرسودہ نظام تعلیم کا ہے۔ ان کا کہنا ہے کہ نصاب اور تدریسی نظام دونوں میں تبدیلی ضروری ہے۔ وہ بتاتے ہیں کہ آج بھی مدارس میں زیادہ توجہ فارسی، عربی، فلسفہ اور منطق کی پرانی کتابیں پڑھانے پر ہے جس کا کوئی خاص فائدہ طلبہ کو فراغت کے بعد نہیں ہوتا۔'' میں نے جب ان کے سامنے مدارس والوں کی یہ دلیل رکھی کہ نصاب اپڈیٹ کرنے کی بات جائز نہیں کیونکہ قرآن وحدیث میں تبدیلی نہیں کی جا سکتی، تو محمد عرفان کا جواب تھا کہ ''قرآن وحدیث سے متعلق مضامین میں تبدیلی کا کوئی مطالبہ نہیں کر رہا لیکن ان مضامین پر تو توجہ دی ہی جا سکتی ہے جن کا تعلق ادب، لسانیات، منطق اور فلسفہ سے ہے۔''

محمد عرفان کہتے ہیں کہ ''کئی مدارس میں زبانیں سکھانے پر زیادہ جان کھپائی جاتی ہے اور کبھی کبھی تو یوں بھی ہوتا ہے کہ طالب علم داخلہ پانے کے دن سے زبان سیکھنے پر جو لگتا ہے تو نکلتے نکلتے زبان سیکھنے میں ہی لگا ہوتا ہے۔'' وہ ندوۃ العلما لکھنؤ کی مثال دے کر کہتے ہیں کہ ''وہاں عربی زبان سیکھنے سکھانے پر جتنا زور دیا جاتا ہے، اس کے نتیجے میں اصل مضامین (مثلاً قرآن، حدیث، فقہ وغیرہ) اور زبان کے درمیان توازن نہیں بن پاتا۔'' محمد عرفان

سے میں نے پوچھا کہ نصاب یا تدریسی نظام میں اور کون سی تبدیلی ضروری ہے تو وہ ایک اہم پہلو کی طرف اشارہ کرتے ہوئے کہتے ہیں کہ ''مدارس میں فقہ جیسے مضامین عربی و فارسی میں لکھی گئی کتابوں سے پڑھائے جاتے ہیں، جس کی وجہ سے توجہ نفس مضمون پر غور وفکر اور متن سمجھنے میں بٹ جاتی ہے۔'' میں نے محمد عرفان سے پوچھا کہ کیا یہ کتابیں اردو زبان میں دستیاب نہیں ہیں؟ وہ بتاتے ہیں کہ ''ان کتابوں کے ترجمے ہو چکے ہیں اور ان کی شرحیں بھی لکھی جا چکی ہیں لیکن پھر بھی اساتذہ کا اصرار رہتا ہے کہ عربی فارسی زبان میں لکھی کتابوں سے ہی رجوع کیا جائے۔''

محمد عرفان منطق اور فلسفہ جیسے مضامین سے حاصل نتائج کا جائزہ لینے اور فراغت کے بعد ان کے فوائد پر غور کرنے کی بات کہتے ہیں۔ ان کا ماننا ہے کہ ''اگر ان مضامین کی زیادہ افادیت ثابت نہ ہوتی ہو تو انھیں بنیادی سائنس، حساب اور دیگر جدید مضامین سے بدلا جا سکتا ہے تاکہ فراغت سے پہلے طلبہ کو رائج علوم سے آگہی ہو جائے۔'' حالانکہ محمد عرفان مدارس کے موروثی بن جانے کو کوئی مسئلہ نہیں مانتے، وہ کہتے ہیں کہ ''تعلیمی نظام ٹھیک ہو اور طلبہ کو بہتر طور پر تحصیل علم کا موقع ملے اتنا کافی ہے، اس سے فرق نہیں پڑتا کہ مدارس کا انتظام موروثی ڈھنگ سے چل رہا ہے یا شورائی نظام لاگو ہے۔'' عرفان وہ محاورہ دہراتے ہیں کہ ہمیں آم کھانے سے مطلب ہے پیڑ گننے سے نہیں۔

دینی تعلیم کا نظام کامل ہے؟

دینی اور دنیاوی تعلیم پر بحث چھڑ جائے تو فریقین ایک دوسرے کے وجود کو مسترد کرنے میں کوئی کسر نہیں اٹھا رکھتے۔ صرف سامنے والے کو غیر ضروری بتا دینے پر ہی صبر نہیں کیا جاتا بلکہ خود کو کامل اور سامنے والے کو سراپا ناقص بتانے میں بھی کوئی تکلف نہیں برتا جاتا۔ دنیاوی تعلیم والے جو سوالات اٹھاتے ہیں، ان کے جواب میں دینی تعلیم والوں کا یک سطری جواب یہی ہوتا ہے کہ ہمارے یہاں کسی بھی قسم کی اصلاح کی کوئی ضرورت نہیں۔ جب کبھی کوئی مدارس کی کمیوں کی طرف توجہ دلانے کی کوشش کرتا ہے تو مدارس کے وکلائے صفائی کا ایک ہی رٹا رٹایا جواب ملتا ہے کہ جدید تعلیمی اداروں میں بھی تو بہت سی خامیاں ہیں، ان پر تنقید کیوں نہیں کرتے؟ مدارس کے ہی پیچھے کیوں پڑ گئے ہو؟ تو چلیے، پہلے اسی کا جواب سن لیجیے۔ پرائیویٹ اسکول کالج اور یونیورسٹیاں خمس، زکوٰۃ، فطرہ اور دیگر رقومات شرعیہ سے نہ تو قائم ہوتی ہیں اور نہ چلتی ہیں لیکن مدارس عام مسلمانوں کے خون پسینہ کی کمائی سے ملنے والے عطیات سے قائم بھی ہوتے ہیں اور چلتے بھی ہیں، اس لیے ہر ایک کو حق ہے کہ وہ مدارس کا احتساب کر سکتا ہے۔ مدارس اپنے ناظم، مہتمم، مدیر یا پرنسپل کی ذاتیں جاگیریں نہیں ہیں۔ لوگوں کو یہ جاننے کا حق ہے کہ ہمارا خمس، زکوٰۃ اور عطیات کا پیسہ یہاں تک کہ قربانی کی کھالوں تک سے ملنے والی رقم کہاں صرف ہو رہی ہے اور اس سے کیا واقعی اسلام کی کوئی خدمت ہو بھی پا رہی ہے یا نہیں؟

تحصیل علم اور رغبت ولگن کا تعلق

بہت سوں کا خیال ہے کہ مدارس میں داخل ہونے والے طلبہ کی ایک تعداد ایسی بھی ہے جو دینی تعلیم کے تئیں اپنی رغبت کی وجہ سے وہاں داخل نہیں ہوتی بلکہ حالات کی موجیں اسے وہاں لا پٹختی ہیں۔ مشاہدہ بتاتا ہے کہ مدارس میں پڑھنے والے طلبہ کی ایک جماعت ایسی ہے جو دو وجوہات سے مدارس میں داخل ہوتی ہے۔ یا تو اس کے گھر معاشی تنگی ہے اور والدین کو محسوس ہوا کہ مدرسہ میں رہے گا تو کچھ پڑھ بھی لے گا اور ہاسٹل سے دو وقت کی روٹی بھی پائے گا یا پھر وہ دنیاوی تعلیم پانے کے لیے اسکول میں داخل تو ہوا مگر اتنا کند ذہن اور کورا تھا کہ بار بار فیل ہونا اپنا شعار بنا لیا۔ تھک ہار کر ماں باپ سوچتے ہیں کہ اس کا پڑھنا مشکل ہے چلو مدرسہ میں ہی ڈال دو، مولوی تو بن ہی جائے گا۔ دنیا کے کسی بھی ماہر تعلیم کو پڑھ لیجیے، سب کا یہی کہنا ہے کہ تحصیل علم کا تعلق طالب علم اور علم کے درمیان ذہنی ہم آہنگی اور رغبت سے ہے۔ اب ظاہر ہے مجبوری اور مارا باندھی سے مدرسہ میں داخل ہونے والے ایسے طلبہ سے یہ امید رکھنا زیادتی ہے کہ وہ صحیح معنی میں تحصیل علم کر سکیں گے۔ مدرسہ میں داخل ہونے والوں کی ایک اور جماعت وہ ہے جو گھر والوں کی خواہش پر مدرسہ میں داخل ہوتے ہیں اور ظاہر ہے اس عمل میں طالب علم کی ذاتی پسند ناپسند جاننے سمجھنے کی ضرورت محسوس نہیں کی جاتی۔ مثلاً بہت سی جگہوں پر لوگوں کا ماننا ہے کہ ایک حافظ بن جانے سے سات نسلیں بخشی جاتی ہیں، اس لیے ایسے افراد بھی جو معیاری دنیاوی تعلیم دلا سکتے ہیں اپنے بچوں کو مدرسہ میں داخل کرا دیتے ہیں۔

(بشکریہ 'مسلمان: حالات، وجوہات اور سوالات'، نئی دہلی، 2019]

علی گڑھ مسلم یونیورسٹی کی اقلیتی حیثیت

ونیت بھلا

سپریم کورٹ فی الحال اس بات پر غور کر رہی ہے کہ آیا آئین کے آرٹیکل 30 کے تحت علی گڑھ مسلم یونیورسٹی کو اقلیتی تعلیمی ادارے کے طور پر اپنی حیثیت برقرار رکھنی چاہیے؟ یہ آرٹیکل مذہبی اور لسانی اقلیتی برادریوں کو اسکولوں، کالجوں اور یونیورسٹیوں کے قیام اور ان کا انتظام کرنے کا حق دیتا ہے۔

چیف جسٹس آف انڈیا، ڈی وائی چندر چوڑ کی قیادت میں سات ججوں کی آئینی بنچ کے سامنے جنوری اور فروری میں آٹھ سماعتوں پر اس کیس پر بحث کی گئی، جس میں جسٹس سنجیو کھنہ، سوریہ کانت، جے بی پاردی والا، دیپانکر دتہ، منوج مشرا اور ایس سی شرما شامل تھے۔

بنچ کے فیصلے سے علی گڑھ مسلم یونیورسٹی کی خودمختاری، مسلم طلبا کے لیے نشستیں محفوظ رکھنے کی صلاحیت اور ہندوستان میں تعلیم میں اقلیتوں کے حقوق پر وسیع بحث پر اہم اثرات مرتب ہوں گے۔

جھگڑا کیا ہے؟

عدالت کی طرف سے سنی جانے والی اپیلوں اور درخواستوں کا تعلق سپریم کورٹ کے پانچ ججوں کی آئینی بنچ کے 1967 کے فیصلے اور الہ آباد ہائی کورٹ کے 2005 کے فیصلے سے ہے، دونوں ہی علی گڑھ مسلم یونیورسٹی کو اقلیتی تعلیمی ادارے کی حیثیت سے متعلق ہیں۔

ان کو سمجھنے کے لیے یونیورسٹی کی تاریخ سے واقف ہونا ضروری ہے۔

1877 میں، مسلم مصلح اور ماہر تعلیم سر سید احمد خان نے علی گڑھ میں محمڈن اینگلو اورینٹل کالج کی بنیاد رکھی۔ یونیورسٹی کی ویب سائٹ کے مطابق، سر سید کا مقصد مسلمانوں کو اسلامی اقدار پر مبنی جدید برطانوی تعلیم

فراہم کرنا تھا۔

1920 میں، ہندوستان کی نوآبادیاتی حکومت نے علی گڑھ مسلم یونیورسٹی ایکٹ 1920 منظور کیا تاکہ سرسید کے کالج اور ایک اور مسلم یونیورسٹی ایسوسی ایشن کو ایک ہی یونیورسٹی میں شامل کیا جائے، جسے علی گڑھ مسلم یونیورسٹی کہا جاتا ہے۔ ایکٹ کے سیکشن 23 کے مطابق، صرف مسلمان ہی یونیورسٹی کے گورننگ باڈی کا حصہ ہو سکتے ہیں، جسے کورٹ کہا جاتا ہے۔

جب کہ یونیورسٹی کا مقصد مسلم طلبا کو تعلیم یافتہ بنانا تھا، لیکن اس میں دیگر مذاہب سے تعلق رکھنے والے طلبا کو داخلہ دینے پر قانون یا عملی طور پر کوئی پابندی نہیں تھی۔

ہندوستان کی آزادی کے بعد پارلیمنٹ نے ایکٹ میں دو بڑی ترامیم منظور کیں۔ 1951 میں، مسلم طلبا کو دی جانے والی لازمی مذہبی تعلیم کے ساتھ ساتھ عدالت میں مسلم نمائندگی کو ختم کر دیا گیا۔ 1965 میں، عدالت کو یونیورسٹی کے سپریم گورننگ باڈی کے طور پر محروم کر دیا گیا، اس کے اختیارات یونیورسٹی کے متعدد اداروں میں تقسیم کر دیے گئے۔

ان ترامیم کو مذہب، ثقافت اور جائیداد سے متعلق دیگر بنیادی حقوق کے علاوہ آئین کے آرٹیکل 30 کے تحت تعلیمی اداروں کے انتظام اور قیام کے بنیادی حق کی خلاف ورزی پر سپریم کورٹ میں چیلنج کیا گیا تھا۔

1967 میں سپریم کورٹ نے ان ترامیم کو برقرار رکھا اور کہا کہ یہ یونیورسٹی نہ تو مسلم کمیونٹی کے ذریعے قائم کی گئی ہے اور نہ ہی اس کا انتظام اس کے ذمے ہے۔ تاہم، اس نے تسلیم کیا کہ 1920 کا ایکٹ مسلم کمیونٹی کی کوششوں کی وجہ سے منظور ہوا تھا۔

1981 میں، پارلیمنٹ نے 1967 کے فیصلے کو مسترد کرنے کے لیے ایکٹ میں ترمیم کی۔ اس نے ایکٹ کے تحت یونیورسٹی کو ایک تعلیمی ادارے کے طور پر 'ہندوستان کے مسلمانوں کے ذریعہ قائم کردہ' کے طور پر دوبارہ درج کرتے ہوئے اور ایکٹ میں واضح کیا کہ یونیورسٹی 'ہندوستان کے مسلمانوں' کی تعلیمی اور ثقافتی ترقی کو فروغ دینا ہے۔

2005 میں، یونیورسٹی نے اپنے پوسٹ گریجویٹ میڈیکل کورسز میں مسلم طلبا کے لیے 50٪ نشستیں محفوظ کیں۔ اسے الہ آباد ہائی کورٹ میں چیلنج کیا گیا تھا جس نے ریزرویشن کو اس بنیاد پر ختم کر دیا تھا کہ سپریم کورٹ کے 1967 کے فیصلے کے مطابق یونیورسٹی اقلیتی تعلیمی ادارہ نہیں ہے۔

ہائی کورٹ کے فیصلے کو یونیورسٹی اور مرکزی حکومت نے جلد ہی سپریم کورٹ میں چیلنج کیا۔

2006 میں سپریم کورٹ کی دو ججوں کی بنچ نے ریزرویشن پالیسی پر روک لگاتے ہوئے کیس کو بڑی بنچ کو بھیج دیا۔ یہ معاملہ پچھلے سال اکتوبر تک معلق رہا، جب چندر چوڑ نے اس کی سماعت کے لیے سات ججوں کی بنچ تشکیل دی۔

عدالت میں دلائل

2016 میں، مودی حکومت نے اس کیس سے مرکزی حکومت کی اپیل واپس لے لی، یہ دعویٰ کیا کہ اس نے یونیورسٹی کی اقلیتی حیثیت کو تسلیم نہیں کیا۔ اس نے یونیورسٹی، اس کے سابق طلبا گروپوں اور دیگر پرائیویٹ پارٹیوں کو ان غیر مسلم طلبا کے خلاف کھڑا کر دیا جنھوں نے الہ آباد ہائی کورٹ میں یونیورسٹی کی ریزرویشن پالیسی کو چیلنج کیا تھا۔

دونوں فریقین نے عدالت کے سامنے دو اہم مسائل پر بحث کی: آرٹیکل 30 کے تحت تعلیمی ادارے کو اقلیتی درجہ دینے کے کیا پیمانے ہیں اور کیا پارلیمانی قانون سازی کے ذریعے بنائے گئے تعلیمی ادارے کو آرٹیکل 30 کے تحت اقلیتی درجہ حاصل ہے۔

علی گڑھ مسلم یونیورسٹی اور اس کی طرف سے دیگر جماعتوں نے دلیل دی کہ مرکزی قانون کے وجود سے یونیورسٹی کے اقلیتی کردار کی نفی نہیں ہوتی۔ انھوں نے اس نکتے کو واضح کرنے کے لیے یونیورسٹی کی اصل، اس کی اکثریتی مسلم طلبہ تنظیم اور اس کے انتظام اور داخلہ کی پالیسیوں پر روشنی ڈالی۔

ان کا مزید کہنا تھا کہ یونیورسٹی اپنی اقلیتی حیثیت سے کبھی دستبردار نہیں ہوئی اور 1920 کی قانون سازی کے باوجود اس کی انتظامیہ پر مسلمانوں کا کنٹرول تھا۔

ان کا کہنا تھا کہ ایک بار جب اقلیتی برادری نے کوئی تعلیمی ادارہ قائم کر لیا ہے، تو وہ اس کا انتظام کسی بھی طریقے سے کر سکتی ہے، یہاں تک کہ اس کے انتظام میں غیر اقلیتی گروہوں کو بھی شامل کر کے بھی کر سکتی ہے۔ انتظامیہ میں غیر اقلیتی گروہوں کی موجودگی سے ادارے کی اقلیتی حیثیت پر کوئی اثر نہیں پڑے گا۔

یونیورسٹی کے وکلا نے اس بات پر زور دیا کہ اس نے ایک پڑھے لکھے مسلم متوسط طبقے کی تشکیل میں اہم کردار ادا کیا ہے اور ہندوستان کی ترقی میں اہم کردار ادا کیا ہے اور اس کی وراثت کو جاری رکھنے کے لیے اس کا اقلیتی کردار ضروری ہے۔

ان کا استدلال تھا کہ سپریم کورٹ کا 1967 کا فیصلہ غلط تھا کیونکہ اس نے یہ غیر منطقی نظیر قائم کی تھی کہ کوئی بھی اقلیتی تعلیمی ادارہ، جسے ایک بار قانونی قانون کے ذریعے تسلیم کیا جاتا ہے، اپنی اقلیتی حیثیت کھو دے گا۔

انھوں نے اس بات کی بھی تصدیق کی کہ آرٹیکل 30 کا تحفظ ان اداروں کو دستیاب ہے جو آئین کے نافذ ہونے سے پہلے قائم کیے گئے تھے۔

دوسری طرف، حکومت اور یونیورسٹی کی اقلیتی حیثیت کو چیلنج کرنے والوں کا کہنا تھا کہ سپریم کورٹ کا 1967 کا فیصلہ صرف علی گڑھ مسلم یونیورسٹی اور 1920 کے ایکٹ کے لیے مخصوص تھا اور اس سے کسی دوسرے اقلیتی ادارے پر کوئی اثر نہیں پڑا۔

ان کا بنیادی استدلال یہ تھا کہ یونیورسٹی نہ تو قائم کی گئی تھی اور نہ ہی مسلمانوں کے زیر انتظام ہے۔ انھوں نے دعویٰ کیا کہ 1920 میں جب کالج کو یونیورسٹی میں تبدیل کر دیا گیا تو اس نے اپنی اقلیتی حیثیت کو ترک کر دیا تھا۔

انھوں نے یونیورسٹی کے طلبا کے تاریخی اعداد و شمار کا حوالہ دیا تا کہ یہ ظاہر کیا جا سکے کہ جب یونیورسٹی مسلمانوں نے قائم کی تھی، اس کے پاس ایک متنوع طلبا کا ادارہ تھا جس میں صرف اسلام ہی نہیں بلکہ تمام مذاہب کی نمائندگی تھی۔

انھوں نے یہ بھی دلیل دی کہ یونیورسٹی کا قیام آئین سے پہلے ہے، اس لیے یونیورسٹی اقلیتی حقوق کے تحفظ کا دعویٰ نہیں کر سکتی جو آئین کے نفاذ سے پہلے موجود نہیں تھے۔ انھوں نے کہا کہ نوآبادیاتی حکومت ہندو اور مسلمان دونوں کو برابر سمجھتی تھی۔

انھوں نے دستور ساز اسمبلی کے مباحثوں کا حوالہ بھی دیا تا کہ یہ ظاہر کرنے کی کوشش کی جا سکے کہ یونیورسٹی کو آئین کے ذریعہ ایک 'غیر فرقہ وارانہ' ادارے کے طور پر تسلیم کیا گیا ہے۔ اس لیے یہ اقلیتی ادارہ ہونے کا دعویٰ نہیں کر سکتا۔

یکم فروری کو، بنچ نے اس معاملے میں اپنا فیصلہ محفوظ کر لیا، جو گرمیوں میں کسی وقت سنائے جانے کی امید ہے۔

(بشکریہ 'اسکرول ڈاٹ اِن'، 29 فروری 2024)

علی گڑھ مسلم یونیورسٹی میں داخلی اصلاحات ضروری

ترجمہ: حاجی محمد صابر

اصل مضمون 7مارچ 2023 کو انگریزی ویب سائٹ ریڈف ڈاٹ کام پر شائع ہوا ہے، جس پر مصنف کا نام موجود نہیں تھا۔ ہم نے اس اردو ترجمے کو 'قندیل آن لائن ڈاٹ کوم' 9مارچ 2023 سے ڈائجسٹ کیا ہے۔ مدیر

کیا 'اے ایم یو' (علی گڈھ مسلم یونیورسٹی) کا مطلب اللہ میاں کی یونیورسٹی ہے؟
کیا یہ ایک نہایت ہی مقدس اور خداداد دانش گاہ ہے، جہاں اصلاح کو انسانی مداخلت سمجھا جائے اور توہین آمیز قرار دیا جائے؟

آخر ایسا کیوں ہے کہ اس رہائشی یونیورسٹی کا شیخ الجامعہ (وائس چانسلر) بننے کا حق محض اتر پردیش اور حیدر آباد کے مسلم اشرافیہ کو ہی حاصل ہے؟ تکلیف دہ حقیقت یہ ہے کہ پروفیسر پی۔ کے عبدالعزیز (2007-2012) کے علاوہ پچھلی ایک صدی سے تقریباً تمام 'وی سی' اتر پردیش اور حیدر آباد کے چند مسلم خواص ہی رہے ہیں۔ کیا اس کی وجہ یہ ہے کہ 'اے ایم یو' کی ایگزیکٹو کونسل ('ای سی') نہایت ہی محدود کلب، علاقائی اور طبقاتی تعصب پر مشتمل ہے؟ اسے متنوع کیوں نہیں کیا جا سکتا؟ 'اے ایم یو' کو اپنی ایگزیکٹو کونسل میں مختلف خطوں، ذیلی علاقوں، متعدد طبقات اور مختلف لسانی گروہوں سے ممبران کیوں نہیں ملنے چاہئیں؟

تاریخی علی گڑھ مسلم یونیورسٹی، جو ہندوستان کی سب سے بڑی رہائشی یونیورسٹی ہے، ایک طویل عرصے سے تعلیمی اور انتظامی اعتبار سے اصلاحات کی منتظر ہے۔ عملی طور پر ہندوستانی سیکولرازم، اعلیٰ تعلیم کے اس ادارے کے ساتھ بالکل ایسا ہی سلوک کر رہا ہے جیسا کہ مسلم پرسنل لا اور اس طرح کے دیگر معاملات کے ساتھ کرتا رہا ہے۔

اور تو اور، ہندوستانی سیکولرازم، عملی طور پر مسلمانوں کے قدامت پرست، رجعت پسند اور فرقہ پرست عناصر کو ہی بڑھاوا دیتا اور ان کی حوصلہ افزائی کرتا رہا ہے۔

اس قدامت پرستی کا سارا الزام صرف ہندوستان کے مسلمانوں کے مذہبی ماہرین یا رہنماؤں پر ہی ڈال دینا صحیح نہیں ہے بلکہ کچھ معروف ماہرین تعلیم (جو انگریزی زبان میں بیان بازی کرتے ہیں، اہل الرائے مصنفین، اثر ورسوخ رکھنے والے قانون داں، بغیر داڑھی کے کورٹ، پینٹ اور ٹائی پہننے والے کالم نگار) کسی سے کم ذات (اشراف) پرست، پدرشاہی نظام کے حامی اور قدامت پسند نہیں ہیں۔ ان افراد کو اینگلو انتہا پسند کہنا غلط نہیں ہوگا۔

آزادی کے فوراً بعد ہندوؤں کی زبردست مزاحمت کے باوجود بھی نہرو حکومت نے ہندو پرسنل لا میں علامتی اصلاحات کیں۔ اسی طرح، نہرو حکومت نے ایک اور سب سے بڑی رہائشی یونیورسٹی 'بنارس ہندو یونیورسٹی' (بی۔ ایچ۔ یو۔) کی انتظامی ترتیب میں بھی اصلاحات کیں۔ 'اے ایم یو' اور 'بی ایچ یو' دونوں یونیورسٹیوں کو بیسویں صدی کی دوسری دہائی میں ہمہ وقت نوآبادیاتی حکومت سے یونیورسٹی کا درجہ ملا۔ دونوں اتر پردیش میں ہیں، دونوں کو مرکز سے مالی اعانت ملتی ہے، دونوں اپنے ناموں میں مذہبی شناخت کے نشانات رکھتی ہیں، دونوں ہی تاریخ کے بوجھ تلے دبی ہوئی ہیں، اور دونوں ہی 1200 کروڑ روپے سے زائد عوامی پیسے سے استفادہ کرتی ہیں، لیکن جہاں 'بی ایچ یو' کے 'وی سی' کو تین سال کی میعاد حاصل ہے، وہاں 'اے ایم یو' میں ان کے ہم منصب کو پانچ سال کی میعاد ملتی ہے۔ 'اے ایم یو' کے برعکس 'بی ایچ یو' کی ایگزیکیٹو کونسل میں اس یونیورسٹی کے انٹرنل پروفیسروں کی ممبرشپ نہایت محدود ہے۔

جس طرح مسلم پرسنل لا میں اصلاح نہیں کی گئی تھی، اسی طرح 'اے ایم یو' بھی بدستور غیر اصلاح شدہ ہے۔ لبرلز تو یہ توقع رکھتے ہیں کہ اصلاحات مسلم کمیونٹی کے اندر سے آئیں گی، لیکن امید رکھنے والوں کی نگاہیں تو کافی لمبے عرصے سے منتظر ہیں، خیر:

آہ کو چاہیے اک عمر اثر ہونے تک

جو لوگ یونیورسٹیوں کے انتظامی امور سے ناواقف ہیں، ان کے لیے کچھ بنیادی حقائق کو جاننا نہایت ہی ضروری ہے۔ یونیورسٹیوں کی سربراہی وائس چانسلرز کرتے ہیں، جو اپنے اختیارات بنیادی طور پر ایگزیکیٹو کونسل اور اکیڈمک کونسل سے حاصل کرتے ہیں۔ یو جی سی کے ضوابط کو اپنانے اور اس کی توثیق (Subordinate legislations, as observed by the Supreme Court, in the Kalyani Mathivanna vs. KV Keyaraj, 11th March 2015) کرنے کے علاوہ، ایگزیکیٹو کونسل اسٹیچوٹ، آرڈیننس، قواعد اور ضوابط تیار کرتا ہے۔ ایگزیکیٹو کونسل کچھ ممبران پر مشتمل ہوتی ہے، جیسے کہ 'اے ایم یو' کی 'ای سی' میں کل 28 ممبران ہیں۔ ان 28 میں سے فی الحال 15 سیٹیں خالی ہیں۔

'اے ایم یو' کی 'ای سی' کی ساخت دیگر مرکزی یونیورسٹیوں سے بالکل مختلف ہے۔ یونیورسٹی میں پڑھانے والے اساتذہ کو کافی بڑی تعداد میں اس یونیورسٹی کے 'وی سی' بذات خود نامزد کرتے ہیں۔ اس کے علاوہ کچھ خاص عہدے ہوتے ہیں جیسے 'پراکٹر' یا کسی رہائشی ہال کا سینئر ترین 'پرووسٹ'؛ دونوں ہی اپنا یہ اقتدار 'وی سی' کی معرفت حاصل کرتے ہیں۔ مزید یہ کہ اس ایگزیکٹو کونسل میں چار دیگر اساتذہ ممبران شامل ہوتے ہیں۔ ان کو اساتذہ ہی منتخب کرتے ہیں۔ اس کے علاوہ، چھ دیگر ممبران 'اے ایم یو کورٹ' سے 'ای سی' کے لیے منتخب کیے جاتے ہیں۔

'اے ایم یو کورٹ' تقریباً 180 ممبران پر مشتمل ہے جن میں زیادہ تر مسلمان ہیں۔ ان افراد میں سے ایک کو 'اے ایم یو' کے 'ریکٹر' (اتر پردیش کے گورنر) کے ذریعے نامزد کیا جاتا ہے اور چار دیگر ممبران کو صدر جمہوریہ ('وزیٹر') مرکزی حکومت کے ذریعے نامزد کرتے ہیں۔ فی الحال 193 میں سے 123 نشستیں خالی ہیں۔

عملی طور پر تو 'اے ایم یو' کے ایگزیکٹو کونسل میں شاذ و نادر ہی 10 فیصد سے زیادہ ممبران غیر مسلم ہوں گے، ان ممبران کی کافی تعداد اتر پردیش کے ان خانوادوں سے ہوگی جن کے آبا و اجداد سابقہ زمیندار اور تعلق دار تھے؛ جن کے لیے ڈیوڈ لی لیویلڈ نے اپنی کتاب *'Aligarh's First Generation: Muslim Solidarity in British India* (1978)' میں 'کچہری میلیو' کی اصطلاح کا استعمال کیا ہے۔ مختصراً، یہ 'کچہری میلیو' ایک کلب کی مانند ہے جو یونیورسٹی کی انتظامیہ میں اپنے ہی کلب کے ممبر کی تاج پوشی چاہتا ہے۔ تاریخی طور پر اس کلب کی اخلاقیات ایسی ہے، جس کے تحت اس کلب ('کچہری میلیو') کے مسلمان، ہندوستان کے بقیہ مسلمانوں کو حقارت سے دیکھتے ہیں۔ یہ بات سب سے واضح طور پر، پہلی بار، انگریزی روزنامہ 'دی پائنیر' میں شائع (4 اور 23 ستمبر 1875) دو خطوط میں عیاں ہوئی: محمڈن اینگلو آرینٹل کالج (اب یونیورسٹی) کے بانی سر سید احمد خان کے بیٹے، جسٹس سید محمود (1850-1903) کے ذریعہ شائع کیے گئے ان دو خطوط میں ان کی رائے کے مطابق یوپی اور پنجاب کے مسلمان، بنگال کے مسلمانوں سے زیادہ اہمیت اور فوقیت کے حقدار تھے۔

'ای سی' کی میٹنگیں وائس چانسلر کے ذریعہ بلائی اور طے کی جاتی ہیں۔ شیخ الجامعہ اپنے تقریباً تمام اختیارات استعمال کرتا ہے اور 'ای سی' کی جانب سے اہم فیصلے لیتا ہے۔ 'وی سی' صاحب کو ایک مکمل ایمرجنسی (صوابدیدی) طاقت بھی فراہم کی گئی ہے، جس کے مطابق ایگزیکٹو کونسل کو اطلاع صرف تبھی ملے گی جب 'وی سی' صاحب چاہیں گے۔ 'ای سی' ممبران کے اعتراض کو 'وی سی' نظر انداز کرنے کا مکمل اختیار رکھتا ہے۔

دیگر مرکزی یونیورسٹیوں کے برعکس 'اے ایم یو' لڑکوں اور لڑکیوں کے لیے بڑی تعداد میں رہائشی اور غیر رہائشی اسکولوں کو برقرار رکھے ہوئے ہے۔ حیرت تو یہ ہوتی ہے کہ 'یو جی سی' اسکولوں کی تعلیم کے لیے آخر فنڈ ہی کیوں دے رہی ہے؟ دراصل یہ 'اے ایم یو' میں ہر سال ہونے والی تدریسی و غیر تدریسی عملہ کی بھرتیوں اور طلبا کے داخلوں میں تعصب اور اقربا پروری کا ایک اور بڑا میدان ہے۔ مثال کے طور پر پچھلی ایک دہائی سے زائد عرصے سے ایک پروفیسر اس پر حکمرانی کر رہا ہے۔ 'اے ایم یو' اسکولوں کا ڈائریکٹوریٹ اساتذہ اور غیر تدریسی عملے کو بھرتی

کرنے کے ساتھ ساتھ داخلوں پر بھی کنٹرول رکھتا ہے۔ پرائمری سطح پر اسکولوں میں داخلے کے لیے نہ صرف تحریری ٹیسٹ بلکہ انٹرویو بھی شامل ہیں۔ ایک چھوٹے سے معصوم بچے کا انٹرویو 'بورڈ آف پروفیسرز' کے ذریعے کیا جاتا ہے۔ ان بچوں پر نفسیاتی اور ذہنی اثرات کا تصور کیا جاسکتا ہے۔

درحقیقت اس طرح تو ایڈمیشن پروسیس میرٹ کی بنا پر ہونا تھا، جب کہ درحقیقت ایسا بالکل بھی نہیں ہے۔ آگے چل کر ان اسکولوں کے فارغین طلبا قومی مقابلہ جاتی امتحانات میں بالکل نہ کے برابر سیٹیں نکال پاتے ہیں۔ کیا 'اے ایم یو' اسکولوں کے پروفیسر ڈائریکٹر کے پاس کوئی غیر معمولی اکادمک تحقیقی تعلیمی سند ہے؟

'اے ایم یو' کو سب سے بڑی رہائشی یونیورسٹی ہونے کی وجہ سے بڑی تعداد میں غیر تدریسی ملازمین کو بھی بھرتی کرنا پڑتی ہے۔ اس کے نتیجے میں یونیورسٹی کے مالی حالات نہایت ہی ناگفتہ بہ ہوجاتے ہیں۔ یہ معاملہ اس قدر گمبھیر ہے کہ یونیورسٹی کی مالیاتی انتظامیہ شدید افراتفری کا شکار ہے۔ 'یو جی سی' اور مرکزی وزارت تعلیم مسلسل 'اے ایم یو' کو مشورہ دے رہی ہیں، اور یہاں تک کہ انتباہ بھی کر رہی ہیں کہ وہ تدریسی اور غیر تدریسی ملازمین کی کل تعداد کے مخصوص تناسب کو پورا کرنے کے لیے کام کرے، لیکن یہ مشورے اور انتباہ سعیِ لاحاصل ہیں۔ یہ خود ساختہ مالیاتی افراتفری اکثر اس کے ملازمین کی تنخواہوں اور پنشن کی ادائیگی میں تاخیر کرتی ہے۔ اس جاگیردارانہ ڈھانچے کی سرپرستی میں غیر تدریسی ملازمین کی ایک بہت بڑی فوج کھڑی کی گئی ہے۔ ان میں سے بہت سارے ملازمین عوامی پیسے کے عوض مختلف اکیڈیمک ایڈمینسٹریٹرس کو ذاتی خدمات پیش کرتے ہیں۔

ایک اور اہم بات یہ ہے کہ اب اساتذہ کی بھرتی کا کیا ہوگا؟ دہائیوں پہلے، 'ہندوستان ٹائمز' نے رپورٹ کیا تھا کہ بہت زیادہ بڑھتی ہوئی اقربا پروری اور جانبداری کے نتیجے میں یونیورسٹی کے زیادہ تر ملازمین چند مخصوص مسلم خاندانوں سے ہی تعلق رکھتے ہیں۔ مجموعی طور پر تعلیمی لحاظ سے سب سے زیادہ 'نان پرفارمنگ' اساتذہ ہی یونیورسٹی کے اہم ترین انتظامی عہدوں پر فائز رہتے ہیں۔ یونیورسٹی کی ویب سائٹ پر اپ لوڈ ان اساتذہ کی CVs میں شامل اشاعتوں کی فہرست پر ایک سرسری نظر ڈالیں تو اس کی گواہی بھی ملتی ہے۔ تعلیمی لحاظ سے پسماندہ اساتذہ۔ منتظمین 'میرٹوکریسی' سے نفرت کرتے ہیں، تعلیمی لحاظ سے کامیاب اساتذہ کا مذاق اڑاتے ہیں اور انھیں حقارت کی نظر سے دیکھتے ہیں۔ سرقہ کی حوصلہ افزائی کرنے والے تحقیقی نگران (جو خود سرقہ کے مجرم ہیں)، یونیورسٹی کے نظام میں ہیرو جیسی حیثیت رکھتے ہیں۔ ایسے سرقہ باز زیادہ تر ہوم یونیورسٹی کے علاوہ دیگر مرکزی اور صوبائی یونیورسٹیوں کے اساتذہ اور دیگر ملازمین کے سلیکشن بورڈ پر بھی نظر آتے ہیں۔ مزید ان اساتذہ کو صوبائی سروس کمیشن کے سوالیہ پرچے ترتیب دینے اور جوابات کی جانچ کے لیے بھی بلایا جاتا ہے۔ لیکن بڑے افسوس کے ساتھ کہنا پڑ رہا ہے کہ ان اساتذہ کی قابلیت سے تو 'بی اے' کے طلبا تک مطمئن نہیں ہوتے۔ لہٰذا، نتیجتاً 'اے ایم یو' میں نئی نسلیں برباد ہورہی ہیں۔ ان اساتذہ کو تعلیم کا حقیقی معیار بھلا کون سمجھائے۔

تعلیم اور تحقیق پر اِنویسٹ کرنے کے بجائے اس اقربا پروری کے عالم میں جہالت کی جڑیں مضبوط

ہوتی جارہی ہیں۔ حال یہ ہے کہ اب اس دانش گاہ کو یونیورسٹی کہتے ہوئے شرم آتی ہے! ان لوگوں کی ترجیحات تو علم کے فروغ کے لئے وبال جان ثابت ہوتی جارہی ہیں۔ یہاں اپنے 'اقلیتی کردار' کا تاریخی جھنڈا اٹھانے کے باوجود مسلمانوں سے متعلق تحقیقات کو نظر انداز کیا جاتا ہے۔ اب آپ ہی بتلایئے؛ کیا مذکورہ بالا چند مثالیں اور علامات ایک 'یونیورسٹی سسٹم' کے لیے بہت مفید ہیں یا انتہائی مضر؟ کیا یہ قوم کے ٹھیکے دار واقعی مسلمانوں کے پرفارمنگ اثاثہ ہیں یا پھر مسلمانوں کے مستقبل کو دیمک کی طرح چاٹنے والی non-performing liabilities ہیں۔ قارئین کو مرحوم عمر خالدی کے اس موضوع سے متعلق تحریر شدہ مضمون سے بھی کچھ جوابات مل سکتے ہیں۔ ملاحظہ ہو؛ Twocircles.net, May 24, 2010

اب اہم سوال یہ پیدا ہوتا ہے کہ: اگر ان سے چھٹکارا نہیں پایا جاسکتا تو آخر ان مسائل کا حل کیا ہے؟ کسی بھی یونیورسٹی کے نظام پر اس کے ایگزیکٹو کونسل کی بالادستی ہوتی ہے۔ چاہے وہ طالب علم ہوں، یا اساتذہ، یا غیر تدریسی عملہ، سب سے زیادہ تعداد اتر پردیش اور بہار سے ہی آتی ہے۔ 'اے ایم یو' میں یوپی اور حیدرآباد کے مسلم اشرافیہ کے علاوہ اور بھی 'وی سی' رہے ہیں، جنھیں 'کچہری ملیو' کہا جاتا ہے۔ 'کچہری ملیو' کے درمیان ہی 'وی سی' کے عہدے کو محدود رکھنے کے اس استحقاق کے پیچھے کچھ عوامل ضرور ہوتے ہوں گے؛ اس استحقاق کا ایگزیکٹو کونسل کی تشکیل سے کوئی تعلق تو نہیں ہے، جس میں فوری اصلاحات کی اشد ضرورت ہے؟ 'ای سی' ایک ایسا محدود کلب ہے کہ اگر عدالتی انکوائریوں کی رپورٹس، مالی گھوٹالوں اور بھرتیوں میں گھپلوں کو بے نقاب کرتی بھی ہیں، تو بھی ان سفارشات کو نافذ نہیں ہونے دیا جاتا ہے۔ ہر غلط کام پر پردہ ڈالا جاتا ہے۔ مختصر یہ کہ یونیورسٹی میں پھیلی برائیوں کے لیے کافی حد تک الزام ایگزیکٹو کونسل کی کمپوزیشن پر ڈالا جاسکتا ہے۔ لہٰذا سماجی طور پر زیادہ حقیقت پسندانہ اور قابل نمائندگی بنانے کے لیے 'ای سی' کی کمپوزیشن میں اصلاح و ترمیم وقت اور حالات کا اہم تقاضہ ہے۔

اس کے علاوہ یہ امر بھی بہت اہمیت کا حامل ہے کہ 'اے ایم یو' میں 'وی سی' کے انتخاب کا عمل دیگر مرکزی یونیورسٹیوں سے مختلف نہیں ہونا چاہیے۔ 'اے ایم یو' ایکٹ 1981 کے متعلقہ جزو میں یکسانیت لانے کے لیے ضروری ترمیم کی جانی چاہیے۔ اس مخصوص جزو کا شاید ہی 'اے ایم یو' کے اقلیتی کردار پر کوئی اثر پڑتا ہے، جو اس وقت سپریم کورٹ میں زیر سماعت ہے۔ دلچسپ بات تو یہ ہے کہ مقدمہ زیر سماعت ہونے کے باوجود بھی 'اے ایم یو' نے 'یو جی سی' کے ضوابط کو اپنانے کے لیے محدود ترمیم کی، جس کے تحت 'وی سی' کی زیادہ سے زیادہ عمر 70 سال تک بڑھا دی گئی ہے، جب کہ پرو وائس چانسلر کے لیے عمر 65 سال ہی رہنے دی گئی ہے۔ ستم ظریفی تو یہ کہ 'یو جی سی' کے ضابطے، جس کے مطابق وائس چانسلر شپ کو دس سال کا تجربہ رکھنے والے پروفیسروں تک ہی محدود کیا گیا ہے، اس شق کو بھی موقع پرستانہ طور پر اپنایا گیا ہے۔ مزید یہ کہ وائس چانسلر شپ کے انتخاب میں 'سرچ و سلیکشن کمیٹی' کے اصول کو بھی شاطرانہ طور پر نظر انداز کیا گیا ہے، کیونکہ ابھی بھی 'اے ایم یو' میں 'وی سی' کا انتخاب اس کی ایگزیکٹو کونسل اور 'اے ایم یو کورٹ' کے ذریعے کیا جاتا ہے۔

جب کہ دیگر مرکزی یونیورسٹیوں کی 'ای سی' دوممبروں کا انتخاب کرتی ہے جس میں تیسرا ممبر وزیٹر (مرکزی وزارت تعلیم کے ذریعے صدر جمہوریہ) سے شامل کیا جاتا ہے۔ یہ تین رکنی کمیٹی 'سرچ وسلیکشن کمیٹی' کے طور پر کام کرتی ہے۔ یہ کمیٹی اگلے 'وی سی' کے لیے ناموں کے ایک پینل کی تجویز کرتی ہے اوران ناموں میں سے ایک کومرکزی حکومت 'وی سی' کے طور پر مقرر کرتی ہے۔لیکن 'اے ایم یو' میں کُل پانچ ناموں کے پینل کوشارٹ لسٹ کیا جاتاہےاور پھر'اے ایم یوکورٹ' ان پانچ میں سے دونام حذف کردیتی ہےاور بقیہ تین نام مرکزی حکومت کوبھیجے جاتے ہیں۔آخرکار تین میں سے ایک کو'اے ایم یو' کا 'وی سی' مقرر کیا جاتا ہے۔

جیسا کہ پہلے کہا جا چکا ہے، 'اے ایم یوکورٹ' اونچی ذات کے قدامت پسند، پدرشاہی اور رجعت پسند مسلمانوں کا ایک مجموعہ ہے جہاں 'وی سی شپ' کے امیدوار کواس کورٹ سے کامیاب ہونے کے لیے میونسپل باڈی کے انتخابات کے امیدوار کی مانند، خود کو نیچے لانا پڑتا ہے۔ 'وی سی' کے انتخاب کا یہی عمل اس بات کو یقینی بناتا ہے کہ زیادہ تر 'کچہری میلؤ' سے ہی تعلق رکھنے والے اشرافیہ 'وی سی' بنادیے جاتے ہیں۔

یہ 'اے ایم یو' کے اس ایگزیکیٹو کونسل، کورٹ، اور اکیڈمک کونسل، وغیرہ، کی ساخت ہے، جو 'میرٹو کریٹک' داخلہ پالیسیوں کے خلاف مزاحمت کرتی ہے۔ حیرت کی بات یہ بھی ہے کہ 'اے ایم یو' میں قانون کے کورسز میں CLAT کے ذریعے، انجینئرنگ میں JEE کے ذریعے، اور دوسرے کورسز میں CUET کے ذریعے داخلہ کیوں نہیں ہونا چاہیے؟ 'اے ایم یو' میں داخلہ مافیا اور ان کا غلبہ اس قدر مضبوط ہے کہ کچھ مخصوص نان پرفارمنگ امیدواروں (خاص طور پر 'بی ٹیک'، 'ماسٹرز ان لاء'، 'پی ایچ ڈی'، وغیرہ) کے داخلوں کے لیے انتخابات متوقع (predictable) رہتے ہیں۔ مثلاً:

"کچھ اندرونی لوگوں نے راقم کے ساتھ اعتراف کیا کہ 2021 میں سوالیہ پرچہ اس وقت بھی لیک ہو گیا تھا جب 'بی ٹیک' کا داخلہ ٹیسٹ ہو رہا تھا۔ اس کا الیکٹرانک ثبوت 'اے ایم یو' اساتذہ کے واٹس ایپ گروپس پر ایک سینئر پروفیسر (ڈین، ایگریکلچرل سائنسز، جو ایگزیکیٹو کونسل کے سابقہ رکن بھی تھے) نے دستیاب کرایا تھا۔ اس کے باوجود بھی، امتحان کو منسوخ نہیں کیا گیا، اور سوالیہ پیپر کے ایک اور سیٹ کے ساتھ دوبارہ منعقد نہیں کیا گیا۔"

لہٰذا، 'اے ایم یو' بہت تیزی سے ایک 'پولیس ضلع' بن رہا ہے جو طلبا کی بے ضابطگی اور بدتہذیبی سے دوچار ہوتا جارہا ہے۔ طمنچہ اور کٹّہ کیمپس کی عام لغت بن چکا ہے؛ یاد رہے، ایسی علامات اقربا پروری اور تعصبی خصلت سے زیادہ عیاں ہوتی ہیں۔ ان طلبا کو مختلف قسم کے تحفظات اور مراعات کے ذریعے ترقی کی منازل طے کرائی جاتی ہیں، جن میں سول تعمیرات کے ٹینڈر اور رہائشی ہالوں/ ہاسٹلوں میں سینئر فوڈ، وارڈن ہاؤسس پہ قبضہ، اور یونیورسٹی کی طرف سے دیگر قسم کے سازوسامان اور اسٹیشنری کی خریداری کے ٹھیکے شامل ہیں۔ 'اے ایم یوکورٹ' کے 180 ممبران میں سے کم از کم 15 طلبا ممبران بھی شامل ہیں اور کئی کورٹ ممبران تو سابقہ طلبا ہی ہوتے ہیں۔ ان طلبا میں سے کچھ لینڈ مافیا میں تبدیل ہو چکے ہیں۔ ان میں سے اچھی خاصی تعداد اتر پردیش اور بہار کے اس

طرح کے ضائع ہوچکے طالب علموں کی ہے۔ طلبا کی بے ضابطگی سے نمٹنا مشکل ہوجاتا ہے، کیونکہ اکثر و بیشتر ایسے طلبا اور سابق طلبا کی سرپرستی، استاد منتظمین کرتے ہیں۔ تعجب کی بات نہیں کہ ایسے اساتذہ میں سے کچھ 'لینڈ ڈیولپرز' اور ہاؤسنگ اپارٹمنٹ بنانے والوں کے پیشے سے سرمایہ دار بن رہے ہیں۔ اس سرمایہ کا استعمال برسراقتدار پارٹی کے دلالوں کو رشوت دے کروائس چانسلری حاصل کرنے میں کیا جائے گا۔

مختصر یہ کہ 'اے ایم یو' کو اپنی بھرتیوں اور داخلوں کے طریقۂ کار میں اصلاحات کی سخت ضرورت ہے۔ 'میرٹوکریسی' اور سماجی تنوع کو غالب کرنے کے لیے، اس کی ایگزیکٹو کونسل کی تشکیل کو اصلاحات کے ذریعے تبدیل کرنے کی بھی ضرورت ہے۔ اس میں جتنی تاخیر ہوگی اتنی ہی بیماری مہلک اور کینسر کی طرح لاعلاج بنتی جائے گی۔

سول سروسیز امتحانات میں مسلم طلبا کی شراکت

آفاق ندیم خان

اس وقت ہمارا ملک آبادی کے لحاظ سے دنیا میں سرفہرست ہے۔ ورلڈ ومیٹر کے مطابق ستمبر 2024 میں ملک کی آبادی تقریباً 145 کروڑ ہے۔ مردم شماری 2011 کے مطابق ملک میں 14.2 فیصد مسلمان ہیں۔ اس لحاظ سے اس وقت ملک میں مسلمانوں کی آبادی 20 کروڑ سے زیادہ ہے۔ خاص بات یہ ہے کہ مسلمانوں کی تقریباً 40 فیصد آبادی کی عمر 19 سال سے کم ہے۔ یہ ملک اور ملت کا وہ سرمایہ ہے جسے تعلیم وتربیت اور رہنمائی فراہم کر کے ملک وملت اور پورے عالم کے لیے فائدہ مند بنایا جاسکتا ہے۔ یہ بات بھی صحیح ہے کہ اگر حکومت کی نیت صاف ہو پھر بھی صرف حکومت کی کوکوششوں سے آبادی کو ثمر آور افرادی قوت میں تبدیل نہیں کیا جاسکتا ہے۔ یہی وجہ ہے کہ موجودہ وقت میں نجی تعلیمی اداروں کا ایک سیلاب آیا ہوا ہے۔ نجی اداروں کا ثانوی مقصد تعلیم وتربیت فراہم کرنا ہوسکتا ہے لیکن اکثر اوقات ان کا اولین مقصد پیسہ کمانا ہی ہے۔ ایسے اداروں کی موٹی فیس ادا کرنا مالی طور پر پسماندہ خاندان کے لیے ممکن نہیں ہے۔ مشاہدے میں آتا ہے کہ مسلمان والدین اپنے بچوں کی تعلیم پر اپنی حیثیت سے زیادہ خرچ کررہے ہیں۔ کانوینٹ اسکولوں تک تو ان کے لیے ممکن ہوتا ہے کہ کسی طرح وہ بچوں کے تعلیمی اخراجات کو برداشت کرلیتے ہیں لیکن جب بات اعلیٰ تعلیم کی آتی ہے تو اکثر خاندان کی ہمت ٹوٹ جاتی ہے اور بچوں کی تعلیم یا تو منقطع ہوجاتی ہے یا پھر وہ تعلیم صرف برائے اسناد ہوکر رہ جاتی ہے۔ چونکہ موجودہ دور اختصاص اور پیشہ وارانہ تعلیم کا ہے اس لیے اکثر نوجوانوں کے پاس ڈگریاں تو ہوتی ہیں لیکن کوئی روزگار نہیں ہوتا ہے۔ اس طرح ہمارے بہت سارے باصلاحیت بچے ضائع ہوجاتے ہیں۔ اسکولی تعلیم کے ثانوی یا اعلیٰ ثانوی مراحل میں بچوں کو کاؤنسلنگ اور رہنمائی فراہم کرکے انھیں بامقصد تعلیم کی جانب گامزن کیا جاسکتا ہے۔

اگر سرکاری ملازمتوں کی بات کی جائے تو ریلوے، ایس۔ ایس۔ سی۔ اور مختلف ریاستوں کے اسٹاف

سلیکشن کمیشن میں ہر سال ہزاروں کی تعداد میں اسامیاں نکلتی ہیں اور پُر کی جاتی ہیں لیکن رہنمائی کی عدم موجودگی میں ہمارے نوجوان اس کے لیے کوششیں نہیں کرتے ہیں۔ایسے نوجوانوں کے لیے سماج کے دانشمند طبقات اور غیر سرکاری تنظیموں کو اپنی ذمہ داری ادا کرنی ہوگی۔موجودہ وقت میں بہت سی تنظیموں کے ذریعے اس جانب سعی کی گئی ہے۔سرکاری ملازمتوں میں سب سے اعلیٰ درجہ کی ملازمت یعنی سول سروسز کی جانب گزشتہ ایک دہائی سے خاصی توجہ دی گئی ہے۔اس کے مثبت نتائج بھی سامنے آئے ہیں۔مثال کے طور پر ڈاکٹر شاہ فیصل نے 14 سال قبل جب سول سروسز امتحان میں اول مقام حاصل کیا تھا، تو اس نے نہ صرف مسلمانوں میں فخر کا احساس پیدا کیا بلکہ سول سروسز میں نئی دلچسپی بھی پیدا کی۔ چونکہ ڈاکٹر شاہ فیصل نے زکوٰۃ فاؤنڈیشن کی فیلوشپ میں رہ کر یہ کامیابی حاصل کی تھی، اس لیے یہ احساس بھی پیدا ہوا کہ اگر قوم کے نوجوانوں کو بہتر رہنمائی اور سہولیات فراہم کی جائیں تو اچھے نتائج حاصل کیے جاسکتے ہیں۔اس طرح کی کوشش اس سے قبل ہمدرد اسٹڈی سرکل کی جانب سے کی گئی تھی جس کے خاطر خواہ نتائج بھی برآمد ہوئے۔رفتہ رفتہ ملک میں بہت ساری تنظیموں جیسے ایف اکیڈمی ممبئی، آر.سی.اے. جامعہ ملیہ اسلامیہ نئی دلّی، سی.جی.سی. علی گڑھ مسلم یونیورسٹی، سی.جی.سی. چینئی، ای.سی.جی.سی. کیرلا، ہمدرد اسٹڈی سرکل، مومن اسٹوڈنٹ ویلفیئر ٹرسٹ بنگلور، نور جہاں فاؤنڈیشن حیدرآباد، عطیہ فاؤنڈیشن دلّی، شبلی اکیڈمی اعظم گڑھ وغیرہ کی جانب سے اس جانب کوششیں کی جارہی ہیں۔اس کے مثبت نتائج ملنے کے ساتھ ساتھ عوام الناس میں بھی بیداری دیکھی جارہی ہے۔اس سال 16 اپریل کو اعلان ہوئے سول سرویسز امتحان کے نتائج کو ہی لے لیجیے۔واٹس ایپ، فیس بک، ٹیلی ویژن اور میڈیا کے ہر ایک چینل پر ہر بار کی طرح ایک بار پھر شور سنائی دے رہا تھا کہ اس امتحان میں کس نے ٹاپ کیا ہے، کون دوسرے نمبر پر رہا، کس مزدور، کسان، اور ڈرائیور کا لخت جگر کامیاب ہوا وغیرہ وغیرہ۔خصوصاً مسلمانوں کا ہر طبقہ جس کی رسائی کسی بھی ذرائع ابلاغ تک ہے، وہ جلد سے جلد یہ خبر اپنے سے وابستہ لوگوں تک پہنچا دینا چاہتا تھا کہ اس بار کل 1016 کامیاب امیدواروں میں 50 مسلم امیدوار کامیاب ہوئے ہیں۔قابل ستائش بات یہ ہے کہ ان میں چار مسلم امیدوار؛ نوشین (آل انڈیا رینک 9)، وردہ خان (آل انڈیا رینک 18)، ضوفشاں حق (آل انڈیا رینک 34)، اور فابی رشید (آل انڈیا رینک 71) سول سروسز امتحان (CSE) کے ٹاپ 100 میں شامل ہیں۔ہمارے لیے یہ واقعی خوش آئند بات ہے کہ اس بار بھی مسلمان نوجوانوں نے نہ صرف اپنی قابل ذکر موجودگی درج کرائی ہے اور ایک بار پھر یہ یاد دلانے کی کوشش کی ہے کہ مسلمان نہ صرف 'آئی اے ایس' پاس کرسکتا ہے بلکہ اچھی رینک بھی حاصل کرسکتا اور ٹاپ بھی کرسکتا ہے۔لیکن اس بار یا اس سے پہلے کے نتائج حوصلہ افزا تو ہوسکتے ہیں لیکن اسے اطمینان بخش نہیں کہا جاسکتا۔سچر کمیٹی کی رپورٹ واضح کرتی ہے کہ سرکاری ملازمتوں میں مسلمانوں کا تناسب صرف 2.5 فیصد ہے۔چونکہ گزشتہ سالوں میں سول سروسز میں کامیابی کی شرح 2.5 فیصد سے زیادہ رہی ہے، اس لیے اسے حوصلہ افزا نتائج کہا جاسکتا ہے۔گزشتہ چند سالوں میں سول سروسز امتحان میں مسلم امیدواروں کی کامیابی کی شرح کو درج ذیل جدول سے سمجھا جاسکتا ہے۔

سال	کل اسامیاں	منتخب مسلم امیدوار	منتخب مسلم امیدوار کا فیصد
2016	1099	52	4.73
2017	980	50	5.10
2018	759	28	3.68
2019	829	44	5.30
2020	761	31	4.07
2021	685	25	3.64
2022	933	29	3.10
2023	1016	50	4.71
2024	1056	....	....

اب اگر ہندوستان میں مسلمانوں کی آبادی پر غور کیا جائے تو 2011 کی مردم شماری کے مطابق ملک میں مسلمانوں کی آبادی 14.2 فیصد ہے۔ آبادی کے اس فیصد کے لحاظ سے ان 1016 کامیاب امیدواروں میں تقریبا 144 مسلمان امیدواروں کو کامیاب ہونا چاہیے تھا جب کہ یہ تعداد صرف 50 ہے اور یہ تعداد یقیناً باعث تشویش ہے۔ اکثر اسی بات کو ایشو بنا کر اردو اخبارات میں دانشوران ملت اس کم تعداد کے پیچھے کارفرما وجوہات کا تجزیہ کیے بغیر اس ناکامی کا پورا ٹھیکرا حکومت وقت کی پالیسیوں اور غیروں کی سازشوں کے سر پھوڑتے ہیں۔ عوام الناس بھی اسی بات کو سچ مانتے ہیں۔ مجموعی طور پر ہندوستانی مسلمانوں کا ایک بہت بڑا طبقہ یہ مانتا ہے کہ مسلمانوں کو سرکاری ملازمتیں نہیں ملتی ہیں، لیکن سوال صرف آبادی کا نہیں ہوتا، ہمیں یہ بھی دیکھنا چاہیے کہ اس میں کوشش کرنے والے کتنے ہیں؟ ہندوستان میں 73.5 لاکھ مسلم آبادی کے پیچھے ایک مسلمان 'آئی اے ایس' ہے، جب کہ غیر مسلموں میں 1.08 لاکھ آبادی کے پیچھے ایک 'آئی اے ایس' ہے۔ یعنی مسلمانوں سے تقریباً پانچ گنا زیادہ! آخر اس کے پیچھے کیا وجہ ہے؟ کیا واقعی کچھ 'باطل طاقتیں' ہمارے خلاف سازش کر رہی ہیں؟ آیئے سنجیدگی کے ساتھ اس کے پیچھے کارفرما عناصر کا تجزیہ کریں اور یہ معلوم کرنے کی کوشش کریں کہ ہماری کم حصہ داری کی وجوہات کیا ہیں؟

سچر کمیٹی رپورٹ کے مطابق 20 سال کی عمر سے اوپر کے صرف 4 فیصد مسلمان گریجویٹ ہیں۔ ہم سبھی واقف ہیں کہ ملازمت کے لیے کچھ مقابلہ جاتی امتحان کو چھوڑ کر زیادہ تر امتحانات کے لیے گریجویٹ ہونا لازمی ہے۔ 2023 بیچ کے 'آئی اے ایس' آفیسر معین احمد نے کہا، ''میں محسوس کرتا ہوں کہ بیداری کی سطح میں اضافہ ہو رہا ہے اور مسلم کمیونٹی سے متوسط اور نچلے درمیانے طبقے کے بچوں کا انتخاب یہ احساس پیدا کر رہا ہے کہ تعلیم کی بنیاد

پر عظیم چیزیں حاصل کی جاسکتی ہیں۔‘‘ عطیہ فاؤنڈیشن کی انتظامیہ کے رکن یونس یوسف صاحب فرماتے ہیں کہ: ’’کیونکہ پہلے لوگ یہ سمجھتے تھے کہ مسلمانوں کو نوکریاں نہیں ملیں گی یا صرف بڑے لوگوں کو ہی نوکریاں ملیں گی، یہ تصور کم ہو رہا ہے لیکن اب بھی تناسب کے لحاظ سے نمائندگی بہت کم ہے۔‘‘

گذشتہ 10 جون کو سول سروسیز امتحان 2023 کے جس نتیجے کا اعلان کیا گیا، اس میں کل امیدواروں کی تعداد 13 لاکھ سے زیادہ تھی جس میں پریلمس (Prelims) کے لیے 65,882,4 امیدوار شامل ہوئے۔ ان میں سے 14624 امیدواروں کو مینس (Mains) امتحان دینے کے لیے کامیاب قرار دیا گیا۔ مینس امتحان میں 2916 امیدواروں کو آخری مرحلہ یعنی پرسنالٹی ٹیسٹ کے لیے منتخب کیا گیا اور بالآخر ان میں سے 1016 امیدواروں کو حتمی طور پر کامیاب قرار دیا گیا۔ اگر کامیابی کے فیصد پر نظر ڈالی جائے تو فارم بھرنے والے کل امیدواروں میں صرف 0.07 فیصد امیدوار ہی کامیاب ہوئے۔ دوسرے لفظوں میں کل 1000 امیدواروں میں صرف 0.7 امیدوار یعنی 1428 امیدواروں میں صرف ایک امیدوار کامیاب ہوا؛ یعنی ایسے خوش قسمت لوگ 1428 میں صرف ایک ہیں جو ہندوستان کے سب سے بڑے مقابلہ جاتی امتحان میں کامیاب ہوئے ہیں۔ کل کامیاب ہونے والے امیدواروں کی تعداد 1078 ہے جس میں 50 مسلم امیدوار شامل ہیں جو کل کامیاب امیدواروں کی تعداد کا تقریباً 4.71 فیصد ہیں۔ اس نتیجے کا تجزیہ ایک بار پھر اگر مسلمانوں کے نقطۂ نظر سے کریں تو چند اہم پہلو سامنے آتے ہیں۔

2011 کی مردم شماری کے مطابق ہندوستان کی کل آبادی کا تقریباً 14.2 فیصد مسلمان ہیں۔ اس لحاظ سے اگر دیکھا جائے تو کامیاب ہونے والے مسلم امیدواروں کی تعداد 144 کے آس پاس ہونی چاہیے لیکن افسوس کہ ایسا نہیں ہے۔ یہاں یہ بات قابل ذکر ہے کہ جب یہ بحث کا ایشو بنتا ہے تو نتیجہ یہی اخذ کیا جاتا ہے کہ مسلمانوں کو ان کی آبادی کے مقابلے ملازمتوں میں مواقع نہیں دیے جاتے، مسلمانوں کے ساتھ تعصب ہوتا ہے جس کی بنا پر مسلمان بچے بے روزگار ہیں، مسلمان بچے اگر محنت مشقت اور کوشش کر کے انٹرویو تک جاتے ہیں تو متعصب ذہنیت کے لوگ انھیں انٹرویو میں فیل کر دیتے ہیں، وغیرہ وغیرہ۔ آزادی کے بعد ہر سال اس طرح کے ایشوز اٹھائے جاتے ہیں اور پھر کچھ دنوں کے بعد اسے ٹھنڈے بستے میں ڈال دیا جاتا ہے۔

ان تمام باتوں کا کوئی فائدہ حاصل ہو یا نہ ہو، اس کا سب سے بڑا نقصان یہ ہوتا ہے کہ ان باتوں اور مباحثوں سے مسلمان نوجوانوں کی حوصلہ شکنی ہوتی ہے اور وہ ناامیدی کے گڑھے میں گر کر مقابلہ جاتی امتحانات میں شرکت کرنا، بیٹھنا اور کوششیں کرنا چھوڑ دیتے ہیں۔ نتیجے کے طور پر ملازمتوں میں مسلمانوں کی تعداد کم ہوتی چلی جاتی ہے۔ ہر سال سول سروسز امتحان میں صرف 30 سے 50 امیدواروں کے کامیاب ہونے کے پیچھے بھی اہم وجہ یہی ہے کہ مجموعی طور پر ہماری شرکت کا تناسب اوروں کے مقابلے انتہائی کم ہے۔ ’ڈیلی اوپن او پینین‘ کے ایک سروے کے مطابق سول سروسز امتحان میں مسلمانوں کی شرکت کا تناسب 0.21 فیصد ہے۔ اس طرح اگر کل

شرکت کرنے والے اور کُل کامیاب امیدواروں کے درمیان تناسب کا تجزیہ کیا جائے تو حقائق حد درجہ چونکانے والے حاصل ہوتے ہیں اور وہ یہ ہیں کہ مسلمانوں کا کامیابی حاصل کرنے کا تناسب شرکت کے مقابلے 15 گنا زیادہ ہے۔ اسی تعلق سے علی گڈھ مسلم یونیورسٹی کے نسیم زیدی صاحب کی تحقیق ملاحظہ فرمائیں۔ موصوف نے اپنی تحقیق کے لیے دو گروپ بنائے۔ پہلے گروپ میں مسلم طلبا اکثریتی اداروں (علی گڑھ مسلم یونیورسٹی، جامعہ ملیہ اسلامیہ، جموں کشمیر یونیورسٹی اور کالی کٹ یونیورسٹی) کو شامل کیا گیا۔ دوسرے گروپ میں غیر مسلم طلبا اکثریتی اداروں (الہ آباد یونیورسٹی، لکھنؤ یونیورسٹی، بنارس ہندو یونیورسٹی اور راجستھان یونیورسٹی) کو شامل کیا گیا۔ ان اداروں میں سول سروسز امتحان میں شامل ہونے والے طلبا کا مشاہدہ کرنے پر پتہ چلا کہ مسلم طلبا اکثریتی اداروں میں یہ تعداد صرف 25 تھی جب کہ غیر مسلم اکثریتی اداروں میں یہ تعداد 444 تھی۔ مزید یہ کہ جب کامیابی کا تناسب نکالا گیا تو مسلم اکثریتی اداروں کا کامیابی کا تناسب 10.2 فیصد جب کہ غیر مسلم اکثریتی اداروں میں کامیابی کا تناسب صرف 4.4 فیصد تھا۔ درج بالا حقائق سے یہ بات بالکل واضح ہے کہ ہمارے نوجوانوں میں صلاحیتوں کی کوئی کمی نہیں ہے اور تعصب بھی کوئی بڑا مسئلہ نہیں ہے، بس حوصلے کی ضرورت ہے جو مقابلہ جاتی امتحانات کے لیے اکسیر ہے۔ اکثر نوجوانوں اور خصوصاً مدارس اور اردو زبان کے ذریعے تعلیم حاصل کرنے والے نوجوانوں کو یہ معلوم نہیں ہوتا کہ اس امتحان کی ساخت کیا ہے؟

سول سروسز امتحان تین مرحلے پر مشتمل ہوتا ہے۔ (1) پریلمس (2) مینس (3) پرسنالٹی ٹیسٹ و انٹرویو! پہلا مرحلہ پریلمس کے نام سے جانا جاتا ہے جس میں دو پرچے اور دونوں دو-دو سو نمبرات کے ہوتے ہیں۔ اس میں عام معلومات پر مشتمل سوالات پوچھے جاتے ہیں۔ یہ امتحان ایک طرح سے اسکریننگ کے لیے ہوتا ہے جس میں تقریباً 15 سے 18 ہزار امیدواروں کو کامیاب قرار دیا جاتا ہے۔ اس کے بعد دوسرے مرحلے کا امتحان ہوتا ہے جسے 'مینس' کے نام سے منسوب کیا جاتا ہے۔ اس امتحان میں وہی لوگ شامل ہوتے ہیں جنھوں نے پریلمس پاس کرلیا ہے۔ مینس امتحان میں 9 پیپرس ہوتے ہیں جس میں پہلے دو پرچے بتدریج جدید ہندوستانی زبان اور انگریزی کے ہیں اور یہ تین-تین سو نمبرات کے ہوتے ہیں۔ انھیں صرف پاس کرنا ضروری ہے۔ ان کے نمبرات میرٹ میں شامل نہیں کیے جاتے۔ ایک بات یہاں قابل ذکر ہے کہ اردو زبان جدید ہندوستانی زبانوں میں شامل ہے اور مسلم امیدوار اس کا انتخاب کر سکتے ہیں۔ بقیہ سات پرچوں میں پہلا پرچہ مضمون نگاری کا ہے جسے امیدوار اپنی پسند کی زبان یعنی اردو میں بھی لکھ سکتا ہے۔ اس کے بعد چار پرچے معلومات عامہ سے تعلق رکھتے ہیں اور آخری دو پرچوں کا انتخاب امیدوار اپنی مرضی سے کرسکتا ہے۔ اختیاری پرچوں میں دوسرے پرچے کے طور پر بھی امیدوار 'ادب' منتخب کرسکتا ہے۔ یعنی یہاں بھی اگر مسلم امیدوار اردو ادب لینا چاہے تو وہ ایسا کرسکتا ہے اور اپنی کامیابی کی امیدیں مزید روشن کرسکتا ہے۔ مندرجہ بالا سات پرچوں کے لیے علیحدہ۔ علیحدہ 250 نمبرات مقرر ہیں، یعنی یہ سات پرچے کُل 750 نمبرات پر مشتمل ہیں اور میرٹ بناتے وقت ان کا شمار کیا جاتا ہے۔

جیسا کہ عرض کیا جا چکا ہے کہ مینس کے امتحان میں تقریباً 15 سے 18 ہزار امیدواروں کو کامیاب قرار دیا جاتا ہے۔ یہ تعداد کُل خالی سول سروسز اسامیوں کی تعداد سے تقریباً ڈھائی سے تین گنا ہوتی ہے۔ یعنی اگر کُل 1000 لوگوں کو کوالیفائی کرانا ہے تو ڈھائی سے تین ہزار لوگوں کو کامیاب قرار دیا جاتا ہے اور ان لوگوں کو پرسنالٹی ٹیسٹ وانٹرویو کے لیے تیسرے اور آخری مرحلے میں شامل کیا جاتا ہے۔ پرسنالٹی ٹیسٹ 275 نمبروں پر مشتمل ہوتے ہیں جس میں کم از کم 75 نمبر اور زیادہ سے زیادہ 250 نمبر دیے جاتے ہیں۔ عام طور پر امیدواروں کو 125 سے 200 کے درمیان نمبر دیے جاتے ہیں۔ مسلمان نوجوانوں کے لیے یہاں ایک اور بات قابل ذکر ہے کہ انتہائی متعصب انٹرویو پینل کو بھی کم سے کم 75 نمبر دینا ہی دینا ہے اور کسی کے ساتھ فراخ دلی کی حد بھی 250 نمبر تک محدود ہے۔ اس لیے تعصب ہونے پر بھی آپ کے ساتھ 175 نمبر سے زیادہ کی زیادتی نہیں ہوسکتی۔ یہ زیادتی کسی بھی حال میں میرٹ لسٹ میں 10 فیصد سے زیادہ اثر نہیں ڈال سکتی کیونکہ میرٹ کے لیے کُل نمبر 2025 ہوتے ہیں جس میں 1750 مینس کے اور 275 نمبر انٹرویو کے شامل کیے جاتے ہیں۔ اگر آپ کو تعصب کا شکار ہونے کا خوف ہے تو اس سے بچنے کا واحد طریقہ ہے کہ مینس میں دس فیصد زیادہ محنت کر کے اس خدشے کو ختم کر سکتے ہیں۔ یہاں ہم سب کو مرحوم سید حامد صاحب کی ایک بات یاد رکھنی چاہیے۔ موصوف کہتے تھے کہ تعصب وہیں تک اثر رکھتا ہے جہاں مقابلہ 9 اور 10 کا ہو۔ تعصب سے بچنا ہے تو اپنے کو بارہ بنالو۔ ایک اور بات وہ اکثر کہتے تھے کہ اقلیت میں ہونے کا مطلب اقلیت اقلیت کہہ کر رونا نہیں ہے بلکہ اقلیت میں ہونے کا صرف ایک مطلب ہے کہ ہمیں اپنے اکثریتی بھائیوں سے زیادہ محنت کرنی ہے۔

جیسا کہ مندرجہ بالا شماریات کے تجزیہ سے بالکل واضح ہے کہ مسلمان نوجوانوں کی کامیابی کا تناسب شرکت کے مقابلے 15 گنا زیادہ ہے۔ اس سے یہ بات بالکل واضح ہوجاتی ہے کہ مسلمان بچوں میں صلاحیتوں کی کوئی کمی نہیں ہے۔ محنت، مشقت، جفاکشی اور جاں نثاری کی بھی کوئی کمی نہیں ہے۔ ضرورت صرف بہترین رہنمائی، حوصلہ افزائی اور سہولیات فراہم کرنے کی ہے۔ ہاسٹل، اسٹڈی میٹریل اور کوچنگ کلاس فراہم کرنے اور طلبا کی مدد کے لیے مزید تنظیمی کوششوں کی ضرورت ہے جو سول سروسز کے ساتھ ساتھ دیگر ملازمتوں کے لیے بھی مسلم بچوں اور بچیوں کو رہنمائی اور سہولیات فراہم کرسکیں۔

Reference:

1. https://www.telegraphindia.com/opinion/the-minority-report-muslims-in-india/cid/1795619

2. https://www.siasat.com

3. https://www.zakatindia.org/Muslim-Presence-in-Bureaucracy.html#

4. https://en.wikipedia.org/wiki/Sachar_Committee#

فکشن

دہشت

سلام بن رزاق

رات اپنی پوری دہشت نا کی کے ساتھ شہر پر چھائی تھی۔ سڑکوں اور گلیوں میں اتنا اندھیرا تھا گویا سارا شہر سیاہ کمبل تانے سو رہا ہو۔ چاروں طرف ایک بھیانک خاموشی چھائی ہوئی تھی۔ سردی کی شدت سے جسم کا خون برف ہوا جا رہا تھا، کہیں بھی کسی قسم کی کوئی آواز نہیں تھی، صرف میرے بوٹوں کی کھٹ کھٹ سے فضا میں ہلکا سا ارتعاش تھا۔ اس سناٹے میں یہ کھٹ کھٹ سماعت پر بہت گراں گزر رہی تھی۔ دور کسی کتے کے رونے کی آواز آئی اور میں نے ایک جھرجھری سی لی۔ پیروں میں ہلکی سی لرزش ہوئی مگر میرے قدم تیزی سے بڑھتے رہے، میں نے اپنی کلائی پر بندھی ہوئی گھڑی پر نظر ڈالی پونے نو بج رہے تھے۔ کرفیو لگنے میں صرف پندرہ منٹ باقی تھے اور گھر ابھی دور تھا۔ میری رفتار ازخود مزید تیز ہوگئی۔

سڑک پر جگہ جگہ بسوں کی کھڑکیوں کے شیشے اور سوڈا واٹر کی بوتلوں کی کرچیں بکھری پڑی تھیں۔ رات کے اندھیرے میں یہ کانچ کے ٹکڑے زمین سے رستے آنسوؤں کی مانند چمک رہے تھے۔ بائیں طرف فٹ پاتھ سے لگ کر ایک جلی ہوئی کار کا ڈھانچہ نظر آ رہا تھا۔ اس کے انجن سے ابھی تک دھواں نکل رہا تھا۔ سڑک کے کنارے لگے لیمپ پوسٹوں کے سارے بلب یا تو پھوڑ دیے گئے تھے یا چرا لیے گئے تھے اور یہاں سے وہاں تک سڑک اس دلہن کی طرح اداس پڑی تھی، جس کا سہاگ اجڑ گیا ہو، دائیں طرف کی فٹ پاتھ پر صرف ایک مرکری بتی روشن تھی جس کا اجالا اور بھی بھیانک لگ رہا تھا۔

اچانک مجھے ٹھوکر لگی اور میں منہ کے بل گرتے گرتے بچا، بیچ سڑک پر بڑے بڑے پتھر بکھرے پڑے تھے جو شاید ٹریفک کو روکنے کے لیے ڈالے گئے تھے۔ میں بڑی دیر سے سگریٹ کی طلب محسوس کر رہا تھا۔ جیب میں سگریٹ کی ڈبیا اور ماچس بھی رکھی تھی، مگر ایک انجانا خوف مجھے سگریٹ سلگانے سے روک رہا تھا۔

میرے دونوں ہاتھ پتلون کی جیبوں میں ٹھنسے تھے۔ میری انگلیوں نے سگریٹ کی ڈبیا کو چھوا، مگر میں نے سگریٹ نہیں جلائی۔ اپنے خشک ہونٹوں پر صرف زبان پھیر کر رہ گیا۔ سردی میرے خوف کی طرح لحہ بہ لحہ بڑھتی جا رہی تھی اور میں سوکھے پتے کی طرح کانپ رہا تھا۔

دفعتاً میرے بائیں طرف ایک لٹی ہوئی دکان سے ایک بلی فٹ پاتھ پر کودی۔ میں ٹھٹھک گیا۔ میرا بوٹ ایک جلتی ہوئی لکڑی سے ٹکرایا، اس میں سے کچھ چنگاریاں نکلیں۔ پاس ہی ایک جلے ہوئے باکڑے کا ڈھانچہ کھڑا تھا، اس میں اب تک انگارے دہک رہے تھے۔ میں فوراً پہچان گیا، یہ لالو لنگڑے کا پی۔ سی او تھا جس سے اکثر میں فون کیا کرتا تھا۔ میرے قدم مزید تیزی سے اٹھنے لگے۔ میں جلد از جلد اپنے گھر پہنچ جانا چاہتا تھا۔ اس وقت میری نظر میں اپنی چھوٹی سی کھولی سے بڑھ کر کوئی مقام محفوظ و مامون نہیں تھا۔

میں نے پھر گھڑی پر نظر ڈالی نو بجنے میں دس منٹ باقی تھے۔ دور کسی پولیس کے سپاہی نے سیٹی بجائی میرا ادھڑ کتا دل یکبارگی پھر زور سے دھڑکا۔ اب میں اتنی تیزی سے چل رہا تھا کہ میرے چلنے پر دوڑنے کا گمان ہو سکتا تھا۔ میں خوف زدہ نگاہوں سے دائیں بائیں بھی دیکھتا جا رہا تھا۔ سڑک کے دونوں طرف موت کا سا سناٹا تھا، کہیں بھی کسی قسم کی آہٹ تک نہیں تھی۔ آسمان پر اکا دُکا تارے دکھائی دے رہے تھے مگر چاند کا کہیں پتا نہیں تھا۔ میں سوچنے لگا شاید فسادیوں نے پتھر مار کر چاند کا فانوس بھی نہ توڑ دیا ہو، یا کسی بہت بڑے جادوگر نے اس جیتے جاگتے شہر کی روح نہ کھینچ لی ہو۔ پورا شہر کسی مرگھٹ کی طرح سنسان پڑا تھا۔ اب میں شیواجی چوک پر آ گیا تھا۔ اس کے دائیں طرف کی گلی میرے محلے کو جاتی تھی۔ گلی کے موڑ پر مدراسی کا وہ ہوٹل تھا جو تین روز سے بند تھا۔ یہاں کا مسالہ ڈوسا بہت مشہور تھا۔

میں گلی میں اتنی تیزی سے مڑا کہ اندھیرے میں کھڑے بجلی کے کھمبے سے ٹکراتے ٹکراتے بچا۔ ابھی میں مشکل سے دس پندرہ قدم چلا ہوں گا کہ مجھے گلی کے نکڑ پر ایک سایہ دکھائی دیا۔ میرے قدم ٹھٹھک گئے۔ میں نے تاروں کی ملگجی روشنی میں دیکھا وہ سایہ بھی جہاں تھا وہیں رک گیا ہے۔ میرے جسم میں ایک لرزش سانپ کی طرح لہرا گئی اور میں نے محسوس کیا کہ اس خون کو منجمد کر دینے والی سردی میں بھی میری پیشانی پسینے سے بھیگ گئی ہے۔ میرے ہونٹ پھڑ پھڑائے۔ شاید میں پوچھنا چاہتا تھا،

''کون ہے؟''

مگر آواز کا پنچھی حلق کے اندر ہی چھٹپٹا کر رہ گیا۔ پتلون کی جیبوں میں اچانک میری انگلیاں کانپیں اور پسینے سے ہتھیلیاں بھیگ گئیں۔ میری آنکھوں میں وہ ساری خبریں بجلی کی طرح کوند گئیں جو پچھلے تین دنوں سے اخباروں میں شائع ہو رہی تھیں، یا ٹیلی ویژن سے ٹیلی کاسٹ ہو رہی تھیں۔ لوٹ مار، آتش زنی، چھرے بازی اور قتل و غارت گری کی دل دہلا دینے والی خبریں۔ میری آنکھیں خوف سے پھیل گئیں۔

موت اور مجھ میں صرف چار قدموں ہی کا تو فاصلہ تھا، حلق میں میری آواز زخمی پرندے کی طرح

پھڑ پھڑا رہی تھی۔ میں کہنا چاہتا تھا،

''مجھے مت مارو خدا کے لیے مجھے مت مارو میرے بیوی بچے میرا انتظار کر رہے ہوں گے۔ میری بوڑھی ماں میری راہ دیکھ رہی ہوگی۔ یہ میری گھڑی، بٹوا، انگوٹھی، پین، سب لے لو۔ مجھے چھوڑ دو... چھوڑ دو۔''

مگر ہزار کوشش کے باوجود میرے حلق سے کوئی آواز نہیں نکل سکی، بس ہونٹ پھڑ پھڑاتے رہے۔ میں نے کانپتے ہاتھوں سے اپنا بٹوا اور گھڑی نکالی اور دو قدم آگے بڑھا۔ ایک ایک قدم پہاڑ کی طرح بھاری تھا۔ سائے میں بھی حرکت ہوئی میں سمجھ گیا کہ وہ اپنی جیب سے چھرا نکال رہا ہوگا۔ میں نے اضطراری طور پر اپنے پیٹ پر ہاتھ رکھ لیا۔ خوف سے پیٹ کے اندر آنتیں تک سکڑ گئی تھیں۔

سائے نے اپنے دونوں ہاتھ پھیلائے، یقیناً وہ جھپٹ پڑنے کے لیے تیار تھا۔ میرے رونگٹے کھڑے ہو گئے۔ میں نے مارے خوف کے اپنی آنکھیں بند کر لیں اور اپنی پوری طاقت سے کچھ کہنے کے لیے ہونٹ کھولے۔ مگر اچانک مجھے محسوس ہوا میرے حلق میں کانٹے سے اگ آئے ہیں اور خوف و دہشت سے مجھ پر لرزہ طاری ہو گیا ہے۔ میرے قدموں کے نیچے زمین بھی میرے وجود کی طرح کانپ رہی تھی۔ میرے کانوں میں آواز آئی،

''مجھے نہ مارو... بھگوان کے لیے مجھے نہ مارو یہ میرا بٹوہ گھڑی، پین سب لے لو میں تمھارے پاؤں پڑتا ہوں۔ مجھے مت مارو۔''

میں نے گھبرا کر آنکھیں کھول دیں کیوں کہ وہ آواز میری تو نہیں تھی۔ میں نے دیکھا کہ میرے قدموں پر سر جھکائے کوئی شخص گڑگڑا رہا ہے اور اس کے کانپتے ہاتھ میری لرزتی ٹانگوں سے لپٹے ہوئے ہیں۔

نیو کی اینٹ

حسین الحق

سلامت اللہ نے آفس کاتے ہوئے دیکھا تھا پھر دفتری کاموں کی بھیڑ میں بات دماغ سے نکل گئی۔

مگر شام کو جب وہ اپنے گھر کے پاس پہنچا تو بھیڑ ویسی ہی نظر آئی۔ صبح میں تو آفس جانے کی جلدی بھی تھی اور ایک خیال یہ بھی آیا تھا کہ ہوگا کوئی فنکشن۔ بچے بڑے ہو جاتے ہیں تو ان تلک چھیکا وغیرہ کا فنکشن بھی کیا کم بھیڑ اکٹھا کرتا ہے۔ مگر شام کو بھی بھیڑ ویسی ہی نظر آئی تو اس کو فکر ہوئی۔ کیا کوئی بیمار ہے؟ اب آفس کی جلدی تو تھی نہیں۔ اس نے سائیکل اپنے دروازے پر لگائی اور دو گھر چھوڑ کر تیسرے گھر کی طرف بڑھ گیا۔

''کیا بات ہے بھائی؟ شیو پوجن بھائی کہاں ہیں؟'' ایک آدمی سے اتنا ہی پوچھ پایا تھا کہ شیو پوجن نظر آگئے۔

''آداب شیو پوجن بھائی، بڑی بھیڑ ہے؟ صبح بھی دیکھا، سب کشل منگل ہے نا؟''

''ارے آپ نہیں جانتے؟ شیو پوجن جی تو...''

ایک آدمی بہت لہک کر کچھ بتانے موڈ میں تھا کہ اچانک شیو پوجن نے اسے ہاتھ سے ہٹاتے ہوئے سلامت اللہ کے کندھے پر ہاتھ رکھ کر اپنے قدم گھر کے باہر لگے منڈپ سے آگے بڑھانے شروع کر دیے۔ سلامت اللہ بھی شیو پوجن کے ساتھ آگے بڑھنے پر مجبور تھا۔ اس آدمی کے بولنے، شیو پوجن کے اس آدمی کو ایک طرف کرنے، سلامت اللہ کے کندھے پر ہاتھ رکھنے اور منڈپ سے آگے کی طرف قدم بڑھانے میں شاید دو سکنڈ کا وقت گذرا ہوگا۔ اس بیچ شیو پوجن چپ رہے پھر بولے، ''نہیں کوئی کھاس، بات نہیں... ہم تنِک باہر گئے تھے۔''

شیو پوجن کے ان جملوں کے درمیان ہی ایک آواز سنائی دی، جو آدمی سلامت اللہ کو شیو پوجن کے بارے میں کچھ بتانے جا رہا تھا، اس کو کوئی اور دوسرا آدمی شاید بتا رہا تھا، ''سالا تتلا ہے۔''

یہ جملہ سلامت اللہ نے بھی سنا اور شیو پوجن نے بھی۔ دونوں کے بیچ یہ جملہ پہنچتے ہی شیو پوجن زور سے ہنسے۔ ''اور سنایئے کیا خبر ہے؟ سب کچھ کشل ہے نا؟''

سلامت اللہ کو اچانک احساس ہوا کہ وہ تو ننگا ہے۔ مادر زاد برہنہ۔ وہ اور شیو پوجن دونوں گیٹ تک آچکے تھے۔ ''اچھا شیو پوجن جی آداب'' وہ سمجھ نہیں پایا کہ اس کے اور شیو پوجن کے درمیان اب اور کون سا لفظ باقی بچا تھا۔

''نمستے؛'' شیو پوجن نے دونوں ہاتھ جوڑ دیے۔ سلامت اللہ تیزی سے اپنے گھر کی طرف بڑھ گیا۔

شام۔ وہ بھی دسمبر کی۔ چاروں طرف اندھیرا جھک آیا تھا۔ بجلی فیل تھی لہٰذا ہر گھر میں لیمپ، لالٹین روشن ہو چکی تھی۔ اچانک اسے اپنا گاؤں یاد آ گیا۔ شام ہوتے ہی وہاں بھی ہر گھر میں مٹی کا چراغ اور لالٹین روشن ہو جاتی تھی، پوس اور ماگھ کے جاڑے میں گھر کی بیٹھک میں سب جمع ہوتے، رحیم چاچا، سطے ماموں، رامیشور چاچا، منگرو کاکا۔ اس نے اپنے گھر کے دروازے پر کھڑے ہو کر ایک نظر شیو پوجن کے گھر پر ڈالی اور اپنے گھر میں آ گیا۔

گھر میں داخل ہو رہا تھا تو گلی میں بچوں کے کھیلنے کی آواز سنائی دی، ''جیئے کنہیا رام کی۔''

بچے ماں کے کمرے میں لوڈو کھیل رہے تھے۔ بڑا لڑکا ٹیبل پر پڑھ رہا تھا۔ بیوی باورچی خانہ میں تھی۔ دیکھتے ہی عجب انداز میں بولی، ''آپ آ گئے؟''

''کیوں کیا بات ہے؟'' اسے کچھ حیرت سی ہوئی۔ وہ روز ہی آتا ہے اور بیوی بغیر کچھ کہے بس ہلکی سی مسکان سے اس کا استقبال کرتی ہے... پھر یہ؟

''نہیں اندھیرا ہو رہا تھا اس لیے جی لگا ہوا تھا۔''

''کیا اٹ پٹی سی بات کر رہی ہو؟ اندھیرا کیا آج ہی ہوا ہے؟''

اچھا اچھا منھ ہاتھ دھو لیجیے، چائے تیار ہے۔'' اسے لگا وہ بات کا رخ بدل رہی ہے۔

''ابو۔ ابو! شیو پوجن چاچا کے یہاں اینٹ آئی ہے۔'' اس کی بیٹی اس کی آواز سنتے ہی دوڑی آئی۔

وہ شاید عادت کے مطابق دن بھر کی خاص خاص خبریں سنانے کے موڈ میں تھی۔

''چلو جا کر پڑھو، لائٹ آ گئی ہے۔'' بیوی نے جھپٹ کر اس کا ہاتھ پکڑا اور کمرے کی طرف دھکیل دیا۔

''پاگل ہو گئی ہو؟ اس طرح کیوں ڈانٹتی ہو؟ اور یہ شیو پوجن کے یہاں اینٹ کیسی؟''

''چپ رہیے۔'' اس نے منھ پر ہاتھ رکھ دیا اور دھیرے سے بولی، ''آواز دوسرے گھروں میں بھی جاتی ہے۔ پہلے منھ ہاتھ دھو کر کھا لیجیے۔'' سلامت اللہ کچھ نہ بولا، وہ تھکاوٹ محسوس کر رہا تھا؟ اور بھوک بھی لگی تھی۔ ٹفن کے وقت کا کھایا کتنی دیر تک پیٹ میں رہتا؟ آج تو کوئی اسامی بھی نہیں پھنسا تھا کہ ناشتہ پانی کرا دیتا۔ مگر شیو پوجن... '' اسے پھر باہر کی بھیڑ یاد آئی۔

پھر بیٹی کا جملہ، ''اینٹ آئی ہے'' اور اچانک شیو پوجن کا جملہ گونجا، ''ذرا باہر چلے گئے تھے۔''

''سنو!'' اچانک اس کی چھٹی حس جاگ اٹھی اور اس نے دھیرے سے بیوی کو پکارا۔

''کیا ہے؟''

''شیو پوجن... اجودھیا گیا تھا کیا؟''

''جی، باہر اس کی بھیڑ ہے۔'' بیوی ہلکے سے بولی اور تھکے قدموں پھر باورچی خانہ میں چلی گئی۔

بجلی پھر گم ہو گئی تھی اور پورے گھر میں عجیب سا سناٹا رینگ رہا تھا۔ آس پاس کے گھروں سے لالٹین کی ناکافی لو اس طرح تھرتھراتی اور رینگتی اس کی کھڑکیوں اور روشندانوں سے گھر کے اندر چلی آ رہی تھی کہ اسے لگا کہ سانپ کی کینچلی چمک رہی ہے۔

اندھیرا کچھ اور گہرا ہو گیا تھا۔ گلی میں بچے کھیل رہے تھے۔ جئے کنہیا رام کی۔

''سنو!'' اس نے بیوی کو پھر پکارا۔

''جی۔''

''تمھارے ابا کا دو تین خط آ چکا ہے نا؟ اب تو بڑے دن کی چھٹی بھی ہونے والی ہے۔ اپنے مائیکے ہو آؤ۔''

''اچھا چلی جاؤں گی۔ لیجیے کچھ کھا لیجیے۔'' وہ دھیرے سے بولی اس کا انداز دل رکھنے والا تھا۔

اس نے تھوڑا سا کھایا۔ وہ لگ بھگ پانچ گھنٹوں کا بھوکا تھا۔ مگر اب بھوک ہی نہیں لگ رہی تھی۔ چائے پی کر اس نے سگریٹ سلگائی اور صوفے پر ہی لیٹ کر ایک کش لیا اور ایک عجیب پس و پیش کی حالت میں خیال آیا۔ مکان ملتا کہاں ہے... مسلم علاقوں میں تو کرایہ آسمان چھوتا ہے، مکان مالک سمجھتا ہے وہ خدا ہے، مکان نہیں دے رہا ہے۔ کرایہ دار کی عمر بڑھا رہا ہے مگر کرایہ دار بھی تو بیوی اور بچوں کے لیے... لیکن یہاں تو آمدنی محدود ہے۔ رشوت کے نام پر چائے پانی یا کبھی قسمت نے ساتھ دیا تو دس بیس روپے... آمدنی والا ٹیبل اسے آج تک ملا ہی نہیں۔

ایسے میں وہ سرکاری کوارٹر چھوڑ کر اور کہاں جاتا؟ اور کوارٹر بھی کیا؟ ایل۔آئی۔جی فلیٹ مگر ایک کلرک کو ایل۔آئی۔جی نہیں ملتا تو اور کیا ملتا۔

''جئے شری رام۔'' اچانک ایک زوردار نعرہ گونجا اور وہ اچھل کر کھڑا ہو گیا۔

''بیٹھیے بیٹھیے'' بیوی جلدی سے پاس آئی اور دھیرے سے بولی، گھبرانے کی بات نہیں صبح سے ہی چل رہا ہے۔ دیکھنے والوں کا پھر کوئی نیا قافلہ آیا ہوگا۔''

وہ بیٹھ گیا مگر دل کی دھڑکن تو بڑھ ہی گئی تھی۔ اس نے محسوس کیا، اس سردی میں بھی ماتھے پر پسینا آ گیا۔

گزشتہ رات تک بھیڑ کا احساس ہوتا رہا۔ رہ رہ کر نعرے سنائی دیتے رہے اور تنہائی کا اگیا بیتال سلامت کے کندھے پر چڑھا چیڑ چیڑ اس کی کھوپڑی کھاتا رہا۔

''مائیکے جانے کی بات آپ نے کیوں کی؟'' رات میں جب بچے سو گئے تو بیوی نے پوچھا۔

''کیوں، نعرے نہیں سن رہی ہو؟''

''عقیدت کو نفرت بنتے کتنی دیر لگتی ہے؟''

بیوی چپ ہو گئی۔ رات دھیرے دھیرے گہری اور اندھیری ہوتی جا رہی تھی۔ وہ بہت دیر تک جاگتا رہا۔ اپنی عادت کے برخلاف جاگتا رہا۔ عام دنوں میں تو وہ دن بھر کا تھا کا ہارا بستر پر اس طرح گرتا تھا کہ اسے اس کا پتہ بھی نہ چلتا تھا کہ بیوی کس وقت آ کر اس کے پاس لیٹی۔ مگر آج وہ جاگ رہا تھا۔ آج کیوں جاگ رہا تھا؟ شیو پوجن؟ مگر اس کے سلوک میں تو کوئی اہم بات نہیں تھی۔ اینٹ؟ نہیں جب ۶/ دسمبر گزر ہی گیا تو... تو پھر؟ اچانک جملہ گونجا ''سالا متلا ہے'' اسے لگا کسی نے اس کے کانوں میں انگارے ڈال دیے۔ یہی وہ لفظ ہے جو سات گھنٹوں سے اس کی آنتیں کاٹ رہا ہے۔ پندرہ سال کی زندگی میں پہلی بار ایسا ہوا تھا۔ کل تک وہ صرف سلامت بھائی تھا۔

اچانک اسے اپنے رشتہ دار یاد آ گئے، اپنا بھائی برکت اللہ، چچا عزت اللہ، موموں عبدالستار... یہ سب لوگ اب کراچی میں تھے، ایک بار شادی میں وہ بھی کراچی گیا تھا۔ مگر وہ گیا اور چلا آیا۔ اس وقت کوئی خاص بات محسوس نہیں ہوئی۔

بلکہ اسے یاد آیا، اس کے ماموں نے جب کہا۔ سلامت تم بھی یہیں آ جاؤ تو وہ جھنجھلا کر بولا تھا۔ کیوں؟ کیا میں وہاں بھوکا مر رہا ہوں؟

'نہیں یہ بات نہیں ہے۔ ماموں نے اسے سمجھانا چاہا۔ وہاں اتنے زیادہ فسادات ہوتے رہتے ہیں کہ برابر فکر لگی رہتی ہے۔

ماموں 1971 کے بعد آپ لوگ تو کم سے کم فسادات کا حوالہ نہ دیجیے، شاید اس کے لہجے میں تلخی زیادہ تھی۔

ماموں تو ایک دم چپ ہو گئے اور دیگر لوگوں نے بھی جب تک وہ وہاں رہا، پھر اس حوالے سے کوئی بات نہ کی۔

'کیا ماموں صحیح کہہ رہے تھے؟' اچانک اس کے ذہن میں ایک زہریلا ناگ پھن کاڑھ کر کھڑا ہو گیا۔ وہ ہاں نہیں کے بھنور میں چکراتا رہا۔ پھر سر جھٹک دیا۔ نان سنس، جو کچھ میرے چاروں طرف ہے وہی میرا ہے۔

''ہرے رام، ہرے کرشنا...'' اس کی سوچ کی رفتار اچانک رک گئی۔ شیو پوجن کے یہاں بھجن شروع ہو چکا تھا۔

''یہ؟'' اس کا جواب اس کے پاس نہیں تھا۔

یہ تو اک جھانکی ہے۔ متھرا کاشی باقی ہے۔ اسے نگر کی دیوار پر لکھا ایک نعرہ یاد آ گیا۔

دور سے ایک گاڑی کی آواز رات کے سناٹے کو چیرتی اس تک پہنچی۔ سردی کچھ اور بڑھ گئی تھی۔ باہر ہواؤں کا زور اپنے شباب پر تھا۔ بیوی اور بچے لحاف اوڑھے سو رہے تھے۔ اس نے لحاف سے ذرا سا سر نکال کر دیوار گھڑی دیکھی۔ دو بج رہے تھے۔

پھر نظر خود ہی کلینڈر کی طرف چل گئی۔

20 دسمبر... اچانک ایک عجیب اٹ پٹی سی بات اس کے ذہن میں آئی۔ ''کیا ۶/ دسمبر گزر گیا؟'' پھر اسی سے لگے لگے ایک اور دھند میں کھویا سوال... ۶/ دسمبر کیوں آتا ہے؟

پھر ایک اور ڈر... کیا ۶/ دسمبر پھر آئے گا؟ ایسے ہی اٹ پٹے خیالوں میں گم اسے نیند آ گئی۔

صبح سویرے بھجن کی آواز سے اس کی نیند ٹوٹی، بچے اسکول، کالج کی تیاری میں مصروف تھے۔ اس نے کھڑکی کھول کر دیکھا۔ شیو پوجن کے یہاں بڑی بھیڑ تھی۔ شاید بہت سارے لوگ رات میں یہیں رک گئے تھے۔ نل کے نیچے منھ دھونے اور نہانے کا سلسلہ جاری تھا۔ نوکر پورے گھر میں جھاڑو لگا رہا تھا۔ شاید نئے مہمانوں کے استقبال کی تیاری تھی۔

آج بچوں کو اسکول نہ جانے دو اور تم بھی تیار ہو جاؤ۔ میں تم لوگوں کو حیات بھائی کے یہاں چھوڑ دوں گا تب آفس جاؤں گا۔ سلامت نے بیوی سے کہا۔

''کیوں؟''

''تم لوگوں کو اکیلا چھوڑ کر آفس میں جی نہیں لگے گا۔''

بیوی ایک منٹ سوچتی رہی پھر بولی کالونی میں عزیز بھائی، انعام صاحب اور فضل احمد بھی تو ہیں۔ ذرا ان لوگوں سے بھی بات کر لیجیے۔

سلامت اللہ کو یہ بات پسند آئی۔ وہ گھر سے نکلا اور سیدھے نظر جھکائے ان تینوں سے ملنے چلا گیا۔ وہ تینوں بھی نئے حالات سے ڈرے ہوئے تھے، مگر چونکہ شیو پوجن کا گھر ان کی لائن میں نہیں تھا، اس لیے اتنا زیادہ اثر نہیں تھا۔ ویسے فضل احمد کی بات اس کے دل کو بھی لگی کہ آج دن بھر دیکھ لیا جائے۔ پھر انعام الحق کہنے لگے ''میرے چھٹیاں باقی ہیں۔ تم لوگ بے فکر ہو جاؤ۔ میں آج چھٹی لے لیتا ہوں۔''

مگر آفس میں بھی چین کہاں! شیو پوجن بھی اسی آفس میں تھے جس میں سلامت اللہ تھا۔ اور شیو پوجن کے لوٹ آنے کی خبر سب کو مل چکی تھی بلکہ ایسا محسوس ہوا جیسے آفس والوں میں کئی لوگ کل شیو پوجن کے یہاں سے درشن کر آئے ہیں کیوں کہ بات چیت گھوم پھر کر شیو پوجن تک پہنچ رہی تھی حالاں کہ سلامت اللہ اپنے ٹیبل پر تھا مگر دوسرے ٹیبلوں پر ہونے والی گفتگو سے اپنے کان کیسے بند کر لیتا؟

مگر بھائی نکالنے والے بھی بڑے گنی تھے۔ ایسا نکالا ہے کہیں سے ٹوٹی نہیں ہے۔

ارے تو ہے بھی تو پانچ چھ سو سال پرانی تب میٹریل میں بھی تو کوئی ملاوٹ نہیں ہوتی تھی۔

شیو پوجن کی تو پانچوں انگلیاں گھی میں اور سر کڑھائی میں ہے۔ کیوں نہ ہو؟ اس کو 47 جیسا تصادم تو مان ہی لیا گیا تو کل کو شیو پوجن مجاہد آزادی کا پنشن بھی لے گا۔ جو درشن کرتا ہے وہ دان بھی دیتا ہے اور پھر دھارمک سنگھرش کا ایک حصہ بن کر شیو پوجن راتوں رات دھارمک بھی بن ہی گیا۔

سلامت کا گھر تو شیو پوجن کے گھر کے پاس ہی ہے۔ اس کا کیا حال ہے؟ ایک دھیمی سی آواز گونجی۔

''وہی ہوگا جو ان لوگوں کا سارے دیش میں ہے۔''

سلامت اللہ اچانک چونک اٹھا۔ تو اس سارے رگڑے جھگڑے میں وہ بھی ایک پارٹی ہے؟ اچانک جیسے پورا منظر نامہ بدل گیا۔

اب تک وہ صرف اپنے بچوں، اپنے گھر اور اپنے کالونی کے حوالے سے سوچ رہا تھا۔ مگر اسے اچانک احساس ہوا کہ شکست کھائی فوج کا ایک سپاہی وہ بھی ہے۔ وہ ایک ایسی جنگ میں ہارا ہے جس میں اس نے حصہ ہی نہیں لیا۔ اسے اپنے آپ پر ہنسی بھی آئی اور ترس بھی آیا مگر ان کا کیا کروں؟ اسے اپنے ساتھی یاد آ گئے ان میں ایک شیو پوجن تو ہے ہی جو ایک ایسی جنگ کا فاتح ہے جس میں اس کا مقابلہ کرنے والا کوئی نہیں تھا اور پھر باقی بچے یہ میرے دوست جو ایک ایسی جیت پر خوش ہیں جس میں ان کی کوئی حصہ داری نہیں۔ مگر تب اسی وقت مولانا عبد اللہ بخاری کا ایک جملہ یاد آیا، انھیں کی طرح ہم نے بھی مادر وطن کو خوب صورت بنانے میں کوئی کسر نہیں چھوڑی، گرانٹ ٹرک روڈ، تاج محل، لال قلعہ ہم نے بنوایا۔

سلامت اللہ نے اچانک ہی اپنے کو ایک تلخ نفرت اور ادب کے گھیرے میں گھرتا محسوس کیا۔ ادب تو حالات سے مگر نفرت کن سے؟ دوستوں سے یا مولانا عبداللہ بخاری سے؟ اسے اس سوال کا کوئی صحیح جواب نہیں مل سکا۔ بے خیالی میں اس نے میز کی دراز میں پڑا ہفت نامہ نکالا جو اس نے کچھ دن پہلے خریدا تھا۔ وہ بے خیالی میں ہفتہ وار کا ورق الٹنے لگا۔ الٹتے الٹتے وہ ایک صفحے پر رک گیا۔ پورے صفحے پر ایک رنگین تصویر تھی۔ ڈھیر سارے لوگ گنبد پر چڑھ کر اس کو توڑنے کی کوشش کر رہے تھے۔

درد کی ایک تیز لہر اٹھی اور بھنور یا بگولے کی طرح اس کے اندر اندر سر سے پیر تک دوڑتی رہی۔ اسے محسوس ہوا کہ اس دور میں دکھ کے ساتھ شرمندگی بھی شامل تھی۔ اس کا جی چاہا وہ چیخ کر روئے۔ اس کا جی چاہا کوئی اسے پرسہ دے، دلاسے کے دو جھوٹے بول ہی سہی۔ اسے بیٹی کا جملہ یاد آ گیا۔ ''شیو پوجن چاچا کے یہاں اینٹ آئی ہے۔'' اس ایک اینٹ پر تصویریں نمایاں ہونے لگیں۔ سورت میں مادر زاد ننگی بھاگتی عورت کی تصویر۔ ممبئی میں لہولہان لاشیں۔ اسے گلزار یاد آ گئے۔ بہ زندہ بوند ہے بیٹی جہیز مانگے گی۔ پھر خسرو کی جیسے چیخ سنائی دی۔ ارے لکھی بابل مورے... ہفتہ وار سے نکل کر وہ تصویر اس کے سامنے آ کھڑی ہوئی اور سینا پیٹنے لگی۔

''ظالمو! میرے گوہر نہ چھینو۔''

اسے کہیں بہت دور سے آتی ایک آواز سنائی دی اور وہ چونک پڑا۔ اس کا کولیگ فضل احمد اس کے کندھے پر ہاتھ رکھے اسے پکار رہا تھا۔

اس نے چونک کر اپنے کو دیکھا۔ ہفتہ وار کھلا پڑا تھا۔ اس کی آنکھیں بھیگی ہوئی تھیں اور آفس کے سبھی لوگ اسے دیکھ رہے تھے وہ ہڑبڑا کر باتھ روم کی طرف دوڑا۔ باتھ روم سے ہاتھ منھ دھو کر نکلا تو اس کی طبیعت بالکل اچاٹ ہو چکی تھی۔ اسی حالت میں وہ باس کے کمرے میں چلا گیا۔

''سر، میں گھر جانا چاہتا ہوں۔''

''گھر؟'' باس نے گھڑی دیکھی صرف دو بجے تھے۔

''جی سر، میں بہت تھکاوٹ محسوس کر رہا ہوں۔''

''اچھا جاؤ۔'' باس نے نہ جانے کیا سوچ کر اجازت دے دی۔

''سلامت!'' جب وہ چیمبر سے نکلنے کے لیے مڑا تو باس نے پکارا۔

''جی سر؟''

''کبھی کبھی کچھ باتیں ایسی ہوتی ہیں جن کے ہونے یا نہ ہونے پر اپنا کوئی اختیار نہیں رہتا۔ ایسے میں آدمی کو تھوڑا صبر سے کام لینا چاہیے۔ ہر فیز ٹمپوریری ہوتا ہے۔''

باس جو کچھ کہنا چاہ رہے تھے شاید سلامت نے وہ سن لیا اور دھیرے سے آفس سے باہر آ گیا۔

مگر وہ تصویر اسے بار بار یاد آتی رہی اس کے اندر پھر ایک ہلچل سی مچی۔ کاش وہ ہاں ہوتا تو کم سے کم اپنی جان تو دے ہی دیتا۔ دلی میں بیٹھے کوئی لوگوں کے لئے بڑی بھدی بھدی گالیاں اسے یاد آئیں۔ ان سبھوں کو تو گولی مار دینا چاہئے۔ حفاظت کا نعرہ بلند کر رہے تھے۔ دھوکے باز کہیں کے! کم سے کم وہاں ہوتا...

پھر اس نے اپنے آپ کو میدان جنگ میں بڑے دھواں دھار انداز میں جنگ لڑتے دیکھا۔ اس کے چاروں طرف دشمنوں کا ایک ہجوم ڈھال تلوار، تیر، بھالے سے لیس اور وہ اکیلا، بغیر زین کسے ہوئے گھوڑے پر ایک ٹوٹی تلوار لیئے ہوئے... اس نے دیکھا کہ وہ ٹوٹی تلوار کے سہارے لڑ رہا ہے، دائیں بائیں اوپر نیچے سے اس پر حملے ہو رہے ہیں۔ وہ سب کا سامنا کرتے ہوئے، مارتا کاٹتا گنبد پر چڑھ جاتا ہے اور ان سے ایک دھواں دھار جنگ لڑنے لگتا ہے جو گنبد گرانے کی کوشش کر رہے تھے۔ اسی ادھیڑ بن میں گھر آ گیا۔

گھر میں داخل ہوتے ہی جیسے بیوی نے بم پٹخ دیا، ''کئی بار شیو پوجن جی آپ کو تلاش کرتے ہوئے آئے۔''

''شیو پوجن؟ مجھے کھوج رہے تھے؟''

''جی ہاں۔''

”کیوں؟ مجھے کیوں؟“

”پتہ نہیں۔ لیکن کئی بار آ چکے ہیں، جا کر مل لیجیے۔“

”میں کیا کروں گا مل کر؟ پھر کوئی پاگل کچھ نہ کچھ کہہ دے گا۔“

اچانک اسے جملہ یاد آ گیا۔ سالا متلا ہے۔

”کیوں کسی نے کچھ کہا کیا؟“

”نہیں۔ مطلب نعرہ وارا“ اب وہ بیوی سے اتنا بکھان کیا کرتا۔

”نعرہ؟ کوئی ضروری ہے کہ آپ ہی کو سنانے کے لیے ہو۔ ویسے بہت دیر سے کوئی نعرہ بھی سنائی نہیں دیا اور پھر ایک دو دن کا معاملہ نہیں۔ ہمیں بھی تو یہیں رہنا ہے۔ جا کر مل لیجیے۔ دریا میں رہ کر...“

وہ ایک پس و پیش کی حالت میں گھر سے نکلا اور شیو پوجن کے گھر کی طرف بڑھ گیا۔

”ارے“ اس کی آنکھیں تعجب سے پھٹی کی پھٹی رہ گئیں آفس سے واپسی پر وہ اپنے ہی خیالوں میں ایسا گم رہا کہ شیو پوجن کے گھر کی طرف دھیان ہی نہیں گیا۔ وہاں تو نظارہ ہی دوسرا تھا۔ منڈپ ہٹ چکا تھا۔ بھیڑ تقریباً ختم ہو چکی تھی۔ بھجن بھی بند ہو چکا تھا۔ اس کے پکارتے ہی شیو پوجن ہڑبڑا کر باہر نکلے۔

”ارے، سلامت بھائی، آپ؟ میں آپ کو کئی بار کھوج چکا۔“

”کیا بات ہے؟“

”آیئے آیئے نہ“ وہ اسے لیے بیٹھک میں چلے گئے۔ ”بدھنا... چائے لے آ رے۔“ انھوں نے نوکر کو آواز دی۔

”دیکھیے ایسا ہے کہ...“ تھوڑی دیر ادھر ادھر کی باتیں کر کے وہ اصل بات پر آ ہی گئے۔ ”میں نے آپ کو بتایا ہی تھا کہ میں باہر گیا تھا، پھر آفس میں بھی آپ کو معلوم ہو ہی گیا ہوگا۔ یہ تو آستھا کا معاملہ تھا سلامت بھائی۔ آپ کچھ خیال مت کیجیے گا آپ دیکھ ہی رہے تھے کتنی بھیڑ تھی۔ مگر آج خبر ملی ہے...“ تھوڑا اٹھہر کر بولے، ”اصل میں دلی اور یہاں دونوں جگہ تو ہم لوگوں کی ورودھی پارٹیاں ہیں تو اب اسی کو بہانہ بنا کر دھڑ پکڑ ہو رہی ہے۔ تھانہ سے داروغہ جی خبر بھجوائے ہیں کہ اوپر کا حکم ہے... پالن کرنا ہی ہوگا، آج کسی وقت چھاپا پڑ سکتا ہے۔ اب اسے کہاں لے جاؤں؟“

اس نے بڑی حیرت سے شیو پوجن کو دیکھا۔ مجاہد آزادی... دھارمک سنگھرش؟ وہ شیو پوجن کو ایک ٹک دیکھتا رہا وہ بولتے رہے، ”رمیش جی، ہزاری پرساد اگروال صاحب سب نے انکار کر دیا اور بات بھی ٹھیک ہے میرے بعد ان لوگوں کے گھروں کی بھی تلاشی ہو سکتی ہے۔ ایسے میں اب لے دے کر آپ ہی بچ جاتے ہیں، جہاں تلاشی کا چانس نہیں، کرپا کر کے اس کو آپ اپنے یہاں رکھ لیجیے۔ میں نے سوچا مگر ادھر ادھر پھینکنے کی ہمت نہیں ہوئی۔ شری نرائن بتا رہے تھے کہ سی۔ آئی۔ ڈی۔ والے گھوم رہے ہیں۔“ اور پھر اتنا کہہ کر وہ رکے،

سلامت اللہ کو دیکھا اور دھیرے سے بولے'' یہ تو آپ کے لیے بھی اتنی ہی اہم اور ضروری ہے۔''

سلامت اللہ کو ہنسی آ گئی۔ اس نانسنس میں اب کیا سنس تلاش کیا جائے۔

مگر پھر اچانک گلزار یاد آ گئے۔ یہ زندہ بوند ہے بیٹی جہیز مانگے گی... اس لگا جہیز دینے کا وقت آ گیا۔ ایک بار پھر میگزین سے تصویر نکال کر اس کے سامنے آ کھڑی ہوئی۔ اس کا پورا جسم آگ میں جھلس رہا تھا اور شعلے سانپ کی زبان کی طرح لپلپا رہے تھے۔ لاکھوں میں ایک بے کس دولگیر ہائے ہائے اسے لگا وہ پکار رہی ہے... سلامت اللہ... سلامت اللہ...

''اچھا یہ تو بتائیے یہ کس حصے کی ہے؟'' اچانک سلامت اللہ نے ایک بہت ہی عجیب سوال کر ڈالا۔

''یہ؟ یہ نیو کی ہے۔ اوپر کا تو زیادہ حصہ برباد ہی ہو چکا۔'' شیو پوجن نے بلا جھجک بڑی صفائی سے جواب دیا۔ مگر جب وہ اسے لیے ہوئے اپنے گھر پہنچا تو بیوی بالکل بلبلا اٹھی اور شیرنی کی طرح جیسے اس پر جھپٹ پڑی۔ ''آپ کی عقل ماری گئی ہے کیا؟ کل اسی کو لے کر اتنا پریشان تھے اور آج اسی کو گھر اٹھا لائے؟''

''اپنی چیز؟'' بیوی غصہ میں ناچ ناچ گئی۔ ''کسی کو ناسور یا پھوڑا ہو جائے تو وہ بھی تو اس کی اپنی چیز ہوتی ہے۔ تو کیا وہ سینت سینت کر اپنے پاس رکھے رہتا ہے؟''

''لاحول ولاقوۃ۔'' سلامت اللہ بگڑا تھا۔ ''کیا بیہودہ باتیں کرتی ہو؟ کہاں ناسور؟''

''کہاں یہ! ارے اس کی حفاظت کرنا اور اسے بچانا ہمارا فرض ہے۔''

''اچھا ابا ایک بات بتائیے۔'' اچانک کالج میں پڑھنے والا بیٹا بول پڑا۔ آپ ہی نے بتایا تھا کہ واجد علی شاہ کے وقت سے یہ ہمارے لیے مسئلہ بنی ہوئی ہے، تو پھر ایک ایسی چیز جو ہر زمانے میں ہر آدمی کے لیے مسئلہ بن جاتی ہے، حد یہ ہے کہ اب شیو پوجن چاچا کے لیے بھی مسئلہ بن گئی۔ اسے اپنے سر منڈھ لینا کہاں کی عقلمندی ہے؟'' سلامت اللہ نے آنکھیں پھاڑ کر سامنے دیکھا۔ وہاں اس کا بیٹا ہی تھا مگر دھند گہری تھی اس لیے پہچاننے میں دشواری ہو رہی تھی۔

پھر بیوی کی آواز سنائی دی، کورٹ، کچہری، تھانہ... ان کا کوئی ٹھکانہ! کہیں یہ شیو جن کے جاتے جاتے ہماری طرف مڑ گئے تو؟ نا بابا نا... بیوی بالکل مرنے مارنے پر تلی ہوئی تھی۔

''دیکھو تم لوگ سمجھنے کی کوشش کرو۔'' سلامت اللہ کا لگا کہ اب وہ اپنے گھر میں بھی ایک ہاری ہوئی جنگ لڑ رہا ہے۔

''ارے جائیے جائیے۔'' بیوی غصہ میں ہاتھ نچاتے ہوئے بولی۔ ''کسی اور کو جا کر سمجھائیے اور اس سے پہلے خود سمجھنے کی کوشش کیجیے۔ دلی میں بیٹھے سورما تو اس آگ میں گھبرا کر بھاگ کھڑے ہوئے ہم لاچار لوگ کس گنتی میں ہیں۔''

یہ بات سلامت اللہ کے جی کو بھی لگ گئی۔ سچ مچ جب آگ لگی تو دلی میں بیٹھے سورما بھی تو صرف دور

دور ہی سے آگ آگ کا شور مچاتے رہے۔

مگر قسمت کا لکھا کون ٹال سکتا ہے۔ جب وہ باہر آیا تو دیکھا کہ شیو پوجن کے گھر والے کہیں جا رہے ہیں۔

''کہاں جا رہے ہو؟'' اس نے شیو پوجن کے لڑکے سے پوچھا جو گھر میں تالا لگا رہا تھا۔

''جی ہم لوگ موسی کے یہاں کاشی جا رہے ہیں۔''

''اور شیو پوجن جی؟''

وہ پہلے ہی اسٹیشن جا چکے، اتنا کہتے ہوئے لڑکا بھی رکشہ پر بیٹھ گیا۔

شاید باپ کے حکم کے مطابق وہ بھی زیادہ بات نہیں کرنا چاہ رہا تھا۔ شیو پوجن کی اسٹریٹجی سلامت اللہ کی سمجھ میں آ گئی۔ بال بچوں والا آدمی ڈر کے بھاگے نہیں تو اور کیا کرے۔

مگر اصل مسئلہ یہ نہیں ہے۔ شیو پوجن تو گیا سے نکلتا ہے اور کاشی چلا جاتا ہے۔ اور چاہے گا تو کاشی سے اپنے ماما کے گھر متھرا چلا جائے گا لیکن سلامت اللہ کیا کرے جس کو شیو پوجن نے زبردستی نیو کی اینٹ سونپ دی ہے۔

بلینک کال

خورشید اکرم

فخر الدین احمد جو لوہے کے نٹ بناتے تھے اور اسی وجہ سے فخر ونٹ راج کے نام سے زیادہ جانے جاتے تھے، ظہر کی نماز کے لیے کھڑے تو ہوئے لیکن ان کا ذہن کہیں اور تھا۔ اقامت پکاری جارہی تھی، اس وقت ان کا ذہن گپتا لالہ کی طرف لگا ہوا تھا جس کے پاس انھیں ابھی جانا تھا۔ تکبیر کی آواز پر انھوں نے اپنے ذہن سے اس خیال کو جھٹکا۔ وہ خدا کے حضور میں کھڑے تھے جو رزق دینے والا ہے اور بڑا رحیم ہے۔ ثنا ختم ہوتے ہوتے ذہن پھر بھٹک گیا۔ ان کی سمجھ میں نہیں آرہا تھا، لالہ سے نپٹارہ کیسے کیا جائے۔ وہ ان کے پیسے دینے کا نام ہی نہیں لیتا، صاف کہے کہ پیسے نہیں دے گا تو وہ ایک بار کچھ ڈھنگ سے سوچیں کہ حساب کیسے چکتا کرنا ہے، چاہے جھگڑے سے ہی لیکن... وہ نماز میں کھڑے تھے۔ انھوں نے پھر ذہن کو جھٹکا۔ قرآن شریف کی سورہ پڑھی جارہی تھی، جو عربی میں تھی، وہ جس کے معنی نہیں سمجھتے تھے۔ کاروباری آدمی تھے اس لیے ایسے وقتوں میں اکثر کوئی کاروباری بات ہی دماغ میں آجاتی جس پر وہ کچھ دور تک سوچتے، غیر شعوری طور پر، پھر جب احساس ہوتا تو جھٹک دیتے۔ کئی بار سوچتے وہ دنیاداری میں ایسے گلے گلے تک ڈوبے ہوئے ہیں کہ دنیا کا خیال دل سے نکلتا بھی نہیں۔ مگر وہ بھی کیا کریں۔ کاروبار چیز ہی ایسی ہے۔ زندگی بھر جھوٹ سچ کر کے بال بچوں کو پالتے رہے تھے۔ یہ کوئی ایک دن کی بات تو ہے نہیں کہ چلو دل سے نکال دیا اور مولا کے دربار میں کھڑے ہوئے تو اگلا پچھلا سب بھول گئے۔ اس وقت بھی وہ پڑھ تو رہے تھے نماز مگر سوچ رہے تھے کچھ اور۔ کاروبار کی باتیں کچھ صاف صاف نہیں، کبھی پلیٹوں کی بات کبھی پریس کی کبھی لالہ کے بارے میں۔ اللہ اکبر کی آواز کے ساتھ وہ رکوع میں چلے گئے؛ خود بخود سوچے بغیر۔ وہ چاہے کچھ اور ہی سوچ رہے ہوں۔ معمول تو یہی بن گیا تھا۔ اگلی تکبیر پر سجدے میں، پھر سجدے سے اٹھنا، پھر سجدے میں، پھر کھڑے ہو جانا... یہاں تک کہ سلام پھیر لینا۔ انھیں نماز کا سارا طریقہ

یاد تھا، لیکن ان سے زیادہ ان کے ہاتھ پاؤں کو یاد تھا، کب جھکنا ہے، کب کھڑے ہو جانا ہے۔

مسجد سے نکلتے ہوئے اب وہ کسی طرح کی دُبدھا میں نہیں تھے۔ انھوں نے پہلے سے طے کر رکھا تھا کہ نماز کے بعد وہ کھانا کھانے گھر نہیں جائیں گے۔ پہلے وہ لالہ کے یہاں جائیں گے کیونکہ اس نے انھیں دو بجے بلایا تھا۔ لالہ کا کیا ہے۔ وہ تو پیسے نہ دینے کے سو بہانے نکالتا تھا۔ اور نہیں تو یہی سہی کہ مولوی صاحب آپ دیر سے آئے۔ میں نے ابھی ابھی ایک پارٹی کو پیمنٹ کر دیا۔ فخر الدین احمد کرخندار عرف فخرو نٹ راج کون سے مولوی تھے۔ مدرسے میں چار پانچ جماعتیں پڑھی تھیں تو قرآن شریف کی سورتیں آیتیں صحت سے یاد تھیں۔ معنی نہیں معلوم تھے۔ لیکن ادھر دو تین سال سے جب کہ وہ لیور کی تکلیف میں مبتلا رہنے لگے تھے اور ڈاکٹر نے انھیں شراب پینے سے بالکل منع کر دیا تھا تو کچھ دنوں تک تو بیماری سے زیادہ شراب پینے کے لیے پریشان رہے۔ پھر ذہن کے بھٹکاؤ کو کم کرنے کے لیے ایک روز سوچا، نماز شروع کر دیں۔ سنا ہے یہ آدمی کو سو برائیوں سے روکتی ہے۔ نماز پڑھنی شروع کی تو ڈاڑھی بھی چھوڑ دی۔ کچی پکی ڈاڑھی ذرا بڑھی تو تبلیغ والوں نے گھیرنا شروع کیا۔ درس میں بیٹھیے، گشت پر چلیے۔ وہ ٹھہرے ٹھیٹھ کاروباری۔ کنی کاٹتے رہے، مگر جماعت والے بھی ان کو راہ راست پر لانے میں لگے ہوئے تھے۔ سو ہوتے ہواتے ایک بار تین دن کی جماعت میں کھینچ ہی لے گئے۔ لوٹ کر آئے تو مذہب سے کوئی خاص لگاؤ تو نہ بڑھا، نہ درس سمجھ میں آیا، نہ نماز میں رغبت پہلے سے زیادہ ہوئی، نہ اکڑوں بیٹھ کر کھانے کی عادت بنائی؛ بس یہ کہ ڈاڑھی تو رکھ ہی لی تھی، اب ٹوپی بھی پہننے لگے۔ اس طرح ٹوپی اور ڈاڑھی کے طفیل وہ نئے ملنے والوں کے لیے مولوی صاحب بن گئے۔ پھر لالہ کو تو صحیح معنوں میں ان کا نام بھی نہیں معلوم تھا۔ کاروبار ایف اے اینڈ سنس کے نام سے چلتا تھا اور وصولی کے وقت دستخط وہ اردو میں کرتے تھے جو لالہ جانتا نہیں تھا۔ پھر لالہ ٹھہرا لالہ، اسے نام سے کیا لینا، اسے تو کاروبار کرنا ہے اور لالہ کے ساتھ ان کا کاروبار ٹھیک ہی چل رہا تھا بلکہ بہت اچھی طرح چل رہا تھا۔ پہلے ان کے پاس دو چھوٹے چھوٹے پریس تھے۔ چھوٹا موٹا کاروبار۔ دال روٹی مزے سے چل رہی تھی۔ پھر جب ذرا عمر میں ٹھہراؤ آیا تو سوچا کاروبار بڑھایا جائے۔ اسی دوران گپتا لالہ سے کاروبار کا سلسلہ شروع ہو گیا جو چھوٹے چھوٹے پرزوں کا بڑا کاروباری تھا۔ لالہ نے شروع شروع میں بڑا کھرا بیوپار کیا۔ مال کے لیے آرڈر بھی خوب دیتا اور پیسے بھی جلد ادا کرتا۔ فخرو میاں نے سوچا، نماز کی برکت سے کاروبار کیسا چمک اٹھا ہے۔ انھوں نے اُدھار قرض کر کے دو بڑے پریس اور لگوا لیے اور لگے دھڑا دھڑ مال سپلائی کرنے۔ جب لالہ اور فخرو میاں کے درمیان کاروبار جم گیا تو لالہ نے تھوڑے تھوڑے پیسے روکنے شروع کر دیے۔ لالہ کا ماننا ہے کہ کاروبار ایسے ہی ہوتا ہے۔ وہ اب ٹال مٹول سے کام کرنے لگا۔ بات چیت کا لہجہ بھی تھوڑا درشت ہو گیا لیکن وہ سہن کرتے رہے۔ دودھ دینے والی گائے لتاڑ چلائے تو بھی اس پر دل کھٹا نہیں کرتے۔ انھیں تو لالہ سے کاروبار بنائے رکھنا تھا۔ مارکیٹ میں اتنا کمپٹیشن ہے، گلی گلی کارخانے لگے ہیں۔ ایک چھوڑتا ہے تو دوسرا مال لے کر پہنچ جاتا ہے۔ اسی طرح کی کاروباری باتیں سوچ سوچ کر وہ سہن کرتے رہے۔ لیکن مشکل یہ تھی کہ لوہے کی

چادریں، جن سے وہ نٹ بنواتے تھے، سپلائی کرنے والا بیوپاری بہت بڑا تھا اور وہ ان جیسے چھوٹے کاروباریوں کے ساتھ اُدھار کا کام نہیں کرتا تھا۔ کچھ دنوں تک وہ اُلٹا سیدھا کر کے کام چلاتے رہے اور لالہ کو مال سپلائی کرتے رہے۔ لالہ ہزار کا مال لے کر پانچ سو دے دیتا۔ باقی کا حساب بعد میں۔ اس طرح ہوتے ہواتے ستر ہزار تک کا بقایہ ہو گیا۔ جب وہ لالہ کی طرف چلے ہیں، اس وقت ان کے اندر اتنا غصہ اُبل رہا تھا کہ جی چاہتا تھا کہ لالہ کی گردن دبا دیں لیکن وہ جانتے تھے کہ ان کا ہاتھ دبا ہوا ہے۔

جب وہ لالہ کی دکان پر پہنچے، وہ نہیں تھا اور فخرو میاں کو بھوک لگی ہوئی تھی۔ وہ پانی پی کر اور دل کڑا کر کے بیٹھ رہے۔ اس ایک گھنٹے میں دکان کا ٹرانزیکشن ہوتا رہا اور وہ کڑھتے رہے۔ آج پہلی بار ایک طرح کی حسد کے ساتھ انھوں نے غور کیا کہ لالہ نے جتنا پیسہ ان کا روک رکھا ہے اور جس کی وجہ سے ان کا کاروبار ڈوب رہا ہے، اتنے کی تو اس کے یہاں روز کی بکری ہوگی۔

ڈیڑھ ایک گھنٹے کے بعد لالہ لوٹ کر آیا تو 'مولوی صاحب' پر کوئی خاص توجہ کیے بغیر گدی پر بیٹھ گیا۔ پہلے تو اس نے اپنے ایک نوکر کو گالی دی۔ 'بہت چربی ہو گئی رے تیرے کو۔ کل بولا تھا کنوڈیا کو صبح مال بھیج دینا۔ ابھی تک مال نہیں گیا'۔ نوکر کچھ بولا نہیں۔ چپ چاپ دکان سے اتر گیا۔ اس کے بعد لالہ نے فون گھمانا شروع کیا۔ ہاں! بھٹی صاحب! آپ کا مال تو بھجوا دیا ہے۔ پیمنٹ بھجواؤ... ارے بھٹی صاحب پیمنٹ روک لوگے تو دھندا کیسے چلے گا۔ میرے کو بھی پارٹی کو پیمنٹ دینا ہوتا ہے۔ ابھی دیکھو پارٹی آ کر بیٹھی ہے۔ لالہ نے فخرو میاں کی طرف دیکھا۔ انھیں جیسے کچھ اطمینان ہوا کہ سالا بھولا نہیں ہے، مگر تقاضے کرتے کرتے فخرو میاں کی حس ذرا زیادہ تیز ہو گئی تھی، انھوں نے لالہ کی طرف دیکھتے ہوئے سوچا یہ مکاری تو نہیں کر رہا ہے، ٹالنے کے لیے بہانے بنا رہا ہو۔ بڑا کاروباری ایسے تھوڑی ہی بنتا ہے۔ وہ تو چھوٹے کاروباریوں کے سر پر پاؤں رکھ کر کھڑا ہوتا ہے۔ پھر کیا پتہ یہ مردود جھوٹ موٹ کا ہی فون کر رہا ہو۔ خواہ مخواہ مجھے سنانے کے لیے ڈھونگ رچا رہا ہو... ''ہاں تو کب بھجوا رہے ہو پیمنٹ۔' لالہ بولا 'پندرہ دن؟...... نہیں نہیں، پندرہ دن تو بہت ہیں۔ آپ اگلے ہفتے کچھ پیمنٹ بھجواؤ...... ہاں ہاں مال تو آپ کو ملتا رہے گا۔'' اس کے بعد اس نے ایک اور فون کیا۔ وہی مال کی، پیسے کی بات۔ اس طرح اس نے کئی فون کیے۔ تب تک فخرو میاں اس کا عندیہ سمجھ چکے تھے۔ انہیں یقین ہو گیا تھا کہ یہ آج بھی مکاری کر رہا ہے۔ یہ پیسے نہیں دے گا۔ لیکن پیسے تو مجھے چاہئیں۔ وہ سخت غصے میں تھے مگر بے بس۔ لالہ اپنے طور پر سارے ضروری کام نپٹا کر جب ان کی طرف متوجہ ہوا تب تک ان کے غصے اور بے بسی پر بھوک کی نقاہت کی ہلکی سی پرت بھی چڑھ چکی تھی۔ وہ لالہ کے منہ سے ہی کچھ سننا چاہتے تھے۔ ''مولوی صاحب مال دیتے رہو'۔'' ''مگر لالہ جی آپ پیمنٹ بھی تو دیتے رہیے۔'''' 'پیمنٹ تو آگے پیچھے ہوتی رہے گی۔ دھندا تو ایسے ہی چلتا ہے۔'''' مگر لالہ جی آج کا وعدہ تھا۔ آج کچھ پیمنٹ کیجیے۔'''' ارے بابا، پیمنٹ کہاں سے دوں؟ آپ کے سامنے بات کی۔ پارٹیاں مال لے لیتی ہیں پیسے نہیں دیتیں۔ لیکن کاروبار تو چالو رکھنا ہوگا۔'' لالہ کی یہ دلیل فخرو میاں کی برداشت سے باہر

تھی۔ ''لالہ جی آپ کیا لیتے ہیں کیا دیتے ہیں مجھے اس سے کیا مطلب۔ آپ میری پیمنٹ کیجیے۔'' ''پیمنٹ کہاں سے کردوں؟'' لالہ گرم ہورہا تھا۔ ''پیسہ آئے گا تو دوں گا۔ آپ کو بزنس سوٹ نہیں کرتا ہے تو مال دینا بند کرو۔'' ''ہاں ہاں سپلائی بند کردیں گے لیکن آپ میرا بقایا دو۔'' انھوں نے بے ٹوک کہا۔ لالہ نے ان سے بھی زیادہ بے ٹوک لہجے میں کہا۔ ''ہاں آپ مال دینا بند کرو، مجھے ایسی پارٹی نہیں چاہیے جو ہر وقت تگادا کے لیے بیٹھی رہے۔ ہمارا تیرہ لاکھ مارکیٹ میں پھنسا ہے۔ ہم کسی کے سامنے آنکھ لال پیلی نہیں کرتے۔ آپ جاؤ، پیسہ تھوڑا تھوڑا کر کے لے لینا۔ سپلائی بند۔'' وہ گئے تو تھے وصولی کے لیے لیکن ان کا ہاتھ اور بھاری پتھر کے نیچے دب گیا تھا۔ وہ جانتے تھے یہ سارے کاروبار کچے پر ہوتے ہیں۔ کچی رسید، کچے کاغذ، کچی زبان، یہ پیسہ ڈوب جائے گا۔ ان کا کاروبار ڈوب جائے گا۔ وہ خود ڈوب جائیں گے۔ ایسے ہی غصے میں بھرے، بے بس، تھکے ہوئے، اُدھیڑ بن میں گرفتار، پاؤں تلے سے کھسکتی ہوئی زمین کے خوف میں مبتلا فخرو 'مولوی صاحب' پیدل لوٹ رہے تھے۔ تب عصر کی اذان ہونے والی تھی۔ اسی وقت ایک چھوٹا سا حادثہ پیش آگیا۔ ابھی وہ چوک سیتا رام کے قریب پہنچے تھے۔ وہ آگے بڑھ رہے تھے۔ ہندوؤں کا علاقہ پیچھے چھوٹتا جارہا تھا، چوک پار کر کے تھوڑا آگے بڑھیں گے تو مسلمانوں کی بستی شروع ہوجائے گی جس کے ایک اندرونی محلے میں وہ رہتے تھے۔ بیچ میں چوک سیتا رام تھا جو ادھر اور ادھر کی گنجان بستیوں اور اوپر تلے چڑھے مکانوں اور تلی تلی پیچ دار گلیوں اور گندی نالیوں اور سر سے تھوڑی اونچائی پر بجلی کے تاروں کے گچھوں اور طرح طرح کی مہکاروں اور کولاہل کے مقابلے تھوڑا کشادہ تھا۔ سڑک کے بیچوں بیچ پیپل کا ایک پیڑ تھا جس کی جڑ کو چاروں طرف سے پکی اینٹوں سے گھیر کر ایک چھوٹا سا مندر بنادیا گیا تھا، جس کا فرش لال تھا اور جس میں رام اور سیتا کی مورتیاں رکھی ہوئی تھیں۔ سڑک کے دونوں طرف دکانیں بھی تھیں اور مکان بھی۔ کسی بلڈنگ میں ہندو رہتے تھے، کسی میں مسلمان۔ ان بوسیدہ بلڈنگوں کو دیکھ کر تو کچھ پہچاننا مشکل تھا جن میں سے بیشتر کی بالکونیاں لکڑی کی بنی ہوئی تھیں۔ لیکن ایک چیز کی وجہ سے یہ آسانی سے پہچانی جاسکتی تھیں۔ جس بلڈنگ میں مسلمان رہتے ہیں اس کی بالکنیوں پر قمیص اور شلواریں لٹک رہی ہوتیں اور جن میں ہندو رہتے ان میں اوپر سے نیچے تک ساڑیاں لٹک رہی ہوتیں۔ مگر فخرو نٹ راج مولوی صاحب نہ شاید اتنی چھوٹی چھوٹی چیزوں پر دھیان دیتے تھے اور نہ اس وقت ان کے ذہن میں ایسا کچھ تھا کہ وہ کیسی آبادی سے آرہے ہیں اور کس آبادی میں جارہے ہیں۔ انھیں تو صرف یہی یاد تھا کہ وہ ایک دھوکہ یا اس سے کچھ کم اٹھا کر اپنے بال بچوں کے درمیان جارہے ہیں جن کی کفالت ان کے ذمے ہے۔ وہ اسی ادھیڑ بن میں تھے کہ ایک رکشہ تیزی سے ان کے قریب سے گزرنے لگا۔ رکشے کا زنگ آلودہ مڈگارڈ ان کے کرتے میں پھنس گیا۔ وہ کچھ دور کھنچتے چلے گئے پھر جھٹکے سے دور جاگرے۔ کرتا بھی پھٹا اور چوٹ بھی لگی۔ بس غصہ ان کے سر پر چڑھ گیا۔ وہ اٹھے اور دوڑتے ہوئے رکشے والے کو دبوچ کر مارنا شروع کردیا۔ رکشہ والا کمزور تھا، بھاگنے لگا۔ بھاگتا ہوا وہ مندر کی سیڑھی تک پہنچ گیا۔ فخرو میاں کو صرف اپنا غصہ یاد تھا اور کچھ نہیں۔ انھوں نے سیڑھی پر چڑھ کر مارنا شروع کردیا۔ رکشہ والا چلایا...

''ہائے رام مار ڈالا، بچاؤ۔'' یہ ایک بے بس آدمی کی آواز تھی جو آس پاس کھڑے لوگوں کے لیے للکار بن گئی۔ ایک آدمی نے ان کا ہاتھ پکڑ لیا۔ ''اے مولوی! زیادہ گرمی ہوگئی ہے کیا۔ غریب کو مارے جا رہا ہے۔'' کوئی اور وقت ہوتا تو اس طرح 'اے مولوی' کہے جانے کو وہ اور طرح لیتے، جس کے پیچھے سے ایک اندھیری تاریخ بول رہی تھی۔ کوئی اور وقت ہوتا تو وہ اس رکشے والے کو اس طرح نہ مارتے کیونکہ یہ کوئی اتنا بڑا جرم نہیں تھا۔ ان گنجان بستیوں میں اس طرح کے چھوٹے موٹے رگڑے روز ہی ہوتے رہتے ہیں۔ ڈاڑھی ٹوپی والے کی جگہ کوئی اور کشے والے کو پیٹ رہا ہوتا تو باقی لوگ ایک نہ سمجھ میں آنے والی دلچسپی کے ساتھ اس سب کو دیکھتے۔ وہ مندر کا دروازہ نہ ہوتا کوئی اور جگہ ہوتی تو شاید وہ رکشے والا، جس کا نام راجو، بھولا یا کالیا یا ایسا ہی کچھ ہوگا، ہائے رام بچاؤ، کہہ کر نہ چلاتا۔ مگر وہ عجیب وقت تھا۔ وہ کیکڑے کی مکروہ پیٹھ تھی جس کے اندر سے کٹیلے پاؤں نکل کر ہر طرف پھیل گئے تھے۔ تو بس ایسے ہی وقت میں ایک ڈاڑھی والا مندر کے دروازے پر ایک ہندو رکشے والے کو پیٹتا ہوا پایا گیا جس پر آس پاس کے کچھ ہندوؤں کو اشتعال آ گیا۔ دو ایک نے تو بیچ بچاؤ کی کوشش کی لیکن کمیوں نے فخرو میاں کو مارنا شروع کر دیا۔ اجتماعی تفاخر، اجتماعی ضد، اجتماعی غصہ بڑے قہرناک ہوتے ہیں۔ وہ گرچہ چند ہی ہاتھ پاؤں تھے لیکن فخرو میاں کے لیے اس وقت وہ کروڑوں جابر ہاتھ پاؤں بن گئے تھے۔ وہ چند آنکھیں تھیں لیکن فخرو میاں کے لیے قہر برساتی نفرت بھری کروڑوں آنکھیں تھیں اور جب وہ خونم خون ہو رہے تھے، انھوں نے اپنے بے حد کمزور ہاتھ پاؤں چلانے شروع کیے اور انھیں لگا کہ ان کے ہاتھوں پیروں میں کروڑوں ہاتھ پاؤں لگ گئے ہیں اور سب ایک دوسرے میں گتھم گتھا ہو گئے ہیں۔ دراصل فخرو میاں کو کچھ ہندوؤں کے ہاتھوں مندر کی دیوار کے پاس پٹتا دیکھ کر کچھ مسلمان دوڑ پڑے۔ پھر یہ ہوا کہ صحیح غلط کا فیصلہ بعد میں ہوگا، جو بھائی کو مارے اس کی جان لے لو...

تھوڑی ہی دیر میں جب کہ فخرو میاں اپنا ہوش کھو رہے تھے، یہ خبر ان محلوں تک پہنچی جن میں سے ایک میں ان کا گھر تھا جس میں ان کے دو جوان بیٹے تھے اور بہت سارے رشتے دار تھے اور ان کے دوست تھے۔ ''مارو سالوں کو، جینا دوبھر کر دیا ہے'' کوئی جنونی آواز میں چیخا اور پھر جس کے ہاتھ میں جو آیا، وہی لے کر چوک سیتا رام کی طرف دوڑ پڑا۔ اسی دوران یہ خبر دسری طرف بھی پہنچ گئی تھی۔ وہاں بھی بہت سے لوگ تھے۔ وہاں بھی ایک جنونی آواز چیخ بن کر پھیل گئی۔

جس وقت پرانے شہر میں فساد پھیل رہا تھا، سرکاری دفتروں میں بابوؤں کے گھر واپس ہونے کا سمے ہو رہا تھا۔ صرف کچھ افسران اور تھوڑا سا ماتحت عملہ ایسا ہوتا ہے جو دفتر میں پورے وقت تک موجود رہتا ہے۔ یہ محکمۂ داخلہ کے ماتحت ایک دفتر ہے جس کی راہداری میں ایک سجے ہوئے کمرے میں ڈپٹی ڈائریکٹر ایس ایس شرما اس وقت بیٹھے ایک فائل کا معائنہ کر رہے تھے۔ یہ بڑی اہم فائل تھی جس پر انھیں اپنا کمنٹ لکھ کر ڈائریکٹر کو بھجوانا تھا۔ یہ سہیل عباس نامی ایک نوجوان کلرک کی فائل تھی جس پر سرکاری مشینری کے ناجائز استعمال کا الزام تھا۔ دراصل وہ

تھا تو کلرک اور کوئی کمپٹیشن پاس کر کے نہیں بلکہ کمپنسٹری گراؤنڈ پر ملازم ہوا تھا۔ اس کا باپ عقیل عباس اسی دفتر میں ایڈ منسٹریٹو افسر تھا۔ کوئی دو سال پہلے وہ ملازمت کی مدت کے دوران فوت کر گیا تھا۔ اس وقت سہیل گلف میں کمپیوٹر آپریٹر کی نوکری کر رہا تھا جہاں جدید ترین کمپیوٹروں سے کام لیا جاتا ہے۔ لڑکا چالو پرزہ تھا۔ جلد ہی کمپیوٹروں کی ساری پرامنگ اور آپریشن جان گیا۔ وہاں اس کو ہر طرح کی آسائش تھی۔ پیسے بھی اور ترقی کرنے کے مواقع بھی۔ اسے باپ کی جگہ کلرک کی نوکری جوائن کرنے کی ضرورت ہر گز نہیں تھی۔ لیکن وہ عباس گھرانے کی اکلوتی اولاد تھا اور اس کی ماں نہیں چاہتی تھی کہ اب اس کا بیٹا دور رہے اور وہ اکیلی۔ مجبوراً سہیل نے نوکری جوائن کر لی۔ ان دنوں سرکاری دفتروں میں کمپیوٹر رکھے جانے لگے تھے۔ لیکن بیشتر سرکاری بابوؤں میں ان کمپیوٹروں کو سمجھنے کا مادہ تھا نہ شوق۔ سہیل کی لاٹری کھل گئی۔ اسے اونگھتی ہوئی فائلیں نپٹانے کے بجائے کمپیوٹر آپریٹر بنا دیا گیا۔ اگر چہ اس سے اس کی تنخواہ یا گریڈ میں کوئی اضافہ نہیں ہوا لیکن اسے کم از کم یہ اطمینان تھا کہ وہ کمپیوٹر سیکشن میں ہے۔ اس کا کام تھا خفیہ اور داخلی سلامتی کے دفاتر و وزارت کی طرف سے اطلاعات و جوابات ٹرانسفر کرنا، اور کہا جاتا ہے کہ وہ یہ کام پوری ذمہ داری سے کر رہا تھا۔ ایک بار کچھ خاص قسم کے سافٹ ویئر خریدنے کے لیے اسے دفتر کی طرف سے بنگلور بھیجا گیا۔ اسی دوران ڈائریکٹر کو ایک خفیہ ہاتھ سے کچھ دستاویزات ملے جن سے پتہ چلتا تھا کہ وہ ای میل کے ذریعہ کچھ ذاتی قسم کی کاروباری مراسلت بھی کر رہا ہے، جس کا دفتر کے معاملات سے کوئی تعلق نہیں تھا۔ چنانچہ اس کو میمو ایشو کیا گیا اور معاملے کی جانچ کے لیے ایک انکوائری کمیٹی بنادی گئی۔ حالانکہ مسٹر شرما چاہتے تھے کہ یہ معاملہ دب دبا جائے اور وہ سہیل کو ڈانٹ پھٹکار کر کسی دوسرے سیکشن میں ڈال دیں۔ شرما جی، اس یقین کے باوجود کہ اس نے کمپیوٹر کی سہولیات کا غلط استعمال کیا ہے، اس کے خلاف کسی طرح کی کڑی کارروائی نہیں چاہتے تھے کیونکہ وہ جانتے تھے کہ پورے دفتر میں اس کے جتنا کمپیوٹر کا ماہر کوئی نہیں۔ پھر یہ کہ وہ اپنے کام میں بھی بہت سنجیدہ تھا۔ لیکن چونکہ بات اوپر تک پہنچ گئی تھی اس لیے انکوائری کمیٹی بنانی پڑی اور اس وقت وہ اسی انکوائری کمیٹی کی رپورٹ پڑھ رہے تھے جسے غور سے پڑھنے کے بعد بھی مسٹر شرما کو یہ نہیں سمجھ میں آ رہا تھا کہ وہ اس کو بری کریں کہ کیا... کیونکہ اپنے دفاع میں سہیل نے جو جواب ریکارڈ کروایا تھا، وہ پہلی بات تو یہ کہ اتنا ٹیکنیکل تھا کہ اس کے سچ جھوٹ کا اندازہ کوئی ماہر کمپیوٹر انجینئر ہی لگا سکتا ہے۔ پھر دوسرا نکتہ اس نے یہ پیش کیا تھا کہ یہ دستاویزات اس کی غیر موجودگی میں کسی نے سازش کے تحت خود بنا کر نکال لی ہیں۔ سمجھ میں آ جانے والی اس بات سے وہ تقریباً مطمئن تھے اور اس کو بری کرنے کے لیے گراؤنڈ بنانے کے بارے میں سوچ رہے تھے کہ فون کی گھنٹی بجی...

... ان کا ایک عزیز پرانے شہر میں رہتا تھا جہاں اس وقت فساد ہو رہا تھا، بلکہ بڑھ رہا تھا۔ اس نے فون پر شرما جی کو بتایا کہ یہاں کچھ لوگوں نے ایک مندر پر بھی حملہ کرنے کی کوشش کی۔ اِدھر اُدھر سے خبریں مل رہی تھیں کہ کئی لوگوں کو چاقو گھونپ دیا گیا ہے۔ گولیاں چلنے کی بھی آوازیں آ رہی ہیں۔ اپنی بلڈنگ کی چھت سے دور کہیں انھیں ایک مکان بھی جلتا ہوا دکھائی دیا۔ اُدھر سے آنے والی آواز میں خوف اور گھبراہٹ بھی تھی اور ایک طرح کی

نفرت بھی۔ شرما جی اس خبر سے جھنجھلا گئے۔ انھوں نے ویر ساورکر، گرو گولوالکر اور ہیڈ گیور وغیرہ کی وہ کتابیں پڑھی تھیں جن میں مسلمانوں کے بارے میں ایسی باتیں لکھی ہوئی تھیں جن پر یقین کرنے کے بعد کسی بھی ہندو کے دل میں مسلمانوں کے لیے کدورت کا پیدا ہو جانا فطری تھا۔ یہ کتابیں انھوں نے نوعمری میں پڑھی تھیں اور اتنے متاثر ہوئے تھے کہ شاکھا جوائن کر لی تھی۔ فساد کی خبر سن کر ان کا ذہن تیزی سے ایک طرف چلنے لگا، حالانکہ وہ اس طرح سوچنا نہیں چاہ رہے تھے کیونکہ اتفاق سے ساورکر، گولوالکر اور ہیڈ گیور جیسے چنتکوں کی باتوں پر یقین رکھنے کے باوجود اب تک جتنے مسلمان ان کے رابطے میں آئے تھے، ان میں سے کوئی بھی اتنا برا نہیں نکلا۔ کئی تو ان کی نظر میں ہیرا تھے؛ جیسے کہ خود سہیل عباس۔ لیکن اس وقت نفرت کی ایک لہر ان کی ریڑھ کی ہڈی سے اٹھ کر دماغ پر غبار کی طرح چھا گئی اور وہ اسی طرح سوچنے لگے جس طرح نفرت کی وہ لہر چاہتی تھی، اور اسی دوران انھوں نے سہیل عباس کی فائل دوبارہ پڑھنی شروع کی۔ اب وہ فائل پر کنسنٹریٹ نہیں کر پا رہے تھے کیونکہ ان کے ذہن میں پانچ سات سو برسوں کی ایک تاریخ اپنے پنے پلٹ رہی تھی، اور محمد غوری سے لے کر اورنگ زیب تک حملہ آور جابر حکمراں اپنی ننگی تلواریں اٹھائے ان کے ذہن میں خون کے چھینٹے اُڑا رہے تھے۔ اسی طرح فائل پڑھتے ہوئے جب کہ ان کا ذہن ایک طرح کے غبار سے بھرا تھا، انھیں لگا کہ سہیل عباس کے خلاف کیس بنتا ہے۔ وہ اِدھر اُدھر سے فائل پڑھ رہے تھے اور ریڑھ سے لہر لگاتار اٹھ رہی تھی اور وہ اس نتیجے کی طرف تیزی سے بڑھ رہے تھے کہ سہیل عباس کے خلاف کارروائی کرنے کے لیے کافی ثبوت ہیں۔ چنانچہ اپنی دانست میں پوری طرح غور کرنے کے بعد وہ جس نتیجے پر پہنچے اس کے مطابق انھیں فائنل کمنٹ یہی لکھنا تھا کہ چونکہ سہیل عباس نے سرکاری مشینری کا غلط استعمال کیا ہے اور انکوائری کمیٹی کی رپورٹ سے یہ ثابت ہے، لہٰذا اسے نوکری سے معطل کیا جائے۔ وہ جمعرات کا دن تھا، اگلے دن گڈ فرائڈے کی چھٹی تھی اور اس کے بعد ہفتہ اور اتوار کی چھٹی۔ تین دن تک وہ کسی ڈائلما میں نہیں رہنا چاہتے تھے اس لیے انھوں نے اسی وقت اپنی پی اے کو بلوایا اور سہیل عباس کا سسپنشن آڈر ٹائپ کروا دیا۔

اس سارے کام میں انھیں کافی دیر ہو گئی لیکن وہ اس بات پر مطمئن تھے کہ کیس کا نپٹارا کر دیا ہے حالانکہ اس وقت انھیں پسینہ بہت آ رہا تھا اور ان کا ماتھا بھی گرم ہو رہا تھا۔ اس وقت تک ان کی چارٹرڈ بس نکل چکی تھی اور اب عام بس میں دھکے کھاتے ہوئے گھر جانا پڑے گا، انھوں نے سوچا۔ شرما جی ایک سرکاری کالونی میں رہتے تھے جہاں انھیں تین بیڈ روم والا ایک کشادہ مکان ملا ہوا تھا، لیکن یہ جگہ دفتر سے کافی دور تھی۔ شرما جی کے پاس اپنی سواری نہیں تھی۔ ان کے ساتھ کے زیادہ تر افسروں کے پاس کاریں تھیں لیکن وہ ایماندار افسر تھے۔ کبھی رشوت نہیں لی، کوئی کمیشن نہیں کھایا۔ وہ آگرے کے پنڈت تھے۔ طبقۂ اشرافیہ سے تعلق رکھتے تھے۔ زمینداری چھن جانے کے بعد وہ خوش حالی نہیں رہ گئی تھی لیکن وہ رکھ رکھاؤ اور ادب آداب ان میں باقی تھا۔ کبھی ان کے اور زمیندار سید علی کے گھرانے میں بڑا ربط ضبط تھا، لیکن وہ محمد علی جناح کی تحریک کی نذر ہو گیا۔ سید علی کا خاندان

پاکستان جا چکا تھا۔ ملک جب آزاد ہوا شرما ہوش سنبھال چکے تھے۔ اس کے بعد کچی عمر میں جو کچھ انھوں نے دیکھا اور سمجھا اور پڑھا، اس میں سید علی کے خاندان کی کوئی گنجائش نہیں تھی۔ اس بیچ زمینداری چھن گئی۔ پشتوں سے تعلیم کا رواج تھا، وہ کام آیا۔ نوکری کے نام پر کچھ الجھے بھی۔ باپ داداؤں نے کبھی نوکری نہیں کی تھی لیکن انھوں نے کی اور اب اس بات پر مطمئن تھے کہ وہ ایک ایسے سرکاری عہدے پر فائز ہیں جہاں ان کے پاس بہت سے اختیارات ہیں۔ اس سے بھی زیادہ انھیں اس بات کا اطمینان تھا کہ ایک ایسے سماج میں جہاں ہر طرف رشوت اور بے ایمانی کا زور ہے، وہ اپنی ایمانداری پر قائم تھے۔ یہی وجہ ہے کہ ان کے پاس کار نہیں ہے۔ ہاں ایک بلیٹ موٹر سائیکل ہے۔ لیکن اب وہ بہت پرانی ہو چکی، پریشان کرتی ہے۔ اس لیے ادھر کچھ دنوں سے انھوں نے بس سے دفتر آنا جانا شروع کر دیا ہے۔ سوچتے ہیں کچھ پیسے اور ہو جائیں تو پرانی موٹر سائیکل بیچ کر نئی لے لیں۔ کار کا خیال انھیں شاید کبھی نہیں آیا۔

وہ ابھی باہر نکل رہے تھے کہ کار کا ہارن بالکل ان کے قریب آ کر بجا۔ انھوں نے پلٹ کر دیکھا۔ قریشی صاحب! ایگزیکٹیو انجینئر۔ اسی دفتر کے سول کنسٹرکشن ونگ کے انچارج تھے۔ عمر میں ان سے چھوٹے لیکن ان کے برابر کے افسر۔ اور وہ اسی کالونی میں رہتے تھے جہاں شرما جی تھے۔ کار کا شیشہ کھلا: ''آیئے شرما جی! گھر ہی تو چلنا ہے۔'' شرما جی قریشی کو پسند نہیں کرتے تھے۔ کیونکہ وہ بڑا رشوت خور تھا۔ وہ مظفر نگر کے ایک گاؤں کے ایک غریب گوالے کا بٹا تھا جس نے ڈپلوما کر کے سرکار میں دے دلا کر نوکری حاصل کر لی تھی۔ اس کے بعد جگہ جگہ تکڑم بھڑا کر پروموشن حاصل کرتا چلا گیا۔ یہ سب اپنی جگہ اس سے بھی بری بات یہ تھی کہ وہ آدمی تھا بڑا اتھلا، باتونی۔ پیسہ کھانے والا، پیسہ بنانے والا اور پیسے کی ہی بات کرنے والا۔ اور اس وقت تو شرما جی کے پاس اس سے نفرت کرنے کی ایک اور وجہ بھی تھی۔ پرانے شہر میں فساد ہو رہا تھا۔ قریشی نے کار کا دروازہ کھول کر شرما جی کو بٹھا لیا۔ وہ بھاری من سے بیٹھ گئے۔ مگر چپ۔ وہ سیاست اور سماج کی بات کرنا پسند کرتے ہیں، لیکن ساتھ بیٹھے ہوئے اس آدمی سے آج اس موضوع پر بات کرنا کچھ ٹھیک نہ ہوگا، انھوں نے سوچا۔ قریشی نے حسب معمول دفتر کے ایک ایسے معاملے کی بات شروع کر دی جس کا تعلق رشوت سے بھی تھا۔ تو کیا اسے کچھ نہیں معلوم۔ حالانکہ اس کے پاس سیلولر فون بھی تھا۔ وہ بولتا رہا اور شرما جی کچھ اور سوچتے رہے۔

ساڑھے آٹھ بجے کے راشٹریہ سماچار میں بتایا گیا کہ فساد پورے پرانے شہر میں پھیل گیا تھا۔ کئی لوگ مارے گئے۔ ایک عبادت گاہ کو بھی نقصان پہنچا ہے اور اب ہر طرف کرفیو لگا دیا گیا ہے۔ جس عزیز نے انھیں فساد کی اطلاع دی تھی، اس سے اب رابطہ نہیں ہو سکتا تھا کیونکہ فساد زدہ علاقوں کی ٹیلی فون لائنیں کاٹ دی گئی تھیں۔

اس رات شرما جی بہت بے چین رہے۔ حالانکہ ان کی کالونی پرانے شہر سے پندرہ کلومیٹر دور تھی جہاں تک دنگے کا دھواں بھی نہیں پہنچ سکتا، اگر اخبار اور ٹی وی نہ ہوں۔ اس رات ان کے خوابوں میں ان کتابوں کے

پنّے پھڑ پھڑا رہے تھے جو انھوں نے اپنی نو عمری میں پڑھی تھیں۔ ان کے سپنے میں طرح طرح سے وہ دیش آ رہا تھا جہاں سونے کی چڑیاں رہتی تھیں۔ اس دیش کا نقشہ جو انھوں نے قصوں کتھاؤں اور میتھکوں کو جوڑ جوڑ کر خود ترتیب دیا تھا۔ پھر ان کے نقشے پر ایک اندھیرا چھا جاتا جس پر محمد بن قاسم، بابر اور اورنگ زیب جیسے ناموں کے بھوت دندناتے پھرتے اور وہ چونک کر اٹھ پڑتے۔

ان کے یہاں دو اخبار آتے تھے۔ 'ٹائمز آف انڈیا' اور 'جاگرن'۔ سیاسی خبروں کے لیے وہ ٹائمز اور انڈیا ٹوڈے وغیرہ پڑھتے تھے۔ ساماجک ایوم دھارمک خبروں کے لیے 'جاگرن' اور 'پانچ جنیہ' وغیرہ۔ مگر عام طور پر ایسے اخبارات و رسائل کو وہ بس اُلٹ پلٹ کر ہی دیکھتے تھے۔ اس صبح انھوں نے پہلے جاگرن کھولا۔

"تین ہندو یوواؤں کی ہتیا، مندر میں آگ لگا دی گئی اور پولیس منھ دیکھتی رہی۔ مولوی نے مندر میں گھس کر ایک بھگت کو پیٹا۔ دنگا بھڑکانے والے کرفیو کے بعد بھی نعرۂ تکبیر لگاتے پھر رہے تھے۔"

رات کی بدخوابی کے بعد صبح ایسی بھڑکانے والی سرخیوں نے جلتی پر تیل کا کام کیا۔ کل شام سے وہ جس غصے کو سوچنے سے اپنے آپ کو روک رہے تھے، وہ اس طرح چل پڑا جیسے نالی نالے میں گرتی ہے۔

انھوں نے اسی وقت جاگرن کو ایک مراسلہ لکھا 'مسلمان دنگا شروع کرتے ہیں' کے عنوان سے۔ انھوں نے لکھا:

"اس دنگے نے ایک بار پھر یہ سدّھ کر دیا ہے کہ اب تک جتنے دنگے ہوئے ہیں وہ مسلمانوں نے شروع کیے ہیں۔ یہ ان ظالم راجاؤں کے اتّردائی ہیں جو ہندوؤں کے خون کے پیاسے تھے۔ انھوں نے اس دیش کے دو ٹکڑے کروائے۔ پچھمی پنجاب میں ہندوؤں اور سکھوں کا نرسنگھار کیا۔ اس دیش کے نیتاؤں اور دھارمک ایوم ساماجک چنتکوں کو اس وشئے پر غور کرنا چاہیے کہ مسلمانوں کے اس آکرمک تیور سے کیسے نپٹا جائے۔ چنتا کا وشئے یہ ہے کہ پولیس اور پرساشن بھی ہندوؤں کو کٹتے مرتے اور مندروں کو جلتے ہوئے دیکھ کر چپی سادھ لیتے ہیں۔ اب سمے آ گیا ہے کہ ہندو سماج اس پر گمبھیرتا سے سوچے کہ اسے اپنے ہی دیش میں چین اور آتم سمان کے ساتھ جینے کے لیے کیا کوئی کڑا رویہ نہیں اپنانا چاہیے۔"

چونکہ وہ سرکاری ملازم تھے اس لیے اس طرح کا خط اپنے نام سے نہیں لکھ سکتے تھے۔ نیچے انھوں نے ایک فرضی نام شیاما پرساد مکھرجی لکھا۔ پھر انھیں خیال آیا کہ شیاما پرساد مکھرجی ان کے آئیڈیل ہی سہی، لیکن اس نام سے پتر چھپے گا تو لوگ مشکوک ہو جائیں گے، چنانچہ اسے کاٹ کر لکھا: شیام پرساد۔ نیچے ایسا ہی ایک فرضی پتہ لکھا۔

اس صبح اخبار 'صدائے ملت' کی سرخی تھی: "بھاگلپور، میرٹھ، مرادآباد کے بعد مسلمانوں کا ایک اور قتل عام شروع۔ مسجد کے مینار پر بم پھینکا گیا۔ پولیس کی گولی سے کلمۂ حق پڑھتے ہوئے سات جوان شہید۔ مسلمانوں پر دار و گیر کا سلسلہ جاری۔ پولیس کے جوانوں نے گھروں میں گھس کر مسلمان عورتوں کی آبرو ریزی کی۔"

وہ جمعہ کا دن تھا۔ کرفیو کے باوجود کچھ لوگ مائک لے کر گلیوں میں اعلان کرتے پھرے کہ مسلمان جمعہ

کی نماز باجماعت ادا کریں۔ انتظامیہ کو مجبور کریں کہ وہ جمعہ کے اوقات میں کرفیو اٹھائے۔ یہ خبر ادھر اور اُدھر دونوں طرف آگ کی طرح پھیلی۔ ایک طرف وہ تھے جو جمعہ کی نماز باجماعت پڑھنے کے لیے سر کٹانے کو تیار تھے۔ دوسری طرف وہ لوگ جمع ہو رہے تھے جو اس موقع پر ان کا سر کاٹنے کی تیاری کر رہے تھے۔ پولیس چوکس تھی۔ انتظامیہ سخت، نماز پڑھنے کی اجازت نہیں دی گئی۔ کرفیو کے باوجود دن ڈھلتے ہی پھر دنگے شروع ہو گئے۔ اگلی صبح 'صدائے ملت' کی سرخی تھی: ''دارالحرب میں مسلمان اپنے دینی فریضے سے محروم۔ پولیس اور انتظامیہ کا فرقہ پرستانہ فیصلہ۔ مسلمانوں کو نماز جمعہ کی اجازت نہیں دی گئی... ملک بھر کے مسلم عمائدین نے اس بات پر انتظامیہ کی مذمت کی اور ملک گیر پیمانے پر احتجاجی مظاہروں کی دھمکی دی۔''

'جاگرن' نے سرخی لگائی: ''دنگوں میں چار اور ہندو یوواؤں کی ہتیا۔ کرفیو کا النگھن کر کے مسلمانوں نے پڑھی جمعہ۔ مسلمان غنڈے بم اور پستول لے کر آزادی سے گھوم رہے ہیں۔ پرساشن لاچار اور نکما۔''

ان خبروں نے شرما جی کو ایک بار پھر مراسلہ لکھنے پر اُکسایا۔ آج وہ کل سے زیادہ تیور میں تھے: 'مسلمانو! بھارت چھوڑو۔'

''مسلمانوں کو چاہیے کہ اس دیش کے شانتی پریہ اور اہنساوادی ہندوؤں کا جینا دوبھر کرنے کے بجائے وہ اس دیش سے نکل جائیں۔ 1947 میں وہ ایک دیش لے چکے، اب انھیں اس دیش میں رہنے اور یہاں اشانتی پھیلانے، دنگے بھڑکانے اور ویوستھا کا منھ چڑھا کر اپنی ضد پوری کرنے کا کیا ادھیکار ہے۔ میں سمجھتا ہوں کہ آج سارا ہندو سماج ان سنگٹھنوں کے ساتھ ہے جنھوں نے دوٹوک یہ کہہ دیا ہے کہ مسلمانوں کو اس دیش میں رہنا ہے تو بندے ماترم کہنا ہوگا۔ یا تو وہ ہندو بن کر رہیں یا بھارت چھوڑ کر اپنے پریہ دیش پاکستان چلے جائیں۔ آوشکتا اس بات کی ہے کہ سارا ہندو سماج ایسی سنگٹھنوں اور پارٹیوں کو اپنا پورا سہیوگ دے تاکہ مسلمانوں کو اس دیش سے باہر نکال اس دھرتی پر گنگا جل کا چھڑکاؤ کر کے اسے پھر سے پوتر کیا جا سکے۔'' (نرمل پانڈے)

اُدھر پرانے شہر میں دن بھر کی شانتی کے بعد شام ڈھلے ہی فساد شروع ہو جاتا۔ کرفیو بھی جاری رہا اور دنگے بھی۔ 'جاگرن' میں کسی شیام پرساد، کسی نرمل پانڈے، کسی رام ناتھ چترویدی، کسی دن بندھو راٹھور کسی فلاں کسی ڈھمکاں کی ایسی ہی زہریلی چٹھیاں چھپتی رہیں۔ 'صدائے ملت' اپنی خون آلود سرخیوں کی وجہ سے دھڑا دھڑ بکنے لگا۔ ملت کے بہی خواہوں نے پارلیمنٹ کا گھیراؤ کرنے کا پروگرام بنانا شروع کیا۔ اقوام متحدہ میں بات اٹھانے کی دھمکی دی۔ عرب دنیا سے اپیل کی گئی کہ وہ ہندوستانی حکومت پر دباؤ ڈالے کہ مسلمانوں کا قتل عام بند کیا جائے۔ لیتھو پر چھپنے والے ایک اخبار میں، جو ڈھائی تین سو چھپتا تھا اور صرف ڈی اے وی پی کے اشتہار حاصل کرنے کے لیے نکلتا تھا، کسی خادم ملت کا مراسلہ چھپا کہ ''یہ وقت ہے کہ پاکستان ہندوستان پر حملہ کرے، تمام کلمہ گو اپنے دینی بھائیوں کا ساتھ دیں گے اور ہندوستان پر کشمیر سے کنیا کماری تک پاکستان کا پرچم بلند ہوتا ہوا نظر آئے گا، انشاء اللہ ہوالعزیز۔''

اس سارے عرصے میں فخرونٹ راج اسپتال میں زندگی اور موت کی جنگ لڑتے رہے۔ پانچویں دن انھیں اتنا ہوش آ گیا کہ وہ سمجھ سکیں کہ وہ کہاں ہیں اور یہاں کیوں ہیں اور انھیں ہلکا سا احساس اس بات کا تھا کہ ان سے کچھ غلطی ہوئی تھی۔ کیا اور کیسے یہ ابھی کچھ صاف یاد نہیں آ رہا تھا۔

دو دن سے سہیل عباس اپنا سسپنشن آرڈر لے کر پریشان پھر رہا تھا۔ اسے نوکری کی پروا نہیں تھی۔ اب اس کے سامنے عزت نفس کا سوال تھا۔ وہ مجرم بنا کر دھتکار دیے جانے کے غصے سے پاگل ہو رہا تھا۔ پچھلے دو دن سے وہ لگاتار شرما جی سے ملنے کی کوشش کر رہا تھا۔ وہ ان سے صرف یہی پوچھنا چاہتا تھا کہ اس کی صلاحیت اور محنت کا کیا اسے یہی صلہ ملنا تھا۔ نوکری کی کوئی بات نہیں۔ ابھی عدالت کے دروازے کھلے ہیں اور سہیل عباس کو یقین تھا کہ وہ وہاں سے جیت کر آئے گا۔ لیکن شرما جی نے اپنی پی اے کو سختی سے منع کر رکھا تھا۔ وہ نہیں چاہتے تھے کہ سہیل عباس ان کے سامنے آئے اور وہ اپنے فیصلے پر دوبارہ غور کرنے کے لیے کسی بھی طرح کے تذبذب میں گرفتار ہوں۔ پچھلے تین دن سے ان کے بھیجے ہوئے مراسلے فرضی ناموں سے چھپ رہے تھے۔ آج کے مراسلے کا عنوان تھا: 'مسلمان غدار ہیں'۔

ساتویں دن فخرو میاں کو اچھی طرح ہوش آ گیا۔ خیر سے انھیں ساری باتیں یاد تھیں۔ اس بیچ جو کچھ ہوا، اس کی تفصیلات بھی انھیں معلوم ہو گئیں اور انھیں اپنے کیے پر پچھتاوا ہونے لگا۔ ان کا خیال تھا کہ اگر وہ اس رکشے والے کو اس طرح نہ مارتے تو بات نہ بڑھتی۔ کوئی دنگا نہ ہوتا۔ لیکن انھوں نے ایک بے بسی سے سوچا ان کا بھی کیا قصور۔ میں نے تو جو کچھ کیا اس بے ایمان لالے کی وجہ سے...

فساد کا زور کم پڑنے لگا۔ آخر کوئی کب تک لڑے اور کیا کھا کر لڑے۔ جب لوگ اناج پانی کو ترسنے لگے تو پھر ان خبروں پر کوئی کتنا دھیان دے کہ اِدھر والے کتنے مارے گئے اور اُدھر والے کتنے۔ پھر بچوں کی پڑھائی خراب ہو رہی ہے۔ کسی کو اپنے باپ کو آنکھ کے آپریشن کے لیے اسپتال لے جانا ہے، کسی کی زچگی کے دن پورے ہو رہے ہیں، کسی کو بیٹی کا رشتہ لے کر جانا ہے، کسی لڑکے کو اپنے پڑوس کی لڑکی سے ٹیلی فون پر بات کرنا ہے۔ یہاں سیکڑوں کام پڑے ہیں بھائی!

دفتر کھل جانے کے بعد شرما جی کی مصروفیات بڑھ گئیں۔ وہ کچھ بھی سوچا کریں۔ ان کی ذمہ داریاں بڑی ہیں۔ انھیں ڈھیروں فائلیں نپٹانی ہوتی ہیں، اس لیے اب مراسلے لکھنے کا جوش کم پڑ گیا۔ پھر ایسے ہی جب کہ ہفتہ عشرہ گزرا تھا احمد آباد سے ان کے بیٹے کا فون آیا جو وہاں کے مینجمنٹ انسٹی ٹیوٹ میں ایم بی اے کر رہا تھا۔ اس نے بتایا کہ اگلے مہینے فائنل سمسٹر کی فیس ادا کرنی ہے، کتنی؟ لگ بھگ 47 ہزار روپے۔ اب شرما جی وکاس کی فیس بھرنے کی فکر میں لگ گئے۔ کچھ پیسے جو انھوں نے موٹر سائیکل کے لیے رکھے ہیں، وہ کام آ جائیں گے۔ باقی کے بارے میں سوچتے ہوئے وہ روز 'جاگرن' کھولنا بھول جاتے۔

لیکن اور لوگ تو 'جاگرن' پڑھ رہے تھے۔ کالونی میں بھی اور اس سے باہر... شہر میں، گاؤں میں، قصبوں میں، چھوٹے چھوٹے محلوں میں، نائی کی دکانوں پر، چائے خانوں میں، خاص طور سے وہ نوجوان جنھیں نہ ابھی بیٹے کی فیس بھرنی تھی نہ موتیا بند کا آپریشن کروانے کی فکر، ایسی خبریں اور 'مسلمانو! بھارت چھوڑو' اور 'بھارت میں رہنا ہے تو بندے ماترم کہنا ہوگا' اور 'ہندوستھان ہندو کا ہے' قسم کے مراسلے جوش وجذبے کے ساتھ پڑھ رہے تھے۔

شرما جی بیٹے کی فیس کی فکر میں ایسے لگے کہ وہ اس بات سے تقریباً بے خبر ہی رہے کہ کالونی میں کیسی اُمس پھیلی ہوئی ہے اور ان کی نظر سے دور لاتعداد بستیوں اور آبادیوں میں کیسی گرم ہوا چل رہی ہے۔ وہ اپنی ہی پریشانی میں پریشان تھے۔ زندگی کتنی مشکل ہوگئی ہے سچ! ان کے پرکھوں نے ایسی پریشانیاں نہیں دیکھی ہوں گی۔ انھوں نے تھوڑی بے بسی سے سوچا۔ ابھی کچھ مہینے پہلے ایک اور پریشانی نے ان کی نیند اُڑا رکھی تھی۔ ایک ایسی پریشانی جس کا اور چھور کچھ دکھائی نہیں دیتا تھا، بس سنائی دیتا تھا۔ جیسے چھوٹے چھوٹے قصبوں اور گاؤں میں دیر تک بن بیاہی رہ جانے والی سیدھی سادی لڑکیوں پر آسیب آنے لگتے ہیں اور وہ جھوم جھوم کر اپنے عاشق ہونے کا اعلان کرتے ہیں اور کبھی لڑکی کو اپنے ساتھ اپنی آسیبی دنیا میں اٹھالے جانے کی دھمکی دیتے ہیں؛ ایسے ہی ان کی بیٹی نشا کے لیے، چکلے شانوں اور گوری ہتھیلیوں والی نشا کے لیے بلینک کال آنے لگے۔ اب تک زندگی مزے سے کٹ رہی تھی۔ بیٹا ایم بی اے کر رہا تھا۔ بیٹی کالج جا رہی تھی۔ دفتر میں ان کے کمرے میں ایئر کنڈیشنر لگ گیا تھا اور ان کے پاس سیاست اور سماج پر بات کرنے کو وقت تھا کہ اچانک نشا کے لیے ایسے فون آنے لگے جس میں کبھی اس سے محبت کا اظہار کیا جاتا اور کبھی اغوا کر لینے کی دھمکی۔ چار دن میں نشا پیلی پڑ گئی۔ اس شہری آسیب کی جھاڑ کون اوجھا کرے۔ پرانی تہذیب کے پروردہ شرما جی نئے شہر کی اس انديکھی مصیبت سے گھبرا گئے اور اتنے تناؤ میں رہنے لگے کہ کبھی ٹیلی فون کٹوا دینے کی بات سوچتے، کبھی کالونی چھوڑ دینے کی اور کبھی کبھی تو شہر ہی چھوڑ دینے کی۔ ہر آتے جاتے کو شک کی نگاہ سے دیکھتے۔ کوئی ان سے بات کرتا تو وہ بات سننے کی بجائے آواز پہچاننے کی کوشش کرتے کہیں یہ وہی تو نہیں... مگر خیر سے یہ بلا بھی ٹل گئی۔ ان کے خیال میں پولیس والوں نے تو کچھ خاص مدد نہیں کی، مطلب یہ کہ کسی کو مشکوک مان کر اس کی دھنائی نہیں کی لیکن ان کے کہنے پر ٹیلی فون ایکسچینج والوں نے ان کے کال مانیٹر کرنے شروع کر دیے۔ اس کے بعد جیسا کہ ہوتا ہے، بے نامی کال آنے بند ہو گئے۔ اب شرما جی نے کچھ اطمینان کی سانس لی، مگر چور پکڑا نہیں گیا تھا، اس لیے دھڑکا ابھی ختم نہیں ہوا تھا۔ اب بیٹے کی فیس کی فکر لگ گئی۔ بیوی نے اس میں ایک اور فکر جوڑ دی۔ اس کا کہنا تھا کہ نشا کے ہاتھ پیلے کرنے کی فکر کرنی چاہیے۔

زندگی میں ان کے لیے مشکلیں تھیں تو ایشور کی کرپا سے کچھ آسانیاں بھی۔ مثلاً یہی کہ گئے گزرے پر بھی گاؤں میں کوئی چالیس بیگھہ کھیت تھے جو انھوں نے اپنے بڑے بہنوئی کی دیکھ ریکھ میں چھوڑ رکھا تھا۔ قاعدے سے تو انھیں بٹائی کا غلہ کافی ملنا چاہیے تھا لیکن بہنوئی ہر سال کوئی نہ کوئی بہانہ نکال کر انھیں ان کی ضرورت بھر کے چاول دال دے کر ٹرخا دیتے تھے۔ شرما جی نے سوچا ان کھیتوں کا کیا بھروسہ۔ کیا پتہ کب کسی کی، کسی کی

کیا خود جیجا جی کی نیت خراب ہو جائے اور وہ کھیت ہڑپ کرلیں۔ جب انھوں نے اپنے سگے بھائی کی زمینیں ہڑپ کرلیں تو شرما جی تو خیر سے سالے ہیں، چھوٹے ہیں اور شہر میں رہتے ہیں۔تو! انھوں نے سوچا آدھے کھیت بیچ دیے جائیں، کافی پیسے آجائیں گے۔ وکاس کی فیس بھی، نشا کی شادی کے اخراجات بھی اور یقیناً نئی موٹر سائیکل بھی۔ ہاں! یہ بالکل ٹھیک اُپائے ہے!!

چنانچہ شرما پریوار نے آگرہ جانے کی تیاریاں شروع کردیں۔ شرما جی نے دفتر سے دو ہفتے کی چھٹی لی۔ مسز شرما اور نشا نے سگے سمبندھوں کے لیے چھوٹے موٹے تحفے خریدے اور ان کی پیکنگ کی۔ لیکن ان کے روانہ ہونے سے پہلے خبر آگئی... آگرہ میں فساد پھوٹ پڑنے کی۔

شرما جی نے بڑی جھنجھلاہٹ اور پریشانی کے ساتھ 'راشٹریہ سماچار' میں دنگے کی خبر سنی لیکن اس خبر سے فساد کی وجہ انھیں فوری طور پر نہیں معلوم ہو سکی۔

تسلیم و رضا

اقبال مجید

رحمت اللہ سے متعلق پہلی شکایت مفتی غلام محمد کے پاس یہ آئی کہ وہ مولوی احمد علی نانوتوی کا اس بات پر مذاق اڑاتا ہے کہ سبز رنگ کا جوتا یا چپل اس لیے نہیں پہننا چاہیے کہ سرور کائنات کے گنبد خضرا کا رنگ سبز ہے۔ رحمت کا کہنا تھا کہ حضورؐ کی پہچان ہرے لال پیلے رنگ سے نہیں، ان کے کردار اور عمل سے ہے۔

پھر چند دنوں میں دوسری شکایت یہ آئی کہ مدرسہ کے بزرگ معلم کے کتابچے کا رحمت ہر وقت مذاق اُڑاتا ہے جس میں لڑکیوں کو یہ کہہ کر ڈرایا گیا تھا کہ اگر وہ ٹی وی دیکھیں گی تو ان کی لاش کو قبر اس وقت تک قبول نہیں کرے گی جب تک لاش کے ساتھ ٹی وی بھی نہیں دفنایا جائے گا۔ اس شکایت کو ابھی چند ہی روز ہوئے تھے کہ اگلی شکایت نے مفتی غلام محمد کو خاصہ فکر مند کر دیا۔ شکایت یہ تھی کہ نماز کی صف میں جب رحمت اللہ کھڑا ہوتا ہے تو پاس والے نمازی کو اس کے منھ سے بو آتی محسوس ہوتی ہے؛ اور یہ جان کر ہی مولوی احمد علی نانوتوی نے مدرسہ کی مسجد میں جمعہ کے خطبہ میں قرآن شریف کا یہ حکم نمازیوں کو یاد دلایا تھا کہ نہ جاؤ نماز کے قریب جب تم نشے میں ہو۔

مدرسے کے امیر مفتی غلام محمد کو ان خبروں میں رحمت اللہ کے خلاف سر اٹھانے والی سازشوں کی بُو اس لیے بھی محسوس ہوئی کہ وہ مدرسے کے ایسے سربراہ تھے جو اندر کی چھچھوری سیاست پر نظر رکھے بغیر کھانا نہیں کھاتے تھے۔ ایک شام بعد نماز مغرب امیر کے دفتر میں لمبے چوڑے اور گورے چٹے رحمت اللہ کی طلبی ہوئی، پوچھا گیا،

''تم نے سبز رنگ کا جوتا نہ پہننے پر احمد علی نانوتوی صاحب کا مذاق اڑایا؟''

''جی ہاں۔ وہ حماقت بھرے وعظ دیتے ہیں۔''

''تم نے مولوی محمد حسین کے کتابچے کا مذاق اڑایا کہ وہ ٹی وی کو لے کر جہالت کی باتیں کرتے ہیں؟''

''جی ہاں!''

"اب یہ خبر گشت کر رہی ہے کہ..."

"میرے منھ سے بو آتی ہے۔ شراب کی بو، یہ میرے خلاف سازش ہے۔"

"اگر تم بغیر سوچے سمجھے کچھ بھی بولتے رہے تو ایک دن تمھارے کمرے سے شراب کی بوتل نکلے گی۔ تم جاسکتے ہو۔"

رحمت اللہ کچھ کہنا چاہتا تھا مگر خاموشی سے چلا آیا۔

صبح وضو کے لیے لق و دق صحن کے حوض کی منڈیر پر بیٹھا تو اس حوض کو غور سے دیکھتا رہا جس میں پانچ وقت باجماعت وضو کیا جاتا تھا۔ یہ حوض کئی بار رحمت اللہ کو یہ احساس دلا چکا تھا کہ وہ صرف مسلمان ہے اور باقی لوگ انسان۔ یہ سوچ کر وہ دل ہی دل میں گھٹ کر رہ جاتا تھا۔ وضو کرتے کرتے رحمت اللہ کو یاد آیا کہ اس کے کاشتکار باپ نے اس وقت خودکشی کر لی تھی جب رحمت کی عمر ۷ سال کی تھی۔ اس کو مدرسۂ صحابہ میں اپنے داخلے کے بارے میں اتنا یاد تھا کہ تنگ دستی اور بے سروسامانی کے زمانے میں اس کے قصبے میں ایک بار ایک تبلیغی جماعت آئی تھی جس میں اس کی ماں کا ایک دور کا رشتہ دار بھی تھا جو آج مدرسے کا امیر ہے۔ اسے یاد آیا کہ نیم کے پیڑ کے نیچے اس سرخ سرخ آنکھوں والے کے سامنے اس کی ماں روئی پیٹی تھی اور رحمت کو اپنے ساتھ لے جانے کی درخواست کی تھی۔

مدرسے کی دنیا سے باہر گلی میں عبدالعلی کی مسالوں کی دکان تھی جو رحمت اللہ کے بیٹھنے کا اڈّہ تھا۔ عبدالعلی دو سال پہلے ہی مدرسے کی ابتدائی تعلیم سے فارغ ہوا تھا؛ پھر اس نے مسالے کی چکی لگا کر ایک دکان کھول لی تھی اور مدرسے کے مطبخ کو مسالے فراہم کرتا تھا۔ ایک دن اپنے دل کا درد بیان کرتے ہوئے رحمت نے عبدالعلی سے دکان پر بیٹھے بیٹھے کہا تھا:

"ہم تم اور مدرسے کا امیر ایک ہی نماز پڑھتے ہیں۔ ایک ہی جیسا سجدہ کرتے ہیں۔ پھر ایسا کیوں ہے کہ تم کچے آنگن کے مکان میں رہتے ہو، تمھارے روزے میں میونسپلٹی کا بابو بھی نہیں آتا اور امیر کے روزہ کے افطار میں چیف منسٹر تک آتا ہے۔"

یہ سن کر عبدالعلی ہنسا تھا اور جواب میں کہا تھا، "تمھارے امیر کو کچھ خاص دعائیں یاد ہیں، جو وہ سب کو نہیں بتاتا۔"

مدرسۂ صحابہ کی عمارت بہت بڑے رقبے میں ایستادہ تھی۔ اس وسیع و عریض عمارت کے درمیانی حصے میں ایک خوب صورت باغ سے گھری ایک مسجد تھی اور اس کی داہنی سمت عملہ میں شامل قاریوں، مولویوں اور معلموں وغیرہ کی رہائش کا انتظام تھا۔ باغ کے پچھواڑے، اونچی دیواروں سے ملحق طلبا کے کمرے تھے اور ایک بڑا سا ہال بھی جس میں قرأت کے مقابلے ہوا کرتے تھے۔

ایک دن مفتی غلام محمد خاں، جن کی بڑی بڑی سرخ آنکھیں تھیں اور افغانستان میں افیم کی کھیتی کرنے

والے ایک عزیز سے گہری چھنتی تھی، کی جانب سے رحمت اللہ کو حکم ملا کہ وہ نماز جمعہ کے بعد اور عصر کی نماز سے پہلے ان کے دفتر میں حاضر ہو۔ اس طرح کے احکامات سے شروع شروع میں رحمت اللہ خاصہ پریشان ہو جایا کرتا تھا لیکن 13 برس گزار کر اب رحمت اللہ نے وہاں سب سے ہی ڈرنا چھوڑ دیا تھا۔ کچھ یہ بھی تھا کہ خدا نے اس کے لحن میں کچھ ایسا سوز بھر دیا تھا کہ قرأت کے بیرونی مقابلوں میں وہ مدرسۂ صحابہ کو اول انعام دلواتا تھا جسے سن کر سامعین رو دیا کرتے۔ اس کی زیر تربیت مدرسے کی جماعت کی قرأت ایمان والوں میں رونگٹے کھڑے کر دیا کرتی تھی۔

رحمت عصر کی نماز سے پہلے کمرے سے نکل کر باغ میں آیا، جس کے درمیان میں ایک پرانا برگد کا درخت تھا جس کے تنے کے چاروں طرف ایک پختہ چبوترہ تھا جس پر دوپہر چھاؤں میں رحمت لیٹ جایا کرتا تھا اور جب اسے لگتا تھا کہ برگد کے پتوں کی سرسراہٹ اس کے کان میں کچھ کہہ رہی ہے تو وہ اپنے دل کے پھپھولے برگد سے کہہ کر پھوڑا کرتا تھا۔ اس بار رحمت چبوترے پر لیٹا تو برگد خلاف معمول مایوسی کے ساتھ رحمت کے کچھ بولے بغیر مخاطب ہوا:

''آج امیر کے دفتر میں تمھاری پیشی ہے۔''

''ہاں!''

''لال لال آنکھیں دکھائے گا وہ۔''

''دکھائے۔ کیا کرے گا میرا؟''

''یاد دلائے گا کہ بچپن میں کس جہنم سے اٹھا کر تم لائے گئے تھے۔ پھر احساس دلائے گا کہ تم ایک غریب انسان ہی نہیں بلکہ بہت بڑے بیوقوف بھی ہو۔ تمھاری ایسی تیسی کر کے رکھ دے گا اور تم چپ چاپ سنتے رہو گے۔''

''نہیں! اب میں چپ چاپ نہیں سنتا۔ میں بھی بولتا ہوں۔''

یہ سن کر برگد فکرمند ہو گیا اور پوچھا، ''تو کیا تم یہ تو نہیں بولو گے کہ وضو کرنے کے حوض میں جس کم عمر لڑکے کی لاش تیرتی ملی تھی، وہ کن دو لوگوں کے درمیان آپسی رقابت کا نتیجہ تھی؟''

''نہیں۔ اب اتنا بھی بیوقوف نہیں ہوں۔'' جواب سن کر برگد خوش ہوا، بولا ''میں ڈیڑھ سو برس کا ہو چکا ہوں۔ میرے خاندان نے بڑے بڑے مدرسے اور پاٹھ شالائیں دیکھی ہیں۔ اچھے اور برے ہر جگہ ہوتے ہیں۔ ایسا راز کبھی کسی سے نہ اُگلنا، جس کا اس چہار دیواری سے باہر نکلنے میں تمھاری موت ہو۔''

''جانتا ہوں۔ اس عمارت میں مجھے 14 برس ہو چکے ہیں۔'' برگد نے پھر کریدا۔

''وہ پہلے بھی تم سے پوچھ چکا ہے۔ ہو سکتا ہے، پھر پوچھے کہ تم خدا کو مانتے ہو؟ تم کیا جواب دو گے۔''

''جو پہلے دے چکا ہوں۔''

''پہلے تو تم رو پڑے تھے، پھر کہا تھا کہ ہاں مانتے ہو۔ تم روئے کیوں تھے؟''

''کیوں کہ میں خدا کو مانتا تھا مگر اس خدا کو نہیں جس کو مدرسہ منوانا چاہتا ہے۔''

''تو تم مدرسے میں کیوں رہ رہے ہو؟''

''جواب میں رحمت اللہ نے واضح کر دیا کہ وہ مدرسے میں اچھے قاری پیدا کرنے کے لیے ہے، یہ بتانے کے لیے نہیں کہ اس کا خدا کیا ہے اور مدرسے کا خدا کیا؟

مدرسے کے ہر کونے میں کب کیا ہو رہا ہے، برگد خوب جانتا تھا۔ اس نے رحمت کو ٹٹولا:

''کیا تم جانتے ہو کہ امیر نے تمھیں کیوں طلب کیا ہے؟''

''وہ قصہ ہے... اکڑم بکڑم بمبے بو والا۔''

''تم دس لڑکوں کو لے کر کسی کے گھر تیجے کی قرآن خوانی میں گئے تھے؟''

''ہاں اور سپارہ ہاتھ میں تھام کر آیتوں کے بجائے اکڑم بکڑم بمبے بو، اسی نبے پورے سو، سو میں لگا دھاگا، چور نکل کے بھاگا؛ بڑبڑا رہا تھا میں۔ وہاں جو بریانی کھلائی گئی تھی، اس میں سالا نمک نہیں تھا۔''

''اسی بیہودہ حرکت پر باز پرس ہوگی تو کیا جواب دو گے؟''

''کہہ دوں گا، قرآن شریف مُردوں کو بخشوانے کے لیے نہیں، عمل کے لیے ہے۔ پھر مردے بھی ایسے کالے منھ والے بخشوائے جاتے ہیں کہ شرم آتی ہے۔''

پھر درخت نے رحمت کو ایک راز کی بات بتائی، ''تمھارا امیر کبھی کبھی ظہر کی نماز میرے سائے میں ادا کرتا ہے اور دعا میں ہچکیوں سے روتا ہے، اللہ سے گڑگڑاتا ہے۔''

''کیا کہتا ہے؟ تم تو سنتے ہو گے۔'' رحمت نے پوچھا

''کہتا ہے؛ اے مالک دوجہاں میں نے ہمیشہ تیرے فیصلے کے آگے بندگی اور عبودیت، تواضع اور انکساری سے سپر انداز ہونے کا اعلان کیا ہے۔ اولاد سے محروم ہوں تو تیرے حکم سے اور 14 کمروں کے مکان کا مالک ہو تو تیری رضا سے۔ مالک! اس عمارت کے 14 کمروں میں سے گیارہ مقفل ہیں جن میں کوئی نہیں رہتا۔ کسی بہانے ایک بڑھاپے کی لاٹھی عطا فرما۔ تیری خدمت پر اس لیے معمور ہوں کہ تیرے گھروں میں اذان دینے والے پیدا ہوں۔ میرے مخالفین بڑھ رہے ہیں، کیا کروں۔ تجھے چھوڑ دوں تو نہ کوئی تدبیر رہ جائے گی اور نہ طاقت۔''

امیر کے دفتر میں حاضری دینے سے پہلے رحمت اللہ کو لگا کہ شاید آر پار کی لڑائی لڑنا پڑ جائے۔ اس نے پچھلے دو سالوں میں ایک موٹر میکنک کی شاگردی میں موٹر کی مرمت کرنا سیکھ لیا تھا اور اسی کے بل بوتے پر اس کے استاد نے اسے ایک آدھ بار کچھ کمائی بھی کرا دی تھی لیکن مشکل یہ تھی کہ باقاعدگی سے کام کرنے کے لیے اور بھی ساز و سامان کی ضرورت تھی۔ مدرسے کی دنیا میں حالات کچھ عجیب و غریب تھے، مفتی غلام محمد فکرمند اور پریشان سا تھا۔ رات کے اندھیرے میں اس کے دروازے پر ایک بار دیسی بھی پھٹا تھا اور مدرسے کے اندر کی دنیا میں منصب اور اقتدار کی سازشیں بار بار سر اٹھا رہی تھیں۔

رحمت وقت مقررہ پر امیر کے کمرے میں داخل ہوا۔ کمرے کی دیوار کی کھلی الماریوں میں علوم نبوت کے پیچیدہ مسائل سے متعلق پچاسوں جلدیں قرینے سے چنی ہوئی تھیں۔ مفاسد شرعیہ پر ہوئی مباحث کے رسالے اور فتاویٰ تاتاریہ کی موٹی موٹی جلدیں چمچمارہی تھیں۔ چاندنی کے سفید فرش پر گاؤ تکیے سے ٹیک لگائے سرخ آنکھوں اور وجیہہ شخصیت کے ساتھ کلغی دار مکلف اور براق دستار فضیلت میں مفتی غلام محمد خاں دو چار خرانٹ قسم کے معلموں کے ساتھ نیم دراز تھے اور کمر کے نیچے گرم پانی کی بوتل دبی ہوئی تھی۔ وہ جیپ سے لمبا سفر طے کر کے اسی وقت آئے تھے۔ رحمت نے سلام علیکم کی رسم ادا کی اور سر پر منڈھی ہوئی ٹوپی اور جھکی ہوئی نظروں کے ساتھ کونے میں مودب کھڑا ہو گیا۔ معلموں کے برخاست ہونے پر کچھ دیر کے لیے مفتی غلام محمد یہ طے نہ کر پائے کہ وہ سامنے کھڑے مدرسے کے سرکش کارندے سے کس طرح نپٹیں۔ کچھ دیر بعد ایک الماری کی طرف اشارہ کر کے حکم دیا۔

''پہلے خانے کی داہنی جانب سے تیسری جلد نکالو''، تعمیل کی گئی۔ وہ کتاب کو الٹتے پلٹتے رہے، غالباً کچھ کہنے کے لیے جب انھوں نے وقت کما لیا تو بولے،'' اطلاعیں مل رہی ہیں، جو دین یہاں تمھیں سکھایا گیا ہے، اس پر سے تمھارا عقیدہ ہٹتا جا رہا ہے؟''

''یہ شکایت تو پرانی ہو چکی ہے''، رحمت نے زمین دیکھتے دیکھتے جواب دیا۔

''کبھی تم نے سوچا کہ اگر تم یہاں نہ ہوتے تو کہاں ہوتے؟ تمھاری ماں کو تمھیں پالنے کے لالے پڑے تھے۔''

اب رحمت نے نظریں اوپر کر کے جواب دیا،'' ہم جیسے یہاں کے علاوہ اور کہیں نہیں ہو سکتے مگر میں یہاں آیا نہیں، لایا گیا ہوں۔ 14 برس میں اس جگہ میں نے مسلمان کم اور بیوقوف زیادہ دیکھے ہیں۔''

امیر نے جملہ سنا۔ چہرے پر ایک رنگ آیا اور گیا۔ وہ اپنے مقابل کو بھنبھوڑ کھانے میں ماہر تھا۔ رحمت کو بھی کبھی کبھی نوچ ناچ کر پھینک چکا تھا مگر امیر کا برتاؤ دیکھ کر رحمت کو اندازہ ہو گیا کہ اس کا منشا غصہ دکھانا نہیں، کچھ اور ہے۔ اس درمیان امیر ہاتھ کی کتاب کھولے یہ عبارت پڑھ کر رحمت کو سنانا چاہتا تھا۔

''ہمیں علم نبوت کے اتنے بڑے سرمائے کی علمداری کرنے والا مولوی درکار ہے جو صرف مولوی ہو۔'' لیکن عبارت سنانے سے پہلے امیر کو خیال آیا کہ اس عمارت سے ہر طالب علم مولوی بن کر نہیں نکل پاتا اور طلبا کی بے راہ روی کی ذمہ داری مدرسے کا وہ ڈھیلا ڈھالا نظام اور تربیت ہے جس کی اصلاح ضروری ہے، غرا کر بولا'' تمھارے اندر یہ باغیانہ تیور ہرگز نہ پنپتے، اگر ہم اپنے تعلیمی نظام کو اتنا ہی ٹھوس اور پختہ بنا سکتے جتنا عیسائی پادریوں کا ہوا کرتا ہے۔''

لیکن اس وقت امیر کے دماغ میں ایک اور خیال بار بار کی طرح اس بار بھی اسے یاد دلا رہا تھا کہ رحمت اللہ کی شخصیت وجیہہ ہے، دوسروں کو مرعوب کر لیتا ہے اور اپنی ذہانت کے سبب امیر کی دوسری ضرورتیں پوری کرنے

میں کام آسکتی ہیں۔اس لیے امیر نے طے کیا کہ یہی موقع ہے جب رحمت سے معاملے کی دوٹوک بات کر لینا بہتر ہوگا۔اس لیے وہ بغیر کسی تمہید کے شروع ہو گیا:

''جس جمہوری اور برہمنی نظام میں تم بعض دوستوں کے ساتھ اٹھتے بیٹھتے ہو، کوشش کرو کہ اس کے جراثیم یہاں نہ لاؤ ورنہ نہ تم یہاں رہ پاؤ گے اور نہ میں۔ جس میں تم ہو، وہ ایک چہار دیواری اور عمارت نہیں بلکہ ایک بڑے تاریخی پس منظر کے ساتھ خود کو منوا چکا ایک طور طریقہ ہے۔ تمھاری زندگی کی فجر، عصر، مغرب اور عشا ویسی ہی ہونی چاہیے جیسی یہاں سب کی ہے۔ اس پہچان کو نہ تم بدل سکتے ہو اور نہ میں۔ ایسا کچھ نہ کرنا کہ میں تمھیں نہ بچا پاؤں۔'' اتنا کہہ کر امیر اپنے دفتر سے نکل کر چلا گیا۔

رحمت اللہ کی الجھنیں بڑھتی جا رہی تھیں۔ وہ عبدالعلی کی مسالوں کی دکان پر جا کر بیٹھتا، بیڑیاں سٹکاتا، بات بے بات عبدالعلی سے چڑ چڑے پن کے ساتھ جھگڑتا اور چارپائی پر دراز ہو کر کھٹملوں سے بدن نچواتا۔

ایک دوپہر وہ برگد کے سائے میں جا کر چبوترے پر لیٹا تو برگد جیسے بھرا بیٹھا تھا اور اس کا انتظار ہی کر رہا تھا، ایک پل ضائع کیے بغیر مخاطب ہوا۔

''کیا تم نے یہ بات محسوس کی کہ تمھارے اندر جو خدا پنپ رہا ہے، تمھارا امیر اس سے ٹکرانا نہیں چاہتا؟ مدرسے کی املاک کی حفاظت اور ترقی اس کی ذمہ داری بھی ہے۔ اسے سر کی ٹوپی، پیشانی کے نشان اور چہرے کی داڑھی کے علاوہ اور بھی بہت کچھ ایسا چاہیے جو ہر دور میں چاہا گیا ہے اور جس کے بغیر اس زندہ وجود کی حفاظت ممکن نہیں جو ان نشانیوں کو زیب تن کرتا ہے۔'' اتنا کہہ کر برگد نے کچھ توقف کیا۔ وہ دیکھ رہا تھا کہ رحمت اللہ اس کی باتیں سن کر اندر اندر کھول رہا تھا مگر برگد نے ابھی اپنی بات ختم نہیں کی تھی۔

مدرسے کی گلی میں اس رات مسالے والے عبدالعلی کی دکان دیر تک کھلی رہی۔ اس کو دکان کے سامان کا حساب کتاب کرنا تھا۔ وہ جب تک کام میں مشغول رہا، رحمت اللہ نے تپائی پر بیٹھے بیٹھے آدھی ماچس اور چوتھائی بیڑی کا بنڈل پھونک ڈالا۔ عبدالعلی کنکھیوں سے رحمت کی ذہنی کیفیت کو بھانپتا رہا، پھر کام ختم کر کے پاس آ کر بیٹھ گیا۔ تب تک گلی کی باقی دکانیں بند ہو چکی تھیں اور سناٹا پھیل چکا تھا۔ ایک بیڑی سلگا کر عبدالعلی نے رحمت کو کریدا،

''کیا بات ہے؟ کچھ پریشان لگ رہے ہو؟''

رحمت اللہ کچھ دیر تو چپ رہا، پھر رو پڑا۔ وہ کئی بار کی کہی ہوئی بات کو پھر کیا دہراتا کہ برسوں ہو گئے اس کی چہار دیواری کے ساتھ موسم کبھی نہ بدلے، نہ رات بدلی، نہ دن۔ ایک سا شور اور ایک سا سناٹا۔ یہاں تک کہ کئی برسوں سے مدرسے کا ناشتہ اور کھانا بس ایک بار پکا کر رکھ لیا جاتا ہے اور مسلسل اس پھیکے سیٹھے ذائقے کو برسوں کھلایا جاتا ہے۔

عبدالعلی جس نے دو سال پہلے مدرسہ چھوڑا تھا۔ اس نے رحمت کو صلاح دی کہ وہ اپنے قصبے میں لوٹ جائے اور کسی مسجد میں ٹھکانا ڈھونڈے لیکن وہاں کی زندگی کے تصور سے ہی رحمت کانپ جاتا تھا۔ تب عبدالعلی نے

دوسری بیڑی جلائی اور سوال کیا، ''سنا ہے بعض جہادی تنظیموں کے کارکن کام کے لڑکوں کی تلاش میں نکلتے رہتے ہیں۔ کہو تو ان کا پتا لگاؤں، جاؤ گے؟''

''شہادت میں مجھے دلچسپی نہیں، زندگی ایک بار ملی ہے، اسے بھرپور جینا چاہتا ہوں۔''

یہ سن کر عبدالعلی نے اسے موٹر گیراج کھولنے کا مشورہ دیا۔ رحمت نے بتایا کہ جب تک تین چار گاڑیوں کی مرمت کی تربیت نہ ہو، گیراج نہیں چلتا۔ پھر اسے کھولنے کے لیے کم سے کم تین لاکھ کے سرمائے کی ضرورت ہوگی اور کیوں کہ ہم مسلمان ہیں، اس لیے ہمارے جنت کی آسائشیں خریدنے کے وسائل تو ہیں، دنیا کی آسائشوں کے لیے نہیں۔ یہ سن کر عبدالعلی نے رازداری کے ساتھ پوچھا، ''شہید نہیں ہونا چاہتے تو شہادت کا کام کرنے والوں کو پیسہ پہنچانے میں مدد تو کر سکتے ہو؟''

''کیسے؟'' رحمت نے سوال کیا۔

''برہمنی نظام کے بنائے قانون کی خلاف ورزی کر کے اکٹھا کیے سرمائے کو خدا کے خدمت گاروں تک پہنچانا اور اس لوٹ کے کمیشن سے آرام کی زندگی بسر کرنا... بڑا ہاتھ مارنے پر اتنا تو مل جائے گا کہ اپنا گیراج کھول لو، جو کام مدرسے اور اوقاف کی آمدنی ہماری سرمایہ کاری کے لیے نہیں کر سکتی، اس کی سبیل ان راستوں سے نکل سکتی ہے۔''

رحمت نے تجویز یہ کہہ کر ٹھکرادی کہ اس میں ڈاکہ ڈالنے کی ہمت نہیں۔ اسی بیچ عبدالعلی کو ایک اور تدبیر یاد آئی، بولا ''اب تو کئی نئے کام نکل آئے ہیں۔ بستیوں میں ہونے والے فساد، لوٹ مار، آتش زنی اور مظالم پر بنائی گئی ویڈیو فلموں کی ملک مخالف پروپیگنڈے کے واسطے باہر اچھی مانگ ہے۔ پیسے اچھے مل جاتے ہیں اور تمھیں فوٹوگرافی کا کچھ شوق بھی ہے۔''

رحمت اللہ نے بات سنی اور منہ دوسری طرف موڑ لیا۔ عبدالعلی منہ ہی منہ میں خود کلامی کرتا رہا، ''بم بنانا بھی ایک انڈسٹری ہے۔ گھریلو بموں کی اچھی مانگ ہے۔ بم بنانے والے ہندو مستری مسلمانوں کے لیے بھی بم بناتے ہیں۔ جب سے بموں کی ساخت کی مدد سے پولیس تنظیموں تک پہنچنے لگی ہے، ان کے بنانے میں بھی تکڑم ہونے لگی ہے۔'' رحمت کچھ بولے بغیر برا سا منہ بنائے دکان سے اٹھنے لگا تو عبدالعلی نے اسے دلاسہ دیا:

''تم تو مجھ سے بہتر ہو، میرے پاس تو عقل کی کمی بچپن سے رہی ہے، اسی لیے مسالے بیچ رہا ہوں۔ پھر یہ بات تو طے ہے کہ امیر تمھارے لیے اس طرح نہیں سوچتا جیسا دوسروں کے لیے سوچتا ہے۔''

''لیکن میں مولوی نہیں بننا چاہتا۔''

عبدالعلی نے ان سنی کرتے ہوئے سمجھایا، ''لاکھوں لوگ وہ پیشے اپنائے ہوئے ہیں جن کو وہ دل سے پسند نہیں کرتے۔ یا تو سیدھے سادھے مسلمان ہو کر میری طرح مسالے بیچو یا پھر ڈھنگ کے مسلمان ہو جاؤ۔ ڈھنگ کا مسلمان روزہ رکھتا ہے تو افطار میں چیف منسٹر روزہ کھولنے آتا ہے اور مسالے بیچنے والا افطار کراتا ہے تو میونسپلٹی کا بابو بھی نہیں آتا۔''

عبدالعلی دکان بند کرنے لگا تو رحمت تھکے قدموں سے اپنے کمرے میں داخل ہوا اور روشنی کیے بغیر کھٹملوں بھری چارپائی پر ڈھیر ہو گیا۔

صبح ہوئی تو رحمت کے پاس امیر کے دفتر میں حاضر ہونے کا فرمان آ گیا۔ کمرے میں پہنچ کر رحمت کو یہ دیکھ کر حیرت ہوئی کہ مفتی غلام محمد نے اس سے لفظ بہ لفظ وہی باتیں کیں جو برگد رحمت کو بتا چکا تھا۔ لیکن اس کے ساتھ ساتھ کچھ اور باتیں بھی ہوئی تھیں۔ رحمت کو احساس دلایا گیا کہ جو حلوے مانڈے وہ مدرسے میں رہ کر کھا رہا ہے، وہ بہتوں کو میسر نہیں اور وہ مفت کی بریانی کھا کر کہتا ہے کہ اس میں نمک نہ تھا۔'' پھر امیر چیخا تھا، ''ہم اپنی زندگی کو پیٹ پر پتھر باندھنے والوں کی زندگی کی روشنی میں درست کرنا چاہتے ہیں، قال اللہ و قال الرسول کے وارث ہیں۔'' پھر کچھ سوچ کر اس نے اپنے غصے پر قابو پایا اور عاجزی سے ایک نئے لہجے اور نئی آواز میں بولا:

''تم اگر میرے خدا کے دوست نہیں بن پا رہے ہو تو کم از کم فی الحال میرے ہی دوست بن جاؤ۔ کیوں کہ مجھے اپنے خدا کا دوست بنے رہنے کے لیے کچھ ضروری امداد درکار ہے۔ خیر، مدینہ منورہ سے کچھ تسبیحیں آئی ہیں، شام کو گھر جا کر اپنی ممی جی سے وہ پیکٹ مانگ لانا۔ وہ تمھیں پوچھ بھی رہی تھیں۔''

دوپہر کے ویران سناٹے میں رحمت اللہ سوچتا رہا کہ رنج اور پریشانی کے تدارک کے لیے جو دعائیں اس نے یاد کی تھیں، وہ بھلا کیا کام کریں گی جب رنج و پریشانی سے انسان کو مفر ہی نہیں۔ رحمت باغ میں آیا، برگد کے پاس کنویں کی منڈیر پر پانی نکالنے کی رسی دیکھ کر جی میں آیا کہ شاخ میں اسے باندھ کر لٹک جائے۔ اس کا یہ ارادہ بھانپ کر برگد نے اسے آواز دی:

''پھر مرنے کی سوچ رہے ہو؟ معلوم نہیں کہ قسمتیں پلٹتی بھی ہیں؟''

''معلوم ہے لیکن میرے اور مدرسے کے درمیان لمبی کھائی ہے۔''

''کیسی کھائی؟''

''کھائی یہ کہ مخلوق کس چیز کو اچھا سمجھتی ہے اور کس کو برا، یہ خیال رکھا جائے یا یہ کہ شرع کے نزدیک کون سی چیز اچھی اور کون سی بری ہے؟ ایسے موقعوں پر مدرسہ شرع کے ساتھ ہو جاتا ہے اور میں مخلوق کے ساتھ۔ امیر میری پریشانی نہیں جانتا۔''

''جانتا ہے،'' برگد فوراً بولا، ''تمھارے جیسے کئی لونڈوں کو وہ چرا کر پھینک چکا ہے۔ اب ذرا عقل کے ناخن لو۔ تم تسبیحوں کا پیکٹ لینے شام کو اس کے گھر جاؤ گے۔ امیر کی بیوی جسے تم ممی جی کہتے ہو، جس کی ناک میں فیروزہ کی کیل ہے اور سر کے بال دوپٹے سے ڈھکے رہتے ہیں، جس کا وضو کبھی نہیں ٹوٹتا۔ وہ محبت سے تمھیں چاندنی بچھے تخت پر اپنے پاس بٹھائے گی، روح افزا کے گلاس سے تمھاری خاطر کرے گی۔ یاد دلائے گی کہ اس کا شوہر جسے وہ 'میاں جی' کہتی ہے اور جو تمھارا امیر ہے، تم کو بہت چاہتا ہے۔ اسی وقت ممی جی کے برابر والے کمرے سے ایک دبلی پتلی خوب صورت آنکھوں اور چاندنی جیسے رنگ کی گھنے لمبے بالوں والی لڑکی سر پر دوپٹہ برابر کرتے

ہوئے نیچی نظروں کے ساتھ کمرے کے باہر آئے گی۔ شبانہ کہہ کر وہ اسے پکارے گی۔ لڑکی رک جائے گی تو وہ تم سے اس کا تعارف کراتے ہوئے بتائے گی کہ وہ اس کی بہن کی بیٹی ہے جس کا نہ باپ زندہ ہے اور نہ ماں۔ وہ شبانہ کی قرأت درست کرنے کے لیے تمھیں معمور کرے گی۔ روزانہ فجر کی نماز کے بعد ایک چاند سے چہرے والی جھکی جھکی نظروں والی ایک بھولی بھالی لڑکی تمھارے سامنے ہوگی۔ کچھ دنوں بعد تمھیں ہر وہ صبح بے لطف، اداس اور کھوئی کھوئی سی لگے گی جس صبح تم شبانہ کو نہیں دیکھ پاؤ گے۔ تم اس کو خط لکھو گے تو وہ جواب نہیں دے گی۔ پھر لکھو گے تو وہ تم سے کہے گی کہ سارے مرد ایک ہی وقت میں بہت سی چیزوں کے طالب ہوتے ہیں لیکن عورت صرف اور صرف اسی کی طالب ہوتی ہے جسے وہ پیار کرتی ہے۔ وہ بتائے گی کہ اس کا باپ جو کچھ پانا چاہتا تھا، جب وہ نہیں پاتا اور اس کی ماں کے بستر پر ہفتوں نہیں آتا تھا اور صبر و قرار کھو کر گالیاں بکنے لگتا تھا تو اس غریب ماں اندھی اور دیوانی ہو کر ایسے پیار کی تلاش میں بلک بلک کر روتی تھی جو اس کے باپ کو آسودگی اور سکون کی گود میں تھپک کر سلا دے۔ تم یہ جاننے کے لیے بے قرار رہو گے کہ شبانہ بھی تم سے پیار کرتی ہے یا نہیں؟ کیا تم اس کو بھی پسند ہو یا نہیں؟ جب تم اس سے مدرسے سے اپنی بغاوت کا ذکر کرو گے تو وہ تم سے اس طرح روٹھ جائے گی جیسے تم نے کوئی بڑا جرم کیا ہو۔ پھر تم اس کو مناؤ گے تو وہ بڑی ہوشیاری سے مگر بڑے صبر کے ساتھ تمھیں اتنا نرم کر دے گی کہ تم بہ رضا و رغبت خود کو اسے سونپ دو اور یہ سب کچھ اتنے غیر محسوس طریقے سے ہوگا کہ تمھیں پتہ بھی نہیں چلے گا۔ پھر وہ تمھارا سر اپنے زانوؤں پر رکھ کر تمھیں پیار سے یاد دلائے گی کہ تم کس قدر کمتر اور حقیر ہو اور ایسی ناطاقتی کی حالت میں تسلیم و رضا ہی بیڑا پار لگاتی ہے۔ پھر ایک دن شبانہ کی محبت جب تمھیں پل پل تڑپانے لگے گی اور اسے تم سے روپوش کر دیا جائے گا، تب تم امیر کے دروازے پر ٹکریں مارو گے اور مفتی غلام محمد کی بیوی باہری دروازے کے پٹ پکڑ کر دھیرے سے تم سے پوچھے گی، ''تمھیں نہیں لگتا کہ تم اپنے امیر کے، جو اپنے مخالفوں میں گھرا ہوا ہے، مقروض ہو اور اس قرض کے لیے تم نے کچھ گروی رکھا تھا۔ یاد کرو کیا رکھا تھا؟'' پھر ہر طرف سے تمھارے کانوں میں آواز آئے گی:

تسلیم و رضا

تسلیم و رضا

وقت کی تیز آندھی پرانے درختوں کو اکھاڑ کر پھینک چکی ہے۔ اب نہ مفتی غلام محمد خاں زندہ ہیں اور نہ ہی ناک میں فیروزہ پہننے والی ان کی پاک دامن بیوی۔ البتہ مدرسۂ صحابہ کی عمارت، کشادہ باغ اور پرانا برگد اب بھی موجود ہیں۔ مفتی غلام محمد خاں کی کوٹھی کے گیارہ کمروں میں اب مفتی رحمت اللہ اور امیر مدرسۂ صحابہ اپنی اولادوں کے ساتھ قابض ہیں۔ مفتی غلام محمد کی بیوی کی فیروزے کی کیل اب مفتی رحمت اللہ امیر مدرسہ کی زوجہ کی ناک میں ہے۔ مفتی رحمت اللہ کے مدرسے کے بعض حرص و ہوس کے پتلے معلم جن کی خفیہ فہرست رحمت اللہ کے پاس ہے، انھیں میں سے کوئی معلم رحمت اللہ سے سوال کرتا ہے:

''مخلوق کس چیز کو اچھا سمجھتی ہے اور کس کو برا، یہ خیال رکھا جائے یا یہ کہ شرع کے نزدیک کون سی چیز اچھی ہے اور کون سی بری؟''

مدرسہ کے باغ میں برگد کے پتے اب بھی ہواؤں سے ویسے ہی سرسراتے ہیں اور اس کی گھنی چھاؤں رحمت اللہ کو پکے چبوترے پر مصلا بچھا کر کبھی کبھی اپنے خدا سے گریہ وزاری کے ساتھ یہ کہتے ہوئے سنتی ہے، ''اے مالک دو جہاں! ترے احسانات کا یہ بندہ منکر نہیں، بڑھاپے کی دہلیز پر کھڑا تیرا یہ کمزور بندہ عاجزی اور فروتنی سے اپنے دل کے خوف اور وسوسے تجھ سے بیان کر رہا ہے۔ تو دیکھ رہا ہے کہ میرے مخالف اور دشمن بڑھتے جا رہے ہیں، اب جاؤں تو کہاں جاؤں؟ تجھے چھوڑ دینے میں نہ کوئی تدبیر رہ جائے گی اور نہ طاقت۔''

مفتی کی کوٹھی کے ایک کمرے میں پاکباز خاتون ناک میں فیروزے کی کیل پہنے مدرسے کے کسی بھروسے مند شاگرد کو بلا کر پوچھتی رہتی ہے، ''کیا تم میاں جی کے مقروض نہیں ہو؟ سوچنا، تم نے اس قرض کے لیے کیا گروی رکھا تھا؟''

ساتواں باب

سیاست وقیادت

کباڑی والا

عدنان کفیل درویش

ایک وہی ہے جسے ہمارے کباڑ کی سب سے زیادہ فکر ہے
روز صبح شروع ہوتا ہے اس کا ہانکا
گلی گلی صرف ایک ہی پکار
ایک ہی نغمہ
ایک ہی دھن
کبا... ڑی... والے... آ... پیپر!
کبا... ڑی... والے... آ... پیپر!

اس کی آواز ایک قدیم انسانی جذبے کی طرح
دستک دیتی ہے
روز روز ایک ہی طرح سے
کان کے پردے ہلتے ہیں
اور سُستی سے جو کھیلتا ہے، صبح ہوتی ہے
اور ہم بھی کل پر ٹال دیتے ہیں
اپنے کباڑ کی نکاسی
اور کروٹ بدل لیتے ہیں
اس کی آواز اَن سنی کر کے
پھر سے سو رہتے ہیں

اس کی ڈاڑھی اور مسلمانی حلیہ دیکھ کر
کبھی ترس آتا ہے کبھی ڈر بھی لگتا ہے
گلی کے شہدے جب کبھی گھورتے ہیں اسے
تو کلیجہ منھ کو آتا ہے
کہ کہیں کوئی انہونی نہ ہو اس بیچارے کے ساتھ
اور کہیں ناپید نہ ہو جائے یہ
صبح کی میٹھی آواز
اس کی گشت نایاب نہ ہو
اس کی آمد کا ہمیں رہے ہمیشہ انتظار
اور اس صبح سے رہے یوں ہی پیار

دراصل صبح کا فرشتہ ہے وہ
اس کی آواز جس دن نہیں آتی
شہر میں کرفیو لگتا ہے
یا نکلتا ہے فاشسٹوں کا کوئی
پُرتشدد جلوس!

مسلم نمائندگی کو متاثر کرنے والے زمینی عوامل

عبدالرحمٰن

ترجمہ: نایاب حسن

ہندوستان بھر میں زمینی سطح پر کچھ ایسے مسائل ہیں، جو مسلمانوں کی سیاسی محرومی میں براہ راست کردار ادا کرتے ہیں۔ یہ مندرجہ ذیل ہیں:

- مسلمانوں کے خلاف بی جے پی کا معاندانہ رویہ
- انتخابات میں ایک ہی مسلم اکثریتی حلقے سے کئی مسلم امیدواروں کا الیکشن لڑنا
- مسلم اکثریتی حلقوں میں سیکولر پارٹیوں کے درمیان ووٹوں کی تقسیم
- مسلمانوں میں داخلی قیادت کا مسئلہ
- ووٹر لسٹ سے مسلم ووٹرز کے ناموں کا حذف کیا جانا
- مسلمانوں اور دلتوں کے درمیان تفرقہ انگیزی وغیرہ۔

یہ مسائل انتخابات کے دوران ہمیشہ سامنے آتے ہیں۔ ان تمام کا بغور جائزہ لینے سے پتہ چلتا ہے کہ یہ سیکولر پارٹیوں میں بدانتظامی، سیاسی نمائندگی کے حوالے سے مسلمانوں میں سمجھ داری کے فقدان اور سرکاری افسر شاہی کی نچلی سطح پر افسران کے امتیازی رویے کا نتیجہ ہیں۔

میں شدت سے محسوس کرتا ہوں کہ اگر مسلم قائدین عوام میں سیاسی پیچیدگیوں کے حوالے سے بیداری پیدا کریں تو ان مسائل سے اچھی طرح نمٹا جاسکتا ہے اور مسلمانوں کی نمائندگی میں بہتری آسکتی ہے۔

بی جے پی کا استثنائی رویہ

مسلمانوں کی سیاسی نمائندگی کے بارے میں بی جے پی کا نقطۂ نظر بنیادی طور پر 'آر ایس ایس' کی دین ہے، جس کا مقصد ایک فرقہ وارانہ ہندو راشٹر کا قیام ہے، جہاں اقلیتیں دوسرے درجے کی شہری ہوں گی اور دلت و او بی سی طبقات 'پیادہ سپاہیوں' کے طور پر کام کریں گے۔ اس کا غیر جامع اور استثنائی تصورِ ملک وقوم ہندوستان کی سیکولر، جمہوری اور جامع روح کے بالکل خلاف ہے۔ پارٹی کی پالیسی کی جڑیں 'ہندو قوم پرستی' کے نظریے میں گہری پیوست ہیں، جو صرف ہندوؤں کو ہی ملک کا جائز شہری مانتا ہے اور وہ شہری جو 'غیر ملکی مذاہب' یعنی عیسائیت اور اسلام کو مانتے ہیں، انھیں وہ ہندو قوم کے لیے خطرہ سمجھتا ہے۔ 'آر ایس ایس' کے سرکردہ نظریہ ساز ایم ایس گولوالکر نے اپنی کتاب 'Bunch of Thoughts' میں اسے بیان کیا ہے۔ بی جے پی کی نظریاتی بنیادیں اڈولف ہٹلر کے نازی نظریے سے مماثلت رکھتی ہیں۔ 1 ہٹلر کی یہودیوں کی نسل کشی کو سراہتے ہوئے گولوالکر لکھتے ہیں:

> ... قوم اور اس کی ثقافت کے خالص پن کو برقرار رکھنے کے لیے جرمنی کے لوگوں نے اپنے ملک کو سامی نسل کے یہودیوں سے پاک کر کے دنیا کو چونکا دیا۔ یہاں قومی افتخار اپنی بلند ترین سطح پر ظاہر ہوا ہے۔ جرمنی نے یہ بھی دکھایا ہے کہ ان نسلوں اور ثقافتوں کے لیے ایک ہونا کتنا مشکل ہے، جن کے مابین بنیادی اختلافات ہیں، اس میں ہمارے لیے بہترین سبق ہے کہ اس سے سیکھیں اور فائدہ اٹھائیں۔

(*We or Our Nationhood Difined*, P. 27, 1938)

بی جے پی کو ہندوستان کی مذہبی اقلیتوں سے شدید نفرت ہے اور وہ ان کی سیاسی بااختیاری کے خلاف ہے۔ پارٹی نے اپنے قیام سے لے کر اب تک مسلمانوں کے تئیں اس ملک کے مساوی شہری کے طور پر نہیں سوچا ہے، اس کی بجائے اس نے دوسری سب سے بڑی اکثریت کو اپنا مخالف بنانے کے لیے انتھک محنت کی ہے۔ اس کا مسلمانوں سے مطالبہ ہے کہ وہ اپنی عبادت گاہوں سے دست بردار ہو جائیں، اس نے انھیں اشتعال دلانے کی کوششیں کیں، فرقہ وارانہ فسادات بھڑکائے اور جب اقتدار میں آئی، تو ان پر حملہ کرنے والے غنڈوں کے خلاف کوئی کارروائی نہیں کی؛ حتیٰ کہ یہ پارٹی مسلمانوں سے بہت سے آئینی حقوق سے دست بردار ہو جانے کا مطالبہ کرتی رہی ہے۔

بی جے پی اقلیتوں، بالخصوص مسلمانوں کو سیاسی طور پر بااختیار بنانا اپنے ایجنڈے میں شامل ہی نہیں کرنا چاہتی، اسی وجہ سے اس نے پارلیمانی اور اسمبلی انتخابات میں شاذ و نادر ہی مسلمان کو نامزد کیا ہے۔ 1952 سے 2004 تک بی جے پی نے انھیں صرف 0.82 فیصد نامزدگی دی۔ 1980 سے اب تک اس نے لوک سبھا انتخابات میں صرف 20 ٹکٹ دیے، جن میں سے صرف تین امیدوار منتخب ہوئے۔ بی جے پی کا مسلمانوں کو مرکزی دھارے سے باہر رکھنے کا نظریہ اور ان کو سیاسی شرکت سے محروم رکھنے کی اس کی دانستہ کوشش 1952 سے 2019 تک مسلم امیدواروں کی 1.08 فیصد نامزدگیوں سے ظاہر ہے، جن میں سے صرف چار منتخب ہوئے۔

2009 میں اس نے پانچ ٹکٹ دیے، 2014 میں سات اور 2019 میں چھ، جب کہ پارٹی نے ان تمام انتخابات میں سے ہر ایک میں 400 سے زائد ٹکٹ تقسیم کیے۔ مزید یہ کہ جو ٹکٹ اس نے مسلمانوں کو دیے، وہ بھی جموں و کشمیر، بہار، مغربی بنگال اور لکشدیپ کی مسلم اکثریتی سیٹوں پر تھے، جہاں بی جے پی کے مسلم امیدواروں کی جیت کے امکانات بہت کم تھے۔ 2014 اور 2019 میں جب نریندر مودی واضح اکثریت کے ساتھ اقتدار میں آئے، تو ان کی پارٹی میں آزادی کے بعد پہلی بار ایک بھی مسلم ایم پی نہیں تھا۔ یہ نہ صرف اپنے آپ میں چونکانے والی صورت حال تھی، بلکہ اسے ہندوستانی جمہوریت کی بدقسمتی کہنا چاہیے۔

اسمبلی انتخابات میں بھی ایسے ہی حالات ہیں۔ راجستھان، مدھیہ پردیش اور دہلی میں، جہاں 2013 میں اسمبلی انتخابات ہوئے تھے، پارٹی نے 500 سے زیادہ نامزدگیوں میں سے صرف چھ ٹکٹ مسلمانوں کو دیے، حالانکہ ان ریاستوں میں 50 مسلم اکثریتی اسمبلی حلقے ہیں اور پچھلی اسمبلیوں میں 17 مسلم 'ایم ایل اے' تھے، یہاں تک کہ بی جے پی اقلیتی سیل کے بڑے لیڈروں کو بھی ٹکٹ نہیں دیا گیا۔ پارٹی نے 'ایم پی' (مدھیہ پردیش) میں صرف ایک مسلمان کو ٹکٹ دیا اور 200 رکنی راجستھان اسمبلی الیکشن میں چار، دہلی میں صرف ایک مسلم امیدوار کھڑا کیا گیا تھا جہاں 70 سیٹیں ہیں اور 12 فیصد مسلم آبادی ہے۔ بی جے پی مسلمانوں کو صرف ان حلقوں میں کھڑا کرتی ہے، جہاں وہ اکثریت میں ہیں اور کسی غیر مسلم امیدوار کے سیٹ جیتنے کے امکانات بہت کم ہیں۔ جنوری 2018 میں شمالی اور مغربی ریاستوں میں بی جے پی کے 1,418 ارکان اسمبلی منتخب ہوئے، ان میں سے صرف چار مسلمان تھے۔ جب 2018 میں مدھیہ پردیش، راجستھان اور چھتیس گڑھ میں انتخابات ہوئے، تو پارٹی نے ان ریاستوں میں اقتدار کھویا اور ساتھ ہی وہاں مسلم نمائندگی میں نمایاں اضافہ ہوا۔ 2012، 2017 اور 2022 کے گجرات اسمبلی انتخابات میں ایک بھی مسلم امیدوار کو ٹکٹ نہیں دیا گیا۔ یوپی کے 2012 اور 2017 کے اسمبلی انتخابات میں کسی مسلمان کو میدان میں نہیں اُتارا گیا۔ مہاراشٹر کے 2014 کے اسمبلی انتخابات میں صرف دو مسلمانوں کو نامزد کیا گیا تھا اور 2019 میں ایک کو بھی نہیں۔ مہاراشٹر مسلم سنگھ کے سربراہ ایف ایم ٹھاکر کہتے ہیں: ''بی جے پی پارلیمنٹ اور اسمبلی میں مسلمانوں کو دیکھنا ہی نہیں چاہتی، اس کا یہ رویہ مسلمانوں کو سیاسی طور پر بااختیار بنانے کے خلاف ہے اور کسی مسلمان کو ٹکٹ دینے سے انکار اسی ایجنڈے کا حصہ ہے۔'' ('دی ٹائمز آف انڈیا'، 13 اکتوبر 2019)

بی جے پی کا جامع یا تمام سماجی طبقات کو شامل سیاست سے کوئی لینا دینا نہیں ہے۔ زیادہ تر ریاستوں میں مسلمانوں کو میدان میں نہ اُتار کر پارٹی نے یہ واضح اشارہ بھی دیا ہے کہ مسلم ووٹ اس کی جیت کو متاثر نہیں کر سکتے۔ درحقیقت اس کے انتخابی امکانات اس وقت اور بڑھ جاتے ہیں، جب وہ خود کو مسلم مخالف کے طور پر پیش کرتی ہے۔

مندرجہ بالا تفصیلات سے ہم کئی نتائج اخذ کر سکتے ہیں۔ اول، بی جے پی کا عروج مسلمانوں کے سیاسی

سمٹاؤ پر منتج ہوتا ہے۔ بی جے پی نے جہاں بھی اچھی کارکردگی کا مظاہرہ کیا ہے، وہاں مسلمانوں کی نمائندگی کم ہوئی ہے۔ 1980 سے 2019 کے درمیان مسلم ارکان پارلیمنٹ کی تعداد اور ان کے فیصد میں آدھے سے زیادہ کی بتدریج کمی دیکھی گئی، جب کہ آبادی میں مسلمانوں کا حصہ بڑھا ہے، نتیجتاً ان کی آبادی اور لوک سبھا میں نمائندگی کے درمیان تفاوت تیزی سے بڑھ گیا ہے۔ اس صورتِ حال کی ذمے داری بنیادی طور پر بی جے پی پر عائد ہوتی ہے، جس نے کم مسلم امیدواروں کو سپورٹ کیا ہے اور اس سلسلے کو کسی بھی دوسری پارٹی کے مقابلے میں زیادہ بڑھا رہی ہے؛ کیونکہ یہ دوسری جماعتوں کے مقابلے زیادہ سیاسی اسپیس پر قابض ہے۔ ایسی ریاستوں میں جہاں بی جے پی برسر اقتدار ہے یا حکمراں اتحاد کے بڑے شراکت داروں میں سے ایک ہے، وہاں اسمبلیوں میں مسلمانوں کا حصہ بہت کم ہے۔ یوپی میں 2012 کے اسمبلی انتخابات میں سب سے زیادہ مسلم ممبران اسمبلی کامیاب ہوئے، جب کہ بی جے پی صرف 47 سیٹیں جیت کر تیسرے نمبر پر چلی گئی تھی۔ 2017 میں یہی پارٹی 312 ارکان اسمبلی کے ساتھ اقتدار میں واپس آئی اور مسلم ارکان اسمبلی کی تعداد گھٹ کر 25 ہوگئی۔ یہ رجحان تمام ریاستوں کے ساتھ ساتھ قومی سطح پر بھی واضح طور پر نظر آتا ہے، جس سے معلوم ہوتا ہے کہ بی جے پی کے اُبھرنے سے سیاست اور اقتدار میں مسلمانوں کی صحیح حصے داری پر منفی اثرات مرتب ہوتے ہیں۔

دوم، بی جے پی ہندوؤں کی اکثریت کو اپنی طرف متوجہ کرنے کے لیے فرقہ پرستانہ اور اکثریتی قوم پرستانہ سیاست کرتی ہے، فرقہ وارانہ مسائل کو اٹھاتی ہے اور فرقہ وارانہ پولرائزیشن سے فائدہ اٹھانے کے لیے مذہبی تفرقہ انگیزی پر زور دیتی ہے، ہندو ووٹروں کو خوش کرنے اور بہلانے کے لیے مختلف خیالی مذہبی مسائل کو اٹھاتی ہے، وہ دراصل عام لوگوں کی توجہ روزمرہ زندگی کے مسائل سے ہٹانے کے لیے اس طریقے کو استعمال کرتی ہے۔ ووٹ حاصل کرنے کے لیے مختلف سماجی طبقات کے درمیان فرقہ واریت کو فروغ دیتی ہے، جس کی وجہ سے ملک کی فرقہ وارانہ ہم آہنگی اور مشترکہ سماجی تانا بانا تباہ ہو رہا ہے۔ ایسا لگتا ہے کہ ہندوستان کی انتخابی سیاست کو اکثریتی قوم پرستی کے عروج سے پیدا ہونے والے چیلنجوں کی نئی لہر کا سامنا ہے۔ 2014 میں بی جے پی کے عروج کے ساتھ ہی مسلمانوں کی سیاسی رفتار پر بریک لگ گئی ہے اور وہ انتخابی طور پر گویا لاشی پاشی ہوگئے۔ ہندو قوم پرستی نے تمام اقلیتوں کو مکمل طور پر پس منظر میں دھکیل دیا ہے اور ہندوستان کے ساتھ ان کی وفاداری اور سیاسی شراکت پر سوالیہ نشان لگا دیا ہے۔ اکثریتی قوم پرستی اور ثقافت کا مطلب ہے واحد قومیت اور واحد قومی ثقافت، ہندوستانی تناظر میں ہندو قوم پرستی کے بی جے پی برانڈ کے غلبے نے ہندوستانی تکثیریت کے مستقبل اور انتخابی سیاست میں مسلمانوں کی فعال موجودگی کو بری طرح متاثر کیا ہے۔ ہندو قوم پرستی بلاشبہ ان بڑے چیلنجوں میں سے ایک ہے، جن کا ہندوستانی جمہوریت کو اپنے وجود کے اول دن سے سامنا ہے۔

سوم، بی جے پی کی طرف سے کی جانے والی اکثریتی سیاست کی وجہ سے کانگریس اور دیگر سیکولر پارٹیاں بھی مسلم امیدواروں کو ٹکٹ دینے سے کتراتی ہیں۔ یہ قابل ذکر ہے کہ سیاست میں مسلمانوں کی حصے داری

میں مجموعی طور پر کمی 2014 اور 2023 کے درمیان ہونے والے انتخابات میں علاقائی پارٹیوں کی طرف سے آئی ہے کیونکہ جارحانہ اکثریتی سیاست کے پیش نظر علاقائی پارٹیاں بھی مسلمانوں کو ٹکٹ دینے سے گریز کر رہی ہیں۔ Gilles Vernier کے مطابق: ''بی جے پی کی طرف سے بھڑکائے گئے مسلم مخالف جذبات کی وجہ سے بی جے پی سے باہر بھی مسلم امیدوار ٹکٹوں سے محروم ہو رہے ہیں، 'ہندو مخالف' ٹیگ لگنے کے خوف نے کانگریس اور دیگر پارٹیوں کو بھی مسلم امیدواروں کی کم سے کم تعداد کو نامزد کرنے پر مجبور کیا ہے۔''[2] جیفر یلوٹ اپنی کتاب *Majoritarian State: How Hindu Nationalism is Changing India* میں لکھتے ہیں: ''بی جے پی کے ذریعے ہندو ووٹ بینک کی تشکیل، جس کا مقصد خاص طور پر سیاسی منظرنامے سے اقلیتوں کو سائڈ لائن کرنا تھا، نے دیگر پارٹیوں کو بھی ہندوستانی مسلمانوں کو نامزد نہ کرنے پر مجبور کیا ہے، سوائے ان علاقوں کے جہاں مسلمان اکثریت میں ہیں۔''[3] آزادی کے بعد سے مسلمانوں نے بڑے پیمانے پر کانگریس، ایس پی، بی ایس پی، ٹی ایم سی، آر جے ڈی وغیرہ جیسی سیکولر جماعتوں کو سپورٹ کیا ہے، مگر موجودہ صورت حال میں یہ پارٹیاں بھی ان کو مناسب نمائندگی دینے سے کترا رہی ہیں۔ اس میں کوئی شک نہیں کہ مسلمانوں کے تئیں یہ سردمہری ہندو دائیں بازو کی پاپولزم کی فتح کی وجہ سے پیدا ہوئی ہے اور نام نہاد اقلیت دوست پارٹیوں نے بھی 'پولرائزیشن' کی مجبوری کے پیش نظر 'جیتنے کے امکانات' کے نام پر متوقع مسلم امیدواروں کو درکنار کرتے ہوئے اپنی نئی سمت بندی کی ہے۔

بی جے پی کا مقصد پارٹی کو 'مسلم ووٹ' سے مکمل طور پر آزاد کرنا ہے، جس کی وجہ سے اس نے دوسری پارٹیوں پر ہندو اکثریت کی قیمت پر انتخابی فوائد حاصل کرنے کا الزام لگایا ہے، اسی لیے انتخابی مہموں کے دوران بی جے پی امیدوار کھلے عام اعلان کرتے ہیں کہ انھیں مسلم ووٹوں کی ضرورت نہیں ہے۔ مندرجہ بالا حقائق سے پتہ چلتا ہے کہ بنیادی طور پر بی جے پی کی سیاسی حکمت عملیاں اور اس کے مقاصد مسلمانوں کو سیاسی طور پر بااختیار بنانے کے خلاف ہیں۔

مسلم اکثریتی حلقوں سے متعدد امیدواروں کا الیکشن لڑنا

مسلم اکثریتی حلقوں سے متعدد مسلم امیدواروں کے کھڑے ہونے کی وجہ سے مسلم ووٹ منتشر ہوتے ہیں اور جس امیدوار کے جیتنے کی توقع سب سے زیادہ ہوتی ہے، اس کے امکانات بھی دھندلا جاتے ہیں۔ زیادہ نقصان تب ہوتا ہے جب یہ صورت حال سیکولر پارٹیوں کے ذریعے کھڑے کیے گئے موزوں ترین مسلم امیدوار کی شکست کا باعث بنتی ہے اور غیر مسلم امیدوار (جو زیادہ تر بی جے پی کے ذریعے کھڑا کیا جاتا ہے) جیت جاتا ہے۔ ایسے موقعوں پر سب سے زیادہ طاقت ور امیدوار کے علاوہ بقیہ مسلم امیدوار 'کھیل بگاڑنے والے' یا 'ووٹ کٹوا'

ثابت ہوتے ہیں اور نتیجہ توقع کے بالکل برعکس آتا ہے۔یعنی مسلم اکثریتی نشستوں پر بی جے پی کے امیدوار کامیاب ہوجاتے ہیں۔

اگر چہ 90 پارلیمانی حلقوں میں مسلمانوں کی آبادی 25 فیصد یااس سے زیادہ ہےاور وہ انتخابات پر اثر انداز ہونے کے قابل ہیں، لیکن وہ ووٹ کرتے ہوئے متحد نہیں رہتے۔ایسے ایک ہی حلقے سے سیکولر پارٹیوں کے کئی مسلم امیدوار الیکشن لڑتے ہیں، اس طرح ان کے ووٹ بکھر جاتے ہیں، جس کا نتیجہ اکثر بی جے پی امیدوار کی جیت شکل میں سامنے آتا ہے۔2014 میں یوپی کے رام پور پارلیمانی حلقے کا نتیجہ، جہاں تقریباً 50 فیصد رائے دہندگان مسلمان ہیں، ایسی کئی مثالوں میں سے ایک ہے، اس سیٹ پر 12 امیدواروں میں سے 7 مسلمان تھے، بی جے پی کے علاوہ تمام بڑی پارٹیوں نے مسلم امیدواروں کو نامزد کیا تھا، نتیجتاً بی جے پی امیدوار 37 فیصد سے کچھ ہی زیادہ ووٹ شیئر کے ساتھ جیت گیا۔یوپی میں ایسے کئی پارلیمانی حلقے ہیں، جہاں مسلم ووٹرز کی تعداد 50 فیصد سے زیادہ ہے، مگر 2014 میں کانگریس، ایس پی، اور بی ایس پی کے مسلم امیدواروں میں ووٹوں کے بٹوارے کی وجہ سے ایک بھی مسلمان لوک سبھا نہیں پہنچ سکا تھا، 2014 میں تمام مسلم اکثریتی پارلیمانی حلقوں سے بی جے پی کے امیدوار منتخب ہوئے تھے۔

یہ صورت حال اسمبلی انتخابات میں زیادہ واضح طور پر نظر آتی ہے، کیوں کہ اسمبلی انتخابات میں جیت کا مارجن کم رہتا ہے۔ ہر ریاست میں مسلم اکثریتی اسمبلی حلقے ہیں، ان میں سے زیادہ تر سیٹوں پر دو تین سیکولر پارٹیاں مسلمانوں کو ٹکٹ دیتی ہیں اور ان کے علاوہ کچھ آزاد امیدوار بھی انھی سیٹوں پر الیکشن لڑتے ہیں، ایسی صورت میں مسلم ووٹوں کی تقسیم کی وجہ سے غیر مسلم امیدوار، جس کی مسلمان سپورٹ نہیں کرتے، جیت جاتا ہے۔ بی ایس پی، ایس پی، آر جے ڈی وغیرہ جیسی پارٹیاں، اسی طرح ایم پی، راجستھان، چھتیس گڑھ، گجرات، ہریانہ وغیرہ میں مسلم اکثریتی سیٹوں پر کانگریس کے کئی امیدواروں کی شکست کا سبب بنی ہیں۔مثال کے طور پر مہاراشٹر میں چار بار کے ایم ایل اے اور سابق وزیر محمد عارف نسیم خان کو 2019 کے اسمبلی انتخابات میں چاندیولی میں 409 ووٹوں سے شکست ہوئی تھی۔خان نے شیوسینا کے امیدوار دلیپ لانڈے کے 85,879 کے مقابلے میں 85,470 ووٹ حاصل کیے، جبکہ AIMIM کے امیدوار محمد عمران قریشی نے 1,117 ووٹ حاصل کیے، جو کہ شکست کے مارجن سے زیادہ تھے۔یوپی، بہار، ہریانہ، راجستھان، ایم پی، گجرات، مہاراشٹر، کرناٹک وغیرہ میں خاص طور پر ایس پی، بی ایس پی، آر جے ڈی، اے آئی ایم آئی ایم، دلت مرکوز پارٹیوں اور مسلم آزاد امیدواروں کی وجہ سے اس قسم کی بہت سی مثالیں دیکھنے میں آتی ہیں۔آزاد یا چھوٹی پارٹیوں کے مسلم امیدوار دو طرح سے بی جے پی کی مدد کرتے ہیں، ووٹوں کے بٹوارے اور ہندو ووٹوں کے پولرائزیشن کا سبب بن کر۔

ووٹوں کا بٹوارہ

ایسا اس وقت ہوتا ہے جب آزاد اور چھوٹی جماعتوں کے حمایت یافتہ امیدواروں کا مشترکہ ووٹ بی جے پی اور اہم سیکولر پارٹی کے امیدواروں کے درمیان ہار جیت کے مارجن سے زیادہ ہو۔ کھیل بگاڑنے والا امیدواران ووٹوں کا بڑا حصہ حاصل کر لیتا ہے، جو مضبوط مسلم امیدوار کو جاتا ہے، اس طرح بی جے پی کو جیتنے میں مدد ملتی ہے۔

'کھیل بگاڑنے والے' ان سیٹوں پر بھی مدد کرتے ہیں جہاں مسلم آبادی کا معاملہ تو زیادہ اہم نہیں ہے، لیکن اس سیٹ پر دو پارٹیوں کے درمیان زبردست مقابلہ ہوتا ہے اور ووٹوں کی تھوڑی سی تقسیم بھی نتیجہ بدل سکتی ہے۔ 2012 کے گجرات انتخابات سے یہاں ایک مثال پیش ہے، جہاں مسلم اکثریتی حلقے میں بی جے پی کو زیادہ ووٹ ملنے کی بات کی گئی تھی:

جمال پور-کھڑیا حلقہ

مسلم آبادی: 61 فیصد

بھوشن اشوک بھٹ (بی جے پی): 38.63 فیصد ووٹ

سمیر خان وزیر خان سپائی (کانگریس): 33.54 فیصد ووٹ

بی جے پی کی جیت کا مارجن: 5.09 فیصد

دیگر مسلم امیدوار (مشترکہ ووٹ شیئر): 26.9 فیصد۔

اس حلقے میں کانگریس کے امیدوار کے علاوہ چھ مزید مسلم امیدوار تھے، صرف ایک آزاد امیدوار صابر بھائی کابلی والا نے 24.52 فیصد ووٹ حاصل کیے، جس سے بی جے پی کا ایسی سیٹ جیتنا ممکن ہو گیا، جہاں مسلمانوں کی تعداد 61 فیصد تھی۔ اتفاق سے بی جے پی کا ووٹ شیئر تقریباً حلقے میں ہندوؤں کی آبادی کے برابر تھا، جس کا مطلب یہ تھا کہ پارٹی کے لیے ایک بھی مسلم ووٹ حاصل کیے بغیر جیتنا ممکن تھا۔ اس طرح بی جے پی آزاد اور چھوٹی پارٹیوں کے بہت سے مسلم امیدواروں کی وجہ سے کئی مسلم اکثریتی سیٹوں پر کامیاب ہو گئی۔ 4

ہندو ووٹوں کا پولرائزیشن

دوسرا طریقہ، جس کے ذریعے مسلم امیدوار بی جے پی کی مدد کرتے ہیں، اسے مقداری طور پر بیان کرنا آسان نہیں ہے۔ یہ دیکھا گیا ہے کہ متعدد مسلم امیدواروں کی موجودگی بی جے پی کے حق میں ہندو ووٹوں کے اتحاد کا باعث بنتی ہے۔ یہ خاص طور پر فرقہ وارانہ تشدد کی تاریخ والے شہری علاقوں میں واضح ہے۔ جن علاقوں میں فرقہ وارانہ پولرائزیشن کم ہے، وہاں مسلم امیدواروں کی بڑی تعداد کی موجودگی کا ہندو ووٹنگ کے رجحان پر کوئی اثر نہیں پڑتا۔ اس طرح کا پولرائزیشن خاص طور پر ان حلقوں میں میں نظر آتا ہے، جہاں مسلم ووٹرز کا فیصد 20 سے زیادہ،

لیکن 40 سے کم ہے۔ ذیل میں 2012 کے گجرات اسمبلی انتخابات کی کچھ مثالیں پیش ہیں:

1. ویجل پور (ضلع: احمد آباد)

مسلم آبادی: 35 فیصد

مسلم امیدواروں کی تعداد: 6

بی جے پی کا ووٹ شیئر: 58.2 فیصد

2. واگرا (ضلع: بھروچ)

مسلم آبادی: 44 فیصد

مسلم امیدواروں کی تعداد: 5

بی جے پی کا ووٹ شیئر: 51.13 فیصد

3. مشرقی سورت (ضلع: سورت)

مسلم آبادی: 22 فیصد

مسلم امیدواروں کی تعداد: 7

بی جے پی کا ووٹ شیئر: 53.39 فیصد

4. لمبایت (ضلع: سورت)

مسلم آبادی: 26 فیصد

مسلم امیدواروں کی تعداد: 6

بی جے پی کا ووٹ شیئر: 53.06 فیصد[5]

مندرجہ بالا تمام حلقوں میں مسلم امیدواروں کی کثرت تھی اور تقریباً تمام ہندوؤں نے بی جے پی کو ووٹ دیا، کیونکہ اس کا ووٹ شیئر آبادی میں ہندوؤں کے حصے کے برابر تھا۔

سیاسی مبصرین بتاتے ہیں کہ مسلم اکثریتی نشستوں پر ایک سے زیادہ مسلم امیدوار اور اس کے نتیجے میں سیاسی نمائندگی میں کمی ان سیاسی جماعتوں اور مسلم رہنماؤں کے تئیں بڑھتی ہوئی لاتعلقی کی عکاس ہو سکتی ہے، جنھوں نے اب تک ان کی نمائندگی کی ہے۔ ویسے فی الحقیقت اس ناگفتہ بہ حالت کی کئی وجوہات ہیں۔ اول، سیکولر پارٹیاں صرف مسلم اکثریتی نشستوں پر مسلمانوں کو ٹکٹ دیتی ہیں، جن کی تعداد محدود ہے، جس کی وجہ سے فطری طور پر تمام مستحق امیدواروں کو طاقتور سیکولر پارٹی سے ٹکٹ نہیں ملتا۔ دیگر مستحق رہنما یا نئے امیدوار ٹکٹ کے لیے چھوٹی سیکولر پارٹیوں کا رخ کرتے ہیں یا آزاد امیدوار کی حیثیت سے الیکشن لڑتے ہیں۔ دوسری وجہ، جس کا مشاہدہ عام لوگ بھی کرتے ہیں، مسلم امیدواروں کی کثرت ہے، جسے بنیادی طور پر بی جے پی کے ذریعے مسلم ووٹوں کے

بٹوارے، انھیں غیر مؤثر بنانے اور اس طرح بی جے پی کے امیدواروں کی جیت کو یقینی بنانے کے لیے بڑھاوا دیا جاتا ہے۔ سورت ضلع میں دو مسلم اکثریتی نشستیں ہیں: لمبایت اور مشرقی سورت۔ 2017 میں لمبایت میں 76,000 اور مشرقی سورت میں 67,000 مسلم ووٹر تھے، جو ان حلقوں میں فاتح کا فیصلہ کرنے میں اہم کردار ادا کر سکتے تھے، مگر دونوں حلقوں سے بہت زیادہ آزاد مسلم امیدوار کھڑے تھے، عام مسلم ووٹرز نے کھلے عام کہا کہ یہ امیدوار دوسرے امیدواروں سے پیسہ اینٹھنے کے لیے الیکشن لڑتے ہیں۔ کچھ لوگوں نے تو یہاں تک کہا کہ ایسے امیدواروں کی اکثریت کو بی جے پی نے مسلم ووٹوں کی تقسیم کے لیے کھڑا کیا ہے۔[6] مزید یہ کہ مسلمان مختلف وجوہات کی بنا پر اپنے لیے سیاسی ماحول سازی میں ناکام رہے ہیں، زیادہ تر مسلم امیدوار سیاسی سمجھ بوجھ سے محروم ہوتے ہیں اور ان کے پاس عام لوگوں کے لیے کام کرنے کا کوئی ریکارڈ نہیں ہوتا، پھر بھی وہ الیکشن کے میدان میں کود پڑتے ہیں۔

ان کے پروفائل کا جائزہ لینے سے پتا چلتا ہے کہ وہ ڈاکٹر، انجینئر، بزنس مین، گریجویٹ وغیرہ ہوتے ہیں، جن کا سیاست سے کوئی لینا دینا نہیں ہوتا۔ مشاہدہ کیا گیا ہے کہ وہ صرف بیلٹ پیپرز پر اپنا نام دیکھنے کے لیے الیکشن لڑتے ہیں اور چند ووٹ سے زیادہ نہیں حاصل کر پاتے۔ یہ اس کمیونٹی کی سیاسی ناپختگی کی عکاسی کرتا ہے، جو سیاست میں اپنی حصے داری کی بہتری کے لیے کوشاں ہے۔

اگر ارادہ ہو تو اس صورت حال کو کافی حد تک بہتر کیا جا سکتا ہے۔ یوپی اور بہار کے اسمبلی انتخابات میں، جہاں مسلم ووٹرز کی بڑی تعداد ہے، مسلمانوں نے 'ٹیکٹیکل ووٹنگ' کی کوشش کی ہے، ملی رہنما، مسلم سماجی کارکنان اور تنظیمیں زمینی سطح کے فیڈ بیک کے ذریعے ہر پارلیمانی حلقے میں غیر بی جے پی امیدوار کی جیتنے کی صلاحیت کا اندازہ لگاتی ہیں اور پھر سیکولر پارٹی کے ایسے امیدواروں کے ناموں کا اعلان کرتی ہیں، جو بی جے پی کے امیدواروں کو شکست دینے کے قابل معلوم ہوتے ہیں، یہاں تک کہ اگر سب سے مضبوط امیدوار غیر مسلم ہے اور اس کے مدمقابل کوئی مسلم امیدوار ہے، تو مسلم رہنما لوگوں کو مشورہ دیتے ہیں کہ وہ اول الذکر امیدوار کو ووٹ دیں، اگر سب سے مضبوط امیدوار مسلمان ہے، تو وہ دوسرے کمزور مسلم امیدواروں کو اپنے کاغذات نامزدگی واپس لینے کا مشورہ دیتے ہیں۔ اکثر یہ مشورہ شہروں میں عام مسلمانوں تک زبانی کلامی پہنچایا جاتا ہے، جسے 'پُڑیا' کہا جاتا ہے۔ 2014 کے عام انتخابات کے دوران معروف مسلم رہنما مرحوم سید شہاب الدین کی قیادت میں مسلم تنظیموں کی مشترکہ کمیٹی نے امیدواروں کی اپنی تجویز کردہ 'ٹیکٹیکل ووٹنگ' کی فہرست بھیجی تھی، چنانچہ پورے یوپی اور بہار میں کچھ مسلم امیدوار، جو مضبوط نہیں تھے اور 2009 کے انتخابات میں جن کی امیدواری کے نتیجے میں مسلم ووٹ بٹ گئے تھے، 2014 میں وہ مقابلے سے دستبردار ہو رہے تھے، ایسا مسلم ووٹوں کی تقسیم کو روکنے کے لیے کیا جا رہا تھا۔ اگر مسلم لیڈران اور تنظیمیں اسی طرح زمینی سطح کی معلومات کی بنیاد پر سب سے مضبوط مسلم امیدوار کا فیصلہ کریں، اسے ووٹروں تک پہنچائیں اور کمزور امیدواروں کو کاغذات نامزدگی واپس لینے پر آمادہ کریں، تو اس

مسئلے کو بڑی حد تک کم کیا جا سکتا ہے۔

سیکولر ووٹوں کی تقسیم

دو یا تین سیکولر جماعتوں کے درمیان ووٹوں کی تقسیم بھی مسلم اکثریتی نشستوں سے مسلم امیدواروں کے منتخب نہ ہونے کی وجہ ہے، اسی بنا پر اس طرح کی سیٹوں پر بی جے پی امیدوار کامیاب ہو جاتے ہیں۔ کچھ حلقوں میں جہاں مسلم ووٹرز کل ووٹرز کا تقریباً 60 سے 70 فیصد ہیں، وہاں دو یا تین پارٹیوں کے مضبوط مسلم امیدوار ووٹوں کے بٹوارے کا سبب بنتے ہیں اور بی جے پی امیدوار صرف 35 سے 40 فیصد ووٹ لے کر جیت جاتا ہے اور اس طرح مسلمان پارلیمنٹ اور ریاستی اسمبلی کے انتخابات میں بہت سی سیٹیں ہار جاتے ہیں۔ یہ پیٹرن ان ریاستوں میں نظر آتا ہے، جہاں کم از کم دو ایسی سیکولر پارٹیاں سرگرم ہیں جو یکساں طاقتور ہیں جیسے یو پی، بہار، دہلی وغیرہ۔ 2014 کے عام انتخابات میں ایس پی، بی ایس پی اور کانگریس کے درمیان ووٹوں کی تقسیم ہوئی اور اس طرح تمام مسلم اکثریتی نشستوں پر مسلم امیدوار ہار گئے اور یو پی سے ایک بھی مسلمان منتخب نہیں ہوا۔ اسی طرح 2017 کے اسمبلی انتخابات کے دوران ایس پی اور بی ایس پی کے درمیان ووٹوں کی تقسیم کی وجہ سے بہت سے مسلمان الیکشن ہار گئے۔ ایس پی اور بی ایس پی دہلی، راجستھان، ہریانہ، مہاراشٹر، گجرات، ایم پی، چھتیس گڑھ، کرناٹک، بہار وغیرہ میں بھی دیگر سیکولر پارٹیوں (زیادہ تر کانگریس) کے بہت سے مسلم امیدواروں کی شکست کا سبب بنیں۔ یو پی کے علاوہ دہلی میں عام آدمی پارٹی اور کانگریس کے درمیان ووٹوں کی تقسیم ہوئی، تلنگانہ میں بی آر ایس اور کانگریس، آندھرا پردیش میں ٹی ڈی پی اور وائی ایس آر سی پی، تمل ناڈو میں ڈی ایم کے اور اے آئی اے ڈی ایم کے، کیرالا میں سی پی آئی (ایم) اور کانگریس، کرناٹک میں کانگریس اور جے ڈی ایس، مہاراشٹر میں کانگریس اور این سی پی، ہریانہ میں کانگریس اور آئی این ایل ڈی، مغربی بنگال میں ٹی ایم سی، کانگریس، سی پی آئی (ایم)، آسام میں کانگریس اور اے آئی یو ڈی ایف وغیرہ نے سیکولر ووٹوں کی تقسیم کی وجہ سے مسلم اکثریتی حلقوں میں شکست کھائی ہے۔

مثال کے طور پر کیرانہ اسمبلی حلقے میں مسلمان کل آبادی کا 63 فیصد ہیں، اس کے باوجود 1957 سے اب تک ہونے والے 16 انتخابات میں وہاں سے صرف پانچ بار مسلم ارکان اسمبلی منتخب ہوئے ہیں، یہاں تک کہ 2012 کے اسمبلی انتخابات میں بھی اس حلقے سے مسلم رکن اسمبلی منتخب نہیں ہو سکا تھا؛ کیونکہ تمام ووٹ دو سیکولر پارٹیوں کے امیدواروں کے درمیان تقسیم ہو گئے تھے، البتہ 2014 کے وسط مدتی الیکشن سے صورت حال بہتر ہوئی۔ مرادآباد کے ٹھاکرواڑہ میں مسلمان کل آبادی کا 52 فیصد ہیں، پھر بھی 17 انتخابات میں سے وہ صرف چھ مواقع پر اپنا امیدوار منتخب کرنے میں کامیاب ہوئے ہیں۔ 2012 میں دو سیکولر پارٹیوں کے درمیان ووٹوں کی تقسیم کی وجہ سے مسلم

امیدوار ہار گئے، یہاں بھی 2014 کے وسط مدتی انتخابات میں صورت حال بہتر ہوئی۔ بٹھاری چین پور (بریلی)، بلاس پور (رام پور)، دیو بند اور برکھیرا (پیلی بھیت)، مہنداول (سنت کبیر نگر)، بسونت پور (پرتاپ گڑھ)، چپرولی (گونڈہ)، شیخ پور (بدایوں)، مشرقی لکھنؤ اور مہاسی (بہرائچ) میں ایک تہائی مسلم آبادی کے باوجود 2012 کے اسمبلی انتخابات میں نہ تو کوئی مسلم امیدوار جیت سکا اور نہ ہی کوئی دوسرے نمبر پر آیا۔ ردولی میں ایک تہائی آبادی مسلمان ہونے کے باوجود مسلم امیدوار چند ووٹوں سے الیکشن ہار گیا۔7 پرکاش امبیڈکر کے زیر قیادت VBA نے 2019 میں مہاراشٹر کی کئی لوک سبھا سیٹوں پر کانگریس-این سی پی اتحاد کی جیت کے امکانات کو متاثر کیا تھا۔ اسی طرح VBA نے 2019 کے مہاراشٹر اسمبلی انتخابات میں کانگریس-این سی پی اتحاد کے کم از کم 22 امیدواروں کی جیت کے امکانات ختم کیے؛ لیکن اس نے جو ووٹ حاصل کیے وہ جیت کے مارجن سے زیادہ تھے۔ VBA کو بنیادی طور پر غیر بی جے پی اور غیر شیوسینا ووٹوں کو اپنی طرف متوجہ کرنا تھا۔ مغربی اکولا میں بی جے پی امیدوار جی ایم شرما کو 72,838 ووٹ ملے، جبکہ کانگریس امیدوار ساجد خان کو 70,469 ووٹ ملے، ہار جیت کا مارجن تقریباً 2,400 ووٹوں کا تھا؛ لیکن VBA امیدوار نے 20,563 ووٹ حاصل کیے۔8

مندرجہ بالا اعداد وشمار سے مؤیَّد ہماری اس گفتگو سے صاف ظاہر ہوتا ہے کہ ووٹوں کی تقسیم اور اس کے نتیجے میں مسلم اکثریتی نشستوں پر بی جے پی امیدواروں کی کامیابی کے لیے سیکولر پارٹیاں براہ راست ذمے دار ہیں۔ ان میں سے ہر پارٹی اپنے خودغرضانہ عزائم کی وجہ سے ان اصولوں کی قربانی دیتی ہے، جن کی وہ عوامی مجمعوں میں دہائیاں دیتی رہتی ہیں۔ اگر سیکولر پارٹیاں اتحاد بنانے کی کوشش کریں، تو یہ مسئلہ آسانی سے حل ہوسکتا ہے، مگر ایسا کرنے کے لیے ہر سیکولر پارٹی کو اپنے مفادات کی قربانی دینی ہوگی۔

متوازی طور پر اس بات کی بھی نشان دہی کی جانی چاہیے کہ مسلم سماج کے بزرگ افراد صورت حال کی سنگینی پر توجہ نہیں دیتے، وہ عام مسلمانوں کو متحد کرنے اور ان کے درمیان اتفاق رائے پیدا کرنے کے لیے کوئی کوشش نہیں کرتے، اس کام کے لیے وقت نہیں دیتے اور اس طرح ان کے ووٹوں کی ناقدری ہونے دیتے ہیں۔ ملی رہنماؤں اور تنظیموں کو بھی اپنا ملی و آئینی فریضہ پورے احساس ذمے داری کے ساتھ ادا کرنا ہوگا۔ اسی طرح مسلم سماجی کارکنان کو ملک اور اپنے حلقے کے سیاسی حالات سے آگاہ رہنا چاہیے، انھیں معلومات اکٹھی کرنی ہوں گی، ہر مسلم امیدوار کے امکانات کی چھان بین کر کے مضبوط ترین امیدوار کی شناخت کرنی ہوگی۔ مذہبی رہنماؤں کو بھی عوام میں جانکاری پھیلانی چاہیے اور مسلم ووٹرز کو متحد کرنے کی کوشش کرنی چاہیے، اسی طرح کمزور امیدواروں کو مقابلے سے دستبردار ہونے پر آمادہ کرنا بھی ضروری ہے۔

قیادت کا فقدان

جمہوریت میں متعدد سیاسی لیڈران ایک مخصوص سیٹ سے الیکشن لڑتے ہیں اور ان میں جو سب سے زیادہ مقبول، سب سے زیادہ موزوں اور مضبوط ترین امیدوار ہوتا ہے، وہ جیت حاصل کرتا ہے۔ ایسے اچھے لیڈر، جو عوام کے لیے کام کرتے ہیں اور ان کی اُمنگوں کو پورا کرتے ہیں، وہ زیادہ تر کامیاب ہوتے ہیں۔ سیاست یا انتخابی اداروں میں کسی بھی ذات یا مذہبی طبقے کی شراکت اس کے رہنماؤں کے معیار پر منحصر ہے، کچھ سماجی طبقات، خاص طور پر اعلیٰ ذات کے ہندوؤں کا سیاست میں ان کی آبادی کے تناسب سے زیادہ حصہ اس لیے ہے کہ انھوں نے اپنے لیے موزوں رہنما پیدا کیے ہیں یا انھیں سیاست میں بڑھنے کا مناسب موقع دیا گیا ہے۔ مسلمانوں کی سیاسی پسماندگی کی وجہ شاذ و نادر ہی قیادت یا اس کی کمی کو قرار دیا جاتا ہے، حالاں کہ ان کی موجودہ صورت حال کی وجہ بنیادی طور پر ان کی صفوں کے اندر، ہر سطح پر قیادت کا فقدان ہے۔

آزادی کے بعد سے اب تک چند اہم شخصیات کے استثنا کے ساتھ، مسلمانوں نے ایسے اچھے رہنما پیدا نہیں کیے، جن کے بارے میں یہ کہا جا سکتا ہو کہ وہ زمینی سطح کے رہنما تھے یا وہ اپنے بل بوتے پر الیکشن جیت سکتے تھے۔ ماضی میں جو مسلم رہنما ابھر کر سامنے آئے، وہ مؤثر نہیں تھے؛ کیونکہ ان میں اپنے بل بوتے پر منتخب ہونے کی صلاحیت نہیں تھی۔ عموماً ان کے پاس کرشمائی صلاحیت، بڑے پیمانے پر عوامی سپورٹ، پیسے اور طاقت کی کمی تھی، جو الیکشن جیتنے کے لیے درکار ہوتی ہیں۔ ایسے مسلمان بھی ہیں، جو لیڈر بننے کی خواہش رکھتے ہیں اور ان کے پاس پیسہ اور طاقت بھی ہے لیکن وہ عوامی احترام اور مقبولیت سے محروم ہیں۔ مسلم معاشرے میں بڑے پیمانے پر مؤثر اور ترقی پسند قیادت کا فقدان ہے۔ بدقسمتی سے کانگریس اور بعض علاقائی پارٹیوں میں کچھ مسلم لیڈران ہیں، جن کی لیڈری صرف اس لیے قائم ہے کہ انھیں ان پارٹیوں کی طرف سے مکمل سپورٹ حاصل ہے۔ ان نام نہاد لیڈروں کو کوئی عوامی اعتبار حاصل نہیں ہے اور وہ مکمل طور پر ان پارٹیوں کے رحم و کرم پر منحصر ہیں، جن سے ان کی وابستگی ہے۔

وہ مسلمانوں کے سماجی، اقتصادی اور آئینی حقوق کی وکالت نہیں کرتے اور عام طور پر پارٹی قیادت کے خطوط پر چلتے ہیں۔ ایسے لیڈروں کے علاوہ کچھ مسلم مذہبی رہنما (علما) بھی ہیں، جو صرف مذہبی اور مسلم شناخت کے مسائل پر بات کرتے ہیں اور انھیں سماجی، اقتصادی، انسانی حقوق، تعلیمی اور سلامتی کے مسائل کا کوئی ادراک ہی نہیں ہے۔ ترقی پسندانہ ذہنیت کے حامل رہنما، جو حالات سے اچھی طرح باخبر ہوں، زمینی سطح پر تمام سماجی طبقات کے لیے کام کریں اور جن کی سیاسی گرفت بھی ہو، ایسے رہنما عام طور پر مسلمانوں میں نہیں پائے جاتے۔

آیئے ذرا علمائے کرام کی طرف رجوع کریں۔ وہ عام طور پر مدارس کے تعلیم یافتہ ہوتے ہیں، جو خاص پوشاک میں ملبوس ہوتے ہیں اور عموماً مذہبی، روحانی، جذباتی اور شناخت پر مبنی مسائل پر بات کرتے ہیں۔ ان کی مجموعی ذہنیت قدامت پسند ہوتی ہے اور وہ دوسرے محروم طبقات کے سماجی و اقتصادی ترقی، امتیازی سلوک، انسانی حقوق اور انصاف کے مسائل کو نہیں اٹھاتے۔ مغلیہ سلطنت میں جب موروثی خاندانوں نے حکومت سنبھالی

تو بادشاہوں نے خدائی قانون سے رہنمائی حاصل کرنے کا شعبہ برقرار رکھا اور علمائے دین شاہی دربار کا حصہ ہوتے تھے۔ جب سلطنت کا زوال ہوا، تو علما بہ آسانی مذہبی رہنماؤں کے کردار میں ریاست اور عوام کے درمیان واسطہ اور رابطے کا ذریعہ بن گئے۔ صحافی اور مصنفہ غزالہ وہاب لکھتی ہیں:

> اس کے بعد جب بیسویں صدی کے آغاز میں غیر مذہبی مسلم سیاست داں نمودار ہوئے، تو ان کا ارتکاز اپنے طبقے کی سیاسی نمائندگی پر تھا اور وہ پسماندہ طبقے کی بجائے شرفا کا طبقہ تھا۔ مسلمانوں کے غالب طبقے کے نمائندوں کے طور پر انھیں پیچھے دھکیلنے کے لیے 'قوم پرست مسلمان'، بنیادی طور پر انڈین نیشنل کانگریس کے ارکان نے علما، خصوصاً دارالعلوم دیوبند اور دہلی میں موجود اس سے وابستہ تنظیم جمعیت علمائے ہند کی طرف رجوع کیا، تاکہ ان کی مدد سے مسلم عوام کو کانگریس اور اس کی سیاست کی طرف راغب کیا جائے۔ لبرل سمجھے جانے والے سیاست دانوں کے ذریعے کم سے کم لبرل طبقہ، یعنی علما کے ذریعے مسلمانوں کی حمایت حاصل کرنے کے اس عملی تضاد کی وضاحت کرتے ہوئے سلمان خورشید کہتے ہیں کہ جب مسلمانوں کا پڑھا لکھا طبقہ، یعنی 'اے ایم یو' والوں کا ہجوم اور زمیندار حضرات، مسلم لیگ کی طرف چلے گئے تو کانگریس پارٹی کو نچلی سطح کے لیڈروں کا ایک نیا طبقہ تلاش کرنا پڑا، جس سے عوام کی پہچان کی جاتی ہو۔ ان کے خیال میں علما کے پاس عوام کو کانگریس کی طرف راغب کرنے کی معقول طاقت تھی۔ 9

کانگریس میں علما کی نمائندگی اس طرح شروع ہوئی۔ اِس وقت بھی مختلف علاقائی اور 'او بی سی' مرکوز سیاسی جماعتوں میں علما موجود ہیں۔ اس کے علاوہ ایسے علما بھی ہیں جو کسی سیاسی جماعت سے تو وابستہ نہیں ہیں، لیکن سیاسی بیانات جاری کرتے ہیں اور انتخابات کے دوران عام مسلمانوں کی رہنمائی کی کوشش کرتے ہیں۔ اگرچہ زیادہ تر مسلمان انھیں نظر انداز کرتے ہیں، لیکن وہ اپنے آپ کو مسلم عوام کا 'سرپرست' باور کروانے پر مصر رہتے ہیں، حالاں کہ وہ فطری طور پر قیادت کے قابل نہیں ہوتے، کیونکہ ان میں اس کے بنیادی اوصاف ولوازمات کی کمی ہوتی ہے، جیسے عوامی گرفت، سیاسی فہم اور یہاں تک کہ جمہوری عمل کی ابتدائی سطح کی قبولیت بھی ان کے ہاں نہیں پائی جاتی۔ مسلمانوں کی ضروریات ہمیشہ تعلیم، روزگار، سماجی واقتصادی ترقی اور ان کے بنیادی حقوق کا تحفظ رہی ہیں، لیکن علمانے زیادہ تر 'مذہبی تفرقہ بازی' کی سیاست کی ہے۔ نوے کی دہائی میں شاہ بانو کے لیے گزارا بھتہ کے ایک سادہ سے کیس کو تمام ہندوستانی مسلمانوں کے مذہبی اور ثقافتی حق کے طور پر پیش کیا گیا، جس کے نتیجے میں سپریم کورٹ کے فیصلے کے بعد کی گئی قانون سازی کو آج بھی دائیں بازو کی طاقتوں کے ذریعے مسلمانوں کی منھ بھرائی کے طور پر پیش کیا جاتا ہے۔ علما نہ صرف مسلمانوں کے آئینی حقوق کے تحفظ میں مسلسل ناکام ثابت ہوئے ہیں، بلکہ بعض دفعہ ان حقوق کو سلب کروانے میں شریک رہے ہیں۔ وہ شاذ و نادر ہی سرکاری محکموں میں تعصب،

سیکورٹی ایجنسیوں کی طرف سے ہراساں کیے جانے، دہشت گردی کے نام پر مسلم نوجوانوں کی اندھا دھند گرفتاری اور وسائل کی مساوی تقسیم سے متعلق مسائل کو اٹھاتے ہیں۔ علما نے مذہب، مذہبی شناخت اور ذاتی فائدے کی سیاست کر کے مسلمانوں کو بہت نقصان پہنچایا ہے۔ انھوں نے مسلمانوں کو اس بات کے لیے تیار کرنے کی کبھی کوشش نہیں کی کہ وہ کس طرح ایک جامع اور تکثیری معاشرے کا حصہ بنیں اور بقائے باہمی کا ہنر سیکھیں۔ ہندوستان جیسے ملک میں مذہب اور سیاست کے گھال میل سے صرف نقصان ہوتا ہے، ایک سیکولر اور جمہوری ریاست میں مسلمانوں کو سیاست سے مذہب کو الگ رکھنا چاہیے، سیکولر جمہوریت میں سیاست ہمیشہ، ہر سطح پر سیکولر ہونی چاہیے، مذہب اور سیاست کے درمیان واضح لکیر ہونی چاہیے، اسی طرح اقلیتوں کے آئینی حقوق کے تحفظ میں مدد ملے گی۔ علما کو چاہیے کہ وہ سیاست کی حرکیات کو سمجھیں اور تیزی سے اکثریت پسندی کی طرف بڑھتے حالات میں اپنے افکار کی نئے سرے سے سمت بندی کریں۔

ناکارہ رہنماؤں کے ایک اور طبقے کو بھی مرکزی دھارے کی سیاسی جماعتوں نے ہی تیار کیا ہے۔ آزادی کے بعد کئی دہائیوں تک ہندوستان پر کانگریس نے تنہا حکومت کی اور مسلمانوں و دیگر اقلیتوں کے سپورٹ کی بنیاد پر ترقی کی منازل طے کرتی رہی۔ چونکہ پارٹی میں داخلی جمہوریت کا فقدان تھا، اس لیے قیادت مکمل طور پر نامزدگی کے عمل پر مبنی تھی اور نامزدگی کا انحصار پارٹی ہائی کمان کی مرضی اور رحم و کرم پر تھا۔ ایسے میں اکثر مسلم لیڈروں کا انتخاب وفاداری کی بنیاد پر کیا جاتا تھا اور انھیں انتخابات کے دوران زیادہ سے زیادہ فائدہ حاصل کرنے کی کوشش میں عوام پر مسلط کر دیا جاتا تھا۔ اس عمل میں جہاں وفاداری واحد معیار تھا، زمینی سطح کے لیڈروں کو پارٹی میں موجود ایسے بدمعاشوں کو راستہ دینے کے لیے ایک طرف کر دیا گیا، جو محض اپنے مفاد کے لیے پارٹی سے چپکے ہوئے تھے، نتیجتاً پارٹی کے تئیں عام لوگوں کی دلچسپی کم ہوتی گئی۔ مسلمانوں کے حقیقی مسائل کو پس پشت ڈال دیا گیا، کیونکہ مفاد پرست مسلم قائدین پارٹی لیڈران کی صف میں شامل تھے۔ مسلم قائدین اس حد تک اخلاقی دیوالیہ پن کا شکار تھے کہ وہ قانون ساز اداروں میں مسلمانوں کے سماجی، اقتصادی اور سلامتی کے مسائل اٹھانے سے گھبراتے تھے، کیونکہ ان کا خیال تھا کہ یہ عمل انھیں پارٹی لائن کے خلاف کام کرنے پر سزا کا مستحق بنا سکتا ہے۔ یہ سلسلہ اب بھی جاری ہے اور کانگریس نے اسی طرح بہت سے مسلم لیڈر پیدا کیے ہیں جو ایم پی، ایم ایل اے، وزیر بن چکے ہیں اور صدر و نائب صدر کے عہدوں پر بھی قابض ہیں۔ سیاسی جماعتوں کے حق میں ان کا یہ طریقہ کار بہت مفید ثابت ہوا ہے، اس طرح ان کا سیکولر استناد بھی پختہ ہوا ہے اور ان کی طرف دنیا کی توجہ بھی مبذول ہوئی ہے، لیکن بدقسمتی سے اس نے ایسے لیڈر پیدا کر دیے ہیں جو نہ تو اخلاقاً حلیم اور نرم مزاج ہیں اور نہ مسلمانوں کے مسائل کو عوامی سطح پر اٹھانے کی ہمت رکھتے ہیں۔ وہ عوامی پسند اور انتخاب کی وجہ سے لیڈر نہیں ہیں، بلکہ پارٹی کے طاقتور لیڈروں تک اپنی رسائی کی وجہ سے مسلمانوں کے لیڈر بنے ہوئے ہیں۔

ایسی ہی صورت حال علاقائی جماعتوں میں بھی ہے، یا تو پارٹی کے مسلم لیڈران کا اپنے حلقوں سے کوئی

رابطہ نہیں یا ان کے سیاسی وجود کی بنیاد اتنی کمزور ہے کہ وہ مسلم مسائل پر اپنی بات کہنے کی ہمت ہی نہیں کر پاتے، نتیجتاً پارٹی کے دیگر غیر مسلم رہنما مسلم مسائل اٹھانے کے لیے نکل پڑتے ہیں۔ مسلم لیڈروں کے پاس بڑے پیمانے پر عوامی مقبولیت کی کمی ہے اور وہ بڑے پارٹی لیڈروں کی مدد سے عہدے حاصل کرنے کے بارے میں زیادہ فکر مند رہتے ہیں، ویسے یہ بھی حقیقت ہے کہ ایک 'قد آور' مسلم لیڈر کی کمی سیاسی پارٹیوں کی طرف سے جان بوجھ کر ڈیزائن کی گئی ہے، جو مسلم ووٹوں پر ہاتھ صاف کرنے کے لیے تو بے چین ہیں، لیکن مسلمانوں کو اقتدار میں حصہ دینے کو تیار نہیں ہیں۔ جو بھی مسلم لیڈر مسلمانوں کے لیے حصے کا مطالبہ کرنے کی پوزیشن میں ہوتا ہے، اسے کنارے لگا دیا جاتا ہے اور اسے اقتدار کے ڈھانچے میں کسی معمولی عہدے پر قناعت کرنی پڑتی ہے۔ ایسا مسلم لیڈر جسے بڑی تعداد میں عوامی سپورٹ حاصل ہو اور جس کا اپنا مستحکم سیاسی وجود ہو، یہ پارٹیاں اسے منھ نہیں لگاتیں۔ دوسری طرف جو لوگ پارٹی لائن سے چپک کر مسلمانوں کے سنگین مسائل پر بھی خاموش رہتے ہیں، انھیں پارٹیوں کی طرف سے نوازا جاتا ہے۔ تمام سیاسی پارٹیوں کے عام مسلم لیڈر شاذ و نادر ہی مسلمانوں کے حقیقی مسائل اٹھاتے ہیں۔ اس کی بجائے وہ بھی انھی مسائل میں الجھے رہتے ہیں، جن میں علما الجھے رہتے ہیں، جیسے اسلام کا تحفظ، اردو زبان، مسلم پرسنل لا، اے ایم یو وغیرہ۔

ایک بار مسلم یوتھ کانگریس لیڈروں کے ساتھ بات چیت میں راہل گاندھی نے کہا تھا: ''ہمارے پاس ایسے پانچ (مسلم) لیڈر بھی نہیں ہیں، جو کشمیر سے کیرالا تک کل ہند عوامی اپیل رکھتے ہوں۔'' راہل گاندھی نے یہ بھی کہا تھا: ''مولانا آزاد کے بعد ہمارے ہاں قومی قد کاٹھ کا کوئی مسلم لیڈر پیدا نہیں ہوا۔''10 جب سامعین میں سے کچھ نے غلام نبی آزاد اور سلمان خورشید کا نام لیا، تو راہل نے ان کی باتوں کو یہ کہتے ہوئے مسترد کر دیا کہ آندھرا پردیش کے مسلمان اپنی شناخت ان لیڈروں سے نہیں کریں گے۔ اس کا مطلب یہ ہے کہ خود پارٹی ایسے بڑے مسلم لیڈر تیار کرنے میں ناکام رہی ہے، جو قومی اپیل رکھتا ہو۔ راہل گاندھی کا یہ بیان ان کی پارٹی کی خاص طور پر مسلم لیڈروں کو تیار کرنے میں ناکامی کا کھلا اعتراف ہے۔ سوال یہ پیدا ہوتا ہے کہ اگر ایسے لیڈر سامنے نہیں آئے، تو آپ قصوروار کس کو ٹھہرائیں گے؟ یہ پارٹی قیادت کی ذمے داری ہے کہ وہ ہر طبقے کے لیڈروں کو آگے بڑھائے اور انھیں پروجیکٹ کرے، جب کہ کانگریس نے اس کے بالکل برعکس کیا ہے۔ چند مستثنیات کے ساتھ ایسی ہی صورت حال علاقائی اور 'او بی سی' مرکوز پارٹیوں کی بھی ہے۔ انھوں نے بھی ایسے ہی لیڈر تیار کیے ہیں، جن میں حوصلے کا فقدان ہے، اہم مسلم مسائل کو نہیں اٹھا سکتے، جن کی کوئی عوامی ساکھ نہیں ہے اور ان کی سیاست کلیتاً پارٹی کے رحم و کرم پر منحصر ہے۔

کانگریس اور دیگر سیکولر پارٹیوں کا عملاً یہ ماننا ہے کہ 'ہندو ہی مسلمانوں کا لیڈر ہو سکتا ہے'۔ یہی وجہ ہے کہ مسلم رہنماؤں کی بنیادیں نہایت کمزور اور متزلزل ہوتی ہیں اور وہ اپنی بات کہنے کی ہمت نہیں رکھتے۔ سلمان خورشید، غلام نبی آزاد اور دیگر سیکولر پارٹیوں کے مسلم رہنما اس چیلنج کو لے سکتے ہیں، لیکن چونکہ ان کے پاس بڑے پیمانے پر

عوامی سپورٹ نہیں ہے، اس لیے وہ خالص مسلمانوں کے مسائل میں مداخلت نہیں کرنا چاہتے، وہ عہدوں کے حصول کے لیے زیادہ فکر مند رہتے ہیں۔ اس کا نتیجہ ہے کہ بعض دفعہ پارٹی کے دیگر قائدین مسلمانوں کے مسائل کو اٹھانے نکل پڑتے ہیں۔ ایچ این بہوگنا، ارجن سنگھ، دگ وجے سنگھ، لالو پرساد یادو، ملائم سنگھ یادو وغیرہ جیسے ہائی پروفائل لیڈروں نے اپنی سیکولر امیج بہت احتیاط سے بنائی ہے، ایسے لیڈران آسانی سے مسلمانوں کے مسائل اٹھا سکتے ہیں۔ سیکولر پارٹیوں کا خیال ہے کہ ایک ایسے ملک میں اگر کوئی مسلمان اقلیتوں (مسلمانوں) کے مسائل اٹھاتا ہے، جو مذہبی بنیاد پر تقسیم سے گزر چکا ہے، تو اس پر فرقہ پرستی کا الزام لگ سکتا ہے، جو کہ نہایت بیہودہ خیال ہے۔ ہندوستان میں ہر ذات، برادری، طبقہ اپنی ضروریات اور خدشات کی وکالت کے لیے اپنی قیادت رکھتا ہے، مثال کے طور پر دلتوں کے لیے مایاوتی، 'او بی سی' کے لیے لالو اور ملائم، اونچی ذات کے ہندوؤں کے لیے بی جے پی کے رہنما ہیں؛ لیکن خصوصاً مسلمانوں کے حقوق اور وقار کے لیے بات کرنے والا کوئی نہیں ہے۔ اگر کوئی ایسا کرتا ہے، تو اسے فوراً فرقہ پرست اور انتہا پسند قرار دے دیا جاتا ہے، یہاں تک کہ سیکولر پارٹیوں کے ہندو لیڈر بھی یہ پسند نہیں کرتے کہ مسلمان اپنے طبقے کی وکالت کریں۔ درحقیقت ان جماعتوں کو خدشہ ہے کہ ان پر دائیں بازو کی طرف سے مسلمانوں کی منھ بھرائی کا الزام لگ سکتا ہے اور وہ اکثریتی طبقے کے ووٹوں سے محروم ہو سکتی ہیں، حالانکہ یہ فرضی خوف ہے، جس کو دور کرنے کی واحد شکل یہ ہے کہ مرکزی سیاسی قیادت میں مسلمانوں کی بھی حصے داری ہو۔

مسلمانوں کو کس قسم کی قیادت کی ضرورت ہے؟ 'اے ایم یو' میں تاریخ کے پروفیسر علی ندیم رضوی کہتے ہیں: ''انھیں ایک ایسی سیکولر قیادت کی ضرورت ہے، جو عوام کے سماجی، معاشی اور سیاسی مفادات اور امنگوں کو سمجھ سکے۔'' 11 کانگریس لیڈر اور سابق مرکزی وزیر کے رحمان خان بھی کمیونٹی میں حقیقی قیادت کی نشوونما کی ضرورت کو دہراتے ہوئے اپنی کتاب *Indian Muslims: The Way forward* میں لکھتے ہیں:

> آج ہندوستانی مسلمانوں کو ایسے لیڈروں کی ضرورت ہے، جو انھیں معاشی، تعلیمی، سماجی اور روحانی طور پر آگے بڑھانے کے ساتھ مسلمانوں اور دیگر طبقات کے درمیان ہم آہنگی اور اچھے تعلقات کو فروغ دینے کے لیے بھی ان کی رہنمائی کریں۔ انھیں ایسے لیڈروں کی ضرورت ہے، جو انھیں ان کے عقیدے کی مستند تفہیم فراہم کر سکیں، جو اہم عصری مسائل جیسے کہ صنفی انصاف، سماجی مساوات، انفرادی حقوق، فکر اور اظہار کی آزادی، بین المذاہب افہام و تفہیم اور ہم آہنگی، مذہبی تکثیریت، ماحولیاتی تحفظ، مختلف مسلم فرقوں کے درمیان مکالمہ و یکجہتی، جمہوریت، سیکولرزم وغیرہ کو حل کریں۔ انھیں ایسے لیڈروں کی ضرورت ہے جو تیزی سے بدلتی ہوئی کاسموپولیٹن دنیا میں مثبت کردار ادا کرنے میں ان کی مدد کر سکیں۔ 12

آج کے حالات میں ایک مسلم لیڈر میں کیا اہلیتیں ہونی چاہئیں؟ اسے تعلیم یافتہ ہونا چاہیے، دیدہ ور ہونا چاہیے، اس کے پاس اقتدار کی چھینا جھپٹی سے آگے دیکھنے کا وژن ہو، ذاتی مفادات کو بالائے طاق رکھ کر عوام

میں تبدیلی کی تحریک اور امید پیدا کرنے والا ہو، اسے تمام ریاستوں کے مسلمانوں کے مسائل سے آگاہ ہونا چاہیے اور ان پر ایک متوازن نقطۂ نظر رکھنا چاہیے، اسے اقلیتوں، محروم طبقات، جیسے ایس سی، ایس ٹی اور او بی سی کے سماجی، اقتصادی، تعلیمی اور سلامتی کے مسائل کو جاننا چاہیے اور سماجی انصاف کے لیے مسلمہ آئینی نظریہ اختیار کرنا چاہیے، اس لیڈر کو غریبوں، مزدوروں، مہاجر کامگاروں، کسانوں، بے زمین مزدوروں وغیرہ کی حالت زار کو دور کرکے ان کا اعتماد جیتنے کا اہل ہونا چاہیے، اسے جس طرح پڑھے لکھے اور دانشور طبقے کے ساتھ اٹھنے بیٹھنے میں دلچسپی ہو، اسی طرح کم تعلیم یافتہ لوگوں کے درمیان اٹھنے بیٹھنے میں بھی اسے کوئی جھجک نہ محسوس ہو۔ مسلمانوں کو اس قسم کے مثالی رہنما کی تلاش کرنی چاہیے یا ان کے قائدین کو اپنے اندر یہ خصوصیات پیدا کرنے کی کوشش کرنی چاہیے۔ مسلم اداروں، غیر سرکاری تنظیموں، تعلیم یافتہ طبقے اور بزرگوں کو چاہیے کہ وہ نئی نسل میں خود اعتمادی پیدا کریں، نوجوانوں کو ان خصوصیات کا حامل لیڈر بننے کی تعلیم و تربیت دیں۔

اب تک مسلم رہنماؤں کی اکثریت کا تعلق اشرافیہ طبقے اور اعلیٰ ذاتوں سے رہا ہے، جو سماجی، تعلیمی اور اقتصادی طور پر کمزور طبقات، جیسے او بی سی، دلت اور قبائلی مسلمانوں سے زیادہ تعلیم یافتہ تھے۔ یہ رہنما پڑھے لکھے اور مہذب تو تھے، لیکن عام طور پر کارگر نہیں تھے، کیونکہ ان کی کوئی عوامی گرفت نہیں تھی اور وہ پارٹی رہنماؤں کے رحم و کرم پر زندہ رہے۔ اکثر تو انھیں بہت سے مسلم مسائل کا کوئی واضح ادراک ہی نہیں تھا، نہ ہی انھوں نے کبھی مسلم عوام کے دکھ درد کو سمجھنے کی سنجیدہ کوشش کی۔ نتیجتاً وہ 85 فیصد مسلمانوں کی بہتری کے لیے کام کرنے کی پوزیشن میں ہی نہیں تھے۔ علما کی طرح انھوں نے بھی شرعی قوانین، اردو، مدارس، 'اے ایم یو' وغیرہ جیسے مسائل کو تو اٹھایا، لیکن غربت، روزگار، سماجی انصاف، تحفظ و سلامتی اور سرکاری اسکیموں میں مساوی حصے داری کے بارے میں کوئی آواز بلند نہیں کی۔ آل انڈیا مومن کانفرنس کی آمد کے ساتھ کمزور طبقات کی قیادت نے زور پکڑا تھا، لیکن وقت گزرنے کے ساتھ اور دور اندیشی کے فقدان کی وجہ سے یہ تحریک بھی دم توڑ گئی۔ پچھلے کچھ عرصے میں مختلف سیاسی اور سماجی تنظیمیں جیسے آل انڈیا پسماندہ مسلم محاذ، آل انڈیا پسماندہ مسلم مورچہ وغیرہ اُبھر کر سامنے آئی ہیں اور سیاست میں محروم طبقات کے لیے جگہ بنانے کی کوشش کر رہی ہیں، حتیٰ کہ علاقائی سیکولر اور 'او بی سی' مرکوز جماعتیں بھی مسلمانوں کا اکثریتی ووٹ حاصل کرنے کے لیے محروم طبقات کے رہنماؤں کی طرف رجوع کر رہی ہیں۔

یہ پریشان کن امر ہے کہ سیاست میں محروم مسلم طبقات کی کوئی اہمیت نہیں ہے۔ ہندوستان میں کسی نہ کسی ذات سے وابستگی کی بنیاد پر ووٹ ڈالے جاتے ہیں اور پارٹیوں اور لیڈروں کی طرف سے انتخابی فائدے بھی ان ذاتوں کی عددی طاقت کی بنیاد پر ملتے ہیں جن سے وہ وابستہ ہیں، اسی طرح مسلمانوں کی قیادت کے خواہش مند شخص کو بھی اس ذات سے وابستگی کی پوزیشن میں ہونا چاہیے، جو نمبر کے کھیل میں دوسری ذاتوں پر برتری رکھتی ہے۔ اس حقیقت کے باوجود کہ اسلام مساوات کی تلقین کرتا ہے اور ذات پات اور مسلک کی بنیاد پر تقسیم کی ممانعت کرتا ہے، ہندوستانی مسلمان ذات پات کے نظام پر عمل پیرا ہیں، جو بنیادی طور پر ہندوؤں کے ذات پات

کے نظام سے ماخوذ ہے۔ اگرچہ مسلمانوں میں اس حوالے سے شدت نسبتاً کم ہے، لیکن یہ بھی حقیقت ہے کہ ان میں او بی سی، دلت اور کئی قبائلی ذاتیں موجود ہیں۔ یہ محروم طبقات، جو کل مسلم آبادی کا 82 سے 85 فیصد ہیں، غریب، تعلیمی لحاظ سے کمزور اور مسلم سماجی درجہ بندی میں سب سے نیچے آتے ہیں اور مسلم آبادی کا ایک بڑا حصہ ہونے کے باوجود سیاست میں وہ حاشیے پر ہیں۔ اگر ان کی صفوں سے کوئی لیڈر نکلتا ہے، تو اسے دوسروں پر زبردست برتری حاصل ہوگی کیونکہ وہ اکثریتی طبقے سے تعلق رکھے گا اور اسے بڑے پیمانے پر عوامی حمایت حاصل ہوگی۔ چونکہ جمہوریت نمبروں کا کھیل ہے، اس لیے یہ نقطۂ نظر غیر ضروری نہیں ہوگا اور بھرپور نفع بخش ثابت ہوگا، یہ نفع ایک مسلم ملائم، لالو پرساد یا مایاوتی کی شکل میں ہو سکتا ہے۔ اس طرح نہ صرف محروم طبقات کے بیچ سے لیڈر پیدا ہوں گے، بلکہ سیاست میں مسلمانوں کی حصے داری بھی بڑھے گی، نہ صرف مسلم کمیونٹی بلکہ تمام پارٹیوں کو محروم طبقات کے بیچ سے لیڈر پیدا کرنے کے لیے اس طریقۂ کار کو اپنانا چاہیے۔

بہرکیف اس حقیقت سے انکار نہیں کیا جا سکتا کہ مجموعی طور پر تمام مسلمانوں میں قیادت کا شدید فقدان ہے، جو ان کی سیاسی محرومی کا ذمے دار ہے؛ اس لیے مسلمانوں کو ایسے رہنما پیدا کرنا اور ان کی نشو و نما کرنی چاہیے جو ان کے مسائل کو جرأت مندانہ طریقے سے اٹھا سکیں، جو دلیر اور حوصلہ مند ہوں، محنتی ہوں، برے وقت میں لوگوں کے بیچ نظر آئیں اور انھیں انصاف دلانے کی کوشش کریں، ایسے لوگوں کو ہمیشہ لیڈر کے طور پر قبول کیا جاتا ہے۔

ووٹر لسٹ سے ناموں کا غائب ہونا

مختلف سیاست دانوں اور سماجی کارکنان کی طرف سے ایسی متعدد اخباری رپورٹس اور شکایات سامنے آتی رہتی ہیں جن میں کہا جاتا ہے کہ مسلم اور دلت طبقات سے تعلق رکھنے والے جینوئن ووٹرز کے نام یا تو غیر سنجیدہ وجوہات کی بنا پر ووٹر لسٹ میں شامل نہیں کیے جاتے یا حذف کر دیے جاتے ہیں۔ بڑی تعداد میں ان ناموں کو حذف کرنے سے مسلمانوں اور دلتوں کے انتخابی امکانات متاثر ہوتے ہیں۔ انتخابی اہلکاروں کا دعویٰ ہے کہ غیر ارادی طور پر کچھ مسلم ووٹرز کے نام ووٹر لسٹ سے حذف ہو جاتے ہیں، مگر مسلمانوں کو ان کے ارادے پر شک ہے اور کچھ معاملات میں امتیازی سلوک واضح طور پر دیکھنے میں آتا ہے کیونکہ ہندو علاقوں سے ایسے واقعات کی اطلاع نہیں ملتی۔ ووٹر لسٹ میں نام درج کروانا کسی بھی شہری کا بنیادی حق ہے، انتخابات کے دوران ووٹ ڈالنا بھی ہر ووٹر کا بنیادی حق ہے، اب اگر بڑی تعداد میں ووٹر لسٹ سے نام حذف کر دیے جائیں، تو اس طرح مسلم ووٹرز کی طاقت کم ہوتی ہے، جسے سیاست میں مسلمانوں کی کم حصے داری کا ایک اہم سبب سمجھا جانا چاہیے۔

ووٹر لسٹ سے نام غائب ہونے کا اندازہ لگانے کے مختلف طریقے ہیں۔ RayLabs Technologies عوامی طور پر دستیاب ووٹر لسٹوں کے ڈیٹا کا جائزہ لینے اور ملک بھر کے اسمبلی حلقوں کے لیے

ہر گھر کی سطح کی رپورٹس بنانے میں کامیاب رہی ہیں۔ خالد سیف اللہ، جو پروفیشنل افراد کی ایک چھوٹی سی ٹیم کے سربراہ ہیں اور ملک کے مختلف حصوں میں ان ووٹرز کے ناموں کے اندراج پر کام کر چکے ہیں، جن کے نام غائب تھے، وہ کہتے ہیں:

> اس سے معلوم ہوا کہ تمام SRCs میں صرف ایک ووٹر والے گھرانے گیارہ فیصد ہیں، لیکن ووٹر لسٹوں کے مطابق مسلم اور دلت طبقات میں یہ شرح 20 فیصد ہے، جب کہ 2011 کی مردم شماری کے مطابق یک رکنی گھرانے کا فیصد 5 سے کم ہونا چاہیے۔ دونوں ڈیٹا بیس کے درمیان فرق ہے، اس لیے ہم ایک ووٹر والے 80 فیصد گھرانوں کو گم شدہ ووٹر گھرانے مانتے ہیں اور اس کے لیے ایک زمینی سروے شروع کیا ہے۔ 13

مسلمانوں اور دلتوں میں اعلی شرح پیدائش کی وجہ سے ان کا گھرانا بھی بڑا ہوتا ہے، لیکن یہاں دلتوں اور مسلمانوں میں یک رکنی گھرانے کا فیصد 20 دکھایا گیا ہے، حالاں کہ نظریاتی طور پر یہ 11 فیصد سے کم ہونا چاہیے، اس سے مسلمانوں اور دلتوں کے خلاف سازش کا اشارہ ملتا ہے۔

سینٹر فار ریسرچ اینڈ ڈبیٹس اِن ڈیولپمنٹ پالیسی (سی آر ڈی ڈی پی) کے تیار کردہ اعداد و شمار کے مطابق 150 سے 180 ملین ہندوستانی شہری ووٹر لسٹ سے باہر ہیں اور اس وجہ سے وہ ووٹ کا حق استعمال کرنے سے قاصر ہیں۔ انھی اعداد و شمار کے مطابق ہندوستان بھر میں تین کروڑ سے زیادہ مسلمان اور چار کروڑ دلت ووٹرز کے نام ووٹر لسٹس سے غائب ہیں۔ اس تنظیم اور اس کے رفقا نے ووٹر لسٹس میں ایسے 'گم شدہ ووٹرز' کو شامل کرنے کے لیے ملک گیر مہم شروع کی تھی اور اس مسئلے کو حل کرنے کی کوشش میں اس نے 'مشن 2019 - کوئی ووٹر چھوٹنے نہ پائے' شروع کیا تھا تاکہ تمام جینوئن ووٹرز کے نام ووٹر لسٹ میں شامل کیے جا سکیں۔ 14

جب ہاربر کے آں وقتی رکن اسمبلی 'ڈی ایم کے' کے پی کے شیکھر بابو کو مارچ 2019 میں ایسی شکایتیں موصول ہوئیں کہ چنئی میں ان کے حلقۂ انتخاب کے بہت سے مسلمانوں کے نام ووٹر لسٹ سے غائب ہیں، تو انھوں نے اس کی تصدیق کرنے کا فیصلہ کیا اور نتیجتاً انھوں نے شکایات کو درست پایا۔ ان کے اندازے کے مطابق 10,000 سے زیادہ مسلم ووٹرز کو ووٹر لسٹ سے نکال دیا گیا تھا۔ ہاربر حلقے کے ایک ووٹر شاہ الحمید نے بتایا کہ اس سمیت اس کے محلے کے 500 سے زائد لوگوں کے نام ووٹر لسٹ سے غائب ہیں۔ چنئی کارپوریشن کے سابق کونسل فلور لیڈر روی سوکمار بابو نے دعویٰ کیا کہ 7,000 سے زیادہ دلت ووٹرز حلقے کی کچی بستیوں سے دریائے کووم کے کنارے دوبارہ آباد ہوئے، حکومت نے چنئی میں چیپوک- تیرووالیکینی سے تقریباً 40 کلومیٹر دور تک کے علاقوں میں فورس کا استعمال کر کے ان بستیوں کو خالی کروایا۔ انھوں نے کہا کہ انتخابی اہلکاروں کو چاہیے تھا کہ وہ دوبارہ آباد ہونے والے دلت خاندانوں کے نئے گھروں کا دورہ کرتے اور ان کے نام ووٹر لسٹ میں شامل کرتے، مگر ایسا نہیں کیا گیا۔ 15

مارچ 2013 میں سابق وزیر اعظم اور ُجے ڈی (ایس)‘ کے قومی صدر ایچ ڈی دیوے گوڑا نے دہلی میں اس وقت کے چیف الیکشن کمشنر سے ملاقات کی اور ریاست کی بی جے پی حکومت میں بڑے پیمانے پر مسلم ووٹرز کے ناموں کو ووٹر لسٹ سے نکالے جانے کے حوالے سے ایک عرضی دی۔ انھوں نے شکایت کی کہ ہر اسمبلی حلقے سے 20,000 سے زیادہ مسلم ووٹرز کے نام غائب کر دیے گئے ہیں اور اس طرح انھیں ووٹ دینے کے حق سے محروم کر دیا گیا ہے۔ انھوں نے یہ بھی شکایت کی کہ ایسا ُجان بوجھ کر‘ کیا گیا ہے۔ انھوں نے الیکشن کمیشن آف انڈیا سے اس معاملے میں فوری مداخلت کی اپیل کی۔ اپریل 2013 میں کرناٹک جے ڈی (ایس) کے رہنما عبدالعظیم نے دعویٰ کیا کہ بنگلور کے ہیبل اسمبلی حلقے میں ڈرافٹ لسٹ سے تقریباً 50,000 ناموں کو غائب کر دیا گیا ہے، جن میں سے 20,000-25,000 مسلم ووٹر تھے۔ انھوں نے دسمبر 2012 میں الیکشن کمیشن آف انڈیا میں ووٹرز کے ناموں اور تفصیلات میں بڑی غلطیوں اور ووٹر لسٹ سے غائب ناموں کے بارے میں شکایت درج کرائی تھی۔ انھوں نے یہ بھی الزام لگایا کہ چند بی جے پی سیاست دانوں کی طرف سے جان بوجھ کر ایسی کوشش کی گئی تھی، خاص طور پر کٹا سبرامنیا نائیڈو نے انتخابات کو اپنے حق میں ہموار کرنے کی کوشش کی تھی، کیونکہ ووٹرز کے نام پرنٹ کرنے کا ٹھیکہ ایک ایسے پرنٹر کو دیا گیا تھا، جس کے بی جے پی لیڈران سے روابط تھے۔ جواب میں الیکشن کمیشن نے کہا تھا کہ درست شناخت اور ایڈریس پروف پیش کرنے پر ہیبل حلقے کے ووٹر لسٹوں پر نظر ثانی کی جائے گی۔ 16

کرناٹک میں یہ مسئلہ 2023 کے اسمبلی انتخابات سے پہلے دوبارہ سامنے آیا۔ شیواجی نگر، جو بنگلورو کے مرکز میں واقع ہے، وہاں تقریباً 1.91 لاکھ ووٹرز ہیں، اور ان میں سے 40 فیصد مسلمان ہیں، اس حلقے کی نمائندگی 2008 سے کانگریس کے ایم ایل اے کر رہے ہیں۔ یہ تنازع تب شروع ہوا جب ایک بی جے پی حامی شخص کی طرف سے نجی شکایت داخل کی گئی، جس میں 26,000 ووٹرز کو جعلی قرار دیا گیا، ان میں سے زیادہ تر مسلم اور دلت نام تھے۔ الیکشن کمیشن آف انڈیا نے شکایت پر انکوائری شروع کی اور جنوری 2023 میں 9,159 ووٹرز کو نوٹس جاری کیا، یہ وہ لوگ تھے جو مر چکے تھے یا کہیں اور چلے گئے تھے۔ الیکشن کمیشن کے اسٹینڈرڈ آپریٹنگ پروسیجر (SOP) کے مطابق کسی اسمبلی کی مدت ختم ہونے سے چھ ماہ پہلے از خود ووٹرز کے ناموں کو ڈیلیٹ نہیں کیا جا سکتا، مگر یہاں الیکشن کمیشن نے اپنے ہی ُایس او پی‘ کی خلاف ورزی کی اور انھیں حذف کر دیا، اس نے اس شق کو استعمال کر کے اپنی کارروائی کا جواز پیش کیا، جس میں کہا گیا ہے کہ ”خاص حالات میں حذف کیا جا سکتا ہے۔“ لیکن سوال یہ پیدا ہوتا ہے کہ ایک پرائیویٹ فریق کی طرف سے درج کروائی گئی شکایت کی بنیاد پر الیکشن کمیشن اتنی بڑی تعداد میں ناموں کو کیسے حذف کر سکتا ہے؟ اپوزیشن پارٹیوں نے کہا کہ الیکشن کمیشن آف انڈیا کو جلد بازی میں یہ کام نہیں کرنا چاہیے تھا؛ کیونکہ یہ شکایت ُبدنیتی‘ پر مبنی تھی اور ُفرقہ وارانہ جذبے‘ کے تحت کی گئی تھی۔ (http (thenewsminute.com

اپریل 2014 میں آل انڈیا ملی کونسل (ممبئی) اور دیگر تنظیموں نے ایک پریس کانفرنس کیا اور الزام لگایا کہ مسلم اکثریتی علاقوں میں ووٹر لسٹ سے ووٹرز کے نام بڑے پیمانے پر غائب کر دیے گئے ہیں، جیسے رشید کمپاؤنڈ (ممبرا)، بھرت نگر، کوسا، نالاسوپارہ، میرا روڈ وغیرہ۔ انھوں نے یہ بھی الزام لگایا کہ وہاں مقیم مسلمانوں کو یہ دکھایا گیا ہے کہ کہیں اور منتقل ہو گئے ہیں، بہت سے لوگوں کے پتے صرف علاقے کے نام کے طور پر ملے ہیں، جب کہ بہت سے مردوں کو خواتین کے طور پر درج کیا گیا ہے۔ ممبرا کے رشید کمپاؤنڈ علاقے کے ہزاروں مسلمان باشندوں کے نام علاقے کے ووٹر لسٹ سے غائب تھے۔ انھوں نے کہا کہ یہ معمولی غلطی نہیں ہو سکتی، کیونکہ بہت سے مسلمان متذکرہ پتوں پر مقیم ہیں، جب کہ ووٹر لسٹ میں یہ دکھایا گیا ہے کہ وہ وہاں سے کہیں اور چلے گئے ہیں، اسی طرح بہت سے لوگوں کی جنس ہی تبدیل کر دی گئی ہے۔ انھوں نے مطالبہ کیا کہ ووٹر لسٹ میں ایسے افراد کے نئے پتے دکھائے جائیں، جنھیں دوسری جگہ منتقل دکھایا گیا ہے۔ ان کا دعویٰ تھا کہ ووٹر لسٹ میں ہیرا پھیری کے پیچھے سازش کارفرما ہے، تاکہ مسلمانوں کو ووٹ ڈالنے سے روکا جائے۔ اپنے الزامات کی تائید میں انھوں نے کہا کہ اسی علاقے میں رہنے والے زیادہ تر غیر مسلموں کو اس طرح کے مسائل کا سامنا نہیں کرنا پڑا۔ ممبرا کے ایک کارپوریٹر نے بتایا کہ اس نے پورے 17,000 فارم بھیجے تھے؛ لیکن صرف 2500 نام شامل تھے اور باقی کو چھوڑ دیا گیا تھا۔ انھوں نے چیف الیکٹورل آفیسر (سی ای او)، مہاراشٹر سے ایک تحریری شکایت کی اور اپنے دعوے کے ثبوت میں کئی دستاویزات منسلک کیے۔ انھوں نے الزام لگایا کہ قومی سطح پر مسلمانوں کو ایسی صورت حال کا سامنا ہے، تاکہ انھیں حق رائے دہی سے محروم کر دیا جائے۔ مرادآباد میں 15800 مسلم ووٹرز کے نام غائب کر دیے گئے، ایودھیا میں لسٹ پر نظر ثانی کے بعد کل 84,650 ووٹرز کا اضافہ ہوا اور شہر کے کچھ علاقوں میں 1,778، 2,699، 2,711 اور 1,314 ووٹرز درج کیے گئے، مگر فیض آباد جو کہ مسلم اکثریتی علاقہ تھا، وہاں صرف 690 ووٹرز کا اضافہ کیا گیا۔ لکھنؤ میں فہرست پر نظر ثانی کے بعد ووٹرز کی تعداد بڑھ کر 30,000 ہو گئی، جب اچھی طرح تصدیق کی گئی تو معلوم ہوا کہ صرف 6000 ووٹرز بڑھے ہیں۔

آخر میں انھوں نے الزام لگایا کہ یہ سب کچھ 'جان بوجھ کر' اور ایک وسیع تر 'سازش' کے تحت کیا گیا ہے، جس کی گہرائی سے تحقیقات ہونی چاہئیں۔ 17 اخباری رپورٹس کے مطابق مہاراشٹر کے ممبرا-کلوا (149) اسمبلی حلقے میں ووٹر لسٹ سے 10,585 ووٹرز کے نام غائب کر دیے گئے، جن کی اکثریت مسلمان اور دلت تھی۔ الیکشن کمیشن کے اہلکاروں نے بتایا کہ حذف کردہ ووٹرز مذکورہ پتوں پر نہیں رہتے، جب کہ حلقے کے رکن اسمبلی اور سابق ہاؤسنگ منسٹر جتیندر اوہاڈ نے الزام لگایا کہ مسلم اور دلت ووٹرز کے نام جان بوجھ کر حذف کیے گئے ہیں، حتیٰ کہ ان کے نام بھی حذف کر دیے گئے جو کئی سال سے ایک ہی پتے پر رہ رہے تھے۔ انھوں نے انتباہ دیا کہ اگر حذف کردہ ناموں کو دوبارہ شامل نہیں کیا گیا، تو وہ سڑکوں پر اتریں گے اور کلکٹر آفس اور الیکشن ڈپارٹمنٹ کے سامنے احتجاج کریں گے۔ 18 ہم نے ایسے بہت سے معاملات میں سے صرف چند ایک کا ذکر کیا ہے، جن کی اطلاع

سماجی کارکنان نے دی اور انھوں نے خود انھیں نوٹس کیا ہے، جب کہ ایسے سیکڑوں واقعات ہیں، جو یا تو رپورٹ نہیں ہوتے یا ہوتے تو ہیں، مگر عوامی نوٹس میں نہیں آتے۔ ہندوستان بھر میں اس طرح کے بے شمار دعوے کیے جاتے ہیں، جن کی گہرائی سے تحقیق اور اصلاح کی ضرورت ہے۔ انتخابی اہلکاروں کو ان کے ناپاک ارادوں کی سزا بھی ملنی چاہیے۔

کہا جاتا ہے کہ پورے ہندوستان میں ضلعی انتخابی دفاتر میں ناکافی افرادی قوت ووٹرز کے ناموں کو من مانے طور پر حذف کرنے کے معاملے سے نمٹنے میں ایک اہم چیلنج ہے۔ ووٹرز کے ناموں کو شامل کرنے یا حذف کرنے کے عمل سے وابستہ بہت سے ڈیٹا انٹری آپریٹرز اور دیگر اہلکار غیر تربیت یافتہ پائے جاتے ہیں۔ ڈیٹا انٹری آپریٹرز کی اکثریت غیر مسلم ہے، جنھیں مسلم ناموں کے درست ہجے کا علم نہیں ہوتا اور وہ انھیں لکھنے میں غلطیاں کرتے ہیں۔ کئی مقامات پر ووٹر لسٹ اپ ڈیٹ کرنے کے لیے تعینات اہلکار معلومات جمع کرنے اور انھیں درج کرنے میں عوام کے ساتھ تعاون نہیں کرتے، طریقۂ کار سے لاعلمی بھی ایک چیلنج ہے۔ مثال کے طور پر مسلمانوں اور درج فہرست ذاتوں کی اکثریت غریب ہے اور کرائے کے مکانوں میں رہتی ہے، گھر شفٹ کرتے وقت وہ ووٹر آئی ڈی کارڈ پر لکھا ہوا ایڈریس تبدیل نہیں کرواتے، نتیجتاً جب بوتھ لیول آفیسر تصدیق کے لیے آتے ہیں، تو وہ مذکورہ پتے پر ووٹر کو نہیں پاتے اور ووٹر لسٹ سے ان کے نام حذف کر دیتے ہیں۔

مسلمانوں اور دلتوں میں ناخواندگی بھی ایک عامل ہے۔ 2011 کی مردم شماری کے مطابق 68 فیصد مسلمان اور 65 فیصد ایس سی خواندہ ہیں۔ اس کا مطلب ہے کہ مسلمانوں اور دلتوں میں سے ہر طبقے کے ایک ایک تہائی لوگ ناخواندہ ہیں اور لکھنے پڑھنے سے قاصر ہیں، ان میں سے اکثر ووٹر لسٹ سے ناموں کو حذف کرنے اور شامل کرنے کے طریقے سے بھی ناواقف ہیں۔ اس کے علاوہ CRDDP کے مطالعے کے مطابق فارم 7 کا غلط استعمال بھی کئی حلقوں میں بڑھتا ہوا پایا گیا ہے۔ سیاسی جماعتیں مبینہ طور پر پولنگ بوتھ پر ووٹوں کی پارٹی وار تقسیم جاننے کے لیے فارم 20 چیک کرتی ہیں، اس کا جائزہ لینے کے بعد وہ ان گھرانوں کا انتخاب کرتی ہیں، جنھیں وہ 'دوسری پارٹی کے لوگ' سمجھتی ہیں اور ان ناموں کو حذف کرنے کے لیے، جو ان کو ووٹ نہیں دیتے، فارم 7 آن لائن اپلائی کر دیتی ہیں۔ یہ توقع کی جاتی ہے کہ ووٹرز کے ناموں کو حذف کرنے سے پہلے الیکشن کمیشن کی جانب سے مناسب تصدیق کی جائے، لیکن زیادہ تر معاملات میں تصدیق نہیں کی جاتی اور ووٹر کی رضامندی کے بغیر ان کے نام حذف کر دیے جاتے ہیں۔ مقامی رہنماؤں اور سماجی کارکنان کو اس حوالے سے چوکنا رہنا چاہیے۔

18 سال کی عمر مکمل کرنے والا ہر شہری ووٹر شناختی کارڈ کے لیے درخواست دینے کا اہل اور ووٹ دینے حق دار ہے۔ پہلی بار ووٹ دینے والے اور وہ لوگ، جن کے نام ووٹر لسٹ سے باہر رہ گئے ہیں، انھیں اپنا حق رائے دہی استعمال کرنے کے لیے اپنے ناموں کا اندراج کروانا ہوگا۔ پہلی بار ووٹ دینے والوں اور جن کے نام حذف کر دیے گئے ہیں یا وہ کسی اور ایڈریس پر منتقل ہیں، ان کی رہنمائی کے لیے شہری سہولت کے مراکز قائم ہیں،

ووٹروں کو اپنے ناموں کے اندراج کے لیے خود آگے آنا چاہیے۔

چند مفید فارم

- فارم 6: نیا رجسٹریشن
- فارم 6A: اوورسیز ووٹرز
- فارم 7: ناموں کی شمولیت پر اعتراض جتانا یا ووٹر لسٹ سے نام حذف کرنے کا مطالبہ کرنا۔
- فارم 8: نام/ پتے میں تبدیلی
- فارم 1-8: حلقے کے اندر پتے میں تبدیلی

اہلیت کا معیار

- عمر 18 سال
- ہندوستانی شہری ہونا
- رہائش کے علاقے میں ہی رجسٹرڈ ہو

یہ کاغذات درکار ہیں

- ایڈریس پروف (پاسپورٹ، بجلی بل، ڈرائیونگ لائسنس، پین کارڈ وغیرہ)
- عمر کا ثبوت (برتھ سرٹیفکٹ، اسکول/ کالج کی مارک شیٹ، اسکول لیونگ سرٹیفکیٹ، آدھار کارڈ وغیرہ)
- پاسپورٹ سائز فوٹو

فارم جمع کروانا

- ڈپٹی ڈی ای او دفتر، تحصیل کے دفاتر
- تمام پولنگ مراکز
- ووٹرز کی مدد کے مراکز
- وارڈ دفاتر، انتخابی رجسٹریشن دفاتر

یہاں آن لائن اپلائی کریں:

- http://eci.nic.in/eci/eci.html
- ریاستی سی ای او ویب سائٹس (جیسے www.ceo.maharashtra.gov.in وغیرہ)

ہر ضلع میں الیکشن اہلکاروں کو تمام ووٹرز، خاص طور پر کمزور طبقوں سے تعلق رکھنے والے ووٹرز کے ناموں کو ووٹر لسٹ میں شامل کرنے کے لیے فعال ہونا چاہیے، ان کے ناموں کے اندراج اور ان تک پہنچنے کے لیے ایک کثیر جہتی حکمت عملی اپنانی چاہیے اور ووٹر رجسٹریشن کی خصوصی مہم کے حصے کے طور پر ہاؤسنگ سوسائٹیوں، کالجوں، این جی اوز اور سیاسی جماعتوں سے رجوع کرنا چاہیے۔ ووٹر لسٹ میں زیادہ سے زیادہ ووٹرز کے اندراج کے لیے ہر الیکشن کے دوران منظم طریقے سے ووٹرز کی بیداری اور انتخابی شرکت کے لیے خصوصی پروگرام چلایا جاتا ہے، انتظامیہ کو خصوصاً غریب علاقوں میں اسے ایمانداری سے نافذ کرنا چاہیے۔

حقِ رائے دہی سے محروم کرنے کی کوشش

جن جمہوری ممالک میں مختلف سماجی گروہ، نسلیں اور مذہبی طبقے آباد ہیں، لیکن ان کے درمیان ہم آہنگی کے تعلقات نہیں ہیں، وہاں اکثریتی (غالب) گروہوں کی طرف سے اقلیتی گروہ کو حق رائے دہی سے محروم کرنے کی مسلسل کوششیں ہوتی رہتی ہیں۔ خواندگی کی سطح، معمولی مجرمانہ مقدمات میں سزا، شہریت کے مسائل وغیرہ کا استعمال بعض طبقات کو انتخابات کے دوران ووٹ ڈالنے سے روکنے کے لیے کیا جاتا ہے۔ فرقہ وارانہ فسادات/ نسلی تشدد، جبری بے دخلی، دھمکیاں، ووٹر آئی ڈی کارڈز کو زبردستی چھیننے وغیرہ کو بھی اقلیتوں کو حق رائے دہی سے محروم کرنے کے لیے استعمال کیا جاتا ہے۔ بڑے پیمانے پر عوام کے ایک طبقے کو حقوق سے محروم کرنے کا Jim Crow سسٹم یہاں قابل ذکر ہے۔ امریکہ کی جنوبی ریاستوں میں سیاہ فاموں کے ساتھ امتیازی اور غیر مساوی سلوک کے علاوہ، انھیں خواندگی کے امتحانات اور دگر نسل پرستانہ معیارات کے اطلاق کے ذریعے ووٹ دینے کے حق سے منظم طریقے سے محروم کر دیا گیا تھا۔ Jim Crow سسٹم کو مقامی حکومتی عہدیداروں نے برقرار رکھا اور سکیورٹی اہلکاروں کے ذریعے دہشت گردانہ کارروائیوں سے اسے تقویت ملی۔ دیکھا جاسکتا ہے کہ یہاں مسلمانوں اور دلتوں کو ووٹنگ کے حق سے محروم کرنے کے لیے ایسے ہی طریقے اپنائے جارہے ہیں۔

ہمارے آئین نے ہر شہری کو چاہے وہ کسی بھی ذات، برادری یا مذہب وغیرہ سے تعلق رکھتا ہو، ووٹ دینے کا حق دیا ہے۔ ہندوستان کے شہری ہونے کے ناطے مسلمانوں کو بھی ووٹ دینے کا مضبوط اور مساوی حق حاصل ہے، وہ عددی اعتبار سے لوک سبھا کی کئی سیٹیں اپنے بل بوتے پر جیتتے ہیں، 543 پارلیمانی حلقوں میں سے 125 سیٹوں پر مسلمانوں کی تعداد 20 فیصد یا اس سے زیادہ ہے، جو کہ انتخابات میں انتخابی میزان کو جھکانے کے لیے کافی ہے، ریاستوں میں بھی وہ بہت سی سیٹیں جیت سکتے ہیں یا کئی سیٹوں پر انتخابات کے نتائج کو متاثر کر سکتے ہیں۔ دلتوں کے ساتھ مل کر وہ فرقہ پرست لیڈروں کو ایم پی یا ایم ایل اے بننے اور کئی دہائیوں تک فرقہ پرست پارٹیوں کو مرکز میں اقتدار حاصل کرنے سے روکنے میں کامیاب رہے ہیں۔ مسلمانوں اور دلتوں کی انتخابی طاقت

فرقہ پرست پارٹیوں اور کانگریس کے قدامت پسند عناصر کو کانٹے کی طرح چبھتی ہے، اسی وجہ سے یہ لوگ مسلمانوں اور دلتوں کو حق رائے دہی سے محروم کرنے کے لیے تعلیم کی کمی، کثرت اولاد، فوجداری مقدمات، چھوٹے جرائم میں سزا یافتہ ہونے، فرقہ وارانہ فسادات، جائداد سے بے دخلی، دھمکیوں اور تشدد وغیرہ کو حربے کے طور پر استعمال کرتے ہیں۔

بی جے پی، شیوسینا وغیرہ کے کچھ لیڈر مسلمانوں کو کھلم کھلا دھمکی دیتے رہے ہیں کہ ان سے ووٹ کا حق چھین لیا جائے گا۔ اپریل 2015 میں شیوسینا نے کہا کہ مسلمانوں کا ووٹنگ کا حق 'منسوخ' کر دیا جانا چاہیے کیونکہ انھیں اکثر 'ووٹ بینک کی سیاست' کے لیے استعمال کیا جاتا ہے۔ پارٹی کے ترجمان 'سامنا' میں لکھا گیا: ''اگر مسلمان صرف سیاسی کھیل کے لیے استعمال کیے جاتے رہے، تو وہ کبھی ترقی نہیں کر سکتے، مسلمانوں کا اس وقت تک کوئی مستقبل نہیں ہوگا، جب تک وہ ووٹ بینک کی سیاست کے لیے استعمال ہوتے رہیں گے... بالا صاحب (ٹھاکرے) نے ایک بار کہا تھا کہ مسلمانوں سے حق رائے دہی واپس لے لیا جانا چاہیے، ان کی یہ بات صحیح تھی۔''19 اگرچہ اس متنازعہ تبصرے پر دیگر جماعتوں کی طرف سے شدید تنقید کی گئی لیکن اخبار کے خلاف کوئی کارروائی نہیں ہوئی۔ ہندوستان میں ہر ذات/ برادری کو کوئی نہ کوئی پارٹی ووٹ بینک کے طور پر استعمال کرتی ہے۔ دلت، قبائلی، برہمن، کھشتریہ، بنیا، جاٹ، یادو، ریڈی، نائر وغیرہ کسی نہ کسی پارٹی کا ووٹ بینک رہے ہیں یا اب بھی ہیں۔ بی جے پی سمجھتی ہے کہ مسلمانوں نے اس پارٹی کو اقتدار سے باہر رکھنے میں بڑا رول ادا کیا ہے، اس لیے وہ طویل عرصے سے مہم چلا رہی ہے کہ انھیں حق رائے دہی سے محروم کر دیا جائے۔ بی جے پی کی مسلم مخالف پالیسیاں بشمول شہریت کی پالیسیاں، جو کہ عوام کو بڑے پیمانے پر حق رائے دہی سے محروم کرنے کی Jim Crow سسٹم کی آئینہ دار ہیں، فرقہ وارانہ تشدد اور ذات پات پر مبنی تفرقہ انگیزی کی طرف اشارہ کرتی ہیں۔ 2016 میں آسام میں اپنی پہلی حکومت بنانے کے لیے پولرائزنگ انتخابی مہم چلاتے ہوئے پارٹی نے وہاں لاکھوں مسلم تارکین وطن کو حق رائے دہی سے محروم کرنے کا عہد کیا تھا۔ 'این آر سی' کے بعد جب مسلمانوں کی بجائے ہندوؤں کی بڑی تعداد این آر سی سے باہر پائی گئی، تو پارٹی مسلمانوں کو شہریت سے انکار کرنے اور تارکین وطن بنگلہ دیشی ہندوؤں کو شہریت دینے کے لیے 'سی اے اے' لے آئی۔ مغربی بنگال اسمبلی الیکشن کی انتخابی مہم کے دوران بی جے پی نے اعلان کیا کہ وہ یہاں سے بھی غیر قانونی بنگلہ دیشی تارکین وطن کو باہر نکالے گی، جس سے مسلمانوں میں خوف و اضطراب پیدا ہوگیا۔ جب 'این آر سی' کا عمل آسام میں اپنے مقصد کو حاصل کرنے میں ناکام رہا، تو بی جے پی لیڈر ہمنتا بسوا سرما نے کہا کہ 'این آر سی' کو آسام میں غیر ملکی اس لیے نہیں مل سکے کہ بنگلہ دیشی بڑی تعداد میں ملک کے دوسرے حصوں میں چلے گئے، یعنی دوسرے لفظوں میں کہا جائے تو اب باقی ہندوستان میں ان کا شکار کرنا ضروری تھا۔ 20 درحقیقت اس طرح انھوں نے ملک گیر NRC کا اشارہ دیا، جس سے مسلمانوں میں خوف و ہراس پھیل گیا۔ مسلمان یہ سمجھتے ہیں کہ 'سی اے اے' اور 'این آر سی' کے ذریعے بی جے پی ان کی ایک بڑی تعداد کو حق رائے دہی

سے محروم کرنا چاہتی ہے۔ اس کے علاوہ فرقہ وارانہ تشدد، ماب لنچنگ اور گئور کشکوں کے ذریعے نشان زد تشدد، زبردست امتیازی سلوک اور اس کے نتیجے میں احساس بیگانگی پیدا کرنے جیسے حربے بھی بنیادی طور پر بی جے پی ہندوستانی مسلمانوں کو حق رائے دہی سے محروم کرنے کے لیے استعمال کرتی ہے۔

آسام میں مسلمان کل آبادی کا 34.2 فیصد ہیں اور نو اضلاع میں ان کی اکثریت ہے۔ اس ریاست سے مسلم ارکان پارلیمنٹ اور ارکان اسمبلی کی اچھی خاصی تعداد منتخب ہوتی ہے، 'اے آئی یو ڈی ایف' اسمبلی میں اہم اپوزیشن پارٹی بن گئی ہے؛ اس لیے وہاں نیلی سمیت کئی فرقہ وارانہ فسادات کو انھیں خوفزدہ کرنے، سماجی دھارے سے الگ کرنے اور حق رائے دہی سے محروم کرنے کے وسیلے اور حربے کے طور پر استعمال کیا گیا ہے۔ بی جے پی اور دائیں بازو کی دیگر تنظیمیں مطالبہ کرتی رہی ہیں کہ بنگلہ دیش بننے کے بعد آنے والے بنگلہ دیشی تارکین وطن کی شناخت کر کے انھیں ملک بدر کیا جائے۔ سرما نے 2016 میں کہا تھا کہ اگر پارٹی اقتدار میں آتی ہے، تو وہ ان بنگلہ دیشی مسلمانوں کو ووٹ ڈالنے سے روکنے کی کوشش کرے گی جو 1951 اور 1971 کے درمیان ہندوستان میں داخل ہوئے ہیں، وہ یہاں رہ سکتے ہیں مگر انھیں شہریت کے لیے دوبارہ درخواست دینی ہوگی۔ 21 جب 'این آر سی' کے عمل کے باوجود حسبِ دل خواہ مسلمان 'این آر سی' سے باہر نہیں پائے گئے، تو مقامی انتہا پسند تنظیمیں اس عمل کو بوگس بتانے کی کوشش کرنے لگیں۔ اس کے علاوہ مرکزی حکومت شہریت ترمیمی قانون (CAA) لے آئی، جو غیر قانونی ہندو تارکین وطن کو شہریت فراہم کرتا ہے۔ یہ بنیادی طور پر مسلمانوں کو حق رائے دہی سے محروم کرنے کے لیے ایک جانا بوجھا اقدام تھا۔ دوسری طرف اب بی جے پی حکومت نے آسام میں جبری بے دخلی کا طریقہ اپنایا ہے، چنانچہ 23 ستمبر 2021 کو پولیس نے درنگ ضلع کے دھول پور گاؤں میں کئی خاندانوں سے زبردستی ان کی زمینیں خالی کروالیں، مقامی حکام نے کہا کہ ایک زرعی پروجیکٹ کے آغاز کے لیے 1200 خاندانوں کا انخلا کروایا گیا ہے، انھوں نے 4,500 بیگھہ (6 مربع کلومیٹر) اراضی ان سے خالی کروالیں، جس کے نتیجے میں تقریباً 5000 لوگ (زیادہ تر مسلمان) کھلے آسمان تلے رہنے پر مجبور ہو گئے۔ جبری بے دخلی مہم اور مسلمانوں کے احتجاج کے دوران دو افراد معین الحق اور شیخ فرید نامی مارے بھی گئے۔ 22 اس غیر انسانی مہم نے بی جے پی کی دھاکہ خیز فرقہ پرستانہ سیاست کو اُجاگر کیا، جس کے تحت آسامی مسلمانوں کو حق رائے دہی سے محروم کرنے اور انھیں وہاں سے نکال باہر کرنے کی کوشش کی جارہی ہے۔

'سی اے اے' دسمبر 2019 میں پاس کیا گیا تھا اور یہ خوف اب بھی برقرار ہے کہ اسے مسلمانوں کو شہریت سے محروم کرنے اور ان کا حق شہریت منسوخ کرنے کے لیے استعمال کیا جائے گا۔ یہ 31 دسمبر 2014 تک پاکستان، افغانستان اور بنگلہ دیش سے آنے والے تمام غیر مسلم تارکین وطن کو شہریت دیتا ہے، یہ ایکٹ واضح طور پر آئین کے آرٹیکل 14 کی خلاف ورزی کرتا ہے اور مسلمانوں کے ساتھ امتیازی سلوک کو ہوا دیتا ہے۔ مودی حکومت نے بارہا کہا ہے کہ وہ ملک بھر میں NRC کا اہتمام کرے گی اور پھر CAA لاگو کرے گی۔ اس کا

مطلب یہ ہے کہ 'این آر سی' کے بعد اس سے باہر رہ جانے والے ہندو، سکھ، عیسائی، جین اور پارسی طبقات سے تعلق رکھنے والے لوگوں کو درخواست دینے کے بعد شہریت دے دی جائے گی، جبکہ 'این آر سی' سے باہر رہ جانے والے مسلمانوں کو مصائب کا سامنا ہوگا، انھیں حراستی مراکز میں رہنا پڑے گا اور آخر کار ووٹ کے حق سے محروم ہونا پڑے گا۔ ایسا لگتا ہے کہ یہ ایکٹ لایا ہی گیا ہے مسلمانوں کو خوف زدہ کرنے اور حق رائے دہی سے محروم کرنے کے لیے۔

بی جے پی مسلمانوں کے ووٹر آئی ڈی کارڈ بھی چھیننے کی کوشش کر رہی ہے۔ بنگلورو کے ایک مسلم اکثریتی علاقے سے پولیس نے اگست 2015 میں بی جے پی خواتین ونگ کی پانچ کارکنوں کو اس الزام میں گرفتار کیا تھا کہ انھوں نے مقامی لوگوں (مسلمانوں) کے ووٹر آئی ڈی کارڈ چرانے کی کوشش کی تھی۔ بنگلور کے سید پورہ علاقے کی ایک ووٹر شمس النسا نے کہا: ''شام پانچ بجے کے قریب پانچ خواتین میرے گھر آئیں اور مجھے بتایا کہ وہ محکمہ مردم شماری سے ہیں، انھوں نے مجھے اپنا ووٹر آئی ڈی کارڈ دکھانے کو کہا، جب میں نے انھیں کارڈ دکھایا تو انھوں نے کہا کہ یہ اب کارگر نہیں رہا اور جب علاقے کے کچھ لوگ جمع ہوئے اور ان خواتین سے ان کے شناختی کارڈ مانگے تو انھوں نے رونا شروع کر دیا اور اعتراف کیا کہ وہ بی جے پی کی کارکن ہیں، پھر پولیس پہنچی، انھیں لے گئی اور ایف آئی آر درج کیا کہ یہ خواتین ووٹرز سے ووٹنگ کارڈز چھیننے کی کوشش کر رہی تھیں۔''[23] دائیں بازو کی طاقتیں مسلمانوں کو حق رائے دہی سے محروم کرنے کی بھرپور کوشش کر رہی ہیں؛ کیونکہ ان کے خیال میں وہ سیاسی اقتدار حاصل کرنے کی ان کی کوششوں کے بارآور ہونے میں سب سے بڑی رکاوٹ ہیں۔ اعلیٰ ذات کے ہندو تو او بی سی اور دلتوں سے بھی حق رائے دہی چھیننا چاہتے ہیں، وہ ایسا اس لیے کرتے ہیں کہ انھیں خوف ہے کہ کہیں قانون ساز اداروں میں دلت، او بی سی اور مسلمانوں کی تعداد اکثریت میں نہ آجائے اور نتیجتاً سیاست و اقتدار میں ان کے غلبے کا خاتمہ نہ ہو جائے۔

دلت-مسلم اتحاد

بی جے پی جس طرح موروثی طور پر مسلم مخالف مزاج و نہاد رکھتی ہے، اسی طرح دلتوں سے بھی نفرت کرتی ہے۔ دونوں طبقوں کے تئیں اس کے امتیازی سلوک اور استثنائی نظریے کی مشترکہ تاریخ ہے اور دونوں کو اپنے اپنے لیڈروں کے سیاسی مفادات کی وجہ سے بھی نقصان اٹھانا پڑا ہے۔ عسکریت پسند ہندوتو اعموماً پسماندہ ذاتوں کے مفادات و خدشات کے خلاف ہے اور اس کے مقاصد اعلیٰ ذاتوں کے عزائم اور خواہشات سے زیادہ ہم آہنگ ہیں۔ بی جے پی دلتوں کو گمراہ کرنے کے لیے کسی ایک دلت کا سرکاری عہدے پر تقرر کرنے کا علامتی و سطحی اقدام تو کرتی ہے؛ لیکن ان کے حقیقی مسائل کو حل نہیں کرتی۔ ڈاکٹر امبیڈکر کا کہنا ہے:

ہندوسماج میں بہت سے ایسے نچلے طبقے ہیں جن کی معاشی، سیاسی اور سماجی ضرورتیں مسلمانوں کی اکثریت جیسی ہیں اور وہ مشترکہ مقاصد کے حصول کے لیے اونچی ذات کے ہندوؤں کی بجائے مسلمانوں کے ساتھ ایک مشترکہ ہدف متعین کرنے کے لیے کہیں زیادہ تیار ہوں گے، کیوں کہ اونچی ذات کے ہندوؤں نے صدیوں سے انھیں عام انسانی حقوق دینے سے بھی انکار کیا اور انھیں محروم رکھا ہے۔24

مسلمانوں کی کمزور نمائندگی اور دلتوں کی کمزور قیادت کا ایک اہم عامل ان کے درمیان اتحاد کا فقدان ہے، وہ سماجی، اقتصادی اور ثقافتی حالات و مسائل میں مماثلت کے باوجود سیاسی محاذ پر متحد نہیں ہیں، جس کی وجہ سے دونوں طبقوں کو سیاسی میدان میں نقصان اٹھانا پڑتا ہے۔ بہت سے مسلم اکثریتی پارلیمانی و اسمبلی حلقے ایسے ہیں، جہاں آبادی میں مسلمانوں کا حصہ 30 سے 40 فیصد ہے، البتہ انھیں یہ سیٹیں جیتنے کے لیے دلت ووٹرز کے سپورٹ کی ضرورت ہے، اگر وہ دلت جماعتوں کے ساتھ اتحاد کرتے ہیں اور ان مسلم اکثریتی نشستوں پر دلت ووٹ حاصل کرتے ہیں، تو ان کی نمائندگی یقینی طور پر بڑھ جائے گی۔ وہ سیاسی جماعتیں، جو حقیقی معنوں میں دلتوں کے مفادات کے لیے کام کر رہی ہیں، انھیں بھی دلت مسلم اتحاد کے فقدان کی وجہ سے سیاسی طور پر نقصان اٹھانا پڑتا ہے۔ قومی سطح کی کوئی دلت پارٹی نہیں ہے اور ریاستی سطح کی دلت پارٹیوں کی اکثریت یا تو مرکزی جماعتوں میں ضم ہوگئی ہے یا انھوں نے ان کے ساتھ سمجھوتا کرلیا ہے۔ یوپی میں بی ایس پی کے علاوہ زیادہ تر دوسری دلت پارٹیاں مرکزی دھارے کی سیاسی جماعتوں میں ضم ہوگئی ہیں یا سیاسی قوت و اقتدار میں معمولی حصے داری کی بات چیت کرکے ان کی اتحادی بن گئی ہیں۔ سیاست میں ریزرویشن کی وجہ سے ایس سی کے لیے سیٹیں مختص ہوتی ہیں، لیکن جو لوگ منتخب ہوتے ہیں، وہ دراصل اہم سیاسی پارٹیوں کے کٹھ پتلی ہوتے ہیں۔ دلت سیاست دراصل 'عہدِ چمچہ گیری' میں لوٹ آئی ہے، فرق صرف یہ ہے کہ دلت لیڈر کانگریس کی بجائے بی جے پی اور دیگر علاقائی پارٹیوں کے سامنے جبہ سائی کر رہے ہیں۔

پیو ریسرچ سینٹر کے مطابق 2020 میں ہندوستان میں تقریباً 213 ملین مسلمان تھے، جو آبادی کا 15.5 فیصد ہے، جب کہ دلت تقریباً 16.6 فیصد تھے۔ یوپی میں مسلمان اور دلت ریاست کی آبادی کا بالترتیب 19 اور 20.7 فیصد ہیں، یہ مل کر کل ریاستی آبادی کا 40 فیصد بنتے ہیں جو اسمبلی میں اکثریت حاصل کرنے کے لیے کافی ہے۔ ان دونوں طبقوں کا اجتماع ایک مضبوط انتخابی اتحاد ہوگا، مگر حقیقت یہ ہے کہ مسلمانوں اور دلتوں کی پسماندگی کے تجرباتی اعداد و شمار تقریباً ایک جیسے ہونے کے باوجود دلت۔مسلم انتخابی اتحاد اب تک ایک خواب ہی ہے۔ 2011 کی مردم شماری کے مطابق جب قومی سطح پر خواندگی کی شرح 73.0 فیصد تھی، تو دلتوں اور مسلمانوں میں یہ بالترتیب 66.1 اور 63.5 فیصد تھی، دونوں کی شرح خواندگی قومی سطح سے نیچے تھی۔ پوسٹ سچر ایویلیویشن کمیٹی کی رپورٹ (2014) کے مطابق مسلمانوں اور درج فہرست ذاتوں کے بچے 13 سال کی عمر کے بعد تیزی سے اسکول چھوڑتے

ہیں، یہ صورت حال تو تمام اقلیتی و پسماندہ طبقوں میں پائی جاتی ہے، مگر مسلمانوں اور ایس سی/ ایس ٹی میں جلد شروع ہو جاتی ہے، روزگار کے تناسب یا کام کی نوعیت کے لحاظ سے بھی ان میں زیادہ فرق نہیں ہے۔ ان کے رہائشی علاقوں میں غربت، فی کس آمدنی، انفراسٹرکچر اور شہری سہولیات و دیگر سماجی و اقتصادی معیارات میں بڑی مماثلتوں کے ساتھ خاص بات یہ بھی ہے کہ وہ عام سماجی آبادی سے الگ اور گھیٹو جیسے ہوتے ہیں۔

تاریخی طور پر ایسا مانا جاتا ہے کہ مسلمانوں کی خاصی بڑی تعداد کا تعلق دلتوں، پسماندہ ذاتوں اور قبائلیوں کی نسل سے ہے، جنھوں نے صدیوں کے برہمنی مظالم سے آزادی حاصل کرنے کے لیے اسلام قبول کرلیا تھا۔ کچھ مصنفین کا خیال ہے کہ دلت اور مسلمان اس اعتبار سے بھائی بھائی ہیں، دونوں ہندو جبر کا شکار ہیں اور ان کا ایک مشترکہ کلچر ہے، جو انصاف، مساوات اور بھائی چارے کی وکالت کرتا ہے، ثقافت، طرز زندگی و سماجی رسوم و عادات کے لحاظ سے ان کے درمیان شاید ہی کوئی حد بندی ہو۔ حکومتی پالیسیوں نے بعض صورتوں میں دونوں طبقوں کو یکساں طور پر نقصان پہنچایا ہے، کئی ریاستوں میں گائے کے گوشت پر پابندی نے دونوں طبقوں کو منفی طور پر متاثر کیا ہے۔ مسلمانوں میں قریشی برادری روایتی طور پر گوشت کا کاروبار کرتی ہے، جب کہ دلت چمڑے کا کاروبار کرتے ہیں۔ 2014 سے گئو رکشکوں کے ہجوم نے نہ صرف مسلمانوں کی جانیں لی ہیں؛ بلکہ کئی دلتوں کو بھی گائے کے گوشت کے ساتھ سفر کرنے اور کھانے کے شبہ میں مارا گیا ہے، ایک کو مذہب کی بنیاد پر نشانہ بنایا جاتا ہے، تو دوسرے کو اس کی ذات برادری کی بنیاد پر ٹارگیٹ کیا جاتا ہے۔ دلت، مسلمانوں کو ایک لچک دار قوت اور اسلام کو ظلم کے خلاف ایک تحریک کے طور پر دیکھتے ہیں، وہ یہ توقع رکھتے ہیں کہ مسلمان انھیں برہمنی مظالم اور عدم مساوات کے طوق سے نجات دلائیں گے۔ ڈاکٹر امبیڈکر نے ہندوستان کے دلتوں میں امید پیدا کی تھی اور ان سے کہا تھا کہ اپنے حقوق حاصل کرنے کے لیے تعلیم یافتہ بنیں، منظم ہوں اور تحریک چلائیں، مسلمان ان اقدار کو اپنانے کے لیے دلتوں کی طرف دیکھتے ہیں۔ صرف یہ حقائق ہی ان کے درمیان مضبوط اتحاد کے لیے کافی ہونے چاہئیں تھے مگر بدقسمتی سے معاملہ ایسا نہیں ہے۔ اگرچہ مسلم کمیونٹی کی پسماندہ اور دلت ذاتوں میں اتحاد قائم کرنے کی خواہش پائی جاتی ہے، مگر ان میں جو اصحاب ثروت اور اشراف ہیں، وہ اس حوالے سے خاطر خواہ حد تک متحرک نہیں ہوتے، البتہ بی جے پی کے اقتدار میں آنے اور مسلمانوں پر ہونے والے مختلف مظالم نے اشرافیہ طبقے کی بھی آنکھیں کھول دی ہیں اور اب اجلاف و ارذال کے ساتھ اشراف مسلمان بھی دلتوں کے ساتھ اتحاد کے لیے آمادہ نظر آتے ہیں۔ یہ دونوں طبقے اعلیٰ ذاتوں کی بالادستی کو چیلنج کرنے اور حکومت کو ان کے حق میں فیصلے لینے پر مجبور کرنے کے لیے ایک مشترکہ کاز تشکیل دے سکتے ہیں۔

حال ہی میں انھیں مشترکہ پلیٹ فارم پر اکٹھا کرنے کی کچھ کوششیں کی گئی ہیں، تاکہ باہمی افہام و تفہیم کے بعد مستقبل میں ایک سیاسی اتحاد بنایا جاسکے۔ جیسا کہ اشارہ کیا گیا ہے مسلمانوں کے ساتھ دلت اور دیگر مظلوم طبقات کے مضبوط تاریخی اور ثقافتی رشتے ہیں۔ نوآبادیاتی دور کے زیادہ تر عرصے میں وہ مختلف مسائل پر متحد

رہے، ان میں برہمنی غلبے سے خوف (زیادہ تر نفرت) مشترک تھا، جیسا کہ ڈاکٹر امبیڈکر نے اپنی کتاب Thoughts on Pakistan میں 1920 اور 1937 کے درمیان اشارہ کیا تھا۔ وہ مسلمان، دلت اور دیگر غیر برہمن طبقات ہی تھے، جنھوں نے اصلاحات کے قدم اٹھائے، صوبائی اسمبلیوں میں عہدہ سنبھالا اور ایسے پروگراموں پر کام کیا، جن میں اچھوتوں کو واٹر ٹینک مہیا کرانا اور ان کے لیے سڑکوں اور اسکولوں کی تعمیر شامل تھی۔ بنگال جیسے علاقے میں نامشودروں (دلت) اور مسلمانوں کے درمیان ایک سیاسی اتحاد قائم کیا گیا تھا، جس نے بڑا استحکام حاصل کرلیا تھا؛ کیونکہ دونوں بنیادی طور پر کرایے دار تھے، جن کی جاگیرداروں کے خلاف کش مکش چل رہی تھی۔ عرصے سے اسدالدین اویسی بھی ان کو ایک ساتھ لانے کی کوشش کر رہے ہیں تاکہ دلت اور مسلمان دونوں اپنے ووٹ ایک پارٹی سے دوسری پارٹی کو منتقل کر سکیں اور ایسے ووٹرز کا ایک بلاک بنا سکیں، جن کی ضروریات کو نظرانداز نہیں کیا جا سکتا۔ وہ نام نہاد سیکولر پارٹیوں کے اثر ورسوخ کو ختم کرنے کے خواہاں ہیں اور مسلمانوں و دلتوں کو ان علاقوں میں مجتمع کرنے کے لیے کانفرنسیں منعقد کر رہے ہیں، جہاں مسلمانوں کی اکثریت ہے لیکن انھیں دلتوں کے سپورٹ کی ضرورت ہے، دیگر مسلم اساس پارٹیاں بھی ایسا ہی کر رہی ہیں۔ جب 2013 میں جماعت اسلامی کے سیاسی ونگ ویلفیئر پارٹی آف انڈیا (WPI) کا قیام عمل میں آیا، تو اس کے لیڈروں نے بھی ہندوستان پر 5 فیصد کی حکمرانی کا مقابلہ کرنے کے لیے مضبوط دلت مسلم اتحاد کی ضرورت پر زور دیا تھا۔25 انقلابی اور سابق نکسلی شاعر گنما ڈی وٹل راؤ یا 'غدار' نے ایک موقعے سے کہا تھا کہ مسلمانوں کو دوسرے مظلوم طبقات کے ساتھ متحد ہونا چاہیے، تبھی وہ سیاسی انصاف حاصل کر سکیں گے۔ بی آر امبیڈکر کے پوتے پرکاش امبیڈکر کا کہنا ہے کہ مرکزی دھارے کی سیاسی جماعتوں کی فرقہ وارانہ اور تنگ نظری والی ذات پات پر مبنی سیاست کی وجہ سے ایک سیاسی خلا پیدا ہوا ہے، یہ خلا مسلمانوں کو ترقی اور انصاف کے ایجنڈے پر دیگر مظلوم طبقات کے ساتھ متحد کر کے پر کیا جا سکتا ہے۔26 ایک سرگرم سماجی کارکن اور گجرات کے ایم ایل اے جگنیش میوانی نے بھی دلت مسلم ایکتا منچ کا آغاز کیا ہے تاکہ '2014 سے ملک پر حکمرانی کرنے والی فاشسٹ طاقتوں کو جڑ سے اکھاڑ پھینکا جا سکے'۔ وہ اس منچ کو وسعت دے کر اس میں گجرات کے قبائلیوں کو شامل کرنے اور شہریوں کے بنیادی حقوق کی لڑائی کو احمد آباد سے شروع کر کے ریاست بھر اور پھر قومی سطح تک پھیلانے کی کوشش کر رہے ہیں، ایسی ہی کوششیں کچھ اور بھی غیر معروف دلت اور مسلم تنظیمیں کر رہی ہیں۔

کئی دلت اور مسلم رہنما طویل عرصے سے وسیع البنیاد اتحاد کی ضرورت پر زور دے رہے ہیں، جو اسے 'اعلیٰ ذات' کے اس جبر و استحصال کو چیلنج کرنے کے ایک طاقتور وسیلے کے طور پر دیکھتے ہیں، جس کے دونوں فریق اپنے آپ کو متاثرین سمجھتے ہیں، مگر دلت مسلم اتحاد کا منصوبہ محض نعرے بازی یا انتخابی حکمت عملی کے تحت ان کو متحد کرنے کی کوششیں صرف سیاسی سطح تک محدود رہی ہیں، حالانکہ وہ بھی پوری طرح کامیاب نہیں ہو سکی ہیں۔ حالیہ برسوں میں کچھ ایسی سیاسی جماعتوں کا ظہور ہوا ہے، جو بظاہر دلت مسلم اتحاد کے لیے پرعزم نظر آتی ہیں لیکن یہ ان

دونوں طبقات کے مابین سماجی انصاف کی سطح پر مضبوط تعلقات کی عدم موجودگی کی صورت میں نتیجہ خیز نہیں ہوسکتا، دوسرے لفظوں میں ان کے درمیان ایک بامعنی اتحاد سول سوسائٹی کی سطح پر مضبوط ارتباط اور باہمی قربت سے ہی ممکن ہے۔

جب بھی دلت۔مسلم اتحاد کی بات ہوتی ہے، دائیں بازو کی تنظیموں کی اعلیٰ ذاتیں اور بی جے پی ہندو ایکتا کا نعرہ لگا کر دلتوں کو فریب دینے کی کوشش کرتی ہیں، وہ اس اتحاد کو بدنام کرنے اور بالآخر توڑنے کی پوری کوشش کرتی ہیں۔ ہندوتوا تنظیموں کے لیے دلت صرف تین موقعوں پر ہندو ہوتے ہیں: مردم شماری کے دوران ہندو شمار کیے جانے کے وقت، انتخابات کے دوران دلت ووٹ حاصل کرنے کے لیے اور مسلمانوں کے خلاف فرقہ وارانہ فسادات کے موقعوں پر۔ ان کے علاوہ دلتوں کو کبھی بھی 'سناتن دھرم' کا حصہ نہیں سمجھا جاتا، اعلیٰ ذات کے سیاست دانوں نے ووٹوں کے بدلے انھیں کچھ نہیں دیا اور اہم بات یہ ہے کہ فسادات کے مقدمات بھی دلتوں کے خلاف ہی درج ہوتے ہیں۔ مسلمان ان کے دشمن نہیں ہیں، مگر (خاص طور پر جانور اور چمڑے کے کاروبار میں) پیشہ ورانہ مسابقت اور دشمنی بعض اوقات ان کے درمیان تصادم کا باعث بنتی ہے اور اس طرح کے چھوٹے چھوٹے جھگڑوں کو ہندو مسلم فسادات میں بدل دیا جاتا ہے، جب کہ عام حالات میں اعلیٰ ذات کے ہندوؤں کی جانب سے دلتوں کے ساتھ بدتمیزی کی جاتی ہے، ان پر مظالم کیے جاتے ہیں اور یہاں تک کہ گئو رکشکوں کے ذریعے ان کی ماب لنچنگ بھی ہوتی ہے، مگر جب دلت۔مسلم اتحاد کی بات ہوتی ہے، تو ہندوتوا تنظیمیں اس خطرے کو محسوس کرتی ہیں اور اس میں خلل ڈالنے کی ہر ممکن کوشش کرتی ہیں۔ دوسری بات یہ ہے کہ جب بھی ایسی کوئی کوشش ہوتی ہے، تو ہر پارٹی میں موجود اعلیٰ ذات کے سیاست داں اسے اپنی بقا کے لیے خطرہ سمجھنے لگتے ہیں اور میڈیا کا استعمال کر کے دلتوں اور مسلمانوں کے درمیان تنازعات کو اچھال کر اتحاد کی کسی بھی پیش رفت کی راہ میں روڑے اٹکاتے ہیں۔

یہ بھی تسلیم کرنا چاہیے کہ من حیث المجموع مسلمانوں نے کبھی بھی دلت کاز کے تئیں مکمل ہمدردی کا اظہار نہیں کیا ہے اور نہ ہی دلت۔مسلم اتحاد کے قیام کی سنجیدہ کوشش کی ہے۔ خود مسلمانوں میں بھی سماجی ہم آہنگی نہیں ہے اور وہ کم از کم چار بڑے طبقوں میں منقسم ہیں: اشراف، اجلاف، ارذال اور قبائلی، سب کے اپنے الگ الگ سماجی، ثقافتی اور سیاسی مفادات اور امنگیں ہیں۔ ایک ارذل (کمین ذات کا) مسلمان، جو ذات پات کی درجہ بندی میں سب سے نیچے ہے، اشرف (اعلیٰ ذات کے) مسلمان کے مقابلے میں ایک دلت ہندو سے زیادہ مشابہ ہے، اسی طرح اجلاف (پسماندہ ذاتوں کے) مسلمان سماجی سطح پر اشراف کے بالمقابل 'او بی سی' ہندوؤں سے زیادہ مماثلت رکھتے ہیں۔ اجلاف اور ارذال جو کہ 85 فیصد مسلمانوں پر مشتمل ہیں، ہندو دلتوں کے ہمدرد رہے ہیں اور نہ صرف سیاسی سطح پر، بلکہ سماجی انصاف کے مسائل پر بھی ہمیشہ دلت مسلم اتحاد کے حق میں رہے ہیں۔ مسلمانوں کا اشرافیہ طبقہ، جو کہ 15 فیصد مسلمانوں پر مشتمل ہے، اس نے کئی موقعوں پر دلت ہندوؤں کی دل سے

حمایت نہیں کی۔ اشراف قائدین اور ان کی تنظیمیں جیسے جماعت اسلامی ہند، جمعیت علمائے ہند وغیرہ، ان کے ادارے جیسے آل انڈیا مسلم پرسنل لا بورڈ نے کبھی بھی پر جوش طریقے سے اس ایجنڈے کی حمایت نہیں کی۔

میں یہاں ان ذرائع کا جائزہ لینا چاہتا ہوں، جنھیں کام میں لاکر دلتوں اور مسلمانوں کے درمیان ایک مضبوط اور دیر پا اتحاد قائم کیا جا سکتا ہے۔ ماہر عمرانیات اور کاسٹ اسٹڈیز کی اسکالر Gail Omvedt کا کہنا ہے کہ ایک مضبوط دلت-مسلم اتحاد خوشحال، مساوی اور ذات پات سے پاک ہندوستان کی تعمیر کی سمت میں کام کر سکتا ہے۔ اس میں مسلمان تین بڑے طریقوں سے اپنا حصہ ڈال سکتے ہیں۔ اول، ایک مسلم ثقافت کی تعمیر نو کے ذریعے جو ماضی کی فنکارانہ اور سائنسی کامیابیوں کی بازیافت کرے، جو جدیدیت اور اسلام کی تفہیم کے لیے تیار ہو اور اس کی مساوات پسندی کے ساتھ ساتھ ثقافتی و فنکارانہ حصولیابیوں کو سامنے لائے۔ اسلام جو ایک حقیقی تکثیری معاشرے میں اپنی شناخت کو برقرار رکھنے کی ہدایت دیتا ہے، وہ ہندوستانی قوم کی از سر نو اساس گزاری میں ایک مضبوط قوت ثابت ہو سکتا ہے۔ دوم، اس حقیقت کو تسلیم کر کے کہ ہندوستانی سماج کی داخلی سطح پر اس برہمنیت سے لڑنا ایک اہم ٹاسک ہے جو ملک میں غالب آچکی ہے اور نسل پرستانہ و جاگیردارانہ رویوں کی حامل ہے۔ ہندوستانی ثقافت کو برہمنیت کی گرفت سے آزاد کرنا حقیقی قومی ترقی کی بنیاد فراہم کرے گا۔ یہ تبھی ہو سکتا ہے، جب امبیڈکر، پھولے، پیریار، ایوتھی تھاس، مایاوتی، کانشی رام اور دیگر دلت آوازوں کو سنا جائے۔ سوم، دلت ایک نئے عقیدے کی تلاش میں ہیں، ایسے میں اسلام کو ان کی رہنمائی کرنی چاہیے۔ دلتوں کو ایک خود مختار سماجی طبقے کے طور پر عزت دی جانی چاہیے، اس طرح وہ جتنی پختگی کے ساتھ برہمنیت سے الگ ہوں گے، اسی تیزی سے اس کے برعکس راستے پر چلنا چاہیں گے اور ان میں سے کچھ اسلام کی طرف بھی آئیں گے۔ 27 مختصر یہ کہ انھوں نے مسلمانوں کو مشورہ دیا ہے کہ وہ ایک مساوات پسند معاشرے کی تشکیل کے لیے ماضی کے اسلامی فنکارانہ کمالات، انسان دوست رویے اور سائنسی مزاج کی بازیافت کریں، تاکہ برہمنزم سے لڑنے کے لیے ایک مشترکہ طاقت کھڑی کی جا سکے۔ انھیں دلت مفکرین کو پڑھنا اور سننا چاہیے اور دلتوں کے نئے عقیدے کی تلاش کے عمل میں ان کی مدد کرنی چاہیے اور اس میں شریک ہونا چاہیے۔

بہت سے اسکالرز کا کہنا ہے کہ ہندوستانی پس منظر میں مخصوص معنوں میں 'مسلم کمیونٹی' (مسلم سماج) کی اصطلاح ترک کر دینی چاہیے، کیونکہ یہ نہ صرف سیاسی طور پر مسلمانوں کو تحفظ دینے یا آگے بڑھانے میں ناکام رہی ہے، بلکہ جیسا کہ 2014 کے انتخابات سے ظاہر ہوا، اس کی وجہ سے مسلمانوں کی وسیع تر آبادی ہندوستان کے انتخابی منظر نامے سے غیر متعلق ہو کر رہ گئی ہے۔ ان کا کہنا ہے کہ مسلمانوں کو اشراف، اجلاف اور ارذال کے سماجی خطوط پر تقسیم کیا جانا چاہیے۔ پسماندہ مسلمان (اجلاف اور ارذال دونوں) ہندو دلتوں کے ساتھ سماجی، ثقافتی اور تاریخی اشتراک رکھتے ہیں۔ پسماندہ طبقے کے مسلمانوں کو نہ صرف سیاسی طور پر آگے بڑھنے کے لیے، بلکہ ایک مشترکہ دشمن، یعنی برہمنیت سے لڑنے کے لیے ایک مشترکہ پلیٹ فارم بنانے کے مقصد سے دلتوں کے ساتھ متحد

ہونا چاہیے۔ ماہر عمرانیات اور پسماندہ مسائل کے تجزیہ کار خالد انیس انصاری کہتے ہیں:

> چونکہ پسماندہ تحریک کا واضح مقصد نچلی ذات کے مسلمانوں کو ذات پات کی بنیاد پر الگ تھلگ کیے جانے کا مسئلہ اٹھانا رہا ہے؛ اس لیے اس نے تمام مذاہب میں ذات پات کی بنیاد پر یکجہتی پر زور دیا ہے۔ جیسا کہ 'پسماندہ مسلم محاذ' کے بانی علی انور کہتے ہیں کہ پسماندہ مسلمانوں اور دیگر مذاہب کے پسماندہ طبقوں کے درمیان درد کا رشتہ ہے، درد کا یہ رشتہ سب سے بڑا رشتہ ہے... اس لیے ہمیں دوسرے مذاہب کے پسماندہ طبقوں سے ہاتھ ملانا چاہیے۔ 28

مختصر یہ کہ مسلمانوں کے پسماندہ طبقے اور دوسرے مظلوم طبقات، یعنی او بی سی اور ہندو مذہب کے دلتوں کے درمیان درد کا رشتہ ہے، لہٰذا ان طبقات کو سیاسی حقوق حاصل کرنے کے لیے متحد ہونا چاہیے اور اعلیٰ ذات کے طبقات کی طرف سے کی جانے والی ناانصافی کا مقابلہ کرنا چاہیے۔ پسماندہ مسلمان اشراف مسلمانوں کے ساتھ 'مسلمانیت' کا وسیع تر احساس رکھتے ہیں، مگر عام طور پر مذہبی یکجہتی کو ذات پات سے اور ذات پات کی بنیاد پر یکجہتی کو مذہب سے جوڑ دیا جاتا ہے، جب کہ پسماندہ مفکرین ذات پات کی بنیاد پر یکجہتی پر توجہ مرکوز کرتے ہیں اور مذہب پر مبنی یکجہتی سے گریز کرتے ہیں۔ 29

دلت مفکرین کا ماننا ہے کہ زیادہ تر اسلامی جماعتیں، تنظیمیں کلیتاً مذہب کو راہنما مان کر چلتی ہیں اور اکثر ان کی سیاست ان اخلاقی اعمال کے تحت ہوتی ہے جن کا مذہب ان سے مطالبہ کرتا ہے، ان کے نزدیک مذہب کے بغیر کوئی معاشرت نہیں ہے۔ اس کے بالکل برعکس، ہم عصر ذات پات مخالف سیاست، اپنے اثرات اور تخریبی امکانات سمیت جدید دنیا کا ضروری حصہ ہے، یہ آج ایک انتہائی سیکولر زمرہ بن گیا ہے، جو امبیڈکری سوچ سے بھی دور ہوتا جارہا ہے اور ذات پات کو ختم کرنے کے لیے مذہب کو اہم قرار نہیں دیتا۔

اس لیے دلت- مسلم اتحاد کے حوالے سے دلت مسلم طبقات کا کہنا یہ ہے کہ وہ مذہب سے متعلق مسائل کو ترک کر کے اپنے آپ کو سیکولر، لبرل ذات کے زمرے میں رکھیں گے، ان کا مطالبہ مذہب سے متعلق مسائل کو ترک کرنے کا ہے، مذہب کو ترک کرنے کا نہیں ہے۔ دلتوں کا، انھیں ہندو مذہب میں ڈھالنے کی کوشش کی ایک نئی تفہیم کے ساتھ اور مسلمانوں کا، ذات پات/ سماجی درجہ بندی کی ایک نئی تفہیم کے ساتھ، ایک ساتھ آنا جدوجہد کے مشترکہ پلیٹ فارم پر اجتماع کا سبب بنے گا۔ 30

مندرجہ بالا شرائط کے علاوہ دلتوں اور مسلمانوں کو اپنے خلاف ہونے والے مظالم کے معاملات میں حصولِ انصاف کی غرض سے لڑنے کے لیے بھی متحد ہونا چاہیے اور انسانی حقوق کی خلاف ورزیوں، سماجی انصاف کے مسائل اور معاشی سطح پر الگ تھلگ کیے جانے کا مقابلہ کرنا چاہیے۔ مذہب سے بالاتر ہو کر انھیں سماجی بااختیاری کے مسائل کو اٹھانے کے لیے مشترکہ پلیٹ فارم پر متحد ہونا چاہیے۔ یہ وہ ذرائع ہیں، جنھیں اپنایا جائے تو سیاسی شعور بھی خود بخود پیدا ہو جائے گا۔

حواشی:

1.http://twocircles.net/2014jun10/can_modi_be_compared-hitler.html

2.https://clarionindia.net/political-marginalization-of-muslims-in-the-age-of-majoritarion-nationalism/

3.ایضا۔

4.http://www.catchnews.com/politics-news/gujarat-polls-how-bjp-wins-muslim-dominated-seats-without-getting-muslim-votes-89475.html

5.ایضا۔

6.روزنامہ'انقلاب'،26نومبر2017۔

7.http://www.ummid.com/news/2017/February/12.02.2017/how-muslim-votes-get-divided-in-uttar-pradesh.html

8.روزنامہ'دی انڈین ایکسپریس'، پونے،26اکتوبر2019۔

9.غزالہ وہاب، Born a Muslim: Some Truths About Islam in India، ط:الیف بک کمپنی، دہلی2021۔

10.روزنامہ'دی انڈین ایکسپریس'، پونے،19جولائی2012۔

11.https://www.newsclick.in/Lack-Leadership-Indian-Muslims-Falling-behind-secular

12.https://theprint.in/pageturner/excerpt/some-clerics-think-they-are-abovequran-its-making-indian-muslims-sectarian-and-backward/761943/

13.htts://www.thehindu.com/elections/lok-sabha-2019/in-tamil-nadu-muslims-and-dalits-find-it-harder-to-stay-on-the-rolls/article 26655937

14.Daily Inquilab, March 6,2013.

15.Ibid.

16.http://twocircles.net/2013apr05/50000_voters_name_deleted_electoralrolls_says_jds_leader_abdul_azeem.html

17.Daily Revolution, April 4,2014.

18.Ibid, 18October 2021

19.Daily The Indian Express, Pune, April 13,2015

20.https://www.aa.com.tr/en/analysis/opinion-new-india-law-aims-to-disenfranchise-muslims/1687520
21.https://www.reuters.com/article/india-politics-idUSKCN0WC2WR
22.https://www.newframe.com/evictions-in-india-an-ominous-message-to-muslims
23.Daily Hindustan Times, August 13,2015.
24.ڈاکٹرامبیڈکر، Writings and Speeches، ج:8،ص:259
25.http://twocircles.net/2013may27/wpi_ap_launched_massive show_strength.html
26.http://twocircles.net/2014sep24/1411548420.html
27.https://www.laits.utexas.edu/africa/ads/731.html
28.https://www.dalitcamera.com/anxieties-surrounding-dalit-muslim-unity
29.ایضاً۔
30.ایضاً۔

(یہ تحریر سابق آئی پی ایس افسر جناب عبدالرحمٰن کی کتاب *Absent in Politics and Power: Political Exclusion of Indian Muslims* کے اردو ترجمہ 'ہندوستانی مسلمانوں کی سیاسی محرومی' (مترجم: نایاب حسن) سے بشکریہ ماخوذ ہے، یہ دراصل اس کتاب کا ایک مستقل باب ہے اور یہ ترجمہ حال ہی میں مرکزی پبلی کیشنز، نئی دہلی کے زیراہتمام شائع ہوا ہے۔)

ہندوستان میں مسلمانوں کی سیاسی نمائندگی پر نظر ثانی

ہلال احمد

ترجمہ: محمد اشرف یاسین

جب تک مسلم نمائندگی کے دو مقبول لیکن متضاد معانی پر غور نہیں کیا جاتا، تب تک معاصر ہندوستان میں مسلم سیاست پر بحث بالکل بے معنی ہی رہے گی۔ عام طور پر مسلمانوں کی نمائندگی کو ایک معیاری آئیڈیل کے طور پر دیکھا جاتا ہے۔ یہ دلیل دی جاتی ہے کہ قانون ساز اداروں میں مسلم ایم پی اور ایم ایل اے کی مناسب موجودگی، جمہوری سیاست اور اس کے کام کاج کو سازگار اور مؤثر بناتی ہے۔ یہ دلیل پارلیمنٹ اور ریاستی مقننہ میں مسلمانوں کی نمائندگی اور/ یا کم نمائندگی کا جائزہ لینے کے لیے ایک سیاسی پیمانہ کے طور پر ہندوستانی آئین کی مساواتی اقدار پر بہت زیادہ انحصار کرتی ہے۔

یہ اصولی تجزیہ مسلمانوں کی سیاسی موجودگی کا تعین کرنے کے لیے ایک بے حد آسان طریقہ استعمال کرتی ہے۔ یہ مان لیا گیا ہے کہ مسلمانوں کے منتخب نمائندوں اور عام مسلمانوں کے درمیان براہ راست اور باہمی تعلق ہے۔ اس طرح اگر ہندوستان کی کل مسلم آبادی کو منتخب سبھی مسلم ایم پی اور ایم ایل اے کی تعداد سے تقسیم کر دیا جائے تو مسلمانوں کی شرح نمائندگی (نمائندگی کے تناسب) کا تعین کیا جاسکتا ہے۔ مسلمانوں کی نمائندگی کا یہ میکانکی تجزیہ سماجی طور پر حاشیے پر رہنے والے مسلمانوں کے پچھڑے پن (پسماندگی) کی وضاحت کے لیے بھی کی جاتی ہے۔ سیاسی مبصرین کے ایک حصے کا خیال ہے کہ مسلمانوں کی سماجی، معاشی اور تعلیمی پسماندگی کی ایک بڑی وجہ مسلمانوں کی کم نمائندگی ہے۔ سچر کمیشن رپورٹ (2006) کے نتائج پر روشنی ڈالتے ہوئے، یہ زور دیا گیا ہے کہ مسلمانوں کی سیاسی نمائندگی اخلاقی طور پر ضروری اور جمہوری طور پر مطلوب ہے۔

دورِ حاضر کی ہندوتوا سیاست، ہمیں مسلمانوں کی نمائندگی کا ایک اور مطلب بتاتی ہے۔ بی جے پی کے رہنما اکثر یہ دلیل دیتے ہیں کہ ہندوستانی آئین مثبت کارروائی کے لیے مذہب کو کسوٹی کے طور پر تسلیم نہیں کرتا، اس لیے نمائندگی کی بات کی جاتی ہے۔ اس لیے مسلمانوں کی سیاسی نمائندگی کا نظریہ قانونی طور پر ٹک نہیں سکتا اور یہی وجہ ہے کہ یہ سیاسی طور پر تقسیم پر مبنی ہے۔ اس منطق کے مطابق 'سب کا ساتھ، سب کا وکاس' کا مقبول نعرہ مسلمانوں کی امنگوں کو پورا کرنے کے لیے کافی ہے۔

یہ دونوں تجزیے ہماری عوامی زندگی پر حاوی رہتی ہیں۔ یہاں تک کہ مسلمانوں کی سیاسی نمائندگی پر ہونے والے علمی مباحثوں پر بھی ایسی عوامی مباحثے کا گہرا اثر رہتا ہے۔ اس موضوع پر بہت سے مضامین، مقالات اور کتب موجود ہیں، جن میں مابعد سامراجی عہد میں مسلمانوں کی سیاسی شناخت کے دعوؤں کی پیچیدگیوں پر گہری نظر ڈالے بغیر انھیں نقل کر دیا گیا ہے۔ درحقیقت، اس طرح کے مباحثے مسابقتی انتخابی سیاست کی نوعیت اور انتخابی نمائندگی کے تبدیل ہوتے محرکات کو یکسر نظرانداز کر دیتے ہیں۔

یہ امر قابلِ ذکر ہے کہ مسلم برادریاں ایک مکمل اکائی کے طور پر سیاست میں حصہ نہیں لیتیں۔ CSDS-لوک نیتی سروے کے مطابق، تعلیم، روزگار، صحت کی دیکھ بھال وغیرہ جیسے مسائل ہی مختلف سیاق اور ووٹنگ میں ان کی پسند کا تعین کرتے ہیں۔ یقیناً برادری کی بنیاد پر نمائندگی کی اہمیت کو سیاسی پالیسی سازی کے عمل میں ایک اہم عنصر کے طور پر تسلیم کیا جاتا ہے۔ پھر بھی سیاسی زندگی سے وابستہ مسلم لیڈروں کے انتخاب کو ہمیشہ ترجیح نہیں دی جاتی۔

مسلم لیڈروں کے تئیں مسلمانوں کی بے حسی بمقابلہ سیاست میں مسلمانوں کی موجودگی کے بارے میں مسلمانوں کی تشویش جیسے پیچیدہ نتیجے ہمیں مسلم نمائندگی پر ہونے والی مقبول قدامت پسند بحثوں سے پرے لے جاتے ہیں۔ ٹھیک یہی وجہ ہے کہ ہمیں مسلم نمائندگی سے متعلق تین اہم پہلوؤں کا مطالعہ کرنے کی ضرورت ہے: مسلمانوں کی شناخت کی سیاسی نوعیت اور اس کی مختلف شکلیں، ادارہ جاتی ڈھانچے کی منطق اور مسلم قیادت کی نوعیت۔

مسلم سیاسی شناخت اور نمائندگی

مسلم سیاسی شناخت کی ایک پیچیدہ تاریخ ہے۔ نوآبادیاتی ہندوستان میں مسلم لیگ کا قیام اور اس کی انتہائی فرقہ وارانہ سیاست، علیحدہ ووٹر یونین، انھیں ترجیح دینے والا نظام اور بالآخر ہندوستان-پاکستان کی تقسیم کے متعلق دوقومی نظریے پر مبنی پاکستان بنانے کا مطالبہ، آزادی کے بعد مسلمانوں کے سیاسی تجربات سے متعلق مضبوط اور متنازعہ تاریخی سیاق فراہم کرتی ہے۔ اس قسم کی تخفیف پسندی (reductionism) بھی ایک بڑا مسئلہ پیدا کرتی ہے۔ ہمیں یہ یاد رکھنا ہوگا کہ سامراج وادی مسلم سیاست الگ طرح کی نمائندگی کی منطق پر مبنی تھی۔ اشرافیہ طبقہ اور بااثر مسلمانوں کو ووٹ کا حق حاصل تھا۔ یہ دعویٰ کیا جاتا ہے کہ مسلم رہنما ہی مسلمانوں کے

سیاسی محافظ تھے۔ 1951 کے بعد کا منظر نامہ بالکل ہی مختلف تھا۔ ہندوستان کا آئین نمائندگی کے متناسب/ فرقہ وارانہ ہم آہنگی پر مبنی نہیں تھا۔

اسی وقت، عالمگیر بالغ رائے دہی کو متعارف کرایا گیا اور پہلے ترجیحی ووٹنگ نظام (first-past-the-post system of voting) کی وجہ سے سیاسی نمائندگی کی ایک نئی شکل سامنے آئی تھی، سبھی منتخب ایم پی اور ایم ایل اے کو صرف جغرافیائی طور پر متعین سیاسی حلقوں میں رہنے والی ووٹر برادریوں کی نمائندگی کرنی ہوتی تھی۔ ان سے یہ توقع کی جاتی تھی کہ وہ پرعزم پیغامبر کی طرح سیکولر برادری کی امنگوں اور مطالبات کی نمائندگی کریں گے۔ اس کا مطلب یہ نہیں تھا کہ آئین اجتماعی حقوق سے لاتعلق ہے؛ آئین میں اجتماعی حقوق کو اس طرح تسلیم کیا گیا تھا کہ سیکولرازم کے اصول پر سمجھوتہ نہ کیا جاسکے۔ اس کے نتیجے میں اجتماعی امنگوں کی تکمیل کے لیے گروہوں کی بنیاد پر کچھ انتظامی طبقے بنائے گئے؛ جیسے، درج فہرست ذاتیں (SC)، درج فہرست قبائل (ST)، اور دیگر اقلیتیں (OBC)۔ اس فریم ورک میں روایتی مسلم سیاست کی گنجائش نہیں تھی۔ ملک کے انتخابات پر مبنی سیاسی زندگی سے جڑنے کے لیے مسلم رہنماؤں کو نمائندگی کا ایک نیا مفہوم تیار کرنا تھا۔ ایسے تیزی سے بدلتے ہوئے سیاق میں، سیاسی اسٹیک ہولڈر کے طور پر مسلم برادری کی نئی تعریف متعین کی گئی۔

یہ تاریخی پس منظر، عصری مسلم سیاسی تشخص کو نمایاں کرنے کے لیے بہت مفید ہے۔ دوسری طرف کچھ ایسی ثقافتی طور پر متنوع اسلامی برادریاں بھی تھیں، جنھوں نے خود کو مسلمان قرار دیا تھا۔ یہ مسلم برادریاں ذات، طبقے، علاقے اور مذہب کی بنیاد پر تقسیم ہیں۔ ظاہر ہے کہ ایسی یکساں مسلم برادریاں کئی طریقوں سے انتخابی نظام میں حصہ لے کر حقیقی مسلم جذبے کو پروان چڑھاتی ہیں۔ حلقہ کی سطح پر انتخابات میں مسلمانوں کی شرکت شاید اس مسئلے کو ظاہر کرنے کی بہترین مثال ہے۔

اس کا یہ مطلب نہیں ہے کہ انتہائی متنوع مسلم برادریاں مکمل طور پر منقسم ہیں اور نہ ہی یہ مطلب ہے کہ وہ اجتماعی طور پر خود کو 'ہندوستانی مسلمان' ہی مانتے ہیں۔ اجتماعی مسلم شناخت دو متعلقہ طریقوں سے بنتی ہے۔ سیاسی طبقہ، مذہبی اقلیت کے طور پر اپنے آئینی درجے کو قانونی شکل دینے کے لیے یا تو خود کو ایک ہم جنس گروہ کے طور پر مسلمان کہتا ہے یا پھر انھیں ملک دشمن علیحدگی پسند کہہ کر مسترد کر دیا جاتا ہے۔ اس طرح کا اتحاد مسلم برادریوں کی خود شناسی کو بھی بہت متاثر کرتا ہے۔ وہ خود کو آل انڈیا برادریوں کا ممبر ماننے لگتے ہیں۔ یہ عمل مسلمانوں کے جذبات کی ایک ایسی گفتگو کو جنم دیتا ہے جو مسلمانوں کے حقوق، مراعات، فرائض، کاموں اور اجتماعی مصائب کے اردگرد گھومتا رہتا ہے۔

حقیقی مسلم-جذبات (تنوع کے لحاظ سے) اور مسلم-جذبات پر گفتگو درحقیقت (یکساں نوعیت کے لحاظ سے) نمایاں طور پر سیاسی نمائندگی کا تعین کرتی ہے۔ مثلاً، اسدالدین اویسی نے میڈیا کے زیر اثر گفتگو میں ایک مسلم رہنما کے طور پر اپنی جگہ بنالی ہے۔ ملک بھر میں منعقد ہونے والی ان کی ریلیوں اور جلسوں میں مسلمان

بڑی تعداد میں شرکت کرتے ہیں، لیکن اویسی کی پارٹی آل انڈیا اتحاد المسلمین (AIMIM) ابھی تک انتخابی کامیابیوں کے لیے مسلمانوں میں زبردست جوش وخروش پیدا نہیں کر پائی ہے۔ مسلم حلقہ کی سطح پر آل انڈیا اتحاد المسلمین کو مسترد کردیتے ہیں، کیونکہ اس کی مذہبی اپیل حلقہ کی سطح پر ہمیشہ اس کے پیچیدہ سماجی اور معاشی تانے بانے سے مطابقت نہیں رکھتی۔ دوسرے لفظوں میں، اویسی تمام مسلمانوں کے نمائندہ اسی وقت بنتے ہیں جب وہ مسلم جذبات کی بات کرتے ہیں۔ لیکن وہ حیدرآباد سے باہر کے حلقوں میں (یا ایسے معاملات میں جہاں ان کی پارٹی کا ووٹرز سے کوئی نامیاتی تعلق نہیں ہوتا) ایک ثانوی عنصر ہی بنے رہتے ہیں۔ گویا حقیقی مسلم- جذبات کی نمائندگی ایک ایسی منطق کو جنم دیتی ہے، جو الگ طرح کی نمائندگی کی سیاق کے ساتھ مخصوص ہے۔

نمائندگی اور ادارہ جاتی فریم ورک

مسلم نمائندگی کی سیاست ان ادارہ جاتی ڈھانچوں سے پیچیدہ شکل میں جڑی ہوتی ہے، جو مسابقتی انتخابی سیاست کے طرز عمل کے پہلوؤں کو کنٹرول کرتی ہیں۔ لوک سبھا اور ریاستی اسمبلیوں کے لیے عالمی بالغ رائے دہی پر مبنی براہ راست انتخابات نے دراصل سیاسی جماعتوں کو جیتنے والے ووٹر کی تشکیل کے لیے حوصلہ افزائی کی ہے۔ مودی پہلے گجرات میں KHAM (چھتریہ، ہریجن، آدیواسی، مسلم) ماڈل اور بابری مسجد کے بعد کے منظرنامے میں اترپردیش اور بہار میں MY (مسلم- یادو) ماڈل، ووٹر برادریوں کے ایسے سیاسی اتحاد کی اچھی مثالیں ہیں۔ پچھلے آٹھ سالوں میں، بی جے پی کے ایک بڑے کھلاڑی کے طور پر ابھرنے کے ساتھ یہ ترتیب ڈرامائی طور پر ٹوٹنا شروع ہوگئی ہے۔ بی جے پی، رائے دہندگان کا ایسا اتحاد بنانا چاہتی ہے، جس میں مسلمانوں کے لیے کوئی جگہ نہیں ہوگی۔ جیتنے والی ترتیب سے مسلمانوں کو خارج کرنا ہی عصری انتخابی سیاست کا سب سے زیادہ اور اہم ترین پہلوؤں میں سے ایک پہلو ہے۔

قابل ذکر ہے کہ راجیہ سبھا اور ریاستی قانون ساز کونسل کے ممبران براہ راست منتخب نہیں ہوتے ہیں۔ یہ قانون ساز ادارے سیاسی جماعتوں کو موقع فراہم کرتے ہیں کہ وہ اپنی پسند کے مسلم لیڈر کو پارلیمنٹ اور قانون ساز کونسلوں میں لے آئیں۔ اس قسم کے بالواسطہ انتخابات کو سیاسی طبقہ اپنی زیادہ شمولیت کے عزم کو پورا کرنے کے لیے استعمال کرتا ہے۔ میرے 2015 کے مطالعے 'راجیہ سبھا میں مسلم نمائندگی: نمونے اور رفتار (Trajectories)' نے ظاہر کیا کہ لوک سبھا کے برعکس راجیہ سبھا میں مسلمانوں کی نمائندگی ہمیشہ ہی اچھی (9-10 فیصد) رہی ہے۔ یہ ایک اہم نتیجہ ہے جس سے ظاہر ہوتا ہے کہ مسلمانوں کی نمائندگی، حتی کہ ارکان پارلیمنٹ اور ایم ایل اے کی تعداد کے لحاظ سے بھی، قانون ساز اداروں کے اصل ادارہ جاتی ڈھانچے پر منحصر ہے۔

نمائندگی اور قیادت

مسلمانوں کی کسی بھی شکل میں نمائندگی صرف قیادت کے لیے ہی ہوتی ہے۔ 2019-2017 کے CSDSلوک نیتی-APU کے تین راؤنڈ کے سروے کی بنیاد پر مبنی 'انتخابات کے درمیان سیاست اور معاشرہ' کے مطالعے میں 48,000 سے زیادہ لوگوں کے، قومی نمائندہ نمونوں کے ساتھ 24 ریاستوں کو شامل کیا گیا ہے۔ ایک خاص سوال بہت اہم ہے: فرض کریں کہ ایک ہی سیاسی جماعت کے دو رہنما ہیں اور وہ دونوں آپ کا کام کروانے کی یکساں صلاحیت رکھتے ہیں، اگر ان لیڈروں میں سے ایک آپ کے مذہب سے ہے اور دوسرا کسی اور مذہب سے، آپ سب سے پہلے کس لیڈر سے رابطہ کرنا چاہیں گے؟

جدول 1: مسلمان اور مسلمان رہنما/ نیتا

	ایک ہی مذہب کے رہنما	دوسرے مذہب کے رہنما	کوئی فرق نہیں ہوگا	نہیں
1. ہندو	47	6	37	10
2. مسلمان	46	5	41	8
3. عیسائی	58	3	27	12
4. سکھ	39	5	51	6
مجموعی تعداد	48	6	37	10

(ماخذ: CSDS-APU مطالعہ) فی صد میں تعداد۔ 2019-2016 کے تینوں راؤنڈ پر مبنی مشمولہ تعداد۔ اس میں دیگر مذاہب بھی شامل ہیں۔

جدول 1 اس سوال کے ملے جلے جوابات دکھاتا ہے۔ ایسا لگتا ہے کہ یہ ضروری نہیں ہے کہ مذہبی گروہ اپنی اپنی برادریوں کے رہنماؤں پر اعتماد کرتے ہی ہوں۔ اس عمومی نمونے سے مسلمانوں کی فہم و فراست کی بھی تصدیق ہوتی ہے۔ 46 فیصد مسلمان جواب دہندگان نے دعویٰ کیا ہے کہ اگر ضرورت پڑی تو وہ صرف مسلم رہنما سے رابطہ کرنا پسند کریں گے۔ لیکن تقریباً اتنی ہی تعداد میں مسلمان (41 فیصد) ان کی رائے سے متفق نہیں ہیں۔ ان کے لیے لیڈر کا مذہب زیادہ اہمیت نہیں رکھتا۔

اس ریزلٹ سے دو اہم نتائج اخذ کیے جا سکتے ہیں۔ یہ واضح ہے کہ مسلم برادریاں مختلف طرز سے متعلق روزمرہ کے انتظامی معاملات سے نمٹنے کے لیے منتخب مسلم رہنماؤں کو اہمیت دیتی ہیں۔ دوسری بات یہ ہے کہ مسلم لیڈر ہمیشہ ان کے نمائندے نہیں مانے جاتے۔ اس کے بجائے، وہ ایسے پیشے ور سیاست داں ہوتے ہیں، جو اپنے موروثی مفادات کی تکمیل کے لیے سیاست میں حصہ لیتے ہیں۔

ان رجحانات کے گہرے تجزیے سے یہ بات سامنے آتی ہے کہ مسلم قیادت اپنے آپ میں تنوع سے بھرپور ایک منظہر ہے۔ واضح طور پر تین قسم کے لیڈر ہیں، جو مختلف سیاق میں انتہائی مہارت سے اپنے فرائض انجام

دیتے ہیں: پیشہ ور مسلم سیاست داں، مسلم اشرافیہ اور بااثر مسلمان۔ پیشہ ور مسلم سیاست دان، پارٹیوں اور خاص مسلم برادری کے درمیان اہم روابط کے طور پر کام کرتے ہیں، جس کی وہ نمائندگی کرنے کا دعویٰ کرتے ہیں۔ دوسری طرف، مسلم اشرافیہ طبقے کے لوگ، بطور منتظم، یا تو اقتدار کے اندرونی ڈھانچے کو اپنے حق میں برقرار رکھنے کے لیے کام کرتے ہیں یا اسے قانونی حیثیت دینے کے لیے چیلنج کرتے ہیں۔ بااثر طبقے کے لوگ میڈیا سے چلنے والی گفتگو میں اپنی موجودگی درج کرانے کی کوشش کرتے ہیں۔ یہ تینوں قسم کے رہنما مختلف سیاسی تناظر میں اپنے مخصوص کردار ادا کرتے ہیں اور روزمرہ کی زندگی میں مسلمانوں کی نمائندگی کو ٹھوس معنی دیتے ہیں۔ ان کا یہ کردار، عوامی تاثرات اور میڈیا کے مباحثوں سے بالکل مختلف طریقے سے ہوتا ہے۔

(ہلال احمد سی ایس ڈی ایس میں ایسوسی ایٹ پروفیسر ہیں اور حال میں شائع ہونے والی کتاب *'SiyasiMuslims: A Story of Political Islams in India'* کے مصنف ہیں۔)

[بشکریہ، CASI، 19 دسمبر 2022]

2024 انتخابات سے پہلے اور اس کے بعد [سروے]

رپورٹ: لوک نیتی-سی ایس ڈی ایس

'لوک نیتی-سی ایس ڈی ایس' کی لوک سبھا انتخابات کے دوران قومی انتخابی مطالعات کے انعقاد کی ایک طویل اور شاندار تاریخ ہے۔ 1996 سے غیر منقطع، یہ روایت لوک سبھا اور اسمبلی انتخابات کے آس پاس ہندوستانی شہریوں کے سیاسی اور سماجی رویوں اور انتخاب سے متعلق رجحانوں کے پس منظر کے اعداد و شمار ایک حقیقی خزانے کے طور پر ہمیں مہیا کراتی رہی ہے۔ یہ اعداد و شمار ہندوستان کی انتخابی سیاست کے غالب رجحانات اور رویوں کے مطالعہ اور اس کے افہام و تفہیم کے لیے ایک ناگزیر سرچشمہ بن چکے ہیں جس سے استفادہ کیے بغیر یہ اندازہ لگانا تقریباً مشکل ہو سکتا ہے کہ اس بار ہندوستانی سیاست کا اونٹ کس کروٹ بیٹھنے والا ہے۔ حسب سابق 2024 کے عام انتخابات سے کچھ پہلے ایک سروے کیا گیا اور انتخابات کے فوراً بعد دوسرا سروے کچھ نئے سوالوں کے ساتھ کیا گیا، جو نتائج سامنے آئے وہ بلا تبصرہ یہاں پیش کیے جا رہے ہیں۔ 'لوک نیتی' کے سوالوں کی فہرست لمبی تھی لیکن ہم یہاں زیرِ نظر موضوع یعنی 'ہندوستانی مسلمان' کے تعلق سے صرف متعلقہ سوالوں اور ان کے جوابات اپنے قارئین کی نذر کر رہے ہیں جن سے محققین، ماہرین تعلیم، صحافی، اسکالرز اور عام عوام سبھی استفادہ کر کے اپنے اپنے طور پر اس کے نتائج برآمد کر سکتے ہیں۔ اس سروے کو مکمل طور پر Lokniti, CSDS کی ویب سائٹ پر دیکھا جا سکتا ہے۔ ہم یہاں بشکریہ اس سروے کی تلخیص یہاں پیش کر رہے ہیں۔

NATIONAL ELECTION STUDY 2024

PRE POLL SURVEY

Sample size (Unweighted)	No. of States & Union Territories	No. of Constituencies
10,019	19	100

INTERVIEW BEGINS

Q1: اگر کل لوک سبھا انتخابات ہوتے ہیں تو آپ کس پارٹی کو ووٹ دیں گے؟

	N	(%)	Valid (%)
01: Congress/INC	2086	20.8	21.0
02: BJP/Bhartiya Janta Party	3973	39.7	40.0
03: BSP/Bahujan Samaj Party	298	3.0	3.0
04: CPI/Communist Party of India	69	.7	.7
05: CPI-M/Communist Party of India Marxist	124	1.2	1.2
06: CPI-ML/Communist Party of India Marxist-Leninist	3	.0	.0
07: NCP (Ajit Pawar)/ Nationalist Congress Party	23	.2	.2
08: NCP (Sharad Pawar)/ Nationalist Congress Party	62	.6	.6
09: JDU/Janta Dal United	123	1.2	1.2
10: AAP/Aam Admi Party	170	1.7	1.7
11: Shivsena (Eknath Shinde)	100	1.0	1.0
12: Shivsend (Uddhav Thackeray)	98	1.0	1.0
13: All India Trinamool Congress/AITC	434	4.3	4.4
14: All India Majlis-E-Ittehadul Muslimeen/AIMIM	5	.1	.1
15: Telugu Desam Party/TDP	266	2.7	2.7
16: YuvajanaSharmikaRythu Congress Party/YSRCP	193	1.9	1.9
17: Rashtriya Janta Dal/RJD	107	1.1	1.1
18: Lok Janshakti Party/LJP	41	.4	.4
19: Lok Janshakti Party Ramvilas/LJP (R)	15	.2	.2

20: Janta Congress Chhatisgarh (J)/JCC-J	3	.0	.0
21: Indian National Lok Dal/ INLD	3	.0	.0
22: Jannayak Janta Party/JJP	1	.0	.0
23: Jharkhand Mukti Morcha/ JMM	16	.2	.2
24: AJSU Party	2	.0	.0
25: Janta Dal (Secular)/JDS	37	.4	.4
26: Indian Union Muslim League/IUML	85	.9	.9
27: Maharashtra Navnirman Sena/MNS	4	.0	.0
28: BJD/Biju Janta Dal	159	1.6	1.6
29: Shiromani Akali Dal/SAD	33	.3	.3
30: Bharat Rashtra Samithi/BRS	71	.7	.7
31: All India Anna Dravida MunnetraKazhagam/AIADMK	148	1.5	1.5
32: Dravida MunnetraKazhagam/DMK	288	2.9	2.9
33: Samajwadi Party/SP	483	4.8	4.9
34: Rashtriya Lok Dal/RLD	7	.1	.1
35: Jana Sena Party/JSP	26	.3	.3
36: Revolutionary Socialist Party/RSP	1	.0	.0
37: Kerala Congress (M)	1	.0	.0
38: Apna Dal (Sonelal)	4	.0	.0
39: No party/NOTA	141	1.4	1.4
40: Independent	61	.6	.6
41: Other Regional Parties	117	1.2	1.2
42: No response/Undecided	50	.5	.5
Total	**9933**	**99.1**	**100.0**
(Missing)43: I will not vote	86	.9	
Total	**10019**	**100.0**	

Q2: کیا آپ گزشتہ پانچ سالوں میں مرکز میں بی جے پی کی قیادت والی این ڈی اے حکومت کے کام سے مطمئن یا غیر مطمئن ہیں؟

	N	%
01: Fully satisfied	2263	22.6

02: Somewhat satisfied	3443	34.4
03: Somewhat dissatisfied	1856	18.5
04: Fully dissatisfied	2006	20.0
05: Don't know	450	4.5
Total	10019	100.0

Q3: فرض کریں کہ ایک ہی سیاسی جماعت کے دو رہنما ہیں اور آپ کا کام کروانے کے لیے اتنے ہی اہل ہیں۔ اگر ایک آپ کے مذہب سے ہے جبکہ دوسرا دوسرے مذہب سے ہے۔ آپ سب سے پہلے کس سے رابطہ کرنا چاہیں گے؟

	N	%
01: Leader from same religion	3319	33.1
02: Leader from different religion	1260	12.6
03: Will not make any difference	4430	44.2
04: Don't Know	1009	10.1
Total	**10019**	**100.0**

Q4: ایودھیا میں رام مندر کی تعمیر کے بارے میں لوگوں کے مختلف خیالات ہیں۔ کچھ لوگوں کا کہنا ہے کہ یہ ہندوؤں اور مسلمانوں کے درمیان ہم آہنگی کو فروغ دے گا، جب کہ دوسروں کا کہنا ہے کہ اس سے برادریوں کے درمیان اختلافات بڑھ سکتے ہیں۔ آپ کی کیا رائے ہے؟

	N	%
01: Will foster harmony between Hindu & Muslims	2718	27.1
02: It will increase differences among communities	2412	24.1
03: It will neither increase harmony nor differences	2634	26.3
04: Don't know	1965	19.6
05: Not aware of Ram mandir	291	2.9
Total	**10019**	**100.0**

Q5: کچھ لوگوں کا کہنا ہے کہ رام مندر کی تعمیر سے ہندو شناخت مستحکم ہوگی جب کہ کچھ کہتے ہیں کہ رام مندر کی تعمیر ہندوؤں پر زیادہ اثر انداز نہیں ہوئی۔ آپ کی کیا رائے ہے؟

	N	%
01: Help in consolidating Hindu identity	4758	47.5
02: Hindus are not much impacted	2531	25.3
03: Dont' know	2376	23.7

04: Not aware of Ram mandir	354	3.5
Total	**10019**	**100.0**

Q6: کیا آپ کے خیال میں کانگریس یا I.N.D.I.A اتحاد ذات پر مبنی مردم شماری کے بارے میں سنجیدہ ہے یا اسے 'او بی سی' کو فعال کرنے کے سیاسی آلے کے طور پر استعمال کیا جا رہا ہے؟

	N	%
01: Congress/INDIA serious about caste census	2364	23.6
02: Using it as a political tool	3167	31.6
03: Don't know	2844	28.4
04: Not aware of Caste Census	1644	16.4
Total	**10019**	**100.0**

Q7: کیا آپ کا اس مذہب سے کوئی دوست ہے؟

	01: Yes		02: No		03: Don't know		Total	
a: Sikh	1505	15.0	7444	74.3	1071	10.7	10019	100.0
b: Christian	2503	25.0	6727	67.1	789	7.9	10019	100.0
c: Muslim	5594	55.8	3969	39.6	456	4.6	10019	100.0
d: Hindu	9342	93.2	533	5.3	144	1.4	10019	100.0

Q7: میں آرٹیکل 370 کے خاتمے کے بارے میں تین بیانات پڑھوں گا، براہ کرم مجھے بتائیں کہ آپ کس سے زیادہ متفق ہیں؟

	N	%
01: Some people say it was a good step	3450	34.4
02: Some people say it was a good step but it was not done in the right way	1643	16.4
03: Some people say it was bad step	784	7.8
04: Don't know	2195	21.9
05: Not aware of Article 370	1947	19.4
Total	**10019**	**100.0**

Q8: حکومت یکساں سول کوڈ متعارف کرانے کا منصوبہ بنا رہی ہے۔ یہ قانون اتراکھنڈ میں پہلے ہی لاگو ہو چکا ہے۔ کچھ لوگوں کا خیال ہے کہ یہ قانون خواتین کو با اختیار بنائے گا، جب کہ کچھ کا کہنا ہے کہ اس سے کمیونٹیز کی منفرد مذہبی روایات میں مداخلت ہو سکتی ہے۔ آپ کا کیا خیال ہے؟

	N	%
01: The law will empower women	2859	28.5
02: The law might interfere the religious traditions	1928	19.2
03: Don't know	2609	26.0
04: Not aware of UCC	2624	26.2
Total	**10019**	**100.0**

Q9:اب میں دو بیانات پڑھوں گا۔ براہ کرم مجھے بتائیں کہ آپ کس سے زیادہ متفق ہیں؟

	N	%
01: Only a leader from your religion can effectively represent your interests and concerns	3059	30.5
02: Leaders from other religions can also effectively represent your interests and concerns	4954	49.4
03: Don't know	2006	20.0
Total	**10019**	**100.0**

Q10: کیا آپ سمجھتے ہیں کہ مسلم کمیونٹی کے پاس قابل، دیانتدار اور پُرعزم رہنما ہیں؟

	N	%
01: Yes	3431	34.2
02: No	3238	32.3
03: Don't know	3350	33.4
Total	**10019**	**100.0**

Q11: کیا آپ سمجھتے ہیں کہ مسلمانوں میں سنجیدہ اور پُرعزم لیڈروں کی عدم موجودگی سیاست میں ان کی نمائندگی کو متاثر کرتی ہے؟

	N	%
01: Yes	3837	38.3
02: No	2742	27.4
03: Don't know	3440	34.3
Total	**10019**	**100.0**

Q12: میں دو بیانات پڑھ رہا ہوں، براہ کرم بتائیں کہ آپ کس سے زیادہ متفق ہیں؟

	N	%
01: India belongs only to Hindus	1095	10.9
02: India belongs to citizens of all religious equally, not just Hindus	7867	78.5

03: Dont't know	1057	10.5
Total	**10019**	**100.0**

Q13: کچھ لوگوں کا خیال ہے کہ ریاستی حکام مسلمانوں کے ساتھ غیر منصفانہ سلوک کرتے ہیں، جب کہ کچھ دوسرے لوگوں کا ماننا ہے کہ ان کے ساتھ ہندوستان کے دیگر شہریوں جیسا سلوک کیا جاتا ہے۔ آپ کی کیا رائے ہے؟

	N	%
01: Muslims are treated unfairly	2158	21.5
02: Muslims are treated just like other citizens	5665	56.5
03: Don't know	2196	21.9
Total	**10019**	**100.0**

Q14: کیا آپ سمجھتے ہیں کہ مسلمان ملک کے دیگر شہریوں کی طرح محفوظ ہیں؟

	N	%
01: Equally safe	5534	55.2
02: Not as much safe as others	2125	21.2
03: Not at all safe	791	7.9
04: Don't know	1569	15.7
Total	**10019**	**100.0**

Q15: اب میں دو بیانات پڑھوں گا، براہ کرم مجھے بتائیں کہ آپ کس سے زیادہ متفق ہیں؟

	N	%
01: In government jobs, in the SC category, only Hindus should be given reservations	1916	19.1
02: In government jobs, in the SC category, both Hindus and Muslims should be given reservations	5697	56.9
03: Don't know	2407	24.0
Total	**10019**	**100.0**

Q16: آپ مندرجہ ذیل بیانات سے کس درجہ تک متفق ہیں؛ مکمل طور پر متفق، کسی حد تک متفق، کسی حد تک نامتفق، مکمل طور پر نامتفق؟

	a: Muslims are as trustworthy as anyone else		b: Muslims are unnecessarily appeased/		c Muslims are as patriotic as any Indian		d: There s a need for better and articulate Muslim leaders in India	
	N	%	N	%	N	%	N	%

01: Fully Agree	3590	35.8	2211	22.1	3708	37.0	3562	35.5
02: Somewhat agree	2549	25.4	2529	25.2	2457	24.5	2139	21.3
03: Somewhat disagree	1190	11.9	1624	16.2	1235	12.3	1174	11.7
04: Fully disagree	1126	11.2	1604	16.0	1047	10.4	1127	11.2
05: No response	1564	15.6	2051	20.5	1572	15.7	2018	20.1
Total	**10019**	**100.0**	**10019**	**100.0**	**10019**	**100.0**	**10019**	**100.0**

Q17: کیا آپ سمجھتے ہیں کہ سیاسی جماعتیں مسلمانوں سے ان کے ووٹ حاصل کرنے کے لیے غیر معقول وعدے کر رہی ہیں؟

	N	%
01: Yes	3043	30.4
02: No	3410	34.0
03: Don't know	3566	35.6
Total	**10019**	**100.0**

Q17a: اگر اوپر والے سوال میں آپ کا جواب ہاں میں ہے تو کون سی پارٹی ایسا کرنے کی کوشش کر رہی ہے؟

	N	(%)	Valid (%)
01: Congress/INC	925	9.2	30.4
02: BJP/Bhartiya Janta Party	1027	10.2	33.8
03: BSP/Bahujan Samaj Party	29	.3	1.0
04: CPI/Communist Party of India	9	.1	.3
05: CPI-M/Communist Party of India Marxist	30	.3	1.0
06: NCP (Ajit Pawar)/ Nationalist Congress Party	7	.1	.2
08: NCP (Sharad Pawar)/ Nationalist Congress Party	1	.0	.0
09: JDU/Janta Dal United	32	.3	1.0
10: AAP/Aam Admi Party	43	.4	1.4
11: Shivsena (Eknath Shinde)	3	.0	.1
12: Shivsend (Uddhav Thackeray)	7	.1	.2

13: All India Trinamool Congress/AITC	122	1.2	4.0
14: All India Majlis-E-Ittehadul Muslimeen/AIMIM	35	.4	1.2
15: Telugu Desam Party/TDP	1	.0	.0
16: YuvajanaSharmikaRythu Congress Party/YSRCP	2	.0	.1
17: All India United Democratic Front/AIUDF	2	.0	.1
18: Rashtriya Janta Dal/RJD	22	.2	.7
19: Lok Janshakti Party/LJP	13	.1	.4
20: Janta Congress Chhatisgarh (J)/JCC-J	1	.0	.0
21: Indian National Lok Dal/ INLD	1	.0	.0
22: Jharkhand Mukti Morcha/ JMM	3	.0	.1
23: Indian Union Muslim League/IUML	5	.1	.2
24: Maharashtra Navnirman Sena/MNS	1	.0	.0
25: BJD/Biju Janta Dal	3	.0	.1
27: Bharat Rashtra Samithi/BRS	7	.1	.2
28: All India Anna Dravida MunnetraKazhagam/AIADMK	14	.1	.5
29: Dravida MunnetraKazhagam/DMK	27	.3	.9
33: Samajwadi Party/SP	101	1.0	3.3
34: Rashtriya Lok Dal/RLD	1	.0	.0
40: All parties do	405	4.0	13.3
41: Other Regional Parties	26	.3	.9
42: Don't know	134	1.3	4.4
Total	**3042**	**30.4**	**100.0**
(Missing) Not applicable	6977	69.6	
Total	**10019**	**100.0**	

Q18: درج ذیل لوگوں میں سے کون آپ جیسے لوگوں کی ترقی کو روکنے کا سب سے زیادہ ذمہ دار ہے؟

	N	%
01: Influential people	2156	21.5
02: Minorities	398	4.0

03: Migrants/outsiders	452	4.5
04: Upper castes	747	7.5
05: Political parties	1789	17.9
06: Government officials	509	5.1
07: Religious leaders/hate speech makers	772	7.7
08: Big corporate houses	669	6.7
09: Don't know	2527	25.2
Total	**10019**	**100.0**

BACKGROUND INFORMATION

1۔آپ کی عمر کیا ہے؟

	N	%	Valid (%)
1: Up to 25 yrs	1170	11.7	11.7
2. 26-35 yrs	2571	25.7	25.7
3. 36-45 yrs	2295	22.9	22.9
4. 46-55 yrs	1854	18.5	18.5
5. 56 yrs. and above	2128	21.2	21.2
Total	**10017**	**100.0**	**100.0**
Missing: No answer	2	.0	
Total	**10019**	**100.0**	

2۔جنس؟

	N	%
1. Male	5231	52.2
2. Female	4786	47.8
3. Others	2	.0
Total	**10019**	**100.0**

3۔آپ کی تعلیم؟

	N	%
1. Non-literate (Can't read or write at all)	1421	14.2
2. Less than Primary	783	7.8
3. Primary pass (Class 5)	1057	10.6

4. Middle pass (Class 8)	1275	12.7
5. Matriculation pass (Class 10)	1524	15.2
6. Studying in Class 11 or 12 or junior college	448	4.5
7. Intermediate pass (Class 12)	1310	13.1
8. Diploma (after Class X or XII)	213	2.1
9. Graduate/pursuing it/in college	1320	13.2
10. Post Graduate/pursuing it	334	3.3
11. Higher degree (MPhil, PhD)	41	.4
12. Professional courses/degree/pursuing it (Law, engineering, etc.)	108	1.1
13. Any other	34	.3
14. No response	153	1.5
Total	**10019**	**100.0**

3۔آپ کا ذریعۂ معاش؟

	N	%
1. Higher Professionals	222	2.2
2. Lower Professionals	311	3.1
3. Government Managerial Job	50	.5
4. Government Administrative Job	42	.4
5. Government Clerical Jobs	129	1.3
6. Government Class IV	100	1.0
7. Big and Medium Traders	203	2.0
8. Small Trader	469	4.7
9. Small/Temporary Business	295	2.9
10. Service/Service Area	206	2.1
11. Skilled Wokers	404	4.0
12. Semi-skilled workers	165	1.6
13. Wage labourer (non agriculture)	524	5.2
14. Farmer	1317	13.1
15. Agricultural Labourer	698	7.0
16. Dairy/Fish/Poultry/Animal Husbandry work	155	1.5
17. Student but doing part time job	130	1.3
18. Housewife/Househusband but doing part time job	633	6.3
19. Student	575	5.7
20. Housewife/Househusband	2109	21.1

21. Unemployed or looking for employment	367	3.7
22. Any other	445	4.4
23. Did not tell	470	4.7
Total	**10019**	**100.0**

4: آپ کی ذات/ برادری/قبیلہ کا نام کیا ہے؟

	N	%
1. Brahmin	580	5.8
2. Rajput	384	3.8
3. Vaishya	173	1.7
4. Other Upper Caste	811	8.1
5. Yadav	538	5.4
6. Other peasant (OBC)	1047	10.5
7. Craftsmen (OBC)	102	1.0
8. Service (OBC)	265	2.6
9. Other (OBC)	1663	16.6
10. Jatav	138	1.4
11. Other Dalit	853	8.5
12. Meena	70	.7
13. Santhal	32	.3
14. Munda	31	.3
15. Orher ST	595	5.9
16. Syed, Shaikh Muslim	344	3.4
17. OBC Muslim/Pasmanda Muslim	730	7.3
18. Others	947	9.5
19. No caste (Only Respondent says so)	116	1.2
20. Answer refused/failed to ascertain	599	6.9
Total	**10019**	**100.0**

5: آپ کا مذہب؟

	N	%
1. Hindu	8028	80.1
2. Muslim	1468	14.7
3. Christian	162	1.6
4. Sikh	184	1.8

5. Jain	16	.2
6. Parsi	5	.1
7. Buddhist/neo-Buddhist	47	.5
8. No religion (Atheist)	8	.1
9. No response	101	1.0
Total	**10019**	**100.0**

NATIONAL ELECTION STUDY 2024

POST POLL SURVEY

INTERVIEW BEGINS

Q1: کس پارٹی کو آپ نے ووٹ دیا؟

	N	(%)	Valid (%)
01: Indian National Congress	3897	19.8	21.2
02: Bhartiya Janta Party	6724	34.2	36.6
03: Bahujan Samaj Party	375	1.9	2.0
04: Aam Adami Party	213	1.1	1.2
05: Communist Party of India-Marxist	382	1.9	2.1
06: Communist Party of India	45	.2	.2
07: Yuvajana Sramika Rythu Congress Party	455	2.3	2.5
08: Telegu Desam Party	444	2.3	2.4
09: Jana Sena Party	25	.1	.1
10: Asom Gana Parishad	25	.1	.1
11: United People's Party, Liberal	33	.2	.2
12: Bodoland Peoples	28	.1	.2
13: Janata Dal (United)	180	.9	1.0
14: Rashtriya Janata Dal (RJD)	326	1.7	1.8
15: Communist Party of India (Marxist Lennist) Liberation	84	.4	.5
16: Lok Jan Shakti Party (Ram Vilas)	80	.4	.4
17: Gondvana Gantantra Party	1	.0	.0

18: Revolutionary Goans Party	1	.0	.0
19: Jananayak Janata Party	4	.0	.0
20: Indian National Lok Dal	4	.0	.0
21: Jammu & Kashmir National Conference	35	.2	.2
22: Jammu and Kashmir Peoples Democratic Party	24	.1	.1
23: Jammu and Kashmir People's Conference	8	.0	.0
24: Jammu and Kashmir Apni Party	3	.0	.0
25: Jharkhand Mukti Morcha	69	.4	.4
26: Janata Dal (Secular)	71	.4	.4
27: Indian Maharashtra Ekikaran Samiti	3	.0	.0
28: Indian Union Muslim League (IUML)	29	.1	.2
29: Revolutionary Socialist Party (RSP)	6	.0	.0
30: Bharat Dharma Jana Sena	1	.0	.0
31: All India Majlis-e-Ittehadul Muslimeen (AIMIM)	67	.3	.4
32: Shiv Sena (UBT)	134	.7	.7
33: Shiv Sena (SHS)	112	.6	.6
40: Nationalist Congress Party (Ajit Pawar)	57	.3	.3
41: Nationalist Congress Party Sharadchandra Pawar	185	.9	1.0
42: Vanchit Bahujan Aghadi	60	.3	.3
43: Biju Janata Dal	309	1.6	1.7
44: Shiromani Akali Dal	73	.4	.4
45: United Akali Dal	3	.0	.0
46: Rashtriya Loktantrik Party	53	.3	.3
47: Bharat Adivasi Party	42	.2	.2
48: All India Anna Dravida Munnetra Kazhagam	233	1.2	1.3
49: Dravida Munnetra Kazhagam	241	1.2	1.3
50: Desiya Murpokku Dravida Kazhagam	118	.6	.6
51: Viduthalai Chiruthaigal Katchi	12	.1	.1
52: Pattali Makkal Katchi	199	1.0	1.1
53: Amma Makkal Munnettra Kazhagam	11	.1	.1
54: Naam Tamilar Katchi	192	1.0	1.0
55: Bharat Rashtra Samithi	137	.7	.7
56: Uttarakhand Kranti Dal	1	.0	.0

57: Samajwadi Party	968	4.9	5.3
58: All India Trinamool Congress	1000	5.1	5.4
59: Socialist Unity Centre of India (SUCI)	1	.0	.0
60: Rashtriya Lok Dal	17	.1	.1
61: Apna Dal	68	.3	.4
62: Uttarakhand Kranti Dal	3	.0	.0
63: Indian Secular Front (ISF)	10	.0	.1
64: NOTA	211	1.1	1.1
65: Independent	129	.7	.7
66: Any other	76	.4	.4
67: Not disclosed	92	.5	.5
Total	**18393**	**93.5**	**100.0**
Missing: Not applicable	1270	6.5	
Total	**19663**	**100.0**	

Q2: گزشتہ پانچ سالوں میں مرکزی حکومت کا کون سا کام ہے جو آپ کو سب سے زیادہ پسند آیا؟

	N	%
01: Creation of employment opportunities	1095	5.6
02: Reduction of poverty	1261	6.4
03: Construction of Ram Mandir	4410	22.4
04: Strengthening Indian culture	362	1.8
05: Promoting Hindutva/Sanatan Dharma	820	4.2
06: Helping Economically Weaker Sections	631	3.2
07: Promoting India's international/global image	656	3.3
08: Enacting Citizenship Amendment Act	174	.9
09: Dealing with corruption	440	2.2
10: Controlling price rise	112	.6
11: Taking initiative for development	984	5.0
12: Creating better infrastructure	354	1.8
13: Satisfactory economic growth	93	.5
14: Running the administration efficiently	135	.7
15: Improving in supply of drinking water	238	1.2
16: Improvement in electricity supply	187	1.0
17: Improvement in health sector	239	1.2
18: Improvement in education sector	147	.7

19: Improvements in agriculture sector, farmer's well-being	169	.9
20: Improved law and order situation	196	1.0
21: Reducing communalism	22	.1
22: Better service delivery	421	2.1
23: Modi's leadership	411	2.1
24: Abrogation of Article 370	290	1.5
25: Controlling Terrorism	142	.7
26: Did not like any work	2790	14.2
27: Any other	512	2.6
28: Don't know/Can't say	2373	12.1
Total	**19663**	**100.0**

Q3: گزشتہ پانچ سالوں میں مرکزی حکومت کا کون سا کام ہے جسے آپ سب سے زیادہ ناپسند کرتے ہیں؟

	N	%
01: Growing unemployment	4547	23.1
02: Increasing poverty	2209	11.2
03: Communalism/religious conflicts	1464	7.4
04: Growing conflict among communities	343	1.7
05: Falling international reputation of India	128	.7
06: Price rise/inflation	4688	23.8
07: Enacting Citizenship Amendment Act	191	1.0
08: Increasing corruption	631	3.2
09: Insensitive to state level problems	133	.7
10: Unsatisfactory initiatives/pace of development	206	1.0
11: Lack of improvement in the public infrastructure	115	.6
12: Unsatisfactory economic growth	97	.5
13: Unsatisfactory initiatives to supply drinking water	126	.6
14: Supply of electricity has not improved	83	.4
15: Lack of improvements in health sector	104	.5
16: Lack of improvements in educational sector	136	.7
17: Lack of improvements in agricultural sector	271	1.4
18: Deteriorating law and order situation	50	.3
19: Reduction of civil liberties	48	.2
20: Unsatisfactory service delivery	87	.4

21: Dictatorial government	154	.8
22: Abrogation of Article 370	75	.4
23: Increase in terrorism	21	.1
24: Misuse of sedition laws	21	.1
25: Liked every work	1207	6.1
26: Any other	449	2.3
27: Don't know/Can't say	2077	10.6
Total	**19663**	**100.0**

Q4: براہ کرم مجھے بتائیں کہ آپ اس سے متفق ہیں یا نہیں کہ اکثریت کی پسند و ناپسند سے قطع نظر کیا حکومت کو اقلیتوں کے مفادات کا تحفظ کرنا چاہیے؟

	N	%
01: Fully agree	6687	34.0
02: Somewhat agree	7015	35.7
03: Somewhat disagree	2838	14.4
04: Fully disagree	1100	5.6
05: Don't know/Can't say	2024	10.3
Total	**19663**	**100.0**

Q5: آپ کو الیکٹرانک ووٹنگ مشینوں (EVM) پر کتنا بھروسہ ہے؛ بہت زیادہ بھروسہ، کچھ بھروسہ، کوئی بھروسہ نہیں؟

	N	%
01: A lot of trust	6101	31.0
02: Some trust	8505	43.3
03: No trust at all	3275	16.7
04: Don't know/Can't say	1782	9.1
Total	**19663**	**100.0**

Q6: اقلیتوں کو چاہیے کہ وہ اکثریت کے رسم و رواج کو اپنائیں؛ کیا آپ کو اس بیان سے اتفاق ہے یا اختلاف؟

	N	%
01: Fully agree	3916	19.9
02: Somewhat agree	5951	30.3
03: Somewhat disagree	3554	18.1

04: Fully disagree	3548	18.0
05: Don't know/Can't say	2695	13.7
Total	**19663**	**100.0**

Q7: حکومت کو اقلیتوں کے ساتھ ویسا ہی سلوک کرنا چاہیے جیسا کہ وہ اکثریت کے ساتھ کرتی ہے۔کیا آپ اس بیان سے متفق ہیں؟

	N	%
01. Fully agree	7414	37.7
02. Somewhat agree	7136	36.3
03. Somewhat disagree	2614	13.3
04. Fully disagree	796	4.1
05. Don't know/Can't say	1703	8.7
Total	**19663**	**100.0**

Q8: آپ مندر، مسجد، چرچ، گرودوارہ وغیرہ جاتے ہیں:

	N	%
01: Daily	4248	21.6
02: Weekly	6034	30.7
03: On festivals	4435	22.6
04: Very rarely	2700	13.7
05: Never	1447	7.4
06: No response	799	4.1
Total	**19663**	**100.0**

Q9: آپ اپنی مقدس کتاب پڑھتے ہیں:

	N	%
01: Daily	2446	12.4
02: Weekly	6034	30.7
03: On festivals	4435	22.6
04: Very rarely	2700	13.7
05: Never	1447	7.4
06: No response	799	4.1
Total	**19663**	**100.0**

Q10: مساوی سلوک کرنا کافی نہیں، حکومت کو اقلیتوں کے ساتھ خصوصی سلوک کرنا چاہیے۔کیا آپ

اس بیان سے متفق ہیں یا اختلاف رکھتے ہیں؟

	N	%
01: Fully agree	4690	23.9
)2: Somewhat agree	6539	33.3
03: Somewhat disagree	4018	20.4
04: Fully disagree	2057	10.5
05: Don't know/Can't say	2359	12.0
Total	**19663**	**100.0**

BACKGROUND INFORMATION

1۔ آپ کی عمر؟

	N	%	Valid (%)
1. Up to 25 yrs	2476	12.5	12.6
2. 26-35 yrs	4988	25.4	25.5
3. 36-45 yrs	4542	23.1	23.2
4. 46-55 yrs	3556	18.1	18.2
5. 56 yrs and above	4034	20.5	20.6
Total	**19586**	**99.6**	**100.0**
Missing: No response	77	.4	
Total	**19663**	**100.0**	

2۔ جنس؟

	N	%
1. Male	10011	50.9
2. Female	9582	48.7
3. Others	70	.4
Total	**19663**	**100.0**

3۔ تعلیم؟

	N	%
01: Non-literate (Can't read or write a simple statement in any languages.	2864	14.6
02: Less than Primary	1202	6.1
03: Primary pass (Class 5)	2196	11.2

04: Middle/upper primary completed (Class 8)	2347	11.9
05: High school completed/Matriculation pass (Class 10)	3272	16.6
06: Studying in Class 11 or 12	707	3.6
07: Intermediate/Higher secondary completed (Class 12)	2524	12.8
08: Diploma/Certificate (after Class 10 or 12 grades)	366	1.9
09: Prusuing Graduation	899	4.6
10: Graduation completed	2144	10.9
11: Post-Graduation completed	631	3.2
12: Higher degree (MPhil, PhD)	88	.4
13: Any other	74	.4
14: No response	350	1.8
Total	**19663**	**100.0**

4۔ذریعۂ معاش؟

	N	%	Valid (%)
01: Higher Professionals	219	1.1	2.3
02: Lower Professionals	443	2.3	4.6
03: Government Managerial Job	60	.3	.6
04: Government Administrative Job	105	.5	1.1
05: Government Clerical Jobs	268	1.4	2.8
06: Government Class IV	138	.7	1.4
07: Big and Medium Traders	490	2.5	5.1
08: Small Trader	758	3.9	7.9
09: Small Temporary Business	571	2.9	5.9
10: Service/Service Area	267	1.4	2.8
11: Skilled Workers	801	4.1	8.3
12: Semi-skilled workers	230	1.2	2.4
13: Wage labourer (non-agriculture)	715	3.6	7.4
14: Farmer	2194	11.2	22.8
15: Agricultural Labourer	868	4.4	9.0
16: Dairy/Fish/Poultry/Animal Husbandry work	130	.8	1.6
17: Student but doing part time job	15	.1	.2
18: Housewife/Househasband but doing part time job	90	.5	.9
19: Student	86	.4	.9

20: Housewife/Househasband	239	1.2	2.5
21: Unemployed or looking for employment	155	.8	1.6
22: Any other	317	1.6	3.3
23: Did not tell	441	2.2	4.6
Total	**9619**	**48.9**	**100.0**
24: Missing: Not applicable	10044	51.1	
Total	**19963**	**100.0**	

5۔اور آپ کا تعلق کس ذات گروپ سے ہے: ایس سی، ایس ٹی، او بی سی یا جنرل؟

	N	%
01: Scheduled Caste (SC)	3323	16.9
02: Scheduled Tribe (ST)	1594	8.1
03: Other Backward Caste (OBC)	7716	39.2
04: General	5272	26.8
05: Others	633	3.2
06: Don't know	1124	5.7
Total	**19663**	**100.0**

6۔آپ کس مذہب کے پیروکار ہیں؟

	N	%
01: Hindu	15737	80.0
02: Muslim	2727	13.9
03: Christian	455	2.3
04: Sikh	382	1.9
05: Jain	34	.2
06: Parsi	1	.0
07: Buddhist/neo-Buddhist	100	.5
08: No religion (Atheist)	25	.1
09: Others	25	.1
10: No response	177	.9
Total	**19663**	**100.0**

ہندوتو سے کانگریس اور سوشلسٹوں کا سمجھوتہ

افتخار گیلانی

ابھی حال ہی میں ہندوستان میں حکمران ہندو قوم پرست بھارتیہ جنتا پارٹی (بی جے پی) کے قومی ترجمان سدھانشو ترویدی دور کی کوڑی لاکر ایک پریس بریفنگ میں بتا رہے تھے کہ بابری مسجد کی شہادت، رام مندر کی تعمیر اور ہندوستان کی اقتصادی ترقی کے درمیان براہ راست رشتہ ہے۔

ان کا کہنا تھا کہ جب 1992 میں مسجد کو مسمار کیا گیا، تو ہندوستان میں غیر ملکی زرمبادلہ کے ذخائر کا حجم ایک بلین ڈالر تھا۔ جب 2003 میں محکمہ آثار قدیمہ نے مسجد کے ملبہ تلے کھدائی کر کے یہ معلوم کرنے کی کوشش کی کہ آیا اس کی تعمیر کسی مندر کے اوپر کی گئی تھی، تو غیر ملکی زرمبادلہ کا حجم 100 بلین ڈالر پہنچ گیا۔ جس وقت سپریم کورٹ نے مسمار شدہ مسجد کی اراضی ہندوؤں کے حوالے کر کے رام مندر کی تعمیر کا راستہ صاف کر دیا، تو غیر ملکی کرنسی کا حجم 500 بلین ڈالر ہو گیا، اور جب اس سال کے اوائل میں وزیر اعظم نریندر مودی نے ایودھیا میں اس مسجد کی جگہ عالیشان رام مندر کا افتتاح کیا، تو غیر ملکی زرمبادلہ کے ذخائر 600 بلین ڈالر تک پہنچ گئے۔

یعنی کہ اگر وشو ہندو پریشد کی لسٹ جس میں وہ تقریباً 25 ہزار مساجد کا دعویٰ کرتے ہیں، کو اگر مسمار کر کے مندروں میں تبدیل کیا جاتا ہے تو ہندوستان کے پاس کرنسی کے اتنے ذخائر ہوں گے کہ ان کو رکھنے کے لیے جگہ بھی کم پڑے گی۔

ایک طرح سے یہ بیان باضابطہ اشتعال دلانے والا اور دیگر عبادت گاہوں کو نشانہ بنانے کی سمت ایک طرح کی ڈائریکشن تھی۔

اگر بی جے پی کو اقتدار میں آنے کے لیے صرف عوام کا ووٹ چاہیے تھا، تو شاید اس میں کوئی حرج نہیں

تھا۔ دنیا کے اکثر ممالک میں دائیں بازو کی جماعتیں اقتدار میں آتی رہتی ہیں۔ مگر بی جے پی عوام کی ذہن سازی کر کے ان کے اوپر اپنی نظریاتی چھاپ ڈال کر نفسیاتی برتری چاہتی ہے۔

ہندوستان میں انتخابی حکمت عملی کے ماہر پرشانت کشور کے مطابق، بی جے پی ووٹ لینے کے بعد مطالبہ کرتی ہے کہ اس کی پوجا کرو، کھانے، پہننے اور حتیٰ کہ کس کے ساتھ دوستی کرنی ہے اور کس کے ساتھ اٹھنا بیٹھنا ہے، اس میں بھی اس کی ہدایت کی پیروی کرو۔

ہندوستان میں ہندو قوم پرستی کا سفر گو کہ سو سال پرانا ہے مگر اس کو پروان چڑھانے میں سیکولر پارٹیوں یعنی کانگریس اور سوشلسٹوں یعنی جنتا پارٹی وغیرہ کا بھرپور ہاتھ رہا ہے۔

اس دوران ان پارٹیوں نے اپنی سیاسی زمین فرقہ پرست پارٹیوں کے سپرد کی۔ کہاں وہ بی جے پی، جس کو 1984 کے لوک سبھا انتخابات میں بس دو سیٹیں حاصل ہوئی تھیں اور پھر 2019 تک اس نے بتدریج سوشلسٹوں کا مکمل اور کانگریس کا جزوی صفایا کر کے ایوان میں تین سو نشستیں حاصل کیں۔

معروف صحافی اور 'بی بی سی' کے سابق اینکر اور ہندوستان میں نامہ نگار قربان علی کے تحقیقی مقالوں کے مطابق اگر یہ دو طاقتیں، ہندو فرقہ پرستی کا ہاتھ نہ تھامتیں، تو یہ ابھی بھی ہندوستانی سیاست کے حاشیہ پر ہی ہوتی۔

دستاویزوں کا حوالہ دے کر وہ بتاتے ہیں کہ مئی 1950 کو ملک کے پہلے وزیر اعظم جواہر لال نہرو نے خبردار کیا تھا کہ فرقہ واریت ملک کے لیے سب سے بڑا خطرہ ہے۔ نہرو کا کہنا تھا ملک کو چیلنج پاکستان کی طرف سے اتنا زیادہ نہیں، جتنا اپنے لوگوں کی طرف سے ہے، جو فرقہ وارانہ خطوط پر سوچتے ہیں۔ 1958 میں آل انڈیا کانگریس کمیٹی کے اجلاس میں نہرو نے اکثریتی طبقہ کی فرقہ پرستی کو ملک کے لیے سب سے خطرناک بتایا تھا۔ مگر جلد ہی اس پارٹی نے اپنے ووٹ بینک کو بچانے کے لیے اکثریتی برادری کے ذہنوں میں ایک فرضی عدم تحفظ کا احساس کروانے کا کام شروع کیا۔

اندرا گاندھی نے اس کو شروع کیا اور ان کے فرزند راجیو گاندھی نے اس کو ایک انتہا تک پہنچا دیا۔ اس کا انجام یہ نکلا کہ راجیو گاندھی، کانگریس کے آخری ایسے وزیر اعظم تھے، جنھوں نے اپنے بل بوتے پر ملک پر حکومت کی۔ اس کے بعد کی دو کانگریسی حکومتیں نرسمہا راو اور منموہن سنگھ کی زیر قیادت اتحادیوں کے دم پر قائم ہوئی۔

قربان علی کے مطابق مشہور دلت لیڈر آنجہانی جگجیون رام، جو 1980 کے انتخابات میں جنتا پارٹی کے وزارت عظمیٰ کے امیدوار تھے، نے نتائج آنے کے بعد کہا کہ اندرا گاندھی نے اقتدار میں آنے کے لیے ہندو کارڈ کا استعمال کیا۔

اندرا اس وقت تک سیکولرازم اور نہرو کے اصولوں سے بہت دور چلی گئی تھیں۔ اپنے مقالہ 'کانگریس نے راشٹریہ سیوئم سیوک سنگھ یعنی آر ایس ایس کی فرقہ وارانہ سیاست کو کیسے جائز بنایا' میں قربان علی بیان کرتے ہیں کہ آر ایس ایس نے مبینہ طور پر 1980 اور 1984 کے انتخابات میں کانگریس کو جیتنے میں مدد کی۔

آر ایس ایس ہندو قوم پرستوں کی مربی تنظیم ہے۔ اس کی درجنوں شاخیں ہیں، جو مختلف میدانوں میں کام کرتی ہیں۔ واضح رہے کہ بی جے پی اس کی سیاسی شاخ ہے۔ 1980 میں جب اندرا گاندھی دوبارہ برسر اقتدار آ گئیں، تو وہ ایک بدلی ہوئی شخصیت تھیں۔ انھوں نے اقتدار میں برقرار رہنے کے لیے مذہب کی بیساکھی کو بھرپور طریقے سے استعمال کرنا شروع کر دیا۔ ملک بھر کے مندروں کے دورے کرنے کے ساتھ ساتھ یوگا گورو دھریندر برہمچاری سمیت کئی سادھو سنتوں کو اقتدار کے گلیاروں تک رسائی دی گئی۔ وہ اب ہر کام نجومیوں کے مشوروں سے کرنے لگی تھیں۔

کئی سیاسی تجزیہ کاروں کا حوالہ دے کر قربان علی کہتے ہیں کہ اندرا گاندھی کا 'غریبی ہٹاؤ' کا نعرہ افادیت کھو چکا تھا، اس لیے ووٹروں کو لبھانے کے لیے کسی نئے نعرے کی ضرورت تھی اور اس کے نتیجے میں انھوں نے ہندو کارڈ کا استعمال کرنا شروع کر دیا۔ 1981 میں تامل ناڈو کے مقام میناکشی پورم میں 800 دلتوں نے ہندو اعلیٰ ذاتوں کے مظالم سے تنگ آکر اسلام قبول کر لیا۔

'نیویارک ٹائمز' کو انٹرویو دیتے ہوئے اندرا گاندھی نے اس واقعے کو خلیج سے آئے پیٹرو ڈالروں سے منسوب کیا۔ ان کا کہنا تھا کہ خلیجی ممالک سے آئے ڈالروں سے غریب ہندوؤں کو مذہب تبدیل کرنے کی ترغیب دی جاتی ہے۔ 1983 میں جموں و کشمیر کے اسمبلی کے انتخابات کے موقع پر اندرا گاندھی نے ہندو کارڈ کا کھل کر استعمال کیا۔ پہلی بار کسی نے ہندو اکثریتی جموں بنام مسلم اکثریتی وادی کشمیر کی پولرائزیشن کر کے سیاسی فائدہ اٹھایا۔

بطور وزیر اعظم انھوں نے کانگریس کے لیے انتخابی مہم کی کمان خود سنبھالی تھی اور نو دن تک جموں میں ان کا قیام رہا۔ اس دوران وزارت عظمیٰ کا پورا دفتر ہی جموں منتقل ہو گیا تھا۔ 1991 میں سوشلسٹ لیڈر مدھو ڈنڈوتے نے لکھا کہ اندرا گاندھی نے جموں میں ایک جلسہ عام میں ہندو ووٹروں کو کہا کہ ان کے جان و مال کو خطرہ لاحق ہے۔

ان کا واضح اشارہ نیشنل کانفرنس کی طرف تھا۔ ان کا کہنا تھا صرف کانگریس ہی ان کی حفاظت کر سکتی ہے۔ وادی کشمیر کے مسلمانوں کو انھوں نے پیغام پہنچایا کہ ہندوستان کی جمہوریت کے سائے میں ان کا مستقبل محفوظ نہیں ہے۔ ان انتخابات میں جموں کی تمام سیٹیں کانگریس کی جھولی میں گر گئیں، مگر اس کے بعد حالات تیزی کے ساتھ تبدیل ہوتے گئے، جو بعد میں 1989 میں عسکری جدوجہد پر منتج ہو گئے۔ اس کی داغ بیل اندرا گاندھی ڈال چکی تھیں۔ ان انتخابات میں آر ایس ایس نے کانگریس کی کھل کر مدد کی۔

اسی طرح 1984 میں سکھوں کے مقدس مقام گولڈن ٹیمپل پر فوج کشی کے بعد گڑھوال میں تقریر کرتے ہوئے اندرا گاندھی نے واضح الفاظ میں کہا کہ ہندو دھرم حملے کی زد میں ہے۔ انھوں نے ہندو سنسکرتی کو مسلمانوں اور سکھوں کے حملوں سے بچانے کی پرزور اپیل کی۔

سال 1980 میں ان کے اقتدار میں واپسی کے چند ماہ بعد ہی مراد آباد میں عید کے دن فسادات

پھوٹ پڑے، جس میں سو سے زائد مسلمانوں کو موت کی نیند سلایا گیا۔ عین نماز کے وقت عیدگاہ میں سور داخل کیے گئے تھے اور وہ اس کے خلاف احتجاج کر رہے تھے۔ اس کے بعد تو فرقہ وارانہ فسادات کی ایک لڑی سی لگ گئی۔ بہار شریف، میرٹھ، گجرات کا بروڈہ شہر، ممبئی سے متصل بھیونڈی مسلمانوں کے خون سے رنگین ہو گئے اور ان سبھی جگہوں پر کانگریسی حکومتیں تھیں۔

سال 1983 میں آسام کے نیلی کے مقام پر دو ہزار سے زائد مسلمان بنگالیوں کا قتل عام کیا گیا۔ اس قتل عام کے لیے شاید ہی کسی کو سزا ہوئی ہو۔ اندرا کو معلوم تھا کہ 1977 کے انتخابات میں مسلمانوں کی وجہ سے ان کو انتخابات میں ہار کا سامنا کرنا پڑا۔ کیا وہ ان سے انتقام لے رہی تھیں؟

قربان علی کے مطابق 1982 اور 1984 کے درمیان اندرا گاندھی تین بار آر ایس ایس کے لیڈران سے ملیں۔ اسی دوران انھوں نے آر ایس ایس کی ایک اور شاخ وشو ہندو پریشد کی رام مندر کی مہم کی حمایت کی۔

صحافی نیرجا چودھری کا حوالہ دے کر قربان علی کہتے ہیں کہ 1986 میں وشو ہندو پریشد کے لیڈر اشوک سنگھل نے ان کو بتایا کہ اندرا نے ان کو یقین دہائی کرائی تھی کہ مناسب موقع پر وہ رام مندر کو انتخابی موضوع بنائیں گی۔

جنوری 1986 کو وزیر اعظم راجیو گاندھی کے دور میں جب بابری مسجد کا تالہ کھول کر وہاں ہندوؤں کو پوجا کرنے کی اجازت دی گئی، تو آر ایس ایس کے سربراہ مرلی دھر دیوراس نے راجیو گاندھی کو ایک خط میں 'ہندوؤں کے دلوں کا بادشاہ' کے خطاب سے نوازا۔ یہ لقب اب نریندر مودی کو دیا گیا ہے۔

سال 1983 میں جب رام مندر مہم کا آغاز کیا گیا تھا، تو اس میٹنگ میں کانگریسی لیڈر داود یال کھنہ اور گلزاری لال نندہ نے بھی شرکت کی تھی۔ راجیو گاندھی کی حکومت میں بھی ان کے مشیر ارون نہرو کا خیال تھا کہ بابری مسجد کا تالہ کھول کر وہ ہندو ووٹروں کو لبھانے میں کامیاب ہوں گے۔ اس سے قبل مسلمانوں کی منھ بھرائی کے لیے تین طلاق پر سپریم کورٹ کے فیصلہ کے خلاف پارلیامنٹ نے قانون سازی کی تھی۔

ایک متوازن عمل کے طور پر اب ہندوؤں کو خوش کرنے کے لیے کسی قدم کی ضرورت تھی، تو اس کے لیے بابری مسجد کو پوجا کے لیے کھولا گیا۔ اسی طرح سرکاری ٹی وی دوردرشن سے رامائن پر مبنی سیریل شروع کیا گیا جس نے رام مندر تحریک کو جلا بخشی۔ اس وقت کے وزیر اطلاعات و نشریات ایچ کے ایل بھگت نے اس کی بھرپور مخالفت کی تھی اور کہا تھا کہ اس سے فرقہ واریت کا زہر پھوٹ پڑے گا اور ایک پنڈورا بکس کھل جائے گا۔

اسی طرح 1989 میں رام مندر کا شیلانیاس یعنی بنیاد آر ایس ایس کی مرضی سے خود راجیو گاندھی کے ہاتھوں رکھی گئی۔ اس تقریب کے موقع پر راجیو گاندھی نے کہا کہ اگر وہ واپس اقتدار میں آتے ہیں، تو رام راجیہ کا اعلان کیا جائے گا۔ مگر کانگریس 414 سے 196 سیٹوں تک سمٹ گئی۔ 1990 میں جب کانگریس کی حمایت یافتہ وزیر اعظم چندر شیکھر کی حکومت نے بابری مسجد قضیہ کا حل ڈھونڈنے کے لیے سنجیدگی کے ساتھ کوششیں کی، تو آر ایس ایس کے لیڈران نے راجیو گاندھی سے پھر ملاقات کی اور حکومت سے حمایت واپس لینے پر زور دیا۔

ان کو بتایا گیا کہ اگر یہ قضیہ حل ہوجاتا ہے تو چندر شیکھر تو ہیرو بن جائیں گے۔ آر ایس ایس کا واضح پلان تھا کہ رام مندر تحریک کا سیاسی استعمال کر کے بی جے پی کے لیے سیاسی زمین ہموار کی جائے۔ اگر یہ قضیہ حل ہوجاتا، تو آر ایس ایس کا اصل مقصد فوت ہوجاتا۔

اس دوران اب آر ایس ایس نے کانگریس کی حمایت سے ہاتھ کھینچ کر اپنے سیاسی بازو بی جے پی کو اقتدار میں لانے اور اس کو سیاسی طور پر مضبوط کرنے کا فیصلہ کر دیا تھا۔ ان انتخابات میں بی جے پی نے دو سیٹوں سے چھلانگ لگا کر 85 سیٹیں حاصل کی تھیں۔

کانگریس کے علاوہ سوشلسٹوں نے بھی آر ایس ایس کی سیاسی آبیاری کرنے میں کوئی کسر نہیں چھوڑی۔ جب کانگریس اقتدار میں ہوتی تھی تو بطور اپوزیشن سوشلسٹ پارٹیاں ہی اس کو ٹکر دیتی تھی۔ اتر پردیش اور ہریانہ میں چودھری چرن سنگھ اور دیوی لال کی لوک دل ہو یا جنتا پارٹی یا فارورڈ بلاک، سنیوکت سوشلسٹ پارٹی، پرجا سوشلسٹ پارٹی وغیرہ ہی متبادل پارٹیاں ہوتی تھیں۔

ان کا اب نام ونشان بھی باقی نہیں ہے۔

سوشلسٹ تحریک کے سرخیل جے پرکاش نارائن، رام منوہر لوہیا اور کملا دیوی چٹو پادھیائے نے 1948 میں مہاتما گاندھی کے قتل کے بعد ہندو فرقہ پرست تنظیموں پر پابندی لگانے کا مطالبہ کیا تھا۔ انھوں نے آر ایس ایس کو برائی کی جڑ قرار دیتے ہوئے کہا تھا کہ گاندھی کا قتل ایک غلط نظریہ کی دین ہے اور انھوں نے اس نظریہ اور اس کے ماننے والوں کو سختی کے ساتھ کچلنے کا مطالبہ کیا تھا۔

مگر 1975 میں جے پرکاش نارائن کا سُر ہی الگ تھا۔ بھارتیہ جن سنگھ کے اجلاس سے خطاب کرتے ہوئے انھوں نے کہا اگر آر ایس ایس فاشسٹ ہے، تو وہ بھی فاشسٹ ہیں۔ 1998 میں آر ایس ایس کی سیاسی شاخ بی جے پی کو اقتدار تک پہنچانے میں سوشلسٹ لیڈر جارج فرنانڈیز کا اہم رول تھا۔ 2014 میں بالآخر اس پارٹی نے اپنے بل بوتے پر نریندر مودی کی قیادت میں اقتدار پر قبضہ کیا۔

اس دوران سوشلسٹ تحریک دم توڑ چکی تھی اور اس کے اکثر لیڈران رام ولاس پاسوان، نتیش کمار وغیرہ برسر اقتدار پارٹی کی چوکھٹ پر ناک رگڑ رہے تھے۔ لوہیا نے آر ایس ایس کے ساتھ کام کرنے پر عائد پابندی کو ہٹا دیا، تو جے پرکاش نارائن نے اس کو مکمل طور پر گلے لگالیا۔ وہ اور ان کے جانشین بالآخر 1977 اور 1989 میں کانگریس کو اقتدار سے ہٹانے میں تو کامیاب ہوگئے، مگر ملک کو ایک عفریت کے حوالے بھی کر گئے، جس نے بہت ہی کم وقت میں ان کو بھی ہڑپ کرلیا۔ یہ معلوم ہوتے ہوئے بھی کہ یہ عفریت اسی ہاتھ کو ڈستا ہے جو اس کو دودھ پلاتا ہے، سوشلسٹوں اور کانگریسیوں نے ہندو فرقہ پرستوں کو پالا پوسا۔

معروف دانشور انل نوریہ کا حوالہ دے کر قربان علی کا کہنا ہے کہ سیکولرازم صرف قانونی یا آئینی وضاحت کا معاملہ نہیں ہے۔ یہ تسلیم کرنے میں کوئی عار نہیں ہے کہ ہندوستانی سیکولرازم اس وقت بحران کا شکار ہے۔

گاندھی اور نہرو کا ماڈل ٹوٹ چکا ہے۔ پچھلی دو دہائیوں میں نریندر مودی کے عروج کے ساتھ دلدل مزید گہری ہو گئی ہے۔ اگر کانگریس یا اس کے لیڈران واقعی ملک کو اس دلدل سے نکالنا چاہتے ہیں یا اپنے آپ کو زندہ رکھنا چاہتے ہیں، تو ان کو ہندوتو انظریات کے ساتھ سمجھوتہ کرنے والے سوشلسٹوں کے انجام سے سبق حاصل کرنا چاہیے۔ نیز اپنے لیڈران اندرا گاندھی اور راجیو گاندھی کی پالیسیوں کا احتساب کر کے حقیقی سیکولرازم، یگانگت اور تنوع کو مدنظر رکھ کر ایک متبادل نظریہ پر مبنی سیاست کرنی چاہیے، ورنہ فرقہ واریت کا عفریت ان کو ہڑپنے اور ہضم کرنے کے لیے تیار کھڑا ہے اور مودی کا کانگریس مکت ہندوستان کا خواب شرمندہ تعبیر ہونے کا اندیشہ ہے۔

[بشکریہ دی وائر اردو، 10 اپریل 2024]

نرم ہندوتو: اصل کیجریوال کی نمود

ورگیز کے۔ جارج

ترجمہ: نایاب حسن

پاکستان، افغانستان اور بنگلہ دیش کے مظلوم ہندو، سکھ، جین، بدھ، پارسی اور عیسائیوں کو شہریت دینے کے لیے ہندوستان کی طرف سے پچھلے سال نافذ کردہ شہریت (ترمیمی) ایکٹ (سی اے اے) کی تنقید کے سلسلے میں دو مخالف نظریے سامنے آئے ہیں۔ ایک تو اس ملک کے لبرلز کی طرف سے جو اس قانون کو ایک مخصوص طبقے کو خارج کرنے والا یا غیر جامع مانتے ہیں، جبکہ وطن پرستوں کی ایک جماعت اسے کچھ زیادہ ہی وسیع الذیل سمجھتی ہے۔ عام آدمی پارٹی (آپ) کے بانی اور دہلی کے وزیر اعلیٰ اروند کیجریوال کی سی اے اے کی مخالفت اسی دوسرے نظریے کے دائرے میں آتی ہے۔ ہندو ہو یا مسلمان، مظلوم و مقہور ہو یا نہ ہو، پاکستانی ہو یا سری لنکن، کسی کو بھی ہندوستان آنے کی اجازت کیوں ہونی چاہیے؟

انھوں نے مارچ میں دہلی اسمبلی میں کہا تھا: ''میں سمجھتا ہوں کہ یہ قانون پاکستانی ہندوؤں کے حق میں ہے اور ہندوستانی ہندوؤں کے خلاف ہے۔'' جنوری میں انھوں نے حیرت کا اظہار کرتے ہوئے کہا تھا: ''کیا گارنٹی ہے کہ پاکستان اپنے جاسوسوں کو ہندو بنا کر یہاں نہیں بھیجے گا؟'' ان کا کہنا تھا کہ دہلی کے وزیر اعلیٰ کی حیثیت سے ان کی ذمے داری صرف اپنے عوام کی فلاح و بہبود ہے۔

حال ہی میں ان کے اس فیصلے کو دہلی کے لیفٹیننٹ گورنر نے مسترد کر دیا ہے، جس میں COVID-19 کے علاج کے معاملے میں نجی اور ریاستی حکومت کے تحت چلنے والے اسپتالوں کی خدمات صرف شہر کے اُن باشندوں تک محدود کرنے کی بات کی گئی تھی، جن کے پاس یہاں کی شہریت ثابت کرنے کے مطلوبہ

دستاویزات ہوں۔ گویا انھوں نے اپنے متعارف موقف کے مطابق یہ فیصلہ کیا تھا، یعنی جس طرح ہندوستان صرف ہندوستانیوں کے لیے ہونا چاہیے اسی طرح دہلی صرف دہلی والوں کے لیے ہونی چاہیے۔

مسٹر کیجریوال کی دہلی میں لگاتار تین بار جیت سے غیر نظریاتی سیاست کے ایک نئے ماڈل کی امید پیدا ہوگئی تھی، جو ممکنہ طور پر متوارث جماعتوں کے تحرکات اور حکمت عملیوں کو بدل سکتی تھی۔ طبقے، ذات پات اور مذہب سے قطع نظر انھیں حاصل ہونے والی عوامی حمایت سے یہ امید جاگی تھی۔ مگر یہ نمائندگی اور بااختیار بنانے کی سیاست نہیں تھی، یہ صارف شہریوں کے لئے نظم وانتظام اور کارکردگی کی سیاست تھی۔ ان کے سیاسی تصور کے مطابق مسٹر کیجریوال ایک آنلائن بازار کے قابل اعتماد ڈلیوری بوائے بن گئے۔ دہلی میں عوامی خدمات عام آدمی پارٹی (آپ) کے دور حکومت میں بہتر ہوگئیں یا پھر اس وقت تک ایسا لگ رہا تھا، جب تک کہ کورونا کی وبا نہیں پھیلی تھی۔

لاسیاسیت کے پس پردہ

عام آدمی پارٹی لاسیاسیت (apoliticism) کا ایک بودا دعویٰ کرتی رہی ہے؛ کیوں کہ قوم پرستی اور مہاجر دشمنی بھی ایک سیاست ہے اور شہریوں کو خدمات کی پیش کش بھی ہندو علامتوں کے غلاف میں لپیٹ کر کی گئی۔ ہندو علامتوں کی توسیع آج کی ہندوستانی سیاست میں عالمگیریت کے قریب قریب پہنچ چکی ہے اور مسٹر کیجریوال نے انھیں دہلی اسمبلی الیکشن 2020 میں بڑی مہارت سے استعمال کیا۔ وہ سی اے اے پر گول مول موقف اور پاکستان مخالف ووٹرز کو لبھا کر نکل جاتے، مگر بی جے پی کے جارحانہ اقدامات نے کیجریوال کا بیلنس بگاڑ دیا۔ دہلی شہر کے ان ووٹرز کے سامنے مبہم موقف کے ساتھ سامنے آنا کافی نہیں تھا، جنھوں نے کیجریوال کو لگاتار تین بار کامیاب کروانے کے دورانیے میں ہی مسلسل دو بار ہندوتو کے ایشو پر ووٹ دیا تھا۔ اس کے جواب میں کیجریوال نے جموں وکشمیر کے خصوصی اسٹیٹس کو سلب کیے جانے کی تائید کی، حالاں کہ وہ خود دہلی کو مکمل ریاست قرار دیے جانے کی مانگ کرتے رہے ہیں۔ جب جے این یو کیمپس میں مسلح غنڈے گھس گئے اور طلبہ وطالبات کی پٹائی کی، تو کیجریوال نے سرد مہری کا مظاہرہ کیا۔ اسی طرح جب فروری میں دہلی میں فساد برپا ہوا اور پچاسوں جانیں ضائع ہوئیں، تو اس دوران بھی کیجریوال محض بکواس کرتے رہے۔

عام آدمی پارٹی نے 2020 کے اسمبلی الیکشن کے انتخابی منشور میں یہ وعدہ کیا کہ اسکولوں میں قوم پرستی کا خصوصی کورس متعارف کروائے گی اور طلبہ کے ذہن ودماغ میں افواج کے تئیں احترام وتقدیس کا جذبہ پیدا کرے گی۔ جب کورونا وائرس کی وجہ سے ہندوستان بھر میں لاک ڈاؤن شروع ہوا تو کیجریوال نے اعلان کیا کہ اس دوران وہ اور ان کی بیوی بھگود گیتا پڑھیں گے، انھوں نے اور لوگوں سے بھی ایسا کرنے کی اپیل کی۔

اب تک کا ریکارڈ

زمینی سطح کے کارکنان، لبرل دانشوران اور بائیں محاذ کی طرف جھکاؤ رکھنے والے لوگ، جنھوں نے کیجریوال کو سپورٹ کیا تھا، وہ بہت جلد ان سے بددل ہو گئے، پھر انھیں جلد ہی پارٹی سے صاف کر دیا گیا۔ حال ہی میں آر ایس ایس پر شائع ہونے والی ایک کتاب میں لکھا گیا ہے کہ عام آدمی پارٹی کی جنم داتا 'انڈیا اگینسٹ کرپشن' تحریک کے عوامی اثرات سے سنگھ سربراہ موہن بھاگوت جز بز ہو گئے تھے۔ یہ تحریک دیگر بہت سی غیر سیاسی جماعتوں سے لے کر آر ایس ایس تک کی ایک غیر متنازع بھیڑ تھی، جبکہ عام آدمی پارٹی کی نمود مزاج و نہاد میں اکثریت پسند اور عملی اعتبار سے ڈکٹیٹر کے طور پر ہوئی۔ مسٹر کیجریوال نے ایک ایسا سیاسی کاکٹیل پیش کیا، جس کا اقتصادی نظریہ تو بائیں بازو والا ہے، جبکہ اس کا ثقافتی رنگ وروپ دائیں بازو کی طرف جھکاؤ رکھتا ہے، جو مارکیٹ کے عام چلن کے خلاف ہے۔

اس سال وزیر اعلیٰ کے طور پر حلف برداری کے وقت انھوں نے کہا تھا "کچھ لوگ کہتے ہیں کہ کیجریوال ہر چیز مفت کر رہا ہے۔ ہر قیمتی چیز مفت ہے، ایک ماں کا پیار بچے کے لیے مفت ہے، اسی طرح ایک باپ اپنے بچے کو تعلیم دینے کے لیے خود بھوکا رہتا ہے اور ایسا وہ مفت میں کرتا ہے۔ کیجریوال دہلی کے لوگوں سے پیار کرتا ہے اور دہلی کے لوگ بھی اس سے پیار کرتے ہیں، یہ پیار بھی مفت ہے۔"

وہ ان لوگوں کو احساسات سے بھی محروم کر سکتے ہیں جو مارکیٹ کے ذریعے اپنے حقوق سے محروم کیے گئے اور جن پر ظلم کیا گیا اور وہ اپنا دفاع بھی نہیں کر سکتے۔ کیجریوال نے خود کو ایک مشکل ریاست کے مضبوط لیڈر کے طور پر پیش کیا۔ کچھ دن تک خاموش رہنے کے بعد ان کی حکومت نے جے این یو طلبہ پر بغاوت کے الزام کی تائید کر دی۔ باشعور اور حساس لوگوں کے ایک طبقے کے مابین پرائیویسی بہت ہی اہم معاملہ ہے، مگر کیجریوال دہلی کے لوگوں کی نگرانی بڑھانے کو فخریہ انداز میں بیان کرتے ہیں اور اس بنیاد پر ووٹ بھی بٹورتے ہیں۔ شہر کے سرکاری اسکول ایک ایسا ٹکنالوجیکل آلہ تیار کر رہے ہیں جس کی مدد سے بچوں کے والدین اپنے وارڈز کو کسی بھی وقت دیکھ سکتے ہیں۔ کیجریوال تواضع و بے نفسی کا دکھاوا کرتے اور یہ ظاہر کرتے ہیں کہ وہ لوگوں کی بات سنتے ہیں، حالاں کہ فی الحقیقت عوام اور لیڈر کے درمیان کوئی رابطہ نہیں ہے، کوئی کابینہ، کوئی میڈیا سوال نہیں پوچھ سکتا۔ دہلی سے باہر والوں کو دہلی کے ہسپتالوں سے باہر رکھنے کا فیصلہ مسٹر کیجریوال کے مطابق ایک ڈیجیٹل پولنگ کے بعد کیا گیا تھا، جس میں نوے فیصد لوگوں نے اس کی تائید کی تھی، یعنی عوام خود ہی ایک دوسرے کے خلاف ہو گئے۔

قابل ذکر ہے کہ دہلی کابینہ میں ایک بھی خاتون نہیں ہے، حالاں کہ عام آدمی پارٹی جنسی ہراسانی کے کئی معاملوں میں سزائے موت کا مطالبہ کرتی رہی ہے۔ دہلی حکومت کے ذریعے رحمِ مادر میں قتل کی جانے والی بچی

کے تعلق سے جاری کردہ اشتہار خواتین کو بااختیار بنانے کے تعلق سے مسٹر کیجریوال کے نظریے کو بیان کرتا ہے، ''میں ایک بچی ہوں، رحم مادر سے بول رہی ہوں۔'' ایک بچی کی ڈرامائی آواز سے اس کی شروعات ہوتی ہے، جو اپنی زندگی کی بھیک مانگ رہی ہے۔ اس کے بعد کیجریوال کی آواز سننے میں آتی ہے، ''میں ایسی لاکھوں نہ پیدا ہوسکنے والی بچیوں کے حق میں بول رہا ہوں، یہ بچیاں کسی کی ماں، کسی کی بیٹی، کسی کی بہو، کسی کی بیوی بن کر پلیں گی بڑھیں گی اور یہی بچیاں ہماری قوم کی کلپنا چاؤلا، ثانیہ مرزا، پی ٹی اوشا بنیں گی اور قوم کا نام روشن کریں گی۔'' اس سے قوم کی ترقی میں خواتین کے کردار کی نوعیت کے تئیں کیجریوال کے نظریے کی بہت حد تک وضاحت ہوجاتی ہے۔

ہوسکتا ہے کہ بہت سے دانشوران بشمول تحریکِ نسواں سے وابستہ افرادان کی اس قسم کی پوزیشن کو پسند نہ کریں، مگر کیجریوال کو ان کی ضرورت نہیں ہے۔ اکثریت کی رائے پر سوال اٹھانا سیاست میں اچھی بات نہیں سمجھی جاتی۔ مثلاً مرکزی سیاسی دھارے سے تعلق رکھنے والی جماعت اور لیڈران میں سے کانگریس کے راہل گاندھی کے علاوہ کسی بھی نیتا نے مودی حکومت کی کشمیر پالیسی پر سوال نہیں کھڑے کیے ہوں گے، کسی نے ان کی بات پر دھیان بھی نہیں دیا۔ کیجریوال کے نائب سسودیا نے سی اے اے کے خلاف مظاہرین کے تئیں ہلکی سی ہمدردی کا اظہار کیا اور اس کے نتیجے میں وہ اپنی سیٹ گنواتے گنواتے بچے، وہ اب بھی حکومت کے شعبۂ تعلیم کے انچارج ہیں، جو بظاہر اچھا کام کر رہا ہے۔ بہت سے لوگوں نے کیجریوال کو وزیر اعظم مودی کا متبادل سمجھا تھا۔ ہوسکتا ہے وہ اب بھی اپنے آپ کو ان کا جانشین سمجھتے ہوں اور اگر واقعی ایسا ہوتا ہے، تو وہ ہندوتو کو چیلنج کرنے کے ذریعے نہیں ہوگا اور جہاں تک ان کے گڈ گورننس کے دعوے کی بات ہے، تو اس کی اصل اور پہلی حقیقی آزمائش تو اب ہو رہی ہے، جبکہ شہر دہلی اور حکومتِ دہلی لاک ڈاؤن سے باہر نکلی ہے، شہر بھر کا ہیلتھ کیئر سسٹم چرمراتا جا رہا ہے اور کورونا کے کیسز میں روز بروز کئی گنا اضافے ہو رہے ہیں۔

[مصنف روزنامہ دی ہندو کے ایسوسی ایٹ ایڈیٹر ہیں۔]

(بشکریہ روزنامہ دی ہندو، 15 جون 2020)

اٹھارہویں لوک سبھا میں مسلمانوں کی حصہ داری

دی وائر اسٹاف

چار جون کو لوک سبھا انتخابات کے نتائج آنے کے ساتھ ہی اٹھارویں لوک سبھا کے ممبران پارلیامنٹ کی تصویر بھی واضح ہوگئی ہے۔ تاہم، اس بار لوک سبھا میں مسلم ارکان پارلیامنٹ کی حصے داری گزشتہ چھ دہائیوں میں سب سے کم دیکھنے کو ملی ہے۔

'دی ہندو' کی رپورٹ کے مطابق، موجودہ ارکان پارلیامنٹ میں مسلم ارکان کی تعداد پانچ فیصد سے بھی کم ہے، حالانکہ ملک کی کل آبادی میں اس کمیونٹی کی آبادی 15 فیصد سے زیادہ ہے۔

مجموعی طور پر دیکھیں تو اس وقت لوک سبھا میں کل 24 مسلم ممبران پارلیامنٹ (4.4 فیصد) ہیں۔ اس بار حزب اختلاف کی سب سے بڑی پارٹی کانگریس کے مسلم ممبران پارلیامنٹ کی حصہ داری میں اضافہ ہوا ہے لیکن لوک سبھا میں مسلم ممبران پارلیامنٹ کی کل تعداد میں ریکارڈ کمی آئی ہے۔

اس بار، 2024 کے انتخابی نتائج میں سب سے بڑی پارٹی بنی بھارتیہ جنتا پارٹی (بی جے پی) کے پاس فی الحال مسلم کمیونٹی کا کوئی نمائندہ نہیں ہے۔

تاریخ کی بات کریں تو 1990 کی دہائی میں لوک سبھا میں مسلم ممبران پارلیامنٹ کی حصے داری میں گراوٹ بی جے پی کے عروج کے ساتھ ہی شروع ہوئی تھی۔ تب بی جے پی ممبران پارلیامنٹ کی تعداد 10 ویں لوک سبھا (1991-96) میں پہلی بار 100 کا ہندسہ عبور کر گئی تھی۔

اسّی کی دہائی میں لوک سبھا میں مسلمانوں کی حصے داری سب سے زیادہ تھی۔

لوک سبھا میں مسلمانوں کی حصے داری 1980 کی دہائی میں سب سے زیادہ 8.3 فیصد تھی۔ اس وقت ساتویں (1980-84) اور 8 ویں (1984-89) لوک سبھا کے دوران کانگریس اقتدار میں تھی۔

پھر مسلم ارکان پارلیامنٹ کی تعداد میں گراوٹ کے بعد 14ویں لوک سبھا (09-2004) میں متحدہ ترقی پسند اتحاد (یو پی اے) کے پہلے دور حکومت میں مسلم ارکان پارلیامنٹ کی تعداد میں پھر اضافہ ہوا اور یہ تقریباً 7 فیصد ہوگئی۔ اس وقت ایوان میں بی جے پی ممبران پارلیامنٹ کی تعداد میں کمی دیکھی گئی تھی۔

موجودہ لوک سبھا سمیت پچھلی چار لوک سبھا کے اعداد و شمار پر نظر ڈالیں تو یو پی اے کے دوسرے دور میں 8.4 فیصد مسلم ممبران پارلیامنٹ تھے، وہیں قومی جمہوری اتحاد (این ڈی اے) کے پہلے دور میں ان کی تعداد کم ہوکر 7.4 فیصد ہوگئی۔

سال 2019 میں، این ڈی اے 2 میں یہ دوبارہ بڑھ کر 5 فیصد ہوگئی، لیکن این ڈی اے 3 میں یہ تعداد گھٹ کر 4.4 فیصد رہ گئی۔

کانگریس پارٹی میں سب سے زیادہ مسلم ممبران پارلیامنٹ ہیں۔

اس وقت کانگریس پارٹی سات مسلم ارکان پارلیامنٹ کے ساتھ اس فہرست میں سرفہرست ہے جو کہ کانگریس کے کل ارکان پارلیامنٹ کا 7 فیصد ہے۔

آٹھویں لوک سبھا (89-1984) کے بعد یہ پہلا موقع ہے جب کانگریس میں مسلم ارکان پارلیامنٹ کی حصہ داری 7 فیصد سے تجاوز کر گئی ہے۔ چھٹی، ساتویں اور آٹھویں لوک سبھا (89-1977) میں یہ حصے داری تقریباً 7.5 فیصد تک پہنچ گئی تھی۔ اس کے بعد سے، سترہویں لوک سبھا (2024-2019) میں حصے داری تیزی سے اور مستقل طور پر 1.1 فیصد تک گر گئی۔

کانگریس کے بعد آل انڈیا ترنمول کانگریس (ٹی ایم سی) اور سماج وادی پارٹی (ایس پی) بالترتیب پانچ اور چار مسلم ارکان پارلیامنٹ کے ساتھ فہرست میں ہیں۔

ایس پی کے 11 فیصد ایم پی مسلمان ہیں اور 17 فیصد ترنمول کے ہیں۔ دیگر مسلم ارکان پارلیامنٹ میں انڈین یونین مسلم لیگ سے تین، جموں و کشمیر نیشنل کانفرنس سے دو، آل انڈیا مجلس اتحاد المسلمین سے ایک اور دو آزاد ارکان شامل ہیں۔

آسام اور کیرالہ میں مسلم ارکان پارلیامنٹ کی حصے داری کم ہے۔

تازہ ترین لوک سبھا میں مسلم ممبران پارلیامنٹ کی کم تعداد کے پیچھے بنیادی وجہ آسام اور کیرالہ میں مسلم ممبران پارلیامنٹ کی حصے داری میں زبردست گراوٹ ہے۔ اس بار آسام میں ان کی حصے داری 14 فیصد سے کم ہوکر 7 فیصد رہ گئی ہے، جبکہ کیرالہ میں یہ 19 فیصد سے کم ہوکر 15 فیصد رہ گئی ہے۔

اتر پردیش میں بھی، 2024 میں 'انڈیا' اتحاد کے سب سے زیادہ سیٹیں جیتنے کے باوجود، ریاست میں مسلم ممبران پارلیامنٹ کی حصے داری گزشتہ لوک سبھا کے 8 فیصد سے کم ہوکر 2024 میں 6 فیصد ہوگئی ہے۔

مجموعی طور پر، موجودہ پارلیامنٹ میں صرف دس ریاستوں اور مرکز کے زیر انتظام علاقوں سے کم از کم

ایک مسلم رکن منتخب ہو کر آئے ہیں۔ اس کے ساتھ ہی ارونا چل پردیش، چھتیس گڑھ، گوا، منی پور، میگھالیہ، میزورم، سکم اور اتراکھنڈ جیسی ریاستوں نے کبھی بھی مسلم ممبران پارلیامنٹ کا انتخاب نہیں کیا ہے۔

[بشکریہ'دی وائر اردو'، 18 جون 2024]

لکھنؤ کی شیعہ مسلم قیادت اور بی جے پی

حیدر عباس

ایک گروہ کو دوسرے گروہ کے خلاف کھڑا کرنا بی جے پی کی خوبی رہی ہے۔ اس پارٹی کا ایک پرانا پروپیگنڈہ یہ ہے کہ شیعہ مسلمان بی جے پی کے ووٹر ہیں۔ اس پروپیگنڈے کو کامیاب بنانے کے لیے بی جے پی اور سنگھ ہمیشہ کچھ ایسے شیعہ لیڈروں کو ساتھ لاتا رہا ہے جو اپنے مفادات کے ساتھ سنگھ کے مقاصد کی تکمیل کے لیے تیار رہتے ہیں۔

ایک دہائی قبل کلب صادق صاحب، جنھیں بعد از مرگ بی جے پی حکومت نے پدم بھوشن سے نوازا، نے مسلم پرسنل لا بورڈ کا نائب صدر رہتے ہوئے یہ بیان دیا تھا کہ مسلمان بی جے پی کو قبول کر سکتے ہیں لیکن نریندر مودی کو نہیں۔ لیکن مودی کے اقتدار میں آنے کے بعد ان کے بھتیجے اور آصفی مسجد لکھنؤ کے شاہی امام کلب جواد کی قلب ماہیت ہوگئی اور انھوں نے وزیر اعظم کی شان میں قصیدہ خوانی شروع کر دی۔ انھوں نے یہاں تک کہہ دیا کہ گجرات کے مسلمانوں کو مودی کو معاف کر دینا چاہیے۔

دلچسپ بات یہ ہے کہ یہ چچا اور بھتیجے ایک دوسرے کے مخالف سمجھے جاتے تھے، لیکن بی جے پی کی حمایت کرتے ہوئے وہ اپنی تمام تر مخالفت بھول گئے اور ہم زبان ہو گئے۔ اب جبکہ مودی نے تیسری بار وزیر اعظم کا حلف اٹھالیا ہے، یہ دیکھنا دلچسپ ہوگا کہ مولانا کو ان بیانات کا کیا صلہ اور انعام ملتا ہے۔

شیعوں کی نہ صرف لکھنؤ میں متاثر کن آبادی ہے، بلکہ ان کا اثر ورسوخ اتر پردیش کے کچھ دوسرے علاقوں جیسے امروہہ، اعظم گڑھ، علی گڑھ، بارہ بنکی، فیض آباد، غازی پور، جونپور، مظفر نگر اور اترا ولا وغیرہ میں بھی دیکھا جا سکتا ہے۔ اس لیے یہ عام خیال کہ شیعہ ووٹروں کی موجودگی صرف لکھنؤ تک محدود ہے، غلط ہے۔

سال 2014 کے انتخابی نتائج کے بعد لکھنؤ کی شیعہ قیادت، جسے 'ڈیلر شپ' کہنا زیادہ مناسب ہوگا، بی

بے جے پی حکومت کے سامنے اوندھے منہ گر گئی۔

دو شیعہ رہنماؤں؛ بکل نواب اور محسن رضا کو بی جے پی نے ایم ایل سی بنا دیا۔ اس شیعہ ڈیلر شپ کے کئی بڑے نام؛ آغا روحی، کلب رشد، یعسوب عباس، حمید الحسن، علی محمد (علی گڑھ) سیف عباس جیسے شیعہ اسلام کے مبلغین، حسینی ٹائیگرز کے شمیل شمسی، وفا عباس (امبر فاؤنڈیشن)، شیعہ وقف بورڈ کے چیئرمین علی زیدی، فخر الدین علی میموریل کمیٹی کے چیئرمین طراز زیدی، اتر پردیش اقلیتی کمیشن کے رکن کنور اقبال حیدر اور اتر پردیش حکومت کے سابق وزیر عمار رضوی، رام مندر کی تعمیر میں حصہ لینے کی اس مسابقت اور دوڑ میں شامل تھے، جو اس جگہ پر تعمیر کی گئی جہاں کبھی بابری مسجد ہوا کرتی تھی۔

کیا شیعہ بی جے پی کے پاس سنی کی مخالفت کی وجہ سے جاتے ہیں؟

لکھنؤ کے شیعوں کی اس نام نہاد بی جے پی کی حمایت کو باریک بینی سے سمجھنے کی ضرورت ہے۔ کیا شیعہ اسلام کی سنی مخالف جڑیں بی جے پی کی حمایت کی بنیاد بنتی ہیں؟

اس سوال کا جواب یقیناً نفی میں ہے۔

ایران کے باہر لکھنؤ کبھی ہندوستان کی واحد شیعہ ریاست (1722-1856) ہوا کرتی تھی۔ شیعہ اسلام کی شاخ کا اس ایران سے نکلتی ہے جب وہاں صفوی خاندان اقتدار میں آیا۔ لکھنؤ میں کبھی شیعہ مسلمانوں کا غلبہ تھا۔ زیادہ تر بڑے زمیندار اور جائیداد کے مالک شیعہ تھے۔ سیاست اور عدلیہ سے متعلق معاملات میں بھی ان کا اثر ورسوخ واضح تھا۔ یہ صورتحال 1967 تک جاری رہی جب کانگریس نے بڑی تعداد میں مسلمانوں کو اپنی رکنیت دینا شروع کر دی۔ چونکہ سنیوں کی تعداد شیعوں سے زیادہ تھی اس لیے کانگریس میں بھی سنیوں کی تعداد بڑھنے لگی۔

جب شیعوں کو کانگریس میں اپنے لیے جگہ تنگ محسوس ہونے لگی تو انھوں نے اس بھارتیہ جن سنگھ میں اس کا سیاسی متبادل تلاش کرنا شروع کیا جس سے موجودہ بی جے پی نکلی ہے۔ اس کے ساتھ ہی شیعہ 'ڈیلر شپ' کا ایک حصہ جن سنگھ کی طرف منتقل ہونے لگا۔

پھر 1980 کے بعد کا دور آیا جب عرب ممالک نے محنت کش طبقے کے لیے اپنے دروازے کھول دیے۔ عرب ممالک جانے والے مزدوروں کی طرف سے بھیجی گئی رقم سے سنی مسلمانوں کی معاشی حالت تیزی سے بہتر ہوئی۔ اس پیسے سے لکھنؤ کی سماجی، سیاسی، تعلیمی اور معاشی حالت میں تیزی سے تبدیلی آئی اور آج سنی مسلمان ترقی کے تقریباً تمام اشاریوں میں شیعوں کو بہت پیچھے چھوڑ چکے ہیں۔

اس نئے سماجی واقتصادی نظام کی وجہ سے دونوں برادریوں کے درمیان فسادات تقریباً بند ہو گئے۔

شیعہ کا ووٹ کس کے لیے؟

یہ سچ ہے کہ شیعہ 'ڈیلرز' بی جے پی کی طرف مائل اور ملتفت ہیں، لیکن عام طور پر شیعہ کمیونٹی نے کبھی منظم ہو کر بی جے پی کو ووٹ نہیں دیا۔ مسلمانوں کے درمیان نفرت پھیلانے کے لیے ہر الیکشن سے پہلے ایسی افواہیں پھیلائی جاتی ہیں۔

اپنے مفاد میں اندھے شیعہ 'ڈیلرز' نے کبھی سی اے اے-این آر سی مخالف تحریک میں مارے گئے مسلمانوں یا ان درجنوں مسلمانوں کے لیے جنھیں یو اے پی اے کے تحت جیل رسید کیا گیا، آج تک ایک لفظ نہیں کہا۔ لکھنؤ کے وہ شیعہ گھرانے، جنھوں نے تقریباً پچپن سال قبل 1967 میں لکھنؤ ویسٹ اسمبلی سے جیتنے والے جن سنگھ کے امیدوار لالو شرما کی حمایت کی تھی، آج بھی ان کی سیاسی وابستگی اسی نظریاتی جماعت کے ساتھ ہے۔

یہ ڈیلر راج ناتھ سنگھ کو 'غلط پارٹی میں صحیح آدمی' کہتے ہیں۔ اگر وہ واقعی صحیح آدمی ہیں، تو پھر بلقیس بانو کے ساتھ ریپ کرنے والوں کو مہذب بتانے والی، کٹھوعہ میں آصفہ کے ریپسٹ کے حق میں ریلی نکالنے والی پارٹی کیوں نہیں چھوڑ دیتے؟ لیکن اسی طرفداری کی وجہ سے راج ناتھ سنگھ نے کلب صادق کو پدم بھوشن اور وحید الدین خان کو پدم وبھوشن دلوا دیا تھا۔

یہاں یہ بھی فراموش نہیں کرنا چاہیے کہ یہ دونوں ہی ایودھیا میں بابری مسجد کی جگہ رام مندر بنانے کے حامی تھے۔

لیکن عام شیعہ مسلمان اس سیاسی دلالی کو مسترد کرتا ہے۔ اور اس کی تصدیق اعداد و شمار سے ہوتی ہے۔

اس بار لکھنؤ لوک سبھا سیٹ پر راج ناتھ سنگھ نے (612709) ایس پی کے روی داس مہروترا (477550) سے 135159 ووٹوں کے فرق سے جیت حاصل کی ہے۔ حسین آباد ٹرسٹ جیسے شیعہ اکثریتی بوتھ پر راج ناتھ سنگھ کو 224 ووٹ ملے جب کہ روی داس مہروترا کو 1061 ووٹ ملے۔ یونٹی کالج بوتھ پر یہ اعداد و شمار بالترتیب 220 / 1796، شیعہ یتیم خانہ پر 315 / 2841، سی ایم ایس حسن پوریا پر 258 / 2180 ووٹ کا رہا۔

شیعہ اثر والے لکھنؤ ویسٹ اور لکھنؤ سینٹرل کے علاقوں میں راج ناتھ سنگھ 5670 اور 7584 ووٹوں سے پیچھے رہے۔ دلچسپ بات یہ ہوئی کہ کلب جواد کے اپنے جوہری محلہ سے راج ناتھ سنگھ کو صرف 72 ووٹ ملے جب کہ روی داس مہروترا کو 627 ووٹ ملے۔

کیا بی جے پی اب بھی شیعہ ڈیلر پر ڈورے ڈالتی رہے گی؟

(حیدر عباس اتر پردیش حکومت کے سابق انفارمیشن کمشنر اور سیاسی تجزیہ کار ہیں۔)

[بشکریہ 'دی وائر اردو'، 19 جون 2024]

2024 کے انتخابات مسلمانوں کے لیے لمحۂ فکریہ

اسد مرزا

جس اعتماد کے ساتھ ملک میں بی جے پی کی اعلیٰ قیادت وزیر اعظم نریندر مودی کی رہنمائی میں 2024 میں انتخابی میدان میں اتری تھی، اس غرور اور اعتماد کو عام ووٹروں نے توڑ دیا اور ساتھ ہی ملک کو مزید عدم برداشت اور اکثریت پرستی کی کھائی میں گرنے سے بچا لیا۔ یہ سب تب ہوا جب کہ ایک خدمت گزار میڈیا کے باوجود، جو پوری انتخابی مہم کے دوران حکمراں جماعت کا ترجمان بنا رہا اور جس نے ایک بار یہ انتخابی عمل ختم ہونے کے بعد، مودی کے نعرے 'اب کی بار 400 پار' کے مطابق بی جے پی کے لیے 400 سے زائد نشستوں کی پیشین گوئی کرنا شروع کر دی تھی۔ اور جب انتخابات کے حقیقی نتائج آنا شروع ہوئے تو اسی میڈیا نے محض چار گھنٹوں میں اپنے سُر بدلنے شروع کر دیے۔ یہاں سب سے پہلے، ہمیں اس حقیقت کو نہیں بھولنا چاہیے کہ 2014 اور 2019 میں جو مرکزی حکومت بنی تھی وہ بی جے پی کی حکومتیں نہیں تھیں بلکہ این ڈی اے کی قیادت والی حکومتیں تھیں اور بی جے پی نے دانستہ طور پر سے اسے بی جے پی کی قیادت والی حکومت کے طور پر پیش کیا حالانکہ وہ این ڈی اے کی سب سے بڑی پارٹی تھی۔ دوسری بات یہ کہنا کہ بی جے پی کو آنے والے نتائج کا کوئی اندازہ نہیں تھا، یہ بھی ایک غلطی ہوگی۔ یہ اس حقیقت سے ظاہر ہوتا ہے کہ انتخابی عمل کے پہلے دو مرحلوں کے فوراً بعد پی ایم مودی نے فوری طور پر اپنے سُر اور اپنی حکمت عملی بدل لی اور اپنی تقریروں کے ذریعے فرقہ پرستی کے بیج بونے کے اپنے پرانے طریقے کا سہارا لینا شروع کر دیا، اپنی تقریروں میں مسلمانوں کو نشانہ بنایا، روئے دھوئے اور خود کے بھگوان ہونے کا دعویٰ بھی کر دیا تھا۔ تاہم، انتخابی نتائج سے ثابت ہوتا ہے، ان کے سارے پینترے ان کے خلاف کام کر گئے۔ مزید برآں، یہاں زیادہ ضروری بات یہ ہوگی کہ ان عوامل کا تجزیہ کیا جائے، جو بی جے پی کی شکست کے ذمہ دار ہیں، اور جو درحقیقت اس حقیقت کو بھی ثابت کریں کہ ہندوستانی مسلمان یکساں طور پر ووٹ نہیں دیتے ہیں۔ مزید یہ کہ 2024 میں 78 مسلم امیدوار میدان میں تھے جن میں سے 26 مسلم امیدواروں نے انتخابات میں کامیابی

حاصل کی جب کہ 2019 کے انتخابات میں 115 مسلم امیدواروں نے انتخابات میں حصہ لیا تھا اور 26 ہی فتح یاب ہوئے تھے۔

2024 میں جیتنے والے مسلم امیدواروں کی جیت کی ایک وجہ کانگریس کی رہنمائی میں انڈیا نامی اتحاد تھا۔ پچھلے انتخابات میں مسلمانوں نے عام طور پر سماج وادی پارٹی یا کانگریس کو ووٹ دیا تھا۔ لہٰذا، 2019 لوک سبھا میں، مسلم ووٹ کانگریس اور ایس پی کے درمیان تقسیم ہوئے، کیونکہ وہ الگ الگ لڑے تھے۔ لیکن اس بار ایس پی اور کانگریس ساتھ رہے، اس لیے ہم کہہ سکتے ہیں کہ مسلم ووٹ منقسم نہیں ہوا اور بااثر رہا۔ لیکن اس کے باوجود ایسے 24 انتخابی حلقے ہیں جہاں پر کہ مایاوتی کی بی ایس پی نے انتخابات کا فیصلہ بی جے پی کے حق میں کروایا۔

2024 میں مسلمانوں کے ایک ساتھ آنے کی وجوہات ایسے دور میں تلاش کرنا زیادہ مشکل نہیں ہے جس کی علامت رام مندر کی تقدیس اور تمام شعبوں میں ہندوتوا کے بیانیے کے غلبے کی بنیاد بنا۔ پالیسی کی سطح پر، شہریت ترمیمی قانون (سی اے اے) اور نیشنل رجسٹر آف سٹیزنز (این آر سی) پر مودی حکومت کے اقدامات کے بارے میں خدشات پیدا ہوئے تھے۔ بہت سے لوگوں نے ان اقدامت کے ذریعے مسلمانوں کو الگ تھلگ کرنے کی سرکاری چال کے طور پر دیکھا۔ اس کے علاوہ، اس دور میں اقلیتوں خاص طور پر مسلمانوں اور عیسائیوں کے خلاف ہونے والے لنچنگ کے واقعات نے بھی بی جے پی کے خلاف ہوا بنانے میں کام کیا۔

چوٹ اور بیگانگی کا نتیجہ واضح طور پر ووٹنگ کے انتخاب کو متاثر کرتا ہے۔ مثال کے طور پر، مغربی بنگال میں، سی اے اے کے نفاذ سے بی جے پی کو ہندو پناہ گزینوں کی اکثریت والے سرحدی اضلاع میں اپنے ووٹ کی بنیاد کو مضبوط کرنے میں مدد ملی، لیکن اس کے نتیجے میں ممتا بنرجی اور ٹی ایم سی کے پیچھے مسلم ووٹوں کی اکثریت نے مستعدی سے انھیں حمایت دے کر ٹی ایم سی کو فتح دلائی۔ مہاراشٹر میں، خاص طور پر ممبئی میں، مسلمان شیوسینا کے ادھو ٹھاکرے دھڑے کی طرف جھکتے نظر آئے، جو اس کے پرانے دشمن کی میراثی پارٹی ہے، لیکن اس مرتبہ وہ بی جے پی کے اتحاد میں شامل نہیں تھی، اس لیے مسلمانوں نے اس کے امیدواروں کی حمایت کی۔

بہر حال، اگرچہ آپ کو خوشی محسوس ہو سکتی ہے کہ اتنے سارے مسلم امیدوار جیت گئے، لیکن یہ لمحہ نام نہاد مسلم مذہبی، سیاسی اور سماجی رہنماؤں اور یہاں تک کہ عام مسلمانوں کو بھی توقف اور غور وفکر کرنے کا موقع فراہم کرتا ہے، چاہے بی جے پی کا نقصان ان کی وجہ سے ہوا ہے یا نہیں۔

اس بارے میں ماہرین کا کہنا ہے کہ غیر بی جے پی پارٹیوں نے بی جے پی کے پیچھے ہندو ووٹروں کے اکٹھے ہونے سے بچنے کے لیے مسلمانوں کو بہت زیادہ انتخابی ٹکٹ دینے سے گریز کیا۔ مزید برآں، کانگریس پارٹی، سماج وادی پارٹی، راشٹریہ جنتا دل، ترنمول کانگریس پارٹی، دراوڑ منیتر اکزگم اور کمیونسٹ پارٹی آف انڈیا (مارکسسٹ) تمام بڑی اپوزیشن پارٹیوں کے انتخابی منشور کا تجزیہ ظاہر کرتا ہے کہ ان میں سے زیادہ تر نے لفظ

'مسلمان' اپنے منشوروں میں استعمال نہیں کیا۔ ساتھ ہی وہ مسلمانوں کو درپیش مسائل کو نظر انداز کرتے ہوئے بھی نظر آئے۔ سماج وادی پارٹی نے انتخابی مہم کے لیے ایک نئی کیچ لائن بنائی: پچھڑا، دلت اور الپا سنکھیک یعنی PDA اور اپنی مسلم نواز تصویر سے چھٹکارا پانے کی کوشش کی۔ یہاں تک کہ کانگریس پارٹی، جو ہندوستانی اتحاد کی قیادت کرتی ہے، نے بھی اپنے منشور میں لفظ 'مسلم' استعمال کرنے سے گریز کیا۔ اس کا فوکس سماجی مساوات اور ملازمتوں اور دیگر سرکاری اداروں میں غیر مراعات یافتہ ذات کے ہندوؤں کی نمائندگی کرنے پر رہا۔ تجزیہ کاروں کا کہنا ہے کہ بی جے پی کے ہندو اکثریتی دباؤ نے مسلم مسائل کو عوامی گفتگو اور منظر نامے سے یکسر غائب کر دیا ہے۔

میں مختلف سیاسی پارٹی کے امیدواروں اور رائے دہندگان کی حیثیت سے مسلمانوں سے بی جے پی کی نفرت کے زیادہ واضح سوال میں نہیں جانا چاہتا، لیکن نتائج سے ہمیں یہ سوچنا چاہیے کہ ملک کی آزادی کے 77 سال بعد ہندوستانی مسلمان کہاں کھڑا ہے؟ کیا وہ سیاسی، معاشی، تعلیمی یا سماجی طور پر کامیاب ہوئے ہیں یا سیڑھی پر مسلسل نیچے کی طرف جا رہے ہیں؟ درحقیقت وہ مسلم قوم کے لیے مثبت اقدامات یعنی کہ Affirmative Action کی تلاش میں یکے بعد دیگرے حکومتوں کو تشکیل دینے میں نمایاں کردار ادا کرتے رہے، لیکن ایک قوم کے طور پر دوسری قوموں کے مقابلے ترقی حاصل کرنے کے لیے اپنے طور پر وہ کچھ کرتے نظر نہیں آ رہے ہیں اور اسی میں ان کی زبوں حالی کا راز چھپا ہے۔ یہ کہنا غلط نہ ہوگا کہ سیاسی طور پر مسلمانوں کو کل ہند سطح پر ایک سیاسی پارٹی کی شکل میں ایک مضبوط اور مربوط آواز نہیں مل سکی ہے۔ ناقدین ایسے کسی اقدام کو یہ کہہ کر مسترد کرتے ہیں کہ 20-15 سیٹیں جیت کر بھی آپ کو کیا ملے گا۔ لیکن ان لوگوں کو یہ سمجھنا چاہیے کہ اس وقت 16 سیٹوں کے ساتھ چندرابابو نائیڈو، 13 سیٹوں کے ساتھ نتیش کمار اور 7 سیٹوں کے ساتھ ایکناتھ شندے مرکزی حکومت بنانے کے کام میں کنگ میکر کا کردار ادا کر رہے ہیں۔ تو کیا مسلمانوں کو ایک توقف اختیار کر کے ایک مضبوط سیاسی قوت کے طور پر ابھرنے کی ضرورت پر غور کرنا چاہیے یا نہیں؟ لیکن اس سے پہلے ہمیں بحیثیت مسلم امہ ایک مشترکہ تشخص اور سوچ بنانی ہوگی، بجائے اس کے کہ ہم اپنے مقامی مسائل کو حل کرنے کے لیے مختلف لیڈروں اور سیاسی جماعتوں کی پیروی علاقائی اور صوبائی سطح پر کرتے رہیں۔ اور صرف یہ سوچ کر کہ اس سے کیا ہوگا کوئی بھی مثبت حکمت عملی نہ اپنائیں اور نہ ہی کوئی عملی کاوش کریں اور دوسروں کے مرہونِ منت رہیں۔

(مضمون نگار سینئر سیاسی تجزیہ نگار ہیں، ماضی میں وہ بی بی سی اردو سروس اور خلیج ٹائمز دبئی سے بھی وابستہ رہ چکے ہیں۔)

[بشکریہ 'کشمیر عظمیٰ ڈاٹ نیٹ'، 9 جون 2024]

کیا مسلمانوں کے پاس انتخابی متبادل ہے؟

رام پنیانی

عام انتخابات کا موسم قریب ہے۔ کچھ لوگ، مسلمانوں سے اپیل کر رہے ہیں کہ وہ بی جے پی کے متعلق اپنی رائے پر دوبارہ غور کریں (’دی انڈین ایکسپریس‘ مورخہ یکم فروری 2024 میں طارق منصور کا مضمون ملاحظہ فرمائیں)۔ ان کا خیال ہے کہ مسلمانوں کے ساتھ کوئی ناانصافی نہیں ہو رہی ہے۔ ایسے دانشوروں کا یہ بھی کہنا ہے کہ بی جے پی پسماندہ اور صوفی روایات پر یقین رکھنے والے مسلمانوں پر خصوصی توجہ دے رہی ہے، مسلمانوں کی بڑی تعداد بی جے پی کی سماجی بہبود کی اسکیموں سے فائدہ اٹھا رہی ہے اور نل کنکشن، راشن، مکان اور گیس سلنڈر حاصل کر رہی ہے۔ ان کا دعویٰ ہے کہ 2014 کے بعد کوئی بڑا فساد نہیں ہوا ہے۔

اس قسم کی اپیلیں نصف حقیقت پر مبنی ہیں اور ان کے ذریعہ مسلمانوں کے بنیادی مسائل کو نظر انداز کیا جاتا ہے جن سے ہر مسلمان نبرد آزما ہے۔ طبقہ اشرافیہ بھلے ہی ان مسائل سے پریشان نہ ہو مگر اس طبقے کے لوگ عام مسلمانوں کے مسائل مثلاً عدم تحفظ، الگ تھلگ پڑ جانے اور مخصوص علاقوں میں محصور ہو جانے کی حقیقت پر خاموشی اختیار کر لیتے ہیں۔ 2014 کے بعد کوئی بڑا فرقہ وارانہ فساد نہ ہونے کا دعویٰ بالکل غلط ہے۔ 2020 میں دہلی کے ہولناک فساد کو کون بھول سکتا ہے جس میں 51 افراد نے جان گنوائی جن میں 37 مسلمان تھے۔ اس موقع پر بی جے پی لیڈران نے مسلمان مظاہرین کو گولی مارنے کی دھمکیاں دی تھیں۔

پچھلے کچھ مہینوں سے ہر دن کسی نہ کسی بہانہ سے مسلمانوں کی املاک پر بلڈوزر چلایا جا رہا ہے۔ بی جے پی حکومت والی ریاستیں، اس معاملہ میں ایک دوسرے پر بازی لے جانے کی کوشش میں لگی ہوئی ہیں۔ دہلی ہائی کورٹ کے سبکدوش چیف جسٹس اے پی شاہ نے اپنے ایک انٹرویو میں کہا تھا کہ مجرمانہ سرگرمیوں میں صرف مبینہ شرکت کو بنیاد بنا کر کسی کی املاک کو برباد نہیں کیا جا سکتا۔ مویشیوں پر سیاست کی وجہ سے سڑکوں پر آوارہ جانوروں

کی تعداد بڑھ گئی ہے جس کے باعث سڑک حادثات اور تیار فصلوں پر مویشیوں کے حملوں میں اِضافہ ہوا ہے۔ اسی کے ساتھ، کھلے عام ہجومی قتل کی وارداتیں بھی رونما ہوئی ہیں جس کا پہلا شکار محمد اخلاق کو بنایا گیا تھا۔ اب مسلمانوں کے ساتھ دلتوں کو بھی نشانہ بنایا جارہا ہے۔ دو مسلم نوجوانوں ناصر اور جنید کے بہیمانہ قتل کی خوفناک یادیں اب بھی تازہ ہیں۔ ہرش مندر جنھوں نے مقتولین کے اہل خانہ سے ملاقات کی تھی، لکھتے ہیں کہ میں نے قتل کے ملزم مونو مانیسر کا سوشل میڈیا کھنگالنے کی کوشش کی تو میرے ہوش اُڑ گئے۔ مونو اپنے ساتھیوں سمیت کھلے عام آتشیں اسلحہ لائیو اِسٹریم کرتا تھا، پولیس جیپ کی طرح سائرن بجاتا تھا اور گاڑیوں پر گولی چلاتا تھا۔ یہ گروہ مردوں کو پکڑ کر بے دردی سے مارتا تھا۔ نام نہاد گئو رکشکوں کے تشدد کے صحیح اعداد وشمار دستیاب نہیں ہیں مگر ان واقعات سے مسلمانوں میں خوف پیدا ہوا، بالخصوص میوات میں، ڈیری کاروبار سے وابستہ مسلمان مشکل دور سے گزرتے رہے۔

لوَ جہاد کے نام پر بھی ڈر اور خوف کا ماحول بنایا گیا اور جہاد کی نئی اقسام مثلاً یو پی ایس سی اور زمین جہاد کا پروپیگنڈہ کیا گیا۔ ان میں کورونا جہاد متحیر کن تھا جس کے تحت میڈیا نے تبلیغی جماعت کے اجتماع کو کورونا پھیلانے کا ذمہ دار ٹھہرایا۔ اس کا نتیجہ یہ ہوا کہ ہاؤسنگ سوسائٹیوں میں مسلم سبزی فروشوں کے داخلے پر پابندی لگادی گئی۔

اسلاموفوبیا میں روز افزوں اضافہ ہو رہا ہے۔ ایسے گھٹن زدہ ماحول میں ملک کے مسلمان شہری الگ تھلگ ہوتے جارہے ہیں۔ ملک کے کئی شہروں میں ایسے علاقے بھی ہیں جہاں انھیں فلیٹ نہیں دیا جاتا۔ اچھی سہولیات نہ ملنے سے مسلمانوں کی تعلیمی اور معاشی حالت دگرگوں ہے۔ اعداد وشمار بتاتے ہیں کہ 2019 میں معاشی بدحالی کا شکار مسلمانوں کی تعداد 45 فیصد ہوگئی جو 2018 میں 25 فیصد تھی۔ مولانا آزاد اسکالرشپ کو ختم کردیا گیا جس سے مسلم طلبہ فائدہ اٹھا رہے تھے اور اعلیٰ تعلیم حاصل کر رہے تھے۔

قومی شہری رجسٹر، نیشنل رجسٹر آف سٹیزنس اور شہریت ترمیمی قانون کے ذریعہ مسلمانوں کو حق رائے دہی سے محروم کرنے کا خطرہ اب بھی برقرار ہے۔ آسام سے ملے اعداد وشمار بتاتے ہیں کہ جن 19 لاکھ لوگوں کے پاس صحیح کاغذات نہیں تھے، ان کی اکثریت ہندوؤں پر مشتمل تھی۔ ہندوؤں کے لیے سی اے اے کی حفاظتی شق موجود ہے جبکہ مسلمانوں کے لیے حراستی مراکز تیار کیے جارہے ہیں۔

بی جے پی کا پسماندہ مسلمانوں سے ہمدردی ظاہر کرنا محض دکھاوا ہے۔ اکثریتی سیاست سے متاثر اور تشدد کا شکار بیشتر افراد پسماندہ مسلمان ہی ہیں۔ طبقہ اشرافیہ کو پسماندہ مسلمانوں کے ساتھ بہتر سلوک کو یقینی بنانے کی ضرورت ہے لیکن مجموعی طور پر مسلم سماج کے دونوں طبقات کے لیے سب سے بڑا مسئلہ عدم تحفظ ہے۔ مسلمانوں میں تبدیلی کی توقع غلط نہیں مگر جب سماج اپنے وجود اور اپنے اراکین کی شہریت کے لیے خطرہ محسوس کرے تو ترجیحات کی فہرست میں تبدیلی واصلاح کی ضرورت نظر انداز کردی جاتی ہے۔

بی جے پی کی ریاستی حکومتیں اب ایسی چیزوں کی منصوبہ بندی کر رہی ہیں جو مسلمانوں کے خلاف صریحاً امتیازی سلوک پر مبنی ہیں۔ رام مندر کے افتتاح کے ساتھ، آر ایس ایس اور بی جے پی کے اکثریت نواز رجحان کو

مزید مضبوطی ملی ہے۔ سرکاری ملازمتوں میں مسلمان پہلے ہی کم تھے، اب سیاسی نمائندگی بھی کم ہو رہی ہے۔ حکمراں جماعت کا ایک بھی مسلم ایم پی نہیں ہے۔ ماضی کی حکومتیں بھی مسلمانوں کے دکھوں کا مداوا نہ کر سکیں۔ آر ایس ایس اور بی جے پی، مسلمان مرکوز پالیسیوں کی مخالفت کرنے میں ہمیشہ پیش پیش رہے ہیں۔ سچر کمیٹی رپورٹ گواہ ہے کہ کس طرح مسلمانوں کی فلاح کی راہ میں رکاوٹیں کھڑی کی جاتی ہیں۔ سچر رپورٹ کے بعد سابق وزیر اعظم منموہن سنگھ نے کہا تھا کہ قومی وسائل پر محروم اور پسماندہ طبقات کا پہلا حق ہے۔ اس بیان کو مسخ کر کے یہ تاثر دیا گیا جیسے منموہن سنگھ نے پہلا حق مسلمانوں کا بتایا ہو۔ نتیجتاً حکومت نے مسلمانوں کی فلاح کے اقدامات سے ہاتھ کھینچ لیا۔ بی جے پی حکومت کا دعویٰ ہے کہ وہ سماج کے ہر طبقہ میں مفت راشن بانٹ رہی ہے لیکن ایسی اسکیموں اور ریوڑیوں کا تصور حقوق پر مبنی جمہوری نقطہ نظر کے خلاف ہے۔ بی جے پی کا مسلم سماج کو لبھانا اور لالچ دینا اس کی کھوکھلی حکمت عملی کا مظہر ہے۔ درحقیقت، انتخابات کے موقع پر تمام برادریوں کو اپنی پسند و ناپسند پر نظر ثانی کی ضرورت ہے۔

[بشکریہ روزنامہ 'انقلاب'، 19 فروری 2024)

پارلیمنٹ میں مسلم نمائندگی یا با اثر مسلم نمائندگی؟

محمد نوشاد خان

ترجمہ: نایاب حسن

ہر الیکشن سے پہلے اور بعد، پارلیمنٹ میں مسلم نمائندگی کا ایشو نہایت زور وشور سے اٹھایا جاتا ہے اور اس پر بڑے سنجیدہ مباحثے ہوتے ہیں۔ 2019 کے لوک سبھا الیکشن کے بعد بھی یقیناً ہمیں ایسے 'صحافیوں' اور 'تجزیہ کاروں' کو جھیلنا پڑے گا، جو سترہویں لوک سبھا میں منتخب ہونے والے مسلم نمائندگان کی تعداد پر اپنا 'گمبھیر' تبصرہ کررہے ہوں گے، مگر افسوس کی بات ہے کہ ہم نے کبھی اس پر بات نہیں کی کہ ایک الیکشن سے دوسرے الیکشن کے دوران منتخب شدہ مسلم نمائندگان کی کارکردگی اور ان کے اثرات کیا رہے ہیں؟

یہ سچائی ہے کہ اب مسلم سماج میں سیاسی بلوغ کے آثار نظر آنے لگے ہیں، پھر بھی ہم ابھی اس مقام سے بہت دور ہیں کہ سیاسی، سماجی ومعاشی شعبوں میں کچھ الگ کرنے کے لیے مطلوبہ سیاسی اثرات مرتب سکیں۔ اب تک سیاست میں مسلمانوں کی نمائندگی جتنی مؤثر ہونی چاہیے، نہیں رہی ہے۔ ایک اندازے کے مطابق لوک سبھا کی کم ازکم دوسوایسی سیٹیں ہیں، جہاں مسلمان اہم رول ادا کرسکتے ہیں، مگر آزادی کے بعد سے اب تک پارلیمنٹ میں مسلمانوں کی نمائندگی ان حلقوں میں ان کی آبادی کے اعتبار سے نہایت کم رہی ہے۔

کم ازکم 74 پارلیمانی حلقوں میں مسلمانوں کی آبادی 20 سے 95 فیصد تک ہے، 145 حلقوں میں مسلم ووٹ کی شرح 10 سے 20 فیصد ہے۔ پس 2019 کے الیکشن میں مسلمان اگر چاہیں تو کسی نہ کسی طرح اثر انداز ہوسکتے ہیں۔ مگر اتنے اچھے اور قابل فخر اعداد وشمار کے باوجود صورت حال یہ ہے کہ آزادی کے بعد سے اب تک پارلیمانی انتخابات میں جیت حاصل کرنے والے مسلمانوں کی تعداد عموماً 30 اور 35 کے درمیان ہی رہی ہے، صرف ساتویں لوک سبھا الیکشن (1980) کا استثنا کیا جاسکتا ہے، جس میں مسلم نمائندگان کی تعداد 49 تھی اور

یہ بھی مسلمانوں کی اس ملک میں مجموعی آبادی کا محض 10 فیصد تھی۔ 1952 میں پہلے لوک سبھا الیکشن کے بعد مسلم نمائندگان کی تعداد محض گیارہ تھی، جو آبادی کا محض دو فیصد تھی، 2009 میں مسلم نمائندگان کی تعداد 30 تھی (مجموعی نمائندگی چھ فیصد) جبکہ 2014 کے الیکشن میں سولہویں لوک سبھا کے لیے منتخب شدہ مسلمانوں کی تعداد سب سے کم محض 22 تھی۔

علی گڑھ مسلم یونیورسٹی میں شعبہ تاریخ کے استاد پروفیسر محمد سجاد کہتے ہیں کہ جب ہم پارلیمنٹ میں مسلم نمائندگی کی بات کرتے ہیں، تو صرف مسلم نمائندگان کی تعداد کو کیوں دیکھتے ہیں، ہم ان کی کارکردگی اور اثرات پر گفتگو کیوں نہیں کرتے، کیا ان کی تعداد ان کے کردار سے زیادہ اہم ہے؟ آخر پارلیمنٹ میں مسلم نمائندوں کی تعداد بڑھانے سے فائدہ ہی کیا ہے، جب عملی سطح پر اس کا کوئی اثر ہی نظر نہ آئے؟ جو لوگ صرف نمبر بڑھانے پر فوکس کرتے ہیں، انھیں ڈاکٹر امبیڈکر کو دیکھنا چاہیے کہ تھے تو وہ تن تنہا، مگر ان کے کارنامے اور اثرات نہایت دور رس رہے۔ لہٰذا محض مسلم نمائندوں کو شمار کرتے رہنے کے رویے سے آگے بڑھ کر اس پہلو پر بحث ہونا چاہیے اور تحقیق کی جانی چاہیے کہ لوک سبھا، راجیہ سبھا، ریاستی اسمبلیوں اور مختلف وزارتوں کے ذریعے تشکیل کردہ کمیٹیوں میں موجود مسلم نمائندگان کا کیا اور کتنا دخل ہے یا ان کا کتنا اثر ہے؟

2011 کے اعداد و شمار کے مطابق مسلمان اس ملک کی مکمل آبادی کا 15 فیصد ہیں، مگر اس قدر معنی خیز عددی قوت ہونے کے باوجود آخر مسلمان سیاسی سطح پر بے اثر کیوں ہیں، اس پر غور کرنا ضروری ہے۔ جب تک یہ تعداد اور قوت بکھری رہے گی اور مقامی سطح تک محدود رہے گی، مسلمان فیصلہ کن کردار ادا کرنے سے دور ہی رہیں گے اور اس کی وجہ سے زندگی کے تمام تر شعبوں میں تبدیلی اور ترقی سے محروم ہی رہیں گے۔ مسلمانوں کی مجموعی سیاسی قوت آج تک مسلمانوں میں اپنی پکڑ رکھنے والی ایسی مختلف سیاسی جماعتوں میں بکھری رہی ہے، جو اپنے اپنے مخصوص ایجنڈے پر کام کرتی ہیں۔ لندن کے کنگس انڈیا انسٹی ٹیوٹ میں پروفیسر کرسٹوف جیفری لوٹ اپنے ایک مضمون *Majoritarian State: How Hindu Nationalism is Changing India* میں لکھتے ہیں: ''1980 سے 2014 کے دوران پارلیمنٹ میں مسلمانوں کی نمائندگی گھٹ کر آدھی سے بھی کم رہ گئی ہے۔ یہ تبدیلی اس لیے زیادہ معنی خیز ہے کہ اسی عرصے میں ہندستان کی مسلم آبادی میں اضافہ ہوا ہے۔ مسلمانوں کی آبادی (جو 11.1 فیصد سے بڑھ کر 14.2 فیصد ہوگئی ہے) اور لوک سبھا میں ان کے نمائندگان کی تعداد (جو 9 فیصد سے 3 فیصد تک پہنچ گئی ہے) کے درمیان فاصلہ پانچ گنا بڑھ گیا ہے یعنی دو فیصد سے نو فیصد ہوگیا ہے۔''

ایک دوسرا سب سے اہم پہلو جس کی طرف تمام مسلمانوں اور خصوصاً مسلم لیڈران کو توجہ دینے کی ضرورت ہے، وہ مسلمانوں کے ووٹ کی شرح ہے، ٹوٹل مسلم آبادی کا بہ مشکل نصف حصہ ووٹ دینے جاتا ہے، زیادہ تر تعلیم یافتہ اور اشرافیہ مسلم طبقہ ووٹ دیتا ہی نہیں ہے۔ 1999 میں آل انڈیا ووٹ فیصد 60 کے بالمقابل مسلمانوں کا ووٹ فیصد 61 فیصد تھا، مگر 2004 میں جہاں قومی سطح پر ووٹ فیصد 58 رہا، وہیں مسلمانوں کا ووٹ

فیصد محض 46 فیصد رہا، البتہ گزشتہ لوک سبھا الیکشن میں نیشنل ووٹ فیصد 58 فیصد جبکہ مسلمانوں کا ووٹ فیصد 55 فیصد تھا۔

قابل ذکر ہے کہ لوک سبھا کے بالمقابل راجیہ سبھا میں مسلم نمائندگی قدرے بہتر رہی ہے، سینٹر فار دی سٹڈی آف ڈیولپنگ سوسائٹیز کے ایسوسی ایٹ فیلو ڈاکٹر ہلال احمد، جنھوں نے راجیہ سبھا فیلو کے طور پر 'راجیہ سبھا میں مسلم نمائندگی: اشکال واحوال' کے موضوع پر ایک ریسرچ پروجیکٹ پر کام کیا تھا، وہ بتاتے ہیں کہ ''راجیہ سبھا میں مسلم نمائندگی کے موضوع پر منظم تحقیق سے پتا چلتا ہے کہ سیاسی پارٹیاں راجیہ سبھا میں مسلم نمائندوں کو دیگر وجوہات کے ساتھ اس وجہ سے بھی نامزد کرتی ہیں کہ اس طرح وہ اپنے تکثیری وتنوعاتی کردار کو واضح کرنا چاہتی ہیں۔ حالاں کہ اس نظریے پر عمل درآمد بھی مختلف عوامل واسباب کو سامنے رکھ کر کیا جاتا ہے، جن میں خاص طور پر ان پارٹیوں کی نظریاتی وابستگی کا خاصا عمل دخل ہوتا ہے۔ راجیہ سبھا میں مسلمانوں کی بامعنی نمائندگی اہم کردار ادا کرتی ہے، اس سے ایوان بالا میں مختلف سماجی گروپوں کی نمائندگی کی ایک علامت ابھر کر سامنے آتی ہے، اس سے ایوان میں قانونی ودستوری مباحث زیادہ جامع ہوجاتے ہیں اور اس سے مختلف قومی مسائل ومعاملات پر نئے افکار وخیالات تک پہنچنے میں بھی مدد ملتی ہے۔ سیاسی نمائندگی کی اس صورت نے میرے خیال میں مابعد استعمار کے ہندستانی سیاسی تجربات کو ترقی پذیری عطا کی ہے۔'' ہلال احمد کی رائے ہے کہ ''یہ اس لیے ضروری ہے کہ ہم اپنے پارلیمانی تعاملات اور سیاسی روایات پر خاص توجہ دیں؛ تاکہ ہم حاشیائی سماجی گروپس اور اقلیتوں کو ان میں شامل کرکے ایک بڑا سیاسی مقصد حاصل کرسکیں۔''

مئی 2017 میں مسلمانوں کی سیاسی نمائندگی پر ایک مجمع سے خطاب کرتے ہوئے ہلال احمد نے کہا تھا کہ ''نمائندگی کا مطلب آزادی کے بعد سے لے کر اب تک وقتاً فوقتاً بدلتا رہا ہے اور ہمیں اس 'نمائندگی' کا جائزہ اس کی ہمہ گیر شکلوں کو سامنے رکھ کر لینا چاہیے مثلاً چھوٹے چھوٹے مقامی الیکشن سے لے کر ریاستی، لوک سبھا اور راجیہ سبھا تمام کے لیے ہونے والے الیکشن اور ان میں سامنے آنے والی مسلم نمائندگی کا جائزہ لینا چاہیے، اس طرح ہم حقیقی نمائندگی اور ایک عرصے سے دوسرے عرصے کے درمیان بدلنے والے پیراڈائم کو سمجھ سکیں گے۔ یہ کہنا حقیقت ہے کہ مسلمانوں کی سیاسی نمائندگی ان کی آبادی کے اعتبار سے کم ہے، مگر جو چیز زیادہ معنی خیز ہے، وہ یہ کہ اگر ہم صرف نمبر کے اعتبار سے مسلم نمائندگی کو اہمیت دے رہے ہیں اور صدر و نائب صدر کے عہدے کو ہی مسلم نمائندگی سمجھ رہے ہیں، تو ہمیں معلوم ہونا چاہیے کہ ان کی تعداد مسلمانوں کی مجموعی تعداد سے زیادہ ہی رہی ہے۔ مسلم نمائندگی کا سوال موقع بہ موقع بدلتا رہا ہے، اگر ہم مجموعی طور پر اس کا جائزہ لیں، تو ہمیں معلوم ہوتا ہے کہ اب تک کے 1500 راجیہ سبھا ممبران میں سے 10 فیصد مسلمان رہے ہیں، جبکہ لوک سبھا میں مسلمانوں کی نمائندگی 5 فیصد رہی ہے۔''

ذیل میں ان 74 سیٹوں کی لسٹ دی جارہی ہے، جہاں مسلم آبادی 20 سے 95 فیصد کے درمیان ہے:

No. State Constituency%age of Muslims

1.UP Rampur 50%

2.UP Moradabad 41%

3.UP Saharanpur 39%

4.UP Bijnor 39%

5.UP Amroha 38%

6.UP Meerut 31%

7.UP Kairana 30%

8.UP Bareilly 29%

9.UP Muzaffarnagar 28%

10.UP Sambhal 28%

11.UP Domairiganj 27%

12.UP Bahraich 23%

13.UP Kaiserganj 23%

14.UP Lucknow 23%

15.UP Shahjahanpur 21%

16.UP Barabanki 21%

17.Bihar Kishangunj 67%

18.Bihar Katihar 38%

19.Bihar Purnea 30%

20.Bihar Araria 29%

21.Bihar Madhubani 24%

22.Bihar Darbhanga 22%

23.Bihar Sitamarhi 21%

24.Bihar West Champaran 21%

25.Bihar East Champaran 20%

26.Jharkhand Godda 25%

27.Jharkhand Rajmahal 25%

28.Jharkhand Jamshedpur 20%

29.West Bengal Jangipur 60%

30.West Bengal Murshidabad 59%

31.WEst Bengal Raiganj 56%

32.West Bengal Berhampur 44%

33.West Bengal Bashirhat 44%

34.West Bengal Malda Uttar 41%

35.West Bengal MaldaDakshin 41%

36.West Bengal Krishnanagar 33%

37.West Bengal Diamond Harbor 33%

38.West Bengal Joynagar 30%

39.West Bengal Birbhum 36%

40.West Bengal Bolpur 25%

41.West Bengal Cooch Behar 23%

42.West Bengal Uluberia 22%

43.West Bengal Mathurapur 21%

44.West Bengal Jadvpur 20%

45.West Bengal Burdwan 20%

46.Assam Dhubri 56%

47.Assam Karimganj 45%

48.Assam Barpeta 39%

49.Assam Naogaon 33%

50.Assam Silchar 30%

51.Assam Kaliabor 30%

52.Assam Guahati 25%

53.Assam Mangaldoi 24%

54.Maharashtra Bhivandi 40%

55.Maharashtra Dhule 30%

56.Maharashtra Mumbai N.W 20%

57.Maharashtra Mumbai S 20%

58.Maharashtra Aurangabad 20%

59.Andhra Pradesh Hyderabad 32%

60.Karnataka Gulbarga 20%

61.Kerala Ponani 66%

62.Kerala Malappuram 56%

63.Madhya Pradesh Betul 30%

64.Madhya Pradesh Mandsaur 30%

65.Haryana Gurgaon 38%

66.Haryana Faridabad 30%

67.Delhi N.E Delhi 21%

68.J&K Baramulla 97%

69.J&K Anantnag 95%

70.J&K Srinagar 90%

71.J&K Laddakh 46%

72.J&K Udampur 31%

73.J&K Jammu 28%

74.Lakshdweep Lakshdweep 95%

آزادی کے بعد سے اب تک کے لوک سبھا انتخابات میں کامیاب ہونے والے مسلم نمائندگان کی تعداد اور کامیابی کی شرح فیصد:

LS	Polls Year	Muslim Winners	Muslims%tage
1	1952	11	2
2	1957	19	4
3	1962	20	4
4	1967	25	5
5	1971	28	6
6	1977	34	7
7	1980	49	10
8	1984	42	8
9	1989	27	6
10	1991	25	5
11	1996	29	6
12	1998	28	6
13	1999	31	6
14	2004	34	7
15	2009	30	6
16	2014	23	4

افطار پارٹیوں کی سیاست

افتخار گیلانی

ہندوستان کی موجودہ حکمران ہندو قوم پرست بھارتیہ جنتا پارٹی نے 1998 میں پارلیمانی انتخابات کے دوران اشوکا روڈ میں اپنے ہیڈ کوارٹر میں پہلی اور آخری افطار پارٹی دی تھی۔ اٹل بہاری واجپائی ابھی اپوزیشن لیڈر ہی تھے۔ مجھے یاد ہے کہ جب میں اس تقریب میں پہنچا تو دیکھا کہ پارٹی آفس کے وسیع وعریض لان میں شامیانہ لگا ہوا تھا، جس کے دروازے پر خود واجپائی اور چند دیگر لیڈران ٹوپی پہنے مہمانوں کا استقبال کر رہے تھے۔ ابھی افطار میں آدھا گھنٹہ باقی تھا، مگر شامیانہ کے اندر چائے سموسہ اور کھجوروں کا دور چل رہا تھا۔ لوگ آرام سے کھا پی رہے تھے، افطار کے وقت کا کسی کو احساس نہیں تھا۔

سید شاہنواز حسین، جو بعد میں مرکزی وزیر کے عہدے پر فائز ہوئے، ان دنوں بی جے پی کی یوتھ وِنگ کے لیڈر تھے۔ بستی نظام الدین اور دیگر علاقوں سے چنندہ مسلمانوں کو افطار پارٹی میں لانے کی ذمہ داری ان کو دی گئی تھی۔ وہ کیٹرنگ والے سے الجھ رہے تھے کہ افطار سے قبل ہی اس نے ناشتے کی قابیں کیوں سجائی ہوئی تھیں۔ خیر جب افطار کا وقت ہوا، تو خالی قابیں روزہ داروں کا منہ چڑھا رہی تھیں۔ کسی طرح پانی وغیرہ پی کر روزہ تو کھولا۔ اب مغرب کی نماز ادا کرنے کا کوئی نظم نہیں تھا۔ جن مسلمانوں کو تقریب میں لایا گیا تھا، وہ شاہنواز پر برس رہے تھے۔ کسی طرح اس نے دفتر کے پچھواڑے میں نماز کے لیے لان کو صاف کروایا۔

اب جس وقت روزہ دار نماز ادا کر رہے تھے، کیٹرنگ والے نے ڈنر پیکٹ بانٹنے شروع کر دیے۔ بجائے قابوں میں کھانا پروسنے کے، پارٹی نے ڈنر پیکٹوں کا انتظام کیا ہوا تھا۔ جب تک نماز ختم ہو جاتی اور روزہ دار شامیانہ میں واپس آجاتے، معلوم ہوا کہ سبھی ڈنر پیکٹ ختم ہو چکے تھے۔ بھوکے پیاسے روزہ دار شاہنواز اور بی جے پی کو صلواتیں سناتے ہوئے گھروں کو روانہ ہوئے۔

کورونا وائرس اور لاک ڈاؤن کی وجہ سے اس سال ماہ مبارک رمضان کے معمولات تو دنیا بھر میں متاثر تو ہوئے ہی ہیں، مگر ہندوستانی دارالحکومت دہلی میں 2014 میں وزیر اعظم نریندر مودی کے برسراقتدار آنے کے بعد سے ہی اس ماہ کی رونقیں چھن گئی تھیں۔ مودی کی دہلی آمد کے فوراً بعد ہی دارالحکومت میں افطار پارٹیوں کا سلسلہ بند ہوگیا۔ چونکہ انھوں نے اپنے وزرا کو بھی پارٹیوں میں شامل ہونے سے منع کر دیا تھا، اس لیے دیگر سماجی تنظیموں نے بھی آہستہ آہستہ افطار پارٹیوں کے انعقاد سے ہاتھ کھینچ لیے۔

افطار پارٹیوں کو قصہ پارینہ بنایا گیا۔ گو کہ بی جے پی نے اپنے دفتر میں 1998 میں ہی واحد افطار پارٹی کا انعقاد کیا تھا، مگر وزیر اعظم بننے کے بعد واجپائی اپنی رہائش گاہ پر ہر سال اس کا نظم کرتے تھے۔ 2014 سے قبل ماہ مبارک کی آمد کے ساتھ ہی سیاسی و سماجی اداروں کی طرف سے افطار پارٹیوں کا ایک لامتناہی سلسلہ شروع ہوتا تھا۔

خبروں کے متلاشی صحافیوں، طبقہ اشرافیہ، سیاسی و مذہبی لیڈروں نیز سفارت کاروں کے لیے افطار پارٹیاں سیاسی و سفارتی شخصیات کے ساتھ غیر رسمی روابط اور سیاسی حالات کی نبض پرکھنے کا ذریعہ بھی بنتے تھے۔ اس مقدس ماہ میں سیاسی و سفارتی سرگرمیاں اس قدر عروج پر ہوتی تھیں کہ میڈیا اداروں میں افطار پارٹیاں کور کرنے کے لیے باضابطہ رپورٹروں کی بیٹ لگتی تھی۔ صاحب اختیار و استطاعت افراد اس ماہ کا بھرپور فائدہ اٹھا کر کچھ مسلمانوں کے ساتھ اظہار یک جہتی کے بطور، مگر زیادہ تر اپنے آپ کو سیکولر جتانے اور اس کی نمائش کے لیے افطار پارٹیوں کا اہتمام کرا کے اپنا ووٹ بینک پکا کروانے کا بھی سامان کرتے تھے۔

افطار پارٹیوں کو سیاسی مقاصد کے حصول کا ذریعہ بنانے پر بحث کی گنجائش تو ہے، مگر ہندوستان جیسے تکثیری معاشرہ میں یہ دیگر مذاہب یا طبقوں تک پہنچنے کا ایک آؤٹ ریچ کا ایک ذریعہ بھی تھا۔ ایک منظم اور پروقار ماحول میں روزہ کھولنا اور نماز مغرب کی صف بندی اور خاص و عام کا کندھے سے کندھا ملانا کہیں نہ کہیں ایک پیغام کا کام ضرور کرتا تھا۔

کشمیر میں بھی چونکہ افطار پارٹیوں کا کوئی رواج نہیں تھا، اس لیے دہلی آمد کے بعد یہ میرے لیے بھی ایک نیا تجربہ تھا۔ کشمیر میں تو افطار سے قبل ایک طرح سے کرفیو سا لگتا تھا۔ مارکیٹ سنسان ہو جاتے تھے۔ لوگ عام طور پر اپنے گھروں یا مقامی مساجد میں ہی روزہ کھولنے کو ترجیح دیتے تھے۔ افطار کا بھی الگ سے کوئی اہتمام نہیں ہوتا تھا۔ جلد ہی نماز ادا کرنے کے بعد لوگ ڈنر کرتے تھے۔ اس ماہ کے دوران تقریباً سبھی سرگرمیاں اور روابط ماند پڑ جاتے تھے۔ اپنے دور طالب علمی میں ہی 90 کے اوائل میں مجھے پہلی بار سابق وزیر اور کیرالہ صوبہ کے موجودہ گورنر عارف محمد خان کی رہائش گاہ پر افطار پارٹی میں شرکت کا موقع ملا۔

ان کی ایک قریبی رشتہ دار میرے ڈپارٹمنٹ میں سینئر تھیں۔ انھوں نے ہی دعوت نامہ دے کر آنے کی تاکید کی تھی۔ افطار پارٹی کیا تھی، بس ایک عالیشان شادی کا سا سماں تھا۔ جن سیاسی و سماجی چہروں کو ٹی وی یا

اخباروں میں دیکھتے آرہے تھے وہ گوشت و پوست کے ساتھ الگ الگ میزوں پر براجمان تھے۔ وزیر اعظم سمیت سبھی مرکزی وزرا، بالی ووڈ کے نامور اداکار وغیرہ موجود تھے۔ اس پارٹی میں میری پہلی بار مرحوم مفتی محمد سعید سے ملاقات ہوئی۔ گو کہ سوپور میں کئی بار پبلک جلسوں ان کی تقاریر سننے کا موقع ملتا تھا، مگر بالمشافہ کبھی ملاقات نہیں ہوئی تھی۔

کشمیری ہونے کی حیثیت سے بھی میں ان کو گہرے شک و شبہ کی نگاہ سے دیکھتا تھا۔ میں ان کو ہندوستانی ایجنسیوں کا پروردہ، جس کو کشمیری خواہشات کو کچلنے کے لیے استعمال کیا جاتا رہا ہو، سمجھتا آرہا تھا، جس نے 1977 میں شیخ محمد عبداللہ کی حکومت کو گرایا اور بعد میں 1984 میں دہلی کی ایما پر فارق عبداللہ کو معزول کروایا اور جو کشمیر میں سیاسی بے چینی کا سبب بھی رہا۔ میری میزبان نے میرا ان سے تعارف کرایا تو انھوں نے میرے کندھے پر ہاتھ رکھ کر شکایت کی کہ کشمیری مسلم نوجوان یا تو صحافت میں آتے ہی نہیں، یا کریئر کے لیے دہلی کا رخ نہیں کرتے۔ انھوں نے مجھے یاد دلایا کہ مجھ سے قبل 'یو این آئی' کے شیخ منظور احمد اور سنڈے آبزرور کے ایڈیٹر محمد سعید ملک ہی بس دو ایسے کشمیری مسلمان ہیں جنھوں نے دہلی میں صحافت میں کریئر بنایا۔

انھوں نے کسی کو شیخ منظور، جو ان دنوں 'یو این آئی' نیوز ایجنسی میں سینئر پوزیشن میں کام کرتے تھے، کو ڈھونڈنے کے لیے کہا۔ منظور صاحب پر نظر پڑتے ہی انھوں نے مجھے ان سے متعارف کروا کر ان کو صلاح دی کہ وہ میرا خیال رکھیں۔ مجھے بھی مشورہ دیا کہ کشمیر واپس جانے کے بجائے دہلی ہی میں جرنلزم میں جگہ بناؤں اور منظور صاحب اور ملک صاحب سے مشورہ لیتا رہوں۔

گو کہ مودی نے آتے ہی وزیر اعظم ہاؤس میں افطار کا سلسلہ تو بند کروا دیا، مگر صدر پرنب مکھرجی نے صدارتی محل میں اس کو موقوف نہیں کیا تھا۔ 2017 تک اپنی مدت صدارت ختم ہونے تک انھوں نے اس سلسلہ کو جاری رکھا۔ تمام ممالک کے سفیر، اپوزیشن لیڈران و دیگر افراد اس میں شرکت تو کرتے تھے، مگر پروٹوکول کو بالائے طاق رکھتے ہوئے مودی نے کبھی بھی اس میں شرکت نہیں کی۔ مگر ایک یا دو وزیر حکومت کی نمائندگی کرنے پہنچ جاتے تھے، جو صدر کی ہال میں آمد پر ان کا استقبال کر کے فوراً ہی رخصت ہو جاتے تھے کہ کہیں دیگر مہمانوں سے ملنے جلنے کے دوران ان کی فوٹو نہ کھنچے۔

صدارتی محل یا راشٹرپتی بھون میں جب ایک بار افطار پارٹی کے بعد مغرب کی اذان تو ہوئی، مگر نماز کے لیے امام کا کہیں اتا پتہ نہیں تھا۔ وسیع و عریض صدارتی اسٹیٹ کے احاطہ میں ایک مسجد موجود ہے۔ اسی مسجد کے یا پارلیامنٹ کے بغل میں جامع مسجد نئی دہلی کے امام صاحبان اس موقع پر امامت کرتے تھے۔ مگر دونوں اس دن غائب تھے۔ تمام مسلم ممالک کے سفرا، اراکین پارلیمان و دیگر زعما صفوں میں کھڑے امام کو تلاش کر رہے تھے کہ پاکستانی سفیر عبدالباسط نے آگے بڑھ کر امامت کا منصب سنبھال کر نماز ادا کروائی۔

اس دن معلوم ہوا کہ باسط صاحب ایک خوش الحان قاری بھی ہیں۔ ایک روح پرور منظر تھا کہ تمام دنیا

کے مسلم سفرا اور ہندوستانی مسلم زعما ایک پاکستانی سفیر کی اقتدا میں نماز ادا کر رہے تھے۔

اسی طرح ایک بار صدارتی محل ہی میں وزیر اعظم من موہن سنگھ کی دوسری مدت حکومت میں مرکزی وزیر فاروق عبداللہ نے میرا ہاتھ پکڑ کر کہا کہ یہاں اس تقریب میں ہم دو کے بغیر کوئی اور روزہ دار نہیں لگ رہا ہے، افطار کا وقت ہو رہا ہے، اس لیے ہم ڈنر ہال کے گیٹ کے پاس بیٹھ کر فوراً ہی اندر چلے جاتے ہیں۔ صدر ریسپشن ہال میں آکر سبھی مہمانوں سے ایک ایک کر کے مل رہے تھے، فاروق صاحب سمجھا رہے تھے کہ ہم افطار کرنے آئے ہیں، دیگر افراد کی طرح صدر سے ملنے نہیں آئے ہیں۔ شاید راشٹرپتی بھون کے بیرے بھی ہمیں دیکھ کر تاسف کر رہے تھے۔ ان میں سے ایک نے آکر ہمیں تسلی دی کہ افطاری میں خاصے لوازمات وافر مقدار میں ہیں۔

وہ یہ کہنے کی کوشش کر رہا تھا کہ ندیدوں کی طرح دروازے پر پہرہ دینے کی ضرورت نہیں ہے، افطار کے وقت ناشتہ وغیرہ مل ہی جائے گا۔ میں نے فاروق صاحب سے پوچھا کہ ان کی رنگیلی طبعیت اور امیج کے برعکس وہ آجکل مومن کیسے ہو گئے ہیں؟ ان کا کہنا تھا کہ ماہ رمضان میں وہ سبھی دنیاوی کام چھوڑ کر روزوں کی سختی سے پابندی کرتے ہیں اور ختم قرآن شریف بھی کرتے ہیں۔ ان کا کہنا تھا کہ یہ ان کی ماں کا اعجاز ہے کہ وہ ان کو اور دیگر بھائیوں اور بہنوں کو روزہ اور تلاوت قرآن کی تاکید کرتی تھی۔ اپنے باپ شیخ محمد عبداللہ کا ذکر کرتے ہوئے وہ بتا رہے تھے کہ وہ بہت ہی سخت گیر قسم کے والد تھے اور اکثر ان کو چھڑی سے پیٹتے تھے، پر والدہ ہی ان کو چھڑاتی تھیں۔ بیگم اکبر جہاں، ایک نو مسلم انگریز جان نیڈو اور ایک کشمیری گوجر لڑکی کی اولاد تھیں مگر سخت مذہبی اور صوم و صلوات کی پابند خاتون تھیں۔ فاروق صاحب نے کہا کہ اپنی والدہ کی یاد میں وہ رمضان میں روزہ و نماز کا سختی کے ساتھ اہتمام کرتے ہیں۔

بتایا جاتا ہے کہ 70 کی دہائی کے اواخر میں سوشلسٹ لیڈر ہیم وتی نندن بہوگنا نے مسلمانوں میں سیاسی آوٹ ریچ کے لیے افطار پارٹیوں کے سلسلہ کو شروع کر دیا تھا، جس کو بعد میں اندرا گاندھی اور دیگر سیاسی پارٹیوں نے ہاتھوں ہاتھ لیا۔ سابق وزرائے اعظم اٹل بہاری واجپائی اور من موہن سنگھ، جن کی حکومت حلیف پارٹیوں کی بیساکھیوں پر ٹکی ہوئی تھی، کے دور میں یہ افطار پارٹیاں پس پردہ سیاسی سرگرمیوں اور ناراض حلیفوں کو منانے کے کام بھی آتی تھیں۔ وزیر اعظم مودی اور ان کے دست راست امیت شاہ نے جس طرح انتہائی کامیابی کے ساتھ مسلمانوں کو ایک طرح سے سیاسی اچھوت بنا کر رکھ دیا ہے، افطار پارٹیوں کا خاتمہ اس کی ایک واضح مثال ہے۔

ہندوستان کے سب سے بڑے صوبہ اتر پردیش میں سماج وادی پارٹی کا وجود ہی مسلمانوں کی حمایت پر منحصر ہے۔ 1992 میں بابری مسجد کی شہادت کے بعد اس صوبہ میں مسلمانوں نے کانگریس سے کنارہ کشی کر کے اس پارٹی کا دامن تھام لیا۔ ان کی حمایت سے پارٹی کے سربراہ ملائم سنگھ یادو تین بار صوبہ کے وزیر اعلیٰ اور ایک بار مرکزی وزیر بنے۔ ان کے صاحبزادے اور پارٹی کے موجودہ صدر اکھلیش سنگھ یادو بھی پانچ سال تک وزیر اعلیٰ کی مسند پر فائز رہے۔ ملائم سنگھ کو طنزاً ہندو انتہا پسند مولانا ملائم سنگھ اور مسلمان رفیق ملت کے نام سے یاد کرتے

ہیں۔اس پارٹی کا حال یہ ہے کہ پچھلے سال ماہ رمضان سے دو ماہ قبل پارٹی سربراہ نے ضلعی صدور کو پیغام بھیجا کہ اس سال تزک واحتشام کے ساتھ افطار پارٹیوں کا اہتمام نہ کیا جائے۔

اگر ذاتی طور پر کوئی مقامی لیڈر افطار کا اہتمام کرتا ہے تو وہاں ملائم سنگھ یا اکھلیش سنگھ کی تصویر یا پارٹی کا بینر آویزاں نہیں ہونا چاہیے۔مزید ہدایت تھی کہ اگر کسی کی افطار پارٹی میں جانا ہوا تو وہاں ٹوپی لگا کر سیلفی یا تصویریں نہ کھنچیں یا کم از کم ان کو سوشل میڈیا کی زینت نہ بنائیں۔ستم ظریفی تو یہ ہے کہ جہاں سیکولر پارٹیاں افطار پارٹیوں سے دور بھاگتی نظر آئیں، وہیں دوسری طرف ہندو قوم پرستوں کی مربی تنظیم آر ایس ایس کی شاخ 'مسلم راشٹریہ منچ' نے پچھلے سال کئی شہروں میں مسلمانوں کے لیے افطاری کا بندوبست کیا۔

خیر ہندوستان میں اس نئے رجحان کے تناظر میں یہ سوال اٹھتا ہے کہ کیا مسلمانوں کو واقعی سیاسی اچھوت بنایا گیا ہے اور کیا جو پارٹیاں مسلمانوں کے حقوق یا ان کی تقریبات میں شرکت کریں گی، ان کو ووٹ نہیں ملیں گے۔بی جے پی نے تو مسلمانوں کو چھوڑ دیا ہے، مگر اب بیشتر سیاسی پارٹیوں نے بھی تسلیم کرلیا ہے کہ اگر وہ مسلمانوں کے قریب نظر آتی ہیں، تو انھیں ہندو اکثریتی طبقہ کا ووٹ نہیں ملے گا۔حکومت گجرات کے ایک سابق افسر ہرش مندر کے مطابق مسلمانوں کے لیے اتنا برا وقت پہلے کبھی نہیں آیا تھا، یہاں تک کہ تقسیم کے موقع پر بھی نہیں۔گو کہ دنیا میں مسلمانوں کی جو آبادی ہے، اس کا دسواں حصہ ہندوستان میں ہے، مگر اس کے باوجود وہ سیاسی یتیم بنائے گئے ہیں۔

مسلمان کل آبادی کا 15 فیصد ہونے کے باوجود سیاسی طور پر بے وزن بنائے گئے ہیں۔اس کی سب سے بڑی وجہ یہی ہے کہ گزشتہ 9 صدیوں سے مسلم حکمرانوں کی غلطیوں کے باعث 'ہندو' لفظ مخصوص مذہب کی پہچان بن گیا۔اسلام جو کہ ایک آفاقی سماجی نظام کا نقیب بن کر دنیا میں آیا تھا۔اس کے ماننے والوں نے ہندوستان میں کبھی بھی صدیوں سے دبے کچلے مظلوم طبقوں کے ساتھ اتحاد بنانے کی کوشش نہیں کی، نہ ہی اپنی حکومت اور طاقت کا استعمال کر کے ان طبقوں کو وسائل مہیا کرائے۔

عہد قدیم میں ہندوستان میں الگ الگ مذاہب موجود تھے جن کا آپس میں کوئی تعلق نہیں تھا، مسلمان حکمرانوں نے ان سبھی کو ہندو کہنا شروع کیا، جب کہ ان کے عقائد میں زمین و آسمان کا فرق تھا۔آہستہ آہستہ اس پوری آبادی نے اپنے آپ کو ہندو ماننا شروع کر دیا ورنہ ہندوستان میں ہندو طبقہ ایک طرح سے سناتن دھرم کے ماننے والوں تک ہی محدود تھا۔آج بھی یہ طبقہ، جو اپنے آپ کو اعلیٰ ذات کے ہندو کہتا ہے، مجموعی آبادی کا صرف 15 فیصد ہے۔

[بشکریہ 'دی وائر اردو'، 20 مئی 2020]

نئے طرح کی قیادت کی ضرورت

کوثر فاطمہ

ہندوستانی مسلمان 2014 سے ہی خبروں میں ہیں اور 2019 کے عام انتخابات کے بعد بھی سرخیوں میں بنے ہوئے ہیں۔ طلاق ثلاثہ، لنچنگ، ہیٹ کرائم اور این آر سی وہ اہم معاملات رہے ہیں، جن سے بار بار اس برادری کی طرف توجہ مرکوز ہوئی ہے۔ ان امور نے نہ صرف مسلم قائدین کی غلطیوں کو واضح کیا ہے، بلکہ سماج کے اندر کسی بھی قسم کی قیادت کے فقدان کو بھی اجاگر کیا ہے۔

مسلمانوں کے پاس بہت سارے سیاستدان موجود ہیں، ان میں کچھ بڑے عہدوں پر فائز رہے ہیں، لیکن قیادت کے معاملے میں وہ بہت کمزور ہیں۔ میڈیا نے بھی چند مسلم سیاستدانوں کو قائد کے طور پر پیش کرنے کی کوشش کی ہے۔ لیکن میڈیا نے اس اہم نکتے کو نظر انداز کیا ہے کہ ہندوستانی مسلمانوں کے بہت متنوع گروہ ہیں اور کوئی بھی اکیلا مسلم رہنما ہندوستانی مسلمانوں کی رہنمائی نہیں کر سکتا۔

اعظم خان اور اسدالدین اویسی ہندوستانی میڈیا کے دو پسندیدہ چہرے ہیں۔ اعظم خان زیادہ تر کسی مضحکہ خیز بیان کی وجہ سے خبروں میں رہتے ہیں جبکہ اویسی کو ہندوستانی مسلمانوں کی نئی آواز کے طور پر پیش کیا جا رہا ہے۔ اگر میڈیا کا جنون نہ ہو تو اعظم خان کی مقبولیت ان کے حلقے تک ہی محدود ہوگی، وہیں اویسی جو نوجوانوں میں مشہور ہیں، اس کے باوجود ان کی پہنچ حیدرآباد اور اورنگ آباد تک ہی محدود ہے۔

دراصل سیکولر جماعتوں کے مسلم سیاستداں عرصہ قبل ہی مسلمانوں کے بیچ اپنا اعتبار کھو چکے ہیں۔ اہم معاملات پر حزب اختلاف کی جماعتوں کی خاموشی نے ان مسلم رہنماؤں کی ساکھ کو مزید متاثر کیا ہے۔

یہ بات قابل ذکر ہے کہ آزادی کے فوراً بعد قیادت کی وراثت مسلمانوں کے اشرافیہ طبقے کے پاس منتقل ہوگئی۔ یہ افراد زیادہ تر سیاسی خاندانوں سے تعلق رکھتے تھے یا پھر سیاسی تعلقات کے سبب سیاست میں آئے

تھے۔ ان رہنماؤں نے معاشرے کی ترقی کے بجائے سیاسی کریئر پر زیادہ توجہ مرکوز کی۔ دوسری طرف سیاسی جماعتوں نے مصالحت خواہی کے نام پر مقامی طور پر مضبوط ان کی سرپرستی کی، جن کی مسلم عوام پر کچھ گرفت تھی۔

یہ لوگ زیادہ تر غیر تعلیم یافتہ تھے اور اپنے سرپرست سیاسی جماعتوں کے لیے ووٹ حاصل کرنے کے لیے کمربستہ رہے۔ لہٰذا مسلمانوں کی نمائندگی یا تو اشرافیہ مسلم رہنماؤں کے ذریعے کی گئی یا اکھڑ اور غیر مہذب مقامی مسلم قائدین کے ذریعے۔ ان میں اول الذکر طبقہ مسلمانوں کے مسائل سے بے خبر یا ان سے بے نیاز تھا، جبکہ آخر الذکر نے اپنے بیان وعمل سے مسلمانوں کے مسائل میں اضافہ کیا اور اس سے مسلم طبقے کو مزید شرمندگی اور خجالت سے دوچار ہونا پڑا۔ پھر میڈیا کے ذریعے آخر الذکر طبقے کے حرکات وسکنات کو اچھالا گیا اور ان پر بلا مقصد بحث ومباحثہ کرائے گئے۔ ان پر عام مسلمان کی شرمناک خاموشی کو ان کی حمایت کے طور پر پیش کیا گیا، جس سے مسلم سماج مزید قومی دھارے سے کٹ کر رہ گیا۔

یہ ایک بڑی حقیقت ہے کہ ہندوستانی مسلمانوں کی نمائندگی کسی ایک رہنما کے ذریعے نہیں کی جا سکتی ہے، بلکہ انھیں بہت سارے رہنماؤں کی ضرورت ہے جو نہ صرف مختلف خطوں اور علاقوں کے مسلمانوں کی نمائندگی کرسکیں بلکہ بحران کے وقت ان کے ساتھ کھڑے ہوسکیں۔ علاقائی مسلم آوازیں اپنی مسلم شناخت کے بارے میں کسی معذرت کے بغیر معاشرے کے لیے باتیں کرتی ہیں، بلکہ نئے سیاسی منظرنامے میں بدلتے سماجی و سیاسی حرکات وسکنات کو بھی سمجھتی ہیں۔ جبکہ شرح خواندگی میں کمی اور معاشی عدم استحکام جیسے بڑے مسائل مسلم سماج کو طویل عرصہ سے درپیش ہیں۔ ملک کی نئی حکومت کی جانب سے بھی مسلمانوں کو مزید کئی چیلنجز کا سامنا ہے، ان میں این آر سی، مسلم پرسنل لا میں تبدیلی اور شمالی ہند میں گئوکشی اور لو جہاد کے بہانے ہیٹ کرائم میں اضافہ جیسے اہم مسائل ہیں۔ میڈیا کے ذریعے مستقل طور پر مسلمانوں کے ساتھ غیر انسانی سلوک اور برتاؤ معاشرے کو تنہا کرنے میں مزید کردار ادا کر رہا ہے۔

مسلمانوں کو درپیش مسائل پیچیدہ ہیں اور کوئی بھی رہنما تن تنہا ان کو حل نہیں کرسکتا۔ فی الحال توجہ ایسی متعدد آوازوں پر مرکوز رکھنی چاہیے، جو تعلیم یافتہ، باخبر اور چیلنجوں کا مقابلہ کرنے میں پُراعتماد ہیں اور اس سے بھی اہم بات یہ ہے کہ جن لوگوں کا عام مسلمانوں سے رابطہ ہے۔ وہ لوگ جو فرقہ وارانہ ہم آہنگی میں رکاوٹ پیدا کیے بغیر اہم معاملات پر آواز بلند کرسکتے ہیں، وہ لوگ جو ہیٹ کرائم کے متاثرین سے اظہار یکجہتی کرسکتے ہیں اور انصاف کا مطالبہ کرسکتے ہیں۔ ایک اجتماعی قیادت جو ایک سے زیادہ سطح پر کام کرتی ہے وہ برادری کو درپیش قیادت کے بحران کا جواب ہوگی۔

یہ بات بہت بعید معلوم ہوتی ہو یا غیر حقیقی، لیکن یہ ناممکن نہیں ہے۔ تاریخ نے واضح کیا ہے کہ جب صورتحال خراب تھی تو کچھ آوازیں سامنے آئیں۔ مارٹن لوتھر کنگ، گاندھی، نیلسن منڈیلا؛ یہ سب اس وقت سامنے آئے جب معاملات انتہائی مایوس کن تھے۔ مسلم کمیونٹی کو چاہیے کہ وہ اس طرح کی نئی آوازوں کو تلاش کریں اور

انھیں اس خلا کو پُر کرنے کی ترغیب دیں۔ ان نئی آوازوں کو سیاستدانوں یا سیاسی جماعتوں سے وابستہ کرنے کی ضرورت نہیں ہے بلکہ وہ کارکن، ادیب اور مفکرین ہو سکتے ہیں جو مختلف مقامات پر مسلمانوں کو درپیش مسائل پر رہنمائی کر سکیں۔

شمالی ہندوستانی مسلمانوں کو درپیش مسائل جنوبی ہند کے مسلمانوں سے مختلف ہیں اور کشمیر اور آسام میں مسلمانوں کو درپیش چیلنجز زیادہ اہم اور پیچیدہ ہیں۔ ایسے میں کوئی ایک قومی رہنما ہندوستانی مسلمانوں کی نمائندگی نہیں کر سکتا۔

[مضمون نگار بنگلور میں مقیم ایک ڈینٹسٹ اور سماجی کارکن ہیں۔]

[(بشکریہ دی وائر اردو، 15 اکتوبر 2019]

فکشن

سوانیزے پر سورج

عابد سہیل

میری بڑی بیٹی سامنے کھڑی مسکرا رہی تھی۔

میں نے پوچھا، ''کھیل چکیں؟''

''کیا کھیلیں؟''

اس نے ہوا میں دونوں ہاتھ اٹھا کر جھلا دیے۔

''کیرم کیوں نہیں کھیلتیں؟''

''آپ تھوڑی دیر بعد کہیں گے تم لوگ شور کرتے ہو؟ اور پھر شگوفہ کھیلنے بھی تو نہیں دیتی۔ تھوڑی دیر بعد سب گوٹیں گڑبڑ کر دیتی ہے۔ خود تو کھیلنا آتا نہیں، ہمیں بھی نہیں کھیلنے دیتی۔''

''بچی ہے۔'' میں نے کہا۔ ''اپنی چھوٹی بہن کا خیال تو کرنا ہی چاہیے۔'' میں نے اپنے حساب سے سارا جھگڑا چکا دیا۔

''تو ہم کون سے بوڑھے ہو گئے ہیں، ہم بھی تو بچے ہیں۔'' فوزیہ نے سادگی اور بھولے پن سے کہا۔ میں نے مسکرا کر اس کی طرف دیکھا۔ واقعی ابھی وہ بچی ہی تو تھی۔ اس سے یہ امید کرنا کہ چھوٹے بھائی بہنوں کے جھگڑے چکائے، چھوٹی بہن کیرم کی گوٹوں کو کھیل کے درمیان بار بار بگاڑ دے تو غصہ ہونے کے بجائے انھیں پھر اپنی جگہ رکھ کر سجائے اور منائے، اس کے ساتھ ذرا زیادتی ہی تھی، اس لیے میں نے کہا، ''تو تم دونوں لوڈو کیوں نہیں کھیلتیں؟''

''صبح تو کھیلا تھا۔''

''تو اور کھیلو۔''

''اور کیا کھیلیں؟'' وہ منمنائی۔ ''صبح جب سیف ہارنے لگے تو خفا ہو کر الگ بیٹھ گئے۔'' بولے، ''آپ ہمیشہ ہرا دیتی ہیں، ضرور بے ایمانی کرتی ہیں۔''

''تو ایسا کرو'' میں نے ایک ترکیب نکالی۔ ''خود تو دو گوٹوں سے کھیلو اور اس کو چار گوٹوں سے کھیلنے دو۔''

''اس سے کیا ہوگا؟'' فوزیہ نے پوچھا۔

''ہوگا یہ کہ تم اچھا کھیلتی ہو تو جیتو گی ہی۔ اس طرح ممکن ہے سیف بھی کبھی جیت جائیں اور ان کی بھی خوشی ہو جائے۔''

''اس میں اچھا کھیلنے کی کون سی بات ہے۔'' اس نے کہا۔ ''یہ تو قسمت کی بات ہے۔ پانسہ میں جو بھی نمبر آجائے۔ بڑے چھوٹے سے اس کا کیا تعلق؟''

''پھر بھی۔''

''پھر بھی کیا ابو؟ وہ پانسہ ڈالیں تو ان کی گوٹ بھی آگے بڑھاؤ، اس کا بھی خیال رکھو کہ ان کی گوٹ نہ پٹنے پائے، اس پر بھی ہار جائیں تو منھ پھلا کر بیٹھ جاتے ہیں۔''

سچ پوچھیے تو فوزیہ کی دلیل میں وزن تھا اور میں سوچ ہی رہا تھا کہ کیا جواب دوں کہ اتنے میں سیف میاں دوسرے کمرہ سے آ گئے۔ ان کی آنکھوں میں آنسو تھے جو مجھے دیکھتے ہی بہہ نکلے۔

''ابو دیکھیے گڑیا ہمارے ساتھ کھیلتی نہیں۔'' یہ کہہ کر سیف جو ہمیشہ فوزیہ کو گڑیا ہی کہتے تھے، بھوں بھوں رونے لگے۔ فوزیہ نے جب دلیل کو آنسوؤں سے ہارتے دیکھا تو وہ بھی رونے لگی۔

تھوڑی دیر بعد تینوں بھائی بہن پھر ایک جگہ مل جل کر کھیلنے لگے۔ کھڑکی سے جھانک کر میں نے دیکھا تو آنگن کی دوسری طرف باورچی خانہ کے پاس دالان میں ان کھلونوں کی، جو امتحانات ختم ہونے کے بعد دوبارہ بچوں کے قبضے میں آ گئے تھے، بارات سجی تھی۔ چھوٹی چھوٹی اینٹوں کا چولہا بنایا گیا تھا جس پر ایک چھوٹی سی پتیلی میں کھانا پک رہا تھا۔ سامنے گڈے گڑیوں کا صوفہ سیٹ سجا تھا۔ بیچ میں ایک چھوٹی سی میز رکھی تھی۔ صوفوں پر آمنے سامنے گڈے گڑیا بیٹھے تھے۔ ان کے سامنے میز پر ٹین کی پھول دار رنگین پلیٹیں رکھی تھیں، جن میں بسکٹ اور لکڑی کے چھوٹے چھوٹے ٹکڑے رکھے تھے۔ ٹین کی رنگین کیتلی اور چینی کی چھوٹی چھوٹی پیالیاں، طشتریاں قرینے سے میز پر سجی تھیں۔ فوزیہ نے پتیلی پر سے طشتری اٹھا کر چمچے سے ایک آلو نکالا اور اسے انگوٹھے اور شہادت کی انگلی سے دبا کر دیکھا اور بولی، ''ابھی تھوڑی کسر ہے۔'' تو شگوفہ نے گڈے گڑیا کی طرف دیکھ کر کہا: ''ابھی کھانے میں تھوڑی دیر ہے، آپ لوگ جب تک ناشتہ کیجیے۔''

میں اپنی ہنسی بہ مشکل ہی ضبط کر سکا۔ وہ اپنے کھیل میں اس طرح کھوئے ہوئے تھے کہ انھیں اس بات کا اندازہ بھی نہ ہو سکا کہ میں انھیں دیکھ رہا ہوں، ورنہ فوزیہ وہیں سے کہتی، ''ابو اللہ، آپ اندر جائیے۔ دیکھیے ہم تو

آپ کا کھیل نہیں دیکھتے ہیں۔''

میں مطمئن ہو کر کمرے میں چلا آیا۔ بیوی کسی عزیزہ کے یہاں گئی ہوئی تھیں، جو یکا یک شدید بیمار ہو گئی تھیں۔ اس گھر میں دو بچوں کے خسرہ نکلا تھا۔ اس لیے تینوں بچوں کو گھر پر ہی چھوڑ گئی تھیں۔ ان عزیزہ کا گھر کافی فاصلہ پر تھا۔ آنے جانے میں تین چار گھنٹے تو لگیں گے ہی۔ میرے لیے تینوں بچوں کی دیکھ بھال کا یہ پہلا تجربہ تھا، اس لیے شروع میں تو کچھ گھبرایا تھا کچھ الجھا بھی تھا لیکن اب ایسا لگ رہا تھا کہ میری پریشانی بلا سبب تھی۔ ویسے بھی اب بیوی کو گئے ہوئے تقریباً تین گھنٹے ہو گئے تھے اور اب وہ واپس آتی ہی ہوں گی۔ یہ سوچ کر میں نے پلنگ پر دراز ہو کر اخبار پڑھنا شروع کر دیا۔ ابھی میں بہ مشکل دو تین خبریں ہی پڑھ سکا تھا کہ سیف میاں روتے ہوئے آئے۔

''ابو گڑیا آپا بڑی خراب ہیں۔ اپنی گڑیا کو دو دو پیالیاں چائے پلاتی ہیں اور میں نے کہا، میرے گڈے کو بھی ایک پیالی بنا دو تو بولیں، جانتے ہو شکر کتنی مہنگی ہے۔ آپ تو کل کہہ رہے تھے کہ شکر سستی ہو گئی ہے۔''
میں ہنسی بڑی مشکل سے روک سکا۔ پھر میں نے فوزیہ کو آواز دی۔

''فوزیہ!''

''جی ابو۔''

''سنو!''

''آئی۔''

''کیوں جی۔ تم سیف کے گڈے کے لیے چائے کی دوسری پیالی کیوں نہیں بنا دیتیں؟''

''ابو آپ جانتے نہیں۔ یہ بڑے حضرت ہیں، پہلے بولے ہمارا گڈا ککڑی اور بسکٹ زیادہ کھائے گا، اسے بھوک لگی ہے، تم اپنی گڑیا کو دو پیالی چائے پلا دینا۔ میں نے بسکٹ اور ککڑی کا چھوٹا سا ایک ٹکڑا اپنی گڑیا کو دیا اور باقی سب ان کے گڈے کو دے دیا۔ اب چائے بھی دوسری پیالی مانگ رہے ہیں۔''

''لیکن گڈے گڑیا تو کچھ کھاتے نہیں۔ وہ بسکٹ اور ککڑی ہوئے کیا؟''

''ہوئے کیا؟ خود کھا گئے۔'' فوزیہ بولی۔

''اور تم نے نہیں دو دو پیالی چائے پی لی۔ اور بسکٹ ککڑی بھی تو کھایا تھا تم نے۔'' سیف رونے لگا۔ اسی لمحہ شگوفہ ایک ہاتھ میں کھلونے والی طشتری، پیالی اور دوسرے میں بسکٹ اور ککڑی کے دو چھوٹے چھوٹے ٹکڑے لیے کمرے میں داخل ہوئی۔ وہ اس طرح سنبھل سنبھل کر چل رہی تھی کہ اگر ذرا بھی تیزی سے چلتی تو چائے کی پیالی چھلک جائے گی۔

''ابو یہ آپ کا حصہ ہے۔'' اس نے دھیرے سے کہا اور نہایت آہستگی سے پیالی اور طشتری تخت پر رکھ کر چھوٹے سے ٹین کے چمچے سے پیالی میں، جو بالکل خالی تھی، شکر چلانے لگی۔

''بھئی اس میں تو چائے ہے ہی نہیں۔'' میں نے کہا۔

''جھوٹ موٹ۔'' کہہ کر اس نے پیالی میرے مونھ سے لگا دی۔

''بڑے مزے کی ہے۔'' میں نے کہا تو فوزیہ بھی مسکرا دی۔ لیکن مجھے اپنی طرف دیکھ کر اس نے منھ دوسری طرف کرلیا۔ سیف میاں اب بھی روہانسے تھے۔

اصل میں یہ لوگ صبح سے کھیلتے کھیلتے تھک چکے تھے۔ آخر کھیلنے کی بھی ایک حد ہوتی ہے۔ اسکولوں میں گرمیوں کی چھٹیاں شروع ہوئے پندرہ بیس دن ہو چکے تھے۔ پہلے چھ سات دن تو ان لوگوں نے چھٹیوں کے خوب مزے لیے۔ رنگ برنگی تصویروں کی ہندی، اردو اور انگریزی کی جو بہت سی کتابیں میں نے ان دونوں کے لیے اکٹھا کی تھیں دو دو نہیں، چار چار بار پڑھ ڈالا۔ پھر کئی دن لڑے جھگڑے بغیر کھیلتے رہے۔ اب کئی دن سے وہ حساب لگا رہے تھے کہ اسکول کھلنے میں کتنے دن باقی ہیں اور ہر کھیل کا خاتمہ بھی لڑائی پر ہونے لگا تھا۔ ایک دم مجھے خیال آیا کہ پاس والے مکان کی بچی نازو کئی دنوں سے نظر نہیں آئی اور یہ لوگ بھی اس کے یہاں نہیں گئے۔ میں نے کہا، ''اب تم لوگ نازو کے ساتھ نہیں کھیلتے ؟''

''جب سے جھگڑا ہوا ہے اس کی دادی اسے آنے ہی نہیں دیتیں ہمارے یہاں۔'' فوزیہ نے کہا۔

''تو تم لوگ چلے جایا کرو۔''

''امی نے منع کر دیا ہے۔''

خالی چرخی، ہاتھ میں تھی اور پتنگ آسمان پر۔ میری سمجھ میں کچھ نہ آیا تو میں نے کہا، ''اچھا اب تم لوگ سو جاؤ۔''

''امی کب آئیں گی؟'' شگوفہ نے پوچھا۔

''اب آتی ہی ہوں گی۔'' میں نے تسلی دی۔

''جب آئیں گی تب سو جائیں گے مزے سے۔''

''نہیں۔'' میں نے 'نہیں' کی 'ی' کو ذرا کھینچ کر مصنوعی غصے سے کہا، ''بس اب لیٹ جاؤ۔ لو چلنے لگی ہے۔ اب دالان میں کوئی نہیں کھیلے گا۔'' میرے بدلے ہوئے تیور دیکھ کر تینوں کمرے میں لیٹ گئے۔ فوزیہ اور سیف تخت پر اور شگوفہ میرے پاس مسہری پر۔

''آنکھیں بند۔'' میں نے کہا تو تینوں بچوں نے آنکھیں بند کر لیں اور میں پھر اخبار پڑھنے لگا۔ تھوڑی دیر بعد کھسر پھسر کی آواز سن کر میں نے اخبار آنکھوں کے سامنے سے ہٹایا تو فوزیہ اور سیف شرارت بھری نظروں سے میری طرف دیکھ رہے تھے۔

''سو جاؤ۔'' میں نے ذرا سختی سے کہا۔ دونوں نے خوب کس کر آنکھیں بند کر لیں۔ مگر شریر مسکراہٹ اب بھی ان کے چہروں پر کھیل رہی تھی۔ میں پھر اخبار پڑھنے لگا اور نہ جانے کب میری آنکھ لگ گئی۔ تھوڑی دیر

بعد میری آنکھ کھلی تو تخت خالی تھا، مسہری پر شگوفہ بھی نہ تھی۔ میں کچھ دیر تک خاموش بستر پر لیٹا رہا، شاید اس انتظار میں کہ کسی کی آواز سنائی دے تو بلاؤں لیکن نہ کسی کی آواز سنائی دی نہ یہ اندازہ ہی ہوا کہ کہاں ہیں۔ میں نہایت خاموشی سے بستر سے اٹھا۔ سامنے والا دالان خالی تھا۔ کھلو نے صوفہ سیٹ سب اسی طرح سجے تھے۔ اب مجھے ذرا تشویش ہوئی لیکن صدر دروازہ اندر سے بند دیکھ کر میری تشویش کم ہوئی۔ دوسرے کمرے کا دروازہ بند تھا۔ میں نے دراز سے جھانکا، تینوں بچے کمرے میں موجود تھے۔

شگوفہ فرش پر دراز تھی۔ اس کا کرتا اوپر تک اٹھا ہوا تھا اور پیٹ پر پٹی بندھی تھی جس سے خون کی چھینٹیں جھانک رہی تھیں۔ میں گھبرا گیا۔ لیکن پاس والی میز پر لال روشنائی کی دوات الٹی پڑی اور میز پوش اس سے تر بتر دیکھ کر میری گھبراہٹ تو دور ہوگئی، تاہم معاملہ کیا ہے یہ میری سمجھ میں نہ آیا۔ شگوفہ کے پاس ہی ترکاری کاٹنے والی چھری ایک پھٹے سے کپڑے پر رکھی ہوئی تھی۔ کپڑا جگہ جگہ سے سرخ ہو گیا تھا۔ سیف لکڑی کی ایک کھپچی جس کے ایک سرے پر کپڑا لپٹا ہوا تھا، ہاتھ میں پکڑے کھڑا تھا اور فوزیہ سے کہہ رہا تھا۔

''مٹی کا تیل تو اسٹوو میں ہے اور اسٹوو مل نہیں رہا ہے۔''

''وہیں کہیں ہوگا۔ کچن میں الماری کے نیچے دیکھو۔''

'اچھا' کہہ کر سیف نے دروازہ کھولا تو مجھے دیکھ کر پہلے تو کچھ حیران سے ہوئے پھر مسکرائے اور فوراً ہی کمرے میں لوٹ گیا۔ میں کمرے میں داخل ہو گیا۔ مجھے دیکھ کر شگوفہ بھی فرش پر سے اٹھ کھڑی ہوئی۔

''یہ کیا ہو رہا ہے؟'' میں نے پوچھا۔

فوزیہ نے میری طرف دیکھا اور پلک جھپکائے بغیر بولی، ''ہم لوگ شیعہ سنی لڑائی کا کھیل کھیل رہے ہیں۔''

ثواب جاریہ

عبدالصمد

مؤذن رونے لگا تھا۔

زیادہ سے زیادہ دو مہینے... دو چار ہفتے، دو چار دن... یہاں تک کہ دو چار گھنٹوں میں چلتے نظر آتے زیادہ تر مؤذن۔

شاید ایک غیر یقینی صورتِ حال انھیں منظور نہ ہوتی یا پھر اور کوئی بات...

شاید یہی اور کوئی بات گفتگو کا موضوع بنتی۔

مسجد کی کوئی مستقل آمدنی نہیں تھی، ہر گھر سے پانچ دس روپے جمع کیے جاتے اور ہر جمعہ کو لوگ رضا کارانہ طور پر صفوں کے درمیان اپنی ٹوپیاں لے کر گھوم جاتے۔ انھیں پیسوں سے امام اور مؤذن کے مشاہروں کی ادائیگی ہوتی۔ گھر گھر سے باری باری دو وقت کے کھانے آجاتے۔

مفلوک الحال مؤذن نے بتایا۔

''مسعود بابو نے بکری کا چارہ لانے کو کہا تھا، میں نے کہا ابھی جاؤں تو مغرب کی اذان نہیں دے سکوں گا، بس اسی بات پر...''

''بس اسی بات پر...؟''

''انھوں نے مجھے دھکے دیے، مارا اور پھر نوکری سے بھی...''

''وہ کون ہوتے ہیں نکالنے والے اور انھوں نے مارا کیوں؟''

کئی تیز آوازیں...

مسعود صاحب اندر وظائف میں مشغول تھے۔ شور سن کر لپکے ہوئے باہر آئے۔

''کیا بات ہے؟''

وہ جیسے بالکل انجان تھے۔ لمحہ بھر کو خاموشی... ایک نوجوان اپنی ٹوپی ٹھیک کرتے ہوئے آگے آیا۔

''آپ نے مؤذن کو مارا، پھر نوکری سے بھی...''

''ہاں نکال دیا، لیکن آپ...؟''

مسعود صاحب نے چشمے کے اندر سے نوجوان کو سر سے پاؤں تک گھورا۔

''آپ نے اس غریب کے ساتھ کیوں...؟''

وہ کچھ زیادہ ہی تیزی دکھانے لگا۔ بقیہ خاموشی نیم رضا...

''میں ایسے بے ہودہ شخص کا وجود برداشت نہیں کرسکتا۔''

مسعود صاحب کا سکون قابل تعریف تھا۔ اس بات سے تو سب واقف ہی تھے کہ وہ مسجد کمیٹی کے صدر تھے۔

''اور پچھلا مؤذن؟'' لوگوں کو یاد آیا کہ...

''وہ نافرمان تھا۔'' مسعود صاحب نے حلیمی سے جواب دیا۔

''اور اس سے پہلے والا؟'' یادداشت اچانک عود کر آئی تھی۔

''دیکھیے، میں کسی عدالت کو جواب دہ نہیں ہوں، یہ مسجد ہے، کوئی چنڈو خانہ...''

اب مسعود صاحب کو غصہ آ گیا۔

''خدا کا گھر کسی کی پرائیوٹ پراپرٹی نہیں ہے۔ اس کی کمیٹی ہم سب نے مل کر بنائی ہے۔''

اشتعال بڑھ گیا۔

''تو پھر آپ ہمیں کمیٹی سے ہٹا دیجیے۔'' مسعود صاحب کا روایتی پرسکون انداز واپس آ گیا۔

''جی ہاں... ایسا کرنا ہی پڑے گا۔''

اس روز مسجد میں جو ہنگامہ ہوا، وہ غیر معمولی تھا اور وہ بھی محض ایک مؤذن کے واسطے۔

تیسرے دن مسجد میں ایک رقعہ لگا تھا۔

ایک خاص گروپ پر اقتدار کا ناجائز استعمال، اقربا پروری، من مانی، تانا شاہی... خدا کے منادی مؤذن کو دو کوڑی کا آدمی سمجھا گیا۔ کتابوں میں درج ہے کہ قیامت کے روز مؤذن کا درجہ سب سے اونچا ہوگا، وہ اذان دیتا ہوا اونچے درجے طے کرتا جائے گا۔ اگر لوگ اپنی حرکتوں سے باز نہ آئے اور اپنی گندی ذہنیت کا مظاہرہ کرتے رہے تو ان کے خلاف زبردست تحریک چھیڑی جائے گی... وغیرہ وغیرہ۔

محمود عالم اندھیرے منھ مسجد آتے تھے... اذان سے بھی قبل۔ سب سے پہلے انھیں کی نگاہیں رقعے پر پڑیں۔ وہ آگ بگولہ ہوگئے، تیز لہجے میں انھوں نے مؤذن کو آواز دی۔ وہ نیم غنودگی کے عالم میں دوڑ آیا۔

''یہ کس نے... اسے کس نے یہاں لگایا؟'' وہ دھاڑے۔

مسجد کا گنبد گونج اٹھا۔ یہ گونج جمعہ کی نماز میں اذان کے وقت پیدا ہوئی تھی۔

مؤذن کی تو گھگھی بندھ گئی۔ دو روز قبل ہی اس کی بحالی ہوئی تھی۔

''میں تو...''

وہ بولتا بھی کیا... مسجد میں کون آتا ہے اور آکر کیا کرتا ہے، باریک بینی سے ہر شے پر نظر رکھنے کی اس میں صلاحیت ہی کہاں تھی۔ محمود عالم بھی جانتے تھے کہ اس پر غصہ نکالنا دیوار پر مکے مارنے کے برابر ہے۔ انھوں نے رقعہ لگانے والے کو جی بھر کے برا بھلا کہا۔ اسی روز انتظامیہ کی طرف سے مسجد میں ایک اعلان نامہ چسپاں کیا گیا کہ مسجد میں نماز کے بعد کسی کو ٹھہرنے، وظائف ادا کرنے اور نوافل وغیرہ پڑھنے کی اجازت نہیں ہوگی۔ اذان کے بعد مسجد کھولی جائے گی اور جماعت ادا کرنے کے پندرہ منٹ بعد بند کر دی جائے گی۔

لیکن تیسرے دن پھر ایک رقعہ پایا گیا۔

پرانی باتیں، انتظامیہ جانب دار... رجعت پسند... خدا کا گھر... جیب میں... مسجد کو ان ناپاک عناصر سے پاک کرنا بہت ضروری...

قوم وملت کو ہر قربانی دینے کو تیار رہنا چاہیے۔

اس دفعہ رقعہ کو سب سے پہلے مسعود خاں نے دیکھا۔ وہ سخت آدمی تھے اور کسی کی غلطی کو نظرانداز کر دینا ان کی ڈکشنری میں شامل نہیں تھا۔ وہ جہاں بھی رہے، انھیں کوئی اہم انتظامی عہدہ ضرور سونپا گیا۔ اس کے سبب ڈسپلن کا بول بالا رہتا۔ اس کا تقاضا تھا کہ قصور کے لیے ذمہ دار شخص کی نشان دہی کی جائے۔ اس وقت اس چوکھٹے میں مؤذن کے علاوہ اور کون فٹ ہو سکتا تھا۔

اسے صبح صبح چلتا کیا گیا۔

صبح کی نماز میں یوں بھی کتنے لوگ آتے تھے۔

لیکن دوپہر ہوتے ہوتے یہ بات پھیل گئی۔ چھٹی کا دن تھا، محلے کا ہر نکڑ اور دالان خوب گرم رہا۔ یہ گویا ایک چیلنج ہی تھا۔

''ہمیں جہاد کرنا ہوگا... اس کے علاوہ اور کوئی چارہ نہیں۔''

''جہاد؟ کس سے جہاد؟ یہ تو...؟''

''جہاد کا صرف ایک ہی مقصد تو نہیں ہوتا، نفس کے خلاف بھی جہاد ہوتا ہے، یہاں تو اللہ کے گھر ہی کو اپنے نفس کے اظہار کا ذریعہ بنا لیا گیا ہے۔''

''مسجد کو آخر ان لوگوں نے ہتھیایا کیسے؟''

''کمیٹی... کمیٹی نے انھیں مسجد کا مالک بنایا، کسی کو صدر، کسی کو سکریٹری، کسی کو...''

''کمیٹی کے لیے یہی لوگ رہ گئے تھے؟''

''آخر یہ کمیٹی ہے کیا بلا؟''

''وقف بورڈ بناتا ہے اور پھر کمیٹی اپنی مجلس عاملہ...''

''وقف بورڈ کو کون بناتا ہے؟''

''حکومت۔''

''اور حکومت کو؟''

آگے کا جواب شاید کسی کے پاس نہیں تھا، اس لیے گفتگو کا رخ پھر مسجد، من مانی اور بدعنوانیاں...

طے پایا کہ بعد عصر، مسجد میں یہ سوال اٹھایا جائے۔

عصر میں حاضری معمول سے کچھ زیادہ ہی تھی۔ سلام پھیرتے ہی ایک شخص کھڑا ہو گیا۔

''دعاؤں کے بعد مسجد میں درسِ قرآن ہوگا۔ نمازیوں سے درخواست ہے کہ اس میں ضرور شریک ہوں۔''

دعاؤں کے بعد کچھ لوگ صحن میں نکل آئے اور کچھ درس قرآن میں حلقہ بند ہو کر بیٹھ گئے۔

''تلاوت کلام پاک کا سننا فرض ہے جب کہ پڑھنا...''

صحن میں کھڑے کچھ لوگوں کو احساس ہوا کہ شاید انھوں نے کچھ غلط کام کر دیا ہے، کچھ حلقے میں جا کر شامل ہو گئے، کچھ چپکے سے باہر نکل گئے۔

ضروریات کی ادائیگی بھی تو فرض ہے۔

مغرب کی نماز کے بعد درس حدیث کا معمول تھا۔

عشا کی نماز کے بعد ایک مسکین صورت مؤذن دکھائی دے گیا۔ وہ کچھ زیادہ ہی ہوشیار تھا۔ نماز کے بعد کچھ لوگوں نے اسے باہر ہوٹل میں چائے پینے کی دعوت دی، جسے وہ بڑی خوبصورتی سے ٹال گیا۔ صبح کی نماز کے بعد وہ جو غائب ہوا تو پھر ظہر کے وقت ہی اس کی آواز سنائی دی۔

پھر عصر میں...

پھر...

یہاں تک کہ وہ گھر گھر کھانا مانگنے بھی نہیں گیا۔ اس دفعہ شاید مؤذن کو پبلک پراپرٹی بننے سے بچانے کی پوری کوشش کی گئی تھی۔ اب مؤذن کو بڑے لوگوں ہی کے یہاں کھانا تھا اور فاضل اوقات میں ان کے گھر کے بچوں کو پڑھانا۔

یہ احتیاط کچھ دنوں تک کارگر رہی۔

اچانک ایک دن پھر رقعہ پایا گیا... وہی رقعہ...

اتفاق سے اس رقعے پر بھی سب سے پہلے جس شخص کی نگاہ پڑی وہ مسعود خاں ہی تھے۔

انھوں نے چپ چاپ رقعہ اتار کر جیب میں رکھ لیا۔ اس سلسلے میں مؤذن کے ساتھ انھوں نے کیا معاملہ کیا، اس کی خبر کسی کو نہ ہو سکی۔

برسر اقتدار گروپ کا مطلب... چار آدمی، صدر، سکریٹری، نائب سکریٹری اور خازن... امام صاحب کی حیثیت خصوصی مدعو کی تھی اور مؤذن کی...؟

مسعود خاں... خاں صاحب، اپنے زمانے کے نامی وکیل... سچ کو جھوٹ اور جھوٹ کو بالکل سچ میں بدل دینے میں ماہر۔ کتنے نامی مجرموں، قاتلوں اور لٹیروں کو پھانسی کے پھندے سے صاف اتار لائے اور کتنے بے گناہوں، معصوموں کو ناکردہ گناہوں کی سزا دلوا دی۔

اس میں ان کا کیا قصور؟ وہ نامی وکیل کیسے بنتے اور کسی بھی مقدمے میں ان کی پیروی کامیابی کی ضمانت کیوں کر قرار پائی۔ خاں صاحب نے دونوں ہاتھوں سے دنیا بٹوری، خوب نام کمایا، خوب دولت کمائی، جب گھر میں، جیب میں، بینک میں، لاکرس وغیرہ میں پیسے رکھنے کی تل بھر جگہ نہ بچی تو وہ اپنے دونوں ہاتھ جھاڑ کر اٹھ کھڑے ہوئے۔ داڑھی رکھ لی، شرعی کرتا پاجامہ، فیشن ایبل کالونی میں اپنا خوبصورت اور ماڈرن مکان بال بچوں کے لیے چھوڑ دیا اور محض پانچ وقت نماز مسجد میں باجماعت ادا کرنے کی خاطر اپنی آبائی حویلی میں اٹھ آئے۔

یہ تھے مسجد کمیٹی کے صدر جناب مسعود خاں۔

سکریٹری محمود عالم... ریٹائرڈ انجینئر اِن چیف محکمہ آب پاشی۔ پیسہ، عزت اور شہرت گویا گھر کی لونڈیا... ہمیشہ اپنی پسند کی جگہ پر تعینات رہے اور سدا منسٹروں، سکریٹریوں کو اپنی جیب میں رکھا، کہاوت مشہور تھی کہ عالم صاحب کی مرضی کے بغیر محکمہ آبپاشی میں پتہ بھی نہیں ہل سکتا۔ محکمہ آب پاشی ہندوستان جیسے خدا کی مرضی پر چلنے والے ملک کے لیے کیا اہمیت رکھتا ہے، اس سے کچھ وہی واقف ہیں جو سیلاب اور قحط جیسی آسمانی بلاؤں کو جھیلتے رہتے ہیں۔ ہر سال ان دونوں آفتوں سے نمٹنے کے لیے عوام کی جیبوں سے بے حساب پیسے نکل جاتے لیکن آسمانی بلاؤں کو بھلا کون ٹال سکا ہے۔

مگر انسان کو بنتے دیر نہ بگڑتے دیر۔ محمود عالم کو دیکھ کر بھلا کوئی کہہ سکتا ہے کہ لمبی داڑھی، ہاتھوں میں تسبیح، جسم پر شرعی کرتا پاجامہ، سر پر ٹوپی، آنکھوں میں سرمہ اور ہونٹوں پر ہر دم شفیق مسکراہٹ رکھنے والے صاحب مدرسہ اور مسجد سے آگے کی کوئی چیز رہے ہوں گے۔

مرضیٔ مولا...

نائب سکریٹری چودھری وحید الدین... اکسائز کمشنر کے عہدے سے ابھی حال ہی میں ریٹائر ہوئے تھے۔ وقت تھا جب چہار دانگ عالم میں طوطی بولتا تھا، کوٹھیوں، جائیداد، کاروں اور بینک بیلنس وغیرہ کا کوئی ٹھکانہ ہی نہیں تھا۔ بال بچے دنیا کے ترقی یافتہ ملکوں میں بسیرا کرتے۔ یہ خود بھی کبھی ایک پاؤں اِدھر، کبھی اِدھر کے مصداق

بنے رہے، پھر دل میں کیا سمائی کہ حج کر آئے، اس کے بعد نہ امریکہ میں جی لگا نہ فرانس۔ اپنے شہر، اپنے محلے میں آ بسے، پرانے خاندانی مکان کو ایک نیا رخ دیا اور مسجد کے ایسے پنج وقتہ نمازی بنے کہ اللہ دے اور بندہ...

خازن... کانوں سنی نہیں، آنکھوں دیکھی کہنے والے ابھی ہزاروں موجود تھے کہ انور برینڈ کی بیڑیاں اور حقے کا خمیر ایسا نشہ، جس میں نہ صرف ملک بلکہ دنیا کی آبادی کا ایک بڑا حصہ مبتلا تھا۔ ملک بھر میں ان کی فیکٹریوں کا جال بچھا ہوا تھا اور ہر اس شہر میں گودام جہاں غربت و افلاس زیادہ...

اور اپنے ملک کا کون سا شہر ایسا نہیں؟

پہلے ... بہت پہلے انکم ٹیکس والوں کی بدمعاشی سے ان کے ہاں چھاپہ پڑا تھا تو کروڑوں روپے، سونے چاندی اور غیر ملکی زرمبادلہ وغیرہ کا ہفتوں چرچا رہا تھا۔ یہ سب تو اب بہت کم لوگوں کو یاد ہے۔ ان کی فیکٹریاں اب بھی خوب چل رہی تھیں اور ان کے سبھی گودام آباد تھے اگرچہ ان کی باگ ڈور انھوں نے اپنے بیٹوں کے ہاتھوں میں دے دی تھی جو بزنس مینجمنٹ کی بڑی بڑی ڈگریاں لے کر باہر سے آئے تھے، انور صاحب نے تو اب مسجد کا کونہ پکڑ لیا تھا، مزاج میں البتہ کچھ طنطنہ ابھی تک باقی تھا۔ انھوں نے مسجد کے کونے میں مکے سے لایا ہوا خوبصورت سرخ مخملیں جائے نماز بچھا رکھا تھا، اس پر صرف وہی بیٹھ سکتے تھے، کوئی انجان آفت کا مارا، خدا کا گھر سمجھ کے اس پر بیٹھ جاتا تو بیچارے مؤذن کی شامت آجاتی۔

اس نے منع کیوں نہیں کیا؟

اس چکر میں بھی کئی مؤذن اپنی نوکریوں سے ہاتھ دھو چکے تھے۔

تو یہ تھے جناب سراج انور۔

ان چار تیز دانتوں کے درمیان ایک کمزور سی زبان... مولوی عبدالرحمن، امام مسجد۔ امام صاحب نے جوانی سے بڑھاپا بس ایک ہی حلیے میں کاٹ دیا تھا۔ وہ کلام پاک، میلاد شریف اور اردو کے تینوں قاعدوں کا ٹیوشن بھی کرتے اور مسجد کی ایک کوٹھری میں پڑے رہتے۔ محلے کی دو تین نسلوں میں دین کے سلسلے میں جو تھوڑی بہت واقفیت دکھائی دیتی، وہ انہیں کی مرہون منت تھی۔ زمانے کے بڑے اتار چڑھاؤ انھوں نے دیکھے لیکن یہ آخری مرحلہ ان کے لیے خاصا پریشان کن ثابت ہو رہا تھا۔ پڑھے لکھے لوگ اب ان کے مقتدی تھے جو ذرا ذرا بات میں مین میخ نکالتے... زیر زبر... ق ک، ش س... رکوع میں پورے طور پر جھکے یا نہیں، سجدہ سہو واجب یا نہیں وغیرہ وغیرہ۔ بچارے امام صاحب کو پھر سے نماز کا قاعدہ پڑھنا پڑا۔

ابھی تک تو وہ اس میدان کے بے تاج بادشاہ تھے۔

کچھ دنوں تک معاملہ کچھ یونہی رہا، کسی کی طرف سے کوئی بال نہیں آیا۔ اچانک محسوس ہوا کہ اب صرف رمضان کے نمازز اور محرم کے سپاہی نہیں رہے۔ مسجد کا ہال، سائبان اور صحن نمازیوں کے لیے ناکافی تھے، عیدین اور جمعہ کی نمازوں میں تو شامیانے لگانے پڑتے، لہٰذا مسجد کی توسیع بہت ضروری تھی۔ صحن پر ایک سائبان اور چھت پر

ایک منزل کی تعمیر ہوجاتی تو فی الحال کام چل سکتا تھا۔ مسجد کی کوئی مستقل آمدنی نہیں تھی۔ عیدین اور جمعہ کی نمازوں میں صفوں میں گھومنے کے علاوہ مدرسوں اور مسجدوں کے لیے دوسرے شہروں میں چندہ جمع کرنے کا جو دستور تھا، اسے کمیٹی نے یہاں لاگو نہیں کیا تھا۔

امام صاحب نے جمعہ کے خطبہ میں اس طرف اشارہ کیا کیا کہ نکڑوں، چائے خانوں اور دالانوں پر فوراً بحث ومباحثے کے دروازے کھل گئے۔ خلاصہ یہ تھا کہ مسجد کی تعمیر میں جو پیسہ لگے وہ قوم وملت کا... اس قسم کی تعمیر ثوابِ جاریہ کا سبب بنتی ہے اور اغلب ہے کہ ملت کی ترقی اور اس پر آئی ہوئی بے شمار آفتوں کے سدباب کا وسیلہ بن جائے، اس لیے ملت کے بیٹوں کو چھوٹی بڑی رسیدوں کے ساتھ دور دراز میں پھیل جانا چاہیے اور تن من دھن سے مسجد کی تعمیر میں لگ جانا چاہیے۔

کچھ نے تو جوش میں آکر رسیدیں چھپوانے کے آرڈر بھی دے دیے اور یہ بھی طے کرلیا کہ کس کو کہاں جانا ہے۔

برسرِ اقتدار طبقہ کیا سوچ رہا تھا، اس کا کسی کو پتہ نہیں تھا، قیاس یہی تھا کہ اجازت کے بغیر تو امام صاحب نے ذکر کرنے کی ہمت نہیں کی ہوگی۔

رسیدیں چھپ کر آگئیں، کچھ جیالوں نے رخت سفر بھی باندھ لیا، لیکن دور دور تک نہ تو ہری جھنڈی کا پتہ تھا نہ پیٹھ پر شاباشی کا ہاتھ رکھنے والے ہاتھ کا...

پھر چہ میگوئیاں...

اعلان کرواکے، رگوں میں خون دوڑا کے... خاموش کیوں؟

اپنی بالادستی...

امام صاحب کو عصر کی نماز کے بعد چائے پینے اور بیڑی پھونکنے کی عادت تھی، معمول کی ادائیگی کے بعد وہ واپس مسجد چلے آتے۔ مغرب کا وقت بھی تو قریب آجاتا۔ رمضان شریف میں بھی وہ سب سے پہلے اپنا یہی معمول ادا کرتے، پھر افطار نوش فرماتے۔

امام صاحب جیسے ہی نکلے، لوگوں نے انھیں گھیر لیا۔ باہر تو اللہ کا گھر نہیں تھا، وہاں بات چیت کرنے میں کوئی قباحت نہیں تھی۔

امام صاحب نوکیلے سوالوں اور تیکھے تیکھے جملوں سے یوں گھیر لیے گئے کہ بچارے ایک دم گھبرا ہی تو گئے۔ وہ بچارے تو خود ہی کمزور وکٹ پر تھے، ہاں، مؤذن کی طرح بے وقوفی کی حرکتیں کرنے پر ذلیل نہیں کیے جاتے، پھر انھیں برسرِاقتدار گروپ کے ساتھ بیٹھ کر چائے وغیرہ پینے کی اجازت تھی۔ پانچ وقتوں کی امامت کے علاوہ جمعہ کا خطبہ ایک ایسا مسئلہ تھا، جس پر انھیں بہت ہوشیار رہنا پڑتا اور دین وآخرت کا ذکر کرکے اپنی باتیں ختم کرنی پڑتیں، اگر سکریٹری کا حکم ہوا تو مسجد سے متعلق کچھ ضروری اعلانات اور بس...

''بھائی، مجلس منتظمہ جب مناسب سمجھے گی، مسجد کی توسیع میں ہاتھ لگا دے گی۔'' انھوں نے ٹالنے کی کوشش کی۔

''یہ اللہ کا گھر ہے، کسی کی ذاتی جائیداد نہیں۔''

''مجلس منتظمہ بھی تو آپ ہی لوگوں کی بنائی ہوئی ہے۔''

''خدمت گار... مالک نہیں۔''

''انتظار کیجیے، جلد ہی کوئی فیصلہ ہو جائے گا انشاء اللہ تعالیٰ۔''

امام صاحب کے لیے ان لوگوں کے درمیان زیادہ دیر تک گھرے رہنا خطرے سے خالی نہیں تھا، کچھ لوگوں نے انھیں روکنے کی کوشش بھی کی۔

حالانکہ امام صاحب زندگی بھر بھی رکے رہتے تو بھی گول مول باتوں سے آگے نہیں جا سکتے تھے۔ وہ چلے گئے تو اصل پنچایت بیٹھی۔

''مسجد کی تعمیر میں اللہ کے بندوں کا خون، پسینہ اور پیسہ نہیں لگا تو وہ کوئی عمارت ہو سکتی ہے، اللہ کا گھر نہیں۔''

''یہ تو ثواب جاریہ ہے۔ اس کی تعمیر میں ایک پائی بھی لگی تو قیامت تک اس کا صلہ جاری رہے گا۔''

''پھر؟''

''پھر یہ کہ یہ ملت بلکہ پوری امت مسلمہ کو بہت بڑے ثواب سے محروم رکھنے کی بہت بڑی سازش ہے... ثواب جاریہ سے۔''

''دنیا میں تو گھاٹا نفع کا سودا ہوتا رہتا ہے، لیکن یہ تو دینی مسئلہ ہے، ہماری عاقبت کا۔''

''مسجد تو جیسے ان کی... انھوں نے تو وہاں اپنے گھر کی سجاوٹ کی فالتو چیزیں لگا رکھی ہیں... طغرے، گھڑیاں، مکہ مدینہ کے خوبصورت مناظر، قالین، جائے نماز...''

''بھلا امریکہ، انگلینڈ کے گھروں میں طغرے اور جائے نمازیں رہیں گی، پھر مونا لیزا، الزبتھ ٹیلر اور روم کے کھنڈرات کی تصویریں وغیرہ کہاں رہیں گی؟''

''یعنی... یعنی... ان کے لیے طغرے اتار دیے گئے اور...''

''کیا کہہ رہے ہو؟ یہ لوگ تو بڑے گنہگار ہیں۔''

''بس ایک ہی حل ہے ان باتوں کا... انھیں مسجد سے بے دخل کرنا چاہیے۔''

''من مانی کی انتہا کر دی ہے انھوں نے۔''

''لیکن کمیٹی... کمیٹی نے بنایا ہے انھیں... باقاعدہ چناؤ ہوا ہے ان کا۔''

''تو؟''

''کمیٹی ہی...''

''کمیٹی کے سارے ممبر تو ان لوگوں کی جیب میں رہتے ہیں۔''

''پتہ ہے... قیمت مقرر ہے ان سب کی۔ باری باری ہر جمعرات کو صدر سکریٹری اور خازن کے ہاں پلاؤ قورمہ بنتا ہے۔ یوں نمک چٹانے کا انتظام ہے۔''

''ہم لوگ کمیٹی کے ممبر بن جائیں... تو کیا ہم سب بھی...؟''

''ہم کیوں جائیں گے ان کے یہاں پلاؤ کھانے؟''

''اگر انھوں نے دعوت کی...؟''

''ہم قبول نہیں کریں گے۔''

''لیکن دعوت قبول کرنا تو سنت ہے۔''

''اللہ نیت دیکھتا ہے نا۔''

''تو پھر؟''

''اصل میں یہ بحث ہی فضول ہے۔ نہ ہمیں کوئی ممبر بنا رہا ہے نہ دعوت دے رہا ہے۔''

سوچنا یہ ہے کہ مسجد کو کیسے بچایا جائے۔''

''جمہوری طریقے سے وہ مان لیتے ہیں تو ٹھیک... ورنہ پھر اور کوئی طریقہ اختیار کرنا ہوگا۔''

''جمہوری طریقہ؟''

''ہڑتال، گھیراؤ، بھوک ہڑتال وغیرہ وغیرہ۔''

''لیکن۔''

''لیکن کیا؟''

''یہ سب تو گاندھیائی طریقے...''

''ارے فرق کیا پڑتا ہے... ہم یہاں رہتے ہیں تو یہاں کے طور طریقے کو اپنائیں گے نا۔''

''اب مسجد کے سلسلے میں بھی...''

''تو پھر؟''

''ہم کمیٹی پر زور ڈالیں کہ وہ فوراً کوئی فیصلہ کرے، ہم بہت انتظار نہیں کریں گے، ہمارا پیمانہ لبریز ہوتا جا رہا ہے۔''

''پیمانہ؟ میاں، میں تمھیں کتنی بار کہہ چکا ہوں کہ اللہ کے معاملے میں احتیاط برتا کرو، ورنہ بہت بڑے گناہ کے مرتکب ہو جاؤ گے۔''

''لیکن یہ تو محاورہ... جیسے صبر کا پیمانہ، انتظار کا پیمانہ، غصہ کا پیمانہ...''

''ہم احتیاط برت لیں تو کیا حرج ہے؟''

''ٹھیک ہے بھائی، ٹھیک ہے، لیکن انھوں نے پھر بے حسی دکھائی جو ایک سیاسی حکمت عملی ہوتی ہے تو اس صورت میں ہم...''

''جد و جہد کریں گے۔''

''یعنی جنگ؟''

''بھئی، یہ معاملہ تو اللہ کے گھر کا ہے، اس کی ناموس کا ہے، ہم پر یقینی جد و جہد فرض ہو جاتا ہے۔''

''ایسی بات ہے تو پھر ہم ضرور...''

لوگوں میں جوش و ولولہ بھر گیا، جسموں میں جیسے ایک تیز کرنٹ...

اسی وقت مغرب کی اذان بلند ہوئی۔

اللہ اکبر... اللہ اکبر...

نماز کے بعد صحن میں لوگ جمع ہوئے، اسی وقت اچانک محترم صدر اور معزز سکریٹری مسجد سے نکل آئے۔

''کیا بات ہے؟''

مسعود خاں نے حیران نظروں سے انھیں دیکھا۔

ہر شخص نے کچھ بولنے کی کوشش کی... ساری آوازیں گڈمڈ ہو گئیں۔

ایک ہنگامہ سا برپا ہو گیا۔

''یہ مسجد ہے، مچھلی بازار نہیں... اس کا احترام کیجیے۔'' محمود عالم نے بزرگانہ انداز میں ڈانٹا۔

چند لمحوں کے لیے ایک سناٹا سا چھا گیا۔ کچھ دیر کے بعد ایک آواز اٹھی، ''باہر چل کر ضروری باتیں...''

''دیکھیے... اگر مسئلہ دنیاوی ہے تو اس سے ہمارا کوئی واسطہ نہیں، اگر دینی ہے تو پھر وہ گلیوں میں حل نہیں ہو سکتا۔'' مسعود خاں نے اپنی رولنگ دی۔

''مسجد کی توسیع...''

مسعود خاں فوراً سمجھ گئے... یا پھر وہ پہلے سے سمجھے ہوئے تھے، بات کاٹ کر بولے۔

''سوچیں گے، کمیٹی کی میٹنگ میں اس پر غور ہوگا۔''

''مسجد میں باتیں کیوں نہیں ہو سکتیں؟ مسجد تو ہماری پارلیمنٹ تھی، اس میں سارے مسائل...''

لوگوں میں اسلامی تاریخ کی واقفیت کچھ کم نہیں تھی۔

''وہ دور نبوی تھا... مسجد نبوی تھی، تب پارلیمنٹ تھی۔'' سراج انور نے حلیمی سے جواب دیا۔

''یعنی ہماری مسجد متبرک نہیں؟'' تیکھا سوال۔

''یہ بات نہیں، لیکن مسجد نبوی کا مقابلہ دنیا کی کوئی مسجد نہیں کر سکتی، یہ بات آپ جانتے ہیں نا؟''
مسعود خاں نے سنجیدگی سے پوچھا۔

''ہماری مسجد پارلیمنٹ کیوں نہیں بن سکتی؟'' سوال پر سوال۔

''اچھا آپ میری ایک بات کا جواب دیجیے ... آج کی مسجد نبوی پارلیمنٹ کیوں نہیں ہے؟''
سکریٹری صاحب نے دریافت کیا۔

''وہ اس لیے... اس لیے کہ ہم اسلامی حکومت... مطلب خلافت قائم نہیں کر سکے۔''

''ایک اسلامی ملک میں تو ہم ایسا نہیں کر سکے لیکن اپنے ملک کے ایک چھوٹے شہر کے ایک بہت ہی چھوٹے سے محلے میں ہمیں ایسا ضرور کرنا چاہیے۔''

مسعود خاں کا لہجہ بظاہر سادا اور بے ضرر تھا۔

خاموشی چھا گئی... دھند سے بھری خاموشی... وہ لوگ آسانی سے باہر نکل گئے۔

''یہ بات ہوئی؟''

''یہی کہ ان کی مرضی کے بغیر کچھ نہیں ہوگا۔''

ان کے درمیان جو گرمی پیدا ہوئی وہ کسی عبادت خانے کی متحمل نہیں تھی۔ باہر ڈمرو کا چائے خانہ محلے کا وہ ہائیڈ پارک تھا جہاں زہر بھی اگلا جاتا تو اس پر کوئی روک ٹوک نہیں تھا۔ انھیں جس طرح نظر انداز کیا گیا، اس کا انھیں بہت قلق تھا۔ آخر وہ بھی تو اللہ کے گھر کے برابر کے ساجھی دار تھے۔

جی بھر کے انھوں نے اپنے دل کا بخار نکالا۔

''وہ مسجد ہر حال میں اپنے انھیں پیسوں سے بنائیں گے جو ان کے بینکوں میں سود کی شکل میں بے حساب جمع ہے۔''

''مسجد ہمیشہ عوامی تعاون سے بنی چاہیے، چند خاص لوگوں کی مہربانی سے نہیں، اس میں خدا کی مصلحت بھی پوشیدہ ہے۔''

''یعنی؟''

''ثوابِ جاریہ... مشفق و مہربان خالق دو جہاں چاہتا ہے کہ اس کے بندے اپنے مال کے ساتھ آگے آئیں اور اسے اپنے گنہ گار بندوں کی شفاعت کا بہانہ مل سکے۔''

''یعنی پوری ملت کو اتنے بڑے خواب سے محروم رکھنے کی سازش... یہ کبھی نہیں ہو سکتا، ہم انھیں من مانی نہیں کرنے دیں گے۔''

''ابھی دیکھ لو... شاید وہ کوئی فیصلہ کر رہی لیں، اللہ کو کچھ بہتر ہی منظور ہو۔''

''ان کے تیور سے تو نہیں لگتا... وہ عام چندہ کے لیے تو خود نکلنے سے رہے اور ہم پر وہ بھروسہ کریں گے

نہیں۔''

''دیکھو، وہ وہی کریں گے جو میں کہتا ہوں... ان کے بارے میں خوب پتہ ہے ہمیں۔''

''آخر کیا؟''

''یہی کہ اپنے ہی جیسے چند لوگوں کے درمیان بڑے بڑے چندے کر لیں گے اور کچھ اپنی جیب سے...''

''اس میں حرج؟''

''حرج؟'' حرج تو وہ ہے میاں جس کا تم تصور بھی نہیں کر سکتے۔ جو ثواب ہمیں تا قیامت ملتا رہتا، وہ چند خود غرض لوگوں تک سمٹ رہا ہے، اسے ہم کیسے برداشت کر سکتے ہیں؟''

''ان کے فیصلے کا ہمیں انتظار کر لینا چاہیے۔''

آواز کمزور تھی، پھر بھی اس میں چنگاری تھی۔

''بار بار تو ہم کہہ رہے ہیں، کہ وہ نہیں کریں گے، نہیں کریں گے، نہیں کریں گے... ہمیں جو کچھ کرنا ہے، وہ ہم سوچ لیں تو بہتر ہے۔''

''میں پوچھتا ہوں انجینئر، وکیل اور سرکاری افسر کے پاس اتنی دولت کہاں سے آتی ہے کہ...''

''چھوڑو، جس کا اعمال اس کے ساتھ، ہمیں اس سے کیا لینا دینا۔''

''لینا دینا کیسے نہیں؟ ہماری عاقبت کا معاملہ ہے۔ آخر ہم نماز مرنے کے بعد صلہ ملنے کی امید ہی پر پڑھتے ہیں نا۔''

''یعنی دنیا تو ہماری جا ہی چکی، دین سے بھی ہاتھ دھونے کی تیاری... کوئی انتہا ہے اس ظلم کی...''

''میں نے خود جناب سکریٹری صاحب کو کہتے سنا ہے کہ ان لونڈوں کے ہاتھوں میں مسجد دینے سے بہتر ہے کہ اس میں تالہ لگا دیا جائے... حد ہو گئی جیسے ہم تو ہمیشہ لونڈے کے لونڈے رہیں گے اور یہ...''

''ارے یار، اگر یہ بات سچ ہے تو انھوں نے تو ہمیں زبردست گالی دے دی، ٹھیک ہے کہ ہم میں زیادہ تعداد نوجوانوں کی ہے، لیکن کچھ بڑی عمر کے لوگ بھی تو ہیں، انھیں...''

''وہ ہمیں گالی نہیں دیں گے تو اور کیا دیں گے، اس سے فرق کیا پڑتا ہے، دیں...''

''اب بس ایک ہی راستہ رہ گیا ہے۔''

''کیا؟''

''جہاد۔''

''جہاد؟''

''ہاں جہاد۔''

''اس کے لیے ملت تیار ہے؟''

''جنگ میں بگل بجتا ہے تو پوری قوم اٹھ کھڑی ہوتی ہے اور بگل بجانے سے پہلے قوم سے مشورہ نہیں لیا جاتا ہے۔''

''جہاد کے لیے تو فتویٰ ضروری ہوتا ہے۔''

''کون دے گا فتویٰ؟ یہی لوگ جن کی صبح وشام سلام صاحب، سلام صاحب کرتے زبان نہیں تھکتی، وہ بچارے کیا فتویٰ دیں گے؟''

''تو پھر قاضی شہر...''

''وہ اس معاملے میں کیوں پڑیں گے... یہ تو اپنی مسجد کا معاملہ ہے، ملت کا تو مسئلہ ہے نہیں۔''

''پھر بھی...''

''پھر نہیں... ہماری رہنمائی کے لیے آسمانی فرمان موجود ہے، صاف کہا گیا ہے کہ ملت کو قدم قدم پر جہاد کرنا ہے۔ بگل بجا کر میدان جنگ میں صرف گھوڑے دوڑانا جہاد نہیں۔''

''برائی کے خلاف اٹھ کھڑے ہونا جہاد ہے... نفس سے لڑنا جہاد... صدائے حق بلند کرنا جہاد...''

ان کے چہرے تمتما اٹھے، دو ایک نے نعرۂ تکبیر بلند کر دیا، پوری فضا جیسے بدل گئی۔

مسجد کے سامنے ایک چھولداری لگا دی گئی، تین چار چوکیاں، دریاں، سفید گاؤ تکیے، آنے جانے والوں کے لیے کچھ کرسیاں مائک اور...

جہاد شروع۔

''مجلس منتظمہ استعفیٰ دے، سارے لوگ ہٹائے جائیں۔''

پانچ وقتوں میں نعرہ بازی میں کچھ اور تیزی آجاتی، چہل پہل اور تفریح کا منظر پیدا ہو جاتا۔

ابھی تک بات مسجد میں باقاعدہ آنے والوں تک ہی محدود تھی، بڑی تعداد تو ان لوگوں کی تھی جو کسی نہ کسی وجہ سے مسجد سے دور رہتے۔ کام کے وقت، بے پناہ مصروفیت، لاپروائی، بے توجہی، لاتعلقی، طہارت نہ رہنے کا بہانہ وغیرہ۔ عید بقرعید کی بات اور تھی... جمعہ کی بھی...

لیکن جب جہاد چھڑ گیا تو اہل ایمان چپ کیسے رہ سکتے تھے۔

دو گروپ ابھر کر سامنے آ گئے۔

ایک حمایت میں، دوسرا مخالف میں۔

اس کا اندازہ لگانا مشکل تھا کہ ان میں کون واقعی طاقتور تھا، دکھائی تو دونوں دیتے۔

جن کی مخالفت کی جا رہی تھی، وہ پہلے کی طرح مسجد آتے جاتے رہے... آتے تو طاقتور دکھائی دیتے، جب نعرہ بازی ہوتی تو دوسرا گروپ طاقتور نظر آتا۔

میدانِ جنگ تھا لیکن جنگ نہیں تھی۔
مگر سب سے دور پر اسرار خاموشی کے ساتھ ایک اور عمل جاری تھا۔
محلے سے متصل ایک بہت بڑا میدان تھا جس کو عرصہ قبل اونچی دیواروں سے گھیر دیا گیا تھا۔ اندر پتہ نہیں کب سے، کون فیکٹری بن رہی تھی، سننے میں آتا کہ باہر کے معماروں سے بھی کام لیا جا رہا ہے، دور دراز علاقوں سے ساز و سامان آتے، روشنی ہوتی، شور وغل، چہل پہل... سب دیواروں کے اندر... رہائش کے انتظامات بھی اندر... خیال تھا کہ غیر ملکی سرمایہ کاری سے ایک بہت بڑا پروجیکٹ لگایا جا رہا ہے... کچھ لوگ کروڑ پتی سے ارب پتی ہو جائیں گے، ارب پتی سے کھرب پتی اور کھرب پتی سے...
ادھر جہاد کا نعرہ بلند ہوا، ادھر دیواروں کے اندر کی سرگرمیوں میں تیزی آ گئی۔ اس میں محلے کے زیادہ لوگ شامل نہیں تھے اور جو بہت کم تعداد تھی بھی، وہ بہت ہی قابلِ اعتماد، نمک خوار قسم کے لوگوں پر مشتمل تھی۔
اچانک اعلان ہوا کہ ایک ممتاز ملک کے محترم سفیر نئی عظیم الشان مسجد کا افتتاح کرنے تشریف لا رہے ہیں۔
اسی شہر میں...
اسی محلے میں...
لوگ بھونچکے رہ گئے۔
''مسجد؟''
''کیسی مسجد؟ کہاں کی مسجد؟''
''سفیر محترم کی تشریف آوری...؟''
سوالات بے شمار تھے۔
اچانک محلے ہی میں نہیں، پورے شہر میں شاندار، روغنی، رنگین پوسٹروں کی بہار آ گئی... ایک طرف بہت ہی خوشنما، پھولوں کی کیاریوں میں گھری ہوئی ایک نہایت ماڈرن مسجد... دوسری طرف سفیر محترم اپنا ہاتھ اٹھا کر پتہ نہیں کیا تلقین فرما رہے تھے۔
مقررہ تاریخ پر نہ صرف شہر بلکہ بیرونِ شہر سے لوگ امڈ پڑے۔ مسجد کیا تھی، جدید حسن تعمیر کا ایک نمونہ۔ چمچماتے سنگ مرمر کے ٹائلز، وہائٹ اسٹون، برما ٹک کے خوبصورت دروازے، بیش قیمت شیشے، جدید وضوخانہ، ماڈرن مائک سسٹم... منبر تو ایسا جیسے کسی عظیم شہنشاہ کے دربار خاص میں رکھا منقش تخت... مسجد دلہن کی طرح سجائی گئی تھی، چاروں طرف دبیز قالین... خوشبودار پھولوں اور پتیوں کی ہر جگہ بہار۔
عصر کی نماز سے قبل دو رکعت نماز نفل سے، جس کی امامت سفیر صاحب نے فرمائی، مسجد کا افتتاح ہوا۔
حاضرین نے آمین کہہ کر اس کی تصدیق کی۔ اسی دن مغرب کی باجماعت نماز سے مسجد باقاعدہ کھول دی گئی۔

بارعب چہار دیوار... بلند دروازہ... پھولوں کی کیاریوں اور فواروں سے مزین صحن۔

یہاں آکر نماز ادا کرنا گویا اسٹیٹس سمبل قرار پایا۔

پتہ نہیں چل سکا کہ جن مجاہدوں نے پرانی مسجد کے سامنے خیمہ اور چوکیاں لگائی تھیں، ان کا کیا ہوا۔

کب خیمہ اکھڑا، کب چوکیاں اور دریاں ہٹائی گئیں اور کب مائک سے بلند ہوتی ہوئی آوازیں ختم ہوئیں۔

اس مسجد میں تو اب فقط جمن ہی رہ گئے۔

بیل پات

گیتانجلی شری

ترجمہ: اشعر نجمی

سبزی بازار میں فاطمہ کا پاؤں 'چھپ' سے کسی لجلجی چیز پر پڑ گیا۔

''اُف!'' گھن سے اس نے پاؤں کو جھٹکا۔

''کچھ نہیں ہے، ریلیکس،'' اوم نے جھک کر دیکھا اور اسے تسلی دی، ''گوبر ہے بس۔''

معلوم نہیں کیوں، فاطمہ کے اندر سے غصے کی تیز لہر پھوٹی، ''دیکھو، تمھارے لیے ہوگا یہ پاک، لیکن میرے لیے یہ اتنا ہی گھناؤنا ہے جتنی گھوڑے کی لید۔''

اوم کے اندر کچھ ہل گیا۔ ''فاطمہ پاگل ہو جاؤ گی۔ اس طرح کرو گی تو ہر اشارے کا دو میں سے ایک ہی مطلب ہوگا، ہندو یا مسلمان۔''

''اب بھی سنبھل جاؤ۔'' اوم کراہ اٹھا، ''تم جس کیچڑ میں پھنس رہی ہو وہ ابھی نرم ہے، ابھی اس میں سے نکل سکتی ہو۔ لیکن فاطمہ، سمجھو گی نہیں تو پھنستی چلی جاؤ گی، اور پھر وہ ٹھوس ہوتا جائے گا، تم اسے میں اٹک جاؤ گی، ہل بھی نہیں پاؤ گی، اکڑی رہ جاؤ گی۔''

دونوں اسکوٹر پر سوار ہو کر گھر لوٹ آئے۔

اندر شنو چاچی آئی تھیں، ''یہ لو بیٹا، شرڈی گئی تھی، سائیں بابا کا پرساد ہے۔ بہو! یہ دھاگہ بندھوا لو۔''

فاطمہ نے خاموشی سے دھاگہ بندھوا لیا۔

اس کی آنکھوں میں انوکھی چمک تھی۔

اسی شام اس نے اپنا سوٹ کیس کھولا۔ امی نے گلابی اور سبز گوٹے دار ساٹن میں کشن اور جائے نماز لپیٹ دی تھی۔ فاطمہ نے کھڑکی کے نیچے، کمرے کے ایک طرف وہ چیزیں لگا دیں۔ نماز پڑھی اور جائے نماز کو ایک کونے سے ذرا سا موڑ دیا۔

رات کو اوم نے اپنا ہاتھ دھیرے سے فاطمہ کے کندھے پر رکھا۔ فاطمہ نے منھ پھیر لیا۔ اوم نے اور نزدیک کھسک کر کہا، ''فاطمہ! یہ کیا کر رہی ہو؟''

فاطمہ زخمی پرندے کی طرح تڑپ کر الگ ہوگئی۔ ''میں کچھ نہیں کر رہی ہوں۔ اُلٹا چور کوتوال کو ڈانٹے...'' وہ تقریباً چیختے ہوئے بولی۔

عجیب سی ہو رہی تھی فاطمہ، جیسے ایک مہین سی پرت کے نیچے آتش فشاں چھپا ہوا ہو۔ جب تک خاموشی ہے تب تک ٹھیک ہے لیکن ذرا سی آواز ہوئی کہ پرت چٹخی اور چیخ باہر آئی۔

اوم نے اس کا ہاتھ دھیرے سے دبایا۔ ''پیاری، میں کیا کر رہا ہوں؟ تم تو ہر بات کا مطلب نکالنے لگی ہ۔ اتنی جلدی ناراض ہو جاتی ہو۔ پہلے ہم ہر طرح کی بات پر ہنس لیتے تھے۔''

فاطمہ کے آنسو چھلک پڑے۔ ''پہلے کی بات مت کرو۔ پہلے تم کچھ اور ہی تھے۔'' اس نے سسکی کے ساتھ اپنا منھ تکیے میں دبا دیا۔

اوم نے اسے زور سے بھینچ لیا۔

''چھوڑو مجھے۔ چھوڑو۔'' وہ روتی ہوئی اس کی بانہوں سے آزاد ہونے کے لیے تڑپنے لگی۔

''نہیں،'' اوم نے اپنی بانہوں کی گرفت اور بڑھا دی۔ ''نہیں فاطمہ، کیسے چھوڑ سکتا ہوں میں تمھیں۔ پلیز... تم سمجھ نہیں رہی...''

سمجھ تو وہ بھی نہیں رہا تھا۔ اس کی عقل ماری گئی تھی۔ منھ پھاڑے کوئی موج آئی تھی اور اسے بیچ سمندر میں، انجان تاریکی میں غوطے کھانے کے لیے پٹک گئی تھی۔ یہ سب کیوں ہو رہا ہے؟ یہ سب کیوں ہو رہا ہے؟ اسے کچھ بھی سمجھ میں نہیں آ رہا تھا۔ سسکتی فاطمہ کو اپنے سینے سے لگائے وہ نیم چاندنی میں خاموش پڑا رہا۔ پلنگ کے بغل میں ایستادہ 'کیبنٹ' پر چاند اشارہ کر رہا تھا۔ فاطمہ کے کالج کی تصویر دھندلی ہو چکی تھی۔ دبلی پتلی، جینز پر کرتا پہنے، کرتے پر لمبی چوٹی جھلاتی، شگفتہ چہرے والی، بڑی بڑی آنکھوں والی۔ تب فاطمہ کتنی شوخ ہوا کرتی تھی اور بے خوف اور باغی بھی۔ ہوسٹل کے لاونج میں ہی وہ اپنے ابا سے لڑ پڑی تھی۔ ''سماج... مذہب... مجھے دھمکی مت دیجیے... ساری دنیا کسی گھٹیا اصول پر اتفاق کر لے، تو بھی وہ صحیح نہیں ہو جائیں گے۔'' دونوں نے مل کر سب کا سامنا کیا تھا۔ جان کی دھمکی دینے والے گمنام خطوں کو حقارت سے پھاڑ کر پھینک دیا تھا۔ اوم کی نوکری چلی گئی۔ اس پر الزام لگے کہ وہ مغرور ہے اور آفس کا سامان نجی استعمال میں لاتا ہے۔ دوستوں کے ساتھ دونوں خوب ہنسے تھے، کیوں کہ واقعی اوم آفس کا کاغذ اکثر اپنا مضمون ٹائپ کرنے کے لیے اٹھا لاتا تھا۔ یکے بعد دیگرے ہنگامے

ہوتے رہے۔ شہر بھر میں ہنگامہ برپا ہوا۔ فاطمہ کو تو اس کے ابا نے کمرے میں بند کر کے باہر سے تالا لگا دیا۔ لیکن وہ کھڑکی سے کود کر بھاگ آئی تھی اور دونوں نے شادی رچالی۔

اوم نے گہری سانس لی۔ یوں لگا تھا کہ ایک خوفناک دور کا خاتمہ ہوا تھا، ایک خطرناک کہانی انجام تک پہنچ چکی تھی۔ لیکن نہ جانے کیسے اس کہانی کا اختتام ایک نیا آغاز بن گیا۔

صبح آنکھ کھلی تو فاطمہ نماز پڑھ رہی تھی۔

''یہ کیا؟'' اوم کے تن بدن میں آگ لگ گئی۔ اس نے لپک کر جائے نماز کھینچ لی اور فاطمہ کو گھسیٹ کر کھڑا کر دیا۔ ''یہ کیا کر رہی ہو؟'' وہ دانت پیستے ہوئے بولا ''اب یہی کسر باقی رہ گئی تھی؟''

''چھوڑو مجھے۔'' فاطمہ کی آواز کانپ رہی تھی۔ اس کی آنکھوں میں مضبوط ارادہ دیکھ کر اوم لرز گیا۔ فاطمہ جھٹکے سے واپس جا بیٹھی۔

ناشتے پر دونوں خاموش تھے۔ اوم اپنے چہرے کے سامنے سے اخبار ہٹاتا تو صرف ایک اور نوالہ منھ میں ڈالنے کے لیے۔ جب فاطمہ خالی پلیٹیں اٹھانے لگی تو اس سے نہیں رہا گیا۔

''رُکو!''

فاطمہ ٹھٹک گئی، اس نے اپنا سر نہیں گھمایا۔

''جاؤ،'' اوم نے غرا کر کہا، ''جب سننے سے پہلے ہی طے کر چکی ہو کہ نہیں سنو گی تو کیا فائدہ؟''

فاطمہ اپنی ساڑھی پھڑپھڑاتی ہوئی باورچی خانے میں گھس گئی۔ وہ واقعی کچھ بھی سننے کو تیار نہیں تھی۔ سارا درد، ساری اداسی اس نے اب اسی ایک نقطے پر قربان کی قسم کھالی تھی؛ اپنی ایک شناخت پر، کیوں کہ اسے محسوس ہو گیا تھا کہ کوئی اسے پہچانتا نہیں ہے، مانتا نہیں ہے، یا تو صرف برداشت کرتا ہے یا پھر ذلیل کرتا ہے۔ اسے اپنے وجود کی اب تلاش تھی، وہ بھی دکھا دے گی کہ وہ کیا ہے۔

اوم کا ہاتھ پھر اس کے کندھے پر تھا، ''فاطمہ!'' اس کی آواز رُندھی ہوئی تھی۔

فاطمہ تڑپ اٹھی۔ وہ اوم کی نرمی برداشت نہیں کر سکتی۔ اسی طرح وہ اسے بھٹکا دیتا ہے۔ وہ امید اور یقین کرنے لگتی کہ اسے قبول کیا جا رہا ہے۔ نہیں چاہیے یہ نرمی۔ چیخ لو، مار لو، لیکن...

''فاطمہ کچھ تو سوچو۔ تم سمجھتی کیوں نہیں ہو کہ کیا کر رہی ہو؟ ساری دنیا مذاق اڑائے گی کہ انھیں تو ہمیشہ سے پتہ تھا کہ تیل اور پانی کا ملن کب ہو پایا ہے... تم سنبھلتی کیوں نہیں؟ ہم نے ایک دوسرے سے پیار کیا ہے... مذہب سے اوپر اٹھ کر... تم نے کیوں قصد کر لیا ہے کہ دنیا کے رچے ہوئے جھوٹ کے بھنور میں پھنس جائیں؟ تم کیوں ہندو مسلمان کرنے پر ڈٹی ہوئی ہو... فاطمہ، تم زہر کو مرہم سمجھ رہی ہو۔ پلیز فاطمہ، پلیز.... جس میں سے ہم لڑ کر باہر نکل آئے تھے اسی گڑھے میں گر جانا چاہتی ہو؟ ہم تو ناانصافی سے لڑنے والوں کے لیے ایک طاقت بن گئے تھے... سمبل آف وکٹری...''

فاطمہ تلملا اٹھی۔ ''ہاں ہاں 'سمبل' ہیں... صرف 'سمبل' بن کر رہ گئے ہیں... مُردہ 'سمبل'، اور کچھ نہیں رہے۔ جیسے ترنگے جھنڈے پر بنا ہوا چکر۔ اوم میں انسان ہوں، فرشتہ نہیں۔ سنا؟ سمجھے؟... سن لو اوم، مجھے میری دنیا چاہیے، انسانوں والی... ڈویوانڈر اسٹینڈ؟... جس میں طرح طرح کے رشتے ہیں، دور کے پاس کے۔ مجھے چار جگری دوستوں کے سہارے نہیں جینا ہے۔ اوم... اوم، تم بیوقوف ہو... زندگی ایک ذرا سی intimate گھیرے میں نہیں گزاری جاتی... سب اتنے نزدیک... سب ایک دوسرے کے بارے میں جانتے ہوئے... اوم! میرا دم گھٹتا ہے۔ سانس لینے کے لیے تھوڑا دور ہونا پڑتا ہے۔ مجھے یہ چاہیے... یہ سب چاہیے...''

اوم بے چین ہوا تھا، ''سب' کسے بول رہی ہو؟ اس طرح کیا تم 'سب' پا جاؤ گی؟ فاطمہ، تم اپنے آپ کو بھی کھو دو گی۔ جسے 'سب' سمجھ رہی ہو، وہ بے جان 'سمبل' ہیں... تم ہار گئی ہو...''

فاطمہ جھٹکے سے وہاں سے چلی گئی۔

وہ سچ مچ بہت ڈرنے لگی تھی۔ گھبراہٹ کی فضول لہر سے اس کا جسم سہر اٹھتا تھا۔ راتوں کو نیند کھلتی تو وہی جانی پہچانی آوازیں: نل سے گرتی ٹپ ٹپ بوندیں، ہوا میں دھیرے دھیرے کھڑ کھڑاتی کھڑکی، دور سڑک پر جاتی ٹرک کی آواز؛ وہ اندھیرے ہی میں ڈر کر جھانکنے لگتی... کون ہے، کیا ہے؟

کبھی خواب دیکھتی، امی کے کمرے میں داخل ہوئی۔ امی خاموشی سے کام کر رہی ہیں۔ شاید کہیں جانے والی ہیں۔ ان کے چہرے کے تاثرات پُرسکون ہیں، اور فاطمہ ان سے کچھ کہنے کو بے چین ہے، انھیں سننے کے لیے بلک رہی ہے۔ لیکن امی بات ہی نہیں کرتی، پتھرائی ہوئی سی ہیں۔ ان کا کیا ہوگا؟ فاطمہ خوفزدہ ہوگئی، عجب سی گھٹن اسے ڈسنے لگتی ہے، وہ ٹوٹ رہی ہے، چیخ رہی ہے۔ چہرے کی بناوٹ اس چیخ سے بگڑتی جا رہی ہے۔

اچانک وہ جاگ جاتی۔ اس چیختے، مسخ چہرے پر یہ پُرسکون، ساکت اور جھریوں سے پاک سو کر جاگا ہوا چہرہ... وہ کچھ اور بھی ڈر جاتی۔

فاطمہ کرسی پر بیٹھ گئی... پست۔ اس کی ہمت ٹوٹ گئی تھی۔ اپنی کرتوت کا انجام وہ نہیں جاننا چاہتی تھی۔ مثالی جھگڑا بس بہت ہو گیا۔ اسے لگ رہا تھا کہ اس میں سر اٹھانے کی طاقت نہیں بچی۔ ہر پودے کے نمو کے لیے مٹی چاہیے، ہوا پانی چاہیے۔ وہ مرجھانے لگی تھی۔ اوم کہتا تھا، اسے کوئی حق نہیں کہ وہ ہر جھونکے پر ذرا اور جھک جائے، اتنی کمزور ثابت ہو۔ سماج سے پنگا لیا ہے تو بنجر زمین پر اُگنا سیکھنا ہوگا، ورنہ پہلے ہی کسی بیل کی طرح کسی پیڑ یا دیوار سے کیوں نہ چپک گئی؟

بہت ہو گئی بکواس۔ فاطمہ کا سر گھوم گیا۔ اسے لگا کسی اور زندگی میں وہ اپنی اس کمزوری پر لعنت بھیج دے گی۔ ابھی تو صرف وہ اپنی ایک جگہ چاہتی ہے، اپنی پہچان مانگتی ہے، خود کو پانے کے لیے تڑپ رہی ہے۔

کسی نے گھنٹی بجائی، فاطمہ نے نظر اِٹھائی۔ شنو چاچی تھیں۔

سموار تھا۔ وہ ہر سموار آجاتی تھیں۔ اماں کے نام کی پوجا کر جاتی تھیں۔

اماں بھی دو سال منھ پھلا کر بیٹھ گئی تھیں لیکن بیٹے سے کون سی ماں الگ ہو پاتی ہے، وقت کے ساتھ ساتھ ساری اکڑفوں غائب ہوگئی اور بیٹے کے گھر آنا جانا شروع ہو گیا۔ اسی وقت سے شنّو چاچی بھی آنے لگیں۔

اماں تو فاطمہ کو دل و جان سے پیار بھی کرنے لگیں۔ کبھی شنّو چاچی نے آنکھ نچاتے ہوئے کہا تھا،

''کیوں ری، تیری بہو کی آواز بہت سریلی ہے ورنہ میں تو آواز سے ہندو مسلمان بتا دیتی ہوں۔''

اماں نے فاطمہ کے چہرے پر ہاتھ پھیرتے ہوئے کہا تھا،''میری بہو کسی کونے سے مسلمان لگتی ہی نہیں ہے۔''

فاطمہ نے پوچھ لیا،''میں بھی تو سنوں، آواز میں کیا راز ہے؟''

چاچی نے ہاتھ نچایا۔''بھئی مسلمانن ہمیشہ بھونڈی آواز ہی پاتی ہے... آدمیوں جیسی۔ وہ مالن نہیں آتی ہے؟''

فاطمہ نے برجستہ کہا،''آواز تو آواز ٹھہری، ہندوؤں کے تو آدمی ہی عورتوں جیسے ہیں...پدّے سے۔''

بعد میں اوم اور فاطمہ اپنے حلقۂ احباب میں اس قصے پر خوب ہنسے تھے۔ اوم کے پانچ فٹ سات انچ کی مردانگی کی لمبی کھنچائی کی گئی تھی۔ فاطمہ نے خود کو فتح خاں فنکار کہہ کر کوئی جوشیلا گانا بھی سنایا تھا۔

آئے روز ایسے قصے چلتے رہتے تھے جنھیں لے کر دوستوں کے درمیاں ہنسی مذاق جاری رہتا۔ سب مل کر دنیا کے رسم و رواج پر تعجب کرتے۔ اوم کے بابا کہا کرتے تھے کہ راج چلتے کبھی سانپ اور مسلمان ایک ساتھ مل جائیں تو پہلے مسلمان کو مارو، پھر سانپ کو۔ پھر اوم بنیے اور پٹھان کا لطیفہ سناتا کہ بنیا پٹھان کے سینے پر سوار گھونسے پر گھونسا جمائے جا رہا تھا اور خوب رو بھی رہا تھا کہ رُکے تو کیسے، کیوں کہ وہ اگر رُکا تو پٹھان اسے اٹھا کر پٹخ دے گا۔

کبھی اوم فاطمہ کو چڑھاتا،''ادھر آ مسلٹی، دیکھیں تو تیرے جسم سے کیسی بُو آ رہی ہے، پانی سے نفرت کرنے والی۔''

فاطمہ نخرہ دکھاتے ہوئے الگ ہو جاتی۔''جا جا کافر، دو بوند چھڑک لے اور صفائی کا راگ الاپ۔ بڑا آیا ڈھونگی مہاتما کہیں کا۔''

پھر اور دوست مل جاتے۔''نہ نہ بھابھی، نہانے کی تو بات ہی چھوڑو۔ وہ تو غنیمت ہے اتنی گرمی میں تمھیں بھی نہانا پڑتا ہے لیکن اس کا کیا، جو ہر گوشت کھانے والے جانور کی بُو ہوتی ہے؟''

''ہائیں؟ یہ کیا بکواس ہے؟''

سب ہنستے۔''کیوں ہماری گائے مہکتی ہے؟ کبھی نہیں۔ اور شیر؟ اور مسلٹا؟''

''اور گھوڑا؟'' فاطمہ تالی پیٹ کر ہنستی۔

سب مزے میں جھوم اٹھتے۔ کبھی لوگوں کے دماغ پر ہنس کر، کبھی چونک کر... کیا کیا نہیں مشہور کر دیتے ہیں... کچھ بھی مان لیتے ہیں۔

لیکن شنّو چاچی تو شہد میں لپیٹ کر طنز کرتی تھیں۔ انھیں تو جمانا ہی تھا۔ لیکن اماں کبھی ایسا نہیں بولتی تھیں۔ انھوں نے بس ایک بار بہو مان لیا تو پھر شفقت ہی اس پر برسی۔

پھر اچانک وہ چل بسیں۔ اوم یکدم سے ٹوٹ گیا۔ اماں کو یاد کر کے چھوٹے بچوں کی طرح رو پڑتا۔ فاطمہ بھی رونے لگتی۔ اماں بہت یاد آتیں۔ امی اور ابا کے خیال بھی ساتھ آجاتے۔ نہ جانے کس حال میں ہوں گے؟ اِدھر اُدھر سے اُڑتی خبر آجاتی تھی۔ خالو جان کے پاس گئے ہیں... ندیم کی شادی کر دی... موتیا کا آپریشن ہوا ہے... وغیرہ۔ فاطمہ ان سے بالکل کٹ چکی تھی۔ کبھی... کچھ ہو گیا تو؟

اوم نے اماں کی تصویر فریم کرا کے دیوار پر لگا دی۔ شنو چاچی نے اسی کے بغل میں بنی طاق پر ان کے سب سے پیارے بھگوان شنکر کا فوٹو کھڑا کر دیا۔ کبھی کبھار آتیں تو ہاتھ جوڑ لیتیں۔ دیکھتے دیکھتے وہ گوشہ ایک پوجا گھر بن گیا۔ پاروتی اور گنیش بھی آ گئے۔ سامنے پیتل کی طشتری میں شیو لنگ، گنگا جل، اگر بتی اور دِیا سج گئے۔

اماں کی یاد سے یہ پوجا کچھ یوں وابستہ ہو گئی تھی کہ اوم نے کبھی انگلی نہیں اٹھائی۔ فاطمہ اور وہ آرتی بھی لے لیتے اور شنو چاچی کے کہنے پر طاق کی طرف جوتا چپل پہن کر نہ جاتے۔

بہت دنوں تک چاچی نہیں آتیں تو اوم بے چین ہونے لگتا ہے، فاطمہ کو ایسا وہم تھا۔ ایک ایسے ہی روز اس نے پوچھا، ''پھول بدل دوں؟''

اوم لمحہ بھر چپ رہ کر بولا تھا، ''ٹھیک ہے، اماں کو اچھا لگتا تھا۔''

فاطمہ نے نہا کر چاچی کی طرح آنچل سر پر ڈال لیا۔ کیلے کے پتے پر گڑھل (ہبیسکس)، گلاب اور موگرا دھولائی اور شیو جی کے لیے بیل پات۔ دودھ سے شیو لنگ کو نہلایا، پھول پات چڑھائے، دِیا جلایا۔ اس کے دل میں ایک ہُوک اٹھی، ''اماں... امی... ابا''

اگلی بار چاچی آئیں تو وہ پوچھنے لگیں، ''یہ پوجا کس نے کی؟''

''میں نے۔'' فاطمہ نے کہا۔

چاچی کچھ بولیں تو نہیں، البتہ اب وہ ہر سموار کو با قاعدہ آنے لگیں۔

''کیوں بہو، اوم آفس گیا؟''

''ہاں۔''

''اور تُو نے وہ دھاگا اتارا تو نہیں؟ ہاں اُتارنا مت، تیری گود بھرے گی۔''

''دھاگے سے نہیں چاچی، ہماری مرضی سے بھرے گی۔''

''ارے مرضی تو ہے ہی۔'' چاچی نے پوجا کی طاق پر سے گھی اُتارا اور چڑھاوے کے لیے تھوڑا سا حلوہ بنایا اور پوجا کی۔

کسی جنم آشٹمی میں نیچے کی طاق کو صاف کر کے کرشن جی کو بھی لا بسایا گیا۔ تبھی فاطمہ نے، جیسے اماں

بناتی تھیں، ویسے ہی سنگھاڑے کا حلوہ بنایا تھا۔ شام کو اوم کی طرف بڑھایا تو اس نے پوچھا، ''کیا شنّو چاچی بنا گئی ہیں؟ تم نے؟... اتنا آسان تھوڑی ہے۔ ایک دن میں نہیں آجاتا۔''

شنّو چاچی پوجا کر کے چلی گئیں۔ فاطمہ بھی بینک کے لیے چل پڑی۔ فٹ پاتھ پر لوگوں کا ہجوم تھا۔ فاطمہ کو محسوس ہوا کہ وہ سب کے راستے میں آرہی ہے اور سب اس پر اندر ہی اندر جھنجھلا رہے ہیں۔ احساسِ جرم سے وہ کبھی بائیں طرف جھکتی تو کبھی دائیں ہو جاتی، اور یکایک رُک جاتی... بھیڑ کو گزر جانے دو۔

وہ بھیڑ سے بہت گھبرانے لگی تھی۔ لوگوں سے گھبرانے لگی تھی۔ کبھی کوئی شناسا نظر آجاتا تو اول وہ اسے نظر انداز کرنے کی کوشش کرتی اور اگر نہیں کر پاتی تو شش و پنج والی ایک مسکراہٹ کے ساتھ کترا کر بغل سے نکل جاتی کہ نہ جانے سامنے والا اسے پہچان بھی رہا ہے ... یا پہچاننا بھی چاہتا ہے...؟

اوم جھنجھلا جاتا۔ ''کہیں جاتے ہیں تو بولنے کی کوشش بھی نہیں کرتی ہو۔ لوگ سمجھیں گے کہ خلجی خاندان کا ہونا کا غرور ہے، بادشاہت کا گمان پالے ہوئے ہو۔''

''تو مت لے جایا کرو مجھے کہیں۔'' فاطمہ بات ختم کرنے کی کوشش کرتی۔

اوم اکثر اکیلے ہی جاتا۔ فاطمہ سے کہہ کہہ کر وہ ہار گیا تھا کہ لوگ ہر بات کا اُلٹا مطلب ہی نکالیں گے اور نکالیں گے ضرور۔ اسی دن کی، منجندا بتا رہا ہے، بالا نے کہہ دیا تھا، ''دیکھو نہیں آئی ناں شہزادی۔ سمجھ رہی ہوگی کہ بیٹے کا جنم دن تو بہانہ ہے، درگا پوجا کا جمگھٹ ہوگا۔ اجی مانو یا نہ مانو، مسلمان ہوتا ہی ہے زیادہ مسلمان۔ ہم تو صدیقی کے گھر ہر عید پر جاتے ہیں، جب کہ ہمیں پتہ ہے وہ چھپ کر گائے کاٹتے ہیں۔''

لوگ کیا کیا بول کر محفل میں رنگ بھرتے ہیں، اس کا اوم اور فاطمہ کو پرانا تجربہ تھا۔ وہ تو شادی کی خبر اُڑی بھر تھی کہ پوری دنیا اپنے اپنے خدا کا اوتار بن بیٹھی اور اوم اور فاطمہ کے محافظ بھی۔

''ارے بھائی چپ کیسے بیٹھیں، ایک شریف لڑکا گمراہ ہوا جارہا ہے ... وہ چنڈال نکاح کیے بغیر نہیں ماننے والی...''

''اماں، فلاں فلاں کی یہ جرأت؟ ہماری لڑکی بھگائیں گے؟ دیکھ لیں گے...''

اور تو اور، اماں بیچاری کی موت پر بھی افواہوں کا بازار گرم تھا، ''دیکھا ناں، نکاح کیا، بیٹے کا دھرم لے لیا، ماں رو رو کر جان دے بیٹھی۔''

منجندا بتا رہا تھا کہ اکھتر میں تو یہ مشہور تھا کہ فاطمہ کا باپ پاکستان کا ایجنٹ ہے۔ شادی کی مخالفت تو ناٹک تھی، لڑکی کو دشمنوں کی مدد کی خاطر کافر سے بیاہا ہے؛ اوم کی کمپنی، شاید ڈنلپ کے تکیوں اور گدّوں میں آئی ایس آئی کی فائلیں سی جاتی تھیں۔

فاطمہ چیک کیش کرا کے لوٹ آئی۔

شام کو اوم جلدی گھر آگیا۔ ''چلو ڈمرو پارک چلیں۔''

وہاں پہنچ کر دونوں ایک گھنے پیڑ کے نیچے، اس کے چوڑے تنے سے ٹیک لگا کر بیٹھ گئے۔ فاطمہ زمین پر پڑی ایک ٹہنی سے کھیلنے لگی، اچانک کسی سنکی کتے کی، اسی ٹہنی پر، اسی تنے سے لگ کر، ایک ٹانگ اٹھا کر موتنے کی امیج بلاسب اس کے ذہن میں کوندگئی۔ اس نے چیخ کر ٹہنی پھینک دی۔

''کیا ہوا... کیا ہوا؟'' اوم ہڑبڑا گیا۔

''وہ...وہ...'' فاطمہ نے اپنی بڑی بڑی آنکھیں ادھر کیں، اور پھر کھلکھلا کر ہنس پڑی... جھرنے کی طرح شفاف اور آزاد ہنسی۔

''فاطمہ!'' اوم نے اسے گلے لگالیا۔

ہنستے ہنستے فاطمہ رو پڑی۔

''اوم، مجھے اچھا نہیں لگتا... بالکل اچھا نہیں لگتا۔''

''کیا بات ہے فاطمہ؟ میری جان، اب تو خوش ہوجاؤ۔ سب تو اچھا ہو رہا ہے۔ تم امی کے پاس بھی جانے لگی ہو۔''

ابا کا ٹیلی گرام آیا تھا۔ انھیں اسپتال میں بھرتی کر دیا گیا تھا۔ سخت بیمار تھے۔ فاطمہ بدحواس حالت میں میکے پہنچی تھی۔ شادی کے بعد پہلی بار۔ خوب رونا دھونا ہوا۔ ابا جان اچھے ہو گئے۔ لیکن محرم شروع ہو گیا تھا۔ فاطمہ نے اوم کو لکھا، ''ابا گھر لوٹ آئے ہیں۔ اب کوئی خطرہ نہیں ہے۔ لیکن محرم شروع ہو گیا ہے۔ اس کے بعد ہی میں آپاؤں گی۔ ابھی چھوڑ کر جانا ٹھیک نہیں لگتا۔''

ملتے ہی دونوں میں جھگڑا ہو گیا۔ اوم برس پڑا، ''یہ ہمارا معاہدہ تھا کہ دھرم سے کوئی واسطہ نہیں ہوگا، اس کے پچڑوں میں ہم بالکل نہیں پڑیں گے۔''

فاطمہ نے حیرت سے کہا تھا، ''تم تو غضب کرتے ہو اوم! مجھے دھرم سے کبھی واسطہ نہیں تھا۔ ابا بیمار تھے۔ امی کا دل ہلکا ہو گیا۔ میرے نوحہ پڑھ لینے سے انھیں راحت ملی، بس۔ میں نے کوئی معاہدہ نہیں توڑا۔''

''واہ واہ،'' اوم نے سرخ ہو کر طعنہ مارا، ''تم روزہ رکھو، ماتم کرو، اور پھر معصومیت سے کہو کہ کیا غلط کیا؟ پھر کیوں نہ امی کے سکون کے لیے نکاح بھی کر لیا ہوتا؟ وہ بھی کیا غلط ہوتا؟''

فاطمہ نے بہت غور سے اوم کی طرف دیکھا۔ دولمحہ بعد وہ پُرسکون لہجے میں بولی، ''ہاں شاید غلط نہیں ہوتا۔ ہمیں فرق نہیں پڑتا لیکن امی اور ابا کو عزت مل جاتی، ہم سے رشتہ قائم رکھنے کا ذریعہ مل جاتا۔ مجھے اس طرح الگ ہونے کے لیے مجبور نہ ہونا پڑتا... بھائی کی شادی تک میں شریک نہیں ہو پائی... تمھارے... ہندوتوا کی وجہ سے۔''

اوم سناٹے میں آ گیا۔ ''ارے! و دن اس ماحول میں گزار کر لوٹی اور دماغ پھر گیا؟ میں نے کیا نکاح سے منع کیا تھا؟ یا کسی بھی مذہبی رسم سے؟ بولو! مندر، مسجد، گرجا...''

''یہ بھی خوب رہی،'' فاطمہ بیچ میں ہی بول اٹھی، ''اب مندر اور پھیروں کی بات ہوگی۔ مندر پر کون سا

کلنک لگ رہا تھا؟ تم جانتے ہو، اچھی طرح سے جانتے ہو کہ ہمارے اس سماج میں جو بھی جاتا ہے، لڑکی کا جاتا ہے۔ لڑکا صرف لیتا ہے... تمھارے ہندو مذہب کی طرح... دور دور تک اپنا سایہ بچھاتا ہے، اور اپنے سائے میں دوسروں کو پالتا ہے... یا ڈستا ہے... لیکن یہ تو خوب رہی کہ اپنے پھیلاؤ سے بے خبر ہیں، اور کوئی دوسرا ذرا سی پناہ مانگے، ہونے کا حق مانگے، تھوڑی زمین چاہے تو بھڑک اٹھے کہ ایسا ہے تو پھر ہمیں بھی حصہ چاہیے۔ اُلو نہ بناؤ۔ تمھارا کیا بدلا یا کیا بگڑا؟''

اوم کا ہاتھ اٹھ گیا تھا۔ ''اب ایسی دلیلیں دی جائیں گی؟ اور یہ جتاؤ گی کہ میں تمھیں اٹھا کر لے آیا؟ اپنی رضامندی کی ذمہ داری لیتے ہوئے اب ڈر لگنے لگا ہے؟''

فاطمہ رونے لگی لیکن بولنا جاری رکھا۔ ''رضامندی؟ کیا تم نے کوئی راستہ چھوڑا تھا؟ یا تو اس طرح آؤ ورنہ جاؤ، پھوٹو، مرو۔ چھوڑنا کیا آسان ہوتا ہے؟''

''فاطمہ!'' اوم چیخا، ''اس طرح ہمارے ماضی کو مت جھٹلاؤ، ہمارے پیار کو ناپاک مت کرو۔'' ڈمرو پارک میں دونوں اپنے ماضی کو اصلی اور نقلی گرہوں سے الجھائے بیٹھے رہے۔

اوم نے فاطمہ کو اپنی گود میں لٹا لیا، ''اب تو تم ہر سال نوحہ پڑھنے اپنے گھر جاتی ہو۔''

فاطمہ بھرائی ہوئی آواز میں بولی ''جاتی ہی تو ہوں بس۔ کیا کسی سے رشتہ رکھ پائی ہوں؟ کیا دے پاتی ہوں انھیں؟ اوم، میں نے سماج سے لڑائی کی تھی، وہ مجھے بدنام کریں، میرا بائیکاٹ کریں، میں سب برداشت کرسکتی تھی لیکن ماں باپ سے الگ ہونا...''

اوم خیالوں میں گم ہوگیا۔ ماں باپ سے الگ کون سا سماج ہوتا ہے؟ ہے کوئی سماج؟

اس نے پُراعتماد لہجے میں کہا، ''نہیں فاطمہ، ہم شکایت نہیں کرسکتے۔ جگدیش کا کا کو یاد کرو۔''

جگدیش کا کا فاطمہ کو انگریزی پڑھاتے تھے۔ وہ واحد بزرگ تھے جو ان دونوں کی شادی میں شریک ہوئے تھے۔ شادی سے پہلے انھیں نصیحت بھی کرچکے تھے۔ ''دیکھو، اس سماج کی طاقت کو معمولی نہیں سمجھو۔ اس کے بارے میں اپنی نیت طے کرلو۔ خوب تھوتھو ہوگی، یہ سمجھ لو۔ اس سے گھبراتے ہو تو ابھی سوچ لو۔ دنیا کے آگے خواہ مسکراہٹ کا مکھوٹا چڑھا لو، اندر بکھرتے جاؤگے۔ برداشت کرسکتے ہو، ہمت ہے تو آگے بڑھو، ہم سب تمھارے ساتھ ہیں۔ یہ نقلی بھید بھاؤ تم بچوں کے مٹانے سے ہی مٹیں گے۔ لیکن پھر ٹھیک سے سمجھ لو، جانے دو جو جاتا ہے... نام، خاندان... کسی کا غم نہ کرو۔''

''فاطمہ!'' اوم نے اس کا سر اپنے دونوں ہاتھوں میں لے لیا، ''سماج کو ہرا دیا اور اب لڑکھڑا رہی ہو؟''

''تمھیں کیا،'' فاطمہ نے اس کے ہاتھ کو ہٹاتے ہوئے کہا، ''تمھاری ماں، تمھارے رشتے دار، سب تمھارے ہی نہیں۔ تم اپنے ہی رہے۔''

اوم نے ذرا جھنجھلا کر کہا ''تمھاری امی چاہتے ہوئے بھی تمھیں قبول نہ کر پائیں، یہ ان کی کمزوری ہے،

میری ماں پر کیوں الزام دھر رہی ہو؟''

فاطمہ کو بُرا لگنے لگا۔ وہ اٹھ کر بیٹھ گئی، ''تم نہیں سمجھ سکتے۔ لڑکے ہو... ہندو ہو۔ تمھیں کیا ڈر؟''

''افوہ!'' اوم نے سر پکڑ لیا۔ ''اب اس طرح باتیں ہوں گی؟ جب سماج کے گھٹیا قانون سے اوپر اٹھ گئے تو ان کے ترازو پر ہمیں کیوں تول رہی ہو؟ لڑکا، لڑکی، ہندو، مسلمان۔''

''کہنا آسان ہے،'' فاطمہ کا غصہ بڑھنے لگا، ''تم اوپر اٹھ گئے اور الگ ہو گئے۔ تمھیں شروع سے یہ رعایت تھی۔ لیکن مجھے تو ہر قدم پر سماج کے تیر سہنے پڑتے تھے۔ جمعدارن مجھ سے پوچھتی ہے، تمھارے آگے تو منھ نہیں کھولتی۔ تمھارے اس جگری دوست کی پڑھی لکھی بیوی تک، تم سے اسی طرح ادب ولحاظ سے بات کرتی ہے لیکن مجھے 'ہیلو' بھی نہیں کہتی۔ کوئی اس سے پوچھے تو سہی کہ یہ سب ناپسند ہے تو مجھ پر ہی ظاہر کرنے کی ضرورت کیوں؟ جیسے میں نے ہی تو یہ سب کیا ہے، تم تو دودھ کے دھلے، معصوم، بیچارے ہو۔ دھوبی تک جان بوجھ کر میرا کام دیر سے کرتا ہے...'' فاطمہ کی سسکیاں بندھنے لگیں۔

''چھوڑو فاطمہ،'' اوم نے ٹوکا، ''ہم نے لوگوں سے کب کوئی دوسری امید کی تھی؟ ان کی سنگ دلی، ان کی تنگ نظری مسلسل تو دیکھتے رہے ہیں۔ چھوڑو ان کو۔ کیوں ان چھوٹی موٹی لڑائیوں میں سر کھپاتی ہو؟''

''یہی تو میں سمجھ چکی ہوں،'' فاطمہ چیخ اٹھی، خود پر قابو کھو بیٹھی، ''کہ یہ چھوٹی موٹی لڑائیاں ہی اصلی ہیں۔ بڑی لڑائی لڑنا آسان ہے۔ انھیں ہم فخر سے لڑتے ہیں، عزت سے مر مٹتے ہیں ان کے لیے۔ لیکن یہ چھوٹی لڑائیاں... کیڑے کی طرح، گھناؤنی دیمک کی طرح لگ جاتی ہیں، کھوکھلی کرتی جاتی ہیں... اتنی چھوٹی ہوتی ہیں کہ بڑی بڑی خوددار، رعب دار لڑائیوں سے جوڑ کر دیکھنا مشکل ہو جاتا ہے... تمھاری لڑائی بڑی ہے۔ لڑو اور چاٹو بڑی لڑائی کی اس جیت کو۔ اس کی تو ہار میں بھی فخر ہے۔ لیکن میں... مجھے... ان چھوٹی موٹی لڑائیوں نے بڑی کے لیے بالکل نہیں چھوڑا ہے... میں...''

''یہ ہماری ہار ہے فاطمہ۔ کوئی وجہ نہیں کہ ہم ہارے، تم... ت... تم...'' اوم گہری مایوسی سے ہکلانے لگا۔

''میں اب کچھ نہیں جانتی۔ بند کرو۔'' فاطمہ عاجز آ چکی تھی۔

اوم کا دل کراہ اٹھا۔ ''فاطمہ ڈوب جاؤ گی۔ ہم دونوں مٹ جائیں گے۔ اپنی کمزوری سے ناانصافی کی حوصلہ افزائی کر رہے ہیں۔ ظالموں کو مسالہ ملے گا، وہ چٹخارے لے لے کر دنیا کو یہ مثال ثبوت کے طور پر پیش کریں گے۔''

کسی طرح سنبھلنا... سنبھلنا ہوگا۔ جگدیش کاکا... کیا کریں؟ کہاں جائیں؟

شہر چھوڑ دیں؟ کچھ روز کے لیے کہیں اور نکل جائیں؟ اوٹی؟ دوسرا ہنی مون؟

اوٹی ہی تو جا رہے تھے جب وہ موٹی ملی تھی جو مُلّا کو دیکھ کر خوفزدہ ہو گئی تھی۔ لیڈیز کیبن کو ریلوے نے

جنرل ڈبہ بنا دیا تھا۔ اسی میں اوم اور فاطمہ کو جگہ ملی تھی۔ اوم ابھی پلیٹ فارم پر کھڑا تھا اور فاطمہ سامان کے ساتھ اندر بیٹھی تھی۔ سامنے زیور کے وزن سے ہانپتی ہوئی ایک موٹی بیٹھی تھی جو'لیڈیز، لیڈیز' چیخ پڑی تھی جب ایک مُلاّ اپنی پلٹن لے کر ڈبے میں گھسے۔ فاطمہ نے معاملہ صاف کیا تو اس کے چہرے پر ہوائیاں اُڑنے لگیں۔ مُلاّ ٹولی سامان رکھ کر باہر نکل گئی تو موٹی سرگوشی کرنے لگی تھی، ''بیٹی، یہ تو خطرناک بات ہے۔''

فاطمہ نے اسے تسلی دی کہ نہیں بہت لوگ ساتھ ہیں، گھبرانے کی کیا بات ہے؟ لیکن موٹی تو بدحواس ہوئی چلی جا رہی تھی۔ نہیں بیٹی، یہ 'میم' لوگ ہیں۔'' اس نے نظریں چاروں طرف دوڑا کر ہانپتے ہوئے بتایا تھا اور پھر ان کی بدمعاشیوں کی فہرست تھما دی تھی کہ اس میں کوئی کرتوت ان سے بچی نہیں۔ فاطمہ نے بحث کی تھی، ''مجھے بھی اندازہ ہے، میں خود 'میم' ہوں۔'' موٹی کو رات بھر نیند نہیں آئی ہوگی۔ صبح سویرے فاطمہ گٹھری بنی سردی سے کانپ رہی تھی کہ اوپر کی 'برتھ' سے مُلاّ کا چودہ پندرہ سال کا لڑکا اتر کر بولا تھا، ''دیدی، چادر لے لو، میرے پاس دو ہیں۔'' موٹی اسے خوفزدہ نظروں سے دیکھ رہی تھی۔

''چلو گھر چلیں۔'' اوم نے فاطمہ کا ہاتھ پکڑ لیا۔ پھاٹک پر اس نے فاطمہ کو روک لیا۔ آس پاس کوئی نہ تھا۔ اوم نے فاطمہ کی آنکھوں میں جھانکا۔ وہاں اندھیرا ہی اندھیرا تھا۔

''فاطمہ! چلو کہیں چلیں۔ میں چھٹی لے لوں گا۔ اوٹی چلیں گے۔ فاطمہ، میں تمھیں خوش دیکھنا چاہتا ہوں... پھر سے... ہرا بھرا۔''

اوم کی بھتیجی کی شادی میں فاطمہ نے ہری ساڑھی پہن لی تھی۔ اوم کے منھ سے بے ساختہ نکل پڑا تھا، ''یہ کیا مسلمانی رنگ اٹھا لائیں؟''

فاطمہ کے ہونٹ کانپنے لگے تھے، ''چپ ہو جاؤ اوم، بس اسی وقت چپ ہو جاؤ۔''

اوم اسے بتانا چاہتا تھا کہ اس کا ایسا کوئی مطلب نہیں تھا۔ یہ سب انجانے میں، نہ جانے کہاں کی سنی سنائی باتیں، کہاں کے ردعمل ہیں جو یوں ہی بس نکل آتے ہیں۔ اوم فاطمہ کے زخم خوردہ دل کو پھر سے 'مسلمانی ہرا' کر دینا چاہتا تھا۔

''ہنسو ناں میری جان۔''

فاطمہ کی آنکھوں میں گرہیں بھری پڑی تھیں۔ کیسے سلجھیں گی، اتنی الجھ چکی تھیں۔ اوم کو احساس ہوا کہ اب چاہے سلجھانے کے لیے کھینچو یا چھوڑ دو یا اور کستے جاؤ، نتیجہ ایک ہی ہوگا: ٹوٹ جائیں گی۔

نماز کا وقت ہو چکا تھا۔ فاطمہ اندر چلی گئی۔

اوم اب خاموش نہ رہ پایا، اس نے لپک کر اسے پکڑا۔ ''تو یہ کہہ دو ناں کہ اب اسی پردے میں جیو گی اور میں نہ دخل دوں۔''

فاطمہ کی تو جیسے ناک پر غصہ رکھا رہتا تھا۔ ''اور تم جو دِیا جلواتے ہو؟''

''میں... میں جلواتا ہوں؟'' جھوٹ سچ کسی سے مطلب نہیں ہے تمھیں؟ اب آنے والوں سے کہہ دوں کہ گھر میں گھس کر اپنے بھگوان کا نام نہ لو؟''

''نہیں، مت کہو۔ کسی سے مت کہو۔ مجھ سے بھی نہیں۔''

اوم بھونچکا بنا اسے دیکھتا رہا۔

جائے نماز کا کونا موڑ کر فاطمہ پھر باہر نکل گئی۔ سرپٹ بھاگتی ہوئی رفتار میں وہ چلی جا رہی تھی، لیکن یوں نہیں جیسے اسے کسی کام کی جلدی ہو اور گاڑی چھوٹ رہی ہو، بلکہ یوں جیسے کسی سے بھاگ رہی ہو۔ خوفزدہ۔ بوکھلائی ہوئی سی۔ چہرے کے ہر ذرے کو اندر چھپی کسی بے چینی میں جیسے اس نے مضبوطی سے باندھ لیا ہو کہ کوئی آوارہ تاثر نہ آجائے، کسی کو معلوم نہ ہو جائے، اور بالآخر مضبوط گانٹھ میں بندھی کسی چیز کی طرح اس کا چہرہ سکڑ گیا۔

آٹھواں باب

معیشت اور روزگار

گجرات کے مقتول کا بیان

منگلیش ڈبرال

پہلے بھی شاید میں تھوڑا تھوڑا مرتا تھا
بچپن سے ہی دھیرے دھیرے جیتا اور مرتا تھا
زندہ بچے رہنے کی مسلسل کوشش ہی تھی زندگی
جب مجھے جلا کر پورا مار دیا گیا
تب تک آگ کے ایسے استعمال کے بارے میں پتہ بھی نہ تھا
میں تو رنگتا تھا کپڑے تانے بانے ریشے ریشے
چوراہوں پر سجے آدم قد سے بھی اونچے فلمی قد
مرمت کرتا تھا ٹوٹی پھوٹی چیزوں کی
گڑھتا تھا لکڑی کے رنگین ہنڈولے اور گربہ کی ڈانڈیے
المونیم کے تاروں سے چھوٹی چھوٹی سائکلیں بناتا بچوں کے لیے
اس کے بدلے مجھے مل جاتی تھی ایک جوڑی چپل ایک تہمد
دن بھر اسے پہنتا رات کو اوڑھ لیتا
آدھا اپنی عورت کو دیتا ہوا

میری عورت مجھ سے پہلے ہی جلا دی گئی
وہ مجھے بچانے کے لیے کھڑی تھی میرے آگے
اور میرے بچوں کا مارا جانا تو پتہ ہی نہ چلا
وہ اتنے چھوٹے تھے ان کی چیخ بھی سنائی نہ دی
میرے ہاتھوں میں جو ہنر تھا پتہ نہیں اس کا کیا ہوا
میرے ہاتھوں کا ہی پتہ نہیں کیا ہوا
ان میں جو زندگی تھی حرکت تھی وہی تھا ان کا فن
اور مجھے اس طرح مارا گیا

جیسے مارے جا رہے ہوں ایک ساتھ بہت سے دوسرے لوگ
میرے زندہ ہونے کا کوئی بڑا مقصد نہیں تھا
اور مجھے مارا گیا اس طرح جیسے مجھے مارنا کوئی بڑا مقصد ہو

اور جب مجھ سے پوچھا گیا تم کون ہو
کیا چھپائے ہو اپنے اندر ایک دشمن کا نام
کوئی مذہب کوئی تعویذ
میں کچھ نہیں کہہ پایا میرے اندر کچھ نہیں تھا
صرف ایک رنگریز ایک مستری ایک فنکار ایک مزدور تھا
جب میں اپنے اندر مرمت کر رہا تھا کسی ٹوٹی ہوئی چیز کی
جب میرے اندر دوڑ رہے تھے المونیم کے تاروں کی سائیکل کے ننھے پہیے
تبھی مجھ پر گری آگ برسے پتھر
اور جب میں نے آخری عبادت میں اپنے ہاتھ پھیلائے
تب تک مجھے پتہ نہ تھا بندگی کا کوئی جواب نہیں آتا

اب جب کہ میں مارا جا چکا ہوں مل چکا ہوں
مقتولوں کی انسانیت میں انسانوں سے بھی زیادہ سچی زیادہ لرزہ براندام
تمھاری زندہ سفاک دنیا میں نہ لوٹنے کے لیے
مجھے اور مت مارو نہ جلاؤ نہ کہنے کے لیے
اب جب کہ میں محض ایک انسانی ڈھانچہ ہوں
ایک مٹا ہوا چہرہ
ایک مرا ہوا نام
تم جو کچھ حیرت اور کچھ خوف سے دیکھتے ہو میری طرف
کیا پہچاننے کی کوشش کرتے ہو
کیا تم مجھ میں اپنے کسی ہمزاد کو ڈھونڈتے ہو
کسی دوست، شناسا یا خود اپنے کو
اپنے چہرے میں لوٹتے دیکھتے ہو کسی چہرے کو

معاش اور روزگار کی صورت حال

عبدالرحمٰن

ترجمہ: عبدالسمیع

تعارف

روزگار فرد اور گھرانے کو آمدنی کا ذریعہ فراہم کرتا ہے جس سے وہ اپنی بنیادی ضروریات کا سامان اور خدمات حاصل کرسکتا ہے اور سرمایۂ انسانی کی ترقی میں سرمایہ کاری کرسکتا ہے۔ اس سے معاشی سرگرمی میں خود اعتمادی کا احساس اور معاشرے میں فرد کے لیے احترام پیدا ہوتا ہے۔ یہ غربت اور عدم مساوات کو کم کرتا ہے۔ روزگار کے ذریعے کمائی میں اضافہ، فرد کو حکومت کے بڑے منصوبوں میں سرمایہ کاری کرنے پر مائل کرتا ہے جو بالآخر قوم کی پیداواری صلاحیت کو بڑھاتا ہے۔ یہ ملک میں سماجی تحفظ اور استحکام میں بھی معاون ہے۔ ہندوستان اپنے شہریوں کو سماجی، اقتصادی، سیاسی انصاف، حیثیت اور مواقع کی برابری فراہم کرنے کا پابند عہد ہے۔

آئین کے دفعات 16، 38، 41، 42 اور 43 میں درج ضمانت (Safeguards) کے باوجود، آزادی کے 70 سال بعد بھی معاشی سرگرمیوں کے تمام شعبوں میں مسلمانوں کی نمائندگی کم ہے۔ سچر کمیٹی رپورٹ کے مطابق، مسلمان زیادہ تر چھوٹے کاروبار اور معیشت کے غیر منظم شعبے میں ملازم ہیں، جنھیں شاذ و نادر ہی کسی قسم کا تحفظ حاصل ہوتا ہے۔ وہ زیادہ تر خود ملکیتی گھریلو معاشی صنعتوں اور روایتی پیشوں جیسے ریشم اور ریشم کی پیداوار، ہینڈلوم، چمڑے کی صنعت وغیرہ میں کام کرتے ہیں۔ ان صنعتوں کو اقتصادی لبرلائزیشن اور عالمگیریت کی وجہ سے سخت مشکلات کا سامنا ہے۔ مسلمان ٹیکنالوجی کی تجدید کاری اور جدید ترین مشینری کی تنصیب میں بہت پیچھے ہیں، جس کی وجہ سے وہ روایتی شعبوں میں بھی اپنی ساکھ کھو رہے ہیں۔

پیشہ ورانہ تقسیم

دیگر سماجی مذہبی برادریوں (SRCs) کے ساتھ مسلمانوں کی پیشہ ورانہ صورتحال پر کارکردگی کے اعتبار سے کارکنوں کا تناسب / شرح، پیشہ ورانہ حیثیت، صنعتی گروہ اور بے روزگاری کی شرح کے لحاظ سے تقسیم کے سیاق میں بحث کی جاسکتی ہے۔

کارکنوں کا تناسب / شرح

WORKER POPULATION RATIOS/RATES (WPR)

کارکنوں کے تناسب (WPR) سے مراد آبادی کے مخصوص عمر کے گروپ میں کام کرنے والے افراد کا فیصد ہے۔ اس سے مخصوص آبادی کی معاشی سرگرمیوں میں شرکت کے تناسب کا اندازہ ہوتا ہے۔ اس میں 15 سے 64 سال کی عمر کے لوگ شمار کیے جاتے ہیں۔ جدول 9.1 ملاحظہ فرمائیں۔

TABLE 9.1: WPR BY SRCs, NSSO 68TH ROUND (2011-12), 15-64 YEARS OF AGE

SRCS/ Area-Gender	Hindus		Muslims		OR		All	
	SC	ST	OBC	UC	OBC	Others		
Rural Male	80.7	85.0	80.0	76.8	78.9	81.8	77.4	80.0
Rural Female	37.8	53.7	36.3	27.6	21.0	24.9	38.7	35.2
Urban Male	75.6	75.5	75.3	71.2	78.6	76.0	71.3	74.1
Urban Female	23.6	26.9	21.9	16.3	14.7	14.9	23.9	19.5

Source: PSEC Report, 2014.

Notes: UC: Upper Caste, OR: Other Relgions.

دیہی علاقوں میں مسلم مرد کارکنان کا تناسب قومی سطح پر اوسط یعنی 80 فیصد کے قریب ہے۔ شہری مسلم مرد کارکنان شراکت کا تناسب اقتصادی سرگرمیوں، خاص طور پر ذاتی روزگار اور گھریلو صنعتوں میں قومی اوسط سے زیادہ ہے۔ آبادی کے کمزور طبقات جیسے درج فہرست ذاتوں (SC)، درج فہرست قبائل (ST) اور مسلمانوں میں یہ زیادہ ہے۔ یہ طبقے تعلیم میں بہت زیادہ پسماندگی کا شکار ہیں۔ اس سے یہ بھی ظاہر ہوتا ہے کہ کسی کمیونٹی میں کارکنان کا بہتر تناسب ضروری نہیں کہ اس کی بہتر معاشی حالت کی عکاسی کرے۔ خواتین کے لیے کام میں سماجی و ثقافتی رکاوٹوں کی وجہ سے، دیہی اور شہری علاقوں میں مسلم خواتین کارکنان کا تناسب دیگر سماجی و مذہبی برادریوں کے مقابلے بہت کم ہے۔ یہ اعلیٰ ذات ہندو (UCH) گھرانوں کی خواتین سے بھی کم ہے۔

کارکردگی کے اعتبار سے کارکنوں کی تقسیم

مسلم کارکنوں کی اکثریت دونوں علاقوں میں ذاتی روزگار (OW) اور بلا معاوضہ کارکن (UW) کے زمرے میں آتی ہے۔ طے شدہ روزگار جہاں کہ اُجرت یقینی ہے اور سماجی فوائد بھی حاصل ہوتے ہیں، وہاں مسلمانوں کی نمائندگی کم ہے۔ مجموعی طور پر ان کی حالت درج فہرست ذاتوں (SCs) اور درج فہرست قبائل (STs) سے بہتر ہے اور ان کا موازنہ ہندو-اوبی سی کے ساتھ کیا جاسکتا ہے لیکن ان کی صورتحال اعلیٰ ذات ہندو (UCH) اور دوسرے مذاہب کے لوگوں سے بدتر ہے۔ جدول 9.2 ملاحظہ فرمائیں۔

TABLE 9.2: DISTRIBUTION OF MALE WORKERS BY ACTIVITY STATUS, NSSO 68TH ROUND (2011-12)

(All workers 15-64 years)

Activity Status	Hindus				Muslims		ORs	Total
	SC	ST	OBC	UC	OBC	General		
RURAL								
OW & UW	36.3	29.6	45.0	51.5	49.2	44.1	40.5	42.2
Employer	13.9	9.8	18.3	19.5	12.4	14.3	14.9	15.8
Casual Worker	44.3	52.6	28.2	16.1	30.0	34.9	31.5	33.0
Regular Worker	5.5	8.0	8.5	12.9	8.4	6.8	13.1	9.1
URBAN								
OW & UW	26.4	28.9	36.3	37.5	45.6	42.1	36.0	36.5
Employer	4.5	4.6	8.5	7.9	15.1	10.4	9.0	8.3
Casual Worker	25.8	25.8	16.9	6.3	16.9	15.8	14.1	14.5
Regular Worker	43.3	40.7	38.4	48.3	22.4	31.7	40.9	40.7

Source: PSEC Report, 2014.

Notes: OW & UW: Own Account & Unpaid Worker.

پیشہ ورانہ گروہ کے لحاظ سے کارکنوں کی تقسیم

آبادی کی اکثریت چونکہ دیہی علاقوں میں رہتی ہے، اس لیے پیشہ ور گروپ کے اعتبار سے ہر سماجی و مذہبی برادری میں کارکنوں کی تقسیم کا تجزیہ دیہی علاقوں کے حوالے سے کیا گیا ہے۔ پیشے ور، کلرک اور ہنر مند پیشہ ورانہ زمروں میں مسلمانوں کی نمائندگی منفی ہے۔ سیلز ورک، مشین آپریشن اور کرافٹ سے متعلق کام میں ان کی موجودگی زیادہ ہے۔ دیگر معیارات کی بنیاد پر کارکنوں کی تقسیم کو PSEC کی رپورٹ (2014) میں دیکھا جاسکتا

ہے۔جدول 9.3 ملاحظہ فرمائیں۔

TABLE 9.3: DISTRIBUTION OF WORKERS
BY OCCUPATION GROUPS, 2011-12

(All wokers aged 15-64 years: Rural Area)

Status	Hindus					Muslims			OR	Total
	SC	ST	OBC	Other	All	OBC	Other	All		
Legislator, senior officials & managers	1.9	2.2	3.4	5.4	3.3	6.4	4.1	5.2	3.8	3.5
Professionals	0.6	1.2	1.3	3.6	1.6	1.6	2	1.8	1.9	1.7
Associate professionals	1.1	1.3	1.5	3.7	1.8	1.7	1.8	1.7	2.6	1.8
Clerks	0.3	0.6	0.7	1.6	0.8	0.4	0.7	0.5	1.1	0.8
Service, shop & maker sales	2.1	3.2	4.9	6.5	4.5	6.1	7.6	6.9	5.2	4.7
Skilled agricultural & fishery	47.5	26.7	46.4	51.6	42.9	27.4	29.5	28.5	45.9	41,6
Crafts and related traders	6	12.9	9.9	7.2	9.6	16.7	22.7	19.9	11.3	10.7
Plant & machine operators and assemblers	1.1	2.9	3	3.3	2.8	6.1	4	5	3.3	3
Elementary occupation	39.3	48.9	28.9	16.9	32.7	33.5	27.1	30.1	24.8	32
Not classified	0.1	0.1	0	0.1	0.1	0	0.6	0.3	0.1	0.1
Total	100	100	100	100	100	100	100	100	100	100

بے روزگاری کی شرح (URS)

بے روزگاری کی شرح، مزدوروں کے تناسب کے طور پر دستیاب اور ملازمت کے متلاشی افراد کی تعداد کو ظاہر کرتی ہے۔ترقی پذیر ممالک میں غریبوں اور کم تعلیم یافتہ لوگوں کی ایک بڑی تعداد نہ تو بے روزگار رہ سکتی ہے اور نہ کسی بھی قسم کی مزدوری سے انکار کرسکتی ہے۔خاطر خواہ ملازمت نہ ہونے کے باوجود، وہ سال بھر بے روزگار تونہیں رہ سکتے۔لہٰذا ایک نمایاں بے روزگاری (حسب معمول) عام طور پر کم پائی جاتی ہے۔یہی وجہ ہے کہ بے روزگاری کی شرح (URs) کی یومیہ صورت کو بے روزگاری کی شرح (URs) کی معمول کی صورت پر ترجیح دی جاتی ہے۔جدول 9.4 دیکھیں۔

TABLE 9.4: URs FOR YOUTH (15-29 YRS) CONSIDERING
PRINCIPAL STATUS FOR 2004-5 AND 2011-12

SRCs	Male				Female			
	Rural		Urban		Rural		Urban	
	2004.5	2011-12	2004-5	2011-12	2004-5	2011-12	2004-5	2011-12
H-ST	2.92	2.99	8.60	6.24	1.53	2.89	7.72	9.98
H-SC	5.17	6.70	12.41	7.67	5.46	6.11	17.23	14.21
H-OBC	4.53	5.61	7.93	8.31	5.90	6.59	16.54	14.09

H-UC	7.28	7.92	11.05	9.81	9.80	12.71	24.43	18.43
M-OBC	6.35	5.27	8.75	5.98	24.42	19.49	20.30	12.14
M-Gen	4.55	7.34	8.26	12.00	9.44	10.75	17.97	14.45
OR	8.13	8.18	15.38	12.71	20.44	19.42	30.96	21.20
All	5.21	6.09	10.2	8.87	7.00	7.83	19.93	15.63

Source: PSEC Report

اس سے 5-2004 سے 12-2011 کے دوران مرد اور خواتین کی بے روزگاری کی شرح میں اضافہ یا کمی کا کوئی واضح نقش نہیں ملتا۔ عام طور پر مسلمانوں میں بے روزگاری کی شرح دیگر سماجی ومذہبی برادریوں سے زیادہ ہوتی ہے۔ گو کہ لوگ سودمند ملازمت سے وابستہ نہیں ہیں، پھر بھی متعلقہ سروے میں خود کو ملازم کے طور پر درج کراتے ہیں۔ نیشنل سیمپل سروے آفس کے 66ویں مرحلے (10-2009) کی رپورٹ بعنوان 'ہندوستان میں بڑی دیگر سماجی ومذہبی برادریوں میں روزگار اور بے روزگاری کی صورتحال' میں مسلمانوں میں بے روزگاری کی شرح میں کمی کا رجحان دیکھا گیا ہے۔ دیہی اور شہری دونوں علاقوں میں بے روزگاری کی شرح 5-2004 میں 3.2 فیصد سے کم ہوکر 10-2009 میں 1.9 فیصد رہ گئی ہے اور گذشتہ پانچ برسوں کے دوران دیہاتوں میں مسلمانوں میں یہ شرح 4.1 سے گھٹ کر 3.2 فیصد تک آ گئی ہے۔ تاہم، ان میں سے زیادہ تر ذاتی کاروباری تھے۔ شہری علاقوں میں بھی مسلمان ذاتی کاروبار میں سب سے زیادہ یعنی 46 فیصد ہیں اور ان کے بعد سکھ آتے ہیں۔1

ریاستوں میں صورت حال

اس مطالعے میں مہاراشٹر اور گجرات کا انتخاب کیا گیا ہے جہاں بالترتیب کانگریس اور بی جے پی کافی عرصے تک برسراقتدار رہی ہیں۔ محمودالرحمٰن کمیٹی (MRC) کا مشاہدہ ہے کہ مسلمانوں میں بے روزگاری بہت زیادہ ہے۔ مسلم کارکنوں کی تعداد کا تناسب / شرح (WPR) 32.2 فیصد ہے۔ مردوں کا 49.7 اور خواتین کا 13.9 فیصد۔ شہری علاقوں میں یہ 31.3، جب کہ دیہی علاقوں میں 34.1 فیصد ہے۔ مسلم کارکنوں کی تعداد کا تناسب ریاست میں ہندوؤں سے 11.8 فیصد آبادی کم ہے۔ یہاں بھی مسلمان گھریلو صنعتوں میں اپنا کام کرتے ہیں۔ محمودالرحمٰن کمیٹی نے مسلم علاقوں میں سرکاری ملازمتوں، آئی ٹی آئی اور پولی ٹیکنک میں مسلمانوں کے لیے 8 سے 10 فیصد ریزرویشن کی سفارش کی ہے تاکہ 'اِسکل ڈیولپمنٹ'، مارکیٹنگ نیٹ ورک کو مضبوط بنایا جائے اور مسلم کاریگروں کی مصنوعات کی برآمد کے لیے نئی راہیں کھلیں۔

Centre for Research and Debates in Development Policy نئی دہلی کے ایک مطالعہ کے مطابق، گجرات میں مسلمانوں کی بے روزگاری کی شرح مغربی بنگال کے مقابلے میں بھی بہت زیادہ ہے۔ زیادہ تر ریاستوں میں، پیداواری اور غیر منظم سیکٹر میں کام کرنے والوں میں ہندوؤں کے مقابلے

مسلمان زیادہ ہیں، صرف گجرات میں معاملہ برعکس ہے۔ ریاست میں 54 فیصد مسلمان اور 39 فیصد ہندو ذاتی روزگار سے وابستہ ہیں۔ مغربی بنگال میں یہ فرق بہت کم ہے جہاں 53 فیصد مسلمان اور 45 فیصد ہندو ذاتی روزگار سے وابستہ ہیں۔ دیگر ریاستوں کی طرح گجرات میں بھی ہندوؤں کے مقابلے میں مسلمانوں کی بڑی تعداد ذاتی روزگار یا معمولی تجارت سے وابستہ ہے۔ یہ فرق اس مفروضے کی وجہ سے بڑھ گیا ہے کہ دیگر شعبوں کے مقابلے میں، ذاتی کاروبار اور چھوٹی تجارت میں گزشتہ دو دہائیوں کے دوران معیشت کے دیگر شعبوں کے مقابلے آمدنی میں معمولی اضافہ نظر آیا ہے۔ مزید، گجرات میں براہ راست غیر ملکی اور عوامی سرمایہ کاری منظم شعبے میں کی گئی جہاں مسلمانوں کی موجودگی کم ہے۔ اس سے ظاہر ہوتا ہے کہ گجرات میں مسلمانوں کی روزگار کی حالت ہندوؤں کے مقابلے بدتر ہے۔2؎

مسلمانوں کی روایتی/گھریلو صنعتیں

اگر ہم حالیہ تاریخ پر نظر ڈالیں تو ہمیں پتہ چلتا ہے کہ ہندوستان کی بعض بڑی صنعتوں میں مسلمان مضبوط گرفت رکھتے تھے۔ آج وہ مرکزی دھارے کے کاروبار سے باہر اور روایتی صنعتوں میں ملازم ہیں۔ مہاراشٹر میں مالیگاؤں، بھیونڈی اور دھولے ہینڈلوم اور پاورلوم کے لیے مشہور ہیں۔ اتر پردیش کے بہت سے اضلاع چھوٹے اور گھریلو صنعتوں کے لیے مشہور ہیں جہاں مسلمان مزدوروں، نقاشوں اور کاریگروں کا غلبہ ہے۔ بنارس اور اس سے ملحقہ اضلاع ساڑیوں، قالینوں اور بُنائی کے لیے، فیروز آباد چوڑیوں کے لیے، مراد آباد پیتل کے برتنوں کے لیے، رام پور چاقو کے لیے، علی گڑھ تالے کے لیے، آگرہ، کانپور اور میرٹھ دباغی اور چمڑے کی صنعتوں کے لیے، سہارنپور اور اس سے ملحقہ علاقے لکڑی کے کام کے لیے، چکن کے کام کے لیے لکھنؤ، پھلوں کے لیے الٰہ آباد وغیرہ مشہور ہیں۔ رام مندر تحریک سے پہلے اور بعد کے برسوں میں یہ علاقے فرقہ وارانہ فسادات سے لرز اٹھے۔ ان صنعتوں میں کام کرنے والے مزدوروں کی حالت اچھی نہیں ہے۔

ہتھ کرگھا / برقی کرگھا (ہینڈلوم/ پاورلوم)

ہندوستان میں 24 لاکھ پاورلوم ہیں، ان میں سے تقریباً نصف مہاراشٹر کے بھیونڈی (8 لاکھ)، مالیگاؤں (2 لاکھ) اور دھولے (10,000) میں ہیں۔ یعنی یہاں مہاراشٹر کے 80 فیصد اور ہندوستان کے 40 فیصد سے زیادہ پاورلوم ہیں۔ ان پاورلوم کے تقریباً 90 فیصد مالکان اور مزدور مسلمان ہیں۔ مہاراشٹر میں کپڑوں کی صنعت سے 35 لاکھ سے زیادہ لوگ منسلک ہیں۔ ان کی پیداواری صلاحیت کم ہے۔ یہ یومیہ 80 سے 100 میٹر کپڑے تیار کرتے ہیں اور مصنوعات کا معیار خراب ہونے کی وجہ سے 5 سے 26 روپے فی میٹر فروخت ہوتا ہے اور منافع بعض

اوقات 10 پیسے سے بھی کم ہوجاتا ہے۔ مزدور اور مالکان کی حالت ٹھیک نہیں ہے۔

مرکز نے کپڑے کی صنعت کے تمام ذیلی شعبوں مثلاً کتائی، بُنائی، لباس کی جدید کاری اور ٹیکنالوجی کی تجدید کاری کے لیے مراعات فراہم کرنے کی ایک اسکیم 'ٹیکسٹائل اپ گریڈیشن فنڈ اسکیم' (TUFS) شروع کی۔ مرکز نے 14 برسوں میں اس اسکیم کے تحت مجموعی طور پر مرحلہ وار 75,000 کروڑ روپے خرچ کیے۔ TUFS کے نفاذ کے بعد سے، اپ گریڈ شدہ یا شٹل لیس پاور لوم کی تعداد 1.05 لاکھ تک پہنچ گئی ہے، لیکن ان میں سے زیادہ تر بڑی کمپنیوں نے قائم کیے ہیں۔ مہاراشٹر میں شٹل لیس پاور لوم کی تعداد 10,000 ہے، ان میں سے زیادہ تر کولہاپور ضلع کے ایک چھوٹے سے قصبے اچل کرنجی میں ہیں۔ بھیونڈی میں ایسے 1,000 پاور لوم ہیں لیکن دھولے اور مالیگاؤں میں ایک بھی نہیں۔

بہت سے پاور لوم مالکان کا الزام ہے کہ انھیں ان کے مذہب کی بنیاد پر نظر انداز کیا گیا ہے۔ بھیونڈی کے اس وقت کے ایس پی ایم ایل اے اور پاور لوم یونٹ کے مالک راشد طاہر مومن کہتے ہیں: ''اسکیم کے تحت پوری سبسڈی بینک کے قرض سے منسلک ہے۔ (لیکن) اسلامی قانون کسی مسلمان کو سود لینے یا دینے کی اجازت نہیں دیتا۔'' اس لیے بہت سے مالکان نے اسکیم سے فائدہ نہیں اٹھایا ہے۔ پچھلے 15 برسوں سے مسلمان مرکز سے مطالبہ کررہے ہیں کہ سبسڈی کو بینک کے قرض سے مستثنیٰ کیا جائے لیکن مرکز نے ان مطالبات کو تسلیم نہیں کیا ہے۔ 2013 میں مزید ایک اسکیم لائی گئی ہے جس کے تحت عام پاور لوم کو نیم خود کار (سیمی آٹومیٹک) لوم میں تبدیل کرنے کے لیے مرکزی حکومت سے براہ راست بنکروں کو 15,000 روپے اور ریاستی حکومت سے 10,000 روپے کا تعاون مل سکتا ہے۔ بنکر اس سے بھی متاثر نہیں ہوئے۔ نتیجہ یہ ہوا کہ مسلم اکثریتی پاور لوم مراکز نظر انداز ہونے لگے اور ٹیکسٹائل میں 'اچل کرنجی' سب سے آگے بڑھا اور اس نے پیداوار میں بھیونڈی اور مالیگاؤں کو پیچھے چھوڑ دیا ہے۔ اچل کرنجی میں تجارت پر ہندوؤں کا غلبہ ہے جنھوں نے TUFS سے خوب فائدہ اٹھایا۔ اب ان کے پاس ایک لاکھ سے زیادہ پاور لوم اور 35 سے زیادہ کیپٹیو پاور پروجیکٹس ہیں۔ نظر اندازی اور سیاسی بے توجہی کی وجہ سے مسلمان خوش نہیں ہیں۔ 3؎ ایک اندازے کے مطابق تقریباً 50 فیصد بنکر اپنا کام چھوڑ کر واپس بہار اور اتر پردیش جاچکے ہیں۔

صنعت قفل (تالا انڈسٹری)

علی گڑھ تالا بنانے کے لیے مشہور ہے۔ یہ صنعت قدیم ٹیکنالوجی پر مبنی ہے اور اسے نئی اور اَپ گریڈ شدہ ٹیکنالوجی سے سخت مقابلہ ہے۔ اسے اپنی مصنوعات کے لیے نئے ڈیزائن اور ٹیسٹ کی سہولیات کے لیے فوری طور پر تجربہ گاہوں (Labs) کی ضرورت ہے۔ مرکز اور ریاست کی لاپرواہی کی وجہ سے یہ صنعت دم توڑ

رہی ہے۔ حال ہی میں، اتر پردیش حکومت نے ایک نئی برآمدی پالیسی بنائی ہے لیکن اس صنعت کو اس منصوبے سے باہر رکھا گیا ہے۔

پیتل کے برتن کی صنعت

مرادآباد پیتل کا سامان بنانے کے لیے مشہور ہے، یہ بھی قدیم اور روایتی ٹکنالوجی پر مبنی ہے۔ اسے تکنیکی اَپ گریڈیشن اور حکومتی مدد کی بھی ضرورت ہے۔ حالیہ دنوں میں ان مصنوعات کی برآمدات میں کمی آئی ہے۔ صنعت کے مالکان (جن میں اکثریت مسلمانوں کی ہے) نے بینکوں اور سرکاری اداروں سے بہت قرضے لیے ہیں، وہ قرض کے بوجھ تلے دبے ہوئے ہیں۔ ان کا مطالبہ ہے کہ جس طرح کسانوں کے قرضے معاف کیے جاتے ہیں اور ان کے قرضے بھی معاف کیے جائیں۔4 نوٹ بندی نے بھی اس صنعت کو بری طرح متاثر کیا ہے۔ اس کی پیداوار میں کافی حد تک گراوٹ آگئی ہے۔

دباغی (ٹینری) / چمڑا انڈسٹری

کانپور، آگرہ اور میرٹھ دباغی اور چمڑے کی صنعتوں کے لیے مشہور ہیں۔ کانپور میں 402 دباغی کے کارخانے ہیں، جن میں سے 400 کانپور کے قریب ایک چھوٹے سے مضافاتی علاقے جاج مئو میں ہیں۔ اب تک، یوپی آلودگی کنٹرول بورڈ (UPPCB) نے دباغی کے تقریباً 98 کارخانوں کے خلاف کارروائی کرتے ہوئے بجلی اور پانی کی فراہمی منقطع کر کے انھیں بند کر دیا ہے۔ اس کارروائی سے پہلے 77 اور اب 98 یعنی اب تک کل 175 دباغی کارخانے بند ہو چکے ہیں۔ دباغی کارخانوں سے یومیہ 50 میگا لیٹر (MLD) آلودہ پانی (سیوریج) گنگا میں بہتا ہے۔ اس صنعت پر بھی مسلمانوں کا غلبہ ہے جسے ایک طرف تجدید کاری اور دوسری طرف UPPCB سے شدید خطرہ لاحق ہے۔ نیشنل گرین ٹریبونل (این جی ٹی) نے مالکان کو آگاہ کیا ہے کہ اگر دباغی کے کارخانوں کا فضلہ گنگا میں بہانا بند نہیں کیا گیا تو ان کے خلاف کارروائی کی جائے گی۔5

اس صنعت کو انتظامیہ میں بیٹھے فرقہ پرست عناصر کی ناراضی کا سامنا ہے۔ فروری 2013 میں الٰہ آباد کمبھ میلے کے موقع پر، دباغی کارخانوں کے مالکان نے اپنا کام روک دیا تھا، نہ پانی کا استعمال ہوا اور نہ آلودہ پانی گنگا میں بہایا گیا، جس سے انھیں شدید مالی نقصان ہوا۔ اس کے باوجود ضلع انتظامیہ، UPPCB اور مرکزی آلودگی کنٹرول بورڈ کے اہلکاروں نے دباغی کارخانوں کو بند کرنا شروع کر دیا۔ ان کارخانوں کے مالکان کو حکام کی طرف سے دھمکی دی گئی کہ اگر وہ آواز اٹھائیں گے تو ان کا وہی حشر ہوگا جو حاجی محمد اسحاق کا ہوا تھا۔ حاجی محمد اسحاق 'اَپر انڈیا ٹینری' کے مالک تھے اور وہ ٹینری مالکان کی آواز اٹھانے میں بہت سرگرم تھے۔ نتیجتاً انتظامیہ نے ان

کے خلاف کئی مقدمات درج کیے اور انھیں قید میں ڈال دیا اور ان پر بھاری جرمانہ لگایا گیا جس کی وجہ سے وہ اتنا مایوس ہو گئے کہ ترک وطن کر کے سعودی عرب جا بسے۔ 6۔ نیشنل گرین ٹریبونل نے 2017 انتباہ دیا کہ اگر دریائے گنگا کو رواں کرنے کے ٹریبونل کے حکم پر سختی سے عمل نہیں کیا گیا تو دباغی کے ان کارخانوں (ٹینریز) کو بند کر کے دوسری جگہ منتقل کر دیا جائے گا۔

بٹن کی صنعت

بہار کے ضلع مشرقی چمپارن کے ایک چھوٹے سے قصبے مہسی میں بنے سیپوں کے بٹن حال تک چین اور جاپان میں بہت مشہور تھے۔ اس جگہ کو بہار کا موتی بھی کہا جاتا ہے۔ یہ صنعت بھی حکومتی بے توجہی اور پرانی ٹیکنالوجی کے مسائل کی شکار ہے۔ 1995 تک مہسی اور آس پاس کے علاقوں میں بٹن بنانے والی 400 سے زیادہ فیکٹریاں تھیں، اب ان میں سے صرف 60 سے 70 کام کر رہی ہیں۔ یہ بہار کی ایک مشہور روایتی صنعت ہے اور ریاستی حکومت کو اس دم توڑتی صنعت کو بچانے کے لیے کچھ کرنا چاہیے۔

مسلمانوں کی روایتی صنعتوں کے تجزیے سے درج ذیل مشاہدات سامنے آتے ہیں۔

1۔ مشینیں پرانی ہیں اور ان کی تکنیکی تجدید کاری نہیں ہوئی ہے۔

2۔ ان علاقوں میں بجلی کی فراہمی کی کمی ہے۔

3۔ حکومتوں کی طرف سے کاروبار معاون پالیسیاں نافذ نہیں کی جاتی ہیں۔

4۔ یہ فرقہ پرست عناصر کے نشانے پر رہے ہیں۔

5۔ انھیں تجدید کاری اور عالم کاری سے سخت چیلنج کا سامنا ہے۔

6۔ ان صنعتوں سے متعلق ایسے نئے شعبے اُبھر رہے ہیں جن کے مالکان مسلمان نہیں ہیں۔

خلیجی ممالک میں مسلمان

1980 کی دہائی سے مسلمان بڑی تعداد میں 'کیریئر سازی' اور 'روزی روٹی' کے تحفظ کے لیے روزگار کی تلاش میں خلیجی ممالک کا رخ کر رہے ہیں۔ ان میں سے زیادہ تر کم تعلیم یافتہ اور غیر ہنر مند کارکنان شامل ہیں۔ یہ درست ہے کہ اس کی وجہ سے ہندوستان کے کئی حصوں میں مسلمانوں کی معاشی اور مالی حالت بہتر ہوئی ہے، تاہم اس میں کوئی بڑی تبدیلی نہیں آئی ہے۔ مسلمان تارکین وطن درحقیقت دیگر مذاہب کے ماننے والوں سے زیادہ غریب ہیں۔ کئی ہندوتوا عناصر نے اس 'گلف منی' پر سوال اٹھایا ہے۔ ان کا کہنا ہے کہ اس سے ہندوستانی مسلم علاقوں اور مذہبی اداروں کا سیلاب آرہا ہے جسے تبدیلیٔ مذہب کے لیے استعمال کیا جاتا ہے۔ ان کا یہ دعویٰ دلیل

اور ثبوت کا متقاضی ہے۔ انھیں یادرکھنا چاہیے کہ خلیجی ممالک میں غیر مسلم بھی بڑی تعداد میں کام کررہے ہیں۔ خلیج تعاون کونسل (GCC) کے چھ ممالک میں غیر مسلم ہندوستانی، اگرچہ تعداد میں وہ اپنے مسلم ہم وطنوں کے مقابلے میں کم ہیں، لیکن وہ کام کے حالات اور معیار زندگی کے مقابلے میں بہت بہتر ہیں۔ غیر مسلم ملازمین کی اکثریت وائٹ کالر ملازمتوں میں ہے جبکہ مسلمان زیادہ تر بلیو کالر ملازمتوں (جسمانی مشقت والی ملازمت) میں ہیں۔ خلیج میں 'ہندو مولویوں' کا دلچسپ رجحان ہے۔ یہ وہ غیر مسلم ہیں جو عربی زبان سیکھنے اور بہار اور یوپی کے مدارس سے فارغ التحصیل ہونے کے بعد ان ممالک میں نسبتاً زیادہ اُجرت پر مامور ہیں۔

ان کارکنوں کی اکثریت غیر انسانی (ہجوم، غیر محفوظ اور غیر صحت بخش) حالات میں زندگی بسر کرتی ہے۔ کام کے ناسازگار حالات ان کے ذہنی تناؤ کا سبب بن رہے ہیں اور صحت کے مسائل پیدا کررہے ہیں۔ ناقص معیار زندگی اور مالی مجبوریاں ان ملازمین کی بیش قیمت زندگی کو غیر یقینی صورتحال کی طرف لے جاتی ہیں، جس کے نتیجے میں ذہنی اور نفسیاتی مسائل پیدا ہوتے ہیں۔ 7؎ قطر میں 6 لاکھ سے زیادہ ہندوستانی تارکین وطن ہیں اور ان میں سے بیشتر جسمانی محنت اور مزدوری کرنے والے ہیں۔ 2011 سے اب تک 3 برسوں میں 700 سے زائد کارندے ہلاک ہوچکے ہیں۔ ان میں سے زیادہ تر اموات فیفا ورلڈ کپ کی میزبانی سے متعلق تعمیراتی کاموں میں ہوئی ہیں۔

جنوری 2015 میں پارلیمنٹ میں پیش کی گئی ایک رپورٹ کے مطابق، دنیا کے تمام حصوں میں 2.19 کروڑ ہندوستانی مقیم ہیں جن میں سے 26.5 فیصد (57.92 لاکھ) صرف خلیجی ممالک میں ہیں۔ اسی رپورٹ کے مطابق دنیا کے 68 ممالک کی جیلوں میں 6483 ہندوستانی بند ہیں جن میں سے 45 فیصد خلیجی ممالک میں ہیں۔ جیلوں میں ہندوستانیوں کی سب سے زیادہ تعداد سعودی عرب میں ہے، جن کی مجموعی تعداد 1469 ہے۔ گرفتار شدگان میں تقرری کے فریب کے شکار بھی ہیں۔ تارکین وطن کے حقوق کے لیے کام کرنے والی تنظیموں کا دعویٰ ہے کہ اس بڑی تعداد کی وجہ تارکین وطن کارکنوں کو قانونی اور دیگر امداد فراہم کرنے میں ہندوستانی حکومت کا ناقص ضابطۂ عمل ہے۔ ہندوستان اور متحدہ عرب امارات نے نومبر 2011 میں قیدیوں کے تبادلے کے ایک معاہدے پر دستخط کیے ہیں جس کے تحت ہندوستانی قیدیوں کو قید کی بقیہ مدت اپنے ملک میں گزارنے کا اختیار ملتا ہے۔ 2011 کے بعد سے ایک بھی ہندوستانی قیدی اس سے فائدہ نہیں اٹھا سکا ہے۔ حکومت غریب مزدوروں کے مقابلے میں سفید کالر کارکنوں کی فلاح و بہبود کو یقینی بنانے کے لیے زیادہ فکرمند ہے۔ 8؎

ہندوستانی 122 ممالک میں کام کررہے ہیں لیکن ناروا سلوک اور ہراساں کیے جانے کے زیادہ تر واقعات خلیجی ممالک سے موصول ہوتے ہیں۔ خلیج میں ہندوستانی سفارت خانوں اور قونصلیٹ کو ہزاروں کی تعداد میں شکایات موصول ہوتی ہیں جن میں زیادہ تر آجر کی جانب سے ناروا سلوک اور ہراساں کیے جانے، اُجرتوں اور تنخواہوں کی بروقت ادائیگی نہ کرنے، تنخواہ روکنے، پاسپورٹ ضبط کرنے، کام کی غیر انسانی حالات اور بنیادی

سہولیات کے فقدان جیسی شکایات ہوتی ہیں۔ سعودی عرب میں ایسی شکایات سب سے زیادہ ہیں۔ ہندوستانی حکام کو 2011 سے 2014 تک یعنی چار برسوں میں 12,495 شکایات موصول ہوئیں۔9۔

قانون نطاقات

مشرق وسطیٰ کے ممالک انقلابی تبدیلی سے گزر رہے ہیں۔ تیونس، مصر اور لیبیا میں ہونے والی بغاوتوں نے دہائیوں پرانی جابر حکومتوں کا خاتمہ کر دیا۔ خطے کے دیگر ممالک بھی سیاسی اصلاحات اور جمہوریت کے مطالبے سے خوفزدہ ہیں۔ سعودی عرب نے اسی قسم کے اختلاف اور بغاوت کے خوف سے کئی فلاحی اسکیموں اور اصلاحات کا اعلان کیا ہے جس میں لیبر قانون بھی شامل ہے۔ مقامی شہریوں میں بے روزگاری کو ایک 'طویل مدتی اسٹریٹجک چیلنج کے طور پر مؤثر طریقے سے درست کرنے کی ضرورت ہے'، اور نتیجتاً قانون نطاقات متعارف کرایا گیا ہے۔ اس قانون کے تحت سعودی عرب کی تمام کمپنیاں مقامی نوجوانوں کو 10 فیصد ملازمتیں فراہم کرنے کی پابند ہیں۔ یہ قانون ان لوگوں کے لیے قید اور جرمانے کا تعین بھی کرتا ہے جو اجازت نامہ برائے روزگار (ورک پرمٹ) یا درست پاسپورٹ کے بغیر مقیم ہیں۔ دوسری توسیع شدہ معیاد کے بعد جو 3 نومبر 2013 کو ختم ہوئی، اس قانون کی وجہ سے تقریباً 1.3 لاکھ ہندوستانی سعودی عرب سے واپس آ گئے۔

اس طرح غریب اور متوسط طبقے کے مسلمانوں کے لیے خلیج میں روزگار نے آمدنی کا ذریعہ تو فراہم کیا لیکن وہاں کام کرنا آسان نہیں رہا۔ مسلم ملازمین غیر انسانی حالات میں رہتے ہیں اور بہت مشکل سے گزر بسر کرتے ہیں۔ ماہرین نے 1970 کی دہائی سے مسلمانوں کی تعلیمی پسماندگی کا واحد اور اہم ترین سبب اسے ہی قرار دیا ہے۔

ایک دن ان کے ساتھ

ے شکیل احمد، پاورلوم مزدور، دھولے، مہاراشٹر

شکیل احمد اپنے خاندان کے ساتھ دھولے کے آزاد نگر کی ایک پرہجوم گلی میں رہتا ہے اور اپنی 150 مربع فٹ کی تنگ ورکشاپ میں ہینڈلوم سے تبدیل شدہ پاورلوم پر کام کرتا ہے۔ وہ کچی ساڑیاں تیار کرتا ہے اور ایک دن میں 110 روپے کماتا ہے۔ شکیل احمد اور لاکھوں روایتی پاورلوم کے مالکان جس حالت میں کام کرتے ہیں وہ سیاسی بے توجہی سے حیرت زدہ اور صدمے ہیں۔

ے ہاشم رضا، 25، لائنس مین، گڑگاؤں

ہاشم رضا، گڑگاؤں میں دکشن ہریانہ بجلی وترن نگم میں بطور کنٹریکٹ مزدور، تاروں پر چلتا ہے یا

100فٹ سے زیادہ اونچائی سے لٹکتا ہے تاکہ گڑگاؤں کے گھروں کو بجلی مل سکے۔ ستم ظریفی یہ ہے کہ وہ جس جھونپڑی میں رہتا ہے اس میں بجلی نہیں ہے۔ ہاشم رضا کا تعلق بہار سے ہے۔ وہ ماہانہ 10,000 روپے کماتا ہے اور تقریباً7000 گھر بھیج دیتا ہے۔ اس کے لیے یہ کوئی آسان کام نہیں ہے۔ ہاشم رضا کے چار دوستوں کو 2013 میں پالم وہار کے ایک سرکاری بجلی گھر میں کرنٹ لگ گیا تھا۔

ے محمد عادل، دباغی مزدور، کانپور

30 سالہ عادل کانپور کے جاج مئو علاقے میں رہتا ہے اور ایک ٹینری (دباغی کارخانے) میں کام کرتا ہے۔ وہ پچھلے 10 برسوں سے اس کام میں ہے اور ماہانہ 6,000 روپے تک کمالیتا ہے۔ وہ خطرناک کیمیکل سے کام کرتا ہے جو اکثر اس کی جلد کو جلا دیتا ہے۔ وہ بھینس کے کان اور جلد سنبھالتا ہے۔ کیمیکل کی وجہ سے بدبو پیدا ہوتی ہے جو اس کی بیوی کو پسند نہیں لیکن عادل کے پاس کوئی متبادل روزگار نہیں ہے۔

اسکیمیں، پروگرام اور اعلانات

NMCME یعنی NATIONAL MONITORING COMMITTEE FOR MINORITIES' EDUCATION کی پانچ ذیلی کمیٹیوں میں سے ایک اقلیت مرکوز اضلاع (MCDs) میں پیشہ ورانہ تربیت اور مہارت کی ترقی پر مشتمل تھی۔ UPA-II حکومت نے اسٹریٹ وینڈرز (تحفظ روزگار اور ضابطہ اسٹریٹ وینڈنگ) بل 2014 پاس کیا۔ یہ ایکٹ اسٹریٹ وینڈرز کے حقوق کو یقینی بناتا ہے۔ سچر کمیٹی رپورٹ کے مطابق، مسلمانوں میں ایسے افراد کا تناسب زیادہ ہے جو سڑکوں پر کام کرتے ہیں (گلی گلی گھوم کر بیچنے والے) لیکن ان کی کوئی مقررہ جگہ نہیں ہے۔ ان کی شرح شہری علاقوں میں 4.7 اور دیہی علاقوں میں 8.5 فیصد تھی جو دیگر سماجی و مذہبی برادریوں (SRC) کے مقابلے میں سب سے زیادہ تھی۔ اس لیے توقع تھی کہ مسلمان اس قانون سے زیادہ سے زیادہ فائدہ اٹھائیں گے۔ ستمبر 2013 میں UPA-II کی طرف سے 'سیکھو اور کماؤ' اسکیم شروع کی گئی۔ اس کے تحت مختلف جدید/روایتی پیشوں میں اقلیتی نوجوانوں کی مہارتوں کو صیقل کرنے کے لیے تربیت فراہم کی جاتی ہے تاکہ انھیں مناسب روزگار حاصل کرنے کے قابل بنایا جا سکے۔ 2013-14، 2014-15 اور 2015-16 میں، حکومت نے اس کے لیے بالترتیب 17، 35 اور 67.45 کروڑ روپے مختص کیے۔ اسکیم کے بجٹ میں اضافہ موجودہ حکومت کی ترجیح کو ظاہر کرتا ہے۔ تاہم ماہرین کا کہنا ہے کہ یہ اسکیم صرف کاغذوں پر ہے کیونکہ نہ تو کسی ماہرانہ تربیت کا نظم ہے اور نہ ہی روزگار کے بڑھتے ہوئے مواقع ہیں (http://twocircles.net)۔ موجودہ حکومت نے اقلیتی برادری کے لوگوں کی ہنرمندی کی تربیت کے لیے مولانا آزاد نیشنل اکیڈمی فار اسکلز (MANAS) قائم کیا ہے۔ یہ معیشت کے ان شعبوں میں مہارت

کی تربیت فراہم کرنے یا مہارت کی تجدید کاری پر توجہ مرکوز کرے گا جہاں ہنرمندوں کی کمی ہے یا مستقبل میں اس کی مانگ بڑھنے کا امکان ہے، تاکہ وہ منافع بخش روزگار یا ذاتی روزگار حاصل کرسکیں۔ اکادمی کے لیے MANAS اور نیشنل اسکل ڈیولپمنٹ کارپوریشن (NSDC) کے درمیان ایک وسیع کل ہند مشترکہ نیٹ ورک قائم کرنے کے لیے ایک معاہدے پر دستخط کیے گئے ہیں۔ MANAS کے تحت بہار کے تین مدارس میں ترجیحی بنیادوں پر ہنرمندی کے تربیتی مراکز کی اسکیم شروع کی گئی ہے۔ مئی 2015 میں حکومت نے روایتی فنون / دستکاری کو محفوظ رکھنے کے لیے اقلیتی نوجوانوں کو ہنرمندی کو بہتر بنانے اور تربیت دینے کے لیے 'اپ گریڈنگ اسکلز اینڈ ٹریننگ اِن پرزرویشن آف ٹریڈیشنل آرٹس/ کرافٹس' (USTAAD) کا آغاز کیا۔ تربیتی پروگرام کے تحت 18 دستکاریوں کی نشاندہی کی گئی ہے۔

بہار میں 'ہنر' نامی پروگرام نافذ ہے۔ این آئی او ایس (The National Institute of Open Schooling) نے بہار ایجوکیشن پروجیکٹ کونسل (بی ای پی سی) کے تعاون سے بہار میں 9-2008 سے 7 پیشہ ورانہ کورسز میں مسلم لڑکیوں کو ہنرمندی کی تربیت دینے کا پروگرام شروع کیا۔ ان کورسز میں 'گرام سکھی، کٹائی، سلائی، لباس تیار کرنا، بنیادی دیہی ٹیکنالوجی، جوٹ کی پیداوار، بسکٹ اور حلوہ جات، بیوٹی پارلر اور ایام طفولیت کی دیکھ بھال اور تعلیم' شامل ہیں۔ پہلے مرحلے میں 13768 مسلم لڑکیوں کو تربیت دی گئی ہے جن میں سے 11347 نے امتحان پاس کیا۔ 'ہنر' مرحلہ دوم میں بہار نے NIOS سے کہا کہ وہ 11-2010 کے لیے مسلم، ایس سی، ایس ٹی اور انتہائی پسماندہ برادریوں سے 50000 مزید لڑکیوں کو شامل کرے۔ اس مرحلے میں مختلف برادریوں کی 45298 لڑکیوں نے ان کورسز میں داخلہ لیا تھا۔ بہار میں 'ہنر' کی کامیابی کو دیکھتے ہوئے، دہلی کی ریاستی حکومت نے لڑکیوں کو ہنر کی ترقی کی تربیت مفت دینے کے لیے 26 فروری 2011 کو اسے شروع کیا۔

مسلمانوں میں بے روزگاری کی بڑھی ہوئی شرح اور کارکنوں کی تعداد کے منفی تناسب کے پیش نظر مرکزی حکومت کے اقدامات بہت کم ہیں۔ صرف ہنرمندی کی تربیت شروع کی گئی ہے۔ مرکزی اور ریاستی حکومتوں نے مسلمانوں کے ذریعۂ معاش اور روزگار کی حالت کو بہتر بنانے کی حقیقی کوشش نہیں کی ہے۔

چند انفرادی اقدامات

مسلمانوں میں روزگار کی خراب صورتحال سے نمٹنے کے لیے کچھ افراد نے اچھے اقدامات کیے ہیں۔ بنگلور کی زہرہ فاطمہ نے ہندوستانی مسلم نوجوانوں کے روزگار کے مسائل حل کرنے کے لیے 'HalalJobs.in' ویب سائٹ شروع کی۔ یہ ویب سائٹ نہ صرف آجروں اور امیدواروں کو آپس میں جوڑتی ہے بلکہ اسلامی ضابطے کے مطابق کام کرنے کا بہترین ماحول فراہم کرنے میں بھی ان کی مدد کرتی ہے۔ دسمبر 2013 میں شروع

ہونے والی اس سائٹ میں خرید وفروخت (سیلز اور مارکیٹنگ)، تعلیم اور IT سے متعلق ملازمتیں شامل ہیں۔ بینکنگ انڈسٹری، شراب کے کاروبار (شراب بنانے اور فروخت کرنے) سے متعلق ملازمتیں اس کی فہرست میں نہیں ہیں۔ مارچ 2015 میں تھانے کے قریب ایک چھوٹے سے شہر ممبرا میں الاقصیٰ ایجوکیشن اینڈ ویلفیئر ٹرسٹ اور ینگ انٹر پرینیور فورم، ممبئی کی جانب سے 'میڈ اِن ممبرا' نمائش منعقد کی گئی تھی۔ اس نے نئی صنعتیں کھولنے کے لیے وہاں دستیاب بنیادی ڈھانچے کی سہولیات پر روشنی ڈالی۔ نمائش میں حفاظتی نگرانی، مولڈنگ اور انجن کے سامان، کپڑے، رنگ، عطر (پرفیوم)، کیک وغیرہ کے اسٹال تھے۔ اپریل 2016 میں بھی اس کا اہتمام کیا گیا تھا جس میں 5000 عام لوگوں نے اور 35 کاروباری اداروں نے شرکت کی۔ پٹنہ کی پیس فاؤنڈیشن نے عاصم بہار فاؤنڈیشن کے ساتھ مل کر بہار شریف ضلع کے عماد پور گاؤں میں غریب گھرانوں کے مسلمان طلبا کے لیے کمپیوٹر لرننگ سنٹر شروع کیا ہے۔ اس کا مقصد دیہی علاقوں میں رہنے والے غریب طلبا کے لیے روزگار کے مواقع پیدا کرنا ہے۔ حیدرآبادی حلیم کو پوری دنیا میں مشہور کرنے والے ایم اے۔ مجید نے بہت سے اقدامات کیے ہیں۔ ان کا 'پاستا ہاؤس'، جو بنیادی طور پر حیدرآبادی کھانا پروستا ہے، امریکہ، آسٹریلیا اور کینیڈا میں بھی کھل گیا ہے۔ کشمیری نوجوان جنید شاہد نے پشمینہ کی مصنوعات کو پوری دنیا میں مقبول بنانے کے لیے ایک اختراعی قدم اٹھایا ہے۔ اس نے پوری دنیا میں پشمینہ مصنوعات کی فروخت کو فروغ دینے کے لیے ایک ای کامرس پورٹل (phamab.co.in) شروع کیا ہے۔ انڈین مسلم ریلیف اینڈ چیریٹیز (IMRC) نے بہار کے دس بلاک میں ہنرمندی کے فروغ کے دس مراکز قائم کرنے کا فیصلہ کیا ہے۔

چند اختراعی اقدامات

← مسلم چیمبر آف کامرس اینڈ انڈسٹری:

مسلم تاجر اپنا کاروبار قانونی طریقے سے کرتے ہیں اور باقاعدگی سے ٹیکس ادا کرتے ہیں لیکن حکومت کے ساتھ ساتھ مقامی انتظامیہ کی طرف سے ان کے مفادات نظرانداز کیے جاتے ہیں۔ انھیں اپنے کاروبار میں بھی کافی رکاوٹوں کا سامنا ہے۔ مرکزی دھارے کی کاروباری تنظیموں میں فرقہ پرست عناصر کی موجودگی کی وجہ سے یہ تنظیمیں مسلم تاجروں کے مطالبات کی حمایت نہیں کرتی ہیں۔ ان نکات پر غور کرتے ہوئے علی گڑھ کے تاجروں نے ستمبر 2013 میں مسلم چیمبر آف کامرس اینڈ انڈسٹری (MCCI) کی تشکیل کی۔ اس کا مقصد مسلمانوں کی کاروباری برادری کے مفادات کا تحفظ کرنا اور اپنے مطالبات کو مناسب پلیٹ فارم پر اٹھانا ہے۔

← امامیہ چیمبر آف کامرس اینڈ انڈسٹری:

میجر ایس جے ایم جعفری نے شیعہ کمیونٹی کا ایک کاروباری چیمبر امامیہ چیمبر آف کامرس اینڈ انڈسٹری

(ICCI) فروری 2014 میں قائم کیا۔ اس کا مقصد ایک متحرک اور سازگار ماحول فراہم کرنا ہے جس میں امامیہ برادری کا کاروبار اور انٹر پرائز فروغ پا سکے۔ اس کا ہدف بیداری پیدا کرنا اور فرقہ وارانہ خلا کو پر کرنا ہے تا کہ کمیونٹی کے کاروبار کو مرکزی دھارے میں لایا جا سکے۔ اس کے پانچ علاقائی دفاتر لکھنؤ، دہلی، کرناٹک، مہاراشٹر اور حیدرآباد میں کھولے گئے ہیں۔ اس نے بہتر رابطہ قائم کرنے کے لیے پانچ ورکنگ کمیٹیاں تشکیل دی ہیں اور جاوید جعفری کو اپنا برانڈ ایمبیسڈر مقرر کیا ہے۔

ے **معیشت میڈیا:**

موجودہ دور آئی ٹی، نیٹ ورکنگ، تعاون، نظریات کے اشتراک اور معیشت کے مختلف شعبوں کے درمیان ہم آہنگی کا ہے۔ تاہم، ان میں سے کوئی بھی اچھی چیز بالعموم مسلم تاجروں اور بالخصوص مسلم کاروباریوں کے یہاں عملی طور پر نظر نہیں آتی۔ کمیونٹی کے افراد مرکزی دھارے کے کاروبار سے دور ہیں۔ اس ضرورت کے پیش نظر بنگلور میں دانش ریاض نے معیشت میڈیا پرائیوٹ لمیٹڈ (MMPL) قائم کیا۔ یہاں سے اردو میں ایک ماہانہ رسالہ 'بین الاقوامی معیشت' شائع ہوتا ہے جس میں بنیادی طور پر مسلم کمیونٹی کے کاروبار سے متعلق کہانیوں کا احاطہ کیا جاتا ہے۔ اسی میگزین کو www.maeeshat.inMMPL)) انگریزی، ہندی، فارسی اور عربی زبانوں میں بھی آن لائن شائع کرتا ہے۔ اس کا مقصد کمیونٹی میں سرکاری اسکیموں کے بارے میں بیداری پیدا کرنا، کمیونٹی کے معاشی مسائل کو اجاگر کرنا، کاروبار میں حائل رکاوٹوں پر تبادلہ خیال کرنا اور مسلم کمیونٹی کو مالی اور اقتصادی طور پر مرکزی دھارے میں شامل کرنے پر زور دینا ہے۔

ے **آل انڈیا مائنارٹیز بزنس سمٹ:**

معیشت میڈیا کے بانی اور ایڈیٹر، دانش ریاض نے 2009 میں بنگلور میں پہلی آل انڈیا مائنارٹیز بزنس سمٹ کا انعقاد کیا۔ اس وقت سے اب تک وہ ہندوستان کے بڑے شہروں میں اس طرح کے چھ اجلاس منعقد کر چکے ہیں۔ اس نوعیت کا آخری یعنی چھٹا اجلاس 21 نومبر 2014 کو دہلی میں منعقد کیا گیا تھا۔ یہ سارے اجلاس کاروبار اور صنعت سے متعلق اہم موضوعات پر منعقد کیے گئے۔ اجلاس کا مقصد مسلم تاجروں، صنعت کاروں اور کاروباریوں کو ایک مشترکہ پلیٹ فارم پر مدعو کرنا، موجودہ مسائل اور مشکلات پر بات کرنا اور مناسب فورم پر اپنے مطالبات کو اٹھانا ہے نیز ایک مشترکہ پلیٹ فارم دینے کا بھی عزم ہے تا کہ مشترکہ مسائل پر ان کے درمیان بہتر تال میل ہو سکے۔

نئے مواقع

ہندوستان جیسے بڑے ملک میں مواقع بہت زیادہ ہیں۔ ضرورت اس بات کی ہے کہ مسلمان بیدار

رہیں اور ملک کے سماجی و اقتصادی منظر نامے اور موجودہ مسائل کے تعلق سے اپنی معلومات میں اضافہ کرتے رہیں۔ نئے مواقع انھیں کے لیے آتے ہیں جو بیدار مغز ہوتے ہیں۔

ے میٹ پروسیسنگ کورس:

اندرا گاندھی نیشنل اوپن یونیورسٹی (IGNOU) نے وزارت برائے فوڈ پروسیسنگ انڈسٹری کے ساتھ مل کر 2013 سے 'یک سالہ فاصلاتی ڈپلومہ کورس برائے میٹ پروسیسنگ' شروع کیا ہے۔ اس کا مقصد گوشت اور اس کی مصنوعات کی معیاری پیداوار کے لیے علم اور مہارت فراہم کرنا ہے، تاکہ ذبح کی تکنیکی مہارت، سائنسی خطوط پر گوشت سنبھالنے اور جانچ اور کوالٹی کنٹرول کو انجام دینے کے طریقوں کا علم حاصل کیا جا سکے۔ ذریعۂ تعلیم انگریزی اور ہندی ہے اور وہ طلبا جنھوں نے دسویں یا بارہویں پاس کیا ہے درخواست دے سکتے ہیں۔ چونکہ گوشت کی صنعت سے وابستہ لوگوں کی اکثریت مسلمانوں کی ہے، اس لیے یہ کورس ان کے لیے بہتر اور بہت مددگار ثابت ہوگا۔

دودھ کا کاروبار (کمرشل ڈیرینگ):

گجرات کے بناسکنٹھا کے قریب واقع کامیاب پورہ گاؤں کے مومن شیعہ فرقے سے تعلق رکھنے والے مسلمان اب تجارتی ڈیری کاروبار میں مصروف ہیں اور اس سے اچھی خاصی کمائی کر رہے ہیں۔ انھوں نے دودھ سوسائٹیاں بنائیں اور 2009 سے امول میں اپنا حصہ ڈال رہے ہیں۔ بناسکنٹھا یونین کے 1374 گاؤں کی سوسائٹیوں میں سے 40 کے سربراہ مسلمان ہیں۔ دہائیوں پہلے تک وہ باقاعدہ اناج اُگاتے تھے لیکن اب وہ دودھ کا کاروبار کر رہے ہیں۔ کامیاب پورہ سوسائٹی کے صدر محمد بھائی پربادیا کے پاس 48 گائیں، 17 بچھڑے اور دو بھینسیں ہیں۔ ان کی پوری 17.5 ایکڑ زمین چارے کی فصلوں کی کاشت کے لیے وقف ہے۔ مغربی مہاراشٹر میں مسلمانوں کی ملکیت میں بہت سے بڑے ڈیری کاروبار ہیں۔

ے زیورات کی صنعت:

ہندوستان میں سونا حاصل کرنے کی بے پناہ خواہش کسی سے پوشیدہ نہیں ہے۔ شادیوں میں بطور تحفہ، تہوار کے موقع پر اور سرمایہ کاری وغیرہ کے لیے سونا خریدا جاتا ہے۔ توحید جویلرز نے 2003 میں سولا پور میں سونے کا پہلا ریٹیل شوروم شروع کیا جس میں صد فیصد باز فروخت (ری سیل) پر زور دیا گیا، چاہے وہ نقد میں ہو یا متبادل کی صورت میں۔ انھوں نے اسے ممبئی کے ممبرا اور کرلا میں کامیابی کے ساتھ شروع کیا ہے۔ توکل جیولرز نے ممبئی کے گوونڈی میں ایک شوروم شروع کیا اور توحید جیولرز کے نقش قدم پر چلتے ہوئے صد فیصد ری سیل دینے کی پالیسی اختیار کی۔ اس پالیسی نے بہت سے صارفین کو سونا خریدنے کی طرف راغب کیا ہے اور اب یہ سونار اچھا کاروبار کر رہے ہیں۔ مسلم علاقوں میں اس کے پھلنے پھولنے کا امکان ہے۔

ے جواہرات اورزیورات سے متعلق کورس:

یہ ہندوستان کی ایک روایتی صنعت ہے جو بڑے پیمانے پر پھل پھول رہی ہے۔اس صنعت کا سالانہ کاروبار 251000 کروڑ روپے کا ہےاوراس میں کیریئر بنانے کے بہت سارے مواقع ہیں۔اس کی اہمیت کے پیش نظر Divya Ratan Gems & Jewellery Pvt.Ltd. نے بین الاقوامی سطح کے کورسز شروع کیے ہیں۔ان کورسز میں بنیادی زیورسازی، زرگری، ڈائمنڈ گریڈنگ، جواہرات کی درجہ بندی، زیورسازی، گوہرشناسی، موتی اورموتی کی درجہ بندی وغیرہ شامل ہیں۔یہ کیریئر سازی کے لیے بہترین اختراعی شعبہ ہے جس میں بے پناہ مواقع ہیں۔(آج کا آنند، 10 مئی 2015) اسی طرح ہندوستانی معیشت کے دیگر شعبوں میں بھی کافی مواقع میسر ہیں۔

چند تجاویز

سچر کمیٹی رپورٹ اور رنگناتھ مشرا کمیٹی رپورٹ میں کئی سفارشات کی گئی ہیں اگران پر ایمانداری اورصحیح طریقے سے عمل کیا جائے تو مسلمانوں کے معاش اور روزگار کی حالت میں زبردست بہتری آئے گی۔حکومتوں کو ان سفارشات پر عمل درآمد کرنا چاہیے۔جہاں مسلم کارکنان زیادہ ہیں اور جنھوں نے حالیہ دنوں میں زیادہ ترقی کی ہے، وہاں مہارت کی نشوونما اوران شعبوں میں قرض مہیا کرنے کے عمل میں تیزی لانے کی کوشش کرنی چاہیے۔ پاورلوم، دباغی، چمڑے، تالے کی صنعت، پیتل کے برتن، بیڑی بنانے جیسے کاموں میں مسلمان لگے ہیں۔اس لیے ایسے علاقوں میں صنعت کے مخصوص پروگراموں کے امکانات تلاش کیے جانے چاہئیں۔ان شعبوں میں مہارت کی ترقی، قرض کی فراہمی، ٹیکنالوجی اور مارکیٹ تعاون اہم ہوں گے۔کمیونٹی میں تعلیمی پسماندگی کے پیش نظر، مڈل اسکول کے بعد مہارت کی ترقی کے پروگراموں کی کچھ اقسام مفید ثابت ہوسکتی ہیں۔پولی ٹیکنک اور آئی ٹی آئی کے لیے کم ازکم اہلیت کم کرنا بھی مفید ہوسکتا ہے۔حکومت اور پبلک سیکٹر کے روزگار میں مسلمانوں کی حصہ داری بہت کم ہے۔حکومت مسلم آبادی والے علاقوں میں منصوبہ بند اور اہدافی تقرری مہمات سے اس کمی کو دور کر سکتی ہے۔پبلک اور پرائیویٹ سیکٹر کی کمپنیوں کی طرف سے نافذ کیے گئے مثبت اقدامات کے لیے ان کی حوصلہ افزائی کرنی چاہیے۔ان کمپنیوں کو مسلمانوں کے لیے ہنرمندی کی تربیت اور انٹرن شپ پروگرام شروع کرنے کی ترغیب دی جانی چاہیے۔متعدد مغربی ایشیائی ممالک مائیکروفنانس اور اسکل ڈویلپمنٹ میں سرمایہ کاری کے لیے تیار ہیں۔حکومت کو ان شعبوں میں براہ راست غیرملکی سرمایہ کاری (FDI) کی اجازت دینی چاہیے۔

کمیونٹی کی سطح پر، مسلم ملکیت والے کالجوں میں طلبا کو ملازمت کی مختلف مہارتوں جیسے مواصلات کی مہارت، کمپیوٹر (سافٹ ویئر اور ہارڈ ویئر)، تعلقات عامہ، مارکیٹنگ، فیشن ڈیزائننگ، صحافت، انسانی وسائل

وغیرہ میں تربیت دینے کے لیے سرٹیفکیٹ کورس چلائے جاسکتے ہیں۔ان علاقوں میں جہاں مسلم کاریگر بڑی تعداد میں رہتے ہیں، ورک شاپ اور ہنر کی تجدید کاری کے پروگرام منعقد کیے جاسکتے ہیں تا کہ وہ ڈیزائننگ اور پیکجنگ کے جدید طریقۂ کار کے ساتھ ساتھ فروخت (مارکیٹنگ) اور برآمدات کے مفید تجارتی طریقوں کے بارے میں جان سکیں۔

انفرادی سطح پر، مسلم کاریگر اور ہنرمند اپنی مہارت کو باقاعدگی سے اَپ گریڈ کر سکتے ہیں اور نئی ٹیکنالوجی اور جدید ترین تجارتی طریقوں کو اپنا سکتے ہیں۔نئے مواقع جیسے میٹ پروسیسنگ، دودھ، زیورات وغیرہ کی صنعتوں کو اپنایا جاسکتا ہے۔ عالمی ضروریات کے مطابق روزگار کی منڈی تیزی سے بدل رہی ہے۔اسی کے مطابق خودکوڈھالنا چاہیے۔اعلیٰ تعلیم کا کوئی متبادل نہیں۔ ہمارے نوجوانوں کوسخت محنت کرنی چاہیےاورحکومت اور پبلک سیکٹر کے روزگار کے لیے بہتر کوشش کرنی چاہیےاور نئے ابھرتے ہوئے مختلف شعبوں میں حصہ لینا چاہیے۔

حوالے:

1۔ http://twocircles.net/2013jul30/rate_joblessness_shows_downward_trend_among_muslims.html

2۔ دی ملی گزٹ، نئی دہلی، 15-1 جنوری 2013

3۔ دی انڈین ایکسپریس، پونے، 22 اپریل 2014

4۔ انقلاب، ممبئی، 28 جنوری 2013

5۔ دی انڈین ایکسپریس، پونے، 15 مارچ 2015

6۔ انقلاب، ممبئی، 9 فروری 2013

7۔ http://twocircles.net/2013jul30/rate_joblessness_shows_downward_trend_among_muslims.html

8۔ دی انڈین ایکسپریس، پونے، 9 جنوری 2015

9۔ انقلاب، ممبئی، 9 دسمبر 2014

10۔ دی انڈین ایکسپریس، پونے، 24 اگست 2014

11۔ ایضاً، 15 مارچ 2015

[بشکریہ *Denial and Deprivation:Indian Muslims after the Sachar Committee and Rangnath Mishra Commission Reports* by ABDUR RAHMAN, Taylor & Francis Group, Routledge, NY, 2019]

بینک اور بینک قرضوں تک رسائی

عبدالرحمٰن

ترجمہ: عبدالسمیع

تعارف

آج کی دنیا میں، اقتصادی ترقی کے لیے بینک کریڈٹ تک رسائی بہت ضروری ہے۔ بینک قرض فراہم کرنے میں اہم کردار ادا کرتے ہیں جو معاشی سرگرمیوں میں سرمایہ کاری کے لیے استعمال ہوتا ہے۔ سرکاری اور نجی بینکنگ اداروں تک غیر مساوی رسائی سماجی و مذہبی برادریوں (SRCs) میں تفاوت کو برقرار رکھ سکتی ہے۔ حکومت نے معاشرے کے تمام طبقوں تک بینکنگ کی سہولیات کو بڑھانے کے لیے اقدامات کیے ہیں۔ تاہم، ملک میں جامع بینک کاری اب بھی ایک خواب سا ہے۔ مسلمانوں کو بینک اکاؤنٹ کھولنے میں مشکل پیش آتی ہے اور بینک کارکنان کے امتیازی سلوک کی وجہ سے وہ بینک قرض سے محروم رہتے ہیں۔

سچر کمیٹی رپورٹ کے مطابق ''بینک قرض تک مسلمانوں کی رسائی کم اور ناکافی ہے اور قرض کا اوسط حجم بھی دیگر سماجی و مذہبی برادریوں کے مقابلے پبلک سیکٹر بینک (PUSBs) اور پرائیویٹ سیکٹر بینک (PrSBs) دونوں میں بہت کم اور ناکافی ہے۔' ریزرو بینک آف انڈیا (RBI) کے مطابق بڑے بینک اقلیتوں کو قرض کی فراہمی میں پُرجوش نظر نہیں آتے۔ متعدد مطالعات سے یہ نتیجہ اخذ کیا گیا ہے کہ مسلم اکثریتی علاقوں کے ساتھ امتیازی سلوک کیا جاتا ہے۔ بینک قرض فراہم کرنے میں سست روی سے کام لیتے ہیں اور ان کا عملہ اقلیتوں کی خصوصی ضروریات کو پورا کرنے میں حساس نہیں ہے۔ مالی شمولیت کا مطلب مالیاتی خدمات کی فراہمی ہے، مثلاً کریڈٹ کی بچت، انشورنس، ترسیلات زر وغیرہ کو پسماندہ طبقے اور معاشرے کے کم آمدنی والے طبقے کو سستے در

پر مہیا کرایا جائے۔ پلاننگ کمیشن (PC) نے تسلیم کیا ہے کہ عالمی طاقت بننے کے لیے جامع ترقی کی طرف سفر کرنے کا یہی واحد راستہ ہے۔

ہندوستان میں اقتصادی طور پر محروم طبقات کی اکثریت ذاتی روزگار، چھوٹے دکاندار (ہاکر)، غیر منظم شعبے کے چھوٹے کاروباری، شہری کچی آبادی اور غریبوں پر مشتمل ہے۔ اس طبقے میں ایک بڑا حصہ ہندوستانی مسلمانوں کا ہے۔ اقلیتوں کی مالی شمولیت کے لیے آر بی آئی وقتاً فوقتاً رہنما خطوط جاری کرتا ہے۔ آر بی آئی نے 44 اقلیت مرکوز اضلاع میں بڑے بینکوں کو مشورہ دیا تھا کہ: (الف) اقلیتوں کو قرض کی فراہمی سے متعلق مسائل کی نگرانی کے لیے ہر ضلع میں افسران نامزد کریں۔ (ب) ضلعی مشاورتی کمیٹیوں کے اجلاس میں باقاعدگی سے قرض فراہمی کی پیش رفت کا جائزہ لیا جائے اور اس کی نگرانی کی جائے، (ج) بینک کے عملے کو حساس بنانے کے لیے تربیت کا انتظام ہو، (د) بینکوں کے ذریعے قرضوں کی بروقت منظوری اور تقسیم؛ اور (س) اقلیت مرکوز اضلاع میں غربت کے خاتمے کے مختلف پروگراموں کے لیے مناسب تشہیر کریں۔ تاہم، ایک تشخیصی مطالعہ کے بعد، آر بی آئی نے نتیجہ اخذ کیا کہ 44 اقلیت مرکوز اضلاع میں بڑے بینکوں کے ذریعہ ان رہنما خطوط پر عمل نہیں کیا گیا ہے جس کے نتیجے میں اقلیتیں بینک قرضوں سے محروم ہیں۔1

چند مشاہدات

مرکز برائے امن مطالعات (CPS) کے ایک مطالعہ کے مطابق 41.5 فیصد جواب دہندگان کے کھاتے قومی بینکوں میں تھے جبکہ 55 فیصد کے پاس بینک کھاتہ ہی نہیں تھا۔ جدول 10.1 ملاحظہ کیجیے:

TABLE 10.1: SOURCE OF LOAN

Source of Loan	No of Respondents	%
No response	796	9.8
Moneylender	1,886	23.3
Relative	2,812	34.8
Neigbour	1,377	17.0
Credit Society	534	6.6
Other	677	8.4
Total	8,082	100.0

Source: 'Broken Promises', A study on the socio-economic of Indian Muslims by the CPS (2014).

مسلمانوں کی اکثریت قرض کے کے لیے رشتہ داروں، ساہوکاروں اور پڑوسیوں سے رجوع کرتی ہے۔ تحقیق سے پتہ چلتا ہے کہ 13 فیصد لوگوں نے قرض کے لیے درخواست دی تھی جب کہ 87 فیصد نے

درخواست ہی نہیں دی۔ 1.7 فیصد نے گھر اور 0.5 فیصد نے تعلیمی قرضے کے لیے درخواست دی تھی۔ اس سے یہ ظاہر ہوتا ہے کہ مسلمان بینک قرضوں سے مکمل طور پر باہر ہیں۔ اس سے یہ بھی پتہ چلتا ہے کہ مسلمانوں میں قرض کی حصہ داری بڑھانے پر آؤٹ ریچ پروگرام اور آر بی آئی کی تشہیر کا اثر نہیں ہوا۔

ترجیحی شعبے کا قرض (PSL) بذریعہ درج فہرست تجارتی بینک (SCBs)

2001 کی مردم شماری کے مطابق کم از کم 25 فیصد اقلیتی آبادی والے 121 اضلاع میں تمام درج فہرست تجارتی بینکوں کو اقلیتوں کے لیے قرض کی فراہمی کی نگرانی کرنی ہے۔ یکم جولائی 2014 کو جاری شدہ آر بی آئی کے ماسٹر سرکلر کے مطابق، ترجیحی شعبے یہ ہیں: (1) زراعت؛ (2) خورد اور چھوٹے کاروبار (3) تعلیم؛ (4) ہاؤسنگ؛ (5) برآمد قرض (Export Credit) اور (6) دیگر۔

8-2007 میں پی ایس ایل کے تحت اقلیتوں میں 58663 کروڑ روپے تقسیم کیے گئے، جو 12-2011 میں بڑھ کر 164748 کروڑ روپے ہو گیا۔ چار برسوں میں اس میں تقریباً تین گنا اضافہ ہوا۔ سال 8-2007 میں متعینہ ہدف میں کامیابی کی شرح 90 فیصد، 9-2008 میں 95.5، 10-2009 میں 85.9، 11-2010 میں 92 اور 12-2011 میں 89.5 فیصد رہی۔ تاہم، 7-2006 میں اس کے تحت اقلیتوں کو دیے گئے قرضے کا حصہ 7.5 اور 13-2012 میں 11.3 فیصد کے درمیان رہا، جو کل آبادی میں اقلیتوں کے تناسب میں بہت کم ہے۔

درج فہرست تجارتی بینک کے PSL میں مسلمان بہت پیچھے ہیں۔ مسلم اکثریتی علاقوں میں ہدف اور حصولیابی دونوں بہت کم رہی۔ آسام، بہار، مغربی بنگال اور مہاراشٹر میں یہ حصولیابی نسبتاً کم رہی۔ 14-2013 میں بینکوں کے ذریعے اقلیتوں کے لیے PSL مجموعی PSL کا 16.09 فیصد تھا۔ تاہم، مسلمان صرف 44.3 فیصد حاصل کر سکے، جب کہ اسی سال مجموعی اقلیتی PSL سے سکھ کو 24.58، عیسائی کو 21.87، بدھسٹ کو 2.06، پارسی کو 2.23 اور جین کو 4.96 فیصد ملے۔ یعنی مسلمان اور بدھ مت کے پیروکار اس کا مناسب حصہ نہیں لے پا رہے ہیں۔ بینکوں کو چاہیے کہ وہ مسلمانوں پر توجہ دیتے ہوئے مسلم علاقوں میں شاخیں کھول کر اس خلا کو دور کرنے کے لیے اصلاحی اقدامات کر اٹھائے۔ جدول 10.2 دیکھیں۔

TABLE 10.2 STATE WISE PSL TO MINORITIES
PuSBs IN LAST 4 YEARS

(Rs. in crore)

State/UT	2011-12	2012-13	2013-14	2014-15 (as on 30.9.2014
A & N Islands	172.26	176.77	176.24	174.41

AP	12,402.56	14,384.30	20,775.73	13,018.16
Arunachal Pradesh	149.63	207.46	384.67	407.55
Assam	2,471.58	2,565.56	2,896.74	3,022.45
Bihar	2,927.39	2,888.71	3,450.98	3,484.28
Chandigarh	1,264.36	1,188.31	1,697.79	1,819.77
Chattisgarh	835.14	929.4	1,524.39	1,634.91
D&N Haveli	10.46	11.78	18.03	18.77
Daman & Diu	12.97	15.56	19.26	22.62
Delhi	4,224.67	5,578.2	7,168.52	7,198.1
Goa	1,466.66	1,430.08	1,809.54	1,720.22
Gujarat	2,953.34	3,847.95	5,388.87	5,734.86
Haryana	4,655.65	4,834.39	5,703.42	5,701.23
HP	635.35	632.77	705.37	729.13
Jharkhand	1,753.00	1,919.93	1,842.39	2,052.78
Karnataka	10,477.32	11.603.89	14,823.67	15,292.6
Kerala	23,048.67	27,974.99	31,828.52	34,072
MP	4,164.84	4,386.7	5,993.33	5,990.29
Maharashtra	12,755.66	13,979.00	24,579.98	26,037.7
Manipur	242.73	225.7	274.53	272.32
Odisha	2,236.86	2,306.17	2,733.85	2,739.89
Puducherry	286.57	403.53	1,013.53	798.76
Rajasthan	4,065.46	4,471.37	8,124.95	8,001.82
Sikkim	409.16	427.96	492.94	435.96
TN	14,763.37	17,519.59	23,918.46	25,191.52
Tripura	288.20	297.47	302.94	298.51
Telangana	-	-	-	8,846.81
UP	14,953.17	15,751.1	19,006.8	19,139.57
Uttarakhand	1,831.69	2,008.38	2,794.23	2,857.82
WB	8,189.95	9,428.52	11,022.7	10,780.63
J&K	1077.31	1,175.41	1,316.03	1,199.17
Meghalaya	813.68	841.1	1,059.45	998.59
Mizoram	610.51	594.61	668.57	680.38
Nagaland	593.57	638.45	657.3	623.98
Punjab	27,939.34	30,532.07	36,602.86	37,938.92
Lakshadweep	65.32	56.11	62.68	56.8
Total	1,64,748.4	1,85,233.4	2,40,838.3	2,48,761.84

Sources: Minority Affair Minister's speech in Lok Sabha on 10 December 2014.

2ـ

عوامی بینک کی طرف سے PSL کے تحت اقلیتوں کو دیے جانے والے قرض میں گزشتہ برسوں سے اضافہ ہورہا ہے، حالاں کہ ہدف کا حصول تقریباً 90 فیصد ہے، تاہم مسلمانوں کو اقلیتی آبادی میں ان کے حصے کے مطابق بینکوں کا قرض نہیں ملا۔ فروری 2014 میں 15-2014 کا بجٹ پیش کرتے ہوئے اس وقت کے وزیر خزانہ نے کہا تھا کہ 10 سال پہلے جب یوپی اے نے اقتدار سنبھالا تھا تو 121 اقلیتی مرکوز اضلاع میں اقلیتوں کے 1415000 بینک کھاتے تھے۔ مارچ 2013 کے آخر تک ان کے 4352000 کھاتے تھے اور دسمبر 2013 کے آخر تک قومی سطح پر اقلیتوں کے لیے قرضے 211451 کروڑ روپے تھے۔

31 مارچ 2014 تک، اقلیتوں کی مالی شمولیت کو بڑھانے کے لیے کثیر اقلیتی آبادی (SMP) والے علاقوں میں عوامی بینکوں کی 19119 شاخیں کھولی گئی ہیں۔ 15-2014 کے دوران، کثیر اقلیتی آبادی والے علاقوں میں 1153 نئی شاخیں کھولی گئیں۔

قومی اقلیتی ترقی اور مالیاتی کارپوریشن

قومی اقلیتی ترقی اور مالیاتی کارپوریشن (NMDFC)، 1994 میں قائم کیا گیا تھا جس کا مقصد 'اقلیتوں میں 'پسماندہ طبقات' کو فائدہ پہنچانا اور ان کی اقتصادی اور ترقیاتی سرگرمیوں کو فروغ دینا تھا۔ جس میں مختلف پیشہ ور گروہوں اور خواتین کو ترجیح دی گئی تھی۔

5-1994 میں اس کا منظور شدہ سرمایہ 500 کروڑ روپے تھا جو 11-2010 میں بڑھ کر 1500 کروڑ روپے ہو گیا جس میں سے 65 فیصد (975 کروڑ) مرکزی حکومت کے لیے، 26 (390 کروڑ) ریاستوں / مرکز کے زیر انتظام علاقوں کے لیے اور بقیہ 9 فیصد (135 کروڑ) اقلیتوں کی معاشی بہبود کے فروغ میں مصروف تنظیموں اور افراد کے لیے مختص کیا گیا تھا۔ 31 مارچ 2011 تک اس کا ادا شدہ شیئر کیپٹل 933.17 کروڑ روپے تھا جس میں سے 760.36 کروڑ مرکز نے اور 172.80 کروڑ روپے ریاست / مرکز کے زیر انتظام علاقوں نے تعاون دیا ہے۔ دیگر تنظیموں یا افراد نے اب تک 55000 روپے کا تعاون دیا ہے۔ بہت سی ریاستیں باقاعدگی سے NMDFC میں مساوی حصہ اس طرح نہیں ڈالتی ہیں جیسی توقع کی جاتی ہے۔ حقیقتاً مستفید ہونے والے آخری فرد تک پہنچنے کے لیے اس کارپوریشن کے پاس دو چینل؛ اسٹیٹ چینلنگ ایجنسی (SCA) اور غیر حکومتی تنظیمیں (NGOs) ہیں۔ ان کے پاس 27 ریاستوں اور 7 مرکزی زیر انتظام علاقوں میں 36 سرگرم عمل اسٹیٹ چینلنگ ایجنسیاں اور پورے ملک میں 254 غیر حکومتی تنظیمیں ہیں۔ یہ دو قسم کے قرضے فراہم کرتی ہیں: ٹرم لون اور مائیکرو فنانس۔

ٹرم لون

یہ قومی اقلیتی ترقی اور مالیاتی کارپوریشن (NMDFC) کا بنیادی کام ہے جس کے تحت اسٹیٹ چینلنگ ایجنسیاں رعایتی نرخ پر 5 لاکھ روپے تک کا قرض فراہم کرتی ہیں۔ یہ 85 فیصد تک امداد فراہم کرتی ہے اور بقیہ 15 فیصد اسٹیٹ چینلنگ ایجنسیاں اور استفادہ کنندگان ادا کرتے ہیں۔ قرض کی شرط یہ ہے کہ منصوبہ تجارتی اور تکنیکی طور پر قابل عمل ہو۔ استفادہ کنندگان کو کم از کم 5 فیصد حصہ دینا ہوتا ہے۔ جدول 10.3 دیکھیں۔

TABLE 10.3: TERM LOAN SCHEME OF NMDFC

Year	Amount Disbursed (crore)	Beneficiaries	Amount/ Beneficiary (Rs.)
1994-5	30.03	9,570	31,379.3
1995-6	6.49	4,797	13,529.3
1996-7	44.23	10,749	41,148.0
1997-8	23.41	4,932	47,465.5
1998-9	59.39	14,333	41,435.8
1999-2000	60.77	22,510	26,996.9
2000-1	72.43	20,274	5,725.6
2001-2	92.06	21,489	42,840.5
2002-3	71.03	16,348	43,448.7
2003-4	82.24	18,184	45,226.6
2004-5	130.72	35,552	36,768.7
2005-6	98.10	23,408	41,908.7
2006-7	99.58	22,301	44,652.7
2007-8	130.90	31.574	41,458.2
2008-9	114.79	34,985	32,811.2
2009-10	139.01	30,892	44,998.7
2010-11	129.47	28,768	45,004.9
2011-12	111.99	17,172	65,216.6
2012-13	184.39	19,361	95,237.8
2013-14	202.50	21,318	94,990.1
Total	1,883.53	4,08,514	46,106.9

Source: MMA.

اس اسکیم کے تحت بے حد کم رقم تقسیم کی گئی۔ 5-2004 میں استفادہ کنندگان کی تعداد زیادہ سے زیادہ 35552 تک گئی اور 14-2013 میں کم ہو کر 21318 رہ گئی۔ 14-2013 میں صرف 202.50 کروڑ روپے

تقسیم ہوئے۔اس طرح استفادہ کنندگان تک فی کس رقم بہت کم پہنچی۔ SCBs کے ذریعہ دیے گئے قرض کے مقابلے میں یہ رقم بہت کم تھی۔

ریاست وار تقسیم (پی ایس ای سی رپورٹ) سے پتہ چلتا ہے کہ کچھ ریاستوں میں تقسیم کی گئی رقم اور استفادہ کنندگان کی تعداد انتہائی کم رہی ہے۔کچھ ریاستیں ایسی ہیں جنھوں نے طویل عرصے سے کوئی قرض نہیں دیا ہے۔کچھ ریاستوں میں جہاں مسلمان بڑی تعداد میں ہیں اس اسکیم کو مکمل طور پر نظر انداز کر دیا گیا ہے۔ریاست / مرکز کے زیر انتظام حکومتوں سے توقع کی جاتی ہے کہ وہ اقلیتوں کی فلاح و بہبود کے لیے اسے نافذ کرنے میں کچھ دلچسپی دکھائیں۔

مائیکروفنانس

مائیکروفنانس اسکیم کا آغاز یکم اپریل 1998 کو ہوا، جس کا مقصد ہدف والے گروپ میں سے غریب ترین افراد تک پہنچنا تھا، خاص طور پر دور دراز دیہاتوں اور شہر کی کچی آبادیوں میں بکھری ہوئی اقلیتی خواتین، جو عام بینکوں اور NMDFC کے پروگرام SCAs کے ذریعے قرض کا فائدہ اٹھانے کے قابل نہیں ہیں۔ NGOs اور SHGs کے نیٹ ورک کے ذریعے 25000 روپے تک کا قرض فی کس منظور کیا جاتا ہے۔ غیر سرکاری تنظیموں کو 1 فیصد کی شرح سود پر پیسے دیے جاتے ہیں جسے وہ SHGs کے ذریعے 5 فیصد کی شرح سود پر حقیقی فائدہ اٹھانے والے کو قرض دیتے ہیں۔جدول 10.4 دیکھیں۔

TABLE 10.4: MICRO-CREDIT LENDING OF NMDFC

(Rs. in crore)

Year	Amount Disbursed	Beneficiaries	Amount/ Beneficiary
1998-9	0.43	3,281	1,310.6
1999-2000	0.52	7,359	706.6
2000-1	1.00	11,418	875.8
2001-2	4,78	24,529	1,948.7
2002-3	2.90	7,540	3,846.2
2003-4	4.42	9,415	4,694.6
2004-5	8.29	11,034	7,513.1
2005-6	10.01	10,893	9,189.4
2006-7	13.17	25,482	5,168.4
2007-8	13.22	16,159	8,181.2
2008-9	15.93	16.213	9,825.5

2009-10	58.73	73,702	7,968.6
2010-11	103.79	1,29,742	7,999.7
2011-12	159.38	88,702	17,968.0
2012-13	186.7	82,974	22,501.0
2013-14	122.96	54,648	22,500.4
Total	706.22	5,73,095	12,322.9

Source: MMA.

اس اسکیم کے تحت تقسیم کی گئی رقم زیادہ نہیں ہے۔ مسلمانوں میں اعلیٰ سطح کی محرومی اور مسلم آبادی کے حجم کے پیش نظر، قرض کی رقم اور فائدہ اٹھانے والوں کی تعداد میں اضافہ کرنے کی فوری ضرورت ہے۔ اس کے تحت صوبہ جاتی تقسیم سے پتہ چلتا ہے کہ صرف چند ریاستوں جیسے آندھرا پردیش، بہار، جموں وکشمیر، کیرالہ اور تمل ناڈو ہی کو اس کا بڑا حصہ ملا ہے۔ بہت سی ریاستوں نے اس اسکیم کا نفاذ مطلوبہ حد تک نہیں کیا ہے۔

NMDFC کا تشخیصی مطالعہ:

ایک تشخیصی مطالعے کے مطابق صرف 8.69 فیصد فائدہ اٹھانے والوں کے پاس 1 لاکھ روپے سے زیادہ کا قرض تھا۔ 48.07 فیصد قرض کا حجم 50,000 روپے سے کم تھا اور بقیہ قرض کا حجم 50,000 اور 1 لاکھ روپے کے درمیان تھا۔ اس سے یہ بھی پتہ چلتا ہے کہ قرض ملنے کے بعد معاشی صورتحال میں بہتری آئی اور استفادہ کنندگان کا نمایاں تناسب زیر خط افلاس (بی پی ایل) زمرے سے بالا خط افلاس (اے پی ایل) میں چلا گیا۔ اچھے نتائج کے باوجود، وصولی کی شرح بدستور ناقص اور تقسیم میں سستی رہی۔ NMDFC نے مزید استفادہ کنندگان کو فائدہ پہنچانے کے لیے اپنے قرض کے نیٹ ورک کو وسیع نہیں ہے۔ اس مطالعے کے دیگر مشاہدات یہ ہیں: (1) قرض کی تقسیم کا وقت معیاری نہیں ہے؛ (2) NMDFC سے قرض کی مجموعی فراہمی بہت کم ہے؛ (3) خراب وصولی نے NMDFC اسکیموں کی پائیداری کو متاثر کیا ہے؛ (4) NMDFC کی بنیاد کو بڑھانے کے لیے فنڈ میں اضافہ کرنا اور (5) NMDFC کو باقاعدہ فنڈ فراہم کرنا ہوگا۔

NMDFC کی کارکردگی خاص طور پر مسلم کمیونٹی کے مفاد کو نظر انداز کرنے کے رویے پر سوالات اٹھائے گئے ہیں۔ بہت سی جگہوں پر بینکوں کو چینلائزنگ ایجنسی کے طور پر مقرر کیا گیا ہے جو کمیونٹی پر مبنی مالیاتی اداروں اور کمیونٹی کے زیر انتظام چلنے والی غیر سرکاری تنظیموں کو خاطر میں نہیں لاتے ہیں۔ NMDFC کے مطابق مہاراشٹر کے 6.8 فیصد مسلمانوں کے پاس بینک اکاؤنٹس ہیں، لیکن صرف 0.2 فیصد ہی بینک قرض حاصل کرنے کے اہل ہیں۔ ایک بار اسد الدین اویسی نے یہ الزام لگایا تھا کہ NMDFC مہاراشٹر میں اپنا کام ٹھیک سے نہیں کر رہی ہے۔ 350 کروڑ روپے کی اس مائیکرو کریڈٹ اسکیم کا کوئی نتیجہ اس لیے نہیں نکلا کیونکہ دیگر

اقلیتی برادریوں کے 3311 مزدوروں کو قرض مہیا کیا گیا تھا جبکہ مالیگاؤں اور بھیونڈی کے بنکروں کے قرض کی درخواستیں مسترد کر دی گئی تھیں۔3۔

مسلم کوآپریٹو بینک

مسلمانوں کو قرض دینے میں سرکاری اور پرائیوٹ بینکوں کی سردمہری کا سامنا کرنے کے بعد، متعلقہ کمیونٹی کے اراکین نے ہندوستان کے بڑے شہروں میں، خاص طور پر غریب مسلمانوں کی مالی ضرورت کو پورا کرنے کے لیے کوآپریٹو بینک شروع کیا۔ ان میں سے کچھ نمایاں بینک یہ ہیں: (1) بمبئی مرکنٹائل کوآپریٹو بینک، ممبئی؛ (2) دی مسلم کوآپریٹو بینک لمیٹڈ، پونے؛ (3) میمن کوآپریٹو بینک، ممبئی؛ (4) امانت کوآپریٹو بینک، بنگلور؛ اور (5) بہار عوامی کوآپریٹو بینک لمیٹڈ، پٹنہ۔

ان پانچ بینکوں میں 'مسلم کوآپریٹو بینک پونے' پی اے انعامدار کی نگرانی میں، بہت اچھا کام کر رہا ہے۔ اس کی 27 شاخیں پونے اور اس کے آس پاس اور کچھ ممبئی میں بھی ہیں۔ اس نے کمیونٹی کے بہت سے غریبوں اور ضرورت مندوں کو مائیکرو کریڈٹ کی صورت میں 500 کروڑ روپے دیے ہیں۔

بمبے مرکنٹائل کوآپریٹو بینک 1939 میں عظیم صاحب بصیرت شیخ محمد اللہ بخش نے زین جی رنگون والا کے ساتھ مل کر معاشرے کے پسماندہ طبقے کی بہتری کے لیے قائم کیا تھا۔ یہ چھوٹے تاجروں، سبزی فروشوں، ٹیکسی ڈرائیوروں، چھوٹے دکانداروں، ہنرمند کاریگروں اور معاشرے کے کمزور طبقوں کو مالی امداد فراہم کرتا رہا ہے۔ بینک کی 52 شاخیں 10 ریاستوں میں پھیلی ہوئی ہیں۔ 1998 میں RBI نے اسے 'درج فہرست بینک' کا درجہ دیا تھا۔ بینک کے تقریباً 95 فیصد سرمایہ کاروں کا تعلق زیریں متوسط طبقے سے ہے۔

بدقسمتی سے، کمیونٹی کے زیر انتظام ان میں سے بہت سے بینک، بدعنوانی، مالی بے ضابطگی اور غیر صحت مندانہ رویوں کی وجہ سے، مالی بحران کا سامنا کر رہے ہیں اور تباہی کے دہانے پر ہیں۔ 2013 میں امانت بینک بنگلور کو سرمایے کے غلط استعمال کے الزامات کی وجہ سے مالی بحران کا سامنا کرنا پڑا۔ کینرا بینک امانت بینک کو اپنی تحویل میں لینے کی منصوبہ بندی کر رہا تھا۔4۔ مہاراشٹر میں 15 اور گجرات میں 3 شاخ والے میمن کوآپریٹو بینک کو مئی 2009 میں مالی حالت خراب ہونے کی وجہ سے معطل کر دیا گیا تھا۔ اس وقت بینک میں 225 ملازمین، 200 کروڑ روپے قرض اور 290 کروڑ روپے ڈپازٹ بیس تھے۔ 2010 میں بینک آف بڑودہ نے اسے اپنی تحویل میں لینے کی منظوری آر بی آئی اور حکومت سے حاصل کی تھی۔ یہ سارے بینک کمیونٹی کے اصحاب بصیرت افراد نے کمیونٹی کو مالی اشتراک فراہم کرنے کے لیے قائم کیا لیکن ان میں سے زیادہ تر بینکوں کو مختلف وجوہات کے سبب مسائل کا سامنا ہے۔ تاہم ان بینکوں نے بہتر کام بھی کیے ہیں۔

منفی جغرافیائی زون

(NEGATIVE GEOGRAPHICAL ZONES)

سچر کمیٹی کو یہ اطلاع ملی کہ کچھ بینک بعض معیارات کی بنیاد پر 'منفی جغرافیائی زون' (NGZ) کی نشاندہی کرنے کا طریقہ اختیار کرتے ہیں جہاں بینک کریڈٹ اور دیگر سہولیات آسانی سے فراہم نہیں کی جاتی ہیں۔ امریکہ میں اس طریقے کو 'ریڈ لائننگ' اور ہندوستان میں کچھ بینکر 'نگیٹیو زوننگ' کے نام سے پکارتے ہیں۔ درج فہرست تجارتی بینکوں میں سے ایک کی فراہم کردہ معلومات کی بنیاد پر، منفی زون کی خصوصیات یہ ہیں: (1) یا تو بینک نے خود بہت زیادہ جرائم کا سامنا کیا ہے یا ایسے علاقے جو انتہائی مجرم زون کے طور پر مشہور ہیں؛ (2) جرائم کی شرح نسبتاً زیادہ ہے؛ (3) سماج دشمن عناصر کی موجودگی کی وجہ سے بینکوں کی واجبات کی وصولی کی صلاحیت کمزور ہوتی ہے؛ (4) میونسپل قوانین کی خلاف ورزی کرتے ہوئے بہت سے غیر قانونی ڈھانچے بنائے گئے ہیں جو قرض کی وصولی کو روکتے ہیں؛ (5) رہائش کا سراغ لگانا مشکل ہے؛ (6) ہائی سیکیورٹی والے علاقے جہاں عام طور پر عام شہریوں کو داخل ہونے کی اجازت نہیں دی جاتی، جیسے فوجی چھاؤنی، دفاعی علاقے، ایٹم پلانٹ ٹاؤن شپ وغیرہ، اور (7) کم آمدنی کی سطح، جس سے یہ ظاہر ہوتا ہے کہ ایسے علاقوں میں قرض کی فراہمی مزید قرض کے خطرات کا شکار ہوگی۔[6]

یہاں منفی جغرافیائی زون کی خصوصیات سچر کمیٹی رپورٹ سے من وعن درج کی گئی ہے تاکہ برادری کے افراد یہ جان لیں کہ کن بنیادوں پر کسی علاقے کو 'منفی جغرافیائی زون' قرار دیا جاتا ہے۔ سچر کمیٹی رپورٹ کے مطابق کچھ بینک متعدد مسلم علاقوں کی شناخت 'منفی جغرافیائی زون' کے طور پر کرتے ہیں۔ ممبئی میں دھاراوی، سیوری، قدوائی نگر اور احمد آباد میں گومتی پور اور اسروا ایسے ہی علاقے ہیں۔ جنوری 2006 میں سچر کمیٹی سے ملاقات کرنے والے ایک وفد کے مطابق، 'بینک اور کریڈٹ کمپنیاں بغیر کسی مناسب چھان بین کے مسلم اکثریتی علاقوں کو 'منفی زون' قرار دیتی ہیں اور اس طرح کاروبار شروع کرنے یا توسیع دینے کے خواہشمند مسلم افراد کو بینک سے قرض کا فائدہ اٹھانے کا موقع نہیں دیا جاتا۔'[7] محمود الرحمٰن کمیٹی نے لکھا ہے کہ مسلم علاقوں کو بلیک لسٹ کرنے کی وجہ سے بینک کریڈٹ میں مہاراشٹر کے مسلمانوں کی حصہ داری دیگر سماجی و مذہبی برادریوں کے مقابلے میں کم ہے۔ حکومت کو چاہیے کہ وہ درج فہرست بینکوں کو مسلم علاقوں میں شاخیں کھولنے کا پابند بنائے اور مسلمانوں کے خلاف مذہبی تعصب کی صورت میں سخت کارروائی کرے۔

اسلامی بینک کاری یا سود سے پاک نظام بینک

... بعض عقائد میں سودی کاروبار ممنوع ہے۔ سود سے پاک نظام بینک کی عدم دستیابی کے نتیجے

میں کچھ ہندوستانی، بشمول معاشرے کے معاشی سطح پر پسماندہ طبقے کے لوگ، مخصوص عقیدے کی بنا پر بینک کی مصنوعات اور خدمات سے استفادہ نہیں کر پا رہے ہیں۔ یہ عدم دستیابی خطے کے دیگر ممالک سے بچت کے خاطر خواہ ذرائع تک ہندوستانی رسائی سے بھی محروم کرتی ہے۔

... کمیٹی سفارش کرتی ہے کہ نظام بینک سمیت بڑے پیمانے پر سود سے عاری مالیات کی فراہمی کے لیے اقدامات کیے جائیں۔ یہ جدت کے ساتھ شمولیت اور ترقی کے مقاصد کے مطابق بھی ہے۔ کمیٹی کا خیال ہے کہ مناسب اقدامات کے ذریعے، کوئی مخالف تنظیمی جوکھم اٹھائے بغیر ایسے کاروبار کے لیے ایک فریم ورک بنانا ممکن ہوگا۔8

[کمیٹی برائے مالیاتی سیکٹر ریفارم کی رپورٹ سے اقتباس، جس کے سربراہ ڈاکٹر رگھورام راجن، سابق آر بی آئی گورنر تھے۔]

سود پر مبنی قرض دینا اسلامی اصول کے خلاف ہے جس کے تحت سود سے منسلک لین دین ممنوع قرار دیا جاتا ہے۔ سود لینا اور وصول کرنا شریعت کی رو سے ممنوع ہے۔ شریعت نے 'غیر اخلاقی مالیاتی قرضوں' پر پابندی عائد کی ہے جن کا مقصد قرض دہندہ کو غیر منصفانہ طور پر مالدار کرنا ہے۔ یہ شراب، جوا، کیسینو، غیر حلال اشیائے خوردنی، فحاشی اور سود کی بنیاد پر استوار مالیاتی اداروں سے وابستہ کمپنیوں یا منصوبوں میں سرمایہ کاری کو بھی ممنوع قرار دیتی ہے۔

آر بی آئی نے اب تک اسلامی بینکنگ کی اجازت نہیں دی ہے۔ اس نے حکومت کو بتایا ہے کہ اگر اسلامی بینکاری کی اجازت دینی ہے تو اسے اسلامی بینکاری سے مطابقت رکھنے والے قوانین بنانے ہوں گے۔ 2013 میں، وزارت خزانہ نے آر بی آئی سے درخواست کی تھی کہ وہ ہندوستان میں اسلامی بینکنگ کو متعارف کرانے کی تدبیر کے بارے میں اپنی رائے دے۔ اس کے مطابق، آر بی آئی میں اسلامی بینکاری پر ایک انٹر ڈپارٹمنٹل گروپ (آئی ڈی جی) تشکیل دیا گیا اور اس کی طرف سے تیار کردہ رپورٹ فروری 2016 میں حکومت کو پیش کی گئی۔

بین الاقوامی سطح پر اسلامی بینکاری بہت تیزی سے ترقی کر رہی ہے اور تیزی سے مقبول ہو رہی ہے۔ اس کے 75 سے زیادہ ممالک میں کام کرنے والے ماڈل ہیں اور مغرب کی مالی خرابی کے بعد دنیا بھر میں یہ ایک قابل عمل متبادل کے طور پر اُبھرا ہے۔ ماہرین کے مطابق یہ 15 فیصد سے زیادہ کی شرح سے بڑھ رہا ہے؛ نہ صرف مسلم ممالک بلکہ بہت سے جدید، سیکولر اور صنعتی ممالک جیسے برطانیہ، فرانس، جاپان، سنگاپور اور ہانگ کانگ اسلامی بینکاری کا مرکز بن چکے ہیں۔

اگر طاقت، کمزوریاں، مواقع اور خطرہ (Strength,Weaknesses,Opportunity and Threat) کے پیمانے پر اسلامی بینکاری کی پوزیشن کا تجزیہ کیا جائے تو ہمیں اس کی واضح تصویر اور

ہندوستان میں اس کا مستقبل نظر آسکتا ہے۔

طاقت: اس کا بنیادی مقصد قرض لینے والوں کے استحصال کو ختم کرنا ہے۔ یہ قرض فراہمی کو سرمایہ کاری کے طور پر دیکھتا ہے اور سرمایہ کاری کے خطرے کو سرمایہ کے صارفین اور فراہم کنندہ کے درمیان تقسیم کرتا ہے۔ یہ دیوالیہ ہونے کے امکانات کو کافی حد تک کم کر دیتا ہے۔

کمزوریاں: ہندوستانی بینکنگ قوانین اسلامی بینکنگ کی اجازت نہیں دیتے۔ دوسری کمزوری یہ ہے کہ بینکوں اور تاجروں کو مل کر کام کرنا پڑتا ہے جو اس صورت میں ممکن نہیں۔ اسلامی بینک جن تجارتوں میں سرمایہ کاری کرتا ہے ان کے اعداد و شمار کی نگرانی میں بہت زیادہ صرفہ آئے گا۔

موقع: (1) مسلمانوں کی آبادی 18 کروڑ کے قریب ہے اور ان کی اکثریت، مذہبی عقیدے کے نام پر، سود سے پاک بینکنگ اور مالیات کی تلاش میں ہے۔ (2) دیگر مذہبی عقائد کے لوگ بھی سہولیات حاصل کر سکتے ہیں۔ (3) سعودی عرب میں ہندوستانی تارکین وطن کے پاس بڑی صلاحیت ہے اور وہ یہاں سرمایہ کاری کر سکتے ہیں جس سے ہندوستان کے لیے بہت بڑا سرمایہ پیدا ہوسکتا ہے۔ اور (4) یہ سعودی سرمایہ کاروں، تاجروں اور بینکوں کو ہندوستانی مارکیٹ میں سرمایہ کاری اور کام کرنے کے لیے راغب کرسکتا ہے جس سے بنیادی ڈھانچے کی ترقی کے لیے بہت بڑا سرمایہ حاصل ہوسکتا ہے۔

خطرات: اسلامی بینکنگ ایک بہت بڑا سیاسی مسئلہ ہوسکتا ہے۔ کچھ فرقہ پرست عناصر اس موضوع کو صحیح طور پر سمجھے بغیر اسے ہندوستان مخالف قرار دے سکتے ہیں۔ کچھ مفاد پرست ہندوستان میں مالیاتی شعبے کو فرقہ واریت کا رنگ دے سکتے ہیں۔ 9۔

اسلامی مالیات اب بڑھ کر 1.3 ٹریلین ڈالر کی مالیاتی خدمات بن چکی ہے۔ ماہرین کا کہنا ہے کہ آنے والی دہائی میں اسلامی مالیات کی نگرانی کے لیے 5 لاکھ پیشہ ور افراد کی ضرورت ہوگی۔ اس کے پیش نظر کچھ یونیورسٹیاں اسلامک بینکنگ اور فنانس پر کورسز کروا رہی ہیں۔ علی گڑھ مسلم یونیورسٹی نے 'اسلامک بینکنگ اور فنانس' میں ڈپلومہ کورس شروع کیا ہے۔ انسٹی ٹیوٹ آف اسلامک بینکنگ فنانس اینڈ انشورنس، چنئی کے تعاون سے اتر پردیش میں مونا ڈ یونیورسٹی نے اسلامک بینکنگ اینڈ فنانس (PGDIBF) میں پی جی ڈپلومہ، ایم بی اے اور اسلامک فنانس میں پی ایچ ڈی متعارف کرایا ہے۔ آئی آئی ایم، کاشی پور نے 'اسلامک بینکنگ اینڈ فنانس' پر مینجمنٹ ڈیولپمنٹ پروگرام کا انعقاد کیا ہے۔ بامبے اسٹاک ایکسچینج (BSE) انسٹی ٹیوٹ لمیٹڈ کے تعاون سے مولانا آزاد نیشنل اردو یونیورسٹی (MANUU) نے اسلامک فنانس میں ایک سالہ PG ڈپلومہ کورس متعارف کیا ہے۔

اسلامک بینکنگ کو ہندوستان میں پہلے ہی محدود سطح پر داخلہ مل چکا ہے۔ کیرالہ حکومت کی درخواست پر آر بی آئی نے اسلامی مالیات پر مبنی مالیاتی ادارے کھولنے کی منظوری دے دی ہے۔ کیرالہ حکومت کا تخمینہ ہے کہ اس قدم سے 40000 کروڑ روپے کی آمدنی ہوگی اور یہ سرمایہ بنیادی ڈھانچے کی ترقی میں استعمال ہوسکتا

ہے۔10۔ہائی کورٹ کے حالیہ فیصلے نے بھی راستہ صاف کر دیا ہے۔ اس کے بعد، کیرالہ حکومت نے بڑے بنیادی ڈھانچے کی ترقی کے مقصد سے اسلامی مالیات کھولنے کے لیے NRIs کے فراہم کردہ فنڈ کو استعمال کرنے کا اعلان کیا اور ایک غیر بینکنگ مالیاتی کارپوریشن (NBFC) 'البراق' کو شرعی اصولوں پر کام کرنے کی اجازت دی۔ کیرالہ کے موجودہ وزیر خزانہ ڈاکٹر تھامس اسحاق اس کے بڑے حامی ہیں۔ کوچی میں قائم چیرامن فنانشیل سروس لمیٹڈ جو ہندوستان میں واحد 'غیر بینکنگ مالیاتی کارپوریشن' ہے، اسے ریاست نے اسلامی بینکنگ کے اصولوں پر کام کرنے کے لیے کہا ہے۔ آندھراپردیش حکومت نے یہ بھی اعلان کیا ہے کہ وہ امدادِ خود گروپ (SHGs) اور مائیکروفنانس اداروں کی مدد کے لیے سود سے عاری قرضے شروع کر رہی ہے۔

2011 میں کے۔ رحمٰن خان نے سود سے پاک مالیاتی اداروں کے قیام کی پرزور وکالت کی تھی۔

11۔اسلامی بینکاری کے ماہرین کا کہنا ہے کہ موجودہ بینکاری نظام تباہ کن ہے اور یہی سب سے بڑی وجہ ہے کہ معاشی صورتحال دگرگوں ہے اور افراط زر بالا ہو رہا ہے۔ دوسری طرف اسلامی بینک سود پر پابندی لگاتا ہے اور شراکت کی حوصلہ افزائی کرتا ہے۔ پلاننگ کمیشن آف انڈیا (2008) کے مالیاتی سیکٹر ریفارم (CFSR) کی اعلیٰ سطحی کمیٹی کے سربراہ ڈاکٹر رگھورام راجن نے مرکزی بینکنگ سیکٹر میں ترقی مع شراکت وجدت کے لیے سود سے پاک فنانس اور بینکنگ کو متعارف کرانے کی سفارش کی تھی۔12۔ حکومت ہند، مندرجہ بالا سفارشات کی روشنی میں ضروری قانونی تبدیلیاں کر کے سود سے پاک بینکنگ متعارف کر سکتی ہے۔ اسے تجربے کے طور پر منتخب شہروں میں شروع کیا جاسکتا ہے۔ اسلامی بینکاری کی اصطلاح کی کسی بھی ممکنہ مخالفت کی صورت میں، اسے 'سود سے پاک بینکنگ' (interest-free banking) یا 'شراکتی بینکاری' (participatory banking) یا 'جامع بینکنگ' (inclusive banking) کہا جاسکتا ہے۔

حالیہ پیش رفت اس امکان کی نشاندہی کرتی ہے کہ آر بی آئی اور مرکزی حکومت جلد ہی اس بارے میں فیصلہ لیں گے۔ ایگزم (EXIM) بینک نے اسلامی ترقیاتی بینک کے قیام پر آمادگی ظاہر کی ہے جو پرائیویٹ سیکٹر کو 100 ملین ڈالر کا قرضہ دے گا۔13۔اسٹیٹ بینک آف انڈیا پہلے ہی سود سے پاک شرعی میچول فنڈ متعارف کرا چکی ہے۔ تاہم، حکومت کا یہ اعلان حیران کن ہے کہ وہ ہندوستان میں اسلامی بینکنگ نہیں لائے گی۔

چند تجاویز

مسلمان زیادہ تر ذاتی روزگار اور گھریلو صنعتوں سے وابستہ ہیں۔ انھیں معاشی طور پر بااختیار بنانے کے لیے ضروری ہے کہ ان شعبوں کو سہارا دے کر قرضے کی فراہمی کو یقینی بنایا جائے۔ تمام درج فہرست تجارتی بینک (ASCBs) کو اقلیت مرکوز اضلاع (MCDs) میں مزید شاخیں کھولنے کی ہدایت دی جاسکتی ہے۔ ان بینکوں کو یہ ذمہ داری دی جائے کہ وہ ان اضلاع میں اقلیتوں کو قرض کی فراہمی کی نگرانی کریں، اس طرح اس بات

کو یقینی بنایا جائے کہ اقلیتوں کو PSL کے مجموعی ہدف کے اندر، قرض کا منصفانہ اور مساوی حصہ ملے۔ وزیر اعظم کا نیا پندرہ نکاتی پروگرام (New 15-PP) عہد کرتا ہے کہ تمام زمروں میں PSL کا ایک مناسب فیصد اقلیتوں کے لیے مختص ہوگا۔ آر بی آئی کے جاری کردہ ماسٹر سرکلر مؤرخہ یکم جولائی 2013 میں بھی اس عزم کا اظہار ہے کہ اقلیتی برادریوں کو PSL کے مجموعی ہدف کے اندر قرض کا منصفانہ اور مساوی تناسب ملے گا۔ PSL رقم کا 15 فیصد 175000 کروڑ روپے ہوتا ہے۔ یہ رقم اقلیتوں تک پہنچے، اس امر کو یقینی بنانے کے لیے آر بی آئی کو سخت طریقۂ کار وضع کرنا چاہیے۔ قومی اقلیتی ترقی اور مالیاتی کارپوریشن (NMDFC) کے شیئر کیپٹل کو 20000 کروڑ تک بڑھایا جانا چاہیے۔ تشخیصی مطالعے کے مطابق، اس کے کام کاج میں ضروری تبدیلیاں کی جاسکتی ہیں تاکہ اقلیتیں زیادہ سے زیادہ فائدہ اٹھا سکیں۔ حکومت کو اشتہار کے ذریعے، خاص طور پر ان علاقوں میں اردو اخبارات میں اشتہار دے کر، جہاں مسلمانوں کی اکثریت ہے، قرضوں کے مختلف اسکیموں کے بارے میں بیداری پیدا کرنی چاہیے۔ اسمال انڈسٹریز ڈویلپمنٹ بینک آف انڈیا (SIDBI) اور نیشنل بینک فار اگریکلچر اینڈ رورل ڈویلپمنٹ (NABARD) کی مائیکرو کریڈٹ اسکیموں میں مسلمانوں کی شرکت کو بڑھانے کے لیے پالیسی بنائی جانی چاہیے۔ آر بی آئی کو ان بینکوں کے خلاف سخت کارروائی کرنی چاہیے جو مسلم علاقوں کی شناخت منفی جغرافیائی زون (NGZ) کے طور پر کرتے ہیں۔ بینک قرض کی فراہمی پر سماجی و مذہبی برادریوں کے بارے میں اطلاعات کی رپورٹنگ میں شفافیت لانے سے صورتحال بہتر ہوسکتی ہے۔ اسلامی بینکنگ جامعیت لائے گی۔ اسے بڑے شہروں میں کچھ دوسرے نام سے متعارف کرایا جاسکتا ہے جیسے سود سے پاک بینکنگ (interest-free banking) اور 'شراکتی بینکاری' (participatory banking) وغیرہ۔ پالیسی سازی کی سطح پر مسلمانوں کی موجودگی بہت کم ہے جس سے ان کی مالی شمولیت متاثر ہورہی ہے۔ حکومت کو نیتی آیوگ (پلاننگ کمیشن)، وزارت خزانہ، آر بی آئی اور دیگر پالیسی ساز اداروں میں مناسب تعداد میں مسلمانوں کی تقرری کے لیے اقدامات کرنے چاہئیں۔

کمیونٹی کی سطح پر، کمیونٹی کے صاحب بصیرت افراد خاص طور پر غریبوں اور غریبوں کی خدمات کے لیے مزید کوآپریٹو بینک کھول سکتے ہیں۔ انھیں بدعنوانی وغیرہ کی برائیوں سے محفوظ رکھنے کے لیے مالیاتی ہدایات پر سختی سے عمل کیا جانا چاہیے۔ سرکاری اسکیموں کے بارے میں کمیونٹی کی سطح پر بیداری مہم چلائی جاسکتی ہے۔

متعلقہ کارکنوں یا افراد کو مشورہ دیا جاتا ہے کہ وہ جولائی 2013 میں آر بی آئی کا جاری کردہ ماسٹر سرکلر پڑھیں جو اقلیتی برادریوں کو قرض کی سہولیات فراہم کرنے سے متعلق ہے۔ (No. RPCD.GSSD. BC.No.2/09.10.01/2013-14) اسے گوگل پر تلاش کیا جاسکتا ہے اور اس کا پرنٹ بھی لیا جاسکتا ہے۔ مختلف سماجی و مذہبی برادریوں کو دیے گئے قرض کے بارے میں RTI کے ذریعہ تمام بینکوں سے معلومات اکٹھا کی جاسکتی ہے۔ یہ عمل بینکنگ کے کاموں میں شفافیت لاسکتا ہے۔ اس کے بعد اس ڈیٹا کی مدد سے بینکوں پر

دباؤ ڈالا جاسکتا ہے کہ بینک کریڈٹ میں مسلمانوں کو منصفانہ حصہ داری ملے۔

حوالے:

1۔آر بی آئی سرکلر نمبر RPCD No.SP.BC.13/09.10.01/2001-02،13اگست 2001

2. http://pib.nic.in/newsite/PrintRelease.aspx?relid=113030

3۔http://twocircles.net/2013may21/muslim_reservation_conference_demands_obc_status_maharashtra.html

4۔http://twocircles.net/2013aug27/canara_bank_most_likely_takeover_amanath_bank.html

5۔http://www.business-standard.com/article/finance/bob-to-take-overmemon-cooperative-bank-110091500013_1.html

6۔دی سچر کمیٹی رپورٹ،2006،ص:36

7۔http://www.islamicvoice.com/March2006/Follow-Up/

8۔http://twocircles.net/2014dec14/1418533100.html

9۔http://twocircles.net/2009jan29/islamic_banking_india_challenges_and_prospects.html

10۔انقلاب ممبئی،18اگست2013

11۔http://twocircles.net/2011mar15/rajya_sabha_dy_chairman_k_r_ khan_stood_and_spoke_loudly_muslim_issues.html

12۔
http://twocircles.net/2011dec09/india_needs_islamic_finance_infrastructure_development_experts.html

13۔سامنا، پونے،6ستمبر2016

[بشکریہ *Denial and Deprivation:Indian Muslims after the Sachar Committee and Rangnath Mishra Commission Reports* by ABDUR RAHMAN, Taylor & Francis Group, Routledge, NY, 2019]

مسلم عورتوں میں کام کرنے کی شرح

رؤف الرحمٰن خان

مسلم عورتوں میں کام کرنے کی شرح دوسری جماعت کی عورتوں کی بہ نسبت بہت کم ہے۔ اس کی اہم وجہ مسلمانوں کی سماجی رسم اور پردہ کا رواج ہے، جس کی وجہ سے مسلم عورتیں گھر کے باہر کام کرنا معیوب سمجھتی ہیں۔ مسلم عورتوں میں کام کرنے کی شرح خصوصاً ان اضلاع میں بہت کم ہے، جہاں مسلم آبادی کثیر تعداد میں قائم دائم ہے۔ گوشوارہ نمبر 17 میں درج اعداد وشمار اس حقیقت کی وضاحت کرنے میں معاون ثابت ہوں گے کہ مسلم عورتوں میں ہندو عورتوں کے مقابلے کام کرنے کی شرح کم ہے۔

گوشوارہ نمبر 18: مسلم عورتوں میں کام کرنے کی شرح

اضلاع	فیصد
آسام (گول پاڑہ)	36.7
بہار (پورنیہ)	30.5
کیرل (کوزیکوڈ)	30.9
جموں وکشمیر (اننت ناگ)	5.9
اتر پردیش (رام پور)	3.9
مغربی بنگال (مرشد آباد)	6.9

گوشوارہ 19: ہندو عورتوں میں کام کرنے کی شرح

فیصد	اضلاع
47.2	آسام (گول پاڑہ)
57.1	بہار (پورنیہ)
49.7	کیرل (کوزیکوڈ)
9.9	جموں وکشمیر (اننت ناگ)
45.5	اتر پردیش (رام پور)
17.8	مغربی بنگال (مرشدآباد)

ہندو عورتوں میں مسلم عورتوں کے مقابلے کم کرنے کی شرح زیادہ ہے۔ ہندو عورتوں میں ایک طرف مسلم عورتوں کے مقابلے تعلیمی معیار بلندی پر ہے تو دوسری طرف ان میں وسیع النظری بھی پائی جاتی ہے، جس کی وجہ سے کثیر تعداد میں ہندو عورتوں میں ترقیاتی کاموں میں مردوں کا ہاتھ بٹاتے ہوئے دکھائی دیتی ہیں۔

تعلیمی معیار میں اضافہ اور شہری زندگی کا اثر مسلم عورتوں میں دقیانوسی خیالات کو توڑ کر اپنے لیے سازگار ماحول قائم کرنے میں مددگار ثابت ہوئے ہیں۔ مختلف تحقیقاتی مقالے اس بات کے ضامن ہیں کہ مشترکہ شہری آبادی میں جہاں رسم ورواج کے بندھن ڈھیلے ہیں، وہاں تعلیم یافتہ مسلم عورتیں دیگر مذہبی گروہوں کی عورتوں سے شانہ بشانہ قومی وسماجی ترقیاتی کاموں میں ہاتھ بٹاتی ہیں۔ مسلم طبقہ میں تعلیمی رجحان اس طبقہ کی معیشت کے سدھار کا باعث بن سکتا ہے۔

تعلیمی معیار کی شرح پیدائش سے گہری نسبت ہے، عموماً تعلیم کی روشنی سے محروم عوام کے آنگن کثیر تعداد بچوں سے بھرے رہتے ہیں۔ ملک کے وہ تمام صوبے جہاں مسلم آبادی کثیر تعداد میں ہے، تعلیم کی شرح بھی کم ہے۔ مثلاً جموں وکشمیر میں مسلم آبادی دیگر صوبوں کے مقابلے زیادہ ہے جہاں تعلیم کی شرح بھی تمام صوبوں کے مقابلے میں حقیر درجہ تک کم ہے۔ جموں وکشمیر میں 66 فیصد آبادی مسلمانوں پر مشتمل ہے جہاں شرح تعلیم صرف 7 فیصد ہے جب کہ آندھرا پردیش میں مسلم آبادی دیگر صوبوں کے بہ نسبت کم ہے۔ وہاں شرح تعلیم بھی دوسرے صوبوں کے مقابلے میں زیادہ ہے۔ مسلم آبادی میں تعلیمی معیار ہندو آبادی کے مقابلے میں کافی کمزور ہے، کام کرنے کی شرح عورتوں میں خصوصاً بہت کم ہے، کثیر تعداد میں مسلم خاندان غربت وافلاس کی بوسیدہ سیاسہ چادروں میں لپٹے زندگی کی گاڑی گھسیٹ رہے ہیں جن کو بچوں کی پیدائش زحمت کے بدلے رحمت معلوم ہوتی ہے۔

معاشی بدحالی کی وجہ سے مسلم آبادی میں دیگر گروہوں کے مقابلے میں شرح پیدائش زیادہ ہے۔ مسلم گھرانوں کے نوکری پیشہ افراد عموماً بڑے خاندان کا بوجھ برداشت کرتے ہیں۔ اس ذیل میں ہم نے معاشی نقطۂ نظر سے کام کرنے والے افراد کے کاندھوں پر ان کے خاندان میں کم عمر اور لمبی عمر والے افراد کی معاشی ذمہ داری

کی شرح کا جائزہ لیا ہے۔ مسلم گھرانوں میں کم عمر والے افراد کی ذمہ داری کی شرح ہندو آبادی کے مقابلے میں زیادہ ہے، جب کہ لمبی عمر کے افراد کی ذمہ داری کی شرح کے اعتبار سے دو مذہبی فرقوں میں نمایاں فرق محسوس نہیں کیا جاسکتا ہے۔ کم عمر افراد کی ذمہ داری کی شرح بڑے کنبہ کے بوجھ کو برداشت کرنے کی باعث بنتی ہے جس کی وجہ سے مسلم آبادی غربت وافلاس کے غار میں پھنسی ہوئی ہے۔ مسلم آبادی میں دیگر مذہبی جماعتوں کے مقابلے میں کام کرنے کی شرح میں اضافہ لانے کے لیے یہ ضروری ہے کہ اس طبقہ کو قومی صنعتوں، مالیاتی اداروں، بینکوں اور دیگر قومیائے اداروں میں مناسب کام دیا جائے جس سے اس قوم کی کثیر تعداد میں افراد بڑے کنبہ کی لعنت سے چھٹکارا پاسکیں۔

[بشکریہ 'ہندوستانی مسلمان: ایک جائزہ'، پروفیسر رؤف الرحمٰن خان، ایڈشاٹ پبلی کیشنز، ممبئی، 2015]

محکمۂ پولیس میں مسلم نمائندگی

ابھے کمار

آزاد بھارت میں فسادات کے دوران پولیس مسلمانوں کو نشانہ بناتی آئی ہے۔ یہ وہی دور ہے جب مسلمان کی نمائندگی پولیس محکمہ میں گرتی چلی گئی۔ پولیس محکمہ میں مسلمانوں کی نمائندگی 6 فی صد کے آس پاس ہے حالانکہ ان کی آبادی 14 فی صد سے زیادہ ہے۔ ایک ایسا دور بھی گزرا جب مسلمانوں کی حالت محکمۂ پولیس میں اس قدر خراب نہ تھی۔ دراصل آزادی ملنے تک اور اس سے قبل مسلمانوں کی پولیس اور فوج میں نمائندگی آج کے مایوس کن حالات سے کافی بہتر تھی۔ اس مضمون میں ہماری گفتگو 1857 سے شروع ہو کر 1947 پر ختم ہو جائے گی۔ اگلے مضمون میں ہم آزادی کے بعد کی صورت حال اور فرقہ پرستوں کی مسلمانوں کے خلاف کی گئی سازش پر بات کریں گے۔

کوئی ہم سے یہ سوال پوچھ سکتا ہے کہ پولیس میں مذہب کی بنیاد پر نمائندگی کی بات کرنا کیوں ضروری ہے؟ دوسرے الفاظ میں اس طرح کے 'گڑے مردے' اکھاڑ کے کیا حاصل ہوگا؟ اس سوال کا جواب ایک اہم سوال سے جڑا ہوا ہے۔ آخر کیوں پولیس اپنے نظم وضبط کے فریضہ کو انجام دیتے وقت فرقہ وارانہ ذہنیت سے کام کرتی ہے؟ بالخصوص فسادات اور دنگوں کے دوران ان کا چہرہ مسلم مخالف کیوں ہو جاتا ہے؟ حالیہ دہلی فسادات کے دوران بھی ہم نے یہ سب کچھ پڑھا، سنا، اور وائرل ہوئے ویڈیوز میں دیکھا تھا کہ مسلمان نہ صرف بلوائیوں سے لڑ رہے تھے بلکہ قانون اور نظم وضبط کی محافظ دلّی پولیس بھی ان کی جان کی دشمن بنی ہوئی تھی۔

پولیس کی اس فرقہ وارانہ اور مسلم مخالف ذہنیت کی ایک بڑی وجہ یہ ہے پولیس محکموں میں تنوع اور تکثیریت کا فقدان ہے، جس کی وجہ سے فرقہ پرست سیاست دانوں اور افسروں کو اپنا ایجنڈا پورا کرنے میں کافی آسانی ہوتی ہے۔ سماج کے اندر موجود تنوع اگر ان اداروں میں بھی ہوتا تو ان کو کسی قوم یا فرقے کے خلاف کوئی

ناانصافی کرنے سے پہلے کئی بار سوچنا پڑتا۔آج تنوع کی عدم موجودگی میں پولیس 'ہندو' پولیس معلوم ہوتی ہے۔اس میں بھی دبدبہ غالباً ہندو اعلیٰ ذات کا ہی ہے۔

جس طرح ایک کامیاب جمہوری نظام میں ہر شعبے اور محکمے کا حال لینا اور اس کی کمیوں پر سوال کھڑا کرنا ضروری ہے، اسی طرح پولیس بھی تنقید کے دائرے میں آتی ہے۔اسی جذبے کے تحت ان موضوعات پر گفتگو کی جا رہی ہے۔ان سوالات پر خاموشی اختیار کر لینے سے انسانی حقوق کی پامالی بند نہیں ہوگی۔ایک صحت مند جمہوریت میں ان سوالات کی معنویت ہے۔جیسا کہ بابا صاحب امبیڈکر نے بھی کہا کہ قانون کتنا بھی اچھا کیوں نہ ہو اگر اس کو نافذ کرنے والے لوگ محکوم طبقات سے نہیں آئیں گے تو اس کا فائدہ محکوم طبقات تک نہیں پہنچ پائے گا۔

اس فرقہ وارانہ ذہنیت کی ایک وجہ پولیس تھانوں میں تنوع اور تکثریت کی عدم موجودگی ہے۔جس ادارے میں سماج میں پائی جانے والی تکثریت کی عکاسی نہیں ہوتی ہے وہ ادارہ تنگ نظری کے خطرات سے اپنے آپ کو محفوظ نہیں رکھ پاتا ہے۔مثال کے طور پر جہاں مختلف مذاہب اور ذات برادری اور علاقے سے تعلق رکھنے والے لوگ ایک ساتھ رہتے ہیں اور ایک ساتھ مل کام کرتے ہیں، وہاں کسی فرقے کے ساتھ ناانصافی اور ظلم ہونے کے امکانات نسبتاً کم ہو جاتے ہیں۔یہی وجہ ہے کہ بہت سارے ملکوں میں اقلیتوں کو پولیس میں شامل کرنے کی بات پر زور دیا گیا ہے۔

جس ملک میں پولیس کے اندر اکثریتی طبقے کی غالب اکثریت ہوتی ہے، وہ اکثر اقلیتوں کے خلاف ظلم و زیادتی کرتی ہے۔بھارت میں جہاں مسلمانوں کو نشانہ بنایا جاتا رہا ہے، وہیں افغانستان میں شیعہ، تاجک اور ازبک، پاکستان میں بنگالی مسلمانوں، سری لنکا میں تامل اور مسلمانوں کو نشانہ بنایا گیا ہے۔یورپ اور امریکہ میں بھی سیاہ فام اقلیتوں کو ٹارگیٹ کیا جاتا رہا ہے۔اس لیے پولیس میں اقلیتوں کی واجبی نمائندگی کی بات کرنا کسی بھی طرح سے پولیس کے حوصلے کو پست کرنا نہیں ہے، نہ ہی تکثریت کی بات کرنا اکثریتی طبقے کی مخالفت کرنا ہے۔

اس کے علاوہ پولیس کے تربیتی کورسز میں بھی تبدیلی لانے کی ضرورت ہے۔سیکولرازم، ہندو مسلم اتحاد، رواداری اور مشترکہ تہذیب جیسے موضوعات کو پولیس والوں کو بہتر طریقے سے سمجھانے کی ضرورت ہے۔یہ بات ماہرین بھی قبول کرتے ہیں کہ ان کے اندر بیٹھے ہوئے فرقہ پرستی کے کیڑے کو نکال کر باہر پھینکنے کی کبھی سنجیدہ کوشش نہیں ہوئی ہے۔اتر پردیش کے مختلف ضلعوں میں کام کرنے والے پولیس افسر وبھوتی نرائن رائے نے بھی اپنی کتاب 'کمباٹینگ کمیونل کنفلکٹز' (1999) میں ان مسائل کی طرف توجہ دلائی ہے۔ان کا کہنا ہے کہ "یہ مشورہ دیا گیا ہے کہ نامور ماہر عمرانیات، نفسیات اور بشریات کو تربیتی کورس بنانے میں شامل کیا جانا چاہیے۔سیکولرازم، بنیاد پرستی کے خطرات، رواداری کی اہمیت جیسے موضوعات کو پولیس ٹریننگ میں شامل کرنا چاہیے۔" (ص126)

درحقیقت جس سماج میں اقلیتی حقوق کا احترام کیا جاتا ہے اور ان کو سماج کے ہر شعبے میں نمائندگی دی جاتی ہے، وہ سماج زیادہ مضبوط ہوتا ہے اور اس کے اندر مشکلات سے لڑنے کی زیادہ طاقت پیدا ہوتی ہے۔کسی

بھی جمہوریت کی کامیابی اور انسانی حقوق کے تحفظات کے لیے یہ بے حد ضروری ہے کہ اقلیتوں کو مضبوط کیا جائے اور ان کو اس بات کی ضمانت دی جائے کہ ان کو اکثریتی طبقے کی عددی تعداد سے مغلوب اور مرعوب نہیں کیا جائے گا۔ پولیس میں مسلم نمائندگی پر بحث اور اس کے اندر تنوع اور تکثیریت کا مطالبہ اسی جذبے کے تحت کیا جا رہا ہے۔ اس امر سے بہت ساری تفتیشی ایجنسیوں اور دانشوروں نے بھی اتفاق کیا ہے اور ان کا مطالبہ رہا ہے کہ مسلمانوں کی شرح نمائندگی کو بڑھانے کے لیے اقدام کیے جائیں۔

جیسا کہ گزشتہ ہفتے کے مضمون میں ذکر کیا جا چکا ہے کہ سامراجی برطانوی حکومت نے پولیس کا ظالمانہ استعمال جنگ آزادی کے مجاہدوں کو نشانہ بنانے میں کیا، مگر انگریزوں کے دور حکومت میں پولیس کسی خاص مذہبی فرقے کو جان بوجھ کر ٹارگیٹ نہیں کیا کرتی تھی۔ اس بات سے کوئی انکار نہیں کر سکتا کہ انگریزوں کے دور میں فرقہ وارانہ فسادات بند نہیں تھے۔ 19ویں صدی کی آخری دہائی کے بعد ایک کے بعد ایک فسادات رونما ہوئے اور ان میں کافی جانیں گئیں۔ ہندو اور مسلمان دونوں اس کے شکار ہوئے۔ ان فسادات کا سب سے برا دور تقسیم ملک کا وقت تھا جب لاکھوں کی تعداد میں ہندوؤں اور مسلمانوں کو جانی اور مالی نقصانات ہوئے۔ مورخین ان سب کے لیے برطانوی حکومت کو بھی موردالزام ٹھہراتے ہیں لیکن اس کے باوجود یہ کہنا مناسب نہیں ہوگا کہ برطانوی پولیس فرقہ پرست تھی۔ اس کی ایک بڑی وجہ یہ تھی کہ برطانوی حکومت مذہب کے معاملے میں عموماً غیر جانب دار تھی۔ پولیس میں نہ تو ہندوؤں کی پوری طرح سے بالادستی حاصل تھی اور نہ ہی مسلمانوں کی۔ یہ ضرور تھا کہ انگریزی حکومت کی پولیس اور فوج سے متعلق پالیسی بدلتی رہی اور اس کے اندر بھی ایک طرح کا تعصب پایا جاتا تھا۔ اس کی پالیسی بھی وقت کے ساتھ زیادہ وسیع ہوتی گئی اور اس نے فوج اور پولیس کے اعلیٰ عہدوں میں ہندوستانیوں کے لیے دروازے بڑی دیر سے کھولے جس پر قومی تحریک کے لیڈروں نے خوب تنقیدیں کی تھیں۔

1857 کی بغاوت کے وقت انگریزوں کے خلاف بنگال رجمنٹ نے نمایاں رول ادا کیا جس میں اودھ اور بہار کے اعلیٰ ذات کے ہندو اور مسلمان شامل تھے۔ دیگر رجمنٹ جیسے مدراس اور بامبے نے انگریزوں کا ساتھ دیا۔ اس وقت سکھ، دیگر پنجابی، گورکھا اور گڑھوالی جوانوں نے انگریزوں کی حمایت کی۔ 1857 کی بغاوت کے تجربات نے انگریزی پولیسی پر گہرا اثر چھوڑا اور انھوں نے فوج سے متعلق اپنی پالیسی بدلنی شروع کر دی۔ اس نے 'مارشل ریس' یعنی لڑاکو نسل کی پالیسی کو اپنایا۔ اس کے تحت متعدد نسل، مذہبی فرقہ کے لوگ، جن کا رنگ گورا، سینہ چوڑا، اور جو دشواریوں کو برداشت کرنے کی صلاحیت رکھتے تھے، ان کو فوج میں ترجیحات دی گئیں۔ توجہ طلب بات یہ ہے کہ جن لوگوں نے 1857 میں انگریزوں کا ساتھ دیا تھا، وہ ان کی نظر میں مارشل ریس کہلائے اور ان کے لیے فوج کے دروازے کھول دیے گئے۔ درحقیقت کسی بھی فرقے کو مارشل ریس میں شامل کرنا اور اس سے باہر رکھنا ایک قسم کی نسل پرستی تھی۔ ڈوگرا، گڑھوالی، گورکھا، جاٹ، مراٹھا، پٹھان، پنجابی (جن میں تمام مذہبی گروپ شامل ہیں)، راجپوت، دکنی، موپلا مسلمان اور کمایوں کے باشندوں کو مارشل ریس کہا گیا۔ وہیں گرم اور

میدانی علاقوں میں رہنے والوں کو فوج کے لیے نااہل اور غیر صلاحیت مند قرار دیا گیا۔ ان کو یہ کہہ کر بدنام کیا گیا کہ ان کا سیاہ رنگ اور موٹا بدن فوج کی ڈیوٹی کے لیے معقول نہیں ہے۔

1857 سے لے کر دوسری عالمی جنگ تک مارشل ریس کی پالیسی چلتی رہی، مگر اس پالیسی کی نسل پرستی دیکھیے کہ جب فوج میں اعلیٰ محکموں پر تقرری کی بات آتی تو وہاں جگہ انگریزوں کو ہی ملتی تھی۔ ہندوستانیوں کو بڑے عہدوں پر جگہ پانے کے لیے لمبا انتظار کرنا پڑا اور عالمی جنگ اول سے صورت حال بدلنی شروع ہوئی۔ انگریزوں کی ان پالیسوں کی کانگریس نے کھل کر مخالفت کی تھی۔

عمر خالدی نے اپنی کتاب 'خاکی اینڈ ایتھنک وائلنس' (2003) میں ان پہلوؤں پر تفصیل سے گفتگو کی ہے اور انھوں نے کانگریس لیڈران کی انگریزوں کی مارشل ریس کی پالیسی کی مخالفت کا ذکر ان الفاظ میں کیا ہے۔ ''انڈین نیشنل کانگریس (اعلیٰ ذات کے ہندوؤں کی تنظیم) نے برٹش راج کی تقرری کی پالیسی کی مخالفت کی اور کہا کہ یہ پالیسی وسیع نہیں ہے اور تعصب پر مبنی ہے، اس نے اس بات پر زور دیا کہ فوج کے مواقع سب سماج کے ہر طبقے کے ہندوستانیوں کے لیے کھلے ہونے چاہیے۔'' (ص 6) تضاد دیکھیے کہ جس پارٹی نے تنوع پر مبنی فوجی پولیسی کا مطالبہ انگریزوں سے کیا تھا، وہ خود اسی کو نافذ نہیں کرنے میں قاصر ثابت ہوئی جب سرکار کی کمان اس کے ہاتھوں میں آگئی۔

انگریزوں کے دور حکومت میں مسلمانوں پر مبنی کوئی خالص رجمنٹ نہیں تھا۔ مسلمانوں پر مشتمل پانچ یونٹ ضرور تھے، مگر کوئی رجمنٹ نہیں تھا جیسا کہ دوسرے فرقوں کے لیے بنایا گیا تھا۔ اس کی ایک وجہ یہ بتائی جاتی ہے کہ 1857 کی بغاوت میں مسلمانوں نے نمایاں رول ادا کیا تھا اور اس کو انگریز یاد رکھے ہوئے تھے۔ اس کے علاوہ برطانوی حکومت کو اس بات کا بھی شک تھا کہ بھارت کے مسلمان ملک کو آزاد کرانے کے لیے افغانیوں کی مدد لینے کی کوشش کر رہے تھے، مگر حالات نے کچھ اس طرح کروٹ لیا کہ انگریزوں کو فوج کے دروازے سب کے لیے کھولنے پڑے۔ دوسری عالمی جنگ کے دوران بڑی تعداد میں جوانوں کی ضرورت فوج میں تھی۔

1857 کی بغاوت کے چار سال بعد پولیس ایکٹ لایا گیا اور اس طرح جدید پولیس کا وجود سامنے آیا۔ بسا اوقات پولیس میں مسلمانوں کی نمائندگی کا تناسب ان کی آبادی سے بھی زیادہ تھا۔ 19 ویں صدی سے لے کر 20 ویں صدی کی دوسری دہائی تک پنجاب، بامبے اور یونائٹیڈ پرووِنسز (آج کا اتر پردیش) کی پولیس میں مسلمانوں کی شرح کُل پولیس تعداد کی 50 فی صد تھی۔ جہاں تک بات راجے رجواڑوں کی تھی تو وہاں جو راجا ہوتا تھا، اس کے پاس ہی پولیس کی تقرری کرنے کا اختیار ہوتا تھا۔ اکثر یہ دیکھا گیا کہ جس مذہب یا فرقے سے راجا کا تعلق ہوتا تھا، پولیس بھی اسی مذہب سے بھرتی کی جاتی تھی۔ مثال کے طور پر جموں اور کشمیر کے راجا نے پولیس میں ڈوگرا اور اعلیٰ ذات کے ہندوؤں کو بھرتی کر رکھا تھا اور اپنی متعصّبانہ پالیسی کے تحت مسلمانوں کو اس سے باہر رکھا تھا۔ مسلمان جموں اور کشمیر میں اکثریت میں ہونے کے باوجود بھی پولیس محکمہ سے دور رکھے گئے تھے اور ان کو

دیگر محکموں سے بھی باہر رکھا گیا تھا، جس کے خلاف شیخ عبداللہ کی قیادت میں مسلمان اپنے حقوق کے لیے سڑکوں پر اُتر گئے تھے۔ حیدرآباد میں صورت حال اس کے مختلف تھی۔ وہاں کا حکمراں نظام ایک مسلمان تھا اور جنتا کی اکثریت ہندوؤں کی تھی۔ حیدرآباد میں زیادہ تر پولیس مسلمان تھے، مگر غیر مسلمانوں کے لیے پولیس محکمے کے دروازے بند نہیں تھے۔

آزادی کے وقت مسلمانوں کی نمائندگی فوج اور پولیس میں بہتر تھی۔ کہیں کہیں وہ اپنی آبادی کے آس پاس نمائندگی پائے ہوئے تھے تو کہیں یہ نمائندگی ان کی آبادی سے بھی زیادہ تھی۔ انگریزی فوج میں مسلمان 30 سے 36 فیصد تھے جبکہ سکھ 8 فیصد تھے۔ باقی کی 60 فیصد نمائندگی ہندو، عیسائی، گورکھا اور دیگر فرقے پر مشتمل تھی۔ جب کہ 30 جون 1947 تک 516 انڈین پولیس افسروں میں 63 مسلمان تھے جو کہ ان کی آبادی کا 12 فیصد تھا۔ ہندو افسروں کی تعداد مسلمانوں سے دُگنی یعنی 130 تھی، جبکہ اس کا بڑا حصہ یعنی 323 یوروپین ہڑپ کر بیٹھے تھے۔ آزادی کے بعد مسلمانوں کے بہت سارے افسران پاکستان چلے گئے جس سے ان کی شرح کم ہوگئی۔

ملک کی بڑی ریاست اتر پردیش میں مسلمان بڑی تعداد میں پولیس میں تھے۔ سال 1921 میں ان کی نمائندگی اتر پردیش پولیس میں 40 فیصد تھی۔ 15 سال بعد یعنی 1935 اور 1936 میں بھی ان کی نمائندگی برقرار رہی اور ان کا شرح 48 فیصد رہا۔ مگر یہ صورت حال ہندو فرقہ پرست نظریہ کے حامل سیاست دانوں کو خواہ وہ کانگریس میں ہوں یا ہندو مہا سبھا میں، بے چین کیے ہوئی تھی اور اس کے خلاف وہ ایک کے بعد ایک سازش تیار کرنے لگے، جس کے منفی اثرات آج تک نظر آرہے ہیں۔

آج جب دلّی فسادات میں پولیس معصوم مسلمانوں کو دنگائیوں سے بچانے سے بھاگ جاتی ہے اور اُلٹے بے قصور مسلمانوں کو مارتی اور پیٹتی ہے اور ان کو فرضی مقدمات میں جیل میں ڈال دیتی ہے تو ایسا لگتا ہے کہ اس کا اسکرپٹ آزادی کے وقت ہی تیار کرلیا گیا تھا۔

[بشکریہ 'دعوت نیوز ڈاٹ نیٹ'، 21 مارچ 2020]

فوج میں مسلم رجمنٹ ختم ہونے کی حقیقت

نکھل

ترجمہ: اشعر نجمی

ہمارے یہاں فوج کو لے کر ایک 'تھمب رُول' ہے، ''اس چیز کے بارے میں کچھ نہیں بولنے کا۔'' بولنا ہی ہے تو تعریف کی جا سکتی ہے، سوال نہیں اٹھائے جا سکتے۔ آپ پوچھیں تو فوج کے چیئر لیڈر آپ پر ٹوٹ پڑیں گے۔ اس کے باوجود ایک سوال دبی زبان سے اکثر پوچھا جاتا ہے؛ فوج میں گڑھوالی، مراٹھا، جاٹ اور سکھ رجمنٹ تو ہیں، لیکن مسلم رجمنٹ نہیں ہے۔ اس سوال کے جواب میں سوشل میڈیا پر کچھ بقراطوں نے گیان بانٹنا شروع کر دیا۔ ان دنوں ایک ویڈیو وائرل ہوا ہے جس میں دعویٰ کیا گیا ہے کہ فوج میں کبھی مسلم رجمنٹ ہوا کرتی تھی، لیکن مسلم رجمنٹ کے 20 ہزار فوجیوں نے 1965 کی جنگ میں لڑنے سے انکار کر دیا تھا۔ اس لیے مسلم رجمنٹ کو ختم کر دیا گیا۔

ہمارے کچھ قارئین نے یہ ویڈیو ہمیں بھیج کر پوچھا کہ حقیقت کیا ہے؟ سستے پروڈکشن والے یہ ویڈیو ایک سطر میں فرضی کہہ کر خارج کیے جا سکتے ہیں، لیکن فوج میں مسلم نمائندگی ایک سنجیدہ سوال ہے۔ اس لیے تفصیل سے سمجھنا ضروری ہے کہ فوج کا رجمنٹ سسٹم کیا ہے۔ اس سے ہم سمجھ پائیں گے کہ فوج میں مسلم رجمنٹ نہ ہونے کی شکایت کتنی صحیح یا غلط ہے۔ رہی بات 1965 کی جنگ میں مسلمانوں کی غداری کی، تو اسٹوری پوری پڑھیں تو وہ مغالطے بھی دور ہو جائیں گے۔

کیا ہے فوج کا رجیمنٹل سسٹم؟

Regiment لفظ regimen سے ماخوذ ہے۔ اس لاطینی لفظ کا مطلب ہے قوانین کا نظام۔ رجمنٹل سسٹم سب سے پہلے 'انفینٹری' (پیدل فوج) میں آیا۔ اس لیے رجمنٹ کہنے سے پر سب سے پہلا خیال بندوق بردار پیدل فوجیوں کا ہی آتا ہے۔ انفینٹری میں رجمنٹ کا مطلب فوج کا ایک ایسے دستے سے ہوتا ہے جس کا اپنا علیحدہ طور طریقہ اور تاریخ ہو۔ ہر رجمنٹ کا اپنا الگ جھنڈا، اپنا نشان اور وردی ہوتی ہے۔ افواج خشکی کی معیاری تربیت کے علاوہ ہر رجمنٹ کے جوان ایک خاص طرح کی ٹریننگ اور روایات کی پیروی کرتے ہیں۔ ایک رجمنٹ میں کئی بٹالین ہوتی ہیں۔ ہر بٹالین کا ایک نمبر ہوتا ہے، '2 سکھ' کا مطلب ہوا سکھ رجمنٹ کی دوسری بٹالین۔

ہندوستان میں کسی مخصوص شناخت (مثلاً مراٹھا یا گڑھوالی) کی بنیاد پر رجمنٹ بنانے کا آغاز انگریزوں نے کیا تھا۔ ایک تھیوری دی تھی جس کے مطابق چنندہ طبقوں سے آنے والے لوگ بہتر جنگجو تسلیم کیے جاتے تھے، مثلاً پٹھان، قریشی، اہیر اور راجپوت۔ انھیں 'مارشل ریس' کہا گیا۔ بقیہ طبقے 'نان مارشل' کہلائے۔ اس طرح ذات یا علاقائی پہچان کی بنیاد پر رجمنٹ بنیں۔ 1857 کی بغاوت کے بعد انگریزوں نے ان علاقوں سے فوج میں بھرتی کم کردی جہاں کے سپاہیوں نے انگریز راج کے خلاف ہتھیار اٹھائے تھے۔ اب مارشل ریس زیادہ تر ان طبقوں کو مانا گیا جنھوں نے بغاوت میں انگریزوں کا ساتھ دیا تھا، چنانچہ بھرتی انھی طبقوں سے ہونے لگی۔

کئی رجمنٹ فوج میں تب شامل ہوئیں جب ہندوستان کے راجہ انگریزوں سے شکست کھا گئے۔ مثلاً سکھ رجمنٹ مہاراجا رنجیت سنگھ کی قائم کردہ ہے۔ سکھ سامراج جب 1849 میں انگریزوں سے ہارا، تب اس کی فوج انگریز فوج میں شامل ہوگئی اور سکھ رجمنٹ کہلائی۔

کتنے مسلمان فوج میں تھے؟

1857 کا غدر بنگال آرمی کے سپاہیوں نے کیا تھا، اس لیے بنگال آرمی میں جن علاقوں سے بھرتی ہوتی تھی، ہاں سے بعد میں بھرتی کم ہوگئی۔ یہ اودھ سے لے کر بنگال تک کے علاقے تھے۔ یہاں سے نہ مسلمان فوج میں لیے جاتے تھے، نہ برہمن؛ کیوں کہ انھوں نے بغاوت میں حصہ لیا تھا۔ اتنا ضرور تھا کہ مسلمانوں سے انگریز کچھ زیادہ ہی ناراض تھے، کیوں کہ اودھ اور بنگال کے نواب ان کے خلاف لڑے تھے۔ لیکن 1857 کے بعد بھی انگریز دوسرے علاقوں کے مسلمانوں کو فوج میں بھرتی کرتے رہے۔ لیکن یہ مسلمان ہندوستان (تب کے) شمالی مغرب سے ہوتے تھے، یعنی پٹھان، قریشی، مسلم جاٹ، بلوچ وغیرہ۔ یہ بالکل صحیح اعداو شمار نہیں ہیں، لیکن آزادی سے پہلے تقریباً 30 فیصد فوجی مسلمان تھے۔

آزادی کے بعد

آزادی کے بعد برٹش آرمی کا بٹوارہ ہوگیا۔ ایک حصہ انڈین آرمی بنا اور دوسرا پاکستان آرمی۔ مسلمان فوجی زیادہ تر شمالی مغرب سے تھے، تو وہ پاکستان کی فوج میں شامل ہوئے کیوں کہ ان کے گھر انھی علاقوں میں تھے۔ اس لیے ہندوستان کی فوج میں مسلمانوں کی تعداد کم رہی۔ لیکن مسلمان کنارے لگا دیے گئے، یہ کہنا درست نہیں ہے۔ پاکستان کے خلاف 1965 میں ہوئی جنگ میں کھیم کرن کی لڑائی میں چار گرینیڈیر کے حوالدار عبدالحمید کو شہادت کے بعد 'پرم ویر چکر' دیا گیا۔

موجودہ صورت حال

آزاد ہندوستان میں فوج نے باضابطہ طور پر مارشل ریس تھیوری کو ترک کر دیا ہے۔ انفنٹری میں پرانا رجمنٹل سسٹم اب بھی استعمال میں ہے۔ لیکن ایسا نہیں ہے کہ دوسری برادریوں کے لوگوں کو رجمنٹ میں قبول نہیں کیا جاتا۔ لڑنے والے فوجیوں (فائٹنگ ٹروپس) کا تعلق خواہ کسی خاص شناخت سے ہو، ان کے افسران کا تعلق کسی بھی مذہب، ذات یا علاقے سے ہوسکتا ہے۔ پرم ویر چکر کے فاتح کیپٹن منوج پانڈے گورکھا نہیں تھے۔ لیکن جب وہ کارگل میں لڑتے ہوئے شہید ہوئے تو وہ 11 گورکھا رائفلز کے افسر تھے۔ فوج میں کہا جاتا ہے کہ 'An officer has got the religion of his troops.' یعنی افسر کا اپنا کوئی مذہب نہیں ہوتا، اس کے سپاہیوں کا مذہب ہی اس کا مذہب ہے۔ لیفٹیننٹ کرنل وریندر سنگھ (ریٹائرڈ) اس جملے کی وضاحت اس طرح کرتے ہیں:

''میں جاٹ ہوں، لیکن میں نے زندگی بھر سکھ رجمنٹ کے جوانوں کی قیادت کی۔ میرے جوان میری ذمہ داری ہوتے تھے، میرے حکم پر جان دیتے اور لیتے تھے۔ اس لیے میں نے تاعمر سینہ چوڑا کر کے کہا، 'I am a proud Sikh of the Sikh Regiment.' (میں فوج کی سکھ رجمنٹ کا ایک 'سکھ' ہوں اور مجھے اس پر فخر ہے۔)''

اسی طرح بٹالین میں ٹریڈس مین اور کلرک (وہ فوجی جو موچی اور نائی کا کام کرتے ہیں) بھی کسی بھی مذہب یا ذات کے ہوسکتے ہیں۔ یہاں یہ سمجھا جائے کہ انفنٹری کی رجمنٹ میں الگ الگ روایتیں ہوتی ہیں۔ ایسا ہی بھرتی کے معاملے میں بھی ہے۔ سکھ رجمنٹ کے فائٹنگ ٹروپس جاٹ سکھ ہوتے ہیں، لیکن مہار رجمنٹ میں مہار ذات کے ساتھ باقی برادریوں کے جوان بھی شامل ہوتے ہیں۔ کچھ رجمنٹ (مثلاً بریگیڈ آف گارڈز) ایسی بھی ہوتی ہیں جن میں پورے ہندوستان سے فوجی لیے جاتے ہیں۔

فوج میں مسلمانوں کی نمائندگی

نہ تو برٹش انڈین آرمی اور نہ ہی انڈین آرمی کے پاس کبھی مسلم رجمنٹ تھی۔ لیکن مسلمانوں کو انفنٹری بٹالین میں ہمیشہ نمائندگی حاصل رہی ہے۔ جب راجپوت رجمنٹ دوسری جنگ عظیم میں لڑنے گئی تو اس میں آدھے فوجی راجپوت اور آدھے مسلمان تھے۔ انڈین آرمی کی گرینیڈیئر رجمنٹ کی بٹالین میں نصف فوجی مسلمان ہیں۔ گرینیڈیئر رجمنٹ میں بھرتی ہونے والے مسلمانوں میں زیادہ تر راجستھان میں رہنے والے قائم خانی مسلمان ہیں۔ دیگر مسلم کمیونٹیز کے لوگ بھی اس رجمنٹ میں شامل ہوتے ہیں۔ اسی طرح جموں و کشمیر لائٹ انفنٹری میں نصف فوجی مسلمان ہیں۔ ان کے علاوہ فوج کے دیگر حصوں (آرٹلری اور آرمڈ کور) میں بھی مسلمان ہوتے ہیں۔ یہ اسی طرح ہے جس طرح دوسرے معاشروں کے لوگ، جنھیں کبھی غیر مارشل ریس سمجھا جاتا تھا، آج فوج میں شامل ہوتے ہیں۔ میرے والد نائک دھن راج واٹھ (ریٹائرڈ) ساڑھے 17 سال تک آرٹلری میں توپچی رہے۔ وہ بھی نام نہاد مارشل ریس سے نہیں آتے تھا۔

رجمنٹل سسٹم کی تنقید

یہ دلیل کئی بار دی جا چکی ہے کہ ذات پات یا علاقے پر مبنی رجمنٹل سسٹم کو ختم کر دینا چاہیے کیونکہ آزاد ہندوستان میں کوئی بھی ڈوگرہ یا مراٹھا سے پہلے ہندوستانی ہے۔ اس لیے ہندوستانیوں کی حفاظت میں لگے ہوئے جوانوں کو ہندوستانیوں سے کم یا زیادہ ہونے کی ضرورت نہیں ہونی چاہیے۔ مطالبے ہوتے رہے کہ آبادی میں حصہ داری کے تناسب سے لوگوں کو فوج میں شامل کیا جائے۔ لیکن رجمنٹل سسٹم کے اپنے حامی ہیں۔ 'دی للن ٹاپ' سے بات کرتے ہوئے لیفٹیننٹ کرنل وریندر سنگھ (ریٹائرڈ) نے رجمنٹل سسٹم کا رخ کیا اور کہا:

''پیادہ فوجی دشمن کے سپاہیوں سے براہ راست لڑتے ہیں۔ ایسے حالات بھی پیدا ہوتے ہیں جب دشمن کی آنکھ میں آنکھیں ڈال کر اس کی جان اپنے ہاتھوں سے لینی پڑتی ہے۔"

'شجر ممنوعہ' (ٹیبو) قسم کا موضوع مان کر مکالمے سے فرار نہیں ہونا چاہیے۔ لیکن اس سے پہلے بہت ضروری ہے کہ ہم جس سسٹم پر تنقید کر رہے ہیں، اسے درست طریقے سے سمجھیں۔ موٹی عقل والوں کے لیے میں یہاں کچھ پوائنٹر لکھ رہا ہوں:

- مسلم رجمنٹ نے 1965 کی جنگ میں کوئی غداری نہیں کی تھی، کیوں کہ فوج میں کوئی مسلم رجمنٹ تھی ہی نہیں۔
- لیکن فوج میں مسلمان ہوتے ہیں۔
- کئی ایسے رجمنٹ ہیں جن کے پلٹنوں میں مسلمانوں کی کمپنیاں ہوتی ہیں۔

نوٹ: بھارت کی وزارت دفاع اور آرمی دونوں فوج میں مسلمانوں کی گنتی کے خلاف رہے ہیں۔ ان کا ماننا ہے کہ مذہبی بنیاد پر فوجیوں کی گنتی فوج کی حوصلہ شکنی کرے گی۔ اس لیے آج فوج میں مسلمانوں کی تعداد کا درست اعداد و شمار دستیاب نہیں ہے۔

[بشکریہ 'دللن ٹاپ'، 15 جنوری 2019]

یونین بجٹ (25-2024) میں مسلمانوں کو کیا ملا؟

حیدر عباس

وزیر خزانہ نرملا سیتارمن نے لگاتار ساتواں بجٹ پیش کیا ہے۔ اپوزیشن نے اسے 'کرسی بچانے والا' بجٹ قرار دیا ہے، کیونکہ حکومت نے چیف منسٹر چندر بابو نائیڈو (ٹی ڈی پی) کی قیادت والی آندھرا پردیش (15000 کروڑ) اور نتیش کمار (جے ڈی یو) کی قیادت والی بہار (26000 کروڑ) کے لیے خصوصی پیکیج دیا ہے۔ آخر انھی کی بیساکھی پر بی جے پی کی قیادت والی این ڈی اے حکومت 3 نے حلف لیا ہے۔ لیکن اقلیتوں کے لیے کیا ہے؟ بالخصوص مسلمانوں کے لیے؟

یہ واضح ہے کہ مودی حکومت کے لیے مسلمانوں کا کوئی وجود نہیں ہے۔ ملک میں مسلمانوں کی آبادی 20 کروڑ سے زیادہ ہے، لیکن گزشتہ 77 سالوں میں پہلی بار مرکزی حکومت میں ایک بھی مسلم وزیر نہیں ہے۔ مودی حکومت نے 2 بدھ، 2 سکھ اور 1 عیسائی کو اقلیتوں کے نام پر وزیر کی حیثیت سے شامل کیا ہے۔

مودی حکومت نے 23-2022 کے بجٹ میں اقلیتی امور کے لیے 5020 کروڑ روپے مختص کیے تھے اور 24-2023 میں 38 فیصد کٹوتی کر کے 3097 کروڑ روپے مختص کیا تھا۔

اس بجٹ میں حکومت نے اس میں انتہائی معمولی اضافہ کرتے ہوئے 3183 کروڑ روپے کر دیا ہے جو کہ صرف 2 اعشاریہ 7 فیصد کا اضافہ ہے۔ یہ 'اضافہ' پردھان منتری جن وکاس کاریہ کرم کے لیے 300 کروڑ روپے کے اضافے کی وجہ سے بھی ذرا سا ضخیم ہو گیا ہے جو ملک بھر میں تقریباً 1300 اقلیتی مرکوز علاقوں میں ترقیاتی خسارے کو کم کرنے کا ایجنڈہ ہے۔ یہ وہی 90 اضلاع ہیں جن کی نشاندہی پی ایم منموہن سنگھ نے کی تھی۔

جس شان و شوکت کے ساتھ بی جے پی حکومت اقلیتوں کی فلاح و بہبود کی اسکیموں کے بارے میں اقلیتی امور کی ویب سائٹ پر اعلان کرتی ہے، اس کا تجزیہ کریں تو یہ واضح ہو جاتا ہے کہ مرکزی اسکیموں کے تحت

اب لاکھوں اقلیتی طلبہ (یعنی مسلمان) کو گیارہویں اور بارہویں، تکنیکی اور پیشہ ورانہ کورسز، تسلیم شدہ اداروں میں گریجویشن اور اعلیٰ تعلیم کے حصول کے لیے اسکالرشپ پچھلے سال کے بجٹ 1065 کروڑ روپے سے محض 80 کروڑ روپے بڑھائی گئی ہے۔

دلچسپ بات یہ ہے کہ قومی اقلیتی ترقی اور مالیاتی کارپوریشن کی گرانٹ بھی 61 کروڑ روپے پر ہی برقرار ہے۔ حیرت کی بات یہ ہے کہ اقلیتوں کے لیے مرکوز اسکل ڈیولپمنٹ اور روزگار اسکیموں کے لیے بھاری کٹوتی کرتے ہوئے صرف 3 کروڑ روپے کا مختص ہے، جب کہ پچھلے سال یہ مختص 4.64 کروڑ تھا۔

یہ کہنا غلط نہیں ہوگا کہ بی جے پی کے لیے مسلمانوں کی تعلیم سب سے نچلے پائیدان پر ہے۔ اس کے لیے 2023-24 میں مختص 1689 کروڑ تھا اور اب 1575 کروڑ ہے۔ یہاں تک کہ پری میٹرک اسکالرشپ اسکیم بھی 2023-24 میں مختص 433 کروڑ روپے کے مقابلے میں گھٹا کر 2.326 کروڑ روپے کر دیا گیا ہے۔

ملک کے پہلے وزیر تعلیم کو منسوب مولانا آزاد نیشنل فیلوشپ اب تقریباً بستر مرگ پر ہے۔ اس کے لیے 2023-24 میں مختص رقم 96 کروڑ روپے کو گھٹا کر صرف 45 کروڑ روپے کر دیا گیا ہے، یہ نصف سے بھی کم ہے! پہلے سے ہی اس اسکیم کے تحت 2000 طالب علم اپنے اسکالرشپ اور الاؤنسز کے لیے جدوجہد کر رہے تھے۔

وہیں، مفت کوچنگ اور اس سے منسلک اسکیموں کے لیے 2023-24 میں مختص کیے گئے 30 کروڑ روپے کے مقابلے اس بار صرف 10 کروڑ روپے ہی دیے گئے ہیں۔

قومی اقلیتی کمیشن کا بجٹ 3 کروڑ روپے سے گھٹا کر 1 کروڑ روپے کر دیا گیا ہے۔ بیرون ملک تعلیم حاصل کرنے کے خواہشمند اقلیتی طلبا کے تعلیمی قرضوں پر سود پر سبسڈی 21 کروڑ روپے سے کم کر کے 3.15 کروڑ روپے کر دی گئی ہے۔

ثقافت کے تحفظ کے لیے 'ہماری دھروہر' پروگرام کے تحت اب کسی بھی مسلم وراثت کے لیے کوئی جگہ نہیں ہے۔ اس کے لیے گزشتہ سال دیے گئے 10 لاکھ روپے بھی چھین لیے گئے ہیں۔

علی گڑھ مسلم یونیورسٹی اور جامعہ ملیہ اسلامیہ جیسے ملک کے اہم تعلیمی اداروں کے سالانہ بجٹ میں 15 فیصد کی کٹوتی کی گئی ہے اور اس کے برعکس بنارس ہندو یونیورسٹی کا بجٹ 669 کروڑ روپے سے بڑھ کر 1303 کروڑ روپے ہو گیا ہے۔ یہ واضح طور پر بی جے پی حکومت کا امتیازی رویہ ہے۔

دراصل، بجٹ سے پہلے ہی مرکزی حکومت ایسے اقدامات کرتی رہی ہے۔ مثال کے طور پر اتر پردیش کے مدارس کو مرکزی حکومت کی طرف سے دی جانے والی گرانٹ کو ایک سال پہلے ہی پورے طور پر ختم کر دیا گیا تھا۔ اس طرح بی جے پی کے ڈبل انجن ایک ساتھ کام کر رہے ہیں۔ پہلے مرکزی حکومت اور بعد میں یوپی حکومت نے اس سال جنوری میں مدرسہ جدید کاری پروگرام کے تحت شروع کیے گئے تقریباً 25000 مدرسوں کے اساتذہ کا اعزازیہ روک دیا تھا۔ اس کے بعد 22 مارچ کو الہ آباد ہائی کورٹ نے فیصلہ دیا تھا کہ یوپی بورڈ آف مدرسہ ایجوکیشن

2004 ایکٹ غیر آئینی اور سیکولرازم اور بنیادی حقوق کی خلاف ورزی ہے۔

اس نے ہنگامہ برپا کردیا کیونکہ 17 لاکھ طالب علم اور 10000 سے زیادہ اساتذہ کسمپرسی کی حالت میں آ گئے، جب تک کہ سپریم کورٹ نے فیصلے پر روک نہیں لگادی۔

اب جون کے بعد یوپی حکومت نے تقریباً 8449 غیر رجسٹرڈ مدارس کے طلبا کو سرکاری اسکولوں میں شامل کرنے کا حکم دیا ہے جو کہ قومی حقوق اطفال کمیشن ایکٹ-2005 کے بالکل برعکس ہے۔

حکومت کی ایسی حرکتیں اب مسلمانوں کو ذرا بھی حیران نہیں کرتی ہیں۔ اس لیے اس بجٹ میں ایسا کچھ بھی نہیں ہے جس سے مسلمانوں کو بااختیار بنانے کی امید کی جاسکے۔

(حیدر عباس اتر پردیش کے سابق ریاستی انفارمیشن کمشنر اور سیاسی تجزیہ کار ہیں۔)

[بشکریہ دی وائر اردو، 30 جولائی 2024]

یونانی طرV* علاج حکومت کی بے توجہی کا شکار

افروز عالم ساحل

جب سے بی جے پی حکومت اقتدار میں آئی ہے تب سے یونانی پیتھی کے ساتھ سوتیلا برتاؤ کیا جارہا ہے، جس سے دنیا کے اس قدیم طریق علاج کا وجود خطرے میں پڑ گیا ہے۔ یہ بھی الزام ہے کہ حکومت طب یونانی کو بہت ہی تنگ نظری سے دیکھ رہی ہے یہی وجہ ہے کہ ملک بھر میں یونانی طب سے وابستہ افراد میں کافی بے چینی پائی جارہی ہے۔ راقم الحروف نے طب یونانی سے وابستہ کئی اہم لوگوں سے خاص بات چیت کی اور یہ جاننے کی کوشش کی کہ اس الزام کی بنیاد کیا ہے۔

آل انڈیا یونانی طبی کانگریس کے قومی صدر پروفیسر مشتاق احمد نے بات چیت کے دوران بتایا کہ ملک کا موجودہ سسٹم طب یونانی کے خلاف ہے۔ حکومت خود طب یونانی کو پیچھے دھکیلنے کی کوشش کر رہی ہے۔ ہر جگہ اسے حاشیہ پر دھکیلنے کی کوشش کی جارہی ہے تاکہ طب یونانی ترقی نہ کر سکے۔ پروفیسر مشتاق نیشنل ریسرچ انسٹی ٹیوٹ آف یونانی میڈیسن حیدر آباد کے ڈائریکٹر رہ چکے ہیں۔

وہیں آل انڈیا یونانی طبی کانگریس کے جنرل سکریٹری ڈاکٹر سید احمد خاں کا کہنا ہے کہ موجودہ دور میں طب یونانی کو ایک محدود دائرے میں لپیٹا جارہا ہے اور اس سے تعلق رکھنے والوں کو یہ بتانے کی کوشش کی جارہی ہے کہ طب یونانی کی اب اس ملک میں کوئی خاص اہمیت نہیں رہی۔ جب کہ طب یونانی ایک مکمل سائنس ہے اور صدیوں سے اس ملک میں رائج ہے۔ ہندوستان اس کا سب سے بڑا مرکز ہے۔

ڈاکٹر سید احمد خاں یہ بھی کہتے ہیں کہ طب یونانی کے لیے صرف موجودہ حکومت کو ذمہ دار ٹھہرانا درست نہیں ہوگا۔ حقیقت یہ ہے کہ طب یونانی کے لیے کسی بھی حکومت نے رحم دلی یا سچی محبت نہیں دکھائی ہے۔ سال 2009 میں بھی کانگریس پارٹی نے اپنے انتخابی منشور میں یہ بات کہی تھی کہ اگر ان کی حکومت بنی تو وہ نیشنل یونانی

یونیورسٹی' قائم کرے گی لیکن جب منموہن سنگھ کی حکومت بن گئی تب انھوں نے اس جانب مڑ کر بھی نہیں دیکھا۔ حالانکہ آل انڈیا یونانی طبی کانگریس حکومت کو دہائی دیتی رہی کہ حکومت اپنا وعدہ جلد از جلد پورا کرے لیکن اس نے کوئی توجہ نہیں دی۔ چنانچہ آج بھی ملک میں یونانی طب کی کوئی نیشنل یونیورسٹی نہیں ہے جب کہ آیورویدکی نیشنل سطح کی تین یونیورسٹیاں ہیں۔

مسیح الملک حکیم اجمل خان میموریل سوسائٹی کے جنرل سکریٹری ڈاکٹر اسلم جاوید کا بھی الزام ہے کہ موجودہ حکومت طب یونانی کے ساتھ سوتیلا برتاؤ کر رہی ہے۔ ان کے مطابق ایسا برتاؤ گزشتہ حکومتوں نے بھی کیا ہے لیکن موجودہ دور میں یونانی پیتھی کے ساتھ جانبدارانہ رویے میں کافی اضافہ ہوتا نظر آرہا ہے۔

ناراضگی کی اصل وجہ کیا ہے؟

اصل ناراضگی نیشنل کمیشن فار انڈین سسٹم آف میڈیسن (این سی آئی ایس ایم) ایکٹ 2020 میں طب یونانی کو مناسب مقام نہیں دیے جانے پر ہے۔ اس کی وجہ سے یونانی سے وابستہ ہر شخص شدید غصہ میں ہے۔ مسیح الملک حکیم اجمل خان میموریل سوسائٹی کے جنرل سکریٹری ڈاکٹر اسلم جاوید کے مطابق لوگوں نے سوشل میڈیا پر بھی غصہ کا اظہار کیا اور طب یونانی سے وابستہ تمام تنظیموں نے بھی مرکزی حکومت سے آیوروید کی طرح یونانی کے لیے علیحدہ بورڈ قائم کرنے کا مطالبہ کیا۔ یہ مطالبہ گزشتہ دنوں ٹویٹر پر بھی ٹرینڈ کر رہا تھا۔

واضح ہو کہ مانسون اجلاس کے دوران 14 ستمبر 2020 کو این سی آئی ایس ایم بل کو لوک سبھا میں منظور کیا گیا۔ 18 مارچ 2021 کو راجیہ سبھا نے بھی اس پر اپنی مہر لگا دی۔ اس طرح اس کے ذریعے 'انڈین میڈیسن سنٹرل کونسل ایکٹ 1970' ختم ہوا اور حکومت کی جانب سے یہ امید ظاہر کی گئی تھی کہ اس نئے ایکٹ کے ذریعے ایسی طبی تعلیم کا نظام شروع کیا جائے گا جس میں انڈین سسٹم آف میڈیسن میں مناسب تعداد میں اعلیٰ معیار کے طبی پیشہ ور افراد کی فراہمی کو یقینی بنایا جا سکے، طبی اداروں کا وقتاً فوقتاً جائزہ لیا جا سکے اور شکایات کو دور کرنے کا ایک موثر میکانزم تشکیل دیا جا سکے۔

خیال رہے کہ 11/جون 2021 کو حکومت نے گزٹ شائع کر کے نیشنل کمیشن فار انڈین سسٹم آف میڈیسن یعنی این سی آئی ایس ایم کے قیام کا اعلان کیا، اس کے بعد اس کمیشن میں آیوروید اور ہومیوپیتھی کے لیے علیحدہ علیحدہ بورڈز کی تشکیل دی گئی لیکن طب یونانی کو 'سدھا' اور 'سوارگپا' کے ساتھ ایک علیحدہ بورڈ میں شامل کیا گیا ہے۔ اس طرح سے یونانی کی اہمیت کو درکنار کر کے اس کے لیے علیحدہ بورڈ قائم نہ کیے جانے پر طب یونانی کے ماہرین میں ناراضگی پائی جا رہی ہے اور وہ ایک لمبی تحریک چلانے کی تیاری میں ہیں۔

اس سلسلے میں آل انڈیا یونانی طبی کانگریس نے وزیر اعظم، مرکزی وزیر آیوش سمیت کئی مرکزی وزرا

اورارکان پارلیمنٹ کوخطوط بھیج کراس طرف توجہ مبذول کرائی ہے۔ ان خطوط میں بھی طبی کانگریس نے وزارت آیوش پر یونانی طریقہ علاج کے ساتھ متعصّبانہ رویہ اپنانے کاالزام عائد کیا ہے۔

آل انڈیا یونانی طبی کانگریس کے جنرل سکریٹری ڈاکٹر سید احمد خاں کا کہنا ہے کہ طب یونانی کے لیے علیحدہ بورڈ کے قیام کے مطالبے کے ساتھ طبی کانگریس نے وزیر اعظم کوایک تحریری میمورنڈم بھیجا تھا۔'پی ایم او' آفس نے ہمارے میمورنڈم کووزارت آیوش میں بھیجا ہےلیکن وہاں سے ابھی تک کوئی جواب نہیں آیا۔لیکن ہماری جدوجہد جاری ہے۔ ہم جمہوری طریقہ کار کے تحت اپنی تحریک چلاتے رہیں گے۔ یہ تحریک طب یونانی کو برقرار رکھنے کے لیے ہے۔

وہ مزید کہتے ہیں کہ یونانی، سدھااور سوار گپا، ان تینوں کا آپس میں کوئی رشتہ نہیں ہے جب کہ اس بورڈ کا چیئر مین ایسے شخص کو بنایا گیا جسے طب یونانی سے متعلق کوئی معلومات نہیں ہے۔اس کا تعلق سدھا پیتھی سے ہے، وہ طب یونانی کے بارے میں کچھ نہیں جانتا، نہ ہی وہ یونانی پیتھی کی زبان عربی، فارسی اور اردو سے واقف ہے۔ ایسے میں سوال یہ پیدا ہوتا ہے کہ مستقبل میں جب یونانی کا نیا نصاب بنے گا تو وہ اسے کیسے سمجھ پائے گا۔

وہیں آل انڈیا یونانی طبی کانگریس کے قومی صدر پروفیسر مشتاق احمد کا الزام ہے کہ جس شخص کو چیئر مین بنایا گیا ہے، وہ موجودہ ایکٹ کے مطابق اس عہدے کا اہل ہی نہیں ہے،لیکن تمام قاعدے قوانین کوطاق پر رکھ کر حکومت نے اسے یہ عہدہ دے دیا گیا ہے۔

وہ یہ بھی کہتے ہیں کہ اس بورڈ میں کم از کم وائس چیئر مین کا عہدہ ضرور ہونا چاہیے،لیکن وہ بھی غائب ہے۔اس طرح سے نوتشکیل شدہ نیشنل کمیشن فارانڈین سسٹم آف میڈیسن میں طب یونانی کوایک گوشے میں محدود کر دیا گیا ہے۔ان کا مرکزی حکومت سے مطالبہ ہے کہ نیشنل کمیشن فار انڈین سسٹم آف میڈیسن کے لیے ترمیمی بل دوبارہ پارلیمنٹ میں لایا جائے ،تاکہ طب یونانی کواس کمیشن میں اس کا جائز مقام مل سکے۔

نئی دہلی کے قرول باغ میں مقیم آیورویدک اینڈ یونانی طبیہ کالج کے پرنسپل ڈاکٹر محمد زبیر کہتے ہیں کہ لوگوں کا یہ مطالبہ پوری طرح سے جائز ہے کہ طب یونانی کا بورڈ الگ سے ہونا چاہیے۔ مرکزی حکومت کواس جانب توجہ دینے کی ضرورت ہے۔

واضح رہے کہ 15 رکنی اس نیشنل کمیشن فارانڈین سسٹم آف میڈیسن میں 10 اراکین بشمول صدر کا تعلق آیوروید سے ہے۔کمیشن سے وابستہ ہندوستانی طب کی طبی درجہ بندی اور معیار طے کرنے والے بورڈ اورانڈین سسٹم آف میڈیسن ایتھکس اینڈ رجسٹریشن بورڈ کی صدارت بھی آیوروید کے ماہرین کے ہی سپرد کی گئی ہے۔

جامعہ سے یونانی سنٹر کوخالی کرنے کا نوٹس حقیقت کیا ہے؟

خبر ہے کہ دہلی کے جامعہ ملیہ اسلامیہ میں واقع ’حکیم اجمل خان لٹریری ریسرچ انسٹی ٹیوٹ آف یونانی میڈیسن‘ کو جامعہ نے یونیورسٹی کیمپس سے خالی کرنے کا نوٹس دیا ہے۔ اس نوٹس پر بھی طب یونانی سے وابستہ لوگوں میں غصہ ہے اور وہ تشویش کا اظہار کر رہے ہیں۔

گزشتہ دنوں جوائنٹ ایکشن کمیٹی برائے فروغ طب یونانی کے صدر اور حکومت ہند کے سابق جوائنٹ ایڈوائزر طب یونانی ڈاکٹر محمد شمعون نے ایک پریس ریلیز جاری کر کے اس امر پر وزرات آیوش کی سرزنش کرتے ہوئے کہا کہ جان بوجھ کر طب یونانی کو نقصان پہنچایا جا رہا ہے۔

ساتھ ہی انھوں نے یہ بھی کہا کہ جامعہ ملیہ اسلامیہ کے بانیوں میں سب سے اہم نام مسیح الملک حکیم اجمل خاں کا ہے، مگر ان سے منسوب لٹریری ریسرچ انسٹی ٹیوٹ کو کیمپس سے خالی کرایا جا رہا ہے جو کہ انتہائی افسوس ناک عمل ہے۔ سنٹرل کونسل فار ریسرچ ان یونانی میڈیسن کو جلد از جلد سرگرم ہو کر حکیم اجمل خاں لٹریری ریسرچ انسٹی ٹیوٹ کو بچانے کی فکر کرنی چاہیے۔

اس پورے معاملے میں راقم الحروف نے جامعہ ملیہ اسلامیہ کے رجسٹرار ڈاکٹر ناظم حسین جعفری سے بھی بات کی۔ اس خاص بات چیت میں انھوں نے بتایا کہ یہ انسٹی ٹیوٹ جامعہ کا نہیں بلکہ سنٹرل کونسل فار ریسرچ ان یونانی میڈیسن کا تھا جو پہلے جامعہ ہمدرد میں ہوا کرتا تھا۔ جب انھوں نے وہاں سے ان کو خالی کرایا تب جامعہ نے انھیں اپنے ایم اے انصاری ہیلتھ سنٹر میں جگہ دی۔ ان سے تین سال کا معاہدہ ہوا۔ معاہدے کے وقت انھوں نے کافی بڑے بڑے وعدے کیے تھے جس میں سے ایک وعدہ جامعہ میں ’ہربل گارڈن‘ بنانے کا بھی تھا لیکن آج تک انھوں نے کچھ نہیں کیا۔

وہ مزید کہتے ہیں کہ جامعہ کے ساتھ ان کا معاہدہ تین سال پہلے ہی ختم ہو چکا ہے لیکن اس کے بعد نئے معاہدے کے لیے انھوں نے دلچسپی نہیں لی۔ انھوں نے کبھی جامعہ کو کرایہ ادا کیا نہ کبھی بجلی یا پانی کا بل ادا کیا۔ اب چونکہ جامعہ کو ایم اے انصاری ہیلتھ سنٹر کے لیے اس جگہ کی ضرورت ہے، ہم وہاں اپنے اسٹاف کے لیے کووڈ اسپتال بنانے جا رہے ہیں، اس لیے ہم نے انھیں تخلیہ کا خط بھیجا ہے لیکن انھوں نے ابھی تک اس کا کوئی جواب نہیں دیا ہے۔

اس معاملے میں آل انڈیا یونانی طبی کانگریس کے جنرل سکریٹری ڈاکٹر سید احمد خاں کہتے ہیں کہ حکومت یونانی کے بارے میں کتنی ایماندار ہے، اس کا اندازہ آپ حکیم اجمل خاں لٹریری ریسرچ انسٹی ٹیوٹ کی اس کہانی سے لگا سکتے ہیں۔ جامعہ سے جو معاہدہ ہوا تھا، اس میں بھی یہ کھرے نہیں اترے۔ حکومت ہند کے وزرات آیوش کے تعصب اور عدم دلچسپی کی وجہ سے اس ریسرچ انسٹی ٹیوٹ کو مالی امداد نہیں ملی چنانچہ جامعہ نے مجبوراً انھیں خالی کرنے کا نوٹس جاری کیا ہے۔

وہ مزید کہتے ہیں کہ 35 سال ہو چکے ہیں لیکن یہ حکومت اس انسٹی ٹیوٹ کی آج تک ایک بلڈنگ نہیں

بنا سکی ہے جب کہ اب تک تو حکومت کو خود ہی اپنی سطح پر اس کو قائم کر لینا چاہیے تھا۔ وزارت آیوش کو چاہیے کہ در بدر بھٹکنے کے بجائے اپنی عمارت خود ہی تیار کر لے۔

واضح رہے کہ جامعہ ملیہ اسلامیہ میں یہ ریسرچ انسٹی ٹیوٹ سال 2015 میں قائم کیا گیا تھا تب پہلی مرتبہ طب یونانی کے چھ اسکالرز کا پی ایچ ڈی میں داخلہ ہوا تھا اور یہ امید ظاہر کی گئی تھی کہ اب یونانی میں بھی نئے نئے ریسرچ کیے جا سکیں گے۔ اس وقت دہلی کے اخباروں میں یہ خبر بھی سرخی بنی تھی کہ جامعہ ملیہ اسلامیہ میں جلد ہی ہربل گارڈن ہوگا۔ اس کے لیے سنٹرل کونسل فار ریسرچ ان یونانی میڈیسن نے جامعہ کے ساتھ ایک معاہدے پر دستخط کیے ہیں۔ جامعہ کیمپس میں بننے والے اس ہربل گارڈن میں خاص طور پر یونانی ادویات سے متعلق پودے لگائے جائیں گے، لیکن یہ ہربل گارڈن ابھی تک وجود میں نہیں آیا ہے۔

واضح رہے کہ اس سے قبل طب یونانی کا یہ 'حکیم اجمل خان انسٹی ٹیوٹ فار لٹریری اینڈ ہسٹاریکل ریسرچ ان یونانی میڈیسن' نئی دہلی کے جامعہ ہمدرد کیمپس میں 1986 میں چار یونٹوں کے انضمام کے بعد قائم کیا گیا تھا۔

حکومت کا سوتیلا برتاؤ؟

راقم الحروف نے جب سرکاری دستاویزوں کی چھان بین کی تو پایا کہ مرکزی حکومت 'سنٹرل کونسل فار ریسرچ ان یونانی میڈیسن' کے ساتھ بھی سوتیلا رویہ اپنا رہی ہے۔ حکومت کے 'سنٹرل کونسل فار ریسرچ ان آیورویدک سائنسیز' کے مقابلے میں 'سنٹرل کونسل فار ریسرچ ان یونانی میڈیسن' کو سالانہ بجٹ نصف سے کم مل رہا ہے۔

اس معاملے میں اس کی حالت 'سنٹرل کونسل فار ریسرچ ان ہومیوپیتھی' جیسی ہی نظر آرہی ہے۔ لیکن اب حکومت نے 'این سی آئی ایس ایم' ایکٹ 2020 کے تحت ہومیوپیتھی کا علیحدہ بورڈ بنا کر یونانی والوں کو بتا دیا ہے کہ ان کی حکومت کے پاس کیا حقیقت ہے۔

اس ملک میں حکومت نے ابھی تک صرف یونانی، آیوروید اور ہومیوپیتھی کے میدان میں ہی ریسرچ کے لیے سنٹرل کونسل قائم کیے ہیں۔ لیکن حکومت ان تینوں میں کس پر زیادہ توجہ دے رہی ہے، اس کا اندازہ ان کو ملنے والے سالانہ بجٹ سے بخوبی لگایا جا سکتا ہے۔ بجٹ کے اعداد و شمار اس اسٹوری میں موجود ٹیبل میں آسانی سے دیکھے جا سکتے ہیں۔

جدول 1

سنٹرل کونسل فار ریسرچ ان یونانی میڈیسن

مالیاتی سال	جملہ بجٹ	جاری کردہ رقم	مصارف
2010-11	61.46 کروڑ	72.65 کروڑ	75.40 کروڑ
2011-12	65.00 کروڑ	83.74 کروڑ	88.90 کروڑ
2012-13	85.13 کروڑ	89.04 کروڑ	90.46 کروڑ
2013-14	96.50 کروڑ	98.22 کروڑ	103.58 کروڑ
2014-15	96.50 کروڑ	73.91 کروڑ	81.78 کروڑ
2015-16	95.63 کروڑ	91.16 کروڑ	92.42 کروڑ
2016-17	120.00 کروڑ	118.00 کروڑ	111.24 کروڑ
2017-18	123 کروڑ	133.93 کروڑ	133.65 کروڑ
2018-19	130 کروڑ	147.00 کروڑ	145.50 کروڑ
2019-20	152.65 کروڑ	159.54 کروڑ	159.54 کروڑ
2020-21	157.00 کروڑ	164.05 کروڑ	164.05 کروڑ
2021-22	167.79 کروڑ	-	-

جدول2

سنٹرل کونسل فار ریسرچ اِن آیورویدک سائنسز

مالیاتی سال	جملہ بجٹ	جاری کردہ رقم	مصارف
2010-11	127.50 کروڑ	123.50 کروڑ	124.00 کروڑ
2011-12	116.00 کروڑ	108.65 کروڑ	111.01 کروڑ
2012-13	113.38 کروڑ	115.34 کروڑ	115.66 کروڑ
2013-14	123.85 کروڑ	124.99 کروڑ	133.19 کروڑ
2014-15	121.17 کروڑ	126.66 کروڑ	134.56 کروڑ
2015-16	136.70 کروڑ	165.00 کروڑ	173.00 کروڑ
2016-17	170.00 کروڑ	159.00 کروڑ	154.00 کروڑ
2017-18	175.00 کروڑ	216.07 کروڑ	216.01 کروڑ
2018-19	252.91 کروڑ	286.41 کروڑ	287.03 کروڑ
2019-20	292.31 کروڑ	288.50 کروڑ	280.68 کروڑ

2020-21	297.00 کروڑ	273.00 کروڑ	264.16 کروڑ
2021-22	328.27 کروڑ	-	-

جدول 3

سنٹرل کونسل فار ریسرچ اِن ہومیوپیتھی

مالیاتی سال	جملہ بجٹ	جاری کردہ رقم	مصارف
2010-11	45.57 کروڑ	45.57 کروڑ	48.72 کروڑ
2011-12	45.70 کروڑ	45.90 کروڑ	48.90 کروڑ
2012-13	50.38 کروڑ	63.76 کروڑ	68.94 کروڑ
2013-14	75.69 کروڑ	75.32 کروڑ	78.74 کروڑ
2014-15	73.20 کروڑ	48.90 کروڑ	49.83 کروڑ
2015-16	72.00 کروڑ	77.00 کروڑ	83.00 کروڑ
2016-17	91.00 کروڑ	81.50 کروڑ	79.18 کروڑ
2017-18	95.50 کروڑ	112.25 کروڑ	112.15 کروڑ
2018-19	109.50 کروڑ	113.50 کروڑ	109.14 کروڑ
2019-20	118.53 کروڑ	128.83 کروڑ	128.83 کروڑ
2020-21	138.50 کروڑ	130.50 کروڑ	-
2021-22	167.58 کروڑ	-	-

واضح رہے کہ یو پی اے حکومت میں آیوش وزارت صحت وخاندانی بہبود کا ایک محکمہ ہوا کرتا تھا۔ لیکن سال 2014 میں جب مرکز میں بی جے پی اقتدار میں آئی تو حکومت نے ہندوستانی یا دیسی طریقہ علاج کی ترویج کے لیے اس محکمہ کی بجائے نومبر 2014 میں ایک علیحدہ وزارت آیوش (AYUSH) کی تشکیل کی جو آیوروید، یوگا، نیچرو پیتھی، یونانی، سدھا اور ہومیوپیتھی کا مخفف ہے۔

وزارت کے قیام کا اصل مقصد ہندوستانی یا دیسی طریقہ علاج یعنی آیوروید، یوگا، نیچروپیتھی، یونانی، سدھا اور ہومیوپیتھی کے تعلیمی معیار کو بہتر بنانا تھا لیکن دیکھا یہ جا رہا ہے کہ حکومت دیگر پیتھیوں کے مقابلے میں آیوروید اور یوگا کی ترقی واشاعت پر زیادہ توجہ دے رہی ہے۔

آل انڈیا یونانی طبی کانگریس کے جنرل سکریٹری ڈاکٹر سید احمد خاں کا کہنا ہے کہ وزارت آیوش کے

بننے سے ہمیں کافی امیدیں تھیں کہ طب یونانی کو فنڈ ملے گا اور ہم زیادہ سے زیادہ کام کریں گے، لیکن اس وزارت نے طب یونانی کے لیے اب تک کچھ بھی خاص نہیں کیا ہے بلکہ وہ اسے نظر انداز کرتی رہی ہے۔ وزارت آیوش کا تقریباً 90 فیصد فنڈ آیوروید، یوگا اور ہومیوپیتھی میں تقسیم ہو رہا ہے۔ 10 فیصد فنڈ ہی یونانی اور دیگر پیتھی کے حصہ میں آتا ہے جب کہ ایسا نہیں ہونا چاہیے۔ حکومت سب کو یکساں ترقی کے مواقع فراہم کرے۔

راقم الحروف نے سرکاری دستاویزوں کی چھان بین میں پایا کہ سال 2014 تک 'نیشنل انسٹی ٹیوٹ آف یونانی میڈیسن' اور 'آل انڈیا انسٹی ٹیوٹ آف یونانی میڈیسن' کو بھی بجٹ میں فنڈ کا کچھ حصہ دیا جاتا تھا جو فی الحال نظر نہیں آ رہا ہے۔

جدول 4

محکمہ وزارت آیوش کا بجٹ

مالیاتی سال	جملہ بجٹ	جاری کردہ رقم	مصارف
2010-11	964.00 کروڑ	1065.00 کروڑ	1010.42 کروڑ
2011-12	1088.00 کروڑ	828.80 کروڑ	783.18 کروڑ
2012-13	1178.00 کروڑ	861.00 کروڑ	715.37 کروڑ
2013-14	1259.00 کروڑ	935.75 کروڑ	642.41 کروڑ
2014-15	1272.15 کروڑ	691.00 کروڑ	616.77 کروڑ
2015-16	1214.00 کروڑ	1125.00 کروڑ	1075.34 کروڑ
2016-17	1326.20 کروڑ	1307.36 کروڑ	1246.34 کروڑ
2017-18	1428.65 کروڑ	1557.80 کروڑ	1531.30 کروڑ
2018-19	1626.37 کروڑ	1692.77 کروڑ	1553.98 کروڑ
2019-20	1939.76 کروڑ	1857.00 کروڑ	1784.16 کروڑ
2020-21	2122.08 کروڑ	2322.08 کروڑ	-
2021-22	2970.30 کروڑ	-	-

طب یونانی کے ساتھ سوتیلے برتاؤ کی اور بھی کہانیاں

موجودہ حکومت میں طب یونانی کے ساتھ سوتیلا برتاؤ کیے جانے کی کئی کہانیاں ہیں۔ پہلی شکایت اس بات کی ہے کہ وزارت آیوش کے ذریعہ جتنی اہمیت آیوروید کو دی جا رہی ہے، اتنی توجہ یونانی علاج پر نہیں دی جا رہی

ہے۔ وزارت آیوش نے نومبر 2019 میں یہ اعلان کیا کہ آیوروید کے پوسٹ گریجویٹ ڈاکٹر سرجری کر سکتے ہیں، لیکن یہ اجازت ابھی یونانی کے پوسٹ گریجویٹ ڈاکٹروں کو نہیں مل سکی ہے۔

ڈاکٹر سید احمد خاں کہتے ہیں کہ یونانی کی پوری تاریخ سرجری سے جڑی ہوئی ہے۔ طب یونانی کے بانیوں کے ذریعہ ایجاد کردہ ٹول کے ماڈرن طریقے آج ایلوپیتھی میں استعمال کیے جا رہے ہیں، پھر یونانی والوں کو سرجری کی اجازت کیوں نہیں ہے، جب کہ آیوروید اور یونانی دونوں کے کورس کے نام کے ساتھ ہی سرجری لفظ جڑا ہوا ہے، یعنی دونوں کو سرجری کا حق حاصل ہے تو اجازت آیوروید کے ڈاکٹروں کو ہی کیوں؟

طبی کانگریس کے قومی صدر پروفیسر مشتاق احمد کا کہنا ہے کہ وزارت آیوش یونانی کے ساتھ امتیازی سلوک کر رہی ہے جو افسوسناک ہے۔ حکومت کے ذریعے پوسٹ گریجویٹ یونانی ڈاکٹروں کو سرجری کرنے کے حق سے الگ رکھا گیا ہے جو مناسب نہیں ہے۔ کیونکہ آیوروید اور یونانی دونوں کا نصاب تقریباً ایک جیسا ہے اور دونوں جگہ طلبا کو سرجری کی تعلیم و تربیت دی جاتی ہے۔ اس لیے آیوروید کی طرح یونانی ڈاکٹروں کو بھی سرجری کرنے کی اجازت ہر حال میں ملنی چاہیے۔

وہ مزید کہتے ہیں کہ حکومت نے آیوروید کنسلٹنٹ کو وزارت آیوش میں بنے آیوش کمیشن میں ممبر بنایا گیا ہے، یونانی کنسلٹنٹ کو بحال تو کیا گیا ہے مگر اس کو کمیشن میں جگہ نہیں دی گئی، یہ امتیازی سلوک ہے۔ وہ یہ بھی کہتے ہیں کہ صحت اسکیم کے تحت جس طرح سے آیوروید اور ہومیوپیتھی کے ڈسپنسریز کھولی گئی ہیں ویسے ہی یونانی کی بھی کھلنی چاہیے۔ حکومت نے اپنے کئی اداروں میں یونانی ڈاکٹروں کا عہدہ نہیں رکھا ہے، جب کہ آیوروید ڈاکٹروں کو ہر جگہ بحال کیا گیا ہے۔ حد تو یہ ہے کہ گزشتہ کئی برسوں سے یونانی شعبہ میں خالی کسی بھی پوسٹ کو نہیں پُر کیا گیا ہے۔ حیدرآباد کے نیشنل ریسرچ انسٹی ٹیوٹ آف یونانی میڈیسن کو خود میں کئی برسوں سے دیکھ رہا ہوں کہ جو ریٹائر ہو رہے ہیں، ان کی جگہ پُر نہیں کی جا رہی ہے۔ وزارت آیوش میں بھی یونانی کے آفیسر کی آسامیاں خالی ہیں۔ سنٹرل کونسل فار ریسرچ ان یونانی میڈیسن میں بھی کئی آسامیاں خالی ہیں۔ جہاں پانچ لوگوں کی ضرورت ہے، وہاں ایک ہی آدمی سے کام چلایا جا رہا ہے۔ یونانی میں ریسرچ پر بھی کوئی توجہ نہیں دی جا رہی ہے تو پھر طب یونانی اس ملک میں کیسے آگے بڑھے گا؟

نیشنل یونانی یونیورسٹی اور یونانی ایمس کے قیام کا مطالبہ

طب یونانی کے ماہرین کا مطالبہ ہے کہ حکومت اس ملک میں نیشنل یونانی یونیورسٹی اور ایک یونانی ایمس قائم کرے جس کا وعدہ گزشتہ مرکزی حکومت نے بھی کیا تھا۔

خیال رہے کہ 24 فروری 2017 کو نئی دہلی کے انڈیا اسلامک کلچرل سنٹر میں منعقدہ حکیم اجمل خان گلوبل

ایوارڈ تقریب میں (سابق) مرکزی وزیر برائے اقلیتی امور مختار عباس نقوی نے ملک میں موجود یونانی طبی صلاحیتوں کا اعتراف کرتے ہوئے کہا تھا کہ ہندوستان کو میڈیکل ہب بنایا جاسکتا ہے۔ یونانی طبی طریقہ علاج کو نہ صرف فروغ دینے بلکہ نئے یونانی طبی ادارے قائم کیے جانے کی ضرورت ہے تاکہ اس روایتی طریقۂ علاج سے بھرپور استفادہ کیا جاسکے، جس میں کینسر سمیت تمام امراض کے علاج موجود ہیں۔ وہیں اکتوبر 2016 میں کرناٹک کے دارالحکومت بنگلورو میں طب یونانی کی عالمی کانفرنس میں اس وقت کے مرکزی وزیر برائے آیوش سری پدیسّو نائک نے بھی کہا تھا کہ حکومت یونانی طب کے فروغ کے لیے نیشنل یونانی یونیورسٹی قائم کرنے کی تجویز پر غور کررہی ہے۔

حکیم اجمل خان نے چلائی تھی آیورویداور یونانی کے لیے تحریک

انگریزی دور حکومت میں بمبئی پریزیڈینسی میں ایک قانون پاس ہوا تھا جس کے ذریعہ ملک کے دیسی معالجین پر پابندی لگادی گئی۔ تب مسیح الملک حکیم اجمل خان نے ملک بھر کے ویدوں اور طبیبوں کوایک پلیٹ فارم پر جمع کیا متحد ہوکر اس قانون کے خلاف ایک تحریک شروع کی تھی۔

برطانوی حکومت سے یہ ان کا پہلا براہ راست ٹکراؤ تھا جو دیسی طب کے تحفظ کے لیے تھا۔ حکیم اجمل خان کی اس تحریک کے نتیجے میں انگریزی حکومت ہندوستانی طریقہ علاج کوتسلیم کرنے پر مجبور ہوگئی تھی۔ اسی تحریک کی مضبوطی کے لیے انھوں نے طب یونانی اور آیوروید کا ایک تعلیمی وتحقیقی ادارہ قائم کیا جسے آج دنیا 'آیوویدک اینڈ یونانی طبیہ کالج' کے نام سے جانتی ہے جو نئی دہلی کے قرول باغ میں واقع ہے۔ اس طبیہ کالج کی عمارت کا سنگ بنیاد 29 مارچ 1916 کو لارڈ ہارڈنگ کے ذریعہ رکھا گیا اور 13 فروری 1921 کو گاندھی جی نے اس کا افتتاح کیا تھا۔ تب سے اس ملک میں یونانی اور آیوروید دونوں ایک ساتھ ترقی کرتے رہے۔

ڈاکٹر سید احمد خاں کہتے ہیں کہ جس طرز پر انگریزی حکومت کے دور میں ممتاز مجاہد آزادی مسیح الملک حکیم اجمل خاں نے تحریک چلائی تھی، آج اس سے بھی زیادہ شدت سے تحریک چلانے کی ضرورت ہے۔ طب یونانی کا مسئلہ ملّی وملکی دونوں مسائل میں شامل ہے، اس لیے ملک کی تمام مخلص شخصیات کو آگے آکر اس تحریک میں شامل ہونے کی ضرورت ہے۔

یونانی کالجوں اوراسپتالوں کی تعداد

لوک سبھا میں 19 مارچ 2021 کو تحریری طور پر ملے سرکاری اعداد وشمار کے مطابق ملک میں اسپتالوں کی سہولت والے کل 56 یونانی طبی کالجز ہیں۔ ان میں اتر پردیش 16 مہاراشٹر میں 7 اور کرناٹک میں 6 ہیں۔

جدول 5

یونانی کالجوں کی تعداد

ریاست	یونانی کالجوں کی تعداد
آندھرا پردیش	1
بہار	5
چھتیس گڑھ	1
دہلی	2
جموں وکشمیر	3
کرناٹک	6
کیرل	1
مدھیہ پردیش	4
مہاراشٹر	7
پنجاب	1
راجستھان	3
تمل ناڈو	1
تلنگانہ	3
اتر پردیش	16
اترا کھنڈ	1
مغربی بنگال	1
کُل تعداد	**56**

18 ستمبر 2020 کو لوک سبھا میں دیے گئے ایک تحریری جواب کے مطابق ملک بھر میں سنٹرل کونسل فار ریسرچ ان یونانی میڈیسن کے تحت کل 22 ادارے کام کر رہے ہیں۔ وہیں 267 یونانی اسپتال بھی ہیں جن میں اتر پردیش میں 204 کرناٹک میں 18 اور راجستھان میں 11 ہیں۔ اس کے علاوہ ملک بھر میں یونانی ڈسپنسریوں کی تعداد 1657 ہے۔

یونانی سے وابستہ لوگوں کو کیا کرنے کی ضرورت ہے؟

دہلی حکومت میں لائسنسنگ اتھارٹی اور اسسٹنٹ ڈرگس کنٹرولر ڈاکٹر محمد خالد نے راقم الحروف کے ساتھ خاص بات چیت میں بتایا کہ میں نے اکثر دیکھا ہے کہ یونانی کے پروفیسرز، ٹیچرس اور طلبا سبھی احساس کمتری کے شکار رہتے ہیں۔ دراصل ہم جیسا پروڈکٹ تیار کریں گے، وہ ویسا ہی رزلٹ دے گا۔ ہم اکثر یونانی کالجوں کے فارغین پر الزام لگاتے ہیں کہ یہ یونانی پریکٹس کیوں نہیں کرتے؟ میں سمجھتا ہوں کہ اس میں ایک اہم رول ان ٹیچروں کا بھی ہے جو ان کو پڑھاتے ہیں۔ یہ ٹیچرس شاید ان کو اس قابل نہیں بنا پاتے ہیں کہ وہ یونانی پریکٹس کریں، اس لیے طلبا کی ایک بڑی تعداد ایلوپیتھی کی طرف بھاگتی ہے۔ اس پر کام کرنے کی ضرورت ہے۔ اس کام میں اساتذہ اور انسٹی ٹیوٹس کا اہم رول ہوسکتا ہے۔

وہ مزید کہتے ہیں کہ یونانی کالجوں کو اپنے یہاں دی جارہی تعلیم کے معیار پر فوکس کرنا چاہیے تاکہ یونانی گریجویٹ جب پروفیشنل زندگی میں جائیں تو کچھ بہتر کرسکیں۔ اگر وہ بہتر کرتے ہیں تو یقیناً اس کا فائدہ طب یونانی کو ملے گا ورنہ بدنامی بھی اسی کی ہوگی۔ ہمیں اس جانب مزید توجہ دینے کی ضرورت ہے کہ ایک یونانی گریجویٹ جب کالج سے باہر نکلے تو وہ طب یونانی کی پریکٹس ہی کرے کیونکہ اگر وہ صرف ایک پیپر کی پڑھائی کر کے ایلوپیتھک پریکٹس شروع کرتا ہے تو وہ کبھی کبھی خطرناک بھی ثابت ہوسکتا ہے۔ وہ عوام تک یونانی دوائیں نہیں پہنچا پاتا ہے۔ اگر وہ یونانی پریکٹس نہیں کرے گا تو یونانی دوائیں عوام تک کیسے پہونچیں گی؟ جب یونانی دوائیں عوام تک نہیں پہنچیں گی تو یقیناً یونانی دواؤں کا پروڈکشن نہیں ہوگا۔ پھر انڈین اکانومی میں ہم اپنا کوئی خاص تعاون نہیں دے پائیں گے۔

کیا یونانی دواؤں کی خرید وفروخت میں کوئی کمی آئی ہے؟ اس سوال کے جواب میں ڈاکٹر محمد خالد کہتے ہیں کہ نہیں! میرے خیال میں ایسا بالکل بھی نہیں ہے۔ یونانی دواؤں کی خرید وفروخت میں مجھے کوئی کمی نظر نہیں آتی۔ بلکہ میں تو یہ دیکھ رہا ہوں کہ اس انڈسٹری کا سالانہ ٹرن اوور مزید بڑھ رہا ہے۔ سچ پوچھیے تو یونانی دواؤں کی پروڈکشن کوالٹی پہلے کے مقابلے کافی بہتر ہوئی ہے۔ جب سے ملک میں گڈ مینوفیکچرنگ پریکٹسیس (جی ایم پی) نافذ ہوا ہے تب سے کمپنیوں میں کام کرنے کے طریقوں میں پہلے سے کافی سدھار نظر آرہا ہے۔

[بشکریہ ہفت روزہ 'دعوت'، شمارہ 12 تا 18 ستمبر 2021]

فکشن

میں ہندو ہوں

اصغر وجاہت

ترجمہ: رضوان الدین فاروقی

ایسی چیخ کہ مردے بھی قبر میں اٹھ کر کھڑے ہو جائیں۔ ایسا لگا کہ آواز بالکل کانوں کے پاس سے آئی ہو۔ ان حالات میں... میں اچھل کر چار پائی پر بیٹھ گیا، آسمان پر اب بھی تارے تھے... شاید رات کا تین بجا ہوگا۔ ابا جان بھی اٹھ بیٹھے۔ چیخ پھر سنائی دی۔ سیف اپنی کُھری چار پائی پر لیٹا چیخ رہا تھا۔ آنگن میں ایک سرے سے سب کی چار پائیاں بچھی تھیں۔

''لاحول ولا قوۃ۔'' ابا جان نے لاحول پڑھی۔

''خدا جانے یہ سوتے سوتے کیوں چیخنے لگتا ہے؟'' اماں بولیں۔

''اماں اسے رات بھر لڑکے ڈراتے ہیں۔' میں نے بتایا۔

''ان موؤں کو بھی چین نہیں پڑتا... لوگوں کی جان پر بنی رہتی ہے اور انھیں شرارتیں سوجھتی ہیں۔''

صفیہ نے چادر میں سے منھ نکال کر کہا، ''اسے کہو چھت پر سویا کرے۔''

سیف اب تک نہیں جاگا تھا۔ میں اس کے پلنگ کے پاس گیا اور جھک کر دیکھا تو اس کے چہرے پر پسینہ تھا۔ سانسیں تیز چل رہی تھیں اور جسم کانپ رہا تھا۔ بال پسینے میں تر ہو گئے اور کچھ لٹیں ماتھے پر چپک گئی تھیں۔ میں سیف کو دیکھتا رہا اور ان لڑکوں کے تئیں میرے من میں غصہ اُمنڈتا رہا جو اسے ڈراتے ہیں۔

تب فسادات ایسے نہیں ہوا کرتے تھے جیسے آجکل ہوتے ہیں۔ فسادات کے پیچھے چھپے فلسفے، حکمت عملی، طریقۂ کار اور تحریک میں بہت تبدیلی آئی ہے۔ آج سے پچیس تیس سال قبل نہ تو لوگوں کو زندہ جلایا جاتا تھا اور نہ پوری کی پوری بستی بستیاں اُجاڑی جاتی تھیں۔ اس زمانے میں وزرائے اعظم، وزرائے داخلہ اور وزرائے اعلیٰ کا آشیرواد

بھی فسادیوں کو نہیں ملتا تھا۔ یہ کام چھوٹے موٹے مقامی رہنما اپنے مقامی اور چھوٹے موٹے مفاد پورا کرنے کے لیے کرتے تھے۔ کاروباری دشمنی، زمین پر قبضہ کرنا، چنگی کے انتخاب میں ہندو یا مسلم ووٹ سمیٹ لینا وغیرہ جیسے مقاصد ہوا کرتے تھے۔ اب تو دلی دربار کا قبضہ جمانے کا ذریعہ بن گئے ہیں... فرقہ وارانہ فسادات۔ دنیا کی عظیم جمہوریت کی ناک میں وہی نکیل ڈال سکتا ہے جو فرقہ وارانہ تشدد اور منافرت پر خون کی ندیاں بہا سکتا ہو۔

سیف کو جگایا گیا۔ وہ بکری کے معصوم بچے کی طرح چاروں طرف اس طرح دیکھ رہا تھا جیسے ماں کو تلاش کر رہا ہو۔ ابا جان کے سوتیلے بھائی کی سب سے چھوٹی اولاد سیف الدین عرف سیف نے خود کو جب اپنے گھر کے تمام لوگوں سے گھرے دیکھا تو گھبرا کر کھڑا ہو گیا۔ سیف کے ابا کوثر چچا کے مرنے کی خبر لے کر آیا کونا کٹا پوسٹ کارڈ مجھے اچھی طرح یاد ہے۔ گاؤں والوں نے خط میں نہ صرف کوثر چچا کے مرنے کی خبر دی تھی بلکہ یہ بھی لکھا تھا کہ ان کا سب سے چھوٹا بیٹا سیف اب اس دنیا میں اکیلا رہ گیا ہے۔ سیف کے بڑے بھائی اسے اپنے ساتھ ممبئی نہیں لے گئے۔ انھوں نے صاف کہہ دیا ہے کہ وہ سیف کے لیے کچھ نہیں کر سکتے۔ اب ابا جان کے علاوہ اس کا دنیا میں کوئی نہیں ہے۔ کونا کٹا ہوا پوسٹ کارڈ پکڑے ابا جان بہت دیر تک خاموش بیٹھے رہے تھے۔ اماں سے کئی بار لڑائی ہونے کے بعد ابا جان پشتینی گاؤں دھنوا کھیڑا گئے تھے اور بچی کھچی زمین بیچ کر، سیف کو ساتھ لے کر لوٹے تھے۔ سیف کو دیکھ کر ہم سب کو ہنسی آئی تھی۔ کسی گنوار لڑکے کو دیکھ کر علی گڈھ مسلم یونیورسٹی کے اسکول میں پڑھنے والی صفیہ کا اور کیا ردعمل ہو سکتا تھا، پہلے دن ہی یہ لگ گیا کہ سیف صرف گنوار ہی نہیں ہے بلکہ نیم پاگل ہونے کی حد تک بھولا یا بیوقوف ہے۔ ہم اسے طرح طرح سے چڑاتے یا بیوقوف بنایا کرتے تھے۔ اس کا ایک فائدہ سیف کو اس طرح ہوا کہ ابا جان اور اماں کا اس نے دل جیت لیا۔ سیف محنت کا دھنی تھا۔ کام کرنے سے کبھی جی نہیں چراتا تھا۔ اماں کو اس کی یہ 'ادا' بہت پسند تھی۔ اگر دو روٹیاں زیادہ کھاتا ہے تو کیا ہوا؟ کام بھی تو کمر توڑ کرتا ہے۔ سال در سال گزرتے گئے اور سیف ہماری زندگی کا حصہ بن گیا۔ ہم سب اس کے ساتھ گھل مل گئے۔ اب محلے کا کوئی لڑکا اسے پاگل کہہ دیتا تو میں اس کا منھ نوچ لیتا تھا۔ ہمارا بھائی ہے، تم نے اسے پاگل کہا کیسے؟ لیکن گھر کے اندر سیف کی حیثیت کیا تھی، یہ ہم ہی جانتے تھے۔

شہر میں فساد اسی طرح شروع ہوا تھا جیسے ہوا کرتا تھا، یعنی مسجد سے کسی کو ایک پوٹلی ملی تھی جس میں کسی قسم کا گوشت تھا اور گوشت کو دیکھے بغیر یہ طے کر لیا گیا کہ چونکہ وہ مسجد میں پھینکا گیا گوشت ہے، اس لیے سور کے گوشت کے سوا کسی اور جانور کا ہو ہی نہیں سکتا۔ اس کے ردعمل میں مغل ٹولے میں گائے کاٹ دی گئی تھی اور فساد شروع ہو گیا تھا۔ کچھ دکانیں جلی تھیں اور زیادہ تر لوٹی گئی تھیں۔ چھری چاقو کی وارداتوں میں تقریباً سات آٹھ لوگوں کی جان گئی تھی لیکن انتظامیہ اتنی حساس تھی کہ کرفیو نافذ کر دیا گیا تھا۔ آج کل والی بات نہیں تھی کہ ہزاروں لوگوں کے مارے جانے کے بعد بھی وزیر اعلیٰ مونچھوں پر تاؤ دے کر گھومتا اور کہتا کہ جو کچھ ہوا صحیح ہوا۔

چونکہ فساد آس پاس کے گاؤوں تک بھی پھیل گیا تھا، اس لیے کرفیو بڑھا دیا گیا تھا۔ مغل پورہ مسلمانوں

کا سب سے بڑا محلہ تھا، اس لیے وہاں کرفیو کا اثر بھی تھا اور ’جہاد‘ جیسا ماحول بھی بن گیا تھا۔ محلے کی گلیاں تو تھیں ہی مگر کئی فسادات کے تجربوں نے یہ بھی سکھا دیا تھا کہ گھروں کے اندر سے بھی راستے ہونے چاہئیں، یعنی ایمرجنسی پیکیج۔ تو گھروں کے اندر سے، چھتوں کے اوپر سے، دیواروں کو پھلانگتے کچھ ایسے راستے بھی بن گئے تھے کہ کوئی اگر ان کو جانتا ہو تو محلے کے ایک کونے سے دوسرے کونے تک آسانی سے جاسکتا تھا۔ محلے کی تیاری جنگی سطح کی تھی۔ سوچا گیا تھا کہ کرفیو اگر مہینے بھر بھی کھنچتا ہے تو ضرورت کی سبھی چیزیں محلے میں ہی مل جائیں۔

فساد محلے کے لڑکوں کے لیے ایک عجیب طرح کا جوش دکھانے کا موسم ہوا کرتا تھا۔ اجی ہم تو ہندوؤں کو دھول چٹا دیں گے... سمجھ کیا رکھا ہے دھوتی باندھنے والوں نے... اجی بزدل ہوتے ہیں... ایک مسلمان دس ہندوؤں پر بھاری پڑتا ہے... ہنس کے لیا ہے پاکستان لڑ کر لیں گے ہندوستان... جیسا ماحول بن جاتا تھا، لیکن محلے کے باہر نکلنے میں سب کی نانی مرتی تھی۔ ’پی اے سی‘ کی چوکی دونوں مہانوں پر تھی۔ پی اے سی کے بُوٹوں اور ان کی رائفلوں کے بٹوں کی مارکیٹوں کو یاد تھی، اس لیے زبانی جمع خرچ تک تو سب ٹھیک تھا لیکن اس کے آگے...

آفت اتحاد سکھا دیتی ہے، اتحاد ڈسپلن اور ڈسپلن طرز عمل۔ ہر گھر سے ایک لڑکا پہرے پر رہا کرے گا۔ ہمارے گھر میں میرے علاوہ، اس زمانے میں مجھے لڑکا نہیں مانا جاسکتا تھا، کیونکہ میں پچیس پار کر چکا تھا، لڑکا سیف ہی تھا، اس لیے اسے رات کے پہرے پر رہنا پڑتا تھا۔ رات کا پہرہ چھتوں پر ہوا کرتا تھا۔ مغل پورہ کیونکہ شہر کے سب سے اوپری حصے پر واقع تھا، اس لیے چھتوں پر سے پورا شہر دکھائی دیتا تھا۔ محلے کے لڑکوں کے ساتھ سیف پہرے پر جایا کرتا تھا۔ یہ میرے، ابا جان، اماں اور صفیہ سبھی کے لیے بہت اچھا تھا۔ اگر ہمارے گھر میں سیف نہ ہوتا تو شاید مجھے رات میں دھکے کھانے پڑتے۔ سیف کے پہرے پر جانے کی وجہ سے اسے کچھ سہولتیں بھی دے دی گئی تھیں، جیسے اسے آٹھ بجے تک سونے دیا جاتا تھا۔ اس سے جھاڑو نہیں دلوائی جاتی تھی۔ یہ کام صفیہ کے حوالے ہو گیا تھا جو اسے بہت ناپسند کرتی تھی۔

کبھی کبھی رات میں، میں بھی چھتوں پر پہنچ جاتا تھا، لاٹھی، ڈنڈے، بلّم اور اینٹوں کے ڈھیر ادھر اُدھر لگائے گئے تھے۔ دو چار لڑکوں کے پاس دیسی کٹے اور بیشتر کے پاس چاقو تھے۔ ان میں سے بھی چھوٹا موٹا کام کرنے والے کاریگر تھے۔ زیادہ تر تالے کے کارخانوں میں کام کرتے تھے۔ کچھ درزی، بڑھئی والے کام کرتے تھے۔ چونکہ ادھر بازار بند تھا، اس لیے ان کے دھندے بھی ٹھپ تھے۔ ان میں سے زیادہ تر کے گھروں میں قرض سے چولہا جل رہا تھا لیکن وہ خوش تھے۔ چھتوں پر بیٹھ کر وہ فسادات کی تازہ خبروں پر تبصرہ کیا کرتے تھے یا ہندوؤں کو گالیاں دیا کرتے تھے۔ ہندوؤں سے زیادہ گالیاں ’پی اے سی‘ کو دیتے تھے۔ پاکستان ریڈیو کا پورا پروگرام انھیں زبانی یاد تھا اور کم آواز میں ریڈیو لاہور سنا کرتے تھے۔ ان لڑکوں میں دو چار جو پاکستان جا چکے تھے، ان کی عزت حاجیوں کی طرح ہوتی تھی۔ وہ پاکستان کی ریل گاڑی ’تیز گام‘ اور ’گلشن اقبال کالونی‘ کے ایسے قصے سناتے تھے کہ لگتا جیسے زمین پر اگر کہیں جنت ہے تو پاکستان میں ہے۔ پاکستان کی تعریفوں کے پُل باندھنے

سے جب ان کا جی بھر جایا کرتا تھا تو سیف سے چھیڑ چھاڑ کیا کرتے تھے۔ سیف نے پاکستان اور پاکستان کا وظیفہ سننے کے بعد ایک دن پوچھ لیا تھا کہ پاکستان ہے کہاں؟ اس پر سب لڑکوں نے اس کی جم کر کھنچائی کی تھی۔ وہ کچھ سمجھا تھا، لیکن اسے یہ پتہ نہیں لگ سکا تھا کہ پاکستان ہے کہاں۔

گشتی لونڈے سیف کو مذاق میں سنجیدگی سے ڈرایا کرتے تھے:

''دیکھو سیف اگر تمھیں ہندو پا جائیں گے تو جانتے ہو کیا کریں گے؟ پہلے تمھیں ننگا کر دیں گے۔''

لڑکے جانتے تھے کہ سیف نیم پاگل ہونے کے باوجود ننگے ہونے کو بہت بری اور خراب چیز سمجھتا ہے۔

''اس کے بعد ہندو تمھارے تیل ملیں گے۔''

''کیوں، تیل کیوں ملیں گے؟''

''تا کہ جب تمھیں ڈنڈے سے ماریں تو تمھاری کھال نکل جائے۔ اس کے بعد جلتی سلاخوں سے تمھیں داغیں گے...'

''نہیں،'' اسے یقین نہیں آیا۔

رات میں لڑکے اسے جو ڈراؤنے اور پُرتشدد قصے سنایا کرتے تھے، ان سے وہ بہت زیادہ ڈر گیا تھا۔ کبھی کبھی مجھ سے اُلٹی سیدھی باتیں کیا کرتا تھا۔ میں جھنجلاتا تھا اور اسے چپ کرا دیتا تھا لیکن اس کا تجسس ٹھنڈا نہیں پڑ پاتا تھا۔ ایک دن پوچھنے لگا:

''بڑے بھائی پاکستان میں بھی مٹی ہوتی ہے کیا؟''

''کیوں، وہاں مٹی کیوں نہیں ہوگی۔''

''سڑک ہی سڑک نہیں ہے... وہاں ٹیریلین ملتا ہے... وہاں سستی ہے...''

''دیکھو یہ سب باتیں من گھڑت ہیں... تم الطاف وغیرہ کی باتوں پر کان نہ دھرا کرو۔'' میں نے اسے سمجھایا۔

''بڑے بھائی کیا ہندو آنکھیں نکال لیتے ہیں؟''

''بکواس ہے... یہ تم سے کس نے کہا؟''

''بچھن نے۔''

''غلط ہے۔''

''تو کھال بھی نہیں کھینچتے؟''

''افوہ... یہ تم نے کیا لگا رکھا ہے...''

وہ چپ ہو گیا لیکن اس کی آنکھوں میں سینکڑوں سوال تھے۔ میں باہر چلا گیا۔ وہ صفیہ سے اسی طرح

کی باتیں کرنے لگا۔

کرفیو طویل ہوتا چلا گیا۔ رات کا گشت جاری رہا۔ ہمارے گھر سے سیف جاتا رہا۔ کچھ دنوں بعد ایک دن اچانک سوتے میں سیف چیخنے لگا تھا۔ ہم سب گھبرا گئے لیکن یہ سمجھنے میں دیر نہیں لگی کہ یہ سب اسے ڈرائے جانے کی وجہ سے ہے۔ ابا جان کو لڑکوں پر بہت غصہ آیا تھا اور انھوں نے محلے کے ایک دو بزرگ نما لوگوں سے کہا بھی، لیکن اس کا کوئی اثر نہیں ہوا۔ لڑکے اور وہ بھی محلے کے لڑکے کسی تفریح سے کیوں کر ہاتھ دھو لیتے؟

بات کہاں سے کہاں تک پہنچ چکی ہے اس کا اندازہ مجھے اس وقت تک نہیں تھا، جب تک ایک دن سیف نے بڑی سنجیدگی سے مجھ سے پوچھا:

''بڑے بھائی، میں ہندو ہو جاؤں؟''

سوال سن کر میں سناٹے میں آ گیا، لیکن جلدی ہی سمجھ گیا کہ یہ رات میں ڈراؤنے قصے سنائے جانے کا نتیجہ ہے۔ مجھے غصہ آ گیا پھر سوچا پاگل پر غصہ کرنے سے اچھا ہے کہ غصہ پی جاؤں اور اسے سمجھانے کی کوشش کروں۔

میں نے کہا، ''کیوں تم ہندو کیوں ہونا چاہتے ہو؟''

''اس کا مطلب ہے میں نہیں بچ پاؤں گا۔'' میں نے کہا۔

''تو آپ بھی ہو جائیے...'' وہ بولا۔

''اور تمھارے چچا ابا؟'' میں نے اپنے والد اور اس کے چچا کی بات کی۔

''نہیں... انھیں...'' وہ کچھ سوچنے لگا۔ ابا جان کی سفید اور لمبی داڑھی میں وہ کہیں پھنس گیا ہوگا۔

''دیکھا یہ سب لڑکوں کی خرافات ہے جو تمھیں بہکاتے ہیں۔ یہ جو تمھیں بتاتے ہیں سب جھوٹ ہے۔ اور مہیش کو نہیں جانتے؟''

''وہ جو اسکوٹر پر آتے ہیں؟'' وہ خوش ہو گیا۔

''ہاں ہاں وہی۔''

''وہ ہندو ہیں؟''

''ہاں ہندو ہیں۔''

میں نے کہا اور اس کے چہرے پر پہلے تو مایوسی کی ہلکی سی پرچھائیں اُبھری پھر وہ خاموش ہو گیا۔

''یہ سب غنڈے بدمعاشوں کے کام ہیں... نہ ہندو لڑتے ہیں اور نہ مسلمان... غنڈے لڑتے ہیں، سمجھے؟''

فساد شیطان کی آنت کی طرح کھنچتا چلا گیا اور محلے میں لوگ تنگ آنے لگے۔

یار شہر میں فساد پھیلانے والے ہندو اور مسلمان بدمعاشوں کو ملا بھی دیا جائے تو کتنے ہوں گے... زیادہ

سے زیادہ ایک ہزار، چلو دو ہزار مان لوتو بھائی دو ہزار آدمی لاکھوں لوگوں کی زندگی کو جہنم بنائے ہوئے ہیں اور ہم لوگ گھروں میں دُبک کے بیٹھے ہیں۔ یہ تو وہی ہوا کہ دس ہزار انگریز کروڑوں ہندوستانیوں پر حکومت کیا کرتے تھے اور سارا نظام ان کے تحت چلتا رہتا تھا اور پھر ان فسادات سے کس کا فائدہ ہے، فائدہ؟ اجی حاجی عبدالکریم کو فائدہ ہے جو چنگی کا الیکشن لڑے گا اور اسے مسلمان ووٹ ملیں گے۔ پنڈت جوگیشور کو ہے جنھیں ہندوؤں کے ووٹ ملیں گے، اب تو ہم کیا ہیں؟ تم ووٹر ہو، ہندو ووٹر، مسلمان ووٹر، ہریجن ووٹر، کایستھ ووٹر، سنّی ووٹر، شیعہ ووٹر، یہی سب ہوتا رہے گا اس ملک میں؟ ہاں کیوں نہیں؟ جہاں لوگ جاہل ہیں، جہاں کرائے کے قاتل مل جاتے ہیں، جہاں سیاست دان اپنی کرسیاں بچانے کے لیے فسادات کراتے ہیں وہاں اور کیا ہوسکتا ہے؟ یار کیا ہم لوگوں کو پڑھا نہیں سکتے؟ سمجھا نہیں سکتے؟ ہاہاہا تم کون ہوتے ہو پڑھانے والے، حکومت پڑھائے گی، اگر چاہے گی تو۔ حکومت نہ چاہے تو اس ملک میں کچھ نہیں ہوسکتا؟ ہاں... انگریزوں نے ہمیں یہی سکھایا ہے... ہم اس کے عادی ہیں... چلو چھوڑو، تو فسادات ہوتے رہیں گے؟ ہاں، ہوتے رہیں گے؟ مان لو اس ملک کے تمام مسلمان ہندو ہوجائیں؟ لاحول ولاقوۃ یہ کیا کہہ رہے ہو۔ اچھا مان لو اس ملک کے تمام ہندو مسلمان ہوجائیں؟ سبحان اللہ... واہ واہ کیا بات کہی ہے... تو کیا فسادات رک جائیں گے؟ یہ تو سوچنے کی بات ہے... پاکستان میں شیعہ سنی ایک دوسرے کی جان کے دشمن ہیں... بہار میں برہمن ہریجن کی پرچھائیں سے بھی بچتے ہیں... تو کیا یار آدمی یا کہو انسان سالا ہے ہی ایسا کہ جو لڑتے ہی رہنا چاہتا ہے؟ ویسے دیکھو تو جمن اور میکو میں بڑی دوستی ہے۔ تو یار کیوں نہ میکو اور جمن بن جائیں... واہ کیا بات کہہ دی، مطلب... مطلب... مطلب...

میں صبح صبح ریڈیو کے کان مروڑ رہا تھا اور صفیہ جھاڑو دے رہی تھی کہ راجا کا چھوٹا بھائی اکرم بھاگتا ہوا آیا اور پھولتی ہوئی سانس کو روکنے کی ناکام کوشش کرتا ہوا بولا:

''سیف کو پی اے سی والے مار رہے ہیں۔''

''کیا؟ کیا کہہ رہے ہو؟''

''سیف کو پی اے سی والے مار رہے ہیں۔'' وہ ٹھہر کر بولا۔

''کیوں مار رہے ہیں؟ کیا بات ہے؟''

''پتہ نہیں... نکڑ پر...''

''وہیں جہاں پی اے سی کی چوکی ہے؟''

''ہاں وہیں۔''

''لیکن کیوں...'' مجھے معلوم تھا کہ آٹھ بجے سے دس بجے تک کرفیو کھلنے لگا ہے اور سیف کو آٹھ بجے کے قریب اماں نے دودھ لینے بھیجا تھا۔ سیف جیسے پگلے تک کو بھی معلوم تھا کہ جلدی سے جلدی واپس آنا ہے اور اب تو دس بج گئے تھے۔

''چلو میں چلتا ہوں۔'' ریڈیو سے آتی بے ڈھنگی آواز کی پروا کیے بغیر میں تیزی سے باہر نکلا۔ پاگل کو کیوں مار رہے ہیں پی اے سی والے، اس نے کون سا ایسا جرم کیا ہے؟ وہ کر ہی کیا سکتا ہے؟ وہ تو خود ہی اتنا خوف زدہ رہتا ہے اسے مارنے کی کیا ضرورت ہے... پھر کیا وجہ ہو سکتی ہے؟ پیسہ، ارے اسے تو اماں نے دو روپے دیے تھے۔ دو روپے کے لیے پی اے سی والے اسے کیوں ماریں گے؟

نکڑ پر مین سڑک کے برابر کوٹھوں پر محلے کے کچھ لوگ جمع تھے۔ سامنے سیف پی اے سی والوں کے سامنے کھڑا تھا۔ اس کے سامنے پی اے سی کے جوان تھے۔ سیف زور زور سے چیخ رہا تھا،

''مجھے تم لوگوں نے کیوں مارا... میں ہندو ہوں... میں ہندو ہوں...''

میں آگے بڑھا۔ مجھے دیکھنے کے بعد بھی سیف رکا نہیں وہ کہتا رہا:

''ہاں، ہاں میں ہندو ہوں...'' وہ ڈگمگا رہا تھا۔ اس کے ہونٹوں کے کونے سے خون کی ایک بوند نکل کر ٹھوڑی پر ٹھہر گئی تھی۔

''تم نے مجھے مارا کیسے... میں ہندو...''

''سیف... یہ کیا ہو رہا ہے... گھر چلو۔''

''میں... میں ہندو ہوں۔''

مجھے بڑی حیرت ہوئی... ارے کیا یہ وہی سیف ہے جو تھا... اس کی تو کایا پلٹ گئی ہے... یہ اسے ہو کیا گیا۔

''سیف ہوش میں آؤ۔'' میں نے اسے زور سے ڈانٹا۔

محلے کے دوسرے لوگ پتہ نہیں کس پر اندر ہی اندر دور سے ہنس رہے تھے۔ مجھے غصہ آیا۔ سالے یہ نہیں سمجھتے کہ وہ پاگل ہے۔

''یہ آپ کا کون ہے؟'' ایک پی اے سی والے نے مجھ سے پوچھا۔

''میرا بھائی ہے... تھوڑی مینٹل پرابلم ہے اسے۔''

''تو اسے گھر لے جاؤ۔'' ایک سپاہی بولا۔

''ہمیں پاگل بنا دیا۔'' دوسرے نے کہا۔

''چلو... سیف گھر چلو۔ کرفیو لگ گیا ہے... کرفیو...''

''نہیں جاؤں گا... میں ہندو ہوں... ہندو... مجھے... مجھے...''

وہ پھوٹ پھوٹ کر رونے لگا ''مارا... مجھے مارا... مجھے مارا... میں ہندو ہوں... میں...''

سیف دھڑام سے زمین پر گرا... شاید بے ہوش ہو گیا تھا... اب اسے اٹھا کر لے جانا آسان تھا۔

مُردہ جسم

رضوان الحق

آج یہ بستی پھر سمٹ رہی ہے اور گمنامی کی طرف بڑھ رہی ہے، لوگ اسے چھوڑ کر ایک محفوظ جائے پناہ تلاش کر رہے ہیں۔ یہ بستی دریائے گھاگھرا کے کنارے واقع ہے اور اسی دریا کی مانند گھمڑتی رہتی ہے، اس کے گرداب گھاگھرا کی مانند اور بڑے خطرناک ہوتے ہیں۔ ایک بار جو اس کے دائرے میں آ گیا وہ کبھی اس سے باہر نہیں نکل سکتا۔ اس دریا کو یہاں سرئیو کہا جاتا ہے، یہ دریا آگے بڑھتے بڑھتے نہ جانے کب اپنے آپ میں سمٹنے لگتا ہے، پھر اچانک پھیلتا ہے۔ کہا جاتا ہے کہ جب گھاگھرا کو یہاں کے لوگوں نے سرئیو کا نام دیا تھا تو اس دریا نے اس بستی کو شراپ دیا تھا کہ یہ بستی کبھی بھی مسلسل ترقی کی طرف نہ بڑھ سکے گی، بلکہ میرے کناروں کی طرح ہمیشہ پھیلتی اور سمٹتی رہے گی۔ عروج و زوال یوں تو ہر جگہ ہوتا ہے لیکن اس بستی کے سماج، خاندان اور افراد بار بار عروج و زوال سے گزریں گے۔

جغرافیائی اعتبار سے یہ علاقہ دنیا کے سب سے زرخیز علاقوں میں شمار کیا جاتا ہے، اگر موسم کے اعتبار سے دیکھیں تو سردی اور بارش بھی یہاں کچھ کم نہیں ہوتی لیکن گرمی کا عرصہ بہت طویل اور مشکلوں بھرا ہوتا ہے۔ اس کا اثر یہاں کے لوگوں کے مزاج پر بھی دِکھتا ہے۔ اگرچہ تہذیبی وراثت نے شائستگی کا ایک ملمع ضرور چڑھا دیا ہے لیکن گاہے گاہے موسم اپنا اثر بھی دکھاتا رہتا ہے۔

تاریخ کے اعتبار سے یہ بستی دنیا کی قدیم ترین بستیوں میں سے ایک ہے، نہ جانے کتنے اساطیر و دیو مالاؤں میں اس بستی کا ذکر ہے، تاریخ کے نہ جانے کتنے آثار اس شہر کے گلی کوچوں میں بکھرے ہوئے ہیں۔ ہندوؤں کی مذہبی کتابوں میں اسے جنت نشان کہا گیا ہے، کچھ لوگوں کا خیال ہے کہ مسلمانوں کے ایک پیغمبر کی قبر بھی اسی بستی میں موجود ہے اور یہ قبر غیر معمولی طور پر لمبی ہے۔ لیکن ان عظمتوں کے باوجود تاریخ کبھی اس بستی میں

سیدھے راستے پر نہیں چلی۔ کبھی اس شہر کو عروج حاصل ہوا تو یہ شہر چہار دانگ عالم میں مشہور ہوا لیکن جب کبھی یہ بستی رو بہ زوال ہوئی تو محض ایک معمولی قصبہ بن کر گمنامی میں کھو گئی۔ فیض آباد کبھی اس بستی کا محض ایک فوجی خیمہ ہوا کرتا تھا، اب وہ اس بستی سے کئی گنا بڑھ گیا ہے، لکھنؤ کی بھی اصل یہی بستی ہے جسے فیض آباد کو وسعت دے کر بسایا گیا تھا۔ اگر اس بستی کو ایک قدم آگے اور دو قدم پیچھے چلنے کی عادت نہ ہوتی تو یقیناً یہ بستی آج ایک عظیم شہر ہوتی۔

کچھ برس پہلے اس بستی پر پوری دنیا کی نظریں جمی ہوئی تھیں، جب یہاں ایک قدیم مسجد کی موجودگی کو کچھ لوگوں نے اپنی ہتک سمجھ کر اسے صفحۂ ہستی سے مٹا دیا۔ اس کے بعد یہاں اتنے فسادات ہوئے تھے کہ خاندان کے خاندان صاف ہو گئے تھے اور نعشوں کو دفنانے والا کوئی نہ تھا، مکان کے مکان ویران پڑے تھے۔ ایسے میں آس پاس کے گاؤں اور قصبوں کے بہت سے کتے بندر اور سیار جمع ہو گئے۔ شام سے ہی سیاروں کی ہکّو ہوا کی آوازوں سے لوگ سناٹے میں آ جاتے تھے، سیار تاک میں رہتے اور موقع پاتے ہی بچے اور بے حال پڑے مریل انسانوں، جن کی سانسیں ابھی چل رہی ہوتیں ان پر بھی حملہ کر دیتے، کچھ دنوں تک یہ سلسلہ چلنے کے بعد آہستہ آہستہ ایک بار پھر اس بستی میں سکوت و استحکام آ گیا۔ جب سکوت آیا تو دیگر مسائل کے ساتھ ساتھ ایک مسئلہ ان جانوروں کا بھی درپیش تھا کہ جنگل سے در آئے جانوروں سے کیسے نمٹا جائے؟ کتے بہر حال وفادار جانور تھے تو لوگوں نے انھیں پالتو بنا لیا، بندر تو اس بستی ہی نہیں انسانی وجود کی سب سے عظیم شخصیتوں میں سے ایک بھگوان رام کے سب سے چہیتے بھگت ہنومان کے ونشج تھے، مشکل اوقات میں ان کی خدمات کی وجہ سے ہی انھیں سنکٹ موچک کا خطاب دیا گیا تھا۔ بندر تو یہاں ہمیشہ سے ہی پوجیہ تھے۔ اس لیے انھیں بھی واپس جانے کی ضرورت نہیں سمجھی گئی۔ رہی بات سیار کی تو وہ بستی میں پہلے بھی کبھی نہیں رہتے تھے، وہ تو آس پاس کے جنگلوں میں رہتے تھے اور موقع دیکھ کر بستی میں یلغار کر دیتے تھے۔

طالب اسی بستی کے ایک ایسے خاندان کا چشم و چراغ اور موجودہ وارث ہے، جو خاندان اس بستی کے ایک عروج کے زمانے میں مشرق وسطیٰ سے ہجرت کر کے ہندستان آیا تھا اور آج کل اس نگری میں رو بہ زوال ہے۔ اس کا خاندان پچھلی کئی صدیوں سے اسی بستی میں گزر اوقات کرتا آیا ہے، کبھی اس خاندان کو عزت و ثروت بھی ملی تو کبھی غربت و ذلت بھی، لیکن وہ اپنی جڑوں سے ہمیشہ منسلک رہا۔ اپنی بستی چھوڑ کر کسی بڑے شہر میں جا کر مال و دولت کمانا اس کی طبیعت نے کبھی گوارا نہیں کیا۔ اس کا مکان بہت قدیم ہے اور اب کئی حصوں میں تقسیم ہو چکا ہے۔ اس کے خاندان کے کچھ افراد انگریزی تعلیم حاصل کر کے باہر نوکری بھی کر رہے ہیں، لیکن باقی لوگ ابھی بھی کئی حصوں میں تقسیم ہو چکے اسی مکان میں رہتے ہیں۔ طالب تمام تر دشواریوں کے باوجود ابھی بھی اپنے خاندانی مدرسہ میں درس و تدریس کے پیشے سے وابستہ ہے، اور خاندانی وراثت کو آگے بڑھا رہا ہے۔

گرمیوں کی حبس زدہ شام میں طالب آج بہت مضطرب ہے، ایک تو موسم ناقابل برداشت، ساتھ ہی دن میں گزرا مدرسے کا واقعہ یاد کر کے، اسے بار بار غصہ آ رہا ہے، حسب معمول آج بھی بجلی کئی گھنٹے سے ندارد ہے

اور گھر میں بیٹھے بیٹھے پسینہ آرہا ہے۔ یہ اس کا پشتینی مکان ہے جو کبھی بہت کشادہ ہوا کرتا تھا، لیکن خاندان میں تقسیم ہوتے ہوتے اب اس کے پاس مکان کا جو حصہ ہے، اس میں تازہ ہوا کے لیے ایک بھی کھڑکی کی گنجائش نہیں ہے اور وہ مکمل حبس زدہ ہے۔ البتہ چھت پر جانے کا ایک تاریک سا راستہ ضرور ہے۔ اس کا پورا گھر سیلن زدہ ہے، اس میں قسم قسم کے کیڑے مکوڑے گھومتے رہتے ہیں، مچھر اتنے ہیں کہ انھیں مارتے رہنا طالب کی عادت میں شمار ہے اور کئی دفعہ تو وہ جب مچھر نہیں بھی ہوتے ہیں تب بھی اس کے ہاتھ مچھر کی طرح کچھ مارتے رہتے ہیں۔

طالب مدرسے میں اسلامی تاریخ پڑھاتا ہے، اس کے گھر میں ایک چھوٹا سا کتب خانہ بھی موجود ہے، اس کے کتب خانہ کی بیشتر کتابیں تاریخ خصوصاً اسلامی تاریخ و مذہب کی ہیں۔ اس کتب خانے کی بیشتر کتابیں اس کے آبا واجداد کی ہیں، اس کے دادا نے بھی کچھ کتابیں لکھی تھیں۔ تاریخ کی ان کتابوں کو پڑھنا اس کا محبوب ترین مشغلہ ہے۔ تاریخ اس کے لیے گذرا ہوا زمانہ نہیں ہے، تاریخ کی ہزاروں زندہ جاوید تصویریں اس کے ذہن میں بسی ہوئی ہیں، وہ جس زمانے کا تصور کرتا ہے اس زمانے کی جیتی جاگتی فلم اس کے ذہن میں چلنے لگتی ہے، وہ تاریخی شخصیات سے اکثر مکالمہ بھی کرتا رہتا ہے۔ مدرسے میں تاریخ پڑھانے کے لیے اسے پڑھنے کی ضرورت نہیں پڑتی، وہاں اسلامی تاریخ کا نصاب بہت پرانا اور مختصر ہے۔ اتنی تاریخ تو اس نے بچپن میں ہی اپنے دادا سے پڑھ لی تھی۔ اب طالب کے لیے تاریخ کی یہ کتابیں پڑھنا، دوسروں سے مکالمہ کرنا اور ان پر اپنی فوقیت ثابت کرنے کا ذریعہ ہیں۔ ان کتابوں کا مطالعہ اس کا سب سے اہم مشغلہ اور ان کی حفاظت اس کا سب سے بڑا مسئلہ ہے۔

طالب اس سیلن زدہ گھر میں جہاں کہیں بھی ان کتابوں کو رکھتا، تھوڑے دنوں میں وہ کرم خوردگی کی شکار ہونے لگتیں۔ اس نے پنساریوں اور حکیموں سے اس سلسلے میں کئی بار نسخے لیے لیکن کوئی نسخہ بہت کارگر ثابت نہیں ہوا، کبھی کبھی چوہے بھی کتابوں میں آباد تاریخ کو کترنے لگتے، ان سب کے باوجود وہ کبھی کسی کتاب کو پھینکتا نہیں ہے۔ کتاب جس بھی حالت میں ہو، وہ اسے محفوظ رکھتا ہے۔

اس گھر میں ہوا اور دھوپ کے آنے کا کوئی راستہ نہیں ہے۔ گھر کے بیت الخلا سے بدبو کے بھبکے بھی اٹھتے رہتے ہیں، ان سب کا اس کی بیوی، چار بیٹیوں اور سب سے چھوٹے بیٹے پر کیا اثر پڑتا ہے؟ طالب کے لیے یہ باتیں بہت اہم نہیں ہیں، ان کے بارے میں اس کا خیال ہے کہ خدا نے بیوی بچے دیے ہیں تو کسی نہ کسی طرح ان کی پرورش بھی کرے گا۔ وہ سبھی ایسے دبلے پتلے ہیں جیسے سوکھے کے مریض ہوں لیکن ان کے برعکس طالب کی صحت روز افزوں بڑھتی جارہی ہے، خاص طور سے پیٹ اور اس کے آس پاس کے حصوں کو کافی فروغ حاصل ہو رہا ہے۔ غنیمت یہ ہے کہ وہ خود بیت الخلا سے اٹھنے والی ان بدبوؤں سے مکمل بے نیاز ہے۔

دراصل مدرسہ میں آج پیش آئے واقعے کا تعلق بھی اس کی اسی صفت سے ہے، جس کی وجہ سے اسے بار بار غصہ آرہا ہے، واقعہ کچھ اس طرح تھا۔

طالب مدرسہ میں بیٹھا ہوا تھا، اس کے دو ہم کار اس کے پاس آئے، ان میں سے ایک انگریزی اور

دوسرا سائنس پڑھاتا ہے اور مدرسے میں ان کا وجود طالب کو سخت ناپسند ہے۔ ان میں سے ایک ہم کار نے عطر کی ایک شیشی دیتے ہوئے طالب سے کہا۔

''طالب بھائی ذرا اس عطر کو سونگھیے اور بتایئے، خوشبو کیسی ہے؟''

طالب ناک کے پاس شیشی لے جا کر آواز نکالتے ہوئے سونگھ کر کہتا ہے۔

''بہت عمدہ خوشبو ہے، یہ عطر کہاں سے خریدا؟ میں بھی لینا چاہوں گا۔''

''لایئے میں آپ کے لگا دیتا ہوں۔''

یہ کہہ کر اس نے طالب کے ہاتھ اور کپڑوں پر عطر لگاتے ہوئے کہا۔ ''طالب بھائی آپ کہاں تلاش کریں گے۔ میں آپ کے لیے اسی عطر کی نئی شیشی لا کر دوں گا، بالکل یہی ہوگی۔''

طالب کے عطر لگانے کے بعد وہ دونوں کمرے سے نکل گئے، دروازے سے باہر نکلتے ہوئے دونوں کچھ آنکھوں ہی آنکھوں میں اشارہ کرتے ہیں، اب ان کے چہرے سے واضح تھا کہ انھیں ہنسی آ رہی تھی لیکن وہ کسی طرح ہنسی کو روکے ہوئے تھے۔ کچھ دور پہنچ کر دونوں ٹھٹھا لگا کر ہنسنے لگے۔ طالب کو ان کے نکلتے ہی کچھ شک ہوا، اس نے ان کے طرف کی کھڑکی کھولی اور پوری توجہ سے ان کی باتوں کو سننے لگا۔ وہ تھوڑی دور نکل گئے تھے، اس لیے ان کی آواز واضح تو نہ تھی لیکن طالب کو محسوس ہوا کہ وہ کہہ رہے ہیں:

''کیوں کیسا رہا استنجا والا عطر۔''

''لیکن اس میں ہاتھ تو اپنے بھی گندے ہوتے ہیں۔''

''اپنے تو صرف ہاتھ ہی گندے ہوتے ہیں، لیکن اسے تو غسل لازمی ہو گیا ہے۔''

''لیکن وہ غسل تو تب کرے گا جب اسے معلوم ہوگا۔ ابھی تو وہ خوشبو سمجھ کر سونگھ رہا ہوگا۔''

''تو چلو ابھی بتا دیتے ہیں، اس عطر کا راز۔''

''ارے مرواؤ گے کیا، ابھی ہنگامہ کھڑا ہو جائے گا۔''

طالب ان دونوں کی گفتگو سن کر غصے سے پاگل ہونے لگا، مگر اس نے اس ذلت کو ضبط کر لیا، کیونکہ وہ جانتا تھا اگر میں نے کوئی ہنگامہ کھڑا کیا تو واقعہ پورے قصبے میں پھیل جائے گا اور لوگ میرا مضحکہ اڑاتے پھریں گے لیکن اگر ضبط کر لیا تو بات کچھ لوگوں تک دب کر رہ جائے گی۔

طالب دن میں ہوئی اس ذلت کو یاد کر رہا تھا کہ مغرب کی اذان ہوئی، وہ وضو کر کے نماز پڑھنے چلا گیا، غسل تو اس نے مدرسے سے آتے ہی کر لیا تھا۔ مغرب کی نماز میں دعا کے وقت وہ بہت مضطرب ہوا تھا، جمعے کو امام صاحب نے کہا تھا مسجدیں ویران ہوتی جا رہی ہے، خدا ناراض ہے، اسی لیے بارش نہیں ہو رہی ہے، اگر چاہتے ہو کہ بارشیں ہوتی رہیں تو مسجدوں کو آباد کرو۔ طالب جیسے تیسے نماز پڑھ کر گھر آیا اور چارپائی پر لیٹ کر بارش کے بارے میں سوچنے لگا، پورا ساون سوکھا جا رہا تھا، پچھلے دو ہفتوں سے ایک بوند بھی بارش نہیں ہوئی تھی۔ مسجد میں

بارش کے لیے اجتماعی دعائیں مانگی جا رہی تھیں، اس نے سنا تھا مندر میں بھی بارش کے لیے پرارتھنا کی جا رہی ہے۔ آج وہ لوگ بھی آئے تھے، طالب بچپن سے دیکھتا آرہا ہے، جب جب بارش نہیں ہوتی ہے اور زندگی دشوار ہونے لگتی ہے تو وہ لوگ آتے ہیں، وہ کچی زمین پر لیٹ جاتے ہیں اور گھر والوں سے اپنے اوپر پانی ڈالنے کو کہتے ہیں۔ پانی پڑتے ہی وہ کچی زمین میں لوٹ لوٹ کر گانے لگتے ہیں۔

کالے میگھا پانی دے... کالے میگھا پانی دے...

پانی دے بھئی پانی دے... پانی دے گڑ دھانی دے... کالے میگھا پانی دے

لوٹتے لوٹتے ان کا پورا جسم مٹی میں سن جاتا ہے اور انھیں پہچاننا مشکل ہو جاتا۔ طالب ان لوگوں کو بچپن سے دیکھتا آیا ہے لیکن نہیں جانتا کہ وہ کون ہیں؟ اور کہاں رہتے ہیں؟ اکثر ہوتا ہے کہ ان کے لوٹنے کے بعد بارش ہو جاتی، کئی بار تو ایسا بھی ہوا کہ وہ لوگ ابھی گھر گھر جا کر لوٹ ہی رہے ہوتے کہ کالے کالے بادل گھر آئے اور بارش شروع ہو گئی۔ لیکن آج تو ان کی بھی کوشش ضائع ہو گئی، ان کا بھی کوئی اثر نہیں ہوا۔

شام میں دن کی ذلت اور پریشانیوں کے واقعات کو یاد کر کے طالب کے اضطراب میں مزید اضافہ ہو گیا۔ گرمی سے بے حال طالب ابھی انھیں خیالوں میں گم تھا کہ چھوٹی لڑکی نے آکر اطلاع دی۔

''ابو ابو، بندر کا بچہ مل گیا۔''

''مر گیا؟ کیسے؟''

''ابو معلوم ہے؟ سب لوگ کہہ رہے تھے، وہ بندر جو ہے نا... اس کی لاش لیے لیے گھوم رہا ہے۔''

''نعش لیے گھوم رہا ہے؟ اللہ، آج ہر طرف سے بری خبریں آرہی ہیں، اب بیماری اور پھیلے گی۔''

طالب نے ایک لاٹھی نکالی اور بیٹی سے پوچھا۔

''کدھر ہے وہ بندر، چلو ہمیں بتاؤ۔''

یہ کہہ کر طالب بیٹی کو لے کر باہر نکل گیا، بندر گھر سے تھوڑی ہی دوری پر برگد کے ایک بہت بڑے درخت پر بیٹھا ہوا تھا، اس لیے باپ بیٹی جلد ہی وہاں پہنچ گئے۔ وہاں کافی لوگ پہلے سے جمع تھے، بندر درخت کی کافی اونچی شاخ پر بیٹھا تھا۔ اندھیرا بڑھتا جا رہا تھا، اس لیے لوگ اب دھیرے دھیرے اپنے اپنے گھروں کو واپس جا رہے تھے لیکن ابھی بھی کئی لوگ جمع تھے اور اپنے اپنے طور پر اس بندر سے نعش چھڑانے کی کوشش کر رہے تھے۔ کچھ لوگ کنکڑ پتھر کے ڈھیلے پھینک رہے تھے، کچھ لاٹھی سے ہشکار رہے تھے، لیکن بندر کے اوپر کوئی خاص اثر نہیں ہو رہا تھا، جب کوئی لاٹھی یا ڈھیلا اس کے قریب پہنچتا تو وہ اچھل کر دوسری شاخ پر بیٹھ جاتا۔ کبھی کبھی وہ بندر گھڑکی دے کر ان لوگوں کو ڈرانے کی بھی کوشش کرتا تھا۔ اندھیرا بڑھتا جا رہا تھا اور لوگ کم ہوتے جا رہے تھے۔

کچھ دیر بعد بندر درخت کے پاس کی چھت پر کود کر دور چلا گیا اور دھیرے دھیرے رات کے اندھیرے میں معدوم ہوتا چلا گیا، اندھیرے کی وجہ سے لوگوں نے اس کا پیچھا کرنے کی بھی کوشش نہیں کی اور باقی

لوگ بھی ایک ایک کر کے اپنے اپنے گھروں کی طرف چل پڑے۔ طالب نے محلے کے ایک دوست کو کنارے لے جا کر پوچھا۔

''یہ کب اور کیسے پتہ چلا کہ بچہ مر گیا ہے، یہ بھی تو ممکن ہے کہ وہ زندہ ہو؟''

''نہیں! وہ مر چکا ہے۔ صبح سے اس نے ایک بار بھی اسے نہیں چھوڑا ہے، زندہ ہوتا تو اس طرح ہر وقت چپکائے نہ رہتا، کچھ لوگ بتا رہے تھے کہ آج دن میں بندر رو رہا تھا تبھی لوگوں کی توجہ اس کی طرف گئی۔''

''رو رہا تھا؟''

''ہاں بالکل... وہ رو رہا تھا۔''

طالب بندر کے رونے کا کوئی مطلب نہ سمجھ سکا، لیکن رونے کی خبر سن کر وہ ایک عجیب سے وسوسے میں پڑ گیا، اس کے ذہن میں خیال آیا کہیں یہ بندر کوئی آسیب تو نہیں ہے؟ یہ سوچ کر اس پر ایک خوف سا طاری ہو گیا۔

تھوڑے وقفے کے بعد دوست نے کہا۔

''اندھیرا ہو چکا ہے اس لیے اب کچھ نہیں ہو سکتا۔ چلو گھر واپس چلیں، کل صبح دیکھا جائے گا۔''

''لیکن گرمی بہت ہے، صبح تک تو نعش سڑنے لگے گی، پہلے سے ہی کافی بیماریاں پھیلی ہوئی ہیں، وہ جدھر جدھر سے گزرے گا، جراثیم اور بیماریاں پھیلیں گی... اور بدبو الگ سے۔''

طالب نے اپنی بات کہنے کے بعد ناک سے تیز تیز سانس لے کر سونگھنے کی کوشش کی اور عجیب سا منھ بنایا، جیسے ابھی سے بدبو آ رہی ہو۔ سونگھنے کی حس سے محرومی کو چھپانے کے عمل میں وہ نسبتاً زیادہ ہی سونگھنے کی عیاری کرتا تھا۔

''تمھاری بات تو صحیح ہے لیکن اب کچھ نہیں ہو سکتا، اندھیرے میں نعش چھڑانا ناممکن ہے، چلو اب چلتے ہیں، صبح فجر کی نماز کے بعد آئیں گے۔''

''رات میں بندر نعش لے کر کہیں دور چلا گیا تو؟''

''اگر ایسا ہو جائے تو اس سے بہتر اور کیا ہو سکتا ہے۔''

''مگر...''

''ارے بھائی اس میں گھبرانے کی کوئی بات نہیں ہے، اب اس وقت رات میں کچھ نہیں ہو سکتا۔''

''ٹھیک ہے، تم ابھی تیار نہیں ہو تو کل صبح ہی سہی، لیکن فجر کے بعد نعش کو اس بندر سے ہر حال میں چھڑانا ہے۔''

''ٹھیک ہے۔''

طالب وہاں سے آ کر آنگن میں پڑی چارپائی پر لیٹ گیا۔ پسینے سے پوری پیٹھ اور گردن بھیگی ہوئی تھی۔ اس نے کرتا اتار کر پلنگ کے سرہانے رکھ دیا، بجلی ابھی بھی نہیں آئی تھی، اُمس بڑھتی جا رہی تھی، اس نے ہاتھ

کا پنکھا اٹھایا لیکن اس سے قبل کہ وہ پنکھا جھلنا شروع کرتا، گردن اور پیٹھ کی گھموریوں میں کھجلی ہونے لگی، اس نے پنکھا رکھ دیا اور کھجلی کرنے لگا۔ اتنے میں اس کی بڑی لڑکی زیبا نے پنکھا جھلنا شروع کر دیا۔ پسینے سے بھیگے بدن میں جب ہوا لگی تو اسے فرحت کا احساس ہوا۔ اس نے اپنے تھل تھل پیٹ کو سہلایا اور بغیر مونچھوں کی لمبی ڈاڑھی پر آہستہ آہستہ ہاتھ پھیرنا شروع کر دیا۔ جب تھوڑا سکون ملا تو ایک بار پھر دن بھر کی وارداتیں یاد آنے لگیں، تبھی چھوٹے والے دونوں بچوں کی آپسی لڑائی سے اس کا ذہن بھٹک گیا۔ طالب نے غصے میں ان کی پٹائی کر دی، وہ روتے ہوئے ماں کے پاس چلے گئے۔ کچھ دیر میں عشا کی اذان ہونے لگی، اس نے وضوع کیا اور کرتا پہن کر نماز پڑھنے چلا گیا۔ نماز پڑھ کر واپس آیا تو منجھلی لڑکی کھانے کی ضد کر رہی تھی، اسے سالن نہیں پسند تھا اور دال کے لیے رو رہی تھی۔ طالب نے بیٹی کو سمجھایا کہ سامنے آئے ہوئے کسی بھی کھانے کو دیکھ کر منھ نہیں بنانا چاہیے، دستر خوان پر جو بھی کھانا لگایا جائے، اسے نعمت سمجھ کر اللہ کا شکر ادا کرتے ہوئے خوشی خوشی کھا لینا چاہیے۔ جب یہ کہنے پر بھی اس نے ضد نہ چھوڑی تو طالب نے بیٹی کو سمجھاتے ہوئے بڑی رازداری کے ساتھ کہا۔

''سالن کھانے کی عادت ڈالو... ہم مسلمانوں کا اصل کھانا یہی ہے۔ دال سبزی تو ہندوؤں کا کھانا ہے، کل کو سسرال جاؤ گی تو وہاں کیا کرو گی، وہاں تو روز روز سالن پکے گا اور کوئی سننے والا بھی نہیں ہوگا۔ گھر کی بدنامی ہوگی سو الگ، لوگ کہیں گے کہ کیسے مسلمان ہیں؟ بیٹی کو گوشت کھلانا بھی نہیں سکھایا۔''

اتنا سمجھانے کے باوجود اس پر کوئی اثر نہ ہوا، وہ اپنی ضد پر اڑی رہی۔ اب طالب کے پاس سمجھانے کے لیے کچھ نہ بچا تھا اور اس نے جھنجلا کر بیٹی کو تھپڑ مار دیا۔ وہ روتی ہوئی چلی گئی اور روتے روتے بھوکی ہی سو گئی۔

طالب کھانا کھانے کے بعد چہل قدمی کے لیے باہر گیا لیکن اس کی طبیعت بے چین تھی اور جلدی ہی واپس آ گیا۔ اس نے گھر میں جیسے ہی قدم رکھے، کتابوں کی الماری کے پاس سے کتابیں گرنے کی آواز آئی، طالب ادھر دوڑا کہ اتنے میں ایک بندر وہاں سے نکلا اور اچھلتا کودتا ہوا چھت پر چڑھ گیا۔ طالب نے جب الماری کے پاس جا کر دیکھا تو بہت سی کتابیں گری پڑی تھیں۔ یہ دیکھ کر وہ آگ بگولا ہو اٹھا۔

طالب نے جلدی سے ایک لاٹھی اور ٹارچ اٹھائی اور بندر کے پیچھے پیچھے دوڑتے ہوئے چھت پر چڑھ گیا۔ اندھیرا کافی تھا اس لیے وہ واضح طور پر تو نہ دیکھ سکا کہ بندر کدھر گیا ہے؟ بندر کے کہیں بھی آثار نظر نہ آئے۔ تھوڑی دیر اپنی چھت پر کھڑا وہ سوچتا رہا کہ کیا کروں؟ بغل والے کی چھت پر جاؤں یا نہ جاؤں؟ ابھی کچھ روز پہلے ہی اس سے لڑائی ہوئی تھی، اور بات چیت بھی بند ہے۔ اگر اس نے مجھے اپنی چھت پر دیکھ لیا تو وہ کچھ کہے گا ضرور اور اگر ایسا ہوا تو پھر لڑائی ہوگی۔ کچھ دیر تک وہ وہیں بیٹھا رہا اور بندر کی ٹوہ لیتا رہا، تھوڑی دیر اندھیرے میں بیٹھے رہنے کے بعد تھوڑا تھوڑا سا نظر آنے لگا، پڑوسی کی چھت کی منڈیر پر بندر بیٹھا ہوا محسوس ہوا... طالب نے اسے ہشکارا ضرور لیکن اس پر کوئی اثر نہ ہوا۔ طالب نے سوچا دن بھر وہ بچے کی نعش لے کر ادھر ادھر بھٹکا ہے، اس لیے تھک گیا ہوگا۔ ایسے میں ممکن ہے کہ وہ اس مردہ جسم کو اپنے پاس میں رکھ کر تھوڑا آرام کر رہا ہو، اس لیے اگر کوئی

آہٹ کیے بغیر اچانک حملہ کر دیا جائے تو ممکن ہے اسے نعش اٹھانے کا موقع نہ ملے اور جلدی میں اکیلا ہی بھاگ کھڑا ہو۔

یہ سوچ کر طالب بغیر کسی آہٹ کے اس کی طرف چل پڑا، وہ بہت آہستہ آہستہ قدم رکھتے ہوئے پنجوں کے بل چلتے ہوئے پڑوسی کی چھت پر پہنچ گیا اور جلدی سے لاٹھی بندر کے سر پر دے ماری لیکن بندر کی بجائے ایک لڑکی کی چیخ نکلی۔ جب اس نے ٹارچ جلا کر غور سے دیکھا تو معلوم ہوا کہ پڑوسی کا لڑکا اپنی پڑوسن سے ہم آغوش تھا۔

یہ ماجرا دیکھ کر طالب ششدر رہ گیا، لیکن یہی حالت ان دونوں کی بھی تھی، دونوں کچھ سوچ کر مصلحتاً خاموش رہے۔ طالب کو انھیں مارنے کا افسوس تھا لیکن غصہ بھی آ رہا تھا کہ ہمارے محلے میں ایسے بدکردار لوگ بھی بستے ہیں۔ ان پڑوسیوں کو اس بات کا خوف تھا کہ ہم ایسا عمل کرتے ہوئے رنگے ہاتھوں پکڑے گئے ہیں۔ اب وہ پورے محلے میں گاتے پھریں گے، اگر بات گھر تک پہنچ گئی تو اور بھی مشکل ہوگی۔ غصہ اس بات کا تھا کہ ہم کچھ بھی کریں لیکن اس طرح سے لاٹھی مارنے والے یہ کون ہوتے ہیں۔ کشمکش بھرے اس ماحول میں طالب آہستہ آہستہ قدم رکھتے ہوئے اپنی چھت پر واپس آ گیا۔ اپنی چھت پر وہ کافی دیر تک بیٹھا آسمان کو تکتا رہا، یہ ایک کالی اندھیری رات تھی، آسمان عام طور پر بادلوں سے ڈھکا ہوا تھا، لیکن بارش نہیں ہو رہی تھی، کہیں کہیں آسمان کھلا ہوا تھا اور ستارے بھی نظر آ رہے تھے۔ خدا کی بنائی قدرت کو وہ کچھ دیر تک حیرت سے تکتا رہا، کچھ دیر بعد یہ سوچتے ہوئے اٹھ کھڑا ہوا کہ خدا کی قدرت کا راز خدا ہی جانے، ہم بندوں کے بس کی بات نہیں۔ سائنسدان بلا وجہ نہ جانے کیا کیا فکر و تحقیق کیا کرتے ہیں، وہ کچھ بھی نہیں جانتے خدا کے سامنے کسی کی ایک نہیں چلتی۔ وہ جتنا چاہتا ہے بس اتنے ہی راز انسان پر وا کرتا ہے۔ یہ سوچ کر وہ نیچے آ گیا اور سونے کے لیے بستر پر لیٹ گیا۔

طالب دیر تک بستر پر پڑا کروٹیں بدلتا رہا لیکن اسے نیند نہ آ سکی، کافی دیر بعد جب نیند آئی تو خواب میں مبتلا ہو گیا، اس نے خواب دیکھا کہ وہ بندر بن گیا ہے، لیکن وہ لوگوں سے چھپاتا پھر رہا ہے کہ وہ بندر بن چکا ہے، وہ تمام جسم کو خوب اچھی طرح کپڑوں سے ڈھکتا ہے، صرف چہرہ نظر آتا ہے جس میں وہ خوب میک اَپ کرتا ہے کہ اس کی اصل جلد نظر نہ آ جائے۔ اس کی پیٹھ اکڑنے لگتی ہے، دو پیروں پر چلتے چلتے بہت جلد تھک جاتا ہے جیسے ہی دیکھتا ہے کہ کوئی اسے دیکھ نہیں رہا ہے، وہ فوراً چار پیروں پر چلنے لگتا ہے، جس سے اسے آرام ملتی ہے۔ کافی دنوں تک یہ سلسلہ چلتا رہتا ہے، آہستہ آہستہ اسے احساس ہونے لگا کہ میرا جسم تو بے کار کی شے ہے، اب اس کی اصل شناخت تو اس کے لباس اور میک اَپ میں ہے۔ اسے اپنے جسم سے نفرت سی ہونے لگتی ہے۔ ایک دن لوگوں کو اس کے جسم کی اصل معلوم ہو جاتی ہے اور وہ لوگ اس کے لباس پھاڑنے لگتے ہیں، وہ ان سے بچنے کی کوشش میں چیخ اٹھتا ہے اور اس طرح وہ نیند سے بیدار ہو جاتا ہے۔ آنکھ کھلی تو اپنے آپ کو انسان کی جون میں پا کر اسے بڑا سکون ملا۔ وہ رات بھر اسی طرح کابوس میں جکڑا رہا۔

اگلی صبح جو آنکھ کھلی تو سورج کافی اوپر چڑھ چکا تھا۔ وہ جلدی جلدی صبح کے معمولات سے فارغ ہو کر

مدرسے کی جانب چل پڑا، راستے میں اسے خیال آیا کہ فجر میں اٹھ کر بندر سے نعش چھڑانے جانا تھا۔ اسے اپنے آپ پر بڑا افسوس ہوا اور اس دوست پر بھی غصہ آیا کہ میں سوتا رہ گیا تو وہ کیوں نہیں آیا؟ اسے تو آ کر جگانا ہی چاہیے تھا، لیکن ابھی مدرسے کا سوال اس کے لیے سب سے اہم تھا۔ مدرسہ طالب کے دادا نے قائم کیا تھا، لیکن اس کی آمدنی کا اب تک کوئی مستقل ذریعہ نہ بن سکا تھا۔ مدرسہ آج بھی چندہ سے چلتا تھا، چندہ جمع کرنے کا کام طالب زیادہ خوش اسلوبی سے نہیں کر پا رہا تھا اور خود اپنے پاس سے چندہ دینا تو بالکل ممکن نہیں تھا۔ اس کے پاس مدرسہ سے ملنے والی معمولی تنخواہ کے علاوہ آمدنی کا کوئی دوسرا ذریعہ نہ تھا۔ مدرسہ کی انتظامیہ کمیٹی کا وہ ابھی بھی رُکن تھا لیکن اب صدر مدرس اور ناظم مدرسہ زیادہ چندہ جمع کرنے والوں کو بنایا گیا تھا۔ ان لوگوں کے خلیجی ممالک سے مراسم تھے، جس سے وہاں سے خوب چندہ آتا تھا۔ طالب نے تو یہاں تک سنا تھا کہ اس چندہ کا ایک حصہ وہ لوگ خود بھی رکھ لیتے ہیں۔

اس روز مدرسہ میں ایک تاریخی میٹنگ تھی، جس میں یہ فیصلہ کیا جانا تھا کہ مدرسہ کے لیے سرکاری امداد حاصل کی جائے یا نہیں؟ سرکاری امداد حاصل کرنے کے لیے بنیادی شرط یہ تھی کہ مدرسہ میں جدید علوم شامل نصاب کیے جائیں۔ طالب اس بات کا سخت مخالف تھا کہ مدرسہ میں جدید علوم کی تدریس شروع کی جائے۔ وہ آج اس عزم کے ساتھ میٹنگ میں آیا تھا کہ کسی بھی حالت میں مدرسہ کو حکومت کے محکمۂ تعلیم سے نہیں منسلک ہونے دوں گا۔ مدرسہ کا مقصد دینی تعلیم ہے نہ کہ مالی منفعت، طالب کا خیال ہے کہ مدرسے ہمارے تشخص کا ذریعہ ہیں، ان میں کوئی تبدیلی مذہب، تہذیب، تاریخ اور زبان کے لیے مہلک ہوگی اور ہم اپنے مقصد سے بھٹک جائیں گے۔ اگر آج ہم نے حکومت کی تجویز منظور کر لی تو تاریخ ہمیں کبھی معاف نہیں کرے گی۔ یہ مدرسہ میرے دادا نے قائم کیا تھا، میں اپنے دادا کی اس میراث کو اپنے مقصد سے بھٹکنے نہیں دوں گا۔

میٹنگ حسب معمول تدریسی کاموں سے فارغ ہونے کے بعد شروع ہوئی، سب سے پہلے ناظم مدرسہ نے اپنی بات کہی، وہ حکومت کی امداد تو چاہتے تھے لیکن محدود اور مشروط۔ یہ سن کر صدر مدرس نے اطلاع دی کہ ہم حکومت کی امداد قبول کرنے یا نہ کرنے کے لیے تو آزاد ہیں لیکن حکومت کی شرائط میں تبدیلی کا مجاز نہیں رکھتے۔ طالب نے اس قدم کی شدید مخالفت کی، اس کا کہنا تھا کہ مدرسوں کے ذریعے ہماری زبان و تہذیب بچی ہوئی ہے، ہمارے پورے صوبے میں ایک بھی اردو میڈیم اسکول نہیں ہے، جب کہ ہمارا آئین کہتا ہے کہ بچے کی ابتدائی تعلیم اس کی مادری زبان میں ہی ہونی چاہیے۔ جو حکومت ہمارا آئینی حق نہیں دے سکتی، اس حکومت سے ہمیں کوئی توقع نہیں کرنی چاہیے۔

صدر مدرس کا کہنا تھا کہ جو طلبا مدرسے سے تعلیم حاصل کر کے نکلیں ان کی ڈگری تسلیم ہو اور اگر وہ اعلیٰ تعلیم کے لیے سرکاری کالجوں اور یونیورسٹیوں میں داخلہ لینا چاہیں تو ان کی ڈگری وہاں تسلیم کی جائے۔ اس سلسلے میں طالب کا خیال تھا کہ سرکاری کالجوں میں ڈگری تسلیم ہونے کا مسئلہ اتنا بڑا نہیں ہے، ہمیں یہ سوچنا ہے کہ خدا کے

پاس وہ ڈگری تسلیم ہوگی یا نہیں؟ دیر تک بحث ہوتی رہی، آخر کار مجلسِ عاملہ اس نتیجے پر پہنچی کہ ابھی سرکاری امداد کو صرف ایک سال کے لیے تجربے کے طور پر قبول کیا جائے، ایک سال کے بعد فیصلہ کریں گے کہ یہ امداد جاری رکھی جائے یا نہیں؟ لوگ ہماری قوم کو علم دشمن کہتے ہیں اور آج ہمارے پاس علم کی دعوت آئی ہے تو اسے قبول کرنا ہی چاہیے۔ سب لوگوں نے سرکاری امداد کی حمایت کی۔

طالب جب میٹنگ سے باہر نکلا تو اسے لگ رہا تھا کہ میں اپنے اجداد کی میراث سے الگ کر دیا گیا ہوں۔ اس نے سوچا کہ اب میں یہ مدرسہ چھوڑ دوں گا، لیکن مدرسہ چھوڑ دوں گا تو پھر کیا کروں گا؟ دوسرے مدرسے میں؟ نہیں وہاں تو میری اتنی بھی عزت نہیں ہوگی جتنی یہاں ہے، وہاں تو مجھے انتظامی امور میں بولنے کا بھی حق نہیں ہوگا۔ تو کیا مجھے اسی طرح ذلیل ہوتے رہنا پڑے گا؟ یہ سوچ کر اس کی بے چینی اور بڑھ گئی؛ شدید بے چینی کی اس کیفیت میں اس نے سائیکل اٹھائی اور گھر کی جانب چل دیا۔

راستے میں ایک جگہ لوگوں کا ہجوم جمع ہوا تھا، اسے دیکھ کر طالب کو بھی تجسس ہوا کہ دیکھیں یہ بھیڑ کیوں کر جمع ہے؟ وہاں جا کر معلوم ہوا کہ سامنے والے درخت پر بندر اپنے بچے کی مردہ نعش لیے بیٹھا ہے۔ لوگ بچے کی نعش چھڑانے کی حکمت پر غور وفکر کر رہے ہیں۔ تبھی طالب کا ایک جاننے والا وہاں آ کر رکا اس نے بھی بھیڑ دیکھ کر تجسس میں پوچھا کہ یہاں کیا ہو رہا ہے؟ طالب نے بندر کے بچے کی نعش کے بارے میں بتایا تو اس نے کہا لیکن یہ واقعہ تو کٹرہ محلے کا ہے، میں ابھی دس منٹ پہلے وہاں سے چلا تھا اور یہی ہنگامہ وہاں بھی چل رہا تھا۔ اس پر طالب کے پاس کھڑے ایک شخص نے کہا لیکن یہاں تو یہ بندر ایک گھنٹے سے ہے۔ اس پر طالب نے بڑے معنی خیز انداز میں کہا اس کا مطلب نعش لیے پھرنے والا بندر ایک نہیں بلکہ کئی ہیں۔ یہ کہنے کے بعد اسے ایک بار پھر محسوس ہوا کہ یہ بندر نہیں کوئی آسیب ہے۔ اس نے اندر ہی اندر گھبراہٹ بھی محسوس کی اور وہ سائیکل اٹھا کر گھر کی جانب چل پڑا شہر میں جگہ جگہ بھیڑ لگی ہوئی تھی، لوگ بچے کی مردہ نعش لیے بندر کے بارے میں ہی باتیں کر رہے تھے۔

اس کے بعد شہر میں افواہوں کا بازار گرم ہو گیا۔ ایک خبر پھیلی کہ کچھ انسان بھی اپنے عزیزوں کی نعشیں گھر میں چھپائے ہوئے ہیں۔ دھیرے دھیرے شہر میں بدبو پھیلنے لگی۔ طالب کی مشکل یہ تھی کہ وہ سونگھ نہیں سکتا تھا۔ اس لیے اسے بدبو کا بھی احساس نہیں ہو پاتا تھا۔ انجام کار وہ ہر گھر پر شک کرنے لگا کہ اس کے یہاں بھی کوئی نعش ہو سکتی ہے۔ طالب کو تو اب پورا یقین ہو چلا تھا کہ یہ بندر نہیں کوئی آسیب ہے جو جگہ جگہ گھومتا پھر رہا ہے۔ الغرض پورے قصبے میں ایک بے یقینی پھیل گئی۔

طالب گھر پہنچا تو گرمی اور پسینے کی شدت سے بے چین تھا، ابھی چین کی سانس بھی نہ لی تھی کہ پھر وہی سب خیال اس کے ذہن میں گونجنے لگے۔ اسے لگ رہا تھا کہ یہ سب انسانی کرتوت کا انجام ہے۔ خدا ہم پر قہر نازل کر رہا ہے۔ بارش بھی بند ہے اور اب وبا پھیلنا یقینی ہے۔ وہ یہی سب سوچ رہا تھا کہ بڑی بیٹی زیبا کو اُلٹی ہوئی، طالب کی بیوی اس کی طرف دوڑی، طالب بھی اس کی طرف بڑھا، بیوی زیبا کی پیٹھ سہلانے لگی اور طالب

پانی لینے چل دیا۔ بیوی نے طالب کو بتایا۔ اسے دست بھی آ رہے ہیں، پورے شہر میں ہیضہ پھیلا ہوا ہے، کہیں اس پر بھی تو اس کا اثر نہیں ہو گیا ہے؟ جتنی جلدی ہو سکے، ہمیں زیبا کو ڈاکٹر کے پاس لے چلنا چاہیے۔ اُلٹی ختم ہونے پر بیوی نے طالب سے پانی لے کر زیبا کو کلی کرائی اور واپس اسے بستر پر لٹا دیا۔ طالب اس کی چار پائی کے پاس کھڑا ہو کر دعا پڑھنے لگا، دعا پڑھتے وقت اس نے اللہ سے شکایت کی کہ میں نے تو تیری ہر ہدایت پر عمل کیا ہے، اے اللہ پھر یہ وبا ہم تک کیونکر آن پہنچی؟ اس کے بعد اس نے دعا مکمل کی اور زیبا پر دم کر دی اور بیوی کو سمجھاتے ہوئے بولا؛ ''گھبرانے کی کوئی بات نہیں ہے دعا پڑھ کر دم کر دی ہے، انشاءاللہ زیبا جلد ہی اچھی ہو جائے گی۔''

تھوڑی دیر بعد زیبا کو پھر دست آئے، اس کے بعد اس کی ماں نے پھر اپنے شوہر سے زیبا کو ڈاکٹر کے پاس لے چلنے کو کہا لیکن طالب نے کہا کہ دعا پڑھ کر دم کر دیا ہے، انشاءاللہ جلد ہی اثر ہوگا۔ بیوی ضد کرنے لگی کہ دعا تو ٹھیک ہے لیکن دوا بھی ضروری ہے اور جتنی جلد ہو سکے اب بیٹی کو ڈاکٹر کے پاس لے چلنا چاہیے۔ طالب کچھ دیر تو تذبذب میں رہا پھر بیوی کی ضد اور زیبا کی بگڑتی حالت کو دیکھ کر وہ زیبا کو سائیکل پر بٹھا کر ڈاکٹر کے یہاں چل دیا۔ ڈاکٹر نے اس کا معائنہ کرنے کے بعد کہا۔

''بچی کی حالت کافی ابتر ہے، اسے ہسپتال میں بھرتی کرا کے گلوکوز چڑھوانا ہوگا، ٹھیک ہونے میں تھوڑا وقت لگے گا۔''

طالب کشمکش میں پڑ گیا کہ اب کیا کرے؟ زیادہ پیسے بھی نہیں لایا ہوں... اگر بھرتی کروایا تو اچھا خاصا بل بن جائے گا۔ وہ اسی کشمکش میں تھا کہ اس نے دیکھا کہ بیوی بھی چلی آ رہی ہے۔ اسے یہ دیکھ کر بہت غصہ آیا کہ میری اجازت کے بغیر تنہا کیسے آ گئی؟ آج یہاں آئی ہے، کل کہیں اور بھی جا سکتی ہے پرسوں کسی کے ساتھ بھاگ.... لیکن اسی وقت زیبا نے پانی مانگا تو وہ اسے پانی پلانے لگا تبھی اس کی بیوی نے آ کر اس سے پوچھا۔

''ڈاکٹر صاحب نے کیا بتایا ہے؟''

''بھرتی کرانے کو کہہ رہے ہیں، بہت کمزوری آ گئی ہے، گلوکوز چڑھوانا ہوگا، معلوم نہیں کہ کتنے پیسے لگیں گے، میں زیادہ پیسے بھی نہیں لایا ہوں۔''

''کچھ پیسے میرے پاس تھے وہ لے آئی ہوں، گلوکوز چڑھوا دیجیے... اے اللہ میری بیٹی کو جلدی صحت یاب کر دے۔''

تقریباً تین گھنٹے کے بعد زیبا کی حالت میں سدھار آیا تو طالب اسے گھر لے آیا۔ گھر آنے کے بعد طالب اپنی بیوی کو خبردار کرتا ہے؛ ''میری اجازت کے بغیر آئندہ کبھی گھر سے باہر قدم نہ نکالنا، ورنہ اس کا بہت برا انجام ہوگا۔''

رات میں جب طالب بستر پر لیٹا تو اسے پورے دن کے واقعات یاد آنے لگے، آج صبح سے ہی طالب ذہنی انتشار میں تھا، پہلے بندر کی نعش چھڑانے نہ جا سکے، پھر مدرسہ میں ہنگامہ رہا، راستے میں بندر کی وجہ سے

اور گھر آنے کے بعد زیبا کی طبیعت نے سب ملا کر اس کے دل و دماغ کو منتشر کر رکھا تھا۔ مدرسہ میں اس کی بے عزتی کا اثر دیر پا ہونے والا تھا، اس لیے اسے سب سے زیادہ فکر مدرسہ کے تعلق سے تھی۔ جس مدرسہ کی بنیاد میرے دادا کی رکھی ہوئی ہے، مدرسے کے لیے قربانیوں کی میری تیسری نسل ہے، آج اسی مدرسہ میں میری کوئی وقعت نہیں رہ گئی۔ یہی سب سوچتے سوچتے اسے نہ جانے کب نیند آ گئی۔ نیند کیا تھی بس سونے اور جاگنے کی درمیانی کیفیت تھی، ایک غنودگی کی سی حالت تھی... اس کے ذہن کے پردے پر مختلف تصویریں اُبھرنے لگیں۔

ہمارے اسلاف نے کیا کیا کارنامے انجام دیے ہیں اور آج ہمی کو علم دشمن قرار دیا جا رہا ہے۔ وہ ماضی کے سنہری ابواب میں پہنچ گیا، اس کا ذہن دہلی، لاہور، سمرقند، بخارہ، شیراز اور بغداد وغیرہ سے بھٹکتا ہوا ہسپانیہ کے مختلف مناظر میں کھو گیا، اور ان تمام مناظر کے مرکز میں مسجد قرطبہ تھی۔ مختلف شعبۂ حیات میں کارہائے نمایاں انجام دینے والی شخصیات اس کے ذہن میں ابھرنے لگیں۔ علم کیمیا میں جابر ابن حیان، طب میں ابن سینا، سائنس ور ریاضی میں ناصرالدین طوسی، فلسفہ وشاعری میں رومی؛ یہ ساری ہستیاں انھیں مدرسوں سے فارغ تھیں۔ وہ آج ہماری قوم کو ہی علم دشمن قرار دے رہے ہیں۔

سوتے سوتے اس کی نیند کھلی تو خواب کا وہ حسین منظر غائب تھا اور سامنے تاریک اور سیلن زدہ کمرہ تھا، اس نے جلدی سے دوبارہ آنکھیں بند کر لیں اور ایک بار پھر اسی خواب میں داخل ہونے کی کوشش میں اسی منظر کو یاد کرنے لگا۔ لیکن دوبارہ نیند نہ آسکی، اب اس خواب کے بارے میں سوچنے لگا، تھوڑی دیر بعد اس نے خود کلامی کے لہجے میں کہا۔

''دنیا میں ہمارے سامنے کون تھا؟ کوئی بھی تو ایسا نہ تھا، جو ہمارا مقابلہ کر سکتا، دنیا میں ہم علم و حکمت کے سب سے بڑے علم بردار تھے۔''

''تو ایک مقام پر جا کر تم ٹھہر کیوں گئے تھے؟'' ''تمھارا زوال کیوں شروع ہو گیا تھا؟''

یہ آواز سن کر وہ چونک گیا، اس نے اِدھر اُدھر مڑ کر دیکھا لیکن کوئی نظر نہ آیا، پھر اس نے سوچا جو بھی ہو، ضرور کوئی غیبی طاقت ہے لیکن ہمیں اس کا جواب تو دینا ہی چاہیے۔

''ہمارے بزرگ راگ رنگ میں ملوث ہو گئے تھے، عیاشی کرنے لگے تھے، اس لیے اللہ تعالیٰ نے ہمیں اس کی سزا دی ہے۔''

''ممکن ہے یہ صفات کچھ ہم میں بھی آ گئی ہوں، لیکن آج سات آٹھ سو برسوں سے، مغرب تو ہم سے زیادہ انھیں چیزوں میں ڈوبا ہوا ہے، پھر خدا انھیں سزا کیوں نہیں دیتا؟''

''ہم اپنے مذہب سے دور ہوتے چلے گئے تھے تو علم و حکمت کی برکتیں بھی ہم سے روٹھتی چلی گئیں۔''

''نہیں یہ صحیح نہیں ہے، تم اس لیے رک گئے تھے کہ تمھارا مذہب اس سے آگے جانے کی اجازت نہیں دیتا تھا، تم اس آخری حد تک پہنچ گئے تھے جہاں تک مذہب اور علوم ساتھ ساتھ چل سکتے تھے۔ اس کے بعد سائنس

ودیگر علوم اور مذہب میں ٹکراؤ کی صورت پیدا ہوگئی تھی۔ مثلاً طب میں مزید ترقی کے لیے نعشوں کو چیرنے پھاڑنے کی ضرورت تھی لیکن تمھارا مذہب نعشوں کو چیرنے کی اجازت نہیں دیتا تھا، اس لیے تم طب میں ترقی نہیں کر سکے۔ فلسفہ خدا کی نفی کرنے لگا تھا اور سماجیات نے علم دیا تھا کہ یہ دنیا خدائی انصاف پر نہیں بلکہ انسانی جبر واستحصال پر مبنی ہے۔ ایسے میں تم نے علم کو چھوڑ کر مذہب کا دامن تھام لیا تھا۔ اور اس کے بعد تمھارا زوال شروع ہو گیا تھا۔''

''نہیں یہ جھوٹ ہے یہ ہم پر غلط الزام ہے، ہم سائنس کے ساتھ آج بھی چل رہے ہیں، دیکھو ہر شعبے میں ہمارے نوجوان نمایاں کارنامے انجام دے رہے ہیں...''

''ہاہاہا... کسے سمجھانے کی کوشش کر رہے ہو؟ میں تم سے خوب واقف ہوں... کبھی تم جدید علوم اور سائنس میں سب سے آگے تھے لیکن اب تم علم کے نام پر محض یادوں کا ایک مردہ جسم لیے گھوم رہے ہو اور اس سے تعفن پھیل رہا ہے... تمھیں معلوم ہے انسان اور بندر میں بنیادی فرق کیا ہے؟''

''میں پوچھنا چاہتا ہوں دونوں میں مماثلت کیا ہے؟ دونوں بالکل الگ الگ مخلوق ہیں، انسان حضرت آدم کی نسل سے ہیں اور بندر چوپایہ ہے۔''

''نہیں دونوں ایک ہی نسل سے ہیں، بس اتنا فرق ہے کہ انسان ترقی پسند ہے اور بندر مردہ جسم سے چمٹا رہنے والا اور اب تمھاری قوم میں بھی بندروں کی صفات آگئی ہیں۔''

یہ کہہ کر وہ آواز بہت تیز قہقہہ لگا کر آہستہ آہستہ اس طرح خاموش ہو گئی جیسے بولنے والا اس سے دور جا رہا ہو، طالب کہتا رہ گیا، ''رکو... میری بات تو سنو... ارے رکو تو سہی...''

طالب حیران تھا کہ یہ آواز کس کی تھی؟ اسے ایک پل کو لگا کہ مدرسے کے صدر مدرس کی آواز ہے لیکن پھر محسوس ہوا کہ کوئی اور ہے، اسے وہ نوجوان یاد آیا جو دہلی کی ایک یونیورسٹی سے پڑھ کر آیا تھا۔ پورے قصبے میں اس کے بارے میں افواہ پھیلی تھی کہ وہ دہریہ ہو گیا ہے، اس کے والد نے اسے گھر سے نکال دیا تھا۔ طالب ایک طویل کابوس میں مبتلا تھا کہ بندر کی ایک آواز سے چونک گیا اور اٹھ کر بیٹھ گیا۔

یہ آواز کتابوں کے پاس سے آئی تھی، وہ اس کی طرف دوڑا، وہاں پہنچ کر طالب غصے سے کانپنے لگا، بندر نے بہت سی کتابیں گرا کر تہس نہس کر دی تھیں۔ طالب نے انھیں سمیٹنے کی کوشش کی تو کوئی خستہ حال کتابیں پھٹ گئیں، ان کے چھوٹے چھوٹے ٹکڑے ہوا میں بکھرنے لگے۔ طالب نے حواس باختہ ہو کر انھیں سمیٹنے کی کوشش کی لیکن تبھی چھت پر بندر چیخا، اس بار اس کے چیخنے سے طالب کا غصہ بے قابو ہو گیا۔ وہ اس کی طرف دوڑا، بیوی منع کرتی گئی کہ ایسا مت کرو، اکیلا پا کر بندر حملہ کر سکتا ہے لیکن طالب نہیں مانا۔ تو بیوی نے طالب کو لاٹھی اور ٹارچ دے دیا، جنھیں لے کر وہ چھت پر چڑھ گیا۔ چھت پر ہر طرف گھپ اندھیرا چھایا ہوا تھا، اس نے جان بوجھ کر ٹارچ نہیں جلائی کہ اگر کہیں آس پاس بندر ہو گا تو روشنی دیکھ کر بھاگ جائے گا۔ جدھر سے آواز آئی تھی، اس طرف دیکھا لیکن بندر کے کچھ آثار محسوس نہ ہوئے، کچھ دیر تک وہ بیٹھا رہا اور بندر کی ٹوہ لیتا رہا، تھوڑی دیر

اندھیرے میں بیٹھے رہنے کے بعد اندھیرے میں تھوڑا تھوڑا نظر آنے لگا۔

ایک دھندلا سا سایہ آگے بڑھتا نظر آیا، تھوڑی دور چھتوں پر چلنے کے بعد اس نے ایک درخت پر چھلانگ لگا دی۔ اب طالب نے ٹارچ جلا کر دیکھا تو واقعی وہی بندر تھا، اپنے بچے کی نعش لیے ہوئے۔ طالب اس جگہ پر گیا جہاں درخت پر چڑھنے سے پہلے بندر بیٹھا ہوا تھا، ٹارچ جلا کر دیکھا تو کچھ بھیگا بھیگا سا نظر آیا، بندر کے کچھ بال بھی نظر آئے۔ اس نے سوچا ضرور اس مردہ بندر کے ہوں گے، اس کا مطلب نعش سڑنے لگی ہے۔ اس کے بعد وہ درخت کی طرف بڑھا اور ایک بار پھر اس نے ٹارچ جلا کر بندر کو تلاشنے کی کوشش کی۔ اچانک بندر ٹارچ کی روشنی کے دائرے میں آ گیا۔ ٹارچ کی روشنی سے بندر کی آنکھیں چندھیا گئیں، وہ تیزی سے چیخ کر طالب کی طرف کود پڑا، طالب کو بالکل توقع نہیں تھی کہ بندر اس قدر قریب ہوگا اور حملہ کر دے گا۔ وہ خوف سے بھاگا، خوف کی حالت میں لاٹھی اس کے ہاتھ سے چھوٹ گئی۔ تھوڑی دور تک بھاگنے کے بعد جب بندر کی کوئی آہٹ نہیں سنائی پڑی تو اس نے مڑ کر دیکھا، بندر تو دراصل پیڑ پر ہی تھا، وہ تو محض ایک شاخ سے دوسری شاخ پر کودا تھا، بندر کی چیخ اور کودنے کے عمل کو دیکھ کر وہ حواس باختہ ہو کر بھاگا تھا۔ اب اپنی چھت پر پہنچ کر طالب نے ایک بار پھر ٹارچ جلائی تو دیکھا کہ بندر درخت سے اتر کر پھر چھت پر آ گیا ہے، اور اس کی لاٹھی بندر کے ہاتھ میں ہے، بندر نے لاٹھی سے طالب کو ڈرانے کی بھی کوشش کی۔ تھوڑی دیر بعد وہ پھر درخت پر کود کر آہستہ آہستہ چلا گیا اور لاٹھی بھی اپنے ساتھ لے گیا۔ اب طالب نے چھت پر ایک ڈنڈا تلاش کیا اور بندر کے پیچھے پیچھے چل دیا، پھر دیر تک بندر کے پیچھے اِدھر اُدھر بھٹکتا رہا۔

ادھر زیبا کی طبیعت پھر سے بگڑنے لگی، بیوی اکیلی پریشان تھی کہ کیا کرے؟ بہت بری طرح سے دست اور اُلٹی ہونے لگیں، زیبا میں اٹھنے بیٹھنے کی بھی طاقت نہ رہی، بستر پر ہی سب کچھ کرنے لگی... اور طالب کی کوئی خبر نہ تھی۔ وہ زیبا کو خود سے کہیں لے نہیں جا سکتی تھی۔ اول تو رات بہت زیادہ ہو چکی تھی، دوسرے آج ہسپتال سے آنے کے بعد اس نے تاکید بھی کی تھی کہ آئندہ کبھی اس کی اجازت کے بغیر گھر سے باہر قدم نہ نکالنا، ورنہ اس کا بہت برا انجام ہوگا۔ ایسے حالات میں شوہر کی تاکید کو اگر نظر انداز کرنے کی بھی جسارت کرے تو اس کے پاس اب پیسے بھی نہ تھے۔ جب حالت حد سے زیادہ بگڑ گئی، اس کے سمجھ میں کچھ نہ آیا تو زور زور سے رونے لگی، رونے کی آواز سن کر پڑوسی آ گئے، وہ سب مل کر زیبا کو سرکاری ہسپتال لے گئے۔

وہاں جا کر معلوم ہوا کہ ہسپتال میں مریضوں کے بستر خالی نہیں ہیں، اسے تھوڑا انتظار کرنا پڑے گا۔ ہسپتال میں بھی افواہوں کا بازار گرم تھا، طرح طرح کی خبریں آ رہی تھیں، لیکن ان میں ایک بھی اچھی خبر نہ تھی۔ پورے قصبے میں ہیضے کی وبا پھیلی ہوئی تھی۔ سب لوگ اس بیماری کی وجہ اس بندر کے بچے کی سڑتی ہوئی نعش مان رہے تھے۔ پھر یہ افواہ بھی پھیلی کہ انسانوں کے گھروں کی نعشیں لوگوں کو نظر نہیں آتی ہیں لیکن ان سے بدبو پھیل رہی ہے۔ ان سب خبروں اور افواہوں کے درمیان کچھ دیر انتظار کے بعد زیبا کو ایک بستر ملا اور اس کا باقاعدہ

علاج شروع ہوا، لیکن تب تک اس کی حالت کافی بگڑ چکی تھی اور تھوڑی دیر میں زیبا کا دم نکل گیا۔

محلے والے زیبا کی نعش کو واپس گھر لے آئے، طالب ابھی بھی واپس نہیں آیا تھا۔ وہ لوگ طالب کی بیوی بچوں کو گھر میں چھوڑ کر طالب کو تلاش کرنے نکل گئے، بیوی بچے آہ وگریہ کرنے لگے۔ تھوڑی دیر میں کچھ لوگ طالب کے گھر کے پاس سے گزرے، رونے کی آواز سن کر وہ لوگ طالب کے گھر میں داخل ہو گئے۔ وہ بدبو کا پیچھا کرتے کرتے کتابوں کے پاس پہنچتے ہیں، وہاں ابھی بھی کتابیں بکھری پڑی تھیں لیکن کوئی نعش نظر نہ آئی، پھر وہ زیبا کی طرف مڑے، نعش دیکھ کر وہ لوگ خوب ہنگامہ کرنے لگے کہ طالب نے اپنے گھر میں نعش چھپا رکھی ہے۔ طالب کی بیوی ان لوگوں کو صحیح صورت حال سمجھانے کی کوشش کرتی ہے لیکن ان لوگوں نے اس کی ایک نہ سنی اور پولس کو بلانے چلے گئے۔

ادھر طالب نے تہیہ کر لیا تھا کہ آج رات بندر کو نہیں چھوڑنا ہے، اس سے وہ نعش چھڑا کر ہی دم لوں گا۔ دیر تک بندر کی کوئی آہٹ نہ سنائی دی، وہ بندر کی تلاش میں، ایک ٹوٹی ہوئی دیوار سے نیچے اتر کر کافی دور نکل آیا تھا، آخر کار تھک ہار کر وہ ایک چھت پر بیٹھ گیا۔ تھوڑی دیر میں ایک سایہ سا نظر آیا اس نے غور سے دیکھا تو وہ چار پیروں پر چل رہا تھا ابھی طالب اس پر حملے کا منصوبہ بنا ہی رہا تھا کہ ایک دروازے کے پاس پہنچ کر دو پیروں پر کھڑا ہو گیا۔ اس کے ذہن میں فوراً یہ سوال اُبھرا کہ کہیں وہ بندر آدمی ہی تو نہیں ہے جو بندر کا بھیس بنا کر گھومتا پھر رہا ہے کہ اتنے میں سامنے کا دروازہ کھلا اور وہ آہستہ سے گھر کے اندر داخل ہو گیا۔

ارے یہ تو آدمی تھا، اتنی رات میں وہ ثاقب کے گھر میں کیا کرنے گیا ہے۔ اس کی بیوی تو چھوٹے چھوٹے بچوں کے ساتھ گھر میں اکیلے رہتی ہے، اچھا تو یہ بات تھی، اس لیے اس کی بیوی ساس اور خسر سے الگ رہنے کے لیے بضد تھی۔ اکثر ساس بہو میں جھگڑے ہوتے رہتے تھے... میں نے ہی ثاقب سے کہہ کر اس کے گھر والوں کو یہ کہہ کر الگ کر دیا تھا کہ اس روز روز کی لڑائی سے بہتر ہے کہ الگ الگ ہی سہی لیکن پرامن طریقے سے رہنا چاہیے۔ تو یہ راز تھا ان جھگڑوں کا؟ اس گناہ میں تو میں بھی شریک ہوں۔ یہ سوچ کر اسے اپنے آپ پر بہت غصہ آیا اور وہ اس کے گھر کی جانب چل پڑا کہ ابھی انھیں رنگے ہاتھوں پکڑتا ہوں۔ لیکن گھر کے قریب پہنچ کر اس کی طبیعت بے چین ہونے لگی، اس کے ذہن میں اسے رنگے ہاتھوں پکڑنے کا نقشہ ابھرا، یہ صورت حال بڑی ہی شرمناک محسوس ہوئی اور اس صورت حال کا سامنا کرنے کے لیے وہ اپنے آپ کو تیار نہ کر سکا۔ اس نے سوچا ثاقب کی بیوی کو بعد میں سمجھا دوں گا اگر تب بھی نہ مانی تو ثاقب سے شکایت کر دوں گا۔ ابھی تو جلد از جلد کسی طرح بندر کے سینے سے چمٹی ہوئی نعش چھڑانی ہے۔ یہ کہہ کر وہ اس طرف چل پڑا، جدھر بندر کے ہونے کے امکان تھے۔

بندر اور طالب پوری رات ایک دوسرے سے آنکھ مچولی کھیلتے رہے۔ کبھی بندر طالب کو جُل دے جاتا اور کبھی طالب بندر کو۔ ایک جگہ اسے ایک بڑی عجیب سی شے محسوس ہوئی، ٹارچ جلا کر دیکھا تو بندر کے جسم کا کوئی عضو محسوس ہوا، اس نے سوچا شاید اس نعش کا ایک پیر سڑ کر گر گیا ہے۔ اس کی طبیعت مضمحل ہو گئی جیسے قے ہو جائے

گی۔اس کے بعد بندر کی تلاش اس کے بس میں نہ رہی، وہ بالکل تھک ہار گیا اور گھر لوٹنے پر مجبور ہو گیا۔

گھر پہنچ کر اس نے دیکھا کہ گھر کے باہر کئی لوگ جمع ہیں، وہ جیسے ہی گھر میں داخل ہونے لگا، بھیڑ میں سے کسی نے کہا یہی ہے طالب۔ پولس اس کو گرفتار کر لیتی ہے، طالب گرفتاری کا سبب پوچھتا ہے، تو پولس بتاتی ہے تم نے گھر میں نعش چھپا رکھی ہے۔ طالب کہتا ہے کہ آپ کو غلط فہمی ہوئی ہے، میرے یہاں کوئی نعش نہیں ہے۔ پولس والے طالب کو زیبا کے پاس لے جاتے ہیں۔ وہ اس کی نعش دیکھ کر پھوٹ پھوٹ کر رونے لگا۔ وہ رو رہا تھا کہ بھیڑ میں سے ایک شخص نے کہا یہ اپنے جرم سے بچنے کے لیے سوانگ کر رہا ہے داروغہ جی، اسے تھانے لے چلیے۔ پولس نے طالب کو گرفتار کر لیا تو وہ صفائی دیتا ہے کہ میں تو آپ ہی کے کام میں لگا ہوا تھا، کوئی اپنے ساتھ نعش نہ رکھنے پائے، میں ساری رات اس بندر سے نعش چھڑانے کی کوشش میں لگا ہوا تھا۔ پولس طالب کی بات نہیں مانتی ہے، تبھی اس کے پڑوسی جو طالب کو تلاش کرنے گئے تھے واپس آ گئے، انھوں نے پولس کو زیبا کے انتقال کی پوری تفصیل بتائی۔ پڑوسیوں کی بات سن کر پولس نے طالب کو چھوڑ دیا۔ اگلے روز زیبا کی تدفین کے وقت پورے شہر میں سناٹا پھیلا تھا۔ جگہ جگہ سے تعفن اٹھ رہا تھا، ہیضے کی وبا بڑھتی جا رہی تھی۔ اس لیے لوگ تدفین میں بھی شامل ہونے سے گریز کر رہے تھے۔ زیبا کی تدفین میں بمشکل دس بارہ لوگ شامل ہوئے۔

تدفین سے واپسی کے وقت ایک جگہ بھیڑ جمع ہوتی ہے۔ وہاں پہنچنے پر معلوم ہوا کہ وہ بندر ابھی یہاں تھا، اس کے بچے کی نعش کا ایک عضو سڑ گل کر وہاں ابھی گرا تھا، لوگ بات کرتے ہیں کہ نعش میں کیڑے پڑ گئے ہیں، اس کے اعضا ٹکڑے ٹکڑے ہو کر اِدھر اُدھر بکھر رہے ہیں اور بھیانک طور پر بیماری کا باعث بن رہے ہیں۔ ہیضہ بڑھتا جا رہا ہے۔ ہر طرف افراتفری کا ماحول ہے، تبھی ایک شخص رکشے پر لاوڈ اسپیکر باندھے ہوئے اعلان کرتے ہوئے سامنے سے گذرتا ہے۔

"ہر خاص و عام کو اطلاع دی جاتی ہے کہ قصبے میں ایک بندر اپنے مردہ بچے کی نعش لیے گھوم رہا ہے، یہ سراسر غیر قانونی اور غیر اخلاقی ہے، اس لیے کلکٹر صاحب نے اعلان کیا ہے کہ جو شخص بھی اس بندر کو دیکھے، اسے گولی سے اُڑا دے، اس کار خیر میں پولس کا تعاون شامل حال رہے گا، جو شخص اس بندر کو مارنے میں کامیاب ہوگا، اسے نقد انعام سے نوازا جائے گا۔"

اس کے بعد اعلان کرنے والے شخص نے ایک بار پھر وہی رٹا ہوا جملہ دہرانا شروع کر دیا۔ بندر تھا کہ ایک جگہ رک ہی نہیں رہا تھا، پولس اسے مارنے کے لیے بھاگی بھاگی پھر رہی تھی لیکن اسے کوئی موقع ہاتھ نہیں لگ رہا تھا۔ طالب کا خیال تھا کہ پولس بندر کو مارنا نہیں چاہتی، صرف دکھاوا کر رہی ہے۔

ہیضے کی وبا اتنی بڑھ گئی کہ لوگ قصبہ چھوڑنے پر مجبور ہو گئے۔ کچھ بزرگ اس سے قبل بھی طاعون کے خوف سے گاؤں چھوڑ چکے تھے، انھوں نے تجربہ سے سیکھا تھا جب بھی کوئی متعدی بیماری پھیلے تو جتنی جلد ہو سکے گاؤں چھوڑ دینا چاہیے۔ سب اپنی نہایت ضروری چیزوں کو لے کر محفوظ جگہوں کی تلاش میں نکل پڑے۔ طالب

نے بھی عارضی ہجرت کرنے کی تیاری کر لی۔ اس نے تاریخ و مذہب کی کتابوں کو سب سے اہم جانا، جنھیں ایک گٹھری میں لپیٹ کر چل دیا، بیوی بچے بھی اس کے پیچھے ہو لیے۔

اس دوران دلچسپ بات یہ ہوئی کہ انسانوں کو ہجرت کرتے دیکھ جنگلوں سے مزید بندر بستی کی طرف آنے لگے۔ بندر طالب کو دیکھ کر اس کے آگے پیچھے کودنے لگے۔ طالب نے جب بندروں کا یہ رویہ دیکھا تو طیش میں آ گیا۔ اس نے بوسیدہ کتابوں کی گٹھری کو سینے سے چمٹائے ہوئے بندروں کو دوڑا دوڑا کر بھگانے کی کوشش کی، اس دوڑ بھاگ میں اسے ٹھوکر لگی اور وہ گر پڑا۔ اب اس کے آس پاس کئی بندر جمع ہو گئے تھے، ایک بندر نے اس کی گٹھری پر حملہ کر دیا اور اسے چھین کر بھاگنے کی کوشش کی، باقی بندر ایک دوسرے کو اشارہ کر کے ہنسنے لگے۔

لوگ جوق در جوق شہر چھوڑ کر جانے لگے، طالب نے ایک بار پھر سونگھنے کی ناکام کوشش کی، سرئیو کے کنارے بارش کا انتظار کرتے کرتے سمٹنے لگے، شہر پر ویرانی چھانے لگی، نئے بندر پرانے بندروں کے ساتھ مل کر جشن منانے لگے اور بستی ایک بار پھر شراپ کی گرفت میں چلی گئی۔

بدمعاش (گجراتی)

جھویر چند میگھانی

ترجمہ: مظہرالحق علوی

ریل کے پہیے پہلا چکر گھوم چکے تھے کہ رام لال بھائی نے آخری کمپارٹمنٹ کا دروازہ کھول کر اپنی بیوی کو اندر دھکیل دیا۔ ریل کے پہیے 'کھٹ کھٹ کھٹاک' تیزی سے گھومنے لگے، گونجنے لگے۔ تین بچوں اور ایک ٹرنک کو بھی رام لال نے کھڑکی میں سے باقاعدہ پھینک دیا۔ رکمنی سب سے آخر میں پھینکے گئے ٹرنک اور گود کے بچے کو سنبھالنے میں ہی مصروف تھی کہ ریل پلیٹ فارم چھوڑ چکی تھی۔

خالی پلیٹ فارم پر جو لوگ کھڑے تھے اور جنھوں نے یہ منظر دیکھا تھا، انھوں نے رام لال کو سنانی شروع کیں۔

''صاحب لوگوں کے بیٹے ہیں، سب کے سب پنکچوئل ٹائم پر ہی آئیں گے۔ ذرا جلدی آجائیں تو چھوٹے باپ کے نہ بن جائیں۔''

''اور پھر یہ تک نہ سوچا کہ بیوی کو کس کے حوالے کر رہے ہیں۔''

اس فقرے نے رام لال کو چونکا دیا۔ کون تھا اس کمپارٹمنٹ میں؟ کون تھا وہ جس سے رام لال نے اپنی بیوی کا خیال رکھنے کی درخواست کی تھی؟ اس نے اپنے دماغ پر زور دے کر یادداشت کو نچوڑا۔

اور اس کی ناک نے دیسی بیڑی کی بے پناہ کڑوی کسیلی بو محسوس کی، اس کے کانوں میں آٹھ دس پھٹی ہوئی آوازوں میں غلیظ و شرمناک فقروں کے ٹکڑے گونجنے لگے۔ اس کی نظر نے تو صاف کوئی چہرہ دیکھا ہی نہ تھا البتہ جو چیزیں صاف طور سے نظروں کے سامنے گھوم رہی تھیں، وہ تھیں کالی ٹوپی، کالی ڈاڑھی، کالا تہہ بند وغیرہ اور

ان سب کالی چیزوں کی سیاہی دل کے آس پاس گھوم کر اور دباؤ ڈال کر تفکرات اور پریشانی کے کالے کالے بادل پیدا کر رہی تھی۔ پھاٹک میں سے باہر نکلتے وقت ایک واقف کار شخص نے رام لال سے پوچھا،

''رام لال بھائی! ساتھ کون گیا ہے؟''

''ساتھ تو کوئی بھی نہیں گیا۔''

''تو پھر تم نے یہ کس سے کہا کہ بھائی بچوں کا ذرا خیال رکھنا؟''

''بے شک یہ میں نے کہا لیکن پتہ نہیں کس سے کہا؟ میرے تو حواس ٹھکانے نہ تھے۔''

''تو اتنی جلدی کیا تھی رام لال بھائی؟ بیوی بچوں کو کل بھیج دیا ہوتا۔ کیا فرق پڑ جاتا اس سے؟''

''اب مجھے افسوس ہو رہا ہے۔''

''کون جانے کیا ہو جاتا ہے ہم لوگوں کو؟ آگ گاڑی دیکھ کر بس 'بھرراٹے' ہی بن جاتے ہیں، بھرراٹے۔'' (پاگل)

لفظ 'بھرراٹے' رام لال کے دل میں بری طرح اتر گیا۔ ٹھیٹھ کاٹھیاواڑی لہجے میں ادا کیا ہوا یہ کاٹھیاواڑی لفظ رام لال کی اس وقت کی حالت کی مکمل ترین تصویر کھینچ رہا تھا۔ لال کپڑا دیکھ کر جس طرح گھوڑا بھڑکتا ہے، اونٹ کو دیکھ کر جس طرح بھینس بپھرتی ہے، مل مالک کو دیکھ کر آج کل کا مزدور نیتا جس طرح بے قابو ہو جاتا ہے کچھ اسی طرح سے گارڈ بابو کے ڈبے کی لال بتی جلتی دیکھ کر رام لال پاگل ہو گیا۔ اس حد تک پاگل ہو گیا کہ یہ تک اسے دھیان نہ رہا کہ کیکا اور کیکا کی ماں جاندار تھے، انسان تھے، وہ تو جیسے انھیں بے جان گٹھڑیاں سمجھ بیٹھا تھا۔

ارے رام! آدمی اپنی گٹھڑیاں اور سامان وغیرہ بھی کسی جانے پہچانے اور معتبر آدمی کے سپرد کرتا ہے۔ ایک دفعہ ہاپس آموں کا ٹوکرا گھر بھجوانا تھا تو اس وقت رام لال نے اپنے ایک رشتہ دار تک پر بھروسہ نہ کیا تھا، اسے شک ہوا تھا کہ اس کا یہ رشتہ دار کچومر بنانے کے لیے ٹوکرے میں سے ایک آدھ کچا آم نکال لے گا لیکن آج وہ کیا کر بیٹھا؟

دوسرا ایک آدمی رام لال کے کان میں ایک بات کہہ گیا۔ بات کہتے وقت اس شخص کی نظریں چاروں طرف گھوم رہی تھی جیسے اسے خوف ہو کہ اسٹیشن کی دیواروں سے یا اسٹیشن کے فرش کے پتھروں میں سے کوئی بڑا سا چھرا لے کر نکلے گا اور اس پر ٹوٹ پڑے گا۔ اس شخص نے رام لال سے جو بات کہی وہ یہ تھی۔

''سیٹھ! اس ڈبے میں تو احمد آباد شہر کے بدمعاشوں کا سردار اللہ رکھا بیٹھا ہوا تھا اور اس کے ساتھ اس کے آٹھ دس بھنگیڑی گنجیڑی اور گلا کاٹو ساتھی تھے۔ میں وہیں تو کھڑا ہوا تھا۔ ان کے ساتھ ایک رنڈی بھی تھی اور وہ سب اس رنڈی سے چھین چالے کر رہے تھے۔ وہ سب کے سب اس رنڈی کو دھکیل دھکیل کر اللہ رکھا کی گود میں ڈال رہے تھے۔ یہ سب کچھ میں نے اپنی آنکھوں سے دیکھا ہے۔ تیس مسافروں کا ڈبہ تھا وہ لیکن اس میں دس کے علاوہ گیارہواں مسافر نہیں بیٹھا تھا۔ ان بدمعاشوں کی صورتیں دیکھ کر ہی سارے کے سارے مسافر آگے کے ڈبوں میں چلے گئے۔ ارے سیٹھ! تم نے اپنے بیوی بچوں کو بھیڑیوں کے بھٹ میں ڈال دیا ہے بھیڑیوں کے۔''

رام لال کا تو خون منجمد ہو گیا۔ اس شخص نے ایک بار پھر ادھر اُدھر دیکھا، اپنے منہ کے دائیں طرف ہتھیلی کی دیوار کھڑی کر کے نیچی آواز میں کہا:

''سیٹھ! آٹھویں پندرھویں دن اللہ رکھا یہاں کا چکر لگاتا ہے اور اس کے چکر شروع ہونے کے بعد پانچ دفعہ تو ریل گاڑی کے ڈبوں میں لت پت لاشیں ملیں اور اس شہر میں سات آٹھ ڈاکے پڑے۔ یہ کالے کرتوت کرنے والا کون ہے یہ سبھی جانتے ہیں۔ تم سمجھتے ہو کہ پولیس نہیں جانتی؟ ارے میں کہتا ہوں کہ پولیس کو سب کچھ معلوم ہے لیکن پولیس کو اللہ رکھا نے خوب مال کھلایا ہے۔ انھیں گلے گلے تک ٹھنسا دیا ہے۔ اب کیا کہیں میرے سیٹھ یہ تو ایسا ہی ہے کہ کس کے باپ کا گجرات! اس راج کا تو یہ ہے کہ 'یہ مارا دھکا، دیو گیا ڈونگرے (پہاڑ پر) اور پیر گیا مکہ'؛ تو ایسا ہے بھائی۔ کون کس کی سنتا ہے۔ سب اپنی اپنی چلاتے ہیں۔ یہ گاندھی نے تو اور بھی اوندھی ہوا چلائی ہے۔ یوں کیا خاک سوراج ملے گا۔ یہ تو مبارک سمجھو انگریز کے راج کو کہ ...''

ایسا تو پتہ نہیں اور کتنی دیر تک وہ اپنا فلسفہ بگھارتا اور کہاں تک اپنے دل کی بھڑاس نکالتا لیکن جب اس نے دیکھا کہ رام لال کا دھیان کہیں اور ہی ہے اور وہ اس کی بات سرے سن ہی نہیں رہا تو وہ شخص وہاں سے کھسک گیا اور دور جا کر ایک دوسرے شخص سے بھڑ گیا۔ اب وہ دونوں ہنس رہے تھے اور رام لال کی طرف ایسے اشارے کر رہے تھے جن کا مطلب ہر کوئی سمجھ سکتا کہ احمق ہے، احمق!

رام لال کو تار آفس جانا تھا اور تار آفس سامنے ہی تھا۔ اندھا بھی دیکھ سکے ایسے بڑے بڑے حروف بجلی کی روشنی میں جگمگا رہے تھے: 'تار گھر'، لیکن رام لال کے حواس ایسے گم تھے کہ اس نے قریب سے گزرتے ہوئے ایک شخص سے تار آفس کا پتہ پوچھا۔

تار کا فارم لے کر وہ اس کے خانوں میں پیغام جمانے لگا۔ ریل اس وقت کہاں ہوگی اس کے متعلق پوچھا۔ اس اسٹیشن کے جہاں اس کے اندازے کے مطابق ریل اب پہنچنے والی تھی، ماسٹر کے نام تار لکھا۔ کم سے کم الفاظ استعمال کیے اور جب یہ معلوم ہوا کہ اتنے لفظوں کا تار صرف نو آنے میں جائے گا تو اس نے دل ہی دل میں خود اپنی عقلمندی اور کفایت شعاری کی داد دی۔ تار کھڑکی میں کھسکا کر اس کے اوپر ایک روپیہ رکھ دیا۔

''دو روپے اور دیجیے۔'' تار بابو نے لکھتے لکھتے گردن ذرا اونچی کر کے کہا۔

''کاہے کے؟'' رام لال نے ذرا گرم ہو کر کہا، ''انجان سمجھ کر تم۔''

''ایکسیس چارج۔''

''کاہے کے؟''

''لیٹ فی، پلس سنڈے۔''

رام لال کو جیسے کسی نے بری طرح جھنجھوڑ کر رکھ دیا۔ تین روپے؟ ایسی بڑی رقم تو اس نے نجی تار میں بھی خرچ نہ کی تھی۔ کیا واقعی اتنی بڑی مصیبت آ گئی تھی کہ وہ پورے ساڑھے تین روپے خرچ کر ڈالتا؟ کیا میری بیوی

عقل سلیم سے کام لے کر اگلے اسٹیشن پر کمپارٹمنٹ بدل نہ لے گی؟ میری اتنے برسوں کی صحبت کے بعد بھی اس میں اتنی عقل نہ آئی ہوگی؟ کیا پتہ! وہ بہر حال عورت ہے اور عورت کی عقل ایڑی میں ہوتی ہے، لیکن... لیکن...

اگر کوئی ایسی ویسی بات ہوئی تو کیا وہ زنجیر نہ کھینچ لے گی؟ جہاں وہ بیٹھی ہوگی وہاں سے زنجیر دور تو نہ ہوگی۔ لیکن... کیا زنجیر کام کر رہی ہوگی؟ ارے رام! اس چوماسے میں زنجیر اگر جام ہوگئی ہوگی تو؟ اور یوں بھی یہ ریلوے والے ریل ٹھہرانے کی زنجیر کو چالو حالت میں کب رکھتے ہیں؟ اگر ایسا ہوا تو؟ تو کیا وہ چلائے گی نہیں؟ کیا چیخے گا نہیں؟ لیکن اس ڈاکو اللہ رکھا نے اس کا منھ دبا دیا تو؟

خیالات کا سلسلہ یوں جاری تھا کہ تار بابو نے تار کا فارم اور روپیہ کھڑکی سے باہر دھکیل کر اس سلسلے کو توڑ دیا اور پھر تلخی سے کہا، ''سیٹھ جی! سوچ بچار کر کے کل صبح آنا تب تک پیر کا دن آجائے گا۔''

یہ سنتے ہی رام لال کا خون سنسنانے لگا۔ اسے خود اپنے آپ سے نفرت ہوگئی اور اس نے اپنے تصور میں اپنی بیوی کو گھور اندھیرے جنگل میں اور ایسی حالت میں دیکھا کہ وہ بچاری چیخ بھی نہ سکتی تھی اور اس کا ننھا بچہ... وہ تو کبھی کا تڑپ کر ٹھنڈا ہو گیا ہوگا۔

''اے میرے پربھو! اے رحیم! اے کریم!'' اس کے دل کی گہرائیوں میں سے نکلا اور اس نے تار کے فارم پر پانچ روپے رکھ دیے۔

''ایپلائی پری پیڈ؟'' تار بابو نے اپنی مخصوص زبان میں مختصر سوال پوچھا۔ ہر شخص اپنے دھندے کی مخصوص زبان ہی عموماً استعمال کرتا اور یقین کر لیتا ہے کہ دوسرے بھی یہ زبان جانتے ہیں اور اگر نہیں جانتے تو انھیں سیکھ لینی چاہیے۔

''ہاں! جی! نہیں... ہاں ہاں... ریپلائی منگوا دیجیے۔'' رام لال نے بڑی مشکل سے کہا۔

رام لال کے دل میں جیسے ایک چھلنی لگی ہوئی تھی۔ یہ چھلنی تھی کاروباری ذہانت کی، چنانچہ وہ اپنے ہر خیال اور ہر ارادے کو اس میں چھاننے کے بعد ہی اسے عملی جامہ پہناتا تھا۔

تار بابو نے آٹھ آنے اپنی جیب میں کھسکانے کے بعد بقیہ ریزگاری کھڑکی سے باہر ڈال دی۔ اس کے بعد بہت کچھ اُلٹ پلٹ کرنے کے بعد وہ تار کی مشین 'کھٹ کھٹاک کھٹ کھٹ' کرنے لگا تو رام لال کی جان میں آئی۔ تار کی کی مشین کی کھٹ کھٹ اسے مارچ کرتی ہوئی پولیس کے قدموں کی دھمک معلوم ہوئی اور پھر ہتھکڑیوں کی جھنکار بھی سنائی دی اور اس کے تصور نے ان ہتھکڑیوں کو بدمعاش اللہ رکھا کی کلائیوں میں دیکھا۔

تار کے جواب کا پرزہ لفافے میں رکھ کر تار بابو نے رام لال کی طرف بڑھا دیا تو موخرالذکر نے اطمینان کا سانس لیا۔ اس نے لفافہ کھول کر تار کا پرزہ نکالا۔ صرف اتنا لکھا ہوا تھا:

''ریل پانچ منٹ پہلے ہی چھوٹ گئی۔''

مزید روپیہ خرچنے کی ہمت نہ کرتے ہوئے رام لال نے ایشور کا سہارا لیا۔ اگر وہ دورِ قدیم کا انسان ہوتا تو

سارے دیوتاؤں کی منتیں مان لیتا اور اگر دورِ جدید کا انسان ہوتا تو ہر ممکن تدبیر کرتا اور کوئی کسر اٹھا نہ رکھتا۔لیکن وہ دونوں کے درمیان لٹک رہا تھا چنانچہ وہ گھر پہنچا اور اپنے آپ کو دھپ سے پلنگ پر ڈال دیا اور خوفناک خیالات میں ڈوب گیا۔

نیند کا دور دور تک پتہ نہ تھا لیکن دماغ تھکن سے چور تھا۔ اعصاب تن گئے تھے وہ نہ سو رہا تھا نہ جاگ رہا تھا۔ نہ ہوش میں تھا اور نہ بیہوش، لیکن ان دونوں کے درمیان کی حالت میں تھا اور یہ حالت یا یہ عالم ایک خوفناک کہانی کو جنم دے رہا تھا اور اس بھیانک کہانی نے اسے پسینے میں تربتر کر دیا تھا۔

اسے کچھ دھندلا دھندلا سا احساس تھا کہ اس نے اس شخص کو جس سے اس نے ''میری بیوی بچوں کا خیال رکھنا'' کہا تھا پہلے بھی کہیں دیکھا تھا۔

کہاں دیکھا تھا؟ کہاں ملا تھا وہ اس سے؟

''آ... ہاں... یاد آیا... ٹھیک... ریل کے سفر میں ہی تو... رات کا ہی وقت تھا اور وہ اچانک میرے چھوٹے کمپارٹمنٹ میں گھس آیا تھا۔ بڑا ہی خونخوار معلوم ہو رہا تھا اس کے باوجود اس نے ہاتھ جوڑ کر بڑی عاجزی سے کہا تھا، بھائی صاب! تھوڑی دیر کے لیے مجھے یہاں چھپ جانے دو۔ میں تمھارے سامنے اقرار کرتا ہوں کہ میرے پاس افیون کے پانچ گولے ہیں اور پولیس میرا تعاقب کر رہی ہے۔''

اور اس کی اس گڑگڑاہٹ کے جواب میں رام لال نے کڑک کر کہا تھا، ''نہیں نہیں بدمعاش! یہاں نہیں۔نکل جاؤ یہاں سے اسی وقت۔''

اور وہ میری بیوی کی طرف گھوم گیا تھا اور گڑگڑایا تھا، ''تو میری ماں ہے مجھے یہاں چھپنے دے۔'' اور میری بیوی نے کہا تھا، ''بیٹھنے دو بچارے کو۔'' تو میں نے رکمنی کے لتے لے ڈالے تھے، خوب ڈانٹا تھا اسے اور پھر پولیس کو آواز دی تھی۔ ''پولیس! پولیس!'' اور پولیس دوڑی آئی تھی، پولیس نے اسے گرفتار کر لیا تھا، بھری عدالت میں میری تعریف کی گئی تھی اور اس بدمعاش کو تین سال قید بامشقت کی سزا سنائی گئی تھی تو اس وقت اس نے لال آنکھوں سے میری طرف دیکھ کر قسم کھائی تھی اور کہا تھا۔''رام لال رہا ہو کر آؤں گا تو تجھ سے سمجھ لوں گا۔''

''ہاں... ہاں... یہی وہ آدمی تھا۔اس نے میری بیوی سے سب کچھ پوچھ لیا... انتقام لیا... خون پیاس کا ہائے... او میرے باپ!''

رام لال کی آنکھ خود بخود اپنی ہی ہائے وائے سے کھل گئی۔

ہر رات کی صبح ہوتی ہے چنانچہ اس رات کی بھی صبح ہوئی۔ تقریباً دس بجے رام لال کو اس کے برادرِ نسبتی کا تار ملا کہ سب خیریت سے پہنچ گئے ہیں۔ تیسرے دن خود اس کی بیوی رکمنی کا طویل خط آیا۔ رام لال کو حیرت ہوئی کہ یہ پہلا موقع تھا کہ گھر پہنچنے کے بعد رکمنی نے اتنے جلد اسے خط لکھا تھا۔

خط ایک یونہی سی پڑھی لکھی عورت کا اسی کی زبان میں تھا چنانچہ اس کی ابتدا 'پیارے' یا 'میرے پیارے' یا 'میرے سرتاج' کے لقب سے نہ ہوئی تھی بلکہ بغیر کسی تمہید کے یا بغیر کسی لاگ لپیٹ کے خط مطلب کی

بات سے ہی ایک دم شروع ہو گیا تھا۔ چنانچہ یہ خط انجن لگی ریل کی طرح خوبصورت معلوم ہونے کے بجائے بغیر انجن کی بجلی سے چلتی ہوئی ریل کی طرح بے ڈول اور مضحکہ خیز معلوم ہو رہا تھا۔ ہم اس خط کو ہو بہو یہاں نقل کیے دیتے ہیں۔ ہاں، اس میں علامتیں البتہ ہم نے لگائی ہیں۔

''تم کو تو کچھ خیال ہی نہیں۔ میں نے کتنا کہا کہ مجھے ایک صراحی دلا دو، پیتل کی نہ سہی مٹی کی سہی، لیکن تم تو ایک سے دو نہ ہوئے کہا کہ ٹیشن ٹیشن (اسٹیشن اسٹیشن) پانی مل جاتا ہے تو پھر لوٹے سے ہی کام کیوں نہ چلا لیا جائے؟ اچھا لو۔ تمھاری ہی بات قائم رہی۔ رستے میں پانی کی مصیبت پڑ گئی۔ بچے رونے لگے، چیخم دھاڑ مچا دی۔ ساتھ تھے انھوں نے چوکھا ہندو کھانا لا دیا۔ چھوکرے پانی پانی چلائیں تو ٹیشن ٹیشن وہ بھائی دوڑ دوڑ کر پانی لے آئیں۔ مجھے تو کچھ پوچھیں نہ گاچھیں، بس اپنے ساتھیوں سے کہتے رہیں۔ اس کے دھنی (خاوند) نے ہم کو بولا کہ اس کا کھیال رکھیو اور بھگوان جھوٹ نہ بلائے تو کوئی پچاس دفعہ ان بھائی نے یہی بات دہرائی۔

''اس کے دھنی نے ہم کو بولا کہ اس کا کھیال رکھیو' بس وہ تو یہی کہتا جائے اور خوش خوش ہوتا جائے۔

''اب شروع سے بات کرتی ہوں۔ گاڑی کے روانہ ہوتے ہی ان بھائی نے اس عورت، یہ کہتے ہوئے بھی موئی شرم آتی ہے، کو اپنی گود میں سے پرے دھکیل دیا اور کہا کہ دور ہٹ کے بیٹھو اور جو لوگ ساتھ تھے ان سے گرج کر کہا۔ 'اب کھل کھل ہنسنا بند کرو اور بیڑی کا دھواں ادھر مت پھینکو کیوں کہ اس کا دھنی ہم کو بول گیا ہے کہ اس کا کھیال رکھیو'

''اس کے بعد تو وہ لوگ دھیرے دھیرے باتیں کرنے لگے اور پھر ایک ایک کر کے سو گئے۔ لیکن ان بھائی نے کہا کہ، 'ہم نہیں سوئے گا۔ اس کا دھنی ہم کو بول گیا ہے کہ ... ' وغیرہ وغیرہ۔

''وہ تو بیٹھ ہی گیا۔ اب کیا بتاؤں میری حالت۔ دل تو دھڑ دھڑ کر رہا تھا۔ جانے کیوں جاگ رہا ہے یہ موا کیا ارادے ہوں گے اس کے؟ مجھ سے کہا۔ 'ماں تم سو جاؤ' لیکن مجھے نیند کیسے آتی۔ یونہی جھوٹ موٹ سو گئی۔ ببلی رونے لگی۔ کیا روئی ہے کتنا روئی ہے کہ بس نہ پوچھو وہ بھائی اٹھا اور مجھ سے کہا، 'ماں کپڑا دے۔' میں سمجھی کہ لوٹنے آیا ہے میں نے اس کے سامنے ہاتھ جوڑ دیے اور رو رو کر کہا، بھائی! سب کچھ لے جا لیکن میرے جسم کو نہ چھونا اور میرے تینوں بچوں پر رحم کرنا۔

''میں تو گلے کے گہنے اتارنے لگی۔ اس بھائی نے خود ہی اسے گھسیٹ لیا۔ ڈبے کے آمنے سامنے کے تختوں سے باندھ کر جھولی بنائی اور روتی ببلی کو اٹھا کر اس میں لٹا دیا۔ خود نیچے بیٹھ کر جھولا جھلانے اور اپنی پٹھانی بولی میں جانے کیسی لوری دینے لگا۔ میں نے دل میں کہا، دیکھو تو موئی عجب تماشا تماشا ہے نا؟ ہنسی بھی آ رہی تھی اور ڈر بھی لگ رہا تھا۔ یہ ڈاڑھی مونچھ والا سات ہاتھ کا خبیث جانے کہاں سے عورت جیسی آواز نکال کر گا رہا ہے؟ گاتے گاتے وہ رونے لگا۔ آنسو تھے کہ اس کی آنکھوں سے ساون بھادوں کی طرح بہہ رہے تھے۔ روتے روتے

وہ بڑبڑانے لگا، 'بیوی بچے کہاں۔ تو کہاں! ہم کہاں!'

''ببلی بھی کتنی شریر، میں اس کو روز مار پیٹ کر سلاتی ہوں اور اس وقت تو وہ ایسی دبک گئی کہ کوئی کہے نہیں کہ یہ وہی ببلی ہے۔ ہائے ہائے۔ کبھی تم نے میری ببلی کو جھولا جھلایا ہے، کبھی لوری دی ہے اسے؟ تمھارا تو یہ ہے کہ جب بھی میں نے تم سے جھولا کھینچنے کو کہا ہے، تم نے ایک ہی جواب دیا ہے کہ یہ میرا کام نہیں ہے۔ میں تو مرد ہوں مرد۔ لو آئے وہاں سے بڑے مرد بن کے۔

''خیر جانے دو یہ بات۔ یوں کرتے کرتے رات کے تین بج گئے۔ ایک جنکشن پر گاڑی رکی، ہمارے ڈبے کے سامنے بغل تھیلیوں اور بستروں کا پورا انبار کا انبار لیے خاکی ڈریس والے بیس پچیس آدمی آکر کھڑے ہو گئے۔ پہلے تو یہ لوگ اس خانے کی طرف گئے جہاں وہ بھائی بیٹھے تھے، لیکن وہاں سے فوراً لوٹ آئے اور میرے خانے کے پاس آکر کہا، 'بائی! تمہیں یہ کمپارٹمنٹ خالی کرنا پڑے گا۔'

''میں نے پوچھا، 'کیوں؟'

''بولے، 'جانتی نہیں ہو لوک سیوک جارہے ہیں۔'

''میں کچھ سمجھی نہیں چنانچہ پوچھا، 'سرکار والے ہو؟'

''وہ لوگ ہنسے اور کہا، 'ہاں۔ لیکن آج کی نہیں کل کی سرکار والے۔ چلو! اترو نیچے ہم تمھیں قریب کے ڈبے میں بٹھا دیتے ہیں۔'

''میں نے گڑگڑا کر کہا، 'بھائی! میرے چھوٹے چھوٹے بچے سو گئے ہیں اور میرے پاس سامان بھی بہت ہے۔' وہ بولے، 'بڑے شرم کی بات ہے بائی! لوک سیوک کے چرنوں میں دوسری عورتیں گہنے پاتے ہیرے موتی کے بار رکھ دیتی ہیں اور تم ان کے لیے ایک کمپارٹمنٹ خالی نہیں کر سکتیں؟ تم اتنا بھی نہیں جانتیں کہ لوک سیوک نے ہمیشہ تیسرے درجہ میں ہی سفر کرنے کا عہد کیا ہے؟'

میں تو خاک نہ سمجھی چنانچہ میرے منھ سے نکل گیا، 'ہوگے تم لوگ سیوک۔ میری جان کو کیوں آ گئے ہو؟'

میرا اتنا کہنا تھا کہ وہ لوگ بپھر گئے۔ جانے کیا کچھ برا بھلا کہہ ڈالا۔ 'دیکھتے ہیں کیسے نہیں اترتی۔' کہہ کر ایک شخص میرا اسامان باہر پھینکنے کے لیے اندر گھس آیا۔ میں نے تو ابھی اتنا ہی کہا تھا، 'ارے بھائی صاب!' کہ دوسرے خانے میں سے وہ بھائی لپک کر آئے۔ پیلے ڈریس والے کی گردن دبوچ لی اور یہ بڑی بڑی آنکھیں نکال کر صرف اتنا کہا، 'اس کے دھنی نے ہم کو بولا ہے کہ اس کا کھیال رکھیو۔ مالوم!'

ان سب کی تو آنکھیں ہی پھٹ گئیں اور پیلے ڈریس والا تو ان بھائی کی گرفت میں یوں تڑپنے لگا جس طرح واگھری کے ہاتھ میں چندن گوہ تڑپتی ہے۔ پھر کس کی مجال تھی کہ میرے خانے میں قدم بھی رکھتا اور وہ جو مجھے اترنے کو کہہ رہا تھا اور 'لوک سیوک لوک سیوک' کر رہا تھا وہی موا بولا، 'بھائیو! دوسرے ڈبے میں چلو۔ ہمارا کام قومی اتحاد قائم کرنا ہے، نہ کہ اسے توڑنا۔ ہم کہیں بھی گھس پیٹھ کر بیٹھ رہیں گے۔ پٹھان تو ہمارے بھائی ہیں اور پھر

کسی کی 'جے' کے اور 'اللہ ہو اکبر' (اللہ اکبر) کے نعرے لگاتے وہ لوگ چلے گئے اور وہ بھائی تو اکیلا کھڑا اپنے آپ سے کہہ رہا تھا، 'ہم کو بولا اس کا کھیال رکھیو۔ ایں! ہم کو بولا؟ ہم کو؟ شاباش! ہم کو بولا کہ کھیال رکھیو۔ شاباش ہے!

''یوں بڑبڑا کر وہ خود ہی اپنا سینہ تھپتھپا رہا تھا۔ کبھی تو وہ اپنا سینہ تھپتھپائے اور کبھی پیٹھ وہ تو پاگل ہی ہو گیا تھا موا۔

''سویرے میں اسٹیشن پر اتری۔ ان بھائی نے منجھلے کو جینتی کو اور چھوٹے کو بھی اٹھا اٹھا کر چوما اور ان کے سروں پر ہاتھ رکھ کر کہا، 'سلا مالیکم'۔

''میں نے کہا بھائی تم نے ہمارا بہت خیال رکھا بمبئی آؤ کبھی تو ہمارے گھر ضرور آنا۔ فلاں فلاں گلی میں ہمارا گھر ہے اور جینتی کے باپ کا نام 'ر' سے شروع ہوتا ہے۔ پھر میں نے اپنے بھائی سے کہا، ''انھیں اپنے بہنوئی کا پورا نام تو بتاؤ۔'' چنانچہ میرے بھائی نے کہا، ''رام لال چونی لال میشری۔'' یہ نام سنتے ہی وہ چونکا، اس کی آنکھوں میں خون اتر آیا۔ لیکن پھر فوراً ہی اس نے قہقہہ لگایا۔

''میرے بھائی نے کاغذ کے ایک ٹکڑے پر ہمارا پتہ لکھ کر اس کی طرف بڑھا دیا، لیکن اس نے مسکرا کر پتہ لینے سے انکار کر دیا اور اپنے سیدھے ہاتھ کی ایک انگلی آسمان کی طرف اٹھا دی۔

''لکھی تنگ (لکھنے والی)
رکمنی''

یہ خط پڑھتے ہی رام لال نے واپسی ڈاک سے ایک خط لکھ کر اپنی بیوی اور برادر نسبتی سے پوچھا، ''وہ کاغذ کا ٹکڑا جس پر میرا پتہ لکھا ہوا تھا، تم نے اسے دیا تو نہیں؟ اس کا تو یقین ہے نا؟ اگر نہیں دیا ہے تو اسے پھاڑ کر پھینک دو، جلا دو اور اگر وہ کاغذ اسے دیا ہے تو تمھیں دھرم کی قسم دیتا ہوں، مجھے سچ سچ بتا دینا تاکہ میں اپنی حفاظت کے لیے پولیس کو بلوا لوں۔''

اس خط کے جواب میں برادر نسبتی نے رام لال کے پتے والا کاغذ کا ٹکڑا اپنے بہنوئی کو بھجوا دیا۔ افراتفری میں یہ کاغذ اس کی نوٹ بک میں ہی رہ گیا تھا۔

اس کے باوجود رام لال کو اطمینان نہ ہوا چنانچہ اس نے پولیس کو اس سارے معاملے کی اطلاع دی۔

پولس افسروں نے یہ اعلان کر کے کہ 'معاملہ سنگین ہے' خود رام لال کے خرچ سے اس کے گھر کی حفاظت کے لیے ایک مسلح پہریدار کا انتظام کر دیا۔

رکمنی میکے سے واپس آئی تو رام لال اس پر خوب بگڑا اور گرج کر بولا، ''اس بدمعاش کو ہمارے گھر کا پتہ دینے کو تجھ سے کس نے کہا تھا؟ بڑی عقلمند بنی پھرتی ہے تو؟''

رکمنی کی آنکھوں سے بہتے ہوئے آنسو اس کے اللہ رکھا بھائی کی تصویر کو جو اس کے تصور نے پیدا کر دی تھی جیسے نہلا رہے تھے۔

نواں باب
مسلم پرسنل لاء اور یکساں سول کوڈ

ملت مرحوم

طارق احمد صدیقی

ہم تاریخ میں دفن ہیں
اور تہذیب ہمارا کفن ہے
اور زبان ہمارے ماتم کا گیت
اور مذہب ہمارے قبرستان کی کانٹے دار گھیرابندی
جو باہر ہے وہ اندر آسکتا ہے
لیکن اندر کے لوگ باہر نہیں جاسکتے
کھلی فضا میں

مسلم پرسنل لاء: کچھ حقائق کچھ غلط فہمیاں

آصف فیضی

اسلامی قوانین کی اساس کو سمجھنے کے لیے پیغمبر اسلام کی زندگی کے آخری دس سال یعنی پہلی ہجری سے دس ہجری تک کا مطالعہ بہت ضروری ہے۔ یہ وہ زمانہ تھا جب مکہ اور مدینہ کے شہر نبی کریمؐ کی اطاعت قبول کر چکے تھے۔ اسلام نے دین کی حدود سے آگے بڑھ کر ریاستی نظام کی صورت اختیار کر لی تھی جس کے لیے قوانین، اصول اور نظم و نسق کی ضرورتیں پیش آئیں۔ چنانچہ حکم الٰہی کے مطابق، رسول اللہ قانون سازی کی طرف متوجہ ہوئے۔ اسلام میں قانون سازی کا کام دو طرح سے انجام پایا۔ بقول طیب جی، اس عمل کے دوران ایک طرف قرآنی آیات ترمیم و تنسیخ کا کام کرتی رہیں اور دوسری طرف خود آنحضرتؐ کی زندگی کے نمونے سے 'سنت' کی تشکیل ہوتی رہی جو اسلامی زندگی کی آئینہ بردار ہے۔ اس طرح اسلام سے پہلے کی روایات اور قوانین (جو اس وقت رائج تھے) کے بعض پہلوؤں پر ان دونوں اثرات یعنی قرآن اور سنت نے اپنا کام کیا۔

10 سے 40 ہجری کا زمانہ خلفائے راشدین کا عہد تھا۔ اس دور میں قرآن مجید کے احکام اور سنت نبوی کا اطلاق اور ان کی تاویل پیغمبر اسلام کی بتائی ہوئی اسپرٹ ہی میں کی جاتی تھی، خصوصاً حضرت عمرؓ اور حضرت علیؓ دین اور قانون، دونوں کے عظیم المرتبہ معلم تھے۔

40 سے چوتھی صدی ہجری (یعنی 1000ء) کے دوران نہ تو پیغمبر اسلام تھے اور نہ آپؐ کے صحابہ کرام میں کوئی ایسا تھا جس سے رشد و ہدایت حاصل کی جاسکتی۔ علما نے بڑی احتیاط سے پیغمبر اسلام کی تعلیمات کو یکجا کیا اور زندگی کے مختلف پہلوؤں پر ان کا اطلاق کیا۔ حضرت معاذؓ کے بارے میں مشہور حدیث ہے، جس سے اندازہ ہوتا ہے کہ فقہ کے مسائل یعنی قانون میں عقلی استدلال کی وجہ سے کتنی لچک پیدا ہوگئی تھی۔ روایت ہے کہ جب رسول اللہ نے حضرت معاذؓ کو ایک صوبے (یمن) کا گورنر اور قاضی (منصف) بنا کر بھیجنے کا فیصلہ کیا تو ان سے دریافت

فرمایا:

''تم کس طرح مقدموں کے فیصلے کروگے؟''

''احکام الٰہی کے مطابق یارسول اللہ۔''

''اور اگر ان میں تمھیں رہنمائی نہ ملے؟''

''تو پھر سنت نبوی کے مطابق۔''

''اور جو ان میں بھی تمھیں رہنمائی نہ ملے؟''

''تو پھر میں عقل کے مطابق فیصلہ کروں گا۔''

یہ سن کر رسول ؐ اللہ نے فرمایا: ''حمد و ثنا ہو اس خدائے قدوس کی جس نے اپنے نبی کے پیام رساں کو اس نعمت سے نوازا جو اس کے نبی کو پسند ہے۔'' (ابوداؤد: 3593؛ ترمذی، 1327)

اس مثال سے بخوبی اندازہ لگایا جاسکتا ہے کہ بنوامیہ کے دور میں قانون کے بارے میں کیا زاویہ نظر ہوگا۔ اسلام دور دراز ملکوں تک پھیل چکا تھا۔ جہاں دارالقضا کے قاضیوں کو نہ رسول ؐ کی ہدایت حاصل تھی، نہ صحابہ کرام کی صحبت نصیب تھی، اس لیے ان کی فیصلوں کا دار ومدار زیادہ تر عقلی استدلال اور قیاس پر رہا اور اس طرح 'اصول قانون' نے بڑھتے بڑھتے ایک مستقل 'قانونی نظام' کی شکل اختیار کر لی۔ اسی دوران اہل تشیع نے بھی اپنی روایات جمع کیں جواب چار کتابوں پر مشتمل ہیں:

(۱) کلینی کی کافی

(۲) ابن بابویہ کی من لایحضر الفقیہ

(۳) استبصار

(۴) طوسی کی تہذیب الاحکام اور استبصار۔

پھر وقت کے ساتھ عرب میں اہل سنت کے قوانین کے چار مسالک حنفی، مالکی، شافعی اور حنبلی قائم ہوئے۔ اس کے ساتھ ہی مشرق میں امام جعفر صادق کی تعلیمات کی بنیاد پر ایک اور مسلک کا وجود عمل میں آیا جو 'اثنا عشری' کہلاتا ہے۔

حنفی مسلک نے مشرقی ایشیا، ترکی، مصر اور ہندوستان میں اور مالکی مسلک نے شمالی افریقہ میں رواج پایا۔ امام شافعی اسلام کے بہت بڑے فقیہ مانے جاتے ہیں۔ ان کا مسلک مصر، سوڈان اور کئی دوسرے افریقی ممالک، عرب کے سواحل، جنوبی ہندوستان اور جنوبی مشرقی ایشیا میں پھیلا۔ امام حنبل کے پیرو مرکزی عرب تک محدود رہے۔ اثنا عشری مسلک کو ماننے والے عراق اور ایران میں پھیل گئے اور اب ہندوستان میں بھی پہنچ گئے ہیں۔ فاطمی خلفا نے ایک مختصر سی جماعت مصر میں قائم کی تھی جو اپنا وطن چھوڑ کر یمن میں پناہ گزیں ہوئی اور اب مغربی ہندوستان میں 'بوہرہ جماعت' کی حیثیت سے آباد ہے۔

سب سے پہلے اسلامی فقہ کے اصول کی تدوین امام شافعی نے کی۔ اس فقہ کے چار سرچشمے ہیں: قرآن، سنت، اجماع اور قیاس۔ قرآن میں اللہ کا حکم راست پہنچتا ہے، سنت کو وحی کا درجہ حاصل نہیں ہے۔ یوں تو حضرت محمدؐ ایک بشر تھے لیکن یہ بھی صحیح ہے کہ آپ انسان کامل تھے۔ وقت اور حالات کے پیش نظر آپ کے اقوال اور افعال کو یکجا کرنے سے نظام حیات کا جو خاکہ بنتا ہے، اس سے انسانیت کے ایک مکمل معلم کی شخصیت ابھرتی ہے، اس لیے یہ ضروری ہے کہ آپ کے ہر عمل اور ہر قول پر غور کیا جائے، اسے سمجھا جائے، اس کی توضیح کی جائے اور اس پر عمل کیا جائے۔ یاد رکھنا چاہیے کہ قانون کا اصلی مقصد انسان کو ایسے قواعد وضوابط سے منسلک کرنا ہے جن کی پابندی سے اس کی زندگی میں مثالی کردار پیدا ہو۔

اب ان احکام کی باری آتی ہے جو انسان کے بنائے ہوئے ہیں۔ زندگی کے بعض معاملات سے متعلق اللہ اور اس کے رسولؐ کی طرف سے کوئی واضح ہدایت نہیں ہے۔ ایسی صورت میں جن قوانین پر فقہا کرام کی رائے متفق ہے، ان کو 'اجماع' کہا جاتا ہے۔ اجماع کی بحث میں حصہ لینے والے فقہا کے لیے خاص شرائط کا پورا کرنا ضروری تھا۔ جب نہایت ممتاز فقہا آپس میں اختلاف رائے کے باوجود کوئی رائے پیش کرتے تو یہ 'قیاس' کہلاتا۔ کسی ایک بہت ہی مشہور فقیہ کی رائے بھی اسلام میں قانون کا درجہ پا سکتی تھی۔ اس کو بھی 'قیاس' کہا جاتا تھا۔ چنانچہ عقل انسانی کے ذریعے طے کیے ہوئے مسئلے بھی یعنی اجماع اور قیاس اسلامی قانون کے اجزا قرار پائے۔ یہی وجہ ہے کہ امام شافعی نے فقہ کی یہ تعریف کی ہے کہ یہ وہ نظام قانون ہے جو قرآن، سنت، اجماع اور قیاس کی بنیادوں پر قائم ہے۔ اسلامی قانون کے یہی 'اصول اربعہ' مانے گئے ہیں۔ قانون کی شکل کو پھر دو حصوں میں تقسیم کیا گیا ہے: ایک 'اصول' اور دوسرا 'فروع'۔ قرآن مجید کی آیات کی تاویل احادیث کے ضعیف یا صحیح ہونے کا فیصلہ کرنا 'اجماع' اور 'قیاس' کی قدر و قیمت جانچنے کے جو طریقے مقرر ہوئے، وہ سب 'اصول' ہیں اور اصول سے جو عملی طور پر استدراک ہوتا رہا، اس کو 'فروع' کہتے ہیں۔

اسلامی قوانین کا دائرہ چوتھی صدی ہجری سے چودھویں صدی ہجری (1000-1924ء) تک وسیع ہوتا چلا گیا۔ اصولوں کی ترتیب اور قوانین سازی کے بعد ان میں استقلال پیدا کرنے کا کام بھی اسی دور میں ہوا۔ اسلامی حکومت اب عالمگیر نوعیت اختیار کر چکی تھی اور اس کا انحطاط بھی شروع ہو گیا تھا۔ سترھویں صدی میں ہندوستان میں مغلیہ سلطنت کا (حنفی مسلک) چراغ ٹمٹما رہا تھا۔ اسی طرح دولت عثمانیہ (حنفی مسلک) کو انیسویں صدی میں 'یورپ کا مرد بیمار' کہا جاتا تھا۔ اس دور میں 'تقلید' کو فروغ ہوا، دوسرے الفاظ میں 'اجتہاد' کا دروازہ بند کر کے صرف اسلاف کے اصولوں کو بلا چون و چرا اور بلا حجت تسلیم کر لینا مناسب سمجھا گیا۔ گیارھویں صدی میں یہی 'سد باب الاجتہاد' تھا۔ اس کا جہاں یہ فائدہ پہنچا کہ قوانین میں قطعیت آ گئی، وہیں یہ بھی ہوا کہ جدید تشریحات اور نئی تاویلوں کی گنجائش باقی نہیں رہی۔

1924 میں ترکی جمہوریت کے جنم کے ساتھ ہی 'خلافت' کا خاتمہ ہو گیا۔ اس کے مسلمانوں کا نہ کوئی مسلمہ

مذہبی پیشوا رہا، نہ ایسی کوئی مسلمہ جماعت رہی جس کا فتوئی سب کے لیے حکم کے طور پر قابل تسلیم ہوتا۔ یہاں سے اسلامی قوانین کا پانچواں دور شروع ہوتا ہے۔ اب اسلامی فقہ قانونی نظام کے بجائے صرف اخلاقی اصول کی شکل اختیار کر لیتی ہے، کیوں کہ کوئی قانون اس وقت تک قانون نہیں کہلا سکتا جب تک اس کے نفاذ کے لیے کوئی طاقت بھی اس کی پشت پر نہ ہو۔ اب تو نہ خلیفۂ وقت تھا، نہ کوئی امام وقت۔

انیسویں اور بیسویں صدی میں پہنچ کر فقہ اسلامی دو نہایت اہم اثرات سے متاثر ہوئی۔ اولاً تو اس پر بیرونی قوانین اثر انداز ہوئے۔ شمالی افریقہ میں فرانسیسی، ہندوستان میں برطانوی اور مشرقی ایشیا میں ولندیزی اثر ؛ انھیں کے نتیجے میں دوسرا اثر رونما ہوا یعنی قانون سازی کا۔ جہاں کہیں ایسا محسوس ہوا کہ مروجہ قانون عدل یا سہولت میں مانع ہو رہا ہے، وہاں 'عدل، صفت اور ضمیر صادق' کے مغربی اصولوں پر عمل کیا گیا اور اگر اس سے بھی آگے بڑھنے کی ضرورت پیش آئی تو کوئی نئی دفعہ وضع کی گئی یا مروجہ قانون میں ترمیم کی گئی۔

مذکورہ بالا معروضات کی روشنی میں اب دیکھنا چاہیے کہ ہندوستان میں انیسویں اور بیسویں صدی میں کیا ہو رہا تھا۔

ہندوستان

ہندوستان ایک سیکولر (غیر مذہبی) ریاست ہے، جس میں ہر مذہب کو مساوی حقوق حاصل ہیں۔ دستور ہند کسی ایک مذہب یا دھرم کو سرکاری طور پر تسلیم نہیں کرتا۔ ہر شخص کو (دفعہ 25 کے مطابق) اپنے دین پر قائم رہنے، اس پر عمل کرنے اور اس کی تبلیغ و اشاعت کا حق حاصل ہے۔ سپریم کورٹ کے ایک فیصلے کے مطابق 'مذہب' کی تعریف میں صرف شخصی طور پر اس پر ایمان لانا ہی نہیں بلکہ مذہبی طور طریقے پر عمل کرنا بھی شامل ہے۔ دستور ہند کا منشا ہے کہ عام طور پر قانون سے مراد وہ قانون ہے جو دستور کی منظوری کے وقت مروج تھا (دفعہ 372 الف)، چنانچہ اس لحاظ سے ہندوستان نہ تو 'دار الحرب' ہے نہ 'دار الاسلام'، بلکہ یہ ایک 'دار الحیاد' (غیر جانب دار) ہے جس میں قوانین مذہب کی بنیاد پر نہیں بلکہ ریاست کی پالیسی کے مطابق بنائے جاتے ہیں۔

برطانوی دور میں ہندوستان میں 'محمڈن لا' کا اطلاق مسلمانان ہند پر ایک پالیسی کے تحت کیا گیا تھا۔ اس میں شریعت کی پابندی کا التزام نہ تھا۔ پالیسی یہ تھی کہ بعض معاملات میں یعنی وراثت، شادی، ذات پات اور مذہبی رسوم کے معاملے میں مسلمانوں کو ان کے شرعی قوانین کا پابند رکھا جائے اور ہندوؤں کو ان کے دھرم کے مطابق۔ ان کے علاوہ ایسے بھی قوانین تھے جو کچھ رسم و رواج کے مطابق، کچھ 'عدل، نصفت اور ضمیر صادق' کے اصول کے مطابق جاری کیے گئے تھے اور کچھ ایسے قوانین بھی تھے جو یک قلم منسوخ کر دیے گئے تھے، جیسے:

(1) منصف کا مسلمان ہونا ضروری نہیں سمجھا گیا۔

(2) غلامی کے قوانین منسوخ کیے گئے۔

(3) زنا کی سزا موت یا سنگساری برقرار نہیں رکھی گئی۔

(4) کسی مسلمان کے لیے سود کا لینا یا دینا غیر قانونی نہیں رہا۔

(5) چور کے ہاتھ نہیں کاٹے جاتے ہیں۔

(6) شراب کا پینا یا سور کا گوشت کھانا جرم نہیں ہے۔

(7) مسلمان اور غیر مسلم قانونی طور پر اپنا مذہب تبدیل کیے بغیر آپس میں شادی بیاہ کر سکتے ہیں اور اسپیشل میرج ایکٹ 1954 کے مطابق ان کی اولاد جائز اور وراثت کی حق دار ہے۔

(8) اسپیشل میرج ایکٹ 1954 کے تحت مسلمان عورت اور مرد کے نکاح کو رجسٹریشن کے ذریعہ سول میرج میں تبدیل کیا جا سکتا ہے۔ اور

(9) مذکورہ رجسٹریشن کے بعد ایک مسلمان اپنی بیوی اور اولاد میں سے جسے چاہے شرعی وراثت سے زیادہ حصے کا حقدار قرار دے سکتا ہے۔

(10) مذکورہ رجسٹریشن کے بعد وراثت کے مذکورہ قانون کے سوا باقی تمام معاملوں میں ایک مسلمان اسلام پر قائم سمجھا جائے گا اور پرسنل لا کی دوسری شقوں کا اس پر حسب معمول اطلاق ہوگا۔

(11) اگر کسی مسلمان نے اپنی زندگی کا بیمہ کرایا ہے تو وہ اسے بلا شرط یا مشروط طریقے پر انشورنس ایکٹ 1938 کے تحت جس شخص کو چاہے اپنی پالیسی کے لیے نامزد کر سکتا ہے۔ (یہ بات شریعت اسلامی (پرسنل لا) میں جائز نہیں ہے۔)

اس طرح یہ بات ثابت ہوتی ہے کہ جس قانون کو ہم 'محمڈن لا' کہتے ہیں، وہ زمانے کی رفتار اور حوادث کے ساتھ بدل چکا ہے لیکن سب سے اہم اور بنیادی نکتہ یہ ہے کہ شریعت کے قوانین کا نفاذ امیر، یعنی خلیفہ یا امام وقت کے ذریعے ہوا کرتا تھا لیکن ہندوستان میں مسلمانوں کے پرسنل لا کو ملک کے دستور میں جگہ دی گئی ہے اور اس کا نفاذ صدر جمہوریہ کرتا ہے، نہ کہ کوئی مسلمان خلیفہ یا امیر۔

ایک مشترکہ سول کوڈ، کسی مذہبی اصول کے ماتحت نہیں بلکہ ایک پالیسی کے ماتحت بنایا جاتا ہے۔ اگر ہندوستان ایک جمہوری ریاست ہے اور پارلیمانی جمہوریت میں اکثریت کی رائے پورے ملک کی رائے مانی جاتی ہے۔ لیکن حکومت نے تمام فرقوں کے احساسات اور مذہبی جذبات کا لحاظ رکھتے ہوئے یہ پالیسی اختیار کی ہے کہ وہ کسی خاص فرقے کے معاملات میں اس وقت تک دخل نہیں دے گی جب تک خود اس فرقے کے افراد کسی تبدیلی کا مطالبہ نہ پیش کریں۔ مثلاً کشمیر میں جہاں مسلمانوں کی اکثریت ہے، ایک رواجی قانون یہ ہے کہ بیٹیوں کو غیر منقولہ متروکہ جائداد میں حصہ نہیں ملتا۔ یہ شریعت کا قانون نہیں، بلکہ ایک قدیم رواج ہے لیکن اب تک وہاں کسی نے یہ مطالبہ نہیں کیا کہ اس رواجی قانون کو بدل کر شریعت کا قانون وراثت نافذ کیا جائے۔ اس سے پہلی

بات ثابت ہوتی ہے کہ حکومت ایسے معاملے میں دخل نہیں دیتی۔ ہاں، اگر لوگ خود ایسے قانون میں تبدیلی چاہتے ہیں تو وہی اس کا مطالبہ بھی کریں۔

'مسلم پرسنل لا' (مسلمانوں کا شخصی قانون)

1937 کے شریعت ایکٹ نمبر 26 میں 'مسلم پرسنل لا (شریعت) ایکٹ' کی اصطلاح استعمال ہوئی ہے۔ 'مسلم پرسنل لا' وہ اسلامی سِول قوانین ہیں جو شخصی طور پر ہندوستان میں مسلمانوں پر نافذ کیے گئے ہیں اور 'اسلامی' قوانین وہ اصول ہے جو فقہائے اسلام نے شریعت یا فقہ کے نام سے رائج کیے اور جن میں بیرونی عناصر کی گنجائش نہیں ہے۔ مسلم پرسنل لا کے ماخذ چار ہیں: (1) شریعت یا فقہ (2) مقننہ کے بنائے ہوئے قوانین (3) فیصلوں کی نظیریں (4) عام رواج۔ جب عدالت میں کوئی مسئلہ پیش ہوتا ہے تو پہلے ہم مشہور اور مستند کتابیں دیکھتے ہیں، پھر قانونی نظیروں سے رجوع کرتے ہیں اور اگر ضرورت ہو تو بعض کلاسیکی کتابوں مثلاً 'ہدایہ' یا 'فتاویٰ عالمگیری' یا 'شرایع' سے رہنمائی حاصل کرتے ہیں۔

لیکن واقعہ یہ ہے کہ قانونی پیروی میں ہمارا عمل یہ ہے کہ ہم طیب جی، مُلّا، وِلسن یا امیر علی کی تصنیفات سے رجوع کرتے ہیں، اس کے بعد ہم ان مقدمات پر غور کرتے ہیں جن کا ذکر ان مصنفوں نے کیا ہے یا جو ہم نے خود نوٹ کیے ہیں۔ ہم یہ بھی جاننے کی کوشش کرتے ہیں کہ مقدمے کا تعلق وقف ایکٹ بابت 1913 یا شریعت ایکٹ بابت 1937 یا مسلم فسخ نکاح ایکٹ بابت 1939 یا اسپیشل میریج ایکٹ بابت 1954 سے ہے یا نہیں۔ بعض مقدموں میں تو قانون وراثت، قانون رجسٹری، قانون میعاد یا قانون رسوم عدالت (اسٹامپ) سے بھی تعلق ہوتا ہے۔ ان تمام کوششوں کے باوجود ہماری تلاش کا کوئی نتیجہ برآمد نہ ہو تو ہم کسی ماہر قانون سے مستند قانونی کتابوں کے متن کی تشریح چاہتے، مثلاً 'ہدایہ' یا 'شرائع الاسلام' (از نجم الدین حلی: 1277-677ھ) یا 'فتاوی عالمگیری' (1100ھ) یا 'دعائم الاسلام' (قاضی نعمان، فاطمی فقیہ 974-363ء) سے رجوع کرتے ہیں۔ شاذ و نادر ہی ایسا موقع آتا ہے کہ کسی وکیل کو کوئی اصول، دلیل یا مثال معلوم کرنے کے لیے کسی عالم دین سے مشورہ کرنا پڑتا ہو۔ قرآن مجید اور احادیث سے رجوع کرنے کی ضرورت سب سے آخر میں پیش آتی ہے، وہ بھی شاید اس وقت جب کوئی منصف اپنی رائے کو تقویت پہنچانے کی خاطر اصل عربی متن کا حوالہ دینا چاہتا ہو یا کوئی جج بنیادی اصول کی خود ہی تحقیق کرنا چاہتا ہو۔ جسٹس محمود اور سر شاہ سلیمان اکثر ایسا کرتے تھے۔ جسٹس محمود ہندوستانی عدالت کے بہترین ججوں میں شمار کیے جاتے تھے۔ موجودہ صورت حال میں اب اس طریقۂ کار کی ضرورت نہیں ہے، کیوں کہ ہمارے سامنے فیصل شدہ مقدموں کی نظیریں اتنی بڑی تعداد میں موجود ہیں کہ ان سے ہم اپنی ضرورت بآسانی پوری کر سکتے ہیں۔ اس سلسلے میں پریوی کونسل کے زمانۂ حال کے ایک جج لارڈ ڈلوی کی یہ رائے

ہے کہ کسی عدالت کے لیے یہ مناسب نہیں ہے کہ اس قسم کے مسئلوں کو حل کرنے کے لیے وہ بلند پایہ اور قدیم مفسرین کی رائے کے خلاف قرآن مجید کی آیتوں کے معنی اپنے مطلب کے مطابق نکالنے کی کوشش کرے۔

ہماری عدالتوں میں جو فیصلے سند کے طور پر استعمال کیے جاتے ہیں، ان کو چار قسموں میں تقسیم کیا جا سکتا ہے:

(1) جن میں مسلم لا اور انگلش لا ایک ہی ہیں۔

(2) جن میں مسلم لا میں انگلش لا کے لحاظ سے ترمیم ہوتی ہے۔

(3) جن میں قدیم رسم ورواج کی وجہ سے مسلم پرسنل لا میں تبدیلی ہوتی ہے۔

(4) جن میں مقننہ (مجلس قانون ساز) کے ذریعے مسلم پرسنل لا میں ترمیم یا تنسیخ ہوئی ہے۔

اس وقت ان چار قسموں کی تفصیلات میں جانے کی ضرورت نہیں ہے، لیکن اس بحث سے یہ بات صاف طور پر واضح ہوجاتی ہے کہ اسلامی شریعت یا فقہ اور ہندوستان میں مسلم پرسنل لا میں کتنا بُعد ہے۔ اس لیے آیات قرآنی، احادیث نبوی یا آئمہ کرام، مثلاً امام جعفر صادق، امام ابوحنیفہ، امام مالک، امام شافعی اور امام احمد بن حنبل کے ارشادات کا آزادانہ استعمال کر کے اصلی تصفیہ طلب امر کی طرف سے عدالت کی توجہ ہٹانے کے لیے قانون خداوندی کا واسطہ نہیں دینا چاہیے۔ واقعہ یہ ہے کہ جس عالم نے بھی؛ چاہے وہ مشرق کا ہو یا مغرب کا، اسلامی قوانین کے شاندار ورثے کا مطالعہ کیا ہے، اس بات پر متفق ہے کہ ہر زمانے اور ہر ملک میں شریعت ایک مستقل موضوع مطالعہ رہی ہے اور وقتاً فوقتاً اس کی تنقیح اور تصریح بھی ہوتی رہی ہے اور چونکہ یہ ان کی کوشش، حالات اور زمانے کی پابند تھی، اس لیے تشنہ رہی اور یہ عمل ہر ملک اور ہر زمانے میں یکساں نہیں رہا، چنانچہ عثمان مخلّہ (حنفی) نہایت وثوق سے کہتا ہے: ''یہ تسلیم شدہ حقیقت ہے کہ قانون کی شرطیں زمانے کے ساتھ ساتھ بدلتی رہتی ہیں۔''

یہاں یہ بحث فضول ہوگی کہ اگر کسی قانون کے قاعدے میں جس کا اطلاق ہندوستان کی عدالتوں میں ہو رہا ہے، ترمیم یا تبدیلی کی جائے تو خدائی قانون میں مداخلت ہے۔ عام طور پر ایسی حجت، شخصی مناظرانہ یا سیاسی اغراض کی خاطر کی جاتی ہے، نہ کہ روحانی مقاصد کی خاطر۔ جب انسانی ضمیر کھلی ناانصافی کے خلاف حرکت میں آتا ہے تو ہم ہندوستان کے مسلمانوں کا یہ فرض ہوجاتا ہے کہ اس کا حل تلاش کریں اور اپنے قانون اور دوسرے ممالک کے قوانین سے اس طرح ہم آہنگ کریں کہ ان لوگوں کے ساتھ عدل ہو سکے جو اس سے محروم ہیں۔

مسلم لا کا نفاذ جس طریقے پر ہندوستان میں کیا جا رہا ہے، اس سے یہ ان کا پرسنل لا بن گیا ہے یعنی اس کا اطلاق مسلمانوں اور صرف مسلمانوں پر ہوتا ہے۔ اس لیے یہ سوال پیدا ہوتا ہے کہ ہندوستان میں قانون کے لحاظ سے مسلمان کون ہے؟ اس کا جواب یہ ہے:

''جو شخص اپنے کو مسلمان کہتا ہے، وہ مسلمان کہلائے گا۔'' اسلام کا مدعا ہے کہ ایک خدا پر ایمان لانا اور حضرت محمدؐ کی نبوت کا اقرار کرنا۔ یہاں یہ کہنے کی ضرورت نہیں کہ ایمان خلوص پر مبنی ہونا چاہیے، نہ تو دکھاوے کے

لیے اور نہ کسی قانون سے گریز کرنے کی خاطر۔ عدالتوں کو اس مسئلے کی دینی نزاکتوں میں نہ الجھنا چاہیے اور نہ الجھ سکتی ہیں۔ یہ اصول سب سے پہلے امیر علی نے ہندوستانی عدالتوں میں طے کیا اور اب یہ اصول تسلیم بھی کیا جا چکا ہے۔

'مسلمان' کون ہے، یہ جان لینے کے بعد دیکھنا چاہیے کہ کس مسلک کے پرسنل لا کا ہندوستان پر اطلاق ہوتا ہے؟ اس بحث کو چار حصوں میں تقسیم کیا جا سکتا ہے۔

یہاں عام قیاس قانونی یہ ہے کہ فریقین حنفی ہیں اور ان پر حنفی فقہ کا اطلاق ہوتا ہے۔

(1) اگر کسی مقدمے میں مسلمان فریقین کا ایک ہی مسلک ہو تو اسی مسلک کی شریعت کا اطلاق کیا جائے گا۔

(2) اگر فریقین میں مذہب کا اختلاف پایا جاتا ہے یا دونوں ایک ہی مسلک سے تعلق نہ رکھتے ہوں تو پھر مدعا علیہ کے مسلک کے قانون کا اطلاق کیا جائے گا۔ مثلاً اگر شوہر سنی اور بیوی شیعہ ہو اور مقدمہ شوہر کی طرف سے بیوی کے خلاف دائر کیا گیا ہو تو اس مقدمے کا فیصلہ شیعی شریعت کے لحاظ سے کیا جائے گا۔ اور اگر مقدمہ شوہر کے خلاف بیوی نے دائر کیا ہے تو سنی شریعت کے مطابق عمل ہوگا۔

(3) اگر کوئی شخص ایمانداری سے اپنا مذہب بدلتا ہے یا اسلام کے ایک مسلک کے بجائے دوسرے مسلک کا پابند ہو جاتا ہے تو اس کا پرسنل لا بھی اس کے ساتھ بدل جائے گا مثلاً اگر ایک سنی عورت پچاس سال کی عمر کو پہنچ کر شیعہ مسلک قبول کر لیتی ہے تو پچاس برس کی عمر سے وفات تک اس پر شیعہ قوانین کا اطلاق ہوگا۔

(4) اگر کوئی مسلمان مرتد ہو جائے یا کوئی دوسرا مذہب اختیار کر لے تو اس کی وفات کے بعد اس کے ترکے کی تقسیم اس مذہب کے قانون کے مطابق ہوگی جس پر وہ مرا۔ اسی اصول پر اس حالت میں بھی عمل ہوگا جب ایک سنی، شیعہ فرقے میں داخل ہو کر وفات پائے یا شیعہ، سنی مسلک قبول کرنے کے بعد وفات پائے۔

یہ سارے اصول سادہ اور واضح ہیں، سوائے اس کے کہ عدالت کو کسی مقدمے میں اس امر کا تصفیہ کرنا ہو کہ مذہب یا مسلک کی تبدیلی نیک نیتی سے ہے۔ (ایک رئیس ہر دوسرے سال شیعہ سے سنی اور پھر سنی سے شیعہ بن جاتے تھے)

اب ہم بالاختصار ایسے قوانین کا ذکر کرتے ہیں جو ہندوستان کے مسلمانوں پر اثر انداز ہوتے ہیں:

(1) غلامی: 1843 کے ایکٹ کی رو سے اس کا انسداد ہو چکا ہے۔ اس لیے یہ اسلامی قانون کہ کنیز کے بطن سے اس کے آقا کی جو اولاد باقاعدہ شادی یا اس کے بغیر پیدا ہو وہ جائز سمجھی جائے گی اور بعض حقوق اسے حاصل ہوں گے؛ ہندوستان میں قابل نفاذ نہیں ہے۔

(2) ارتداد: جو مسلمان اپنا مذہب بدلتا ہے، اسلام کی رو سے مرتد کہلاتا ہے۔ شرع کی رو سے مرتد اپنے مسلم والدین کی وراثت سے پوری طرح محروم ہو جاتا ہے اور بعض حالات میں تو وہ سزائے موت کا مستوجب ہو جاتا ہے لیکن 1850 کے قانون "Caste Disabilities Removal Act XXI of 1850"

کی رو سے یہ قاعدہ منسوخ کر دیا گیا، مثلاً فرید کے دو بیٹے زید اور بکر ہیں۔ اگر زید عیسائی ہو جائے تو بھی وہ اپنے باپ کے ترکے کا وارث تسلیم کیا جائے گا اور اس کا حصہ اسی اصول کے مطابق متعین ہو گا جس کا اطلاق اس کے باپ پر ہوتا تھا۔ (یعنی مسلم پرسنل لا کے مطابق)

(3) قانون تعزیرات: ہندوستان میں اسلامی قوانین تعزیرات کی جگہ تعزیرات ہند کا نفاذ 1860 میں ہوا۔ یہ قانون لارڈ میکالے نے تیار کیا تھا۔

(4) عدالت عالیہ (ہائی کورٹ): 1861 میں ہر پریسیڈنسی شہر جیسے کلکتہ، بمبئی، مدراس میں عدالت عالیہ کا قیام عمل میں آیا۔ ہر ایسا شخص ہائی کورٹ کا جج مقرر ہو سکتا ہے جو قانونی تعلیم اور ضروری تجربے کا حامل ہو۔ اس طرح یہاں اسلامی فقہ کا یہ اصول ترک کر دیا گیا کہ مسلمانوں کے مقدمات کا فیصلہ صرف ایک مسلمان جج (قاضی) ہی کر سکتا ہے۔

(5) شہادت: اسلامی اصول شہادت کو ترک کر کے اس کی جگہ 1872 میں قانون شہادت ہند کو نافذ کیا گیا جو ایک انگریز جج جسٹس اسٹیفن کا تیار کیا ہوا ہے۔ چنانچہ ایسے اصول کہ مسلمانوں کے خلاف صرف ایک مسلمان کی گواہی قابل قبول ہو سکتی ہے، یا یہ کہ زنا کے اثبات کے لیے چار چشم دید گواہوں کی شہادت ضروری ہے، متروک ہو گئے۔

(6) وقف علی الاولاد: 1913 کے وقت ایکٹ سے مسلمانوں کو وقف علی الاولاد کی بعض ایسی دفعات دوبارہ مل گئیں جو پریوی کونسل نے مسترد کر دی تھیں۔ اس فیصلے پر مسلمان بہت برہم ہوئے تھے اور اسی احتجاج کی بنا پر یہ وقت ایکٹ نافذ ہوا۔

(7) شریعت ایکٹ: بعض ایسے رسوم و رواج جو شریعت کے منافی تھے اور صدیوں کے عمل اور پابندی کی وجہ سے قانونی حیثیت رکھتے تھے، 1937 کے شریعت ایکٹ کے تحت منسوخ ہو گئے اور شادی، طلاق، وراثت وغیرہ کے لیے مسلمان اپنے فرقے کے قوانین کے پابند قرار دیے گئے۔

(8) فسخ نکاح: حنفی مسلک کے لحاظ سے مسلمان عورت کو اپنے نکاح کے فسخ کرانے کا حق نہیں ہے، خواہ اس کا شوہر بین طور پر قصوروار کیوں نہ ثابت ہو جائے، لیکن مالکی فقہ کے مطابق چونکہ اس معاملے میں عورت کی پوزیشن بہتر ہے، اس لیے اس کا اطلاق ہر مسلک کی مسلم عورت پر؛ شیعہ اور سنی، دونوں فرقوں کی عورتوں پر کر دیا گیا۔ یہ قانون سازی میں دلیرانہ اقدام تھا۔ اسی اصول کو وسعت دے کر دوسرے معاملات کو بھی سلجھایا جا سکتا ہے، جیسا کہ میں آگے چل کر تجویز کروں گا۔

(9) بیمے کی مشروط نامزدگی: اسلامی قانون، بیمے کی پالیسی کی مشروط نامزدگی کی اجازت نہیں دیتا۔ ایک مسلمان کو اس کے پرسنل لا کے تحت یہ اجازت نہیں ہے کہ وہ اپنی پالیسی کو اس شرط کے ساتھ اپنی بیوی کے نام کر دے کہ اگر اس کی زندگی میں اس کی پالیسی کی میعاد پوری ہو جائے تو وہ خود اس کی منفعت کا حقدار ہو گا۔

انشورنس ایکٹ 1938 کی دفعہ 38(7) کے تحت یہ دقت دور کردی گئی اور اب مسلم اور غیر مسلم دونوں اپنی پالیسی کو مشروط طور پر نامزد کر سکتے ہیں۔ اس قاعدے سے مسلمانوں کو بہت بڑا فائدہ پہنچا، حالاں کہ شریعت اسلام کی رو سے جان کا بیمہ جائز نہیں ہے اور چونکہ اس کا منافع دراصل سود ہے، اس لیے یہ عمل حرام ہے۔

(10) سِول میرج: اسپیشل میرج ایکٹ 1954 کی رو سے مسلم اور غیر مسلم اپنا مذہب تبدیل کیے بغیر آپس میں شادی کر سکتے ہیں، ایسی شادی طلاق کے ذریعے فسخ نہیں ہوسکتی ہے اور وراثت کے لیے خاص قانون بن گیا ہے جس کی رو سے بیوی کو مسلم پرسنل لا کے مقابلے میں زیادہ حقوق حاصل ہیں۔

اسلامی طریقے سے کیے گئے نکاح کو بھی رجسٹر کرانے کی اجازت ہے۔ مثلاً ایک ساٹھ برس کا مسلمان ہے جو اوسط درجے کی آمدنی رکھتا ہے اور اس کی بیوی اور بچے ہیں۔ اب اگر وہ اپنے نکاح کو رجسٹر کردے تو اس کے مرنے پر اس کی بیوی لازمی طور پر اس کی نصف جائیداد کی مالک بن جائے گی۔ متوفی کے ترکے میں یہ حصہ اس حصے سے زیادہ ہے جو اسے 'مسلم پرسنل لا' کے تحت حاصل ہے۔ اس کے علاوہ اگر شوہر چاہے تو وہ اپنی ساری جائیداد وصیت کے ذریعے اپنی بیوی کے نام چھوڑ سکتا ہے۔

میرے علم میں کئی ایسی مثالیں ہیں جن میں مسلمانوں نے اپنے نکاح کا رجسٹریشن بھی کرایا۔ ایک حیثیت سے یہ مفید طریقہ ہے جس میں دو مختلف قوانین وراثت میں سے کسی ایک کو منتخب کرنے گنجائش رکھی گئی ہے۔ 'پرسنل لا' کے عوض دوسرے قانون کے انتخاب کرنے کی یہ آزادی کسی بھی مذہب کے غیر شادی شدہ افراد کو حاصل ہونی چاہیے۔ مثلاً ایک مسلمان، علی 1920 میں فاطمہ سے نکاح کرتا ہے۔ اس کے دو بیٹے اور دو بیٹیاں ہیں۔ 1960 میں علی اپنے نکاح کو اسپیشل میرج ایکٹ 1954 کی دفعہ 15 کی رو سے رجسٹر کرا لیتا ہے اور وصیت کرتا ہے کہ اس کی جائیداد کا نصف حصہ اس کی بیوی کو دیا جائے اور بقیہ جائیداد اس کے بچوں میں مساوی طور پر تقسیم کردی جائے۔ یہ وصیت قانون کی رو سے بالکل جائز ہوگی۔ اس کے مطابق عمل کرنے سے بیوی کے حق میں اضافہ ہوجائے گا۔ موجودہ مسلم پرسنل لا کے تحت بیوہ اپنے شوہر کی جائیداد میں سے صرف آٹھویں حصے کی حقدار ہوتی ہے۔ حنفی اور فاطمی شریعت کے تحت ایک بیوہ اپنے شوہر کی املاک میں سے کسی حصے کی دعویدار نہیں ہوسکتی ہے۔

ہمارے معاشرے کے حالات کے پیش نظر یہ ماننا پڑے گا کہ شرعی قانون کے مقابلے میں تقسیم جائیداد کا یہ اصول بہتر اور مناسب معلوم ہوتا ہے۔

مجوزہ اصلاحات

ان صفحات میں مسائل کا جو فوری حل پیش کر رہا ہوں، اس میں کسی ایسے نئے پرسنل لا (شخصی قانون) کی تجویز نہیں ہے جو شادی، طلاق اور وراثت کے تمام پہلوؤں پر حاوی ہو۔ ایسے قانون کی منظوری میں بہت زیادہ وقت، محنت اور روپیہ صرف ہوگا۔ اس کے بجائے معاشرے کی فوری ضروریات کو پیش نظر رکھ کر سادہ قسم کا قانون

منظور کر لینا چاہیے۔ اس کا نام 'مسلم پرسنل لا (متفرق دفعات) ایکٹ' ہو اور اس میں حسب ذیل امور اور مسائل کی گنجائش رکھی جائے۔

(1) اصل متنوں کی تاویل: پریوی کونسل نے ایک عام اصول یہ طے کر دیا ہے کہ ''عدالت کے لیے یہ نامناسب ہوگا کہ وہ قرآنی آیات کی ایسی تاویل کرے جو متقدمین اور مستند مفسرین کی تاویل کے خلاف ہو۔'' یہ اصول اس وقت طے ہوا تھا جب جسٹس امیر علی نے قرآن مجید کی ایک آیت کی تفسیر اپنی رائے سے کی تھی۔ اسی طرح حدیث کی تاویل کا معاملہ بھی ہے۔ متقدمین، محدثین اور فقہا رسول اللہ کی سنت کے مطالعے سے جو نتیجے اخذ کر چکے ہیں، اس کے برخلاف ایسے معاملات میں جدید فقہا کا نئے وضع کردہ قاعدوں کو تسلیم کرنا نہایت خطرناک ہوگا۔

لہٰذا یہ کہا جا سکتا ہے کہ متقدمین فقہا نے قرآنی آیات اور احادیث کی صحیح تاویل کی ہے۔ موجودہ عدالت کے لیے ان کے خلاف کرنا مناسب نہ ہوگا۔ یہی اصول موجودہ زمانے میں ان تمام معاملات کے بارے میں مروج ہے جن سے متعلق کسی قانون ساز جماعت نے باضابطہ قوانین منظور نہیں کیے ہیں لیکن اس اصول سے رونما ہونے والی کوئی ناانصافی اگر پارلیمنٹ کے سامنے لائی جائے تو بلاشبہ پارلیمنٹ مناسب قوانین وضع کر کے اس کا انسداد کرے گی۔

لیکن متقدمین فقہا میں رائے کا اتفاق نہ ہو تو اس صورت میں کیا ہوگا؟ جسٹس شاہ محمد سلیمان کا خیال ہے کہ ایسی حالت میں جج کو حق حاصل ہے کہ وہ مختلف آرا میں جسے بھی مناسب اور عدل سے قریب تر سمجھتا ہے، اسے قبول کرے۔ اس بحث میں آرا کا اختلاف صرف ایک مسلک کے لیے محدود رکھا گیا ہے۔ جسٹس سلیمان کا اصول ان حدود سے باہر دوسرے مسلک کے فقہا کی رائے یا تاویل قبول کرنے اور ان میں انتخاب کرنے کی اجازت نہیں دیتا۔ اس لیے ایک جج کو یہ اختیار تو ہے کہ وہ حنفی مسلک کے مختلف فقہا کی مختلف آرا کو قبول کرلے لیکن وہ کسی اثنا عشری فقیہ کی تاویل قبول نہیں کر سکتا ہے۔ بعض لوگوں نے جسٹس سلیمان کے اصول میں اتنی اور لچک پیدا کر دی ہے کہ اختلاف آرا صرف مختلف سنی فرقوں کے فقیہوں کی حد تک ہو تو بھی ان میں سے کوئی ایک رائے قبول کی جا سکتی ہے۔ مسلمانوں کے فسخ نکاح قانون 1939 کے مطابق مالکی مسلک کے اصول کا اطلاق سارے مسلمانوں پر کیا گیا ہے، خواہ وہ سنی ہوں یا شیعہ۔ یہاں یہ سوال پیدا ہوتا ہے کہ اگر ایک معاملے میں ہندوستان کے سارے مسلمان مالکی قانون کے تابع کیے جا سکتے ہیں تو اس اصول کو اور وسعت کیوں نہیں دی جا سکتی ہے؟ میری گزارش یہ ہے کہ اب وہ وقت آ گیا ہے کہ قانون کے ذریعے حسب ذیل دفعہ منظور کی جائے: ''اگر کسی ایک مسلک سے تعلق رکھنے والے مسلمان کے بارے میں یہ محسوس ہو کہ اس کے مسلک کے قانون کے مطابق فیصلہ کرنے سے عدل، نصفت اور ضمیر صادق کے اصول مجروح ہوتے ہیں تو عدالت کو یہ اختیار ہوگا کہ وہ اسلامی قوانین میں سے (جن میں سنی اور شیعہ دونوں شامل ہوں گے) کسی ایک مسلک کے قاعدے کے مطابق فیصلہ کرے۔ مثلاً نشے کی حالت میں یا کسی جبر کے تحت طلاق دیے جانے پر بھی حنفی مسلک کے اکثر فقہا کے نزدیک طلاق ہو جاتی ہے لیکن شافعی،

اثنا عشری یا فاطمی مسلک کے مطابق نہیں ہوتی۔ اگر ہم مسلم پرسنل لا کے لیے مجوزہ اصول تسلیم کرلیں تو پھر اس خاص حالت میں حنفی مقدمے میں بھی شافعی مسلک کے اصول کی گنجائش نکل آتی ہے جو عدل، نصفت اور ضمیر صادق سے زیادہ قریب ہے۔

اس قسم کی اور مثالیں پیش کرنا غیر ضروری ہے، کیوں کہ فقہا کی کتابوں میں مختلف عنوانات کے تحت بے شمار ایسی مثالیں نکل آئیں گی۔ مسلم فسخ نکاح کے قانون کو وسعت دے کر اس کے دائرے میں مختلف مسالک کو شامل کرنے کی تجویز کی تائید جسٹس امیر علی اور جسٹس عبدالرحیم نے بھی کی ہے اور ایسا کرنا مناسب ہے اور عملی طور پر ممکن بھی۔

(2) تعداد ازدواج: قرآن مجید (سورہ 4، آیت 3) میں ایک سے زیادہ بیویوں کے بارے میں حکم ہوا ہے، وہ سادہ لفظوں میں یوں بیان کیا جاسکتا ہے:

> اور اگر تمھیں اندیشہ ہو کہ تم یتیموں کے باب میں انصاف نہ کرسکو گے تو جو عورتیں تمھیں پسند ہوں ان سے نکاح کرلو۔ دو دو سے خواہ تین تین سے خواہ چار چار سے، لیکن اگر تمھیں اندیشہ ہو کہ تم عدل نہ کرسکو گے تو پھر ایک ہی پر بس کرو یا جو تمھاری کنیز تمھاری ملک میں ہو۔ اس میں زیادتی نہ ہونے کی توقع قریب تر ہے۔

اسی حکم کو سادہ الفاظ میں یوں سمجھا جاسکتا ہے:

(1) صرف ایک بیوی کرو، لیکن

(2) اگر تم ان کے مابین عدل کرسکتے ہو تو چار بیویاں کرسکتے ہو۔

جب کوئی شخص دوسری یا تیسری بیوی کرے تو کوئی فقیہ اس عمل کو ناانصافی قرار دے کر خلاف شرع قرار نہیں دے سکتا ہے، کیوں کہ یہ ناانصافی تو دوسری یا تیسری بیوی کرنے کے کچھ عرصے کے بعد ہی معلوم ہوسکتی ہے۔ اگر پہلی بیوی یہ محسوس کرے کہ اس کے شوہر کے سلوک یا التفات میں یکسانیت نہیں رہی یا وہ عدل نہیں کررہا ہے تو پھر ان عورتوں کے ساتھ انصاف کیے جانے کی کون سی تدبیریں اختیار کی جانی چاہئیں؟ تعداد ازدواج کے سلسلے میں الہ آباد کے ہائی کورٹ کے جسٹس ڈھون کی رائے یہاں دہرانا ضروری معلوم ہوتا ہے۔

ایک مسلمان شوہر دوسری بیوی کرنے کے بعد اپنی پہلی بیوی کے خلاف حقوق زوجیت کی بحالی کا دعویٰ کرتا ہے۔ اگر عدالت شہادت پر غور کرنے کے بعد اس نتیجے پر پہنچے کہ شوہر کے سلوک کے پیش نظر بیوی کو اس کے ساتھ رہنے پر مجبور کرنا بیوی کے ساتھ ناانصافی ہوگی تو عدالت کو چاہیے کہ مدعی یعنی شوہر کے مطالبے کو رد کردے۔

جسٹس ڈھون کی رائے میں ہندوستان میں جس طرح 'محمڈن لا' یعنی اسلامی قوانین کا نفاذ ہوا ہے، اس کے تحت تعداد ازدواج برداشت تو کیا جاسکتا ہے لیکن اس کی حوصلہ افزائی نہیں کی جاسکتی اور نہ اس کے تحت شوہر کا یہ بنیادی حق ہے کہ وہ ہر حالت میں اپنی پہلی بیوی کو دوسری بیوی کے ساتھ اپنے حرم میں رہنے پر مجبور کرے۔ ایک

مسلمان شوہر کو یہ قانونی حق تو ہے کہ وہ ایک بیوی کی موجودگی میں دوسری بیوی کرے لیکن اس کے بعد اگر شوہر کسی دیوانی عدالت میں اپنی پہلے بیوی کے خلاف یہ دعویٰ کرے کہ وہ اپنی مرضی کے خلاف اس کے ساتھ رہے، ورنہ وہ سخت سزا جیسے ضبطی جائیداد کی مستوجب ہوگی تو بیوی کی طرف سے اعتراض کیا جا سکتا ہے کہ کیا عدالت از روئے نصفت بیوی کو شوہر کے مطالبۂ مجامعت کو منظور کرنے پر بھی مجبور کر سکتی ہے؟ ایسی صورت میں وہ حالات جن میں دوسری شادی ہوئی، متعلقہ اور ضروری امور ہو جاتے ہیں جن کی بنا پر اس بات کا فیصلہ کیا جا سکتا ہے۔ پہلی بیوی کے ہوتے ہوئے دوسری شادی کرنا ہی ظلم تھا یا نہیں؛ اب اس امر کا بارِ ثبوت شوہر پر ہوتا ہے کہ دوسری بیوی کرنے سے نہ تو اس کی پہلی بیوی کی کوئی توہین ہوئی ہے اور نہ اس پر کوئی ظلم ہوا ہے۔ لیکن قابل اعتبار صراحت کی عدم موجودگی میں عدالت یہی قیاس کرے گی کہ موجودہ حالات کے پیش نظر شوہر کے دوسری بیوی کرنے سے پہلی بیوی پر ظلم ہوا ہے اور عدالت کا بیوی کو اس کی مرضی کے خلاف اپنے شوہر کے ساتھ رہنے پر مجبور کرنا خلاف نصفت ہوگا۔ لہٰذا حکم ہوا کہ مقدمہ بدنیتی پر مبنی ہے، اس لیے خارج کیا جاتا ہے۔

اس مقدمے کے حسب ذیل نتیجے نکلتے ہیں:

(الف) ہندوستان میں ایک مسلمان شوہر کا ایک سے زیادہ بیوی رکھنے کا حق 'بنیادی حق' نہیں ہے۔

(ب) تعدد ازدواج کی اجازت قانون با کراہ دیتا ہے اور ایسی صورت میں عام طور پر یہ قیاس ہوتا ہے کہ پہلی بیوی پر ظلم ہو رہا ہے اور اس قیاس کی تردید کا بارِ ثبوت پوری طرح شوہر پر ہوتا ہے۔

مشرق وسطیٰ کے سارے ممالک میں یہ نکتہ بہت سی قانونی اور فقہی بحثوں کا عنوان بنا رہا۔ چنانچہ مراکش، تیونس، شام، ترکی اور ایران میں اس کے تدارک کی مختلف تدبیریں کی گئی ہیں (جن کی تفصیل اینڈرسن اور کولسن کی تصنیفات میں ملاحظہ کی جا سکتی ہیں)۔

ہندوستان میں جو حالات ہیں، ان کے پیش نظر تدارک کی دو تجویزوں پر غور کیا جا سکتا ہے:

(1) پہلی ہی شادی کے موقع پر ایک ایسا معاہدہ کیا جائے جس میں دوسری شادی کی صورت میں مواخذے کی وضاحت ہو۔

(2) اگر ایسا کوئی معاہدہ نہ ہو تو پھر سنگاپور کے نمونے پر ایک عدالت مصالحت سے دوسری شادی سے قبل رجوع کیا جائے اور دوسری شادی کی اجازت حاصل کی جائے۔ ایسی عدالت کی اجازت کے بغیر اگر دوسری شادی ہو تو اس کو قانون تعزیرات کے تحت جرم قرار دیا جائے اور پہلی بیوی کو طلاق لینے کا مستحق قرار دیا جائے۔

اب دونوں صورتوں کی تھوڑی سی تفصیل پر غور کرنا چاہیے۔

(الف) جہاں معاہدہ (کابین نامہ) مروج ہو۔

مسلم پرسنل لا کا یہ قابل لحاظ اصول ہے کہ نکاح کے وقت فریقین ایک تحریری معاہدے کے ذریعے چند شرائط پر اتفاق کر کے انھیں قانونی حیثیت دے سکتے ہیں۔ اس معاہدے میں ایک دفعہ یہ بھی رکھی جا سکتی ہے کہ کن

حالات میں بیوی کو طلاق لینے کا حق حاصل ہوگا۔ ان حالات میں مسلم فسخ نکاح ایکٹ 1939 کی دفعہ 2 کے حالات بھی شامل ہوں گے۔ اسی دفعہ میں یہ بھی شامل ہو کہ طلاق لینے کی صورت میں بیوی کو حق ہوگا کہ وہ اپنے نان نفقے کے لیے عدت کے اختتام سے نکاح ثانی یا اپنی وفات تک دعویٰ کرسکتی ہے۔ اگر نان نفقہ کا حق شوہر کی آمدنی کے ایک تہائی حصے تک مقرر کردیا جائے تو مناسب ہوگا۔

واضح ہو کہ عدت کی مدت تک یا اگر عورت حاملہ ہے تو وضع حمل تک، اس کی کفالت کی پوری ذمہ داری شوہر پر ہوگی۔ بعض صورتوں میں یہ مناسب ہوگا کہ حضانت کی مدت تک نابالغ بچوں کی کفالت کے لیے رقم مقرر کردی جائے۔

اس قسم کے معاہدے کا ہندوستان کے بعض شہروں میں رواج ہے۔ اس کا ایک خاص فارم، جسے بڑے تجربہ کار ماہر قانون نے تیار کیا ہے جو مسلم پرسنل لا کے تحت باقاعدہ ہونے کے علاوہ ہر طرح مفید اور قابل عمل ثابت ہوا ہے۔

(ب) جہاں معاہدے نامے کا رواج نہ ہو۔

مصالحت کی کاروائی

اگر نکاح کے وقت ان شرائط کے ساتھ معاہدہ نہ کیا گیا ہو جن کا ذکر اوپر کیا جاچکا ہے تو حسب ذیل کاروائی کرنے کی تجویز پیش کی جاتی ہے جس کی بنیاد قرآن مجید کی سورہ 4 کی آیت 35 ہے:

> اور اگر تمھیں دونوں کے درمیان کشمکش کا علم ہو تو تم ایک حَکم مرد کے خاندان سے اور ایک حَکم عورت کے خاندان سے مقرر کردو۔ اگر دونوں کی نیت اصلاح حال کی ہوگی تو اللہ دونوں کے درمیان موافقت پیدا کردے گا۔ بے شک اللہ بڑا علم رکھنے والا ہے، ہر طرح باخبر ہے۔

اگر ایک شخص شادی کرنے کے کچھ عرصے کے بعد اس نتیجے پر پہنچے کہ اس کی بیوی بانجھ ہے یا مسلسل خرابیٔ صحت کا شکار ہے یا میاں بیوی میں طبیعت اور مزاج کا شدید اختلاف ہے یا اور کوئی ایسی معقول وجہ ہے جس کی بنا پر وہ شخص دوسری بیوی کرنا چاہے تو اس کی اس وقت تک اجازت نہیں ہونی چاہیے جب تک وہ مصالحت کی کاروائی مکمل نہ کرلے۔ اس کے لیے ایک عدالت قائم ہونا چاہیے۔ بڑے بڑے شہروں میں عدالت خفیفہ (اسمال کازیز کورٹ) کے کسی جج کو یا کسی اور قانون داں حاکم کو حکومت ایسی عدالت کا جج مقرر کرسکتی ہے جس کے ساتھ فریقین کا ایک ایک نمائندہ ہو اور یہ 'عدالت مصالحت' ان تینوں پر مشتمل ہو۔ ان مصالحت کنندگان کو گواہوں کی طلبی، شہادت کی قلم بندی اور فیصلے کرنے کا اختیار ہوگا۔ اس عدالت کا پہلا فرض فریقین میں مصالحت کرانا ہوگا اور اگر یہ ممکن نہ ہو تو شوہر کو اس کی پہلی بیوی کے نان نفقے اور بچوں کی کفالت کی ذمہ داری قبول کرنے پر دوسری شادی

کرنے کی اجازت دے سکتی ہے۔

یہ طریقۂ کار سہل اور قابلِ عمل بھی ہے۔ اس سے خرچ اور وقت بہت بچ سکتا ہے۔ ساری کارروائی دوستانہ فضا میں انجام پائے گی جس میں فریقین کی دشواریوں کا لحاظ بھی ہوگا اور قرآن مجید کی ہدایت کے مطابق انھیں ایک دوسرے سے زیادہ قریب لانے کی کوشش بھی ہوگی۔ ایسی عدالتیں سنگاپور، ملیشیا کی کئی ریاستوں میں اور انڈونیشیا اور سیلون میں پائی جاتی ہیں۔ ان کی بدولت طلاق اور نکاحِ ثانی دونوں معاملوں میں بہت کمی ہوگئی ہے۔ میری گذارش ہے کہ ان ملکوں اور بعض عرب ملکوں کی مثالیں سامنے رکھتے ہوئے انھیں کے خطوط پر ہم بھی قوانین منظور کروالیں۔

میری دوسری تجویز 'تہری طلاق' سے متعلق ہے، لیکن اس سے پہلے عرب ملکوں اور ہمارے یہاں کی شادی کے بارے میں سماج کے مروجہ طریقوں پر غور کرنا بھی ضروری ہے۔ مشرقِ وسطیٰ میں ایک مطلقہ عورت نہایت آسانی سے نکاحِ ثانی کرلیتی ہے اور بیوہ سے نکاحِ ثانی کرنا بہت اچھا سمجھا جاتا ہے، کیوں کہ اس طرح بیوہ کی کفالت کا انتظام ہوجاتا ہے۔ ہمارے ملک میں بیوہ 'منحوس' ہستی سمجھی جاتی ہے اور اس کے ساتھ ساتھ یہ تصور بھی قائم ہے کہ یہ 'سبز قدم' دوسرے شوہر کو بھی 'کھا جائے گی۔' اس طرح مطلقہ عورت کے ماتھے پر ایسا کلنک کا ٹیکہ لگ جاتا ہے جس کی وجہ سے کوئی شخص اس کے ساتھ شادی کے بارے میں سوچ بھی نہیں سکتا۔ جہاں ایسے رسم ورواج ہوں، وہاں تو بیوہ اور مطلقہ عورتوں کی کفالت کا معقول قانونی انتظام بھی ضروری ہے۔ پہلی بیویاں، دوسری بیویوں (سوکنوں) کے ساتھ جو سلوک کرتی ہیں، ان کی دردناک داستانیں اتنی عام ہیں کہ ان کے اعادے کی یہاں چنداں ضرورت نہیں۔

(3) 'تین طلاقیں': ہر سنی مسلمان عورت کے سر پر، جس کا نکاح حنفی مسلک کی رو سے ہوا ہو، طلاق کی ننگی تلوار لٹکتی رہتی ہے۔ حنفی شریعت جیسی ہندوستان میں رائج ہے، اس کی رو سے ایک شخص اپنی بیوی کو بلا کسی سبب کے بھی بیک وقت تین بار ''میں تم کو تین طلاقیں دیتا ہوں'' کہہ کر اسے طلاق دے سکتا ہے اور وہ طلاق اسی وقت نافذ ہوجائے گی۔ یہاں اس مسئلے کی تاریخی تفصیلات میں جانے کا موقع نہیں ہے، لیکن اس سے اتنی بات ظاہر ہوتی ہے کہ:

(1) تین طلاقوں کا قاعدہ بدعت بھی ہے اور مکروہ بھی اور یہ طریقہ شیعہ، اثنا عشری یا فاطمی شریعت میں ناجائز ہے مگر حنفی شرع میں جائز مانا گیا ہے۔

(2) یہ صورت بعض تاریخی حالات کے تحت بہت بعد میں پیدا ہوئی اور یہ اپنی اصلی شکل کی اسپرٹ کے خلاف ہے۔

اس بارے میں میری گزارش ہے کہ جب کہ یہ صورت جو قانون کی اسپرٹ کے خلاف ہے جو بعد کے حالات کی پیداوار ہے اور جس پر عمل درآمد سے ناانصافی ہوتی ہے تو پھر مناسب قانون سے اس ناانصافی کے دروازے کو ہمیشہ کے لیے بند کردینا چاہیے۔ اور یہ اس طرح ہوسکتا ہے کہ جب کبھی ایسی طلاق دی جائے تو اس معاملے کو فوراً مصالحتی عدالت کے سامنے پیش کرنا چاہیے۔ یہ عدالت پہلے تو فریقین میں باہمی مصالحت کی کوشش

کرے گی اور اگر یہ ممکن نہ ہو تو پھر شوہر کو صرف ایک طلاق دینے کی اجازت دے گی۔ فقہا کے نزدیک ایسی طلاق 'طلاق السنّہ' کہلاتی ہے۔ چنانچہ قانون میں اس مقصد کے لیے جو دفعات رکھی جائیں، ان میں سب ذیل کی گنجائش ہوگی:

(الف) جب کوئی فریق نکاح، عدالت کے سامنے یہ ثابت کرے کہ شوہر نے اپنی بیوی کو تین طلاقیں دینے کا اظہار کر دیا ہے تو عدالت اس طلاق کو منسوخ قرار دے کر خود بقیہ مقدمے کی سماعت کی کاروائی شروع کرے گی۔

(ب) فریقین اور ان کے گواہوں کی شہادت سننے کے بعد عدالت اعلان کرے گی کہ فریقین میں صلح ہو چکی ہے۔ ایسی صورت کے بعد کسی مزید کاروائی کی ضرورت نہیں۔ یا پھر

(ج) شوہر کو کسی معقول سبب پیش کرنے پر شوہر کو سنت کے مطابق صرف ایک طلاق دینے کا اختیار دے گی۔

(د) اس اعلان کے بعد مصالحتی عدالت یہ بھی فیصلہ کرے گی کہ کن شرائط پر طلاق دی جائے گی جیسے (1) مہر کی ادائیگی (2) متاع الطلاق (طلاق کا ہرجانہ) کی ادائیگی (3) مطلقہ کی کفالت کے لیے تاحیات یا نکاح ثانی تک ایک رقم کی ادائیگی۔

(ہ) یہ حکم دیتے وقت عدالت میاں اور بیوی کی مالی حیثیت، سماج میں ان کا مقام (خاص طور پر بیوی کا)، اور دوسرے ایسے حالات کا لحاظ رکھے گی جو انصاف پر مبنی اور مناسب ہوں۔

مذکورہ بالا ضمنی دفعہ (د) کی متاع الطلاق کی ادائیگی کی تجویز میری ہے جو میں نے فاطمی اور مالکی فقہ کی بنیاد پر پیش کیا ہے۔ اس کا اصول یہ ہے کہ شوہر مطلقہ بیوی کو مہر کے علاوہ ایک رقم بطور ہرجانہ ادا کرتا ہے۔ اس اصول کی بنیاد قرآن مجید کی یہ آیت ہے:

> تم پر کوئی گناہ نہیں کہ تم ان بیویوں کو جنھیں تم نے نہ ہاتھ لگایا اور نہ ان کے لیے مہر مقرر کیا، طلاق دے دو۔ وسعت والے کے ذمہ اس کی حیثیت کے لائق ہے اور تنگی والے کے ذمے اس کی حیثیت کے لائق (یہ) خرچ شرافت کے موافق ہو (اور یہ) واجب خوش معاملہ لوگوں پر۔

اس بدیہی اور واضح آیت کی تاویل فقہا نے مختلف طور سے کی ہے اور ان میں سے اکثر نے 'متاعاً بالمعروف' کے حکم کو نظر انداز کر دیا ہے۔ صرف فاطمی اور مالکی مسلک میں اس کی ادائیگی لازمی قرار دی گئی ہے۔ یہاں یہ امر بھی قابل غور ہے کہ اس حکم شریعت کی پابندی ہندوستان کے وہ بوہرے بھی نہیں کرتے جو فاطمی شریعت کے تابع ہیں۔ اس مسئلے کی اساس پر قائم ہے کہ مہر کی رقم شادی سے متعلق ہے۔ اس کی ادائیگی لازمی ہے ہی، لیکن طلاق کی صورت میں مطلقہ عورت زوجگی کا جو مقام کھوتی ہے، اس لیے اس کا ہرجانہ بھی شوہر کو ادا کرنا ضروری ہے، اگر بیوی طلاق کے معاملے میں بے قصور ہو تو پھر یہ ذمے داری اور بھی بڑھ جاتی ہے۔

ہرجانے کی جو تجویز فاطمی اور مالکی شرع کے مطابق میں نے پیش کی ہے، اسے قانونی شکل دے کر اس کا اطلاق ہر مطلقہ مسلمان عورت پر کیا جانا چاہیے اور اسے مصالحتی عدالت کے صوابدید پر نہیں چھوڑنا چاہیے۔ اس طرح ان بدقسمت مسلمان عورتوں کے حقوق کی بڑی حد تک حفاظت ہو سکے گی جن میں سے بعض کو بے قصور بھی طلاق دی جاسکتی ہے۔

(4) طلاق کا طریقہ: ایک طلاق

جب کسی مسلمان کا اپنی بیوی کو طلاق دینے کا ارادہ ہو تو اسے پہلے مصالحتی عدالت میں درخواست پیش کرنی چاہیے۔ اس عدالت کی اجازت کے بغیر کوئی طلاق جائز نہیں مانی جائے گی۔ طلاق حاصل کرنے کے لیے وجوہ پیش کیے جانے پر اگر مصالحتی عدالت ان کی معقولیت سے پوری طرح مطمئن ہو جائے اور اس کی رائے ہو کہ طلاق کے لیے معقول وجوہ ہیں تو پھر وہ حکم دے گی کہ:

(الف) شوہر صرف 'احسن' طلاق دے سکتا ہے۔

(ب) شوہر مہر ادا کرے۔ شوہر پر مہر کی ادائیگی لازم ہوگی۔

(ج) مطلقہ بیوی کو شوہر 'متاع الطلاق' (ہرجانہ) بھی ادا کرے گا۔

(د) فریقین کی سماجی حیثیت اور مالی حالت کے پیش نظر شوہر اپنی مطلقہ بیوی کو جب تک وہ زندہ رہے یا وہ نکاح ثانی کرے، کفالت کی رقم ادا کرتا رہے گا۔

(ہ) شادی سے جو اولاد ہوئی ہو اس کی سرپرستی اور حضانت کا پورا انتظام کیا جائے۔

(5) حین حیاتی مفاد:

ہندوستان میں حنفی مسلک کے قوانین کا جس طور پر نفاذ ہو رہا ہے، اس کی رو سے ایک مسلمان کو کسی دوسرے شخص کو حین حیاتی مفاد دینے میں کافی دقتوں اور پیچیدگیوں کا سامنا کرنا پڑتا ہے۔ مثلاً الف کہتا ہے کہ ''اگر میں گاؤں میں اپنی زمین 'ب' کو حین حیاتی مفاد کے لیے دے چکا ہوں اور بعد میں دستاویز کے ذریعہ اسی کو 'ج' کے نام ہبہ کرنا چاہتا ہوں تو اس حین حیاتی مفاد کا قیام مشتبہ ہو جاتا ہے۔ ہو سکتا ہے کہ ساری جائیداد قطعی طور پر 'ب' کی ملکیت میں آجائے۔

لیکن اگر الف نے کسی ہوشیار قانون داں سے مشورہ کیا ہوتا تو وہ یوں کہتا: ''میں اپنی پوری جائیداد 'ج' کو دیتا ہوں، لیکن 'ب' کو اس جائیداد سے مستفید ہونے کا حین حیاتی حق دیتا ہوں۔ اس قسم کا ہبہ نامہ غالباً جائز قرار دیا جائے گا۔ مختصر طور پر صورت حال یوں ہے:

(الف) ایک حنفی مسلمان اپنی حیات میں مناسب الفاظ کے ذریعے ہر قسم کی جائیداد کو حین حیاتی مفاد میں

بدل سکتا ہے۔

(ب) شیعہ، اثنا عشری یا فاطمی مسلک میں بھی یہ صورت ممکن ہے۔

(ج) لیکن یہ قانون دشوار گزار اور پیچیدہ ہے۔ 'حین' اور 'منافع' میں واضح طور پر فرق نہ کرنے سے صورت حال بدل سکتی ہے۔ اس پیچیدگی کو دور کرنے کی غرض سے قانون کو یہ شکل دینا مناسب ہوگا۔

کوئی مسلمان اپنی ہر قسم کی جائیداد کے معاملے میں حین حیاتی مفاد کسی شخص کے حق میں قائم کرسکتا ہے جو واقف کی موت کے ساتھ ختم ہوجائے گی اور اس کے بعد جائیداد اس شخص کے حوالے کردی جائے گی جسے واقف نامزد کرچکا ہو اور جو واقف کی وفات کے وقت خود بقید حیات ہو۔

اس قسم کی اجارہ داری، وصیت کے ذریعے یا ہبہ کے ذریعے قائم کی جاسکتی ہے بشرطیکہ اس مفاد پر عمل کرتے وقت وہ شخص بقید حیات ہو جس کے حق میں مفاد قائم کیا گیا ہو یا وصیت کے مطابق ایسا مفاد قائم کیا گیا ہو۔

(6) محروم الارث کا حصہ:

ایک سادہ مثال ملاحظہ ہو۔

ایک حنفی مسلمان کی وفات کے وقت اس کے دو بیٹے 'الف' اور 'ب' زندہ ہیں، لیکن تیسرا بیٹا 'ج' باپ کی حیات ہی میں فوت ہوچکا ہے جس کا ایک بیٹا 'د' زندہ ہے۔ چونکہ باپ کے مرتے وقت 'الف' اور 'ب' بقید حیات ہیں، اس لیے باپ کی جائیداد کے پورے وارث یہی دونوں قرار پائیں گے۔ تیسرے بیٹے 'ج' کی اولاد 'د' کو کوئی حصہ نہیں ملے گا، کیوں دادا کی حیات میں باپ کے انتقال کی وجہ سے پوتا محروم الارث ہوجاتا ہے۔ دادا اپنی زندگی میں پوتے کے حق میں وصیت کرکے اس ناانصافی کا تدارک کرسکتا ہے لیکن ایسا کرنا ہمیشہ ممکن نہیں ہوتا ہے اور اس صورت میں محروم الارث اولاد شدید قسم کی ناانصافی کا شکار ہوجاتی ہے۔ یہی وجہ ہے کہ پاکستان نے اس قانون کو یکسر بدل دیا ہے۔ اب وہاں ایسا قانون رائج ہے جس کے تحت محروم الارث اولاد اتنے ہی حصے کی حقدار ہوگی جو اس کے باپ (یا ماں) کو بقید حیات ہونے کی صورت میں ملتا۔ اس قسم کا قانون عام حالات کے تحت کار آمد ہوسکتا ہے لیکن اس میں وہ گنجائش نہیں ہے جو اسلامی قوانین کا خاصہ ہے۔ میری گزارش ہے کہ اس مقصد کے لیے حسب ذیل قاعدے بنائے جائیں۔

(الف) کوئی شخص مرتے وقت محروم الارث اولاد یا اس اولاد کے وارث کو چھوڑے تو اس کے ترکے کی تقسیم اس طرح کی جائے گی جیسے محروم الارث کے مورث زندگی میں اپنے ورثے کے حقدار ہوئے اور ان سے محروم الارث ورثا نے حصہ حاصل کیا۔

(ب) ترکے کی تقسیم اسلامی قاعدے یعنی نرینہ اولاد کو دو حصے کے حساب سے کی جائے گی۔ دوسرے الفاظ میں ایسے قانون کا مطلب یہ ہوگا کہ ہر محروم الارث اپنے متوفی باپ یا ماں کے قائم مقام کی حیثیت اسلامی

قاعدے کے مطابق اپنے متوفی باپ (دو حصے) یا متوفی ماں (ایک حصہ) کا حصہ حاصل کرے گا۔

اس قاعدے سے یہ بات بھی واضح ہو جاتی ہے کہ اس کا اطلاق صرف ان ورثا پر کیا جا سکتا ہے جو براہ راست وارث قرار پاتے ہوں۔

(7) وراثت کے قانون کا اطلاق:

پہلے یہ بیان کیا جا چکا ہے کہ اگر ایک شادی شدہ مسلمان جوڑا اپنے نکاح کو اسپیشل میرج ایکٹ بابت ۱۹۵۴ء کے تحت رجسٹر کرا دے تو وہ ہندوستانی قانون وراثت کے پابند ہوں گے۔

ہندوستانی قانون وراثت میں اس کا لحاظ رکھا جا سکتا ہے کہ اگر کوئی شخص چاہے تو اپنے پرسنل لا کے بجائے اپنے آپ کو اس ایکٹ کا پابند کر سکتا ہے۔ میری گزارش ہے کہ اگر ہندوستانی قانون وراثت میں شادی شدہ جوڑوں کے لیے اس بات کی گنجائش رکھی گئی ہے تو پھر غیر شادی شدہ افراد یا بیوہ یا وہ رنڈوے (جن کی بیوی فوت ہو گئی ہو) اس حق سے کیوں محروم کیے جاتے ہیں؟ اگر وہ چاہیں تو ان کے پرسنل لا سے نکل کر اپنے آپ کو ہندوستانی قانون وراثت کا پابند کرنے کا اعلان کرنے کا اختیار ہونا چاہیے۔ ایسا کرنا قانونی اعتبار سے بھی جائز ہوگا اور انصاف، اصول یا اس ملک کے کسی اور قانون کے خلاف بھی نہ ہوگا۔ مثلاً الف ایک غیر شادی شدہ مسلمان ہے، خاصی دولت کا مالک ہے اور کافی عمر کو پہنچ چکا ہے۔ اس کے کئی دور کے رشتے دار ہیں جو نہ اس کی طرف کوئی التفات کرتے ہیں اور نہ ان میں سب یکساں طور پر حاجت مند ہیں۔ اب یہ ہو سکتا ہے کہ الف اپنی جائیداد ان میں سے کسی ایک کو ترجیح دے کر اس کے نام چھوڑنے کا خواہش مند ہو۔ مسلم پرسنل لا کے مطابق وہ اس کا مجاز نہیں ہے لیکن اگر اسے یہ اختیار حاصل ہوتا کہ وصیت کے ذریعے اپنی جائیداد کو اپنے ورثا میں جس تناسب میں چاہے تقسیم کر سکتا، تو وہ ان میں سے ہر ایک کی ضرورت اور حاجت مندی کا لحاظ رکھ کر ایسا کرتا۔ یہ عمل مناسب اور نصفت کے مطابق ہے۔

خاتمۂ کلام

مسلم پرسنل لا میں جب کسی ترمیم کا سوال پیدا ہوتا ہے تو اس کی مخالفت میں سب سے بڑی دلیل یہی پیش کی جاتی ہے کہ شریعت، دین اسلام کا جزو لاینفک ہے۔ اس لیے اس میں کوئی تبدیلی ممکن نہیں ہے۔ شریعت کی پابندی قانونی حیثیت سے فرض ہے اور اخلاقی حیثیت سے لازمی ہے۔ اس لیے اس میں قطع و برید نہیں کی جا سکتی۔ اس کا جواب یہ ہے کہ اولاً تو ہندوستان میں مسلم پرسنل لا کے نام سے جو قانون مروج ہے، اسے 'شریعت' کا درجہ دینا ہی غلط ہے۔ یہ پرسنل لا غیر دینی ہے جسے دستور ہند نے (جو 'اسلامی' نہیں، 'غیر دینی آئین' ہے) رائج کیا ہے۔ یہ دستور ہندوستان میں صرف مذہب اسلام ہی کو سچا مذہب تصور نہیں کرتا ہے۔ آج جو کچھ پرسنل لا میں پایا جاتا

ہے، اس کا صرف ایک جزو اسلامی شریعت سے مطابقت رکھتا ہے ورنہ وقتاً فوقتاً اس میں جو تبدیلیاں ہوتی رہی ہیں، ان سے پتہ چلتا ہے کہ ان کا اصلی مقصد یہی ہے کہ ملک میں ہر شہری کے لیے یکساں قانون ہوں۔

دوسری بات یہ بھی یاد رکھنی چاہیے کہ بدلتے ہوئے سماجی حالات سے نئے نئے مسائل پیدا ہوتے رہتے ہیں۔ ان کی وجہ سے عدل وانصاف کے طریقۂ کار میں بھی تبدیلیاں کرنا ضروری ہو جاتا ہے۔ قرآن مجید کا حکم ہے کہ انسان کو اپنے آپ، اپنے والدین اور اپنے عزیز واقربا کے معاملات میں بھی پورے طور پر عدل اور نصفت کا سلوک کرنا چاہیے (سورہ 4، آیت 135)، چنانچہ شریعت اسلام کی یہ تعلیم ہے کہ انسان ہمیشہ عدل اور انصاف کا متلاشی رہے۔

تیسری بات یہ بھی پیش نظر رہنی چاہیے کہ ان اسلامی ممالک میں بھی جن میں شہریوں کی اکثریت دین اسلام کو مانتی ہو، مغربی تجارتی اور ثقافتی اثرات کے تحت سماجی انقلاب آچکا ہے۔ شمالی افریقہ میں فرانسیسی اور مشرق وسطیٰ میں انگریزی تعلیم نے وہاں کے تعلیم یافتہ طبقے کے ذہن کے کچھ نئے گوشے ابھارے ہیں اور خصوصاً وہاں عورتوں کے حقوق کے معاملے میں خاصا انصاف برتا جانے لگا ہے۔ یورپ اور امریکہ میں عورت اب صرف شوہر کی مطیع و فرمانبردار ہی نہیں رہی بلکہ اس کی مددگار اور رفیق حیات ہے، اس لیے تعدد ازدواج کا سوال ہی پیدا نہیں ہوتا۔ جنسی بے راہ روی تو ساری دنیا کا مسئلہ ہے، اس کے باوجود مغربی تہذیب سے جتنے بھی ممالک متاثر ہیں، ان میں ایک بیوی رکھنے کی پابندی ہے۔ ان ملکوں نے عورتوں کی حیثیت بہتر بنانے کے لیے قوانین وضع کیے ہیں اور اس لحاظ سے یہ اقدام رسول اکرم صلعم کے بتائے ہوئے طریقے کے مطابق ہے، کیوں کہ رسولؐ اللہ نے عرب جیسے ملک میں جہاں عورتوں کو کوئی حقوق نہیں تھے، انھیں نہایت معقول حقوق عطا کر کے ایک سماجی انقلاب پیدا کر دیا تھا۔

جہاں انصاف ہونا چاہیے، وہاں نیا قانون وضع کرنا کوئی بدعت نہیں ہے، لہٰذا موجودہ حالات میں اپنے قوانین میں اصلاحات کی طرف قدم بڑھانے میں کوئی برائی نہیں ہے۔

اس سلسلے میں بعض سیاسی اعتراضات بھی پیش کیے جاتے ہیں، اس کا جواب تو یہی ہے کہ سیاست کا جواب سیاست داں ہی دیں، قانون کے ماہرین اپنا کام کریں، البتہ ایک بات صاف ہے کہ جب تک خود مسلمان اس معاملے میں آگے نہیں بڑھیں گے، حکومت اپنی طرف سے کوئی قدم نہیں اٹھائے گی اور ابھی ایک اہم اقلیت (مسلمانوں) کی مرضی کے بغیر مشترکہ سول کوڈ نافذ کرنے کی کوئی تجویز نہیں ہے۔

اوپر کی بحث سے مسلم پرسنل لا کے سلسلے میں جو دقتیں سامنے آئی ہیں، وہ حسب ذیل ہیں:

(1) ہم ایک ہی مسلک کی شریعت اور اسی کی تاویلات سے بندھے ہوئے ہیں۔

(2) جب کوئی شخص اپنی پہلی بیوی کی مرضی کے بغیر دوسری شادی کر لیتا ہے تو ہم پہلی بیوی کے لیے داد و انساف کا کوئی راستہ نہیں کھولتے۔

(3) ہم ان عورتوں کا کوئی تحفظ نہیں کرتے جن کے سروں پر ہر وقت تین طلاقوں کی تلوار لٹکتی رہتی ہے۔

(4) اور نہ ہم کسی معصوم مطلقہ عورت کی کفالت (جب تک وہ نکاح ثانی کرے) کا کوئی انتظام کرتے ہیں۔

(5) ہم نے حین حیاتی حقوق کے قانون کو پیچیدہ اور دشوار بنا دیا ہے۔

(6) ہم نے محروم الارث اشخاص کی کفالت کا لحاظ نہیں رکھا ہے۔

(7) ہم غیر شادی شدہ اشخاص کو اس حق سے محروم رکھتے ہیں کہ وہ وصیت کے ذریعے اپنی جائیداد کا معقول حصہ کسی خاص شخص کی ضرورت کا لحاظ کرتے ہوئے اس کے نام کر جائیں۔

ان امور سے متعلق جو قانونی اصلاحات تجویز کی جارہی ہیں، وہ حسب ذیل ہیں:

(1) جہاں کہیں کسی ایک مسلک کی شریعت کی کسی دفعہ سے ناانصافی ہو، وہاں کسی دوسرے اسلامی مکتب خیال کے مسلک کے لحاظ سے انصاف حاصل کرنا چاہیے۔

(2) کسی شخص کو مصالحتی بورڈ کی اجازت حاصل کیے بغیر پہلی بیوی کی موجودگی میں دوسرا نکاح کرنے کی اجازت نہیں ہوگی۔

(3) ایک مجلس میں تین طلاقیں دے کر اسے نافذ کرنا، قانوناً موقوف کر دینا چاہیے اور مصالحتی کارروائی کا ایسا طریقہ اختیار کرنا چاہیے جس سے بیوی اور بچوں کی حفاظت ہو سکے۔

(4) طلاق کے ساتھ ہی نان و نفقے کی ادائیگی کی ذمہ داری عائد کی جانی چاہیے۔

(5) حین حیاتی مفاد کے قانون کو سادہ اور سہل بنایا جائے۔

(6) براہ راست محروم الارث ہونے والی اولاد اور ان کی اولاد کو بھی اپنے مورث کے ترکے کا حقدار تسلیم کر لینا چاہیے۔

(7) ایک غیر شادی شدہ مرد یا لاولد عورت کو حق ہونا چاہیے کہ وہ وصیت کے ذریعے اپنی جائیداد اپنی مرضی اور خواہش کے مطابق جسے چاہے بخش دے۔

یہ کہنا غیر ضروری ہے کہ میری یہ معروضات اس سلسلے میں حرف آخر کا درجہ نہیں رکھتی ہیں اور بھی کئی دوسری صورتیں ہیں جن پر غور و فکر کیا جا سکتا ہے لیکن ابتدا سادہ طریقے سے 'مسلم پرسنل لا (متفرقات امور) ایکٹ' سے کی جا سکتی ہے۔ تجربے اور مطالعے کے بعد پھر مسلمانوں کے لیے ایک مفصل پرسنل لا وضع کیا جا سکتا ہے۔ غور کرنے پر معلوم ہوگا کہ (ان تجویزوں کے علاوہ جو میں نے پیش کی ہیں) ہمارے لیے تین اور راستے کھلے ہیں۔

(الف) حالات بدستور قائم رہیں: میری گزارش ہے کہ یہ ناانصافی ہوگی۔ اس لیے میں اس کے خلاف ہوں۔

(ب) ایک مفصل پرسنل لا وضع کیا جائے جو نکاح، طلاق اور وراثت کے قوانین پر مشتمل ہو۔ ایسی کوشش میں وقت، محنت اور روپیہ بہت صرف ہوگا، اس لیے میں اس کا بھی مخالف ہوں۔

(ج) ایک مشترکہ سول کوڈ کا نفاذ ہو: اگرچہ دستورِ ہند میں اس کی گنجائش رکھی گئی ہے، لیکن مسلمان اس کے بالکل خلاف ہیں۔ اس عمل سے ان کے دلوں کو چوٹ لگے گی اور وہ بڑی شدت سے اس کی مخالفت کریں گے۔ اس سے ایک نقصان اور یہ بھی ہوگا کہ جو معمولی اور ضروری قسم کی اصلاحات ممکن ہیں، وہ بھی رہ جائیں گی۔

میں نے جو تجویزیں اصلاحات کے متعلق پیش کی ہیں؛ (1) وہ کم وقت میں بہ آسانی قانونی شکل میں آسکتی ہیں، (2) ان سے مسلمانوں کی موجودہ اہم ضرورتیں پوری ہوجائیں گی، (3) عورتوں اور بچوں کے ساتھ انصاف ہوگا، (4) اور اس طرح مسلمان دنیا پر یہ ثابت کردیں گے کہ وہ بھی اپنی آبادی کے نصف حصے یعنی عورتوں اور بچوں کے ساتھ حق وانصاف کے معاملے میں غافل نہیں ہیں۔

[بشکریہ سہ ماہی 'اسلام اور عصر جدید'، شمارہ 4، اکتوبر 1971، نئی دہلی]

شاہ بانو کیس کی کچھ اَن کہی باتیں

شافع قدوائی

مغلیہ سلطنت کے زوال کے بعد برصغیر کے مسلمانوں کی اجتماعی زندگی مزاحمت اور احتجاج سے عبارت رہی ہے۔ ناانصافی اور محکومی کا مسلسل احساس خوں آشام معرکوں پر بھی منتج ہوا جس کی سب سے اہم مثال 1857 کی پہلی تحریک آزادی ہے جسے کلونیل مؤرخوں نے غدر سے موسوم کیا اور یہ اصطلاح اب تک لوگوں کی زبان پر چڑھی ہوئی ہے۔ آزادی سے قبل خلافت تحریک نے مسلمانوں میں بے پناہ مقبولیت حاصل کی تھی تاہم جذباتی خروش سے آباد یہ تحریک بارآور نہ ثابت ہوسکی۔

آزادی کے بعد شاہ بانو کیس ایک ایسے مسئلہ کی صورت میں سامنے آیا جس کے خلاف مسلمانوں کے تقریباً تمام اہم فرقے متحد ہو گئے تھے۔ اصغر علی انجینئر کے مطابق آزادی کے بعد مسلمانوں میں اس سے زیادہ مؤثر تحریک نظر نہیں آتی۔ شاہ بانو کیس مطلقہ عورت کے نان نفقہ سے متعلق سپریم کورٹ کی پانچ رکنی آئینی بنچ کا فیصلہ تھا۔ سپریم کورٹ نے 23/اپریل 1985 کے اپنے ایک فیصلہ میں محمد احمد بنام شاہ بانو بیگم مقدمہ میں یہ فیصلہ سنایا تھا کہ سی آر پی سی کی دفعہ 125 کے تحت مطلقہ عورت نان نفقہ کی حق دار ہے۔

اس مقدمہ کے خلاف مسلمانوں نے ملک گیر سطح پر احتجاج کیا اور سپریم کورٹ کے فیصلہ کو منسوخ کرنے کی غرض سے راجیو گاندھی حکومت نے (Protection of Rights on Muslim Women Divorce) Act 1986 پاس کیا۔ اس امر پر دانشوروں کا اتفاق ہے کہ اس بل نے ہندو فرقہ پرست اور دائیں بازو کی انتہا پسند جماعتوں کو زبردست تقویت پہنچائی۔ یہ سوالات بھی اٹھائے گئے کہ اگر مطلقہ عورت کو عدت کے بعد نان نفقہ کی رقم ملتی رہے اور اس باب میں قرآن اور شریعت میں کوئی قطعی صراحت موجود نہیں ہے تو اس میں کیا مضائقہ ہے اور اسے کس طرح شریعت میں مداخلت سے تعبیر کیا جاسکتا ہے۔

حکمراں جماعت کانگریس میں اس مسئلہ پر شدید اختلاف رونما ہوا اور عارف محمد خاں کو مستعفی ہونا پڑا۔ مگر یہ بل آخرکار پاس ہوا۔ بل کی حمایت میں سینہ سپر ہونے والوں میں مرکزی وزیر ضیا الرحمان انصاری کا نام سر فہرست تھا اور اب جب بھی شاہ بانو کیس کا ذکر کیا جاتا ہے ضیا الرحمان انصاری کا تذکرہ ضرور ہوتا ہے۔ بابری مسجد کی شہادت اور مسلمانوں کے خلاف دیگر اقدام کے جواز کے طور پر اس بل کو پیش کیا جاتا ہے اور ضیا الرحمان انصاری کو مورد الزام ٹھہرایا جاتا ہے۔ ضیا الرحمان انصاری اندرا گاندھی اور راجیو گاندھی کے دور حکومت میں کابینہ کے رکن رہے۔ ان کا انتقال 1992 میں ہوا تھا۔

اب جب کہ سیاسی سطح پر مسلمانوں کی اقتدار سے بے دخلی کا سلسلہ دراز سے دراز تر ہوتا جا رہا ہے، ضیا الرحمان انصاری سے متعلق سوانحی مواد اور ان کی سیاسی اور سماجی خدمات کے تفصیلی تذکرہ کا اشاعت پذیر ہونا نہ صرف ایک فال نیک ہے بلکہ یوں بھی ہے کہ انصاری صاحب سے متعلق جو غلط فہمیاں رواج پا گئی ہیں، ان کا ازالہ بھی ضروری ہے۔ ضیا الرحمان انصاری کے فرزند فصیح الرحمان صاحب، ایک مشہور ماحولیاتی سائنس داں ہیں اور انھوں نے برٹش کولمبیا یونیورسٹی میں تدریسی فرائض بھی انجام دیے ہیں، اپنے والد سے متعلق غلط تعبیروں اور مفروضوں کا پردہ چاک کرنے کے بجا طور پر خواہاں ہیں اور اس ضمن میں انھوں نے اپنے والد کی سوانح عمری بعنوان 'Wings of Destiny: Ziaur Rahman Ansari - A Life' لکھی ہے جو حال ہی میں ہائیر واسکرائبس پبلی کیشنز، دہلی نے شائع کی ہے۔

پانچ ابواب پر مشتمل 267 صفحات کو محیط اس کتاب کا بنیادی مقصد شاہ بانو کیس سے متعلق ضیا الرحمان انصاری کے نقطۂ نظر کی معروضی وضاحت ہے تاکہ مصنف کے بقول غلط تعبیر، غلط فہمی اور حقائق کو توڑ مروڑ کر پیش کرنے کی روش کا محاسبہ کیا جا سکے۔ فصیح الرحمان کا خیال ہے کہ ضیا الرحمان کی سیاسی خدمات کے دستاویزی شواہد اور شاہ بانو مقدمہ سے متعلق ان کے نقطۂ نظر کی صحیح تناظر میں وضاحت اور پس منظر کی تشریح اب تک مکمل طور پر نہیں ہو سکی ہے، لہٰذا ضیا الرحمان انصاری کی شبیہ بھی پوری طرح اجاگر نہیں ہو سکی ہے۔

مضمون کے مطابق آزادیٔ رائے کی آڑ میں ہر قسم کی غلط تشریح اور مطالعہ انگیز تعبیر اور ان کی تقریر کے منتخب اقتباسات کی مدد سے جو بیانیہ تیار کیا گیا، اس پر بددیانتی کے سائے لرزاں ہیں۔ ضیا الرحمان کی خدمات اور ان کے نقطۂ نظر کی صحیح وضاحت سے عوام کو واقف کرانا کتاب کا مقصد اولین ہے۔ فصیح الرحمان نے کتاب کا چوتھا باب 'شاہ بانو کیس پر مباحثہ: ضیا الرحمان کا تناظر' میں بڑی شرح و بسط کے ساتھ شاہ بان مقدمہ کے قانونی مضمرات پر روشنی ڈالی ہے اور سپریم کورٹ کے فیصلے کے اقتباسات بھی درج کیے ہیں اور پھر پارلیامنٹ میں اس مسئلہ پر بحث کو بڑی تفصیل کے ساتھ درج کیا ہے۔

اس ضمن میں مسلم پرسنل لا بورڈ کی راجیو گاندھی کو عرضداشت اور دفعہ 125 اور 127 میں ترمیم سے متعلق غلام محمد محمود بنات والا کے پیش کردہ بل کا بھی تفصیلی اندراج کیا گیا ہے۔ فصیح الرحمان نے لکھا ہے کہ یہ تصور

بالکل غلط ہے کہ راجیو گاندھی کی ایما پر ضیا الرحمان انصاری نے بل کی حمایت میں زبردست تقریر کی اور سپریم کورٹ کے فیصلہ کو رد کرانے میں اہم رول ادا کیا۔ مصنف کے مطابق ضیا الرحمان انصاری سپریم کورٹ کے فیصلہ سے خود بہت بددل تھے اور وہ اس کے خلاف بولنا چاہتے تھے۔ ان کو اس بات کا شبہ تھا کہ شاید شاہ بانو کیس میں مسلم پرسنل لا بورڈ کے نقطۂ نظر کی حمایت راجیو گاندھی کو پسند نہ آئے۔

فصیح الرحمان کے مطابق اس سلسلہ میں ضیا الرحمان انصاری نے جب راجیو گاندھی سے ملاقات کی اور بنات والا کے پیش کردہ بل پر اظہار خیال کی اجازت چاہی تو اس وقت ممبر پارلیامنٹ عزیز قریشی صاحب موجود تھے۔ ان کے مطابق ضیا الرحمان صاحب نے راجیو گاندھی سے کہا کہ اگر بل پر تقریر کی اجازت دینے میں انھیں تامل ہے تو وہ بلا تکلف ان کا استعفیٰ منظور کرلیں اور وہ استعفیٰ نامہ لے کر گئے تھے۔ راجیو گاندھی نے استعفیٰ نامہ لے کر کوڑے دان میں پھینک دیا۔ کتاب میں ضیا الرحمان انصاری کی نامکمل تقریر کا متن نقل کیا گیا ہے جو انھوں نے 22 نومبر 1985 کو پارلیامنٹ میں کی تھی۔

یہ ان کی پہلی تقریر تھی جس میں شادی، طلاق اور نان نفقہ کے شرعی نقطہ نظر کی وضاحت کی گئی تھی۔ ضیا الرحمان نے کہا کہ قرآن محض رسوم، طرز معاشرت اور روایات سے متعلق کتاب نہیں ہے بلکہ یہ ان ہدایتوں پر مشتمل ہے جن پر عمل کرکے انسان معاشرہ کو بہتر طور پر چلا سکتا ہے۔ فصیح الرحمان نے مرکزی وزیر کے نقطۂ نظر کا دفاع کرتے ہوئے لکھا ہے کہ ان کا خیال تھا کہ پرسنل لا بھی معاشرتی تبدیلی کے ساتھ تبدیل کیے جاسکتے ہیں کہ اسلام کے نزدیک معاشرہ کی اجتماعی حیثیت ہے جو نامیاتی اور ارتقا پذیر ہے۔

اگر معاشرہ ضرورت محسوس کرے تو تبدیلی یقیناً کی جاسکتی ہے تاہم یہ تبدیلی ان واضح قرآنی احکام سے متغائر نہ ہو جن کی مکمل تفصیل موجود ہے۔ ضیا الرحمان نے اپنی تقریر میں اس امر کا شدومد کے ساتھ اظہار کیا کہ اسلام پُروقار زندگی پر توجہ مرکوز کرتا ہے اور عزت نفس پر کوئی سمجھوتہ نہیں کرتا۔ مطلقہ عورت کا اپنے سابق شوہر (جس سے اب اس کا کوئی تعلق نہیں ہے) سے زندگی بھر نان نفقہ لینا انسانی حرمت کے منافی ہے۔ یہ نقطۂ نظر مذہبی سے زیادہ معاشرتی اور اخلاقی ہے اور اس پر پدر اساس معاشرہ کے تصور کائنات کی صاف چھاپ نظر آتی ہے۔

مطلقہ عورت کی نگہداشت کی ذمہ داری ضیا الرحمان کے مطابق عورت کے والدین، بھائی بہنوں اور دیگر رشتہ داروں پر ہے کہ اسے وراثت میں حصہ ملتا ہے۔ اگر کسی عورت کا کوئی رشتہ دار نہیں ہے تو پھر یہ ذمہ داری معاشرہ اور حکومت کی ہے۔ یہ نقطۂ نظر محل نظر ہے کہ اگر مطلقہ عورت کو نان نفقہ اس کا سابق شوہر ادا کرتا رہے تو اس سے کس شرعی حکم کی عدولی ہوتی ہے، اس کی قرار واقعی وضاحت نہیں ہے۔ فصیح الرحمان کی وضاحت بھی زیادہ قابل قبول محسوس نہیں ہوتی۔

کتاب کا تیسرا باب بڑی تفصیل کے ساتھ شاہ بانو مقدمہ کے متعلقات اور اس سے متعلق مباحث کی دقت نظر کے ساتھ وضاحت کرتا ہے اور ان حقائق سے بھی واقف کراتا ہے جسے ذرائع ابلاغ نے زیادہ لائق اعتنا

نہیں سمجھا۔ فصیح الرحمان کی کتاب معروضیت اور غیر جذباتی نقطہ نظر کی غماز ہے کہ انھوں نے اپنے والد کی مدلل مداحی سے واضح طور پر اجتناب کیا ہے اور ان کے کمالات اور اکتسابات کی صراحت کے ساتھ ساتھ ان کی بعض شخصی کمزوریوں کا بھی ذکر کیا ہے۔ انھوں نے کہا کہ ضیا الرحمان صاحب بہت جلد مشتعل ہو جاتے تھے تاہم ان کا غصہ بہت جلد جھاگ کی طرح بیٹھ بھی جاتا تھا۔

اس ضمن میں انھوں نے ستمبر 1978 کا ایک واقعہ لکھا ہے کہ اندرا گاندھی کان پور آئی تھیں اور ضیا الرحمان انصاری نے شکلا گنج (اناؤ) جا کر ان کا استقبال کیا اور ان کے ساتھ سیلاب سے متاثرہ علاقوں کا دورہ کیا۔ کار میں محسنہ قدوائی بھی تھیں اور اندرا گاندھی نے ضیا الرحمان کو بھی کار میں بٹھا لیا اور اناؤ پہنچنے پر اناؤ کے کانگریسی لیڈر گوپی ناتھ دکشت بھی اندرا گاندھی سے ملنے آئے۔ اندرا جی نے انھیں بھی کار میں سوار کرا لیا۔ کار میں بیٹھتے ہی دکشت جی نے شکوہ کیا کہ انھیں اندرا گاندھی کے دورے کی کوئی اطلاع نہیں تھی۔ اس پر محسنہ قدوائی نے انصاری صاحب سے پوچھا کہ انھوں نے اندرا گاندھی کی آمد سے سب کو مطلع کیوں نہیں کیا۔

اس پر انصاری غصہ سے آگ بگولا ہو گئے اور انھوں نے کہا کہ وہ اناؤ کانگریس کمیٹی کے کوئی عہدے دار نہیں ہیں اور سب کو مطلع کرنا ان کے فرائض منصبی میں شامل نہیں ہے۔ اندرا گاندھی نے انصاری کا غصہ ٹھنڈا کیا۔ انصاری صاحب اندرا جی کے ساتھ لکھنؤ جانے والے تھے مگر جب گاڑی اناؤ سرحد سے نکلنے لگی تو انصاری صاحب اندرا گاندھی سے اجازت لے کر کار سے اُتر گئے اور ان کے ساتھ لکھنؤ نہیں گئے۔ ضیا الرحمان انصاری کے شخصی اور سوانحی کوائف ان کی پسند و ناپسند اور ترجیحات سے متعلق نادر معلومات سے اس کتاب کے صفحات پُر ہیں۔

ضیا الرحمان انصاری ایک اچھے مقرر تھے اور ان کا مطالعہ خاصا وسیع تھا، خصوصاً اردو اور فارسی شعرو ادب کا۔ فصیح الرحمان صاحب نے اس ضمن میں بہت سی تفصیلات پیش کی ہیں۔ علم عروض اور فن موسیقی سے بھی انصاری صاحب کی گہری دلچسپی کا پتہ چلتا ہے۔ اسی طرح بعض ملی اداروں مثلاً ندوہ اور دیوبند سے ان کے گہرے تعلق کا بھی اندازہ لگایا جا سکتا ہے۔

ضیا الرحمان انصاری ایک کامیاب سیاست داں تھے اور ان کو علوم و فنون سے بھی گہرا تعلق تھا، یہ کتاب اس نکتہ کو دستاویزی شواہد کے ساتھ آشکارا کرتی ہے۔ اس سفل پرور اور طالع آزما سیاست دانوں کے دور میں ضیا الرحمان کو بعض تحفظات کے باوصف یاد رکھنا دراصل اپنی تہذیبی شناخت کی بازیافت کرنا ہے جس کے لیے مصنف فصیح الرحمان داد و تحسین کے مستحق ہیں۔ اس کتاب کے اردو ترجمہ کی بھی ضرورت ہے، توقع ہے کہ مصنف اس طرف بھی توجہ کریں گے۔

[بشکریہ دی وائر اردو، 23 دسمبر 2018]

یکساں سول کوڈ انتظار کرسکتا ہے، پرسنل لاء اصلاحات نہیں

محمد سجاد

ترجمہ: صابر

10 جولائی 2024 کو سپریم کورٹ نے یہ فیصلہ سنایا ہے کہ ایک مسلم مطلقہ ضابطۂ فوجداری 1973 کی دفعہ 125 کے تحت اپنے سابق شوہر سے نان ونفقہ کے دعوے کی حقدار ہے۔ عدالت نے اس بات پر زور دیا ہے کہ ایک سیکولر قانون کے تحت دیا گیا متوازی راستہ موجودہ پرسنل لاز کے ذریعے بند نہیں کیا جاسکتا۔ سپریم کورٹ نے مزید صراحت کی کہ ایکٹ 1986 (شاہ بانو کے فیصلے کی منسوخی) ایسے مقدمات میں مددگار ثابت نہیں ہوگا۔ یہ وہی بات ہے جو سپریم کورٹ نے 2001 میں دانیال لطیفی بمقابلہ یونین آف انڈیا مقدمے میں بھی واضح کی تھی۔ سپریم کورٹ نے اسی طرح کے فیصلے دیگر کئی مقدمات مثلاً طاہرہ بی بمقابلہ علی حسن (1979)، فضلون بی بمقابلہ قادر ولی (1980) اور شاہ بانو (1985) میں بھی سنائے تھے۔

آل انڈیا مسلم پرسنل لا بورڈ اپنا اعتبار کھو چکا ہے اور موجودہ بدلے ہوئے سیاسی ماحول میں مسلم سماج کو سڑکوں پر احتجاج کرنے کی ترغیب نہیں دے سکتا جیسا کہ اس نے 86-1985 اور 73-1972 میں کیا تھا۔ تاہم بورڈ اس فیصلے کو ماننے اور اس کے کالم میں نشان زد کچھ معاملات میں داخلی اصلاحات کرنے سے انکار کر رہا ہے۔ بورڈ اپنے حامیوں کو کنفیوز کرکے الجھانے اور گمراہ کرنے کی کوشش کر رہا ہے اور انھیں تشویش میں مبتلا کر رہا ہے۔ بورڈ دیگر مذہبی اقلیتوں کو متحرک کرنے اور یونیفارم سول کوڈ کے خلاف قطار بند کرنے کی کوشش بھی کر رہا ہے۔(2) بورڈ کے سیاسی مقاصد سے صرفِ نظر کرتے ہوئے اس حقیقت کو واضح کرنے کی ضرورت ہے کہ مسلم عائلی قوانین میں اصلاحات کا معاملہ اور یونیفارم سول کوڈ کے نفاذ کی کوشش دو یکسر مختلف اور جداگانہ مسائل ہیں۔

موجودہ بی جے پی حکومت نے 2024 کے پارلیمانی انتخابات سے پہلے یونیفارم سول کوڈ کی قانون سازی اور نفاذ میں پیش رفت کی تجویز پیش کی تھی۔ 22 ویں لا کمیشن آف انڈیا (LCI) کا قیام عمل میں آیا تھا جس

نے عوام سے اس بارے میں تجاویز طلب کی تھیں جنھیں لا کمیشن کے ممبر سکریٹری کو بذریعہ ای میل ارسال کیا جاسکتا تھا۔ بعض سیاسی / نظریاتی قوتیں ہمیشہ سے یونیفارم سول کوڈ پر اصرار کرتی رہی ہیں، جس پر مسلمانوں کی مختلف تنظیمیں اس طرح ردعمل دیتی ہیں جیسے یونیفارم سول کوڈ محض اور بالخصوص ان کے پرسنل لا پر حملہ ہے۔ لہٰذا لا کمیشن کے اس عمل کو مسلمانوں کے بیشتر سیاسی اور مذہبی رہنماؤں نے یونیفارم سول کوڈ پر استصواب رائے (referendum) یا رائے شماری (plebiscite) سے تعبیر کیا۔ انھوں نے مسلمانوں سے یونیفارم سول کوڈ کو مسترد کرنے کی اپیل کی۔ اس طرح دونوں فریقین (یونیفارم سول کوڈ کے سیاسی حامی اور مختلف نظریات کے حامل مخالفین) نے پولرائزیشن کی سیاست کو آگے بڑھایا۔ مسلم فریق نے دعویٰ کیا تھا کہ انھوں نے یونیفارم سول کوڈ کو مسترد کرتے ہوئے لا کمیشن کو کئی لاکھ ایمیل ارسال کیے ہیں۔ سوشل میڈیا کے علاوہ جمعہ کی نمازوں میں مساجد سے ایمیل بھیجنے کے لیے اعلانات کیے گئے۔ بہت سی مساجد کی تقریروں میں یہ بھی کہا گیا کہ جب تک حکومت کی جانب سے کوئی مسودہ پیش نہیں کیا جاتا، اس وقت تک پریشان ہونے کی کوئی ضرورت نہیں ہے۔ قابل ذکر بات یہ کہ 2018 میں فوری طلاق ثلاثہ (instant triple talaq) کی اصلاح کے خلاف انھوں نے تقریباً دو کروڑ دستخط جمع کیے تھے۔ اس بار یہ صرف چند لاکھ تک محدود رہے (یہ اعداد و شمار غیر تصدیق شدہ ہیں)۔ یہ صورتِ حال مسلم سماج میں مذہبی رہنماؤں کی گرتی ساکھ کی غماز ہو سکتی ہے۔

دونوں فریقوں کی اجتماعی منافقت جگ ظاہر ہے۔ یہ ایک نسبتاً کم معروف حقیقت ہے کہ 1950 کی دہائی میں سیاسی پارٹیوں میں موجود دائیں نظریے کے حامل ہندوؤں کے ذریعے یونیفارم سول کوڈ کا شوشہ چھوڑا گیا تھا جس کا مقصد ہندو پرسنل لا میں نہرو کے اصلاحات کی پیش بندی کرنا تھا۔ اس وقت ان کے پاس یونیفارم سول کوڈ کا کوئی پختہ تصور نہیں تھا۔ اسی طرح مسلم رجعت پسند قوتیں بھی یونیفارم سول کوڈ کی مخالفت اس لیے نہیں کرتیں کہ وہ فرقہ وارانہ ہم آہنگی نہیں چاہتیں یا فرقہ واریت کو پسند کرتی ہیں بلکہ محض اس لیے کہ مسلم پرسنل لا میں کسی بھی قسم کی اصلاح کو روکا جاسکے۔ مسلمان سوچتے ہیں کہ صرف مسلم حکمراں ہی اسلام میں مداخلت کا استحقاق رکھتے ہیں، غیر مسلم حکمراں نہیں۔

نہرو نے ہندو قوانین میں اصلاحات کی قانون سازی کرتے ہوئے مسلمانوں کو اس دلیل کے ساتھ مستثنیٰ قرار دیا تھا کہ مذہبی اقلیتوں میں اصلاحات ان کے اندر سے آئیں گی۔ وہ لمحہ ابھی تک نہیں آیا، سات دہائیوں سے زیادہ عرصہ گزر جانے کے بعد بھی۔ ہندوستانی حکمرانوں کے ذریعے مسلمانوں کی خوشامد (appeasement) کے بڑے حربوں میں اسے سب سے اوپر سمجھا جاتا ہے۔

اپریل 1973 میں آل انڈیا مسلم پرسنل لا بورڈ قائم کیا گیا تھا۔ سومیا سکسینہ کے تحقیقی مضمون (2018) کے مطابق اس کے قیام کا فوری سبب 1972 میں بچوں کو گود لینے کے قانون میں کی گئی ترمیم کی مخالفت کرنا تھا۔(3) اس ترمیم شدہ قانون کا مسلمانوں پر براہ راست کوئی اثر نہیں پڑا۔ پھر بھی انھوں نے سڑکوں پر شدید احتجاج کیا۔ اس

کا مقصد شناخت کی سیاست (identity politics) کے حوالے سے مسلمانوں کی طاقت کا مظاہرہ کرنا اور اس وقت کی حکومت کو خبردار کرنا تھا۔ واضح ہو کہ گود لینے (adoption) اور تحویل میں لینے (custody) میں بہت فرق ہے۔ سیکولر قانون (Guardians and Wards Act 1890) میں حیاتیاتی اور رضاعی والدین کے مابین متنازعہ بچے کی تحویل کا تعین کرنے کے لیے بچے کی فلاح و بہبود کے علاوہ بچے کی خواہش کو بھی مدِنظر رکھا جاتا ہے۔ یہ قانون اس شرعی قاعدے سے کلی مطابقت رکھتا ہے جو نبی کریم صلی اللہ علیہ وسلم نے اپنے متبنیٰ بیٹے زیدؓ کے معاملے میں طے کیا تھا۔(4) زیدؓ کی تحویل ان کی خواہش کے مطابق نبی کریم صلی اللہ علیہ وسلم کے ساتھ جاری رہی، باوجود اس کے کہ ان کے حیاتیاتی والد حارثہ ان کی واپسی کا دعویٰ پیش کرنے آئے تھے۔

جہاں تک گود لینے کا تعلق ہے تو قرآن میں گود لیے گئے بچے کی حیاتیاتی ولدیت کو پوشیدہ نہ رکھنے کی ہدایت دی گئی ہے۔ یہ بات اکثر گود لینے کے خلاف قطعی ممانعت کے طور پر پیش کی جاتی ہے۔ آل انڈیا مسلم پرسنل لا بورڈ بھی اس کا ازالہ نہیں کرتا جس کی وجہ سے اعلیٰ عدالتیں بھی بیشتر معاملات میں اسی غلط تفہیم کے مدنظر مسلم رضاعی والدین کے خلاف فیصلے سناتی ہیں۔ ایسا کوئی قانون نہیں ہے جو حیاتیاتی والدین کو سزا دے اگر وہ بعد میں گود لینے کی بابت اسلامی ممانعت کا دعویٰ کرتے ہیں۔ اگر ایسا ہی تھا تو انھوں نے پہلے ہی اپنے بچے کو گود لینے کے کیوں پیش کیا تھا؟ لہٰذا ہندوؤں کے معاملے میں عدلیہ کوئی بھی دستخط شدہ دستاویز گود لینے کے ثبوت کے طور پر قبول کر لیتی ہے لیکن مسلمانوں اور عیسائیوں کے معاملے میں ایسی دستاویزات کے باوجود گود لینے کو کالعدم (invalid) قرار دیا جاتا ہے۔ بلاشبہ اس طرح بچے کی تحویل میں تبدیلی اس کی نفسیات، زندگی اور کیریئر کی مکمل تباہی کا باعث بن جاتی ہے۔ خوش قسمتی سے جنوری 2016 سے بچوں کی دیکھ بھال اور تحفظ کا قانون (Juvenile Justice Act) نافذ ہو چکا ہے جو مسلمانوں کے لیے بھی کچھ مددگار ثابت ہو رہا ہے۔ 2016 سے قبل کے گود لینے کے معاملات، جواب عدلیہ میں آ رہے ہیں، اکثر غلط طور پر سمجھے گئے مسلم قانون کے مطابق طے کیے جاتے ہیں۔ حال ہی میں پاکستان کی سپریم کورٹ نے بچے کی حیاتیاتی ولدیت پوشیدہ رکھنے کو بھی جائز قرار دیا ہے۔ گویا ہندوستانی عدلیہ صرف پاکستان ہی نہیں بلکہ سارے اسلامی ممالک سے زیادہ شریعت کی پابند ہے۔ حالانکہ سپریم کورٹ نے 4 مارچ 2024 کے تاریخی فیصلے (شازیہ امن خان و دیگر بمقابلہ ریاست اڑیسہ) میں ایک 14 سالہ لڑکی کی تحویل رضاعی مسلم والدین کو دی ہے۔(5)

جہاں تک غیر قرآنی فوری طلاق ثلاثہ کا سوال ہے تو آل انڈیا مسلم پرسنل لا بورڈ اس میں ضروری اصلاحات کرنے سے انکار کرتا ہے۔(6) اکثر اسلامی ممالک نے اس کی اصلاح کی ہے۔ 1986 کے اوائل میں شاہ بانو کے معاملے میں بھی بورڈ کے قائد علی میاں ندوی (1914-1999) نے غلط طریقے سے اس وقت کے وزیر اعظم راجیو گاندھی کو قائل کیا تھا کہ اسلامی ممالک میں کی گئی اصلاحات کو نظر انداز کیا جائے۔ اس کا اعتراف انھوں نے اپنی اردو یادداشت 'کاروان زندگی' (1988) میں کیا ہے۔

اس حقیقت سے بہت کم لوگ واقف ہیں کہ وکیل محمد احمد خان (1913-2006)، جو کہ اندور کے ایک مالدار اور بارسوخ وکیل تھے، نے 1946 میں دوسری شادی اپنی پہلی بیوی شاہ بانو (1916-1992) کی کزن سے کی تھی اور 1975 میں شاہ بانو کو اس وقت گھر سے باہر نکال پھینکا تھا جب وہ 60 سال کی تھی۔ شاہ بانو نے اپریل 1978 میں نچلی عدالت میں نان ونفقہ کے لیے درخواست دی تھی اور نچلی عدالت نے نان نفقے کے لیے عبوری حکم جاری کیا تھا۔ صرف نان ونفقہ سے بچنے کے لیے 6 نومبر 1978 کو محمد احمد خان نے اندور کی ٹرائل کورٹ کے اندر فوری طلاق ثلاثہ دی تھی۔ بعد ازاں یہ معاملہ ہائی کورٹ اور بالآخر سپریم کورٹ تک پہنچا۔ اپریل 1985 میں سپریم کورٹ کی طرف سے دیا گیا نان ونفقہ مئی 1986 میں پارلیمنٹ نے مسترد کر دیا تھا۔ اس کے بدلے کے طور پر بورڈ کے وفد نے وزیر اعظم کے ساتھ رضامندی ظاہر کی تھی کہ ایودھیا مسجد کا تالا کھول دیا جائے۔ نکولس نیوجنٹ (Nicholas Nugent) کی تحریر کردہ راجیو گاندھی کی سوانح حیات اور علی میاں کی اردو خود نوشت دونوں اس بات کی تصدیق کرتی ہیں۔

اب آتے ہیں والدین کے اثاثوں کی وراثت سے متعلق مسلم قانون کی طرف۔ 1930 کی دہائی میں جب شریعت قانون (Shariat Act) مرتب کیا جا رہا تھا تو ایک طاقتور زمیندار خاندان کی بیٹی، جس کا تعلق غیر منقسم پنجاب کے وزیر اعظم سکندر حیات خان ٹوانہ سے تھا، نے شریعت کے مطابق زمینی جائیدادوں میں اپنے حق کا مطالبہ کیا تھا۔ ٹوانہ نے خاتون کے اس مطالبے کو باطل ٹھہرانے کے راستے تلاش کرنے کے محمد علی جناح سے رجوع کیا تھا تا کہ شریعت قانون کی تدوین کو التوا میں ڈالا جائے۔ جناح نے نہایت من گھڑت اور بددیانتی پر مبنی دلائل پیش کیے: اولاً، مقامی رسم و رواج ہی قوانین ہیں اس لیے بیٹیوں کو موروثی زمینی جائیداد میں حصہ نہ دینے کا رواج شریعت قانون کے باوجود برقرار رہے گا؛ ثانیاً، زراعت اور زمین صوبائی موضوعات ہیں جب کہ شریعت قانون مرکزی آئین کا موضوع ہے۔ 1937 میں جناح نے شریعت قانون کا تجربہ کیا جسے انھوں نے اپنے علاحدگی پسند سیاست کے فروغ کے لیے ایک کل ہند مسلم سیاسی حلقے کی تشکیل کے ایک موقع کے طور پر دیکھا۔ ہمیں ابھی تک یہ معلوم نہیں ہو سکا ہے کہ متحدہ قومیت کے مشہور حمایتی مولانا آزاد اور مولانا حسین مدنی حتیٰ کہ مولانا مودودی نے بھی شریعت قانون 1937 پر کبھی کچھ کہا ہو۔

1962 میں جناح کے پاکستان نے عائلی قوانین میں کچھ اصلاحات متعارف کروائی تھیں، مثلاً فوری طلاق ثلاثہ پر پابندی لگا دی تھی، شوہر کی مالی حیثیت کے مطابق مطلقہ کو معقول و مناسب نان ونفقہ کی رقم ادا کرنی پڑتی تھی، کثرتِ ازدواج کو تقریباً ممانعت کی حد تک محدود کر دیا گیا تھا، موجودہ بیوی کی تحریری اجازت کے بغیر دوسری بیوی کو نکاح میں نہیں لایا جا سکتا تھا، شادی کی کم از کم عمر میں بھی اضافہ کر دیا گیا تھا وغیرہ۔ پھر بھی 1986 میں ہندوستان میں علما اور دیگر رہنماؤں نے شاہ بانو جیسوں کو برباد کر دیا۔ وہ اب بھی بڑی بے شرمی کے ساتھ یہ فعل دہراتے رہتے ہیں۔ 2019 میں فوری تین طلاق کو جرم قرار دینا ایک بہت اچھی روک تھام کے طور پر کام کر رہا ہے

لیکن علاحدگی اختیار کر چکی بیوی یا مطلقہ کے مناسب یا متناسب نان ونفقہ کا مسئلہ ہنوز حل طلب ہے۔

واضح رہے کہ 1986 کے اوائل میں وزیر اعظم سے مذاکرات کے دوران علی میاں ندوی کی قیادت میں وفد نے وعدہ کیا تھا کہ وہ ایسی مطلقہ خواتین کو مالی تعاون فراہم کرنے کے لیے کوئی ادارہ جاتی انتظام کریں گے جنھیں نان ونفقہ نہیں دیا گیا۔ یہ وعدہ ندوی کی اردو یادداشت 'کاروان زندگی' (1988) کی جلد سوم کے باب چہارم میں بہت واضح طور پر درج ہے۔ اس وعدے کو علما، دانشور اور سماج نے فراموش کر دیا ہے۔ ویسے بھی مسلمان مردوں نے فوری طلاق ثلاثہ پر عائد پابندی کا متبادل راستہ ڈھونڈ نکالا ہے، خلع لینے کے لیے بیوی کو تشدد کا نشانہ بنانا۔

فروری 2018 میں آل انڈیا مسلم پرسنل لا بورڈ کے ترجمان نے ایک بیان جاری کیا تھا کہ وہ ایک ماڈل نکاح نامہ جاری کریں گے جس میں دولہے کی طرف سے فوری طلاق ثلاثہ کے خلاف حلف نامے کا ایک کالم شامل کیا جائے گا۔(7) لیکن ایک ہفتے کے اندر آل انڈیا مسلم پرسنل لا بورڈ نے اپنے 26 ویں اجلاس (11-9 فروری 2018، حیدرآباد) میں اس تجویز کو نظر انداز کر دیا۔

حکومت اور دانشور طبقے کو چاہیے کہ مسلم قیادت کے مذکورہ بالا متضاد رویوں کو بے نقاب کریں۔ یہ نہایت تشویشناک ہے کہ ہندوستان کی سیکولر حکومت کی مالی اعانت سے چلنے والے جدید ادارے مثلاً علی گڑھ مسلم یونیورسٹی (علی گڑھ)، جامعہ ملیہ اسلامیہ (نئی دہلی)، مولانا آزاد نیشنل اردو یونیورسٹی (حیدرآباد) اور ان کے شعبہ جات مثلاً صنفیات ونسائیات، اسلامیات، الٰہیات، قانون، سماجیات وغیرہ بھی اخلاص وعزم کے کسی بھی درجے میں اصلاحی ایجنڈے کو آگے بڑھانے کے قابل نہیں رہے ہیں۔ ان میں سے بیشتر نے یا تو غیر دیانتدارانہ خاموشی اختیار کر رکھی ہے یا وہ رجعت پسندانہ موقف کی تائید میں ہیں۔(8) دونوں صورتوں میں وہ رجعت پسندوں کے حامی ہیں۔ مختصر یہ کہ یہ انتہائی ناگوار صورتِ حال ہے۔ تاہم حال ہی میں حسن سرور نے اپنے کالم میں آل انڈیا مسلم پرسنل لا بورڈ کی رجعت پسندی اور منافقت کو طشت از بام کیا ہے۔(9)

پیدائش اور وفات کے اندراج کے ساتھ ساتھ شادی اور طلاق کا بھی لازمی اندراج کیا جانا چاہیے۔

اگر دادا زندہ ہے اور والد فوت ہو جائے تو پوتا دادا کے اثاثوں میں وراثت کے حق سے محروم ہو جاتا ہے۔ اس قانون کو بھی ہندوستانی آئین سے نکال باہر کرنا چاہیے۔ اگر مسلمان والدین کو صرف بیٹیاں ہیں (کوئی بیٹا نہیں ہے) اور وہ اپنی زندگی میں اپنے اثاثے بیٹیوں کے نام منتقل نہیں کرتے ہیں تو بیٹی اپنے والد کے اثاثوں میں صرف ایک حصہ کی وارث ہوتی ہے۔(10) یہاں تک کہ ہندوستان میں قانونی عدالت میں رجسٹر شدہ وصیت بھی اس معاملے میں مسلم قانون کی موجودہ تشریحات کی رو سے اس کے برعکس نہیں کر سکتی۔ اس امتیازی قانون کی وجہ سے کچھ مسلمانوں نے اسپیشل میرج ایکٹ کے تحت اپنی شادیوں کا دوبارہ اندراج کرنا شروع کر دیا ہے۔(11) اسی طرح کچھ مسلم بیٹیوں نے اس امتیازی سلوک کو سپریم کورٹ میں چیلنج کرنا شروع کر دیا ہے۔(12) جو مسلمان

بے اولاد ہیں، وہ عدالت میں وصیت کا اندراج نہیں کر سکتے کہ وہ اپنے تمام اثاثے ہبہ کر سکیں۔ مسلم قانون کے مطابق وہ اپنے اثاثوں کا صرف ایک تہائی حصہ کسی کو ہبہ کر سکتے ہیں۔ حالانکہ سپریم کورٹ نے ہندو قانون کے متضاد دفعات کے باوجود بیٹیوں اور بیٹوں کو والدین کے اثاثوں میں برابر کے حق کا فیصلہ سنایا ہے۔(13) یہ صنفی انصاف مسلمانوں کے معاملے میں بھی لاگو کیا جانا چاہیے۔

خلاصہ یہ کہ تاریخ گواہ ہے، حکومت کی پشت پناہی کے بغیر شاید ہی کبھی کوئی اصلاح کامیابی سے نافذ ہو پائی ہے۔ نوآبادیاتی دور میں بھی ستی کا خاتمہ (1829)، غلامی کا خاتمہ (1847)، بیوہ کی دوبارہ شادی (1856)، بچوں کی شادی کے خلاف قانون (1891) اور یہاں تک کہ شریعت کی تدوین (1937)، چاہے خالص پدرانہ اور رجعت پسندانہ ہی کیوں نہ رہی ہو] وغیرہ جیسی اصلاحات صرف حکومت کی حمایت ہی سے نافذ ہوئی تھیں۔ عوام کو موجودہ نظام کو قائل کرنا چاہیے کہ اسے انتخابی پینترا بازی سے بالاتر ہونے کی ضرورت ہے اور عائلی قوانین میں اصلاحات کے مذکورہ بالا سات پہلوؤں (بشمول صنفی قوانین) کو نافذ کرنے کی ضرورت ہے۔ اس دوران وسیع پیمانے پر غور و خوض کے لیے یکساں سول کوڈ کا مسودہ تیار کرے۔ (افسوس کی بات یہ ہے کہ اس وقت وہ بھی یکساں سول کوڈ کی مخالفت کے نام پر عائلی قانون میں اصلاحات کو ٹال رہے ہیں۔) پرسنل لا میں اصلاحات انتظار نہیں کر سکتیں۔ یونیفارم سول کوڈ انتظار کر سکتا ہے اور کرنا بھی چاہیے۔ یہ ایسی بات ہے جسے لبرل بائیں بازو والوں کو بھی سمجھنے کی کوشش کرنی چاہیے۔ یہی آگے کی حکمت عملی ہے اور مسابقتی فرقہ وارانہ پولرائزیشن سے بچنے یا اسے کم کرنے کے حکمت عملیوں میں سے ایک ہے۔

حواشی:

[1]
https://www.rediff.com/news/column/mohammad-sajjad-ucc-can-wait-personal-law-reforms-cant/20240808.htm

[2]
https://theprint.in/ground-reports/once-powerful-aimplb-is-battling-multiple-crises-internal-strife-calls-for-reforms-and-ucc/d-ucc/2196663/

[3]
https://muse.jhu.edu/article/712668/pdf

[4]
https://www.outlookindia.com/national/muslim-personal-law

-who-says-the-ascendant-hindutva-is-slaying-muslim-identity
-priorities--news-253501
[5]
https://cjp.org.in/legal-quagmire-examining-the-inconsistent
-adoption-rulings-for-muslim-families-in-india/
[6]
https://thewire.in/religion/review-misconceptions-over-instant
-triple-talaq-persist
[7]
https://timesofindia.indiatimes.com/india/model-nikahnama-to
-be-modified-to-deter-muslims-from-giving-triple-talaq-aimplb
/articleshow/62766446.cms
[8]
https://thewire.in/politics/muslim-personal-law-reforms-bmma
-studies
[9]
https://www.news18.com/opinion/opinion-how-muslim-law
-board-is-damaging-muslim-interests-8986925.html
[10]
https://www.telegraphindia.com/india/couple-remarry-for
-inheritance-gender-justice/cid/1921233
[11]
https://www.newageislam.com/islamic-society/secular
-marriage-law-indian-muslim-parents/d/129342
[12]
https://www.livelaw.in/top-stories/supreme-court-shariat
-act-challenged-muslim-personal-law-muslim-women-property
-hare-discrimination-partition-224038
[13]
https://www.legalkart.com/legal-blog/supreme-court
-judgments-on-ancestral-property

[بشکریہ ریڈف ڈاٹ کوم، 8 اگست 2024]

پرسنل لاء کا سوال سیاسی ہے، مذہبی نہیں؟

محمد سجاد

سنہ 1973 میں وزیر اعظم اندرا گاندھی نے کریمنل پروسیڈر کوڈ 1898 میں ترمیم کر کے مطلقہ عورتوں اور ضعیف والدین یعنی abandoned اور deserted کے نفقہ (Maintenance) کے لیے کچھ قانون بنائے تاکہ vagrancy کو روکا جا سکے۔ دراصل حکومت کو یہ معلوم ہوا تھا کہ کچھ مسلم مرد اپنی بے سہارا (destitute) بیویوں کو نفقہ دینے سے بچنے کے لیے انھیں طلاق دے رہے ہیں۔ مسلم پرسنل لا کی مقبول تشریح کے مطابق طلاق شدہ عورت کو صرف عدت کی مدت یعنی طلاق کے پہلے تین مہینے تک ہی نفقہ دینے کی ذمہ داری ہے۔ اس تین ماہ کے وقفے کے اندر طلاق کو منسوخ (revoke) بھی کیا جا سکتا ہے۔ اس تین ماہ کے وقفہ کے بعد طلاق irrevocable ہو جاتا ہے اور مرد پر اس عورت کے نفقہ کی ذمہ داری ختم ہو جاتی ہے۔ اس عمل کو روکنے کے لیے اندرا گاندھی حکومت نے سنہ 1973 میں قانون میں ترمیم کر کے مطلقہ بیوی کو نفقہ کا حق دے دیا، اس وقت تک جب تک وہ کسی اور مرد سے دوسری شادی نہ کر لے۔ اس ترمیم کے خلاف کئی مسلم ممبر پارلیمنٹ نے آواز اٹھائی اور اس ترمیم کو مسلم پرسنل لا میں حکومت کی بے جا مداخلت قرار دیا۔

سنہ 1979 میں بائی طاہرہ بنام علی حسین کے مقدمے میں سپریم کورٹ نے مطلقہ کو نفقہ پانے کا اختیار دے دیا اور سنہ 1980 میں فضلن بی بنام قادر ولی کے مقدمے میں بھی کم و بیش یہی فیصلہ سنایا کہ طلاق کے وقت اتنی رقم دی جائے جس سے وہ عورت اپنی بقیہ زندگی گزار سکے۔ ان دونوں فیصلوں کے خلاف انڈین یونین مسلم لیگ کے صدر جی ایم بنات والا نے پارلیمنٹ میں پرائیویٹ ممبر بل پیش کیا۔ مارچ 1980 میں مسلم پرسنل لا بورڈ نے اندرا گاندھی سے ملاقات کی اور ایسے فیصلوں کے خلاف احتجاج کیا۔

سنہ 1985 میں شاہ بانو کے نفقہ کا معاملہ آیا۔ شاہ بانو بیگم (1916-1992) کی شادی اِندور کے

متمول وکیل محمد احمد خاں سے سنہ 1932 میں ہوئی تھی۔ سنہ 1975 میں خان نے شاہ بانو کو اپنے گھر سے نکال دیا۔ اپریل 1978 میں شاہ بانو نے نفقہ کا مقدمہ داخل کیا۔ نومبر 1978 میں خان نے، عدالت کے اندر ہی جج کے سامنے شاہ بانو کو طلاق ثلاثہ دے دی اور مہر کے تین ہزار روپے کی رقم اس کے حوالے کر دی اور خود کو نفقہ سے بری الذمہ قرار دے دیا۔ محمد احمد خاں نے مہر کی رقم کو ہی نفقہ کی رقم بھی قرار دے دیا۔

کئی اپیلوں کے بعد ہائی کورٹ نے شاہ بانو کو 179 روپے فی ماہ کا نفقہ لینے کا اختیار دیا۔ سپریم کورٹ نے سنہ 1985 میں اس فیصلے کی تائید کر دی (سپریم کورٹ نے واضح کیا کہ مہر کی رقم کا تعلق نکاح سے ہے اور نفقہ کے لیے ادا کی جانے والی رقم کا تعلق طلاق سے ہے)۔ قوم کے دباؤ میں آ کر مقدمہ جیتنے کے باوجود شاہ بانو نے نفقہ کی یہ رقم لینے سے منع کر دیا۔ مئی 1985 کے رمضان میں جمعتہ الوداع کے دن پرسنل لا بورڈ نے پورے ملک میں یوم تحفظ شریعت کے طور پر منانے کا اعلان کیا۔ سال کے اخیر تک ایسی احتجاجی میٹنگوں اور ریلیوں کی تعداد ہزاروں میں جا پہنچی اور ان میں شرکت کرنے والے لوگوں کی بھی تعداد بڑھتی چلی گئی۔ بیس مسلم سیاست داں بھی راجیو گاندھی سے ملے اور بنات والا نے پھر پرائیویٹ ممبر بل پیش کیا۔ اگست 1985 میں کانگریس وزیر عارف محمد خاں نے فیصلے کی حمایت میں لوک سبھا میں تقریر کی۔ یعنی اگست 1985 تک وزیر اعظم نے سپریم کورٹ کے فیصلے کے حق میں ہی اپنا موقف برقرار رکھا۔ دسمبر 1985 میں کانگریس وزیر ضیا الرحمٰن انصاری نے فیصلے کے خلاف تقریر کی۔ اس کی مزید تفصیل فصیح الرحمٰن نے اپنے والد ضیا الرحمٰن انصاری (وفات 1992) کی بایوگرافی 'Wings of Destiny' (2018) میں دی ہے کہ جنوری 1986 میں مومن کانفرنس اور راجیو گاندھی کے درمیان یہ معاہدہ ہو گیا تھا کہ سپریم کورٹ کے فیصلے کے خلاف قانون بنانا ہے۔ یعنی اب وزیر اعظم راجیو گاندھی اس فیصلے کے خلاف جانے لگے۔ فروری 1986 میں سرکار نے فیصلے کے خلاف بل پیش کیا، اور مئی 1986 میں بل پاس ہو کر قانون بن گیا اور اس طرح مسلم مردوں نے خود کو مطلقہ کو نفقہ دینے کی ذمہ داری سے آزاد کرا لیا۔

اسی قدم کو ہندو فرقہ پرست اور ہندو شدت پسند جماعتوں نے کانگریسی اور سیکولر طاقتوں کے ذریعے مسلمانوں کی 'منھ بھرائی' (Appeasement) کا نام دیا۔ ہندوؤں میں اشتعال پیدا ہو گیا۔ واضح رہے کہ نہرو کی کانگریس حکومت نے 1951 اور 1961 کے دوران ہندو پرسنل لا میں مداخلت کر کے اصلاحی قوانین بنا دیے تھے۔ بی جے پی نے اس کا بھرپور سیاسی فائدہ اٹھایا؛ یعنی مردانہ تسلط، مسلم اور ہندو فرقہ پرستی کی جیت کی دوڑ شروع ہو گئی۔ نہرو کے عہد میں ہندو پرسنل لا اصلاحات کے وقت اور شاہ بانو کے خلاف بنائے گئے قانون کے بعد یونیفارم سول کوڈ کے مطالبے میں شدت آ گئی۔

المیہ یہ تھا کہ روشن خیال مسلمانوں کا بھی یہی موقف تھا کہ مسلمانوں کے اندر سے ہی اصلاح کی آواز اٹھنی چاہیے اور یہ کہ حکومت کو مسلم لا میں مداخلت نہیں کرنی چاہیے۔ حالاں کہ اصغر علی انجینئر کی کتاب (1987) کے مطابق کئی مسلم دانشوروں نے فروری 1986 میں سپریم کورٹ کے فیصلے کی حمایت کی تھی، لیکن حکومت مسلم

رجعت پسند اور فرقہ پرست طاقتوں کی حمایت کر بیٹھی۔ کہا جاتا ہے کہ چند نشستوں پر ضمنی انتخابات میں کانگریس کی شکست کو مسلمانوں کی ناراضگی سے جوڑ کر راجیو گاندھی کو گمراہ کردیا گیا۔

اس سلسلے میں علی میاں ندوی (1914-1999) [کاروان زندگی، جلد سوم، باب چہارم، صفحہ 135] نے راجیو گاندھی سے وعدہ کیا تھا کہ:

''مجوزہ (تحفظ شریعت) بل (1986) کے نفاذ کی صورت میں ان مشکلات کا جائزہ لیا گیا جو پیش آ سکتی ہیں، اس میں ایک سوال یہ تھا کہ اگر مطلقہ کے خونی رشتے داروں میں کوئی ایسا باقی نہیں ہے، جو اس کی خبر گیری کر سکے تو اس کی کفالت کا کیا انتظام ہوگا؟ ہم لوگوں نے کہا کہ اس کی ذمہ داری صوبوں کے مسلم وقف بورڈ پر ڈالی جا سکتی ہے اس پر وہ (راجیو گاندھی) مطمئن ہوئے۔''

اس وعدہ کو اب تک ملت اور ان کے قائدین بھولے بیٹھے ہیں۔ بہرکیف، علی میاں ندوی (صفحہ 157) مزید لکھتے ہیں:

''(تحفظ شریعت مہم 1986 کا) نتیجہ یہ ہوا کہ یہ مسئلہ (قضیہ بابری مسجد) پیچیدگی اختیار کرتا گیا، اس نے فضا میں اشتعال و اضطراب پیدا کرنے میں بہت بڑا حصہ لیا۔ (مولانا سید ابوالحسن علی ندوی، کاروان زندگی، حصہ سوم، 1988، صفحہ 157)

مولانا علی میاں ندوی، وزیر اعظم راجیو گاندھی سے اپنی ملاقات کا احوال یوں بیان کرتے ہیں:

''مجھ سے جناب ابراہیم سلیمان سیٹھ یہ کہہ چکے تھے کہ راجیو جی سے یہ کہا جارہا ہے کہ اس بل کے پیش ہونے اور پاس ہونے سے پہلے مختلف مسلم ممالک کا طرز عمل بھی معلوم کرلیا جائے کہ انھوں نے اپنے یہاں کے مسلم پرسنل لا میں کوئی ترمیم کی ہے یا نہیں؟ اگر انھوں نے کی ہے تو پھر ایک سیکولر اسٹیٹ کو اس میں کوئی تامل نہیں ہونا چاہیے۔ میں نے سمجھ لیا کہ اگر انھوں نے اس مشورہ کو قبول کرلیا تو مسئلہ کھٹائی میں پڑ جائے گا۔ میرے ذہن میں خدا نے ایک بات ڈالی اور وہ تیر اپنے نشانے پر بیٹھا، ہم لوگ جب جمع ہوئے تو وہ میرے سامنے ہی بیٹھے تھے۔ میں نے کہا کہ راجیو جی! اگر آپ سے کوئی کہے کہ دوسرے مسلم ممالک بھی تو ہیں، وہاں سے معلوم کرنا چاہیے کہ انھوں نے اپنے عائلی قانون Personal Law میں کوئی ترمیم کی ہے یا نہیں؟ پھر آپ ان کی تقلید کرسکتے ہیں، تو آپ کو یہ پوزیشن ہرگز قبول نہیں کرنا چاہیے، ہم ایک مرتبہ اگر انکار کریں تو آپ کو چار مرتبہ انکار کرنا چاہیے۔ یہ بات جو نفسیاتی اثر رکھتی تھی اپنا اثر کرگئی اور راجیو جی نے پھر دوسرے ممالک کا حوالہ نہیں دیا۔'' (مولانا سید ابوالحسن علی ندوی، 'کاروان زندگی'، حصہ سوم، صفحہ 134)

اب نکولس نیوجنٹ (Nicholas Nugent) کی کتاب *Rajiv Gandhi: Son of a Dynasty* کی یہ عبارت بھی ملاحظہ فرمائیں:

. . . a decision had been taken by the Congress High

Command in the early1986 to'play the Hindu card' in the same way that the Muslim Women's bill had been an attempt to 'play the Muslim card .'. . . Ayodhya was supposed to be a package deal. . . a tit for tat for the Muslim Women's bill.. . . Rajiv played a key role in carrying out the Hindu side of the package deal by such actions as arranging that pictures of Hindus worshipping at the newly unlocked shrine be shown on television.
(Nicholas Nugent, Rajiv Gandhi: Son of a Dynasty. BBC Books, 1990,p. 187)

پرسنل لا بورڈ کے ذمہ داران اور راجیو گاندھی کے درمیان ہوئے متذکرہ خفیہ معاہدہ کے تحت، پہلی فروری 1986 کو فیض آباد عدالت کے فیصلہ کے ایک گھنٹہ کے اندر ہی بابری مسجد کا تالا کھول کر اسے دوردرشن پر نشر کیا گیا۔

بہرحال صبیحہ بانو (ای پی ڈبلیو، 25 نومبر 1995) کے مطابق، ایک سروے میں، 58 فی صد مسلم عورتوں نے نفقہ پانے کی حمایت میں اصلاح کی حمایت کی، 62 فی صد مسلم عورتوں نے بچے کی کسٹڈی کے متعلق اصلاحات کی حمایت کی، اور 88 فی صد مسلم عورتوں نے کثرت ازدواج پر قانونی پابندی عائد کرنے کی حمایت کی (اس سے قبل اپریل 1994ء میں الہ آباد ہائی کورٹ نے طلاق ثلاثہ کو غیر قانونی قرار دیا)۔

رینا ورما ولیمس (Rina Varma Williams) کے ہارورڈ یونیورسٹی میں داخل پی ایچ ڈی مقالہ، مئی 1998 (غیر مطبوعہ) کے مطابق، سنہ 1920 سے سنہ 1986 کے درمیان، متعدد فرقہ وارانہ فسادات، پرسنل لا کے حوالے سے ہی واقع ہوئے ہیں۔

رینا ورما ولیمس کی مطبوعہ کتاب، *Postcolonial Politics and Personal Laws* (2006)، کے مطابق، برطانوی عہد میں جائداد کی وراثت کے تعلق سے، اسلامی قوانین کے بجائے، مقامی رواج کو ہی قانون کا درجہ دیا گیا تھا۔ بیسویں صدی میں جمعیت العلمائے ہند اور مسلم لیگ نے اسلامی قوانین کے نفاذ کا مطالبہ کرنا شروع کردیا۔ اور اس طرح مقامی رواج کے قوانین کی جگہ پر 1937 میں مسلم پرسنل لا کے نفاذ کی بات کی جانے لگی۔ (انیسویں صدی کے اواخر اور بیسویں صدی کے اوائل میں موپلا مسلمان، کچھی میمن، پنجاب کے مسلمان، مدراس کے مسلمان، سرحدی صوبہ کے مسلمان، اور دیگر مسلمانوں کے لیے مختلف مقامی روایات، اور وراثت جائیداد کے لیے، مختلف، الگ الگ، قوانین بنائے جاچکے تھے)، اور اب 1937 اور 1939 میں شریعت قانون وجود میں آگیا۔ لیکن طلاق کے معاملے میں حنفی مسلک ہی کو برتری دے دی گئی۔ یہ عمل 1939 میں ہوا۔ یعنی شریعت کے قوانین 1937 و 1939 بنیادی طور سے مسلمانوں کو سیاسی اعتبار سے متحد کرنے کا عمل تھا، تاکہ

ملک کا بٹوارہ کرا کے علیحدہ مسلم ملک بنانا آسان ہوجائے۔ غور کیجیے، یہی وہ وقت تھا جب مسلم لیگ کے دوقومی نظریہ کی مقبولیت میں شدید اضافہ ہورہا تھا۔ شریعت قانون کی معرفت مسلمانوں کا سیاسی اتحاد توانائی اختیار کررہا تھا۔ یعنی برطانوی حکومت کا قانون اب مسلمانوں کی شناخت کی سیاست کو ہموار کررہا تھا۔ یعنی پرسنل لا کا سوال مذہبی کے بجائے سیاسی تھا، اور سیاسی ہے۔

ان سب کے دوررس نتائج 1947 میں بھی اور 1980 کی دہائی میں بھی بہت برے ثابت ہوئے۔ فرقہ وارانہ سیاست کو دونوں دہائیوں میں بھرپور حوصلہ افزائی حاصل ہوئی۔ اکیسویں صدی کی دوسری اور تیسری دہائی میں جو ہورہا ہے، اس میں ان سب کا کتنا رول ہے، یہ بحث طلب ہے یا شاید بہت واضح ہے؟

[بشکریہ 'قندیل آن لائن'، 7 جنوری 2023]

غیر مسلم بھی یکساں سول کوڈ کے مخالف

روہنی سنگھ

چند روز قبل صبح صبح میں اپنے بیٹے کو بس اسٹاپ پر لے جا کر اسکول بس کا انتظار ہی کر رہی تھی کہ ہماری سوسائٹی میں رہنے والے دو مرد حضرات، جو میری ہی طرح بچوں کو اسکول بس میں بٹھانے آئے تھے، نے یکساں سول کوڈ کا ذکر چھیڑ دیا۔ لگتا تھا کہ دونوں نے وہاٹس ایپ یونیورسٹی سے پی ایچ ڈی کی ہوئی تھی۔ سنی سنائی بغیر تحقیق کی باتوں پر یقین کر کے ان کو آگے بڑھا رہے تھے۔

وہ اس بات پر خوش تھے کہ چلو اب مسلم خواتین اپنے گھروں میں ہو رہے ظلم ستم سے آزاد ہو جائیں گی۔ ایک حضرت تو کہہ رہے تھے کہ اگلے انتخابات کے لیے تو نریندر مودی جی نے مسلمان عورتوں کے ووٹ پکے کر لیے۔ اب ان کے مرد چاہے ان کو ووٹ دیں یا نہ دیں، سبھی مسلم عورتوں کے ووٹ تو مودی جی کے کھاتے میں چلے گئے۔

وہاٹس ایپ یونیورسٹی کے اسکالر کو چھیڑنا ایسے ہی ہوتا ہے کہ جیسے بھڑ کے چھتے میں ہاتھ ڈالنا۔ اسی لیے میں ان کی بات چیت میں شامل نہیں ہونا چاہتی تھی۔ مگر برداشت کی بھی ایک حد ہوتی ہے۔ میں نے ایک لاعلم گھریلو خاتون جیسا رویہ اختیار کر کے پوچھا کہ مسلمان اس قانون کی مخالفت کرتے ہیں تو ٹھیک ہے، سمجھ میں آتا ہے، مگر ان سکھوں اور قبائلیوں یعنی شیڈیولڈ ٹرائب کو کیا ہو گیا ہے کہ وہ بھی اس کی مخالفت کر رہے ہیں؟

میرے سوال کا کوئی معقول جواب دینے کے بجائے ان کا چہرہ دھواں دھواں ہو گیا۔ ایک نے دور کی کوڑی لا کر کہا کہ انھوں نے تو نہیں سنا کہ سکھ اور ہندو قبائلی اس کی مخالفت کر رہے ہیں۔ جب میں نے فون کھول کر ان کو خبر اور سکھ لیڈروں اور شمال مشرقی علاقوں کے خود حکمران بھارتیہ جنتا پارٹی کے لیڈروں کے بیانات دکھائے، تو ان کے منہ سے بس اتنا نکلا، ''لگتا ہے کہ ان کو کوئی گمراہ کر رہا ہے۔''

اسی دوران بس آ گئی اور بچے اسکول چلے گئے۔ مگر ان دونوں اسکالرز کو جیسے چپ لگی تھی۔ ان کو یقین نہیں آ رہا تھا کہ کوئی غیر مسلم بھی یکساں سول کوڈ کا مخالف ہو سکتا ہے۔

ویسے یہ صرف ان کا قصور نہیں تھا۔ عوام کی غالب اکثریت اس یکساں سول کوڈ کو مسلمانوں کے نظریے سے دیکھتی ہے۔ ان کو نہیں معلوم کہ دیگر فرقے بھی اس کے مخالف ہیں۔ ان کو نہیں معلوم کہ اس قانون کے عمل میں آنے سے ہندو مشترکہ خاندان کا قانون بھی ختم ہو جائے گا، جس کی رو سے ان کو انکم ٹیکس وغیرہ میں بھاری چھوٹ ملتی ہے۔

پھر یہ خدشہ بھی بجا ہے کہ یکساں سول کوڈ کی آڑ میں یہ بھی بتایا جائے گا کہ اب شادی کے وقت نکاح یا دیگر اقوام کی رسوم کے بجائے بس ہندو طریقے کے آگ کے اردگرد سات پھیرے لگانے سے ہی شادی کو تسلیم کیا جائے گا۔ یہ خدشہ بھی سر اٹھا رہا ہے کہ کہیں اس کی آڑ میں ہندو کوڈ یا ہندو رسوم و رواج کو دیگر اقوام پر تو نہیں تھوپا جائے گا۔

ہندوستان میں سکھ مسلمانوں کے بعد دوسری سب سے بڑی اقلیت ہے۔ شادی بیاہ، وراثت و دیگر سول قوانین ان کے ہاں بھی ہندوؤں سے مختلف ہیں۔ سکھ آنند ایکٹ کے تحت شادیاں کرتے ہیں، جو ہندو میرج ایکٹ سے بالکل مختلف ہے۔

ہندو قوم پرستوں کی مربی تنظیم راشٹریہ سویم سیوک سنگھ (آر ایس ایس) پچھلے ایک سو سالوں سے بھرپور کوششیں کر رہی ہے کہ کسی طرح سکھ ہندو کوڈ میں ضم ہو کر ہندوازم کا ہی حصہ بن جائیں۔ مگر ابھی تک وہ اس مشن میں ناکام ہوئی ہے۔

اسی طرح چھتیس گڑھ، جھارکھنڈ اور اڑیسہ میں رہنے والے قبائلیوں کے الگ الگ رسوم و رواج ہیں۔ ہندوستان کے شمال مشرق میں گارو اور خاصی قبائل کے بھی وراثت اور شادی کے اپنے طور طریقے ہیں۔ ان معاشروں میں تو عورت خاندان کی سربراہ ہوتی ہے اور جائیداد کی وارث خاندان کی عورت ہوتی ہے۔ ناگالینڈ میں تو عورت ہی بارات لے کر مرد کو اپنے گھر لے کر آتی ہے۔ وہاں بھی وراثت عورت سے ہی چلتی ہے۔ کیا یکساں سول کوڈ سے ان علاقوں کی بااختیار خواتین سے اب اختیارات چھینے جائیں گے۔

مغربی صوبہ گوا میں پرتگالی نسل کے رہنے والے پرتگالی سول قانون کی رو سے صدیوں سے اپنی سماجی زندگی گزار رہے ہیں۔ وہ بھی اب اس نئے قضیہ سے خوف زدہ ہیں۔ خود 2018 میں لاء کمیشن آف انڈیا نے اپنی رپورٹ میں لکھا تھا کہ چونکہ ہندوستان مختلف فرقوں، مذاہب اور زبانوں کا ملک ہے، اس لیے یکساں سول کوڈ کو نافذ کرنا پیچیدہ عمل ہوگا۔ اس لیے اس کا نفاذ ضروری ہے نہ مطلوب ہے۔ اس کے مطابق ضرورت اس بات کی ہے کہ تمام فرقے اپنے عائلی قوانین میں خواتین کو بااختیار بنانے کی سعی کریں اور اس سلسلے میں قوانین، رسوم و رواج میں ترمیم کریں۔

تاہم یکساں سول کوڈ کو پورے ملک میں لاگو کروانا آر ایس ایس کا دیرینہ ایجنڈہ رہا ہے۔ جب

1953 میں ہندو کوڈ بل پاس ہوا، اس وقت سے ہی آر ایس ایس، ہندو مہا سبھا اور دیگر دائیں بازو کی ہندو تنظیمیں یکساں سول کوڈ کا ڈھول پیٹ رہی ہیں۔ ہندو کوڈ بل نے نہ صرف ہندو خواتین کو اپنے شوہر سے طلاق لینے کا حق دیا، بلکہ عورتوں کو جائیداد میں وراثت کا حق بھی فراہم کر دیا ورنہ قدیم ہندو دھرم میں عورت کی حیثیت ایک بے زبان جائیداد جیسی ہوتی تھی۔

ہندو دھرم میں طلاق نام کا کوئی لفظ نہیں ہوتا تھا۔ شادی ایک مقدس جنم جنم بندھن مانا جاتا تھا، جس کو آگ ہی الگ کر سکتی تھی۔ یعنی مرنے کے بعد چتا میں آگ لگانے سے ہی مرد اور عورت الگ ہو سکتے ہیں۔ ایک صدی قبل تو چتا بھی الگ نہیں کرتی تھی، ستی کی رسم نبھاتے ہوئے بیوی بھی شوہر کی موت کے بعد زندہ ہی اسی کی چتا پر جل کر اسی کے ساتھ راکھ ہو جاتی تھی۔

سینٹر فار سٹڈی آف ڈیولپنگ سوسائٹیز کے پروفیسر ہلال احمد کہتے ہیں،''اونچی ذات کا ہندو معاشرہ جو کہ عموماً پدرانہ نوعیت کا ہے، کو اس قانون کے تحت عورتوں کو حقوق دینے پر مجبور کیا گیا تھا۔ اس ہندو برادری کو ایسا محسوس ہو رہا ہے کہ اس طرح کا قانون صرف ان ہی کے اوپر لاگو کیوں ہے، جب کہ مسلم برادری پر ایسی کوئی پابندی نہیں ہے۔''

نریندر مودی حکومت کے لیے عوام پر اپنا فیصلہ زبردستی مسلط کرنا کوئی نئی بات نہیں ہے، پھر چاہے وہ شہریت ترمیمی قانون ہو یا جموں و کشمیر سے آرٹیکل 370 کی تنسیخ کا معاملہ ہو۔ ان تمام معاملات میں زیادہ تر ہندوستان کے مسلمان ہی متاثر ہو رہے تھے۔ لیکن یہ شاید پہلی بار ہوا ہے کہ وار تو مسلمانوں کو ٹارگیٹ کر کے کیا گیا، مگر اس کی زد میں سکھ، قبائلی برادری، عیسائی اور ان گنت فرقے آ رہے ہیں جس کی وجہ سے ابھی تک حکومت یکساں سول کوڈ کا کوئی مسودہ پیش نہیں کر پا رہی ہے۔

بس وہاٹس ایپ یونیورسٹیوں سے ایک بھرم پھیلایا جا رہا ہے کہ مسلمانوں کو کنٹرول کرنا اور ان کی خواتین کو ان کے مردوں کے شر سے آزاد کرنے کا بیڑا مودی جی نے اٹھایا ہے۔ اب وہ سکھوں اور دیگر فرقوں کو اس یکساں سول کوڈ میں کیسے شامل کرتے ہیں، یہ دیکھنا باقی ہے۔ مگر یہ بات تو طے ہے کہ یکساں سول کوڈ صرف مسلمانوں کا مسئلہ نہیں ہے۔

[بشکریہ 'دی وائر اردو'، 28 جولائی 2023]

فکشن

لکیر

طارق چھتاری

آج سورج غروب ہونے سے پہلے بادلوں بھرے آسمان پر عجب طرح کا رنگ چھا گیا تھا۔ یہ رنگ سرخ بھی تھا اور زرد بھی۔ ان دونوں رنگوں نے آسمان کو درمیان سے تقسیم کر دیا تھا۔ جس مقام پر دونوں رنگ مل رہے تھے، وہاں ایک گہری لکیر دکھائی دیتی تھی۔ دھیان سے دیکھنے پر محسوس ہوتا کہ لکیر کے آس پاس کچھ سفید سائے ابھر رہے ہیں۔ سفید سایوں میں جب حرکت ہوتی تو یہ رنگ اور بھی گہرا ہونے لگتا اور پوری فضا پر خوف وہراس طاری ہو جاتا۔ آج سے پہلے اس قصبے کے آسمان پر کبھی سفید سائے سرخ اور زرد رنگ بکھیرنے میں کامیاب نہیں ہو پائے تھے، مگر آج...

اس خوفناک شام کی صبح ایسی نہیں تھی۔ ہاں اتنا ضرور تھا کہ سویرے سے ہی بادل چھائے ہوئے تھے مگر ابھی تک ابر کے چھوٹے چھوٹے ٹکڑوں میں کسی سائے نے نواس نہیں کیا تھا۔ سائے جو بظاہر سفید تھے مگر باطن میں سیاہی چھپائے پچھّم کی جانب سے ابھر کر دھیرے دھیرے آکاش کے پوربی حصے پر پاؤں جمانے لگے تھے۔ سفید سایوں کے آکاش پر چھانے سے پہلے، بادلوں کے ٹکڑے آپس میں کھلواڑ کرتے کرتے ایک دوسرے میں مدغم ہو جانے کی کوشش بالکل اس طرح کر رہے تھے جیسے بستی کے ہندو مسلمان، پنڈت برج کشور کے انتہائی جتن کے بعد، بھید بھاؤ کی لکیروں کو پھلانگ کر، ایک دوسرے میں سماتے جا رہے ہوں۔

بھادوں لگے سات دن گزر گئے ہیں، کل کرشنا اشٹمی ہے۔ لہٰذا شام ہی سے مندر کو سجایا جا رہا تھا۔ مندر کے بیچ والے کمرے میں چمکیلے رنگین کپڑوں میں لپٹے جھولے پر پڑے چھوٹے سے کھٹولے میں رکھی کرشن بھگوان کی مورتی کو بڑی عقیدت سے سجایا گیا تھا۔ رات بارہ بجے کرشن بھگوان کا جنم ہوگا، اس کی خبر علاقے کے ہندو مسلمان سبھی کو تھی۔ اس بار حمید بڑی بے چینی سے جنم اشٹمی کا انتظار کر رہا تھا۔ حمید، فقیر محمد کا لڑکا تھا اور مسجد کے

مکتب سے بھاگ کر اپنے پڑوسی پنڈت برج کشور کی پاٹھ شالا میں پڑھنے بیٹھ گیا تھا۔ پنڈت برج کشور بھی اسے سبھی بچوں سے زیادہ پیار کرتے تھے اور کنہیّا کہہ کر پکارتے تھے۔ جنم اشٹمی کے انتظار میں اس کے اندر بہت سے خواب کرشن بن کر جنم لے رہے تھے اور وہ ان کو خیالوں کے ہنڈولے میں بٹھا کر جھولا جھلا رہا تھا۔

''نہیں حمید اتنے لمبے پینگ نہیں...'' اس روز کسم نے کہا تھا اور پھر حمید نے جھونٹے دینے بند کر دیے تھے۔ کسم پنڈت برج کشور کی لاڈلی بیٹی تھی۔ وہ نیم کی ڈال پر پڑے جھولے سے اتری تو حمید نے کرتے کے چاک کی جیب سے نبولیاں نکال کر اسے دے دیں۔ پکی نبولیاں کھانے کا اسے اتنا ہی شوق تھا جتنا حمید کو بانسری بجانے کا... بانسری کی آواز سن کر پنڈت برج کشور نے گھوم کر دیکھا۔ کسم پیتل کی گگری میں پانی بھر رہی تھی اور حمید آنکھیں بند کیے کنویں کے من پر بیٹھا بانسری بجا رہا تھا۔ پنڈت جی مسکراتے ہوئے اٹھے اور کنویں کے پاٹ پر پہنچ کر حمید کے سر پر ہاتھ رکھ دیا۔

''تو سچ مچ کنہیا ہے... بالکل کنہیا۔ اب کے جنم اشٹمی پر تجھے ہی کرشن بنا کر ڈولے پر بٹھاؤں گا۔''

حمید کو لگا کہ وہ کرشن بن کر ڈولے پر بیٹھا مرلی بجا رہا ہے۔ ڈولے کے چاروں طرف پنہارنیں، ماکھن والیاں اور جوگنیں گھیرا ڈالے کھڑی ہیں۔ اس کی نظریں بھیڑ کو چیرتی ہوئی کسم کو ڈھونڈ رہی ہیں۔ وہ غور سے دیکھتا ہے، بہت سی عورتیں دوپٹے اوڑھے اور ریشمی غرارے پہنے جازم پر بیٹھی میلاد پڑھ رہی تھیں۔ کسم اماں جان کے پاس ہی بیٹھی تھی۔ کئی عورتیں جب ایک ساتھ میلاد پڑھتی ہیں تو ساتھ ساتھ کسم کے ہونٹ بھی ہلتے نظر آتے ہیں۔ کسم کے ہونٹ ہل رہے ہیں، حمید کے ہونٹوں پر مرلی دھری ہے۔ مرلی بج رہی ہے یا کسم میلاد پڑھ رہی ہے؟ معلوم نہیں۔ ہاں ایک شور ہے۔ اس کے اندر اس کے باہر۔ بچوں کا شور۔ شاید چھٹی ہو گئی ہے۔ بچے شور مچاتے اپنے اپنے گھر جا رہے ہیں، وہ چونکا اور پنڈت برج کشور کے پیچھے پیچھے چل دیا۔ پنڈت جی مندر کے اس کمرے میں گئے جہاں کرشن بھگوان کی مورتی ہر وقت ہونٹوں پر مرلی دھرے رہتی ہے۔ حمید دروازے پر جا کر رک گیا اور مورتی کو گھورنے لگا۔ پنڈت جی نے جل چڑھایا آرتی اتاری اور پھر وہ آنکھیں بند کر کے پوجا کرنے لگے۔ حمید بھی پرارتھنا کر رہا تھا۔

''اللہ میاں جلدی سے جنم اشٹمی آئے اور میں مکٹ پہن کر کہنیا بنوں اور بانسری...''

اس کا داہنا پاؤں بائیں پیر کو پار کر کے پنجے کے بل ٹک گیا۔ جی چاہا کہ مورتی والی بانسری لے کر اپنے ہونٹوں پر رکھ لے۔ اس کا دل بے چین تھا۔ کہیں سے گڑگڑاہٹ کی آواز آ رہی تھی۔ پھر اس نے ایک دن اوپر دیکھا تو آسمان پر بادل گرج رہے تھے۔ بارش کے آثار ہیں۔ آخر کنہیا جی کے لتے دھلنے ہیں، کل جنم اشٹمی ہے۔ حمید کی بے چینی دور ہوئی، آخر وہ دن آ ہی گیا جس کا اسے سال بھر سے انتظار تھا۔

اب رات ہو چکی تھی۔ اس کی آنکھوں کی نیند کرشن بھگوان کی مرلی کے سر بن کر بجنے لگی۔ مرلی بجتی رہی اور وہ کسم کے سنگ رات بھر مندر کے احاطے میں جمنا کی لہروں کی طرح اچھلتا کودتا رہا۔ مندر کی عمارت اور پاٹھ

شالا کے علاوہ احاطے میں ایک دالان بھی تھا، جس کی چھت بہت اونچی تھی۔ چار پہیوں کا رتھ نما ایک ڈولا جو لکڑی کا بنا تھا مگر پیتل کی نقشیں پتریں جڑی ہونے کی وجہ سے پیتل کا معلوم ہوتا تھا، اسی دالان کے ایک کونے میں رکھا تھا۔ حمید کھیلتے کھیلتے ڈولے کے بیچوں بیچ بنی کرسی پر جا بیٹھا۔ اسے لگا کہ یگ بیتتے جا رہے ہیں۔ وہ بڑھتا جا رہا ہے۔ اس کی انگلی پر ایک چکر ہے جو تیزی سے گھوم رہا ہے۔ اس کا وجود کائنات کے ذرّے ذرّے میں سماتا جا رہا ہے۔ آنکھیں کھلی ہیں۔ وہ سنسار کی ہر چیز کو دیکھ سکتا ہے۔ سورج کی شعاعوں کو، تاریک اور سیاہ راتوں کو۔ پھر دھیرے دھیرے رات اس کی آنکھوں میں اترنے لگی اور جب بیل گلے میں بندھے گھنگھرو بجاتے کھیتوں کی جانب چل دیے اور مندر کے گھنٹے اور مسجد کے موذن نے صبح کا اعلان کر دیا تو حمید پنڈت برج کشور کی گود میں جا کر سو گیا۔ حمید کا رات بھر گھر سے غائب رہنا، دو دو تین تین دن تک غائب رہنا، فقیر محمد کے لیے کوئی نئی بات نہیں تھی۔ رہس ہو، کرشن کتھا ہو یا راس لیلا، حمید گھر سے غائب۔ جنم اشٹمی پر بھی لوگ رات بھر مندر میں جمع رہتے، مندر کو سجایا سنوارا جاتا اور آدھی رات کو کرشن بھگوان کے جنم کی رسم ادا ہوتی۔ حمید بھی پچھلے کئی سال سے کُسم سے کھیلتے کھیلتے مندر میں ہی رہ جایا کرتا۔

رات کے دوسرے پہر کی رخصت اور تیسرے پہر کی آمد کا اعلان پنڈت برج کشور نے شنکھ بجا کر کیا۔ تھال میں سجا پرساد بھگوان کی مورتی کے سامنے رکھا تھا۔ پنڈت جی نے دیکھا کہ چاند آسمان پر پاؤں جما چکا ہے۔ کبھی کبھی بادلوں کے ٹکڑے گھونگھٹ بن کر چاند کے چہرے کو چھپا لیتے ہیں۔ چاند نکلنے کی کوشش کرتا ہے پھر چھپ جاتا ہے گویا ننھے کشن گوپیوں سے آنکھ مچولی کھیل رہے ہوں۔ مندر میں جمع لوگ کیرتن ختم کر کے برت کھولنے کے لیے جل سے بھرے پیتل کے لوٹے میں لونگ، بتاشے اور پھول ڈالتے ہیں اور پھر چاند کی طرف رخ کر کے دھرتی پر جل گراتے ہیں۔ جل دھرتی پر گر رہا ہوتا ہے لیکن ان کی شردھا سوکھے اور بنجر چاند کو سینچ رہی ہوتی ہے۔ حمید سب سے پہلے پرساد لینے کی کوشش میں بھیڑ کو چیر کر آگے بڑھ جاتا ہے۔ پنڈت جی اس کے چہرے پر چاند کی سی چمک دیکھتے ہیں اور اس کے ہاتھ پر پرساد رکھ دیتے ہیں۔ کسم اس کے برابر کھڑی ہے۔ وہ کسم کو اپنے حصے کا پرساد دے دیتا ہے اور وہ مٹھی بند کر کے آنکھیں موند لیتی ہے۔

اماں جان نے بڑے پیار سے کسم کو میلاد کا تبرک دیا ہے۔ کسم دونوں ہاتھوں میں تبرک لیے آنکھیں موندے کھڑی ہے۔ حمید بھی اس کے برابر کھڑا ہے۔

"کھاؤ کسم، پرساد کھاؤ، کنہیا جی کے جنم کا پرساد ہے۔"

وہ آنکھیں کھول کر حمید کی طرف دیکھتی ہے۔ حمید پھر کہتا ہے۔

"کھاؤ۔ جانتی ہو کل کیا ہوگا۔"

"ہاں..." وہ کہتی ہے، "کنہیا جی کے ڈولے کا گشت ہوگا۔"

"کسم پتا ہے اس بار ڈولے پر کشن بن کر کون بیٹھے گا؟"

وہ حمید کی آنکھوں میں جھانکتی ہے اور جانے کیا سوچ کر ہنس پڑتی ہے۔ کسم کی ہنسی فضا میں تیرنے لگتی ہے اور پھر اس کے ننھے منے جگنو سے چمکتے قہقہے آسمان پر تارے بن کر ٹنک جاتے ہیں۔ بادلوں سے جھانکتے تارے دھیرے دھیرے اپنا وجود کھونے لگتے ہیں۔ صبح ہو جاتی ہے اور پھر حمید دیکھتا ہے کہ مندر کے احاطے میں قصبے کے بخشی جی، سیٹھ ڈونگر مل، وید جی اور دوسرے ذمے دار لوگ جمع ہیں۔ پنڈت جی ان کے درمیان گھرے بیٹھے ہیں۔ بخشی جی پوچھتے ہیں۔

''ہاں تو پنڈت جی کس بچے کو چنا ہے؟''

پنڈت برج کشور کی آنکھوں میں حمید کا سانولا چہرہ اور اس کی معصوم شرارتیں رقص کرنے لگتی ہیں۔ وہ کہتے ہیں،

''کنہیا ہی کرشن بنے گا۔''

لوگ تعجب سے ایک دوسرے کی شکل دیکھنے لگتے ہیں اور وید جی کے منھ سے نکلتا ہے،

''کیا؟ کنہیا۔''

پنڈت جی چونک پڑتے ہیں،''میرا مطلب ہے حمید...''

''حمید!'' بیک وقت کئی لوگوں کے منھ سے نکلتا ہے۔ ایک لمحے کے لیے خاموشی چھا جاتی ہے۔ یہ لمحہ صدیوں پر پھیل جاتا ہے۔ پھر ایک آواز اٹھتی ہے اور خاموشی ٹوٹ جاتی ہے۔

''لیکن لڑکا ہندو ہی ہونا چاہیے۔''

پنڈت برج کشور کچھ کہنا ہی چاہتے تھے کہ بخشی جی بول پڑے۔

''پنڈت جی ایسا کبھی نہیں ہوا کہ جنم اشٹمی پر کرشن کسی مسلمان بچے کو بنایا گیا ہو۔''

سیٹھ ڈونگر مل نے بھی کنکھارتے ہوئے کہا۔

''یہ تو ٹھیک ہے پنڈت جی کہ ہمیں بھید بھاؤ مٹا دینے چاہئیں مگر...''

''مگر کیا سیٹھ جی؟'' پنڈت برج کشور بولے،''پچھلے برس کا ناٹک اتنی جلدی بھول گئے۔ کرشن کا پارٹ کرنے پر ڈپٹی صاحب نے اسے انعام دیا تھا...''

''ناٹک کی بات اور ہے پنڈت جی۔'' سیٹھ ڈونگر مل کی کرخت آواز نے پنڈت جی کے ذہن کو جھنجھوڑ دیا، مگر انھوں نے اپنی بات اس طرح جاری رکھی جیسے کچھ سنا ہی نہ ہو۔ بولے،''اور پھر دسہرے پر جو رام لیلا منڈلی آئی تھی اس میں جس نے رام کا پارٹ کھیلا تھا وہ بھی تو مسلمان ہی تھا۔ کیا تم سب نے اس کی آرتی نہیں اتاری تھی۔ کیا راج تلک والے دن سب نے اس کے چرن نہیں چھوئے تھے۔ کیا اس سمے تم نے اسے رام نہیں مانا تھا۔ ارے سیٹھ جی ہمارا دھرم تو کہتا ہے کہ چاہے پتھر ہو، چاہے مٹی۔ اب وہ جس روپ میں ہے وہی اس کا اصلی روپ ہے۔ حمید تو ابھی بالک ہے اور بالک پوتر ہوتا ہے۔ پھر کیوں اسے کرشن نہیں بنا سکتے۔ وہ تو کنہیا ہے... بالکل

کنہیا...'' وہ پل بھر کو رکے، مستک پر پریم اور بھکتی کی لہریں ابھرنے لگیں، پھر منھ سے لاڈ بھرے یہ شبد نکل پڑے،

''وہ تو کنہیا ہے، ہمرا کنہیا...''

کئی آوازیں ایک ساتھ ابھریں، ''یہ ٹھیک نہیں ہے پنڈت جی۔ اگر آپ نہیں مانے تو ڈولا نہیں نکل پائے گا۔ ہم دیکھ لیں گے۔''

اور اسی وقت پنڈت برج کشور نے آسمان کی طرف دیکھا۔ کئی سفید سائے آکاش سے اتر کر بھیڑ میں شامل ہوتے نظر آ رہے تھے۔

''پنڈت جی سب آپ کا سمان کرتے ہیں لیکن...''

''لیکن حمید کرشن نہیں بنے گا۔ یہی نا؟'' اس دفعہ پنڈت جی کا لہجہ سخت تھا۔ لیکن وہ فوراً ہی نرم ہو گئے اور بہت دیر تک لوگوں کو سمجھانے کی کوشش کرتے رہے۔ بالآخر کافی تکرار کے بعد انتخاب تو حمید کا ہی ہوا مگر کچھ لوگ مندر کے احاطے سے نکل کر چلے گئے۔

پنڈت جی نے دوپہر سے ہی حمید کو نہلا دھلا کر کرشن کے روپ میں سجانا شروع کر دیا تھا۔ پہلے پورے بدن پر ہلکا ہلکا نیل پوتا۔ مردار سنگ کو بھگو کر سل پر گھسا، پھر حمید کے چہرے پر اس کا لیپ کر دیا۔ چہرہ خشک ہونے لگا تو گلابی اور نیلا رنگ ملا کر رخساروں پر لگا دیا۔ کمر میں کاچھنی، گلے میں بیجنتی مال، سر پر کارچوبی مکٹ، ہاتھ میں بنسی اور گردن کی بائیں جانب سے کمر کے داہنے حصے تک ایک چمکیلی چندری باندھ کر پنڈت جی نے اپنے کنہیا کو سچ مچ کا کرشن بھگوان بنا دیا۔ کرشن بھگوان نے ہونٹوں پر چاندی کی وہ مرلی رکھ لی جس میں چھ راگ چھتیس راگنیاں بجتی تھیں۔ پنڈت جی ہاتھ جوڑ کر ان کے آگے جھک گئے۔

''آؤ پیارے موہنا پلک ڈھانپ توہے لیوں... آؤ...''

اور پھر پیتل کی تھالی میں گھی کا دیا، پھول، بتاشے، چاول اور پسی ہوئی گیلی ہلدی رکھ کر کرشن بھگوان کی آرتی اتاری گئی۔ ماتھے پر ہلدی کا تلک لگا کر چاول کے دانے پر چپکا دیے اور کرشن بھگوان کو ڈولے کے بیچوں بیچ بنی کرسی پر بٹھا دیا گیا۔ یگ بیتنے لگے، شریر بڑھنے لگا، انگلی پر ایک چکر تھا جو تیزی سے گھوم رہا تھا۔ اب کرشن بھگوان کا وجود کائنات کے ذرے ذرے میں سماتا جا رہا تھا۔ آنکھیں کھلی تھیں۔ وہ سنسار کی ہر چیز کو دیکھ سکتے تھے۔ سورج کی شعاعوں کو تاریک اور سیاہ راتوں کو...

رتھ کے پہیے گھومے، آگے باجا پیچھے کیرتن منڈلی اور چرنوں میں آرتی کی تھالی لیے پنڈت برج کشور... گشت شروع ہوا۔ شردھالو آرتی اتارتے، چڑھاوا چڑھاتے اور بھگوان کے پیر چھو کر ڈولے سے اتر جاتے۔ ڈولا جب گلیوں اور چوپالوں سے گشت کرتے ہوئے مسجد کے قریب پہنچا تو آسمان پر سورج بھی اپنا گشت پورا کر چکا تھا اور موذن مغرب کی اذان دینے کے لیے سقاوے پر کھڑا ڈولے کے گزر جانے کا انتظار کر رہا تھا۔

یاترا مسجد کے برابر آ کر ٹھہر گئی۔ کیرتن منڈلی بلند آواز میں کیرت گا رہی تھی۔ بھگوان کے آگے دوزانو بیٹھ کر کسی نے آرتی گائی۔

'جے شری کرشن ہرے، پربھو جے شری کرشن ہرے
بھگتن کے دکھ سارے پل میں دور کرے
جے سری کرشن ہرے پربھو جے شری کرشن ہرے...'

اور پھر اس نے پوری طاقت سے شنکھ بجا دیا۔ شنکھ کی آواز سن کر باجے والوں نے بھی باجے کی آوازیں تیز کر دیں۔ ان آوازوں کی کوکھ سے ایک بہت بھیانک آواز اس وقت اٹھی جب مسجد کی طرف سے آئے اینٹ کے ایک بڑے ٹکڑے نے کرشن بھگوان کے ماتھے پر خون کی لکیر کھینچ دی۔ بھگوان کے ماتھے سے جب خون کی بوند گری تو آرتی کے تھال میں جلتا دیا بجھ گیا۔ اینٹ کرشن بھگوان کے ماری گئی تھی، چوٹ حمید کے لگی تھی اور آرتی کا دیا بجھ گیا تھا موہنے کنہیا کے خون کی بوند سے... چاروں سمت بے ہنگم شور برپا ہوا۔ چیخ پکار توڑ پھوڑ اور جذبات سے بھری آوازوں نے مسلمانوں کے دروازوں کو گھیر لیا۔ مسجد کے دروازے پر بھی لوگ جمع ہونے لگے۔ پنڈت برج کشور بھیڑ کو چیرتے ہوئے دروازے تک پہنچے تو دیکھا ایک نوجوان مسجد کے دروازے کو کلہاڑی سے گودے چلا جا رہا ہے۔ پنڈت جی نے اس کے ہاتھ سے کلہاڑی چھین لی پھر ایک سمت سے 'نعرہ تکبیر اللہ اکبر' کی آوازیں آئیں۔ پنڈت جی دوڑتے ہوئے وہاں پہنچے تو دیکھا کہ سیٹھ ڈونگرمل اور رامانند لوگوں کو سمجھانے کی کوشش کر رہے ہیں۔

''بھیا یہ کیا؟ یہ کیا بھیا۔ ہم سب... ہم سب بھائی ہیں۔ اسی دھرتی پر پیدا ہوئے ہیں اور اسی...'' پیچھے سے آواز آئی، ''ہاں اور اسی دھرتی پر مریں گے بھی۔'' اور اسی وقت سیٹھ ڈونگرمل اور رامانند ی ہلاک کر دیے گئے۔ دونوں کے قتل کے بعد شور اور تیز ہو گیا تو پنڈت جی کلہاڑی پھینک کر بندا خاں کے دروازے کی طرف بھاگے، جہاں سے 'جے بجرنگ بلی' کا نعرہ بلند ہوا تھا۔ وہ جب وہاں پہنچے تو دروازہ شعلے اگل رہا تھا اور اندر عورتوں اور بچوں کی آوازیں بلک رہی تھیں۔

پنڈت جی نے دیکھا کہ ہر شخص کی آنکھوں میں خوف اور حیرت کے سائے لرز رہے ہیں۔ ہر شخص کے چہرے پر ایک سوالیہ نشان تھا، ''یہ کیسے ہو گیا؟ ایسا نہیں ہونا چاہیے تھا۔'' مگر پھر بھی سب کچھ ہو رہا تھا۔ نہ چاہتے ہوئے بھی سب کچھ ہو رہا تھا۔ آخر کیسے؟ وہ کون سی طاقت ہے جو نظر نہ آتے ہوئے بھی سب کچھ... اور اسی وقت پنڈت جی نے دیکھا کہ کچھ لوگ آسمان کی طرف دیکھ رہے ہیں۔ آسمان جو سب کے سروں پر تھا، اس آسمان پر عجب طرح کا رنگ چھا گیا تھا۔ یہ رنگ سرخ بھی اور زرد بھی۔ جس مقام پر دونوں رنگ مل رہے تھے وہاں ایک گہری لکیر دکھائی دیتی تھی۔ دھیان سے دیکھنے پر محسوس ہوتا کہ لکیر کے آس پاس باطن میں سیاہی چھپائے سفید سائے ابھر رہے ہیں اور پوری فضا پر خوف وہراس طاری ہو گیا ہے۔ اس سے پہلے قصبے کے آسمان پر سفید سائے کبھی سرخ اور زرد رنگ بکھیرنے میں کامیاب نہیں ہو پائے تھے مگر آج... مگر آج ان سایوں کو دیکھ کر کچھ لوگ کہہ

سرسری نظر ڈال لی جائے۔

'ہندوانڈیا' (ہندو دورِ حکومت) میں منوجی پہلے شخص ہیں جنھوں نے مزعومہ اونچی ذاتوں کے ہندوؤں کے لیے تمام اچھے میدانوں میں سو فیصد ریزرویشن دیا۔ مسلم انڈیا (مسلم دورِ حکومت) میں بھی عام طور پر مسلم اور ہندو مزعومہ طبقۂ اشراف کو تمام اچھے میدانوں میں ریزرویشن دیا گیا؛ لیکن نہ ہی منوجی نے اور نہ ہی کسی بھی مسلم بادشاہ نے ریزرویشن لفظ کا استعمال کیا۔ یعنی غیر اعلان شدہ اور بغیر نام کا ریزرویشن تھا۔ 1902 میں شولاپور مہاراشٹر کے راجہ چھترپتی شاہو جی مہاراج نے برہمنوں کی اجارہ داری ختم کرنے کے لیے غیر برہمنوں یعنی سماجی و تعلیمی اعتبار سے پسماندہ طبقات کو نوکریوں میں پچاس فیصد ریزرویشن دیا۔ انھوں نے مذہب کی قید بھی نہ رکھی جس کی وجہ سے مسلمان بھی اس میں شامل ہو گئے۔ 1935 میں برطانوی حکومت نے سماجی اور تعلیمی پسماندگی کی بنیاد پر ریزرویشن کو قانونی درجہ عطا کر دیا۔ اس دفعہ میں دوسرے مذاہب کے دلتوں کے ساتھ مسلم دلت بھی شامل تھے۔ آزادی کے بعد جب دستورِ ہند 1950 میں نافذ ہوا تو دستور کی دفعہ (جو ایس سی ریزرویشن کی ہے) کی بنیاد 1935 کے قانون پر رکھی گئی، مگر اس دفعہ میں صرف ہندو دلتوں کو شامل کیا گیا اور دوسرے مذاہب کے دلتوں کو اس سے خارج کر دیا گیا۔ لیکن 1956 میں سکھ دلتوں کو اور 1990 میں بودھ دلتوں کو شامل کرنے کے لیے دستور میں تبدیلی کی گئی اور دونوں مذاہب کے دلتوں کو اس دفعہ میں شامل کر لیا گیا۔

دستورِ ہند کی دفعہ 15(4) اور 16(4) حکومت کو اس بات کی اجازت دیتی ہیں کہ وہ سماجی اور تعلیمی طور سے پسماندہ طبقات کے لیے خاص اہتمام کرے۔ دفعہ 340 کے مطابق حکومت اس بات کے لیے آزاد ہے کہ وہ سماجی اور تعلیمی اعتبار سے پچھڑے طبقات کے حالات جاننے کے لیے کمیشن بٹھائے۔

ریزرویشن دینے کا مقصد پسماندہ طبقات کو سماجی اور تعلیمی طور سے دوسروں کو برابر لانا ہے نہ کہ معاشی اعتبار سے۔ پچھڑے طبقات کے حالات جاننے کے لیے قومی سطح پر دو بیک ورڈ کمیشن کا کا کالیلکر کمیشن (1955) اور بی پی منڈل کمیشن (1980) بٹھائے گئے۔ دونوں کمیشنوں نے پسماندگی جاننے کے لیے متعدد اصول اور نکات وضع کیے لیکن دونوں کمیشنوں نے مشترکہ طور پر نظامِ ذات پات میں نیچے کے درجہ کو بنیاد بنایا۔

> The [Kaka Kalelkar] commission emphasized the lower status in the caste hierarchy as a determining factor for backwardness ...The second backward class commission(B.P. Mandal Commission, 1980)too relied on the caste criterion, however, the tangible indicators to ascertain a caste or any social group a'backward' including lower position in the caste hierarchy...

ریاستی ہائی کورٹس اور سپریم کورٹ نے بھی اپنے متعدد فیصلوں میں دونوں کمیشن کی طرح ذات کو درجہ

بندی کی نبیاد تسلیم کیا۔

تامل ناڈو سرکار نے میڈکل داخلوں میں مذہب کو بنیاد بنا کر مسلمانوں کو ریزرویشن سیٹ دو [2] دے دی تھی۔ سپریم کورٹ نے اس کو رد کر دیا اور یہ اصول دیا کہ کمیونل (Communal) بنیاد پر کسی مخصوص کمیونٹی [Community] کو ریزرویشن خلاف آئین ہے۔

2 جولائی 2004 کو آندھرا پردیش کی کانگریس سرکار نے پانچ فیصد ریزرویشن مسلمانوں کو دینے کا اعلان کیا۔ اس پر بی جے پی آر ایس ایس اور دوسری ہندتو کی علمبردار تنظیموں نے ہنگامہ کر دیا۔ آندھرا پردیش ہائی کورٹ میں اس کے خلاف اپیل کی گئی تو ہائی کورٹ نے اس کو کالعدم قرار دیا کہ کمیونل بنیاد پر ریزرویشن نہیں دیا جا سکتا ہے اور حکومت کو کہا کہ مسلمانوں کی سماجی و تعلیمی حالت جاننے کے لیے کمیشن بٹھائے۔ پھر آندھرا پردیش کانگریس حکومت نے کورٹ کے حکم کے مطابق ایک کمیشن کی تشکیل دی، کمیشن نے مسلمانوں کو پسماندہ قرار دیا جس کی بنیاد پر حکومت نے 5 اکتوبر 2005 کو مونسون سیشن (Mansoon Session) میں ریاستی اسمبلی کے اندر ریزرویشن کے حق میں بل پاس کروالیا، لیکن پانچ ججوں بلال نازکی، جسٹس جی رگھورام، جسٹس این دی رمنا، جسٹس وی وی ایس راؤ اور جسٹس آر شبھاس ریڈی پر مشتمل ہائی کورٹ کے ڈویزنل بینچ، جس کی سربراہی جسٹس بلال نازکی کر رہے تھے، نے اس بل اور آرڈی ننس کو رد کر دیا۔ بینچ نے اپنے فیصلہ میں کہا کہ:

''2005 کا 13واں آرڈی ننس پسماندہ طبقوں کی میکانکی سفارش کا نتیجہ ہے.... کمیشن نے یہ طے کرنے کے لیے کسی مخصوص پیمانے پر عمل نہیں کیا کہ آیا مکمل طور پر مسلمان فرقہ سماجی اور تعلیمی پسماندگی کا شکار ہے اور اسے پسماندہ طبقوں کی طرح ریزرویشن دیے جانے کی ضرورت ہے۔... کمیشن نے فیصلہ کرتے وقت پسماندہ طبقوں کی شناخت کے لیے سپریم کورٹ اور ہائی کورٹ کے بتائے ہوئے کسی بھی پیمانے پر عمل نہیں کیا۔... کمیشن نے اس حقیقت پر بھی غور نہیں کیا کہ آیا مسلمان سماجی نابرابری اور امتیازات کا شکار ہے یا نہیں۔ ریاستی حکومت کے مذکورہ آرڈی ننس سے آئین کی دفعات 14، 15 اور 16 کی بھی خلاف ورزی ہوئی ہے۔''

آندھرا پردیش حکومت نے ہائی کورٹ کے فیصلہ کو سپریم کورٹ میں چیلنج کیا، لیکن سپریم کورٹ نے آندھرا پردیش ہائی کورٹ کے فیصلے کو صحیح ٹھہراتے ہوئے مسلم ریزرویشن کو رد کر دیا۔ بالآخر حکومت نے سماجی پچھڑے پن کی بنیاد پر مسلمانوں کی پس کردہ برادریوں مثلاً دھوبی، حجام، قریشی، فقیر اور تر کاکش وغیرہ کو 4 فیصد ریزرویشن دینے کا فیصلہ کیا، جسے سپریم کورٹ نے 16 مئی 2008 کو قبول کرتے ہوئے بحال کر دیا۔

کانگریس قیادت والی مرکزی یو پی اے حکومت نے، جو مسلمانوں کے ریزرویشن کی وکالت کر رہی ہے، جولائی 2006 میں سپریم کورٹ کے اندر ایک حلف نامہ داخل کیا تھا جس میں مسلمانوں کے لیے مذہب کی بنیاد پر ریزرویشن کا انکار کیا ہے اور کہا ہے کہ ایسا کرنا ہندستانی قانون اور دستور کی خلاف ورزی ہوگی۔ ان سیاسی قلابازیوں سے سمجھا جا سکتا ہے کہ سیاسی پارٹیاں واقعتاً مسلم ریزرویشن دینا چاہتی ہیں یا صرف سادہ لوح عوام کو

رجھا کر ووٹ بینک کی سیاست کر رہی ہیں۔

دستور، کا کا کالیلکر کمیشن، منڈل کمیشن اور سپریم کورٹ وغیرہ نے جن نکات پر پسماندہ طبقات کو ریزرویشن دیا ہے اس میں سماجی پسماندگی (یعنی سماج میں اس ذات کو نیچا سمجھا جاتا ہو) کو اصل بنیاد بنایا ہے، یعنی یہ شرط ہے۔ اگر کوئی برادری دوسرے نکات کے دائرے میں آتی ہے لیکن پہلے دائرے سے خارج ہے تو ایسی صورت میں بھی اسے ریزرویشن نہیں ملے گا۔ یہ اسی طرح ہے کہ کوئی شخص آئی اے ایس امتحان پہلے پیپر میں ناکام ہو گیا ہو، تو اس کے دوسرے پیپر کی کاپی چیک ہی نہیں ہوگی، اگر چہ اس نے دوسرے پیپر میں سو فیصد صحیح ہی کیوں نہ لکھا ہو۔

دونوں بیک ورڈ کلاس کمیشنوں، ہائی کورٹوں اور سپریم کورٹ نے 'Caste' کو (کلاس/طبقہ) اس لیے مانا ہے کہ:

> There is an overlapping between class and caste and vice-versa in India.

[ہندستان میں کلاس اور ذات، ذات اور کلاس آپس میں مدغم ہیں۔]

تمام مسلمانوں کے ریزرویشن کی مانگ کے لیے یہ دلیل دینا کہ مسلمانوں میں ذات پات نہیں ہے، اس لیے تمام مسلمان کو ریزرویشن ملنا چاہیے، صحیح نہیں ہے۔ اوپر بڑی تفصیل سے بتایا جا چکا ہے کہ علما، دانشوران اور مسلم تنظیموں نے کس طرح ذات پات پھیلائی ہے۔ حتیٰ کہ تمام مسلمانوں کے لیے ریزرویشن کا مطالبہ کرنے والے مذکورہ بالا حضرات میں سے جناب اعجاز احمد اسلم رکن شوریٰ جماعت اسلامی ہند کا جو نظریہ ذات پات ہے وہ علمائے جماعت اسلامی کے ضمن میں گزر چکا ہے۔ جناب سید شہاب الدین نے انصاری برادری کے مولانا حبیب الرحمٰن اعظمی کی امارت کی مخالفت کی تھی، یہ علمائے دیوبند کے ضمن میں آچکا ہے۔ جناب اعجاز احمد اسلم، جناب محمد جعفر، جناب محمد شفیع مونس، جناب سید قاسم رسول الیاس، جناب سید ابراہیم سلیمان سیٹھ مرحوم اور جناب سید شہاب الدین میں سے اول الذکر چاروں حضرات جماعت اسلامی کے نہ صرف ارکان ہیں بلکہ اعلیٰ عہدوں پر فائز بھی ہیں۔ اول الذکر جناب اعجاز احمد اسلم کے علاوہ باقی تمام لوگ آل انڈیا مسلم پرسنل لا بورڈ کے ممبران بھی ہیں۔ جماعت اسلامی کا اخبار دعوت اور رسالہ Radiance اور مرکزی مکتبۂ اسلامی پبلشرز ذات پات پر مبنی ضرورت رشتہ کے اشتہارات اور کتابیں شائع کر رہے ہیں، اسی طرح مسلم پرسنل لا بورڈ نے مجموعہ قوانین اسلامی کے اندر ذات پات پر مبنی مسئلہ کفو کو اسلامی شریعت قرار دیا ہے؛ لیکن ان حضرات میں سے کسی نے بھی ان چیزوں کی مخالفت نہیں کی اور نہ ہی مجموعہ قوانین اسلامی کو شائع ہونے سے روکا؛ لیکن پھر بھی کہا جا رہا ہے کہ مسلمانوں میں ذات پات نہیں ہے۔

وزیر اعظم ڈاکٹر منموہن سنگھ نے ہندستانی مسلمانوں کی سماجی، معاشی اور تعلیمی حالت جاننے کے لیے

9 مارچ 2005 کو جناب جسٹس راجندر سچر کی قیادت میں 6 افراد پر مشتمل ایک کمیٹی تشکیل دی تھی۔ ان چھ ممبران کے نام یہ ہیں۔ جناب سید حامد، جناب ایم اے باسط، ڈاکٹر اختر مجید، ڈاکٹر ابوصالح شریف، ڈاکٹر ٹی کے اومن (T.K. Oommen) اور جناب ڈاکٹر بسنت۔ اس کمیٹی نے 17 نومبر 2006 کو اپنی رپورٹ پیش کی تھی۔ اس کمیٹی کو سچر کمیٹی کے نام سے جانا جاتا ہے۔ اس کی رپورٹ کو مسلم سماج کے تمام طبقات نے تسلیم کیا ہے۔ اس نے بھی مسلمانوں کے اندر ذات پات کے وجود کی بات کہی ہے، بلکہ اس نے تو مسلمانوں کے اندر تین طبقات کی بھی نشاندہی کی ہے۔ اس رپورٹ میں ہے کہ:

1 [...]-Those without any social disabilities, the ashraf, 2 -those equivalent to Hindu OBCs,the ajlaf and 3-those equivalent to Hindu SCs the arzal. Those who are reffered to as Muslim OBC combind 2and 3.

[1۔[...] جنھیں کسی بھی طرح کے سماجی بھید بھاؤ کا سامنا نہیں ہے وہ اشراف ہیں۔ 2۔ جو ہندو او بی سی کے برابر ہیں وہ اجلاف ہیں۔ 3۔ [اور] جو ہندو ایس سی کے برابر ہیں وہ ارذال ہیں۔ مسلم او بی سی آخر الذکر دونوں طبقات 2، اور 3 پر مشتمل ہیں۔]

جسٹس رنگناتھ مشرا کمیشن رپورٹ اپنے پیرا، 3۔16 میں لکھتی ہے:

[The caste is in fact a social phenomenon shared by almost all Indian communities irrespective of their religious persu asions.]

[در اصل ذات پات ایک سماجی حقیقت (social phenomenon) ہے جو تمام ہندستانی طبقات (communities) میں پائی جاتی ہے، چاہے یہ ان کے مذہب میں ہو یا نہ ہو۔]

ٹائمز آف انڈیا (Times of India) نئی دہلی، 26 جنوری 2008 کے مطابق خود سپریم کورٹ نے مرکزی سرکار کو نوٹس جاری کیا ہے کہ وہ بتائے کہ 'کیا اسلام میں ذات پات ہے؟'

پسماندہ کون؟

تمام مسلمانوں کے مطالبہ ریزرویشن کے ضمن کی آخری دلیل یہ دی جاتی ہے کہ تمام مسلمان پسماندہ ہیں۔ یہ سچ ہے کہ عام طور پر تمام مسلمان پچھڑے ہیں اور متعصب ہندوؤں کے ہاتھوں بھید بھاؤ کا شکار ہیں، لیکن جب مسلمانوں کے اندر پسماندگی تلاش کی گئی تو معلوم ہوا کہ مسلم ایس سی، ایس ٹی اور او بی سی، مزعومہ طبقۂ اشراف

سے بہت ہی زیادہ پسماندہ ہیں۔ ننانوے فیصد مذہبی، سیاسی تنظیموں اور تعلیمی اداروں پر موہومہ طبقۂ شرفاء کا قبضہ ہے، نوکری کی شرح بھی ان کے اندر زیادہ ہے۔ زندگی کے ہر شعبے میں پس کردہ مسلم برادریوں کی نمائندگی بہت ہی کم ہے۔ اس کی تفصیلات اور فہرست (Data) جناب علی انور نے اپنی کتاب 'مساوات کی جنگ- پس منظر: بہار کے پسماندہ مسلمان' میں بہار کے متعلق نام بنام، علاقہ بہ علاقہ اور ذات بہ ذات دی ہے، جس سے پورے ہندوستان کی صورت حال جھلکتی ہے؛ چونکہ یہاں تفصیل کی گنجائش نہیں ہے، لہٰذا اختصار ملحوظ رکھتے ہوئے ان کی پیش کردہ عہدوں پر فائز مفروضہ طبقۂ شرفا اور پس کردہ برادریوں کی صرف فہرست دی جارہی ہے۔ تفصیل کی خاطر مذکورہ بالا کتاب سے رجوع کرنا چاہیے۔.....

سچر کمیٹی رپورٹ نے بھی مسلم پس کردہ طبقات کو مزعومہ طبقۂ اشراف سے پسماندہ مانا ہے اور ان کی طرف خصوصی توجہ دیے جانے کی وکالت کی ہے۔ رپورٹ ان کی پسماندگی کا اشراف کی پس ماندگی سے تقابل کرتے ہوئے لکھتی ہے کہ:

> [...]The incidence of poverty is highest among Muslim OBC(38%followed by Muslim General(35%) [...].Overall, the conditions of Muslims OBC are worse than those of Muslim General [...] within the Muslim community a large percentage of Muslim OBCs fall in low income catergory as compared to Muslim General[...]within Muslims Muslims OBC, are slightly lagging behind the Muslims General in high income group.

> [...] مسلم اوبی سی میں غربت کی شرح (38%) زیادہ ہے جب کہ مسلم جنرل میں 35% ہے۔ [...] مجموعی طور سے مسلم اوبی سی کی حالت مسلم جنرل سے خراب ہے۔ [...] مسلمانوں کے اندر مسلم جنرل کے مقابلہ میں مسلم اوبی سی کی ایک بڑی تعداد کی شرح آمدنی کم ہے۔ [...] بڑی شرح آمدنی کے گروپ کی بات کی جائے تو مسلمانوں کے اندر مسلم اوبی سی مسلم جنرل سے قدرے پیچھے ہیں۔]

سید شہاب الدین صاحب تو تمام مسلمانوں کو پسماندہ بتاتے ہیں، لیکن وہ خود ہی اپنے ایک مضمون 'دلت مسلم اتحاد کے امکانات' میں رقم طراز ہیں:

"مسلم قیادت جو زیادہ تر اشراف کے ہاتھوں میں رہی، یہ اندازہ ہی نہ کرسکی کہ دلتوں کے کس طبقے سے مخاطب ہوا جائے۔"

مسلم اوبی سی لیڈران کا مطالبہ ہے کہ دستور میں تبدیلی کر کے مسلم دلتوں کو ایس سی لسٹ میں شامل کیا

جائے۔کمار سریش سنگھ رپورٹ آف ایس سی(Kr. Suresh Singh Report of SC) کے مطابق کل ہند پیمانے پر 35، ایسی مسلم ذاتیں ہیں جو ہندو دلتوں سے مسلمان ہوئی ہیں اور آج بھی روایتی طور پر انھیں پیشوں سے جڑی ہوئی ہیں جن کو ہندو دلت کر رہے ہیں۔ اصولی طور سے دیکھا جائے تو ان کو ایس سی لسٹ میں شامل کرنا مشکل نہیں ہے، کیونکہ 1935 میں مسلم دلت بھی اس لسٹ میں شامل تھے؛ لیکن 1950 میں کانگریس حکومت کے دور میں ایک صدارتی آرڈر کے ذریعے مسلم دلتوں کے ساتھ دوسرے مذاہب کے دلتوں کو نکال دیا گیا، مگر 1956 میں سکھ دلتوں کو اور 1990 میں بودھ دلتوں کو اس میں شامل کرنے کے لیے دوبار دستور میں تبدیلی کی جا چکی ہے۔ بہار اور یوپی اسمبلیوں نے مسلم دلتوں کو ایس سی لسٹ میں شامل کرنے کے لیے بل منظور کر کے مرکزی حکومت کو بھیج دیا ہے۔ خود سچر کمیٹی نے ان کو ایس سی لسٹ میں شامل کرنے کی سفارش کی ہے۔ رپورٹ میں ہے کہ:

Being at the bottom of the social hierarchy the arzals are the worst off and need to be handled separately. It would be most appropriate if they were absorbed in the SC list, or at least in a separate category, Most Backward classes(MBCs(carved out of the OBCs.

[سماجی درجہ بندی میں سب سے نیچے ہونے کی وجہ سے ارزال کی حالت بہت ہی خراب ہے اور ان پر خصوصی توجہ کی ضرورت ہے۔ سب سے مناسب ہوگا کہ ان کو ایس سی لسٹ میں شامل کر لیا جائے یا کم سے کم الگ کیٹیگری موسٹ بیک ورڈ کلاس (ایم بی سی) جو او بی سی سے الگ کیا گیا ہے میں شامل کیا جائے۔]

جسٹس رنگناتھ مشرا کمیشن رپورٹ نے اپنی سفارشات میں کہا ہے کہ:

16.3.4 We recommend that Para 3 of the Constitution (Scheduled Castes(Order 1950 - which originally restricted the Schedule Caste net to the Hindus and later opened it to Sikhs and Buddhists, thus still excluding from its purview the Muslims, Christians, Jains and Parsis, etc - .should be wholly deleted by appropriate action so as to completely de-link Scheduled Caste status from religion and make the Scheduled Castes net fully religion-neutral like that of the Scheduled Tribes.

16.3.5We further recommend that all those groups and classes among the Muslims and Christians, etc. whose counterparts among the Hindus, Sikhs or Buddhists, are included in the Central or State Scheduled Castes lists should also be covered by the Scheduled Caste net. If any such group or class among the Muslims and Christians, etc. is now included in an OBC list, it should be deleted from there while transferring it to the Scheduled Castes.

16.3.6 We further recommend that as the Constitution of India guarantees freedom of conscience and religious freedom as a Fundamental Right, once a person has been included in a Scheduled Caste list a willful change of religion on his part should not effect adversely his or her Scheduled Caste status.

[16۔3۔4ہم اس کی سفارش کرتے ہیں کہ دستور کا پیرا،3(شیڈولڈ کاسٹس) آرڈر1950- جس نے بنیادی طور پر شیڈولڈ کاسٹ نیٹ کو ہندوؤں تک محدود کر رکھا ہے، بعد میں اسے سکھوں اور بدھسٹوں کے لیے کھول دیا گیا؛ لیکن آج بھی مسلمانوں، عیسائیوں، جینیوں، اور پارسیوں وغیرہ کو اپنے دائرے سے باہر کیے ہوے ہے- اس کو ایک مناسب لائحہ عمل (appropriate action) کے ذریعے مکمل طور سے ختم کر دیا جائے، تاکہ کلی طور سے شیڈولڈ کاسٹ اسٹیٹس کو مذہب سے الگ کیا جا سکے اور مکمل طور سے شیڈولڈ کاسٹس نیٹ کو شیڈولڈ ٹرائبس کی طرح مذہب سے غیر جانبدار بنایا جا سکے۔

[16۔3۔5ہماری یہ بھی سفارش ہے کہ مسلمانوں اور عیسائیوں وغیرہ کے وہ تمام گروہ اور کلاس جن کے ہندو، سکھ اور بدھسٹ مدمقابل (counterparts) مرکزی یا ریاستی شیڈولڈ کاسٹس لسٹ میں شامل ہیں ان کی طرح مسلمانوں اور عیسائیوں وغیرہ کے ان تمام گروہ اور کلاس کو بھی شیڈولڈ کاسٹس لسٹ میں شامل کیا جائے۔ اگر مسلمانوں اور عیسائیوں وغیرہ کے درمیان اس طرح کا کوئی بھی گروپ یا کلاس فی الحال او۔ بی۔ سی لسٹ میں شامل ہے تو اس کو وہاں سے ہٹا کر شیڈولڈ کاسٹس لسٹ رکھا جائے۔

[16۔3۔6ہم یہ بھی سفارش کرتے ہیں کہ دستور ہند آزادئ غور وفکر (conscience)

اور مذہبی آزادی کی گارنٹی کو بطورِ بنیادی حقوق عطا کرتا ہے۔ اگر ایک شخص ایک مرتبہ شیڈ ولڈ کاسٹس لسٹ میں داخل کرلیا گیا اور وہ اپنی مرضی سے مذہب تبدیل کرتا ہے تو یہ تبدیلی اس کے یا اس کی شیڈ ولڈ کاسٹس اسٹیٹس کو متاثر نہیں کرے گا۔]

اگر مسلم معاشرے کو ہمارے علمائے کرام، دانشوران عظام، مسلم اور مذہبی تنظیموں نے ذات پات کی لعنت سے پاک کیا ہوتا تو تمام مسلمانوں کے لیے ریزرویشن کی مانگ میں اس قدر طاقت، انرجی (Energy) وقت اور پیسے خرچ کرنے کی ضرورت نہ پڑتی اور نہ ہی صرف خاص برادریوں کو ریزرویشن ملتا، بلکہ تمام مسلمانوں کو ریزرویشن ملتا۔ ہمارے علمائے کرام اور دانشوران یہ کام تو نہیں کررہے ہیں اور لاحاصل مسئلے میں امت کو جھونک کر اپنی سیاست چمکا رہے ہیں۔ اگر آج بھی مسلم معاشرہ، فقہ اور علما کی کتابوں سے ذات پات کو ختم کردیا جائے تو ان حضرات کو تمام مسلمانوں کے لیے ریزرویشن کی مانگ کی ضرورت نہیں پڑے گی، مسلمان خود بخود اس دائرے میں آجائیں گے اور ہندوؤں کے مقابلے میں سماجی اور تعلیمی طور سے پس ماندہ قرار دیے جائیں گے۔

بعض لوگ کہتے ہیں کہ ہندو مسلم (مزعومہ) بڑی ذاتوں کے غریبوں کو الگ سے قانون بنا کر ریزرویشن دیا جانا چاہیے، پس کردہ مسلم برادریوں کے کوٹے میں انھیں شامل نہیں کرنا چاہیے۔ مسئلے کو سلجھانے کا یہ بھی ایک طریقہ ہے؛ لیکن میرے خیال میں یہ مسئلے کا حل نہیں ہے، اس سے زیادہ فائدہ پہنچنے کو نہیں ہے، بلکہ ذات پات جوں کی توں باقی رہے گی۔ صحیح بات تو یہ ہے کہ تمام غریب مسلمانوں کو (اور ہندوؤں کو بھی) خواہ ان کا تعلق پس کردہ برادریوں سے ہو یا مفروضہ طبقۂ شرفا سے، ریزرویشن ملنا چاہیے؛ لیکن ان میں بھی صرف اور صرف انھی لوگوں کو ملنا چاہیے جو ذات کے حامی نہ ہوں، اور جو ذات کے حامی ہوں ان کو تو کسی بھی صورت میں نہیں ملنا چاہیے۔ حامیٔ ذات پات نہ ہونے کی سب سے بڑی پہچان یہ ہے کہ اس کے گھر میں کسی نہ کسی کی بین برادری شادی ہوئی ہو۔

دوسری چیز یہ ہے کہ پس کردہ برادریوں کے افراد ریزرویشن کے ذریعے اچھے مناصب پر آجائیں گے تو خود ساختہ شرفا بھی ان سے شادی بیاہ کرنے میں لیت ولعل نہ کریں گے، کیونکہ وہ رذیل ذات سے نہیں بلکہ آئی اے ایس، پی سی ایس سے شادی کریں گے اور اس طرح ذات پات نیست ونابود ہوجائے گی۔ اس کی تو آج کل سیکڑوں مثالیں دی جاسکتی ہیں۔ میں بذات خود ایک شخص کو جانتا ہوں جنھوں نے ذات پات کو بڑھاوا دیا ہے، مسلمانوں [اشراف] کے لیے ریزرویشن کا مطالبہ کررہے ہیں لیکن جب ان کو پس کردہ برادری کا آئی اے ایس لڑکا مل گیا تو فوراً اس سے اپنی بیٹی بیاہ دی۔

مولانا محی الدین غازی فلاحی جماعت اسلامی ہند کی طلبہ تنظیم ایس آئی او (SIO، اسٹوڈنٹس اسلامک آرگنائزیشن آف انڈیا) کے سابق جنرل سکریٹری نیز ایس آئی او ترجمان 'رفیق منزل' اور عربی ترجمان 'جماعت اسلامی النشرۃ' کے سابق مدیر تھے، جامعۃ الفلاح اعظم گڑھ کے یمیبار (جس کا ذکر اوپر علمائے جماعت اسلامی

کے ضمن میں ہوا ہے) میں میرے مقالے پر غیر علمی اعتراض کرتے ہوئے غیر شائستہ انداز میں کہا تھا کہ مسلمانوں میں ذات پات نہیں ہے۔ ان کے خلاف جناب امتیاز احمد فیضی نے روزنامہ 'قومی آواز' نئی دہلی میں 12 مارچ 2005 کو ایک مراسلہ لکھا تھا جس میں ان کو 'عثمانی' لکھا تھا۔ ان کے ایک عالم دین فلاحی بھائی نے اپنے کو سید لکھنا شروع کر دیا ہے، 'رفیق منزل' نئی دہلی اگست 2006 میں یہ نام 'ابوالاعلیٰ سید سبحانی' دیکھا جا سکتا ہے۔ یہ بات سمجھ سے باہر ہے کہ دو حقیقی بھائی دو ذاتیں کیسے ہو گئے؟

نہ صرف غازی صاحب بلکہ ان کا پورا گھرانہ ہی اقامت دین اور دعوت اسلام کا دعوے دار ہے۔ وہ ذات پات اور ریزرویشن کے سلسلے میں مذکورہ بالا شخص؛ جنھوں نے پس کردہ ذات کے آئی اے ایس لڑکے سے اپنی بیٹی کی شادی کی ہے، کے صد فیصد مقلد ہیں، حتی کی ان کی تحریروں کو وہ بطور دلیل پیش کرتے رہتے ہیں۔ وہ ذات پات کے اس قدر قائل ہیں کہ انھوں نے مجھ سے کہا کہ اگرچہ کوئی قرآنی آیت اور صحیح حدیث سادات کی فضیلت میں موجود نہ ہو پھر بھی میرا دل ان کی عزت کا خواہاں ہے، اور جہاں ذات پات ہے وہاں باقی رہنا چاہیے۔ انھوں نے ذات پات سے متعلق ایک مضمون 'رفیق منزل' اگست 2004 میں لکھا تھا، یہی مضمون جماعت اسلامی کے 'ریڈینس' میں 1-7 اگست 2004 کو شائع ہوا، میں نے ان سے کہا کہ کیا میں آپ کا نام ذات پات کے غیر قائلین میں لکھ دوں؟ تو انھوں نے کہا کہ نہیں، میں شادی بیاہ میں ذات پات کا قائل ہوں۔ جب میری یہ کتاب مرکزی مکتبہ اسلامی سے چھپنے والی تھی تو وہ اس کو رکوانے کے لیے جماعت اسلامی ہند کے مرکز اور باہر جا کر تحریک چلاتے تھے۔ لوگوں سے کہتے تھے کہ اس کتاب کی اشاعت سے اسلام کی اشاعت رک جائے گی۔ میں نے ان کو ان مسلم لڑکیوں کی فہرست اور ان کے متعلق اخبارات میں شائع خبروں کی کٹنگ دکھائی جنھوں نے ہندو لڑکوں سے شادیاں کر لی ہیں اور ہندو ہو گئی ہیں۔ پھر میں نے ان سے کہا کہ اس کے باوجود آپ لوگ ذات پات پر مبنی کفو کو باقی رکھنا چاہتے ہیں تو انھوں نے برجستہ کہا کہ 'کیا آپ چند واقعات کی وجہ سے اسلامی شریعت (مروجہ فقہی) 'کفو' کو ختم کر دیں گے؟'' گویا کہ ان کے ارتداد سے انھیں کوئی تکلیف نہیں پہنچی۔

میں نے جب ان سے کہا کہ آج برہمن تک ذات پات کو ختم کر رہے ہیں اور 80 فیصد دلت آئی اے ایس، پی سی ایس کی بیویاں برہمن ہیں اور ایک آپ لوگ ہیں جو اس کینسر کی حفاظت کر رہے ہیں۔ اس کے جواب میں انھوں نے کہا کہ '' آپ بھی مجھے چھوٹی ذاتوں کے آئی اے ایس، پی سی ایس لڑکے لا کر دیجیے، میں ان کی شادیاں سادات میں کراؤں گا۔''

ایسا کرنے سے غالب گمان ہی نہیں بلکہ یقین ہے کہ جو لوگ اسلام کے خاطر ذات پات کو ختم نہیں کر رہے ہیں، وہ مادی لالچ کے واسطے ضرور ذات پات کا خاتمہ کریں گے۔

غازی صاحب کی بات سے ایک اہم نکتہ یہ بھی معلوم ہوا کہ جب پس کردہ برادریاں قانوناً و عملاً تمام سہولیات سے محروم کر دی گئی تھیں، اس وقت غازی صاحب جیسے لوگوں نے فتوے دیے کہ پس کردہ برادریوں کی

لڑکیوں سے شادیاں کرلو، مگر ان کو اپنی لڑکیاں مت دو۔ لیکن آج ہندستان کی سیکولر اور جمہوری حکومت میں پس کردہ برادریاں ہر میدان میں قدم جما رہی ہیں تو غازی صاحب جیسے لوگ اعلیٰ عہدوں پر فائز پس کردہ برادریوں سے لڑکیاں تو بیاہ رہے ہیں لیکن ان کی لڑکیوں سے خود شادیاں نہیں کررہے ہیں۔ ایسا صرف وہی لوگ کررہے ہیں جو حقیقی اسلام پسند ہیں۔ غازی صاحب جیسے لوگ بالکل برہمنیت کے علمبرداروں کے نقش قدم پر چل رہے ہیں، کیونکہ یہ لوگ بھی اپنی لڑکیاں اونچے مناصب پر فائز پس کردہ ہندوؤں سے بیاہ دیتے ہیں، لیکن پس کردہ ہندوؤں کی لڑکیوں سے خود شادیاں نہیں کرتے ہیں۔

[بشکریہ 'ہندوستان میں ذات پات اور مسلمان'، القاضی پرنٹر اینڈ پبلشر، نئی دہلی، 2007]

اکیسویں صدی کے مسلمانوں میں ذات پات

مسعود عالم فلاحی

شروع سے آج تک مسلم سماج میں ذات پات کی اصلاح کے لیے ایک بھی تحریک نہیں اٹھی بلکہ اکثر علما کے ذریعے اسے قوت ملتی رہی جس کا نتیجہ یہ نکلا کہ آج بھی پس کردہ برادریوں کو نیچ اور رذیل سمجھا جاتا ہے، بعض مقامات اور بعض حالات میں ان کو پختہ مکان میں رہنے کی اجازت نہیں، ان کے مُردوں کو قبرستان میں دفن نہیں ہونے دیا جاتا ہے، ان سے بیگار لی جاتی ہے، ان کو مارا پیٹا جاتا ہے، ان کی بستیاں اجاڑی جاتی ہیں اور ان کی بہو بیٹیوں پر بری نگاہ ڈالی جاتی ہے۔ مزعومہ نیچ ذات کے لوگوں کو مسجد کے اندر پہلی صف میں نہیں بیٹھنے دیا جاتا ہے، حتیٰ کہ مفروضہ طبقۂ اشراف کی مسجدوں میں ان کے داخل ہو جانے کی وجہ سے مسجدیں دھوئی جاتی ہیں۔ ان چیزوں سے ری ایکٹ (React) ہو کر پس کردہ برادریوں کے لوگ بھی مفروضہ طبقۂ شرفا سے حسد و جلن اور بغض و عناد رکھنے لگے ہیں؛ حتیٰ کہ بدلہ لینے، سماج میں برابری کا مقام اور اپنے حقوق حاصل کرنے کے جذبے سے ان میں سے بعض افراد نکسلی تنظیموں میں شمولیت اختیار کر رہے ہیں۔

پختہ مکان بنانے اور ساتھ کھانا کھانے کی ممانعت

زمانۂ ماضی میں پس کردہ برادریوں کو پختہ مکان نہ بنانے، اچھا کھانا نہ پکانے کے جو عام واقعات ہوتے تھے، ان کا تذکرہ اوپر باب چہارم میں ہو چکا ہے؛ لیکن بعض مقامات پر آج بھی جاری ہیں۔

ماہنامہ 'اللہ کی پکار' نئی دہلی کے ایک مراسلہ نگار جناب عبدالحمید خان ستمبر 2005 کے شمارہ میں لکھتے ہیں کہ: ''ہمارے گاؤں بیہٹ ضلع سہارن پور (یوپی) میں ایک مشہور بزرگ جناب شاہ مسعود صوفی اور پیر کی وفات تقریباً 25 سال قبل ہوئی۔ یہ مشہور صوفی اور پیر شیخ عبدالقادر رائے پوری کے بہت چہیتے مرید تھے۔ اتنے نیک

ہونے کے باوجود، جب تک وہ باحیات رہے، مسلم OBC[اوبی سی] برادریوں سے تعلق رکھنے والے کسی بھی شخص کو پختہ مکان نہیں بنانے دیتے تھے۔ جب کوئی مکان بنانے کی تیاری کرتا تھا تو اس کا پیسہ چھین کر ایک کاغذ میں لپیٹنے کے بعد اس کا نام لکھ کر صندوق میں ڈال دیا کرتے تھے۔ جب انتقال کرنے لگے تو اپنے وارثوں کو وصیت کی کہ فلاں فلاں کے پیسے صندوق میں مع نام موجود ہیں، ان کو واپس کر دینا۔ آخر یہ کیسی بزرگی اور کیا اسلام ہے؟''

بعض مقامات پر پس کردہ برادریوں کو مفروضہ طبقہ شرفا کے ساتھ کھانے کی اجازت نہیں ہے۔ پروفیسر امتیاز احمد صاحب نے مسلم سماج میں پائی جانے والی ذات پات کے سلسلے میں ایک کتاب مرتب کی ہے جس کا نام ہے: 'Caste and Social Stratification among Muslims in India' اس کتاب میں جناب حسن علی کا مضمون Elements of Caste among the Muslims in a District in Southern Bihar شامل ہے، جو در اصل 2000 میں صوبہ بہار سے الگ ہوئے صوبہ جھارکھنڈ کی دارالسلطنت رانچی کے گاؤں 'اٹکی' اور قصبہ 'ہندپڑی' کا سروے ہے۔ جب انھوں نے گاؤں میں پوچھا کہ یہاں کون کون سی مسلمان برادریاں ہیں تو پہلی فرصت میں انھوں نے مسلم آبادی میں ذاتوں کے وجود سے انکار کیا اور بتایا کہ مسلمانوں میں ذات برادری نہیں ہوتی، لیکن جب ان سے مزید پوچھ تاچھ کی گئی تو معلوم ہوا کہ مسلمان تین طبقات میں تقسیم ہیں:

(1) اعلیٰ (سید اور پٹھان)

(2) اوسط (عراقی، انصاری، ادریسی، راعی، گدی، چک اور، دفالی)

(3) اسفل (نائی، دھوبی اور بھنگی)

ان طبقات میں ظاہری امتیاز تو یہ ہے کہ اعلیٰ طبقے کی خواتین مکمل طور پر پردے میں رہتی ہیں۔ اسفل طبقے کی خواتین پردہ نہیں کرتیں۔ ان دونوں طبقوں کے معیار زندگی میں بھی واضح فرق نظر آیا۔ لیکن مغربی تہذیب کے اثرات کے نتیجے میں اعلیٰ طبقے کی جو خواتین پردہ چھوڑ چکی ہیں، اس سے ان کے طبقاتی مقام میں کوئی کمی واقع نہیں ہوئی۔

دینی معاملات میں گاؤں کے مسلمانوں میں کوئی امتیاز نہیں برتا جاتا۔ سبھی ایک ہی مسجد میں نماز ادا کرتے ہیں۔ کسی بھی طبقے کا مسلمان کسی بھی صف میں کھڑا ہو سکتا ہے۔ دینی تعلیم کے حصول میں بھی کوئی امتیاز نہیں۔ اگر کوئی انصاری پڑھ لکھ کر عالم بن جاتا ہے تو تمام طبقوں کے لوگ اسے عزت واحترام کا مقام دیتے ہیں۔

لیکن سماجی تقریبات میں اسفل ذات کے لوگوں کو کھانا الگ صفوں میں پروسا جاتا ہے، حالانکہ ایسا ہندو اچھوتوں کی طرح سلوک کرنے کے لیے نہیں کیا جاتا بلکہ سماجی مرتبہ کا لحاظ رکھتے ہوئے اس امتیاز کو روا رکھا جاتا ہے۔ جو بہر حال نسلی امتیاز کی ایک قسم ہے، جس کی اجازت اسلام نہیں دے سکتا۔

اس سروے پر مولانا قاضی مجاہد الاسلام قاسمی قاضی شریعت بہار واڑیسہ، اظہار خیال کرتے ہوئے

کہتے ہیں کہ:

''اس گاؤں سے میرے روابط ہیں۔ میں جانتا ہوں کہ اس گاؤں میں نام نہاد اسفل برادریوں کو الگ صفوں میں کھانا نہیں پروسا جاتا۔ اس طرح کا سلوک میں نے بارہ بنکی میں پایا جب ایک شخص نے بارہ بنکی کے گاؤں میں موجود اس فتنے کی جانب دھیان دلایا۔''

ضلع اعظم گڑھ کے رہنے والے میرے ایک استاد ... نے مجھے بتایا کہ ''میں نے اپنے گاؤں اور اپنے خاندان میں دیکھا کہ شادی بیاہ کے موقع پر دُھنیا (منصوری) برادری کے لوگوں کو کھانا دے دیا جاتا ہے کہ وہ اسے گھر لے جا کر کھائیں۔ میں نے سمجھا کہ غریب لوگ ہیں، ہوسکتا ہے کہ اپنے بال بچوں کے ساتھ مل کر کھائیں، اس لیے ایسا کیا جاتا ہے؛ لیکن جب حقیقت معلوم کی تو پتا چلا کہ چونکہ وہ چھوٹی ذات کے ہیں اس لیے انھیں ساتھ نہیں کھانے دیا جاتا ہے۔''

سینٹر فار پروموشن آف ایجوکیشنل اینڈ کلچرل اڈوانس مینٹ آف مسلم آف انڈیا علی گڑھ مسلم یونیورسٹی اور فیکلٹی آف لا علی گڑھ مسلم یونیورسٹی نے 10-11 فروری 2007 کو ایک دوروزہ قومی سیمینار Protective Discrimination in favour of Muslims:Possibilities and challanges (مسلمانوں کے ساتھ ناروا امتیازات کا خاتمہ: امکانات اور مشکلات) کروایا تھا، جس کا مقصد تھا ریزرویشن میں مسلمانوں کو کس طرح حصہ دلایا جائے۔ راقم الحروف بھی اس میں مدعو تھا۔ ایک خاتون ڈاکٹر عظمت صدیقی لیکچرر ویمنز اسٹڈیز جامعہ ملیہ اسلامیہ نئی دہلی نے اپنے گاؤں پھول پور، الہ آباد یوپی کے فیلڈ ورک پر مقالہ پڑھا۔ انھوں نے کہا کہ ''میرے گاؤں میں آدھے اشراف ہیں اور آدھے غیر اشراف۔ آج بھی کوئی اشراف کسی حلال خور، مہتر وغیرہ کے یہاں کھانا نہیں کھاتا۔ جب میں 10 سال کی تھی تو ہمارے گاؤں کے ایک مہتر کے گھر شادی کی تقریب ہوئی۔ اس نے بڑی امیدوں کے ساتھ ہم لوگوں کو دعوت دی اور کہا کہ 'بی بی جی! کھانا ہم نہیں پکائیں گے، باورچی پکائے گا، لہٰذا آپ لوگ کھانے ضرور آئیں' سب نے اس کا دل رکھنے کے لیے ہاں کہہ دیا لیکن کوئی بھی نہیں گیا۔ اس نے کھانا گھر بھجوا دیا تو کھانے کو باغ میں پھینک دیا گیا کہ مہتر کے گھر کا کھانا ہے۔ میں نے اس کے گھر جا کر کھانا کھا لیا تو ہماری چچازاد بہنوں نے ہمارا ہفتوں بائیکاٹ کیا تھا کہ میں ایک مہتر کے گھر جا کر کھانا کھائی ہوں۔''

مسجد میں بھی بھید بھاؤ

سوشل سائنس داں غوث انصاری صاحب نے اتر پردیش کے سلسلہ میں لکھا ہے کہ:

''جو مسلمان خاکروبی اور مزعومہ رذیل پیشے کرتے ہیں، اونچے درجہ کے مسلمان ان سے عام طور پر کھانا وغیرہ نہیں لیتے ہیں۔ بعض اوقات مسجد کے اندر نماز پڑھنے کی بھی اجازت نہیں ہوتی ہے، ہاں ان کو مسجد کے

باہر کھڑے ہوکر عبادت کرنے کی اجازت ہوتی ہے۔''

او پر اسی باب میں مولانا احمد رضا خان کے زیر عنوان 'قومی مورچہ' کے سابق مدیر جناب تاج الدین اشعر نگری کے اس خط کا ذکر کیا گیا جو انھوں نے مجھے لکھا۔ وہ اپنے والد کے سلسلے میں مزید رقم طراز ہیں کہ:

''والد صاحب کی نوجوانی میں [تقسیم ہند سے قبل یا بعد] رام نگر [بنارس، یوپی] میں پٹھان اور شیخ، جولاہا، دھنیا، دفالی، حجام کو تو حقیر سمجھتے ہی تھے؛ لیکن مسلم حلال خور مسجد میں قدم نہیں رکھ سکتے تھے۔ وہ پنج وقتہ نمازی تھے؛ لیکن جمعہ پڑھنا نصیب نہ تھا۔ عید بقرعید میں ان سے کہا جاتا تھا کہ اپنا ٹاٹ بورا لاکر مسجد کی ریلنگ کے باہر کسان کے کھیت میں نماز پڑھ سکتے ہو۔ ان مہتروں نے والد صاحب سے پوچھا کہ ہم نہا دھو کر صاف کپڑوں میں مسجد میں نماز پڑھنے کے حقدار ہیں یا ہمارا اسلام میں کوئی حصہ نہیں؟ والد صاحب نے کہا، تم برابر کے حقدار ہو۔ پٹھانوں کو معلوم ہوا تو والد صاحب کو مسجد کی امامت سے ہٹادیا۔ والد صاحب نے سارے غیر منقسم ہندوستان کے ممتاز دارالافتا سے فتوے منگائے۔ سب نے مہتروں کو نماز کے لیے مسجد آنے کو جائز بتایا۔ سیکڑوں فتوے آئے، بنارس کے تمام علما اپنے خرچ سے رام نگر آئے کہ پٹھانوں کو سمجھائیں گے۔ جلسے میں تقریریں ہوئیں؛ لیکن اس دن کوئی پٹھان گھر سے نہیں نکلا، نہ جلسہ سنا۔ یہ لڑائی بہت لمبی چلی۔ تین برس تک والد صاحب کا اور ان کے ساتھیوں کا، جن میں پست برادریوں کے ساتھ بہت سے حق پسند پٹھان بھی تھے، شادی بیاہ، مرنی کرنی، عید بقرعید میں بائیکاٹ ہوا۔''

جناب علی انور اپنی کتاب 'مساوات کی جنگ' میں لکھتے ہیں کہ:

''[ہمارا نعرہ اردو روزنامہ کے مدیر اور صوبہ بہار جمعیۃ المنصور کے صدر جناب محمد شمس الہدیٰ استھانوی] اپنا ایک پرانا تجربہ سناتے ہوئے کہتے ہیں کہ 'تقریباً بیس سال پہلے کی بات ہے، نالندہ ضلع کے استھاما تھانا کے ماتحت گاؤں دیسنا کی مسجد میں جمعے کی نماز پڑھنے کا موقع ملا۔ وہاں دیکھا کہ پہلی صف خالی ہے اور دوسری صف میں لوگ آکر بیٹھتے جارہے ہیں۔ میں نے جب لوگوں کو آگے آنے کے لیے کہا تو مجھے بتایا گیا کہ پہلی صف اشرافوں کی ہے۔ باقی صفیں عام لوگوں کے لیے ہیں... ' پٹنہ کے نور الحسن آزاد 'دلت مسلم بھر یا (عباسی) منچ' نام سے ایک تنظیم چلاتے ہیں۔ ان کا کہنا ہے کہ ان کی برادری کے ساتھ کئی گاؤں میں بہت خراب سلوک کیا جاتا ہے۔ مثال کے طور پر لوہر دگا ضلع کے مکاندو گاؤں میں 150 گھر بھریا کے ہیں۔ یہاں جمعے کی نماز میں اس ذات کے لوگوں کو پیچھے دھکیل دیا جاتا ہے۔ مدرسے میں بھی ان کے بچوں کے ساتھ چھوا چھوت برتا جاتا ہے۔ اس لیے جھگڑا ہوا اور ایک بار تو گولی چلنے کی نوبت آگئی تھی۔ اس لیے بھر یا ذات کے لوگ الگ ہی نماز پڑھتے ہیں۔''

لوہر دگا ضلع میں ہی ایک گاؤں ہے پنڈرا۔ نور الحسن آزاد نے مکاندو اور پنڈرا گاؤں کا دورہ کیا ہے۔ وہ بتاتے ہیں کہ پنڈرا میں تو انصاری اور کلال ذات کے لوگ بھی اس طرح کا ظلم کرتے ہیں۔ مسجد میں اگلی صف میں بیٹھنے پر بھر یا برادری کے لوگوں کو اٹھانے کے لیے مار پیٹ بھی ہو چکی ہے۔ اس کے بعد سے بھر یا ذات کے

لوگوں نے اپنی الگ مسجد اور مدرسہ بنالیا ہے۔ ہزاری باغ کے پروفیسر انور حسین نے تحقیقات کے بعد اس واقعے کو صحیح بتاتے ہوئے کہا کہ پمریا منچ کی شکایت صحیح ہے۔

”مظفر پور ضلع کے ماتحت اورائی بلاک کے گاؤں بیوڈر کے محمد سلمان پاسی نے پٹنہ آکر مجھے [علی انور] بتایا کہ ان کی برادری کے لوگوں کے ساتھ بھی مسجدوں میں ایسا ہی سلوک ہوتا ہے۔ محمد سلمان بتاتے ہیں کہ ان کی برادری کے لوگ تاڑ اور کھجور کے درخت سے تاڑی چوانے [نکالنے] کا کام کرتے ہیں۔ جب ان کی برادری کے لوگ عید، بقرعید کی نماز پڑھنے جاتے ہیں تو بغل میں بیٹھا دیکھ کر کئی لوگ بدن مہکنے کی شکایت کرتے ہوئے ناک بھوں سکوڑنے لگتے ہیں اور ہم لوگوں کو سب سے پیچھے کی صف میں دھکیل دیا جاتا ہے۔ اس لیے ان کی برادری کے بہت لوگ تو نماز پڑھنے جاتے ہی نہیں۔“ محمد سلمان پاسی خود کہتے ہیں: ”ہم لوگ تو صرف نام کے مسلمان رہ گئے ہیں۔“ ان کی یہ بھی شکایت ہے کہ برادریوں کی فہرست میں ان کی برادری کا نام بھی درج نہیں ہے۔

19 جنوری 2006 بوقت 7 بجے شام راقم الحروف اپنے ایک کلاس میٹ مولانا عزیز الرحمٰن فیضی سے ان کی دکان مکتبۃ الفہیم صدر بازار مئوناتھ بھنجن، مئو پر ملاقات کے لیے گیا تھا۔ وہاں ڈاکٹر شکیل احمد صاحب انچارج اسکالر پبلک اسکول مئو بھی موجود تھے۔ میرے دوست نے ان سے میرا تعارف کرایا اور کہا کہ یہ ذات پات کے خلاف لکھتے رہتے ہیں۔ بعدہٗ ڈاکٹر صاحب نے یہ واقعہ بتایا کہ 1993 میں رابطہ کمیٹی نے دہلی اور علی گڑھ سے اصلاح معاشرہ وفد نکالا، جس نے ملک کے مختلف حصوں میں جاکر مسلمانوں کی اصلاح کا کام کیا۔ ایک وفد میں علی گڑھ مسلم یونیورسٹی کے سابق وی سی اور ہمدرد یونیورسٹی کے موجودہ چانسلر جناب سید حامد صاحب بھی تھے۔ جب یہ وفد گورکھپور میں ہزاروں کے مجمع سے خطاب کر رہا تھا تو وہاں کے ایک شخص جناب مسلم ایڈوکیٹ نے سید حامد صاحب کو مجمع کے اندر سے مخاطب کرتے ہوئے کہا تھا:

”آپ اصلاح معاشرہ کے لیے نکلے ہیں۔ یہاں پر اونچوا [Ounchwa] گاؤں کے لوگ بھی موجود ہیں جو اپنے کو اشراف کہتے ہیں۔ اگر ان کی مسجد میں کوئی پسماندہ برادری کا شخص داخل ہو جاتا ہے تو یہ لوگ آج بھی مسجد دھوتے ہیں۔ ذرا ان کو بھی سمجھائیں کہ اسلام اس کی اجازت نہیں دیتا۔“

نئی دہلی سے شائع ہونے والا ہفت روزہ انگریزی رسالہ *Tehelka* نے 18 نومبر 2006 کے شمارے میں صفحہ 16 پر لکھا ہے کہ آج بھی اونچی ذات کے مسلمان نیچی ذات کے مسلمانوں کو اچھوت سمجھتے ہیں۔ اس نے عدالت گنج، پٹنہ بہار کے محمد سلیمان بکھو کی پوری تفصیلات لکھی ہے۔ وہ لکھتا ہے کہ اگرچہ اسلام چھوا چھوت کی تفریق کے خلاف ہے لیکن بہار کے بکھو مسلمان کو دوسرے مسلمان اچھوت سمجھتے ہیں۔ جب کوئی اونچی ذات کا مسلمان مرتا ہے تو بکھو ذات کے لوگ اس کی تعزیت کے لیے جاتے ہیں؛ لیکن اگر کوئی بکھو مر جاتا ہے تو کوئی بھی اونچی ذات کا مسلمان اس کی تعزیت کے لیے نہیں آتا ہے۔

> In Bihar, the Bakkho sub-caste - formally a nomadic tribe - is held by other Muslims to be untouchables despite Islam categorically forbidding any such division...when someone in an upper caste family dies, we go to his house to condole, like we would to any Muslim home. But when someone of our caste dies, the upper caste never come by.

ایک مشہور نامہ نگار جناب خورشید عالم دہلی سے شائع ہونے والے پندرہ روزہ ہندی میگزین 'سرس سلیل' فروری 2008 کے دوسرے شمارے میں لکھتے ہیں کہ ''بہار کے مغربی چمپارن کے رام پوروریّا گاؤں کے اندر اپریل 2007 میں جناب تسلیم انصاری کے بیٹے کی شادی تھی۔ دولہا کار پر سوار تھا۔ جب کار مزعومہ شرفا کے محلے سے گزری تو مزعومہ اشرافیہ طبقہ کے لوگوں نے یہ کہتے ہوئے دولہا کو کار سے نیچے اتار دیا کہ 'نیچی ذات' کا آدمی ان کے علاقے سے کار میں جائے گا؟ جب باراتیوں نے مخالفت کی تو ان کو ذلیل کیا گیا اور پیٹا گیا۔ اسی گاؤں میں پس کردہ مسلمانوں کو مسجد اور قبرستان سے روکا گیا۔ جب پس کردہ مسلمانوں نے ایک دوسری زمین پر مسجد اور قبرستان بنانا شروع کیا تو اس پر موہومہ اشرافیہ طبقے کے لوگوں نے یہ کہہ کر قبضہ کرنے کی کوشش کی کہ یہ زمین ان کی ہے۔ معاملہ وزیر اعلی جناب نتیش کمار تک گیا۔ انھوں نے فیصلہ کردیا؛ لیکن مزعومہ اشراف اس پر بھی نہ مانے اور آخر میں پس کردہ مسلمانوں کے گھروں میں آگ لگادی۔''

اس بھیانک صورت حال سے قبل آل انڈیا مسلم پرسنل لا بورڈ اور امارت شریعہ پھلواری شریف پٹنہ میں شکایت درج کرائی گئی؛ لیکن ان اداروں نے اس مسئلے میں نہ تو کوئی دلچسپی لی اور نہ ہی مزعومہ اشراف کے لوگوں کو سمجھانے کی ضرورت محسوس کی۔

ہندی نیوز چینل 'سہارا سمے' دہلی نے بھی دسمبر 2007 کے دوسرے ہفتے میں گھر جلانے کے واقعے کی خبر جلتے ہوئے مکانات کے مناظر کے ساتھ نشر کی تھی، جسے راقم الحروف نے بذات خود دیکھا تھا۔

قبرستان میں مردہ دفن کرنے کی ممانعت

جماعت اسلامی ہند کے رکن مولانا ارشد سراج الدین مکی (خان) سے میں 14 اپریل 2005 کو ان کے آفس حرمین ٹورز دہلی میں باتیں کررہا تھا کہ ایک بجے کے قریب داؤد صاحب (سید)، جو جماعت اسلامی ہند کے نائب امیر جماعت محمد جعفر صاحب کے چچازاد بھائی ہیں، اور جن کا وطن 'بہیا اسٹیشن' کے قریب واقع قصبہ 'ڈیانا'، ضلع پٹنہ بہار ہے، مولانا کے پاس تشریف لائے۔ پس کردہ برادریوں کو قبرستان میں دفن نہ ہونے دینے

کے مندرجہ ذیل واقعات میں سے ثانی الذکر میں نے ان کو بتایا تو وہ کہنے لگے کہ:

''آپ نٹ اور پمر یا وغیرہ کی بات بتا رہے ہیں، میں نے اپنے گاؤں میں دیکھا کہ طبقہ شرفا، انصاریوں تک کو قبرستان میں دفن نہیں ہونے دیتے تھے جس کی وجہ سے ان لوگوں نے اپنا الگ قبرستان بنایا، اور آج حال یہ ہے کہ انصاریوں کے قبرستان میں گلاب کے پھول کھلے ہوئے ہیں اور طبقہ شرفا کے قبرستان میں سؤر گھومتے ہیں، لوگ بول و براز کرتے ہیں، طبقہ شرفا پوری طرح زوال پذیر ہے؛ جو ظلم ان لوگوں نے کیا تھا اس کا بدلہ تو ملنا ہی تھا۔''

جناب علی انور نے بہار کے مختلف علاقوں کا دورہ کر کے ہندی میں ایک کتاب 'مساوات کی جنگ۔ پس منظر بہار کے پسماندہ مسلمان' لکھی ہے۔ اس میں ایک جگہ لکھتے ہیں کہ:

''بھوجپور ضلع میں ایک مسلم اکثریت گاؤں 'دواں' ہے۔ دلی ہاوڑا میل لائن پر 'بہیاں' اسٹیشن سے تین کلومیٹر جنوب میں یہ گاؤں آباد ہے۔ اس گاؤں میں تقریباً سو گھر پٹھانوں کے، ستر گھر پمر یا کے، سائیں، دفالی، درزی کے دس دس گھر اور دو گھر جولاہوں کے ہیں۔ ہندوؤں میں ہریجن اور کرمی ذات کے بھی خاندان یہاں بستے ہیں۔ یہاں پٹھان خاندان مالدار کسان ہیں، کئی خاندانوں کے پاس 50 بیگھا سے زیادہ زمین ہے۔ ان خاندانوں کے دو درجن سے زیادہ لوگ پولیس اور بھارتیہ سینا [ہندستانی فوج] کی نوکریوں میں ہیں۔ اس لیے گاؤں پر انھی لوگوں کا دبدبہ ہے۔ ادھر مسلمانوں کی دوسری برادریوں کے لوگ بے زمین اور کھیتی کرنے والے مزدور ہیں۔ شادی بیاہ کے موسم میں کچھ لوگ باجا بجا کر اور برسات کے موسم میں چھاتا بنا کر، نیز کئی لوگ (سائیں/فقیر خاندان) بھیک مانگ کر اپنی زندگی بسر کرتے ہیں۔ کچھ لوگ راج مستری اور درزی کا پیشہ کرتے ہیں، ان کے پاس رہنے کے لیے گھر تک نہیں ہے۔ ایک ہی گھر میں ٹاٹ (بورا) کا پردہ ڈال کر ایک طرف ماں باپ اور دوسری طرف ان کے جوان بیٹے اور بہو رہتے ہیں۔ اس گاؤں کے صدیق میاں کے گھر میں تو 9 افراد ہیں، لیکن رہنے کے لیے اپنا کچھ بھی نہیں ہے۔ ان خاندانوں میں بہ مشکل ایک درجن سے زیادہ افراد تعلیم یافتہ ہیں۔ پمر یہ برادری کے ذاکر حسین نہ صرف ہائی اسکول پاس ہیں؛ بلکہ سیاسی سوجھ بوجھ بھی رکھتے ہیں۔''

اس گاؤں کا حال یہ ہے کہ پٹھانوں کا قبرستان الگ ہے، پمر یا برادری کے لوگ اپنے مردے الگ دفن کرتے ہیں، سائیں اور درزی کے قبرستان بھی الگ ہیں۔ ایک ہی گاؤں میں الگ الگ قبرستان کیوں ہیں؟

اس سوال کے جواب میں ذاکر حسین صاحب بتاتے ہیں کہ:

''پٹھانوں نے ہمارے اسلاف کو اپنے ساتھ دفن نہیں ہونے دیا ہوگا، اس لیے انھیں اپنا الگ قبرستان بنانا پڑا ہوگا۔'' وہ مزید فرماتے ہیں کہ پٹھانوں کا قبرستان سرکاری زمین میں ہے جب کہ ان کا ریعتی [پشتینی] زمین میں ہے۔ ذاکر سوال کرتے ہیں کہ ''جن کے پاس رہنے کے لیے مکان نہیں ہے وہ اپنا قبرستان الگ کیوں بنائے گا؟''

گرام محبت پور، تھانہ گنگا برج، ضلع ویشالی (بہار) میں 19 فروری 1995 کو 'جگل خلیفہ' کا جنازہ

دو پہر سے شام تک قبرستان میں رکھا رہا۔ اس گاؤں اور بغل کے گاؤں 'باغ ٹولہ' اور 'کنپور' کی شیخ برادری کے لوگ ان کے 'نٹ' ذات ہونے کی وجہ سے قبرستان میں دفن نہیں کرنے دے رہے تھے۔ ہزاروں کی بھیڑ قبرستان میں جمع تھی۔ بھیڑ سے آواز آئی: ''دیکھتے ہیں سالے نٹ کیسے یہاں اپنا جنازہ دفناتے ہیں۔'' پولیس انتظامیہ کی مداخلت اور شیخ برادری کے دس لوگوں کی گرفتاری کے بعد ہی تدفین کا عمل ممکن ہوسکا۔

6 مارچ 2003 کو 'راشٹریہ سہارا اردو'، نئی دہلی جلد 4، شمارہ 1362 نے صفحہ 2 پر ایک خبر اس طرح شائع کی:

''بہار کے قبرستان بھی ذات کی بنیاد پر تقسیم

''پٹنہ، 5 مارچ (آئی اے این ایس) بہار میں نچلی ذاتوں کے مسلمانوں نے اعلیٰ ذات کے مسلمانوں پر قبرستانوں میں انھیں دفن کرنے کے حق سے محروم کرنے کا الزام لگایا ہے۔ ان ذاتوں کا کہنا ہے کہ اعلیٰ ذاتوں کے مسلمان نچلی ذاتوں کے مسلمانوں کو قبرستانوں میں میت دفن کرنے کے حق سے محروم کر رہے ہیں۔''

گزشتہ ایک برس میں ایسے کئی معاملے سامنے آئے ہیں جب چھوٹے طبقے کے مسلمانوں نے قبرستانوں میں انھیں دفن کرنے کے لیے جگہ نہیں دیے جانے یا انھیں قبرستان سے نکال دیے جانے کی شکایت کی ہے۔ پس ماندہ مسلم محاذ اور آل انڈیا یونائٹیڈ مسلم مورچہ نامی سماجی و سیاسی تنظیموں نے اس معاملے پر اعلیٰ ذاتوں کے خلاف تحریک چلانے کی دھمکی دی ہے۔ دراصل یہ معاملہ برسوں پرانا ہے۔ 90 کی دہائی میں یہ معاملہ اٹھا تھا۔ سب سے پہلے آل انڈیا یونائٹیڈ مسلم مورچہ کے صدر ایم اے علی نے یہ معاملہ اٹھایا تھا۔ علی نے خبر رساں ایجنسی کو بتایا کہ جب اسلام ذات پات پر یقین ہی نہیں رکھتا تو قبرستانوں کی ذات کی بنا پر تقسیم کیسے ممکن ہے؟ انھوں نے کہا کہ بہار میں نچلی ذاتوں کے مسلمانوں کے ساتھ سخت ناانصافی ہو رہی ہے۔

مسلمان تسلیم نہ کرنا

2 فروری 2004 مطابق 10 ذی الحجہ 1424ھ بقرعید کے دن بروز سوموار میں (راقم الحروف) جواہر لال نہرو یونیورسٹی، نئی دہلی سے شام کے وقت اپنے استاذ گرامی ڈاکٹر رضوان الرحمن، لیکچرر شعبۂ عربی جواہر لال نہرو یونیورسٹی، کے بھائی عطاء الرحمن عرف عرفان (شیخ) متعلم بی۔ ایس سی (B.sc) جامعہ ملیہ اسلامیہ، نئی دہلی کے ہمراہ شاہین باغ جامعہ نگر، اوکھلا نئی دہلی ایک ضروری کام سے گیا تھا۔ واپسی میں ان کو جامعہ نگر میں مقیم اپنے ایک کلاس میٹ (جو بیگو سرائے کے رہنے والے ہیں) سے ملاقات کرنی تھی۔ جب ہم لوگ ان کے روم پر پہنچے تو وہاں ان کے علاوہ ان کے رشتے کے ایک بھائی سے بھی ملاقات ہوئی۔ تعارف کے بعد مسلمانوں اور خاص طور سے بیگو سرائے (بہار) کے مسلمانوں کے حالات پر گفتگو چل پڑی۔ اسی دوران انھوں (عرفان کے کلاس

میٹ کے رشتہ کے بھائی) نے راقم الحروف کو مخاطب کرتے ہوئے کہا کہ بھائی صاحب! میرا گاؤں تو بالکل پاکستان ہے اور اس کے چاروں طرف ہندستان۔ میں نے پوچھا کہ پاکستان اور ہندوستان کا کیا مطلب ہے؟ تو انھوں نے جواب دیا کہ میرا گاؤں سید اور شیخ کا ہے اور اس کے چاروں طرف کنجڑا، قصائی، جولاہا، دھنیا اور نائی وغیرہ کی بستیاں ہیں۔ راقم الحروف نے ان سے کہا کہ آپ جیسے پڑھے لکھے اور خاص کر عصری درسگاہوں کے فارغ شدہ لوگ بھی ان برادریوں کو مسلمان نہیں سمجھیں گے تو بھلا بتایئے مسلم قوم کا کیا ہوگا؟ پھر ہم غیروں پر تنقید کیوں کرتے ہیں کہ ان کے دھرم اور سماج میں ذات پات ہے؟ اس پر وہ صاحب کافی شرمندہ ہوئے۔

مرکز جماعت اسلامی ہند کے سابق ملازم اور ذات پات کے حامی مولانا محمد شیث محمد ادریس تیمی، جن کا تفصیلی ذکر اہلحدیث علما کے ضمن میں آچکا ہے، 26 جولائی 2004 کو اپنے آفس مرکز جماعت اسلامی ہند، دہلی میں پانچ اور ساڑھے پانچ بجے شام کے درمیان جناب محمد انیس احمد فاروقی فلاحی، ریسرچ اسکالر جواہر لال نہرو یونیورسٹی، نئی دہلی کی موجودگی میں مجھ پر برس پڑے کیونکہ میں ذات پات کے خلاف لکھتا ہوں۔ جب میں نے اور محمد انیس احمد فاروقی صاحب نے ان کے نظریۂ ذات پات کا دلائل سے رد کیا تو وہ بے بس اور لا جواب ہو گئے اور پھر انھوں نے کہا کہ:

”ہاں مسلمانوں میں ذات پات ہے۔ میں نے بھی اپنے علاقے [مقام و پوسٹ۔ کرہٹیار، ضلع دربھنگہ بہار] میں بارہا شیوخ حضرات کو یہ کہتے ہوئے سنا کہ فلاں گاؤں میں اتنے مسلمان (یعنی شیخ) اور اتنے جولاہے (انصاری)، اتنے کنجڑے (کباڑی، راعین) وغیرہ ہیں۔ اس کے ری ایکشن (Reaction) میں چھوٹی ذاتوں کے لوگ انھیں 'شیخ' کے بجائے 'شیخوا' کہتے ہیں۔“

جامعۃ الفلاح بلریا گنج اعظم گڑھ یوپی میں 25-27 فروری 2005 کو ایک سہ روزہ بین الاقوامی سیمینار 'دعوت اسلامی اور مدارس دینیہ' کے عنوان سے ہوا تھا۔ راقم الحروف نے اس میں اپنا مقالہ 'ہندستانی علما کا نظریۂ ذات پات، دعوت اسلامی کی راہ میں ایک بڑی رکاوٹ' کے عنوان سے پڑھا تھا۔ سامعین اور علما کی اکثریت نے اسے سراہا؛ لیکن جو علما ذات پات کو برقرار رکھنا چاہتے ہیں انھوں نے اس کی مخالفت کی اور مجھ سے سوالات کرتے ہوئے کہا کہ اب ذات پات مسلم سماج میں نہیں ہے۔ میں نے ان کا جواب دیا اور کہا کہ اب بھی مزعومہ نیچ ذات کو مسلمان نہیں سمجھا جاتا ہے۔ پروگرام کے بعد سامعین میں سے ایک صاحب مولانا ابوبکر اصلاحی (شیخ)، بینا پارہ، سرائے میر، اعظم گڑھ نے 27 فروری 2005 کو 30-8 بجے صبح میں جامعۃ الفلاح کے گراؤنڈ میں مجھے یہ واقعہ بتاتے ہوئے تحریری شکل میں لانے کی اجازت دی کہ:

”بیت العلوم [سرائے میر، اعظم گڑھ] کے ناظم تعلیمات مولانا عبدالرشید صاحب ایک بار ایک گاؤں 'شیروان' (سرائے میر، اعظم گڑھ) گئے اور وہاں کے ایک بچے سے پوچھا کہ اس گاؤں میں مسلمان ہیں؟ تو اس نے کہا کہ ہاں مسلمان ہیں، لیکن کچھ جولاہا، دھنیا وغیرہ بھی ہیں۔“

جامعۃ الفلاح کے ایک ملازم... نے اسی دن 27 فروری کو 12 بجے دن میں مجھ سے ملاقات کر کے میرے مقالہ کو کاپی (Xerox) کرانا چاہا۔ انھوں نے دوران گفتگو کہا کہ ''میں نے اسی علاقے کے ایک گاؤں... میں شادی کی ہے۔ ایک دن میرے برادر نسبتی (سالے) کہنے لگے کہ بھیّا، اس گاؤں میں ہم مسلمان اتنے گھر ہیں اور یہاں کچھ گھر جولاہوں، دھنیوں، کنجڑوں اور قصائیوں کے بھی ہیں۔''

یوپی کے بعض علاقے جیسے بنارس وغیرہ میں مفروضہ اشرافیہ طبقہ سے اگر کوئی پوچھتا ہے کہ اس گاؤں یا علاقے میں کتنے مسلمان ہیں؛ تو کہتے ہیں کہ مسلمان (موہومہ بڑی ذاتیں) اتنے اور کنجڑا، قصائی، جولاہا وغیرہ اتنے اتنے ہیں۔

پس کردہ برادریوں کو مسلمان نہ سمجھنا صرف جاہل عوام تک ہی محدود نہیں ہے، بلکہ تعلیم یافتہ عالم دین تک اس میں ملوث ہیں۔ میرے ایک دوست... علی گڑھ مسلم یونیورسٹی کے ایک سید پروفیسر صاحب... جو عالم دین (ندوی) بھی ہیں، کے پاس اپنا مضمون تصحیح کرانے لے گئے۔ اس مضمون میں انھوں نے مسلم پس کردہ برادریوں میں سے ایک ذات... کے سلسلے میں لکھا کہ وہاں مسلمانوں کی اتنی آبادی ہے، تو انھوں نے اس جملے کو کاٹ دیا اور اس برادری کا نام لکھا اور ان سے کہا کہ مسلمان تو صرف اشراف ہوتے ہیں۔ میرے دوست نے ان کی کاٹی ہوئی عبارت بھی مجھے دکھلائی۔

پس کردہ برادریوں کو مسلمان نہ سمجھنے کے دو واقعات کا تذکرہ اوپر 'وجہ تالیف' میں کیا جا چکا ہے۔

عزت وعصمت پر حملہ

جس طرح دلتوں کے مال و دولت پر بڑی ذات کے ہندو اپنا حق سمجھتے ہیں اور چھین لیتے ہیں، اسی طرح کی ذہنیت مسلمانوں میں بھی پائی جاتی ہے۔ راقم الحروف کے گاؤں ددری سے پانچ کوس کی دوری پر ایک گاؤں 'جھٹکی' (تھانہ نان پور، ضلع سیتامڑھی بہار) ہے۔ وہاں شیخ برادری کے لوگ مزعومہ رذیل ذاتوں کو دلتوں کی طرح دبا کر رکھتے ہیں، ان کے کھیتوں سے پھل وغیرہ زبردستی توڑ لیتے ہیں اور وہ لوگ مارے خوف کے اُف تک نہیں کرتے ہیں۔

علی انور صاحب ایک جگہ لکھتے ہیں کہ ''صوبہ بہار کے ضلع بہار شریف سے 14 کلو میٹر دور 'سجاد نگر' پچھڑے مسلمانوں خاص کر راعین (کنجڑا) برادری کی ایک انتہائی غریب بستی ہے۔ اس کے پڑوس میں 'سبیت' مِلک برادری کا گاؤں ہے۔ سجاد نگر کے لوگ 1981 کے بہار شریف کے فرقہ وارانہ فساد کے بعد یہاں آکر اس امید پر بس گئے تھے کہ وہ یہاں بے خوف زندگی گزار سکیں گے۔ امارت شرعیہ پٹنہ (بہار) نے ان فساد زدگان کے واسطے مکانات بھی بنوائے تھے اور امارت کے بانی مولانا محمد سجاد کے نام پر اس گاؤں کا نام 'سجاد نگر' رکھ

دیا۔شروع میں توسبیت گاؤں کے ملکوں [ملک برادری کے لوگوں] نے ان کے ساتھ ہمدردی جتائی،لیکن بعد میں ان کی غریبی اور مجبوری کا فائدہ اٹھا کر ان سے بیگار لینے لگے۔وہ لوگ اپنے کو زندہ رکھتے ہوئے جتنا ممکن تھا ان کا بیگار کرتے تھے؛ لیکن جب ملِکوں نے ان کی بہو،بیٹیوں پر غلط نگاہ ڈالنی شروع کی تو انھوں نے مخالفت کی،جس کی وجہ سے ان راعینوں کو غلط مقدموں میں پھنسایا گیا،مارا اور پیٹا گیا۔

''اسی دوران سجادنگر مدرسے کے ایک ملِک مدرس مولوی مظہر عالم نے سبیت گاؤں کی اپنی ملک برادری کی حمایت شروع کی اور ان لوگوں کو رذیل ذات کہنا شروع کیا،جس کی وجہ سے گاؤں والوں نے اسے مدرسے سے نکال دیا۔اس کے بعد سبیت کے ملک بھڑک اٹھے اور کہا کہ کنجڑوں (راعینوں) کی یہ ہمت کہ ہماری ذات کے مدرّس کو مدرسے سے نکال دیں!انھوں نے 25 جولائی 1995 اور 14 اگست 1995 کو دوبار سجادنگر گاؤں پر حملہ کیا۔گاؤں کو تباہ و برباد تو کیا ہی، بوڑھوں، بچوں اور عورتوں تک کو مارا۔ڈر کی وجہ سے لوگ گاؤں چھوڑ کر دوسری جگہ جا بسے۔اس حادثے کی شکایت لے کر سجادنگر گاؤں کے جناب عبدالرزاق 19 اگست 1995 کو امارت شرعیہ پٹنہ آئے اور وہاں کے ناظم مولانا سید نظام الدین سے اپنا دکھڑا سنایا۔اس وقت اتفاق سے امارت شرعیہ میں، میں [علی انور] بھی موجود تھا۔

''ملک برادری کو سید بلکہ سیدوں میں افضل سید ثابت کرنے کے واسطے 1356ھ مطابق 1937 میں جناب عبدالحلیم خواجہ پوری نے صوبہ بہار کے ملِک کی تاریخ کے نام سے بانوے (92) صفحات کی ایک کتاب تین سال کی محنت کے بعد لکھی۔فاضل مصنف نے جس شخص سید ابراہیم ملک بیو (بیا) بہاری (بقول مصنف) کی طرف اپنی ملک برادری کی نسبت کی ہے ان کی وفات کے چھ سو (600) سال بعد 1353ھ مطابق 1934ء میں انھوں نے یہ کتاب لکھنی شروع کی اور اس کتاب میں سید ابراہیم ملک بیو بہاری کو سلطان محمد تغلق کا سپہ سالار بتایا ہے۔اس کتاب میں بھی فاضل مصنف نے پس کردہ برادریوں کو 'رذیل اقوام' کہا ہے۔''

پس کردہ برادریوں کے خلاف اس طرح کے ہندوانہ نظریے کے پیچھے یہ مقصد کارفرما ہے کہ کسی طرح سماج میں ملک برادری کو سید ہی نہیں بلکہ افضل ترین سید ہونے کا درجہ مل جائے حالانکہ پہلے یہ اپنے کو ملک ہی کہتی تھی،سید اور افضل ترین سید کہلوانے کی دھن بالکل ہی جدید ہے۔

جس شخص (سید ابراہیم ملک بیو بہاری) کی طرف ملک برادری کی نسبت کی جاتی ہے ان کا کسی بھی مستند اور معاصر کتبِ تاریخ میں وجود تک نہیں ہے۔راقم الحروف نے ملک برادری کے نسب کی تحقیق کی ہے جو پچیس (25) صفحات پر مشتمل ہے۔پوری تفصیلات سے واضح ہوا کہ یہ برادری بھی مزعومہ رذیل برادریوں میں سے ایک تھی جس نے بعد میں اپنے کو 'افضل سید' کہنا شروع کردیا۔پوری تفصیلات کے لیے ماہنامہ 'آثار جدید' میں شائع شدہ راقم الحروف کا مضمون 'ذات پات اور اسلام: ملک برادری کی نسبی تاریخ کا تجزیہ' دیکھنا چاہیے۔

مَلِکوں نے ریزرویشن کی خاطر حکومت بہار کو لکھ کر دیا ہے کہ وہ 'افضل سید' نہیں بلکہ 'رذیل ذات تیلی'

ہیں۔ 31 مئی 2008 کو جناب نتیش کمار کی قیادت والی حکومت بہار نے ووٹ کی مصلحت کے پیش نظر ملکوں کو 'رذیل ذات تیلی' مانتے ہوئے ریزرویشن دیا ہے۔ اب ذات پرست، اپنے آپ کو 'افضل سید' کہنے والے اشخاص بھی اپنی ذات کو 'رذیل ذات تیلی' ہونے کی انٹرنیٹ اور اخبارات میں وکالت کر رہے ہیں۔

غیر مسلمین کو ترجیح دینا

مولانا ارشد سراج الدین مکی (خان) نے 17 مئی 2005 کو اپنے محولہ بالا آفس میں 40-11 صبح راقم الحروف کو بتایا کہ میرے وطن مقام و پوسٹ بارا، ضلع غازی پور میں ایک انٹر کالج 'بارا انٹر کالج' کے نام سے ہے جسے نیشنل ایسوسی ایشن چلاتا ہے۔ یہاں خان برادری کا غلبہ ہے۔ آج سے چار سال قبل 2001 میں وہاں کے ایک سینئر اور باصلاحیت ٹیچر اسرائیل صاحب کے پرنسپل بننے کی باری آئی تو خان حضرات نے اس کو برداشت نہیں کیا کہ ایک جولاہا پرنسپل بنے گا؟ اور انھوں نے ایک دوسرے ٹیچر امتیاز خان صاحب کو، جو ہر اعتبار سے اسرائیل صاحب سے کم تھے، پرنسپل بنا دیا۔ اس کے بعد اسرائیل صاحب نے ہندو ٹیچروں کو ملا کر مقدمہ کر دیا چنانچہ کورٹ نے کالج کا اقلیتی کردار ختم کر دیا۔ مولانا فرماتے ہیں کہ افسوس ہے لوگوں پر، لوگ غیر مسلمین کو تو برداشت کر لیتے ہیں لیکن اپنے بھائیوں کو نہیں۔ ان لوگوں کو کالج کا اقلیتی کردار ختم ہونا تو منظور ہو گیا لیکن ایک انصاری کا پرنسپل بننا منظور نہ ہوا۔

اس طرح کا ایک واقعہ بہار کے ایک اہل حدیث مدرسہ میں بھی ہوا، میرے ایک دوست نے بتایا کہ وہاں مئو ناتھ بھنجن کے ایک مولانا... پڑھایا کرتے تھے۔ جب ان کے صدر بننے کی باری آئی تو وہاں کے ناظم نے کہا کہ جولاہا پرنسپل کیسے بن سکتا ہے؟ لہٰذا اختلاف سے دل آزردہ ہو کر مولانا... اور پس کردہ برادریوں سے تعلق رکھنے والے طلبا نے مدرسہ چھوڑ دیا۔

واللہ دانش صاحب 'مسلم معاشرے میں برادری واد' میں لکھتے ہیں:

''برادری واد اور سیاست کے ذیل میں مسلم معاشرے کا کردار معاشرے کی بدقسمتی ہے۔ گزشتہ 1996 کی پارلیامنٹ انتخاب کے دوران بہار کے گوڈہ حلقہ انتخاب سے دو مسلم امیدوار میدان میں تھے اور دونوں انصاری تھے، ایک مسلم امیدوار صلاح الدین انصاری جنتادل سے اور دوسرے آزاد امیدوار فرقان انصاری تھے۔ اس حلقے میں مسلم رائے دہندگان زیادہ ترشیخ ہیں۔ ان شیخ مسلمانوں نے انصاری مسلمان امیدواروں کو اس لیے ووٹ نہیں دیا کہ وہ جولاہے ہیں، جولاہے کو ووٹ دینے سے کیا فائدہ؟ لہٰذا انھوں نے کانگریس، سمتا پارٹی اور بھاجپا کو ووٹ دیا۔... بہار کے گزشتہ اسمبلی انتخاب میں ممبر پارلیمنٹ جناب علی اشرف فاطمی کے حلقہ انتخاب [دربھنگہ] کے صدر اسمبلی سیٹ پر انصاری امیدوار میدان میں تھے۔ اپنے کو اعلیٰ ذات کہنے والے مسلمانوں نے انصاری امیدوار کو ووٹ نہیں دیا جس کے نتیجے میں بی جے پی کا امیدوار جیت گیا۔ اس کے

برعکس پارلیمانی انتخاب میں انصاری مسلمانوں نے اعلیٰ ذات کے فاطمی کو ووٹ دیا۔ ان کا کہنا تھا کہ یہ اعلیٰ ذات کا مسلمان بی جے پی امیدوار سے بہتر ہے۔''

ذات برادری کے نام پر قتل اور زنا بالجبر

اکیسویں صدی کے اس ترقی یافتہ اور ٹکنالوجی کے دور میں بھی مسلم سماج میں ذات پات اور اونچ نیچ کی وجہ سے قتل وغارت گری اور عزت وعصمت دری کے واقعات ہو رہے ہیں۔ اس طرح کے واقعات برابر دیکھنے کو مل رہے ہیں، لیکن اختصار کے پیش نظر چند مثالیں ہی دی جا رہی ہیں۔

سدکا (Sudka) گاؤں، ضلع نوح (ہریانہ) کی ایک 19 سالہ میمون بھاسکری (Maimun Bhaskri) نے گاؤں کے 26 سالہ ادریس سے 4 جون 1997 کو اپنی من پسند شادی کرلی۔ لیکن چونکہ دونوں کا تعلق دو مختلف برادریوں قریشی (قصائی) اور میو (میواتی (Meo سے تھا؛ لہٰذا اس شادی کو لے کر بہت ہنگامہ ہوا۔ 9 جون 1997 کو اس کا چچازاد بھائی جلال الدین اور گاؤں کا سرپنچ اپنے ساتھیوں کے ساتھ میمون کو گھومیلا (Ghumela)، جہاں وہ اپنے شوہر کے ساتھ مقیم تھی، سے اغوا کرلیا۔ اسے بری طرح مارا گیا، اس کی اجتماعی عصمت دری کی گئی۔ پھر اس کے چچازاد بھائی نے اس کے پیٹ میں دوبار چاقو گھونپ دیا۔ گوشت کاٹنے والی چھری سے اس کی ناک سے لے کر پیٹ تک چاک کیا گیا۔ ادریس کو بھی زخمی کیا گیا، حتیٰ کہ ادریس کے گھر والوں کی بھی گاؤں والوں نے پٹائی کی۔

چند سال قبل راجدھانی دہلی سے تھوڑی دور اور ہندستان کے عظیم دینی ادارہ دارالعلوم دیوبند سے قریب واقع شہر مظفرنگر (یوپی) کے محلہ کھالا پار میں ایک انتہائی دردناک اور رونگٹے کھڑا کر دینے والا واقعہ رونما ہوا۔ اس محلہ کی ایک قریشی (قصاب) لڑکی اور اس شہر کے کسی دوسرے محلے کا ایک انصاری لڑکا، دونوں ایم بی بی ایس ڈاکٹری کر رہے تھے اور دونوں کلاس میٹ تھے۔ مال ودولت اور گھریلو رہن سہن، اسٹیٹس کے لحاظ سے دونوں کافی اچھے تھے بلکہ لڑکا لڑکی پر فوقیت رکھتا تھا۔ وقت گزرنے کے ساتھ ساتھ دونوں نے شادی کا فیصلہ کرلیا۔ لڑکے کے گھر والوں کو اس شادی پر کوئی اعتراض نہیں تھا لیکن لڑکی والے راضی نہ تھے کہ غیرکفو (غیر برادری) میں شادی سے ان کی (غیر اسلامی) انا کو ٹھیس پہنچے گی۔ جب کسی صورت میں وہ لوگ تیار نہ ہوئے تو دونوں نے کورٹ میں شادی کرلی اور پھر نکاح پڑھوالیا۔ ادھر لڑکی والوں کا غصہ آسمان سے باتیں کر رہا تھا۔ مزید برآں یہ کہ علما حضرات غیرکفو کا حوالہ دے کر آگ پر پٹرول ڈالنے کا کام کر رہے تھے۔ چنانچہ لڑکی کے والد اور بھائیوں نے ان دونوں (لڑکی اور اس کے شوہر) کو قتل کر ڈالنے کا فیصلہ کیا اور پولیس کارروائی سے بچنے کے لیے پہلے ہی پولیس کو لاکھوں روپے کی رشوت دے دی۔

یہ لوگ دونوں نوجوان جوڑے کو پکڑ کر بیچ چوک پر لائے اور انھیں چھری سے قتل کیا، پھر ان کی بوٹی بوٹی

کر کے وہیں آگ میں جلا دیا۔ سیکڑوں لوگ دیکھتے رہے لیکن ڈر سے کسی نے کچھ نہیں بولا، حتیٰ کہ پولیس میں گواہی دینے کے واسطے بھی کوئی تیار نہ ہوا کہ یہاں اس طرح کا دردناک واقعہ رونما ہوا۔ پولیس پہلے ہی رشوت لے چکی تھی اس لیے سب کچھ ختم ہونے کے بعد موقع واردات پر پہنچی۔

'راشٹریہ سہارا اردو'، نئی دہلی 25 اپریل 2006 کو لکھتا ہے کہ مظفر نگر کا رہنے والا عمران میرٹھ میں کاروبار کرتا ہے۔ قریشی برادری سے تعلق رکھنے والے عمران کا تعلق میرٹھ میں ہی چمار دروازہ محلے میں رہنے والی شاہین دختر سلیم ٹھیکیدار سے ہو گیا اور دونوں نے شادی کا فیصلہ کرلیا۔ چونکہ شاہین کا تعلق 'روغن گر برادری [تیلی]' سے تھا، لہٰذا اس کے گھر والے اس کی جان کے دشمن ہو گئے اور اس کا بھائی عاصم قینچی سے اس پر اس وقت تک حملہ کرتا رہا جب تک کہ اس کا دم نہیں نکل گیا۔ ''بعد میں عاصم نہایت اطمینان سے تھانے پہنچا اور اپنے آپ کو پولیس کے حوالے کر دیا۔ عاصم نے پولیس سے کہا کہ ہم روغن گر برادری [تیلی] سے تعلق رکھتے ہیں اور شاہین نے غلط قدم اٹھا کر پوری برادری کو شرمسار کیا تھا، لہٰذا مجھے اسے قتل کرنے کا کوئی افسوس نہیں ہے۔''

[بشکریہ 'ہندوستان میں ذات پات اور مسلمان'، القاضی پرنٹرا اینڈ پبلشر، نئی دہلی، 2007]

فکشن

برسو رام دھڑاکے سے

معین الدین جینا بڑے

پچھلے دنوں ہندوستان میں میرے مختصر سے قیام کے دوران اچانک ٹھنڈی رام سے ملاقات ہوئی۔ برسوں بعد غیر متوقع جب وہ مجھے ملا تو میں اس سے لپٹ گیا۔ اس نے بھی مجھے بھینچ لیا، بڑی دیر تک ہم ایک دوسرے سے گتھے رہے، ویسے اگر آپ اس وقت ہم دونوں کو دیکھتے تو یہی کہتے کہ یہ بھرت ملاپ چند لمحوں کا تھا اور آپ کی بات کچھ غلط بھی نہ ہوتی کیونکہ گھڑی کی سوئیوں کے حساب سے ہم چند سیکنڈ ہی آپس میں لپٹے رہے لیکن واقعہ یہ ہے کہ ہم دونوں اس وقت ایک دوسرے سے ملنے کی خوشی میں کچھ ایسے پاگل ہو گئے تھے کہ وقت کو ناپنے والے اس آلے کی ٹک ٹک ہمارے لیے بے معنی ہو گئی تھی۔ جب ہم الگ ہوئے تو ذرا فاصلے سے ہم نے ایک دوسرے کو نظر بھر کر دیکھا۔ اب اس عمر میں دیکھنے جیسا کیا رہ گیا ہے، پھر بھی میرے بالوں کی سفیدی اس کے بالوں سے جھانک رہی تھی اور اس کی آنکھوں کی نمی میری آنکھوں میں تیر رہی تھی۔ میں نے پہلی بار جانا کہ وقت واقعی بڑا سفاک ہوتا ہے اور پہلی بار مجھے احساس ہوا کہ میں بوڑھا ہو گیا ہوں۔ ہم ایک دوسرے کی سننے اور اپنی سنانے کے لیے اندر ہی اندر چھٹپٹاتے رہے۔ لیکن پہل دونوں میں کوئی نہیں کر پا رہا تھا۔ دراصل ہوا یہ تھا کہ ہمارا رواں رواں بول رہا تھا اور لفظ گونگے ہو گئے تھے، اور جب لفظ گونگے ہو جاتے ہیں تو ہر چیز کو زبان مل جاتی ہے، مسکراہٹ کو بھی۔ میری مسکراہٹ کے جواب میں ٹھنڈی نے گردن ہلائی اور کہا،

''ہم لوگ تو سچ مچ ہی بوڑھے گئے، رام کا نام لے کے۔'' مجھے شرارت سوجھی۔ یہ بھلا کیسے ہو جائے کہ ٹھنڈی مل جائے اور میں اس کے چٹکی نہ لوں چاہے وہ پچاس برس بعد ہی کیوں نہ ملا ہو۔ میں نے کہا۔

''اپنے ساتھ مجھے کیوں بڈھا کہہ رہے ہو بڑھؤ؟ اور تو کوئی آج بوڑھا تھوڑے ہی ہوا ہے! تو تو پیدائشی بوڑھا ہے۔''

''تو میں پیدائشی بوڑھا ہوں رام کا نام لے کے اور تو؟''

''اور میں سدا کا جوان ہوں رام کا نام لے کے۔''

میرے اس طرح رام کا نام لینے سے وہ بڑا محظوظ ہوا۔ قہقہے مار کر ہنسنے لگا اور مجھ سے لپٹ گیا۔ میں نے بھی اسے بھینچ لیا۔ اب ہم دونوں مل کر ہنس رہے تھے اور راستہ چلتی بھیڑ میں سے کچھ راہگیر ہماری طرف دیکھ کر مسکرا رہے تھے۔ رام کا نام لے کے!

'رام کا نام لے کے'، بچپن ہی سے ٹھنڈی کا تکیہ کلام رہا ہے۔ کبھی جملہ اس فقرے سے شروع ہوتا تو کبھی اس پر ختم اور بعض اوقات جملے کے بیچ ہی میں کہیں جب وہ اٹکنے لگتا تو رام کا نام لے کے اسے پورا کر دیتا۔ اس کی یہ عادت پورے گاؤں کے لیے مستقل تفریح کا باعث تھی۔ ہم اسے رام کا نام لے لے کر چڑاتے تھے اور چھیڑ کا مزہ اس وقت دوبالا ہو جاتا جب وہ ہمیں رام ہی کا نام لے کر صلواتیں سناتا۔ اس پر ہم اسے بڑے سخت لہجے میں ٹوکتے کہ ابے رام جی کا نام لے کر گالیاں بکتا ہے اور اس کا جواب اس سے نہ بن پڑتا۔ وہ جھلا جاتا اور خفت مٹانے کے لیے اور اونچی آواز میں اپنے تکیہ کلام کے سہارے ہمیں بے نقطہ سنانے لگتا۔

بعض اوقات چھیڑ چھاڑ میں ہاتھا پائی کی نوبت آجاتی اور کبھی کبھار بات اس سے بھی آگے بڑھ جاتی جیسے اس شام ہوا تھا جب ٹھنڈی نے رام کا نام لے کے ایک نوکدار پتھر اٹھایا تھا اور نشانہ باندھ کر مجھے لہولہان کر دیا تھا۔ وہ برسات کے دن تھے شام کا وقت تھا، خوب گھنے بادل چھائے ہوئے تھے لیکن برس نہیں رہے تھے اور ہم سب کورس میں رام جی کی دہائی دے رہے تھے۔

برسو رام دھڑاکے سے
بڑھیا مر گئی فاقے سے

مجھے یہ سوال ہر بار پریشان کرتا تھا کہ ہم دہائی تو بڑھیا کے مرنے کی دیتے ہیں لیکن کہا یہی جاتا ہے کہ رام جی کی دہائی دے رہے ہیں۔ آخر اس کی وجہ کیا ہے؟ پتہ نہیں کہ کیوں مجھے ایسا لگا کہ اس سوال کا جواب ٹھنڈی کے پاس ہوگا۔ اپنے ساتھیوں سے ذرا الگ ہو کر میں نے ٹھنڈی کو اپنے پاس بلایا تھا اور واقعی بڑی سنجیدگی کے ساتھ اس کے سامنے اپنا سوال رکھا تھا۔ یہ تو میرے وہم و گمان میں بھی نہ تھا کہ اس سوال سے ٹھنڈی چڑ جائے گا۔ میرا سوال سنتے ہی اس کے چہرے کا رنگ بدل گیا تھا۔ اس وقت میں ٹھنڈی کو چھیڑنے کے موڈ میں ہرگز نہیں تھا، لیکن اب ٹھنڈی گرمی کھا چکا تھا۔

''دہائی چاہے جس کی دیتے ہوں، تم رام کا نام نہ لیا کرو۔''

''کیوں نہ لیں۔''

ٹھنڈی کے پاس کوئی معقول وجہ نہیں تھی، ہو بھی نہیں سکتی تھی۔ لیکن چپ رہنے میں بڑی سبکی ہوتی اس لیے اس نے جو منھ میں آیا سو کہہ دیا۔

''تومسلمنٹا جو ہے۔''

''مسلمان ہیں تو کیا رام جی کا نام نہ لیں!''

''ہاں نہ لیں۔''

''اور تو جو محرم کی دسویں کے روز نشان کے ساتھ سب سے آگے آگے چلتا ہے؟''

''وو تو ہم اپنے باپو کے ساتھ چلتے ہیں۔''

''چلتے تو ہو۔''

''ہم کوئی آج سے تھوڑے ہی چل رہے ہیں۔''

''ہم بھی کوئی آج سے تھوڑے ہی رام کا نام لے رہے ہیں۔''

''جو بھی ہو تم رام کا نام نہ لیا کرو۔''

''کیوں؟''

''کہہ جو دیا۔''

''یہ کیوں نہیں کہتا کہ تجھے مرچیں لگتی ہیں، رام کا نام لے کے۔''

میرا ارادہ جیسا کہ میں کہہ چکا ہوں، اس وقت ٹھنڈی سے لڑنے جھگڑنے کا ہرگز نہیں تھا لیکن میں خود کو روک نہیں سکا اور میں نے بھی وہی کہہ دیا جو منھ میں آیا۔ اگر یہ آخری جملہ میرے منھ سے نہ نکلتا تو وہ نوکدار پتھر وہیں سامنے زمین پر پڑا رہتا اور میری دائیں آنکھ کے اوپر بھوں کے بالوں سے جھانکتا ہوا زخم کا جو نشان آپ اس وقت دیکھ رہے ہیں، وہ نہ ہوتا۔ ٹھنڈی کی نظریں اسی نشان پر جمی ہوئی تھیں۔ اس نے مجرم کی سی کانپتی آواز میں کہا۔ ''میں سمجھا تھا، ان برسوں میں رام کا نام لے کے یہ دھندلا گیا ہوگا۔'' میں نے ٹھنڈی کی آنکھوں میں جھانک کر دیکھا۔ وہاں اب بھی نمی تیر رہی تھی اور نمی کے پیچھے بہت دور تک اداسیاں بچھی ہوئی تھیں۔ میں نے نشان پر انگلی پھیرتے ہوئے کہا۔

''ٹھنڈی تیرا دیا ہوا یہ نشان اب میری پہچان بن گیا ہے، میرے پاسپورٹ اور تمام سرکاری کاغذات میں اس کی وہی اہمیت اور حیثیت ہے جو میرے نام اور ولدیت کی ہے۔ اس کے بغیر نہ میں، میں ہوں نہ میری تصویر میری۔ سرکاری کاغذات سے قطع نظر اب تو خود میں بھی اس کے بغیر اپنے ہونے کا تصور بھی نہیں کر سکتا۔ شاید میرے ہونے میں کہیں کچھ کمی رہ گئی تھی جسے اس نشان نے پورا کر دیا ہے۔''

ٹھنڈی نے بجھی بجھی سی آواز میں بہت دھیرے سے کہا،

''اپنے نشان کو تو سنبھال کے رکھے ہو بھیا پر کبھی ہمارے نشان کی بھی فکر کی ہوتی، رام کا نام لے کے۔''

میں ٹھنڈی سے کیا کہتا۔ اسے کیسے سمجھاتا کہ جب زمینداروں اور جاگیرداروں کی اولاد کو گاؤں کی زمین بے دخل کر دیتی ہے تو ان پر کیا گزرتی ہے، انھیں کیا کیا سہنا پڑتا ہے اور وہ ان باتوں اور ایسے طعنوں کو سہنے

کے لیے کہاں سے جگر لاتے ہیں۔

ٹھنڈی مجھے اپنے ساتھ گھر لے گیا۔ بڑا شاندار فلیٹ تھا اس کا۔ وہاں پہنچ کر معلوم ہوا کہ اس کی بیوی پرلوک سدھار چکی ہے۔ لڑکے نے شادی کر لی ہے۔ بہو سگھڑ اور خوش اخلاق ہے لیکن ساس سے اس کی نبھ نہ سکی۔ ٹھنڈی نے بیوی کو سمجھانے کی بہت کوشش کی۔ یہاں تک کہہ دیا کہ یہ غریب صرف مسلمان کے گھر پیدا ہونے کی گنہگار ہے ورنہ تو اسے رام کا نام لے کے نہ کلمے یاد ہیں نہ قرآن کی آیتیں۔

اس کی بیوی گنوار تھی لیکن اس نے دنیا دیکھی تھی۔ وہ بس ایک ہی بات کہتی رہی کہ اس لڑکی کے پہننے اوڑھنے اور اٹھنے بیٹھنے سے ظاہر نہیں ہوتا کہ یہ کس مذہب اور کیسے گھر کی ہے۔ ٹھنڈی نے لاکھ اس سے کہا کہ آج کل کا ڈھنگ ہی یہ ہے۔ ان باتوں کو اب برا نہیں سمجھا جاتا لیکن اس کی بیوی ٹس سے مس نہ ہوئی، دوسرے چاہے ان باتوں کو برا نہ سمجھتے ہوں۔ اس کے نزدیک یہی باتیں ادھرمی ہونے کے لکشن تھے، ورنہ اتنی بات تو وہ بھی سمجھتی تھی کہ مسلمان ہونا کوئی پاپ نہیں۔ من مار کر لڑکے کی پسند کو وہ بھی پسند کر لیتی پر مشکل یہ تھی کہ لڑکی ڈھنگ کی مسلمان بھی نہیں تھی اور بڑھاپے میں ادھرمیوں کی سنگت کے خیال ہی سے اس کی روح کانپنے لگتی۔

ٹھنڈی نے چائے کے لیے بہو کو آواز دی اور مجھ سے کہا،

''مسلمان تو خیر بڑی چیز ہوتا ہے۔ رام کا نام لے کے ہم نے مسلمان دیکھے ہیں۔ اب تو ڈھنگ کا آدمی ہی پیدا نہیں ہوتا۔''

ٹھنڈی کی بہو نے آکر مجھے ہیلو کہا اور ذرا توقف کے بعد انکل کا اضافہ بھی کر دیا۔ پھر اس نے خبر دی کہ ڈرائیور ہوٹل گیا ہے۔ ذرا سی دیر میں میرا سامان لے کر آ جائے گا۔ اس نے مجھ سے میرے خورد و نوش کے معمولات دریافت کیے۔ یہ بھی پوچھا کہ گڈ فار بڈ ذیابطیس یا دل کے مرض جیسے کسی عارضے کی وجہ سے پرہیزی کھانا تو نہیں کھاتا۔ میں نے جب اس کی طرف دیکھا تو بس دیکھتا ہی رہ گیا۔ اس کے لب و لہجے اور ناک نقشے نے مجھے میری بیٹی کی یاد دلا دی تھی۔ اب یہ کہنا تو مشکل ہے کہ میری بیٹی اور ٹھنڈی کی بہو میں واقعی بڑی مشابہت تھی یا میرے اندر کے کسی جذبے نے اپنے طور پر دونوں کو ایک روپ میں ڈھال دیا تھا۔ لیکن یہ سچ ہے کہ ڈھونڈنے سے مجھے دونوں کے چہرے مہرے اور رنگ ڈھنگ میں کوئی خاص فرق نظر نہیں آ رہا تھا، سوائے اس کے کہ میری بیٹی نے جس بوائے فرینڈ سے شادی کی وہ اتفاق سے مسلمان ہے۔

میں نے ٹھنڈی کی بہو سے کہا کہ وہ میرے لیے کوئی خاص زحمت نہ اٹھائے، بس اس بات کا خیال رکھے کہ میں ذیابطیس کا مریض ہوں۔ اس پر اس نے اطمینان کا سانس لیا اور یہ کہتی ہوئی کچن کی طرف چلی گئی کہ ہمارے یہاں ویسے بھی شکر استعمال نہیں کی جاتی۔ میں نے سوالیہ نظروں سے ٹھنڈی کی طرف دیکھا۔ اس نے اپنے ڈائبٹک ہونے یا نہ ہونے کے تعلق سے کچھ کہنا ضروری نہیں سمجھا اور مجھے یہ مناسب نہیں معلوم ہوا کہ میں اسے اس تعلق سے کچھ کہنے پر مجبور کروں۔ دراصل اپنی بیوی کو یاد کر کے ٹھنڈی بہت جذباتی ہو گیا تھا۔

''آج جیسے تو اتفاق سے مجھے مل گیا ویسے ہی چار چھ مہینے پہلے مل جاتا تو کتنا اچھا ہوتا۔''

''کیوں؟''

''میں تجھے ارون کی ماں سے ملواتا۔ وہ بے چاری کسی ڈھنگ کے مسلمان سے ملنے کی حسرت اپنے ساتھ لے گئی۔ میں تو یہ سمجھتا ہوں کہ اگر اس کی یہ حسرت پوری ہو جاتی تو رام کا نام لے کے وہ کچھ برس اور جی لیتی۔''

میں نے خوش طبعی کا مظاہرہ کرتے ہوئے کہا،

''مجھ سے مل کر کسی کی حسرت کیا پوری ہوتی۔ میں تو بے ڈھب آدمی ہوں۔ تو یہ بتا تجھے بڑے شہر میں ایک مسلمان نہیں ملا؟''

''مل جاتا تو بات ہی کیا تھی۔''

''اور جو یہ تیرے پڑوس کے محلے میں مسجد ہے؟''

''مسجد تو ہے، میں وہاں گیا بھی تھا۔ مسجد کے دروازے پر ہی 'بحکم اراکین مسجد ھٰذا' رام کا نام لے کے ایک 'اہم اعلان' ٹنگا ہوا دیکھا۔''

''نمازی حضرات کو معلوم ہو اس کے مسجد کے اراکین، امام، موذن اہلسنت، جماعت ہیں اور حنفی مسلک پر ہی نماز ادا کی جاتی ہے جو عین قرآن اور احادیث کے مطابق ہے۔ لہٰذا ان حضرات سے ادب کے ساتھ عرض ہے جو لوگ آمین بلند آواز سے کہتے ہیں اور تکبیر سے پہلے یا شروع ہوتے ہی کھڑے ہو جاتے ہیں، وہ مسلک حنفی کی خلاف ورزی کر کے فتنہ پیدا نہ کریں ورنہ اس کی ذمہ داری انھی کے سر ہوگی۔''

ٹھنڈی نے مجھے بتایا کہ یہ اعلان پڑھنے کے بعد اندر جانے یا باہر ہی کسی سے بات کرنے کی ہمت وہ نہیں جٹا پایا۔ جہاں مسلک کے فرق سے فتنے اٹھ کھڑے ہو سکتے ہیں وہاں مذہب کا فرق جو نہ کرے وہ کم ہے! اور پھر ٹھنڈی ڈرا ہوا بھی تھا۔ دسمبر اور اس کے بعد جنوری کے فسادکی ہولناکیاں اس کے حواس پر چھائی ہوئی تھیں۔ پولس کی مدد بلکہ اس کی سرپرستی میں مسلمانوں کا قتل عام ہوا تھا اور فساد کے بعد ٹھنڈی جیسے بے قصور اور معصوم ہندو مسلمانوں کے محلوں سے گزرنے سے کتراتے تھے۔ بہ حالت مجبوری اگر ان کا وہاں سے گزر ہوتا تو ندامت کے بوجھ سے ان کی گردنیں جھکی ہوئی ہوتی تھیں اور دل میں یہ دھڑکا بھی لگا رہتا تھا کہ کہیں کوئی شہدا گلی میں کھینچ کر کام ہی تمام نہ کردے۔

ٹھنڈی وہاں سے الٹے پیروں لوٹ آیا۔ اس علاقے میں ذرا فاصلے پر ایک مسجد اور ہے۔ ناکے سے بائیں مڑ کر بیس قدم چلیں تو مارکیٹ کے سامنے کی گلی میں پڑتی ہے۔ عصر اور مغرب کے بیچ کا وقت تھا۔ عصر کے نمازی جا چکے تھے۔ مغرب کے نمازی ابھی آئے نہیں تھے۔ ٹھنڈی نے باہر ہی سے بغور جائزہ لیا۔ اراکین مسجد کے حق میں دل سے دعا نکلی کہ انھوں نے دروازے پر کوئی بورڈ نہیں ٹانگ رکھا تھا۔ ٹھنڈی نے سر پر رومال باندھا

اور رام کا نام لے کر مسجد میں قدم رکھا۔

اندر دائیں جانب کونے میں ایک باریش شخص چند نوجوانوں کو دین کے ارکان یاد کروا رہا تھا۔ لڑکوں سے فارغ ہو کر وہ ٹھنڈی کی طرف متوجہ ہوا۔ ٹھنڈی کے سلام کا جواب دے کر اس نے مصافحے کے لیے اپنا ہاتھ بڑھایا۔ اس کے ہاتھ کو اپنے ہاتھوں میں لیتے ہوئے ٹھنڈی نے اپنا تعارف پیش کیا۔ نام سن کر باریش شخص اس کے ساتھ بڑی گرم جوشی سے پیش آیا۔ وہیں مسجد کے دائیں کونے میں پنکھے کے نیچے بیٹھ کر دونوں باتیں کرنے لگے۔ انھوں نے بابری مسجد کی شہادت پر ایک دوسرے کو پرسہ دیا۔ سماج میں پھیل رہی لامذہبیت پر تنقید کی۔ جب یہ سب ہو چکا تو ٹھنڈی نے بڑی امید کے ساتھ اپنے آنے کا مقصد بیان کیا۔

ٹھنڈی نے اس سے کہا کہ بھائی ہم نہ مسلمان ہیں نہ حسینی، نہ برہمن، لیکن ہم لوگ حضرت امام حسین کے پشتینی عقیدت مند ہیں۔ آج عاشورے کا دن ہے۔ میرے گھر میں میٹھا پکا ہے۔ میں کسی دیندار مسلمان کی تلاش میں ہوں کہ اس سے فاتحہ پڑھواؤں۔ اگر آپ میری مدد کریں تو بڑی مہربانی ہوگی۔

اس شخص نے ٹھنڈی کی مدد نہیں کی۔ فاتحہ کا نام سن کر اس کی گرمجوشی کی جگہ سرد مہری نے لے لی۔ ٹھنڈی تاڑ گیا کہ یہ مسجد ان مسلمانوں کی ہے جن کی وجہ سے اب گاؤں میں تعزیے نہیں رکھے جاتے اور نہ محرم کا جلوس نکلتا ہے۔ نشان کی مسجد اب صرف نام ہی کی نشان کی مسجد رہ گئی ہے۔ مسجد کے جس کمرے میں ضریح اور علم رکھے جاتے تھے پچھلے دس برسوں سے اس کے دروازے پر ایک بڑا سا تالا جھول رہا ہے۔ ٹھنڈی کے اس انکشاف نے میرا کلیجہ چھلنی کر دیا کہ چاچا بلائیتی رام پر دل کا دورہ اور اس دروازے پر تالا دونوں ایک ساتھ پڑے تھے۔

ٹھنڈی کے والد بلائیتی رام ولد سالگرام کی گاؤں میں نون مرچ کی دکان تھی۔ دکانداری کے ساتھ تھوڑی بہت ساہوکاری بھی کر لیا کرتے تھے۔ کاروباری حس بہت تیز تھی اور خوش مزاج بھی بہت تھے۔ بدیسی مال کے بائیکاٹ کے دنوں میں وہ اپنے نام کی وجہ سے اچھا خاصہ مذاق بن کر رہ گئے تھے۔ یار دوست تو یار دوست گاؤں کے بچوں تک نے انھیں نہ بخشا تھا۔ پہلے کوئی انھیں چاچا جی بلاتا تو کوئی چاچا بلائیتی رام۔ لیکن اب وہ ہر ایک کے لیے بلائیتی چاچا ہو گئے تھے۔ جب کوئی لونڈا انھیں بلائیتی چاچا بلاتا تو وہ چمک کر جواب دیتے بول دیسی بھتیجے!

اس خیال سے کہ کہیں اس ہنسی مذاق کا اثر ان کی دکانداری پر نہ پڑے، چاچا بلائیتی رام نے اپنی دکان پر جس پر پہلے کبھی کسی نے کوئی سائن بورڈ نہیں دیکھا تھا، ایک تختہ ٹانگ دیا۔ اس تختے پر جلی حرفوں میں لکھا تھا۔

'خالص اور صرف دیسی مال کی دکان۔ مالک فرزند سالگرام مرحوم'

اب تو فرزند سالگرام مرحوم خود مرحوم ہو چکے ہیں۔ ہوا یہ کہ سریو کے کنارے مسجد کی شہادت کے بعد ملک بھر میں مسلمانوں کو قتل کرنے اور ان کی املاک لوٹنے یا جلانے کا ایک سلسلہ سا چل پڑا۔ بعض جگہوں پر ان کی عبادت گاہوں کو مسمار کرنے کی کوششیں بھی ہوئیں۔ ایسی کچھ کوششیں کامیابی سے ہمکنار ہوئیں اور کچھ کامیابی سے ہمکنار نہ ہو پائیں۔ نشان کی مسجد کے مینار ایک ایسی ہی ناکام کوشش کے گواہ ہیں۔

ہجوم نے چاچا بلائیتی رام سے بہت کہا کہ وہ ایک بے گناہ ہندو کی ہتیا کا پاپ اپنے سر لینا نہیں چاہتا، لہٰذا وہ اس کے راستے سے ہٹ جائیں لیکن چاچا بلائیتی رام بس یہی کہتے رہے کہ میرے جیتے جی آپ لوگ نشان کی مسجد تک نہیں پہنچ سکتے۔ اس تکرار میں خاصہ وقت نکل گیا۔ آخر کار مجبور ہو کر ان لوگوں نے چاچا بلائیتی رام کو روندتے ہوئے اپنی راہ بنائی۔

اس دوران مسلمانوں کو اتنا وقت ضرور مل گیا کہ وہ مسجد کے دفاع کے لیے صف آرا ہو سکیں۔ ان کے مقابلے پر اتر آنے کی دیر تھی کہ ہجوم تتر بتر ہو گیا۔ اب ہجوم کی جگہ پولس نے لے لی۔ تربیت یافتہ پولس جوانوں نے لاٹھی اور بلم بردار مسلمانوں پر وہ اندھا دھند گولیاں برسائیں کہ کشتوں کے پشتے لگ گئے۔ نمازیوں کا حوض خون سے بھر گیا اور شام کی شفق مسجد کے در و دیوار سے لپٹ کر رونے لگی!

بچے کھچے مسلمانوں کو پولس نے بلوہ کرنے اور بلائیتی رام ولد سالگرام کے قتل کے الزام میں گرفتار کر لیا اور فائل قانونی کارروائی کے لیے آگے بڑھا دی۔ وہ تو کہیے کہ چاچا بلائیتی رام نے دس برس قبل ہی جب ان پر دل کا دورہ پڑا تھا، بمبئی سے ٹھنڈی کو بلوا کر وصیت کر دی تھی ورنہ ان کی زندگی کے ساتھ ہی سب کچھ ختم ہو گیا ہوتا۔ ٹھنڈی کو ان کا ایک ایک لفظ آج بھی یاد ہے۔ انھوں نے کہا تھا،

''بیٹا! ہم امام حسین کے غم کے امین ہیں۔ یہ ہمارے پرکھوں کی وراثت ہے۔ حضرت امام حسین کی عظمت پر مٹھی بھر لوگوں کا اجارہ نہیں ہو سکتا۔ اس غم کو سہارنے کے لیے پہاڑ جتنا بڑا کلیجہ چاہیے۔ ہر کسی کے بس کی یہ بات ہے بھی نہیں۔ ایسے لوگوں کی حرکت کا کیا برا ماننا جو اس غم کی عظمت کو نہ سمجھ سکے۔ میں آخری سانس تک اپنے دھرم کا پالن کروں گا۔ میرے بعد مجھے یقین ہے تم اپنا پتر دھرم نبھاؤ گے لیکن ایک بات کی تاکید ضرور کرنا چاہوں گا۔ فاتحہ کے لیے کسی دین دار مسلمان کو ہی بلانا۔'' ذرا سا وقفہ دے کر انھوں نے کہا تھا، ''پریشان کیوں ہوتا ہے، ڈھونڈنے سے خدا بھی مل جاتا ہے۔''

اس سال بمبئی میں عاشورہ جون کی آخری تاریخ یا جولائی کی پہلی کو پڑا تھا اور اس سے پہلے آٹھ دسمبر کے روز ٹھنڈی گاؤں کے شمشان سے پھول چوم کر لوٹا تھا۔ وہ یہ سوچ کر حیران رہ گیا کہ ان چھ مہینوں کے عرصے میں اتنا وقت گزر گیا تھا کہ دین دار مسلمان کی تلاش میں اسے خدا یاد آ گیا!

ٹھنڈی کی بیوی بڑی مذہبی عورت تھی۔ اس نے زندگی میں کبھی ٹھاکر جی کو بھوگ لگائے بغیر ایک دانہ منھ میں نہیں رکھا تھا۔ اسے اپنی سیوا اور شردھا پر بڑا وشواس تھا۔ وہ نیاز کا برتن لیے تمام رات بیٹھی یہی مناتی رہی کہ ایشور چاہے اس کے پران لے لیں پر ایسا کچھ کریں کہ ہم اپنے اجداد کی روحوں کے سامنے شرمسار اور گنہگار ہونے سے بچ جائیں۔ رات آنکھوں میں ہی کٹ گئی۔ برتن رکھا رہ گیا اور پڑوس کے محلے سے موذن نے اذان دی!

چاچا بلائیتی رام نے کہا تھا ''ڈھونڈنے سے خدا بھی مل جاتا ہے۔'' تو پھر ٹھنڈی کو مسلمان کیوں نہیں ملا؟ اب ٹھنڈی کس سے کہے کہ خدا کسی بھی جگہ مل سکتا ہے کیونکہ وہ ہر جگہ ہے لیکن دیندار مسلمان کا ہر جگہ پایا جانا

شرط نہیں، وہ تو وہیں ملے گا جہاں ہوگا۔ پتہ نہیں اتنی بڑی دنیا میں وہ کہاں ہے؟

ٹھنڈی کے نزدیک بمبئی کچھ ایسا برا شہر نہیں ہے مگر وہاں کے مسلمان کو آسمان پر ڈھونڈنے سے چاند نہیں ملتا اور قمری مہینے کی تاریخیں رام کا نام لے کر بڑھتی جاتی ہیں۔ اس کا کہنا ہے کہ ایسے شہر سے کوئی کیا امید رکھے جو گزشتہ کئی برسوں سے ایک شرعی گواہ فراہم نہ کرسکا۔ کیا شہر میں ایک بھی ایسا شرع کا پابند مسلمان نہیں رہا، جس کی بینائی سلامت ہو اور اگر ہے تو کیا وجہ ہے کہ بمبئی کے مسلمانوں کے نزدیک اس کی شہادت قابل قبول نہیں!

یہ نہیں کہ ٹھنڈی کے دوستوں میں کوئی مسلمان نہیں ہے۔ بہت ہیں۔ سب کے سب بڑی خوبیوں کے مالک ہیں اور تقریباً ہر ایک کے بارے میں وہ یقین کامل کے ساتھ کہہ سکتا ہے کہ انھوں نے کبھی زندگی میں عیدین کی نماز ناغہ نہیں کی لیکن مسلمان اور دیندار مسلمان میں بڑا فرق ہوتا ہے وہی فرق جو زمین اور آسمان میں ہے۔ یا پھر وہ فرق جو بصارت اور بصیرت میں ہے!

قصہ مختصر یہ کہ اس عاشورے کے دن بمبئی میں وہ سب کچھ ہوا جو ہر سال ہوتا آیا ہے لیکن ٹھنڈی کے یہاں فاتحہ نہ ہوسکی۔ ٹھنڈی کی بیوی اس صدمے کو جھیل نہیں پائی اور دو چار مہینوں میں وہ غریب پرلوک سدھار گئی۔ ٹھنڈی بھی بجھ سا گیا۔ اس دن کے بعد ٹھنڈی کے گھر میں میٹھا نہیں پکا۔ میں نے ٹھنڈی کو یہ کہتے ہوئے سنا کہ یہاں کے شکر میں اب مٹھاس باقی نہیں رہی۔ ٹھنڈی نے کہا تھا،

''اب ہماری زندگی میں نہ رس ہے نہ جس، بس جیے جارہے ہیں۔ جی بھی کیا رہے ہیں بیٹھے تھوک نگل رہے ہیں۔ جب شکر ہی سے مٹھاس نکل جائے تو زندگی میں کیا رہ جاتا ہے۔ تو میرا ایک کام کر، وہاں مملکت خداداد میں اگر شکر جیسی شکر ملتی ہے تو میرے لیے بھیج دینا۔ مرنے کے بعد مجھے اپنی پرکھوں کی روحوں کا سامنا کرنا ہے!''

ٹھنڈی اپنی پرکھوں کی روحوں کا جب سامنا کرے گا تب کرے گا، میں اس زندگی میں دوبارہ ٹھنڈی کا سامنا کرنے کا حوصلہ اپنے اندر نہیں پاتا۔ میں پاکستان کا شہری اور کراچی کا باشندہ ضرور ہوں لیکن جیسا کہ آپ جانتے ہیں ذیابطیس کا پرانا مریض ہوں مجھے شکر کا ذائقہ تک یاد نہیں رہا اور دوسرے جس چیز کو شکر قرار دیتے ہیں اسے شکر قبول کرنے میں مجھے تامل ہے یہ شہر جو روزانہ ٹنوں کے حساب سے شکر کھا جاتا ہے اگر واقعی شکر کھا تا رہا ہے تو یوں دن رات زہر نہ اُگلتا۔

کچھ دن ہوئے ناشتے کی میز پر سب جمع تھے۔ مسجد میں نمازیوں کو گولیوں سے بھون ڈالنے کے واقعے پر بحث ہو رہی تھی۔ میری بیوی، بیٹے، بہو حتیٰ کہ پوتے اور پوتی کے پاس بھی اس واقعے پر کہنے کے لیے بہت کچھ تھا۔ رات میں نے دو ایک پیگ زیادہ ہی پی لیے تھے، کسل مندی سی چھائی ہوئی تھی اس لیے بڑی دیر تک خاموش بیٹھا سب کی سنتا رہا، یہاں تک کہ خود مجھے اپنا سکوت اکھرنے لگا۔ ابھی میں بحث میں حصہ لینے کا ارادہ کر ہی رہا تھا کہ پتہ نہیں کیسے میرے منھ سے نکل گیا۔ ''آپ لوگ نمازیوں کی شہادت کو رو رہے ہیں اب تو بمبئی میں جو ہو سو کم ہے۔'' گھر والوں نے مجھے تقریباً پچکارتے ہوئے سمجھایا کہ یہ واقعہ کراچی کا ہے، بمبئی کا نہیں اور

پھر میں نے اپنے آپ کو یہ کہتے ہوئے سنا ''کیا فرق پڑتا ہے، بمبئی میں نہ ہوا کراچی میں ہو گیا۔ یہاں کے بھی تو کئی واقعے یہاں نہ ہو کر وہاں ہو چکے ہیں۔''

میری اس قسم کی بہکی بہکی باتوں کے گھر والے عادی ہو چکے ہیں بالکل اسی طرح جس طرح بمبئی والے بمبئی کے اور کراچی والے کراچی کے عادی ہو گئے ہیں!

امام بخاری کی نیپکن

مشرف عالم ذوقی

ادب کے لیے مذہب ایک 'اسنابری' ہو جاتا ہے /
جنگ کے نتائج کے طور پر، مذہب میں نئے نئے راستوں کے منھ کھل گئے /
اور شاعر، خدا کو فیشن ایبل رومالوں کی طرح استعمال کرنے لگے /
اس کے باوجود.... بہت ہی معمولی رومال...

'کافکا سے ایک مکالمہ'

نیپکن ہے؟

ارے نہیں، نیپکن کا کیا کرنا ہے؟ نیپکن کو بھول گئے تھے صلاح الدین قریشی۔ ابھی دن ہی کتنے گزرے ہیں۔ خدا قسم۔ کیا وہ جانتے تھے کہ نیپکن کیا بلا ہے۔ پہلی بار اپنے شہر کے ایم ایل اے کے ساتھ لنچ کرتے ہوئے وہ زور سے چونک گئے۔

''کیا... کھانے کے بعد نمکین۔ میٹھا تو سنا ہے سر...''

''ارے ہم پونچھنے کو بول رہے ہیں۔ آپ بڑ بکے رہ گئے صلاح الدین قریشی۔''

لیکن ٹھیک یہی لطیفہ اس واقعے کے دوسرے ہی دن انھوں نے اپنی بیوی کے ساتھ بھی دہرایا تھا۔ نیپکن کے نام پر تیسرے نمبر کی بیوی قریشہ بھی چونکی تھی۔ ''پگلا گئے ہیں کیا آپ؟ ارے کھانے کے بعد لوگ تو میٹھا مانگتے ہیں۔'' زور زور سے قہقہہ لگاتے ہوئے صلاح الدین قریشی نے رنگین، کچھ لنگی اسٹائل کا نیپکن ہاتھ میں اٹھاتے اور ہاتھ پونچھتے ہوئے ایم ایل اے صاحب والا جملہ دہرایا تھا۔ ''بُڑبک، کوئی کیا کہے گا۔ نیپکن بھی نہیں جانتی کیا۔ ارے ایسے ہے...''

''تو کیا ہاتھ نہیں دھوئیں گے؟''

''پونچھ لیا۔'' صلاح الدین قریشی فخر سے مسکرائے تھے۔ ''سب بڑے لوگ یہی کرتے ہیں۔ وہاں کا پانی سے ہاتھ دھوں کی فرصت ہوتی ہے۔ کھایا پیا، پونچھ لیا۔ ایسے...''

بیوی کی آنکھوں میں حیرانی کی کیسی چمک تھی، صلاح الدین قریشی کے لیے ٹھہر کر اسے دیکھنا اہم نہیں تھا۔ اہم تھا تو صرف یہ سوچنا کہ اب وہ بھی بڑے آدمیوں میں شامل ہو گئے ہیں۔ ایک بڑے آدمی یا ایک بڑا مسلمان...

دلچسپ یہ تھا کہ اس چھوٹے سے نیپکن کے ٹکڑے میں برسوں کی تاریخ سما گئی تھی۔

دلی کی جامع مسجد۔ مغلوں کی حکومت۔ تہذیب کے سنہرے برس یا ماضی کے جھروکوں میں بند تہذیب کی نشانیاں، اردو اخباروں سے اُچھل اُچھل کر دل و دماغ میں جگہ بناتے امام بخاری اور ان کے خان کی تاج پوشی کی خوب صورت کہانیاں؛ دیکھا جائے تو سب کچھ یکا یک ہوا تھا۔ دلی، جامع مسجد، بخاری اور نیپکن... یکا یک ہی، اگر اسے صرف محاورہ نہ مانا جائے تو پیالے میں طوفان جمع ہو گیا تھا۔

تین بیویوں والے صلاح الدین قریشی کو جیسے من مانگی مرادیں مل گئی تھیں۔

سیاست کا نشہ یکا یک نہیں چڑھتا۔ آہستہ آہستہ چڑھتا ہے اور جب چڑھتا ہے تو آنکھوں پر کالی پٹی باندھ دیتا ہے۔ دور کیوں جائیں، بچپن میں صلاح الدین قریشی نے ابا کے ساتھ فتوحہ کی سڑکوں پر وہ منظر دیکھا تھا۔ جادوگر کھرانہ آنکھوں پر پٹی باندھے موٹر سائیکل دوڑا رہا تھا۔ فتوحہ، مین روڈ کے دونوں طرف، آنکھوں میں چمک لیے کھڑے لوگوں کے درمیان یہ دانتوں سے انگلی کاٹنے والا منظر تھا۔

''سب نظر بندی کا کمال۔''

ابا کہتے تھے... ہنستے تھے۔ ''وہ اپنی نہیں، تمھاری آنکھوں پر پٹی باندھ دیتا ہے۔ ہو ہو ہو ہو...''

''لیکن...''

''آنکھ بند کر کے چل سکتے ہو کیا؟ ہو ہو ہو ہو...'' پھر ابا دنیا بھر کے جادوگروں کے قصے لے کر بیٹھ جاتے۔ ایسی ایسی کہانیاں، ایسے ایسے کرشمے کہ وہ پھٹی پھٹی آنکھوں سے ابا کو نہارے جاتا۔ تب پہلی بار مذہب کے کرشمے کے بارے میں بھی، اس کے دل میں ایک چھوٹا سا وہم پیدا ہوا تھا۔ بڑے بھائی سلیمان قریشی جو اس سے کم 10-9 سال بڑے تھے، سمجھایا تھا۔

''جادوگروں اور پیغمبروں میں فرق ہوتا ہے۔ مذہب ایک اندھے عقیدے کا نام ہے۔ راستہ ذرا سا بھی مڑا تو دوزخ کا دروازہ حاضر۔''

تب یہی کوئی پندرہ سال کی عمر رہی ہوگی۔ بڑے ہوتے صلاح الدین قریشی کے دماغ میں کھرانہ

جادوگر، موٹر سائیکل اور پٹی بندھی آنکھوں کی جو تصویر کل سمائی تھی، اس نے پھر حافظے سے نکلنے کا نام نہیں لیا۔ ہاں، بڑے ہونے تک وہ اس نتیجے پر ضرور پہنچ چکا تھا کہ سیاست کی جادوگری، جادوگر کے کرشمے سے بھی کہیں زیادہ بڑی اور بھیانک ہے اور یہاں جو کرشمہ ہوسکتا ہے، وہ بڑا سے بڑا جادوگر بھی نہیں دکھا سکتا۔ یہی وہ وقت تھا جب مذہب ناگ پھنی کے پودے کی طرح صرف چھونے کے احساس سے بھی چبھنے لگا تھا۔ کبھی ڈھیروں سوال کھڑے کرتا۔ اُڑن کھٹولے سے فنتاسی، کہانیاں، جادوگر کے ڈبے سے نکلنے والے چوزے کی طرح اسے گھیر کر بیٹھ جاتے۔ الگ الگ کمروں میں عقیدت و احترام سے نماز ادا کرتے بھائی بہنوں کا چہرہ نظر آتا تو کھڑکی سے باہر جھانکتی آنکھوں میں ایک لمحہ کو شرمندگی کا احساس پیدا ہوجاتا۔

امی کہتی؛ ''نماز پڑھا کر بیٹے۔ طبیعت کو سرشاری ملتی ہے۔''

ہاتھوں میں تسبیح لیے ابا اس کے پاس آکر رک جاتے۔ ''اب بڑے ہوگئے ہو۔ جتنا کہنا تھا، کہہ لیا۔ لیکن نماز پڑھوگے تو روح کو ٹھنڈک ملے گی۔ ویسے بھی ماحول اچھا نہیں ہے۔''

''ماحول؟''

ابا کے ساتھ ٹہلتے ہوئے صلاح الدین کی آنکھوں میں کتنے جلتے دیئے ایک ساتھ لرز کر رہ جاتے۔

ابا آہستہ آہستہ لفظ چبا رہے ہوتے۔ ''میاں آہستہ آہستہ سب کچھ ختم ہورہا ہے ہمارا۔ پہلے لباس گیا، پھر نشانیاں... تہذیب کی اپنی نشانیاں ہوتی ہیں۔ کل جن پر ہم فخر کیا کرتے تھے... صدیوں کی بادشاہت، تاریخی مقامات... وقت میں بھی دیمک لگتا ہے صاحبزادے... ہے ہے ہے... تہذیبوں کے چراغ گل ہوگئے۔ پچھلی بار دلّی گیا تو آنکھوں میں آنسو آگئے۔''

''کیوں بھلا؟''

''جامع مسجد کا کیا حشر کردیا ہے جاہلوں نے۔ اردو بازار ایک گندہ مچھلی بازار بن کر رہ گیا ہے۔ یہ محض عمارتیں نہیں ہیں صاحبزادے، تہذیبی وراثت ہیں... نشانیاں ہیں... انھیں کھو کر ہم کہیں نہیں ہیں۔ ایک راز کی بات سنو...'' ابا کی سرمہ لگی آنکھوں میں فانوس روشن تھے۔ ''سیاست میں اب اسی دروازے سے آنا ہوگا۔''

''یعنی جو راستہ اردو بازار سے ہوکر جاتا ہے؟''

ابا چپ تھے۔

اردو بازار سے جامع مسجد اور لال قلعہ تک۔ لال قلعہ سے...''

ابا ایک بار پھر خاموش تھے۔

''سیاست نہیں ابا... یہ راستہ مسلمانوں کی سیاست سے ہوکر جاتا ہے۔'' صلاح الدین کے دل میں آیا کہ پوچھیں، کیا سیاست میں آنے کے لیے اس راستے کی پونچھ پکڑنا ضروری ہے ابا؟''

لیکن تب تک جامع مسجد سے بلند ہونے والے سیاسی خطبوں نے جتا دیا تھا کہ ابا نے کتنا پہلے

مسلمانوں کی سیاست کے دروازے کو دیکھ، جانچ اور پرکھ لیا تھا۔ پہلی بیوی کی اچانک موت، دوسری سے دل نہ ملنے اور طلاق دینے کے بعد تیسری قریشہ سے ٹانکا جڑنے تک صلاح الدین سیاست میں آنے کا من بنا چکے تھے... وہ بھی مسلمانوں کی سیاست میں۔ لیکن وہ یہ بھی جان رہے تھے کہ معاملہ جتنا سیدھا سیدھا نظر آتا ہے، اتنا ہے نہیں، بلکہ کہا جائے تو ٹیڑھی کھیر ہے۔

''بانس پر چڑھنے کا تجربہ رکھتے ہیں کیا؟ پھسل جایئے گا۔''

صلاح الدین کے سیاست میں آنے کی خبر ملتے ہی یہ پہلا جھٹکا ملا تھا ربانی گوشت والے کی دکان سے۔ صبح صبح گوشت لانے کی عادت اب تک تبدیل نہیں ہوئی تھی۔ اس سے دو فائدے تھے۔ قاعدے سے دیکھیں تو ذات برادری... لیکن وقت کے ساتھ پیشے بدل گئے تھے۔ پہلے یہاں ربانی کا باپ بیٹھتا تھا اور ابا گوشت لانے جاتے تھے، لیکن بچپن سے ہی ابا کی انگلیاں تھامے، قصائی ٹولہ کی گلیاں ناپتے صلاح الدین کو بھی اچھا برا گوشت سمجھنے کی عادت پڑ گئی تھی۔ کبھی کبھی کسی دن نہ آنے پر ربانی مذاق بھی جڑ دیتا، ''آجایا کرو صلاح الدین بابو۔'' گوشت کی بوٹیاں، کاٹھ کے ٹھیہے پر کاٹتا ہوا وہ دوسرا لقمہ ٹھونس دیتا، ''ایمان بھی تازہ رہتا ہے اور ذات برادری بھی... وہ کیا کہتے ہیں... 'انڈر اسٹینڈنگ' بھی باقی رہتا ہے...''

بس اسی بات پر صلاح الدین کے اندر تک آگ لگ جاتی تھی۔ س... سالا... قریشی ہونے کا مطلب یہ تو نہیں کہ ان کا خاندان بھی یہی کاروبار کرتا رہا ہو... مگر وقت گزرتے ہی سیاست میں آنے کا خیال آتے ہی اسے سمجھا گیا تھا، میاں پہلے اپنا ایک منچ بنالو... قریش منچ۔ رجسٹریشن کرالو... مہینے میں ایک بار میٹنگ کرلو۔ اردو اخبار تو کچھ بھی چھاپتے رہتے ہیں۔ لیٹر پیڈ پر رجسٹریشن نمبر ہوگا تو آپ کی ہر خبر شائع ہوگی۔ یہی تو راستہ ہے میاں۔ 'بڑی سیاست' میں جو بھی واقعہ پیش آتا ہے، قریش منچ کے پیڈ پر ایک خبر بنا کر بھیج دو۔ ہر پارٹی کو ایسے ہی لوگوں کی ضرورت پڑتی ہے جن کے پاس بیس پچیس لوگ ہوں۔ ضرورت پڑے تو قصائی ٹولہ کے چھوکروں کو ٹرک میں بٹھاؤ اور نیتا کے گھر اپنی طاقت کا مظاہرہ کرآؤ۔ یہی شارٹ کٹ ہے میاں۔ سب یہی کرتے ہیں۔ خبریں چھپنے لگیں گی تو لوگ بھی جاننے لگیں گے۔ نیتا لوگ بھی پوچھیں گے... کون ہے یہ صلاح الدین قریشی؟... بس بن گئی دھاک۔ سینہ چوڑا کرو اور قریشی برادری کا نام اونچا کرو۔

مگر 'بانس پر چڑھنے' کا تجربہ والی بات کہہ کر ربانی گوشت والے نے صلاح الدین کے سیاست کی طرف بڑھتے پاؤں کو روکنے کی کوشش ضرور کی تھی اور یہاں بھی سیاست سے بھرا داؤ کھیلا تھا صلاح الدین نے۔ آنکھیں بھر کر دیکھا ربانی کو کپڑے اُدھیڑے بیٹھا تھا۔ چالیس بیالیس کی عمر۔ آس پاس والے سب ڈرتے تھے اس کے نام سے۔ یہ بھی سننے میں آیا تھا کہ کئی قتل کر چکا ہے مگر پولیس ہاتھ رکھنے سے ڈرتی ہے۔

آنکھ بھر کر دیکھا صلاح الدین نے، پھر ریل کو پٹری پر لانے کی کوشش کی۔

''کیوں؟ پھر کوئی بانس پر چڑھ ہی نہیں، کیوں کہ تجربہ نہیں ہے؟''

''یہ تو میں نے نہیں کہا۔'' گوشت کاٹتے کاٹتے ربانی چونکا۔

''ہم تو منچ بنا چکے ہیں ربانی بھائی۔'' یہ صلاح الدین کی طرف سے پھینکا گیا سکسر تھا۔

''کیا؟''

''دیکھتے نہیں، دیش بھر میں مسلمانوں کا کیا حال ہو رہا ہے؟ توڑنے والے مسجد توڑ کر مندر بنا دیتے ہیں اور جو یہاں کی بھی مسجد توڑی جانے لگی تو...''

لال آنکھیں لیے لوہے کے چاپڑ کو کھڑاک سے کھلّی پر دے مارا ربانی نے... آنکھیں غصے میں اُبل رہی تھیں۔ ''کوئی ایسا کر کے دکھائے تو...'' دس پندرہ ایک سانس میں وزنی گالیوں کا بخار کم پڑا تو صلاح الدین مسکرایا۔

''اب بتائیے، منچ چاہیے کہ نہیں؟ آپ کہتے ہیں، بانس پر کون چڑھے گا؟ ادھر تو ہم بانس پر چڑھنے کا من بنا چکے ہیں۔ آپ چڑھائیں گے بانس پر؟ آپ کے ساتھ ہم چڑھیں گے۔ اب بولیے؟''

''معنی؟''

''معنی یہ ربانی بھائی کہ ہم نے فیصلہ کر لیا ہے۔''

''مطلب سمجھائیے۔''

''قریش منچ کے آپ سکریٹری ہیں آج سے... دفتر ہوگا ہمارے گھر کے پچھواڑے والا کمرہ۔''

''ہم سکریٹری ہیں۔''

گوشت کاٹنا چھوڑ کر ربانی نے پھٹی آنکھوں سے اس کی طرف دیکھا۔ چاپڑ اور کھلّی کو کنارے ہوتئے اسے پلاسٹک کی تھیلی میں گوشت تھما کر، اگھاڑی ہوئی شرٹ دوبارہ ننگے بدن پر ڈال کر یوں اٹھا جیسے اسے کوہ نور ہیرا مل گیا ہو۔

''آپ عظیم ہیں صلاح الدین بابو۔''

''نہیں۔ اس میں عظیم ہونے جیسی کوئی بات نہیں۔ منچ بن چکا ہے۔ کل کو ہم پارٹی سے جڑیں گے یا اپنی پارٹی بنائیں گے۔ مگر طے رہا آپ ہمارا ساتھ دیں گے۔''

''یہ بھی بھلا پوچھنے کی بات ہے۔''

صلاح الدین کے تیزی سے بڑھتے ہوئے قدم کو ایک بار پھر ربانی گوشت والے نے ٹوکا تھا۔

''سنیے... سنیے صلاح الدین بابو۔ وہ کیا کہتے ہیں... لیٹر پیڈ پر ہمارا نام چھپے گا نا؟''

''کیا بات کرتے ہیں، آپ سکریٹری ہیں۔ آپ کا نام نہیں چھپے گا تو کس کا چھپے گا۔''

ربانی کی آنکھوں میں چمک تھی... ایسی چمک جو تازہ گوشت میں ہوتی ہے۔

2

سیاست کا پہلا قلعہ اس آسانی سے فتح ہوجائے گا، یہ سوچنا بھی صلاح الدین کے لیے مشکل تھا۔ ربانی کو شامل کیے جانے والی بات پر پہلا اختلاف تو گھر سے ہی شروع ہوا۔ قریشہ نے ڈرائنگ روم میں زور زور سے ہونے والی گفتگو سن لی تھی۔ چائے کے بہانے 'ذرا ادھر آئیے' کا فرمان جاری کرنے والی قریشہ کے چہرے پر ناراضگی تھی۔

''کیا بات کرتے ہیں... وہ گوشت والا؟''

''تم نہیں سمجھوگی قریشہ۔''

''اب وہ گوشت والا آپ کی برابری کرے گا۔ یہی سمجھانا چاہتے ہیں نا آپ؟''

''نہیں، یہ نہیں سمجھانا چاہتے ہیں۔''

''پھر کیا سمجھانا چاہتے ہیں، آپ ہی بتائیے۔''

''باہوبلیوں کا زمانہ ہے۔ ٹی وی نہیں دیکھتی ہو کیا؟ جیسے اکھاڑے میں پہلوان اتارے جاتے ہیں، ویسے آج کل پارٹی میں یہ باہوبلی اتارے جاتے ہیں۔''

قریشہ کے چہرے پر آنے والی چمک نے ظاہر کردیا تھا کہ وہ میاں کی سیاست کے اس توڑ کو سمجھ چکی ہے۔ صلاح الدین نے آرام کی سانس لی۔ قریشہ تو مان گئی لیکن شاید ابا حضور کا زمانہ ہوتا تو وہ ہرگز نہ مانتے۔ لمحہ بھر میں صلاح الدین ایوبی سے لے کر اسلامی تاریخ کے اوراق الٹ پلٹ دیتے، جس کا خلاصہ ہوتا کہ اسلام باہوبلیوں یا تلوار کے بل پر نہیں، اپنے اعمال سے پھیلا ہے۔ یہ تو یہودیوں کی سازش ہے کہ ساری دنیا میں مسلمانوں کو بدنام کیا جائے۔

ابا کے انتقال تک گھر کا بٹوارہ ہو چکا تھا۔ سلام بھائی کے گھر کے آگے بندھی ہوئی بکری، خصی کی فوج اسے ناگوار گزرتی تھی۔ وہ پنج وقتہ نمازی تھے۔ گھر میں بچے بچیوں کی لمبی فوج تھی، جن کی روزانہ کی چیخ و پکار بٹوارے والی دیوار سے آتی ہوئی صلاح الدین قریشی کے مزاج کو ناگواری میں بدل دیتی تھی۔ کہاں تو نمازی پرہیزگار، ہر سال بچوں کی لائن لگادی، ٹھیک ہے بچے ہوگئے تو ان کی ڈھنگ سے پرورش تو کیجیے۔ بس، مسلمان صرف آبادی بڑھانے پر دھیان دیتے ہیں۔ اسی لیے آر ایس ایس والے ان سے چڑھتے ہیں۔

پہلے چھوٹا سا کباڑی کا بزنس شروع کیا صلاح الدین قریشی نے۔ بزنس میں فائدہ ہوا۔ چودہ طبق روشن ہوگئے۔ مگر 'صلاح الدین کباڑی والے' جیسا نام ان کے 'ایستھیٹک سینس' کو بوجھل کردیتا تھا۔ پیسے کی ریل پیل شروع ہوچکی تھی۔ فتوحہ میں مارکیٹ میں کپڑوں کی دکان کھل گئی۔ قسمت یہاں بھی چمکی۔ دیکھتے دیکھتے مین مارکیٹ میں کپڑوں کے تین شوروم کھل گئے۔

کہتے ہیں کہ پیسے آتے ہیں تو آگے کے دس دروازے بھی کھل جاتے ہیں۔ پھر کیا تھا، ایم ایل اے اور ایم پی کے یہاں بھی آنا جانا شروع ہوگیا اور یہ وہی پارٹی تھی جہاں پہلی بار صلاح الدین قریشی نے 'نیپکن' کا استعمال کیا تھا۔ نیپکن کو نمکین سمجھنے والی بات قہقہہ لگاتے ہوئے ایم ایل اے صاحب نے ہی سب سے پہلے اسے سیاست میں آنے کی دعوت دی تھی۔

''ہم آپ کا احسان بھولے نہیں ہیں۔ الیکشن میں آپ کے لوگوں نے بڑی مدد کی ہے۔''

''سوتو ہے۔ اب آپ ہماری مدد کیجیے نا۔''

''سب سے پہلے اپنے شہر کے مسلمانوں کو جوڑیے۔ میرا مطلب ہے ایک کیجیے ... چلیے مانتے ہیں، قریشی برادری پر آپ کا کنٹرول ہے لیکن باقی برادری پر؟ ہم تو ایسے ناپتے ہیں صلاح الدین صاحب۔'' ایم پی نے کھانے کے بعد باہر نکلی آرام کرسی پر اپنے پاؤں پسارتے ہوئے کہا۔ ''سمجھیے یہاں روپے میں دس آنہ مسلمان ہیں تو آپ کے حصے میں ایک آنا بھی نہیں آیا۔ پورے دس آنا کو اپنے قبضے میں کیجیے نا۔''

''لیکن یہ کیسے ہوگا؟''

''تھوڑا اس شہر سے باہر نکلیے ... باہر ... ایک پالیٹکس جامع مسجد کی بھی ہے ... ہے کہ نہیں؟ وہاں بھونپو پر بخاری ایک بات بولتے ہیں، یہاں آگ لگ جاتی ہے ... کاہے؟ کاہے کہ دلی کی جامع مسجد بولتی ہے۔''

''وہ امام ہیں، بڑے آدمی ہیں ...'' صلاح الدین قریشی کہتے کہتے ٹھہرے۔

''آپ لوگ ان کی آواز پر ناچتے ہیں کہ نہیں؟''

''کاہے ناچتے ہیں؟ امام ہیں تو نماز پڑھائیں۔ پولیٹکس میں آنے کیا ضرورت تھی۔'' مسکراتے ہوئے ایم ایل اے صاحب نے گولڈ فلیک کا سگریٹ جلالیا۔ پھر مسکرائے، ''تو مانتے ہیں نا آپ کہ سیاست میں دم ہے؟ سیاست سب کو نچا سکتی ہے۔ آپ بھی نچائیے۔''

''ہم کیسے نچائیں؟ اور ایک بات جان لیجیے۔ امام صاحب کی مسلمانوں پر گرفت کمزور ہوگئی ہے۔ جب سے انھوں نے فرقہ پرست پارٹی کا ہاتھ تھاما ہے، مسلمان انھیں اپنا نیتا تسلیم نہیں کرتے۔''

''یہی تو ... یہی تو آپ غلط سوچتے ہیں صلاح الدین۔'' ایم ایل اے صاحب سنجیدہ تھے۔ ''اس ملک میں مسلمانوں کی آواز آج بھی امام ہیں، آپ نہیں ہیں۔ وہ پارٹی بدلیں یا بلڈر بن جائیں، سرکار کو مسلمانوں کے کسی بھی مسئلہ پر بات کرنی ہوگی نا، تو وہ آپ کے پاس نہیں آئے گی، امام کے پاس ہی جائے گی۔ باقی معاملے، مقدمے بازیاں تو چلتی رہتی ہیں، سیاسی سنکٹ کو کیسے ٹالنا ہے، یہ آپ نہیں امام جانتے ہیں اور ہاں جان لیجیے کہ آج کے زمانے بدلُو اور دَل بدلُو کچھ نہیں ہوتا، نام بکتا ہے ... لوگ پچھلا، ماضی سب کچھ بھول جاتے ہیں۔ آپ پہلے امام صاحب کی پونچھ پکڑیے، تھوڑا لائم لائٹ میں آیئے، پھر مرضی آپ کی، چاہیں تو آپ ان کی پونچھ چھوڑ دیجیے۔ جس پارٹی کی چاہیں، پونچھ پکڑ لیجیے اور ہاں سنیے ...''

''کیا؟''

''سنا ہے وہ کوئی اپنی مسلم پارٹی بنانے جا رہے ہیں۔ انھیں پورے دیش کے مسلمانوں کا ساتھ چاہیے۔'' ایم ایل صاحب ہنسے تھے۔ ''پونچھ پکڑنے کا یہ بالکل صحیح ٹیم ہے۔ وہ کیا کہتے ہیں، یہی ہے رائٹ چوائس ہے بی بی... آہا۔''

3

حقیقت یہ ہے کہ امام بخاری کی نیپکن سے سیدھا سروکار ہونے کا قصہ بھی یہیں سے جڑا تھا۔ اور سچ پوچھیے تو ایک وقت تھا جب بڑے بخاری کی ایک آواز سے پورے ملک کے ماحول میں گرمی آجاتی تھی۔ لوگ انتظار کرتے تھے، کب جمعہ آتا ہے، کب دلّی کی شاہی مسجد سے مسلمانوں کے لیے نیا فرمان جاری ہوتا ہے۔ صلاح الدین قریشی، شاہی مسجد اور بخاریوں کے 'نشاۃ ثانیہ' سے واقف تھے۔ کہاں تو سمرقند و بخارا اور کہاں جامع مسجد سے جڑی ہوئی شاہی وراثت... لیکن اس شاہی وراثت میں پہلے بھی کم پیوند نہیں لگے تھے۔ جب ایمرجنسی کے دنوں میں اندرا جی کی بات پر نس بندی پر مسلمانوں کے جھکاؤ جیسے فیصلے پر بڑے بخاری نے آرام سے قرآن اور حدیث کی روشنی میں اپنا فیصلہ جاری کر دیا تھا۔ کیا ہندی اور انگریزی اخبار، اردو اخباروں میں تو خیر بخاری ہی بخاری تھے۔ تب ٹی وی کہاں تھا، چینل کہاں تھے، کالے چشمے اور رعب دار سفید چہرے والی تصویر اپنے آپ میں کافی تھی، جس کا خوف آرام سے ہندو محلے میں محسوس کیا جا سکتا تھا۔ لیکن یہیں سے بڑے بخاری کے لیے مخالفت کا بازار بھی گرم ہوا تھا۔ سیدھے سادے کٹر پنتھی مسلمانوں کی نس بندی کرائے جانے کی بات آسانی سے ہضم نہیں ہوئی۔ کچھ نے تو اسے مغل شاہی مسجد کے حجرے میں، وزیر اعظم کے ذریعہ بھیجے گئے نمائندے سے خفیہ اور منافع بخش سمجھوتے کا نام دیا تھا۔ تب ایک زمانہ تھا، جب بڑے بخاری کے خلاف لکھی گئی تحریریں یا اخبار و رسائل جامع مسجد کے گلیاروں میں نذر آتش کر دیے جاتے تھے لیکن اس خفیہ سمجھوتے سے مخالفت کا بازار بھی کھلا، ساتھ ہی مستقبل میں آنے والی حکومتوں کے لیے، مسلمانوں کے ہر طرح کے مسائل کو سلجھانے کے لیے شاہی مسجد کے دروازے کھل گئے۔

کہتے ہیں دلّی بولتی ہے اور سارا ہندوستان سنتا ہے۔ شاہی مسجد کے گلیاروں سے نکلتی آوازیں فتوحہ کے گلی کوچوں میں بھی آرام سے پھیل جاتی تھی۔ تب ابا زندہ تھے۔ ابا جو کہا کرتے تھے کہ قومیں اپنی نشانیوں سے پہچانی جاتی ہیں لیکن ان نشانیوں کے پالن ہار اب سمجھوتہ پرست ہو گئے ہیں... موقع پرست... ایسے موقع پرست، مسلمانوں کے قائد نہیں ہو سکتے۔ برصغیر کی 800 سالہ مسلم دور حکومت میں بنائی گئی مسجدیں اور یادگار آج زوال کے قریب ہیں تو ان کا ذمہ دار کون ہے؟ ابا، مولانا عبدالکلام آزاد جیسے کمزور مسلم رہنماؤں کی مثال لے کر آجاتے تھے، جن کی کانگریس سے خوشامد اور چاپلوسی کی کہانیوں نے کتاب لکھنے اور رسالہ نکالنے سے الگ، کبھی انھیں ایک

بہتر قائد بننے نہیں دیا۔

ابا کہتے تھے، آٹھ سو برسوں کی حکومت بھلانے میں وقت لگتا ہے بیٹے۔ وِشو ہندو پریشد جیسے نیتاؤں کو یہی تو ہضم نہیں ہوتا۔

لیکن ابا اپنی داستانوں میں مغلیہ حکومت کے زوال اور انگریزوں کے عروج کا قصہ مسلم حکمراں کی کمزوریوں اور عیاشیوں سے تعبیر کرنے کو تیار نہیں تھے۔ ذرا سی کرسی اور پاگل پن کا نشہ تغلق سے بخاریوں تک پھیلا ہوا تھا۔ ایک بار تنقید کے دروازے کھلتے ہیں تو تسلیوں کے دس دروازے کھل جاتے ہیں۔ انھی دنوں چھوٹے بخاری کے امام سے بلڈر بن جانے کا بھی دھماکہ ہوا تھا۔ پھر بجرنگ دل اور شیوسینا کے طرز پر 'آدم سینا' بنانے اور 'آدم سینا' میں شامل ناموں کو سرکاری خفیہ فائل تک پہنچانے کا معاملہ بھی سامنے آیا تھا۔

حقیقت یہ تھی کہ شاہی وراثت کے مینار اور گنبد ذرا سا دھندلے پڑ گئے تھے۔ شاہی مسجد سے آتی صداؤں میں اب پہلے جیسی گرمجوشی اور تمازت نہیں رہ گئی تھی۔ کالے فریم سے جھانکتی آنکھیں اپنا خوف اور رتبہ کھو رہی تھیں۔ ملک میں فرقہ پرستی کے رتھ گھومنے، بابری مسجد کو مسمار ہونے کے بعد سے لے کر مسلم سیاست میں اٹھا پٹک تو کافی ہوئی لیکن دوسرے مسلم نیتاؤں کے ساتھ بخاری خاندان کا اثر بھی زائل ہوتا رہا۔ ایک وقت وہ بھی آیا جب بڑے بخاری مسلسل اپنی مخالفت سے گھبرا کر اپنا تاج اپنے بیٹے کو سونپ کر شاہی محل کے گلیاروں میں اوجھل ہو گئے۔ نئے امام بنے بخاری، حکمراں فرقہ پرست پارٹی کا ساتھ دینے کے لیے نہ صرف بدنام ہوئے بلکہ رہی سہی کسر چھوٹے بخاری نے پوری کر دی جو بہار کے چھوٹے شہروں سے فتوحہ تک حکمراں پارٹی کی حمایت میں لگاتار دورے کر رہے تھے۔

صلاح الدین قریشی ایک بھیانک اگنی پریکشا سے گزر رہے تھے۔ سچ اور غلط کی تعریفیں کسی قدیم زمانہ کی یاد دلاتی تھیں۔ کہاں اس گلوبل تہذیبی، گاؤں میں ماضی کے ایسے اوراق یاد رکھے جاتے ہیں؛ یاد رکھا جاتا ہے تو صرف حال۔ ممکن ہے آپ کا مستقبل خوب صورت ہو اور آپ کا حال شاندار مگر آپ کا ماضی تو وہی رہتا ہے... آلودہ اور داغ دار۔

ابا کی باتیں کہیں دھند میں اُتر گئیں۔ قریش منچ کی آئندہ میٹنگ میں بخاری کو خط بھیجنے کا فیصلہ کیا گیا جسے تھوڑی بہت تنقید کے ساتھ منظور کر لیا گیا۔ قریش منچ کے خوب صورت لیٹر پیڈ پر محلے کے صحافی نبی احمد سے لیٹر ڈرافٹ کرایا گیا اور خط شاہی مسجد کے پتہ پر بھیج دیا گیا اور اتفاق دیکھیے، ایک ہی ہفتے کے اندر جامع مسجد کے خوب صورت لفافے اور پیڈ پر جواب بھی آ گیا تھا۔ فوراً ملنے کو کہا گیا بلکہ یہ بھی لکھا گیا تھا کہ ہو سکے تو بیوی اور بچوں کے ساتھ آیئے۔

قصہ کوتاہ، لنگی جیسے دِکھنے والی نیپکن کی کہانی تھوڑا اور آگے بڑھی۔

چار خانے کی لنگی، وہ بھی گھٹنے تک موڑ کر باندھنے والے، ربانی گوشت والے سے شروع شروع میں، صلاح الدین کو پریشانیوں کا سامنا تو کرنا پڑا لیکن برادری والوں کو ایک جُٹ کرنے میں اس کا بڑا ہاتھ رہا۔ چار خانوں کی لنگی کی جگہ اس نے کرتا پائجامہ بھی پہننا شروع کر دیا تھا۔ اردو اخباروں میں قریش منچ کی چھپی خبروں میں اب اس کا نام بھی آنے لگا تھا۔ یہ سب باتیں ربانی کو اب بڑا آدمی سمجھنے میں مدد دے رہی تھیں اور وہ ان سب کے لیے صلاح الدین کا شکرگزار تھا، جس نے چاپڑ سے بوٹی بوٹی گوشت کاٹنے والے اندر ایک مسلم سیاست دان کو ڈھونڈ نکالا تھا... اور بقول ربانی، پالیٹیشین ایسے ہی پیدا ہوتے ہیں، کوئی آسمان سے تھوڑی ٹپکتے ہیں۔

ربانی گوشت والے کی دو ایک باتوں سے صلاح الدین کو شروع شروع میں الجھن کا سامنا تو کرنا پڑا لیکن بعد میں اس کے بھی نتیجے اچھے نکلے، جیسے ایک بار اس کی غیر موجودگی میں ربانی نے قصاب ٹولہ کے قصابوں کی ایک ایمرجنسی میٹنگ بلالی۔ مدعا تھا گوشت کی قیمت میں اضافہ اور دوسرا قصاب کے پیشے کو عزت کی نظروں سے دیکھا جائے۔ ان دنوں وہ کپڑے کے شوروم کی خریداری کے لیے باہر گیا ہوا تھا۔ واپس آنے پر پٹنہ سے شائع اردو اخباروں میں ربانی کی چھپی خبروں پر اسے تعجب کی بجائے غصہ آیا لیکن اس کا اظہار کرنے سے وہ قاصر تھا۔ مگر اسی کا دوسرا پہلو تھا جو اسے ایک صحافی دوست نے سمجھایا کہ عوام کے درمیان بڑی بڑی خبروں کی بجائے ایسی خبروں کا اثر زیادہ ہوتا ہے جو چھوٹے طبقوں سے جڑی ہوں، خاص طور پر جن میں چھوٹے چھوٹے مسائل پر دھیان دیا گیا ہو۔ ہاں، ایسی خبروں سے قریش منچ کو فائدہ ہوا، لیکن اچھل کود مچانے اور نئی ٹکنالوجی کے غیر ضروری استعمال سے ربانی گوشت والے کو کافی نقصان بھی سہنا پڑا تھا۔ ہوا یوں کہ اس میٹنگ کے بعد دبئی اور یو اے ایک سے آنے والوں کے منھ سے ڈبہ بند گوشت کے بارے میں سنتے سناتے ربانی نے اپنے پیشے کو نئی ٹکنالوجی کے آئینہ میں اتارنے کی پہل کر ڈالی۔ ٹن کے ایک سائز کے ڈبے خریدے گئے۔ 'قریش مٹن کارنر' کا لیبل چپکایا گیا۔ ربانی تو اس پر قریش منچ کا لیبل بھی چپکانا چاہتا تھا لیکن منچ سے جڑے لوگوں کی مخالفت کا ڈر بھی تھا۔ فتوحہ میں سائنس پڑھنے والے طلبا سے مشورہ ہوا۔ پلیٹ کے اندرونی حصے کو سوڈیم اور کیلشیم کے ذریعہ جمانے کی کوشش کی گئی۔ شروع میں ایسے 100 ڈبوں کو جانچ کے طور پر تیار کرنے کی ذمہ داری تھی مگر برا ہو سائنس کا، جس نے کبھی بھی ربانی جیسے لوگوں کا ساتھ نہیں دیا... ڈبے سے بدبو آنے لگی... ناکام تجربہ کا وقت ہی تھا، جس کے ٹھیک دوسرے دن صلاح الدین اپنی بیوی قریشہ کے ساتھ امام بخاری سے ملنے کے لیے ٹرین پکڑنے والے تھے۔ ڈبہ بند گوشت کے ناکام تجربہ کے باوجود مطمئن، ربانی اور منچ سے وابستہ دوسرے لوگ ٹرین تک دونوں شوہر بیوی کو چھوڑنے آئے۔ سارا معاملہ سیاست سے جڑا ہوا تھا، جیسے وہاں سے واپس آتے ہی صلاح الدین قریشی، مسلم سیاست میں کسی نئے باب کی شروعات کرنے جا رہے ہوں۔

دلّی پہنچنے، جامع مسجد کے قریب رفیق ہوٹل میں کمرہ لینے، فون پر گفتگو کرنے کے بعد دوسرے دن

سات بجے ملنے کا وقت اور رات کا کھانا ساتھ میں کھانے کی اجازت مل چکی تھی۔ پتہ نہیں کیوں، ان سب سے گزرنے کے دوران اسے وہ منظر بار بار یاد آتا رہا جو اس نے فتوحہ کی سڑکوں پر، آنکھوں پر پٹی باندھے موٹر سائیکل چلاتے جادوگر کو ابا کی انگلیاں تھامے کبھی دیکھا تھا۔

5

ابا نے کہا تھا، تہذیبیں اور قومیں اپنی نشانیوں سے بھی جانی جاتی ہیں لیکن نشانیاں کہاں... دھندلی ہوتی نشانیوں کے ساتھ پرانی دلی کے بازار آباد تھے... اردو بازار، مچھلیوں کی بدبو اور سڑک پر افراتفری کے ماحول کوئی نئے نہیں تھے۔ نئے تھے تو اس بار دیوار پر لگے ہوئے، امام مخالف پوسٹر، جن ک بارے میں صلاح الدین نے سنا تو تھا لیکن ایسے 'تاریخی پوسٹروں' کے دیدار پہلی بار ہوئے تھے۔

شام کی بتیاں جل چکی تھیں۔ پرانے بازار کی رونق اپنے عروج پر تھی۔ جامع مسجد کے ٹھیک پیچھے بنا جنت نشاں، مغلیہ سلطنت کے دور کی یاد دلانے کے لیے کافی تھا۔ یہی وہ جگہ تھی، جہاں امام نے ان کی ملاقات کی جگہ مقرر کی تھی۔ صلاح الدین نے سن رکھا کہ اس جنت نشاں میں کچھ بیش قیمت جنگلی پرندے بھی ہیں؛ جیسے کرشن مرگ، بلیک بک، پاڑا ہرن، ہاک ڈیئر، وہی جنگلی جانور جن کے غیر ضروری استعمال پر مینکا گاندھی کا قہر برستا تھا، یا سلمان خان جیسے ہیرو کو جیل کی ہوا کھانی پڑتی تھی۔ لیکن امام کا معاملہ اور پولیس ایسے 'مذہبی سنتوں' کی مخالفت میں کھڑی نہیں ہوسکتی۔ جامع مسجد کی لمبی، نہ ختم ہونے والی سیڑھیاں بتا رہی تھیں کہ اسی پہلی سیڑھی سے آخری سیڑھی تک مسلم سیاست کے تمام داؤ پیچ کھیلے جاتے ہیں۔ ان سیڑھیوں سے گزرنے اور جنت نشان میں پہنچنے تک صلاح الدین کی جگہ قریش منچ کا ڈائریکٹر لے چکا تھا، جسے آنے والے مستقبل کی تیاریوں کے لیے اینٹ یہیں رکھنی تھی... پہلی اینٹ۔

جنت نشاں کے باغوں میں قمقمے روشن تھے۔ قریشہ کے لیے سب کچھ نیا تھا اور حیرت میں ڈالنے والے بھی۔ میاں جی کی حیثیت اور بڑھتے رتبے سے ایسا سروکار شاید پہلی بار پڑا تھا۔

پھر جیسے ایک جھماکہ ہوا۔ بخاری آگئے تھے۔ ان کے ساتھ کچھ لوگ تھے جن سے آہستہ لب ولہجہ میں بات کرتے ہوئے انھوں نے پلٹ کر ان دونوں کی طرف دیکھا۔ پھر امام نے کچھ اشارہ کیا۔ ایک نوکر نفیس ٹرے میں شاہی چائے اور کچھ میووں کی پلیٹ رکھ کر کچھ دور پر کھڑا ہوگیا۔ بخاری نے قریب آکر سلام کیا، ہاتھ ملایا اور خیریت پوچھی۔ قریشہ سے پوچھا، دلی پہلی بار آئی ہیں، یا پہلے بھی آئی تھی؟ پھر جواب کی پروا نہ کرتے ہوئے سیدھے اپنی گفتگو پر آگئے۔

''آزادی کے بعد مسلمانوں کی حیثیت کو کسی نے بھی نہیں سمجھا... ایک نے بھی نہیں'' وہ تھوڑا رکے، گلا کھنکھار کر صاف کیا، پھر بولے'' آپ کیا سمجھے۔ ہم پارٹی بدل رہے تھے۔ مسلمانوں کی آزمائش تھی تو آزمائش

ہماری بھی تھی۔ کہاں جائیں، کدھر جائیں۔ کانگریس کو بھی دیکھا، پھر سوچا کہ بھاجپا کو بھی دیکھا جائے۔ دیکھنے میں کیا حرج ہے۔''

چشمہ سے جھانکتی آنکھیں جیسے صلاح الدین کے اندر اتر گئی تھیں۔ ''آزادی کے بعد مسلمان بہت بری حالت میں رہے، آپ کو تو احساس ہوگا۔ ایک نفسیاتی ڈر کے سائے میں۔ اقلیت۔ آپ کو لگتا ہے کہ آپ کی اپنی پارٹی ہو تو آپ زیادہ بھروسہ کر سکتے ہیں... مسلمانوں کی پارٹی۔ مجھے ہر شہر میں ایسے لوگ چاہئیں جو ہماری نمائندگی کر سکیں۔ آپ کریں گے؟''

خوشبوؤں سے معطر فضا نے صلاح الدین کو کہیں اور ہی پہنچا دیا تھا۔ کبھی یہاں سے شاہی سواریاں گزرتی ہوں گی۔ ممکن ہے کبھی شاہی دربار بھی رہے ہوں۔ پھولوں کے گلیاروں سے آتی مہکتی خوشبوؤں کے درمیان وہ یہ بھی بھول گیا تھا کہ وہ یہاں کس مقصد سے آیا ہے۔

''وہ ہمیں دلتوں سے بھی بدتر بنا کر رکھنا چاہتے ہیں۔ ہم دیکھ چکے ہیں۔ سارے سرکاری چہرے ایک جیسے ہیں۔ سب مسلمانوں پر اپنی روٹیاں سینکنا چاہتے ہیں۔ کیوں؟ کیوں کہ آپ سینکنے دیتے ہیں۔ آپ مت دیجیے سینکنے۔ آپ جانتے ہیں کہ وہ آپ کا کاروبار کر رہے ہیں۔ آپ اپنا کاروبار خود سنبھالیے، اپنا مستقبل خود لکھیے۔ ذرا سوچیے، سبھی ممکنات کے باوجود کیا آپ کی اقلیت آبادی کا کوئی شخص وزیر اعظم ہو سکتا ہے؟ ہو سکتا ہے... آج نہ کل وہ اکثریت میں بھی آجائے... کیوں؟ کل کس نے دیکھا ہے... اس لیے چھوٹے شہروں میں چھوٹی سطح پر بھی مجھے آپ جیسے نمائندوں کی ضرورت ہے۔''

چشمے کے اندر سے چمکتی بخاری کی آنکھوں نے پانسا پھینکا۔ ''سوچیے مت، ساتھ دیجیے۔ ساتھ دینے کا وقت ہے۔ تنقید کا وقت نہیں۔ پھر دیر ہو جائے گی... مسلمانوں کو آپ جیسے سیاسی لیڈروں کی ضرورت ہے... محنتی اور جانباز۔'' پھر وہ آہستہ سے بولے، ''اور جن کے پاس پیسہ کی بھی طاقت ہو۔''

ٹھیک یہی وقت تھا جب خدمت گار نے آکر بتایا کہ کھانا لگ چکا ہے۔

انتہائی لذیذ ترین کھانے کے دوران نیپکن نے اپنا جلوہ دکھایا تھا۔ صلاح الدین چپ تھے۔ چپ سے زیادہ حیران اور جذباتی۔ جامع مسجد کے گلیاروں میں لگے مخالف پوسٹر اور دنیا بھر کے الزام... الزام سے الگ جو شخص سامنے تھا، وہ ہزاروں طرح کی مخالفت کے باوجود مسلمانوں کی نمائندگی کرتا تھا... پورے ہندوستان میں مسلمانوں کی نمائندگی۔

سر پر آسمان روشن تھا۔ پھولوں کی کیاریوں میں قمقمے روشن تھے۔ جنت نشاں کے جنتی گلیارے میں آسماں کی ٹھنڈک کے سائے میں... تمام سیاسی لفظوں کے ساتھ، بالکل اچانک کھانا ختم کرتے کرتے ایک لفظ چپکے سے داخل ہو گیا۔

''نیپکن؟''

''کیا؟''

''نے... پ... کن۔''

پتھر کی میز پر چنے ہوئے مخملی دسترخوان پر، خوب صورت قابوں میں، پلیٹوں کے درمیان ایک انتہائی حسین گلاس میں گلدستے کی صورت نیپکن نظر آرہے تھے۔ صلاح الدین نے مڑکر دیکھا، قریشہ نے کھانا ختم کرتے ہوئے ایک نیپکن نکال لیا تھا۔ انتہائی سفید خوب صورت نیپکن... جیسے کوئی سفید طلسماتی چادر ہو، جس کا ذکر اس نے 'داستان امیر حمزہ' جیسی کتابوں میں کبھی پڑھا تھا مگر صلاح الدین کو الجھن قریشہ کے اس طرح چونکنے اور پھسپھسانے کے لہجے پر ہو رہی تھی۔ کم بخت، اس میں حیرانی کی کون سی بات ہے۔ نیپکن دیکھا نہیں کیا؟ جیسے پہلی بار دیکھ رہی ہو۔ اب تو وہ گھر پر بھی لانے لگا ہے۔ اور تو اور، دعوت پارٹی کے موقع پر بھی نیپکن کا ہی استعمال کرتا ہے... مگر یہ نیپکن... شاہی نیپکن، جس کے ذکر کے ساتھ جنت نشاں کی وہ وادیاں بھی شامل ہیں جہاں کسی زمانے میں مغلیہ حکومت کی سرگوشیاں بھی اپنا سر نکالتی ہوں گی۔

''سنیے نا! رکھ لوں یادگاری کے طور پر...'' ایک اُڑتی نظر امام صاحب کے سپاٹ چہرے کی طرف دیکھتے ہوئے قریشہ، صلاح الدین کے کان کے پاس پھسپھسا رہی تھی۔

''کیوں۔ ہاتھ دھونا ہے کیا؟ یہ لیجیے نا۔'' امام نے اشارہ کیا۔ چاندی کے خوب صورت کٹورے میں لیموں کے ٹکڑے کے ساتھ گرم پانی بھی موجود تھا۔

''جی... میں کہہ رہی تھی... نیپکن...'' ڈرتے ڈرتے قریشہ نے اس بار صلاح الدین کی طرف دیکھے بغیر اپنے دل کی بات کہہ دی، ''نشانی کے طور پر رکھ لوں؟''

''ارے ہاں ہاں... کیوں نہیں... ضرور...'' امام صاحب ہنس رہے تھے۔ ''رکھ لیجیے نا... نشانیاں...'' انھوں نے مسکراتے ہوئے کہا، ''قومیں اپنی نشانیوں کے ذریعہ بھی جانی جاتی ہیں...''

ایک لمحے کو چونک گئے تھے صلاح الدین۔ برسوں پہلے ابا نے بھی تو یہی کہا تھا۔ دلی میں آٹھ سو برسوں کی نشانیاں دھندلی اور ختم ہونے لگی تھیں... اب ایک نشانی نیپکن کے طور پر... ہونٹوں پر دھیمی سی مسکراہٹ لہرائی۔ صلاح الدین نے دیکھا، قریشہ اپنے پرس میں شاہی نیپکن حفاظت کے ساتھ رکھ رہی تھی۔

نیپکن کا سفر ابھی جاری تھا۔ اس واقعہ کے کچھ ہی دنوں بعد دلی سے فتوحہ پہنچنے پر اسی نیپکن نے سیاست کی ایک نئی بساط بچھائی تھی۔

6

ہوا کچھ یوں کہ قریش منچ کے چمک جانے کے بعد ہی سے سدانند بابو اس پر ڈورے ڈالتے رہے تھے۔ بہار میں برسوں سے حزب مخالف کا رول نبھانے والے سدانند ایم ایل اے کی چناؤ میں کئی بار ہار چکے

تھے۔ چھوٹے شہر میں ملنا ملانا تو ہو ہی جاتا ہے لیکن وہ ایک ایسی پارٹی سے منسلک تھے جہاں ملنے ملانے کے جرم میں اپنے ہی لوگوں کے ذریعہ وہ تنقید کے شکار بھی ہو سکتے تھے۔ فتوحہ جیسے شہر میں تنگ نظر مذہبی پارٹی والے نیتاؤں سے ملنے ملانے کو یوں بھی اچھا تسلیم نہیں کیا جاتا تھا۔ دس بیس برسوں میں فرقہ پرستی کی آندھی نے اسے سدانند بابو سے دور رکھا تھا، جب کہ قاعدے دیکھیں تو دونوں ایک ہی عمر کے تھے۔ صلاح الدین اور سدانند دونوں نے ایک ساتھ ہی اسکول اور کالج کا سفر طے کیا تھا، لیکن جن سنگھ والی ذہنیت سے وابستہ سدانند کبھی بھی مسلمانوں کے درمیان اپنی جگہ نہیں بنا پایا... لگاتار چلنے والے سیاسی اٹھا پٹخ کے درمیان ادھر صلاح الدین سیاست کا نیا باب پڑھنے لگے تو اُدھر سدانند، صلاح الدین کے سہارے مسلمانوں کے درمیان اپنی ساکھ بنانے کو بے چین تھا۔ بچپن کا کلاس میٹ... مانے گا کیسے نہیں؟ راجنیتی میں کوئی دھرم ایمان نہیں ہوتا ہے... ہوتا ہے صرف ووٹ بینک... اصل تو یہی ہے۔ قریش منچ کے دفتر میں صلاح الدین سے ملنے آنے والے سدانند بابو نے چلتے وقت ایک شگوفہ اور جڑ دیا۔

''کل بھابھی کے ہاتھ کا بنا ہوا کھانا کھاؤں گا... کھلاؤ گے نا؟ نان وِیج۔ بہت دن ہو گئے یار۔''

''کیوں نہیں۔'' دلی سے لوٹے صلاح الدین کو سدانند کی تجویز میں سیاست سے وابستہ کوئی بات نظر نہیں آئی۔

صلاح الدین مطمئن تھا... قریش منچ کے بڑھتے اثر کو کیش کرنے کے لیے... دوسری پارٹیاں بھی ان کے پاس آئیں گی۔ سیاست میں مستقبل کے بیج تو ایسے ہی پھوٹتے ہیں۔ اب چاہے امام ہوں یا سدانند، ملنا تو سب ہی سے پڑے گا تبھی اپنا راستہ چننے میں اسے آسانی ہوگی۔

اور یہ دوسرے دن کا قصہ ہے۔ جب نیپکن ایک زندہ اور سلگتا مسئلہ بن کر ایک بار پھر اس کے سامنے آیا تھا۔

قریشہ صبح ہی سے کھانا بنانے میں جُٹی ہوئی تھی... پلاؤ، قورمہ۔ بہار میں عام طور پر بریانی کا رواج نہیں ہے، فتوحہ میں تو بالکل بھی نہیں مگر بھلا ہو ٹی وی چینلوں کا، جس نے بریانی، حیدرآبادی بریانی کا نام لے کر منھ کا ذائقہ بڑھا دیا تھا۔ کئی لوگوں سے قریشہ نے بریانی بنانے کا طریقہ پوچھا۔ ایک دو بار، اچھا یا برا بنانے کی پریکٹس بھی کی۔ آہستہ آہستہ کامیابی ملی تو گھر میں بریانی بننے کا رواج شروع ہو گیا۔ ہاں، یہ الگ بات تھی کہ صلاح الدین کو بریانی کا حساب پسند نہیں تھا۔ وہ کہتا بھی تھا؛ چاول میں گوشت ڈال دو، یہ گوشت کے ساتھ انصاف نہیں ہے۔ بریانی بن گئی، گوشت کے اور آیٹم بھی تیار ہو گئے۔

رات 9 بجے سدانند 'پارٹی جیپ' پر آیا... اکیلے... پہلے وہ قریش منچ کے پیچھے والے دفتر میں بیٹھا صلاح الدین کو اپنی پارٹی کا منتر پڑھاتا رہا، یہ بتانے کی کوشش کرتا رہا کہ اب پارٹی میں بھید بھاؤ کا دور ختم ہو چکا ہے۔ اب تو اس کی پارٹی میں مسلم جوان نیتا بھی شامل ہیں۔ اس نے یہ بھی کہا، آئندہ آنے والے چناؤ میں اس کی

پارٹی کا مستقبل روشن ہے۔ قریش منچ چاہے تو آسانی سے مسلم ووٹوں کے بٹوارے کو روکا جاسکتا ہے۔ سیاست میں ہم گھوڑے ہوتے ہیں اور گھوڑا گھاس سے یاری کرے گا تو کھائے گا کیا... ہوہوہوہو... ''

تیز قہقہوں کے درمیان کھانے کا دور چلا اور یہیں وہ حادثہ ہوگیا جس کے بارے میں صلاح الدین انجان تھے۔ قورمہ، بریانی، نان پر ہاتھ صاف کرنے کے بعد جب سدانند نے نیپکن کہا، تو وہ آہستہ سے بولیں؛

''چلیے بیسین پر ہاتھ دھولیں۔''

''ارے یار، یہ دلی والوں نے اب عادت خراب کردی ہے... نیپکن ہی بڑھانا... رکھتے ہونا؟'' سدانند نے پھر قہقہہ اُچھالا، ''رکھتے ہو یا ابھی بھی فتوحہ کے فتوحہ ہو... ''

اپنی طرف سے مطمئن صلاح الدین آگے بڑھے۔ چلمن کے اس پار قریشہ کا چہرہ نظر آرہا تھا۔ پہلے سوچا کہ آواز دے کر بلالیں، پھر اتنا ماڈرن بننا اچھا نہیں لگا صلاح الدین کو۔ چلمن کے پار کھڑی قریشہ کے چہرے کا رنگ اُڑا ہوا تھا۔

''نیپکن تو نہیں ہے۔''

''نہیں ہے؟ ابھی تو لایا تھا؟''

''ختم ہوگئی۔''

''دیکھو، شاید کہیں کوئی ٹکڑا... ''

''دیکھ لیا، نہیں ہے۔'' کہتے کہتے اچانک قریشہ کو کچھ یاد آگیا، ''ارے ہاں ہے۔''

''ہے تو پھر لاتی کیوں نہیں؟''

''وہ پرس میں... '' قریشہ نے یاد دلانے کی کوشش کی۔ ''بھول گئے۔ دلی میں امام صاحب کے یہاں... ''

سدانند بابو امام صاحب کی نیپکن سے ہاتھ پونچھتے ہوئے اب بھی ہنس رہے تھے۔

''کھانا مزیدار تھا... لیکن ہماری تجویز کے بارے میں سوچیے گا ضرور۔''

نشانی دھندلی ہوگئی تھی۔

سدانند کی جھوٹی رکابی میں مڑا تڑا شاہی نیپکن، گوشت کی چوسی گئی چھوٹی بڑی ہڈیوں کے درمیان چھپ گیا تھا۔

[بشکریہ 'نیا ورق'28، اکتوبر تا دسمبر 2007، ممبئی]

ایک سہما ہوا آدمی

نورین علی حق

ہر لمحہ کھوتی ہوئی تہذیبی وراثت
گم ہوتی ہوئی شناخت
ہوا میں پرواز کرتے ہوئے کبوتر
ملبے میں دبی ہوئی ایک مسجد
میں اپنے ہی احساس کا قیدی بن گیا ہوں
اور اپنے ہی زنداں کا قیدی

سامنے جامع مسجد ہے۔

گنبد کی سفیدی تو کب کی اتر چکی ہے۔ مٹ میلی دیواروں میں ممکن ہے تاریخ کا کرب پوشیدہ ہو، مگر آس پاس کی سڑکوں سے گزرتے ہوئے کبھی مجھے اس کا احساس نہیں ہو سکا۔ فٹ پاتھ کی دکانیں۔ ان دکانوں کے درمیان سے اندر جاتے ہوئے چھوٹی چھوٹی سیڑھیوں کا ایک لمبا سلسلہ اور انھی سیڑھیوں کے ایک طرف مٹن بریانی کی دیغ سجائے، بیٹھا ہوا عبدالوہاب۔

لیکن آج عبدالوہاب کے ہونٹ بھی خاموش تھے۔

جامع مسجد کی سیڑھیوں پر پولس والوں کا ہجوم تھا۔ کچھ دکانیں بند ہو گئی تھیں اور کچھ آہستہ آہستہ بند ہونے لگی تھیں۔

آج جمعہ تھا، جمعہ یعنی مسلمانوں کا دن، دو دن پہلے ہی اس علاقے میں وہ حادثہ ہوا تھا، جس نے مسلمانوں کو ایک بار پھر شرمسار کیا تھا۔ بائک پر جاتے ہوئے دو نوجوانوں نے ایک ٹورسٹ بس پر گولی چلائی تھی۔

تین بج چکے تھے۔

میں شاید کچھ بھی سوچنا نہیں چاہتا تھا۔ مگر اندر جیسے ایک سہا ہوا آدمی موجود تھا، جو دریافت کر رہا تھا۔

کتنی عمر ہے تمھاری؟

جی، جی۔ بیس سال۔

نام کیا ہے؟

جی، انس بخاری۔

تو مسلمان ہو۔

جی۔

سامنے تلاشی چل رہی ہے۔ معلوم ہے نا، جن دو بائک سوار نوجوانوں نے سیاحوں پر گولیاں برسائیں، وہ بھی تمھاری طرح مسلمان تھے۔

فضا میں کہیں کوئی قہقہہ گونجا؛ یہی عمر تو ہوتی ہے دنگے کرنے کی، فساد کرنے کی۔ دہشت گرد بننے کی۔ کیوں کرتے ہو یہ سب؟ امریکہ سے آسٹریلیا اور یورپ کے ملکوں میں اسی لیے تمھاری آمد پر پابندی لگادی گئی ہے۔ پوری دنیا میں تمھیں شک کی نگاہوں سے دیکھا جاتا ہے۔

میں نے سر کو جھٹکا۔

ہوں۔

اس میں میری کیا غلطی ہے۔ بمباری کرتا کوئی ہے، آفت سب پر آجاتی ہے۔ گولیاں کیا پتا کس نے برسائیں اور تلاشی مسلم نوجوانوں کی لی جارہی ہے۔ یہی تو مسئلہ ہے۔ کیا تم پورے وثوق سے کہہ سکتے ہو کہ اس میں کسی مسلم کا ہاتھ نہیں؟ بہت ممکن ہے کسی کا ہاتھ ہو لیکن میں تو نہیں تھا۔ فضا میں گونجتے قہقہے نے گویا مجھے چونکا دیا۔ ادھر ادھر نظریں گھمائیں کوئی نہیں۔ محسوس ہوا گرد میں اٹا مسجد کا گنبد کہہ رہا ہو، دیکھو خود کو دیکھو۔ طالبان، القاعدہ، لشکر کے ظالم اراکین تمھاری طرح نہیں دکھتے جنھوں نے پوری دنیا کا چین وسکون غارت کر دیا ہے؟

میں نے اپنے سراپے کا جائزہ لیا۔ دبلی پتلی ٹانگوں میں اٹکی ہوئی معمولی جینس کی پینٹ، اوپر کے حصہ میں مخصوص نظر سے دیکھے جانے کے لائق کرتا۔ آنکھیں دھنسی ہوئیں، نحیف ونزار جسم، چہرہ پر خودرو پودے کی طرح اُگ آنے والی بے ہنگم داڑھی۔

اتنا کافی ہوتا ہے، اعظم گڑھ، مالیگاؤں، ممبئی، دہلی سیریل دھماکوں سے تار جوڑنے کے لیے۔

چند قدموں کے فاصلے پر پولس کیب اور تلاشی لیتی ہوئی پولس۔

اوفوہ! اسے میں نے کیوں خرید لیا تھا، جو میری جیب میں ابھری پڑی ہے۔ آج ہی مجھ پر پیار سوار تھا۔ کبھی اور خرید لیتے بچے کبھی اور بہل جاتے۔ کرتا بھی کیا۔ زہرا اور ضیان کب سے فرمائشیں کر رہے تھے۔ خرید لیا مجھے کیا پتہ تھا

کہ آج ہی یہ سب بھی ہونے والا ہے۔

سہمی سہمی فضا، رکی رکی ہوا، ایک دوسرے کی جانب اٹھنے والی نگاہیں، ذہن ودماغ پر ابھرنے والے وسوسے۔ احساس کمتری۔ یہ کیا ہے؟ کیوں، آخر ایسا کیوں؟ دہشت گردی کا کوئی مذہب نہیں ہوتا۔ دہشت گردی کرنے والے صرف دہشت گرد ہوتے ہیں۔ خون کے پیاسے، انسانیت کے دشمن، 11/9، 11/26، دہلی سیریل دھماکے، مالیگاؤں دھماکے سب میں تو اس فرقے کے لوگ بھی مرنے والوں میں شامل تھے، جس کے سر سارے الزامات منڈھے جاتے ہیں۔

بھا...ئی... صاحب... دیکھ کر چلو... کہاں کھوئے ہوئے ہو؟ اوہ سوری۔ میں کسی سے ٹکرا گیا تھا۔ اس کے چہرے کی ہوائیاں اڑ رہی تھیں۔ ایک انجانا خوف۔ کشمکش گویا ایک انتظار... پولس کیب میں بیٹھا کر کسی داڑھی والے کو لے کر جانے کا۔ سر جھکائے ادھر ادھر بھاگتے نوجوان، جس طرح پانی کے اوپر کسی شکاری کو دیکھ کر پانی کے اندر مچھلیوں میں ہل چل مچ جاتی ہے۔

پولس والے تو محافظ ہوتے ہیں، ان کے کاندھوں پر بڑی ذمہ داریاں ہوتی ہیں۔ یہ ٹرین، پلین، آثار قدیمہ، اسٹیشن، چوراہوں پر کھڑے ہو کر ہمارے لیے اپنا چین وسکون غارت کرتے ہیں۔ دن رات گشت کر کے شر پسند عناصر کا تعاقب کرتے ہیں، مظالم کے خلاف آواز بلند کرنے میں مظلوم کا ساتھ دیتے ہیں۔ پھر انھیں دیکھ کر راہ فرار اختیار کرنے کی کیا ضرورت؟

تیز قدموں میں ادھر ادھر منتشر ہوتے لوگوں میں سے میں نے کسی کو روکا۔

بھائی صاحب۔

بھائی ابھی کچھ نہ کہو۔

دوسرے کو پکڑ کر روکنے کی کوشش کی۔

پلیز بھائی صاحب مجھے تو کچھ بتاؤ۔

آخر تم سب بھاگ کیوں رہے ہو؟

اپنا اپنا راستہ کیوں بدل رہے ہو؟

ارے یار!

تم عجیب آدمی ہو، دیکھتے نہیں۔

کیا؟ کیا دیکھوں؟

وہ دیکھو پولس والے تفتیش کر رہے ہیں۔ میں اس کے جملے کو کچھ سن کر اور کچھ اشارے سے سمجھ گیا۔

اور وہ چلتا بنا۔

ایک نوجوان پر نظر پڑی، جو کنارے میں دم دبائے کھڑا تھا۔ اس کی پوری توجہ کیب کی طرف تھی، لیکن

وہ ایسا ظاہر کر رہا تھا گویا وہ اس طرف دیکھ ہی نہ رہا ہو۔

میں اس کے قریب گیا۔

عجیب سی شک بھری نظروں سے دیکھتے ہوئے اس نے پوچھا، کیا ہے؟

بھائی! آخر یہ تو بتاؤ لوگ اس طرف جانے سے کیوں کترا رہے ہیں؟ میں نے پولس کیب کی طرف اشارہ کیا تھا۔

یار عجیب بات ہے! ایک تو تو داڑھی رکھا ہوا ہے۔ بدن پر مولویانہ کرتا بھی لٹک رہا ہے۔ پورا مولوی دکھائی پڑ رہا ہے اور پوچھتا ہے، لوگ بھاگ کیوں رہے ہیں؟ پولس والے داڑھی والوں کو ہی تو روک کر تفتیش کر رہے ہیں۔

جیسے۔

جیسے تمہارا نام کیا ہے؟

کہاں کے ہو؟

پاکستان کبھی گئے ہو؟

یہاں کیوں آئے ہو؟

میں نے جھنجھلا کر کہا تھا۔

یہاں نہ آؤں تو کہاں جاؤں؟

یہ ہمارا علاقہ ہے۔

ہماری مسجد ہے۔

جمعہ کا دن ہے۔

بس۔بس۔ٹھہر بھی جا۔

یہ سب یہیں بک رہا ہے۔ وہاں جب سوالات کی بوچھار ہوگی تو چودہ طبق روشن ہو جائیں گے، خیریت اسی میں ہے کہ راستہ بدل اور چل گھر نکل لے۔ خواہ مخواہ اپنے ساتھ گھر والوں کو بھی پریشان نہ کر۔

بھائی صاحب! جب میرا نہ گولی سے نہ گولی باری کرنے والوں سے کوئی واسطہ ہے تو وہ مجھے کیوں پریشان کریں گے؟ یہاں یہ سب کچھ نہیں ہوتا۔ بس ایک شوٹ کیا۔ اس نے ہاتھوں سے اشارہ کرتے ہوئے بتایا تھا... اور تو چاروں خانے چت اور دوسرے ہی لمحے کوئی ایک سیریل دھماکہ حل ہو جاتا ہے۔ یہ جیب میں کیا رکھا ہے؟

کسی کو شک میں کیوں مبتلا کر رہا ہے؟

میں وہاں سے ہٹ گیا اور تھوڑا آگے بڑھا۔ ذہن میں طوفان بپا تھا۔ رہ رہ کر اپنے آپ پر اور کبھی اپنی

ڈاڑھی پر غصہ آرہا تھا۔ طرفہ تماشا یہ کہ جیب بھی ابھری پڑی تھی۔ اتنے پیارے بچے ہیں۔ زہرا تو کچھ زیادہ ہی مجھ سے ہلی ہوئی ہے۔ دیکھتے ہی نام لے کر چیخنا شروع کر دیتی ہے۔ اس سے زیادہ ہنس مکھ بچہ میں نے دیکھا ہی نہیں۔ کبھی میرے کمرے میں آکر میرے ساتھ کھیلنا شروع کر دیتی ہے اور کبھی مجھے اپنے ڈرائنگ روم میں لے جاتی ہے۔ وہ بھی اس طرح گویا مجھ پر اس کا آبائی حق ہو۔

مجھے گودی لے لو۔

بیٹا پیدل چلو۔

نہیں۔ نئیں۔

گود میں اٹھا کر میں بھی موقع سے فائدہ اٹھاتے ہوئے، پوچھتا ہوں۔ ''زہرا کس کی بٹیا؟''

وہ بھی موقع کی نزاکت کو دیکھتے ہوئے کہتی ہے۔ ''انو کی۔''

حالانکہ وہی جب کھیلنے اور لڑنے کے موڈ میں ہو تو کبھی ایسا بھی ہوتا ہے کہ میں کسی کام میں مصروف ہوں اور وہ آ گئی تو اسے گود میں لے کر اس کے کمرے تک چھوڑ آتا ہوں لیکن آتے ہوئے میرے سلسلہ میں اس کی شکایت سنائی دے جاتی ہے۔ اس نے مجھے مارا۔

ایک مرتبہ دونوں بھائی بہن دیکھتے دیکھتے آپس میں لڑ بیٹھے۔ ضیان نے بڑے ہونے کا فائدہ اٹھاتے ہوئے اسے دھکا دے دیا اور وہ بیڈ کے کونے سے ٹکرا گئی۔ سر میں چوٹ آ گئی۔ خون نکلنا شروع ہو گیا۔ اتنا اعتماد کہ روتے روتے میرے کمرے کی طرف پہنچ گئی، اس کا خون دیکھ کر میں ہکا بکا رہ گیا، اپنی حالت تو اسلامی شاعر حسان بن ثابت کی سی ہے۔ غزوۂ خندق میں ان کی کمزوری کے مطابق انھیں خواتین کی حفاظت پر مامور کیا گیا۔ مدمخالف کا ایک یہودی خواتین کے خیمہ میں گھس آیا، کسی خاتون نے یہ واقعہ حسان کو بتایا۔ حسان نے کہا میں تو اسے مار نہیں سکتا، انھی خاتون نے اسے مار گرایا اور کہا اب اسے یہاں سے لے جاؤ تو انھوں نے کہا مجھ سے یہ بھی نہیں ہو سکتا۔

میں بھی کچھ اسی طرح کا ڈرپوک ہوں، خون دیکھ کر ڈر گیا۔ وہ تو خیر سے بھائی صاحب موجود تھے، انھوں نے اسے اٹھایا اور ڈاکٹر کے پاس لے کر گئے، جس کا افسوس مجھے اب تک ہے کہ ایسے موقع پر میں اسے سہارا نہیں دے سکا۔

کیب، پولس پھر خیال ذہن میں کوندا اور میں سہم گیا۔ اب تو سامنے پولس ہے اور جیب ابھری ہے۔ شکل پر ڈاڑھی بھی ہے اب کیا ہوگا؟ تم بھی مار گرائے جاؤ گے۔ پر نہیں میرا قصور ہی کیا ہے؟ قصور کب کسی کا ہوتا ہے۔ لمحے خطا کرتے ہیں اور صدیوں کو سزا بھگتنی پڑتی ہے۔ کرکرے کا کیا جرم تھا۔ بے چارہ مارا گیا۔ عاطف، ساجد کا خیال آتے ہی میں نے اسے جھٹکا۔ کسی کو روکنے کے لیے گھر کا دروازہ بند کیا جا سکتا ہے۔ اسکول سے نام کاٹا جا سکتا ہے۔ مگر خیالات کو روکنے کا کوئی حربہ آج تک میرے ہاتھ نہیں لگا۔ یہ سرمدان کی کیا غلطی تھی؟ اپنے خیالوں میں مست رہتے تھے۔ صدق بیانی نے جان لے لی۔ مرنے کا شوق تھا۔ اورنگ زیب نے

طشت میں سجا کر کپڑے بھیجے تھے۔ کیا پتا کیا سودا سمایا تھا۔ کہہ دیا، ''میں تیرے گناہ ڈھکوں یا اپنا تن۔'' اور طشت کھول کر دکھا دیا کہ اس میں تیرے دونوں بھائیوں کا سر رکھا ہے پھر کیا تھا۔

کتے کو چھیچھڑا مل گیا۔

قتل کا حکم دے دیا۔

جیسے ہی سرمد کے قتل کا تصور ابھرا سارا آسمان خون آلود ہو گیا۔ فضا میں خون کی بو پیدا ہو گئی۔ سرمد کا خون آفاق تک پہنچ گیا۔ اس کا اثر سورج کی ڈوبتی ٹکیہ پر بھی تھا۔ خون، خون، خون ہر طرف بس خون ہی خون۔

چوسٹھ سالہ آزادی کے نتیجہ میں ہمیں کیا ملا؟ بس خون اور خون۔ 1857 میں بھی ہمارا خون نچوڑا گیا، پڑوسی ملک سے جنگ کے وقت بھی ٹینک میں کود کر ہم نے ہی اپنا خون جلایا اور جب پردۂ سیمیں پر فلم ابھری تو اس میں کوئی اور تھا۔ میرٹھ، ملیانہ، بھاگلپور، گجرات اور چھوٹے بڑے بے شمار فسادات کے بشمول 6 دسمبر 1992 کو بھی ہماری ہی رگوں کا خون زمین وطن کو سیراب کرتا رہا۔ ہندستان میں جنم لینے والی، پروان چڑھنے والی اردو زبان کو بھی آج سے تقریباً باسٹھ سال قبل ایک بڑے سے سجے سجائے مزین ہال میں لوگوں نے زبردستی کلمہ پڑھا دیا، حالانکہ وہ چیختی چلاتی رہی، اپنی بے گناہی کا واسطہ دیتی رہی مگر سنتا کون؟ اس کی ساری قومی یکجہتی، سیکولرزم اور ایکتا کے پیغامات دھرے کے دھرے رہ گئے۔ اب صورت یہ ہو گئی ہے کہ بس، میٹرو، عوامی مقامات پر ہاتھ میں اردو کتاب لیے ہوئے شخص پر ایسی نگاہیں ڈالی جاتی ہیں گویا اس نے ہاتھوں میں بم اٹھا رکھا ہو۔

حال ہی میں میٹرو پر سفر کر رہا تھا، رش کافی تھی، ساری سیٹیں فل تھیں، لوہے کے لگے ہوئے ڈنڈے پر اپنے جسم کا بار ڈال کر میں نے ایک ہاتھ سے اوپر لگے ہینڈل کو پکڑ لیا اور دوسرے ہاتھ میں اردو افسانے کا کوئی مجموعہ تھا، جوں ہی ایک سیٹ خالی ہوئی، میں نے قدم بڑھانا چاہا، اس سے پہلے کہ قدم بڑھتے کوئی بیٹھ چکا تھا، مڑنا چاہا تو ان نظروں سے آنکھیں ٹکرا گئیں جو مجھے گھور رہی تھیں۔ متحیر نظروں سے میں نے انھیں دیکھا تھا، اس کے بعد تو وہ آنکھیں ہائی ٹینشن تار ہو گئیں، جس سے میں الجھ چکا تھا، آہستہ آہستہ جسم کا خون ان آنکھوں میں منتقل ہو رہا تھا اور میں مرغ بسمل کی طرح غیر محسوس طریقہ پر تڑپ رہا تھا، جب اپنے آپ کو سنبھالنے میں کامیاب ہوا تو ایسا لگا جیسے خون نچوڑ کر ہائی ٹینشن تار نے کنکال چھوڑ دیا ہو۔

ضمیر نے ملامت کی، انگیز کیا۔ کتے اور بلی کی مثال دی۔ یہ کیا میرا ہاتھ خود بخود جیب کے اندر جا رہا ہے۔ کچھ ہے۔ اپنی جانب تکتے ہوئے پولس والے کی نگاہوں کی تاب نہ لا کر میں نے اوپر دیکھا۔ اوپر بیٹھا چیل مزار سرمد کے اس پار بسنے والی فقرا کی آبادی میں پلے ہوئے مرغی کے چوزے پر نشانہ سادھ رہا تھا۔ ہاتھ جیب سے باہر نکلا۔ میں نے گیند زمین پر دے ماری۔ گیند اچھلی۔ قد آدم سے اوپر۔ پھر وہی ہاتھ بڑھا۔ اس نے گیند کو پکڑ لیا۔

ربر کی چھوٹی سی، گول سی، نازک سی گیند۔

میں نے گیند ہوا میں اچھالی۔ گیند زمین سے ٹکراتی ہوئی دوبارہ میرے ہاتھ میں آ گئی۔ پولس والے

نے پلٹ کر میری طرف غور سے دیکھا۔ مجھے یقین ہے پہلے اس کی نظروں میں، میرے لیے شک کے جراثیم بھی ہوں گے۔ گیند کو اس نے خاص طور پر دیکھا تھا، مگر اب وہ مطمئن تھا۔ اب وہ دوسری طرف دیکھ رہا تھا۔ ملک کے ہزاروں خود اعتماد نو جوانوں یا دلی کے بہت سے طلبہ و طالبات کی طرح شاید ایک جھلک اس پولس والے نے مجھ میں بھی دیکھ لی تھی۔

اب میرے اندر کہیں کوئی ہلچل نہیں تھی۔ میں منہ سے سیٹی کی آواز نکال رہا تھا۔

دو ایک بار گیند ہوا میں اچھالی، تھامی، پھر آرام سے مسکراتا ہوا پولس والے کے پاس سے گزر گیا۔

جامع مسجد کے گنبد سے لگے ہوئے لاؤڈ سپیکر سے اذان کی آواز آرہی تھی۔ اللہ اکبر۔

میں نے آسمان کی طرف دیکھا، سفید کبوتروں کا ایک جھنڈ تیزی سے پرواز کرتا ہوا چلا جا رہا تھا۔

تیرہواں باب

زبان وصحافت

اردو

راشد بنارسی

جبین وقت پر کیسی شکن ہے ہم نہیں سمجھے
کوئی کیوں کر حریف علم و فن ہے ہم نہیں سمجھے
کسی بھی شمع سے بیزار کیوں ہو کوئی پروانہ
یہ کیا اس دور کا دیوانہ پن ہے ہم نہیں سمجھے
بہت سمجھے تھے ہم اس دور کی فرقہ پرستی کو
زباں بھی آج شیخ و برہمن ہے ہم نہیں سمجھے
اگر اردو پہ بھی الزام ہے باہر سے آنے کا
تو پھر ہندوستاں کس کا وطن ہے ہم نہیں سمجھے
چمن کا حسن تو ہر رنگ کے پھولوں سے ہے راشد
کوئی بھی پھول کیوں ننگ چمن ہے ہم نہیں سمجھے

اردو ہندی رسم الخط

(پروفیسر مجیب کا خط مہاتما گاندھی کے نام)

محمد مجیب

ترجمہ؛ سحر انصاری

یوں تو اردو ہندی کا جھگڑا برسوں سے چلا آ رہا تھا لیکن اس میں شدت اس وقت پیدا ہوئی جب گاندھی جی نے بھارتیہ ساہتیہ پریشد ناگپور کے جلسے (1936) میں برصغیر کی مجوزہ قومی زبان کو 'ہندوستانی' کے بجائے ہندی، ہندوستانی کا نام دیا گیا۔اور وضاحت طلب کرنے پر کہا: ''ہندی ہندوستانی سے مراد ہندی ہے۔''

اردو کے متعلق فرمایا: ''یہ مسلمانوں کی مذہبی زبان ہے، قرآنی حروف میں لکھی جاتی ہے، اور مسلمان ہی اس کو زندہ رکھنے کی ذمہ داری لے سکتے ہیں۔''

مولوی عبدالحق نے اس جلسے کی تفصیلی روئداد اپنے تبصرے کے ساتھ رسالہ 'اردو' (اپریل 1936) میں شائع کی اور علامہ نیاز فتح پوری نے جولائی 1936 کے 'نگار' میں پُرزور اداریہ لکھا۔ جامعہ ملیہ دہلی کے پروفیسر محمد مجیب اور بعض دوسرے اشتراکی ادیب مثلاً ڈاکٹر اشرف اور ڈاکٹر علیم اگرچہ کانگریس کے حامیوں میں تھے لیکن زبان کے مسئلے پر انھیں بھی گاندھی جی سے اختلاف کرنا پڑا۔ ڈاکٹر اشرف نے گاندھی جی کی لسانی پالیسی کے خلاف تحریک پیش کی اور ڈاکٹر علیم نے 'نیا ادب' میں زوردار اداریہ لکھا۔

پروفیسر محمد مجیب نے گاندھی جی کو انگریزی میں طویل خط لکھا جسے پنڈت نہرو نے پریشد کے اجلاس 1936 میں پڑھ کر سنایا۔ لیکن گاندھی جی نے کوئی توجہ نہ دی البتہ مئی 1936 کے 'ہریجن' میں اس خط

کے جواب میں ایک مضمون لکھا اور بین السطور میں پروفیسر مجیب کا خط بھی نقل کر دیا۔ یہ خط گاندھی جی کی تصنیف 'آور لینگویج پرابلم' (Our Language Problem) میں شامل ہے اور ہندی اردو تنازعہ کے سلسلے میں بہت اہم ہے۔ میں شکر گزار ہوں کہ میری گزارش پر سحر انصاری صاحب نے اسے اردو میں منتقل کرنے کی زحمت فرمائی۔

(فرمان فتح پوری، 'نگار' شمارہ:10-12-1979)

کاش میرے لیے یہ ممکن ہوتا کہ یہ خط ارسال کرنے کے بجائے میں خود ناگپور آ سکتا۔ ساہتیہ پریشد کے اجلاسوں میں شرکت کی شدید خواہش مجھے یوں بھی تھی کہ مجھے پریشد کی پالیسی کے بعض اجزا سے اختلاف ہے اور بیشتر امور سے مجھے شدید صدمہ پہنچا ہے۔ اور اس ملک میں آپ کے سوا کوئی اتنا وسیع القلب نہیں کہ اپنے انتہائی مخالفین کو بھی نیک نیتی کا حامل سمجھے۔

میں آپ کی خدمت میں جو کچھ عرض کر رہا ہوں، وہ ہر ایسے شخص کو بے سر و پا اور بے محل معلوم ہوگا جو معاملات کو محض اپنی مرضی سے طے کرنے کا عادی ہو۔ لیکن آپ ایک ایسے مسلک پر عمل پیرا ہیں جو حامیوں اور مخالفوں میں امتیاز نہیں کرتا۔ چنانچہ دوستانہ پزیرائی کے اسی یقین نے مجھے آپ کے در پر دستک دینے کی جرأت عطا کی ہے۔ اگر یہ کوئی حل طلب سیاسی مسئلہ ہوتا تو مجھے اپنا مقام معلوم تھا، لیکن موجودہ مسئلہ بنیادی طور پر ثقافتی اور ادبی ہے، نیز اختلاف کی بنا پر میں اپنا اخلاقی فرض سمجھتا ہوں کہ آپ سے رجوع کروں۔ دوسرے خواہ کچھ ہی محسوس کریں تاہم میرا خیال ہے کہ آج کسی مخلص خادم قوم کے لیے سب سے بڑا عذاب ان مقاصد اور لائحہ عمل سے بے تعلقی ہے جو اسے عزیز رہے ہوں۔ جب تک میں آپ کے سامنے اپنے دل کا بوجھ ہلکا نہیں کر لیتا اور اگر آپ کی رضامندی نہیں تو کم از کم آپ کی ہمدردی حاصل نہیں کر لیتا، اس وقت تک مجھے سکون نہیں مل سکے گا۔

میں بالکل شروع سے اپنی بات کا آغاز کروں گا۔ گزشتہ کئی سال سے کانگریس ایک مشترکہ سیاسی مقصد کے لازمی جزو کے طور پر ایک مشترکہ زبان کی حمایت کر رہی ہے۔ ادبی نقطۂ نگاہ سے عوامی مقررین اس باب میں متعدد فروگزاشتوں کے مرتکب ہو رہے ہیں۔ لیکن مجھے معلوم ہے کہ اردو کے ادبی حلقوں میں اس نے سادگی اور بے تکلفی کا ایسا معیار پیدا کر دیا ہے جو اس سے قبل مفقود تھا۔ حتیٰ کہ مولانا سید سلیمان ندوی جیسے ادیب جن کی ساری زندگی عربی کتب کے مطالعے اور ناقابل تحریف اصطلاحات کے حامل موضوعات کو برتنے میں گزری ہے، پورے خلوص کے ساتھ اپنی زبان کو آسان کرنے اور ہندوستانی سے قریب لانے کی کوشش کر رہے ہیں کیونکہ ایک مشترکہ ہندوستانی زبان کا تصور انھیں بے حد عزیز ہے۔

کانگریسی حلقوں میں اس مشترکہ زبان کو 'ہندوستانی' کہا جاتا ہے حالانکہ کانگریس نے اس نام کے سلسلے میں اردو اور ہندی بولنے والوں کے مابین کوئی قطعی مفاہمت پیدا نہیں کی ہے۔ لیکن جیسا کہ آپ جانتے ہیں نام

اپنے تلازمات کی بنا پر بے پایاں سیاسی وسماجی اہمیت کے حامل ہوتے ہیں۔ چنانچہ اپنی مشترکہ زبان کا نام تجویز کرنا ایک اہم مسئلہ ہے۔

اب تک اردو ہی ایک ایسی زبان رہی ہے جو کسی ایک صوبے یا مذہبی فرقے تک محدود نہیں، سارے ہندوستان کے مسلمان یہ زبان بولتے ہیں اور شمال میں اس زبان کے بولنے والے ہندوؤں کی تعداد مسلمانوں کی تعداد سے زیادہ رہی ہے۔ اگر ہماری مشترکہ زبان کو اردو نہیں کہا جا سکتا تو کم ازکم اس کا ایک ایسا نام ضرور ہونا چاہیے جس سے مسلمانوں کا یہ مخصوص منصب مترشح ہو سکے کہ انھوں نے ایک ایسی زبان کے ارتقا میں حصہ لیا ہے جو کم وبیش ایک مشترکہ زبان کی حیثیت رکھتی ہے۔

'ہندوستانی' سے یہ مقصد حل ہوسکتا ہے، 'ہندی' سے نہیں۔ ماضی میں مسلمانوں نے یہ زبان (ہندی) پڑھی ہے، اور اگر زیادہ نہیں تو اپنے ہندو بھائیوں ہی کے برابر انھوں نے بھی اسے ادبی زبان کے مرتبے تک پہنچانے میں حصہ لیا ہے۔لیکن اس کے کچھ مذہبی اور ثقافتی تلازمات بھی ہیں جن سے مسلمان من حیث المجموع خود کو وابستہ نہیں کر سکتے۔ علاوہ ازیں، اب یہ اپنا ایک الگ ذخیرۂ الفاظ وضع کر رہی ہے، اور یہ ان افراد کے لیے عمومی طور پر نا قابل فہم ہے جو صرف اردو جانتے ہیں۔

اردو اور ہندوستانی کے بجائے اگر ہندی اور ہندوستانی کے مابین خلط مبحث پیدا کرنے کا ایک واضح رجحان نہ پایا گیا ہوتا تو اس امر پر زور دینے کی چنداں ضرورت پیش نہ آتی۔ گزشتہ سال اندور میں آپ کی تقریر نے یہ قطعی تاثر دیا کہ آپ دونوں کو یکساں سمجھتے ہیں اور 'ہنس' کے پہلے شمارے کے لیے اپنے پیش نامے میں آپ نے دونوں کو ایک ہی قرار دیا ہے۔

مجھے پورا یقین ہے کہ ہندی سے آپ کی مراد بنیادی طور پر عام لوگوں کی زبان ہے۔ایک ایسی زبان جو وہ بولتے ہیں اور جو ان کی تعلیم کے بہترین ذریعے کے طور پر کام آسکتی ہے۔لیکن متعدد ایسے افراد کے لیے جو اس کی ترویج واشاعت کے سلسلے میں کوشاں ہیں، 'ہندی' ایسی کوئی زبان نہیں ہے۔ چنانچہ جب وہ ہندی کو ہندوستانی کا متبادل بنا کر پیش کرتے ہیں تو وہ دراصل ایک ذخیرۂ الفاظ ایک ذوق اور سیاسی و مذہبی وابستگیوں کو متعارف کرتے ہیں۔ میں اسی رجحان کے خلاف آپ سے اپیل کر رہا ہوں کیونکہ محسوس یہ ہوتا ہے کہ بھارتیہ ساہتیہ پریشد بھی اس کا شکار ہوگئی ہے۔

میں پریشد کی تشکیل پر خوش ہونے والوں میں سے ایک تھا، کیونکہ مجھے یقین تھا کہ یہ ایک مشترکہ زبان کے لیے ٹھوس بنیاد فراہم کرے گی۔ میں نے 'ہنس' کی اشاعت کا بھی خیر مقدم کیا ہے۔ میں پریشد کی دیگر سرگرمیوں کے بارے میں کچھ نہیں کہہ سکتا۔لیکن اگر 'ہنس' کے شمارے اس کے رویے اور حکمت عملی کی ذرا سی بھی غمازی کرتے ہیں تو اس سے بڑی مایوسی ہوئی ہے۔ منشی پریم چند صاحب اس وقت شاید ہماری سب سے بڑی ادبی شخصیت ہیں، وہ ان کمیاب شخصیتوں میں سے ہیں جن کے لیے ادب ذاتی اظہار رائے کا ذریعہ بھی ہے اور خدمت

خلق کا بھی۔ وہ اردو اور ہندی پر یکساں عبور رکھتے ہیں اور ان میں ہندو مسلم تہذیب کے بہترین ادبی و سماجی روایات کا امتزاج ملتا ہے، 'ہنس' کو وہی زبان استعمال کرنی چاہیے تھی جو وہ خود لکھتے ہیں اور اسی روایت کا نقیب بننا چاہیے تھا جس کی وہ خود نمائندگی کرتے ہیں۔ لیکن ایسا نہیں کیا گیا اور یہی میرا سارا کرب ہے۔

'ہنس' واضح طور پر ایک فرقہ پرست رسالے کا تاثر دیتا ہے۔ دوسرے ہندی رسائل کے مقابلے میں یہ زیادہ سنسکرت آمیز ہندی استعمال کرتا ہے۔ یہ ایک ایسی زبان ہے جسے کسی طرح بھی ہندوستانی نہیں کہا جا سکتا۔ اس کے نقطۂ نظر یا انتخاب مضامین سے ہرگز یہ تاثر قائم نہیں ہوتا کہ ہندوستانی قوم مختلف معاشرتوں کا مجموعہ ہے یا یہ کہ ایک کے سوا کوئی اور ثقافت بھی ہندوستان میں پائی جاتی ہے۔ اس سے اتحاد کی نہیں بلکہ سامراجیت کی بو آتی ہے۔

ایک چھوٹی سی مثال سے میرا موقف واضح ہو جائے گا، ساہتیہ پریشد کو 'بھارتیہ' کہا گیا ہے، نہ کہ ہندوستانی۔

ایسا کیوں ہے؟

اگر بھارت کا کوئی مطلب ہے تو صرف یہ کہ یہ آریوں کا ہندوستان ہے جس کی زندگی میں نہ صرف مسلمانوں اور ان کی خدمات کو بلکہ صدیوں کے ارتقا اور تغیر کو بھی کوئی مقام حاصل نہیں۔ کیا اس سے علیحدگی پسندی اور رجعت پسندی کا اظہار نہیں ہوتا ہے؟ پھر ہمیں جو گشتی مراسلے ہندی میں بھیجے گئے ہیں، ان میں بات چیت کی زبان کے دو یا تین سے زیادہ الفاظ نہیں ہیں۔ عام ہندی کے [नीचे लिखे हुए] (نیچے لکھے ہوئے) کی جگہ [निम्न लिखित] (نیمن لکھت) جیسے خالص سنسکرت الفاظ استعمال کیے گئے ہیں۔ چنانچہ ناگری رسم الخط سے اچھی طرح واقف ہونے کے باوجود میرے لیے بھی یہ ناقابل فہم ہیں۔

یہ امر بالکل واضح ہے کہ فنی اصطلاحات کے لحاظ سے سنسکرت اور عربی دونوں زبانیں بھرپور ہیں لیکن ایک عام ہندوستانی زبان ان میں سے کسی ایک پر بھی مکمل انحصار نہیں کر سکتی کیونکہ اگر عربی ایک بدیسی زبان ہے تو سنسکرت بھی کبھی عام بول چال کی زبان نہیں رہی ہے۔ بول چال کی ہندی کا مطالعہ کرنے سے اندازہ ہوگا کہ اس میں شامل شدہ تمام سنسکرت الفاظ زمانہ گزرنے کے ساتھ ساتھ خاصے تبدیل ہو گئے ہیں۔ اس کی وجہ یہ ہے کہ نہ صرف مسلمان بلکہ ہندوستان کے عام لوگ آسانی سے ان کا تلفظ ادا نہیں کر سکتے۔ یہاں تک کہ [ग्राम] (گرام) اور [वर्ष] (ورش) جیسے مختصر الفاظ بھی [गाँव] (گاؤں) اور [बरस] (برس) ہو گئے ہیں۔

ہندی کے بیشتر حامیوں نے یہ سارے حقائق نظر انداز کر دیے ہیں اور یہ اور کئی دوسرے الفاظ کے اصل سنسکرت متبادل شامل کر دیے ہیں۔ میں یہ نہیں کہہ سکتا کہ آیا یہ سب کچھ ادعائے فضیلت کا نتیجہ ہے یا ناواقفیت کا یا تعصب کا؟ کیونکہ سنسکرت کے بول چال کے تو سارے الفاظ اردو میں شامل ہی ہیں۔ البتہ یہ بات ضرور واضح ہے کہ ان دوستوں کا براہ راست تعلق زندہ اور بولی جانے والی زبان کی ترویج و اشاعت سے نہیں بلکہ ہندوستانی زندگی کو آریائی طرز پر ڈھالنے سے ہے۔ اگر ہمارے ہندو بھائی اپنے اندر اصلاح یا رجعت کی کوشش کر رہے ہیں

تو مسلمانوں کو اس سے قطعاً کوئی تعلق نہیں لیکن مشترک دیانت داری کا تقاضا ہے کہ اس قسم کی تحریکوں کو لسانی مسئلہ سے سختی کے ساتھ دور رکھا جائے۔

عقیل صاحب کے ایک خط کے جواب میں شری کے۔ ایم۔ منشی نے کہا ہے کہ:

''گجرات، مہاراشٹر، بنگال اور کیرالا کے لوگوں نے ایسی ادبی روایات استوار کی ہیں جن میں خالص اردو عناصر تقریباً مفقود ہیں۔ اگر ہم ہندی کی طرف متوجہ ہوئے تو فطری طور پر ہم سنسکرتی ہندی کی طرف متوجہ ہوں گے۔''

سب سے پہلے تو میں پورے وثوق سے کہہ سکتا ہوں کہ گجراتی، مرہٹی اور بنگالی، ان ساری زبانوں میں فارسی کے الفاظ کی خاصی تعداد موجود ہے۔ نیز یہ تسلیم کرنے کے لیے تیار نہیں کہ ایک دوسرے سے اور مسلمانوں سے قریب آنے کے لیے گجرات اور بنگال کے ہندوؤں کو سنسکرت آمیز زبان اختیار کرنی چاہیے۔ علاوہ ازیں ہمیں خالص اردو عناصر سے نہیں بلکہ شمالی ہند کی زندہ زبان اور محاوروں سے سروکار ہے۔ اگر اس زندہ زبان اور محاورے کو ایک مشترکہ زبان کی بنیاد بنایا جائے تو مسلمان موثر طور پر تعاون کر سکتے ہیں۔ سنسکرت کی سمت مراجعت کا مطلب یہ ہے کہ ہندی، بنگالی اور گجراتی کے سلسلے میں مسلمانوں کی گزشتہ خدمات کو نظر انداز کر دیا جائے۔ ان حالات میں ہم سے تعاون کے لیے کہنا ایسا ہی ہے جیسے ہم سے کہا جائے کہ خودکشی کے لیے رضامند ہو جاؤ۔

یہ امر کہ ہندی اردو کا سوال عنقریب ایک فرقہ وارانہ رنگ اختیار کر سکتا ہے، اس تقریر سے ظاہر ہے جو مسٹر پرشوتم داس ٹنڈن نے اس ماہ کے پہلے ہفتے میں بنارس میں ہندی میوزیم کی افتتاحی تقریب میں کی ہے۔ انھوں نے اعلان کیا ہے کہ چینی کے بعد ہندی دوسری زبان ہے جو ایشیا کے طول وعرض میں بولی جاتی ہے۔ بالفاظ دیگر اس کا یہ مطلب ہے کہ ایک مشترکہ زبان کا مسئلہ حل ہو گیا۔ اور وہ ہندی ہوگی۔ کیونکہ ہندوستانیوں کی اکثریت ہندی بولتی ہے۔ جو لوگ ہندوستانی کا نعرہ بلند کریں انھیں اکثریت دبا دے گی۔ لہٰذا ان کا کوئی مسئلہ نہیں ہے، لیکن سروں کا گننا اور سروں کا توڑنا کوئی مداوا نہیں ہے۔ مسٹر ٹنڈن کا حقیقی مفہم خواہ کچھ ہی ہو لیکن مجھے یوں محسوس ہوتا ہے Cummunal award کی طرح کی ایک اور شرمناک صورت حال کے لیے زمین ہموار کی جا رہی ہے۔

اب آپ کا وقار اور آپ کی شخصیت کا عطا کردہ اعتماد ہی ہمیں بچا سکتا ہے۔ میں ذیل میں چند ایسے نکات پیش کر رہا ہوں جو میری ناچیز رائے میں اعتدال پسندانہ ہیں اور ایک مشترکہ زبان کے لیے صحت مند اساس مہیا کر سکتے ہیں۔ اگر آپ نہ صرف اپنے نقطۂ نظر سے بلکہ ایک مقصد کی بجا آوری کے نقطۂ نظر سے ان پر غور کریں اور انھیں کسی قابل سمجھیں تو آپ انھیں دوسروں تک بھی پہنچا دیجیے۔ میرے ذہن میں یہ خیال آ رہا ہے کہ یہ عوام کے سامنے آپ کے کسی اعلان کی بنیاد بن سکتے ہیں۔

نکات یہ ہیں کہ:

1۔ ہماری مشترکہ زبان کو 'ہندی' نہیں بلکہ 'ہندوستانی' کہا جائے گا۔

2۔ ہندوستانی کا کسی بھی فرقے کی مذہبی روایات سے کوئی خاص تعلق نہیں ہوگا۔

3۔ 'بدیسی' یا 'دیسی' کے معیار پر کسی لفظ کو نہیں پرکھا جائے گا بلکہ استعمال کو سند مانا جائے گا۔

4۔ اردو کے ہندو ادیبوں اور ہندی کے مسلمان ادیبوں نے جو الفاظ استعمال کیے ہیں، ان سب کو رائج سمجھا جائے گا۔ بلاشبہ، اردو اور ہندی پر الگ الگ زبانوں کی حیثیت سے اس کا اطلاق نہیں ہوگا۔

5۔ فنی اصطلاحوں بالخصوص سیاسی اصطلاحات کے انتخاب میں صرف سنسکرت ہی کو ترجیح نہیں دی جائے گی بلکہ اردو، ہندی اور سنسکرت کی اصطلاحوں سے فطری انتخاب کا زیادہ سے زیادہ موقع دیا جائے گا۔

6۔ دیوناگری اور عربی ہر دو رسم الخط مستعمل اور سرکاری سمجھے جائیں گے۔ ان تمام اداروں میں جن کی پالیسی ہندوستانی کے سرکاری فروغ دہندگان مرتب کریں گے، ہر دو رسم الخط کے سیکھنے کی سہولتیں مہیا کی جائیں گی۔
کچھ ایسے دوست بھی ہوں گے جنھیں یہ تجاویز مسلم مطالبات قسم کی چیز معلوم ہوں گے۔ لیکن مجھے معلوم ہے کہ آپ کی اور پریشد کی جانب سے اس قسم کی کسی یقین دہانی کے بغیر، ایک مشترکہ زبان کے سلسلے میں مسلمانوں کی ادبی جدوجہد کا سوال ہی پیدا نہیں ہوتا۔ اسی لیے میں نے یہ تجاویز آپ کی خدمت میں پیش کی ہیں۔

میں جانتا ہوں کہ اگر یہ حد سے متجاوز ہیں تو آپ مجھے معاف کر دیں گے اور اگر یہ نامناسب ہیں تب بھی آپ کی اہانت کا باعث نہیں بنیں گی۔ جہاں تک میر اتعلق ہے میں صرف اپنا فرض ادا کرنا اور آپ سے ایک درخواست کر کے آپ کے فیصلے کے ضمن میں اپنی بے پایاں عقیدت اور آپ کے گہرے احساس انصاف وتحمل پر اپنے اعتماد کا اظہار کرنا چاہتا تھا۔

[بشکریہ 'تعمیر نیوز ڈاٹ کوم'، 27 اپریل 2021]

آزادی کے بعد اردو کے مسائل اور اردو ادارے

رالف رسل

ترجمہ: ارجمند آرا

رالف رسل کا زیر نظر مضمون کی اولین اشاعت Economic and Political Weekly (2-9 January 1999) میں ہوئی، بعد میں یہ مضمون رسل کی کتاب *How Not to Write the History of Urdu Literature* میں شامل ہوا جو آکسفرڈ یونیورسٹی پریس نے 1999 میں شائع ہوئی۔ اس مضمون کا اردو ترجمہ علی گڈھ کے سہ ماہی مجلّے 'ادیب'، شمارہ 4-1، جنوری تا دسمبر 1998 میں شائع ہوا جسے بعد میں سہ ماہی 'ادب ساز' (شمارہ 9-8) میں شامل اشاعت کیا گیا۔ اس مضمون سے ہماری ملاقات 'ادب ساز' میں ہی ہوئی لیکن بعد میں، میں نے اس مضمون کی مترجم ارجمند آرا سے رابطہ کیا، انھوں نے مجھے جو ٹیکسٹ فائل بھیجی، اس میں مضمون کا عنوان مختلف تھا لیکن ان کی اجازت سے میں نے اس کا عنوان وہی برقرار رکھا جو 'ادب ساز' کے متعلقہ شمارے میں تھا۔ اس مضمون میں اردو رسم الخط کے بارے میں رالف رسل نے جو مخلصانہ تجاویز پیش کی ہیں، وہ پہلے بھی تقریباً ایسے ہی دلائل کے ذریعہ پیش کی جاتی رہی ہیں۔ اسی تناظر میں ہم نے بہتر سمجھا کہ آئندہ صفحات میں رسم الخط کے حوالے سے شمس الرحمٰن فاروقی کا بھی شامل کرلیا جائے تا کہ قارئین دونوں زاویوں سے واقف ہو پائیں۔

مولانا ابوالکلام آزاد ریسرچ اینڈ ایجوکیشنل فاؤنڈیشن، سکندرآباد، ضلع بلند شہر (یوپی) انڈیا کے ایک سیمینار میں پہلی بار شرکت کی دعوت دیتے ہوئے منتظمین کی طرف سے یہ درخواست کی گئی تھی کہ میں زبان، ادب اور تعلیم کے مسائل کے موضوع پر اپنا مقالہ تحریر کروں۔ میں نے اس دعوت نامے کو اس ذہنی تاثّر کے ساتھ قبول کیا

کہ میں غیر اردوداں حضرات کے لیے اردو ادب کے موضوع پر اپنا مقالہ تحریر کروں گا۔ کچھ روز کے بعد مجھے یہ اطلاع دی گئی کہ سیمینار کے عنوان سے لفظ 'ادب' اس لیے خارج کر دیا گیا ہے کیوں کہ سیمینار کے منتظمین اپنی توجہ صرف اردو زبان و تعلیم کے مسائل پر مرکوز کرنا چاہتے ہیں لیکن مجھے یہ آزادی ضرور دی گئی کہ اگر میری خواہش اور دلچسپی غیر اردوداں حضرات کے لیے اردو ادب کے موضوع پر مقالہ لکھنے میں ہے تو وہ منتظمین کے لیے قابل قبول ہوگا۔ میں نے مگر منتظمین کی خواہش کا احترام کرتے ہوئے مقالے کے بیشتر حصے کو آزادی کے بعد ہندستان میں اردو زبان کے سیاسی و سماجی مسائل اور اردو تعلیم کے ناگفتہ بہ حالات کی تفصیل جیسے اہم موضوع تک محدود و مرکوز رکھا ہے اور اردو کی عمومی صورت حال پر بھی اپنے تجربے کے مطابق روشنی ڈالی ہے البتہ مقالے کے صرف آخری حصے میں اردو ادب کے بارے میں چند عمومی معروضات پیش کیے ہیں۔

راقم الحروف کی اپنے بارے میں یہ دیانتدارانہ رائے ہے اور اس میں روایتی انکساری کا قطعی کوئی دخل نہیں کہ وہ 1947 کے بعد اردو کے مکمل منظرنامے کا بھرپور جائزہ لینے کا اہل نہیں ہے۔ لندن یونیورسٹی کے اسکول آف اورینٹل اینڈ افریکن اسٹڈیز (SOAS) میں اردو لیکچرر کی حیثیت سے تقرری کے بعد مجھے تین مختلف مواقع پر ایک ایک سال کی مکمل تعلیمی رخصت پر ہندستان میں رہنے اور اردو کے حالات کا قریب سے جائزہ لینے کا اتفاق ہوا۔ ہندستان کے سفر کے لیے میں نے آخری تعلیمی رخصت 1965 میں لی تھی جسے اب ایک مدت گزر چکی ہے تاہم اپنے اس سفر کے دوران مجھے ہندستان کی اردو دنیا میں رونما ہونے والے واقعات اور تبدیلیوں کا قریب سے مشاہدہ کرنے کا موقع ملا۔

1949 تا 1965:

میری پہلی تعلیمی رخصت 1949 سے 1950 تک کے عرصے کو محیط تھی اور میں نے اس برس کا بیشتر حصہ علی گڑھ میں گزارا۔ یہ وہ دور تھا جب ڈاکٹر ذاکر حسین علی گڑھ مسلم یونیورسٹی کے شیخ الجامعہ تھے۔ اس دور میں اردو جن حالات سے دوچار تھی، آپ لوگ ان سے ضرور واقف ہوں گے۔ صوبائی حکومتیں خصوصاً اتر پردیش اور کسی حد تک بہار کے علاقے میں، جنھیں آپ اردو کا قبلہ کہہ سکتے ہیں، اردو کو برباد کرنے کی ہر ممکن کوششیں کر رہی تھیں اور تب سے آج تک اس صورت حال میں کوئی بڑی تبدیلی واقع نہیں ہوئی۔ ماضی قریب میں اردو زبان کا منظرنامہ کچھ ضرور بدلا جس کا تجزیہ میں آئندہ صفحات میں کروں گا۔ آزادی کے بعد کے ابتدائی برسوں میں اردوداں حلقے کے وہ لوگ جو اردو زبان کی ممکن حد تک حفاظت کرنا چاہتے تھے، اس کی ترقی کے خواہاں تھے اور ساتھ ہی اردو مخالف پالیسیوں کی مخالفت پر بھی کمربستہ رہنا چاہتے تھے، وہ بھی اپنی تمام تر نیک نیتی کے باوجود اپنی خواہشات کی تکمیل یعنی اردو کی ترقی اور حکومت کی اردو مخالف پالیسیوں کے عدم نفاذ کے لیے خود کچھ کرنے کے بجائے حکومت کے ذریعے ہی اپنے مقاصد کا حصول چاہتے تھے جو باہم متضاد اور ناممکن باتیں تھیں۔ مثال کے طور

پر، ہر شخص جانتا ہے کہ نہرو جو خود اردوداں تھے اور مرکزی حکومت کے سربراہ کے طور پر اردو کی ترویج و ترقی کے لیے کچھ کرنے کی خواہش بھی رکھتے تھے مگر اس وقت مرکزی حکومت اس حیثیت میں نہیں تھی کہ وہ اتر پردیش کی حکومت کو اس کی اردو کش پالیسیوں سے روک سکتی یا اردو کی ترویج کے لیے کچھ اقدام ہی کرنے پر رضامند کر پاتی۔ صوبائی حکومتوں کے روبرو بے بس ہونے کے باوجود مرکزی حکومت زیادہ سے زیادہ یہ کرسکتی تھی کہ اردو کے مویدین کے ذریعے چلائی جانے والی انجمنوں کو مالی امداد اور حمایت فراہم کرے مگر اس کے لیے اردو تحریک کے قائدین کا مخلص ہونا ضروری تھا۔

1965 کے بعد:

1965 کے بعد اردو کے سلسلے میں جو کچھ وقوع پذیر ہوا، اس کے متعلق میری معلومات کا بہت کچھ انحصار خصوصاً اس مواد پر ہے جو مجھے مولانا ابوالکلام آزاد ریسرچ اینڈ ایجوکیشنل فاؤنڈیشن کے ارباب بست وکشاد کی طرف سے فراہم کرایا گیا۔ اس مواد کا بیش تر حصہ ہندو پاکستان میں شائع ہونے والی ان انگریزی تحریروں پر مشتمل ہے جو 1988 اور اس کے بعد کے دور میں شائع ہوئیں۔ ماضی قریب میں اطہر فاروقی کے تحقیقی مقالے کی ایک عکسی نقل، جو انھوں نے پی ایچ ڈی کی ڈگری کے لیے 'آزادی کے بعد ہندستان میں اردو کا سیاسی وسماجی مطالعہ' کے عنوان سے جواہر لال نہرو یونیورسٹی، نئی دلی میں داخل کیا تھا مجھے 1996 میں استفادے کے لیے موصول ہوگئی تھی۔ میں نے اپنے دوست سوم آنند کے ایک مضمون جسے براڈفورڈ سے شائع ہونے والے اردو ہفت روزہ 'راوی' نے چھاپا تھا، سے بھی استفادہ کیا ہے۔ مولانا ابوالکلام آزاد ریسرچ اینڈ ایجوکیشنل فاؤنڈیشن کے ذریعے فراہم کیے گئے مواد میں کچھ مضامین کو میں نے نسبتاً اہم پایا، اس لیے آئندہ سطور میں میں ان مضامین حوالہ جات بھی پیش کردوں گا۔

اردو کے لیے انفرادی اور اجتماعی کوششیں:

ظاہر ہے کہ 1947 کے بعد ہندستان میں اردو کے حالات کا تجزیہ کرتے ہوئے میں سرکاری اور نیم سرکاری اداروں کی حکمت عملی کے بارے میں ضرور گفتگو کروں گا لیکن اس سے قبل میں اردو بولنے والے لوگوں اور ان کے تشکیل کردہ رضاکار اداروں کے طریق کار پر گفتگو کرنا ضروری سمجھتا ہوں۔ آزادی کے بعد ہندستان میں اردو جن خطرات سے دوچار تھی، ان میں اردو کے رضاکار اداروں اور انجمنوں کا کیا رول رہا، اس کا تجزیہ کرنا ازبس ضروری ہے۔

اردو کی ترویج کے لیے جو موثر اقدام اردوداں حضرات کی طرف سے کیے جاسکتے ہیں ان میں پہلا

طریقہ جس پر وہ عمل پیرا ہو سکتے ہیں، یہ ہے کہ وہ اپنے بچوں کو اردو پڑھنا اور لکھنا سکھانے کی ضمانت لیں۔ اگر اسکولوں کی طرف سے اردو کی تعلیم کا کوئی انتظام نہیں ہے تو یہ والدین کی ذمے داری ہے کہ وہ یہ انتظام کریں، لیکن مشاہدہ یہ ہے کہ بیش تر اردو والے ایسا نہیں کرتے۔ میرا ذاتی تجربہ یہ ہے کہ اردو بولنے والے ان لوگوں تک نے بھی جن کی اپنی زندگیاں عموماً اردو کے لیے وقف تھیں اور ان کے بچے اردو میں دلچسپی بھی لیتے تھے، اپنے بچوں کو اردو پڑھنا اور لکھنا نہیں سکھایا۔ ان لوگوں کے لیے اردو صرف گھر کے اندر بولی جانے والی زبان تھی یا ہے۔ ایسے بہت سے لوگ بھی اردو شاعری کا ذوق رکھتے ہیں اور مشاعروں میں جانا پسند کرتے ہیں جو اردو سے بالکل ناواقف ہوتے ہیں۔ یادش بخیر، ایک مرتبہ میں اپنے ایک دوست (مرحوم) حبیب الرحمان سے ملاقات کی غرض سے گیا۔ وہ ماسکو میں رہتے تھے جہاں ان کی ایک نوجوان خاتون رشتے دار آئی ہوئی تھیں۔ میں نے دیکھا کہ وہ اپنی پسند کے اشعار دیوناگری لپی میں درج کر رہی تھیں۔ ایک اور موقعے پر میں عصمت چغتائی سے ملا۔ انھوں نے مجھے بتایا کہ ان کی بیٹی کو اردو نہیں آتی۔ سوال یہ پیدا ہوتا ہے کہ ایسا کیوں ہے؟ والدین یہ انتظام کیوں نہیں کرتے کہ ان کے بچے اردو پڑھنا لکھنا سیکھیں۔ میری اپنی رائے یہ ہے کہ چاہے کتنی بھی مشکلات کیوں نہ درپیش ہوں، یہ محبانِ اردو کی اولین ذمے داری ہے کہ وہ اپنے بچوں کے لیے اردو کی تعلیم کے حصول کا انتظام خود ہی کریں۔ وہ ایسا کر سکتے تھے اور ان کو ایسا کرنا چاہیے تھا لیکن اگر میرا اندازہ غلط نہیں ہے تو انھوں نے ایسا نہیں کیا ہے۔

اردو والوں کو یہ بات واضح طور پر معلوم ہونی چاہیے کہ اردو کے تحفظ کے لائحۂ عمل کا بنیادی نکتہ یہ ہے کہ اردو میں مہارت رکھنے والے لوگوں کی تعداد میں اضافہ ہو۔ اردو میں مہارت رکھنے سے میری مراد یہ نہیں کہ وہ اردو بولنے پر غیر معمولی عبور رکھتے ہوں بلکہ ضروری یہ ہے کہ وہ اس اردو سے واقف ہوں جو تحریری شکل میں موجود ہے اور جس کے مطالعے سے اردو ادب کا ذوق بیدار ہو سکتا ہے۔ میری مراد واضح طور پر یہ ہے کہ اردو جاننے کا مطلب اردو رسم خط سے واقفیت ہے۔ مجھے نہیں معلوم کہ آئندہ سطور میں جن حالات کا ذکر کروں گا، ان کے لیے ہندستان میں اس وقت کس حد تک فضا سازگار ہے۔ میں سب سے پہلے اس نکتے پر زور دینا چاہتا ہوں کہ اگر کسی شخص کو اردو میں مہارت رکھنے والے لوگوں کی تعداد کے اضافے میں دلچسپی ہے تو وہ بغیر کسی بیرونی مدد کے انفرادی طور پر اس مقصد کے حصول کے لیے عملاً کچھ نہ کچھ ضرور کر سکتا ہے۔ اس کے لیے اسے جس جذبے کی سب سے زیادہ ضرورت ہے، وہ ہے اس کام کو کرنے کی خواہش کا جذبہ، رضا کارانہ طور پر کچھ وقت صرف کرنے کا جذبہ اور اپنے طور پر کچھ وسائل مہیا کرنے کا جذبہ۔ اس سیاق وسباق میں برطانیہ جیسے ممالک میں آکر آباد ہونے والی بہت سی لسانی وتہذیبی اقوام کے طرز عمل سے سبق حاصل کیا جا سکتا ہے۔ مثال کے طور پر برطانیہ میں سکونت اختیار کرنے والے گجراتی، پنجابی، ایرانی اردو داں، پولش زبان بولنے والے اور دوسرے لوگ بھی تقریباً ایسے ہی حالات سے دوچار ہیں جن سے ہندستان میں اردو داں حضرات کے بچے گزر رہے ہیں۔ برطانیہ میں جو لوگ اپنے بچوں کو اپنی موروثی زبان کی اس سے بہتر تعلیم دینا چاہتے ہیں جو برطانیہ میں اسکولوں اور اعلیٰ تعلیمی نظام میں رائج ہے،

اس کے لیے وہ رضا کارانہ طور پر کام کرتے ہیں یعنی وہ خود ہی جز وقتی کلاسوں کا انتظام کرتے ہیں، کمرے کرایے پر لیتے ہیں یا گھروں میں ہی نسبتاً بڑے کمروں میں انتظام کرکے اپنے بچوں کو اپنی موروثی زبان کی کچھ نہ کچھ تعلیم دیتے ہیں۔ میرے خیال میں اس کی بظاہر کوئی وجہ نہیں ہے کہ ہندستان میں اردوداں حضرات بھی اپنے بچوں کو رضا کارانہ طور پر تعلیم دینے کے لیے جز وقتی طریق تعلیم پر عمل پیرا نہ ہوں۔

بڑے اداروں کا رول:

معاصر ہندستان میں اردو زبان کے مسائل سے متعلق متعدد معاملات ایسے ہیں جن میں فردِ واحد یا چھوٹے چھوٹے رضا کار اداروں کے لیے کوئی پیش رفت ممکن نہیں اور یہی امر مجھے صوبائی یا کل ہند سطح پر اردو کے فروغ کے لیے قائم کیے گئے اداروں کے بارے میں لکھنے اور ان کی کارکردگی کا مکمل تجزیہ کرنے کی طرف متوجہ کرتا ہے۔

میں یہ محسوس کرتا ہوں کہ اردو کے ان بڑے اداروں کی کارکردگی کے منصفانہ محاسبے کے لیے ہمارے پاس ان اداروں سے متعلق تمام تفصیلات کا موجود ہونا ضروری ہے۔ اسی سبب اور اسی نوعیت کی معلومات مہیا کرنے کی غرض سے میں نے 4 جون 1996 کو انجمن ترقی اردو (ہند) اور ترقی اردو بیورو کو خطوط تحریر کیے۔ ترقی اردو بیورو کو لکھے گئے خط میں مندرجہ ذیل اقتباس بھی شامل ہے:

''کیا آپ مجھے گجرال کمیشن رپورٹ اور اس کے بعد قائم ہونے والی سردار جعفری کمیٹی کی رپورٹ کی نقول روانہ کرسکتے ہیں؟''

(ان رپورٹوں کے بارے میں تفصیلی طور پر میں آگے لکھوں گا۔)

''کیا آپ ترقی اردو بیورو سے متعلق مجھے ایسا مواد روانہ فرماسکتے ہیں جن سے مندرجۂ ذیل سوالات کا جواب مل سکے؟

1. کیا میرا یہ خیال درست ہے کہ ترقی اردو بیورو مکمل طور پر سرکاری امداد پر منحصر ادارہ ہے؟
2. اس ادارے کا آئین اور باضابطہ اغراض و مقاصد کیا ہیں؟
3. ادارے کے ارباب اختیار کون لوگ ہیں اور ان کا انتخاب کس طرح عمل میں آتا ہے؟
4. کیا ادارے کی کارروائیوں کی روداد پابندی سے شائع ہوتی ہے، اگر ہاں تو کتنے دن میں اور اگر نہیں تو کیا اس روداد کی غیر رسمی تفصیلات موجود ہیں؟

میں بے حد ممنون ہوں گا اگر آپ اس خط کا جواب جلد از جلد دینے اور متعلقہ تمام مواد ہوائی ڈاک سے روانہ فرمانے کی زحمت گوارہ کریں۔ میں یقیناً اس مد میں ہونے والے آپ کے تمام مصارف (مع ڈاک خرچ

وغیرہ) ادا کروں گا۔''

جب مجھے ان خطوط کا دونوں اداروں میں سے کسی بھی ادارے کی طرف سے کوئی جواب نہیں ملا تو میں نے جامعہ ملیہ اسلامیہ کے سابق رئیس جامعہ جناب سید مظفر حسین برنی سے رابطہ قائم کیا۔ برنی صاحب نے ازراہِ مہربانی نہ صرف فوراً جواب دینے کی زحمت کی بلکہ مجھے گجرال کمیشن اور سردار جعفری کمیٹی کی رپورٹوں کی کاپیاں بھی روانہ فرمائیں اور مطلع کیا کہ انھوں نے انجمن ترقی اردو (ہند) کے جنرل سکریٹری ڈاکٹر خلیق انجم اور ترقی اردو بیورو کی ڈائریکٹر فہمیدہ بیگم سے رابطہ قائم کیا تھا اور ان دونوں عہدیداران نے مجھے خط لکھنے کا وعدہ کیا ہے (خلیق انجم صاحب نے جلد ہی خط لکھنے کا وعدہ آج تک پورا نہیں کیا) لیکن اسی دوران مظفر حسین برنی صاحب نے دونوں اداروں یعنی انجمن ترقی اردو (ہند) اور ترقی اردو بیورو کے بارے میں کچھ اور معلومات فراہم کیں۔ انجمن کے بارے میں وہ لکھتے ہیں:

''یہ (انجمن ترقی اردو، ہند) مکمل طور پر سرکاری امداد یافتہ ادارہ تو نہیں ہے، البتہ دہلی انتظامیہ کی طرف سے اس کو ڈیڑھ لاکھ روپیہ سالانہ گرانٹ ضرور ملتی ہے۔ انجمن کی کئی منزلہ عمارت اردو گھر کے کرایے سے ہونے والی آمدنی انجمن کے اخراجات کے لیے وافر ہے۔ اس کی مجلسِ عاملہ میں چالیس رکن ہیں جن کا انتخاب ہر پانچ سال کے بعد عمل میں آتا ہے۔ میرے لیے یہ بات یقین سے کہنا مشکل ہے کہ انجمن کے اراکین پابندی سے حکومت کو اس کی کارکردگی کی رپورٹ پیش کرتے ہیں۔''

ترقی اردو بیورو کے بارے میں وہ لکھتے ہیں:

''یہ مکمل طور پر سرکاری امداد یافتہ ادارہ ہے۔ یہاں بھی حکومت کو دی جانے والی رپورٹ میں پابندی قائم نہیں رہ پاتی۔ مگر فی الحال بیورو اپنی زندگی کی آخری سانسیں لے رہا ہے۔''

چند دنوں بعد برنی صاحب نے مجھے ان دونوں اداروں کی شائع شدہ رپورٹیں بھی روانہ فرمائیں۔ ایک رپورٹ انجمن کے ہفت روزہ ترجمان 'ہماری زبان' کے خصوصی شمارے (یکم اکتوبر 1977) میں شائع ہوئی تھی اور دوسری بیورو کے ذریعے جاری کردہ پمفلٹ کے دو شماروں (خبرنامہ جنوری تا جولائی 1983) اور جون 1990) کی شکل میں تھی۔

اس مقالے کے ضابطۂ تحریر میں آنے تک (دسمبر 1998) مجھے ان دونوں اداروں میں سے کسی کی بھی طرف سے اب تک کوئی خط موصول نہیں ہوا ہے۔ اس تمام مواد کے، جو ان دونوں اداروں سے متعلق اب تک مجھے موصول ہوا ہے، تفصیلی مطالعے کے پیشِ نظر مجھے یہ کہنے میں کوئی تکلف نہیں کہ بالخصوص انجمن ترقی اردو (ہند) کا رویہ اردو کی بقا اور ترویج کے لیے ہر سطح پر مایوس کن ہی رہا ہے۔ انجمن سے میرا رابطہ 50-1949 کے درمیان اور 65-1964 اور اس کے بعد کے برسوں میں بھی کچھ نہ کچھ ضرور رہا ہے۔ اس مرتبہ بھی اس مضمون کو تحریر کرنے کے سلسلے میں ان کے تعاون کا جو تجربہ مجھے ہوا، اسے کسی بھی طرح خوش گوار تجربہ نہیں کہا جاسکتا۔

کچھ دنوں پہلے 'انڈین ریویو آف بکس' (جلد 5 شمارہ 1، 15 ستمبر تا 15 نومبر 1995) میں میرا ایک مضمون شائع ہوا تھا میرا خیال ہے کہ میرا یہ مضمون آپ میں سے بیشتر حضرات کی نظر سے نہیں گزرا ہوگا، اس لیے میں اس میں سے ایک طویل اقتباس پیش کرنے کی اجازت چاہوں گا:

''ان تمام برسوں میں تصویر کا سب سے زیادہ پریشان کن پہلو (کسی سخت لفظ کا استعمال میں دانستہ طور پر نہیں کر رہا ہوں) ان لوگوں کی بے عملی اور عدم متحرک ہے جو خود کو اردو بولنے والوں کی جماعت کا رہنما تصور کرتے ہیں۔ یہ بات 1949 ہی میں، جب میں ان میں سے کئی حضرات سے پہلی مرتبہ ملا تھا، مجھ پر روشن ہو گئی تھی... میں موضوع سے نہیں ہٹوں گا (اور صرف یہ کہنے پر اکتفا کروں گا، جو مجھے ضرور کہنا بھی چاہیے کہ ان لوگوں کو اردو سے کوئی محبت نہیں تھی)... اردو کی ترقی اور فلاح کے لیے قائم کیے گئے اداروں کو مرکزی حکومت کی جانب سے ابتدا میں کافی وسائل فراہم کیے گئے تھے لیکن ان اداروں کا طرز عمل کسی طرح بھی متاثر کن نہیں تھا۔ 50-1949 میں میرا ان لوگوں سے کئی مرتبہ تبادلۂ خیال ہوا جو سرکاری امداد سے چلنے والے اردو اداروں مثلاً انجمن ترقیِ اردو کی مجلسِ منظمہ میں فروکش تھے۔ اس وقت بھی میں نے ان سے یہ بات عرض کی تھی کہ وہ ان اداروں کے ذریعے اردو کی بقا اور ترویج کے لیے نہ صرف مبسوط لائحہ عمل مرتب کریں بلکہ اس کے اطلاق کے لیے سنجیدگی سے کوشش بھی کی جائیں۔ میں نے ان کی توجہ اس اہم بات کی طرف بھی مبذول کرائی تھی کہ اردو میں اہم اور عظیم ترین کلاسیکی متون کی اشاعتیں موجود نہیں ہیں۔ اوکسفرڈ کلاسیکی متون (Oxford Classical Texts) کی مثال پیش کرتے ہوئے میں نے یہ بھی بتایا تھا کہ اس سیریز کے تحت لاطینی اور یونانی زبانوں کے عظیم و قدیم مصنفین کی تصنیفات کو شائع کیا گیا ہے۔ ان متون کو مرتب کرنے کا مقصد ممکن حد تک صحت کے ساتھ ان متون کو شائع کرنا تھا۔ میں نے انجمن کے ارباب اختیار سے یہ بھی عرض کیا تھا کہ اگر وہ کچھ اور نہیں صرف قدیم متون کی صحت کے ساتھ اشاعت کی طرف بھی توجہ دیں تو یہ اپنے آپ میں بڑا وقیع کام ہوگا مگر بیس برس بعد بھی اس سلسلے میں انجمن کا واحد کارنامہ دیوان غالب (اردو) مرتبہ امتیاز علی عرشی تک محدود تھا۔ انجمن نے مبینہ طور پر ایسے کچھ اور منصوبے شروع تو کیے مگر وہ نہ تو آگے بڑھ سکے اور نہ ہی ان میں سے کوئی اولوالعزم منصوبہ اپنے اختتام کو پہنچ سکا۔ ان منصوبوں کے سلسلے میں جو کام ہونا چاہیے تھا۔ وہ شروع ہی نہیں کیا گیا۔

مجھے پروفیسر آل احمد سرور کے ساتھ 1965 میں ہونے والی گفتگو آج بھی بخوبی یاد ہے جس میں، میں نے بہ اصرار اپنی اس خواہش کا اظہار کیا تھا کہ غالب کی تمام تحریروں کے مستند متون تیار کرنے کا کام فوراً شروع کر دیا جائے تاکہ غالب صدی (1969) تک ان کو شائع کیا جا سکے۔ اس سلسلے میں جو کچھ شائع ہوا وہ غالب کے خطوط کی ایک جلد تھی، جو 1930 میں شائع شدہ خطوط غالب کی ذلّت آمیز اشاعت مکرّر سے زیادہ کچھ نہ تھی۔

''اسی صحبت میں پروفیسر سرور نے مجھے بتایا تھا کہ انھوں نے میکش اکبر آبادی سے فرہنگِ نظیر اکبر آبادی تیار کرنے کو کہا تھا اور یہ کام مکمل ہو کر ان تک پہنچ چکا ہے۔ میں نے ان سے کہا کہ پھر اسے فوراً کیوں نہ شائع کر دیا

جائے کیوں کہ اس کا استعمال ایک ایسے مکمل اردو-اردو لغت کے طور پر کیا جا سکتا ہے جس کی اشاعت کا منصوبہ آپ کافی دن سے بنا رہے ہیں۔ پروفیسر سرور نے میری اس تجویز کو مسترد کر دیا اور 30 برس کے بعد بھی اردو والوں کے پاس نہ تو کوئی مکمل اردو-اردو لغت موجود ہے اور نہ ہی کوئی فرہنگ۔ کچھ عرصے بعد مجھے معلوم ہوا کہ میکش اکبر آبادی کی مرتب کردہ فرہنگ ہی ضائع ہو گئی۔ اس قسم کی مجرمانہ بے توجہی کی متعدد مثالیں انجمن ترقی اردو کے طریقِ کار سے پیش کی جا سکتی ہیں مگر میرا خیال ہے کہ وہ سب عبرت انگیز مثالیں بھی صرف نمونے ہی کا کام کریں گی۔''

اطہر فاروقی کو دیے گئے اپنے ایک انٹرویو میں (اخبار نو، 2 تا 8 دسمبر 1988) رشید حسن خاں اسی نوعیت کے کچھ اور واقعات کا ذکر کرتے ہوئے کہتے ہیں:

''بورڈ (بیورو) نے بہت پہلے منصوبہ بنایا تھا کہ اردو کا مکمل لغت چار پانچ جلدوں میں مرتب کرایا جائے گا۔ اس کے لیے ہندستان کے نہایت مشہور لوگوں کا انتخاب کر کے انھیں ایک ایک جلد بانٹ دی گئی۔ برسوں تک ان لوگوں کو باقاعدہ معاوضہ ادا کیا جاتا رہا۔ ان کو ایک ایک معاون بھی دیا گیا۔ برسوں کے بعد معلوم ہوا کہ لغت مکمل نہیں ہوا۔ جب حساب طلبی کا وقت آیا تو ان سب مخدومین اور محترمین نے، جو مشہور بلکہ اشتہاری ادیب تھے، کام ویسا کا ویسا ہی واپس کر دیا۔ اس کے بعد وہ کام ڈاکٹر مسعود حسین خاں صاحب کے سپرد کیا گیا۔ میں نے ان سے ایک بار کام کی کیفیت پوچھی تو کہنے لگے ارے کیا کہتے ہو، بوریوں میں بھری ہوئی کچھ چیزیں آئی تھیں جن کو صحیح طور پر رکھنا مشکل تھا اور نہایت درجۂ ناقص طور پر اس کام کو کیا گیا تھا۔ غضب یہ ہے کہ سال ڈیڑھ سال کے بعد وہ کام بھی ختم ہو گیا۔ اب وہ کام بھی نہیں ہو رہا ہے... ایک مختصر لغت ابھی ضرور چھپا ہے میں نے اس کو اسی طرح پڑھا جیسے میں اور کتابیں پڑھتا ہوں۔ مجھے تو اس کا ایک صفحہ ایسا نہیں ملا جس پر ایک یا دو تین مختلف قسم کی غلطیاں نہ ہوں۔''

رشید حسن خاں کی اس گفتگو سے اندازہ ہوتا ہے کہ اردو-انگریزی (یا انگریزی-اردو) لغت کے منصوبے کا بھی وہی حشر ہوا جو فرہنگِ نظیر اکبر آبادی کا ہوا تھا۔

اپنے مذکورہ انٹرویو میں رشید حسن خاں نے ایک اور اسکینڈل کے بارے میں معلومات فراہم کی ہیں جس کے بارے میں مجھے معمولی نوعیت کی اطلاعات تھیں۔ وہ کہتے ہیں:

''یونیورسٹی گرانٹس کمیشن نے یہ منصوبہ بنایا تھا کہ چار ضخیم جلدوں میں اردو ادب کی تاریخ مرتب کی جائے جس کے لیے علی گڑھ مسلم یونیورسٹی کو بڑی رقم دی گئی۔ یونیورسٹی نے شروع میں بہت اچھا منصوبہ بنایا۔ کاغذ پر جو تفصیلات سامنے آئیں، وہ اتنی اچھی تھیں کہ ہم سب کو یقین ہو گیا کہ اب یہ جو تاریخ ادب اردو لکھی جائے گی وہ واقعی اعلیٰ درجے کی ہوگی۔ اردو کے 9 بہت مشہور اور ذی وقعت اہل علم کو اس میں شامل کیا گیا۔ پہلی جلد کے مقالات کے لیے 1200 سے 1700 تک زمانہ طے کیا گیا۔ اس کی پہلی جلد جب چھپ کر آئی اور میں نے اس کو پڑھا تو آپ اندازہ نہیں کر سکتے ہیں کہ میری حیرت کا کیا عالم تھا۔ اس تاریخ ادبِ اردو کے کسی حوالے کو اعتماد کے

ساتھ نقل کیا ہی نہیں جاسکتا... جتنے اقتباسات دیے گئے، ان میں سے بیشتر کی عبارت قابل اعتماد نہیں۔ میں نے اسی زمانے میں اس پر ایک مفصّل تبصرہ لکھا تھا۔ اس تبصرے نے بہت شہرت پائی۔ یہ تبصرہ پہلی بار رسالہ 'تحریک' میں شائع ہوا تھا جو بعد میں اس رسالے سے کئی جگہ نقل کیا گیا۔ بہت چرچے رہے۔ اس کا اثر یہ ہوا کہ وہ پہلی جلد باضابطہ بازار سے اٹھالی گئی اور یونیورسٹی میں لے جاکر اس کا ڈھیر لگا دیا گیا۔ کہا یہ گیا کہ اب اس کو تصحیح کے بعد بازار میں بھیجا جائے گا۔ آج تک نہ تو اس کی پہلی جلد کی تصحیح ہوئی اور نہ باقی جلدیں شائع ہوسکیں۔

جس زمانے کا یہ قصہ ہے، اس کے آس پاس ہی 1969 میں ترقی اردو بیورو کا قیام عمل میں آیا۔ میرا تاثر یہ تھا کہ اردو لغت کا منصوبہ بھی انجمن نے شروع کیا تھا مگر رشید حسن خاں کے انٹرویو سے تفصیلات معلوم ہوئیں کہ اصل میں یہ منصوبہ ترقی اردو بیورو کا تھا (جسے وہ بورڈ کہتے ہیں) بیورو کے کارہائے نمایاں سے میری واقفیت کچھ زیادہ نہیں ہے مگر پروفیسر عتیق احمد صدیقی نے اپنے ایک مضمون 'اسٹیٹس آف اردو اِن انڈیا' (دی نیشن لاہور، 4 اکتوبر 1994) کے ذریعے اس کی کارکردگی سے متعلق تفصیلات فراہم کی ہیں:

''ترقی اردو بیورو جس کا قیام مرکزی حکومت ہند کے ذریعے عمل میں آیا تھا، اب تک تقریباً 700 بے مقصد کتابیں شائع کرچکا ہے جن میں اکثریت تراجم کی ہے۔ اسی طرح ساہتیہ اکادمی اور نیشنل بک ٹرسٹ بھی (یہ دونوں ہی سرکاری ادارے ہیں) کثیر تعداد میں بے مصرف اردو کتب شائع کرچکے ہیں۔''

اسی مضمون میں آگے چل کر وہ مختلف صوبوں میں قائم شدہ اردو اکادمیوں پر نکتہ چینی کرتے ہوئے لکھتے ہیں:

''بہت سے صوبوں میں، مثلاً یوپی، بہار، مغربی بنگال، ہریانہ، مہاراشٹر، آندھرا پردیش اور اڑیسہ وغیرہ کی صوبائی حکومتوں نے اردو اکادمیاں قائم کی ہیں یہ اکادمیاں بھی اردو کی نام نہاد خدمت میں مثلاً کتابوں کی اشاعت، مصنفین کو کتب کی اشاعت کے لیے مالی مدد فراہم کرنا، مصنفین اور طلبہ کو وظائف وغیرہ دینے میں مصروف ہیں۔''

ممکن ہے کہ صدیقی صاحب کی اس رائے کے بارے میں یہ نتیجہ اخذ کرلیا جائے کہ انھوں نے ایک سخت موقف اختیار کیا ہے اور شائع ہونے والی تمام کتب بے مقصد اور مصنفین کو ان سرکاری اداروں کی طرف سے دی جانے والی امداد مکمل طور پر بے مصرف نہیں ہوسکتی۔ بہرحال میرا اپنا خیال یہ ہے کہ پروفیسر صدیقی کی رائے میں کافی وزن ہے اور اس زمانے میں اپنے ذاتی تجربے کے ذریعے میں نے ان اداروں اور اردو کے حالات کے بارے میں جو رائے قائم کی تھی وہ آج کے حالات پر بھی منطبق ہوتی ہے۔

دی نیشن، لاہور ہی کے 8 جولائی 1994 کے شمارے میں شمس الرحمٰن فاروقی کا ایک انٹرویو شائع ہوا ہے۔ یونیورسٹیوں کے شعبہ ہائے اردو کے بارے میں وہ کہتے ہیں:

''... یونی ورسٹیوں کے اردو شعبوں کے اساتذہ نے اپنی نوکری بچانے کے لیے جو مفاد پرستانہ لائحۂ

عمل مرتب کیا، اس نے اردو کی بنیادوں کو اکھاڑ پھینکا۔ اردو کو بچانے میں ان اساتذہ کی کوئی دلچسپی نہیں تھی۔ اردو اساتذہ نے اپنے نئے ترتیب شدہ لائحۂ عمل کے مطابق یونیورسٹی کے ارباب اقتدار کو اس بات پر راضی کرلیا کہ جن طالبِ علموں نے کسی بھی سطح پر اردو کا مطالعہ نہیں کیا ہے یا جو اچھے طالبِ علم نہیں ہیں، اگر وہ ایک اختیاری مضمون کے طور پر بی اے میں اردو کو اختیار کرنا چاہیں یا اردو ادب میں ایم اے کرنے کے خواہش مند ہوں تو انھیں داخلے کی اجازت دی جائے۔ صرف اپنی نوکری کے تحفظ کے لیے ذاتی مفادات کے تابع بالخصوص یونیورسٹیوں کے اردو اساتذہ کا یہ قدم اردو کے لیے بے حد ضرر رساں ثابت ہوا۔ ان کے اس قدم کے نتیجے میں یونیورسٹیوں کے اردو طالبِ علموں میں اکثریت جاہلوں کی ہوگئی ہے۔ بی اے میں اردو کو بہ حیثیت مضمون اختیار کرنے والے یا اردو ادب میں ایم اے کرنے والے طلبہ میں اکثریت ان کی تھی جن کی علمی صلاحیت بہت کم تھی اور دوسرے طریقوں کے ذریعے انھیں یونیورسٹی میں کبھی داخلہ نہیں مل سکتا تھا۔ یہ اس صدی کے چھٹے دہے کی بات ہے جب یونیورسٹیوں کے اردو شعبوں میں ان جاہل طالب علموں کی بھرتی بطور استاد شروع ہوئی۔ پھر ان اساتذہ کے جاہل شاگردوں کی کھیپیں تیار ہونا شروع ہوئیں اور جاہل در جاہل کا یہ سلسلہ اب خدا جانے کب رکے۔"

ان آرا کا تجزیہ کرنے کے بعد مختصراً اتنا ہی کہا جاسکتا ہے کہ اردو کے قائدین نہ صرف یہ کہ اردو کے لیے ایسا کچھ بھی کرنے میں ناکام رہے جو وہ اپنی پیش قدمی سے کر سکتے تھے بلکہ وہ اپنے ان وعدوں کو بھی وفا نہ کر سکے جن کے لیے وہ اپنی اُجرت بھی وصول کرتے رہے ہیں۔ اس پر طرہ یہ کہ انھوں نے ایسے اقدام بھی کیے جو بقول شمس الرحمٰن فاروقی "اردو کے لیے بے حد ضرر رساں ثابت ہوئے۔" ان ہی کارناموں کے سبب اردو کے ان پرچم بردار قائدین کے لیے رشید حسن خاں کے یہ سخت الفاظ درست معلوم ہوتے ہیں کہ "یہ لوگ بل ہوس' اور بے ضمیری کے جال میں گرفتار ہو چکے ہیں۔ ان کے یہاں ایمان داری کا تصور تو تقریباً مر چکا ہے... اس حد تک دنیادار، اس حد تک جاہ طلب اور گھٹیا گروپ بازی میں گرفتار لوگ ہیں..."

یہاں ضمناً میں یہ بات بھی عرض کرنا چاہوں گا کہ یہ افسوس ناک امر ہے کہ رشید حسن خاں نے ان سارے معروف لوگوں کے نام ظاہر نہیں کیے جن کے لیے انھوں نے ان سخت الفاظ کا (لیکن پوری طرح درست) استعمال کیا ہے۔ یہ لوگ گمنامی کی ڈھال کے مستحق ہرگز نہیں ہیں اور نہ ہی قرائنی تفصیلات سے ان شخصیات کی شناخت کوئی مشکل امر ہے لیکن میرا خیال یہ ہے کہ ان لوگوں کو پوری طرح بے نقاب کرنے کی ضرورت ہے۔

اب ہمیں کسی قدر تفصیل میں جاکر ان اقدام کا جائزہ لینا ہوگا جو مرکزی حکومت تقریباً گذشتہ دو دہوں سے کرتی رہی ہے۔

1970 اور اس کے بعد:

سوم آنند کے مضمون سے مجھے ہندستان میں مرکزی اور صوبائی حکومتوں کے رشتوں اور ان کی اردو پالیسیوں کے مابین اختلافات سے متعلق یہ معلوم ہوا کہ یہ پالیسیاں ان گذشتہ پالیسیوں سے مختلف نہیں تھیں جن کا مشاہدہ میں ایک عرصہ پہلے کر چکا تھا۔ ہندستان کی مرکزی حکومت اندرا گاندھی کے دور سے ہی اپنی کسی نہ کسی پالیسی کے تحت اردو کی بقاو ترقی کے لیے کچھ نہ کچھ اقدام کرتی رہی ہے۔ ان اقدام کے بارے میں تفصیل میں جانے کی سردست کوئی ضرورت نہیں۔ میرے خیال میں آپ تمام حضرات کے علم میں یہ بات ضرور ہوگی کہ مرکزی حکومت نے ایسی تمام پالیسیاں وضع کیں جن سے یہ تاثر عام ہوا کہ حکومت اردو کی بقاو فروغ کی خواہاں ہے۔ یہ پالیسیاں اس لیے نہیں وضع کی گئی تھیں کہ حکومت کو اردو یا اس کے فروغ سے واقعتاً کسی قسم کی دلچسپی تھی بلکہ حقیقت یہ ہے کہ ان پالیسیوں کے وضع کا مقصد سیاسی مفادات کا حصول تھا۔ سوم آنند ہی کے مضمون سے مجھے یہ بھی علم ہوا کہ اندرا گاندھی نے اپنے دورِ اقتدار میں 1972 کے آس پاس اندر کمار گجرال کی صدارت میں ایک کمیٹی تشکیل دی تھی جس کا کام اردو کی ترویج کے امکانات کا جائزہ لینا تھا۔ ڈھائی سو صفحات پر مشتمل یہ رپورٹ 1975 میں 187 سفارشات کے ساتھ پیش کی گئی۔

سوم آنند کے مطابق یہ رپورٹ ''سرد خانے میں چلی گئی'' جس کا سب سے بڑا سبب جگ جیون رام کی شدید اردو مخالفت تھا اور مادام اندرا گاندھی اس دور کے سیاسی حالات میں جگ جیون رام کی مخالفت مول لینا نہیں چاہتی تھیں۔

بہر حال، مناسب وقت آنے پر گجرال کمیٹی رپورٹ پارلیمنٹ میں پیش کی گئی اور پھر مختلف، کافی فصل سے، دو کمیٹیاں اس امر کا جائزہ لینے کے لیے قائم کی گئیں کہ گجرال کمیٹی کی کون سی سفارشات کا نفاذ عملاً ممکن ہے۔ پہلی سب کمیٹی 1979 میں آل احمد سرور کی صدارت میں بنی جس کا کام گجرال کمیٹی کی سفارشات کا جائزہ لینا تھا (اس کمیٹی نے اپنا کام 1983 میں مکمل کر لیا) دوسری کمیٹی علی سردار جعفری کی صدارت میں فروری 1990 میں تشکیل دی گئی جس نے غیر معمولی مستعدی کا ثبوت دیتے ہوئے ستمبر 1990 میں حکومت کو اپنی رپورٹ پیش کر دی۔ جعفری کمیٹی نے یہ تصدیق کی کہ گجرال کمیٹی کی پچانوے فیصد سفارشات کو عملی جامہ پہنایا ہی نہیں گیا ہے۔ 1989 میں حکومت بہار اور اس کے بعد حکومت اتر پردیش نے کاغذ پر ہی سہی اردو کو اپنے اپنے صوبوں کی دفتری کام کاج کی زبان (official language) کے طور پر قبول کر لیا۔ دلچسپ بات یہ ہے کہ گجرال کمیٹی کی سفارشات میں یہ سفارش شامل ہی نہیں کی گئی تھی۔

یہاں میں اس امر پر حیرت کا اظہار کرنا چاہتا ہوں کہ مولانا ابوالکلام آزاد ریسرچ اینڈ ایجوکیشنل فاؤنڈیشن کی طرف سے مجھے ابتداً جو شائع شدہ مواد فراہم کیا گیا تھا، اس میں گجرال کمیٹی، سرور کمیٹی یا جعفری کمیٹی کا کوئی حوالہ سرے سے موجود ہی نہیں تھا (البتہ اطہر فاروقی کے پی ایچ ڈی کے مقالے میں گجرال کمیٹی کا تعارف اور اس کی سفارشات کی ایک طویل تلخیص شامل ہے مگر چوں کہ اطہر فاروقی کا مقالہ مجھے دیر سے موصول ہوا، اس

لیے، ابتدا میں اس بات پر حیرت کرتا رہا کہ گجرال کمیٹی سے متعلق مواد کس لیے روانہ نہیں کیا گیا)۔

خود مختار اداروں اور انجمنوں کا رول:

مجھے بخوبی اندازہ ہے کہ انجمن ترقی اردو (ہند) اور ترقی اردو بیورو جیسے اداروں کی بے عملی کے سبب پیدا شدہ بے اطمینانی اور مایوسی عام طور پر لوگوں کو ایسے اداروں سے پوری طرح مایوس کر دیتی ہے اور نتیجتاً ایسی انجمنیں وجود میں آنے لگتی ہیں جو کسی بھی طرح کی سرکاری امداد یا تعاون قبول کرنے سے انکار کر کے خود کو حکومت کے احسان اور پالیسی دونوں سے اپنے آپ کو آزاد کر لیتی ہیں۔ ہندستان میں اردو کے موجودہ حالات میں یہ بے اطمینانی بے حد مبارک ہے کیوں کہ حقیقتاً ایسی خود مختار انجمنوں کی آج بے حد ضرورت ہے۔ مجھے یہ جان کر خوش گوار تعجب ہوا کہ مولانا ابوالکلام آزاد ریسرچ اینڈ ایجوکیشنل فاؤنڈیشن، سکندر آباد ضلع بلند شہر (یوپی) ایک ایسا ہی خود مختار ادارہ ہے جو حکومت کی امداد تو دور، حکومت سے کسی طرح کا تعلق رکھنے والے اہلِ قلم تک سے کسی طرح کا کوئی واسطہ رکھنا پسند نہیں کرتی۔ ابتداً مجھے مولانا ابوالکلام آزاد ریسرچ اینڈ ایجوکیشنل فاؤنڈیشن کے اس رویے کے بارے میں کوئی خبر نہ تھی۔ سب سے زیادہ تعجب خیز بات تو یہ ہے کہ فاؤنڈیشن کی طرف سے دعوت نامہ ملنے کے کئی مہینے کے بعد ہی میں اس حقیقت سے واقف ہو سکا۔ فاؤنڈیشن کے بارے میں میرے استفسار پر اس کے نائب صدر امان اللہ خالد نے اپنے 14 مئی 1996 کے خط کے ذریعے مجھے پہلی بار یہ اطلاع بہم پہنچائی۔ یہاں میں یہ ضروری سمجھتا ہوں کہ اس خط کے حوالے سے کچھ ضروری باتوں کا اندراج اس مقالے میں کروں۔ وہ لکھتے ہیں:

''مولانا ابوالکلام آزاد ریسرچ اینڈ ایجوکیشنل فاؤنڈیشن کا رجسٹریشن 1989 میں کرایا گیا۔ فاؤنڈیشن کے مربی سکندر آباد کے وہ تمام حضرات ہیں جو تقسیم کے بعد اردو پر پڑنے والے پیمبری وقت میں ستائش و صلے کی ہر تمنا سے بے نیاز ہو کر بہت خاموشی کے ساتھ بادِ مخالف کے تیز جھونکوں میں اردو کی شمع روشن کیے رہے... (سکندر آباد اتر پردیش کے ضلع بلند شہر کا ایک قصبہ ہے جس کی کل آبادی کا تقریباً 45 فیصد حصہ مسلمانوں پر مشتمل ہے۔... مولانا ابوالکلام آزاد ریسرچ اینڈ ایجوکیشنل فاؤنڈیشن کی مجلسِ عاملہ میں ایسے سات حضرات شامل ہیں... ہماری روزِ اول سے یہی کوشش ہے کہ حکومت سے کسی طرح کی کوئی مدد قبول نہ کی جائے تاکہ براہ راست یا بالواسطہ حکومت کی پالیسیاں ہمارے کام پر اثر انداز نہ ہو سکیں۔ اس طرح کے نظریات کے ساتھ کسی ادارے کو ہندستان میں چلانا آج بھی بہت مشکل ہے اور ایسی تمام مشکلیں ہم برداشت کر رہے ہیں۔''

12 اگست 1996 کے ایک اور خط کے ذریعے وہ اس سلسلے میں مزید اطلاعات بہم پہنچاتے ہوئے لکھتے ہیں:

''فاؤنڈیشن کے اراکین نے ابتدا ہی سے یہ طے کیا تھا کہ فاؤنڈیشن کا کوئی رکن حکومت کی ملازمت

قبول نہیں کرے گا۔ وہ کسی سرکاری یا غیر سرکاری کمیٹی کا رکن نہیں بنے گا اور حکومت ہند سے خود کو براہ راست یا بالواسطہ وابستہ نہیں کرے گا۔ وہ حکومت ہند سے کسی طرح کی کوئی مالی امداد، وظیفہ اور انعام بھی قبول نہیں کرے گا۔ وہ اس بات کی بھی حتیٰ الامکان کوشش کرے گا کہ ایسے کسی سیمینار یا مشاعرے میں حصہ نہ لے جس کا کسی بھی طرح حکومت سے کوئی تعلق ہو۔ وہ حکومت سے جزوی طور پر امداد یافتہ اردو رسائل میں اپنی تخلیقات کی اشاعت سے ممکن حد تک گریز کرے گا۔ خوشی کا مقام ہے کہ آج تک فاؤنڈیشن کے تمام اراکین اس غیر تحریری کمٹمنٹ پر عمل پیرا ہیں۔''

اول الذکر کے ذریعے خط کے ذریعے مجھے یہ اطلاع ملی تھی:

''فاؤنڈیشن کے مقاصد کے تحت سکندر آباد میں گذشتہ دس سال سے دو اردو میڈیم جونیر ہائی اسکول چل رہے ہیں۔ فاؤنڈیشن کے ان دو اسکولوں کے علاوہ اتر پردیش میں صرف علی گڑھ مسلم یونی ورسٹی کے دو جونیر ہائی اسکول اور ہیں۔''

ایک تیسرے خط کے ذریعے مجھے مندرجہ ذیل معلومات فراہم کرائی گئی۔

''علی گڑھ مسلم یونیورسٹی کے دونوں اردو میڈیم اسکولوں میں انگریزی ذریعۂ تعلیم بھی موجود ہے اور بیشتر والدین اپنے بچوں کو انگریزی ذریعۂ تعلیم ہی میں بھیجتے ہیں۔ اردو ذریعۂ تعلیم نچلے طبقے کے وہ بچے اختیار کرتے ہیں جن کے لیے کسی بھی طرح انگریزی ذریعۂ تعلیم کا بوجھ برداشت کرنا ممکن نہیں ہوتا، ہر چند کہ مسلم یونیورسٹی کے دونوں اسکولوں میں انگریزی ذریعۂ تعلیم کا معیار بہت پست ہے۔ مختصر یہ کہ مسلم یونیورسٹی کے ان دو اسکولوں میں بھی اردو ذریعۂ تعلیم کی سانسیں اُکھڑ رہی ہیں اور آئندہ چند سال میں یہ نام نہاد اردو ذریعۂ تعلیم ان اسکولوں سے بھی ختم ہو جائے گا۔''

14 مئی 1996 کے خط میں آگے لکھا تھا:

''فاؤنڈیشن اب تک دو اہم موضوعات پر سیمینار منعقد کر چکی ہے... ایک 'اردو ذریعۂ تعلیم کے مسائل' اور دوسرا 'ہندستانی مسلمان اور پریس' کے موضوعات پر۔ ان میں پیش کیے گئے مقالات دنیا بھر کے مقتدر اخبارات و رسائل میں شائع ہوئے۔

''مولانا آزاد فاؤنڈیشن کے تمام فنڈ مقامی باشندوں سے بہ قدرِ ضرورت چندے کی شکل میں حاصل کیے جاتے ہیں۔''

میں اپنے اس خیال کا اظہار کر چکا ہوں کہ سرکاری انعام یافتہ انجمنوں کے خلاف ہندستان کے اردو والوں کی بے اطمینانی اور بے یقینی قطعاً جائز ہے اور اردو کے حقوق کے لیے صرف اپنے زورِ بازو کے بل پر جدّوجہد اور خود مختار اداروں کا قیام ایک خوش آئند قدم ہوگا لیکن اس سے یہ مراد نہیں لینا چاہیے کہ اردو والے سرکاری امداد یافتہ اداروں کے معاملات میں کوئی دلچسپی ہی نہ لیں۔ اردو کی ترویج کے لیے قائم کی گئی انجمنیں،

ادارے، اکادمیاں اور بیورو وغیرہ اگر اطمینان بخش کام نہیں کر رہے ہیں تو ان پر منظم طریقے سے کھلے عام تنقید کی جانی چاہیے، اور اس سے بھی زیادہ اہم بات یہ ہے کہ ان سرکاری اداروں کے منظور شدہ پروگراموں کو عملی جامہ پہنائے جانے کے لیے وسیع پیمانے پر مسلسل جدوجہد کرنا چاہیے۔ کہنے کا مقصد یہ ہے کہ مولانا ابوالکلام آزاد ریسرچ اینڈ ایجوکیشنل فاؤنڈیشن جیسی انجمنوں کو اردو کی ترویج و ترقی کے لیے مربوط پروگراموں کے تحت منظّم طور پر سرگرمِ عمل ہونا چاہیے اور اپنی پالیسیوں اور پروگراموں کی اشاعت کرنا چاہیے۔

مولانا ابوالکلام آزاد ریسرچ اینڈ ایجوکیشنل فاؤنڈیشن کی طرف سے سیمینار کے دعوت نامے کے ساتھ جو شائع شدہ مواد مجھے موصول ہوا تھا، اس میں لاہور سے شائع ہونے والے انگریزی روزنامے 'دی نیشن' کے 25 دسمبر 1992 کے شمارے میں احمد رشید شروانی کا ایک مضمون 'ہندی مسلمانوں کی تعلیمی پسماندگی' بھی شامل تھا۔ اس مضمون کے ان آخری دو پیراگرافوں سے حوالہ پیش کروں گا جن کا تعلق مندرجۂ بالا بحث اور مولانا ابوالکلام آزاد ریسرچ اینڈ ایجوکیشنل فاؤنڈیشن جیسے خودمختار اداروں کے رول سے ہے۔ شروانی صاحب لکھتے ہیں:

"آخر میں، میں صرف یہ کہوں گا کہ بنیادی طور پر یہ حکومتِ ہند کی ذمے داری کہ وہ اس کا انتظام کرے کہ مسلمان بچے بہتر تعلیم حاصل کر سکیں۔ کیا مسلمان 'بھارت ماتا' کے بچے نہیں ہیں؟ بھارت ماتا کے یہ کروڑوں بچے اگر تعلیم کے میدان میں پسماندہ ہیں تو یہ صرف حکومت کی خطا ہے۔

"... لیکن اس کا مطلب یہ بھی نہیں کہ ہم مسلمان ہاتھ پر ہاتھ رکھ کر بیٹھ جائیں اور صرف اس کا انتظار کرتے رہیں کہ حکومت کب اپنا فرض ادا کرتی ہے۔ ہمارے بچوں کا مستقبل چونکہ ان کی تعلیم پر منحصر ہے، اس لیے ہمیں حکومت کے رویہ اور کارکردگی سے بے نیاز ہو کر اپنے بچوں کی تعلیم کے لیے ممکنہ حد تک مسلسل سعی کرتے رہنا چاہیے۔"

مجھے ان دونوں باتوں میں سے کسی سے بھی اختلاف نہیں ہے لیکن ان اقتباسات کو پڑھنے کے بعد جو شے میری توجہ فوراً اپنی طرف مبذول کرتی ہے وہ یہ ہے کہ اگر یہ مان بھی لیا جائے کہ بنیادی طور پر مسلم بچوں کی تعلیمی سطح کو بہتر بنانا حکومت کی ذمے داری ہے تب بھی یہ واضح نہیں ہوتا کہ مصنف کا اس سیاق و سباق میں منشا کیا ہے اور مسلم بچوں کی تعلیمی سطح بلند کرنے کے لیے وہ حکومت سے کن اقدام کی توقع کرتے ہیں۔ شروانی صاحب نے پورے مضمون میں ایسی کوئی بھی ٹھوس تجویز پیش نہیں کی ہے جس سے یہ اندازہ کیا جا سکے کہ حکومت کو اس نتیجے پر پہنچنے کے لیے کیا اقدام کرنے چاہئیں اور کون سی حکمت عملی بروئے کار لانا چاہیے۔ کوئی بھی قاری مسلم تعلیمی پسماندگی پر اس اہم اور طویل مضمون کے بارے میں یہی خیال کرے گا کہ فاضل مصنف کے ذہن میں مسلم بچوں کا تعلیمی معیار بلند کرنے کے لیے دو سطحوں پر واضح تجاویز ہوں گی... ایک یہ کہ حکومت کی حکمت عملی کیا ہو، اور دوسری یہ کہ اس حکمت عملی کے نفاذ کے لیے اردو بولنے والا طبقہ حکومت پر کس طرح دباؤ ڈالے۔ شروانی صاحب آخری اقتباس میں لکھتے ہیں کہ "اس کا مطلب یہ نہیں کہ ہم مسلمان ہاتھ پر ہاتھ رکھ کر بیٹھ جائیں اور صرف اس کا

انتظار کرتے رہیں کہ حکومت کب اپنا فرض ادا کرتی ہے۔'' یہ بات بالکل درست ہے لیکن اس بیان سے بھی ایسا کوئی اشارہ نہیں ملتا کہ اب تک اردو کے رہنماؤں نے کیا کچھ کیا ہے یا اپنے بچوں کو تعلیم دینے کی غرض سے ان کو کیا رویہ اختیار کرنا چاہیے۔ مصنف کا خیال ہے کہ ''ہمیں اپنے بچوں کی بہتر تعلیم کے لیے ممکن حد تک مسلسل سعی کرتے رہنا چاہیے۔'' یہ بات بھی صحیح ہے لیکن یہ کیسے پتہ چلے کہ اب تک آپ کیا کرتے رہے ہیں اور کیا کیا کچھ کرنا آپ کے دائرہ اختیار میں ہے؟ یا یہ کہ اردو کے قائدین کے ذریعے آپ کیا حاصل کرنا چاہتے ہیں؟ ان تمام امور پر مصنف خاموش ہیں۔ حقیقت یہ ہے کہ یہی وہ نکات ہیں جن پر زیادہ واضح اور مدلل فکر کی ضرورت ہے۔

اردو کے قائدین کی خامیاں اور کمزوریاں:

اردو کے قائدین کے رویے پر میں یہ کہنے کے لیے مجبور ہوں کہ میرے ذاتی مشاہدے کی حد تک اردو کے قائدین اردو کے لیے خود کچھ کرنے کے بجاے ہمیشہ ہی صرف اور صرف دوسرے لوگوں کو ہی کچھ کرنے کی ترغیب دیتے رہتے ہیں۔ ان کے اِس رویے کے لیے ان کا وہ تاریخی پس منظر ذمّے دار ہے جس میں وہ سینکڑوں سال تک ہندستان میں برسر اقتدار اشراف کے طور پر گزر اوقات کرتے رہے ہیں۔ شمس الرحمٰن فاروقی جو خود بھی اتر پردیش کے اشرافیہ طبقے سے تعلق رکھتے ہیں، اطہر فاروقی کو دیے گئے اپنے انٹرویو میں ('دی نیشن' لاہور، 8 جنوری 1994) ایک غیر معمولی بات (جسے خوش آئند بھی کہا جا سکتا ہے) کی طرف اشارہ کرتے ہیں کہ:

''اتر پردیش کے مسلمان احساسِ برتری کا شکار رہے ہیں جسے میں حقیقتاً ایک احمقانہ بات تصور کرتا ہوں۔''

مجھ جیسے بیرونی آدمی کے لیے شمس الرحمٰن فاروقی کا یہ بیان چونکا دینے والی بات ہے۔ اتر پردیش کے مسلمانوں کی یہ صفت اس رویے میں بھی ظاہر ہے جس کی طرف میں نے اپنی ایک تحریر میں اشارہ بھی کیا ہے (بلکہ طنز کے ساتھ اشارہ کیا ہے) کہ:

''یوپی کا شریف زادہ خود ایسا کوئی کام نہیں کرتا جس کو وہ دوسرے لوگوں سے حکم صادر فرما کر یا پھر خوشامد اور چاپلوسی سے کرا سکتا ہے۔''

قارئین حضرات مجھے اس صاف گوئی کے لیے معاف فرمائیں کہ میں ایک ایسی تجویز پر اظہارِ راے کر رہا ہوں جس کی حمایت اطہر فاروقی اور سوم آنند دونوں نے کی ہے۔ اس تجویز کے مطابق ہندستان میں اردو تعلیم کو مذہبی تعلیم کے بنیادی اداروں مثلاً دینی مدارس وغیرہ جو ابتداً صرف اسلامی تعلیم کے لیے قائم کیے گئے تھے، کا لازمی حصہ بنا دیا جانا چاہیے۔ میرے خیال میں اس تجویز میں کوئی دم نہیں ہے۔ اس کی کئی وجوہ ہیں۔ اول تو یہ کہ جو کام آپ کو خود کرنا چاہیے وہ آپ دوسروں سے کیوں کرانا چاہتے ہیں؟ آپ کو خود ہی اردو تعلیم کا نظم کرنا ہوگا اور اس کے

لیے سیکولر تعلیم کے اداروں کا انتخاب کیے بغیر بات نہیں بن سکے گی۔ دوم یہ کہ کہیں بھی ایسے شواہد موجود نہیں ہیں جب دینی تعلیمی اداروں نے اردو تعلیم دینے میں یا اردو زبان و ادب کو کسی بھی سطح پر اپنے نصابِ تعلیم میں شامل کرنے میں دلچسپی لی ہو۔ دینی مدارس آزادی سے قبل سے لے کر آج تک مسلسل اپنا کام انجام دیتے رہے ہیں لیکن جہاں تک مجھے علم ہے، ان میں سے کسی نے بھی اپنے طلبہ کو تعارفی سطح تک کا اردو ادب پڑھانے میں کبھی کسی قسم کی دلچسپی کا اظہار نہیں کیا ہے۔ صحیح بات یہ ہے کہ اردو زبان کی تعلیم اور اس کے ادب کا فروغ دینی مدارس کے ایجنڈے میں شامل نہیں ہے۔ دینی مدارس تو صرف اور صرف مذہبی سوالات سے جڑے ہوئے ہیں۔ مجھے اس پر کوئی اعتراض نہیں۔ اگر دینی مدارس صرف مذہب کے لیے فکرمند اور کوشاں ہیں تو یہ ان کا حق ہے۔ اگر آپ ان کو اردو پڑھانے کے لیے یا اردو کی صرف اتنی ہی تعلیم دینے کے لیے بھی رضامند کر سکیں جس سے دینی مدارس کا طالبِ علم اردو ادب کا نہ صرف مطالعہ کر سکے بلکہ اسے دادِ تحسین بھی دے سکے، تو آپ اس کے لیے ہر ممکن کوشش کریں اور جہاں کہیں آپ ان مدارس کو ایسا کرنے کے لیے راضی کر لیں وہاں اس کام کی تکمیل کے لیے ان کو ہر طرح سے مدد بھی دیں۔ لیکن میرا قیاس یہی ہے کہ مدارس کسی بھی سطح پر اس کام کے لیے تیار نہیں ہوں گے اور میں ایک مرتبہ پھر عرض کروں گا کہ اردو کے قائدین تو اپنے حصے کا بوجھ دوسروں کے شانے پر ڈالنے کے لیے تیار بیٹھے ہیں۔ یہ کام انھیں خود کرنا چاہیے تھا لیکن افسوس، صد افسوس کہ وہ ایسا نہیں کر رہے ہیں۔ وہ کبھی دینی مدارس سے توقعات وابستہ کرتے ہیں تو کبھی کسی اور طرح آسمانوں سے مدد کی امید رکھتے ہیں۔

میرا مشاہدہ یہ ہے کہ اشرف علی تھانوی کے زمانے سے (تقریباً سو برس پہلے سے جب انھوں نے 'بہشتی زیور' لکھی) اب تک دینی مدرسوں یا ان کے منتظمین کے رویوں میں کچھ خاص تبدیلی نہیں آئی ہے۔ 'بہشتی زیور' کے دسویں باب میں ایک فہرست ان کتابوں پر مشتمل ہے جن کا مطالعہ اشرف علی تھانوی صاحب نے خواتین کے لیے ممنوع قرار دیا ہے۔ یہاں سیاق و سباق مسلم خواتین کا ہے اور قابلِ غور بات یہ ہے کہ ہم خواتین کو وہ سب کچھ پڑھنے کے قابل کیوں نہیں بنانا چاہتے ہیں جو کچھ مرد پڑھ سکتا ہے۔ 'بہشتی زیور' میں دی گئی اس فہرست میں تھانوی صاحب 'دیوان اور غزلوں' کی کتب پر بھی پابندی عائد کرتے ہیں۔ بہ الفاظ دیگر وہ درحقیقت پوری اردو شاعری، اور اردو شاعری کا یقیناً سب سے زیادہ اہم حصہ جس میں اندر سبھا، بدرِ منیر کا قصہ یعنی مثنوئ میر حسن، داستان امیر حمزہ، گل بکاؤلی اور اسی قسم کا دوسرا ادب بھی شامل ہے، خواتین کے لیے ممنوع قرار دیتے ہیں، اسی لیے، مذہبی تعلیم کے لیے خود کو وقف کرنے والے مذہبی تعلیم کے ان اداروں سے طلبہ کو اردو ادب کے بہترین سرمایے کی تعلیم دینے کی امید رکھنا تو میرے خیال میں آج بھی خیالی پلاؤ ہی ہے۔

کس حکمت عملی کی ضرورت ہے:

اب میں اس نکتے کی طرف رجوع کرتا ہوں کہ اردو کے قائدین کیا کریں۔ مجھے اس بات پر کوئی اعتراض نہیں کہ وہ اس بات کو اٹھائیں کہ حکومت ہند یا صوبائی حکومتوں وغیرہ کو فلاں فلاں کام کرنے چاہئیں، وہ ایسا کرنے کے لیے حکومتوں پر دباؤ بھی ڈالیں۔ مجھے اس میں بھی کوئی قباحت نظر نہیں آتی کہ وہ یہ کہیں کہ دینی مدارس کے منتظمین کو اس بات پر راضی کرنے کی کوشش کی جانی چاہیے کہ وہ دینی مدارس میں طلبہ کو اردو پڑھائیں... مجھے ان سب میں سے کسی بھی بات پر کوئی اعتراض نہیں لیکن اس سب سے قطع نظر میں جس بات پر زور دینا چاہتا ہوں وہ یہ ہے کہ اردو کے قائدین اپنی بیش تر توجہ اس پر صرف کریں کہ انھیں خود کیا کرنا چاہیے، یہ دیکھے بغیر کہ دوسرے لوگ کچھ کر رہے ہیں یا نہیں کر رہے ہیں اور اسی لیے میں نے احمد رشید شروانی کے اس بیان کا حوالہ دیا ہے۔

اب میں چند اہم نِکات کی طرف توجہ مبذول کرانا چاہوں گا جن کی طرف، میرے خیال میں، اردو کے سارے حامیوں اور قائدین کی توجہ بہت پہلے مرکوز ہو جانا چاہیے تھی اور کم از کم اب تو انھیں اس سلسلے میں مستعد ہو جانا چاہیے مگر حقیقت یہی ہے کہ عمل کی ہر منزل پر اردو قائدین صرف لفاظی کرتے رہے۔

سوم آنند کے مضمون (اشاعت 1992) کا ایک حصہ ہندستان میں اردو کے امکانات پر غور کرنے والے لوگوں کے لیے ایک بے حد اہم پہلو کو نمایاں کرتا ہے۔ سوم آنند کہتے ہیں کہ حالاں کہ حکومت کی طرف سے اردو کو کافی مالی مراعات دی جاتی رہی ہیں لیکن اردو بولنے والے طبقے کے حالات کچھ ایسے ناگفتہ بہ ہیں کہ وہ ان مالی مراعات کا صحیح استعمال کبھی نہیں کر سکا۔ سوم آنند نے اپنے مضمون کے ایک اقتباس میں اس بات کو بڑے مناسب طریقے سے پیش کیا ہے۔ میں اسی اقتباس کو کچھ کاٹ چھانٹ کر پیش کر رہا ہوں۔ سوم آنند کا کہنا ہے کہ حکومت ہند اردو اخبارات کی مدد کے لیے کافی کوشاں رہتی ہے مگر اردو اخبارات اپنے حالات کے سبب ان مراعات سے کچھ بھی فائدہ اٹھانے کی حالت میں نہیں ہیں... یہاں یونائٹڈ نیوز آف انڈیا (یو این آئی) نام کی ایک بڑی خبر رساں ایجنسی ہے۔ اس ادارے نے حکومت ہند کے کہنے سے اردو اخبارات کے لیے اردو ٹیلی پرنٹر سروِس شروع کرنے کا فیصلہ کیا جس کے لیے حکومت ہند نے 'یو ای آئی' کو کئی لاکھ روپے کی سالانہ گرانٹ بھی دی لیکن اردو پریس مواقع سے فائدہ اٹھانے کی حالت میں نہیں ہے۔ کہا جاتا ہے کہ اس اسکیم کو کامیاب بنانے کے لیے 'یو این آئی' نے چالیس اردو اخباروں کو اپنی خدمات پیش کیں لیکن اردو اخبارات آج تک اس سہولت کا فائدہ نہیں اٹھا پائے ہیں...

...اس قسم کی دشواریاں کم نہیں ہیں۔ مثلاً ایسی سہولیات کے صحیح استعمال کے لیے اچھے مترجمین کی ضرورت ہوتی ہے جو اردو میں سرے سے موجود ہی نہیں ہیں۔ حقیقت یہ ہے کہ اردو داں طبقے کی نئی نسل ایسے دور میں پیدا ہوئی ہے جب اردو کی تعلیم کا رواج ہی نہیں رہا ہے۔ ایسے میں آپ نوجوان طبقے سے یہ امید کیوں کرتے ہیں کہ وہ اچھی اردو جانتا ہوگا؟ اس پر طرّہ یہ کہ شمالی ہند کے نام نہاد ہندی علاقے میں انگریزی تعلیم کا معیار بھی بے حد خراب ہوا ہے۔ نتیجہ یہ ہے کہ اردو اخباروں میں کام کرنے والے مترجمین نہ تو اچھی انگریزی جانتے ہیں اور نہ

اچھی اردو ہی انھیں آتی ہے۔

دریں اثنا حکومتِ اتر پردیش اردو کے تعلق سے اپنی قدیم اردو کش پالیسی پر قائم ہے۔ اس سلسلے میں سوم آنند لکھتے ہیں:

''اسی سبب سے مرکزی حکومت کسی نہ کسی حد تک مجبور ہے۔ اردو کو کس طرح جان بوجھ کر اتر پردیش میں ختم کیا گیا، میں اس کی ایک مثال پیش کرتا ہوں۔ تقریباً بیس برس پہلے مرکزی حکومت نے اتر پردیش حکومت کو اپنے یہاں پرائمری اسکولوں کے لیے سات ہزار اردو اساتذہ کی تقرری کا مشورہ دیا... اور یہ بھی کہا کہ ان اساتذہ کی تقرری اور تنخواہ کے اخراجات مرکزی حکومت برداشت کرے گی۔ اسی کے مطابق صوبے کے شعبۂ تعلیم نے ان اساتذہ کی تقرری تو کر دی لیکن ان اساتذہ کے اسکولوں میں اردو پڑھانے کے لیے کوئی وقت متعین نہیں کیا گیا اور ان سے کہہ دیا گیا کہ جو بچہ بھی اردو پڑھنا چاہے وہ اسکول کے وقت سے الگ وقت دے کر اردو پڑھے؛ اور اردو کے لیے مقرر کیے گئے ان اساتذہ کو دوسرے مضامین پڑھانے کا حکم دے دیا گیا۔''

سوم آنند کے مضمون سے یہ طویل اقتباس نقل کرنے کی ضرورت اس لیے پیش آئی کیوں کہ میرا خیال یہ ہے کہ آپ میں سے بیشتر حضرات کی نظر سے یہ مضمون نہیں گزرا ہوگا۔

راقم الحروف کے نام اپنے 2 اگست 1996 کے خط میں امان اللہ خالد نے اردو اساتذہ کی تقرری سے متعلق جو حقائق پیش کیے ہیں، وہ سوم آنند کے ذریعے پیش کیے گئے حقائق سے مختلف ہیں۔ اور میرا خیال ہے کہ خالد صاحب کی بات ہی درست ہے۔ خالد صاحب کا کہنا ہے کہ ''اصل واقعہ یہ ہے کہ اندرا گاندھی کی ذاتی کوشش سے اتر پردیش میں کچھ اساتذہ بھرتی ضرور کیے گئے تھے مگر ان کی تنخواہیں صوبائی حکومت کا محکمۂ تعلیم دیتا ہے اور مرکز کو ان سے کچھ لینا دینا نہیں۔''

سوم آنند کا بیان ہے کہ یوپی میں انگریزی اور اردو جاننے والے لوگوں کی تعداد بہت کم ہے۔ اس بیان کی روشنی میں مجھے حیرت اس بات پر تھی کہ ان سات ہزار اردو اساتذہ کو اگر واقعی اردو تدریس کا موقع دیا جاتا تو ان میں سے واقعتاً کتنے لوگ اردو پڑھانے کے قابل نکلتے۔ مجھے اپنے اس تجسس کا جواب اطہر فاروقی کے مضمون "Urdu Education In Four Representative States" جو 'اکنامک اینڈ پالٹیکل ویکلی' کے یکم اپریل 1994 کے شمارے میں شائع ہوا ہے، مل گیا۔ وہ لکھتے ہیں:

''اتر پردیش میں کچھ مقامات پر پرائمری سطح کے اردو ذریعۂ تعلیم کے بلدیاتی اسکول چلائے جاتے ہیں جن کے لیے اساتذہ کی تقرری بھی کی گئی تھی... مگر اردو ذریعۂ تعلیم کے ان نام نہاد بلدیاتی اسکولوں میں بھی اردو کی حیثیت بس ایک اختیاری مضمون کی ہوتی ہے۔ اردو اساتذہ کہلانے والے ان حضرات میں سے بیشتر لوگ اردو ذریعۂ تعلیم کے مفہوم سے بھی واقف نہیں ہیں یوں اتر پردیش میں اردو تعلیم کا مطلب ہے صرف ایک مضمون کے طور پر اردو کی تعلیم۔ اس ضمن میں سب سے زیادہ افسوس ناک پہلو یہ ہے کہ یوپی میں بیشتر نام نہاد اردو اساتذہ

پرائمری درجات کی اردو کتابیں بھی نہیں پڑھ سکتے۔ یہ بھی دیکھا گیا ہے کہ یوپی کے یہ اردو اساتذہ درس وتدریس کے بجائے اپنے ذاتی کاروبار مثلاً کھیتی باڑی اور مویشی پروری وغیرہ کے کاموں میں مصروف رہتے ہیں اور مہینے میں ایک آدھ بار اسکول کا بھی چکر لگا آتے ہیں... اس وقت (جب ان اساتذہ کا تقرر کیا گیا) حالات یہ تھے کہ جو بھی ہائی اسکول پاس مسلمان مل گیا، اسی کو اردو استاد کے طور پر بھرتی کر لیا گیا۔ بعد میں انھی لوگوں کو برائے نام درسی تربیت دے کر ان کو بلدیاتی اسکولوں میں متعین کر دیا گیا۔ ان اساتذہ کو یہ سہولت بھی مہیا کرائی گئی کہ وہ اردو کا کوئی اوینٹل امتحان پاس کر لیں۔ یہ کیسی ستم ظریفی ہے کہ اس وقت اتنی بڑی مسلم آبادی میں اردو کے ساتھ ہائی اسکول پاس مسلم نوجوان کا ملنا ناممکن تھا۔ اس اسکیم کے تحت بھرتی کیے گئے اساتذہ میں آج بھی بڑی تعداد ایسے لوگوں کی ہے جو اردو زبان کے حروفِ تہجّی کی بھی شناخت نہیں کر سکتے۔"

اردو کی اس صورتِ حال سے مجھے یہ بھی اندازہ ہوتا ہے کہ اردو داں لوگوں کے درمیان ایسے طبقات اور بھی ہیں (ان عظیم شخصیتوں کے علاوہ جن کو رشید حسن خاں نے لتاڑا ہے) جن کی صلاحیتیں مشکوک ہیں اور ان کو بھی ہدفِ تنقید بنایا جا سکتا ہے۔ اردو میں ایسا ہی ایک طبقہ کاتب حضرات کا ہے۔ جواہر لال نہرو یونیورسٹی میں اردو کے سابق استاد ڈاکٹر اشفاق محمد خاں کا خیال ہے کہ کاتب حضرات کے کارنامے اردو مصنفین کو بے حد مایوس اور عملی سطح پر پریشان کر دیتے ہیں۔ اپنی کتاب 'مذہب، مسلمان اور سیکولرزم' (1994) کے پیش لفظ میں صفحہ نمبر 9 پر وہ لکھتے ہیں:

"اس مرتبہ کاتب حضرات نے مجھے بے حد ستایا۔ ستائے جانے کی ایک طویل داستان ہے جسے بیان کرنے کا یہ محل نہیں ہے، البتہ اتنا ضرور کہوں گا کہ آج تک کتابت کی تربیت کے جتنے مراکز قائم ہو چکے ہیں اور ہر سال ان میں سے جتنی تعداد میں کاتب حضرات تربیت پا کر کتابت کے بازار میں داخل ہوتے ہیں اسی قدر مصنف، مولف، مرتب حضرات ہمارے لائق کاتبین کی کرامات سے بے حد بیزار اور ستم رسیدہ نظر آتے ہیں۔"

جیسا کہ میں نے پہلے بھی عرض کیا ہے کہ اردو کی ترویج کے لیے ہمیں ہر سطح پر اردو پر دسترس رکھنے والے لوگوں کی تعداد بڑھانے کی بے حد ضرورت ہے۔ اوپر بیان کیے گئے حقائق واضح طور پر میرے اس بیان کی تصدیق کرتے ہیں۔ اس مقصد کے حصول کے لیے بچوں اور بالغوں دونوں کے لیے اردو کلاسیں بے حد ضروری ہیں ورنہ اردو اساتذہ سے لے کر اردو کے ڈی ٹی پی (کمپیوٹر) آپریٹروں تک ہر سطح پر ہمارا سابقہ نااہل لوگوں سے پڑے گا۔ اب میں کچھ دوسری باتوں کی طرف رجوع کرتا ہوں۔

دیوناگری میں اردو:

اردو کی تمام انجمنوں کو، خواہ وہ سرکاری امداد یافتہ ہوں خواہ رضا کار ادارے، اس حقیقت کے نتائج پر

غور کرنا ہوگا کہ بہت سے اردو بولنے والے لوگ اردو تو جانتے ہیں لیکن وہ اردو رسم خط سے واقف نہیں ہوتے۔ وہ لوگ اردو ادب پڑھنے کے تو خواہش مند ہوتے ہیں لیکن وہ اردو ادب کا مطالعہ اسی وقت کر سکتے ہیں جب وہ دیوناگری لپی میں موجود ہو۔ میری رائے میں اردو کے موجودہ تناظر میں سرکاری امداد یافتہ اداروں اور انجمنوں کی یہ ذمے داری ہے کہ وہ اردو کے اہم اور مقبولِ عام مصنفین کی کتابیں دیوناگری لپی میں شائع کریں۔ دوسرے لوگوں کی طرف سے پیش رفت کا انتظار ان اداروں کو نہیں کرنا چاہیے۔ اگر یہ ادارے اردو کی ترویج کے واقعی خواہاں ہیں تو پھر انھیں ان محبانِ اردو کی ضرورتوں کو پورا کرنے کی کوشش کرنا چاہیے جو اردو ادب کے بارے میں مزید جاننا چاہتے ہیں، اردو ادب کا مطالعہ کرنا چاہتے ہیں لیکن اردو رسم خط سے واقف نہیں ہیں۔

دیوناگری لپی میں اردو ادب کی اشاعت سے اردو ادب کا حلقہ قارئین صرف مذکورہ بالا طبقے تک ہی محدود نہیں رہے گا بلکہ وہ ہندی داں قارئین بھی اردو ادب کی طرف متوجہ ہوں گے جو اردو بھلے ہی نہ جانتے ہوں لیکن اردو ادب کے اوصاف سے وہ واقف ضرور ہونا چاہتے ہیں۔ میرے خیال میں ہندی داں حضرات کا حلقہ دوسرا بڑا حلقہ ہے جو (اردو داں حضرات کے علاوہ) اردو ادب کا ممکن قاری ہو سکتا ہے۔ ہم سب اس امر سے بہ خوبی واقف ہیں کہ ہندی داں طبقے میں کچھ لوگ ایسے ہیں جو اردو کے سخت اور کھلے مخالف ہیں لیکن یہ قیاس غلط ہوگا کہ باقی ہندی داں حضرات کا رویہ بھی انھیں لوگوں کے رویے جیسا ہوگا جو اردو کے سخت مخالف ہیں۔ ہندی داں طبقے میں کافی بڑی تعداد ایسے لوگوں کی بھی ہے جو اردو کو اپنی پہلی زبان تو نہیں بنانا چاہتے مگر وہ یہ جاننے میں دلچسپی ضرور رکھتے ہیں کہ معاصر اردو ادب میں کیا کچھ پیش کیا جا رہا ہے یا اردو کے کلاسیکی سرمائے میں کیا کیا کچھ موجود ہے۔ یہ بات ہندی اشاعت گھروں سے دیوناگری رسمِ خط میں شائع ہونے والی اردو ادب کی کتب کی تعدادِ فروخت سے بخوبی ثابت ہو جاتی ہے۔ مجھے معلوم ہوا ہے کہ ہندی کے ناشرین اردو کے بہت سے معروف ومقبول شعرا کا انتخاب دیوناگری لپی میں شائع کر رہے ہیں۔ عصمت چغتائی نے خود مجھے بتایا تھا کہ اپنی عمر کے آخری دور میں ان کی کہانیوں کی اردو میں اشاعت سے قبل ہی انھیں دیوناگری لپی میں شائع کرنے کے لیے ناشر مل جاتا تھا۔ امریکا کی وسکونسن یونی ورسٹی کے پروفیسر محمد عمر میمن نے 6 جون 1996 کو لکھے گئے اپنے ایک خط میں مجھے اطلاع دی کہ منٹو کے تقریباً تمام ہی افسانے اب دیوناگری میں بھی دستیاب ہیں۔ میرے تجربے کے مطابق اردو کے قائدین ان حالات سے یا تو بے خبر ہیں یا اگر باخبر ہیں بھی تو ان کا رویہ اس سلسلے میں بے اعتنائی کا ہے... جو یقیناً غلط ہے۔

چھٹے دہے کی ابتدا میں 'اسکول آف اورینٹل اینڈ افریکن اسٹڈیز' کے ایک ہندی داں رفیق کار نے جو اردو سے بھی واقف تھے، میری توجہ کئی جلدوں پر مشتمل 'شعر وسخن' نام کی ایک کتاب کی طرف مبذول کرائی۔ یہ دیوناگری لپی میں اردو شاعری کا ایک جامع انتخاب تھا جس میں ہر صفحے پر حاشیے میں مرتب نے اپنی دانست میں مشکل اردو الفاظ کے ہندی معنی یا متبادل الفاظ بھی درج کیے تھے۔ اگر میری یادداشت دھوکا نہیں دے رہی ہے تو

کافی عرصہ پہلے، غالباً 1958 میں، الہ آباد سے شائع ہونے والا 'اردو ساہتیہ' نام کا ایک مجلّہ دیکھنے کا مجھے اتفاق ہوا تھا۔ اس مجلّے میں معاصر اردو ادب کو دیوناگری لپی میں شائع کیا گیا تھا اور مشکل الفاظ کی تشریح بھی کی گئی تھی۔ حال ہی میں میرے ایک سابق رفیق کار ڈیوڈ میتھیوز نے جواب بھی 'اسکول آف اورینٹل اینڈ ایفریکن اسٹڈیز' میں اردو کا درس دیتے ہیں، اردو شاعری کا ایک انتخاب (آکسفورڈ یونی ورسٹی پریس، نئی دہلی 1995) انگریزی ترجمے کے ساتھ شائع کیا ہے۔ یہ ایک ذولسانی کتاب ہے جس میں اُلٹے ہاتھ پر اردو متن اور اس کا انگریزی ترجمہ سیدھے ہاتھ پر دیا گیا ہے۔ ناشر کے مشورے پر ڈیوڈ نے اردو متن کو دیوناگری لپی میں شاملِ کتاب کیا ہے۔ اس کتاب کی اشاعت بھی اس بات کا واضح ثبوت ہے کہ دیوناگری رسمِ خط میں اردو شاعری پڑھنے والے قارئین کا حلقہ اردو رسمِ خط جاننے والے قارئین سے کہیں زیادہ وسیع ہے۔

تقریباً سات سال قبل راہی معصوم رضا کا ایک خیال آفریں انٹرویو دہلی کے ہفت روزہ 'اخبارِ نو' کے 15-9 فروری 1990 کے شمارے میں شائع ہوا تھا۔ یہ انٹرویو اطہر فاروقی نے لیا تھا جس میں راہی معصوم رضا نے کہا تھا کہ اگر اردو کے کلاسیکی سرمایے کو دیوناگری لپی میں شائع نہیں کیا گیا تو آئندہ آنے والی نسلوں کے لیے یہ سرمایہ بے معنی ہو جائے گا۔ میں اس پیش گوئی کو بے حد معقول تصور کرتا ہوں لیکن ایسا محسوس ہوتا ہے جیسے راہی صاحب کا خیال یہ ہے کہ اردو والوں کو اپنا خط ترک کر کے اس کی جگہ دیوناگری لپی کو اختیار کر لینا چاہیے۔

اپنے اسی انٹرویو میں راہی معصوم رضا یہ بھی یاددہانی کراتے ہیں کہ 50-1945 میں جب پروفیسر آل احمد سرور انجمن ترقی اردو کے جنرل سکریٹری تھے (یہاں راہی معصوم رضا کی یادداشت خطا کر رہی ہے کیوں کہ سرور صاحب 1956 میں انجمن کے جنرل سکریٹری منتخب ہوئے تھے) تو انجمن نے ایک سرکلر جاری کیا تھا جس میں ایک سوال نامے کے ذریعے یہ مسئلہ اٹھایا گیا تھا کہ کیا اردو والے اپنا رسم خط ترک کر کے دیوناگری لپی اختیار کرنے کے لیے تیار ہوں گے؟ اس سرکلر میں یہ بھی پوچھا گیا تھا کہ کیا اردو کا رسم خط تبدیل کر دیا جائے یا اردو اپنے روایتی رسم خط میں لکھی جاتی رہے یا پھر اسے رومن میں لکھنا شروع کر دینا چاہیے یا پھر اس کو دیوناگری لپی میں لکھا جائے؟ راہی آگے کہتے ہیں کہ میں اس بحث میں نہیں پڑنا چاہتا کہ آل احمد سرور کی اس تحریک کا کیا انجام ہوا (میرا سوال مگر یہ بھی ہے کہ آخر آپ اس بحث میں کیوں نہیں پڑنا چاہتے؟) امان اللہ خالد نے مجھے یہ اطلاع دی کہ آل احمد سرور کے ایما پر انجمن اردو کے فارسی رسم خط کو دیوناگری لپی میں تبدیل کرنے کی تحریک چلانا چاہتی تھی۔

میرا اپنا خیال یہ ہے کہ دیوناگری لپی کو اختیار کرنے کے معاملے میں کوئی جبر قطعاً نہیں ہونا چاہیے۔ اس کے ساتھ ہی ان لوگوں کی مخالفت بھی نہیں کی جانی چاہیے جو دیوناگری لپی استعمال کرنا چاہتے ہیں۔ یہی نہیں بلکہ دیوناگری لپی اور اردو رسم خط میں شائع ہونے والی کتب کی ہر طرح سے حوصلہ افزائی کی جانی چاہیے۔ اردو کے قائدین کے لیے یہ شرم کی بات ہے کہ وہ اس نوعیت کے اقدام نہیں کر رہے ہیں۔ ان کو ایسے لوگوں کا احسان مند ہونا چاہیے جن کو وہ اپنا دشمن تصور کرتے ہیں لیکن وہی لوگ اردو ادب کو دیوناگری لپی میں شائع کرنے کا کام کر

رہے ہیں۔

میں جس وقت اپنے اس مضمون کا ایک بڑا حصہ (جواب تک پیش کیا جا چکا ہے) لکھ چکا تب مجھے 'گجرال کمیٹی رپورٹ' کی سفارشات کے اختتامیے کا خلاصہ پڑھنے کا اتفاق ہوا۔ اس کے پیراگراف نمبر 191 کا ایک حصہ یوں ہے:

''اردو کتب کو دیوناگری لپی میں شائع کرنے کے حق میں بڑا مضبوط جواز موجود ہے... دیوناگری لپی میں شائع ہونے والے اردو شاعروں کے دواوین اور اردو شاعری کے انتخابات ہزاروں کی تعداد میں فروخت ہوئے ہیں۔ ہماری رائے میں اس تجربے کو توسیع دے کر فکشن اور طنز و مزاح کو بھی اس میں شامل کر لیا جانا چاہیے۔''

(میں عرض کر چکا ہوں کہ اس 'تجربے' کو 'توسیع' دے دی گئی ہے۔) گجرال کمیٹی کی سفارشات کا جائزہ لینے کے لیے قائم ہونے والی آل احمد سرور کمیٹی نے اس سفارش کی حمایت کرتے ہوئے اس میں یہ بات بھی شامل کی کہ ''حکومت ہند کو اس مقصد کے حصول کے لیے اس مد میں کچھ رقم بھی مختص کر دینا چاہیے۔'' (سفارش نمبر 84) سردار جعفری کمیٹی نے بھی ان سفارشات کی حمایت کی۔ یہ سفارشات مستحسن بھی ہیں۔ ضرورت یہ معلوم کرنے کی ہے کہ کیا حکومت یا پھر اردو کی ترویج کے لیے قائم کیے گئے اردو کے اداروں نے ان سفارشات کا کوئی نوٹس لیا ہے۔ ان تینوں کمیٹیوں میں سے تیسری کمیٹی کے چیئرمین علی سردار جعفری نے کافی عرصہ پہلے غالب اور میر کے دواوین دیوناگری لپی میں شائع کر کے ایک قابل تعریف کام کیا تھا لیکن نہیں معلوم کہ اس کے بعد اردو کیمپ سے کیا کسی اور نے بھی اسی طرح کا کوئی کام شروع کیا ہے؟ گو مجھے اس کا علم نہیں لیکن میرا قیاس یہ ہے کہ دیوناگری لپی میں ایسی کتب ضرور شائع ہوئی ہوں گی۔

کچھ عرصہ پہلے 1990 میں اسٹرلنگ پبلشرز، دہلی نے کے۔ سی۔ کانڈا کی ایک کتاب شائع کی تھی جس کا عنوان تھا: "*Masterplaces of Urdu Ghazal from the Seventeenth to the Twentieth Century*" اس کتاب کا ایڈیٹر اس امر سے واقف تھا کہ ہر شخص اردو رسم خط نہیں پڑھ سکتا ہے، اس لیے، اس کتاب کی ترتیب میں اس نے ڈیوڈ میتھیوز سے مختلف طریق کار اختیار کیا۔ اس کتاب میں شاعری کا متن اردو رسمِ خط میں بائیں طرف اور دائیں طرف کے صفحے پر اس کا انگریزی ترجمہ اور پھر اردو متن کو رومن رسمِ خط میں درج کیا گیا ہے۔ مجھے یہ بھی بتایا گیا ہے کہ انھوں نے اسی طرح کے دو مجموعے اور ترتیب دیے ہیں:

Masterpieces of Urdu Nazm اور *Masterpieces of Urdu Rubaiyat*

ان تمام مثالوں سے یہی بات ثابت ہوتی ہے کہ اردو شاعری ان لوگوں کو بھی اپیل کرتی ہے جو اردو رسم خط تو نہیں جانتے لیکن اگر انھیں اردو شاعری کسی ایسے رسم خط میں ملے جسے وہ پڑھ سکتے ہیں تو پھر وہ اس کے مطالعے میں دلچسپی لیتے ہیں۔

اردو ادب کو ممکنہ حد تک دیوناگری لپی میں مہیا کرانے کا لازمی نتیجہ جس کی بے حد ضرورت بھی ہے، یہ ہوگا کہ فسطائی ہندی قوتوں کی ان کوششوں کو، جو جدید ہندی میں سے نام نہاد غیر ہندی عناصر کو ختم کرنا چاہتے ہیں، کاری ضرب پہنچے گی۔

انگریزی ہفت روزہ 'مین اسٹریم' کے سالنامے (1992) میں شائع شدہ اپنے ایک مضمون *Future Prospects of Urdu in India* میں اطہر فاروقی نے اسی طرح کی ایک غیر حقیقت پسندانہ رائے ظاہر کرتے ہوئے کہا ہے کہ ''اگر مستقبل میں کبھی اردو دیوناگری لپی میں لکھی جانے لگی تو درحقیقت اردو اور ہندی کے درمیان امتیاز ختم ہوجائے گا۔'' یہ بات بالکل غلط ہے۔ حالات جس نہج پر پہنچ گئے ہیں، وہاں اس خدشے کی کوئی گنجائش نہیں کہ اگر اردو دیوناگری لپی میں لکھی جائے گی تو دونوں زبانوں کے درمیان موجود حدِ فاصل معدوم ہوجائے گی۔ دیوناگری لپی میں لکھی اردو ہر حال میں اردو ہی رہے گی اور ہندی ہندی ہی رہے گی کیوں کہ ادبی سطح پر دونوں زبانوں نے اپنے آپ کو پہلی جنگ عظیم سے قبل یعنی تقریباً اسّی سال پہلے ہی دو مختلف بالذات زبانوں کے طور پر مستحکم کرلیا تھا۔ اسی زمانے میں اردو کو چھوڑ کر ہندی کی طرف پریم چند کی ہجرت اس امر کا واضح ثبوت ہے۔ اگر اردو کو دیوناگری لپی میں لکھا بھی گیا تو اس سے ہندی زبان کو ان اردو الفاظ کو اپنے ذخیرہ لغت میں شامل کرنے میں مدد ملے گی جن کو ختم کرنے کی کوششیں ہندی فسطائی قوتیں کرتی رہی ہیں مگر ان کی تمام کوششوں کے باوجود وہی ذخیرۂ الفاظ دونوں زبانوں کا مشترکہ اثاثہ ہے۔ میرے خیال میں یہ ایک اور معقول جواز ہے جو اردو قائدین کی عملی طور پر اردو ادب کو دیوناگری میں بھی شائع کرنے کی وکالت کی دلیل کو استحکام بخشتا ہے۔

اردو اور انگریزی:

اردو ادب کی دوسری زبانوں میں اشاعت مجھے اردو ادب کے شائقین کے ایک اور حلقے کے بارے میں غور کرنے کی دعوت دیتی ہے۔ یہ حلقہ ان لوگوں پر مشتمل ہے جن کی اردو ادب تک رسائی صرف انگریزی زبان کے ذریعے ہی ہوسکتی ہے۔ آپ میں سے کافی حضرات واقف ہوں گے کہ اردو ادب سے متعلق میرا کام اسی میدان میں ہے اور پروفیسر خورشید الاسلام کے ساتھ مل کر میں نے دو کتابیں تالیف کی ہیں۔ پہلی کتاب *Three Mughal Poets* ہے جس میں میر، سودا اور میر حسن کو شامل کیا ہے جب کہ دوسری کتاب *Ghalib: Life and Letters* میں غالب کی نمائندہ تحریروں کو شامل کیا گیا ہے۔ یہ کتاب غالب کے صرف اردو اور فارسی خطوط ہی نہیں بلکہ حالی کی 'یادگارِ غالب' کے متعدد اقتباسات پر مشتمل ہے۔ یہ کتابیں کافی عرصہ پہلے 1968 میں شائع ہوئی تھیں۔ جب خورشید الاسلام صاحب اور میں ان کتب پر کام کر رہے تھے تو ہمارا خیال یہ تھا کہ ان کتابوں کے بیش تر قاری انگریزی بولنے والی دنیا یعنی برطانیہ، شمالی امریکہ اور آسٹریلیا وغیرہ میں ہوں گے۔ لیکن گذشتہ برسوں

میں یہ ثابت ہوا کہ برِصغیر میں بھی ان کتابوں کے قارئین کی تعداد انگریزی بولنے والی دنیا کے قارئین کے مقابلے کہیں زیادہ ہے کیوں کہ برصغیر کے ان لوگوں کے لیے اردو ادب تک رسائی صرف انگریزی زبان کے ذریعے ہی ممکن ہے۔ یہ لوگ اردو کے ساتھ ساتھ دیوناگری لپی ہی نہیں بلکہ اردو ہندی زبانوں سے بھی ناواقف ہیں۔ اس کا ثبوت اس بات سے بھی فراہم ہوتا ہے کہ ایک دو سال قبل اوکسفرڈ یونی ورسٹی پریس، نئی دلّی نے ان کتابوں کی مکرّر اشاعت کی تھی اور نئے ایڈیشن ہندستان میں ہی کافی بڑی تعداد میں فروخت ہوئے۔ میرے اس خیال کی تائیدِ مزید اس بات سے بھی ہوتی ہے جو مجھے ڈیوڈ میتھیوز نے ہندستان کے ایک اشاعتی ادارے روپا اینڈ کمپنی کے تعلق سے بتائی کہ وہ لوگ اردو ادب کے انگریزی تراجم شائع کرنے میں دلچسپی رکھتے ہیں۔ روپا اینڈ کمپنی نے میر انیس کا مشہور مرثیہ 'جب قطع کی مسافت شب آفتاب نے'، جسے ڈیوڈ میتھیوز انگریزی میں ترجمہ لیا ہے، 1994 میں شائع کیا تھا۔ انگریزی میں اس کتاب کو "The Battle of Karbala"، عنوان دیا گیا ہے۔

حالاں کہ اردو ادب کے دیگر زبانوں میں تراجم اور اشاعت سے متعلق گفتگو کرنا اصل موضوع یعنی 'آزادی کے بعد اردو زبان اور تعلیم کے مسائل' سے بظاہر ایک انحراف محسوس ہوتا ہے لیکن واقعتاً ایسا نہیں ہے۔ انگریزی میں مترجمہ اردو ادب کے وسیع پیمانے پر پھیلے ہوئے قارئین کے وجود کو محسوس کرنا تنہا پبلشر تک محدود نہیں ہے بلکہ آج کے معاشرتی نظام کے کچھ مطالبات ایسے بھی ہیں جنھوں نے اس قسم کے تراجم کی راہ ہموار کی ہے: مثلاً مغرب میں تحریکِ نسائیت اور نسلی تعصّب کے خلاف تحریکوں کے زور پکڑنے کے بعد بیش تر معروف اشاعتی ادارے خوف زدہ ہیں کہ کہیں اپنے کسی رویے سے وہ بھی تحریک نسائیت اور نسلی تعصب کے خلاف تحریک کی مخالف اقدار کے حامیوں کی صف میں شامل نہ ہو جائیں۔ ان کے اس خوف کا ایک دلچسپ نتیجہ یہ ہوا کہ اگر آپ ایک ایشیائی خاتون ہیں، اچھی انگریزی جانتی ہیں اور اردو سے انگریزی میں ترجمہ کر سکتی ہیں تو پھر یہ آپ کے لیے سنہری موقع ہے کیوں کہ برطانیہ اور امریکا میں ناشر فوراً آپ کے تراجم شائع کرنے کے لیے تیار ہو جائے گا، خصوصاً تب جب آپ کے تراجم خواتین کی تحریروں پر مشتمل ہوں۔ شاید آپ کو معلوم ہوگا کہ گذشتہ دنوں میں اس طرح کے تراجم (مثلاً عصمت چغتائی کے انگریزی تراجم) بہ کثرت شائع ہوئے ہیں۔ حالاں کہ یہ تمام گفتگو موضوع سے براہ راست متعلق نہیں ہے لیکن اتنی تفصیل میں جانے کا سبب صرف یہ ہے کہ میں اس نکتے کو پیش کرنا چاہتا تھا کہ یہ سب محض اتفاقی اسباب ہیں جن کا اردو ادب کی اہمیت سے براہ راست کچھ لینا دینا نہیں ہے لیکن واقعتاً اس قسم کے اتفاقات اردو ادب کے قارئین کے حلقے کو وسیع ضرور کرتے ہیں اور ہمیں ایسے مواقع کا فائدہ اٹھانے سے چوکنا نہیں چاہیے۔

انگریزی کے ذریعے اردو ادب پڑھنے والے قارئین کا ایک اور حلقہ ان اردو بولنے والے لوگوں کی دوسری اور تیسری نسل پر مشتمل ہے جو انگریزی بولنے والے علاقوں میں آکر بس گئے تھے۔ آپ میں سے بیشتر حضرات کو یہ علم ہوگا کہ برطانیہ اور شمالی امریکا میں یہ لوگ کافی بڑی تعداد میں اور یوروپ کے کچھ ممالک میں نسبتاً

کچھ کم تعداد میں موجود ہیں۔ اس سیاق وسباق میں یہ بات بھی اہم ہے کہ آج انگریزی کے ذریعے اردو ادب پڑھنے والوں کی تعداد تیس چالیس سال قبل کے اس دور کے مقابلے کہیں زیادہ ہے جب خورشید الاسلام اور راقم الحروف نے مل کر اس میدان میں کام کرنا شروع کیا تھا۔ آپ کو شاید علم ہوگا کہ 1986 میں ہندستان میں The Penguin Book of Modern Urdu Poetry محمود جمال نے جس کا انتخاب اور ترجمہ کیا تھا، شائع ہوئی تھی۔ 1989 میں پینگوئن ہی نے غالب پر پون کے۔ ورما کی کتاب "Ghalib; The Man, The Times" شائع کی تھی۔ فیض کے بھی بہت سے ترجم، جن میں سے ایک اوکسفرڈ یونی ورسٹی پریس نے بھی ماضی قریب میں شائع کیا ہے، اب تک شائع ہو چکے ہیں۔ بہرحال، اس ساری بحث سے میرا عندیہ یہ ہے کہ وہ ادارے جو اردو کی ترویج وترقی کے لیے کسی بھی طرح کی تشویش میں مبتلا ہیں، ان کو صرف اردو رسم خط جاننے والے قارئین ہی پر توجہ نہیں دینا چاہیے (جن پر کہ اب تک وہ دیتے رہے ہیں) بلکہ ان تمام قارئین کے بارے میں بھی غور کرنا چاہیے جن کا ذکر میں مندرجۂ بالا سطور میں کر چکا ہوں۔ اگر آپ اس حقیقت کو تسلیم کر لیتے ہیں تو پھر دیگر تفصیلات کا لائحۂ عمل آپ ہی کو مرتب کرنا ہوگا لیکن مجھے ایسا محسوس ہوتا ہے کہ اردو کے سرکاری و نیم سرکاری ادارے مثلاً انجمن ترقیِ اردو اور ترقیِ اردو بیورو وغیرہ جو کچھ کر رہے ہیں، اس میں جامع تبدیلی کی ضرورت ہے۔ ایسے رضا کار اداروں، اشاعت گھروں اور دیگر اداروں کو جو اردو کی ترویج کے لیے کام کر رہے ہیں، ضرورت پڑنے پر ہر قسم کی امداد جس میں یقیناً مالی معاونت بھی شامل ہے، فراہم کرنے کی ضرورت ہے۔ مجھے توقع ہے جو حضرات بھی اس نوعیت کے کسی ادارے سے کسی بھی حیثیت سے وابستہ ہیں اور ان اداروں پر اپنا اثر ورسوخ استعمال کر سکتے ہیں، میری تجویز پر سنجیدگی سے غور فرمائیں گے اور اس سلسلے میں ایسی تفصیلات کا خاکہ مرتب کریں گے جن کے نفاذ سے مثبت نتائج برآمد ہو سکیں۔

کچھ تنقید:

جس مواد کی بنیاد پر میں نے یہ مقالہ تحریر کیا ہے اس مواد کا بجائے خود تنقیدی جائزہ لینا بھی معروضیت کے نقطۂ نظر سے ضروری ہے۔ مجھے امید ہے کہ میری اس جسارت سے آپ کبیدہ خاطر نہیں ہوں گے۔ میں یہ تنقید اس لیے بھی کر رہا ہوں کیوں کہ میں یہ سمجھتا ہوں کہ ان اغلاط کی (ان کو میں کم از کم اغلاط ہی تصور کرتا ہوں خواہ وہ رویے کی ہوں یا نقطۂ نظر کی یا پھر لائحۂ عمل کی) تصحیح کر لینے سے اردو کے حقوق کے لیے جدوجہد کو بہرحال تقویت حاصل ہوگی اور ان لوگوں کی تعداد میں اضافہ ہوگا جو اردو کے فروغ کے مقاصد اور اس کی ترویج کی تحریک میں شمولیت اختیار کرنے کے خواہاں ہیں۔

میں اپنی اختلافی رائے کا اظہار وحید الدین خاں کے اس اقتباس سے کرنا چاہتا ہوں جو ان کے مضمون

کا جز ہے۔ یہ مضمون لاہور کے انگریزی روزنامے 'دی نیشن' میں 9/ جولائی 1993 میں شائع ہوا تھا۔ اس میں وحیدالدین خاں لکھتے ہیں: *Muslims and the Press*

''مجھے اصل شکایت نیشنل پریس سے نہیں بلکہ خود مسلمانوں کے اخباروں سے ہے۔ آج کے زمانے میں مسلمانوں کے تمام اخبارات احتجاج وشکایت اور قوم کے زخموں کی تجارت کر رہے ہیں۔ یہ ایک حقیقت ہے کہ موجودہ زمانے کی مسلم صحافت عملاً صرف احتجاجی صحافت ہے جو کسی بھی طرح سے تعمیری صحافت نہیں ہے۔ مسلم صحافت کا اصل مسئلہ یہی ہے۔ میں یہ کہنے کی اجازت چاہوں گا کہ جب مسلمانوں کا دانشور طبقہ خود بھی کسی مثبت فکر سے بے بہرہ ہے تو پھر وہ عام مسلمانوں میں تعمیری شعور یا مثبت فکر پیدا کرنے کا کام کیوں کر کر سکتا ہے؟ مسلمانوں کے اخبار آج کیا کر رہے ہیں؟ وہ مسلمانوں کو صرف یہ یقین دلانے میں مصروف ہیں کہ تم ایک مظلوم اور محروم اقلیت ہو اور تمھارے لیے اس ملک میں جینے اور ترقی کرنے کے تمام راستے بند ہو چکے ہیں جب کہ حقیقت یہ ہے کہ اس دنیا میں مسائل اور مواقع دونوں ہی موجود ہیں۔ اس لیے صحیح طریقہ ہے کہ آپ مسائل کے درمیان موجود پوشیدہ مواقع کو تلاش کریں اور لوگوں کو اس بات کی طرف متوجّہ کریں کہ وہ مسائل کو نظرانداز کر کے مواقع کا فائدہ اٹھائیں۔ صحیح فارمولا یہی ہے کہ 'مسائل کو دباؤ اور موقع سے فائدہ اٹھاؤ۔''

مولانا ابوالکلام آزاد ریسرچ اینڈ ایجوکیشنل فاؤنڈیشن کی وساطت سے مجھے جو مواد حاصل ہوا، اس کی عام روش اسی تصویر کی عکّاسی کرتی ہے جو مندرجۂ بالا سطور میں مصنف نے پیش کی ہے اور میں اس بارے میں وحیدالدین خاں کے خیالات کی مکمل تائید کرتا ہوں۔ میں یہ بھی عرض کر دینا ضروری سمجھتا ہوں کہ مجھ سے جس طرح کا مضمون لکھنے کی فرمائش کی گئی تھی، اس کے لیے اس سے کہیں زیادہ معلومات فراہم کرانے کی ضرورت تھی جو واقعتاً مجھے فراہم نہ ہو سکیں حالاں کہ بعد میں مجھے ایسی بہت سی معلومات جن کی ابتداً ضرورت تھی، اطہر فاروقی کے اس مضمون سے فراہم ہوئیں جو آسٹریلین جرنل 'ساؤتھ ایشیا' نے دسمبر 1995 کے شمارے میں شائع کیا تھا۔ (اطہر فاروقی کا یہ مضمون بھی دراصل 30 مئی 1993 میں منعقد ہونے والے سیمینار بہ عنوان 'ہندستانی مسلمان اور پریس' میں پڑھا گیا تھا)۔

مجھے انگریزی اور اردو پریس سے متعلق جو بھی تراشے فراہم کرائے گئے ان سب ہی میں اردو کے ساتھ روا رکھی گئی ناانصافیوں ہی کے بیان کی کثرت ہے۔ اردو اخبارات میں اردو سے متعلق شائع ہونے والی تحریروں کے جو تراشے ہیں اور ان میں جو کچھ حقائق پیش کیے گئے ہیں وہ پوری طرح درست ہیں، یہ قبول کرنے میں مجھے کوئی تکلف نہیں، اسی لیے، میرے اس مضمون کا بیش تر حصہ ان ہی حالات کا احاطہ کرتا ہے، آزادی کے بعد اردو جن سے دوچار رہی مگر پھر بھی یہ حالات کی مکمل اور صحیح تصویر نہیں ہے۔

اردو کے مسائل کی جو تصویر ان تحریروں میں پیش کی گئی ہے، ان میں تاریخ کے حوالے سے حقائق کو مسخ کر کے پیش کیا گیا ہے بلکہ یوں کہنا زیادہ بہتر ہوگا کہ اردو کے حامیوں نے اپنی تحریروں میں بے ایمانی سے کام لیا

ہے۔

آزادی کے بعد اردو زبان اور تعلیم کے مسائل سے متعلق میں نے اب تک جتنا کچھ مطالعہ کیا ہے، اس میں اطہر فاروقی کا پی ایچ ڈی کا مقالہ شاید سب سے زیادہ تفصیل کے ساتھ اردو کے مسائل کو پیش کرتا ہے مگر اردو کے حق میں مسائل کی شکل مسخ کر کے پیش کرنے کا سب سے زیادہ کام بھی انھوں نے ہی کیا ہے اور اس سیاق و سباق میں، میں انھیں سب سے زیادہ خطاوار اس لیے تصور کرتا ہوں کیوں کہ میرے خیال میں وہ مسائل کا نہ صرف معروضی بلکہ ترقی پسندانہ زاویے سے تجزیہ کرنے کے پوری طرح اہل ہیں مگر انھوں نے ایسا کیوں نہیں کیا، یہ بات میری سمجھ میں نہیں آئی۔ ہندی اور ہندوشادنسٹوں پر اطہر فاروقی کے اعتراضات جائز تو ہیں مگر ہندستان کے سیاسی اور تہذیبی منظرنامے، ہندی اور ہندوشاونسٹوں کو اہمیت دینے کے معاملے میں وہ حد سے تجاوز کر گئے ہیں۔ اطہر فاروقی صاحب (دیگر مصنفین بھی) دوسری طرف مسلمانوں کے اردوداں طبقے کے اس رویے کے بارے میں ایک دم خاموش ہیں جو ہندی اور ہندوشاونزم ہی کی طرح خطرناک اور کہیں زیادہ طویل عرصے کو محیط ہے۔ اطہر فاروقی نے اپنی تحریروں کے ذریعے یہ تاثر عام کرنے کی کوشش کی ہے کہ ہندستان میں مسلمانوں کے خلاف جتنے بھی الزامات لگائے جاتے ہیں وہ یک سر غلط ہیں۔ مثال کے طور پر وہ بار بار یہ تاثر دیتے ہیں کہ تقسیم کے بعد ہندستان میں رہ جانے والے مسلمانوں کو پاکستان کے مطالبے سے کسی قسم کی کوئی ہمدردی نہیں تھی، اس لیے ان کے خلاف ہندوؤں کا تعصب غلط اور ناجائز ہے۔ میرے تجربے کے مطابق یہ تصویر کا صرف ایک رخ ہے۔ تقسیم کے بعد ہندستان میں سکونت اختیار کرنے کا فیصلہ مسلمانوں میں سے بہت سے لوگ پاکستان نہیں گئے تو اس کا سبب یہ نہیں ہے کہ وہ پاکستان جانا نہیں چاہتے تھے بلکہ دراصل وجہ یہ ہے کہ وہ کسی نہ کسی وجہ سے ہندستان میں رکنے پر مجبور ہو گئے تھے۔ ان حقائق کی پردہ پوشی نہیں کی جانی چاہیے کیوں کہ یہ حقائق کسی بھی طرح اس دلیل کو کم زور یا کالعدم نہیں کرتے کہ مسلمان ہندستان میں مساوی حقوق کے یقیناً اتنے ہی حق دار ہیں جتنے ہندستان کے دیگر شہری۔

بیشتر مصنفین جو اردو کے مسائل پر لکھتے ہیں، وہ اردو والوں کے فسطائی رویے کو پوری طرح نظرانداز کرنے کا کام بھی کرتے ہیں۔ مثلاً 'دی نیشن' لاہور میں 8 جولائی 1994 میں شائع ہونے والے اپنے ایک انٹرویو میں شمس الرحمٰن فاروقی مشرقی پاکستان میں پاکستانی فوج کی شکست، بنگلہ دیش کے قیام اور اس کے نتیجے میں بہاریوں کے ہندستان میں تیزی سے داخل ہو کر آباد ہونے کے بارے میں بات کرتے ہوئے کہتے ہیں کہ اب ان لوگوں نے ہندستان میں رہنے کا قطعی فیصلہ کر لیا ہے۔ وہ یہ نتیجہ اخذ کرتے ہیں کہ بہاریوں میں ایسے حب الوطنی کے جذبے کے دوبارہ عود کر آنے کا سبب کیا ہے؟ حالات کی یہ بے حد غلط تصویر کشی ہے۔ بنگلہ دیش سے اردوداں بہاری اس لیے بھاگے کیوں کہ بنگلہ دیش کے اکثریتی فرقے کی آبادی یعنی بنگالی مسلمان ان سے اس لیے نفرت کرتے تھے کیوں کہ انھوں نے مغربی پاکستان کے جابر اور ظالم لوگوں کی حمایت کی تھی۔ بنگالی مسلمانوں کی یہ

نفرت بالکل جائز تھی۔ بنگالی مسلمانوں پر پاکستانی فوج کے خوف ناک مظالم کے دور میں ہمہ وقت بہاری مسلمانوں نے مغربی پاکستان کی حمایت کی تھی۔ اطہر فاروقی بھی ان تمام مظالم کے بارے میں تو مکمل طور پر خاموش ہیں مگر صرف ہندستان کی 'جارحیت' کے بارے میں بات کرتے ہیں جب کہ حقیقت یہ ہے کہ اگر مسلمان مغربی پاکستان (اب صرف پاکستان) نہیں گئے تو اس کا سبب ان کی ہندستان سے والہانہ محبت نہیں بلکہ کچھ اور ہے۔ پاکستان کو اب شمالی ہند کے ان مسلمانوں کی قطعی ضرورت نہیں تھی۔ یہاں ان کا مقدر مشرقی افریقی ہندستانیوں جیسا ہی تھا کہ وہ افریقہ کی اکثریتی آبادی پر مظالم کرنے والے برطانوی جابروں کے حلیف بنے اور انھوں نے افریقی دشمنی کے خوب خوب انعام حاصل کیے لیکن جب آزادی کا موقع آیا تو ان کی افادیت ختم ہوگئی۔ اس لیے ان کے برطانوی آقاؤں نے انھیں ان کی تقدیر کے حوالے کر دیا۔ اس مثال میں 'بہاری' مشرقی افریقی ہندستانی کی علامت ہے اور 'مغربی پاکستانی' انگریزوں کی اور 'بنگالی' افریقیوں کی تمثیل ہے۔

جن مصنفین نے بھی اردو کے مسائل پر لکھا ہے، انھوں نے اتر پردیش حکومت کو ہندی کو صوبے کی واحد سرکاری اور دفتری استعمال کی زبان بنانے کے لیے بالکل صحیح ہدفِ تنقید بنایا ہے مگر اسی منطق کی رو سے انھیں جموں اور کشمیر کی حکومت کو بھی اردو کو صوبے کی واحد سرکاری زبان بنانے کے لیے اسی شد و مد سے تنقید کا ہدف بنانا چاہیے تھا۔

'مین اسٹریم' کے 1988 کے سالنامے میں سید شہاب الدین اپنے مضمون "Status of Urdu in India" میں اس طرف اشارہ کرتے ہوئے لکھتے ہیں:

''اردو صوبے (جموں و کشمیر) کی سرکاری زبان اور ذریعۂ تعلیم ہے جب کہ اسے کل آبادی کے ایک بہت چھوٹے حصے نے اپنی گھریلو زبان کے طور پر 1971 یا 1981 میں قبول کیا ہے جب کہ وہاں کی بیشتر آبادی کشمیری، ڈوگری یا ہندی کو اپنی زبان سمجھتی ہے۔''

لیکن میں نے کبھی کسی مسلمان کو اس سوال پر کوئی مناسب موقف اختیار کرتے ہوئے نہیں دیکھا ہے۔

اردو کے متعلق اپنی تحریروں میں اطہر فاروقی نے اس دلیل کو کثرت سے (کبھی واضح طور پر اور کبھی بالواسطہ) دہرایا ہے کہ وہ اردو داں حضرات جو کانگریس کی حمایت کرتے ہیں یا سرکاری امداد یافتہ انجمنوں سے کسی بھی حیثیت سے وابستہ ہیں، انھوں نے خود کو اردو دشمنوں کے ہاتھوں ''فروخت کر دیا ہے''۔ بلاشبہ ان میں سے کچھ لوگوں نے ایسا کیا ہے لیکن یہ ایک بہت ہی سطحی تصویر کشی ہے۔ اطہر فاروقی نے ان مسلمانوں کو خصوصاً ہدفِ تنقید بنایا ہے جو حصولِ آزادی کی لڑائی کے زمانے ہی سے کانگریس سے وابستہ تھے اور آزادی کے بعد ہی اردو کے محاذ پر سرگرمِ عمل ہوئے۔ ان لوگوں کے خلاف اطہر فاروقی کا جارحانہ لہجہ مناسب نہیں۔ حیات اللہ انصاری کے بارے میں اسی قسم کا لہجہ اختیار کرتے ہوئے وہ لاہور کے روزنامے 'دی نیشن' کے 15 جولائی 1994 کے شمارے میں یہ بیان دیتے ہیں کہ ''انھوں نے اردو کا نعرہ تو لگایا لیکن واقعتاً انھیں مسلمانوں اور اردو کی فلاح سے کوئی دلچسپی نہیں

تھی‘‘، اسی جملے میں آگے وہ لکھتے ہیں کہ:

’’ذاکر حسین صاحب نے بیس لاکھ دستخطوں کی جو تحریک شروع کی تھی، میں اسے انتہائی غیر حقیقی اور حالات سے فرار اختیار کرنے والی تحریک تصور کرتا ہوں، اسی لیے قدرتی طور پر اس تحریک کا کوئی نتیجہ بھی نہیں نکلا۔‘‘

’انتہائی حقیقی اور فرار اختیار کرنے والی تحریک‘ کا استعمال کیوں؟ اس سے ان کی مراد کیا ہے؟ ’قدرتی طور پر‘ کس لیے؟ یہ بات کافی حد تک درست ہے کہ دستخطوں کی اس تحریک کے وہ نتائج برآمد نہیں ہوئے جو مقصود تھے لیکن اس کا یہ مطلب ہرگز نہیں ہوسکتا کہ اس کی کوئی افادیت نہیں تھی۔

اب میں وحید الدین خاں کے مضمون کے اس اقتباس، جس کا میں حوالہ دے چکا ہوں، کے نتائج کی طرف لوٹتا ہوں۔ ان کا مشورہ ہے ’مسائل کو دباؤ اور موقع کا فائدہ اٹھاؤ‘ یعنی وہ حقائق پیدا کرو جن سے اردو کے مفاد کو مدد ملے۔ ایسے تین حقائق بے حد اہمیت کے حامل ہیں: اول یہ کہ ہندی شاونسٹوں کی تمام کوششوں کے باوجود بھی روزمرہ کی ترسیل کی زبان (لنگوا فرینکا) اب بھی وہی ہے جو آزادی سے پہلے تھی، جو اتنی ہی ہندی ہے جتنی کہ وہ اردو ہے۔ اس امر کا ثبوت ماضی قریب میں 1989 میں شائع ہونے والی ایک کتاب *Teach Yourself Hindi* ہے۔ اس کتاب کے آخر میں پیش کیے گئے الفاظ کی فرہنگ میں ایک صفحے پر 73 الفاظ میں سے 54 الفاظ اسی نوعیت کے ہیں اور زیادہ سے زیادہ 18 الفاظ ایسے ہیں جن کو شاید اردو بولنے والے لوگ نہ سمجھ سکیں۔ دوم، مقبول ترین نام نہاد ہندی فلموں کو اسی طرح مکمل طور پر اردو فلمیں کہا جا سکتا ہے، جس طرح انھیں ہندی کی ترویج کے سبب انھیں ہندی فلمیں کہا جانے لگا ہے۔ گجرال کمیٹی رپورٹ کے اختتامیے کی تلخیص کے پیراگراف نمبر 140 میں ٹھیک ہی کہا گیا ہے کہ ’’فلموں کا بڑا کنٹری بیوشن یہ ہے کہ انھوں نے ہندی اور اردو کے درمیان کسی دیوار کو کھڑا ہونے نہیں دیا ہے۔‘‘ صرف یہ دونوں حقائق ہی اس بات کی طرف اشارہ کرتے ہیں کہ عام بول چال کی اردو ایک ایسی زبان ہے جسے کروڑوں ہندستانی بمع غیر مسلم حضرات بھی سمجھ سکتے ہیں۔ سوم یہ کہ اردو ادب خصوصاً اردو شاعری میں دلچسپی رکھنے والے ایسے لوگ بھی بہت بڑی تعداد میں ابھی تک موجود ہیں جو اردو رسم خط سے واقف نہیں ہیں مگر ادبی زبان کو کچھ نہ کچھ سمجھتے ہیں، اسی لیے، مجھے اطہر فاروقی کے اس بیان سے کہ اردو اب لازمی طور پر صرف مسلمانوں کی زبان ہے، اختلاف ہے۔ ان کے اس بیان میں کوئی نئی بات نہیں ہے۔ اردو ہمیشہ سے ہی (لازمی طور پر) مسلمانوں کی زبان تھی لیکن یہ بھی درست ہے کہ آزادی سے قبل وہ غیر مسلم اردوداں حضرات کے کہیں زیادہ بڑے طبقے کی زبان تھی۔ اس نکتے پر میرا اطہر فاروقی سے بنیادی طور پر کوئی اختلاف نہیں ہے لیکن میں نے جن مثبت حقائق کا ذکر کیا ہے، ان کی روشنی میں سوال یہ پیدا ہوتا ہے کہ آخر کیا وجہ ہے جو مسلسل یہ جتایا جائے کہ درحقیقت اردوداں طبقہ اور مسلمان فرقہ ایک ہی سکّے کے دو رخ ہیں۔ اس طرح کا دباؤ دراصل اس اہم بات کو دھندلا دیتا ہے کہ مسلمانوں کے حقوق اور اردو کی ترویج کی حفاظت کے لیے صرف اکیلے مسلمان ہی ذمے

دار نہیں۔ مسلمانوں کے حقوق اور اردو کی ترویج کی باتیں ان تمام لوگوں کے لیے غور وفکر کا موضوع ہیں جو آزاد ہندستان کے اعلان شدہ نصب العین کو برقرار رکھنے کے خواہاں ہیں۔ مسلمانوں کو بھی ضرورت اس بات کی ہے کہ وہ ایسے لوگوں تک رسائی حاصل کریں اور ان کے ساتھ مل کر اس مشترکہ نصب العین کے حصول کے لیے کام کریں۔

[بشکریہ سہ ماہی 'ادب ساز'، شمارہ 9-8، 2008، دہلی]

معاصر اردو زبان و ادب اور مسلم اساس پرستی

اطہر فاروقی

ابتدائیہ:

اس مقالے کا موضوع اِس امر پر مبنی ہے کہ اپنی موجودہ شکل میں زبان اردو ہندو پاکستان کے درمیان کسی قسم کا کوئی مثبت رول ادا نہیں کر سکتی۔ آئندہ سطور میں اس سیاسی و سماجی صورتِ حال کا تجزیہ کر کے نتائج کا استنباط کیا جائے گا جس کے سبب ہندوستان میں اردو سے اس قسم کی توقع کرنا دانش مندی نہیں۔ یہ سیاسی صورت حال ہر دو ممالک میں مسلم اساس پرستی کے زیرِ اثر نہ صرف ماضی میں پروان چڑھی، بلکہ اس کا حال بھی مسلم شناخت کے ان سوالوں ہی کے گرد گھومتا ہے جو برصغیر ہند و پاکستان کی مسلم آبادی کو اپنی گرفت میں لیے ہوئے ہیں۔ مسلم اساس پرستی سے مغلوب اس سول سوسائٹی کا مستقبل دونوں ہی ممالک میں مخدوش ہے جس میں اردو کی حیثیت ریڑھ کی ہڈی جیسی ہے۔

اساس پرست مسلم سیاست اور اردو کے رشتوں کا پس منظر:

اس مقالے میں میرے معروضات کا دائرہ علی الخصوص ہندوستان کی اساس پرست مسلم سیاست اور اردو کے ان رشتوں کے تجزیے کو محیط ہے جو برِ صغیر میں معاصر فرقہ پرست مسلم ذہن کی تشکیل کا سبب بنے۔

اردو کے مسلم اساس پرست کردار کی تشکیل میں تاریخی طور پر انیسویں صدی کی اس فرقہ پرست ہندو سیاست نے بڑا اہم رول ادا کیا ہے جس کے کمالات میں اب کسی کو شبہ نہیں اور جو جدید ہندی کی تشکیل کے نام پر سیاست کرتے ہوئے انجام دیے گئے۔ پھر ہندو شناخت کے نام پر جدید ہندی نام کی اس غیر معمولی شے

(Phenomenon) کے ماضی کے تسلسل کی تلاش شمالی ہند کی مختلف زبانوں کے ادبی سرمایے میں کرنے کی کوشش کا آغاز ہوا۔ اس عمل میں اگر ایک طرف شمالی ہند کی بیش تر زبانوں کو ہندی کا قدیم روپ یا پھر شیلی قرار دے دیا گیا تو دوسری طرف کچھ زبانوں کو بولیاں کہہ کر جدید ہندی نے اپنے سایۂ عاطفت میں لے لیا اور اس خالصتاً سیاسی جدید ہندی کی تاریخ نویسی کے نام پر ہندو احیا پرستی کے فروغ کا سلسلہ شروع ہو گیا۔ جدید ہندی کی تشکیل کی سیاست کا عمل شروع ہونے کے بعد زبانوں کے نام پر جس قسم کی سیاست کا آغاز ہوا، وہ اس سکے کا دوسرا رخ ہے جس میں اردو کے مسلم تشخص کی بات کرنے والی مسلم اساس پرست قوتیں ہندو فرقہ پرستوں سے بہت آگے بڑھ گئیں اور تاریخی اسباب کی بنا پر مسلم شناخت کے ساتھ اردو کے رشتے پین اسلامزم کی سینکڑوں برس پرانی خواہشات کے ایجنڈے کا حصہ بنے۔ اس صورت حال کا یہ نتیجہ لازمی ٹھہرا کہ اردو کو پوری طرح مشرف بہ اسلام کر کے اسے ہندستان میں فارسی کے اس گم گشتہ ماضی کا متبادل بنانے کی تحریک سیاسی بنیادوں پر آگے بڑھائی جائے جو مسلم اقتدار کے زوال کے ساتھ ہی اپنی افادیت کھو بیٹھی تھی۔ تبدیل شدہ حالات میں اردو کے اسلامی خلقیے نے Pan Islamism کے فروغ میں غیر معمولی رول ادا کیا۔

اردو اور مسلم سیاسی اشراف:

سیاست کی بدلتی ہوئی صورت حال میں مسلم یعنی اردو اشراف کی سیاست نے بیسویں صدی میں اردو کے سوال کو مہتم بالشان مسلم ماضی کے سوال کے طور پر پوری قوت کے ساتھ آگے بڑھایا اور قطعی غیر اردو داں مسلم عوام کو ثقافتی جہاد کے ذریعے اپنے سیاسی کارواں میں شمولیت کی دعوت دی۔ یہ وہی دور ہے جب مسلم اشراف کا یہ ٹولہ ہندی مسلمانوں کو 'لے کے رہیں گے پاکستان، بنٹ کے رہے گا ہندوستان' پر اڑے رہنے کے لیے پوری طرح آمادہ کر چکا تھا اور

ایک ہوں مسلم حرم کی پاسبانی کے لیے
نیل کے ساحل سے لے کر تابہ خاک کاشغر

کی اپیل کرنے والا پنجابی حکیم الامت مسلم عوام کے ذہنوں پر اردو کی گرفت کا پورا فائدہ اٹھا رہا تھا۔ عوام سے لے کر خواص تک مسلم لیگ کی سیاست میں شامل وہ جاں باز اہل ایمان جو عظیم فلسفی اور مفکر اسلام کی دعوت کے نتیجے میں ؂

ہے ترک وطن سنت محبوبِ الٰہی
دے تو بھی نبوت کی صداقت پہ گواہی

کے نعرے پر لبیک کہتے ہوئے ان خطوں کو خیر باد کہہ کر مملکت خداداد کے ان غیر آباد علاقوں کی طرف کوچ کر گئے جہاں انھیں اپنی اس عظیم ثقافت کے ساتھ ایک نیا جہان آباد کرنا تھا جسے وہ پیچھے چھوڑ آیا تھا۔ شمالی ہند کے ان

مہاجرین کے بہ قول ان کی شناخت اس لیے عظیم تھی کیوں کہ اس کی تشکیل میں دنیا بھر میں پھیلے ہوئے مسلمانوں کے تہذیبی سرچشموں کا فیضان شامل ہوگیا تھا۔ یہ نام نہاد عظیم مسلم ثقافت اپنے لیے وسیع تر اسلامی جولانگاہوں کی متلاشی تھی۔ اس لیے نئی مملکت خداداد میں بھی اردو خطے کی سیاسی ثقافت کی مرکزی حیثیت کو اس کے امانت داروں نے ذرا بھی اِدھر اُدھر نہ ہونے دیا۔

آزاد ہندوستان میں اردو، دینی مدرسے اور کانگریس:

مسلمانوں کے سیاسی رویوں سے سبق لے کر ہندو سیاست نے بھی اپنے ماضی قریب سے روشنی حاصل کرنے کی ترغیب لی۔ انیسویں صدی کی ہندو سیاست کی پیروی آزادی کے بعد کانگریس نے بھی کی اور مسلمانوں کو اس نے یہ یقین دلا دیا کہ وہ آزاد ہندستان میں جس طرح چاہیں، اپنے مذہبی تعلیم کے اداروں کے نظام میں اردو کو شامل کریں، کانگریس کو اس کارِ خیر میں وہ خود سے دو قدم آگے ہی پائیں گے۔ اپنے تعاون کے نتائج کو سو فیصد یقینی بنانے کے لیے آزاد ہندستان میں کانگریس نے اسکول کے نظام میں اردو کی بنیادوں کو صرف کھوکھلا ہی نہیں کیا بلکہ اس کی ایسی تمام جڑوں کو جن کا خلقیہ اسلامی اعتبار سے ذرا سا بھی کمزور تھا، اکھاڑ پھینکا۔

زبان کی سیاست کے اعتبار سے ہندستان میں بیسویں صدی کا نصف آخر اپنے ماضی سے کچھ زیادہ مختلف نہ تھا۔ تقسیم کے بعد کے حالات میں اس کے مظاہر اور نتائج البتہ دوسری طرح کے تھے۔ ہندستان میں 1980 کے آس پاس تک مسلم اشراف کی اکثریت کانگریس کے زیر سایہ اقتدار کے ایوانوں تک محدود اور سیاسی طور پر مسلم عوام سے دور ہی رہی، اس لیے اس نے اردو کے مسئلے سے صرف اتنا ہی سروکار رکھا جتنا حکومت کی ضرورت کے مطابق ضروری تھا۔ حکومت کی پالیسی کے نتیجے میں دینی مدارس میں اردو کے فیصلہ کن فروغ کا زمانہ بھی یہی ہے۔ آزاد ہندستان میں کانگریس کے زیر سایہ اسعد مدنی جیسے علما نہ صرف دیوبند پر قابض رہے بلکہ انھوں نے آخری دم تک پارلیمنٹ کے ایوانوں میں کانگریس کے مسلم مفادات کے تحفظ کے لیے مقدور بھر کوشش کی۔ آقا کے حکم پر مسلمانوں کی نبض دیکھنے اور مزاج پرکھنے کے لیے مولانا اسعد مدنی رحمۃ اللہ علیہ 'ملک وملت بچاؤ تحریک' جیسے کاموں کا ڈول بھی گاہے ماہے ڈالتے رہے۔ ہر بار حاکم با قاعدہ اور علی الاعلان وعدہ کرتا کہ مسلمانوں کے دین اور ان کے اداروں کا تحفظ ہوگا۔ وعدہ ہمیشہ ہی ایفا ہوا۔ مدارس اپنے اصل مشن یعنی فروغ اسلام میں مشغول رہے جس میں سب سے اہم کردار اس اردو نے ادا کیا جو دینی مدارس میں واحد ذریعۂ تعلیم تھی۔ اتر پردیش میں دینی تعلیمی کونسل بھی اپنا کام مکمل یکسوئی اور انہماک کے ساتھ کرتی رہی۔ اس کی تحریک کے نتیجے میں بھی دینی تعلیم کے اداروں اور ان کے ذریعے اسلامی اردو کا منظم طریقے سے فروغ ہوا۔ تبلیغ اور اشاعت دین کے کاموں میں حکومت یعنی کانگریس نے کبھی کوئی روڑا نہیں اٹکایا۔ ایمرجنسی کے بعد کے ڈھائی برس اور 1989 میں 19 مہینے کی

وشوناتھ پرتاپ سنگھ کی قیادت والی جن مورچہ (United Front) حکومت کے علاوہ 1996 تک مرکزی اقتدار پر کانگریس ہی قابض رہی۔ اس طرح 1989 تک چھوٹے موٹے وقفوں کے سوا خصوصاً شمالی ہند کے صوبوں میں ہمیشہ کانگریس ہی برسر اقتدار تھی۔

أ

تقسیم کے بعد سے 1989 تک، ڈاکٹر فریدی اور سید شہاب الدین دو ہی ایسے نام ہندوستان کے سیاسی منظرنامے میں قابل ذکر ہیں جو کانگریس سے وابستہ نہ تھے مگر اردو کے باب میں ان کی سیاست کو کانگریس ہی کے طرز کی سیاست سے تعبیر کیا جا سکتا ہے۔ اردو سیاست کے محاذ پر یہ دونوں ہی مسلم اکابرین ہمیشہ متحرک رہے حالاں کہ ان دونوں ہی کا سیاسی ایجنڈا اردو تک محدود نہ تھا۔ آخر آخر جب سید شہاب الدین کی اپنی ہی طرز کی اس سیاست کی دھوپ ڈھل گئی جو علاحدگی پسندی کی سیاست تھی تو انھوں نے 2004 میں اس وقت سونیا گاندھی کے ہاتھ پر بیعت کر لی جب مرکز میں یونائٹیڈ پراگریسیو الائنس (United Progressive Alliance) برسر اقتدار آیا، اس کے بعد جن سیاسی محاذوں پر سید شہاب الدین ممکن حد تک متحرک رہے ہیں، ان میں ایک اردو سیاست کا محاذ بھی ہے جو دینی مدارس کے ساتھ اپنے مضبوط تر رشتوں کے سبب 9/11 کے بعد مسلم حسیت میں ماضی سے مختلف حیثیت کا حامل ہو چکا ہے۔ بنیادی طور پر سید شہاب الدین ایمرجنسی کے بعد چلی کانگریس مخالف آندھی کے سیاسی دور کی پیداوار ہیں۔ اس انتہائی زیرک مسلم سیاست داں کے منفی سیاسی اثرات مختلف وجوہ سے ڈاکٹر فریدی سے کہیں زیادہ ہمہ گیر ہیں۔ فریدی صاحب کے لہجے کی تشکیل کے تمام سُر 'لے کے رہیں گے پاکستان، بنٹ کے رہے گا ہندوستان' کی باقیات معلوم ہوتے تھے جب کہ سید شہاب الدین موقع دیکھ کر بات کرتے ہیں جس میں ان کی Indian Foreign Service کی تربیت کا فیضان بھی شامل ہے۔ عمومی سیاسی توازن کے لیے کانگریس کو اپنے Fold سے باہر ایسے چند سیاست دانوں کی ہمیشہ ضرورت رہی ہے۔ ذہنی طور پر کہیں زیادہ منضبط سید شہاب الدین اپنے سیاسی ایجنڈے کے حصول کے معاملے میں بھی بہت مرتکز ہیں۔ مکمل طور پر اساس پرست اور علاحدگی پسند سیاست کے داعی سید شہاب الدین جب تک عوامی جذبات کا لوہا پوری طرح گرم نہ دیکھیں، نہ صرف یہ کہ وہ چوٹ نہیں کرتے بلکہ آئین اور قانون کا راگ بھی الاپتے رہتے ہیں لیکن موقع ملتے ہی آئین کی دھجیاں اڑا کر عدلیہ کو جوتے کی نوک پر رکھ کر مشتعل عوامی جذبات سے تسمے کی خاطر بھینس حلال کرانے کا سید شہاب الدین سے بہتر گر تقسیم کے بعد مسلم سیاست میں کسی کے ہاتھ نہ آیا۔ جدید ہندوستان کی مسلم تاریخ میں شاہ بانو اور بابری مسجد دونوں ہی معاملوں کو اپنے سیاسی مقاصد کے حصول کے لیے نئی طرح کی علاحدگی پسندی کی فلسفیانہ اساس فراہم کرنے والے سید شہاب الدین نے قائداعظم محمد علی جناح رحمۃ اللہ علیہ کا اتباع کرتے ہوئے اپنی مقبولیت کے دور میں ہر سیاسی و مذہبی مسلم جماعت اور رہ نما کو سر جھکا کر چپ چاپ اپنے پیچھے چلتے رہنے کا حکم دیا۔

اسکول کے نظام میں اردو اور دینی مدارس کی سماجیات:

یہ کہنا کہ بالخصوص شمالی ہند میں اسکول کے نظام سے اردو کا خاتمہ ہندستان میں اردو کی عمومی تباہی کا واحد محرک تھا، انتہائی پیچیدہ صورتِ حال کا بے حد سطحی تجزیہ ہے۔ ہندوستان میں اسکول جانے والے بچوں میں مسلم بچے ایک فی صد بھی نہیں ہیں جبکہ 5 سے 20 برس تک کی عمر کے تقریباً 98 فی صد مسلمان بچے دینی مدارس میں اردو کے ذریعے تعلیم حاصل کررہے ہیں۔ 2003 میں کل وقتی دینی مدارس میں تعلیم حاصل کرنے والے مسلم طلبہ کی تعداد 5 کروڑ کے آس پاس تھی۔ اس وقت 5 لاکھ کل وقتی دینی مدارس چل رہے تھے۔ گذشتہ چار برسوں میں طلبہ اور مدارس کی اس تعداد میں لازمی طور پر اضافہ ہوا ہوگا۔ یوں اس بات کو شاید اس طرح کہنا زیادہ مناسب ہو کہ مسلمانوں کے وہ تقریباً ایک فی صد بچے جنھیں اسکول جانے کے مواقع مل سکے، ان کو خصوصاً شمالی ہند کے اسکولی نظام میں نہ صرف یہ کہ جبراً ہندی پڑھائی گئی بلکہ ان کی اپنی مادری زبان کی تعلیم کے لیے ایک اختیاری مضمون کے طور پر بھی مواقع اسکول کے تعلیمی نظام میں موجود نہیں تھے۔

آزاد ہندوستان میں اردو اشراف اور احیائے اردو کی تحریکات:

ہندوستان کے اس اردو اشراف نے جو مختلف سماجی وسیاسی وجوہ سے یونیورسٹیوں یا ملحقہ کالجوں کے اردو شعبوں کا پروردہ تھا، تقسیم کے بعد سے جب بھی احیائے اردو کے لیے کوئی تحریک حکومت کے ایما پر چلائی، تو اس میں کامیابی کے لیے اسے پوری طرح مذہبی اداروں ہی کے تعاون پر تکیہ کرنا پڑا۔ مذہبی اداروں کو اردو کی ضرورت تھی اور ان اساتذہ کو عوام میں پوچھنے والا کوئی نہ تھا۔ 1985 میں ایسی ہی ایک تحریک لکھنؤ یونیورسٹی کے پروفیسر ملک زادہ منظور احمد نے بھی شروع کی جس میں شامل تو مع کمیونسٹ پروفیسروں کے سب تھے مگر تحریک کے اصل داعی ندوۃ العلما کے ناظم اعلیٰ مولانا ابوالحسن علی ندوی تھے جن کی سیادت میں 19 جون 1988 کو رابطہ کمیٹی نے ایک بڑی کامیاب کانفرنس گنگا رام ہال، امین آباد، لکھنؤ میں بھی کی۔ سی پی ایم ان ہی دنوں جن وادی لیکھک سنگھ کی نئی دکان چلانے کی کوشش کررہی تھی جس میں کچھ مال پروفیسر محمد حسن نے بھی رکھا تھا۔ انجمن ترقی پسند مصنفین سے پروفیسر محمد حسن کے ازالۂ التباس کا زخم اس وقت تازہ تازہ تھا۔ مولانا سید ابوالحسن علی ندوی کی آواز پر اسلامی زبان کے طور پر اردو کے تحفظ کے لیے لکھنؤ میں جمع ہوئے عقیدت مندوں کے جم غفیر کے اسلامی جذبات کی جیبیں کاٹنے کے لیے مسلم اشراف کے مختلف نمائندوں اور مسلم سیائسین کے ساتھ کمیونسٹ سیاست کے داعی مثلاً اس وقت کمیونسٹ پارٹی آف انڈیا کے جنرل سکریٹری سی راجیشور راؤ، جن وادی لیکھک سنگھ سے متعلق پروفیسر نعیم احمد جو اس وقت علی گڑھ مسلم یونی ورسٹی سے وابستہ تھے، جواہر لال نہرو یونی ورسٹی کے پروفیسر محمد حسن اور حیدرآباد میں کمیونسٹ سیاست کے ایک اہم ستون راج بہادر گوڑ بھی حلوائی کی دکان، نانا جی کا فاتحہ کے مصداق

اہل ایمان کی اس محفل میں پوری بے شرمی سے موجود تھے۔ اس محفل ایمانی میں کامریڈ مولانا اسحاق سنبھلی بھی شریک تھے جو جناب شیخ کا نقش قدم 'یوں بھی ہے اور یوں بھی' کی بہترین مثال ان معنوں میں تھے کہ جمیعت العلمائے ہند سے آخری وقت تک وابستہ رہے اور جمیعت العلمائے ہند کو خیر باد کہے بغیر کمیونسٹ پارٹی سے ایم پی بھی رہے۔ اس کانفرنس کا افتتاح کرتے ہوئے مولانا ندوی مرحوم نے فرمایا:

> ... اردو واحد زبان ہے جو سب سے کم عمر اور سب سے زیادہ بولی جاتی ہے۔ اردو کی عظمت کی ایک مثال یہ بھی ہے کہ سیرت پر سب سے بہترین کتب اردو میں ہیں اور علامہ شبلیؒ کی سیرت النبی کے عربی تراجم کے لیے متعدد مرتبہ فنڈز کی پیش کش کی گئی مگر افسوس کہ وہ ممکن نہ ہو سکا۔1؎

مولانا ندوی کے یہ خیالات واشگاف طور پر اردو کے اسلامی کردار کے مختلف زاویوں کو نمایاں کرتے ہیں۔ 1988 بابری مسجد تحریک کے عروج کا زمانہ تھا۔ ہندو مسلم فسادات کا لامتناہی سلسلہ جاری تھا۔ ملیانہ اور ہاشم پورہ کے انسانیت سوز واقعات میں ایک موج خوں سر سے گزر چکی تھی مگر مستقبل بھی کم مخدوش نہ تھا؛ بھاگل پور کے مسلم نسل کش فسادات کی آہٹ صاف سنائی دے رہی تھی۔ سیاسی توازن برقرار رکھنے کے لیے رابطہ کمیٹی کی اس تحریک کی شدید ضرورت کانگریس کو تھی۔ ظاہر ہے کہ نتیجہ اس تحریک کا بھی وہی نکلا جو اس کا مقصد تھا: اس نے بھی عوامی طور پر اردو کے اسلامی زبان ہونے کے احساس کو مزید تقویت دی۔ 1989 میں اتر پردیش اور مرکز دونوں جگہ سے کانگریس کی حکومت ختم ہو گئی، یوں تحریک کا کام بھی فوراً ہی رک گیا۔ یہاں یہ یاد دلانا شاید مناسب ہو کہ مولانا سید ابوالحسن علی ندوی ان چند اکابرین امت میں تھے جو حکومت کے ساتھ براہ راست اس سودے بازی میں شامل تھے کہ شاہ بانو معاملے میں سپریم کورٹ کے فیصلے کے خلاف پارلیمنٹ تو قانون بنا دے گی مگر اس عمل سے مشتعل ہندوؤں کو بھی بابری مسجد کو منہدم کر کے اس کی جگہ رام مندر بنانے کی اجازت دے دی جائے گی۔ یہ بات دیگر ہے کہ فصل بوئی کانگریس نے تھی مگر کاٹی بی جے پی نے۔ مسلم سیاست کے سرد و گرم چشیدہ اور جماعت اسلامی کے ترجمان سہ روزہ 'دعوت' کے سابق مدیر محفوظ الرحمٰن کے خیالات اس ذیل میں دستاویزی اہمیت کے حامل ہیں:

> ... وزیر اعظم راجیو گاندھی نے بابری مسجد کا تالا کھلنے سے قبل ایک خصوصی ملاقات کے دوران علی میاں کو آنے والے حالات سے باخبر کر دیا تھا۔ جو کچھ ہوا وہ اس سے کسی نہ کسی درجے میں واقف تھے۔ ان کے لیے بابری مسجد کا تالا کھلنا کوئی غیر متوقع چیز نہیں تھی اور حالات و واقعات کی روش کے اسی پیشگی علم نے انھیں بابری مسجد کے تعلق سے کوئی قدم اٹھانے سے باز رکھا...
>
> (مسلم قیادت کا نیا چہرہ، مضمون از محفوظ الرحمٰن مشمولہ مذہب، مسلمان اور سیکولرازم، مرتب و ناشر اشفاق محمد خاں، نئی دہلی، جون 1996، ص 189)

... اگر مسلمان خود بھی بابری مسجد کے قضیے کو سیاسی پارٹیوں سے کٹنے اور جڑنے کی بنیاد بناتے ہیں تو پھر ان لوگوں کو غلط کیسے کہا جائے گا جنھوں نے رام اور رام جنم بھومی کو اپنے سیاسی مقاصد کے حصول کا ذریعہ بنا رکھا ہے۔ یہ لوگ بھی تو وہی کر رہے ہیں جو مسلم پرسنل لا بورڈ کے لوگ کرنے جا رہے ہیں۔ اگر سنگھ پریوار کی روش غلط ہے اور اس کے غلط ہونے میں کوئی شک وشبہ نہیں ہے تو پھر مسلم پرسنل لا بورڈ کی روش کو بھی کسی لاگ لپیٹ کے بغیر غلط ہی کہا جائے گا۔

(ایضاً، ص193)

احیائے اردو کے مآخذ:

یہاں ایک اور بات کا ذکر بھی ضمناً ضروری ہے کہ مابعد تقسیم مسلم انڈیا کی تاریخ میں اردو سیاست سے متعلق کسی ماخذ کی تلاش جوئے شیر کے لانے سے کم نہیں۔ ویسے تو مجموعی طور پر ہندستان میں مسلمانوں سے متعلق جو کچھ لکھا گیا وہ یا تو متعصب ہندو ذہن کی کارگزاری ہے یا پھر مسلمانوں سے ہمدردی رکھنے والے ان معصوم لوگوں کے شاعرانہ خیالات وافکار کا مجموعہ جنھوں نے خود کو مربی اور مسلمانوں کو مظلوم تصور کر لیا تھا، اس لیے، مسلمانوں سے متعلق ان حضرات نے جو کچھ لکھا اس کا حقیقت حال سے کچھ تعلق نہیں۔ تقسیم کے بعد اردو اخبارات ورسائل مسلمانوں کے جن زخموں کی تجارت کرتے رہے، ان میں اردو کا گھراگھاؤ سب سے نمایاں تھا۔ ان اخبارات کے مطالعے سے اس صورت حال کا اندازہ بھی لگایا جا سکتا ہے جس میں مسلمان جذباتی طور پر تو بارود کے ڈھیر پر بیٹھا تھا مگر اردو کے سیاق وسباق میں وہ سب سے زیادہ کنفیوژ اس لیے تھا کیوں کہ پاکستان میں اردو کی قومی زبان کی حیثیت نے اسے ہندوستان میں کہیں کا نہیں چھوڑا تھا۔ افسوس کی بات مگر یہ ہے کہ اردو اخبارات ورسائل کی فائلیں کہیں موجود ہی نہیں اور جو اخبارات بند ہو گئے ان کے دفاتر تک بک چکے ہیں، یوں ان تک رسائی کی کوئی شکل اب نہیں بچی ہے۔

1983 میں سید شہاب الدین نے ماہ نامہ 'مسلم انڈیا' اردو اور انگریزی میں شائع کرنا شروع کیا۔ اردو ایڈیشن کچھ مدت بعد بند ہو گیا مگر انگریزی ماہ نامہ بیس برسوں تک تواتر کے ساتھ شائع ہوا اور تین برس کے توقف کے بعد سید شہاب الدین نے اس کی اشاعت دوبارہ شروع کر دی۔ ماہ نامہ 'مسلم انڈیا' کے مستقل ابواب میں اردو کی نمایاں حیثیت رہی ہے۔ اس جریدے کی اشاعت کا واحد مقصد سید شہاب الدین کے سیاسی ایجنڈے کا فروغ تھا جس میں اردو کی مرکزی حیثیت تھی۔ معروضی ذہن کو مسلم انڈیا کی فائل کے مطالعے کے بعد اس نتیجے پر پہنچنے میں پانچ منٹ بھی نہیں لگتے کہ سید شہاب الدین کس شاطرانہ ذہن کے ساتھ اپنی تاریخ؛ جو تقسیم کے بعد پوری طرح ہمت باختہ مسلم انڈیا کی تاریخ بھی ہے، تو اپنے ایجنڈے کے مطابق خود اپنے ہی قلم سے لکھ رہے ہیں لیکن 1983

سے پہلے کی اردو سیاست اور ڈاکٹر فریدی جیسے لوگوں کی سیاسی زندگی میں اردو ایجنڈے کے مطالعے کے لیے عام طور پر مواد دستیاب نہیں، یوں اس دور میں اردو کے نام پر کی جانے والی سیاست کے مطالعے کے مآخذ تقریباً مفقود ہیں۔ کسی قابل ذکر لائبریری میں غیر ادبی اخبارات و رسائل کی فائلیں شاید ہی موجود ہوں۔

یونیورسٹی سطح پر اردو تعلیم کی سیاست کی سماجیات اور ہند و پاک تعلقات:

اب آئیے ایک نظر یونیورسٹی کے اردو شعبوں سے وابستہ نیز ملحقہ کالجوں میں برسرکار اساتذہ اور ان ہی کے ذریعے تشکیل دیے گئے اردو کے اس منظرنامے پر نظر ڈالیں جسے تکنیکی اعتبار سے مذہبی فریم سے باہر اردو کی سیاست کا آئینہ دار کہا جاسکتا ہے۔ ان حضرات کے ذریعے کی جانے والی سیاست دراصل اردو ادب کی وہ سیاست ہے جس کا دائرۂ اثر قدرتی طور پر محدود تر ہے۔ اردو کے ان اساتذہ کا تقرر حکومت کی اس منظم پالیسی کا نتیجہ تھا جس کے نتیجے میں پرائمری سے بارہویں درجے تک خصوصاً شمالی ہند میں اردو تعلیم کے نظام کو نیست و نابود کردیا گیا مگر ڈگری درجات کی سطح پر ان لوگوں کو اردو ادب کی تعلیم کے مواقع فراہم کیے گئے جنھوں نے اسکول کی سطح پر کبھی اردو نہیں پڑھی تھی۔ خصوصاً یونیورسٹی کی سطح پر اردو پڑھنے اور پھر اردو ہی پڑھانے کے Canon میں جو لوگ شامل ہوئے، ان کی اکثریت یا تو فرسٹ جنریشن لرنر (First generation learner) کی تھی یا پھر ان ہندوؤں کی جنھوں نے تقسیم سے قبل اس مجبوری کے سبب اردو پڑھی تھی کیوں کہ اسکول کی سطح پر اس کی تعلیم ملک کے بعض حصوں میں لازمی تھی۔ ان اردو داں ہندوؤں میں اکثریت ان خطوں سے آنے والے غیر سکھ ہندوؤں کی تھی جو بعد میں مسلم اکثریتی علاقے کے طور پر پاکستان میں شامل ہوگئے۔ ان حضرات کی اکثریت کا اقتصادی طور پر ہندوؤں کے برسر اقتدار طبقے سے کچھ تعلق نہ تھا۔ آزاد ہندستان میں ہندو مسلم ہر دو اشراف نے کاروباری زندگی میں صرف انگریزی کو ترجیح دی، یوں یونیورسٹی اور کالج کی سطح پر اردو درس و تدریس سے وابستہ اکا دکا حضرات کو چھوڑ کر اکثریت ان لوگوں کی ہوگئی جو پہلی دفعہ تعلیم کے دائرے میں شامل ہوئے۔ شمس الرحمٰن فاروقی نے 1993 میں اردو درس و تدریس سے وابستہ ان اساتذہ کو جہلا کی چوتھی نسل کہا تھا۔ 1985 کے آس پاس جب دینی مدارس کے ڈگری یافتہ حضرات کو یونیورسٹیوں میں داخلے کا مجاز قرار دیا گیا اور بعد میں وہ لوگ بھی اردو درس و تدریس ہی کے پیشے سے بہ حیثیت اساتذہ وابستہ ہوئے تو ان کے ذریعے یونیورسٹیوں میں ہونے والی اردو کی سیاست کا چہرہ بھی بدل گیا اور یہ محاذ بھی اندر ہی سے نہیں بلکہ باہر سے بھی اسلامی ہوگیا۔ یونیورسٹیوں کے اساتذہ کے فرنٹ کے اسلامی ہوتے ہی اردو سیاست کے پاس کوئی نام نہاد سیکولر چہرہ نمائش کے لیے بھی نہیں بچا۔ دینی مدارس کے طلبہ اردو اداروں سے لے کر اردو اخبارات تک ہندی مسلمانوں کی زندگی کے ہر اس قابلِ ذکر شعبے میں پہلے ہی غالب آچکے تھے جس کا اردو سے ذرا سا بھی تعلق تھا۔ یونیورسٹی سطح پر دینی مدارس کے فارغین کو بالعموم بی اے آنرس اردو،

عربی اور اسلامیات یا پھر براہ راست ایم اے اردو عربی اور اسلامیات میں داخلے کا مجاز قرار دیا گیا۔ یونیورسٹی اور ملحقہ کالجوں کے اردو شعبوں سے ایم اے کرنے اور پھر درس و تدریس سے وابستہ ہو جانے والے ان حضرات میں جن کی ذہنی تربیت مذہبی اداروں میں ہوئی، اکثر فرسٹ جنریشن لرنر ہیں اور ان کی نئی نسل نے اردو میں کیریر بنانے کے بارے میں نہیں سوچا۔ ان اردو اساتذہ کے بچوں کی اکثریت نے ایک زبان کے طور پر بھی اردو نہیں پڑھی جس کی معقول سماجیاتی وجوہ تھیں۔ یونیورسٹیوں میں اردو درس و تدریس سے وابستہ حضرات کا ڈگری یافتہ یا متمول ہونا چونکہ حکومت کی پالیسی کے نتیجے میں ظہور پذیر ہوا، یوں اردو اساتذہ کے طور پر یونیورسٹیوں میں برسرکار لوگوں میں آج اکثریت صرف ان لوگوں کی ہے جن کے لیے ہندو پاکستان کے بہتر تعلقات کا مطلب ہر دو ممالک میں ایسے ادبی سمیناروں کے انعقاد تک محدود ہے جن کی زبان اردو ہو اور جن میں انھیں بھی مدعو کیا جائے۔ اپنے پروفیشنل کیریر میں ترقی کے علاوہ اور کسی قسم کے سیاسی تحرک میں ان اردو اساتذہ کی کوئی دلچسپی نہیں۔ ان میں سے اکثر حضرات نے ہندو پاکستان تعلقات میں اردو کے رول کے بارے میں یا تو کبھی سوچا نہیں ہوگا یا پھر بس اتنا بھر کہ اردو مسلمانوں کی زبان ہے: ہندستان میں بھی اور پاکستان میں بھی۔ آئین ہند چونکہ اپنی سیکولر ساخت کے اعتبار سے ان حضرات کے لیے Anthema ہے اور ایسی کسی تعلیم میں ان حضرات کی دلچسپی نہیں ہو سکتی جس کا خلقیہ اسلامی نہ ہو، اس لیے اپنے عہدے کا لحاظ کرتے ہوئے ان حضرات کو اگر کبھی آئین کی بات کرنا بھی پڑی تو انھوں نے خود کو بس آئین عشق تک محدود رکھا اور تعلیم کے نام پر تو یہ غزل کی تعلیم کے متعلقات سے آگے بڑھے ہی نہیں۔ اردو کے ان اساتذہ کی اکثریت نے 'ہندو پاکستان تعلقات' کے فقرے یا اردو کی ادبی وراثت کو انتظار حسین تک اسی لیے محدود کیا کیوں کہ عسکری کے حوالے سے اسلامی خلقیے کا انتظار حسین سے بہتر دوسرا کوئی ایسا استعارہ اردو ادب میں موجود نہیں تھا جو ہندستان کے populist اور centrist اہل اقتدار کے منصوبوں کو راس آسکے۔ پاکستان میں اردو کے علاوہ دیگر زبانوں کا وہ ادب بھی ہے جو ہندو پاکستان کی مشترکہ ثقافتی وراثت میں اہم رول ادا کر سکتا ہے، یہ خیال یونیورسٹیوں کے اردو اساتذہ کو اگر نہیں آتا تو اس کے معقول سیاسی وجوہ ہیں۔ ہندوستان میں یونیورسٹی اساتذہ کی اکثریت اردو سے قریب ترین زبان ہندی کے ادب سے اسلامی وجوہ سے ہی دانستہ طور پر اس حقیقت کے باوجود بے خبر ہے کہ ان میں سے اکثر کو اچھی خاصی ہندی آتی ہے۔ اپنی مذہبی تعلیم کے پس منظر کے سبب یونیورسٹی سطح کے یہ اردو اساتذہ بے خبر تو اردو ادب کے بڑے حصے سے بھی ہیں۔ اس بے خبری کی دو اہم وجہیں ہیں: دینی مدارس میں ان کی تعلیم و تربیت کا تمام زمانہ اسلامیات کے مطالعے میں گزرا اور اس عرصے میں ان حضرات نے دینی مدارس میں اردو زبان یا اس کے ادب کا مطالعہ صرف اس زبانِ اردو کو سیکھنے کی غرض سے کیا جو دینیات کے مطالعے میں ان کی مدد کر سکے۔ یہ کوئی ڈھکی چھپی بات نہیں کہ اردو ادب کا بڑا حصہ دینی مدارس کے ان فارغین کے لیے کفریات کے ہم معنی ہے، یوں اردو کے نام پر بڑی بڑی تنخواہیں وصول کرنے کے باوجود اردو کے ادبی خلقیے سے نفرت ان اساتذہ کی اکثریت کے خمیر میں ہے اور چوں کہ اسلام کی ترویج و ترقی کے

علاوہ اور کسی قسم کے سیاسی تحرک میں ان کی کوئی دلچسپی نہیں، یوں یونیورسٹیوں کے اردو شعبے بے مصرف باہمی سیاست کے اکھاڑے بن کر رہ گئے۔ عمومی سطح پر ان حضرات کے سیاسی شعور اور سماجی بیداری کا یہ عالم ہے کہ اردو کی ترویج و ترقی کے لیے مولانا بھاشانی سے بڑھ کر تقریریں کرنے والے اللہ کے ان بندوں سے جب پوچھا جاتا ہے کہ کیا آپ کے بچے اسکول میں اردو پڑھتے ہیں تو اسلام کی تبلیغ کے علاوہ دنیا کی ہر چیز سے زمانے بھر کے یہ بے خبر اپنے بچوں کے اردو نہ پڑھنے کے دفاع میں اس لیے بھیگی بلی بن جاتے ہیں کیوں کہ ان کے خیال میں اردو پڑھنے کا مطلب اردو میں بی اے آنرس اور ایم اے کرنے کے علاوہ اور کچھ نہیں۔ ان بے وقوفوں کی اکثریت کو یہ معلوم ہی نہیں کہ دسویں درجے تک اور بعض صوبوں میں بارہویں درجے تک تین زبانوں کا مطالعہ ہندوستان کے اسکولی نظام میں ہر بچے کے لیے لازمی ہے، یوں اگر ان کا بچہ اللہ کے فضل سے کسی انگریزی میڈیم اسکول میں پڑھتا ہے اور وہ فرنچ، جرمن یا سنسکرت کی جگہ ایک اختیاری مضمون کے طور پر اردو کا مطالعہ کرلے تب بھی وہ اپنے باپ کی طرح اردو کا پروفیسر بننے کی لعنت سے محفوظ ہی رہے گا۔

اس مقالے کا موضوع ہر چند کہ ہندستان سے متعلق ان سوالوں کو زیر بحث لانا ہے جن کا تعلق ہند و پاکستان کے درمیان تعلقات بہتر کرنے کے ذیل میں وابستہ ان خواہشات سے ہے جن کے پورے ہونے کی کوئی توقع ہندوستان کی حد تک اس اردو سے نہیں کی جاسکتی جس کے تعاقب میں اس کا وہ ماضی سرگرداں ہے جس نے اسے لسانی علاحدگی پسندی کے ایک طاقتور آلۂ کار کے طور پر شناخت پذیر کرکے اس کے مخدوش مستقبل کا لائحۂ عمل متعین کردیا ہے۔ موضوع مگر اتنا زیادہ الجھا ہوا ہے کہ جب تک تمام متعلق سیاسی و سماجی محرکات کا مطالعہ نہ کیا جائے، اس قسم کی کوشش انتہائی پیچیدہ صورتِ حال کے سہل ترین تجزیے پر محمول کی جائے گی۔ اس پیچیدہ سماجی و سیاسی صورت حال کے مطالعے کی کوشش میں نے ممکن حد تک اختصار کے ساتھ کرنے کی کوشش کی ہے مگر پھر بھی بعض ایسے عوامل کا تجزیہ اس مقالے کے مندرجات میں شامل ہوگیا جن کا تعلق پاکستان سے ہے۔

پاکستان میں اقتدار کے ہم نوا ترقی پسند اردو اہل قلم اور ہند و پاک تعلقات:

پاکستان میں فروغ پارہی وہ معاصر اردو جس کی تقریباً تمام روایتیں خواہ وہ ادب کی ہوں، صحافت کی یا درس و تدریس کی، ان میں سے بیش تر چونکہ اسلامی اساس پرستوں اور پیچیدہ مسلم شناخت سے مغلوب ہیں، یوں وہ ہند و پاک کے تعلقات کو مزید کشیدہ تو کرسکتی ہیں، خوش گوار نہیں۔ اس مقالے کے مندرجات میں ہر چند کہ پاکستان میں اردو کی وہ روایت جس سے تعلقات کے ذیل میں خوش خیالی پیدا ہوسکتی ہے، میرا موضوع اس لیے نہیں کیوں کہ میرا اختصاص ہندوستان پر ہے، مگر وسیع تر تناظر میں پاکستان کی صورت حال کو ان مباحث میں شامل کیے بغیر کسی نتیجے پر پہنچنے کی امید چونکہ بے سود ہے، یوں میں خصوصاً پاکستان کے ترقی پسند اردو اہل قلم سے

متعلق بعض نکات کی نشان دہی اس لیے کرنا چاہتا ہوں، کیوں کہ عرصۂ دراز سے ہندو پاک کے بہتر تعلقات کا ٹینڈر اردو کی حد تک اسی مکتبِ فکر کے نام کھلتا رہا ہے جسے ترقی پسند ادیبوں کے گلے سے تعبیر کیا جاتا رہا ہے۔

پاکستان میں اردو کے ادیبوں اور شاعروں کی اکثریت؛ مع نام نہاد ترقی پسندوں اور کمیونسٹوں کے، شروع ہی سے پاکستانی اقتدار کی ہم نوا رہی ہے اور پاکستان میں جس قسم کے سیاسی حالات رہے، ان میں صرف ہندوستان سے نفرت ہی وہاں کی سیاسی جماعتوں کے لیے بارآور ہوسکتی تھی۔ پاکستان میں نام نہاد جمہوریت کی دعوے دار پیپلز پارٹی جیسی سیاسی جماعتیں جو گذشتہ تین دہوں میں پاکستان کے ترقی پسند اور کمیونسٹ اہلِ قلم کا بسیرا ہیں، اپنی سرشت میں اتنی ہی فسطائی، غیر جمہوری اور ہندستان دشمن تھیں اور ہیں جتنا پاکستان کا فوجی اقتدار۔ کمیونسٹ اور ترقی پسندوں کی دو نمایاں ترین پاکستانی مثالوں میں سبطِ حسن اور احمد فراز کے بیانات اور ان کے کرداروں کا مطالعہ بغیر کسی تکلف کے ہمیں یہ نتیجہ نکالنے پر مجبور کرتا ہے کہ پاکستان کے اردو ادب سے وہاں کے حاکموں نے صرف محمد حسن عسکری ہی کے ہاتھ سے مشت زنی* نہیں کرائی، جیسا کہ اجمل کمال کا خیال ہے بلکہ اس کارِ خیر میں سبطِ حسن سے لے کر احمد فراز تک سب اسی انہماک سے شامل رہے ہیں جس نے ہندو پاک کے تعلقات کو مزید خراب اس لیے کیا، کیوں کہ پاکستان کے کمیونسٹ یا ترقی پسند اہلِ قلم کی ہندو پاکستان دوستی کی خواہش ایسے ہی تھی جیسے جناح کی متحدہ ہندوستان کی۔ سیاسی فہم سے عاری ہندوستان میں بعض حضرات جس طرح جناح کے بعض ذاتی رویوں کا تجزیہ کرکے اس نتیجے پر پہنچتے ہیں کہ وہ علاحدگی پسند نہیں تھے یا ان کی مسلم سیاست ماضی پرست اور ظلمت پسند مسلم علما سے اس لیے مختلف تھی کیوں کہ وہ شراب پیتے تھے، سور کھاتے تھے اور اپنی پارسی بیوی کو انھوں نے مذہب تبدیل کرنے پر مجبور نہیں کیا، اس طرح کے سہل پسندانہ تجزیے کے بعد تو بس اردو کے ادبی نقاد ہی اس نتیجے پر پہنچ سکتے ہیں کہ پاکستان میں اردو کے ادیبوں شاعروں خصوصاً ترقی پسند اردو اہلِ قلم کی ہندو پاک کے بہتر تعلقات میں بڑی دلچسپی ہے۔

اردو کے ادبی نقادوں کے پاس تو اس کام کے لیے اسلام پسند محمد حسن عسکری کے چیلے انتظار حسین اور ترقی پسندوں کے پاس ذوالفقار علی بھٹو کے سلسلے سے بیعت احمد فراز کی شخصیات اپنے مقاصد کے لیے موجود ہیں۔ آپ میں سے جن حضرات کا حافظہ کمزور ہو یا جن کی سیاسی بصیرت قیامِ بنگلہ دیش کے عمل میں بھٹو کے فسطائی حد تک غیر جمہوری رویے سے واقف نہ ہو یا جن حضرات کو اس وقت کے مشرقی پاکستان کی بنگلہ نژاد آبادی کے خلاف فسطائی حد تک غیر جمہوری بھٹو کا بیان 'اِدھر ہم، اُدھر تم' یاد نہ ہو یا سمجھ میں نہ آیا ہو، انھیں اسلامی سوشلزم کے داعی ذوالفقار علی بھٹو کا ہندستان سے متعلق یہ مشہورِ زمانہ بیان تو ضرور ہی یاد ہوگا: 'چینیوں نے جس روز ہمالیہ پر چڑھ کر پیشاب کر دیا، سارا ہندوستان بہہ جائے گا۔'

آگے بڑھنے سے پہلے سید الشہدا ضیاالحق کے دورِ اقتدار میں، 'موسیٰ سے مارکس تک' کے مصنف اور پاکستانی کمیونسٹوں کے امام سبطِ حسن صاحب کے یہ چشم کشا خیالات ملاحظہ فرمائیے جو انھوں نے انجمن ترقی پسند

مصنفین کی گولڈن جوبلی تقریبات کے سلسلے میں لندن میں منعقدہ جشن میں ظاہر فرمائے۔ میں نے یہ اقتباس ایک ترقی پسند نقاد سید محمد عقیل کے اس سفرنامے سے نقل کیا ہے جو سید محمد عقیل نے انجمن ترقی پسند مصنفین کی گولڈن جوبلی تقریبات کے لیے لندن کا سفر کرنے کے بعد تحریر فرمایا:

> ...[4 اگست 1985 کو] ساڑھے بارہ بجے چھٹا اجلاس شروع ہوا۔ مجلس صدارت میں پروفیسر امین مغل (پاکستان)، پروفیسر شکیل الرحمٰن (انڈیا)، صدیق الرحمٰن قدوائی (انڈیا) اور رضا ہمدانی (پاکستان) تھے، اور مقررین میں سید سبط حسن (پاکستان)، کرتار سنگھ دُگل (انڈیا)، پروفیسر نامور سنگھ (انڈیا)، ڈاکٹر شمین اختر (انڈیا)، پروفیسر زاہدہ زیدی (انڈیا)، فخر زماں (پاکستان)، سعید انجم (ناروے)، محمود الحسن (انڈیا) اور پروفیسر امین مغل تھے۔ اس اجلاس میں ڈاکٹر شمین اختر کے مقالے پر بڑا ہنگامہ ہوا۔ انھوں نے اپنے مقالے میں لکھ دیا کہ ایشیائی ممالک میں جہاں جہاں فوجی حکومتیں قائم ہیں، وہاں وہاں ادیبوں کی آواز دب گئی ہے اور ان ادیبوں نے صحیح طور پر اپنا فرض انجام نہیں دیا۔ اس بات پر سب سے پہلے سید سبطِ حسن کو اعتراض ہوا کہ کسی ملک کی طرف اس طرح کا اشارہ کیوں کیا گیا؟ اور یہ کہ صرف پاکستان کو نظر میں رکھ کر یہ بات کہی گئی ہے! انھوں نے یہ بھی فرمایا کہ ہندستان کے لوگوں کو یہ حق نہیں پہنچتا کہ ہم پر اعتراضات کریں۔ غالباً سعید انجم (ناروے) نے شمین اختر کی حمایت کی تو سید سبط حسن اپنی جگہ سے اٹھ کر اسٹیج پر جا پہنچے اور بولے کہ "پاکستان میں آکر کہیے تو معلوم ہو۔" بات بہت بڑھ گئی۔ یہ بات سبطِ حسن جیسے منجھے ہوئے مارکسسٹ کی زبان سے اچھی نہیں لگی۔ اس پر صفدر میر اور عبداللہ ملک کے ساتھ بہت سے پاکستانی ادیبوں نے ایک طرح سے پروٹسٹ کیا۔ کون کس کا ایسے مجمعے میں منھ بند کر سکتا ہے۔ کسی نے یہ بھی کہہ دیا کہ سید سبط حسن نے جان بوجھ کر یہ شاخسانہ اٹھایا ہے جس سے حکومتِ پاکستان کو معلوم ہو جائے کہ انھوں نے حکومت کی حمایت کی ہے، اور انھیں وہ آسانیاں حاصل رہیں جو حکومت کی طرف سے انھیں پاکستان میں حاصل ہیں۔ مجھے معلوم نہیں کہ اس میں صداقت کیا ہے؟ سبط حسن تو ایسے کبھی نہ تھے۔ ہم سب ان کا احترام کرتے ہیں اور انھیں ایک تجربہ کار اور سچا مارکسسٹ سمجھتے ہیں لیکن اگر واقعی ایسا ہے تو:
>
> اب کسے رہنما کرے کوئی
>
> مگر یہ شک سبط حسن کی طرف سے لوگوں کو کیوں ہے؟ لوگ انھیں حکومت کا آدمی کیوں سمجھنے لگے ہیں؟ سید سبط حسن کا یہ رویہ عجیب ضرور تھا کہ جب عالمی ادب کی اجتماعی کیفیت کا محاسبہ کیا جا رہا ہے تو اس میں سے کسی کو پاکستان پر باتیں کرنے کا حق کیوں نہیں ہے؟ اور اگر پاکستان

کے ادیبوں اور ادب پر باتیں کرنے کا حق ہندوستانی ادیبوں کو نہیں تو دوسرے ممالک کے ادب اور ان کے احتجاج پر کیسے حق ہو سکے گا۔ کل کے جلسے میں کسی پاکستانی ادیب نے بحث کرتے ہوئے یہ بھی کہا تھا کہ ادب کی تدوین اور تحقیق اس طرح ہونی چاہیے جس طرح سید سبط حسن کر رہے ہیں: یعنی بجائے حال کے ادب کا محاسبہ کرنے کے ماضی کے ورثے پر ادیبوں کو کام کرنا چاہیے۔ اور اگر 'ماضی کے مزار' اور 'موسیٰ سے مارکس تک' جیسی کتابیں کسی ملک میں لکھی جاتی ہیں، تو اس سے ملک اپنی تہذیبی جڑوں اور روایتوں سے واقف ہوتا ہے۔ لمحاتی ادب میں کیا دھرا ہے؟ ادب کا صحیح تناظر یہی ہے، جو سید سبط حسن آج کل پیش کر رہے ہیں۔ مجھے خیال گزرا کہ جس طرح کی شعلہ بیانی پاکستان بدر ادیبوں میں آج کل ہے، یہ اسی احتجاج کا ایک حصہ ہے جو پاکستان میں خاموشی کے ساتھ زور پکڑ رہا ہے اور جس کی دبی دبی آوازیں غزلوں اور علامتی افسانوں کے ذریعے ہم تک پہنچ رہی ہیں۔ انور سجاد کا افسانہ کونپل اس کی سب سے اچھی مثال ہے۔ 'ماضی کے مزار' بہت اچھا علمی اور ادبی کام ہے لیکن یہ وقت کی آواز نہیں۔ اس میں جو ایک طرح کی Passivity ہے وہ انقلابیت اور شعلہ بیانیوں کا دم گھٹنے سے وجود میں آئی ہے۔ سید سبط حسن ایک مارکسسٹ نظریہ ساز ادیب ہیں۔ شاید حالات کے جبر نے انھیں بہت کچھ زیر کر رکھا ہے۔ آخر انسان کو زندہ بھی تو رہنا پڑتا ہے، اور انھی حالات میں جن میں وہ چاروں طرف سے جکڑا ہوا ہے۔

(لندن-او-لندن، ڈاکٹر سید محمد عقیل، ناشر کا نام درج نہیں، 1987، ص 43-42)

ویسے یہ کانفرنس لندن میں آباد ایک ایسے پاکستانی عاشور کاظمی نے برطانوی حکومت کی ایک بڑی گرانٹ حاصل کر کے منعقد کی تھی جن کا کبھی بائیں بازو سے کچھ تعلق نہیں رہا۔ بعد میں کاظمی صاحب پر مالی بدعنوانیوں کے الزامات دستاویزی شہادتوں کے ساتھ گشتی مراسلوں کی شکل میں دیر تک اہل اردو کو ہندو پاکستان میں موصول ہوتے رہے۔ 'مال ختم پیسہ ہضم' کے مصداق عاشور کاظمی دوسری نئی بدعنوانیوں میں لگ گئے اور ان کی وجہ سے برطانیہ میں انجمن ترقی پسند مصنفین کا جو شیرازہ منتشر ہوا، اسے پھر کوئی منظم نہ کر سکا۔

پاکستان کے اردو اہل قلم عموماً بھی اقتدار اور اہل اقتدار سے قربت رکھنے کے معاملے میں ہندوستان کے بڑے بڑے خوشامد پسند جغادریوں کو دھول چٹانے کی صلاحیت رکھتے ہیں۔ اس ذیل میں افتخار عارف کا ذکر ان سے منسوب اس مشہور جملے کے ذیل میں اب ضرب المثل بن گیا ہے کہ اپنے افسر کی تعریف تو سب کرتے ہیں مگر افتخار سب کے افسروں کے قصیدہ خواں ہیں۔ پاکستان کے اردو ادبی معاشرے میں عمومی populism بھی اس درجہ ہے کہ جب کوئی پاکستانی اردو اہل قلم خصوصاً ہندوستان میں پاکستانی سیاست پر بات کرتے ہوئے گاجروں میں گٹھلیاں ملانے کے لیے ادب کے استعاراتی نظام کا سہارا لے کر یہ ثابت کرنے کی کوشش کرتا ہے کہ

جمہوریت پسند اور ظلم و جبروت کے مخالف پاکستان کے اہلِ قلم نے جس ادب کی تخلیق کی، اس کا اسمِ اعظم انقلاب کے عظیم ادب کا اتباع کرتے ہوئے استعاراتی نظام کی ادبی روایت کے ذریعے عوام کو بیدار کرنا تھا تو اس اہلِ قلم کی حالت اگر زیادہ نہیں تو اتنی مضحکہ خیز ضرور ہوتی ہے جتنی بہار کے اس ایم ایل اے کی جو کسی ٹی وی چینل پر لالو پرساد یادو کو مارکس اور لینن جیسا سیاسیات کا نباضِ عالم بتائے۔

پاکستان بہ حیثیت ایک مسلم ملک اس مسلم امت کا حصہ ہے جس کے اسلامی فولڈ میں کچھ نام نہاد متوازن ذہن بالکل ایسے ہی موجود ہیں جیسے آر ایس ایس میں اٹل بہاری واجپئی جیسے موڈریٹ لوگ جو فسطائیت کے وسیع تر مفاد میں ہندوستان کے منظرنامے پر بڑی ہوشیاری سے پیش کیے گئے اور بی جے پی کے اقتدار میں آنے کے بعد گجرات 2002 واقع ہوگیا۔

پاکستانی اور ہندوستانی جمہوریت کی نظریاتی اساس:

پاکستان جیسے کسی اسلامی معاشرے میں ہندستان جیسی جمہوریت کا تصور نظریاتی طور پر ممکن ہی نہیں اور ہندستان جیسے جمہوری اور تکثیری معاشرے سے پاکستان کا نظریاتی تصادم لازمی امر ہے۔ اسلامی دنیا میں جمہوری نظام کی ایسی کوئی مثال ہمیں اس لیے بھی نہیں مل سکتی کیوں کہ اسلامی خلقیے میں جدید جمہوریت کا کوئی تصور موجود نہیں، اس کے لیے امکانات بھی معدوم ہیں۔ وہ اسلامی نظریہ جس میں حاکمِ وقت کے لیے امیر المومنین ہونا ضروری تھا، ہندوستان جیسی جمہوریت سے کیسے لگّا کھا سکتا ہے جہاں ہندو اکثریت کے سبب کسی امیر المومنین کی موجودگی کا سوال ہی نہیں۔

اپنے اسلامی خلقیے کے سبب ہندوستان میں بھی اردو ہر حال میں پین اسلامک شناخت کی حامی و ہم نوا رہے گی اور جو لوگ اسلامی خلقیے کے وسیع تر دامن میں نہ سما سکیں گے وہ کنارے کر دیے جائیں گے۔ ہندوستان میں اردو کے ہندو اہلِ قلم کی مثال سامنے ہے جن کی تعداد اسی لیے سکڑ کر چند افراد تک رہ گئی ہے کیوں کہ یہ ہندو اہلِ قلم ہندوستان کے جمہوری نظام کی موجودگی میں خود کو اسلامی خلقیے میں ضم کرنے کے لیے تیار نہ تھے۔ پاکستانی معاشرے کو کسی بھی سطح پر اس ہندوستانی جمہوریت سے مماثل کیا ہی نہیں جا سکتا جو گذشتہ ساٹھ برسوں میں سماجی تکثیریت کے شدید دباؤ میں متعدد سیاسی اور اقتصادی چولے بدل چکی ہے، جہاں اقتصادی concern سیاست کا ایجنڈا طے کرتے ہیں۔ سیاست میں اقتصادی رجحانات کا فیصلہ کن دخل؛ خواہ اس کی شکل اکثر منفی ہی کیوں نہ معلوم ہوتی ہو، ان تمام نظریات کے لیے روح فرسا ہے جو مارکسی نظامِ فکر سے بُعد رکھتے ہوں، اسی لیے، مارکسی نظامِ فکر کی سطحی فہم رکھنے والے حضرات ہندوستان کے موجودہ اقتصادی لبرائزیشن کو بڑی آسانی سے مارکسی نظریے کی شکست سے تعبیر کر دیتے ہیں۔ ظاہر ہے کہ یہ حقیقت نہیں۔ یہاں ہندستانی اقتصادیات کے لبرائزیشن کی بحث

اوراس کے ماڈل نیز ان فطری تضادات کے ذکر کا موقع نہیں جن کا واقع ہونا اس لیے لازمی ہے کیوں کہ مختلف وجوہ سے ہندوستان میں اقتصادی لبرائزیشن کی رفتار عدم توازن کا شکار رہی۔ اس عدم توازن کے لیے مارکسی ملا اتنے ہی ذمے دار ہیں جتنے اندرا گاندھی جیسے اقتصادیات میں کورے حاکم۔ یہ مگر طے ہے کہ نظریات کے ذیل میں تضادات کے بعد ہی تو بحث وتمحیص کا وہ سلسلہ جنم لیتا ہے جو آخرش سائنٹفک نظریے اور مذہبی عقیدے کے درمیان حد فاصل کا کام کرتا ہے۔

ہندو پاک دونوں ہی ممالک کے اردو اہل قلم کی اکثریت چونکہ ان تمام محرکات سے بے خبر ہے جو ہندو پاکستان جیسے دو حد درجہ حساس ممالک کے تعلقات میں بہتر رول ادا کر سکتے ہیں، یوں میں ایسی کسی خوش فہمی میں مبتلا نہیں۔ دونوں ہی ممالک کے اصطلاحی اردو اہل قلم حضرات کی اکثریت کو یہ معلوم ہی نہیں کہ اب ڈپلومیسی اپنے روایتی لباس کو اتار کر وہ اقتصادی چولا پہن چکی ہے جسے دنیا بھر میں چیمبرز آف کامرس کے ذریعے تیار کیا جاتا ہے؛ آج سعودی عرب میں بھی FDI ہی ڈپلومیسی اور سیاست میں سعودی حکمرانوں کا سب سے طاقتور ہتھیار ہے۔ وہاں عورتوں کی نمائندگی کی slow-windows وہاں کے مختلف چیمبرز آف کامرس ہی ہیں جہاں اسلامی لباس میں ملبوس خواتین اکنومک ڈپلومیسی کے ذریعے سعودی عرب کی آہستہ ہی سہی مگر بدلتی ہوئی سیاست کی آہٹ دنیا کو ہر روز دیتی ہیں۔ اسلامی لباس میں ملبوس یہ خواتین مختلف بین الاقوامی fora پر تقریریں کر کے جہاں ایک طرف سعودی حکمرانوں کے سیاسی مفادات کا تحفظ مسلم جذبات کے ذیل میں کرتی ہیں، وہیں اس سے اصل مقصد یعنی سعودی اقتصادیات میں FDI کے لیے راہ ہموار کرنے کے بین الاقوامی دباؤ اور اس سے متصادم مقامی سیاسی مفادات کے درمیان توازن قائم رکھنے میں سعودی حکمرانوں کو آسانی ہو جاتی ہے۔

غور سے دیکھیں تو معلوم ہوتا ہے کہ ہندو پاک ہر دو ممالک میں اردو ادب کے اہل قلم کی اکثریت کی سیاسی فہم کا معاملہ چھٹے دہے میں بننے والی ممبئی کی ان فلموں جیسا ہے جن میں ہیرو ہیروئن گیت گانے کے مناظر تو پھولوں کی کیاریوں میں ریکارڈ کراتے تھے مگر فلم کا اسکرپٹ اس طرح لکھا جاتا تھا کہ فلم بینوں کو یہ تاثر دیا جا سکے کہ اس گانے کی فلم بندی سوئٹزر لینڈ یا پیرس میں کی گئی۔ اس دور میں تو ان ممالک کا نام ہمارے colonial ذہن کو خاصا مرعوب کرتا تھا۔

ادیب کی سماجی ذمے داری اور اردو کے اہل قلم:

میں سر دست اس بحث میں نہیں پڑنا چاہتا کہ ادیب کی ذمے داری کہاں سے شروع ہوتی ہے، اس کی کوئی سماجی ذمے داری ہے بھی یا نہیں مگر مجھے یہ ضرور محسوس ہوتا ہے کہ اردو ادب میں بھی جو لوگ سماجی ذمے داری کے قائل ہیں، ہندستان کے اردو اہل قلم کی حد تک وہ بھی اب اپنی سماجی ذمے داری ایسے سمیناروں میں تقریریں

کر کے ہی پوری کر لیتے ہیں جو State funding سے منعقد کیے جاتے ہیں۔ اطالوی مفکر گرامشی کی مشہورِ زمانہ اصطلاح میں تقریر کے ان غازیوں کو inorganic intellectual کہا جاسکتا ہے۔ اردو ادب میں پائے جانے والے ریڈیکل قسم کے ہندوستانی اردو اہلِ قلم البتہ پیس مارچ کے جہاد یا حکومتِ پاکستان کی دعوت پر وفود میں شرکت کر کے گنگا نہا لیتے ہیں۔ 2006 میں بائیں بازو کے اردو Activist خاصی بڑی تعداد میں ایک وفد میں پاکستان گئے تھے۔ ان تمام خواتین و حضرات کی حفاظت کے لیے حکومت پاکستان نے ہر شہر میں خاصے سخت انتظامات کیے۔ افواج پاکستان کی سیسہ پلائی ہوئی اللہ کی دیوار جیسے مضبوط محافظ دستوں کے گھیرے میں یہ وفد پاکستان میں کس قسم کے ریڈیکل لوگوں سے ملا ہوگا، اندازہ کیا جاسکتا ہے۔ اس وفد نے دونوں ممالک خصوصاً پاکستان کے نظریہ سازوں کو عوام دوست، جمہوری پالیسیوں کے نفاذ کے بارے میں کیا کچھ کرنے پر مجبور کیا ہوگا، اس کا قیاس کرنا بھی مشکل نہیں۔

بڑی حد تک ادیب کی سماجی ذمے داری کی بحثیں اردو میں اس وقت ہوئیں جب خود ہندوستان ہی کے بیش تر لوگ وزیرِ اعظمِ ہندستان کو ملکہ وکٹوریہ کا نمائندہ سمجھتے تھے، اسی لیے جس دور میں ادب کی یا ادیب کی سماجی ذمے داری سے متعلق بحثیں اردو کے خواص پسند اور چند سو کی اشاعت والے مقتدر علمی جرائد میں ہوتی تھیں، اس وقت بھی اردو کے دو چار انگریزی داں چودھری براہ راست انگریزی میں یا فرینچ وغیرہ کے انگریزی ترجمے پڑھ کر اردو میں اصل بیانات کو جس طرح چاہتے تھے، اپنے امریکی آقا یعنی 'سی آئی اے' کے حکم کے مطابق مسخ کر کے یہ ثابت کر دیتے تھے کہ ادیب سے سماجی ذمے داری کی توقع کرنے والے لوگ اول درجے کے احمق ہیں۔ کہنے کی ضرورت نہیں کہ 'سی آئی اے' کے ان ایجنٹوں کی تحریروں کے بیش تر قاری اور شرکا یونیورسٹیوں کے اردو شعبوں یا ملحقہ کالجوں میں اردو کے مطلق جاہل استاد تھے۔ شمس الرحمٰن فاروقی نے 1955 کے آس پاس اردو اساتذہ کے طور پر بھرتی ہونے والوں کو جہلا کی پہلی نسل کہا ہے، یعنی اب ان کی پانچویں نسل برسرکار ہے۔ ان تمام بحثوں میں اصل شرکا یہ جہلا یا ان کے وہ جاہل شاگرد ہی رہے ہیں جو ان بحثوں کے زمانے میں دوسری یا تیسری نسل کے طور پر یونیورسٹیوں میں بہ حیثیت استاد درس و تدریس کی خدمات انجام دے رہے تھے۔ اس بحث کو چھیڑنے کا میرا مقصد صرف یہ ہے کہ ہندستان کے تبدیل شدہ منظرنامے میں سماج آپ سے تحرک کا مطالبہ آج پہلے سے کہیں زیادہ کرتا ہے۔ میں یقین نہیں کر سکتا کہ جب آپ کا بیٹا قتل ہو جائے یا آپ کی نابالغ معصوم بیٹی کے ساتھ زنا ہو تو آپ پولس میں رپورٹ کرنے کے بجائے کسی اردو رسالے میں جو براہ راست نہیں تو بالواسطہ حکومت ہی کے تعاون سے شائع ہوتا ہے، اس موضوع پر ادب کے حوالے سے کوئی مضمون لکھیں گے یا پھر حکومت سے باقاعدہ فنڈ حاصل کر کے سمینار منعقد کر کے اس موضوع پر بحث کریں گے کہ ادیب کے طور پر پولس کو مطلع کرنا اور ملزم کو کیفر کردار تک پہنچانا آپ کی ذمے داری نہیں ہے؟

تقسیم کے بعد جو سیاسی حالات ہندستان میں رونما ہوئے، ان میں اردو اہلِ قلم کی وہ اکثریت جو خود کو

ہندستان میں اردو کی سیکولر سیاست کا حامی کہلوانا پسند کرتی تھی، اس کی ذہنی ساخت اور علمی صلاحیت اس درجے کی تھی ہی نہیں کہ وہ ہندو پاک کے درمیان واقعتاً کسی پل کا کام کر سکے۔ ہندو پاک کے تعلقات کی بات تو چھوڑیے، تقسیم کے بعد ہندستان کے اردو ادیب بدترین سانحات کے وقت بھی کسی قسم کے سماجی تحرک میں شامل نہیں رہے۔ گجرات 2002 کے حد درجہ شرم ناک اور فسطائیت کی تمام حدود کو پار کر جانے والے واقعات کے بعد ہندستان کے اردو ادیبوں نے کسی تحرک کا مظاہرہ سرے سے نہیں کیا۔ دوسری زبانوں کے ادیبوں کے ذریعے جاری کی گئی بعض اپیلوں پر اردو اہل قلم نے دستخط کر کے اس کی بہ قلم خود ایسی تشہیر کی کہ اردو کے ان زعما کے بیانات پڑھنے والوں کو شرم آ گئی۔

ہندو پاک دو مختلف سیاسی تہذیبیں:

ہندو پاک واضح طور پر دو مختلف ممالک ہیں، دو سیاسی تہذیبیں ہیں۔ سیاسی تہذیبیں اگر معاشرتی عناصر کے ساتھ مذہب سے بھی متاثر ہوتی ہیں؛ جو ضرور ہوتی ہیں، تو پاکستان کی موجودہ تہذیب جو اسلام کے اس انتہا پسند اور علاحدگی پسند ماڈل کا نتیجہ ہے جس نے بیسویں صدی کے نصف آخر کے تین دہوں میں تیل کی دولت کے بوتے پر نہ صرف اسلام کے انتہا پسند وہابی ماڈل کو جلا بخشی بلکہ وہابیت کے اس ماڈل کے خلاف جو مذہبی ردعمل ہوا، اس سب کے بدترین مظاہر کا بھی پاکستان بہترین آئینہ خانہ ہے۔ لفاظی اور لسانی سے قطع نظر حقیقت یہی ہے کہ تقسیمِ ہندستان کے وقت ہندوستان سے پاکستان ہجرت کرنے والے مسلمان ہندوستان میں ڈنڈے مار کر گھروں سے باہر نہیں نکالے گئے تھے، وہ اپنی مرضی سے اسلامی مملکت کی تلاش میں وہاں گئے تھے۔ پاکستان کا سیاسی طور پر جو حشر ہوا، یا وہاں جس قسم کا عجیب الخلقت معاشرہ وجود میں آیا، وہ بھی کوئی عجوبہ نہیں۔ اسلام کے نام پر وجود میں آنے والا برصغیر کا یہ خطہ بھی دنیا کے ان مذہبی ممالک میں سے ایک بن گیا جنھوں نے مذہب کے زیر اثر جمہوریت کو ملعون کر کے اسلام کے نام پر خود کو ملاؤں کے حوالے کر دیا تھا۔ بیشتر مسلم ممالک کی طرح مسلکی تنازعات کی اجارہ داری، عدم تحمل، مذہبی شدت اور تشدد، خواتین کے حقوق کا استحصال، یہ تمام برائیاں اپنی انتہا کے ساتھ ملا کی مملکت پاکستان میں مذہب کے استحصال کے توسط سے عام ہوئیں۔ یوں اگر پاکستان میں ہر طرف ایسی ہی خبریں دکھائی دیتی ہیں جن میں مندرجۂ بالا امور ہی قابل ذکر ہوں تو اس میں تعجب کی بات کچھ نہیں۔ پاکستان حالاں کہ وہ جدید ترین ملک ہے جو مذہب کے نام پر دور جمہور میں قائم ہوا مگر اس میں وہ تمام برائیاں موجود ہیں جو دور جاہلیت کے اسلامی ممالک میں پائی جاتی ہیں۔ اپنی اسی خوبی کے سبب اس نے بنگلہ دیش نام کے ایک اور مسلم ملک کو جنم دیا جو مذہبی شدت پسندی میں پاکستان ہی کے نقش قدم پر چل رہا ہے؛ نقش ثانی کو نقش اول سے بہتر ہونا ہی چاہیے۔

پس ثابت ہوا کہ ....:

جیسا کہ میں نے ابتدا ہی میں عرض کر دیا تھا کہ میرے معروضات کا موضوع ہندستان تک محدود ہے یعنی ہندستان کے وہ اردو اہل قلم جن سے ہندو پاک کے تعلقات میں کسی قسم کا مثبت رول ادا کرنے کی امید کی جاتی ہے، ان کے رویوں سے بحث اس مقالے کے مندرجات کا مرکزی خیال ہے۔ اپنے معروضات کے درمیان میں نے اس امر پر بھی اظہار خیال کیا کہ اردو کی اسلامی روایت کے امین پاکستان کے اردو اہل قلم کی اکثریت اقتدار کی غلام گردشوں کی اسیر ہے۔ میرا بنیادی موضوع چونکہ پاکستان نہیں ہے، یوں میں نے ایسے واقعات کے تفصیلی ذکر یا تفصیلی تجزیے دونوں ہی سے گریز کیا جب پاکستان کے اردو اہل قلم ہندوستان کی دشمنی میں نریندر مودی جیسے بیان دیتے رہے۔ اس قسم کے بیانات اتنی وافر تعداد میں موجود ہیں کہ انھیں سیلاب سے تعبیر کیا جا سکتا ہے۔ فیض احمد فیض کے علاوہ پاکستان کے تقریباً ہر قابل ذکر اردو اہل قلم نے کسی نہ کسی موقعے پر ہندوستان کے خلاف زہر اُگلا ہے۔ بعض مواقع مثلاً قیامِ بنگلہ دیش کے وقت تو پاکستان کے اردو اہل قلم نے من حیث القوم ایسی زہرِ افشانی کی کہ توبہ بھلی۔ کسی نہ کسی موقعے پر ہندوستان کے خلاف گل افشانیٔ گفتار کرنے والوں کی فہرست میں آپ کو احمد فراز جیسے ترقی پسند شاعروں کے نام نامی بھی آسانی سے اور نمایاں طور پر مل جائیں گے۔ ہجوگویان کے اس گلّے میں 1971 کے بہت بعد تک انتظار حسین بھی شامل رہے۔ اس مقالے میں، میں نے تخصیص کے ساتھ پاکستان میں اردو کے اس رول پر بھی تفصیل سے لکھنے سے گریز کیا جو پاکستان کی دوسری زبانوں کو دبانے اور کچلنے میں اردو نے ادا کیا۔ مگر ان تمام موضوعات سے چونکہ مکمل اغماز ممکن نہ تھا، یوں میں نے ان موضوعات کے ذیل میں اگر لکھا بھی تو بس بر سبیلِ تذکرہ ہی اور اپنے معروضات کو ہندوستان میں اردو یعنی اردو ادب کے اہل قلم حضرات کے پاکستان سے متعلق ان چنیدہ رویوں کے ذکر تک محدود رکھا جو اس مقالے کے فریم ورک میں اہم تھے۔

میرے معروضات کا نتیجہ یہی ہے کہ ہندوستان کے اہل اردو واقعتاً کسی قسم کا کوئی رول ہندو پاک کے بہتر تعلقات میں اس لیے ادا نہیں کر سکتے کیوں کہ ان کی اکثریت ذہنی طور پر اسی قسم کی مسلمان ہے جس قسم کے مسلمانوں کی اکثریت پاکستان میں آباد ہے۔ ہندوستان میں اردو داں مسلمانوں کی اکثریت کی دلچسپی بھی پاکستان میں مسلمانوں کی اکثریت کی طرح سب کو اپنی ہی طرح کا مسلمان بنانے میں ہے۔ ہندو پاک تعلقات کا اگر ایک مطلب یہ بھی ہے کہ اس عمل میں ہندوستان کے ہندو بھی شریک ہوں اور ہندوستان سے پاکستان کی دوستی ایک ایسے ملک کے طور پر ہو جسے ہر حال میں اور اپنی تمام تر حد بندیوں کے باوجود سیکولر رہنا ہے، تو اس میں یقیناً اسلامی خلقیے کی امین اردو کے لیے کوئی جگہ نہیں ہو سکتی۔ اپنے اسلامی خلقیے کے ساتھ پاکستان جس قسم کے نئے تشدد پسند اسلامی بلاک کا رکن بن گیا ہے، اس کی مخالفت کرنے کے لیے جس conviction کی ضرورت ہے، وہ بھی مع ترقی پسند اردو ادیبوں کے ہندستان میں اردو کے تمام ہی اہل قلم میں مفقود نظر آتا ہے۔ نہرو کا مشہور زمانہ قول

ہے کہ سیکولر وہ شخص ہے جسے آپ بند کمرے میں کھرچ کر دیکھیں اور اس کے اندر سے مذہبی احمق برآمد نہ ہو۔ ہندوستان میں اردو یعنی اردو ادب کے سکہ بند لکھنے والوں میں مع ترقی پسندوں کے مشکل ہی سے ایسا اشرف المخلوق برآمد ہوگا جو مذہبی احمق پن سے دور ہو۔

ہندوستان میں اردو کی ادبی برادری اپنے خلقیے کے اعتبار سے ایک خاص قسم کے نسل پرست فرقے کا نام ہے۔ ہندوستانی جمہوریت کی مجبوریوں نے تقسیم کے بعد اسے گنگا جمنی سیاسی نعروں میں ڈبکیاں لگوائیں؛ ہندوستانی اہل اقتدار نے اس مشترکہ تہذیب کا قصیدہ بھی پڑھا جسے پارہ پارہ ہوئے زیادہ عرصہ نہیں گزرا تھا؛ طفلانہ طریقے سے ہی سہی مگر جوش ملیح آبادی جیسے لوگوں کو اردو شو بوائز کے طور پر قومی منظرنامے پر نمایاں کیا گیا۔ ظاہر ہے کہ کوئی نسخہ کارگر نہ ہوا۔ جلد ہی جوش نے جو تقسیم کے بعد کانگریس کے سب سے بڑے پوسٹر بوائے تھے، مملکت خداداد کے لیے رخت سفر باندھا، گنگا جمنی سیاسی نعروں کے دیگر مسلم مویدین مثلاً ساغر نظامی نے حکومت ہند کے ایوانوں میں پناہ لی اور مشترکہ تہذیب کا نعرہ بھی 1980 کے بعد اس وقت پوری طرح پارہ پارہ ہو گیا جب فرقہ وارانہ فسادات کے لامتناہی سلسلے کے نتیجے میں ہر چھوٹے بڑے شہر میں ہندو مسلم آبادی پر مرتکز علاقے الگ الگ آباد ہوئے۔

مسلم حسیت کی زبان کے طور پر اردو کے ساتھ ہندوستان میں گڑبڑ کی ایک بڑی وجہ یہ بھی ہے کہ ہندوستان کے Political establishment نے آزادی کے بعد اردو کو تمام ہندوستانی مسلمانوں کی نمائندہ زبان اس حقیقت سے واقفیت کے باوجود تسلیم کر لیا تھا کہ تبدیل شدہ منظرنامے میں اس زبان کے ساتھ عوامی ہندو hostility لازمی تھی۔ بہ الفاظ دیگر ہندوستان کے political establishment نے تقسیم سے hostile ہندوؤں کے سامنے اردو کو مسلمانوں کی مذہبی زبان کے طور پر بالکل ایسے ہی پیش کیا جیسے بھوکے شیر کے سامنے میمنہ ڈال دیا جائے۔ اردو کے مسلم خلقیے اور ہندو hostility نے اس ہندستانی سوسائٹی کو لسانی بنیادوں پر مزید تقسیم کیا جو ذات پات کے نظام میں پہلے ہی کسی بھی دوسرے معاشرے سے زیادہ اور شدید طور پر منقسم تھی۔ ہندو پاک کے درمیان بہتر تعلقات کے لیے اردو یعنی اردو داں مسلمانوں کو استعمال کرنے سے زیادہ ضرورت اس بات کی ہے کہ ان اردو داں مسلمانوں کو ہندوستان کی مشترکہ تعلیمی دولت، ثقافتی وراثت اور اقتصادی پالیسیوں سے فیضیاب ہونے والوں کی فہرست میں جیسے بھی ممکن ہو شامل کیا جائے۔ ہندوستان جیسی پسماندہ اقتصادیات اور اردو داں مسلمانوں کے اپنے ماضی کے تئیں مریضانہ رویوں کے سبب یہ کام اردو والے خود کبھی نہیں کر سکیں گے۔ اس امر کو یقینی بنانے کے لیے حکومت کو خصوصی اقدام کرنے ہوں گے کہ سول سوسائٹی کی بقا، اس کے تحفظ اور اس کی قوت جن لوگوں کی اولین ترجیحات ہیں، وہ اردو داں مسلم معاشرے کے لیے ایسا کچھ کریں کہ خود اردو والے سول سوسائٹی کی تشکیل کے عمل میں شریک ہو جائیں؛ سول سوسائٹی کی برکتوں سے فیضیاب ہو کر لسانی فسطائیت اور مذہبی شدت پسندی کی لعنت سے باہر آسکیں۔ آخرش اس خواب کی معجزہ نما تعبیر صرف ترقی پسند

سیاست کے ذریعے ممکن ہے جس کی طرف ابھی کوئی عملی پیش قدمی کسی طرف سے نہیں ہوئی۔ یہ بڑا مشکل کام ہے۔ ایک پھوڑا ہے جس نے کینسر کی شکل اختیار کرلی ہے۔ اس پھوڑے کو چھونے سے ہر شخص ڈرتا ہے۔

اردو ادب کی حد تک اس تشدد اور دہشت گردی پر گفتگو کرنے کے بجائے جس کے لیے اردو کا استعمال زبان کے طور پر کیا گیا، اردو کے کسی ادیب سے کسی عملی Political initiative کی توقع کی ہی نہیں جاسکتی۔ ادب کا سہارا لے کر بے عملی کا کینسر اردو کے نام نہاد ادبی معاشرے کے پورے وجود میں سرایت کرگیا ہے۔ اس کارخیر کے لیے حکومت ہند کی فنڈنگ صوبائی حکومتوں سے لے کر مرکز ہندستان دلّی تک سب جگہ بہ آسانی اور وافر موجود ہے۔ سوال یہ ہے کہ اس پھوڑے کو کیسے چھیڑا جائے کہ اس کی جراحی ہوسکے۔ ٹیکس دہندہ کے پیسے کو مال غنیمت سمجھ کر اسے خرد برد کرنے والوں میں ہندوستان کے نام نہاد ترقی پسند کسی سے پیچھے نہیں ہیں۔

اس پھوڑے کو چھیڑنے کا عمل مگر ناگزیر ہے۔ یہ بھی طے ہے کہ اس عمل سے نقصان ضرور ہوگا، ممکن ہے جسم کا کچھ حصہ یا بڑا حصہ کاٹنا پڑے لیکن یہ سب کر کے بھی اگر دماغ کو بچایا جاسکے تو یہ سول سوسائٹی کی بڑی خدمت ہوگی۔ برصغیر ہندو پاک کی مسلم آبادی کا اتنا بڑا حصہ ہندوستان میں آباد ہے کہ وہ کسی بھی معاملے میں فیصلہ کن رول ادا کرسکتا ہے مگر وہ اب مکمل طور پر فرقہ پرست مسلم سیاست میں تبدیل ہوچکا ہے؛ ہر طرح کی بین الاقوامی مسلم دہشت گردی کا دل سے ہمنوا ہے۔ ترقی پسند لفظ سے چڑ اس کی سرشت میں ہے اور ترقی پسند سیاست کے ساتھ اس کا اینٹ اور گھڑے جیسا بیر ہے۔ اگر اس اردو فرقہ پرستی کا ہم مقابلہ کرسکیں تو شاید کل کسی اور موج خوں کے سر پر سے گزرنے کا خطرہ ٹل جائے، ایک اور پاکستان یا پھر ایک اور بنگلہ دیش بن کر کوئی ملک، آبادی کا کوئی حصہ اسلامی بم میں تبدیل ہونے سے بچ جائے۔

ہندوستان کا اردو داں معاشرہ جس روز ترقی پسند سیاست کا ہمنوا ہوگیا، باقی خطرات اپنے آپ ٹل جائیں گے، ہندو پاک کے درمیان تعلقات میں کشیدگی کا تناور درخت زمین پر آرہے گا۔ کچھ لوگوں کو اگر اس بات کا دعویٰ ہے کہ وہ ہندو پاک کے درمیان بہتر تعلقات کے حامی ہیں تو انھیں صرف ایک ہی کام کرنا ہے اور وہ کام ترقی پسند سیاست کی کھلی حمایت کرنے کا کام ہے جس کے لیے ہر قدم پر خطرات ہیں۔ اس عمل میں سب سے بڑا خطرہ Populist approach سے ہے جو automatic resistance کے لازمی component کا کام کرتی رہی ہے۔ ہندوستان کے اردو داں معاشرے نے جس روز ترقی پسند سیاسی عمل میں شرکت کی طرف پیش قدمی کی، ہندو پاک کے تعلقات اپنے آپ ٹھیک ہوجائیں گے۔ یہ کام مگر کب ہوگا، ہوگا بھی یا نہیں، یہ بات کم سے کم مجھے نہیں معلوم۔

[ممبئی یونیورسٹی کے سیمینار منعقدہ 7-5 مارچ 2007 میں پڑھا گیا۔]

سیاست نے اردو کو مسلمان کیوں بنا دیا؟

یاسمین رشیدی

کیا اردو اسلامی زبان ہے؟ کیا اردو مسلمان ہے؟ کیا اردو مسلمانوں کی زبان ہے؟ یعنی اردو اسلام اور مسلمان، اس باب میں اپنی بات کہنے سے پہلے میں آپ کو دہلی کے ایک کالج کا واقعہ سنانا چاہتی ہوں۔ دراصل یہ واقعہ میری ایک دوست کے ساتھ پیش آیا تھا، ہوا یوں کہ جب وہ کالج میں انگریزی پڑھانے گئی تو اس کی Identity کو اس کے ساتھ جوڑ کر دیکھا ہی نہیں گیا بلکہ اسٹریوٹائپنگ بھی کی گئی۔ چونکہ وہ حجاب پہنتی تھی تو طلبا نے پہلے ہی تصور کر لیا کہ میڈم کو انگریزی کیا آئے گی، اور کیا پڑھائیں گی، ان سے اردو کے شعر سنانے کو کہتے ہیں۔ جب اس نے انگریزی بولنا شروع کیا اور صاف طور پر یہ کہا کہ اس کو اردو نہیں آتی تو کئی اسٹوڈنٹ کو حیرت ہوئی۔

بعد میں کچھ بچوں نے اس سے یہ کہتے ہوئے معذرت بھی کی کہ میم آپ کے حجاب کی وجہ سے ہم نے آپ کو مس انڈراسٹینڈ کیا۔ ہمیں لگا آپ کو اردو آتی ہوگی، انگریزی نہیں۔ یہ واقعہ ایک مثال ہے، اردو کے مسلمان ہونے کی اور مسلمانوں کے اردو بن جانے کی۔ ایسی کہانیاں اب عام ہوگئی ہیں۔ اردو اور مسلمانوں میں فرق مٹ گیا ہے اور یہی آج کی سچائی ہے۔ جی، اردو مسلمان ہے اس لیے بھی یہ بات اب پختہ رنگ اختیار کر چکی ہے کہ ہر مسلمان کو اردو آنی چاہیے۔ کسی بھی لیول پر اردو پڑھ رہے طلبا مسلمان ہی تصور کیے جاتے ہیں، بلکہ ہوتے ہیں مسلمان۔ یوں مسلمانوں پر اردو پڑھنا فرض ہو گیا۔ اس کا اثر کچھ یوں بھی نظر آتا ہے کہ غیر اردو شعبہ میں اگر کوئی مسلمان لڑکی حجاب پہن کر جائے تو یہ مان لیا جاتا ہے کہ اسے اردو ضرور آتی ہوگی، مسلمان جو ٹھہری۔

تو اردو مسلمانوں کی زبان ہے، ایک سیاسی حقیقت۔ اس سیاسی کھیل کی سچائی چاہے جو ہو لیکن اس کی تازہ ترین مثال ہمارے وزیر اعظم کا اردو میں کیا گیا ٹوئٹ ہے۔ جی گزشتہ دنوں ہمارے وزیر اعظم نے رمضان کی مبارک باد دیتے ہوئے اردو میں ٹوئٹ کیا تھا۔ حالانکہ اس سے پہلے وہ فارسی، عربی اور دنیا بھر کی دوسری

زبانوں میں بھی ٹوئٹ کر چکے ہیں۔ لیکن قابل غور بات یہ ہے کہ اردو زبان میں ہی رمضان کی مبارک باد دینے کا خیال وزیر اعظم کو کیوں آیا؟ کہیں ایسا تو نہیں کہ نریندر مودی اپنے اس ٹوئٹ کے ذریعے عام لوگوں کو یہ پیغام دینا چاہ رہے ہیں کہ اردو مسلمانوں کی زبان ہے۔

اس طرح کیا مسلمانوں کو مبارک باد دینے کے لیے اردو کا انتخاب کسی سیاسی پس منظر کی داستان نہیں سناتا؟ مبارک باد کسی بھی زبان میں دی جا سکتی تھی۔ لیکن خاص طور پر اردو کا انتخاب یہ پیغام دیتا ہے کہ 'اردو مسلمانوں کی زبان' ہی نہیں اسلامی زبان بھی ہے۔ گویا وزیر اعظم نے بھی اردو کی اسٹیریوٹائپنگ میں وہی رول ادا کیا ہے جو عام طور پر لوگوں کے ذہن میں ہے۔ کیا وزیر اعظم اتنے معصوم ہیں، کیا انھیں نہیں معلوم کہ ان کا یہ ٹوئٹ عوام میں ایک پیغام دے گا؟ نریندر مودی نے اپنا کام کر دیا ہے، اب آپ بھلے ہی یہ راگ الاپتے رہیے کہ اردو مسلمانوں کی زبان نہیں ہے۔ بے سر کی راگنی ویسے بھی کون سنتا ہے؟ جاننے والی بات یہ بھی ہے کہ وزیر اعظم کی پرسنل ویب سائٹ کا اردو ورژن بھی موجود ہے، جس میں زیادہ تر تصویریں حجاب اور برقع پہننے والی خواتین اور ٹوپی پہننے والے مسلمانوں کے ہی نظر آتے ہیں۔ ایسے میں یہ بات صرف الزام نہیں کہ مودی اردو کے ساتھ مسلمان کو اتفاقیہ طور پر جوڑ رہے ہیں۔

ویسے یہ سوال بھی کیا جانا چاہیے کہ اس سے پہلے کبھی اردو میں وزیر اعظم نے ہندوستانی عوام کو کوئی پیغام دیا ہے، کوئی مبارک باد دی ہے؟ اگر نہیں تو اردو میں رمضان کی مبارک باد اس کی وضاحت کے لیے کافی ہے کہ 'اردو مسلمانوں کی زبان ہے'۔ تو کیا اب ٹوئٹ بھی ہندو اور مسلمان ہو گئے ہیں؟ کیا یہ مان لینا چاہیے کہ مسلمانوں کو مبارک باد اردو میں ہی دی جا سکتی ہے؟ وزیر اعظم کا ٹوئٹ تو کم از کم یہی کہتا ہے۔ حالانکہ انھوں نے اردو کے بعد انگریزی میں بھی رمضان کی مبارک باد دی لیکن اردو کے بعد کیوں؟ یہ سوال شاید نہیں کیا جانا چاہیے کیوں کہ سیاست نے اردو کا مذہب منتخب کر لیا ہے اور یہ صرف بی جے پی کی حکومت میں نہیں ہوا بلکہ یہ سیاست کانگریس نے بھی خوب کی ہے۔ مسلمانوں کی اکثریت والے علاقوں میں بینر، پوسٹر اور تمام طرح کی اپیل اردو میں آخر کیوں نظر آتی ہے؟ اگر اردو مسلمان نہیں ہے تو عام جگہوں پر بھی یہ اشتہارات کیوں نہیں؟ سیاسی جواب مت دیجیے گا۔

خیر اب سوال یہ بھی ہے کہ کیا سوشل میڈیا کا پلیٹ فارم ان باتوں کے لیے اسپیس بن گیا ہے؟ گجرات کا سی ایم رہتے ہوئے وجود میں آیا نریندر مودی کا اردو ٹوئٹر ہینڈل شاید اسی طرف اشارہ ہے۔ یہ ٹوئٹر ہینڈل مودی کا آفیشیل ٹوئٹر اکاؤنٹ نہیں ہے لیکن وہ خود اس کو فالو کرتے ہیں۔ اس پر ساورکر کو لے کر اردو میں کیے گئے ٹوئٹ بھی دیکھے جا سکتے ہیں۔ شاید یہ بھی مسلمانوں کو لبھانے کی ایک کوشش تھی اور سی ایم سے پی ایم تک کی کرسی کا ایک سفر بھی؛ یہ ہینڈل 2014 کے اس سفر کی کہانی کو بخوبی بیان کرتا ہے اور اس کے بعد خاموشی اختیار کر لیتا ہے۔ 26 مئی کو مودی نے وزیر اعظم کا حلف لیا اور 28 مئی کو ساورکر کے اس آخری ٹوئٹ کے بعد یہ ٹوئٹر ہینڈل خاموش ہے۔

''ویر ساورکر ایک وِپل مصنف، مفکر، شاعر اور سماجی مصلح کے طور پر یاد کیا جاتا ہے۔ ویر ساورکر کو خراج

تحسین پیش کرنے کے لئے پارلیمنٹ کے لیے روانہ۔'' (28 مئی 2014)

یہ نہیں بھولنا چاہیے کہ یہ وہی مودی ہیں جنھوں نے 2011 میں ایک سد بھاؤنا پروگرام کے تحت 'ٹوپی' پہننے سے انکار کر دیا تھا، جس کی وضاحت انھوں نے کچھ یوں کی تھی کہ وہ ان رسم وروایات میں حصہ لینا ضروری نہیں سمجھتے، جو ان کے عقائد کا حصہ نہیں ہیں۔ خیر یہ تصویر کا دوسرا رخ ہے۔ یہاں اہم سوال یہ ہے کہ وزیر اعظم کو اردو میں ٹوئٹ کرنے کی ضرورت کیوں پیش آئی۔ کیا یہ Tokenism سیاست کی ایک مثال نہیں؟ ان سب باتوں کی روشنی میں یہ تو یقینی طور پر کہا جا سکتا ہے کہ اردو واقعی مسلمانوں کی زبان ہے اور ملک کا وزیر اعظم ضرورت پڑنے پر مسلمانوں سے اسی کی زبان میں بات کر سکتا ہے۔

آپ کو اب بھی یقین نہیں آ رہا تو ماہ رمضان میں اردو میں نکلنے والا کوئی بھی اخبار اٹھا کر دیکھیے۔ 'جمعہ مبارک' اور رمضان کے فضائل سے کئی صفحات بھرے ہوتے ہیں۔ ان کے مدیران رمضان میں اور جمعہ کے دن خبریں شائع کرنے کا کام نہیں بلکہ نیکیاں کمانے کا کام کرتے ہیں۔ ان مخصوص ایام میں یہ اخبار کم دینی رسالے زیادہ معلوم پڑتے ہیں۔ ہندوستانی مسلمانوں کے مسائل اور اسلامی تہذیب دو الگ الگ چیزیں ہیں۔ اخبار کے صفحات 'جمعہ مبارک' اور 'رمضان میں یہ کریں، وہ نہ کریں' ٹائپ کی چیزوں سے بھرنے والے مدیران بھی یہ ثابت کرنے میں ہمارے وزیر اعظم سے ذرا بھی پیچھے نہیں ہیں کہ اردو مسلمانوں کی زبان ہے۔ پھر ہم اور آپ بھی مان لیتے ہیں۔ میری اس بات پر اعتراض کیا جا سکتا ہے، پھر سوال یہ ہے کہ کسی اور زبان کے اخبار میں کتنی باتیں اسلام سے متعلق شائع ہوتی ہیں؟ اگر نہیں ہوتی ہیں تو اردو اخباروں نے یہ ٹھیکہ کیوں لیا ہوا ہے۔ ظاہر ہے جواب وہی ہے کہ 'اردو مسلمان' ہے۔ شاید اس لیے بھی بھگت سنگھ نے اردو اخباروں کو مسلمانوں کا اخبار کہہ کر مخاطب کیا تھا:

'' زمیندار اور سیاست وغیرہ مسلمان اخباروں میں تو عربی کا زور رہتا ہے، جسے ایک عام آدمی سمجھ بھی نہیں سکتا۔ ایسی حالت میں ان کا پرچار کیسے کیا جا سکتا ہے؟''

واضح ہو کہ یہ اس وقت کے دو بڑے اردو اخبارات ہیں، جن کا ذکر بھگت سنگھ کر رہے ہیں۔ ان باتوں سے قطع نظر اردو اخباروں میں گنگا جمنی تہذیب کے کتنے دھارے بہتے نظر آتے ہیں، یہ بتانے کی ضرورت شاید نہیں ہے۔ اسی سلسلے کی اگلی کڑی کے طور پر اردو اکیڈمیز میں ہونے والی افطار پارٹی کو دیکھا جا سکتا ہے۔ جو ادارے زبان کی فلاح و بہبود کے لیے قائم کیے گئے ہیں، وہاں مذہبی رسومات کی ادائیگی کس ضرورت کے تحت پیش آتی ہے؟ یہ سوال بھی کیا جانا چاہیے۔ کانگریس ہی وہ پارٹی ہے جس نے اردو اکیڈمیز میں افطار پارٹی کا سلسلہ شروع کیا تھا۔ باقاعدہ وزیر اعلیٰ کی طرف سے یہ اہتمام کیا جاتا رہا ہے۔ تو یہ کہنا مشکل ہے کہ اس سیاست میں کس پارٹی کا کتنا رول رہا ہے۔ لیکن کانگریس کا دامن بھی اس معاملے میں بے داغ نہیں ہے۔

تو گویا اردو مسلمان ہے تو ہر مسلمان کو اردو آنی چاہیے لیکن آپ کو یہ بھی بتاتی چلوں کی مسلم اکثریت والی ریاستوں میں اردو نہیں بولی جاتی۔ جموں و کشمیر، کیرالہ، آسام، مغربی بنگال والوں کی زبان اردو نہیں ہے جبکہ

ہندوستان میں مسلمانوں کی اکثریت انھیں ریاستوں میں رہتی ہے۔اب جی چاہے تو آپ ان کے مسلمان ہونے نہ ہونے پر بھی سوال اٹھا سکتے ہیں۔ان تمام باتوں کے بعد کیا آپ اب بھی کہیں گے کہ'اردو مسلمانوں کی زبان' نہیں ہے؟ یہ تمام اشارے تو کہتے ہیں کہ'اردو مسلمانوں کی زبان' ہی ہے۔اسی لیے ان کو مبارک باد دینے کے لیے وزیر اعظم کا اردو میں ٹوئٹ کیا جانا غلط کہاں ہے بلکہ لائق ستائش ہے۔

[بشکریہ'دی وائر اردو'، 27 مئی 2018]

اردو مخالف رجحانات و تحریکات

مرزا خلیل احمد بیگ

یہ بات اظہر من الشمس ہے کہ 1884 میں گلکرسٹ کے فورٹ ولیم کالج سے مستعفی ہو جانے کے بعد اس کے جانشینوں نے اردو کے ساتھ بہتر سلوک نہیں کیا۔ ادھر کالج کے باہر برطانوی حکام اردو کے ساتھ روز بروز سخت رویہ اختیار کرتے گئے۔ اردو اور اس کے رسمِ خط کے خلاف ہندوؤں کی بھی جارحانہ سرگرمیاں اور تحریکیں زور پکڑتی گئیں۔ ہندوؤں کی سماجی و اصلاحی تحریکیں نیز احیاء پرست تنظیمیں اردو کی مخالفت اور سنسکرت آمیز ہندی اور ناگری رسمِ خط کے 'پرچار' میں کھل کر سامنے آ گئیں۔ ایک طرح سے فرقہ وارانہ جذبات و رجحانات کو ہوا دے کر ہندی اردو کشمکش پیدا کی گئی جس کی زد میں پورا شمالی ہندوستان آ گیا۔

برہمو سماج اگرچہ بنگال کی ایک سماجی تحریک تھی لیکن اس نے ہندی کے 'پرچار' کا کام نہایت تن دہی سے انجام دیا۔ دوسری جانب پنجاب میں 1875 میں آریہ سماج کے نام سے ایک اصلاحی تحریک نے جنم لیا جو درحقیقت ہندوؤں کی ایک احیاء پرست تنظیم تھی، جس کا مقصد ہندوؤں کی اصلاح کے علاوہ ہندی زبان کا 'پرچار' بھی تھا۔ چنانچہ اس نے اپنے قیام کے بعد سے ہی جارحانہ طور پر ہندی کی تبلیغ و اشاعت کا کام شروع کر دیا تھا۔ اس کے روحِ رواں سوامی دیانند سرسوتی تھے جنھوں نے آریہ سماجیوں کے لیے ہندی کا جاننا لازمی قرار دے دیا تھا۔ پنجاب کے ہی ایک اور سماجی کارکن شردھا رام پھلّوری اپنی تحریروں اور تقریروں کے ذریعے اردو کے خلاف خوب زہر اُگلتے تھے چنانچہ پنجاب میں ہندوؤں کی ایک کثیر تعداد اردو سے برگشتہ ہو گئی۔ شتی کنٹھ مشر پھلّوری کے بارے میں لکھتے ہیں:

"ان کے بھاشنوں کے پربھاو سے پنجاب کی ہندو جنتا نے مسلمانی پربھاو اور بھاشا (اردو) کو چھوڑ کر ہندی بھاشا اور ہندو دھرم کے پرتی شردھا کرنا سیکھا۔" ('کھڑی بولی کا آندولن'، ص 94)

(=ان کی تقریروں کے اثر سے پنجاب کی ہندو آبادی نے مسلم اثرات اور زبان (اردو) کو ترک کر کے ہندی زبان اور ہندو مذہب کے تئیں ایقان وعقیدت پیدا کرنا سیکھا۔)

آریہ سماجی رہنماؤں میں لالہ لاجپت رائے بھی تھے جنھوں نے اس امر کا اعتراف کیا ہے کہ آریہ سماج سے وابستگی سے قبل وہ ہندی سے نابلد تھے، لیکن اس تنظیم سے منسلک ہونے کے بعد انھوں نے پنجاب میں ہندی زبان کے فروغ میں نہایت سرگرمی سے حصہ لیا۔ آریہ سماجیوں نے پنجاب میں ایک ایسی فرقہ وارانہ فضا پیدا کردی تھی اور اردو کے خلاف اس سرزمین ملک میں تعصب کا ایک ایسا بیج بو دیا تھا جو تناور درخت بنتا گیا جس کے نتیجے میں پنجابی ہندوؤں کی ایک کثیر تعداد جو اردو لکھتی پڑھتی تھی ہندی کی جانب مائل ہوگئی۔

گیان چند جین نے 'ایک بھاشا...' (ص 200) میں اردو کے عظیم شاعر اور ماہر اقبالیات جگن ناتھ آزاد پر یہ الزام لگایا ہے کہ وہ آریہ سماجی تھے۔ یہ الزام سراسر غلط اور جھوٹا ہے، کیوں کہ آزاد آریہ سماجیوں کی طرح متعصب ذہنیت نہ رکھتے تھے بلکہ وہ ایک مثالی سیکولر انسان تھے۔ روشن خیالی، مذہبی رواداری اور سیکولر اقدار کی پاسداری ہمیشہ ان کا شیوہ رہا۔ وہ اردو کے ایک سچے عاشق اور شیدائی تھے۔ اس زبان سے ان کا والہانہ لگاؤ اور اس کے ادب سے ان کی شدید دل بستگی تا دمِ آخر قائم رہی۔ ایسے شخص کو آریہ سماجی کہنا روا نہیں۔ افسوس کہ وہ آج ہمارے درمیان نہیں، ورنہ جین صاحب کی یہ جرأت نہ ہوتی کہ وہ انھیں آریہ سماجی کہتے!

جگن ناتھ آزاد اپنے بعض ہم مذہبوں کی فرقہ پرستی اور ان کی فرقہ وارانہ حرکتوں اور سرگرمیوں پر ہمیشہ شرمسار رہا کرتے تھے جس کی عمدہ مثال بابری مسجد کے سانحۂ انہدام (6/دسمبر 1992) پر ان کی وہ دل دوز نظم ہے جس نے ہر متمدن انسان کو، جس کے دل میں ذرا بھی غیرت وحمیت ہے، جھنجھوڑ کر رکھ دیا۔ (1) کیا ایسا شخص آریہ سماجی ہوسکتا ہے؟

ہندوؤں کی ایک اور تنظیم 'ہندو سماج' کا پنڈت مدن موہن مالویہ (جو بعد میں انڈین نیشنل کانگریس کے ممتاز رہنما ہوئے) کی قیادت میں 1880 میں الہ آباد میں قیام عمل میں آیا۔ اس نے جلد ہی ہندی اور ناگری رسم خط کے پرچار کی ذمے داری سنبھال لی۔ اس کے کارکنوں نے شمال مغربی صوبہ جات واودھ کی حکومت نیز حکومت ہند دونوں کو ہندی کے حق میں عرض داشتیں بھیجنے کی 1884 میں زبردست مہم چھیڑی۔ اسی سال الہ آباد میں 'ہندو سماج' کے زیرِ اہتمام ایک کانفرنس منعقد ہوئی جس میں دیگر امور پر تبادلۂ خیال کے علاوہ، ہندی کو سرکاری طور پر عدالتوں میں رائج کیے جانے کی تدابیر پر بھی غور کیا گیا۔ اس کانفرنس میں پورے شمالی ہندوستان کے مندوبین نے حصہ لیا۔ اس کے بعد بھی اس تنظیم کے زیرِ اہتمام اردو کی مخالفت اور ہندی کی موافقت میں جلسے، مذاکرات اور احتجاجی پروگرام منعقد ہوتے رہے۔ لیکن جب ہندو سماج کمزور ہونے لگی تو 1894 میں پنڈت مدن موہن مالویہ بنارس کی 'ناگری پرچارنی سبھا' سے وابستہ ہوگئے۔

انفرادی سطح پر بھی متعصبانہ رجحانات ونظریات کی تبلیغ اور اردو مخالف سرگرمیوں کا سلسلہ جاری رہا۔

ہندی کو ایک طرف نیشنلزم اور دوسری طرف ہندوازم (دوسرے لفظوں میں ہندتوا) سے جوڑنے کی کوشش کی گئی۔ انیسویں صدی کے ربع آخر میں پرتاپ نارائن مشر کا دیا ہوا نعرہ 'ہندی، ہندو، ہندوستان' اسی رجحان کی عکاسی کرتا ہے۔ پرتاپ نارائن مشر کے علاوہ اس عہد میں متعدد ہندو اردو کے بارے میں اسی قسم کے متعصّبانہ نظریات رکھتے تھے اور ہندی کے پرچار میں وہ کسی بھی حد تک جا سکتے تھے۔ سوامی دیانند سرسوتی، شردھا رام پھلوری، لالہ لاجپت رائے اور پنڈت مدن موہن مالویہ کا ذکر اوپر آ چکا ہے۔ ان کے علاوہ انیسویں صدی میں ایودھیا پرساد کھتری، بابو (راجا) شیو پرساد اور بھارتیندو ہریش چندر جیسے کتنے ہی ہندو ایسے تھے جو دل سے یہ چاہتے تھے کہ عدالتوں دفتروں اور تعلیم گاہوں سے اردو کو ہٹا کر ہندی کو نافذ کر دیا جائے۔ اس کے لیے باقاعدہ مہم چھیڑی گئی اور منظم طور پر 'ہندی آندولن' کا آغاز ہوا جسے 'کھڑی بولی کا آندولن' بھی کہا گیا۔ شتی کنٹھ مشر نے، جو بنارس ہندو یونیورسٹی کے فارغ التحصیل ہیں، اپنی ایک کتاب کا نام ہی 'کھڑی بولی کا آندولن' رکھ دیا جو 'ناگری پرچارنی سبھا'، بنارس سے 1956 میں شائع ہوئی۔

ایودھیا پرساد کھتری جن کا تعلق مظفر پور (بہار) سے تھا، کھڑی بولی ہندی میں شاعری کے زبردست حمایتی تھے۔ انھوں نے 'کھڑی بولی کا پدیہ' (= کھڑی بولی کی شاعری) کے نام سے 1887 میں ایک کتاب شائع کی تھی جس میں اردو کے بارے میں بعض ایسی متعصّبانہ باتیں کہی گئی تھیں جنھیں اہلِ ہندی آج تک دہراتے ہیں۔ کھتری برج بھاشا اور کھڑی بولی ہندی کو دو علیحدہ زبانیں مانتے تھے۔ لیکن کھڑی بولی اور اردو کو ایک ہی زبان تسلیم کرتے تھے۔ وہ ہندی (کھڑی بولی ہندی) اور اردو میں صرف 'لپی' (رسم خط) کا فرق سمجھتے تھے اور اردو کو ہندی کی 'شیلی' (اسلوب) قرار دیتے تھے۔ کھتری اہلِ اردو کو یہ مشورہ بھی دیتے تھے کہ وہ فارسی رسم خط کو چھوڑ کر ناگری رسمِ خط اختیار کر لیں۔ عہدِ حاضر، نیز ماضیٔ قریب کے اہل ہندی کے تین اردو مخالف نظریوں یعنی اردو کو ہندی کی شیلی قرار دینے، اس کے رسمِ خط کو بدلنے کی تجویز پیش کرنے، نیز اردو اور ہندی کو ایک زبانیں قرار دینے کی ابتدا ایودھیا پرساد کھتری سے ہی ہوتی ہے۔

یوں تو کھڑی بولی ہندی کا آغاز ہی اردو میں سے عربی فارسی الفاظ کو خارج کر کے ان کی جگہ پر سنسکرت کے الفاظ رکھنے سے ہوا۔ لیکن ہندی کو حد درجہ سنسکرت آمیز بنانے کا رجحان بھی انیسویں صدی میں ہی پروان چڑھا۔ اس رجحان کو تقویت دینے والوں میں آگرے کے راجا لکشمن سنگھ پیش پیش تھے۔ انھوں نے سنسکرت کی کئی کتابوں کے ہندی میں ترجمے کیے اور اس زبان کو سنسکرت لفظیات سے انتہائی بوجھل بنا دیا۔ کرسٹوفر کنگ کا کہنا ہے کہ وہ جان بوجھ کر عربی فارسی الفاظ کے استعمال سے گریز کرتے تھے۔ راجا لکشمن سنگھ نے کالی داس کی سنسکرت تصنیف 'رگھوواش' کا اپنا ہندی ترجمہ 1878 میں شائع کیا جس کے دیباچے میں ہندی اور اردو سے متعلق علیحدگی پسندی پر مبنی اپنے ان خیالات کا اظہار کیا:

''میری رائے میں ہندی اور اردو دو بہت مختلف زبانیں ہیں۔ اس ملک کے ہندو ہندی بولتے ہیں،

جب کہ مسلمان اور وہ ہندو جنھوں نے فارسی پڑھی ہے اردو بولتے ہیں۔ ہندی میں سنسکرت الفاظ بکثرت پائے جاتے ہیں جس طرح سے کہ اردو میں عربی اور فارسی کے الفاظ کثرت سے استعمال کیے جاتے ہیں۔ ہندی بولتے وقت عربی اور فارسی الفاظ استعمال کرنے کی چنداں ضرورت نہیں اور نہ ہی مَیں ایسی زبان کو ہندی کہتا ہوں جس میں فارسی اور عربی الفاظ کی بھرمار ہو۔'' (بحوالہ کرسٹوفر آر۔ کنگ، 'ون لینگویج، ٹو اسکرپٹس'، ص 31)

کرسٹوفر کنگ کہتے ہیں کہ راجا لکشمن سنگھ کے اس بیان سے یہ بات صاف ظاہر ہے کہ اس وقت تک بلکہ اس سے قبل سے ہی ہندی کی شناخت ہندوؤں کی زبان کے طور پر کی جانے لگی تھی اور اردو کو مسلمانوں کے ساتھ Identify کیا جانے لگا تھا۔ اس میں کوئی شک نہیں کہ جس کھڑی بولی ہندی کی داغ بیل للو جی لال نے فورٹ ولیم کالج کے احاطے میں مذہبی بنیادوں پر ڈالی تھی، اسے ہندو آہستہ آہستہ اپنی زبان کے طور پر اپناتے گئے اور اردو سے کنارہ کشی اختیار کرتے گئے۔ یہی نہیں بلکہ انھوں نے سرکاری دفتروں اور عدالتوں سے اردو کے اخراج کی مہم بھی چھیڑی نیز سرکاری اور تعلیمی سطح پر ہندی کے نفاذ کی تحریک کا آغاز بھی کیا۔

انیسویں صدی کے نصف دوم میں ہندی تحریک کو جلا بخشنے والوں میں بنارس کے راجا بابو شیو پرساد بھی تھے جو صوبائی محکمۂ تعلیم میں انسپکٹر آف اسکولز تھے، وقت کے ساتھ ساتھ ان کے خیالات اگرچہ بدلتے رہتے تھے لیکن یہ بات روز روشن کی طرح عیاں ہے کہ وہ تمام عمر ہندی اور ناگری رسم خط کے زبردست حمایتی رہے۔ وہ سرکاری دفتروں اور عدالتوں سے اردو کا اخراج اور اس کی جگہ پر ہندی کا نفاذ چاہتے تھے۔ اس کے لیے انھوں نے 1868 میں انگریزی حکومت کو جو میمورنڈم بعنوان *Court Characters, in the Upper Provinces of India* پیش کیا تھا، اس سے اردو کے خلاف ان کے انتہائی متعصّبانہ اور جارحانہ رویے کا پتہ چلتا ہے۔ اس میمورنڈم میں اردو کو مسلمانوں سے منسوب کر کے اردو اور مسلمانوں دونوں کو ہدف ملامت بنایا گیا ہے۔ اسی لیے اس میمورنڈم کو صیغۂ راز میں رکھنے کے لیے اس پر *For Private Circulation* لکھا گیا تھا۔ لیکن اب زمانہ بہت بدل گیا ہے۔ گیان چند جین نے 2005 میں جو کتاب لکھی اس میں انھوں نے بابو (راجا) شیو پرساد کی طرح اُردو اور مسلمانوں دونوں کو ہدفِ ملامت بنایا اور لکھا کہ ''اُردو کے تمام یا بیشتر ہندو ادیب اپنے سینے میں ایک راجا شیو پرساد لیے ہوئے ہیں'' ('ایک بھاشا...'، ص 278)۔ راجا شیو پرساد کا موازنہ اگر گیان چند جین سے کیا جائے تو ایسا معلوم ہوتا ہے کہ 137 سال بعد بھی کچھ نہیں بدلا ہے۔

بابو شیو پرساد نے اپنے میمورنڈم میں لکھا ہے کہ ''نو وارد مسلم حکمرانوں نے اس بات کی قطعی زحمت گوارا نہ کی کہ وہ ہندوستانی زبانیں سیکھتے، بلکہ انھوں نے ہندوؤں کو فارسی سیکھنے پر مجبور کیا، نیز ہندی کہی جانے والی بولیوں میں فارسی کے الفاظ داخل کر کے زبانوں کی ایک نئی مخلوط شکل قائم کی جو اردو یا 'نیم فارسی' کہلائی۔'' بابو شیو پرساد نے حکومت پر سخت الفاظ میں تنقید کرتے ہوئے یہ الزام لگایا کہ ''اس نے ایسی لسانی پالیسی وضع کی ہے کہ ایک غیر ملکی زبان، اردو کو فارسی رسمِ خط میں عوام الناس پر جبراً تھوپ دیا گیا ہے۔'' انھوں نے مزید لکھا کہ ''میں پھر کہتا

ہوں کہ اس پالیسی میں مجھے کوئی دانش مندی نظر نہیں آتی جو تمام ہندوؤں کو نیم مسلمان بنانے اور ہماری ہندو قومیت کو نیست و نابود کرنے کے لیے کوشاں ہے۔'' میمورنڈم کی یہ عبارت بھی قابلِ غور ہے کہ ''فارسی پڑھنے کا مطلب ہے مفرس بن جانا جس سے ہمارے تمام خیالات فاسد ہو جاتے ہیں اور ہماری قومیت رایگاں ہو جاتی ہے۔ برا ہو اس دن کا جب مسلمانوں نے سندھ کو عبور کیا تھا۔ ہمارے اندر انھیں لوگوں کی وجہ سے برائیاں آئی ہیں...''
(کرسٹوفر آر. کنگ، متذکرہ کتاب، ص 130-31)

بابو شیو پرساد نے اپنے میمورنڈم کو حکومت سے اس استدعا پر ختم کیا کہ ''جس طرح اس نے [حکومت نے] پہلے فارسی زبان کو خارج کیا تھا اسی طرح وہ عدالتوں سے فارسی رسمِ خط کو ختم کر کے ہندی کو نافذ کرے۔ اس سے بہت سے فائدے ہوں گے... اور سب سے بڑا فائدہ یہ ہوگا کہ 'ہندو قومیت' کی بازیابی ہوگی۔'' (ایضاً، ص 131)۔

گیان چند جین نے اپنی کتاب 'ایک بھاشا...' میں بابو (راجا) شیو پرساد کے 1968 کے میمورنڈم کا ذکر تو کیا ہے، لیکن ان کے ان متعصّبانہ نظریات و بیانات اور اردو نیز مسلم دشمنی پر مبنی خیالات پر کوئی تنقید یا تبصرہ نہیں کیا بلکہ ان کے موقف کو صد فی صد درست قرار دیتے ہوئے یہ لکھا:

''۰۰ ۷ سال کی مسلم حکومت نے جس طرح ہندو تہذیب کو دبا کر تیسرے درجے کی چیز بنا دیا تھا، 1857 کی شورش کے بعد اس کے تدارک کے لیے ہندوؤں نے جو کوششیں کیں یعنی نئے حاکموں سے استغاثہ کیا تو اس میں کیا غلط کیا۔'' ('ایک بھاشا...'، ص 176)

سر سید احمد خاں نے اس مذموم میمورنڈم کے بارے میں جب اپنا فطری ردِعمل ظاہر کیا تو بابو شیو پرساد شاید اتنے خفا نہ ہوئے ہوں گے جتنے خفا کہ ہمارے جین صاحب ہوئے۔ انھوں نے لکھا:

''ہندوؤں نے اردو کے بجائے ہندی کو اختیار کرنا چاہا تو سید صاحب جامے سے باہر ہو گئے اور بقیہ عمر میں ہندوؤں کی بیخ کنی کو اپنی پالیسی بنا لیا۔ سر سید کا ہندوؤں سے صرف یہ مطالبہ تھا کہ وہ یہ سمجھیں جیسے ہندوستان میں اسلامی حکومت موجود ہے۔'' (ایضاً، ص 18)

یہ کتنی عجیب بات ہے کہ عدالتوں، دفتروں اور تعلیم گاہوں سے اردو کے جبریہ اخراج پر اظہار افسوس کرنے، اردو دشمنی کے خلاف آواز بلند کرنے اور قوموں کے درمیان ہم آہنگی، یگانگت اور بھائی چارہ قائم کرنے کی سر سید احمد خاں کی کوششوں کو گیان چند جین 'ہندوؤں کی بیخ کنی' سے تعبیر کرتے ہیں۔ منفی سوچ اسی کو کہتے ہیں!

راجا/ بابو شیو پرساد کے ہم عصروں میں بھارتیندو ہریش چندر خاص اہمیت رکھتے ہیں۔ ان کا تعلق بھی بنارس سے تھا۔ انھوں نے اگرچہ بہت کم عمر پائی اور محض 35 سال (1850-1885) زندہ رہے، لیکن جدید ہندی ادب کے ابتدائی عہد کے ایک بڑے ادیب کی حیثیت سے وہ اپنا نام پیدا کر گئے۔ وہ کھڑی بولی ہندی کے پہلے باقاعدہ مصنف مانے جاتے ہیں۔ گیان چند جین ان کے بارے میں لکھتے ہیں کہ ''یہ نہ بھولنا چاہیے کہ وہ اردو کے خلاف نہ تھے۔'' ('ایک بھاشا...، ص 177)۔ لیکن کرسٹوفر کنگ کا کہنا ہے کہ انھوں نے ہندی اور ناگری رسم خط

دونوں کی حمایت و وکالت میں بابو شیو پرساد سے بھی زیادہ بڑھ چڑھ کر حصہ لیا:

"Bharatendu championed the cause of both Hindi and the Nagari script even more vigorously than Prasad." (King, One Language, Two Scripts, p. 32)

شتی کنٹھ مشر لکھتے ہیں:

''بھارتیندو ہریش چندر نے ہندی چھیتر میں آتے ہی ہندی پر چار کو ایک ساموہک کرانتی کے روپ میں بڑے اُتساہ کے ساتھ سمپورن ہندی پردیش میں چلایا۔'' ('کھڑی بولی کا آندولن'، ص 96)

(= بھارتیندو ہریش چندر نے ہندی کے میدان میں قدم رکھتے ہی ہندی کی ترویج و اشاعت کے کام کو ایک اجتماعی انقلاب کی شکل میں بڑے جوش و خروش کے ساتھ پورے ہندی علاقے میں سرانجام دیا۔)

بھارتیندو کھڑی بولی ہندی نثر کے حمایتی تھے لیکن کھڑی بولی میں شاعری کے خلاف تھے۔ وہ شاعری کے لیے برج بھاشا کو ہی موزوں سمجھتے تھے۔ انھوں نے خود بھی برج بھاشا میں شاعری کی۔ وہ اگرچہ اردو کے بھی شاعر تھے اور رسا تخلص کرتے تھے لیکن اردو کے بارے میں ان کی نیت صاف نہیں تھی۔ انھوں نے اپنی تحریروں میں اردو کا اکثر مذاق اڑایا ہے اور اسے تضحیک و تمسخر کا نشانہ بنایا ہے۔ یہی نہیں بلکہ انھوں نے اردو اور حامیان اردو پر طنز کے وار بھی کیے ہیں اور انھیں مطعون و ملعون بھی کیا ہے۔ اس کی بہترین مثال ان کا 'سیاپا' ہے جو انھیں کے رسالے 'ہریش چندر چندر کا' میں 1874 میں شائع ہوا۔ بھارتیندو کی اس قسم کی متعصّبانہ اور دل آزارانہ باتوں کو گیان چند جین محض ان کا 'فکاہیہ' کہہ کر ٹال جاتے ہیں۔ (دیکھیے 'ایک بھاشا...'، ص 177)

بھارتیندو ہریش چندر نے مختلف موضوعات پر لکھا ہے۔ ان کی ایک کتاب کا نام 'اگر والوں کی اُتپتی' ہے۔ اس کے دیباچے میں وہ لکھتے ہیں:

''اِن کا (اگر والوں کا) مکھیہ دیش پشچموتر پرانت ہے اور اِن کی بولی، استری اور پرُش سب کی کھڑی بولی ارتھات اُردو ہے۔'' (بحوالہ اومکار رُاہی 'کھڑی بولی: سوَروپ اور ساہتیک پرمپرا'، ص 25)

(= اِن کا (اگر والوں کا) خاص وطن شمال مغربی علاقہ ہے اور اِن کی بولی، عورت اور مرد سب کی کھڑی بولی یعنی اردو ہے۔)

گیان چند جین نے اپنی کتاب 'ایک بھاشا...' میں بھارتیندو کے حوالے سے اگر والوں کی زبان کے بارے میں کتنا بڑا جھوٹ بولا ہے کہ ''بھارتیندو نے اگروال بیوپاریوں کی زبان کو کھڑی بولی کہا ہے، ایک جگہ بھی اردو نہیں کہا''، نیز ''جہاں تک عورتوں کا تعلق ہے، ہندوؤں کی کسی ذات میں اردو کا رواج نہ تھا۔'' اس ضمن میں جین صاحب کی کتاب کا مکمل متن یہ ہے:

''یہ بات بھی صاف کردوں کہ بھارتیندو نے اگروال بیوپاریوں کی زبان کو کھڑی بولی کہا ہے، ایک جگہ

بھی اردو نہیں کہا۔ ہندوؤں میں ... کشمیری پنڈت اور کایستھ اردو پڑھتے تھے۔ کھتریوں میں صرف پنجابی کھتریوں میں رواج رہا ہوگا۔ اگروالوں میں اردو کا غیر معمولی رواج ہونے کی کوئی وجہ نہیں۔ جہاں تک عورتوں کا تعلق ہے، ہندوؤں کی کسی ذات میں اردو کا رواج نہ تھا۔'' (ص 179)

جین صاحب نے بھارتیندو کے حوالے سے اوپر جو بات کہی ہے اس کا انھوں نے کوئی حوالہ نہیں دیا ہے۔ انھوں نے نہ تو بھارتیندو کی کتاب 'اگروالوں کی اُتپتی' دیکھی اور نہ ہی اومکار راہی کی کتاب 'کھڑی بولی: سوَروپ اور ساہتیک پرمپرا' (دِلّی: لپی پرکاشن، 1975) کا مطالعہ کیا اور محض قیاس سے یہ بات کہہ دی یا اگر ان مآخذ سے انھوں نے استفادہ کیا تو سچ بات کہنے سے مکر گئے۔ پھر وہ کیوں اس بات کا ڈھنڈورا پیٹتے ہیں کہ ''اہل علم کی وفاداری صرف سچ سے ہوتی ہے۔'' (دیکھیے 'ایک بھاشا...'، ص 13)

بھارتیندو ہریش چندر نے اپنی کتاب 'اگروالوں کی اُتپتی' میں، جس کا اقتباس اومکار راہی نے اپنی متذکرہ کتاب کے صفحہ 25 پر نقل کیا ہے، واضح طور پر یہ بات لکھی ہے کہ ''ان کا (اگروالوں کا) مکھیہ دیش پشچموتر پرانت ہے اور ان کی بولی، استری اور پرش سب کی کھڑی بولی ارتھات اردو ہے۔''

گیان چند جین نے بھارتیندو کے اس قول کو توڑ مروڑ کر نیز اس میں حسب منشا تحریف کر کے بغیر کسی حوالے کے پیش کیا ہے اور خم ٹھونک کر ایک غلط بات کا پروپیگنڈا کیا ہے جس پر انھیں کچھ تو ندامت محسوس ہونی چاہیے! بھارتیندو کی متذکرہ کتاب کے اس اقتباس سے تین باتوں کا پتا چلتا ہے:

(1) اگروال جو شمال مغربی علاقے کے باشندے تھے، اردو گو تھے۔

(2) اگروال خانوادے کے نہ صرف مردوں کی زبان اردو تھی، بلکہ ان کی عورتیں بھی اردو بولتی تھیں۔

(3) اس عہد میں کھڑی بولی سے اردو مراد لی جاتی تھی، یعنی کھڑی بولی کا ہی دوسرا نام اردو تھا۔

یہ بات تو گیان چند جین بھی جانتے ہوں گے کہ تحقیق کی اولین شرط یا بنیادی اصول یہ ہے کہ پہلے اصل مآخذ (Original Sources) تک رسائی حاصل کی جائے، اس کے بعد کوئی عمارت کھڑی کی جائے یا اپنی رائے قائم کی جائے۔ جین صاحب نے اس بات کی چھان بین کیے بغیر کہ بھارتیندو کی اصل عبارت کیا ہے، اپنے مطلب اور منشا کی بات کہہ ڈالی۔ اس طرح کا استنباطِ مطلب تحقیق کے نام پر ایک بدنما داغ تو ہے ہی، آنکھوں میں دھول جھونکنا بھی ہے۔

جیسا کہ ابھی کہا گیا ہے، بھارتیندو ہریش چندر کے متذکرہ بالا قول کے مطابق 'اردو' نہ صرف اگروالوں کی زبان تھی بلکہ ان کے گھر کی عورتوں کی زبان بھی اردو ہی تھی۔ بھارتیندو کے اس قول سے یہ بات بھی ثابت ہو جاتی ہے کہ اردو کا ہی دوسرا نام 'کھڑی بولی' تھا۔ یہ بات قابل ذکر ہے کہ انیسویں صدی کے دوسرے ہندوؤں نے بھی اردو کو کھڑی بولی کے نام سے یاد کیا ہے، مثلاً ایودھیا پرساد کھتری جو بلا تامل کھڑی بولی کو اردو کہتے تھے۔ بعض دوسرے ہندو بھی، جو برج بھاشا میں ہندی شاعری کے حمایتی تھے، کھڑی بولی کو اردو سمجھتے اور کہتے تھے اور کھڑی

بولی میں ہندی شاعری کے محض اس لیے مخالف تھے کہ اگر کھڑی بولی میں ہندی شاعری کی گئی تو ان کے خیال میں وہ اردو ہی بن کر رہ جائے گی۔ خود بھارتیندو کا بھی یہی موقف تھا، اسی لیے وہ برج بھاشا کو ہی ہندی شاعری کے لیے موزوں تصور کرتے تھے۔ انھوں نے کبھی کھڑی بولی ہندی کو شاعری کے لیے موزوں نہیں سمجھا۔ ہاں اردو میں وہ شعر ضرور کہتے تھے اور رسا تخلص کرتے تھے۔(2)

انیسویں صدی کے اواخر میں جب ہندی تحریک میں خاصی شدت پیدا ہوگئی تھی اور اس نے جارحانہ و فرقہ وارانہ رخ اختیار کرلیا تھا، ایسے میں ہندی اور ناگری رسمِ خط کا نہایت منظم اور منضبط طور پر 'پرچار' کرنے والی ایک اور تنظیم 'ناگری پرچارنی سبھا' کا 1893 (=سمبت 1950) میں بنارس میں قیام عمل میں آیا۔ اس نے ہندی زبان اور ناگری (دیوناگری) رسم خط کی ترویج واشاعت اور توسیع وترقی کا کام بڑے پیمانے پر اور مضبوط بنیادوں کے ساتھ شروع کیا۔ سبھا کو اس عہد کے بڑے بڑے ہندو راجاؤں اور متعدد رئیسوں کی ہمدردی اور سرپرستی حاصل تھی۔ علاوہ ازیں پنڈت مدن موہن مالویہ اور سر جارج اے۔ گریرسن جیسی مقتدر شخصیتیں بھی سبھا کے ساتھ مل کر کام کررہی تھیں۔

ناگری پرچارنی سبھا نے سب سے پہلے عدالتوں اور دفتروں میں ہندی اور ناگری رسم خط کے نفاذ کو اپنا بنیادی مقصد بنایا۔ چنانچہ نومبر 1895 میں جب شمال مغربی صوبہ جات اور اودھ کے لیفٹننٹ گورنر سر اینٹونی میکڈانل بنارس آئے تو سبھا نے بہت بڑی تیاری کے ساتھ ایک بااثر وفد منظم کیا جس کے سربراہ اجودھیا کے مہاراجا پرتاپ نارائن سنگھ تھے اور اس کے اراکین میں پنڈت مدن موہن مالویہ، سر سندر لال، راجا ماڑا اور راجا آواگڑھ وغیرہ شامل تھے۔ وفد نے میکڈانل کی خدمت میں اپنا سپاس نامہ پیش کیا جس کے جواب میں انھوں نے کہا:

''ہم نے آپ کے سپاس نامے کو دلچسپی سے پڑھا ہے۔ آپ کا سب سے اہم سوال عدالتوں اور دفتروں میں اردو کی بجائے دیوناگری کو رائج کرنے سے متعلق ہے۔ ہم فی الوقت اس مسئلے پر کوئی رائے نہیں دے سکتے، لیکن یہ بہرحال تسلیم کرتے ہیں کہ آپ کی رائے غور وخوض کی مستحق ہے اور ہم مستقبلِ قریب میں اس مسئلے پر غور کرنے کے لیے تیار ہیں۔'' (شیام سندر داس، 'میری آتم کہانی'، ص 30۔ بحوالہ حکم چند نیر، 'اُردو کے مسائل'، ص 130)

اس کے بعد 2/ مارچ 1898 کو جب سر اینٹونی میکڈانل الٰہ آباد آئے تو وہاں بھی سبھا کا سترہ ارکان پر مشتمل ایک وفد ان سے ملا۔ اس وفد نے ہندی زبان کو سرکاری اور تعلیمی سطح پر رائج کرنے کے لیے میکڈانل کی خدمت میں ساٹھ ہزار دستخطوں کے ساتھ ایک عرضداشت پیش کی۔ حکم چند نیر لکھتے ہیں کہ ''یہ عرضداشت پنڈت مدن موہن مالویہ کی کتاب ['شمال مغربی صوبہ جات واودھ کا عدالتی رسم خط اور پرائمری تعلیم'] کی تلخیص تھی۔'' ('اردو کے مسائل'، ص 131)۔ پنڈت مالویہ نے 1897 میں *Court Character and Primary Education in the N.W.P. and Oudh* کے نام سے ایک کتاب شائع کی تھی جس میں انھوں نے اردو رسم خط کی خامیاں بیان کرتے ہوئے ہندی اور دیوناگری رسمِ خط کی پرزور وکالت کی تھی جس سے ناگری

پرچارنی سبھا کے موقف کی بھرپور تائید ہوتی تھی۔ حکم چند نیر کا یہ بھی کہنا ہے کہ ''یہ [کتاب] سر اینٹونی میکڈانل کے 18/اپریل 1900 کے فیصلے میں بہت معاون ثابت ہوئی۔'' (ایضاً)

سر اینٹونی میکڈانل کا اردو کے بارے میں رویہ انتہائی مخالفانہ تھا۔ وہ صحیح معنی میں ہندی زبان اور ناگری رسم خط کے حمایتی تھے۔ شمال مغربی صوبہ جات اور اودھ کا لیفٹننٹ گورنر مقرر ہونے سے قبل وہ بہار اور بنگال میں کئی اہم عہدوں پر فائز رہ چکے تھے۔ انھوں نے بہار کے سرکاری دفتروں میں ہندی کو رائج کرانے میں اہم کردار ادا کیا تھا۔ ہندی کی تحریک چلانے والے ہندو میکڈانل کے گورنر بننے سے بہت خوش تھے، کیوں کہ ان سے ان لوگوں کی بیحد توقعات وابستہ تھیں۔ چنانچہ یہی ہوا۔ 18/اپریل 1900 کو بحیثیت حاکم اعلیٰ (=لیفٹننٹ گورنر شمال مغربی صوبہ جات واودھ) میکڈانل نے ایک ایسا حکم نامہ جاری کیا جس کی رو سے عدالتوں اور سرکاری دفتروں میں ہندی اور دیوناگری رسم خط کو اردو کے برابر درجہ حاصل ہوگیا۔ یہ ہندی تحریک کے علم برداروں بالخصوص ناگری پرچارنی سبھا کے کارکنوں کی بہت بڑی فتح تھی۔ میکڈانل کے اس فیصلے سے اردو حلقوں بالخصوص مسلمانوں میں شدید بے چینی پیدا ہوگئی۔ جگہ جگہ اس کے خلاف احتجاجی جلسے منعقد کیے جانے لگے۔ مسلمانوں کی مختلف تنظیموں اور سربرآوردہ شخصیتوں نے اس پر اپنا سخت ردعمل ظاہر کیا۔

نواب محسن الملک نے، جو محمڈن اینگلو اورینٹل (ایم اے او) کالج، علی گڑھ کے آنریری سکریٹری تھے، 13/مئی 1900 کو علی گڑھ میں نواب لطف علی خاں کی صدارت میں منعقدہ ایک عظیم الشان احتجاجی جلسے میں پرزور تقریر کی جس میں انھوں نے حکومت کے اس فیصلے پر مدلل انداز میں بحث کرتے ہوئے اس کے مضر اثرات اور نتائج وعواقب سے عوام کو آگاہ کیا۔ اس جلسے میں یہ تجویز بھی منظور کی گئی کہ ایک عرضداشت تیار کرکے حکومت کو پیش کی جائے۔ اس جلسے کی پوری کاروائی کی نقل حکومت کو بھیج دی گئی۔ میکڈانل علی گڑھ کے اس جلسے کی کاروائی کو سن کر سخت برہم ہوئے اور اس احتجاج کو انھوں نے ''اپنی گورنمنٹ کی پالیسی پر ایک حملہ سمجھا۔'' میکڈانل کی برہمیٔ مزاج کا یہ عالم تھا کہ جب محسن الملک نے ان سے ملاقات کرنے اور بالمشافہ گفتگو کرکے غلط فہمیوں کو دور کرنے کی کوشش کی تو انھوں نے ملنے سے انکار کردیا اور یہ جواب دیا:

''جب کہ بذریعۂ تحریر اردو ناگری کے مسئلے پر مراسلت ہوسکتی ہے تو آپ کے نینی تال تشریف لانے کی تکلیف گوارا کرنا بےضرورت ہوگا۔'' (بحوالہ محمد امین زبیری، 'حیاتِ محسن'، ص 89-88)۔

علی گڑھ کی طرح لکھنؤ میں بھی میکڈانل کے فیصلے کے خلاف 18/اگست 1900 کو ایک شاندار احتجاجی جلسہ نواب محسن الملک کی صدارت میں منعقد ہوا۔ اس جلسے کا اہتمام 'سنٹرل اردو ڈیفنس ایسوسی ایشن' نے کیا تھا جو اسی مقصد کے لیے قائم کی گئی تھی اور نواب محسن الملک جس کے 'پریسیڈنٹ' (صدر) تھے۔ اس کی بھی اطلاع میکڈانل کو مل گئی۔ چنانچہ کچھ عرصے کے بعد جب میکڈانل، جو ایم اے او کالج کے 'پیٹرن' (سرپرست) تھے، علی گڑھ آئے تو انھوں نے کالج کے ٹرسٹیوں (Trustees) کو جمع کرکے اردو ڈیفنس ایسوسی ایشن کے

جلسوں پر اپنی سخت ناراضگی کا اظہار کیا اور یہ الزام لگایا کہ ''کالج سے طلبہ ایجی ٹیشن کرنے کے لیے بھیجے گئے۔'' انھوں نے یہ بھی کہا کہ ''کالج کے اساتذہ اور بعض ٹرسٹیوں نے اور نواب محسن الملک، سکریٹری نے اس میں نمایاں حصہ لیا۔'' میکڈانل نے یہ دھمکی بھی دی کہ ''اگر یہ طریقہ جاری رہا تو گورنمنٹ سے جو امداد کالج کو ملتی ہے وہ بند کر دی جائے گی۔'' (بحوالہ ایضاً، ص160) اس دھمکی کا یہ اثر ہوا کہ نواب محسن الملک نے سنٹرل اردو ڈیفنس ایسوسی ایشن کی پریسیڈنٹ شپ سے استعفیٰ دے دیا اور آئندہ بھی اس تحریک سے خود کو الگ کر لیا۔ اردو ڈیفنس ایسوسی ایشن بھی کچھ عرصے کے بعد بند ہو گئی۔ اس کے بند کرانے میں بھی میکڈانل کا ہی ہاتھ تھا۔

جیسا کہ پہلے کہا جا چکا ہے کہ انیسویں صدی کے نصف دوم میں ہندی تحریک میں خاصی شدت پیدا ہو گئی تھی۔ اس صدی کے اواخر میں یہ تحریک اپنے عروج پر تھی۔ اس نے اپنے مقاصد کے حصول کے لیے ہندی کو 'ہندتو' اور 'ہندو قومیت' سے جوڑ دیا تھا۔ ہندی مساوی ہندو (ہندی = ہندو) کے تصور کو عام کیا جا رہا تھا۔ ہندی کو 'ہندو تہذیب' کی علامت اور اردو کو ہندی کا حریف بنا کر پیش کیا جا رہا تھا، نیز اردو اور مسلمانوں کے خلاف ہندوؤں کے دلوں میں نفرت پیدا کی جا رہی تھی۔ کرسٹوفر کنگ کے بقول یہ فرقہ واریت منتج ہوئی 1947 میں ملک کی تقسیم پر۔ ہندی تحریک پر کنگ کا ذیل کا تبصرہ ان حقائق کو زیادہ واضح الفاظ میں بیان کرتا ہے:

> "The essence of the movement lay in efforts to differentiate Hindi from Urdu and to make Hindi a symbol of Hindu culture. Seen in this light, the Hindi movement formed part of a much broader process of the heightening of communal awareness in pre-independence India, a transformation of ethnic groups into communities and nationalities which culminated in the birth of Pakistan in 1947". (One Langauge, Two Scripts, pp. 10-11)

(تحریک کی اصل روح، ہندی کو اردو سے 'الگ' کرنے، نیز ہندی کو ہندو تہذیب کی علامت قرار دینے کی کوششوں میں مضمر تھی۔ اس اعتبار سے ہندی تحریک، ہندوستان کی آزادی سے قبل، کہیں زیادہ وسیع پیمانے پر فرقہ وارانہ بیداری کو بڑھاوا دینے کے عمل کا ایک حصہ بن چکی تھی۔ اس عمل کے نتیجے میں نسلی گروہ فرقوں اور قومیتوں میں بٹ گیا اور انجامِ کار 1947 میں پاکستان کا قیام عمل میں آیا۔)

ہندی تحریک کس حد تک تفریقی انداز میں کام کر رہی تھی، اس کا اندازہ کنگ کی کتاب کے ذیل کے اقتباس سے بخوبی لگایا جا سکتا ہے:

> "We can look at the whole history of the Hindi movement as a deliberate attempt to increase differentiation (to make Hindi more and more different from Urdu and to reduce

assimilation(to discourage Hindus from any attachment to Urdu) while the countervailing Urdu movement strove to accomplish theopposite." (One Language, Two Scripts, p. 176)

(ہندی تحریک کی پوری تاریخ کو ہم تفریق کو بڑھانے (ہندی کو اردو سے زیادہ سے زیادہ مختلف بنا کر پیش کرنے) اور جذب پذیری کے عمل کو کم کرنے (ہندوؤں کو، اردو کے ساتھ کسی بھی طرح کی وابستگی سے باز رکھنے) کی سوچی سمجھی کوشش کے طور پر دیکھ سکتے ہیں، جب کہ ہم پلہ اردو تحریک اس کے بالکل برعکس کام کر رہی تھی۔)

ہندی تحریک کا مقصد دراصل ہندوؤں اور مسلمانوں کے درمیان لسانی اشتراک و اتحاد کو، جو شمالی ہندوستان میں صدیوں سے قائم تھا، ختم کرنا تھا۔ اس اتحاد کی مضبوط و مستحکم بنیاد اردو زبان تھی۔ ہندی تحریک کے چلانے والوں کو یہ بات بخوبی معلوم تھی کہ جب تک ان دونوں قوموں کے درمیان یہ لسانی اتحاد قائم ہے، ہندی کی ترویج و توسیع نہیں ہوسکتی۔ اسی لیے انھوں نے اس اتحاد یعنی اردو مساوی مسلمان اور ہندو (اردو=مسلمان+ ہندو) یا اردو مساوی ہندو اور مسلمان (اردو= ہندو+مسلمان) کو توڑنے اور ختم کرنے کی کوشش کی اور ہندی مساوی ہندو (ہندی = ہندو) اور اردو مساوی مسلمان (اردو=مسلمان) کے فرقہ وارانہ تصور کو عام کیا۔ بعض ہندوؤں کا یہ بھی خیال تھا کہ ایسا ہرگز نہیں ہوسکتا کہ کوئی شخص بیک وقت ایک 'اچھا ہندو' بھی ہو اور 'اردو کا وکیل' بھی۔ اس سلسلے میں کرسٹوفر کنگ کا یہ بیان بھی ملاحظہ ہو:

"The other side of the divide came with the beginning of the Hindi movement in the 1860s when some Hindus began to assert that one could no longer be a good Hindu and an advocate of Urdu at the same time. This movement made deliberate changes in Khari Boli which eventually resulted in a highly Sanskritized Hindi. The split in the common trunk of Hindi and Urdu, Khari Boli, which began with the growth of one major branch, Persianized Urdu, now continued with the growth of another major branch, Sanskritized Hindi. The process of multi-symbol congruence now commenced in earnest and culminated in slogans such as'Hindi, Hindu, Hindustan whose creators saw no room for non-Hindi speakers and non-Hindus in Hindustan. We might go so far as to call this process the 'Sanskritization of Urdu' or at least the 'Sanskritization of Khari Boli. (One Language, Two Scripts, p. 177)

(تقسیم کا دوسرا رُخ 1860 کے دہے میں ہندی کی تحریک کے آغاز کے ساتھ سامنے آیا جب بعض ہندوؤں نے یہ کہنا شروع کیا کہ ایسا ہرگز نہیں ہوسکتا کہ کوئی شخص بیک وقت ایک اچھا ہندو بھی ہو اور اردو کا وکیل بھی۔ اس تحریک نے کھڑی بولی میں جان بوجھ کر تبدیلیاں کیں جن کا نتیجہ سنسکرت آمیز ہندی کی شکل میں ظاہر ہوا۔ ہندی اور اردو کے مشترک تنے کھڑی بولی میں پھوٹ سے ایک بڑی شاخ فارسی آمیز اردو کا ارتقا عمل میں آیا تھا۔ پھوٹ کے جاری رہنے سے اب ایک دوسری بڑی شاخ سنسکرت آمیز ہندی معرض وجود میں آئی۔ مختلف پہچانوں کو ملا کر [سیاسی اشرافیہ کا ایک پہچان کو لے کر] ایک ساتھ چلنے کا عمل مستعدی سے شروع ہوا اور 'ہندی، ہندو، ہندستان' جیسے نعروں کی شکل میں اپنی انتہا کو پہنچا۔ ایسے نعرے دینے والوں کے نزدیک ہندی نہ بولنے والوں اور غیر ہندوؤں کے لیے ہندوستان میں کوئی جگہ نہ تھی۔ ہم اس عمل کو 'اردو کو سنسکرتیانے' [سنسکرت آمیز بنائے جانے] کا نام دے دیں گے یا کم از کم 'کھڑی بولی کا سنسکرتیانا' [سنسکرت آمیز بنایا جانا] کہیں گے۔

انیسویں صدی کے دوران شمالی ہندوستان میں اردو کے خلاف جو ہندو احیا پرست تنظیمیں سرگرم تھیں اور اردو کو عدالتوں، دفتروں اور تعلیم گاہوں سے بے دخل کرنے کے لیے جو ہندی تحریکیں اپنی پوری قوت اور توانائی کے ساتھ کام کر رہی تھیں ان کے ذکر سے گیان چند جین کی یہ کتاب یکسر خالی ہے۔ (3) ان تنظیموں اور تحریکوں نے اپنا مقصد پانے کے لیے جو جارحانہ رُخ اختیار کر رکھا تھا اور اردو کے خلاف ان کا جو متعصّبانہ رویہ تھا، نیز ہندی اور ناگری کا پرچار کرنے والوں کی جو فرقہ وارانہ روش تھی، جین صاحب نے اسے اُجاگر کرنے کے بجائے اُلٹا اردو اور مسلمانوں کو ہی مورد الزام ٹھہرایا ہے جیسے کہ سارا قصور انھیں کا تھا اور انھیں کی وجہ سے گویا ہندی پننپے نہیں پا رہی تھی۔

بابو شیو پرساد کے 1868 کے انتہائی فرقہ وارانہ اور اشتعال انگیز میمورنڈم اور اس میمورنڈم میں اردو کے خلاف دیے گئے زہر آلود بیانات پر سر سید احمد خاں نے جب اپنا فطری ردِ عمل ظاہر کیا تو جین صاحب نے بگڑ کر کہا کہ ''ہندوؤں نے اُردو کے بجائے ہندی کو اختیار کرنا چاہا تو سید صاحب جامے سے باہر ہو گئے۔'' (دیکھیے 'ایک بھاشا...'، ص 18) یہ ایک الگ موضوعِ بحث ہے کہ ہندوؤں نے کیوں اردو کے بجائے ہندی کو اختیار کرنا چاہا؟ کیا اس وجہ سے کہ وہ ہندو تھے اور کیا تمام ہندوؤں نے اردو کے بجائے ہندی کو اختیار کرنا چاہا؟ یہ بات روزِ روشن کی طرح عیاں ہے کہ ہندوؤں کا ایک بڑا طبقہ اردو میں درک اور پیشہ ورانہ مہارت رکھتا تھا۔ عدالتوں اور دفتروں میں اردو میں کام کرنے میں اسے کوئی دقت، دشواری یا قباحت محسوس نہیں ہوتی تھی۔ ہندوؤں کے تین فرقوں کایستھ، کھتری اور کشمیری برہمنوں کے تو اردو سے نہایت گہرے روابط تھے۔ وہ اسے اپنی زبان سمجھتے تھے۔ اردو جاننے کی وجہ سے انھیں عدالتوں اور سرکاری دفتروں میں ملازمتیں حاصل کرنے میں کوئی دشواری پیش نہیں آتی تھی کیوں کہ سرکاری زبان اردو تھی۔ یہ لوگ نہ صرف اردو لکھتے پڑھتے تھے بلکہ فارسی کی تعلیم حاصل کرنے میں بھی انھیں کوئی عذر نہ تھا۔ اگر چہ ہندوؤں کے دوسرے فرقے بھی اردو اور فارسی کی تعلیم حاصل کرتے تھے، لیکن عوام میں اردو جاننے والوں میں اِنھیں تینوں فرقوں کو نمائندگی حاصل تھی۔ سرکاری ملازمتوں میں بھی انھیں کا غلبہ

تھا۔ اگرچہ ہندوؤں کے اِن تینوں فرقوں (کایستھ، کشمیری برہمن، کھتری) اور مسلمانوں کے درمیان اردو فارسی تہذیبی روایت قدرِ مشترک کا درجہ رکھتی تھی، لیکن اس لسانی و تہذیبی اشتراک سے ان فرقوں کے ہندو ہونے پر کوئی اثر نہیں پڑتا تھا۔ سرسید احمد خاں نے بابو شیو پرساد کے متذکرہ میمورنڈم پر جب اپنا ردِعمل ظاہر کیا تھا تو ان کے پیشِ نظر ہندوؤں اور مسلمانوں کے درمیان یہی لسانی اشتراک و اتحاد تھا جو صدیوں سے چلا آ رہا تھا اور انھیں یہ ڈر تھا کہ کہیں یہ اشتراک و اتحاد پارہ پارہ نہ ہو جائے اور مبادا زبان کے تنازع کی وجہ سے ان دونوں قوموں کے درمیان تفریق و نفاق نہ پیدا ہو جائے کیوں کہ آقایانِ مغرب کے سیاسی اغراض اور اہالیانِ وطن کی احیا پرستانہ سرگرمیوں کی وجہ سے اس اشتراک و اتحاد پر کاری ضرب لگ رہی تھی۔ چنانچہ سرسید احمد خاں نے انتہائی احساس فکرمندی کے ساتھ لندن سے نواب محسن الملک کو 29/اپریل 1870 کے اپنے خط میں لکھا:

''ایک اور خبر ملی ہے جس کا مجھ کو کمال رنج اور فکر ہے کہ بابو شیو پرساد کی تحریک سے عموماً ہندو لوگوں کے دل میں جوش آیا کہ زبان اردو و خط فارسی کو جو مسلمانوں کی نشانی ہے مٹا دیا جائے... یہ ایک ایسی تدبیر ہے کہ ہندو مسلمان میں کسی طرح اتفاق نہیں رہ سکتا۔'' (سرراس مسعود (مرتب)، 'خطوطِ سرسید احمد'، ص 88۔ بحوالہ ثریا حسین، 'سرسید احمد خاں اور ان کا عہد'، ص 255)۔

سرسید احمد خاں کا یہ ردّعمل کسی لسانی تعصب کی وجہ سے نہ تھا، بلکہ نیک نیتی اور قومی مفاد پر مبنی تھا، لیکن گیان چند جین اس ردِعمل سے خوش نہ ہوئے۔ آخر کیوں؟ کیا انھیں ہندوستان کی دو بڑی قوموں یعنی ہندوؤں اور مسلمانوں کے درمیان لسانی اشتراک و اتحاد اور قومی یگانگت و یکجہتی کی بات اچھی نہیں لگی؟ سرسید نے اردو کو 'مسلمانوں کی نشانی' کہا۔ جین صاحب کو اس پر بھی اعتراض ہے۔ لیکن جین صاحب نے ان ہندوؤں پر کیوں نہ اعتراض کیا جو للوجی لال سے لے کر سنیتی کمار چٹرجی تک اردو کو 'یامنی بھاشا'، 'ملیچھ بھاشا'، 'مسلمانی بھاشا' اور 'مسلمان ہندستھانی' کہتے رہے ہیں۔ اگر جین صاحب کو ہندی کی سماجی، سیاسی اور لسانی تاریخ کا ذرا بھی شعور ہوتا تو انھیں یہ بات بھی ضرور معلوم ہوتی کہ اردو کو مسلمانی بھاشا یا مسلمانوں کی زبان سب سے پہلے ہندوؤں نے ہی کہا۔ پوری ہندی تحریک اسی ایک تصور پر مبنی تھی کہ اردو مسلمانوں کی زبان (اردو=مسلمان) اور ہندی ہندوؤں کی زبان (ہندی=ہندو) ہے۔ اس کے برخلاف اہلِ اردو کا موقف یہ رہا ہے، بلکہ آج بھی ہے کہ اردو مسلمانوں اور ہندوؤں دونوں کی زبان (اردو=مسلمان+ ہندو یا اردو= ہندو+مسلمان) ہے۔ جو بات ہندوؤں یا ہندی تحریک کے سالاروں نے بار بار دہرائی ہے وہی بات اگر سرسید احمد خاں نے کہہ دی تو گیان چند جین کیوں اس قدر برہم ہوئے؟ سرسید ہرگز اردو کو مسلمانوں کی نشانی نہ کہتے اگر بابو شیو پرساد اتنا دل آزار اور اردو دشمن میمورنڈم نہ پیش کرتے۔ قصور تو درحقیقت بابو شیو پرساد کا تھا نہ کہ سرسید احمد خاں کا، کیوں کہ سرسید احمد خاں نے تو یہ کبھی سوچا بھی نہ تھا کہ زبان کے معاملے میں ہندو اس طرح سے الگ ہو جائیں گے۔

ذکر ہو رہا تھا ہندی اور ناگری کی تحریک کا اور اردو مخالف سرگرمیوں کا، کیوں کہ اس دور میں اردو پر

برابر حملے کیے جا رہے تھے۔ کبھی اسے 'غیر ملکی' اور کبھی 'مسلمانی بھاشا' کہہ کر اور اردو = مسلمان کے تصور کو عام کر کے ہندوؤں کو اس سے الگ رکھنے کی مہم جاری تھی۔ تنگ نظر ہندو تو اسے 'ملیچھ بھاشا' کہتے ہی تھے، اسے 'طوائفوں کی زبان' کہنے سے بھی گریز نہیں کیا گیا۔ ہندی کی ادبی تخلیقات میں بھی اردو کی تضحیک و تمسخر اور کردار کشی کا سلسلہ برابر جاری تھا۔ ہندوؤں کی احیا پرست تنظیمیں بھی، جو مذہبی اصلاح اور فلاحی کاموں کے لیے قائم کی گئی تھیں، ہندی اور ناگری پرچار کے کاموں میں دل و جان سے منہمک ہوگئی تھیں۔ دریں اثنا بنارس میں 'ناگری پرچارنی سبھا' کے قیام (1893) سے اردو مخالف سرگرمیوں میں اور اضافہ ہو گیا تھا اور ہندی تحریک اپنے عروج کو پہنچ گئی تھی جس کا لازمی نتیجہ سر اینٹونی میکڈانل (لیفٹننٹ گورنر شمال مغربی صوبہ جات اور اودھ) کے 18/اپریل 1900 کے اس فیصلے کی شکل میں ظاہر ہوا جس کی وجہ سے شمالی ہندوستان میں ایک نئے لسانی تنازع نے سر اٹھایا اور مسلمانوں میں اضطراب اور غم و غصے کی کیفیت پیدا ہوگئی۔ اسے 'اردو کا عظیم ترین المیہ' قرار دیا گیا، (4) اور اس کے نہ صرف لسانی، بلکہ سماجی، سیاسی اور تہذیبی منظر نامے پر بھی دور رس نتائج مرتب ہوئے۔

حواشی:

1۔ یہ نظم بعنوان 'بابری مسجد' جگن ناتھ آزاد کے شعری مجموعے 'نسیم حجاز' (نئی دہلی: محروم میموریل لٹریری سوسائٹی، 1999) میں شامل ہے۔

2۔ رام ولاس شرما نے اپنی کتاب 'بھارت کی بھاشا سمسیا' (ص 311) میں بھارتیندو ہریش چندر کے دو شعر نقل کیے ہیں جو یہ ہیں:

دل مرا لے گیا دغا کر کے
بے وفا ہو گیا وفا کر کے
دوستو کون میری تربت پر
رو رہا ہے رسا رسا کر کے

3۔ اس کے علی الرغم کرسٹوفر آر کنگ نے اپنی کتاب 'One Language, Two Scripts' میں ہندی تحریک اور ناگری پرچارنی سبھا (بنارس) کی سرگرمیوں کی تمام تفصیلات فراہم کر دی ہیں۔

4۔ حکم چند نیّر نے اپنے ایک مضمون 'اردو کا عظیم ترین المیہ، 18/اپریل 1900 کا فیصلہ' میں اس واقعے کا نہایت تفصیل سے ذکر کیا ہے۔ یہ مضمون ان کی کتاب 'اُردو کے مسائل: ہندوستان کی سیاسی اور سماجی تاریخ کی روشنی میں' (1977) میں شامل ہے۔

[بشکریہ 'ایک بھاشا جو مسترد کر دی گئی'، ایجوکیشنل بک ہاؤس، علی گڈھ، 2007]

مسلم اور مذہبی صحافت کا تاریخی تجزیہ

خوشتر نورانی

مسلم صحافت کی تاریخ پونے دوسو سال پرانی ہے، اس طویل عرصے میں اپنی تمام تر جد و جہد اور صحافتی تقاضوں کی تکمیل کے باوجود اسے کبھی بھی وہ عروج حاصل نہیں ہوسکا جو دوسری قوموں کی صحافت کا مقدر ٹھہرا۔ ان پونے دوسو سالوں میں ذرائع ابلاغ کا دائرۂ کار وسیع تر ہوتا گیا، لیکن مسلم صحافت غیر منقسم ہندوستان سے مسلم سماج اور اس کے بعد مسلمانوں کے مذہبی یا اردو پسند حلقوں میں سمٹتی چلی گئی۔ ان گزرے ہوئے سالوں میں کبھی کسی تحریک یا جذبے کے زیر اثر مسلم صحافت کا دائرہ وسیع ہوتا ہوا دکھا بھی تو صرف اس وقت تک جب تک مذکورہ تحریک یا جذبے میں حرارت باقی رہی۔ ان کی یخ بستگی کے ساتھ ہی مسلم صحافت کی یہ وسعت سمٹ کر پھر اپنے محور پر گردش کرنے لگی۔ آگے چل کر مسلم صحافت کے بطن سے ہی مسلمانوں کی مذہبی صحافت نے بھی اپنے بال و پر نکالے، لیکن بہ استثنائے چنداں ان کے ذمہ داران کی صحافتی تقاضوں سے بے خبری مذہبی رسالوں کو طویل زندگی نہیں دے سکی اور اگر وسائل کی فراوانی نے کسی کو لمبی عمر تک زندہ بھی رکھا تو اسے عوام کی جانب سے قبولیت کا خلعت عطا نہیں ہوسکا۔

مذہبی صحافت کی عدم مقبولیت نے ہی شاید مؤرخین کو اس کی مبسوط تاریخ لکھنے سے بے پروا رکھا، ناقدین نے اس کے محاسن و معائب پر گفتگو نہیں کی اور محققین نے اس کے لیے اپنی بساط تحقیق نہیں بچھائی۔ دنیا کی مختلف قوموں اور زبانوں یہاں تک کہ مسلم صحافت کی تاریخ اور عروج و زوال پر بھی ہمیں کثیر سرمایہ ملتا ہے، جب کہ مذہبی صحافت کی تاریخ، اس کے عناصر و اسالیب، رجحانات اور محاسن و معائب پر مشتمل چند مبسوط علمی و تحقیقی مضامین بھی نہیں ملتے۔ کسی بھی ترقی یا زوال کے دو بنیادی عناصر ہوتے ہیں: ایک داخلی اور دوسرا خارجی۔ داخلی عناصر کا تعلق صلاحیت، پیشکش اور طریق کار سے ہوتا ہے، جب کہ خارجی عناصر حالات اور ماحول پر مشتمل ہوتے ہیں۔

ترقی کا مدار دونوں عناصر کی صحیح تنظیم وترتیب پر ہے، ان میں سے کسی ایک کی ناہمواری زوال اور نامقبولیت کا باعث بن جاتی ہے۔ عام مسلم صحافت اور مسلم مذہبی صحافت کی تاریخی کڑیوں کو مختلف ادوار میں جوڑنے کی کوشش کی جائے تو ہر دور میں ذرائع ابلاغ کے ہمہ گیر اثرات کے باوجود دونوں کی نامقبولیت کو مذکورہ نکتے میں دیکھا جاسکتا ہے۔

مسلم صحافت کے داخلی عناصر تو ہر دور میں صحیح رہے، لیکن بدقسمتی سے اس کے دائرۂ اثر کو خارجی عناصر نے کبھی وسیع اور ہمہ گیر ہونے کا موقع نہیں دیا، یہ خارجی عناصر مختلف زمانے میں مختلف رہے جن کی تفصیل یہ ہے:

1۔ انگریزی سرکار کی سیاسی قلابازیاں، 2۔ 1857 کے الم ناک حادثے، 3۔ لسانی تعصب، 4۔ ہندوؤں اور مسلمانوں کا مذہبی اور معاشرتی تناؤ، 5۔ تقسیم ہند، 6۔ اردو زبان کا اسلامائزیشن اور 7۔ تقسیم ہند کے بعد اقلیتی اور اکثریتی مفادات پر حکومتوں کا جانب دارانہ رویہ۔

جب کہ مذہبی صحافت سے عوام کی عدم دلچسپی کا سبب خارجی عناصر کے ساتھ داخلی عناصر بھی رہے، جن کی تفصیل یہ ہے:

1۔ پیش کش کا روایتی طریق کار، 2۔ Outdated موضوعات کا انتخاب، 3۔ عصری مفاہیم اور اسالیب سے بے خبری، 4۔ صحافتی اصول سے ناآشنائی، 5۔ فروعی مسائل پر جنگ وجدال، 6۔ رسائل کی اشاعت میں وقت، محنت اور توجہ کی کمی، 7۔ صحافت کی اہمیت واثرات سے غفلت۔

ان دونوں عناصر کو سمجھنے کے لیے مسلم اور مذہبی صحافت کے تاریخی ادوار کا جائزہ ضروری ہے۔

برصغیر میں مطبوعہ صحافت کا آغاز اور مسلمان

برصغیر میں مطبوعہ صحافت کی ابتدا کلکتہ سے 1779 میں 'کلکتہ جنرل ایڈورٹائزر' کی اشاعت سے ہوئی، اس ہفت روزہ انگریزی اخبار کو جیمز آگسٹس ہیکی نے جاری کیا، جسے عرف عام 'ہیکی کا گزٹ' بھی کہتے ہیں۔ وقت گزرنے کے ساتھ جیسے جیسے ایسٹ انڈیا کمپنی کا تسلط ہندوستان کے مختلف علاقوں پر بڑھتا گیا، انگریزی صحافت میں بھی توسیع ہوتی گئی، یہاں تک کہ انیسویں صدی کے ربع اول تک انگریزی اخبارات کی تعداد ایک درجن سے زائد ہوگئی۔ یہ بھی واضح رہے کہ انگریزی صحافت کی توسیع ان علاقوں (بنگال اور اس کے مضافات) میں ہورہی تھی جہاں مسلمان نہایت پسماندگی کی حالت میں گزر بسر کر رہے تھے، کیوں کہ انگریزوں کے متعدد اقدامات نے انھیں معاشی، سماجی اور تعلیمی حیثیت سے کمزور کردیا تھا، جب کہ ہندوؤں میں (جو پہلے سے ہی مسلمانوں کے زیر اقتدار تھے) انگریزی تعاون سے اصلاحی تحریکیں شروع ہوچکی تھیں، ان اصلاحات اور ہندوستانیوں میں عیسائیت کی تبلیغ کے لیے جگہ جگہ عیسائی مشنریاں بھی قائم کی جاچکی تھیں، جنھیں مسلمان قبول کرنے کو تیار نہیں تھے۔ اس وقت انگریزوں نے محسوس کیا کہ اس مقصد کی تکمیل کے لیے مختلف علاقائی زبانوں میں

اخبارات ورسائل بھی جاری کیے جائیں۔ چنانچہ ہندوؤں اور عیسائی مشنری کے زیر اہتمام فارسی، ہندی، بنگالی اور گجراتی زبانوں میں اخبارات نکلنا شروع ہوئے۔

اس سلسلے میں کلکتہ سے 1818 میں ڈاکٹر مارش مین نے بنگالی زبان کا پہلا رسالہ ماہنامہ 'ڈگ درشن'، کلکتہ سے ہی اپریل 1822 میں ہندو مصلح راجہ رام موہن رائے نے فارسی کا پہلا ہفت روزہ 'مرأۃ الاخبار'، ممبئی سے 1822 میں مرزبان جی نے گجراتی زبان کا اولین اخبار ہفت روزہ 'بمبئی سماچار' اور کلکتہ سے ہی 1826 میں جگل کشور شکلا نے ہندی کا پہلا ہفت روزہ اخبار 'اودنت مارتنڈ' جاری کیا۔ اس تفصیل کے بعد یہ اندازہ لگانا مشکل نہیں رہ جاتا کہ برصغیر کی ابتدائی مطبوعہ صحافت میں مسلمانوں کا نام ونشان بھی نہیں تھا۔

اردو صحافت کے آغاز کا مقصد اور مسلمان

اردو کی مطبوعہ صحافت کا آغاز بھی ایسٹ انڈیا کمپنی کے زیر اہتمام 1822 میں ہفت روزہ 'جام جہاں نما' کلکتہ سے ہوا، جس کا مدیر و مہتمم منشی سدا سکھ کو بنایا گیا، لیکن اردو صحافت کی اشاعت اور فروغ کا مقصد عیسائیت کی تبلیغ یا ہندوستانیوں کی اصلاحات نہیں تھی، اگر ایسا ہوتا تو مذکورہ اخبار کو کلکتہ کی بجائے اردو کے مراکز یا علاقوں سے جاری کیا جاتا، کلکتہ اور اس کے مضافات میں تو مسلمانوں کے درمیان بھی اردو مقبول نہیں تھی تو وہاں کے عام ہندوستانی کیا پڑھتے؟ شاید اسی وجہ سے مذکورہ اخبار کو ناکامی کا منھ دیکھنا پڑا اور وہ مختصر سی مدت میں بند ہوگیا۔ اردو صحافت کے آغاز کا مقصد مؤرخین نے جو بیان کیا ہے، اس سے پتہ چلتا ہے کہ مسلمانوں کے تقریباً ہزار سالہ دور حکومت میں فارسی کو علمی، ادبی اور تہذیبی زبان کا درجہ حاصل تھا، یہ مسلمانوں کے اقتدار کی نشانی تھی جب کہ اردو صرف شعر وسخن کی زبان تھی۔ انیسویں صدی کے ابتدائی ادوار میں جب ایسٹ انڈیا کمپنی کی سیاسی اور عسکری قوت بڑھنے لگی تو انگریزوں نے چاہا کہ ہندوستانیوں بالخصوص مسلمانوں کا رشتہ ان کے ماضی سے کاٹ کر انھیں ذہنی و فکری حیثیت سے بھی غلام بنایا جائے۔ اس مشن اور خواہش کی تکمیل کے لیے فارسی زبان کا خاتمہ ضروری تھا۔ انگریزی کا چلن اس وقت عام نہیں تھا، اس لیے ان کی نگاہ انتخاب اردو پر پڑی اور انھوں نے اردو کو فروغ دینے کا منصوبہ بنایا۔ 1800 میں فورٹ ولیم کالج کا قیام اسی مقصد کے تحت ہوا تا کہ فارسی کے بالمقابل اردو زبان کو ہندوستانیوں میں عام کرنے کی تحریک چلائی جا سکے اور اسی مقصد کے تحت مذکورہ ہفت روزہ اخبار بھی جاری کیا گیا۔ یہاں تک کہ 1830 میں فارسی کو ختم کر کے اردو سرکاری زبان بنا دی گئی۔ اس طرح انگریزوں کی سیاسی قلابازیوں اور منصوبوں کے نتیجے میں انیسویں صدی کے ربع اول سے 1857 تک ہندوستان کی مقامی زبانوں (فارسی، اردو، بنگالی، گجراتی، مراٹھی) میں تقریباً سو اخبارات ورسائل جاری ہوئے، جن میں مسلمانوں کی حصہ داری پچیس فیصد سے زیادہ نہیں رہی، اس کے برخلاف ہندوؤں نے انگریزوں کے تعاون سے مطبوعہ صحافت

کے اس ابتدائی دور میں غیر معمولی دلچسپی کا مظاہرہ کیا۔

مسلم صحافت

برصغیر میں مسلم صحافت کو چار ادوار میں تقسیم کیا جاسکتا ہے:

پہلا دور 1833 سے 1857 تک، دوسرا دور 1858 سے 1900 تک، تیسرا دور 1901 سے 1947 تک اور چوتھا دور 1948 سے تا حال

پہلا دور: 1833-1857

برصغیر میں مغلوں کے زوال کے ساتھ ہی مسلمانوں کے (ہر محاذ پر) زوال کی تاریخ شروع ہوتی ہے، چنانچہ مسلم صحافت بھی اس کا شکار ہوئی اور برصغیر میں مطبوعہ صحافت کے تقریباً 52 سالوں اور ہندو صحافت کے 13 سالوں کے بعد 1831 میں مسلم صحافت کا آغاز ہوتا ہے۔ 1831 میں مولوی سراج الدین نے کلکتہ سے پہلا فارسی اخبار 'آئینہ سکندر' جاری کیا، جب کہ مولانا محمد حسین آزاد کے والد مولوی محمد باقر نے 1836 میں دہلی سے 'دہلی اردو اخبار' کے نام سے پہلا اردو اخبار نکالا۔ اس طرح 1857 تک فارسی اور اردو زبانوں میں مختلف مقامات سے مسلمانوں نے مزید چند اخبارات ورسائل جاری کیے، جن کی کل تعداد تیس کے آس پاس ہوگی۔
مسلم صحافت کے اس پہلے پڑاؤ میں مسلمانوں کے پاس نہ کوئی منصوبہ تھا اور نہ کوئی مشن یا تحریک جس کو وہ اپنی صحافت کے ذریعے آگے بڑھاتے، اس لیے مسلم صحافت کا پہلا دور صحافتی نقطۂ نظر سے بدرنگ اور پھیکا ہی رہا۔ اسی وجہ سے مسلم صحافت اپنے پہلے دور میں براہ راست کوئی نمایاں خدمت بھی نہیں انجام دے سکی اور نہ ہی کوئی اخبار عوام میں بہت زیادہ مقبول ہوسکا۔ اس دور کے اکثر اخبارات ورسائل آخری مغل تاجدار بادشاہ غازی کے شب و روز کا اشتہار بنے ہوئے تھے یا پھر استادان شعر وسخن کی آپسی چپقلش کے نمائندے۔ مثلاً اس وقت استاد ذوق اور مرزا غالب کی فنی رقابت عروج پر تھی، لہٰذا مسلم اخبارات بھی دو حصوں میں بٹے ہوئے تھے، ایک گروپ غالب کے پرستاروں کا تھا تو دوسرا ذوق کا گرویدہ اور دونوں ہی گروپ ایک دوسرے کو نیچا دکھانے کا کوئی موقع ہاتھ سے جانے نہیں دیتے تھے۔ ایک بار غالب کو قمار بازی کے الزام میں سزا ہوگئی تو بشمول' دہلی اردو اخبار' ذوق کے حامیوں نے اپنے اخبارات میں اس خبر کو خوب اچھالا۔ اسی طرح مسلم صحافت کا پہلا فارسی اخبار 'آئینۂ سکندر' کو مرزا نوشہ کی سرپرستی حاصل تھی، اس لیے ہر خبر کی سرخی کے نیچے ان کا ایک فارسی کا شعر بھی ہوا کرتا تھا۔ شعرا کے منظوم کلاموں کی کثرت اشاعت ان پر مستزاد، جس نے صحافت کو مشاعرہ گاہ بنا کر رکھ دیا تھا۔ ان اخبارات میں ملکی اور بین الاقوامی خبریں بھی ہوتی تھیں، جن کے مآخذ و مراجع انگریزوں اور ہندوؤں کے زیر

ادارت نکلنے والے اخبارات ہی ہوا کرتے، اس لیے واقعات کے حقائق کا تعین بھی مشکل تھا اور خبروں کے بین السطور سے صحیح تجزیہ وتبصرہ بھی پریشان کن۔ ہاں! ان میں کچھ اخبارات ایسے بھی تھے جو انگریز افسروں کے ناروا ظلم وجبر کے خلاف آواز حق بھی بلند کرتے تھے، مگر ان کی تعداد آٹے میں نمک کے برابر تھی۔

جہاں تک مذہبی صحافت کی بات ہے، جس میں عموماً مذہبی امور پر مسلمانوں کی رہنمائی مقصود ہوتی ہے، اسلامی تعلیمات کی تبلیغ واشاعت ہوتی ہے اور مذہبی وملی مسائل کا تاریخی وتجزیاتی مطالعہ ہوتا ہے، مسلم صحافت کے اس پہلے دور میں اس کا کوئی سراغ نہیں ملتا۔ حیرت کی بات ہے کہ انگریزوں نے اپنی طاقت کے ابتدائی مرحلے میں ہی عیسائیت کی تبلیغ کا آغاز مختلف شعبوں سے کر دیا تھا جس میں صحافت بنیادی کردار ادا کر رہی تھی، لیکن مسلمانوں کی جانب سے کوئی مجلہ یا رسالہ شروع نہیں کیا گیا، حالانکہ ردعمل میں اس کام کا آغاز ناگزیر تھا۔ اس کے علاوہ 1857 سے پہلے ملک کے سیاسی حالات بھی ایسے نہیں تھے جیسا کہ اس کے بعد ہوئے، مادی انقلاب نے ہندوستان کے دروازے پر دستک بھی نہیں دی تھی اور نہ ہندوستانی مسلمانوں کی مذہبی تپش کو کسی 'ازم' نے ٹھنڈا کیا تھا۔ یہ سچائی ہے کہ اس وقت مسلمان سیاسی سطح پر نبرد آزما تھے، مگر مسلم دشمنی کی ایک بڑی وجہ ان کے مذہبی اور ایمانی معاملات بھی تھے۔ انگریزوں کے ذریعے فارسی زبان کے خاتمے کی کوشش اور اسلامی علوم وفنون کو مٹانے کی جدو جہد اسلام دشمنی کے روشن استعارے تھے۔

یہ بھی حقیقت ہے کہ ہر دین کی رہنمائی اور اشاعت اس کے علما ہی کرتے ہیں، اسلام کا استحکام اور تبلیغ بھی علمائے شریعت کے ذریعے ہی ہوتی رہی ہے۔ حیرت ہے کہ برصغیر میں مسلم صحافت کے آغاز اور عروج میں علما نے ہی کمان سنبھالی، لیکن اپنے پہلے صحافتی دور میں انھوں نے ہی مذہبی صحافت کو بالکل نظر انداز کر دیا، دوسرے لفظوں میں صحافت کے ذریعے اسلام کے استحکام وتبلیغ کی کوشش سے پہلو تہی کی گئی۔ مسلم صحافت کا آغاز وارتقا اگر علما کے ذریعے نہیں ہوا ہوتا تو یہ شکایت اتنی برمحل نہیں ہوتی جتنی مذکورہ حالت میں ہو جاتی ہے۔ یہ شکایت اس وقت اور بھی بامعنی ہو جاتی ہے جب یہ تکلیف دہ تاریخ سامنے آتی ہے کہ اس وقت علما کا ایک بڑا طبقہ منقولات اور دینی و ملی ضرورتوں سے صرف نظر کر کے یونانی فلسفے کی درس وتدریس اور عقول عشرہ، خرق والتئام فلک اور جزء الذی لایتجزیٰ کے رد وابطال میں مصروف تھا۔ قدیم فلسفے کی تردید پر مشتمل ان لاحاصل مصروفیات کا ایک عظیم دفتر آج بھی بطور یادگار لائبریریوں میں محفوظ ہے۔ ستم یہ ہے کہ علما کی تدریس کا ایک بڑا حصہ آج بھی ان کے بطلان پر صرف ہو رہا ہے، حالانکہ برصغیر میں نہ اس وقت مذکورہ نظریات کا کوئی پرستار تھا اور نہ آج کوئی ان کا حامی وموید ہے۔ ایسے میں یہ سوال اپنی پوری توانائی کے ساتھ ہمارے سامنے کھڑا ہو جاتا ہے کہ مذہبی حلقے میں یونانی فلسفے کے تردید وابطال کی یہ ہنگامہ آرائیاں کیوں اور کس کے لیے تھیں؟ ہزار کوششوں کے باوجود بھی میں آج تک اس کا کوئی تسلی بخش جواب اپنے آپ کو دے کر مطمئن نہیں کر سکا۔ یہ بات بھی بڑی حیران کن ہے کہ سترہویں اور اٹھارہویں صدی میں ہی یوروپ کے اندر برپا ہونے والے جدید سائنسی انقلاب نے یونانی فلسفے کو رد کر دیا تھا اور

اس کے بالمقابل ڈارون ازم، مارکسزم اور فرائڈ کے جنسی فلسفے کی بنیاد رکھ دی گئی تھی، جو براہ راست مذہبی افکار و عقائد سے متصادم تھے اور بشمول برصغیر دنیا کے بڑے خطے کے ذہن وفکر کو تہ و بالا کر رہے تھے، مگر یوروپ کا یہ جدید فلسفہ نہ اس وقت علما کی دلچسپی کا موضوع تھا اور نہ آج ہے۔ ممکن ہے دوسو سالوں کے بعد جب کسی نئے فلسفے کی بنیاد پڑے تو وہ یوروپ کے مذکورہ نظریات کی تدریس و تردید کی طرف متوجہ ہوں۔

دوسرا دور: 1858-1900

مسلم صحافت کے دوسرے دور کا آغاز 1857 کی بغاوت کے بعد شروع ہوتا ہے اور انیسویں صدی کے اختتام پر تمام ہوجاتا ہے۔ 1857 کی جنگ آزادی کی ناکامی کے بعد مسلمانوں بالخصوص علما پر مصائب وآلام کے پہاڑ ٹوٹ پڑے، کیوں کہ اس جنگ کی پیشوائی یہی لوگ کر رہے تھے، اس لیے قید و بند کی صعوبتیں، سرکاری مناصب سے معزولی، سزائے موت، تعلیمی، سیاسی اور معاشی پابندیاں انھی کے حصے میں آئیں۔ برصغیر میں مسلمانوں کی اس داروگیر کے نتیجے میں مسلم صحافت بھی بے پناہ متاثر ہوئی اور متعدد اخبارات بند کردیے گئے۔ دہلی اردو اخبار کے مدیر مولوی باقر کو مسٹر ٹیلر پرنسپل دہلی کالج کے قتل کی سازش کے الزام میں گولی ماردی گئی، جب کہ ان کے صاحبزادے مولانا محمد حسین آزاد مصنف 'آب حیات' گرفتاری سے بچنے کے لیے روپوش ہوگئے، اس کے علاوہ مسلم اخبارات کے بہت سے مدیروں اور مالکوں کو جیل میں ڈال دیا گیا۔ انقلاب 1857 کے بعد مسلم صحافت کے وجود کا اندازہ اس سے ہوتا ہے کہ 1853 تک اردو زبان کے اخبارات کی تعداد 35 تھی، جب کہ 1858 میں یہ تعداد گھٹ کر صرف بارہ رہ گئی، ان بارہ میں بھی صرف چھ اخبارات جنگ سے پہلے کے تھے اور چھ نئے تھے۔ ان بارہ اخبارات میں سے صرف ایک کی ادارت ایک مسلمان کے پاس تھی، باقی تمام غیر مسلموں کی زیر ادارت تھے۔ گویا یہ کہنا صحیح ہوگا کہ 1857 کے انقلاب کے بعد مسلم صحافت عملی طور پر ختم ہوگئی تھی۔ دوسری طرف ہندو صحافت نے جنگ آزادی کی ناکامی کے بعد اپنے اخبارات کے ذریعے مسلمانوں کے خلاف سخت انتقامی کارروائی کا مطالبہ کیا اور گنگا نہالیا۔ مسلم صحافت تو عملی طور پر ختم ہوچکی تھی اور جو رہ گئی تھی، خوف نے ان کے لہجے میں اعتدال پیدا کردیا تھا، ان حالات میں برصغیر کے اندر ہندو صحافت ہی رہ گئی تھی جسے حکومت کی سرپرستی حاصل تھی۔

1857 کے بعد تین چار سالوں تک مسلم صحافت نہایت محدود اور کمزور رہی۔ 1960 کے بعد مسلمانوں نے ایک بار پھر اپنی بکھری ہوئی طاقت وہمت کو یکجا کیا اور اپنی صحافت کو نئے سرے سے مستحکم کرنے کی جدوجہد کا آغاز کیا۔ نتیجے میں ایک کے بعد ایک اخبار ورسالہ نکلنا شروع ہوئے، یہاں تک کے اس صدی کے آخر تک مسلم صحافت کی آواز موثر اور مضبوط ہوکر آزادی وطن کے احتجاجوں اور نعروں میں تبدیل ہوگئی۔

تاریخی ادوار کے حساب سے مسلم صحافت کے دوسرے دور کا آغاز 1858 سے ہوتا ہے، اس دور میں 1900 تک سیکڑوں مسلم اخبارات ورسائل منظر عام پر آئے، لیکن مورخین اور صحافتی تحقیق کاروں کے مطابق اپنے مشمولات، اسلوب، پیش کش اور ذہن سازی کی وجہ سے جو مقبولیت اور شہرت سرسید احمد خاں (1817-1898) کے اخبار اور رسالے کو ملی وہ کسی دوسرے کے حصے میں نہ آسکی۔ سرسید کی مقبول اور موثر صحافت کی وجہ سے ہی محققین نے مسلم صحافت کے دوسرے دور کے باقاعدہ آغاز کا سہرا ان کے سر باندھا ہے۔ مسلم صحافیوں کی لمبی فہرست میں سرسید پہلے شخص تسلیم کیے گئے جنھوں نے صرف مسلمانوں کی اصلاحات کے لیے صحافت کے میدان میں آنے کا فیصلہ کیا اور ان میں جدید علوم کے حصول کی تحریک پیدا کرنے کے لیے علی گڑھ سے 1866 میں ہفت روزہ 'سائنٹفک سوسائٹی' جاری کیا، جو بعد میں علی گڑھ انسٹی ٹیوٹ گزٹ کے نام سے بھی مشہور ہوا۔ یہ انگریزی اور اردو دونوں زبانوں میں شائع ہوتا تھا تاکہ انگریزوں اور ہندوستانیوں بالخصوص مسلمانوں کو متوجہ اور متاثر کر سکے۔ بقول ڈاکٹر مسکین علی حجازی:

''انھوں (سرسید) نے اس اخبار کو صحت کے اعتبار سے اس مقام پر پہنچا دیا جہاں پہلے کوئی اردو اخبار نہیں پہنچا تھا، علاوہ ازیں انھوں نے اپنے مدلل، منطقی، عام فہم اداریوں، تبصروں اور مضامین سے اخبار کو مفید اور وقیع بنایا۔'' (صحافتی زبان، ص:19، مطبوعہ سنگ میل پبلی کیشنز، لاہور)

انگریزوں نے اپنی سیاسی قوت کے ابتدائی دور میں فارسی دشمنی میں اردو کے فروغ کی جو کوشش شروع کی تھی، وہ انقلاب 1857 کے بعد کامیاب ہونا شروع ہوگئی تھی، اس لیے مسلم صحافت کے دوسرے دور میں فارسی کے مقابلے میں اردو اخبارات ورسائل کثیر تعداد میں نکلے، لیکن ان کا اسلوب ادیبانہ اور عربی وفارسی آمیز تھا۔ یہ اسلوب مسلم صحافت کے قبول عام میں بڑی رکاوٹ تھا۔ مسلم صحافت کے اسلوب کو بھی اپنے اخبار کے ذریعہ عام فہم بنانے میں سرسید نے بنیادی رول ادا کیا، جس کے اثرات بعد کے اخبارات میں بھی دکھائی دیے۔

مسلم صحافت کے پہلے دور کی طرح دوسرے دور میں بھی مذہبی صحافت کا نام ونشان نظر نہیں آتا، سوائے اس کے کہ کچھ اخبارات ورسائل کبھی کسی شمارے میں اپنی مضامین شائع کر دیا کرتے تھے۔ سرسید کے اخبار کے علاوہ دوسرے دور کی پوری مسلم صحافت پہلے پہل صحافت برائے صحافت پر عامل رہی، لیکن اپنے اخیر دور میں اس کی پوری توجہ آزادئ وطن کی جدوجہد پر مرکوز ہوگئی۔ یہ صحیح ہے کہ دوسرے دور میں مسلم صحافت کا مرکزی موضوع آزادئ وطن رہا اور یہ بھی سچ ہے کہ اس دور میں مذہبی صحافت کہیں نظر نہیں آتی، لیکن میری رائے میں باقاعدہ مذہبی صحافت کا آغاز اسی دور سے ہوتا ہے۔ یہ الگ بات ہے کہ اس آغاز کو وسعت نہیں مل سکی۔

برصغیر میں صحافت کی مفصل تاریخ کا مطالعہ بتاتا ہے کہ سرسید احمد خاں نے ہی مذہبی صحافت کی بنیاد رکھی اور 24 دسمبر 1870 میں علی گڑھ سے 'تہذیب الاخلاق' جاری کیا۔ اس رسالے کا مقصد مسلمانوں کی دینی رہنمائی اور ان کی معاشرت کی اصلاح تھی۔ سرسید نے 'تہذیب الاخلاق' کے پہلے ہی شمارے میں 'تمہید' کے زیر عنوان

اپنے مقصد کا ذکر کرتے ہوئے لکھا تھا کہ:

''بس ہمارا مطلب ہندوستان کے مسلمان بھائیوں سے ہے اور اس مقصد کے لیے یہ پرچہ جاری کرتے ہیں تا کہ بذریعہ اس پرچے کے جہاں تک ہو سکے ان کے دین و دنیا کی بھلائی میں کوشش کریں۔'' (ص:1)

اس رسالے کے تعلق سے محمد افتخار کھوکھر نے تاریخ صحافت میں لکھا ہے کہ:

''تہذیب الاخلاق نے مسلمانوں کی زندگیوں میں انقلاب برپا کر دیا۔ اس اخبار نے مسلمانوں کو فرسودہ روایات، رسومات کی اندھا دھند تقلید ترک کرنے کا مشورہ دیا، مسلمانوں کو اس بات پر آمادہ کیا کہ اپنی زندگیوں میں اسلام کو رائج کریں، لڑکیوں کے لیے بھی تعلیم کا انتظام کریں اور ہر قسم کے علوم وفنون سے استفادہ کریں۔'' (ص:83/مطبوعہ مقتدرہ قومی زبان، اسلام آباد، پاکستان)

یہ بات بھی بڑی عجیب ہے کہ تہذیب الاخلاق کی بے پناہ شہرت ومقبولیت کے باوجود اس صدی کے آخر تک مذہبی صحافت کا کوئی دوسرا نقش سامنے نہیں آسکا، اس عرصے میں اگر کوئی مذہبی رسالہ جاری ہوا بھی ہوگا تو اس کی عدم مقبولیت تاریخ صحافت میں اپنا اندراج نہیں کرا سکی۔

مسلم صحافت کے پہلے دور کی طرح دوسرے دور میں بھی مسلم صحافیوں اور علما کی سرگرمیوں کے موضوعات اور ان کی ترجیحات مختلف تھیں، جن میں مذہبی صحافت کی گنجائش نہیں تھی، جس کا خمیازہ مؤرخین کی بے اعتنائی، عوام کی عدم دلچسپی اور نامقبولیت کی شکل میں مذہبی صحافت آج تک بھگت رہی ہے، جب کہ اسلام کی تبلیغ اور مسلمانوں کی دینی رہنمائی کا یہ ایک بڑا اور موثر ذریعہ ہو سکتا تھا۔ سرسید نے اس نوشتہ دیوار کو پڑھ لیا اور مذہبی صحافت کے ذریعہ مسلم سوسائٹی میں ذہنی وفکری انقلاب برپا کر دیا۔ آج اسی کا نتیجہ ہے کہ برصغیر کی اصلاحی، صحافتی، ادبی اور تعلیمی تاریخ کے حوالے سے مؤرخین، محققین اور لکھنے والوں کی کوئی بات سرسید کے ذکر کے بغیر مکمل نہیں ہوتی۔

مذہبی صحافت کے آغاز وارتقا میں سرسید کے نمایاں کردار کے اعتراف کے ساتھ یہ بات بھی اپنی جگہ بالکل درست ہے کہ انھوں نے اپنی مذہبی صحافت اور مذہبی تحریروں کے ذریعے دین کی جو تعبیر وتشریح پیش کی وہ 'اعتزالی فکر' کی نئی شکل تھی، جو امت مسلمہ کے شدید مذہبی انحرافات کا سبب بن گئی۔ سرسید کی تعلیمی، صحافتی اور اصلاحی میدانوں میں گرانقدر خدمات کے باوجود علما سے ان کے شدید اختلافات کی وجہ مذکورہ تعبیر وتشریح ہی تھی۔ یہ نظریاتی اختلافات آگے چل کر ان کی تعلیمی، اصلاحی اور صحافتی تحریکوں پر بھی براہ راست اثر انداز ہوئے۔ سرسید کی مذہبی تشریحات اور امت مسلمہ پر ان کے اثرات کے حوالے سے مولانا سید ابوالاعلیٰ مودودی کا یہ اقتباس قابل مطالعہ ہے:

''سرسید کے کام کو اصلاح اور تنقید عالی کے الفاظ سے تعبیر کرنا اور یہ کہنا کہ مسلمانوں میں ان کے بعد جتنی اہم مذہبی، سیاسی، اجتماعی، ادبی، تعلیمی تحریکیں اٹھی ہیں، ان سب کا سررشتہ کسی نہ کسی طرح ان سے ملتا ہے،

دراصل مبالغہ کی حد سے متجاوز ہے۔ سچ یہ ہے کہ 1957 کے بعد سے اب تک جس قدر گمراہیاں مسلمانوں میں پیدا ہوئیں ان سب کا شجرۂ نسب بالواسطہ یا بلاواسطہ سرسید کی ذات تک پہنچتا ہے، وہ اس سرزمین میں تجدد کے امام اول تھے اور پوری قوم کا مزاج بگاڑ کے دنیا سے رخصت ہوئے۔'' (ترجمان القران، شوال 1359ھ بحوالہ مولانا مودودی کے ساتھ میری رفاقت کی سرگزشت اور اب میرا موقف، مولانا منظور نعمانی، ص:92، مطبوعہ الفرقان بک ڈپو، لکھنؤ)

تیسرا دور: 1947-1901

مسلم صحافت کا تیسرا دور 1901 سے شروع ہوکر 1947 میں آزادی اور تقسیم ہند پر ختم ہوتا ہے۔ اس دور کو مسلم صحافت کا سب سے تابناک اور زریں دور کہا جائے تو غلط نہیں ہوگا، اس کے کئی اسباب تھے:

1۔ بیسویں صدی کے آغاز میں انگریزی سرکار کے آمرانہ رویوں سے تنگ آکر مسلمانوں میں بھی سیاسی حقوق کی بازیافت کی جدوجہد تیز تر ہوگئی۔

2۔ 1857 کے انقلاب کے ساتھ آزادی وطن کی جس تحریک کی ابتدا ہوئی تھی، انیسویں صدی کے آغاز میں وہ تحریک ایک نئے عزم اور حوصلے کے ساتھ پرجوش ہوگئی۔

3۔ 1911 میں انگریزی حکومت کی جانب سے بنگال کی تقسیم کی منسوخی اور 1913 میں مسجد کانپور کی شہادت نے مسلمانوں میں بے بسی اور محرومی کا احساس جگایا، نتیجے میں مسلم قائدین اور صحافیوں نے انگریزوں کے ساتھ مصالحت کی پالیسی کو ترک کرنے کا فیصلہ کرلیا۔

4۔ پہلی جنگ عظیم (1914-1918) میں سلطنت عثمانیہ کو ختم کرنے کی کوششیں جاری تھیں، جس کے نتیجے میں تحریک خلافت شروع ہوگئی۔

5۔ تحریک خلافت کے ساتھ ساتھ تحریک ترک موالات اور تحریک ہجرت بھی جاری تھی اور اس کے ساتھ سانحہ جلیانوالہ باغ بھی ہوچکا تھا، جس نے ملک میں انگریزوں کے خلاف ہیجان برپا کردیا۔

6۔ سلطنت عثمانیہ کے خلاف 1911 میں جنگ طرابلس اور 13-1912 میں جنگ بلقان برپا ہوگئی۔ اس طرح پوری دنیا میں مسلمانوں کے مذہبی، سماجی اور سیاسی مستقبل پر سوالیہ نشان لگا ہوا تھا، جس کو مسلم قائدین اچھی طرح محسوس کرنے لگے۔

ان اسباب کی وجہ سے مسلم صحافت ایک نئے مگر زیادہ بامقصد اور موثر دور میں داخل ہوگئی، جس میں مصلحتوں، مصالحتوں اور خوشامدانہ لہجوں کی گنجائش نہیں تھی۔ اس وقت مسلم صحافت کی جو نئی صورت حال تھی، اس میں جوش، جذبہ، توانائی، بغاوت، مبارزت طلبی، جرأت و بے خوفی تھی۔ مسلم صحافت کی اس نئی طرز کی قیادت مولانا

ظفرعلی خان، مولانا محمد علی جوہر اور مولانا ابوالکلام آزاد کر رہے تھے۔

اول الذکر نے 'زمیندار' (1910)، ثانی الذکر نے 'کامریڈ' (1911)، 'ہمدرد' (1912) اور موخر الذکر نے 'الہلال' (1912) کے ذریعے مسلمانوں میں اپنے حقوق کی بازیابی، آزادی وطن کی جدوجہد اور مذہبی تحفظات کی جو روح پھونکی، وہ آزادئ ہند پر جا کر ختم ہوئی۔ ان تینوں نے بقول ڈاکٹر مسکین علی حجازی ''صحافت کو نعرۂ رستاخیز کا رنگ دے دیا۔'' اس جرأت و بے خوفی کی وجہ سے انھیں ناقابل برداشت اذیتوں اور مشکلات کا بھی سامنا رہا، سالہا سال نظر بندی اور قید و بند میں زندگی گزارے، متعدد بار چھاپہ خانے اور ضمانتیں ضبط کی گئیں اور مختلف نوعیت کی سزائیں دی گئیں۔ آخر مسلسل ضمانتوں، ضبطیوں اور نظر بندیوں کے پیش نظر مولانا ظفر علی خان کا 'زمین دار' 1913 میں، مولانا محمد علی جوہر کا 'کامریڈ' 1914 اور 'ہمدرد' 1915 میں اور مولانا آزاد کا 'الہلال' 1914 میں بند ہو گیا۔ کچھ عرصے کے بعد 'ہمدرد' اور 'الہلال' دوبارہ جاری کیے گئے، لیکن پہلا 1927 اور دوسرا 1929 میں پھر بند ہو گیا۔ مذکورہ تینوں شخصیات کی صحافت سے عملی طور پر دستبرداری کے بعد گو کہ مسلم صحافت کا وہ رنگ ڈھنگ نہیں رہا، لیکن ان تینوں نے مسلم صحافت کو جو نیا عنوان اور ولولہ دیا تھا اس نے برصغیر میں مسلم صحافت کو زندہ رہنے کا حوصلہ دے دیا، جس کے سہارے 1947 تک سینکڑوں اخبارات و رسائل نکلتے رہے اور اپنی اپنی سطح پر صحافتی ذمہ داریاں پوری کرتے رہے۔ مسلم صحافت کے اسی دور میں صحافت میں جذبات نگاری کی بنیاد پڑی، عالم اسلام کے مسائل اٹھانے کی وجہ سے برصغیر کے مسلمانوں کا اسلامی دنیا سے ایک نیا رشتہ قائم ہوا، چونکا دینے والی زبان فروغ پائی، صحافت میں تاجرانہ رنگ آیا، ہفت روزہ اخبارات کثرت سے روزناموں میں تبدیل ہوئے، صحافت کا دائرۂ اثر بہت وسیع ہو گیا اور سب سے اہم بات یہ کہ مسلم صحافت عوام کی ترجمان بن گئی، جس کی وجہ سے اخبارات کے سرکولیشن میں بے پناہ اضافہ ہوا اور ان کی تعداد بھی بہت بڑھ گئی۔

مسلم صحافت کے اس انقلابی عہد میں اگر مذہبی صحافت کی بات کی جائے تو بیسویں صدی کے آغاز سے مذہبی صحافت کا باقاعدہ اجرا اور برصغیر کے مختلف خطوں سے اس کی اشاعتوں کا سلسلہ شروع ہوتا ہے۔ اس عرصے میں 1947 تک تقریباً ڈیڑھ سو مذہبی رسائل و جرائد کا سراغ ملتا ہے۔ مسلم صحافت کے اس تیسرے دور میں مولانا آزاد کے 'الہلال' کو اگر مذہبی صحافت کے زمرے میں لایا جائے تو اس کے علاوہ کوئی بھی مجلہ یا رسالہ شہرت اور مقبولیت کی اس بلندی تک نہیں پہنچ سکا جہاں تک 'الہلال' کے رسائی تھی۔ جہاں تک اس دور کی مذہبی صحافت کی افادیت کا تعلق ہے، اس میں کوئی دو رائے نہیں کہ اس ڈیڑھ سو رسائل کی فہرست میں ایسے کئی رسائل اور مجلّات سامنے آئے جو اپنے اپنے حلقوں میں مسلمانوں کی دینی و شرعی رہنمائی کا ذریعہ بنے نیز ان کے ذریعے بالواسطہ اردو زبان کا فروغ بھی ہوا، کیونکہ اس دور میں فارسی زبان عملی طور پر ختم ہو چکی تھی اور جتنے بھی رسائل و جرائد منظر عام پر آ رہے تھے وہ سب کے سب اردو میں تھے۔ ان میں قاضی عبدالوحید فردوسی کا ماہنامہ 'تحفۂ حنفیہ'، پٹنہ (1908) اور مفتی عمر نعیمی کا 'السواد الاعظم'، مراد آباد (1918) خاص طور پر قابل ذکر ہیں۔ اول الذکر نے تحریک

ندوہ کے مسلکی اشتراک واتحاد کی پالیسی کے خلاف اہل سنت وجماعت کی طرف سے بنیادی کردارادا کیا جب کہ موخرالذکر نے قیام پاکستان کی تحریک میں اپنے مشمولات اورفکرانگیز مضامین کے ذریعے نمایاں حصہ لیا۔لیکن پہلا قاضی عبدالوحید کے انتقال کے بعداور دوسرا تقسیم ہند کے بعد جاری نہ رہ سکا۔ان کے علاوہ اس دور کے مذہبی رسائل وجرائد میں ہفت روزہ 'الفقیہ'، امرتسر(1918) ماہنامہ 'ترجمان القرآن'، حیدرآباد(1932) ماہنامہ 'معارف'، اعظم گڑھ(1916) اورہفت روزہ 'پیغام'، کلکتہ(1921) کافی اہم تھےاوراپنے مشمولات اوراثرات کے اعتبار سے تمام معاصر رسائل پر فوقیت رکھتے تھےلیکن جب بات صحافت کے وسیع اثرات کی کی جائے تو اس بات کو بھی ماننا ہوگا کہ اس دور میں کوئی بھی مذہبی مجلہ یا رسالہ وسیع پیمانے پر مسلم معاشرے میں قابل ذکر اثرات قائم نہیں کرسکا۔اس کی بنیادی وجہ 'داخلی عناصر' (جس کی تفصیل ابتدا میں بیان کردی گئی) کی بے ترتیبی کے ساتھ 'مسلمانوں کی مسلکی تقسیم' بھی تھی۔

برصغیر کی مسلم تاریخ میں محققین کے ذریعے یہ بات تسلیم کرلی گئی ہے کہ مسلمانوں کے درمیان مسلکی فرقہ بندی کی ابتدا شاہ اسماعیل دہلوی (1831-1779) کے ذریعے ہوئی، جب انھوں نے 1240ھ (25-1824) میں 'تقوۃ الایمان' نامی کتاب لکھی۔اس کتاب کی اشاعت سے قبل مسلمانوں میں دو ہی فرقے مشہور تھے، ایک شیعہ اوردوسرا سنی۔اس کتاب کی اشاعت کے بعد مختلف ادوار میں متعدد فرقے وجود میں آئے، جیسے وہابی، اہل حدیث، اہل قرآن، دیوبندی، چکڑالوی، نیچری وغیرہ۔ ہرفرقہ اصول اورفروع میں خاص نظریات کا حامی وداعی تھا۔اس طرح مسلمانان ہند مختلف فرقوں اور مسلکوں میں بٹتے چلے گئے۔ظاہر ہے کہ مسلمانوں کی یہ مسلکی تقسیم صرف نظریاتی اورفکری سطح تک محدود نہیں رہی، بلکہ 1857 کے بعدایک انسٹی ٹیوشن کی شکل میں جتنے مدارس وجود میں آئے، مساجد تعمیر ہوئیں، تنظیمیں اورتحریکیں تشکیل پائیں، کتابیں لکھی گئیں ان سب پر مسلکی رنگ غالب رہا، کیونکہ ہرسطح اور ہرمحاذ سے اپنے اپنے مسلک کی تبلیغ اوردفاع کی کوششیں کی جارہی تھیں۔ اس ماحول میں جب مذہبی صحافت کی ابتدا ہوئی تومسلکی تقسیم کا اثر اس پر بھی پڑا۔کسی بھی مسلک کے صحیح یاغلط اور اس کے حق تبلیغ ودفاع کی بحث سے قطع نظراس دور کے تمام مذہبی رسائل اپنے اپنے مسلک کی نمائندگی کررہے تھے،اس لیے ان میں سے کوئی ایک بھی امت کا رسالہ نہیں بن سکا۔مذہبی صحافت کی یہ مسلکی تقسیم اس کی عام مقبولیت، توسیع اور اثرات میں رکاوٹ بن گئی، اس لیے کہ ہر پرچہ اپنے خاص مسلکی نظریات کے ساتھ صرف اپنے ہی حلقے میں پڑھا جارہا تھا۔ یہ بات بالکل قطعی ہے کہ ہرچیز کے کچھ اپنے تقاضے اوراصول ہوتے ہیں، جن کی پاسداری ضروری ہوتی ہے۔ صحافت کے بھی اپنے تقاضے اور اصول ہیں، جس کو حد سے زیادہ نظریاتی تسلط، تقسیم، ادعائیت، موضوعیت اورجانب داریت راس نہیں آتی۔

چوتھا دور: (1948 تا حال)

منقسم اور آزاد ہندوستان میں مسلم صحافت کا چوتھا اور آخری دور 1948 سے شروع ہوا اور آج تک جاری ہے۔ حالانکہ اکیسویں صدی کے آغاز سے سائنسی ایجادات اور ترقیات کے سہارے صحافت وسیع اور موثر ترین ہو کر ایک نئے دور میں داخل ہوگئی ہے۔ اب کسی بھی جمہوری ملک کی تنظیم و تعمیر میں صحافت کو عدالت، پارلیمنٹ اور انتظامیہ کے ساتھ چوتھے ستون کی حیثیت سے تسلیم کرلیا گیا ہے۔ یعنی ایک جمہوری ملک میں صحافت کو وہی حیثیت حاصل ہے جو عدالت، پارلیمنٹ اور انتظامیہ کو ہے، لیکن ذرائع ابلاغ کی اس نئی صورت حال کو بہت دن نہیں گزرے ہیں، اس لیے مسلم صحافت کے پانچویں دور کی حیثیت سے اس مختصر عہد کا مستقل جائزہ قبل از وقت ہوگا۔

ہندوستان کی آزادی اور تقسیم کے بعد مسلم صحافت اپنے چوتھے دور میں بہت زیادہ ترقی نہیں کرسکی، بلکہ اکیسویں صدی کے اختتام تک تدریجاً نہایت محدود ہوگئی۔ اس کی متعدد وجوہات ہیں:

1۔ 1947 میں تقسیم ہند کے بعد پاکستان وجود میں آیا اور مسلمانوں کی ایک بڑی تعداد ہجرت کر کے وہاں چلی گئی۔ اس تقسیم اور ہجرت کے نتیجے میں موجودہ ہندوستان کے مسلمان عددی طور پر اقلیت میں آ گئے۔

2۔ مغلیہ سلطنت کے خاتمے کے بعد مسلمانوں پر جو سیاسی، معاشی اور تعلیمی زوال آیا، اسے ہر دور کی سیاست اور مسلمانوں کی داخلی کمزوریوں نے کبھی ختم ہونے کا موقع نہیں دیا۔ تقسیم ہند کے بعد مسلمانوں کی صورت حال اور بھی ابتر ہوگئی، جس کا بالواسطہ اثر مسلم صحافت پر بھی پڑا۔

3۔ تقسیم ہند سے پہلے متحدہ ہندوستان کی زبان اردو تھی، انگریزی سرکار کی عنایتوں سے جب ہندو مسلم کشمکش کا آغاز ہوا تو لسانی تعصّبات کا دور شروع ہوا۔ پہلے فارسی کو ختم کر کے اردو کو فروغ دینے کی کوشش کی گئی، جب اردو فروغ پا گئی تو حکومت کے تعاون سے ہندی اور دوسری مقامی زبانوں کو ترجیح دی جانے لگی، کیوں کہ اردو مسلمانوں کی علمی، ادبی، ثقافتی اور صحافتی زبان بن گئی تھی، جب کہ ہندو اردو سے دھیرے دھیرے کنارہ کش ہو کر ہندی اور دوسری مقامی زبانوں کے فروغ کی کوششیں کررہے تھے۔ اس لیے آزادی سے قبل ہندو تو اردو کے ساتھ دوسری زبانوں میں بھی اخبارات نکال رہے تھے، لیکن مسلمانوں کی صحافتی سرگرمیاں صرف اردو میں تھیں۔ اس صورت حال کا اثر یہ ہوا کہ اردو کو مسلمانوں کی زبان بنا دیا گیا اور تقسیم ہند کے بعد ہندوستان کی قومی زبان ہندی قرار دے دی گئی۔ گویا مسلمانوں سے اچانک قوت گویائی چھین لی گئی اور انھیں گونگا بنا دیا گیا، کیوں کہ وہ اردو کے علاوہ کسی اور زبان سے آشنا نہیں تھے۔

4۔ تقسیم ہند کے بعد غیر مسلم حکومتوں کی تعلیمی وزارت کی زیر نگرانی ابتدائی درجات سے اعلیٰ درجات تک جو تعلیمی نصاب ترتیب دیا گیا، اس میں اردو کے لیے کوئی جگہ نہیں تھی۔ اس لیے 1947 کے بعد جو نسلیں پڑھ

کر نکلیں وہ عمومی طور پر اردو سے نابلد ہوتی گئیں اور اگر مسلمانوں کی اپنی کوششوں اور حکومتوں کی ووٹ بینک پالیسی کے تحت اردو میڈیم اسکول و کالج قائم بھی ہوئے تو ان کا نظام و نصاب اتنا کمزور تھا کہ وہاں سے نکلنے کے بعد معاشی خوشحالی کا تصور نہیں کیا جاسکتا تھا، اب بھی یہی صورت حال ہے، اس لیے مسلمان بھی اپنے بچوں کو عموماً اردو میڈیم سے تعلیم نہیں دلواتے۔ اس طرح موجودہ ہندوستان میں اردو معاشیات کی زبان نہ رہ کر صرف ادب کی زبان رہ گئی۔ اس کا اثر یہ ہوا کہ مسلمانوں کی نئی نسلیں بھی اردو سے ناواقف ہوگئیں۔ 1947 کے بعد مسلم صحافت کا ذریعہ اظہار چونکہ اردو ہی رہا، جس کے قارئین مسلمانوں میں بھی رفتہ رفتہ کم ہوتے چلے گئے۔ جو ہیں ان کا تعلق یا تو مذہبی حلقے سے ہے یا پھر اردو پسند حلقے سے۔

5۔ 1947 کے بعد مسلم صحافت پر ملک کی نئی سیاسی و سماجی صورت حال اور نئے ماحول و مزاج کا کوئی اثر نہیں ہوا، وہ آزادی وطن سے پہلے جس طرح اردو میں تھی، آزادی کے بعد بھی (اردو کے اجنبی ماحول میں) بدستور اردو میں ہی رہی۔ مسلمانوں نے اپنی صحافت کو موثر اور مستحکم کرنے کے لیے نہ اس وقت دوسری زبانوں کا سہارا لیا اور نہ اب برقی صحافت کے موجودہ دور میں اپنی آواز اور مسائل کو حکومت اور عوام تک وسیع پیمانے پر پہنچانے کے لیے وہ اس طرف متوجہ ہیں۔ موجودہ ہندوستان میں مسلمانوں کے پاس نہ اپنا کوئی چینل ہے نہ انگریزی اور ہندی میں کوئی موثر اور کثیر الاشاعت اخبار۔ تعلیم کی کمی نے ان کی فکر کو اپنے روشن مستقبل سے بے نیاز کر رکھا ہے۔ دوسروں کے سہارے اپنی زندگی گزارتے گزارتے انھوں نے اپنی خودداری، عزت نفس اور قوت ارادی کو گروی رکھ دیا ہے۔

6۔ 1947 کے بعد جتنی بھی حکومتیں آئیں، انھوں نے مسلم صحافت یعنی اردو اخبارات کو عمداً نظر انداز کیا اور حکومتی سطح پر جس طرح کی مراعات اور سہولتیں دوسری زبانوں کی صحافت کو ملتی رہیں وہ مسلم صحافت کو نہیں مل سکی۔ اس صورت حال سے آج بھی مسلم صحافت دوچار ہے۔

ان تمام اسباب و وجوہات کی بنیاد پر مسلم صحافت کی محدودیت کے باوجود کچھ اخبارات نے قومی اور ملی سطح پر نمایاں رول ادا کیا۔ ان میں روزنامہ 'قومی آواز' دہلی و لکھنؤ، 'آزاد ہند' کلکتہ، 'انقلاب' ممبئی، 'سیاست' حیدر آباد، 'منصف' حیدرآباد، 'اخبار مشرق' کلکتہ اور 'اردو ٹائمز' ممبئی قابل ذکر ہیں، لیکن یہ تمام اخبارات جہاں جہاں سے نکل رہے تھے، ان ہی علاقوں اثر انداز تھے، 'قومی آواز' کے علاوہ آج بھی یہ تمام اخبارات نکل رہے ہیں اور اپنے اپنے علاقوں میں مسلمانوں کی اردو ریڈر شپ کے درمیان بہت مقبول اور اثر انداز ہیں۔ ان کے درمیان 1970 اور 1980 کے دہے میں دو ایسے بھی اخبارات سامنے آئے جو اپنے اثرات اور ریڈر شپ کے اعتبار سے مذکورہ تمام اخباروں پر فوقیت لے گئے۔ ایک 'نئی دنیا' اور دوسرا 'اخبار نو'۔ اس کے تین اہم اسباب تھے: ایک تو یہ کہ یہ دونوں اخبارات ہفت روزہ تھے، جس کی وجہ سے پورے ملک میں پہنچتے تھے۔ دوسرا ان اخبارات میں مسلم مسائل کا تجزیہ اور ان پر تبصرہ خاص زاویے سے کیا جاتا تھا، جن میں وقتی جذباتیت، جوش و ولولہ، احتجاج اور

مظلومیت کا غلبہ رہتا تھا، تیسرا یہ کہ 1980 اور 1990 کے دہے میں مسلمانوں کے ایسے سیاسی اور سماجی مسائل سامنے آئے جن میں انھیں محسوس ہوا کہ ان کے مذہبی، سیاسی اور سماجی تشخصات اور وجود کو مٹانے کی کوششیں کی جارہی ہیں، وہ تھے، بابری مسجد کے تحفظ کا مسئلہ، شاہ بانو کیس میں مسلم پرسنل لاء کا تحفظ اور ہندو فرقہ واریت۔ اس عہد میں ان دونوں اخبارات نے آزاد ہندوستان میں مسلم صحافت کی تاریخ میں مقبولیت اور اثرات کا نیا ریکارڈ قائم کیا۔ لیکن مذکورہ مسائل جیسے جیسے سرد پڑتے گئے، مسلمانوں میں سیاسی اور فکری شعور بالغ ہوتا گیا اور اکیسویں صدی کے اختتام کے ساتھ ذرائع ابلاغ ایک نئے دور میں داخل ہوئی، 'اخبار نو' اور 'نئی دنیا' کی مقبولیت اور اثرات کا دائرہ سمٹتا چلا گیا۔

جہاں تک روزناموں کی بات ہے تو اکیسویں صدی کے آغاز سے مذکورہ روزناموں نے انگریزی اور ہندی اخبارات کی طرز پر اپنے مشمولات کو زیادہ بامعنی اور چہروں کو رنگین بنالیا، لیکن یہ تبدیلیاں (اردو زبان کے انحطاط کی وجہ سے) ان کی مقبولیت میں بہت زیادہ اضافے کا باعث نہیں بن سکیں۔ اکیسویں صدی کے آغاز سے مسلم صحافت کے افق پر چند مزید روزناموں کا اضافہ بھی ہوا، تاہم ان کے سرکولیشن اور اثرات حوصلہ افزا نہیں ہیں۔ ان نئے اخبارات میں روزنامہ 'راشٹریہ سہارا' دہلی استثنائی حیثیت کا حامل ہے، جو آزاد ہندوستان میں اپنی وسیع اشاعت، ملٹی ایڈیشنز اور مقبولیت کے اعتبار سے پہلا اخبار بن گیا ہے۔ حالانکہ یہ اخبار غیر مسلم کمپنی کی ملکیت میں ہے، لیکن مسلم صحافیوں کی زیر ادارت یہ مختلف شہروں سے اپنی تمام اشاعتوں میں جس طرح مسلمانوں کی حمایت و حق میں آواز بلند کرتا رہا ہے، محض مسلمانوں کی ملکیت نہ ہونے کی وجہ سے اسے مسلم صحافت کے زمرے سے خارج نہیں کیا جاسکتا، بلکہ ملک گیر سطح پر اسے مسلمانوں کی آواز حق کا بڑا آرگن کہا جائے تو غلط نہ ہوگا۔

1947 کے بعد مسلم صحافت کے اس آخری دور میں اگر مذہبی صحافت کی بات کی جائے تو اس کی اشاعت و اثرات کو دیکھ کر بہت خوشی نہیں ہوتی۔ 1947 سے قبل مذہبی صحافت کی جو داخلی اور خارجی صورت حال تھی، وہ 1947 کے بعد مزید بگڑتی چلی گئی اور جو اہم مذہبی رسائل وجرائد تھے، وہ یا تو بند ہو گئے یا پھر تقسیم کے بعد پاکستان منتقل ہو گئے۔ وقت گزرنے کے ساتھ برصغیر کے مذہبی کینوس پر مسلکی تقسیم کا رنگ جب مزید گہرا ہوا تو مذہبی صحافت کا دائرۂ اثر بھی بہت محدود ہوتا چلا گیا۔ اب ہمیں اگر مذہبی صحافت کی اشاعت، اثرات اور مشمولات کا جائزہ لینا ہو تو انھیں مسلکی خانوں میں تقسیم کر کے ہی لیا جاسکتا ہے۔ 1947 کے بعد کی یہ تمام صورت حال کے باوجود اگر مذہبی صحافیوں نے اس کے داخلی عناصر پر توجہ دی ہوتی تو آج مذہبی صحافت کا رنگ ہی الگ ہوتا، کیوں کہ بقول شخصے دنیا میں دو ہی چیزیں قابل فروخت ہیں، ایک جنسیات اور دوسری مذہبیات۔ دراصل انسان مجموعہ ہے جسم اور روح کا۔ اس کی جسمانی طلب کی انتہا اگر جنسی لذتوں کا حصول ہے تو روحانی تسکین کا ذریعہ مذہب۔ اس لیے مذہبی صحافت سے عوام کی عدم دلچسپی، اس کی محدود اشاعت، مختصر زندگی اور بے ثمری کا ٹھیکرا عوام اور صحافت کے 'مذہبی عنوان' کے سر پھوڑنے کی بجائے اپنے رویوں پر غور کرنا چاہیے۔ اپنا محاسبہ انھیں یہ احساس ضرور

دلائے گا کہ ہائی ٹیک ذرائع ابلاغ کی موجودہ صدی میں مذہبی رسائل کی پیش کش کا طریق کار کتنا پرانا ہے۔ سائنسی انقلاب کے ذریعے مادیت اور صارفیت کا جو سیلاب آیا ہے وہ مذہب، روحانیت اور انسانیت کو نگلنے کے لیے بے تاب ہے، جس سے معاشرے میں بے شمار جدید مسائل پیدا ہو گئے ہیں۔ ان جدید مسائل سے منھ پھیر کر مذہبی صحافت کے لیے جن موضوعات کا انتخاب کیا جا رہا ہے، وہ کتنا غیر مفید اور بے فیض ہے۔ موجودہ صدی میں صحافت کو موثر ترین بنانے کے لیے ترسیل کی زبان کو دلچسپ، معروضی اور عام فہم بنانے کی کوشش تیز تر ہوتی جا رہی ہے، جب کہ مذہبی صحافت کا اسلوب کتنا پیچیدہ اور فہم سے بالاتر ہے۔ مسلمانوں کی معاشی، تعلیمی اور سماجی مسائل پر توجہ مرکوز کرنے کی بجائے دور جاہلیت کے قبائل کی طرح فروعی مسائل پر طویل جنگ وجدال ان پر مستزاد۔

مذہبی صحافت کے مذکورہ تمام مسائل کے ساتھ مسلمانوں کے مختلف مکاتب فکر میں کچھ رسائل ایسے بھی نکلے جو معاصر مذہبی رسائل میں اپنی تحریری، فکری اور علمی انفرادیت کی وجہ سے اپنے اپنے حلقوں میں مقبول ہوئے۔ ان میں اہل سنت وجماعت کا پندرہ روزہ 'جام کوثر' کلکتہ، ماہنامہ 'جام نور' کلکتہ، ماہنامہ 'پاسبان' الہ آباد اور ان کے بعد ماہنامہ 'حجاز جدید' دہلی (1988) قابل ذکر ہیں۔ اول الذکر دونوں رسائل علامہ ارشد القادری (1925-2002) کی زیر ادارت 61-1960 میں نکلے اور تین چار سالوں میں بند ہو گئے۔ اپنے مختصر عہد میں یہ دونوں رسائل اپنے مدیر کے اسلوب تحریر اور انداز فکر کی وجہ سے بے حد مقبول ہوئے۔ اسی طرح دیوبندی مکتب فکر کا 'الجمعیۃ' دہلی اور ماہنامہ 'تجلی' دیوبند۔ جماعت اسلامی کا سہ روزہ 'دعوت' دہلی اور مولانا وحید الدین خان کا 'الرسالہ' دہلی مذہبی معاصر رسائل واخبارات میں نمایاں رہے۔

اس میں کوئی دو رائے نہیں کہ صحافت خواہ وہ سیاسی ہو، ملی یا مذہبی، اپنے آپ میں کشش اور اثر اندازی کی صلاحیت رکھتی ہے۔ اس کے ذریعے وسیع پیمانے پر ذہن سازی، فکری تعمیر وترقی، دعوت وتبلیغ اور اصلاحات کا ناقابل تنسیخ نقش معاشرے میں قائم کیا جا سکتا ہے۔ شرط یہ ہے کہ صحافت کو جبری اصول ونظام کی بجائے اس کے اپنے اصول اور تقاضوں کے تحت چلایا جائے۔

[بشکریہ 'khwajaekram.com'، 2 نومبر 2010]

ہندوستان میں معاصر اردو صحافت

اطہر فاروقی

معاصر ہندستان میں اردو صحافت کے تجزیے پر مبنی مئی 1993 میں تحریر کردہ طویل انگریزی مضمون کی موجودہ اردو تلخیص کی مہلت مصنف کو بہ مشکل تمام 2008 میں میسر آسکی۔ مضمون کے اصل متن کا تقریباً نصف حصہ ہنوز انگریزی میں بھی شائع نہیں ہوا ہے اور موجودہ اردو ترجمہ اسی بریدہ انگریزی متن پر مشتمل ہے جو South Asian Studies Association کے سہ ماہی ترجمان South Asia (Australia) کے دسمبر 1995 کے شمارے میں شائع ہوا تھا۔ جن حضرات کو اس موضوع سے دل چسپی ہو وہ روبن جیفرے (Robin Jaffrey) کا مضمون *Urdu Waiting for a Citizen Kane* مطبوعہ EPW مورخہ: 29 مارچ 1997 ملاحظہ کر سکتے ہیں۔ روبن جیفرے کے تجزیے کی بنیادی دلیل یوں کمزور ہے کیوں کہ انھوں نے اپنا تجزیہ Registrar Newspapers of India (R.N.I.) کی فراہم کی ہوئی تعدادِ اشاعت کی بنیاد پر کیا جو بیش تر صورتوں میں متجاوز ہوتی ہے۔ RNI اخباروں کے مالکان کی بتائی ہوئی تعدادِ اشاعت کو بیش تر صورتوں میں مستند تسلیم کر لیتی ہے۔ RNI کی فراہم کردہ تفصیلات کے غلط اور غیر مستند ہونے کے بارے میں خود روبن جیفرے کا بیان اور اردو صحافت پر ان کا تجزیہ انھی کے گذشتہ مضمون میں دیگر متعلقہ تفصیلات کے ساتھ Vidura کے جنوری، فروری 1988 کے شمارے میں *The Mystery of the Urdu Dailies* کے عنوان سے ملاحظہ کیا جا سکتا ہے۔

تقسیم ملک کے بعد ہی اردو مسلمانوں تک محدود ہونا شروع ہو گئی تھی اور اب تو یہ مکمل طور پر مسلمانوں

کی زبان بن کر رہ گئی ہے۔ ایک طرف تو آزادی کے بعد اردو کے تئیں ہر حکومت کا رویہ منافقانہ اور منظّم بیخ کنی کا رہا، دوسری طرف حکومت کی تمام تر سرپرستی ہندی کی طرف منتقل ہوگئی۔ فسطائی ہندی قوتوں نے ہندو اکثریت کے زعم اور شمالی ہند میں سیاسی برتری کی بنیاد پر ہندی کے حق میں جو چاہا وہ کرا تو لیا مگر ان کے اس طرز عمل نے ہندستان کی سالمیت کے لیے خطرات بھی پیدا کر دیے۔ جنوبی ہند میں فسطائی ہندی قوتوں کی اس حرکت کا شدید ردِعمل بڑی تعداد میں خودسوزی اور آئین کی جلدیں تک نذر آتش کرنے کی احتجاجی شکل میں سامنے آیا۔ ایوان حکومت میں برسر اقتدار شمالی ہند کے ہندی نواز رہ نماؤں کی سیاسی ہندی نوازی نے علاقائی نفرت اور تعصب کے فروغ کے ساتھ ہی دیگر ہندستانی زبانوں کی ترقی کی راہیں ہی مسدود نہیں کیں بلکہ پورے ملک پر انگریزی کی کبھی ختم نہ ہونے والی یلغار کے تسلسل کی راہ بھی ہموار کر دی۔ اردو کو چھوڑ کر شمالی ہند کی وہ دیگر زبانیں جن کی ساخت علاقائی تو ہے مگر ان کے پاس ادب کی نہ صرف مہتم بالشان روایت موجود ہے، انھیں ہندی میں ضم کرنے کی کوششیں سرکاری سرپرستی میں ہوئیں۔ ہندی نے ایک طرف تو اُن علاقائی زبانوں کے تشخص کو ختم کرنے کی کوشش میں اپنی کافی توانائی گنوائی اور دوسری طرف اسے انگریزی سے نبردآزما ہونا پڑا۔ نتیجتاً وہی ہوا جو منطقی طور پر ہونا چاہیے تھا: ہندی کی سرکاری حیثیت کا شور وغوغا تو بہت ہے مگر ملک پر عملاً اجارہ داری انگریزی ہی کی ہے اور انگریزی کے تسلّط کا کوئی تریاق ہندی کے کسی حکیم کے پاس نہیں۔ ہندوستان میں انگریزی کا مقابلہ تمام ہندوستانی زبانیں مشترکہ طور پر تو کر سکتی تھیں مگر ہندی والوں کے فسطائی رویے کے سبب وہ سب تو ہندی کی حریف ٹھہریں۔ یوں نہ تو ماضی میں انگریزی کے تسلّط کے استرداد کی کوئی عملی کوشش ممکن ہو سکی اور نہ مستقبل میں ایسا ہونے کے آثار ہیں۔ ہندستان کی قومی لسانی پالیسی (جس کا مقصد شمالی ہند کی تمام علاقائی زبانوں کے تشخص کو ختم کر کے انھیں ہندی کی ایک شکل قرار دینا اور پھر اس مفروضہ ہندی کو ہندو تہذیب و تشخص کی اس علامت کا پرچم بردار بنانا تھا جو شمالی ہند کی برہمن لابی کی سیاسی مقصد برآری میں معاون ہو سکے) سے ہندی کا ہی نقصان سب سے زیادہ ہوا۔ فسطائی ہندی قوتوں کے اس رویے کے سبب جہاں تک اردو کے نقصان کا تعلق ہے تو وہ آزاد ہندستان میں بہت زیادہ نہیں ہوا کیوں کہ تقسیم کے نتیجے میں اردو پستی کی جس سطح پر پہنچ چکی تھی اس کے بعد زوال کی کوئی منزل باقی ہی نہیں تھی۔

جب اردو عملاً مسلمانوں کی زبان بنا دی گئی اور اُسے تقسیم کے ناکردہ جرم کی ذمّے دار قرار دے کر ارباب اقتدار خصوصاً شمالی ہند میں اعلا ذات کے ہندوؤں کی سیاسی لابی نے گردن زدنی قرار دے دیا تو پھر اردو صحافت کا حال بھی وہی ہونا تھا جو اردو زبان کا پہلے ہی ہو چکا تھا۔ تقسیم کے بعد سے آج تک ہندستان کا اردو پریس مسلم پریس ہی کا کردار ادا کر رہا ہے یوں اس کا مقدر معلوم۔

یہ مقالہ معاصر ہندستان میں اردو صحافت کو درپیش مختلف مسائل کے تجزیے کی سعی پر مبنی ہے۔ اِس

تجزیے کے ذریعے میرا مقصد دراصل اس سوال سے بحث کرنا ہے کہ آیا اردو صحافت نے آزادی کے بعد ہندوستان میں مسلمانوں کی زبان کی حیثیت سے متوقع کردار ادا کیا؟ اور ہندوستان کے سیکولر تناظر میں مسلمان ایک بڑی مذہبی اقلیت کی حیثیت سے جن مسائل سے نبرد آزما رہے ہے ان مسائل کے سیاق وسباق میں اردو صحافت نے اپنی ذمے داری نباہی یا نہیں؟

میرے تجزیے کی رو سے اردو صحافت ان توقعات کی تکمیل میں پوری طرح ناکام رہی ہے جو اس سے فطری طور پر وابستہ کر لی گئی تھیں مگر مکمل طور پر منفی بلکہ تخریب کارانہ کردار ادا کرنے کے باوجود اردو صحافت سے مسلمانوں کا مکمل طور پر ازالۂ التباس ہنوز نہیں ہوا ہے۔ ظاہر ہے اس کی وجہ ان کی تعلیمی اور اقتصادی حالت ہے۔ شمالی ہند میں سیکولر اردو تعلیم کا منتشر شیرازہ اور نتیجے میں اردو قارئین کی سمٹتی ہوئی تعداد معاصر اردو صحافت کی پست معیاری اور اس کے زوال کے نمایاں اسباب ہیں۔

بے شمار حساس موقعوں پر اردو صحافت نے اپنے قارئین کے درمیان تعصب کو ہوا دینے اور جذبات کو برانگیختہ کرنے کے سوا اور کوئی کام کیا ہی نہیں۔ یہی نہیں بلکہ اردو صحافت نے مسلم معاشرے کے سامنے قطعاً فروعی مسائل کو غیر ضروری انداز میں نمایاں کر کے مسلمانوں کی توانائی ضائع کرنے کا جرم نہ صرف پوری دریدہ دہنی سے کیا بلکہ معاشرتی زندگی کی زمینی حقیقتوں کو بھی پوری طرح نظر انداز کیا۔

ہندوستان کی تقسیم اور آزادی کے حصول کے بعد ہندی کو ملنے والی سرکاری پشت پناہی سے اردو براہِ راست متاثر ہوئی۔ تبدیل شدہ سیاسی حالات میں اردو داں اشرافیہ نے اردو کے احیا اور فروغ کے نام پر جس تحریک کا بھی آغاز کیا دراصل اس کا مقصد مسلم تہذیبی شناخت کے مسئلے کو نمایاں کر کے اپنی سیاسی دکان داری کو چمکانا تھا۔ داخلی طور پر پہلے سے منتشر مسلم معاشرے کو ایک متحدہ جماعت کے طور پر نمایاں کرنے کی مسلم اشرافیہ کی سیاسی مجبوری مختلف مواقع پر اردو تحریک کی بنیاد بنی اور اس طرح کی تمام تحریکوں کا فائدہ ان سرکاری مسلمانوں کو ہوا جو کانگریس کے شوبوائے (Show Boy) تھے۔ ایسے مسلم شوبوائے رکھنا کانگریس کی مجبوری اس لیے بھی تھی کہ وہ واقعتاً مسلمانوں کی فلاح کا کوئی سنجیدہ کام نہیں کرنا چاہتی تھی۔ میرا خیال یہ بھی ہے کہ آزادی کے بعد اردو کے احیا اور فروغ کے نام پر شروع ہونے والی تمام تحریکوں کے پسِ پشت صرف کانگریس کے سیاسی عزائم کارفرما تھے اور اردو تحریکوں کے قائد کانگریس ہی کی کٹھ پتلی تھے۔ اردو قائدین اپنی حیثیت سے بے خبر نہ تھے اور انھوں نے اپنی وفاداری کی بھرپور قیمت کانگریس سے وصول بھی کی۔

اگر اردو روزناموں کو چھوڑ دیں تو دلّی اردو کے ہفت روزہ اخبارات کا ان معنوں میں مرکز ہے کہ اب اور کہیں سے کوئی قابلِ ذکر ہفت روزہ شائع نہیں ہوتا۔ دہلی سے شائع ہونے والے ہفت روزہ اخبارات کا کردار بے حد محدود اور شمالی ہند کی مسلم لیڈرشپ اور خصوصاً دلّی اور شمالی ہند میں مذہب کے نام پر سیاست کرنے والی جماعتوں کے کردار کا آئینہ ہے۔ مرحوم بلٹز (ممبئی، تعدادِ اشاعت 29432) ایسا واحد ہفت روزہ تھا جس کا مرکز

اشاعت شمالی ہند کے کسی شہر میں ہونے کی بجائے بمبئی ہونے کے سبب اس کا دائرہ نسبتاً وسیع تھا۔

تقسیم کے بعد ہمیشہ ہی نام نہاد قومی سطح کی مسلم سیاست پر شمالی ہند کی مسلم لیڈرشپ کی اِجارہ داری رہی ہے اور دہلی کے اردو اخبارات نے اسی لیڈرشپ کے موئدین بنے رہنے میں عافیت سمجھی۔ بابری مسجد کے انہدام کے بعد چند برسوں کے لیے مسلمانوں کی سیاسی فکر میں رونما ہونے والی تبدیلی تو واقعتاً ایک حباب کی طرح تھی کیوں کہ ہندی مسلمان سیاسی معاملات میں اپنے ماضی سے سبق لینے کا اہل ہنوز نہیں ہوا۔

جہاں تک اردو کا تعلق ہے تو سیاسی حالات کے تابع سب سے بڑی مذہبی اقلیت کی زبان کے طور پر اس کا کردار 1971 کے بعد ایک مذہبی اور ملک گیر زبان کے طور پر مستقل توسیع پذیر رہا ہے شاید اسی لیے آج جنوبی ہند اور مغربی بنگال کے وہ مسلمان بھی اردو کو اپنی زبان کہہ رہے ہیں اور اسے اپنے مذہبی تشخص کے جزوِ لاینفک کے طور پر تسلیم بھی کر رہے ہیں، اردو جن کی زبان کبھی نہیں تھی اور ماضی میں ذہنی و تہذیبی طور پر ان کا شمالی ہند کے مسلمانوں سے بہت دور کا رشتہ تھا۔ تہذیبی طور پر شمالی ہند خصوصاً یوپی کا مسلمان ہمیشہ ہی خود کو تمام ہندستان سے مختلف اور افضل تصور کرتے ہوئے شدید قسم کے احساس برتری کا شکار رہا ہے اور یہی احساس برتری شمال و جنوب کے درمیان تہذیبی فاصلے کی شکل میں قیامِ پاکستان کی تحریک میں ایک فیصلہ کن سیاسی عنصر کے طور پر اس طرح مانع ہوا کہ قیامِ پاکستان کی تحریک جنوب کے چند شہروں تک محدود ہو کر رہ گئی اور اُن چند بڑے شہروں سے بھی پاکستان منتقلی کا تناسب بہت کم رہا۔ مسلم لیگ پر شمالی ہند کے مسلمانوں خصوصاً اشراف اور متوسط طبقے کے تسلط کے سبب ہی پاکستان کے قیام کے فوراً بعد وہاں متعدد قسم کے لسانی اور تہذیبی تنازعات نے سر اٹھانا شروع کر دیا تھا جو روز بروز پیچیدہ تر صورتِ حال اختیار کرتے گئے۔ بنگلہ دیش کا قیام اور 1990 میں مہاجر قومی موومنٹ (ایم کیو ایم) کی سندھ کے مہاجر اکثریتی شہری علاقوں میں غیر معمولی مقبولیت اور مہاجر سیاست پر ہنوز (ایم کیو ایم) کی مضبوط گرفت اس کے واضح ثبوت ہیں۔

اس مقالے میں ہندستان کی معاصر اردو صحافت کے کردار کا تجزیہ مذکورۂ بالا تناظر میں کرنے کی سعی تو کی گئی ہے لیکن اس تجزیے میں صرف ان اردو اخبارات کو شامل کیا گیا ہے جن کا مسلمانوں کی زندگی میں کوئی رول ہے یا تھا۔ ان میں سے بیش تر کا کردار منفی ہے۔ مسلمانوں کو خوش کرنے کے لیے حکومت کی طرف سے اردو اخبارات کو جو مراعات دی جاتی ہیں ان کا فائدہ دہلی میں تو بیش تر ایسے ہی لوگ اٹھا رہے ہیں جن کے مزاج کو صحافت سے کوئی علاقہ نہیں۔ یہ لوگ کسی اردو اخبار کا رجسٹریشن کرا کر اس کی صرف فائل کاپیاں شائع کرتے ہیں اور جھوٹی تعدادِ اشاعت ہزاروں میں دکھا کر سرکاری اشتہارات اور حکومت کی طرف سے دی جانے والی دیگر سہولیات حاصل کر لیتے ہیں۔ حقیقت تو یہ ہے کہ اب دہلی کی اردو صحافت بلیک میلنگ کا استعارہ بن کر رہ گئی ہے۔ دہلی کے اردو اخبارات کے مالکان نہ صرف سیاسی جماعتوں، عوامی شخصیات اور صنعتی اداروں کو بلیک میل کرتے ہیں

بلکہ اب تو ان کی اکثریت لینڈ مافیا اور انڈر ورلڈ سے گہرے ربط وضبط اور اس کے ساتھ کاروباری معاملات رکھنے والی بھی ہے۔

وزیر اطلاعات ونشریات نے راجیہ سبھا کے ایک سابق رکن جناب م۔ افضل کے ایک سوال کے جواب میں (15 دسمبر 1992 کو سوال نمبر 3294 کے حوالے سے) بتایا تھا کہ 92-1991 کے دوران 374 اردو اخبارات ورسائل کے رجسٹریشن کی تجدید کی گئی اور انھیں سرکاری اشتہارات (DAVP) بھی جاری کیے گئے جب کہ 30 نومبر 1992 کو نیا رجسٹریشن حاصل کرنے کی غرض سے 244 اردو اخبارات ورسائل کی درخواستیں زیرِ غور تھیں۔ ان 374 اخبارات ورسائل میں بہ مشکل 74 ایسے ہوں گے جو واقعی عوام کے ہاتھوں میں پہنچتے ہوں کیوں کہ ان میں سے اکثر تو صرف سرکاری خانہ پُری کی غرض سے فائل کاپیاں شائع کرتے ہیں اور مختلف نوعیت کی سرکاری مراعات حاصل کرنے کے لیے اپنی غلط تعدادِ اشاعت ہزاروں میں درج کرا دیتے ہیں۔ میرے خیال کی تصدیق اس امر سے بھی ہوتی ہے کہ مقبولِ عام اور مسلم عوام پر اپنا (منفی) اثر رکھنے والے اور صرف سرکاری خانہ پوری کے لیے فائل کاپیاں شائع کرنے والے اخبارات ورسائل کی تعداد اشاعت میں (کاغذ پر) بہت زیادہ فرق نہیں۔

جہاں تک ہندوستان کی مسلم سیاست کے عمومی مزاج کا تعلق ہے تو آج بھی اس کا ڈھرّا ماضی سے مختلف نہیں ہے۔ مسلم پرسنل لا اور بابری مسجد ہر دو تحریکوں پر شمالی ہند کی لیڈر شپ کی گرفت سخت رہی۔ بابری مسجد کی ہیجان انگیز تحریک کو مسلم عوام کی حمایت حاصل ہو جانے کے سبب مسلم لیڈر شپ نے یہ فرض کر لیا کہ شمالی ہند کی مسلم لیڈر شپ جنوبی ہند کے مسلمانوں میں بھی مقبولیت اور تائید حاصل کر رہی ہے اور اس مفروضے کی تشہیر دہلی کے اردو ہفت روزہ اخبارات نے پوری قوت کے ساتھ کی مگر 1991 کے انتخابات میں سید شہاب الدین کی بنگلور سے کراری شکست نے شمالی ہند کی مسلم لیڈر شپ کو اس کی اوقات بتا دی تھی۔ بلاشبہ بابری مسجد اور مسلم پرسنل لا تحریکوں کے انداز اور مقاصد محمد علی جناح کی مسلم لیگ جیسے ہی نا عاقبت اندیشانہ اور لیڈر شپ کے ذاتی مفادات کے تابع تھے مگر اِسے ہندستانی مسلمانوں کی خوش بختی کہا جا سکتا ہے کہ پرسنل لا بورڈ اور بابری مسجد تحریک کے قائدین میں کوئی جناح جیسی سیاسی چابکدستی کا حامل لیڈر نہ تھا۔ پھر جب یہ تحریکیں چلیں تو حالات بھی مختلف تھے اور پاکستان کے قیام کی تخریبی تحریک کی کہانی کو اِن تحریکوں کے قائدین کے لیے جن میں اکثریت جاہل ملاؤں اور گلی محلّے کی سطح کے نام نہاد سیاسی رہنماؤں کی تھی، تبدیل شدہ حالات میں دہرانا ممکن نہیں رہ گیا تھا۔

ماضی قریب میں اردو اخبارات کی نوازشات کے طفیل ہندی مسلمانوں کو (قومی سطح پر) بالخصوص جن دو تنازعات کے سبب اکثریت سے محاذ آرائی کرنی پڑی ان میں پہلا تنازعہ اس نکتے پر مبنی تھا کہ کیا ایک مسلمان مطلقہ عورت کریمنل پروسیجر ایکٹ (Criminal Procedure Act) کی بعض دفعات کے تحت اپنے

شوہر سے نان نفقہ حاصل کرنے کی حقدار ہے؟ ان دفعات کے تحت عورتوں کو معاشی بدحالی یا جسم فروشی سے تحفظ فراہم کرنے کی غرض سے شوہر سے نان نفقہ حاصل کرنے کا مجاز قرار دیا گیا ہے جب کہ مسلم پرسنل لا کے تحت طلاق کے بعد شوہر پر عائد ایسی تمام ذمے داریاں از خود ختم ہو جاتی ہیں۔

دوسرا تنازعہ ہندوؤں کے شدّت پسند طبقے کے اُس دعوے سے متعلق تھا جس کی بنیاد مغل شہنشاہ بابر کی طرف سے تعمیر کروائی گئی بابری مسجد منہدم کر کے وہاں رام مندر تعمیر کیے جانے کی کوششوں پر تھی اور اس دعوے میں یہ الزام عائد کیا گیا تھا کہ سولھویں صدی میں رام مندر کو مسمار کر کے اس مقام پر بابری مسجد تعمیر کی گئی تھی۔ مسلمانوں نے شاہ بانو معاملے میں سپریم کورٹ کے فیصلے کو کالعدم قرار دیے جانے اور بابری مسجد کے تحفظ کے لیے قانون سازی کے مطالبے کے ساتھ ایک زبردست عوامی جدوجہد کا آغاز کیا (اگرچہ 6/دسمبر 1992 کو رجعت پسند ہندوؤں کے ایک بڑے غول نے مرکز میں برسرِ اقتدار کانگریس کی پسِ پردہ حمایت اور اتر پردیش میں برسرِ اقتدار بھارتیہ جنتا پارٹی کی مدد (State Sponsorship) سے بابری مسجد کو مسمار کر دیا) جس کے نتیجے میں شدید قسم کی ہندو مسلم کشیدگی پیدا ہوئی اور مسلمانوں کو ملک بھر میں شدید جانی اور مالی نقصانات اٹھانے پڑے۔

شاہ بانو تنازعے میں سپریم کورٹ کے فیصلے کے بعد کریمنل پروسیجر ایکٹ کی وہ دفعات، جن کے تحت مطلقہ خواتین کو شوہر سے نان نفقہ حاصل کرنے کا استحقاق حاصل ہو گیا تھا، تبدیل کرنے کے مسلم قیادت کے مطالبے نے رجعت پسند ہندو قیادت کے لیے یہ دلیل پیش کرنے کی راہ ہموار کر دی کہ مذہبی معاملات میں عدالتی فیصلے کوئی معنی نہیں رکھتے۔ اسی طرح جب بابری مسجد معاملے میں عدالت نے یہ فیصلہ دیا کہ بابری مسجد کی جگہ رام مندر کے منہدم کیے جانے کے ثبوت موجود نہیں ہیں تو ہندو قیادت نے یہ دلیل دی کہ ہندو عوام کے اس مذہبی عقیدے کے برعکس کہ مذکورہ مقام پر مندر تھا، عدالت کا کوئی بھی فیصلہ (ہندو اکثریت کے لیے) قابل قبول نہیں ہوگا۔

شاہ بانو اور بابری مسجد ہر دو معاملات میں مسلم قیادت کے مقاصد سرتاسر مفاد پرستانہ، طریق کار نہایت ہی کمزور اور استدلالات ہر طرح سے بودے تھے، بالکل اس طرح جیسے محمد علی جناح کی قیادت والی مسلم لیگ کی یہ کوشش تھی کہ ان جغرافیائی خطوں کی پروا کیے بغیر جہاں مسلمان اقلیت میں ہیں، بعض مخصوص سیاسی مفادات کے حصول کی غرض سے مسلمانوں کے لیے غیر منقسم ہندستان کے مسلم اکثریت والے علاقوں کو ملا کر ایک علاحدہ ملک حاصل کیا جائے۔

مسلمانوں کی زندگی میں اردو پریس کے رول کا تجزیہ راقم الحروف ان مفروضات (Hypothesis) کی روشنی میں کرنا چاہتا ہے جن پر اس نے اپنے اِس مضمون کی بنیاد (Theoretical Framework) رکھی ہے:

(1) اردو کے ہفت روزہ، پندرہ روزہ، ماہانہ اخبارات و رسائل وغیرہ؛ اور

(2) روزنامے

میرا یہ ماننا ہے کہ اردو کے ہفت روزہ، پندرہ روزہ اور ماہانہ اخبارات و رسائل میں پابندی سے شائع ہونے والوں کی اکثریت کو بہ آسانی شمالی ہند کی مسلم ذہنیت کا غماز اور خصوصاً دہلی اور شمالی ہند کی مسلم لیڈرشپ کے زیرِ تسلط قرار دیا جاسکتا ہے۔ اِن اخبارات و رسائل میں پابندی سے شائع ہونے والے اخبارات و رسائل کی تعداد زیادہ نہیں ہے اور ان میں بھی اکثر یا تو کسی جماعت یا تنظیم کے کھلے حامی ہیں یا پھر ان کی حیثیت باضابطہ ترجمانوں کی ہے اس لیے ان کا حلقۂ قارئین اور دائرۂ اثر دونوں محدود ہیں جو فطری امر ہے۔

مسلمانوں میں نسبتاً وسیع حلقۂ قارئین چوں کہ دہلی سے شائع ہونے والے اردو ہفت روزہ اخبارات کا ہے اس لیے اردو صحافت کے تخریب کارانہ مزاج کی تشکیل میں بھی ان کا بہت اہم کردار ہے۔ دہلی کی اردو صحافت بلاشبہ شمالی ہند کے مسلمانوں کے جذبات کا استحصال کرنے والی ہے اور ہر سطح پر ان کے پست معاشرتی حالات کی آئینہ دار بھی۔ شمالی ہند کے مسلمانوں میں تعلیم کی کمی ہے اس لیے ان تمام مسلم رہنماؤں اور جماعتوں کی ہر تحریک کے لیے، جنھیں مسلمانوں کے اصل مسائل سے کوئی دلچسپی نہیں، شمالی ہند کی زمین ماضی کی طرح ہنوز زرخیز ہے۔ دہلی کے بیش تر اخبارات خودساختہ مفروضات اور ان مفروضات کو درست ثابت کرنے کے لیے تراشی ہوئی اپنی تاویلات کا طواف کرتے رہے ہیں۔ اِن مفروضات کے وجوہ مختلف ہیں۔ اول تو مسلمانوں سے متعلق ہندستان میں لاتعداد ایسی غلط فہمیاں رائج ہیں جو مسلم مخالف قوتوں نے دانستہ اور بے حد منظم طریقے سے پھیلائی ہیں مگر متعدد غلط فہمیاں تو مسلمانوں کے اپنے روّیوں کی ہی زائیدہ ہیں۔ دہلی سے شائع ہونے والے اخبارات کا ایک بڑا المیہ یہ بھی ہے کہ مسلمانوں میں ان کا حلقۂ اثر معمولی تعلیم یافتہ اور سیاسی شعور سے تقریباً بے بہرہ مسلمانوں تک محدود ہے۔

آٹھویں دہائی میں اردو صحافت کے رجحانات تبدیل تو ہوئے مگر نئے رجحانات بھی مثبت نہیں بلکہ منفی ہی تھے۔ اسی زمانے میں بعض نئے اخبارات منظرِ عام پر آئے اور پرانے اخباروں نے بھی تبدیل شدہ حالات کی عکاسی کے لیے اپنے نقطۂ نظر میں تبدیلی کا عندیہ ظاہر کیا۔ کانگریس اپنا اردو ترجمان 'قومی آواز' دہلی سے بھی زور شور سے شائع کرنے لگی۔ 'قومی آواز' نے غالباً مصلحت کے تقاضے کے پیشِ نظر نسبتاً اعتدال پسندانہ رویہ اختیار کیا اور اسی لیے کانگریس پارٹی کا ترجمان ہونے کے باوجود شمالی ہندستان کے کچھ علاقوں میں قومی آواز کو مسلمانوں کی اس پرانی نسل نے خوش آمدید کہا جو انگریزی اور ہندی دونوں ہی زبانوں سے بے بہرہ تھی۔ 'نئی دنیا' نے، جس کی اشاعت 1973 میں ہفت روزہ اخبار کی حیثیت سے شروع ہوئی تھی، 1980 کے دہے میں اس وقت غیر معمولی مقبولیت حاصل کی جب ملک میں فرقہ وارانہ عصبیت اپنے شباب پر تھی۔ اسی دوران ایک اور ہفت روزہ 'اخبارِ نو' بھی منظرِ عام پر آیا جس نے جامع مسجد کے امام عبداللہ بخاری کی غیر مشروط تائید و حمایت کو اپنا شیوہ بنایا۔ مسلم پرسنل لا تحریک کے دوران اور بعد ازاں بابری مسجد تحریک کے زمانے میں اس اخبار کو شمالی ہند کے مسلمانوں میں

قابلِ ذکر اہمیت حاصل ہوئی اور 1990 تک اسے دہلی کے مقبول اردو ہفت روزہ اخبارات میں شمار کیا جانے لگا۔ جب 1989 میں جنتا دل حکومت اقتدار میں آئی تو اس وقت کے وزیر اعظم وی پی سنگھ نے امام بخاری کی سفارش پر م۔ افضل کو راجیہ سبھا کا رکن نامزد کر دیا۔ سیاسی بازار میں قدم رکھنے کے بعد اخبار میں محمد افضل کی دلچسپی اور عام مسلمانوں پر اخبار کا اثر دونوں ہی معدوم ہونے لگے اور اب یہ ہفت روزہ بھی فائل کا پیاں شائع کرنے تک محدود ہو کر رہ گیا ہے۔ بابری مسجد تحریک کے زور و اثر کے دوران دو اور اُردو اخبارات کا اجرا ہوا جن کے نام روزنامہ 'فیصل جدید' اور ہفت روزہ 'ہمارا قدم' تھے۔ روزنامہ ''فیصل جدید'' خبروں سے عاری ایک ایسا اخبار تھا جس نے مسلم جذبات کا نہایت سفّا کی سے استحصال کیا۔ یہ اخبار بابری مسجد تحریک کے اخیر دور تک خاصا مقبول رہا مگر مسجد کے مسمار ہوتے ہی اس کی سانسیں اکھڑنے لگیں اور جلد ہی یہ اخبار زیب طاق نسیاں ہو گیا۔

بابری مسجد کے انہدام کے بعد جب اس کے تحفظ کی تحریک بھی خود بہ خود ختم ہو گئی تو 'ہمارا قدم' کی موت بھی یقینی ہو گئی۔ یہ ہفت روزہ 'نئی دنیا' خاندان کا اخبار تھا۔ کہنے کی ضرورت نہیں کہ معاصر اردو صحافت کے منظرنامے پر یہ خاندان اس اعتبار سے خاصا نمایاں رہا ہے کہ اس نے اردو صحافت کے منفی بلکہ تخریب کارانہ رجحانات کو تقویت اور وقعت دے کر انھیں اردو صحافت کے حوالے سے ایک مستقل بالذات ادارہ (Institution) بنا دیا ہے۔ اس ضمن میں 'ہمارا قدم' کے اجرا کے موقعے پر 'اخبارِ نو' کا ادارتی تبصرہ 'نئی دنیا' سمیت دوسرے اردو اخباروں کے موقع پرستانہ رجحان کی ترجمانی کرتا ہے خود 'اخبارِ نو' بھی جس سے مستثنیٰ نہیں۔ زبان سے عدم واقفیت کے سبب درج ذیل اقتباس میں الفاظ کے استعمال میں اناڑی پن اور غیر مربوط عبارت کے عنصر کو اگر نظر انداز کر دیا جائے تو یہ تبصرہ خاصے مزے کا ہے۔ ملاحظہ فرمائیے:

''دہلی کی اخباری برادری میں صدیقی برادران کا نام قابلِ ذکر ہے۔ مولانا عبدالوحید صدیقی بانیٔ 'نئی دنیا'، 'ہما' اور 'ہدیٰ' کے چار بیٹے مختلف اخبار و رسائل نکال رہے ہیں۔ 'نئی دنیا' ان کے چھوٹے بیٹے شاہد صدیقی کے ہاتھ میں ہے جب کہ ان کے سب سے بڑے بیٹے احمد مصطفیٰ صدیقی راہی ہدیٰ نکالتے ہیں لیکن اب انھوں نے 'نئی دنیا' کے مقابلے میں زیادہ ضخیم 'ہمارا قدم' نکالا ہے جس کی ادارت ان کے نوجوان بیٹے اور ابھرتے ہوئے صحافی سہیل صدیقی نے سنبھالی ہے۔ مزے کی بات یہ ہے کہ شاہد صدیقی بچپن سے ہی کٹّر کمیونسٹ، مذہب مخالف اور اینٹی کانگریس تھے جب کہ احمد مصطفیٰ راہی مذہب پرست، اینٹی کمیونسٹ اور سیاسی نظریات کے اعتبار سے زبردست کانگریسی رہے مگر اپنے اپنے اخبارات کی اشاعت کے بعد دونوں کے نظریات میں زبردست تبدیلی آ چکی ہے۔ مادّی فائدے اور اقتدار سے قریب ہونے کی ہوس نے شاہد صدیقی اور ان کے اخبار نئی دنیا کو ابن الوقت بنا دیا ہے اور ان کا اخبار ایک آزاد اخبار ہونے کے بجائے کانگریس پارٹی کے دفتر سے شائع ہونے والے پروپگنڈا اخبار کی حیثیت اختیار کر گیا ہے جب کہ حالات کی ستم ظریفی نے احمد مصطفیٰ راہی کو زبردست اینٹی کانگریس آدمی بنا دیا ہے اور ان کا اخبار 'ہمارا قدم' شاہد صدیقی اور کانگریس کے لیے اخبارِ عبرت بن چکا ہے۔''

(اخبارِنو، 19 مارچ 1991، ص۔7)

'اخبارِنو' کے اس اداراتی نوٹ نے نادانستہ ہی سہی مگر واضح الفاظ میں اردو صحافت کے پست معیار کے اسباب کی جانب اشارے کیے ہیں۔ دل چسپ بات یہ ہے کہ سہیل صدیقی اردو سے اس درجہ نابلد ہیں کہ حروفِ تہجی بھی شناخت نہیں کر سکتے۔

ایسے ہی خیالات کا اظہار معصوم مرادآبادی نے اس وقت کیا تھا جب 1991 میں انھوں نے 'خبردار جدید' کا اجرا کیا۔ حالاں کہ 'خبردار جدید' کی اشاعت کے وقت اردو صحافت کے تخریب کارانہ رجحان سے بے زاری کا نعرہ لگایا گیا تھا مگر آخرش معصوم مرادآبادی کو بھی تو مفاد پرستوں کے اسی قبیلے میں شامل ہونا تھا جو معاصر اردو صحافت کے نظریہ سازوں کا ٹولا ہے اور جہاں معصوم مرادابادی سے لے کر م۔ افضل تک سب نے اردو صحافت کی ابجد سے واقفیت حاصل کی یعنی 'نئی دنیا' خاندان۔ اب اس دبستانِ فکر کے پروردہ بیش تر مقلد اپنے بزرگوں کے دیے ہوئے سبق یعنی تخریب کاری کے رجحان کو پوری قوت سے فروغ دے رہے ہیں۔ فرق صرف اتنا ہے کہ ابتداً صحافتی تخریب کاری کی جانب بہ وجوہ 'نئی دنیا' خاندان نے تنہا پیش رفت شروع کی تھی مگر اب اس کارواں میں بیش تر اخباری خانوادے شامل ہیں۔ اردو صحافت کے پیشے سے اپنی کئی برسوں کی وابستگی اور م۔ افضل کی طرح 'نئی دنیا' خاندان سے حاصل تجربات کی بنیاد پر معصوم مرادآبادی کے خیالات کئی اعتبار سے اہمیت کے حامل ہیں کیوں کہ ایک مرتبہ پھر گھر کا بھیدی اپنے دیگر پیر بھائیوں کی طرح زبان کے اناڑی پن کی قدر مشترک کے ساتھ لنکا ڈھا رہا ہے:

''اردو اخبارات کی اکثریت اپنے قارئین کے گھروں کو ماتم کدہ اور ان کے دماغوں کو بوجھل بنا کر رکھنا چاہتی ہے تا کہ وہ عملی زندگی کے میدان میں سرگرم ہونے سے گریز کرتے رہیں۔ آزادی کے بعد اردو اخبارات کی اکثریت نے سوائے ماتم کے کچھ نہیں کیا اور وہ ڈھونڈ کر اپنے قارئین کے لیے ایسا مواد اکٹھا کرتے رہے جو انھیں مایوسی، ناامیدی اور یاس کے اندھے کنویں میں دھکیلتا رہا۔ اخبارات نے گذشتہ 43 برسوں میں ملّت پر ہو رہے ظلم وستم کی کہانیاں توشہ سرخیوں کے ساتھ شائع کیں مگر انھیں کبھی یہ بتانے کی زحمت گوارا نہ کی کہ ان حالات سے نکلنے اور باعزّت زندگی گزارنے کے راستے بھی اس دنیا میں موجود ہیں۔ اخبارات اس بات سے خوف زدہ رہے کہ اگر انھوں نے اپنے قارئین کو حالات سے نبرد آزما ہونے کے وسیلے بتا دیے تو پھر ان کے خون سے رنگے ہوئے اخباروں کو کون خریدے گا۔''

(منقول از ہندی ہفت روزہ، ساپتاہک ہندستان، 28/اپریل 1991، ص 52)

دہلی سے شائع ہونے والے اردو اخبارات ورسائل کا ایک المیہ یہ بھی ہے کہ ہندستانی مسلمانوں کی سیاسی صورتِ حال میں تبدیلی اور تغیر رونما ہونے کے عمل کے جاری رہنے کے باوجود اردو اخبارات کے مقاصد اب بھی وہی ہیں جو بیسویں صدی کی ساتویں دہائی تک تھے۔ وہ انجام کی پروا کیے بغیر مسلمانوں کو اشتعال

انگیزی اور ہیجان میں مبتلا کرنے کا کوئی موقع ہاتھ سے نہیں جانے دیتے۔ ستمبر تا دسمبر 1990 کے درمیان اس امر کے واضح ثبوت اردو اخبارات کے صفحات پر جلی حروف میں نظر آتے ہیں۔ جب پورے ملک میں ہندو فرقہ واریت کی آندھی چل رہی تھی اور اردو اخبارات مسلمانوں کو تدبّر اور تحمل وفہم سے کام لینے کا مشورہ دینے کی بجائے انھیں مستقل مشتعل کر کے فرقہ وارانہ فسادات کا ایندھن بناتے رہے۔

اردو صحافت کے مستقل قارئین میں ایک بڑی تعداد تو ان لوگوں کی ہے جن کے سیاسی مزاج کی تربیت ہی ان اخباروں نے کی ہے جنھوں نے مسلمانوں اور خود اردو صحافت سے متعلق متعدد مفروضے تراش کر حالات کو بے حد پیچیدہ اور تشویشناک حد تک بے قابو کر دیا ہے۔ دہلی سے شائع ہونے والے اخبارات نے مسلمانوں کے نئے تعلیم یافتہ اور متوسط طبقات (حالانکہ ان کا سائز بہت چھوٹا ہے) کے مسائل کو بھی اپنے صفحات پر جگہ دینے کے بارے میں کبھی غور نہیں کیا۔ اپنا ملک گیر کردار تو دہلی کی اردو صحافت ہیجان انگیز حالات کے سوا کبھی قائم کر ہی نہیں پائی۔

1970 کے بعد اب تک شمالی ہند میں اردو صحافیوں کی کئی نسلیں تیار ہو گئی ہیں مگر اردو صحافت کا نہ تو مزاج بدلا اور نہ ہی اردو اخبارات کے مالکان کا وہ رویہ جو آج بھی ان سے 1970 کے سیاسی اور سماجی حالات کے تناظر میں ہی معاصر صورتِ حال کا تجزیہ کراتا ہے۔ دہلی میں اردو صحافت کے مجموعی معیار پر علاحدہ سے کوئی تفصیلی تبصرہ کرنے کا یہ مناسب موقع نہیں مگر یہ عرض کرنا ضروری معلوم ہوتا ہے کہ دہلی میں اردو کے بڑے بڑے صحافیوں کی فکر اور اردو صحافت کے حوالے سے ان کا ہر استدلال بے حد بودا ہوتا ہے۔ شمالی ہند کے مسلمانوں کے سیاسی زوال اور حیاتِ اجتماعی کی پستی کی بیش تر ذمّے داری چوں کہ دہلی کی اردو صحافت پر ہے اس لیے ضمناً اس زاویے کو موضوعِ بحث بنائے بغیر چارہ بھی نہیں۔

اردو صحافت کے معیار کی پستی کا ذکر جب بھی دہلی کے کسی اردو اخبار کے مدیر (مالک؟) سے کیجیے تو اس کا پہلا جواب یہی ہوگا کہ صاحب! عام مسلمان دن میں 10 روپے کا پان کھا کر تھوک دے گا مگر ہفتے میں اردو کا ایک ہفت روزہ خریدنے پر 10 روپے خرچ نہیں کرے گا۔ اردو صحافت کی پست معیاری سے متعلق دہلی کے صحافیوں کا یہ استدلال بھی آفاقی ہے کہ اردو اخبارات کی تعدادِ اشاعت بہت کم ہے اور انھیں انگریزی اور ہندی اخبارات کے مساوی اشتہارات بھی نہیں ملتے وغیرہ وغیرہ۔ تعدادِ اشاعت کی کمی اور ہندی، انگریزی کے مقابلے میں اشتہارات کی کم یابی کو اردو صحافت کے معیار کی پستی کا سبب کہنا حالات کا انتہائی سطحی اور احمقانہ تجزیہ ہے۔

1970 کے آس پاس، جب شمالی ہند کے مسلمانوں میں تعلیم کا تناسب تقریباً صفر تھا اور مسلم متوسط طبقہ بھی تقریباً معدوم ہی تھا اور آج جب ملک میں مسلم مڈل کلاس کا دائرہ نسبتاً وسیع ہو گیا ہے، جنوبی ہند کے مسلمانوں میں تعلیم عام ہو گئی ہے اور ملک میں مجموعی طور پر مسلمانوں کے معاشی حالات بھی کہیں زیادہ بہتر ہوئے ہیں؛ اردو اخبارات و رسائل کی تعدادِ اشاعت یا تو کم ہوئی ہے یا ایسے بہت سے اخبارات و رسائل بند ہو گئے ہیں جو 1970 کے آس پاس بڑی تعداد میں شائع ہوتے تھے۔ آخر اس تبدیلی کے محرکات کیا ہیں؟ میری ناقص فہم کی حد تک تو

دہلی میں اردو صحافت کے زوال کے اہم اسباب میں اصل اہمیت ان غلط توجیہات اور مفروضات ہی کو حاصل ہے جن کا تجزیہ اس مضمون کی بنیاد ہے۔

مسلمانوں کے معاشی حالات میں تبدیلی کے ساتھ ساتھ ہر سطح پر پیچیدگیوں میں بھی اضافہ ہوا ہے۔ دہلی کے بیش تر نام نہاد اردو مدیران کی سرے سے کوئی فہم ہی نہیں، عرفان و ادراک تو ان کے لیے دور کی باتیں ہیں۔ دہلی سے شائع ہونے والے اردو کے ہفت روزہ اخبارات جو شمالی ہند میں مسلم سیاست اور مسائل ہی کے گرد طواف کرتے رہے تھے، ان کی شمالی ہند کے (بھی) ایک خطّے کے ایک مخصوص حلقے کے سوا باقی ہندستان میں اب کوئی افادیت نہیں رہ گئی ہے۔ جنوبی ہند میں مسلم سیاست کا ڈھرّ اشمال سے بالکل مختلف ہے۔ صرف زبانی جمع خرچ کا وہاں دھیلا نہیں اٹھتا جب کہ مسلمانوں کی حیات اجتماعی کو خوش گوار بنانے اور مسلم مسائل کا مثبت حل تلاش کرنے کا کوئی تصور شمالی ہند کی مسلم لیڈر شپ کی سرشت ہی میں نہیں ہے اس لیے بابری مسجد اور مسلم پرسنل لا جیسے ملک گیر سطح کے بے حد جذباتی سوالوں کے ختم ہونے کے ساتھ ہی شمالی ہندوستان میں زبانی جمع خرچ کے ماہر سیاسئین اور ان کے ہم نوا اردو اخبارات کے لیے گنجائشیں تیزی کے ساتھ محدود ہوگئیں۔ بابری مسجد انہدام کے نتیجے میں برپا ہونے والے فسادات کے سلسلے کے رک جانے اور مختلف طریقوں سے ہونے والے شدید ردِّ عمل کا زور واثر کم ہونے کے ساتھ ہی دہلی سے شائع ہونے والے اردو اخباروں کی تعدادِ اشاعت تیزی کے ساتھ زوال پذیر ہوئی ہے۔ یہ صحیح ہے کہ مسلم کش فسادات ہندستان کی قومی زندگی میں ناسور کی حیثیت اختیار کر گئے ہیں مگر مسلم سیاست کے رویے اور ماضی کے تجربات کی روشنی میں مسلم نوجوان اس قطعی نتیجے پر آہستہ روی ہی کے ساتھ سہی مگر پہنچ ضرور رہا ہے کہ فسادات کا علاج خواہ کچھ ہو مگر کم سے کم وہ جوش نہیں ہے جو شمالی ہند کی مسلم سیاست سارے ہندستان کے لیے تجویز کرتی رہی ہے۔ دہلی سے شائع ہونے والے اخبارات کی اکثریت چوں کہ مذہب کے نام پر سیاست کرنے والوں کی آلۂ کار ہے اس لیے ان اخبارات کے معیار کی پستی کے اسباب کا تعدادِ اشاعت سے کوئی تعلق ہو ہی نہیں سکتا۔ فطری بات یہ ہے کہ اخبار جس مذہبی گروہ، رہ نما یا جماعت کا اعلانچی بنا ہوا ہے اخبارات کے قاری بھی اسی مذہبی گروہ، رہ نما یا جماعت کے حامیان تک محدود ہوں گے۔ اردو ہفت روزہ اخبارات کی مالی پشت پناہی بھی یا تو ان کے (سیاسی) آقا براہِ راست کرتے ہیں یا پھر وہ غیر ملکی سفارت خانے ان اخبارات کی دست گیری فرماتے ہیں، اخبارات کے آقا جن غیر ملکی طاقتوں کے ہاتھوں کی کٹھ پتلی ہیں۔ کہنے کی ضرورت نہیں کہ ان غیر ملکی سفارت خانوں میں اکثریت ان کی ہے جو ہندستان میں اسلامی اساس پرستی کے فروغ کے لیے کوشاں ہیں۔ شمالی ہند میں حلقۂ اثر رکھنے والے اخبارات کو معیار کی پروا اس لیے بھی نہیں ہوتی کہ ان کا حلقۂ قارئین انتہائی محدود اور سیاسی شعور سے بے بہرہ مسلمانوں پر مشتمل ہے۔ پھر معیار کی پستی یا تعدادِ اشاعت کا زوال پذیر ہونا کسی بھی طرح ان اخبارات کے مدیران کے مفادات کے حصول کی راہ میں کوئی رکاوٹ پیدا نہیں کرتا، اس لیے وہ آج

بھی اپنی روشِ قدیم پر نہ صرف قائم ہیں بلکہ پوری ایمان داری سے اپنی تمام حماقتوں کو کرامت سمجھنے اور سمجھانے پر کمر بستہ نظر آتے ہیں۔

شمالی ہند کے مسلمانوں کی نئی تعلیم یافتہ نسل کے مسائل کے لیے نہ تو دہلی سے شائع ہونے والے اردو اخبارات میں کوئی جگہ ہے اور نہ ہی ان مسلم نوجوانوں کی اکثریت کو اردو زبان آتی ہے جن کی تعلیم اسکول کے نظام میں ہوئی۔ اس لیے شمالی ہند کے مسلم نوجوانوں کو ان اخبارات سے جزوی اور وقتی دلچسپی صرف بابری مسجد، پرسنل لا جیسے مسائل کے سامنے آنے پر ہی ہوتی ہے۔ شمالی ہند میں حلقۂ اثر رکھنے والے بیش تر اردو اخبارات کے زوال کا دوسرا بڑا سبب اس خطّے میں اردو زبان کا پوری طرح مشرف بہ اسلام ہو جانا بھی ہے۔ مسلمانوں کی نئی نسل یوپی میں تو اردو سے بالکل ہی بے بہرہ ہے اور اقتصادی پس ماندگی کے سبب وہ مسلم نوجوان جو پرائمری درجات کے بعد تعلیم جاری نہیں رکھ پاتے، ہندی کی معمولی شد بد تو رکھتے ہیں مگر اردو بالکل نہیں جانتے۔ 1947 کے بعد حالات قدرے مختلف تھے کیوں کہ ہندستان میں رہ جانے والے مسلمان تعلیمی طور پر پس ماندہ اور سیاسی شعور سے بے بہرہ تو تھے مگر وہ اردو کی معمولی شد بد رکھتے تھے اور شمالی ہند کے اخبارات و رسائل کے اصل قاری وہی تھے اور ان ہی کی تعلیمی استعداد اور سیاسی فہم و نفسیات کو ذہن میں رکھ کر اردو اخبارات اور مسلم سیاست کا لائحۂ عمل مرتب ہوتا تھا۔ شمالی ہند میں اب مسلمانوں کی نئی نسل جس کی تعلیمی استعداد کم ہے، اردو کی بجائے ہندی کی شد بد رکھتی ہے اور شمالی ہند سے نکلنے والے ہندی کے وہ علاقائی اخبارات جو مسلمانوں اور اسلام کے خلاف زہر افشانی میں اپنا ثانی نہیں رکھتے اور جو ہندو فرقہ پرست تنظیموں کے ہم نوا اور ان کے انتہائی منظم لائحۂ عمل کے مطابق اپنی ادارتی پالیسی وضع کرتے ہیں، مسلمانوں کی نئی نسل اب ان کا ایندھن ہے۔

شمالی ہند کے مسلمانوں نے آزادی کے بعد جس مسئلے کے ساتھ مسلسل جذباتی وابستگی کا مظاہرہ کیا وہ اردو زبان کی بقا کا مسئلہ تھا۔ ہندستان میں مسلمانوں کی پہلی ترجیح مذہب کا تحفظ تھا اس لیے انھوں نے اردو کی بقا کے لیے تمام تر جدوجہد اس نظریے سے کی کہ اسلام کی تبلیغ اور مذہبی تعلیم کا سب سے اہم ذریعہ اردو ہی تھی۔ اسی لیے اردو تعلیم کا نظم اسکولوں میں تو ختم ہو گیا مگر اردو کے ذریعے تعلیم دینے والے مدارس لاکھوں کی تعداد میں آج ملک کے ہر حصے میں چل رہے ہیں۔ اردو کی بقا اور تحفظ کے نام پر چلنے والی تحریکوں کے لیے بدترین سیاسی اور اقتصادی حالات کے باوجود شمالی ہند کے مسلمانوں نے بساط بھر کوشش ہمیشہ کی، ضرورت پڑنے پر اردو تحریک کو یہاں کے مسلمانوں نے خون بھی دیا مگر اسکولوں میں اردو تعلیم کے نظام کے معدوم ہو جانے کا ایک نتیجہ یہ نکلا کہ اس زبان کا ہمہ جہتی فروغ رک گیا۔ اردو صحافت کے تجزیہ نگاروں نے معیار کے زوال میں تعداد اشاعت کی کمی کے بے حد غلط اور گمراہ کن تجزیے کے ذریعے اصل اسباب پر توجہ مبذول ہی نہیں ہونے دی۔

آیئے اب ایک نظر اردو صحافت کے زوال میں اشتہاروں کی کمی کے مفروضے پر بھی ڈال لیں۔

حکومت ہند کی طرف سے ملنے والے سرکاری اشتہارات میں ملک گیر اہمیت کی حامل زبان اردو کے اخبارات کو ایسی کئی علاقائی زبانوں کے اخبارات ورسائل سے زیادہ اشتہارات ملتے ہیں جن کی تعدادِ اشاعت اور معیار کے سامنے اردو اخبارات کہیں نہیں ٹھہرتے۔ ان میں بیش تر زبانیں ایسی ہیں جنھیں ان کے مخصوص لسانی خطوں کے علاوہ باقی ہندوستان میں کہیں نہیں بولا اور سمجھا جاتا۔

جہاں تک پرائیویٹ اداروں کے اشتہارات کا تعلق ہے تو کوئی بھی پرائیویٹ صنعتی ادارہ اردو کے ایسے اخبارات کو اشتہار نہیں دے سکتا جن کا حلقۂ قارئین مسلمانوں کا انتہائی پس ماندہ طبقہ ہو۔ یہاں ہندو مسلمان کا سوال نہیں، کاروبار کا معاملہ ہے۔ خود مسلمانوں کے جو چند بڑے صنعتی ادارے ہیں وہ بھی اردو اخبارات کو انگریزی اور ہندی کے مقابلے میں بہت کم اور بعض نہیں کے برابر اشتہارات دیتے ہیں۔ اشتہارات کی اشاعت کا مقصد صارفین کے (متوسط) طبقے کو متوجہ کرنا ہوتا ہے اور اردو اخباروں کی مسلم متوسط طبقے تک رسائی ہے ہی نہیں تو پھر انھیں اشتہارات کیوں ملیں؟ البتہ خیرات مل سکتی ہے۔ جو مسلم صنعتی ادارے اردو اخباروں کو تھوڑے بہت اشتہار دے دیتے ہیں ان کے پیچھے خیرات جیسا ہی جذبہ کارفرما ہوتا ہے۔

اردو صحافت کے حالات ان تمام لسانی خطوں میں شمالی ہند سے کہیں بہتر ہیں جہاں کے مسلمان اپنی علاقائی شناخت پر نازاں اور اس مخصوص خطّے کے تہذیبی مزاج سے ہم آہنگ ہیں۔ ان تمام خطّوں میں اردو کو اپنی مادری زبان قرار دینے والوں کا تناسب شمالی ہند سے بہت کم ہے لیکن اس کے باوجود وہاں اردو کے مجموعی حالات شمالی ہند سے کہیں بہتر ہیں اور اردو کے تئیں وہاں کے مسلمانوں کا رویّہ جذباتی کم، عقلی اور منطقی زیادہ ہے۔ تعلیمی نظام سے لے کر عملی زندگی کے دوسرے تمام شعبوں میں ان اردو داں مسلمانوں کے لیے اردو نہ تو ان کی ترقی کی راہ میں کہیں حائل ہوتی ہے اور نہ (اب تک) ان کی علاقائی شناخت سے ہی وہ متصادم ہوئی ہے۔

آیئے اب ایک مختصر تجزیہ اردو اور غیر اردو داں لسانی خطوں کی اردو صحافت کا بھی کریں۔

بابری مسجد کے انہدام تک کانگریس کا اردو ترجمان روزنامہ 'قومی آواز' دہلی سے شائع ہونے والا شمالی ہند کا واحد روزنامہ تھا جس کا نہ صرف حلقۂ قارئین نسبتاً وسیع تھا بلکہ یہ دہلی اور اس کے نواحی علاقوں کے مسلمانوں میں کافی مقبول بھی تھا۔ 'قومی آواز' کا لکھنؤ ایڈیشن جس کی 1993 میں تعداد اشاعت 28770 تھی، 1998 آتے آتے بند ہو کر یہ پیغام دے گیا کہ اگر کانگریس جیسی بڑی سیاسی جماعت مسلمانوں کی حمایت حاصل کرنے کی غرض سے مسلسل خسارہ برداشت کرتے ہوئے کسی اخبار کی اشاعت کو جاری بھی رکھنا چاہے تو بھی اردو صحافت کے رویے میں مجموعی طور پر غیر معمولی تبدیلی رونما ہوئے بغیر اب یہ کام ممکن نہیں۔ بابری مسجد کے انہدام کے بعد کانگریس سے مسلمانوں کی شدید مگر وقتی نفرت بھی مسلمانوں کے درمیان اس اخبار کی ضرورت پر یک لخت اثر انداز نہیں ہو سکی جو اس امر کا ثبوت ہے کہ شمالی ہند کا مسلمان ذہنی طور پر کانگریس کا ہمنوا ہے بھلے ہی کانگریس کے نظریہ ساز

حلقوں کو مسلمانوں کی اتنی بھی پروانہ ہو جتنی برہمن شدروں کی کرتے ہیں۔ دہلی اور یوپی کے دوسرے شہروں سے جو چند دیگر اردو روز نامے شائع ہوتے ہیں ان کی صحیح تعدادِ اشاعت چند سو بھی مشکل ہی سے ہوگی۔ ان میں سے اکثر صرف سرکاری مراعات کے حصول کے لیے فائل کاپیاں ہی شائع کرتے ہیں۔ دہلی سے شائع ہونے والے اخباروں میں 'پرتاپ' جیسے اردو اخبارات بھی ہیں جنھوں نے مسلم دشمنی کو اپنا مقصد خصوصی قرار دے رکھا ہے۔

کنڑ زبان کے علاقے بنگلور جیسے شہر سے بھی جہاں انگریزی اور کنڑ زبانوں کی اجارہ داری ہے اردو کا ایک روز نامہ 'سالار' (تعداد اشاعت 11871) شائع ہوتا ہے۔

بنگال کے مسلمانوں کو اپنی زبان اور تہذیب سے کس درجے محبت ہے اس کا بہترین ثبوت قیامِ بنگلہ دیش کی تحریک میں اردو کی مخالفت کا زبردست مظاہرہ ہے۔ مولانا سید سلیمان ندوی اور بابائے اردو مولوی عبدالحق دونوں کی اس دلیل کو سابق مشرقی پاکستان کے بنگالی مسلمانوں نے تسلیم کرنے سے انکار کر دیا تھا کہ اردو اور قرآن دونوں کا رسم الخط چوں کہ ایک ہی ہے اور اردو قرآن کے ترجمے کی اہم ترین زبان ہے اس لیے مشرقی پاکستان کے بنگالی مسلمانوں کو اردو کی مخالفت نہیں کرنا چاہیے۔ اس تحریک کو حروف القران کی تحریک کہا جاتا ہے جو بالآخر ناکام ہوگئی اور پاکستان دولخت ہوا۔

اردو کی محبت بنگلہ زبان اور تہذیب و ثقافت کی محبت پر کبھی سبقت نہیں لے سکتی جو ایک فطری بات ہے۔ اس کے باوجود کولکاتہ سے تین اہم اردو روز نامے 'آزاد ہند' (تعداد اشاعت 15351) اقرا ((15510 اور اخبار مشرق ((12882 شائع ہوتے ہیں۔ یہی حال ممبئی کا ہے جہاں سے 'انقلاب' (23531) 'اردو ٹائمز' (19746) اور 'ہندوستان' (8612) شائع ہو رہے ہیں۔ حیدر آباد کا حال بھی کچھ مختلف نہیں ہے۔ وہاں سے 'سیاست' '(39949) 'رہ نمائے دکن' (20982) اور 'منصف' (9390) شائع ہوتے ہیں۔ اردو صحافت کے ذیل میں بہار کی اردو صحافت کا ذکر نہ کرنا ہی بہتر ہے جہاں عظیم آباد (پٹنہ) ہی سے پچاس کے آس پاس اردو روز نامے شائع ہوتے ہیں مگر ان میں سے اکثر کی اصل تعداد اشاعت فائل کاپیوں تک محدود ہوتی ہے جب کہ بہار میں اردو کے عمومی حالات نہ صرف بہت بہتر ہیں بلکہ شمالی ہند میں سب سے بہتر حالات بہار ہی میں ہیں۔

مندرجۂ بالا تجزیے کی بنیاد پر بہ آسانی یہ نتیجہ اخذ کیا جا سکتا ہے کہ اردو صحافت کا سب سے برا حال دلّی میں ہے جس کے چہار جانب دور تک اردو کا وسیع ترین روایتی اور زرخیز علاقہ ہے اور اس علاقے کے مسلمانوں کی زبان صدفی صد اردو ہے مگر آج شمالی ہند میں مسلمانوں کی نئی نسل مختلف وجوہ سے اردو سے تقریباً ناواقف ہے اس لیے دہلی کے کاروباری مسلم صحافتی ادارے اگر اپنی صحافتی پالیسی تبدیل کرنے پر آمادہ نہیں اور مسلمانوں کو گمراہ کرنے ہی کی اپنی روشِ قدیم کو قائم رکھنا چاہتے ہیں تب بھی انھیں کم از کم اپنی لسانی پالیسی تو جلد اور ضرور تبدیل کرنا ہی ہوگی۔

ہفت روزہ 'نئی دنیا' دہلی (تعداد اشاعت 47901) کے ہندی قالب 'نئی زمین' کے اجرا کا سبب یہی

ہے کہ مسلمانوں کی اس نئی نسل کو جو اردو سے عدم واقفیت کے سبب فرقہ پرست ہندو تنظیموں کے اعلانچی اخبارات پڑھنے پر مجبور تھی، کم از کم ایک ہفت روزہ اخبار تو ہندی میں دستیاب ہو۔ مسلم فرقہ واریت ارد وزدہ ہندی میں اور وہ بھی نئی دنیا خاندان کے ذریعے پھیلائی جانے والی ہندی میں شائع ہو تو وہ کچھ لوگوں کو ہندی اخبارات کی ہندو فرقہ واریت سے تو بھلی ہی معلوم ہوگی۔ کانگریس کے ٹکٹ پر 1998 کے عام انتخابات میں مظفر نگر سے شاہد صدیقی کی کراری شکست اس کا اعلامیہ ہے کہ مسلمانوں کی فکر میں آہستہ روی ہی کے ساتھ سہی مگر تبدیلی بہر حال رونما ہو رہی ہے اور اردو صحافیوں کی عوامی پکڑ بالکل نہیں ہے۔ یہ بات دوسری ہے کہ بعد میں شاہد صدیقی، ملائم سنگھ پارٹی میں شامل ہو گئے اور انھوں نے انھیں راجیہ سبھا میں ایم پی نامزد کرا دیا۔

ہفت روزہ 'نئی دنیا' کی طرح جو دیگر اخبارات خود کو اپنی روایتی پالیسیوں کے ساتھ شمالی ہند تک ہی محدود رکھنا چاہتے ہیں (کیوں کہ یہ کام سہل بھی ہے اور اس کا انھیں تجربہ بھی ہے) انھیں بھی آہستہ آہستہ اور مجبوراً ہی سہی مگر اپنے ہندی قالب شائع کرنے کی زحمت تو کرنی ہی پڑے گی اور بادلِ ناخواستہ ہی سہی جلد یا بہ دیر اپنے ہندی قالب میں مسلم نوجوانوں کے روزگار جیسے اہم مسائل کو بھی جگہ دینے کے بارے میں غور کرنا ہوگا، جس کا کوئی تصور دہلی سے نکلنے والے کسی اردو اخبار کے لیے ہنوز چاند کو چھونے کا قصّہ پھول پی جانے کی بات، کے مصداق ہے۔

اردو اخبارات کی اشاعت کا مجموعی نظام تقریباً ایک صدی پرانا ہے۔ آج کے اس جدید دور میں کسی بھی ہندستانی زبان کے اخبارات کے قارئین کے لیے یہ امر حیرت کا باعث ہوگا کہ آخر اردو اخبارات جو اتنے غیر ذمہ دارانہ اور غیر محتاط انداز میں مرتب اور شائع کیے جاتے ہیں، کس طرح ہندستان میں مسلم معاشرت کے آئینہ دار اور مسلم صحافت کے مظہر کے طور پر اس ذلت آمیز طریقے سے شناخت پذیر ہونے کے باوجود زندہ ہیں۔ مع دہلی شمالی ہند میں زیادہ تر اردو اخبارات کے دفاتر محض ایک کمرے پر مشتمل ہوتے ہیں۔ دفتری عملے کے نام پر ایک یا دو کمپیوٹر آپریٹر حضرات اور اتنے ہی ماتحت مدیر اخبارات کی کل کائنات ہوتے ہیں۔ بالعموم ان ماتحت مدیر حضرات کا کام یہ ہوتا ہے کہ دوسرے اخبارات میں شائع شدہ مضامین یا خبروں کو جمع کر کے ان کو اپنے اخبار کے مقاصد یا پالیسی کے موافق نئے (بالعموم اشتعال انگیز اور تخریبی) قالب میں ڈھال دیں۔ ہندوستان کے اردو اخبارات میں پروف ریڈرس کے وجود کا کوئی تصور نہیں۔ یہ کام بھی بالعموم مدیر اور ماتحت مدیر ہی کر لیتے ہیں۔ اردو اخبارات کے ماتحت مدیر حضرات کی علمی استعداد بالعموم بہت معمولی ہوتی ہے۔ ان کی واحد قابلیت اردو اور کچھ حد تک ہندی میں کام کرنے کا عملی تجربہ یا ان دونوں زبانوں سے ان کی واقفیت ہوتی ہے۔ یہ حضرات بالعموم انگریزی سے نابلد ہوتے ہیں کیوں کہ ان کی اکثریت ایسے دینی مدارس کے فارغ التحصیل طلبہ پر مشتمل ہوتی ہے جہاں روایتی مذہبی تعلیم کے علاوہ دوسرے عصری مضامین پر توجہ کا تصور کفر ہے۔ استثنائی صورتوں میں ان ماتحت مدیران کی تنخواہ عموماً کسی بھی ملکی سطح کے باقاعدہ اخبار کے چپراسی کی تنخواہ کے ایک تہائی کے برابر ہوتی ہے اور زیادہ تر

معاملوں میں انھیں دو تین ہزار روپئے ماہانہ سے زیادہ اجرت نہیں ملتی۔ اس لیے اردو اخبارات کے ان ماتحت مدیران اور کمپیوٹر آپریٹر حضرات کی اکثریت مساجد میں پیش امام کا فریضہ انجام دیتی ہے کیوں کہ اس طرح انھیں دو وقت کا کھانا بھی مفت مل جاتا ہے اور جتنی تنخواہ اردو اخبار سے ملتی ہے اتنی ہی اضافی اجرت مسجد کمیٹی سے بھی مل جاتی ہے۔ اس لیے کہ شمالی ہند کے اردو اخبارات کے عملے میں ماتحت مدیر و کمپیوٹر آپریٹر زیادہ تر دینی مدارس کے فارغ التحصیل طلبہ ہوتے ہیں۔

اردو اخبارات میں دانش وروں کے مضامین (Commissioned Articles) کی اشاعت کا تو تصور ہی نہیں ہے اور نہ ہی دیگر شہروں سے خبریں روانہ کرنے والوں کو اعزازیہ یا ڈاک خرچ وغیرہ ادا کیا جاتا ہے۔ اس کے برعکس غیر جانب دار مسلم دانشوروں کے خلاف اردو اخبارات مسلسل زہر افشانی کرتے رہتے ہیں۔ دانشوروں کے مضامین کی اشاعت اردو اخبارات میں ممکن ہی نہیں کیوں کہ یہ تو قاری کو اندھیرے اجالے کے فرق سے عملاً روشناس کرا دے گی۔ اسی طرح مدیر کے عہدے پر بھی خود اخبارات کے مالکان ہی قابض ہیں جن کی اکثریت آج اخبار کے پست معیار کے باوجود معاشی طور پر بے حد آسودہ اور متمول لوگوں پر مشتمل ہے۔ یہ وہ لوگ ہیں جو اخبار کے اجرا کے وقت دو وقت کی روٹی کے لیے محتاج تھے اور ان کی عملی صلاحیت جس درجے کی ہے اس کی بنیاد پر انھیں کسی دفتر میں اپر ڈویژن کلرک کی جگہ بھی مشکل ہی سے ملتی۔

ہندوستان میں اردو صحافت کی اس روایتی تصویر اور تصور میں مسلم متوسط طبقے کی تعداد کے تناسب میں اضافے کے باوجود تبدیلی کا عمل شروع نہ ہونے سے اردو اخبارات کے لیے پیچیدگیاں تو بہرحال بڑھی ہیں۔ تعلیم یافتہ مسلمان اب انگریزی اخبارات کی جانب مائل ہو رہے ہیں کیوں کہ اردو اخبارات کے مقابلے میں انگریزی اخبارات ان کے لیے ہر طرح سودمند ہیں۔ کم قیمت اور بالانشیں کے مصداق ان میں خبروں کے علاوہ روزگار اور ملازمتوں کے حصول اور تعلیمی مواقع سے متعلق ہر طرح کی معلومات آسانی سے اور بڑے پیمانے پر فراہم ہو جاتی ہیں۔ 'انڈیا ٹوڈے' کے منتظمین اور دوسرے کئی اعلا سطح کے اخبارات کے ارباب اختیار نے کئی مرتبہ یہ فیصلہ کیا کہ وہ اپنے رسائل و اخبارات کے اردو قالب بھی شائع کریں لیکن ہر مرتبہ اردو مدیران نے بے پناہ اتحاد کا ثبوت دیتے ہوئے منظّم سازش کے تحت اردو قارئین کی صورتِ حال کو مسخ کر کے ان کے منتظمین کے سامنے اس طرح پیش کرایا کہ انھیں ہر بار اپنا ارادہ تبدیل کرنا پڑا۔ اخبارات و جرائد شائع کرنے والے مقتدر اداروں کے ذمے داروں کو بے حد منظّم طریقے پر اردو اخبارات کے مالکان یہ باور کرانے میں کامیاب ہو گئے کہ ہندستان خصوصاً شمالی ہند کا مسلمان قومی پریس پر اعتماد کر ہی نہیں سکتا کیوں کہ اس کے خلقیے (Ethos) میں Anti-establishment عناصر ہی کی اجارہ داری ہے۔ نادانستہ طور پر رسولِ اکرم صلی اللہ علیہ وآلہٖ وسلم کی تصویر کی اشاعت کے نتیجے میں اخبار کے منتظمین اور مدیر کی طرف سے غیر مشروط معافی نامہ اخبار کے دفتر کے باہر آویزاں کیے جانے کے باوجود مسلمانوں کی طرف سے 'دکن ہیرالڈ' کے دفتر کو نذرِ آتش کرنے کا واقعہ بار بار اس طرح مسخ

شدہ شکل میں پیش کیا گیا کہ بڑے اخباری خانوادوں کو اردو اخبارات و جرائد شائع نہ کرنے میں ہی عافیت معلوم ہوئی۔ 'انڈیا ٹوڈے' نے اپنے اردو قالب کی اشاعت کا ارادہ بہت تیاری کے بعد ایسی ہی افواہوں سے مغلوب ہو کر ترک کیا حالانکہ اگر قومی سطح کا کوئی رسالہ اپنا اردو قالب شائع کرنے کی کوشش کرتا تو اس کی کامیابی قطعاً مشکوک نہیں تھی کیوں کہ اردو پورے ملک میں پھیلے ہوئے مشرقِ وسطیٰ کے ممالک میں آباد ہندو پاکستان کے لاکھوں مسلمانوں کی تہذیبی شناخت کا موجودہ حالات میں واحد مظہر بن چکی ہے۔

زرد صحافت اور اردو

شاہد الاسلام

دہلی سے شائع ہونے والے اردو روزناموں کی اکثریت معیاری خبروں کی اشاعت سے زیادہ مسلمانوں کے مسئلے پر مبنی سنسنی خیز خبریں شائع کرنے میں زیادہ یقین رکھتی ہے، کیوں کہ قارئین کے ایک طبقے کے ذوق کی تسکین کا یہ بہترین ذریعہ ہے۔ مظلوم طبقوں کے حق میں آوازیں بلند کرنا اور ان کے جائز مطالبات کو منوانے کے لیے صحافتی اداروں کا سامنے آنا یقیناً ایک اچھی کوشش اس وقت قرار پاسکتی ہے جب ظالم طاقتوں کی حوصلہ شکنی مقصود ہو اور ساتھ ہی ساتھ حصول انصاف کے طلبگاروں کی مدد واعانت کا جذبہ کارفرما ہو، لیکن دہلی کے اردو اخبارات کی اکثریت کا مزاج و انداز اور مطمح نظر یہ ظاہر نہیں کرتا کہ مخصوص طبقہ کے گرد طواف کرنے کی یہ کوشش مظلوموں کی اعانت سے متعلق ہے بلکہ اس کے برخلاف عمومی طور پر یہی تاثر اُبھرتا ہے کہ سنسنی خیزی برپا کرنے کی دانستہ وشعوری کوشش کی جارہی ہے۔ اور ظاہر ہے کہ جب اس ضمن میں حد اعتدال کو عبور کرنے کی کوشش کی جائے گی اور صحافتی آداب کا خیال رکھنے سے کہیں زیادہ مخصوص طبقہ کے مفادات کو اُچھالنے کی سعی ہوگی تو فطری طور پر یہی پیغام پہنچے گا کہ زرد صحافت کہیں نہ کہیں اپنے وجود کا احساس دلا رہی ہے۔ زرد صحافت ہے کیا؟ اسے سمجھنے کے لیے آیئے ڈاکٹر ہمایوں اشرف کے مؤقف کا جائزہ لیں اور یہ دیکھیں کہ ان کی نگاہ میں اردو صحافت کس طرح زرد صحافت کی طرف رواں دواں ہے۔ ڈاکٹر ہمایوں اشرف لکھتے ہیں:

''یہ بھی ایک اٹل حقیقت ہے کہ اردو کی مریضانہ صحافت (Yellow Journalism) نے مسلمانوں کو شدید نقصان پہنچایا ہے اور ملک کی تعمیری وترقیاتی سرگرمیوں سے کاٹ کر ان کو جذباتی سرگرمیوں پر اُکسایا ہے۔ اتنا شدید کسی دوسرے ذرائع نے نہیں کیا ہے۔ بلاشبہ اس ضمن میں ہمارے رہنماؤں کا رول بھی کم خطرناک نہیں رہا ہے۔... عصر حاضر میں صحافت کا نصب العین ملک کے اتحاد وسالمیت کا تحفظ اور سماج میں محبت

اور یگانگت، میل جول، بھائی چارہ، سیکولرازم اور رواداری کے جذبات کو مستحکم بنانا ہونا چاہیے۔ صحافت کے ذریعہ اخلاقی اقدار کا فروغ اور کردار کی تعمیر ضروری ہے۔ موجودہ حالات میں سنسنی خیز صحافت کے مضمرات کو سمجھنا چاہیے اور قلم کو بلیک میل کا ذریعہ بننے نہیں دینا چاہیے، کیوں کہ ایسا کرنا قلم کی طاقت کا ناجائز استعمال کے مترادف ہوگا۔ ہمارے صحافی حضرات اور اخبارات کے فرائض میں یہ بھی شامل ہے کہ وہ ایسا کوئی مواد قلمبند یا شائع نہ کریں جس سے سماجی رشتے متزلزل ہوں، فرقہ وارانہ ہم آہنگی کو نقصان پہنچے اور ملک کی خودمختاری اور اس کی سالمیت پر حرف آئے یا ملکی و سماجی تعمیر و ترقی متاثر ہو۔ یہ حقیقت ہے کہ آج صحافت ایک صنعت یعنی کاروباری شکل اختیار کر چکی ہے لیکن اس کے باوجود آج بھی ملک اور سماج کی ترقی کا ایک موثر ذریعہ ہے، اس کا اپنا ایک دائرہ ہے، کچھ بنیادی ضابطہ اور بنیادی اصول ہیں۔ اس لیے ضروری ہے کہ وہ ان اصولوں کو دیانت داری کے ساتھ پابندی کرتے ہوئے ملک وقوم کی رہنمائی کا اہم فریضہ انجام دیں۔'' ('راشٹریہ سہارا'، 11 مئی 2006)

ممتاز صحافی ظ۔ انصاری نے صحافت کے مزاج کی تشکیل کا احاطہ کرتے ہوئے بالکل صحیح لکھا ہے کہ کسی زبان کی صحافت کا مزاج چار خلطوں سے ترتیب پاتا ہے: (1) خود اس زبان کا عمومی مزاج (2) پڑھنے والوں کا طبقہ، گروہ اور تہذیبی معیار (3) وہ مادی اور ذہنی حالات جن میں کسی زبان کی صحافت پروان چڑھی ہو (4) ادارے کا منشا۔

بہ نظر غائر دہلی کی اردو صحافت کو دیکھنے اور ان چاروں اجزائے لازمہ کو پیش نظر رکھ کر یہاں کے اخبارات کا جائزہ لینے کے بعد یہ بات سامنے آتی ہے کہ دہلی کی عصری اردو صحافت کا خمیر مذکورہ چار خلطوں پر اٹھا ہے۔ زبان کی سطح پر اردو کی حالت چونکہ بہت زیادہ فرحت و انبساط کا پیغام نہیں دیتی، لہٰذا صحافت کی نشوونما میں اس کا اثر فطری طور پر نمایاں ہے۔ دہلی کے اردو اخبارات کے قارئین کی اکثریت مدرسہ کے فارغین پر مشتمل ہے جو مختلف اداروں سے ملازمتی انسلاک کے باعث بیرون دہلی سے یہاں آکر اقامت پذیر ہیں یا اعلیٰ تعلیمی اداروں میں داخلہ حاصل کرتے ہوئے عصری تعلیم سے سروکار بڑھا رہے ہیں، لہٰذا ان کے جذبات و احساسات کا خیال رکھنا اور ان کے علمی مذاق کو پیش نظر رکھ کر اخبارات کے صفحات کو ترتیب دینا ذمہ داران اخبار کی پہلی کوشش ہوتی ہے۔ یہی وجہ ہے کہ دہلی سے شائع ہونے والے روزناموں میں ملّی تنظیموں کی خبریں دیگر تمام خبروں سے زیادہ نمایاں اہمیت کے ساتھ شائع کی جاتی ہیں۔ اگر ایک طرف 'پیڈ نیوز' کی صورت میں شائع ہونے والی ان خبروں سے اخباروں کی کفالت یا مدیران اخبارات کے ذاتی مفادات کا حصول ممکن ہوجاتا ہے تو دوسری طرف ایسی خبروں کو مخصوص دائرے میں پذیرائی بھی حاصل ہوتی ہے۔ اس کا ایک بڑا فائدہ یہ بھی ہوتا ہے کہ اخبارات کے ذمہ داران بالخصوص ایسی ملّی تنظیموں کے ذریعہ منعقد کی جانے والی تقاریب میں بطور مہمان ذی وقار مدعو کیے جاتے ہیں جہاں اخبار کے مدیران یا مالکان کو بہ آسانی ایک 'عوامی پلیٹ فارم' بغیر کسی محنت کے حاصل ہوجایا کرتا ہے۔ گوکہ اس قسم کی پیش رفت سے اخبارات میں معیاری گراوٹ نمایاں طور پر جھلکتی ہے، تاہم یہ اس وجہ سے قابل قبول ہو چلا ہے کہ حکومت کی سطح پر یا عام معاشرے میں اردو روزناموں کو کوئی اہمیت حاصل نہیں رہی ہے،

لہٰذا اخباری کاروبار سے وابستہ شخصیتیں ملّی تنظیموں اور مسلم قائدین کے دوش بدوش قدم سے قدم ملا کر چلنا اپنے اخبار کے وجود کی بقا کے لیے ضروری سمجھتی ہیں۔

حال کے دنوں میں صحافتی بدعت کی ایک نئی قسم یہ بھی دریافت کر لی گئی ہے کہ مخصوص حلقے سے 'حق نمک' ادا کرنے والے صحافیوں کو عوامی تقاریب میں انعام واکرام سے نوازا جائے تاکہ ان کا حوصلہ بلند رہے اور وہ مستقبل میں مزید ایمانداری کے ساتھ اپنی اس روش پر قائم رہ سکیں۔ اس صورت حال کا نتیجہ یہ برآمد ہو رہا ہے کہ دہلی کی اردو صحافت میں گندم نما جوفروشوں کی تعداد خوفناک حد تک بڑھتی جا رہی ہے اور 'من ترا حاجی بگویم تو مرا حاجی بگو' کے نظریے اور طریقۂ کار کو فروغ دینے کی وجہ سے اچھی اور سچی خبروں کی ترسیل عنقا ہوتی جا رہی ہے۔ صورت حال اس وقت مزید مضحکہ خیز ہو جاتی ہے، جب اس روش پر قائم رہنے والے دہلی کے اردو اخبارات خود اردو زبان وادب کے ساتھ بھی انصاف پسند سلوک اختیار نہیں کر پاتے اور نتیجہ کے طور پر اردو کے ممتاز دانشور اور قلمکار بھی زیادتی کے شکار بن جاتے ہیں۔ اس کی مثال اردو کے معروف شاعر مخمور سعیدی ہیں جن کی رحلت کی خبر کو بھی دہلی کے اردو اخبارات نے شائع کرنے میں بخل سے کام لیا۔ روزنامہ 'صحافت' میں شاعر مذکور کے انتقال کی کوئی خبر ہی شائع نہیں کی گئی جب کہ روزنامہ 'راشٹریہ سہارا' نے محض دو کالم پر مشتمل خبر شائع کی۔ اب سے قبل تک اردو کے دانشوروں کے درمیان یہ تاثر قائم تھا کہ اردو اخبارات اردو والوں کی خبریں شائع کرنے میں بڑے فراخ دل واقع ہوا کرتے ہیں، لیکن مرحوم مخمور سعیدی کے ساتھ روزنامہ 'صحافت' کی زیادتی اور روزنامہ 'راشٹریہ سہارا' کی بخیلی نے اس خیال کی نفی کر دی کہ اردو اخبارات میں اردو زبان وادب کے ساتھ نہایت ایماندارانہ سلوک اختیار کیا جاتا ہے۔ دہلی کے متذکرہ بالا روزناموں کی یہ اردو کشی یا تنگ نظری بجائے خود اس بات کے اعلامیہ سے کم نہیں کہ اردو اخبارات کی ترجیحات میں خود 'اہل اردو' بھی شامل نہیں۔ ایک ایسی محترم شخصیت کی رحلت ہو جو نہ صرف شاعری کا بڑا نام ہو بلکہ اپنی زندگی کے کم وبیش 30 سال کا طویل عرصہ اردو صحافت کی وادی میں بھی گزار چکا ہو، جب وہ سفر عدم کو روانہ ہو جائے تو اس کی خبر شائع کرتے ہوئے ناانصافی اور بے اعتنائی کو راہ دی جائے۔ ظاہر ہے کہ ایسی صورت حال کے درمیان اردو اخبارات کے مالکان کے کسی بھی جواز کو قابل تسلیم گردانے کی کوئی وجہ سمجھ میں نہیں آتی۔

اردو صحافت کے مزاج کی تشکیل میں مادی اور فکری قلاشی کا خاصا عمل دخل نظر آتا ہے۔ اردو اخبارات کے مشاہدین کی اس رائے سے اب اتفاق نہ کرنے کی کوئی وجہ سمجھ میں نہیں آتی کہ دہلی کی عصری اردو صحافت کی ترجیحات میں ذاتی منفعت کے حصول کی کوشش زیادہ کارفرما ہے، صحافتی تقاضوں کو برتنا اور خود اردو زبان وادب کے ساتھ بھی کم ازکم شریفانہ سلوک روا رکھنا وغیرہ ذیلی درجہ کی چیزیں ہیں۔ اردو اخبارات میں شامل اشاعت ہونے والی ادبی ونیم ادبی خبروں، تجزیوں، تبصروں اور مضامین وغیرہ کا تعلق صحافتی قدروں کو تندرستی اور توانائی بخشنے سے عبارت نہیں ہے بلکہ اس کا براہ راست مقصد مخصوص ادبی گروہ، شخصیت یا ادارے کی مدح سرائی اور قصیدہ خوانی کے ذریعہ مادی فائدے حاصل کرنا ہے۔ اردو اخبارات کے مشاہدین کے اس استدلال کو مسترد کرنے کی کوئی گنجائش نظر نہیں

آتی کہ اردو صحافت فی الوقت غیر اخلاقی طریقوں سے منفعت کے حصول کا بہترین ذریعہ بن کر رہ گئی ہے۔ اس سلسلے کی مزید وضاحت سہ ماہی 'ادب ساز' کے سیمینار بعنوان 'اردو صحافت: کل اور آج' سے کچھ یوں ہوتی ہے:

''اردو اخبارات میں Commissioned Articles کی اشاعت کا تو قصور ہی نہیں ہے... اس کے برعکس غیر جانب دار مسلم دانشوروں کے خلاف اردو اخبارات مسلسل زہر افشانی کرتے رہتے ہیں۔ دانشوروں کے مضامین کی اشاعت اردو اخبارات میں ممکن ہی نہیں، کیوں کہ یہ تو قارئین کو اندھیرے اور اجالے کے فرق سے عملاً روشناس کرا دے گی۔ اسی طرح مدیر کے عہدے پر بھی خود اخبارات کے مالکان ہی قابض ہیں جن کی اکثریت آج اخبار کے پست معیار کے باوجود معاشی طور پر بے حد آسودہ اور متمول لوگوں پر مشتمل ہے۔ یہ وہ لوگ ہیں جو اخبار کے اجرا کے وقت دو وقت کی روٹی کے لیے محتاج تھے اور ان کی عملی صلاحیت جس درجے کی ہے، اس کی بنیاد پر انھیں کسی دفتر میں اَپر ڈویژن کلرک کی جگہ بھی مشکل ہی سے ملتی۔ ('ادب ساز'، شمارہ 7-6، ص 18)

یہ ایک ناقابل تردید سچائی ہے کہ اکیسویں صدی کے تقاضوں سے دہلی کی اردو صحافت نے خود کو آراستہ کرنے کی بعض کوششیں کی ہیں لیکن یہ کوشش یک رخی ہے جس کا تعلق اخبارات کے ظاہری آؤٹ لک کو کسی حد تک درست کرنے سے متعلق ہے۔ یک رنگی اور سپاٹ خبر نویسی کی روایت کو خیر باد کہہ کر دیدہ زیبی کو گلے لگا لیے جانے کے باوجود فکری جمود ٹوٹنے کا نام نہیں لے رہا ہے۔ اس کی وجہ سے دہلی کے بیشتر روزناموں میں تازگی اور توانائی بھی یک رخی طور پر ہی دیکھنے کو ملتی ہے۔ خبروں کی ترسیل میں فرسودہ خیالات کا اظہار یہ آج بھی عام سی بات ہے۔ مضامین میں موضوعاتی جدت بے شک تازگی کا احساس دلاتی ہے لیکن یہ سطح بھی موضوعاتی سطح تک ہی محدود ہے۔ موضوعات کو برتتے ہوئے تجزیوں اور تبصروں کا اندازہ آہنگ ماضی میں جینے کا ہی احساس دلاتا ہے۔ مادی تقاضوں کا خیال رکھنا اور صحافتی تقاضوں کو 'خدا حافظ' کہنا اردو صحافت کے لیے عام سی بات ہو چکی ہے۔ اطلاعاتی کرشمہ سازیوں کے درمیان گو کہ دہلی میں اردو کے روزنامہ اخبارات کاغذی طور پر اپنا دائرہ مسلسل بڑھاتے جا رہے ہیں لیکن نئی تکنیک سے استفادہ کے باوجود شمیم طارق کے لفظوں میں 'طرز کہن' سے مرعوب رہنے کی عادت یا بیماری سے اردو ذرائع ابلاغ نجات حاصل نہیں کر سکا ہے۔ ساری توانائی صرف اس بات پر لگانا اخبارات کا عام وطیرہ ہے کہ انھیں مذہبی حلقوں میں کیسے محبوب نظر گردانا جائے۔ اس کی خاطر سنجیدگی اور متانت کو حاشیے پر پہنچا دینا اور احتجاج و اشتعال کو گلے لگا لینا اس طرح روا ہے کہ بعض اوقات قارئین کے لیے یہ فیصلہ کرنا بھی دشوار ہو جاتا ہے کہ یہ اخبارات ہیں یا مذہبی اداروں کے ترجمان؟ بلا تخصیص اس روش کو اختیار کرنے میں وہ صحافتی ادارے بھی پیچھے نہیں جو کارپوریٹ کہلانے کے خبط میں مبتلا ہیں۔ فرقہ وارانہ فسادات کے مواقع ہوں یا دہشت گردانہ حملوں کے موسم، اردو کے اخبارات کو یہ فکر ہمیشہ دامن گیر ہوتی ہے کہ اقلیتوں بالخصوص مسلمانوں کے جذبات کو کیسے برانگیختگی بخشی جائے؟ بعض اوقات قومی سلامتی کے امور میں ایسی جارحیت بھی دکھائی دینے لگتی ہے جس سے بادی النظر میں یہ گمان گزرنے لگتا ہے کہ قومی دارالحکومت دہلی سے شائع ہونے والے اردو اخبارات کو قومی سلامتی کے تقاضوں کا بھی خیال

نہیں۔ حالاں کہ یہ بھی اٹل سچائی ہے کہ اردو اخبارات تمام تر نقائص و معائب کے باوجود حب الوطنی کے جذبوں سے معمور ہیں اور ذمہ داران اخبار کی یہ کوشش بھی ہوا کرتی ہے کہ وہ وطن دوستی پر کسی طرح کے سوالات قائم نہ ہونے دیں؛ لیکن جب یہ اخبارات ملت اسلامیہ ہند کی ترجمانی کرنے لگتے ہیں تو اخباری تقاضے کو ایسے مواقع پر پس پشت ڈال دیا جاتا ہے اور اس کی جگہ جذبات نگاری کچھ ایسی غالب آجاتی ہے جس سے کچھ دیر کے لیے یہ گمان گزرنے لگتا ہے کہ قومی سلامتی اور وطن دوستی جیسے نازک اور حساس امور میں بھی اردو اخبارات سنجیدہ نہیں۔

یہ صورت حال بعض اوقات اس وجہ سے بھی پیش آتی ہے کہ دہلی کے بیشتر اردو روزنامے تواتر کے ساتھ پاکستانی اخبارات کی خبریں اور مضامین وغیرہ سرقہ کرنے کے عادی ہیں۔ چونکہ ویب سائٹ پر دستیاب یہ اخباری مواد بآسانی اِن پیج میں منتقل ہوجاتا ہے، لہٰذا کم وقت میں بغیر کسی سرمائے کے معیاری خبروں کی قارئین تک ترسیل کو یقینی بنانے کی کوشش کی جاتی ہے۔ اگرچہ کاپی رائٹ ایکٹ کی یہ صریح خلاف ورزی ہے کہ بغیر کسی حوالے کے کسی شائع شدہ مواد کا استعمال کیا جائے لیکن اس کے باوجود بڑی بے شرمی کے ساتھ 'چوری' کو رواج دیا جارہا ہے۔ صحافتی بددیانتی کو راہ دینے کی یہ کوشش اس وقت 'وطن سے غداری' کا موجب بھی بن جایا کرتی ہے جب پاکستانی اخبارات اپنے قومی مفادات کو پیش نظر رکھ کر بالخصوص کشمیر کے مسئلے پر خبریں شائع کرتے ہیں اور پھر سرقہ کی صورت میں ایسی خبروں کو متعدد روزنامہ اخبارات اپنے صفحات میں بغیر نظر ثانی اور ایڈیٹنگ کے شائع کردیا کرتے ہیں۔

سرقہ کے ذریعہ ایسی خبروں کی اشاعت کے علاوہ پاکستانی اخبارات میں متواتر شائع ہونے والے مضامین کی چوری سے بھی بعض اوقات اردو اخبارات کی بوالعجبی ظاہر ہوتی رہتی ہے۔ اس ضمن میں دہلی سے شائع ہونے والا کوئی بھی اخبار اچھوتا نہیں ہے جو مختلف پاکستانی ویب سائٹس سے مضامین سرقہ نہ کرتا ہو۔ حد تو یہ ہے کہ کارپوریٹ گھرانہ سے تعلق رکھنے والے اخبارات 'راشٹریہ سہارا' اور 'انقلاب' میں بھی سرقہ پر مبنی مواد کی اشاعت وقتاً فوقتاً عمل میں آتی ہے، البتہ یہ دونوں ہی اخبارات پاکستانی اخبارات سے مواد سرقہ کرنے کے معاملہ میں محتاط نظر آتے ہیں۔ لیکن اس کے برخلاف انفرادی کوششوں کے تحت منظر عام پر آنے والے اخبارات کی اکثریت سرقہ کے معاملہ میں فراخ دل ہے اور یہ فراخ دلی بسا اوقات مضحکہ خیز شکل میں سامنے بھی آتی رہی ہے۔ البتہ ذمہ داران اخبارات کے لیے یہ کوششیں صحافتی بددیانتی قرار نہیں پاتیں اور نتیجتاً اخباری صفحات میں بسا اوقات پاکستانی صاحبان قلم کی تحریریں بلاحوالہ نذر قارئین کردی جاتی ہیں۔ دہلی کے کچھ اخبارات تو اس معاملہ میں اتنے دریادل ہیں کہ ان کا مکمل ایک صفحہ پاکستانی اخبارات میں شائع شدہ مضامین کے گلدستہ کی شکل میں سامنے آتا ہے۔ اس ضمن میں بطور خاص روزنامہ 'جدید خبر' کا نام لیا جاسکتا ہے جو صفحہ 6 پر مستقل پاکستانی اخبارات میں شائع مضامین کو نقل کرتا ہے۔ البتہ حال کے دنوں میں اخبار نے سرقہ کے الزام سے بچنے کے لیے مضامین کا حوالہ دینا شروع کردیا ہے لیکن اس بات کی ضمانت نہیں دی جاسکتی کہ تمام مواد کے ساتھ حوالہ شائع کیا جائے۔

[بشکریہ 'دہلی میں عصری اردو صحافت'، ایجوکیشنل پبلشنگ ہاؤس، دہلی، 2016]

فکشن

مادری زبان

نگار عظیم

دروازے کے اِدھر اُدھر نظر ڈالی گھنٹی کا کوئی سوئچ نہیں تھا۔ لہٰذا ہولے سے دروازہ کھٹکھٹایا... کوئی آواز نہیں... پھر دوبارہ اور زور سے... اور زور سے...

''کون ہے؟'' چیختی ہوئی ایک آواز سماعت سے ٹکرائی۔ آواز اوپر سے آئی تھی۔

میں نے گردن اٹھائی لیکن کوئی نظر نہیں آیا۔

''ذرا نیچے تشریف لائیے... سینسس کے لیے آئی ہوں۔'' میں نے بھی تقریباً چلاتے ہوئے جواب دیا۔ لیکن میرا چلانا بیکار ہی گیا۔

''ارے کون ہے؟'' پھر آواز آئی۔

''جی میں... دروازہ کھولیے ذرا... سینسس کے لیے آئی ہوں۔'' میں نے ذرا اور اونچی آواز میں کہا۔ ''نیچے تو آیئے...''

''کاہے کے لیے؟''

''مردم شماری کے لیے۔'' زور سے بولنے کے سبب میرے گلے میں ٹھسکا لگ گیا تھا پھر بھی میں نے اپنی آنکھیں کھڑکی پر جمائے رکھیں۔

اوپر کھڑکی سے باہر ایک خاتون نے گردن نکال کر سوالیہ نظروں سے مجھے دیکھا تو میں پھر بولی ''برائے مہربانی نیچے تشریف لائیں گی یا میں ہی اوپر آ جاؤں؟''

بغیر کوئی جواب دیے اس خاتون کا چہرہ کھڑکی سے ہٹ چکا تھا۔ کئی منٹ گزر جانے کے بعد بھی نہ کوئی جواب ملا اور نہ ہی دروازہ کھلا۔ اپنا چہرہ اوپر کیے کیے اب میری گردن تھک چکی تھی۔ میں نے ہمت کر کے پھر

دروازے پر دستک دی۔ اچانک کھٹ پٹ کی تیز آواز سنائی دی تو مجھے یقین ہوا کوئی آ رہا ہے۔ دروازے کے پٹ ایک ساتھ جھٹکے سے کھل گئے۔ ایک بچی نمودار ہوئی، تقریباً سات آٹھ برس کی۔ اپنے پیروں سے کئی گنا بڑے چپل اس کے پیروں سے پیچھے نکل رہے تھے۔

''کیا بات ہے؟ کس سے ملنا ہے؟''

''بیٹا کسی بڑے کو بھیجیے نا۔ بہت ساری معلومات لکھنا ہے۔''

''کوئی ہے نہیں۔'' اس نے دوٹوک جواب دیا۔

''لیکن وہ جو ابھی کھڑکی سے بول رہی تھیں ان کو بھیجیے نا... کون ہیں وہ؟''

''امی۔''

''تو پھر انھیں بھیجیے بیٹا۔''

''وہ کام کر رہی ہیں۔''

''تو کسی اور کو۔ کسی بڑی بہن کو، بھائی کو، ابا کو، یا پھر امی سے پوچھیے میں اوپر آ جاؤں؟ ضروری کام ہے یہ بیٹا۔''

''جایئے پوچھ کر آیئے بیٹا... پلیز۔ دیر ہو رہی ہے۔''

وہ اپنی جگہ سے ٹس سے مس نہ ہوئی بلکہ ایک اور لڑکی زینہ طے کرتی ہوئی نیچے آئی۔ تقریباً پندرہ سولہ برس کی۔

''کیا بات ہے؟''

''بیٹا مردم شماری کرنا ہے۔''

''جی کیا کرنا ہے؟''

''مردم شماری... سینسس... گھر کے لوگوں کے نام لکھنا ہیں... جن گڑنا ہے جن گڑنا۔''

''اچھا تو کریے۔''

''یہیں۔'' میں نے اپنا سامان کا پلندہ سنبھالتے ہوئے اپنی بے چارگی اور پریشانی کا احساس دلانا چاہا۔

چھوٹی لڑکی نے شاید اوپر جا کر میرے کام کی اطلاع کر دی تھی۔

''باجی امی بلا رہی ہیں۔'' یہ وہی لڑکی تھی جس نے دروازہ کھولا تھا؛ زینے کی اوپری سیڑھی سے جھانک کر بہن کو بلا رہی تھی۔

موقع کی نزاکت کو سمجھتے ہوئے میں نے بیگ کندھے پر لٹکایا گھٹنے پر رجسٹر ٹکا کر فارم پھیلا دیا اور فوراً ضروری معلومات بھرنا شروع کر دیں۔

''اپنے والد کا نام بتایئے بیٹا۔''

''امام الدین۔''

''عمر کتنی ہوگی؟''

وہ سوچ میں پڑ گئی۔''امی! نیچے آؤ۔'' اس نے چلاتے ہوئے آواز لگائی۔ کئی منٹ گزر گئے نیچے کوئی نہیں آیا۔

''کتنے بہن بھائی ہو؟''میں نے اس کے باپ کی عمر کا حساب لگانے کی غرض سے دریافت کیا۔

''گیارہ...''

''بڑا کون ہے؟ بھائی یا بہن؟''

''بھائی۔''

''شادی؟''

''ہوگئی۔''

''یہیں رہتے ہیں کیا؟''

''ہاں۔''

''کتنے سال ہوئے شادی کو؟''

''چار پانچ سال۔''اس نے سوچتے ہوئے جواب دیا۔

''بچے کتنے ہیں بھائی کے؟''

''دو۔''

میں نے حساب لگایا کہ اگر بیس برس کی عمر میں بیٹے کی شادی ہوئی تو اس وقت بیٹا پچیس برس کا ہوا تب باپ کی عمر تقریباً پینتالیس کی تو ضرور ہوگی۔

''بیٹا پینتالیس برس لکھ دوں؟''

''جی لکھ دیجیے۔ اچھا ابھی رک جایئے۔ امی کو بلاتی ہوں۔''

''تعلیم والد کی؟''

''جی؟''

''میرا مطلب ہے آپ کے والد کتنا پڑھے لکھے ہیں۔ آٹھویں، دسویں، بارہویں یا پھر کچھ نہیں؟''

''پڑھے ہوئے نہیں ہیں... تھوڑا بہت بس گھریلو۔''

''کیا کام کرتے ہیں؟''

''ویلڈنگ۔''

''ملازم ہیں یا مالک؟... کیا ان کا اپنا کام ہے؟''

''ہاں اپنا کارخانہ ہے۔''

''کاہے سے جاتے ہیں؟ سائیکل، موٹر سائیکل، کار یا بس؟''

''اسکوٹر ہے۔'' لڑکی نے جواب دیا۔

''کارخانہ کہاں ہے ان کا؟''

''گاندھی نگر۔''

یعنی تقریباً پچیس کلومیٹر، میں نے اندازہ لگایا۔ ایک شخص کے انتالیس کالم پورے کرنے کے بعد بیوی اور پھر گیارہ بچوں، بہو اور ان کے بچوں سمیت تیرہ افراد کا نام اور تفصیلات جس میں دادی بھی شامل ہے، درج کرتے کرتے تقریباً آدھا گھنٹہ بیت چکا تھا اور میں دروازے پر کھڑے کھڑے کبھی ایک گھٹنے پر فارم رکھتی کبھی دوسرے پر۔ کمر درد سے دوہری ہوئی جارہی تھی۔ تبھی ایک خاتون غصہ سے بھرتی ہوئی زینہ کی اوپری سیڑھی سے چلائی۔

''اری او کمبخت اوپر آ۔ کیا کر رہی ہے۔''

''امی آ بھی آئی۔ نام لکھوا رہی ہوں۔''

''کاہے کا نام؟ کس کا نام؟ میں نے منع کیا تھا نا؟ تیرے باپ گھر میں نہیں ہیں واپس بھیج دے۔ ہمیں کیا پتہ کیا لکھوانا ہے۔''

''جی میں کوئی بھی ایسی بات نہیں لکھ رہی ہوں جس سے آپ پریشان ہوں۔ بچی سمجھدار ہے۔ پڑھی لکھی ہے۔ اس نے سب کچھ لکھوا دیا ہے۔ بس دو چار کالم رہ گئے ہیں۔ وہ صرف آپ ہی لکھوا سکتی ہیں۔ ذرا نیچے آجائیے۔'' میں نے اپنا کام روک کر ان صاحبہ کی طرف گردن اٹھا کر بڑی نرمی سے درخواست کی۔

''زبان میں کیا لکھوایا ہے تو نے؟'' خاتون نے میری بات کا جواب دیے بغیر سیڑھیاں اترتے ہوئے بیٹی سے پوچھا۔

''جی اردو لکھ دیا ہے۔'' میں نے انھیں تسلی دیتے ہوئے ذرا مسکرا کر جواب دیا۔

''کیوں اردو کیوں لکھا؟ عربی لکھو۔'' وہ بگڑ گئی۔

''عربی؟ لیکن کیوں؟ زبان کا مطلب مادری زبان۔ آپ کی مادری زبان اردو ہے، اردو لکھوائیے۔''

''اردو کیوں ہوتی؟ عربی لکھو۔'' خاتون کے تیور چڑھ گئے۔

''لیکن آپ بول تو اردو رہی ہیں۔''

''ہاں بول رہے ہیں۔ مرضی ہماری۔ لیکن تم عربی لکھو۔''

''آپ عرب سے آئی ہیں کیا؟''

''عرب سے کیوں آتے؟'' وہ زینے کی سیڑھی پر بیٹھتے ہوئے بولی۔

''دیکھیے اس میں درست لکھنا ہے۔'' میں نے پھر مادری زبان کا مطلب بہت محبت سے سمجھانے کی کوشش کی۔

''تو پھر عربی لکھو، کہہ تو دیا۔تم کیسی پڑھی لکھی ہو۔''

''آپ عربی بول کر دکھایئے مجھے، میں واقعی عربی لکھ دوں گی۔''

''کیوں بولیں... یں... یں؟'' اس نے 'بولیں' پر زیادہ زور دیا۔ ''تمھیں نہیں لکھنا تو پھر جاؤ۔ ہمارا وقت خراب مت کرو۔''

میں نے دیکھا چھوٹے بڑے چھ سات بچے اب تک میرے اردگرد جمع ہو چکے تھے۔ جن میں سے کئی گلی کے تھے یا پھر شاید اسی گھرانے کے۔ ان میں سے کسی ایک لڑکی نے الحمد کی سورت پڑھنا شروع کی تو وہ فوراً چہکی۔

''بولی کہ نہیں بولی۔ اب تو بولی نہ عربی؟''

''اچھا جناب ٹھیک ہے آپ ناراض نہ ہوں میں عربی ہی لکھ دوں گی۔'' میں نے اسی میں عافیت جانی۔

لیکن اب بساط پلٹ چکی تھی۔ وہ بری طرح بگڑ گئی۔

''ہمارے پاس فالتو وقت ہے کیا؟ تمھارے نوکر ہیں کیا؟ ہمیں کیا فائدہ؟''

''اس میں آپ کا بہت فائدہ ہے۔ آپ میری بات کا یقین کیجیے۔ آپ ہندوستان میں رہتی ہیں تو اس کا اندراج بھی ضروری ہے۔ آپ سمجھدار خاتون ہیں۔'' میں نے انھیں سمجھایا۔

''چالیس برس سے رہتے ہیں۔ کون نکالے گا ہمیں۔''

''ارے نہیں۔ خدا نہ کرے۔ میں ایسا تھوڑے کہہ رہی ہوں۔ یہ تو ملک ہے آپ کا۔'' میں نے پھر سمجھانا چاہا۔ ''بس دو چار خانے ہی رہ گئے ہیں، ابھی ہوئے۔ یہ بتایئے آپ کی اور آپ کے شوہر کی پیدائش کہاں کی ہے؟''

''پہلے اردو کی جگہ عربی لکھو۔''

''جی لکھ رہی ہوں۔ یہ دیکھیے۔''

''امی اردو ٹھیک ہے۔'' بیٹی بولی۔

''چپ کمینی بی تجھے کیا پتہ۔''

بیٹی شرمندہ سی ہو کر خاموش ہو گئی۔

''آپ نے بتایا نہیں آپ کی اور آپ کے شوہر کی پیدائش کہاں کی ہے؟ ذرا راشن کارڈ دکھا دیجیے اپنا اور آئی کارڈ بھی۔ پہچان پتر تصویر والا۔''

''کیوں؟ اس کا کیا کرو گی؟''

''چیک کرنا ہے۔ اگر ہے تو دکھا دیجیے، نہیں ہے تو بھی بتا دیجیے۔''

''نہیں ہے تو کیا کرو گی؟''

''تو میں اس فارم میں لکھ دوں گی۔ پھر آپ کا دوسرا بن جائے گا۔''

''تو لکھ دو نہیں ہے۔ پتہ نہیں کہاں رکھا ہے ہم کہیں رکھ کر بھول گئے۔''

''راشن کارڈ تو دکھا دیجیے۔''

''ان کے باپ کے پاس ہے۔''

''برائے مہربانی تلاش کرلیں۔ سرکاری کام ہے یہ۔ میں انتظار کرتی ہوں۔''

''ارے تم تو پیچھے ہی پڑگئی ہو۔ نہ جانے کیا کیا لکھ لیا اور کیا کیا لکھو گی؟ اب بس بھی کرو۔ بہت ہو گیا۔''

''آپ سمجھ نہیں رہی ہیں۔ یہ آپ کا ہی کام ہے۔ آپ میری مدد کیجیے۔ آپ ہی کا فائدہ ہے۔''

''کیا فائدہ ہے ہمارا؟ نوکری دلوا دو گی ہمارے بچوں کو؟ بولو... گھر دلوا دو گی؟ زمین دلوا دو گی؟ فائدہ فائدہ...''اس نے تقریباً منھ چڑاتے ہوئے کہا۔

''دیکھئے میں نے اتنا وقت لگایا ہے۔ سترہ لوگوں کے فارم بھرے ہیں۔ ان کے تمام کالم پورے کیے ہیں۔ بس ذرا سی دیر اور لگے گی۔ برائے مہربانی یہ بتائیے آپ کے کل گیارہ ہی بچے پیدا ہوئے ہیں۔ کوئی...'' میں نے اس کی تیوری چڑھی دیکھ کر سوال ادھورا چھوڑ دیا۔''اچھا یہ بتایئے سب بچے ماشا اللہ ٹھیک ٹھاک صحت مند ہیں نا؟ دیکھیے اس میں ایک خانہ ایسا ہے جس میں پوچھا ہے خدانہ کرے کوئی بچہ پاگل یا اپاہج وغیرہ تو نہیں ہے؟ یہ سرکار بھی نہ معلوم کیا کیا پوچھتی ہے۔''میں نے اس کے غصہ سے بچنے کی غرض سے سرکار کو برا بھلا کہنا شروع کر دیا۔

''پاگل ہو گی تم! اپاہج ہو گی تم! ہمارے آدمی گنتی ہو۔ تمھارا کھاتے ہیں کیا۔ ہائے ڈالو گی۔ اتنی دیر سے کیا سترہ سترہ کی رٹ لگا رکھی ہے۔ رستہ لو اپنا... اے لو... ہمارے بچوں کو اپاہج پاگل کیا کیا بنا ڈالا... پڑھی لکھی ہو تم؟ بہت ہو گیا بس بی جاؤ۔ ہمیں اب نہ کچھ بتانا نہ لکھوانا جو مرضی آئے کرلو...''

''آپ غلط سمجھ رہی ہیں محترمہ۔ میرا یہ مطلب ہرگز نہیں تھا۔ معاف کیجیے گا۔''

''سمجھ گئے ہم تمھارا مطلب۔''وہ اٹھتے ہوئے بولی۔

''چل ری چل اوپر... یہ سب تیرا ہی کیا دھرا ہے۔ منع کیا تھا میں نے...''اس نے بیٹی کو پھٹکارا۔

''سنیے تو... میری بات تو سنیے...''اس نے دھڑام سے میرے منھ پر دروازے کے دونوں پٹ بند کر دیے۔ گھٹنے سے رجسٹر پھسل کر نیچے گر گیا اور کاغذات اِدھر اُدھر پھیل گئے۔ کچھ اُڑ کر نالی میں چلے گئے۔ مارے غصہ کے میرا سر بھنانے لگا، دل چاہا کہ سارے کاغذات پھاڑ کر... لیکن میں ایسا کچھ نہ کر سکی کیونکہ معاملہ مادری زبان کا تھا۔

ممبئی (ملیالم کہانی)

این ایس مادھون

ترجمہ: قاسم ندیم

بچپن کی یادوں نے دنیا کو سمجھنے میں عزیز کی مدد کی۔ یقیناً سبھی کے ساتھ ایسا ہی ہوتا ہے۔ آدم کے علاوہ۔ زمین پر آئے پہلے آدمی کے طور پر ان کا کوئی بچپن نہیں تھا۔ بچپن کی یاد دلانے والی کسی بھی چیز کو عزیز آسانی سے اپنا لیتا تھا۔ اسی لیے ممبئی کو وہ پسند کرتا تھا۔ اسے وہ بزرگ میاں بیوی اچھے لگتے تھے جو وارڈن روڈ کے اس مکان کے مالک تھے جس میں وہ رہتا تھا۔ اگر باذوق، سفید ہوتی مونچھیں اور شرارتی آنکھوں والے شکور صاحب اسے ایئر انڈیا کے مہاراجہ کی یاد دلاتے تو گالوں پر بڑے بڑے گڑھے لیے امی جان اسے اس کی من پسند اداکارہ کے پی اے سی للیتا کی یاد دلاتیں۔

ہمیشہ کی طرح اس روز بھی صبح کی تازہ دھلی دھلائی ٹیکسیوں نے عزیز کو خوشیوں سے بھر دیا۔ دوسرے شہروں سے الگ، ممبئی کی ٹیکسیاں، بھاری بھرکم ایمبسیڈر نہیں تھیں۔ یہ بڑی حد تک ان چتکبری بلیوں جیسی فیاٹ تھیں جو تھپ تھپائے اور دُلارے جانے کی منتظر ہوتی ہیں۔

جیسے ہی عزیز ٹیکسی میں داخل ہوا، اس نے اخبار کھولا۔ صفحہ اول کی اہم سرخیوں پر سرسری نگاہ ڈال کر اس نے اسٹاک اور شیئر والا حصہ نکال لیا۔ وہ کالموں اور شماریات میں ڈوبا ہوا تھا کہ اس کا دھیان سہانی ہوا میں پھڑ پھڑاتے اوراق پر گیا تب اسے احساس ہوا کہ وہ سمندر کے کنارے سفر کر رہا ہے۔ عزیز نے وِنڈ اسکرین پر لگی سبز سَن فلم کو دیکھا۔ ہرا سمندر بالکل نیا دکھائی دیا۔ سن فلم پر لگے ہندی اسٹیکر کو سمجھنے میں عزیز کو تھوڑا وقت لگا۔ چھلانگ لگاتے باگھ (چیتے) پر پیلے حروف میں لکھا تھا، ''گرو (فخر) سے کہو ہم ہندو ہیں۔''

جیسے جیسے ٹیکسی یکے بعد دیگرے سرخ بتی پر رکتی ہوئی آگے بڑھ رہی تھی، عزیز سوچ رہا تھا کہ انتخابات کے

بعد ممبئی تھکا ماندہ آرام کررہا ہے۔ ہاتھ کا پنجہ، کنول، تیر کمان، ناؤ، ریلوے انجن؛ دیواروں پر آویزاں ان (انتخابی) نشانیوں نے پورے شہر کو پہلی جماعت والی حروف تہجی کی کتاب میں بدل دیا تھا۔ سرکار میں آنے والی کسی بھی تبدیلی کا عکس سب سے پہلے سینسکس اور اسٹاک مارکیٹ کے انڈیکس پر پڑتا تھا، مگر اس کے لیے عزیز اور اس کے ساتھی، کمپنی میں کام کرنے والے دوسرے سیلز انجینئر، شاید نئی سرکار کے بارے میں جانکاری حاصل کرنے بھی نہیں آتے۔ عزیز کے دل میں یہ خیال گزشتہ روز کوندا تھا جب پردیپ پلّئی نے دوپہر کے کھانے کے وقت اعلان کیا تھا، ''سرکار بدل گئی ہے۔''

''تو؟'' یہ تھے جیوتی پرساد شری واستو، ایک دوسرے سیلز انجینئر۔

''کئی دوسری چیزیں بدل جائیں گی۔'' پردیپ پلّئی نے کہا۔

گروپ میں سب سے بڑے جینت کرما کرنے پوچھا، ''تمھارا کیا مطلب ہے؟ کیا نئی سرکار ٹینڈرس کو خارج کردے گی جنھیں ہم نے اتنی مشکل سے حاصل کیا ہے؟''

''دوسری چیزوں میں...'' پردیپ پلّئی نے کہا۔ عزیز کو محسوس ہوا تھا پلّئی جان بوجھ کر اشتیاق پیدا کرنا چاہتا ہے۔ جب ٹیکسی نریمن پوائنٹ پر ایک کثیر منزلہ عمارت کے سامنے رکی، جہاں عزیز کام کرتا تھا، تب تک کچھ غور و فکر کے بعد وہ اس نتیجہ پر پہنچا تھا کہ کچھ تبدیل نہیں ہوگا۔ مضافاتی ٹرینیں ممبئی کو چیرتے ہوئے اب بھی دوڑ رہی تھیں۔ سینسیکس پھر جی اٹھا تھا۔ چرچ گیٹ پر اترنے والے عام مسافروں کا جم غفیر دائیں بائیں دیکھے بنا آگے بڑھتا جارہا تھا جن میں سے تقریباً آدھے لوگ کھجلی سے پریشان تھے (ہمیشہ کی طرح ہاہاہا...) ڈبے والوں کی سائیکلوں پر ٹفن کیریئر چلے جارہے تھے، جن کا مقام تھا تمام لنچ پیلیس اور اور یہی وہ وقت تھا جب نائٹ شفٹ کے بعد دیر رات گئے سونے والے جاگتے تھے اور ان کی بیویاں گھر پر نہ ہوتیں تو گھریلو کام کرنے والی کانتابائی یا کسی اور کی باہوں میں بھرنے کی کوشش کرتے۔

جیسے ہی وہ دفتر میں اپنے کمرے میں پہنچا، اس نے ٹیبل پر اپنی پاسپورٹ سائز کی تصویروں کی جانچ کی۔ سبھی پاسپورٹ سائز کی تصویروں کی طرح وہ اجنبی سی دکھائی دیں۔ اس عزیز کی طرح سے وہ ہر صبح آئینے میں دیکھتا تھا۔ اس نے پاسپورٹ کے لیے فارم بھرنا شروع کیا، اس کے نیلے صفحات پر بے حد اطمینان سے۔ اسے کمپنی کے نمائندے کے طور پر فرینکفرٹ میں ہو رہی تجارتی نمائش کے لیے روانہ کیا جارہا تھا۔ جب اس نے بھرا ہوا فارم ٹریول ایجنٹ کے پاس بھیجا، تب اس کے ساتھ جو دوپہر کا کھانا کھانے باہر گئے ہوئے تھے، لوٹ رہے تھے۔ جب اس نے انھیں غیر معمولی انداز میں تیز آواز میں باتیں کرتے سنا تو اندازہ لگایا کہ ضرور ریلائنس یا اے سی سی کے شیئروں میں کافی اچھال یا گراوٹ آئی ہوگی۔

جوں ہی جیوتی پرساد کمرے میں داخل ہوئے، انھوں نے عزیز سے پوچھا، ''تم ہی بتاؤ عزیز۔ یہ کرما کر کہتا ہے کہ نئی سرکار کا فیصلہ کہ وہ غیر ملکیوں کو نکال باہر کرے گی، غلط ہے۔ ان کے نظریات کہاں غلط ہیں؟''

عزیز نے جواب دیا، ''کچھ نہیں۔ سبھی ممالک ان مسافروں کو ان کے وطن واپس بھیج دیتے ہیں جن کے پاس ویزا نہیں ہوتا۔ تو ہم کیوں نہ کریں ایسا؟''

کرماکر نے غصے میں جواب دیا، ''یہ سیاست ہے۔ تم میں سے کوئی بھی اسے نہیں سمجھتا۔''

''ہم تو صرف ایک چیز سمجھتے ہیں اور وہ ہے اسٹاک مارکیٹ۔ چلو سیاسی بحث میں وقت ضائع کرنے کی بجائے، اس کے ذریعے کچھ مال بنائیں۔'' کمرے سے باہر جاتے ہوئے پردیپ پلّئی نے کہا۔ دوسرے بھی یکے بعد دیگرے اس کے پیچھے نکل گئے۔

عزیز نے آنکھوں کو آرام دینے کے لیے انھیں پل بھر کے لیے بند کر دیا۔ تبھی ٹریول ایجنٹ کا فون آگیا، ''مسٹر عزیز، آپ فوراً اپنے راشن کارڈ کی زیراکس کاپی ہمارے پاس بھیج دیں۔''

''لیکن میرے پاس راشن کارڈ نہیں ہے۔''

''تو بنوالیں فوراً۔''

''ایک پاسپورٹ کے لیے کیا کیا جھیلنا پڑتا ہے۔ آپ کا مطلب ہے کہ مجھے راشن سے ملنے والا چاول کھانا پڑے گا۔''

''نہیں، اس کی ضرورت نہیں۔ لیکن آپ کے پتے کے پروف میں راشن کارڈ کی ایک کاپی پاسپورٹ کے فارم کے ساتھ دینا پڑے گی۔''

''تب مجھے کیا کرنا ہوگا؟''

''سپلائی آفس جائیں اور وہاں ایک درخواست فارم بھریں۔ کچھ دنوں بعد آپ کے گھر ایک انسپکٹر آئے گا۔ آج کل ان کا بھاؤ 'ایک گاندھی' چل رہا ہے۔ آپ کو دو دنوں میں کارڈ مل جائے گا۔ بس''

ہر اتوار کی طرح اس دن بھی عزیز وی سی آر کے سامنے بیٹھا راج کپور کی پرانی فلمیں دیکھ رہا تھا۔ اس طرح کی ہندی فلموں کے ذریعے ہی وہ ممبئی کے آثار قدیمہ کی کھوج کر لیتا تھا۔ ان فلموں کے ذریعے وہ تین چار دہائی پرانی ممبئی میں داخل ہو جاتا۔ جب وہ بلیک اینڈ وہائٹ پردے پر قلعے، فوارے، کرکٹ پویلین یا باندرہ اسٹیشن، میٹرو سنیما، تاج ہوٹل اور دیگر عمارتوں کو دیکھتا تو ٹیلی ویژن کے دوسرے جانب سے ہزاروں چہروں والی موجود ممبئی کے بیگانے پن سے اسے راحت محسوس ہوتی۔

چھٹی کے دن کھانے کے وقت دروازے پر ہونے والی امی جان کی معمول کے مطابق دستک اس کے لیے گھڑی کا کام کرتی تھی۔ لیکن اس دن امی جان نے وقت سے قبل ہی گیارہ بجے دروازے پر ہلکی سی دستک دی۔

''کوئی تم سے ملنے آیا ہے۔ کہتا ہے کہ سپلائی ڈپارٹمنٹ سے ہے۔'' انھوں نے کہا۔

''اتوار کو؟''

ہاں، اور اس کے ساتھ ایک دادا بھی ہے جو حکمراں پارٹی کے لیے ووٹوں کا جگاڑ کرتا ہے۔''

جیسے ہی عزیز نے دروازہ کھولا، سپلائی انسپکٹر نے، جو عزیز کے خیال میں کافی عمر کا تھا، پوچھا: آپ نے راشن کارڈ کے لیے درخواست دی ہے، ہے نا؟''

''آپ کے ساتھ یہ کون ہے؟'' عزیز نے جواب سے پہلے سوال کر دیا۔

''رامو دادا۔ میں انھیں اپنے ساتھ گھر دکھلانے کے واسطے لے آیا۔''

''اچھا۔''

''آپ کل سپلائی آفس میں میڈم گوکھلے سے ضرور ملیں۔ پرمیلا گوکھلے۔ میں آپ کو وقت پر مطلع کرنا چاہتا تھا۔ اسی لیے آپ کو یوں اتوار کو پریشان کیا۔''

جب عزیز نے پرمیلا گوکھلے کے آفس کے آدھے دروازے کو کھولا تو اس نے اس کے ناٹے (پستہ قد) ہونے کی توقع نہیں کی تھی۔ حالاں کہ ایک نظر میں وہ جوان لگتی تھی، مگر اس کی آنکھیں اس کی عمر تیس یا اس سے زیادہ بتاتی تھیں۔ اس نے اسکولی لڑکیوں کی طرح دو چوٹیاں بنائی تھیں اور سفید دوپٹے میں ایک اسکولی لباس کی معصومیت تھی۔ اپنے پتلے، تیکھے سرخ ہونٹ اور موٹے چشمے سے چھوٹی دِکھنے والی بھوری آنکھوں سے وہ ایک سفید چوہیا کی طرح نظر آ رہی تھی۔ عزیز سوچنے لگا کہ جوش میں آکر ملاقات کے دوران کہیں وہ آگے بڑھ کر اس کی پیٹھ نہ تھتھپا دے۔ اس کی کھلی دراز میں گیا نیشوری رکھی تھی جس کا کچھ حصہ پڑھا جا چکا تھا۔

''مسٹر عزیز؟'' اس نے نرمی، بے حد نرمی سے پوچھا، جیسے ایک معشوق اپنے عشق کا اظہار کر رہا ہو۔

''ہاں۔''

''والد کا نام؟''

''بیرن کنجو۔''

''ماں کا نام؟''

''فاطمہ۔''

''کیا وہ حیات ہیں؟''

''نہیں۔ دو سال قبل ایک ماہ کے دوران ہی دونوں کا انتقال ہو گیا۔''

''آپ کے پاس کوئی زمین جائیداد ہے؟''

''نہیں۔ مجھے آئی آئی ٹی میں پڑھانے اور میرے بھائی کا ابوظہبی کا ویزا دلوانے کے لیے انھیں اپنی ساری زمین فروخت کرنی پڑی۔''

''تب تو آپ کے پاس زمین کی پرانی ٹیکس کی رسیدیں ضرور ہوں گی؟''

''نہیں۔''

''تو آپ کے پاس بھارت میں کسی زمینی جائیداد کا کوئی ثبوت نہیں ہے؟''

''نہیں۔ میرا راشن کارڈ...''

''یہ پوچھ تاچھ اسی کے لیے ہے۔ پہلے آپ کو ثابت کرنا ہوگا کہ آپ ہندوستانی ہیں۔ صرف اسی وقت ہم آپ کے راشن کارڈ کی درخواست پر غور کر سکتے ہیں۔''

''یہ تو اچھا کھیل ہے۔ سوچیے ایک رات آپ کو جگایا جاتا ہے اور کہا جاتا ہے کہ ثابت کیجیے آپ ایک ہندوستانی ہیں، تو آپ کیا کریں گی بہن جی؟'' عزیز کی آواز بلند ہوئی۔ اچانک اس نے دروازے کے اس پار بے شمار پیروں کی آہٹ سنی۔ پرمیلا گوکھلے کے دفتر کی کھڑکی پر چہروں کی بھیڑ تھی۔ عزیز نے پل بھر میں ہی ان چہروں کو رنگ کو اور غصے کی لہروں کو بڑھتے دیکھا۔

''میں انھیں اپنا نام بتادوں گی۔ بس میرا نام، میرا اتہاس اور جغرافیہ دونوں ہیں۔ پرمیلا گوکھلے، مہاراشٹرین ہندو۔ چت پاون برہمن۔ سمجھے آپ؟'' جب اس نے یہ سب کہا تب بھی اس کی آواز ایک معشوق کی طرح ہی تھی۔ اس کی آواز کی نرمی نے عزیز کو اندر تک خوفزدہ کر دیا تھا۔

''میں کیا کروں؟''

''اب آپ جاسکتے ہیں۔ آپ کو پھر بلایا جائے گا۔ تب آپ کو آنا ہوگا بھائی صاحب۔'' وہ کھڑی ہوگئی۔

جب دو روز بعد عزیز پرمیلا گوکھلے سے ملا تو اس کی پوشاک میں کوئی تبدیلی نہیں آئی تھی۔ اس کا کمرہ بھی ویسا ہی نظر آیا، سوائے اس کے کہ اپنی دراز میں پڑی گیانیشوری کے مزید کچھ صفحات پڑھ لیے تھے۔

''مسٹر عزیز، ہم نے آپ کو کچھ اور چیزوں کے بارے میں جانکاری حاصل کرنے کے لیے بلایا ہے۔''

''ایک راشن کارڈ کے لیے اتنی بھاری پوچھ تاچھ؟ اب کیا پوچھنا ہے؟ جیسے کسی شادی کے مسئلے پر غور وفکر کرنا ہے؟''

''آپ کہاں پیدا ہوئے تھے؟'' اس نے اور بھی اطمینان سے پوچھا۔

''کیرالا میں۔''

''کیرالا میں کہاں؟''

''ملّپورم ضلع میں۔''

''اس ضلع کے کون سے گاؤں میں؟''

''پانگ۔''

''پانگ؟ پانگ کیا؟'' اس کی آواز پہلی بار اونچی تھی۔ آدھے دروازے کے اس پار دکھائی دینے والے پیروں کے چلنے کی بدقسمتی دستک دینے لگی۔

''پانگ۔ جہاں میں پیدا ہوا ہوں، اس کا نام یہی ہے۔''

''ایسا نام؟ نہیں۔ یہ ناممکن ہے۔ ایسے نام کا بھارت میں کوئی گاؤں نہیں ہوسکتا۔''

''میڈم، میں جھوٹ کیوں بولوں گا؟''

''مجھے نہیں معلوم۔ خیر جو بھی ہو، ملیالم میں پانگ کا کیا مطلب ہوتا ہے؟''

''مجھے معلوم نہیں کہ اس کا کوئی مطلب ہے بھی یا نہیں؟''

''بنا مطلب والا لفظ؟ لفظوں کا احترام کیجیے۔ اب بھی سمجھ میں نہیں آیا کہ کوئی پانگ وانگ نہیں ہے؟''

''پانگ ہے۔ یقینی طور پر ہے۔ آپ اگر چاہیں تو ملّپورم کے کلکٹر کو ٹیلی گرام بھیج کر جانچ کر سکتی ہیں۔''

''کیا آپ بھارت کے نقشے پر مجھے پانگ دکھلا سکتے ہیں؟''

''نہیں۔''

''کیرالا کے نقشے پر؟''

''میں اعتماد کے ساتھ نہیں کہہ سکتا۔''

''پھر بھارت میں ایسی کوئی جگہ نہیں ہے۔ آپ جا سکتے ہیں۔ میری پوچھ تاچھ میں اب زیادہ وقت نہیں لگے گا۔''

جب عزیز باہر آیا تو بھیڑ اسے راستہ دینے کے لیے دو حصوں میں بٹ گئی۔ اس سے اسے یاد آیا کہ سیسل دی مِل کی 'دی ٹین کمانڈمینٹس' میں موسیٰ کو راستہ دینے کے لیے دریائے نیل کس طرح دو حصوں میں تقسیم ہو گیا تھا۔ اس بار موسیٰ واپس لوٹ رہے ہیں۔ بعد میں وہ آدم کے روپ میں لوٹ جائیں گے، معصوم، پہلی بار زمین پر آنے والے آدم کی طرح، بنا کسی بچپن کے۔

عزیز اس کے بعد کچھ دنوں تک دفتر نہیں گیا۔ وہ اپنے کمرے میں ہی رہا۔ ریڈیو آن کیے ہوئے، بے حد تیز آواز میں تاکہ وہ اپنے من کے خیالات کو نہ سن سکے۔ کف پریڈ پر اس کے ایک دوست جو بحری میں تھا، نے خواجہ احمد عباس کی فلم 'شہر اور سپنا' کا ایک ٹیپ دیا تھا۔ اس پرانی فلم کو بیٹھ کر کئی بار دیکھنے کے بعد بھی، وہ اس میں سے ممبئی کی بھولی بسری یادوں کو کھود کر نکالنے میں ناکام رہا تھا۔

ایک شام سپلائی انسپکٹر اور راموداد آئے اور انھوں نے اپنی جیپ میں عزیز کو پرمیلا گوکھلے سے ملنے کے لیے ساتھ چلنے کو کہا۔ جب وہ اپنے فلیٹ کا دروازہ بند کر رہا تھا تو اس کی نگاہ خطاطی طرز تحریر میں شیشے کے فریم میں 'بسم اللہ' کے سامنے چپ چاپ کھڑی امی جان اور شکور صاحب پر پڑی۔ بسم اللہ، جو پانچ روشن شمعوں کے مانند دکھائی دیتا تھا، عربی میں عزیز کا من پسند لفظ تھا۔

اس بار رومیلا گوکھلے کے آفس میں پہلے سے بھی زیادہ بھیڑ تھی۔ کھڑکیاں چہروں کی بے چینی سے بھری ہوئی تھیں۔ ایسا لگتا تھا کہ پرمیلا گوکھلے گیا نیشوری کا مطالعہ مکمل کر چکی تھی۔ اس نے بڑی ملائمت سے سوال کرنا شروع کیا، ''کیا 1970 میں آپ بھارت میں تھے؟''

''میڈم اس وقت میں پیدا نہیں ہوا تھا۔''

''اچھا، 1971 میں؟''

''میں اسی سال پیدا ہوا تھا۔''

''تو آپ قبول کرتے ہیں کہ 70 میں آپ بھارت میں نہیں تھے؟''

''یہ واقعی بے تکا سوال ہے۔ میں تب پیدا نہیں ہوا تھا۔''

''کیا میں یہ درج کر لوں کہ بنگلہ دیش سے گھس پیٹھ شروع ہونے سے پہلے آپ بھارت میں نہیں تھے؟''

''مجھے آپ کو کتنی بار بتانا پڑے گا کہ تب میں پیدا ہی نہیں ہوا تھا؟''

''سوال کا جواب ہاں یا نہ میں دیجیے۔'' پرمیلا گوکھلے کی آواز ذرا اونچی ہوئی اور عزیز کو بجلی کی کڑک جیسی سنائی دی۔ کھڑکی سے نظر آرہے چہرے اور خطرناک دکھائی دینے لگے اور آدھے دروازے کے باہر قدموں کی آہٹیں مزید بڑھ گئیں۔

''بتایئے مجھے بنگلہ دیش سے گھس پیٹھ سے پہلے یعنی 1970 میں اور اس سے پہلے کیا آپ بھارت میں تھے؟''

''نہیں۔''

''اچھا گھس پیٹھ کے دوران؟ 71 کے بعد؟''

''ہاں۔''

کچھ دیر خاموشی رہی۔

مایوسی سے نبرد آزما ہوتے ہوئے عزیز نے پوچھا، ''میرا راشن کارڈ؟''

پرمیلا گوکھلے مسکرائی۔ جواب میں باہر کے لوگ قہقہے لگانے لگے۔ اس نے کہا، ''میں نے اپنی رپورٹ مکمل کر دی ہے۔ میں اسے کل خود بھیجوں گی۔''

''کیا آپ یہ کہہ رہیں کہ میں ایک گھس پیٹھیا ہوں؟''

''آپ نے خود قبول نہیں کیا؟'' پرمیلا کھڑی ہو گئی۔ کئی ملاقاتوں سے جو ربط ہوا تھا، اس نے عزیز سے ہاتھ ملایا۔

جب عزیز گھر پہنچا تو اس نے دو پولیس والوں کو عمارت کے باہر پہرہ دیتے ہوئے دیکھا۔ وہ اپنے کمرے میں گیا اور دروازہ بند کر لیا۔ جیسے ہی وہ پردے ہٹا کر کھڑکی کھولنے والا تھا کہ اسے احساس ہوا کہ دوسری جانب مور پنکھی پر موجود دھبوں جیسی آنکھوں والے بے شمار آدمیوں کے چہرے ہوں گے۔ بے تحاشہ خوف کی گرفت میں آ کر عزیز اپنا چہرہ زمین پر دبائے بستر میں گھس گیا اور نومولود بچے کی طرح بنا ہلے ڈُلے پڑا رہا۔

عید گاہ سے واپسی

اسلم جمشید پوری

پریم چند کا ننھا حامد ستر سال کا بزرگ میاں حامد ہو گیا تھا۔ اسے اپنے بچپن کا ہر واقعہ یاد تھا۔ اسے یہ بھی یاد تھا کہ وہ بچپن میں عید کی نماز کے لیے گیا تھا تو واپسی میں تین پیسے کا چمٹا خرید کر لایا تھا۔ اس وقت اس کے دوستوں نے اس کا مذاق بنایا تھا۔ لیکن اس کے دوستوں کے خریدے کھلونے یکے بعد دیگرے میدان چھوڑ کر فرار ہو گئے تھے۔ اس کے چمٹے کی ایک ضرب نے سب کو بے کار کر دیا تھا۔ گھر آنے پر اس کی دادی پہلے اس سے ناراض ہوئی تھیں اور پھر اسے خوب پیار کیا اور دعائیں دی تھیں۔ اس کے والدین بچپن ہی میں اللہ کے یہاں چلے گئے تھے، اسے ان کی صورتیں بھی یاد نہیں تھیں۔ بعد میں دادی نے اسے غریبی، مجبوری، بے بسی اور لاچاری کے لقمے کھلا کھلا کر پالا تھا۔ اس کا بچپن دوسرے بچوں سے مختلف تھا۔ دونوں دادی پوتے ایک دوسرے کی کائنات تھے۔ اسے وہ دن بھی یاد تھا جب قیامت صغریٰ نے اسے اپنی گرفت میں لے لیا تھا۔ ایک رات جب وہ سو رہا تھا، بہت تیز آندھی آئی تھی۔ ہوا اور پانی نے طوفان کی شکل اختیار کر لی تھی۔ بہت سے پیڑ، پھوس کی چھتیں، کچی دیواریں اور جھونپڑے زمین سے اپنا رشتہ ختم کر چکے تھے۔ ایسے میں اس کی دادی جو گھر کے اسارے میں محو خواب تھیں، چھان گرنے سے دب کر اپنے بچوں کے پاس چلی گئی تھیں۔ وہ دادی دادی کرتا روتا رہ گیا تھا۔ گاؤں کے ہی لوگوں نے دفن وغیرہ کا انتظام کیا تھا۔ وہ تقریباً پندرہ سال کا تھا۔ اس کا حال ایسا تھا گویا زندگی کی دوڑ میں تنہا رہ گیا ہو۔ اس کا اس بھری پری دنیا میں دادی کے سوا کوئی نہیں تھا۔ ان کے جانے کے بعد پڑوس کے بابا سکھ دیو نے اس کی ہمت بندھائی تھی۔ وہ اسے اپنے گھر لے گئے اور اسے اپنے بچے کی طرح پالا پوسا۔ گاؤں کے اسکول سے پانچویں تک پڑھنے کے بعد اس نے پاس کے ایک چینی مل میں مزدوری کا کام شروع کر دیا تھا۔

"بابا... بابا... مجھے بیلون لینا ہے۔"

اس کے آٹھ سالہ پوتے ساجد نے ایک غبارے والے کو دیکھ کر اسے ہاتھ پکڑ کر جھنجھوڑا تو وہ ماضی کے

صحرا میں چلتے چلتے اچانک رک گیا تھا، ماضی کے واقعات بھی چھلاوے کی طرح غائب ہو گئے تھے۔ وہ اپنے اکلوتے پوتے کے ساتھ عید گاہ جا رہا تھا۔ عیدیں تو ہر سال آتی رہتی ہیں اور ہر سال وہ عید کی نماز ادا کرتا تھا لیکن اس بار وہ اپنے پوتے کے ساتھ پہلی دفعہ عیدگاہ جا رہا تھا۔

''بیٹا ابھی نہیں، واپسی پر لینا۔ ابھی نماز کے لیے جا رہے ہیں۔''

اس کے گاؤں سے عید گاہ تقریباً 5 کلومیٹر دور تھی۔ اس کا اپنا گاؤں ہندو اکثریتی گاؤں تھا، وہاں مسجد نہیں تھی پاس کے گاؤں میں مسجد تھی۔ اکثر مسلمان جمعہ اور عید بقرعید کی نمازوں کے لیے وہیں چلے جاتے تھے۔ حامد کو عید گاہ میں ہی عید کی نماز پڑھنا اچھا لگتا تھا لیکن کبھی موسم کی خرابی، کبھی وقت کی تنگی اور کبھی کام کی فراوانی کے باعث وہ ہر سال عیدگاہ نہیں جا پاتا تھا۔ اس بار وہ کافی عرصے بعد عید گاہ کے لیے اپنے پوتے ساجد کے ہمراہ نکلا تھا۔ گاؤں سے نماز کے لیے ایک ٹولہ روانہ ہوا۔ کچھ نوجوان اسکوٹر اور بائک سے نکلے تھے۔ کچھ پیدل ہی چل رہے تھے۔ کتنی خوشی اور رونق تھی ان کے چہروں پر۔ واقعی عید اللہ کا انعام ہے۔ ایک ماہ کے روزے رکھنے کے بعد عید کی خوشی کا عالم ہی کچھ اور ہوتا ہے۔ اللہ مسلمانوں کی محنت، صبر، لگن اور للّٰہیت کے بدلے عید کے دن ان کے گناہ بخش دیتا ہے۔ میاں حامد نے رمضان کے پورے روزے رکھے تھے۔ گھر میں اس کی بہو بھی روزے کی پابندی کرتی تھی۔ ایک پوتا اور ایک پوتی؛ بس یہی کائنات تھی اس کی۔ بیٹا واحد، گذشتہ دنوں ہونے والے ہندو مسلم فساد کی نذر ہو گیا تھا۔ بیٹے کی یاد آتے ہی اچانک ذہن کے ساتوں طبق روشن ہو گئے۔ چار سال قبل، پس منظر کا حصہ بن چکے مناظر، یکے بعد دیگرے نظروں کے سامنے آنے لگے۔

ملک پر بڑا برا دن آیا تھا۔ سرخ آندھی اس بار شہروں سے اٹھی تھی جو شہروں، شہروں قصبات اور دیہات میں پھیل گئی تھی۔ ہندو مسلم منافرت، ایک دوسرے کے خون کے پیاسے لوگ، عبادت گاہوں کو مسمار کرنے کا جنون، کیا عبادت گاہوں کی مسماری سے کوئی قوم ختم ہو جاتی ہے؟ یہ وہی ہندو مسلم تھے جنھوں نے شانے سے شانہ ملا کر ملک کو آزاد کرایا تھا۔ آج کیا ہو گیا ہے ان کو؟ کیوں ایک دوسرے کے قتل کے درپے ہیں۔ واحد بے چارہ ان حالات سے بے خبر تھا، اس نے تو گاؤں میں آنکھ کھولی تو اپنے بابا سکھ دیو، چاچا بلدیو اور اپنے ہم عمر دوست رام اور کنور پال کو دیکھا تھا۔ وہ تو انھی کے درمیان کھیلتا ہوا بڑا ہوا تھا۔ پاس کے ہی شہر میں وہ ایک بیکری میں مزدوری کا کام کرتا تھا۔ اس کی تنخواہ اور گاؤں کی محنت مزدوری سے میاں حامد کسی طرح گھر چلا رہے تھے۔ شہر میں آنے والی سرخ آندھی نے بڑی تباہیاں مچائی تھیں۔ واحد بھی اس سرخ آندھی کی زد میں آ گیا تھا۔ اسے اس کے ہی ساتھیوں نے تہہ تیغ کر دیا تھا۔ غضب تو اس وقت ہوا جب واحد کی لاش گاؤں پہنچی۔

''میاں حامد... میاں حامد... واحد کی لاش آئی ہے۔'' بلدیو نے میاں حامد کو خبر دی تو اسے جیسے کچھ بھی سمجھ میں نہیں آیا۔ وہ بلدیو کو پکڑ کر چلایا۔

''یہ کیا مذاق ہے۔''

ابھی وہ بلدیو کے کاندھوں کو پکڑ کر ہلا ہی رہا تھا کہ ایک گاڑی دروازے پر رُکی۔ گاڑی کا دروازہ کھلا اور اسٹریچر پر واحد کی لاش لیے دو لوگ اندر داخل ہوئے۔ لاش کو چار پائی پر لٹا کر اُلٹے قدموں لوٹ گئے۔ کسی میں ان سے واحد کی موت کے بارے میں پوچھنے کی ہمت نہیں تھی۔ سارے گاؤں والوں کے سر جھکے ہوئے تھے۔ ایک ایک کر کے سب کو پتہ چل گیا تھا کہ واحد کو شہر میں اس کے ساتھی مزدوروں نے کاٹ ڈالا تھا۔ گاؤں کے ہندو، خود کو واحد کا قاتل محسوس کر رہے تھے۔ میاں حامد کی حالت عجیب تھی، ان پر سکتہ طاری ہو گیا تھا۔ آواز بند ہو گئی تھی۔ وہ لاش کو ٹکٹکی باندھے دیکھے جا رہے تھے۔ گویا انھیں امید ہو کہ واحد اب اٹھا اور تب اٹھا اور اٹھتے ہی بابا کہتا ہوا ان سے لپٹ جائے گا۔ اچانک بہت زور سے چیختے ہوئے میاں حامد زمین پر بے سدھ گر پڑے اور بے ہوش ہو گئے۔ واحد کی بیوی شکیلہ پر بھی بے ہوشی کے دورے پڑ رہے تھے۔ ساجد اور نازو اپنی ماں کے بے ہوش جسم سے لپٹے رو رہے تھے۔ بلدیو اور گاؤں کے پردھان ٹھاکر امر پال نے تدفین کا انتظام کیا۔ واحد کے جانے کے بعد سے میاں حامد کی حالت اس بوڑھے کی سی ہو گئی تھی جو لاغر ہو، کمر جھکی ہو اور اس کی لاٹھی اس سے چھین لی گئی ہو۔ میاں حامد نے بچپن سے ہی بڑے نازک حالات دیکھے تھے۔ قحط پڑتا تھا تو کھانے کے لالے پڑ جاتے۔ مٹر، باجرہ، بے جھڑ اور جو کی روٹیاں بھی دن میں ایک وقت مل جاتیں تو اللہ کا شکر ادا کرتے۔ گھر! گھر کیا تھا، بس ایک کمرہ اور اسارا تھا۔ کھیتی کی زمین نہیں تھی۔ اس کے باپ دادا نے بھی دوسروں کے یہاں محنت مزدوری کر کے اپنا اور اپنے بچوں کا پیٹ پالا تھا اور ایک چھوٹا سا گھر بنا لیا تھا۔ شروع میں بابا سکھ دیو کے گھر سے ہی اسے وقت بے وقت کھانا ملتا تھا بعد میں اس نے خود بھی کھانا بنانا شروع کر دیا تھا۔

''بابا... او بابا... وہ تتلی پکڑ دو نا... کتنی اچھی ہے وہ۔''

ساجد کی آواز نے ایک بار پھر انھیں سوچ نگر کی گلیوں سے حقیقت آباد کے کچے راستوں پر لا دیا تھا۔ اس کا پوتا ایک تتلی کے پیچھے بھاگ رہا تھا۔ تتلی کبھی اِدھر کبھی اُدھر جاتی، لیکن ساجد کے پہنچتے ہی اُڑ جاتی۔ انھیں ایک پل کو لگا جیسے تتلی ان کی خوشی ہو، جو ہمیشہ اس سے آنکھ مچولی کھیلتی رہتی ہے۔ لمحہ بھر کو لگتا کہ اب ہاتھ آئی... اب آئی، لیکن پھر پھر سے اُڑ جاتی۔ بے چارے ساجد کو کیا پتہ کہ یہ تتلی ہماری قسمت میں نہیں؟ ہماری قسمت میں تو ہمیشہ کے دُکھ ہیں جو سردی کی راتوں جیسے طویل ہوتے ہیں۔

''ساجد بیٹے... نہیں، تتلی کے پیچھے نہ بھاگو۔ گر پڑو گے۔ کپڑے خراب ہو جائیں گے۔''

کپڑے، کپڑے تو ساجد نے پہنے تھے مگر نئے نہیں تھے جبکہ ساجد نے پچھلے ہفتے ضد کی تھی۔

''بابا مجھے بھی نئے کپڑے سلواؤ نا، میں بھی حشمت کی طرح نئے کپڑوں میں عیدگاہ جاؤں گا۔''

''اچھا بیٹا لا دیں گے'' بوڑھے حامد میاں نے مجبوراً کہا۔

اور انھوں نے ساجد کو پرانے کپڑوں کے ڈھیر میں سے ٹھیک ٹھاک سے کپڑے لا دیے تھے۔ اتفاق سے چینی مل کے باہر پرانے سستے کپڑوں کا ایک ٹھیلہ عید کے سبب لگا تھا۔ اس نے سرخ رنگ کی شرٹ اور نیلی پینٹ

لے جا کر بہو کو دیے۔

''بہو انھیں دھو دینا اور تہہ کر کے نیچے رکھ کر اس پر پہلے پھونس پھر بستر بچھا دینا۔ میں سو جاؤں گا۔ کپڑوں پر استری ہو جائے گی۔''

بہو نے ایسا ہی کیا تھا۔ ساجد کو ماں اور دادا نے بہکا لیا تھا۔ چھوٹی نازو کی طبیعت خراب تھی، اسے ماتا نکل آئی تھی۔ وہ بہت کمزور ہو گئی تھی۔ ہر وقت روتی رہتی۔ مکھیاں اسے پریشان کرتیں۔ حامد مکھیوں کو دیکھ کر کئی بار سوچتا۔ ''اللہ نے مکھیاں کیوں پیدا کی ہیں۔ یہ تو سب کو پریشان ہی کرتی ہیں۔'' پر پھر خود ہی دل ہی دل میں اللہ سے معافی مانگتا کہ اللہ نے ہر چیز سوچ سمجھ کر ہی پیدا کی ہے۔

عید سے دو دن پہلے گاؤں کے حاجی لطیف ان کے پاس آئے تھے اور زکوٰۃ کے تین سو روپے دے گئے تھے۔ انھوں نے کچھ پیسوں سے گھر کی ضروریات کو پورا کیا تھا۔ ان کی تنخواہ کا بڑا حصہ نازو کی بیماری اور گھر کے خرچ میں لگ جاتا تھا۔ عید کے لیے پیسے کہاں سے آتے۔ زکوٰۃ کے پیسوں سے انھیں کچھ راحت ملی تھی۔ انھوں نے سوچا تھا کہ اب کی عید پر وہ ساجد کو ریموٹ سے چلنے والی کار اور نازو کو پلک جھپکنے والی گڑیا خرید کر لائیں گے۔ بہو جو جوانی ہی میں بیوہ ہو گئی تھی، کے لیے ایک سوٹ لائیں گے۔ عید گاہ جانے سے پہلے انھوں نے نہا کر اپنے پرانے دھلے کپڑے پہنے۔ پھر ساجد کو تیار کیا۔ ساجد کی ماں اسے عید گاہ بھیجنے کو تیار نہ تھی لیکن ساجد کی ضد اور میاں حامد کی مرضی کے آگے وہ مجبور ہو گئی تھی۔ شوہر کی موت کے بعد اسے تو ہر وقت خدشہ لگا رہتا تھا کہیں اس کے بیٹے کو کچھ نہ ہو جائے۔ گاؤں کے لوگ ساجد کو بہت پیار کرتے تھے، وہ تھا ہی بہت پیارا۔ عید گاہ چلنے سے پہلے انھوں نے سویاں کھائیں، پھر ایک ایک روپیہ سب کو عیدی کے دیے۔ انھوں نے بلدیو کے بچوں کو بھی عیدی دی تھی۔ وہ ہر سال ان کے بچوں کو عیدی دیا کرتے تھے۔ ساجد نے اپنے اور نازو کے روپے اپنی جیب میں رکھ لیے تھے۔ گاؤں کے دس بارہ بڑے بوڑھوں، بچوں پر مشتمل یہ ٹولہ سفید کرتا پاجامے میں ملبوس سر پر ٹوپیاں لگائے عید گاہ کے لیے نکلا تھا۔ عید گاہ تک جانے کے لیے تین گاؤں کو پار کرنا پڑتا تھا۔ سردیوں کا زمانہ تھا۔ راستے کے دونوں جانب ہری فصلیں لہلہا رہی تھیں۔ گیہوں کے کھیتوں پر شباب کا رنگ تھا۔ سرسوں پھول رہی تھی۔ ہرے اور پیلے رنگ نے زمین کو اس کنواری دوشیزہ سا بنا دیا تھا جس نے سبز رنگ کے کپڑوں پر پیلا دوپٹہ اوڑھ رکھا ہو، بلکہ ایسا بھی گمان ہو رہا تھا گویا قدرت زمین کے ہاتھ پیلے کرنے کی تیاری کر رہی ہو۔ بٹیا کے دونوں جانب فصلوں کی مہک دیوانہ بنا رہی تھی۔ کہیں مٹر کے سفید اور جامنی پھول، کہیں ایکھ کے کھیت۔ گاؤں میں ایک آدھ کولہو بھی نظر آ جاتا۔ کولہو سے گڑ کی بھینی بھینی خوشبو پھیل رہی تھی۔ ویسے اب زیادہ تر کسان شوگر ملوں میں ہی گنا ڈالتے تھے اور نقد روپے لے آتے۔ اب گاؤں میں بھی بہت کچھ بدل گیا تھا۔ گاؤں کی نئی نسل کے بچے جب سے پڑھ لکھ گئے تھے اور کچھ نے باہر سروس شروع کر دی تھی، گاؤں کا ماحول تبدیل ہونے لگا تھا۔ اب وہ پہلے جیسی بے لوث محبت نہیں رہی تھی۔ پہلے گاؤں کے کسی ایک شخص کا داماد سارے گاؤں کا داماد ہوتا تھا۔ اس کی اتنی خاطر کی جاتی کہ وہ خاطر

سے پریشان ہو جاتا تھا۔ ہندو مسلم شیر وشکر کی طرح مل جل کر رہتے تھے۔ ایک دوسرے کے تہواروں میں شریک ہونا، ایک دوسرے کے کام کروانا۔ چھان اٹھوانا، ایکھ بوانا، شادی بیاہ میں ہاتھ بٹانا ان کا معمول تھا۔

''میاں حامد... میاں... تنک ستائے لیو... رس پی لیو۔ گرم گڑ کھالیو۔''

مراد پور گاؤں کے کولہو والے بزرگ چاچا ایشور نے عیدگاہ جاتے قافلے کو روک لیا تھا۔ مراد پور کے گاؤں کے مسلم بھی عیدگاہ جانے کو تیار تھے۔ جلدی جلدی قافلے کی خاطر کی گئی۔ قافلہ پھر آگے بڑھ گیا۔ حامد کو سکون ہوا کہ چلو ابھی بڑے بزرگوں میں کم از کم اتنی محبت اور خلوص تو باقی ہے۔ قافلہ اب پکی سڑک پر آ گیا تھا۔

میاں حامد نے اپنے پوتے ساجد کو کندھے پر بٹھا لیا تھا۔ قافلہ پکی سڑک کی ایک جانب قطار بنا کر چل رہا تھا۔ اچانک ایک تیز رفتار بس قافلے کے کے نزدیک سے گذری۔ سب لوگ جلدی سے ایک طرف کو نہ ہو گئے ہوتے تو معاملہ خراب ہو سکتا تھا۔

''ابے اے کٹوؤ! کہاں جا رہے ہو؟''

موٹر سائکل پر سوار تین کم عمر اوباش قسم کے نوجوان، زور سے چلاتے ہوئے برق رفتاری سے گذر گئے۔ ننھا ساجد چونک گیا۔

''بابا یہ کٹوا کیا ہوتا ہے؟''

''کچھ نہیں بیٹا۔ یہ گندے بچے تھے۔ تم ایسے نہ بننا۔''

میاں حامد کے چہرے پر ناگواری کے تاثرات تھے۔ زمانہ کتنا بدل گیا تھا۔ بڑے چھوٹوں کا امتیاز ہی نہ رہا۔ بیٹے، باپ کے سامنے بیٹھتے بھی نہیں تھے۔ میاں بیوی کسی کی موجودگی میں ساتھ بیٹھنے سے بھی کتراتے تھے۔ بہو، ساس سسر کا احترام کرتی تھی۔ آج سب اُلٹ ہوتا جا رہا ہے۔ یہ سب فلموں اور فیشن سے ہوا تھا۔ بچوں میں فلموں کا شوق دن بہ دن بڑھ رہا ہے۔ وہیں سے خرافات سیکھتے ہیں۔ فیشن اللہ توبہ! لڑکیاں بھی پتلون پہننے لگی ہیں۔ چھوٹے چھوٹے بازو کی قمیصیں۔ دوپٹہ یا تو گلے میں پٹے کی صورت یا پھر ندارد۔ گاؤں بھی تبدیل ہو گئے تھے۔ کچے مکانوں کی جگہ پختہ اور بڑے مکان، موٹر سائیکلیں اور کاریں اب اکثر دکھائی دیتیں۔ پہلے کسی کے گھر کار ہوتی تو اسے بڑا رئیس مانا جاتا، لوگ اس کی مثالیں دیتے تھے۔ گاؤں کو شاہراہوں سے ملانے والی کچی سڑکیں کھڑنجے یا تارکول کی بننے لگی تھیں۔ علاقے میں فیکٹریاں اور مل لگنے لگے تھے۔ ترقی اور تبدیلی کے ساتھ ساتھ انسانیت ختم ہوتی جا رہی تھی۔

''بابا عیدگاہ کب آئے گی؟''

''بس بیٹا... وہ جو گاؤں دکھ رہا ہے نا... بس اسی گاؤں میں ہے۔''

''بھئی ذرا جلدی چلو... کہیں ایسا نہ ہو نماز چھوٹ جائے۔ رمضان کی ساری محنت ڈوب جائے گی۔''

میاں حامد نے قافلے کے بڑے، چھوٹوں، سب کو نصیحت کی اور سب جلدی جلدی قدم بڑھانے

لگے۔ کچھ ہی دیر میں وہ اسلام پور کی سرحد میں داخل ہو گئے تھے۔ اسلام پور مسلم اکثریتی گاؤں تھا۔ عیدگاہ کے راستے پر دونوں طرف میلہ لگا تھا۔ ساجد تو بے چین ہوا جا رہا تھا۔ کہیں جھولے والے آواز لگا رہے تھے، کہیں غبارے دھاگوں سے بندھے ہوا میں جھوم رہے تھے۔ گول گپے والے، چاٹ پکوڑی والے، چھولے کی چاٹ، دہی بڑے، بتاشے والے، مکا کی کھیلوں والے، کھلونوں کی تو بہت سی دکانیں تھیں، کسی دکان پر ہر مال پانچ روپے، کسی پر ہر مال دس روپے کا بورڈ لگا تھا۔ ساجد کی نظریں چاروں طرف بکھری بازار کی رونقوں کو دیکھ کر ہونق ہوئی جا رہی تھیں وہ سب کچھ خرید لینا چاہتا تھا۔

''بھیا آ جاؤ۔ جلدی آؤ... نماز کھڑی ہونے والی ہے۔''

عیدگاہ سے کئی لوگ راستے میں آنے والوں کو پکار رہے تھے۔

قافلے نے لپک کر عیدگاہ میں قدم رکھا۔ عیدگاہ بہت بڑی نہیں تھی۔ مغرب کی طرف مسجد جیسی عمارت کی تقریباً بیس فٹ اونچی دیوار تھی جس میں کنگورے کٹے ہوئے تھے دیوار کے آخری سروں پر دو بلند مینار تھے۔ باقی دور تک خالی زمین جو سال میں دو نمازوں کے لیے اپنا دامن پھیلائے رہتی تھی۔ عید میں بہت بھیڑ ہوتی تھی۔ اسلام پور کے علاوہ آس پاس کے گاؤں کے لوگ بھی یہیں نماز پڑھنے آتے تھے۔ میاں حامد بچپن سے اب تک نجانے کتنی بار عیدگاہ آئے تھے۔ نماز کے بعد لوگ ایک دوسرے سے گلے ملتے تو ایسا لگتا گویا فرشتے زمین پر اتر آئے ہوں۔ نماز کے بعد اسلام پور کے لوگ آس پاس کے لوگوں کو بغیر کچھ کھائے پیے واپس جانے نہ دیتے ،میاں حامد کے ساتھ کئی بار بلدیو چاچا کے بچے بھی آ جاتے تھے۔ مسلمان نماز پڑھتے اور وہ سب کے جوتے چپلوں کی رکھوالی کرتے بعد میں عیدگاہ میلے سے میاں حامد ان کے لیے کچھ نہ کچھ تحفے ضرور خریدتے۔ وہ سب اپنے بھائی ہی تو تھے۔ وہ سب میاں حامد سے چھوٹے تھے۔ میاں حامد کو اچھی طرح یاد تھا کہ ایک بار بلدیو چاچا نے اپنی ٹریکٹر ٹرالی نکالی تھی اور گاؤں کے سارے مسلمانوں کو بھر کر عیدگاہ لائے تھے۔ کتنا میل ملاپ تھا لوگوں میں۔ گاؤں میں امن و امان تھا۔ گاؤں کے حالات سیاست سے بدلے تھے۔ اب گاؤں میں بھی سیاست بڑھنے لگی تھی، پردھان اور گاؤں کے امیر لوگ ایک دوسرے کی کاٹ میں لگے رہتے۔ رات کو موٹر چوری کرواتے، صبح کو ہمدردی جتانے پہنچ جاتے۔ اور دو ایک دن بعد موٹر کہیں سے برآمد ہو جاتی۔ اسی طرح بیل اور بھینس بھی غائب ہو جاتیں۔ انہیں اچانک دس سال قبل کا وہ واقعہ یاد آ گیا جب اس نے ایک رات بابا سکھ دیو کی بھینس چراتے مکھیا کے بڑے لڑکے کو دیکھ لیا تھا۔

''چور... چور... دیکھو بھینس لے جا رہا ہے۔ چاچا... او بابا، بھیا...''

اس کی آواز پر بھینس کو بیچ میں چھوڑ کر چور فرار ہو گئے تھے مگر اس نے ایک چور کو پہچان لیا تھا۔ اور غضب تو اس وقت ہو گیا جب اگلے دن پنچایت میں اس نے مکھیا کے بیٹے کا نام سب کے سامنے کہہ دیا۔ مکھیا کا غصہ ساتویں آسمان پر پہنچ گیا تھا۔

”تم جھوٹ بولت ہو... میرا بیٹا نہیں کوئی اور ہوگا۔“

”نہیں نہیں... میں نے اپنی آنکھوں سے بیر پال کو دیکھا تھا۔“

”پنچوں یہ مسلمان ہے... یہ ہندوؤں میں پھوٹ ڈالنا چاہتا ہے۔“

میاں حامد نے تو کبھی یہ سوچا بھی نہ تھا کہ بات اس کے کردار پر آ جائے گی۔ نفرت کیا ہوتی ہے، اسے پتہ ہی نہ تھا۔ اس نے تو کبھی کسی کو بری نظر سے بھی نہیں دیکھا۔ کیا ہندو، کیا مسلمان۔ وہ تو بچپن سے ہی بابا سکھ دیو کے گھر رہ کر بڑا ہوا تھا۔ انھوں نے ہی اس کی شادی کروائی تھی۔ گاؤں کے کئی مسلمانوں نے اسے سمجھایا بھی تھا کہ سکھ دیو کے گھر نہ رہے لیکن اس نے کسی کی نہ سنی تھی۔ پھر بابا اسے بیٹا ہی تو مانتے تھے۔ ہمیشہ اس کے دکھ سکھ میں شریک رہتے۔ مکھیا کے جملے نے تو جیسے میاں حامد کے سینے کو گرم سلاخوں سے داغ دیا تھا۔ اس کو اتنا صدمہ پہنچا کہ وہ گم سم ہو گیا، مانو اس کی زبان کاٹ دی گئی ہو۔ لیکن اگلے ہی لمحے سکھ دیو اور ان کے خاندان والوں نے مکھیا اور اس کے بیٹے پر لاٹھیاں برسانا شروع کر دی تھیں۔ دونوں طرف سے زوردار حملے ہو رہے تھے۔ اس سے قبل کے کچھ انرتھ ہو جاتا، حامد میاں نے ایک زور کی چیخ ماری۔

”بند کرو خدا کے لیے!“

اور واقعی لڑائی کو اچانک بریک لگ گئے تھے۔

”تم لوگ میرے اوپر لڑ رہے ہو نا۔ چلو میں گاؤں چھوڑ کر ہی چلا جاتا ہوں۔“

میاں حامد کی آنکھوں سے آنسو رواں تھے، انھوں نے اپنا منھ دونوں ہتھیلیوں میں چھپا رکھا تھا۔ ان کے اتنا کہتے ہی مکھیا اور بلدیو چاچا ایک ساتھ ان کی اور لپکے تھے۔

”نہیں حامد... تم گاؤں نہیں چھوڑو گے۔“

اور پھر وہ ہوا جو گاؤں والوں نے کبھی نہ دیکھا تھا۔ مکھیا نے اپنے بیٹے بیر پال کو سب کے سامنے مارنا شروع کر دیا۔

”اس کے کارن سب کچھ ہوا ہے۔“

بڑی مشکل سے معاملہ رفع دفع ہوا تھا۔ گاؤں میں حامد کی الگ پہچان تھی۔ وہ ایک ایماندار مسلمان تھا، جو جتنا مسلمانوں کا ہمدرد تھا اتنا ہی ہندوؤں کا بھی۔

”اللہ اکبر۔“

امام صاحب نے نیت باندھ لی تھی سب نے دو رکعت نماز ادا کی۔ خطبہ سنا اور دعا مانگنے لگے۔ میاں حامد نے خدا کی بارگاہ میں ہاتھ اٹھائے۔ ان کے لب تھرتھرا رہے تھے، ہاتھ بھی لرزنے لگے۔ ”اے خدا... میرے خدا... ہم بڑے گنہ گار ہیں۔ اے خدا ہمیں مسلمان کے ساتھ ساتھ انسان بھی بنا۔ مجھے انسانوں کی خدمت کرنا سکھا۔ یہ جو ایک عجیب قسم کی آندھی شہروں سے گاؤں کی طرف چلی آ رہی ہے ہمیں اس سے محفوظ رکھ۔“

دعا کے بعد سب ایک دوسرے سے گلے ملنے لگے۔ میاں حامد جھک کر اپنے پوتے ساجد سے گلے ملے۔ گلے ملتے وقت انھیں بے پناہ طمانیت اور مسرت کا احساس ہوا۔ انھیں ایسا محسوس ہوا کہ وہ ساجد کے اندر سرایت کر گئے ہیں۔ ایک چھوٹا بچہ بن گئے ہیں بچہ جو معصوم ہوتا ہے جو فرشتہ صفت ہوتا ہے۔

''بابا... بابا... آؤ نا کھلونا لیں گے۔''

ساجد نے ان کا ہاتھ کھینچا تو وہ دکانوں کی طرف چل دیے۔ ساجد نے بہت سے کھلونے دیکھے۔ سب کو فیل کرتا گیا۔ آخر میں اسے اسے ریموٹ سے آگے پیچھے ہونے والی ایک خوبصورت سی کار پسند آ گئی۔ ساجد نے ضد کر لی بابا میں تو اسے ہی لوں گا۔

''بھیا کتنے کی ہے؟''

''بابا پورے سو روپے کی۔''

''سو روپے؟'' میاں حامد کا منھ حیرت سے کھل گیا تھا۔

وہ سوچ میں پڑ گئے۔ ان کی جیب میں کل ڈیڑھ سو روپے رکھے تھے۔ اگر وہ کھلونا خرید لیتے تو گھر کا خرچ کیسے چلے گا۔ لیکن وہ پوتے کا دل بھی نہ توڑنا چاہتے تھے۔ آخر کار ساجد کی ضد جیت گئی۔ مول بھاؤ کے بعد سودا پچاس روپے میں ہو گیا۔ پھر دونوں نے نازو کے لیے ایک آنکھیں مٹکاتی گڑیا خریدی، بابا سکھ دیو کے بچوں کے لیے بھی کھلونے اور دوسرا سامان خریدا۔ سامان لے کر وہ نکل ہی رہے تھے کہ اچانک گولیوں کے دھماکوں سے فضا گونج اٹھی اور پھر بھگدڑ مچ گئی۔ دراصل اس بار عید اور کانوڑ یاترا آس پاس ہی تھے۔ سارے علاقے میں دہشت تھی۔ ہر طرف زعفرانی رنگ لہرا رہا تھا۔ پتہ چلا کہ کانوڑیوں کا ایک جتھا اسلام پور سے گذر رہا تھا۔ ان پر کسی مسلمان نوجوان نے پتھر مار دیا تھا، بس کیا تھا، کارسیوکوں نے مسلمانوں کو مارنا شروع کر دیا تھا۔ خبر پھیلتے ہی گاؤں کے مسلمانوں نے گولیاں چلانی شروع کر دی تھیں۔ کارسیوکوں کی حمایت میں بھی بندوقوں نے گولیاں اگلنی شروع کر دی تھیں۔ گولیوں کا نشانہ بن کر کئی لوگ لاشوں میں تبدیل ہو چکے تھے۔

میاں حامد نے ساجد کو گود میں اٹھا لیا اور ایک طرف کو بھاگنا شروع کر دیا۔ انھوں نے قافلے کے دوسرے لوگوں کو اِدھر اُدھر دیکھا بھی، لیکن وہ ایک لمحہ بھی انتظار میں گنوانا نہیں چاہتے تھے۔ گاؤں کے حاجی شوکت نے حامد میاں کو اسلام پور میں ہی رکنے کو کہا۔ اسلام پور مسلمانوں کا بڑا گاؤں تھا مگر حامد میاں نے منع کر دیا اور ایک طرف بھاگنے لگے۔ وہ بہت تیز دوڑ رہے تھے۔ ساجد کے ہاتھوں میں کار، گڑیا اور دوسرا سامان تھا۔ ننھے ساجد کو پتہ نہیں تھا، اس نے ڈر کے مارے آنکھیں بند کر لی تھیں۔ میاں حامد پکی سڑک تک آ گئے تھے۔ ان کے بوڑھے قدموں میں نجانے کہاں سے طاقت آ گئی تھی۔ دراصل موت کا ڈر خود ایک زبردست طاقت عطا کرتا ہے۔ ان کو ڈر تھا کہ اسلام پور کا معاملہ جب دوسرے گاؤں پہنچے گا تو ظلم ہو جائے گا۔ وہ اس لمحے کے آنے سے قبل ہی اپنے گاؤں پہنچ جانا چاہتے تھے۔ سڑک پر پیچھے سے شور کی آوازیں بلند ہو رہی تھیں۔ انھوں نے مڑ کر دیکھا ایک بھیڑ

بے تحاشہ بھاگی آرہی تھی۔ لوگوں کے ہاتھوں میں تلواریں، لاٹھیاں اور بلّم تھے۔ انھوں نے سڑک سے کھیتوں میں بھاگنا شروع کردیا تھا۔ اب بس ایک گاؤں پار کرنا رہ گیا تھا، جس کے بعد ان کا گاؤں تھا۔ دوڑتے دوڑتے وہ تھک گئے تھے۔ گاؤں کے ایک ویران پڑے ٹیوب ویل کے پاس وہ سانس لینے کو رُکے۔ انھوں نے راستے سے خود کو چھپالیا تھا تاکہ کوئی گذرے تو دیکھ نہ پائے۔

''بابا۔۔۔کیا ہوا۔ آپ کیوں بھاگ رہے ہو؟''

''چپ...پ...''

میاں حامد نے اس کے منھ پر ہاتھ رکھ دیا۔ کہیں کوئی آواز نہ سن لے۔ اتنے میں گاؤں میں زبردست دھماکہ ہوا، لگا جیسے کہیں کوئی بم پھٹا ہو۔ اسلام پور سے اٹھنے والی آندھی سرخ ہوتی جارہی تھی۔ موقع ملتے ہی چنگاری، شعلہ بن رہی تھی۔ آگ گاؤں گاؤں پھیلتی جارہی تھی۔ میاں حامد کے جسم میں خوف کا ناگ بری طرح لہرایا تھا۔ انھوں نے ایک بار پھر اپنا راستہ تبدیل کیا۔ اب وہ گاؤں سے نہ گذر کر کھیتوں کھیتوں اپنے گاؤں کی طرف بڑھ رہے تھے۔ دوڑتے دوڑتے وہ اپنے گاؤں کی سرحد میں داخل ہو گئے تھے۔ ساجد کو نیچے اتار کر انھوں نے ایک لمبی سانس لی۔ ان کا دل بری طرح دھڑک رہا تھا پر انھیں اطمینان ہوگیا تھا کہ اب وہ اپنے گاؤں میں آگئے ہیں؛ وہ گاؤں جہاں ان کی اور ان کے باپ دادا کی عمریں گذری تھیں۔ وہ اطمینان سے ساجد کی انگلی پکڑے گاؤں کی طرف چل پڑے۔ ابھی وہ گاؤں میں داخل ہی ہوئے تھے کہ گاؤں سے ایک شور بلند ہوا۔

''مارو... پکڑو...''

اس سے قبل کہ میاں حامد کچھ سمجھ پاتے ایک جتھا سامنے سے آتا دکھائی دیا۔ خون کی پیاسی تلواریں، قتل وغارت کا جنون اور دہشت پیدا کرنے والی آوازیں۔ انھوں نے پلک جھپکتے ہی ساجد کو اپنی گود میں اٹھالیا اور جیسے ہی ایک طرف کو بھاگنا چاہا، مکھیا کے بیٹے بیر پال کی دونالی سے نکلنے والی ایک بے رحم گولی نے ساجد کو نشانہ بنالیا۔

ساجد کے جسم کو پار کرتی ہوئی گولی میاں حامد کے سینے میں پیوست ہوگئی تھی۔ گولی نے اس طرح معصوم ساجد کا جسم پار کر کے میاں حامد کو زمین کا پیوند بنا دیا تھا جیسے حرملہ کا تیر معصوم علی اصغر کے حلق سے ہوتا ہوا امام حسین کے بازو میں ترازو ہوگیا تھا۔ دونوں زمین پر آرہے۔ خون کا فوارہ دونوں جسموں سے بلند ہو رہا تھا۔ زمین ساکت تھی۔ آسمان خاموش تھا۔ ہوا سانس لینا بھول گئی تھی۔ دونوں کے خون میں لت پت لاشے پڑے تھے اور تھوڑی ہی دوری پر ساجد کی کار، نازو کی گڑیا، بہو کا سوٹ، ایک دھوتی اور ایک چھوٹی سی پیتل کی لٹیا پڑی تھی، جو میاں حامد بابا سکھ دیو کے گھر والوں کے لیے لائے تھے۔

حاصل کلام
پرانا ہندوستان نیا مسلمان

اشعر نجمی

اکثر لوگ سماجی یا سیاسی مصائب و مشکلات کا فوری حل چاہتے ہیں لیکن یہ ممکن نہیں چونکہ جس طرح یہ یکلخت نمودار نہیں ہوتے بلکہ برسوں کسی آتش فشاں کی طرح زیر زمین لاوا بن کر کھد بداتے رہتے ہیں، اسی طرح سماجی تبدیلیاں بھی سست رو ہوتی ہیں۔ ہندوستانی مسلمان جانے انجانے برسوں سے جن غلطیوں اور کوتاہیوں کے مرتکب ہوتے رہے ہیں، وہ آج اس کی حتمی شکل دیکھ رہے ہیں اور کون کہہ سکتا ہے کہ یہ حتمی ہی ہو۔ مستقبل نے اپنی زنبیل میں مزید کیا چھپا رکھا ہے، اسے بھلا کون بتا سکتا ہے، کم از کم میں تو نہیں بتا سکتا، البتہ یہ ضرور کہہ سکتا ہوں کہ مستقبل چونکہ ابھی زیر زمین ہے، اس لیے اسے بدلنے کی تدبیریں کی جاسکتی ہیں، اور اس کے لیے قوت ارادی کی ضرورت ہے۔ اس نقشے کو صرف حکمت سے بدلا جاسکتا ہے، وہ حکمت جسے مومن کی میراث کہا گیا ہے۔ وہ حکمت جو سقوط بغداد کے بعد صوفیوں کے ایک ٹولے نے اپنایا تھا اور جابر و ظالم حکمرانوں کو اپنا مطیع بنالیا تھا، وہ حکمت جو جاپان کی مکمل تباہی کے بعد وہاں کے بچے کھچے لوگوں نے اپنائی تھی اور دوبارہ اقوام عالم کے سامنے عزت و سرفرازی کے مستحق قرار پائے۔ کچھ ہمدردان ملت یہ کھوئی ہوئی مرتبت صرف مسجدوں کو بھر کر حاصل کرنا چاہتے ہیں، جو ممکن نہیں ہے۔ کیا آپ نے غزوۂ خندق کے بارے میں سنا ہے؟ کیا آپ نے نوٹ کیا کہ رسولؐ اللہ نے اسباب کو اہمیت دی، اللہ پر ایمان کے ساتھ ساتھ خندق بھی کھودا گیا، کیوں کہ ایمان و عقیدہ کافی نہیں ہوتا اور صرف عبادت ہی عمل نہیں ہے۔

ہمیں پھر سے شروع کرنا ہوگا، اگرچہ یہ کام بہت بورنگ ہے لیکن اس کے علاوہ کوئی چارہ بھی نہیں ہے۔ میں صرف اصلاح معاشرہ کی بات نہیں کر رہا بلکہ ہمیں اپنے مزاج و رویہ میں تبدیلی لانی ہوگی۔ فکر جس نوعیت کی بھی ہو اس کا محاسبہ کیا جانا چاہیے ورنہ وہ پتھرا جاتی ہے۔ دراصل ہمیں کہیں یہ نہیں بتایا گیا کہ اختلاف رائے کیا ہوتا ہے؟ اس کا کیا مطلب ہے؟ ہمیں صرف یہ سکھایا گیا ہے کہ اپنی رائے سے اختلاف کرنے والوں کو سنگھی،

یہودونصاریٰ کا ایجنٹ قرار دے کر اس پر کفر کا فتویٰ لگا دو۔ اور یہ سب کسی سازش کے ساتھ نہیں بلکہ انتہائی نیک نیتی سے سکھایا، سمجھایا اور پڑھایا گیا ہے۔ بات صرف مسلم معاشرے کی ہی نہیں ہے بلکہ ہر مذہبی معاشرے کی صورت حال یکساں ہے۔ ہندوستان میں ہی کیسے ہندو بچوں کو انتہا پسند بنایا جا رہا ہے، دیکھ کر اس ملک کا مستقبل مزید مخدوش لگنے لگتا ہے۔ اختلاف رائے کا کیا مطلب ہے؟ انسان کا مختلف ہونا اور مختلف سوچنا ہی اس کائنات کا اصل حسن اور خوبصورتی ہے۔ اس لیے مجھے لگتا ہے کہ سب سے پہلے ہم میں اتنی اخلاقی جرأت ہونی چاہیے کہ اپنی کمیونٹی کے اندر غلط کو سرِعام غلط کہہ سکیں، پھر خواہ اس غلطی کی مرتکب کوئی سماجی یا سیاسی شخصیت ہو، کوئی اقلیتی ادارہ ہو، کوئی نظام ہو، کوئی اصول ہو یا کوئی تحریر۔ دوسری اہم چیز یہ کہ ہمیں نہیں بھولنا چاہیے کہ اس وقت ہندوؤں کا ایک بڑا طبقہ ہماری جنگ لڑ رہا ہے بلکہ وہ ہمارے اور فسطائی طاقتوں کے درمیان سینہ سپر ہے۔ مثلاً 'سی اے اے' اور 'این آر سی' کے خلاف مظاہروں میں مسلمانوں سے زیادہ ہندو اور سکھ شامل تھے۔ زیرِ نظر انتخاب کو ہی دیکھ لیجیے، اس میں زیادہ تر مضامین ہندوؤں کے ہی ہیں جو مسلمانوں کے ایشوز پر موجودہ حکومت کے خلاف فکری مورچہ بندی جاری رکھے ہوئے ہیں، لیکن اس کے برخلاف ہم مسلمانوں کا رویہ یہ ہے کہ جب تک ہماری مذہبی شناخت یا مفادات پر ضرب نہیں پڑتی، ہمیں مشترکہ قومی مسائل سے عموماً کوئی غرض نہیں ہوتی۔ یہ خودغرضانہ اور مفاد پرستانہ رویہ ہمیں خود پسند بناتا ہے اور خود پسندی ہمیں دوسروں سے کاٹنے چھانٹنے کا کام کرتی ہے جس کا سب سے بڑا فائدہ فسطائی طاقتوں کو ہوتا ہے۔

میں پہلے ہی عرض کر چکا ہوں کہ میں ناصح نہیں اور نہ ہی اتنے بڑے ملّی مسائل کے حل کے لیے میرے پاس کوئی ایسا نسخہ ہے جس سے راتوں رات کایا پلٹ ہو جائے، لیکن کہا جاتا ہے کہ درست علاج سے پہلے مرض کی تشخیص لازمی ہے۔ اس انتخاب کا مقصد علاج کی اسی پہلی شرط کو حسبِ استعداد پوری دیانت داری کے ساتھ پورا کرنا ہے۔ میں نے بطور ادیب، انسان اور ایک ہندوستانی مسلمان کے یہ فرضِ کفایہ ادا کر دیا ہے، اب آپ کی باری ہے کہ اس پر غور و فکر کرتے ہیں یا نہیں، اپنا محاسبہ کرنے کے لیے ذہنی طور پر تیار ہوتے ہیں یا نہیں بلکہ اس انتخاب کو پڑھتے بھی ہیں یا نہیں، یا پھر حسبِ سابق ملت کے ابا جانوں کے لیے تر نوالہ بنے رہتے ہیں۔

